Nicolas Berg

Der Holocaust und die westdeutschen Historiker

Erforschung und Erinnerung

WALLSTEIN VERLAG

Gedruckt mit Unterstützung
der Jürg Breuninger Stiftung
(Frankfurt am Main)

Für Karoline und Cecilia

Bibliografische Information Der Deutschen Bibliothek
Die Deutsche Bibliothek verzeichnet diese Publikation in der Deutschen Nationalbibliografie; detaillierte bibliografische Daten sind im Internet über http://dnb.ddb.de abrufbar.

www.wallstein-verlag.de
Vom Verlag gesetzt aus der Adobe Garamond
Umschlaggestaltung: Basta Werbeagentur, Steffi Riemann
Druck: Hubert & Co, Göttingen

ISBN 3-89244-610-5

Der Holocaust und die westdeutschen Historiker

MODERNE ZEIT

Neue Forschungen zur Gesellschafts- und Kulturgeschichte
des 19. und 20. Jahrhunderts

Band III

Herausgegeben von
Ulrich Herbert und Lutz Raphael

1. Einleitung

Gedächtnis als Konflikt: Zwischen zuviel und zuwenig Erinnerung

Die Geschichte der Bundesrepublik ist ohne die Aufforderung, sich an die nationalsozialistische Zeit zu erinnern, kaum zu verstehen. Bereits in seiner ersten Rede im Bundestag am 12. September 1949 sagte Bundespräsident Theodor Heuss, es sei eine »Gnade des Schicksals« beim Einzelnen wie bei Völkern, daß »Vergessen« möglich sei, aber es bereite ihm Sorge, »daß manche Leute in Deutschland mit dieser Gnade Mißbrauch treiben und zu rasch vergessen« wollten.[1] Zusammen mit dem Hinweis auf die versöhnende Kraft des Vergessens gab Heuss hier zugleich der Befürchtung Ausdruck, daß die Ereignisse des Dritten Reiches im kollektiven Gedächtnis der Deutschen nur wenige Jahre nach der Zäsur vom Mai 1945 zuwenig sichtbar seien.

Diese Äußerung markiert offensichtlich ein gedächtnistheoretisches Grundproblem. Die Auseinandersetzung um den Nationalsozialismus, ob auf der Ebene spezialisierter Fachleute oder in der allgemeinen politischen Öffentlichkeit, kann als Konflikt zwischen der Angst eines »zuwenig« und der Sorge vor dem »zuviel« beschrieben werden. Die Warnung von Heuss enthielt die gesamte Ambivalenz des Gedächtnisthemas und war hier keinesfalls gleichbedeutend mit einem Erinnerungsappell. Sie zielte weniger auf eine Kritik des Vergessens insgesamt, sondern drückte vielmehr ein Unbehagen angesichts einer unnatürlich schnellen – und somit falschen – Inanspruchnahme von etwas sonst durchaus Berechtigtem aus. Heuss gab hier dem Vergessensthema ein doppeltes Vorzeichen: Wo es als »Gnade« von allein eintrete, sei es etwas Gegebenes, wer es dagegen herbeizuzwingen versuche, mißbrauche ein fragiles Recht, das ihm nicht allein und nicht auf diese Weise zustehe.

1 Zit. nach: Benz, Zum Umgang, in: Danyel (Hg.), Die geteilte Vergangenheit, S. 47; Benz deutet im übrigen das Verhältnis zwischen Heuss und Adenauer als eine Form von »Arbeitsteilung«: »Adenauers Part betraf die materielle ›Wiedergutmachung‹ und den mühseligen Aufbau von Beziehungen zu Israel [...]. Theodor Heuss übte das Amt des Mahnens und Erinnerns mit Würde aus« (S. 53); grundlegend: Lepenies, Das Erbe des Nationalsozialismus; Dubiel, Niemand ist frei von Geschichte; Reichel, Vergangenheitsbewältigung in Deutschland.

Die Relevanz des Themas für die Geschichte der Bundesrepublik ist damit angedeutet. Paul Nolte hat kürzlich die Geschichte der Historisierung der Bundesrepublik anhand von drei leitmotivischen Konzepten typologisiert, die in gewisser Weise auch als aufeinanderfolgende Phasen auszumachen sind. Er unterschied das Konzept »Restauration« als frühestes Denkmodell der wissenschaftlichen Beschäftigung mit der Bonner Demokratie von einer Phase, in der primär die Modernisierungsleistung der Gesellschaft herausgestellt wurde. Das dritte Interpretationsmodell nannte er »Nachgeschichte des ›Dritten Reiches‹« – ein Ansatz, wie Nolte hervorhob, der die Geschichte der Bundesrepublik primär von den vielfältigen Versuchen geprägt sah, »zwischen Erinnerung und Distanzierung, zwischen Bewältigung und Vergessen ein Verhältnis zur NS-Geschichte zu gewinnen«.[2] Diese dritte Konzeptualisierung ist in der vorliegenden Fallstudie in geradezu idealtypischer Weise zugrunde gelegt. Man hat zu Recht darauf hingewiesen, daß das Thema »Nationalsozialismus« mit all seinen Antagonismen und Ambivalenzen vor allem aus zwei Gründen für die westdeutsche Nachkriegsgeschichte zur förmlichen »Reflexionsgeschichte« wurde.[3] *Erstens* existierte ständig und unabhängig vom Zeitpunkt in den 40 Jahren Geschichte der alten Bundesrepublik eine symbolische Präsenz des Themas, ein Wissen noch im Schweigen, ein Zurückweichen noch in den kritischsten Nachforschungen. Solche Gegenläufigkeiten sind ernst zu nehmen, auch dort, wo sie Kritik und Korrektur fordern – sie stehen im Zentrum dieser Arbeit. Insgesamt nötigt, *zweitens*, dieses Thema samt seinen theoretischen und politischen Idiosynkrasien auch zur Ernsthaftigkeit und Wahrhaftigkeit, die es legitimieren, anhand der Äußerungen zum Nationalsozialismus, seinen Verbrechen, deren Ursachen und Folgen auch eine Art von mentalitätsgeschichtlicher Einsicht in den Zustand der politischen Kultur zu gewinnen.[4] In der Konsequenz hieraus wurde für die vorliegende Arbeit nur auf Texte zurückgegriffen, die diese Ernsthaftigkeit und Wahrhaftigkeit in den Bemühungen um Verstehen überhaupt erkennen lassen, andere werden nur beiläufig diskutiert, in den Fußnoten genannt oder ganz außer acht gelassen. Ausgangshypothese ist, daß die zweite Hälfte des 20. Jahrhunderts sich unablässig mit Auschwitz hat befassen müssen, »ohne daß ein Ende absehbar wäre«:[5]

2 Nolte, Die Bundesrepublik in der deutschen Geschichte des 20. Jahrhunderts, S. 178 f.

3 Dubiel, Niemand ist frei von Geschichte, S. 13; König, Erbe der Diktatur, S. 163 f.

4 Herz/Schwab-Trapp, Konflikte über den Nationalsozialismus nach 1945. Eine Theorie der politischen Kultur, in: dies., Umkämpfte Vergangenheit, S. 11.

5 Seibt, Zweitausend, S. 380 f.

»In immer neuen Schockwellen erreichte dieses Faktum das Bewußtsein der zivilisierten Gesellschaften. Es zeigte, was im Extremfall möglich ist; es führte den Menschen vor, daß sie von einem Moment auf den anderen fabrikmäßig in brennbare Materie, in Fett, Haare und Knochen zu verwandeln waren, ohne daß die menschliche Natur derer, die das ins Werk setzten, revoltiert hätte. So wurden die Bilder von Auschwitz nicht nur die Quelle eines namenlosen Grauens, mit dem jeder Mensch, der nach 1945 zur Welt kam, irgendwann konfrontiert wurde, sondern darüber hinaus das Motiv einer kaum zu widerlegenden Verzweiflung an der Humanität. Hier waren nicht einfach Bestien am Werk gewesen, sondern Techniker, Beamte, Soldaten, Familienväter, Mitglieder einer hochzivilisierten Nation. Sie hatten in den Vernichtungslagern einen moralfreien und mitleidslos funktionierenden Kosmos aufgebaut, in dem das Böse, die größte denkbare Mitleidlosigkeit, zum Selbstzweck wurde, in dem ein Menschenvolk dem anderen das Recht aberkannte, die Erde zu bewohnen. Damit ist die Erinnerung bis heute nicht fertig geworden [...].«[6]

In dieser jüngst für eine Jahrhundertbilanz beigesteuerten Beschreibung, sie stammt aus einem Essay von Gustav Seibt, kommt eine Art von konsensualer heutiger Definition über die Bedeutung der Vernichtungslager zum Ausdruck, der hier noch zwei Ergänzungen an die Seite gestellt werden sollen. Zum einen scheint die Tatsache, dass die Erinnerung überfordert ist, in Deutschland mehr noch als in anderen Ländern zu gelten. Anders konnotiert als für die Opfer der Vernichtung, handelt es sich nichtsdestotrotz im deutschen Kontext um eine »negative Erinnerung«,[7] weil hier das *factum brutum* der NS-Verbrechen eine Tätergeschichte impliziert und zugleich nie anders als in der Modalität des »Wir« zu haben war – ob dies nun ausgesprochen wurde oder nicht. Zweitens konnte es kaum anders sein, als daß diejenige Profession, die für Vergangenheit »zuständig« ist, die der Historiker, durch diese Frage in einer besonderen Art und Weise aufgerufen war, gegen die Überforderung der Erinnerung anzugehen, mehr noch, als dies für andere Berufsgruppen oder für Intellektuelle im allgemeinen zutrifft. Die Themenstellung: »Der Holocaust und die westdeutschen Historiker« ist in diesem Sinne als gedächtnistheoretische Problemgeschichte angelegt und zielt nicht auf eine möglichst vollständige Diskussion aller hier subsumierbaren Texte, ja nicht einmal auf alle zitierbaren Autoren, die sich zu Wort gemeldet haben.

6 Ebd., mit impliziter Bezugnahme auf Hannah Arendt, vgl. hierzu Kap. 4.3.
7 Koselleck, Formen und Traditionen des negativen Gedächtnisses, S. 25 und 28.

Betrachtet man das Thema exemplarisch und unter der hier skizzierten Voraussetzung der Schockwellen angesichts des eingetretenen Extremfalls und geht man eher von einer überforderten Erinnerung aus als von Strategien der Verweigerung, so öffnen sich andere Ausblicke. In der Retrospektive erscheint dann eher die Dominanz des Themas in Kunst, Literatur, Öffentlichkeit und Wissenschaft als ein Signum der letzten fünfzig Jahre. Die Erinnerungen an den Nationalsozialismus und seine Verbrechen waren in ihren verschiedenen Formen zwar von solchen unregelmäßig aufkommenden Schockwellen geprägt, die Intensität der Beschäftigung mit dem Geschehen zwischen 1933 und 1945 hat mit der Zahl der Jahre seit dem Zusammenbruch der NS-Herrschaft jedoch ohne Zweifel insgesamt zugenommen, wenn auch nicht kontinuierlich. Dies stellte Hermann Lübbe bereits 1983 mit unverhohlener Skepsis im ersten Satz seines vielzitierten Aufsatzes *Der Nationalsozialismus im Bewußtsein der deutschen Gegenwart* fest, ohne absehen zu können, daß die stetig anwachsende Einsicht in die Folgen des Nationalsozialismus in Öffentlichkeit und Wissenschaft damals erst eigentlich ihren Anfang nahm.[8] Offensichtlich handelt es sich bei der Verknüpfung von Verbrechen und Erinnerung um ein besonderes Thema oder zumindest um das Problem einer besonderen »Evidenz der Vergangenheit«, die weder einer individuellen noch einer kollektiven »Logik« folgte und die auch die Geschichtsschreibung in den Bann der Geschichte schlug, wie dies Dirk Blasius einmal ausdrückte.[9]

Im »Bann der Geschichte« – damit ist gemeint, daß dieser Teil der deutschen Geschichte mit besonderen Problemen befrachtet ist, die einen steten Appell an jene zu formulieren scheinen, die sich ihr zuwenden. Im »Bann der Geschichte« legt eine Übermächtigkeit des realen Geschehens und eine von ihm ausgehende andauernde Wirkung nahe – eine Wirkung, die auf längere Zeit betrachtet so etwas wie die eigentliche Lehrmeisterin wurde, die langsam und retrospektiv über das Ereignis selbst aufklärte. Auf die Bedeutung der jeder simplen Chronologie sich entziehenden Wirkungsgeschichte ist oft hingewiesen worden, weil immer wieder zu Recht angemerkt wurde, daß »paradoxerweise die zentrale Stellung dieser Ereignisse im heutigen historischen Bewußtsein viel aus-

8 Lübbe, Der Nationalsozialismus im Bewußtsein der deutschen Gegenwart, in: HZ 236 (1983), S. 579-599; zit. nach: ders., Die Aufdringlichkeit der Geschichte, S. 334.

9 Blasius, »Judenfrage« und Gesellschaftsgeschichte, S. 17; vgl. auch: Rupnow, Täter, Gedächtnis, Opfer, S. 22-38. Schilling, Das Scheitern an der Vergangenheit, passim.

geprägter zu sein [scheint] als vor einigen Jahrzehnten«, als die Geschichte noch Teil der Lebenserinnerung der deutenden und forschenden Intelligenz war.[10] Die kollektive Erinnerung nimmt zu, wo die individuelle abnimmt; neben der Unmöglichkeit der Quantifizierbarkeit von Gedächtnisinhalten und der rezeptionsgeschichtlichen Inversion von Ereignis und Wirkung ist das Verhältnis von individueller und kollektiver Erinnerung eine dritte Gedächtnisparadoxie, die in dieser Arbeit zugrunde gelegt wird.[11]

Während Heuss in dem eingangs zitierten Beispiel vor dem Mißbrauch des Vergessens warnte, zielt heute, über fünfzig Jahre später, die entsprechende Warnung immer häufiger auf das »Zuviel« an Erinnerung, und dies keineswegs allein in Deutschland.[12] Diese Sorge, wie sie beispielsweise anläßlich der Einweihung des Washingtoner Holocaust-Museums in den 90er Jahren der jüdische Schriftsteller Leon Wieseltier beschrieb, hat innerhalb des Kontextes, in welchem sie entstand, und vor dem spezifischen Hintergrund der Äußerung natürlich eine eigene Bedeutung. Wieseltier charakterisierte hier Erinnerung als Mischung aus notwendiger Rettung und falscher Beruhigung zugleich und schrieb: »Zu wenig Erinnerung verhöhnt die Katastrophe; aber dasselbe gilt für ein

10 Vgl. hierzu die Reflexionen von Saul Friedländer, zuletzt, eindringlich und abgewogen zugleich, in: Friedländer, Das Dritte Reich und die Juden, S. 11 f.

11 Die Entgegensetzung von zuwenig bzw. zuviel Gedächtnis hat eine lange historiographische Tradition, die viel weiter zurückreicht, als die Probleme der geschichtlichen Brüche und Verwerfungen des 20. Jahrhunderts nahelegen. Alle traditionellen Deutungen und kritischen Wahrnehmungen des kulturellen Gedächtnisses, so hat Otto G. Oexle hervorgehoben, greifen auf Deutungsmuster des 19. Jahrhunderts zurück. Man kann natürlich auf das »Gegensatzpaar« Jacob Burckhardt und Friedrich Nietzsche verweisen, um den je charakteristischen Ruf nach einer »Kunst des Erinnerns« bzw. der »Kunst des Vergessens« zu illustrieren. Bei Nietzsche das Paradigma der Feindschaft zwischen Wissenschaft und Leben, bei Burckhardt das Paradigma der Kompensation von Veränderungen in der Gegenwart durch den Zwang zur »Betrachtung und Erforschung des Früheren und Seitherigen« (Burckhardt), zit. nach: Oexle, Memoria als Kultur, S. 20f. Die neuere Diskussion bei: Weinrich, Lethe. Kunst und Kritik des Vergessens, zu Nietzsche v.a. S. 160 ff.

12 Yehuda Elkana, »Plädoyer für das Vergessen«, in: Haaretz, 2. 3. 1988, zit. nach: Zuckermann, Zweierlei Holocaust, S. 19; ähnlich: Lozowick, Jüdische Erinnerung und die Schoah, in: Schreier/Heyl (Hg.), Die Gegenwart der Schoah, S. 108; vgl. auch: Bacherach, Die Shoah aus jüdischer Sicht, in: Herzig/Lorenz (Hg.), Verdrängung und Vernichtung, S. 75-83.

Zuviel.«[13] Solche und ähnliche Einschätzungen sind bis in die jüngste Zeit hinein häufig zu finden, etwa bei Imre Kertész oder Josef H. Yerushalmi. Es sei entsetzlich, sich an zuviel erinnern zu müssen, »noch entsetzlicher aber ist das Vergessen.«[14] Als Sprechakt sind sie nur in ihrem Kontext zu verstehen, und es ist keineswegs gleichgültig, ob solche Befürchtungen in den späten 40ern oder Mitte der 90er Jahre, in Deutschland oder in den USA, von einem Staatsoberhaupt oder einem Schriftsteller, anläßlich der Eröffnung einer Legislaturperiode oder eines Museums zur Erinnerung an die Vernichtung der Juden, aus deutscher oder jüdischer Sicht formuliert werden.

Die Mißverständnisse aber und die mitunter unüberwindlich erscheinenden Kommunikationsbarrieren prägten vor dem Hintergrund des Zuviel-Zuwenig-Problems gerade im Hinblick auf die Historiographie des Holocaust den Austausch zwischen deutschen und jüdischen Wissenschaftlern und Intellektuellen auf besondere Weise, und das immer wieder neu. Man hat zu Recht die Frage gestellt, ob es sich nicht eigentlich um »zweierlei Holocaust« handele.[15] Im historischen Rückblick fällt hierbei nicht so sehr der Konflikt an sich, sondern das deutsche Erstaunen über ihn in den Blick. Doch auch wenn in solchen Konflikten die Dichotomie unterschiedlicher Perspektiven besonders auffällig zu sein scheint, sollten die Auseinandersetzungen den Blick auf die Gemeinsamkeiten, die die Kontroversen umfassen, nicht völlig verstellen.[16] Alle diese Aporien kreisen um das Problem, daß offensichtlich ein Zuwenig an Erinnerung oder ein Zuviel an Vergessen bestimmbar zu sein scheinen, nicht aber die richtige Balance zwischen beidem. In der deutschen Diskussion bleibt es ein besonders sensibel wahrgenommenes Faktum, daß

13 Wieseltier, Nach der Erinnerung, S. 191; ein Topos der Warnung vor einem Zuviel an Erinnerung aus jüdischer Sicht ist die immer wieder geäußerte Sorge vor einer Reduktion jüdischer Geschichte auf den Holocaust.

14 Yerushalmi, Ein Feld in Anatot, S. 19; Kertész, Der Holocaust als Kultur, S. 562: »Vom ersten Augenblick an haftete dem Holocaust eine entsetzliche Angst an: Die Angst vor dem Vergessen.«

15 Zuckermann, Zweierlei Holocaust; zur Dichotomie verschiedener Erinnerungsperspektiven vgl. auch: Diner, Perspektivenwahl und Geschichtserfahrung, S. 94-113; Berg, Perspektivität, Erinnerung und Emotion, in: Echterhoff/Saar (Hg.): Kontexte und Kulturen des Erinnerns, S. 225-251.

16 Vgl. die gegeneinander verschobenen Sichtweisen zwischen Yfaat Weiss und Ulrich Herbert während einer Konferenz auf Schloß Elmau 2002: Weiss, Kann es zuviel Geschichte geben?; Herbert, Deutsche und jüdische Geschichtsschreibung über den Holocaust; die Übereinstimmung zwischen beiden Positionen war allerdings viel zu groß, um von einer Debatte zu sprechen.

die Problematik zwischen zuviel und zuwenig Erinnerung nicht auflösbar zu sein scheint, weder durch die Einführung von öffentlichen Gedenktagen oder den Bau von Museen, Gedenkstätten oder Mahnmalen noch durch die enormen Anstrengungen der wissenschaftlichen Forschung, wie sie verstärkt in den letzten 10 bis 15 Jahren unternommen wurden. Wie immer man sich zu dieser Paradoxie verhalten möchte, es bleibt der Partitur des Themas eingeschrieben, daß Gedächtnis ein Konflikt-Thema ist, daß es primär in seiner Unvollständigkeit und Begrenztheit, seiner Zeitgebundenheit und Einseitigkeit sichtbar wird und stets im Widerspruch zu anderen Erinnerungen steht. Seine Fragilität erweist sich beim Anwachsen und Abnehmen, in einem »Zuviel« oder »Zuwenig«, nicht dagegen in einem richtigen Maß der Erinnerung, auf das man sich einigen könnte. In diesem Zusammenhang ist der Gedanke Peter Burkes in seiner unübertrefflichen Formulierung bekanntgeworden, der von der Zusammengehörigkeit von »Erinnerungskonflikten« und »Konflikterinnerungen« sprach.[17] Der Holocaust stellt in exemplarischer Weise eine solche Konflikterinnerung dar, die weder durch eine szientistische Herangehensweise objektiver Geschichtsschreibung noch durch einen Konsenswunsch im argumentativen Kompromiß außerhalb akademischer Ordnung stillgestellt werden kann. *Wer* Erinnerung *von wem* einfordert, *mit welchen Gründen* dieser Appell versehen wird, *was* an Erinnerungen *warum* bedeutungsvoll eingeschätzt und für gedächtniswürdig erachtet wird und – nicht zuletzt – *wessen* »Vergangenheitsversion«[18] *auf Kosten welcher* konkurrierenden aufgezeichnet wird – all das manifestiert sich auch in den Auseinandersetzungen von Historikern und bildet das Zentrum der vorliegenden Studie.[19]

Zum Verhältnis von Forschung und Quellen

Indem das diffizile Erinnerungsproblem, das »negative« bzw. das »verletzte Gedächtnis« und der Prozeß zwischen Erinnern und Vergessen, Konstruktion und Authentizität in den Mittelpunkt der vorliegenden

17 Burke, Geschichte als soziales Gedächtnis, in: Assmann/Harth (Hg.), Mnemosyne, S. 298 f.

18 Ebd.

19 Eine amerikanische Kommentatorin der deutschen Erinnerungsdebatten hat deshalb die Probleme nicht vereinfacht, als sie nicht nur den generationellen Aspekt geschichtswissenschaftlicher Auseinandersetzungen hervorhob, sondern mit dem Blick auf die Shoah auch anfügte: »Often issues get reduced to a simple question: Who has the right to say what?«, vgl.: Bergen, Controversies about the Holocaust, S. 147.

Arbeit gerückt wird, ändert sich auch das Verhältnis von Quellenanalyse und Forschungsdiskussion.[20] Da die vielfältigen Kompromisse zwischen Erforschung und Erinnerung selbst Thema werden, sind beide Bereiche nicht in traditioneller Weise voneinander zu separieren. Wenn im folgenden Texte deutscher Historiker zu Judenverfolgung und ›Endlösung‹ zwischen 1945 und 1990 noch einmal gelesen werden, wird somit die Forschung zur Quellenbasis. Analysiert werden Aspekte der Entstehung einer »Geschichte«, oder anders formuliert: die Geschichte der Entwicklung der Forschung und Suchbewegungen wissenschaftlicher Erkenntnis.

Vor dem Hintergrund einer solchen Ausgangshypothese kann es in der Tat nicht darum gehen, jene zumeist »manichäische Sicht akademischer Ordnungsversuche«[21] zu wiederholen oder fortzuschreiben, die zu Recht kritisiert wurde, weil sie zuweilen zur Entscheidung zu zwingen scheint, die selbst wiederum fast schon erkenntnisverhindernden Charakter annimmt. Ob der Holocaust die Konsequenz von Hitlers Wahnideen oder Ergebnis gesellschaftlicher Gleichgültigkeit war? Ob er eine »machinery of destruction« inmitten der zivilisierten Welt des 20. Jahrhunderts darstellte oder eine verwirklichte destruktive Phantasie jener ideologisch verblendeten Weltanschauungskrieger? Ob er eine Variante in den Planspielen des *social engineering* gewesen ist oder Ausdruck des wider alle Vernunft in Gang gesetzten Atavismus des Hasses? Ob er spezifisch deutsch genannt werden kann oder als ein Zeichen der allgemeinen europäischen Krisen des Totalitarismus zu erinnern ist? Ob er in seinem Kern barbarisch-irrational oder rational war wie die Moderne selbst? Ob besser funktional oder intentional zu erklären? Als ein Ereignis eskalierender institutioneller Gewalt oder in seiner Logik der kalten Technizität unseres Zeitalters? Als eine »projektive Konfliktüberwindung«? Oder als Erfüllung eines Jahrzehnte und länger gehegten »Erlösungsantisemitismus«? Vollbracht von ganz normalen Männern oder jenseits hermeneutischer Zugänglichkeit? Ein säkularer Einbruch, der unsagbar bleibt oder historisierbar wie jedes andere Thema? Ergebnis einer *longue durée* oder »gestaute Zeit« (Dan Diner)? Eher im »Schmelztiegel des Romanciers« oder auf dem »Amboß des Historikers« (Yosef H. Yerushalmi) repräsentierbar?

In diesen Fragen sammeln sich die Kurzexzerpte jener Debatten aus bald sechs Jahrzehnten Erklärungsanstrengungen des nationalsozialisti-

20 Koselleck, Formen und Traditionen des negativen Gedächtnisses; Jarausch/Sabrow (Hg.), Verletztes Gedächtnis; allgemein: Métraux, Authentizität und Autorität. Über die Darstellung der Shoah, in: Straub (Hg.), Erzählung, Identität und historisches Bewußtsein, S. 362-388.

21 Welzer, Vorwort, in: ders. (Hg.), Auf den Trümmern der Geschichte, S. 8.

schen Genozids im Westen bzw. dem vereinigten Deutschland nach 1989/90. Sie bilden das Terrain für das Thema, aber nicht ihre Beantwortung, sondern ihre Historisierung, also ihre Vorgeschichte und ihre Verortung in der Zeit, in der sie entstanden sind, ist Aufgabe der folgenden Kapitel. Man mag dabei zuweilen der Versuchung erliegen, die Dichotomien dieser Herangehensweisen synthetisch zu schlichten, denn es wird immer offenkundiger, daß wir mit der Heterogenität der Erklärungen auch verschiedene Ereignisse memorieren, deren intellektuelle Inkompatibilität zunehmend zum Problem geworden ist.[22]

Der Forschungsstand im Zusammenhang mit der vorliegenden Studie ist also nicht ganz im traditionellen Sinne zu taxieren, und das aus drei Gründen. Er ist, *erstens*, aufgrund der Fragestellung nicht gleichzusetzen mit dem Stand der Forschung zum Holocaust selbst.[23] *Zweitens* synthetisiert er sich aus der gleichzeitigen geschichtswissenschaftlichen Lektüre von empirischen und theoretischen Arbeiten, die sich selbst mehr und mehr aus dem Weg zu gehen scheinen – weniger bei Einzelstudien, aber im Hinblick auf das Gesamtthema.[24] *Drittens* kann er nicht ohne interdisziplinäre Überschreitung der Grenzen der historischen Fachwissenschaft beschrieben werden, denn wesentlichen Einfluß auf das Nachdenken über das Verhältnis von Geschichte und Gedächtnis hatte die Kulturwissenschaft im allgemeinen und Literatur- und Medienwissenschaften im speziellen.[25]

22 Die Entwicklung der Vergangenheitsbewältigung in Westdeutschland verlief »erheblich komplexer« im Vergleich zur »systemspezifischen Form der Vergangenheitsbewältigung« in der DDR. Diese wird deshalb in der vorliegenden Studie nur einmal in Kap. 4.2 gestreift; vgl. die Gegenüberstellung bei Kohlstruck, Offizielle und öffentliche Vergangenheitsbewältigung in Ost- und Westdeutschland, S. 58 und 45; zum Gesamtzusammenhang auch Herbert/Groehler, Zweierlei Bewältigung; früh schon: Kwiet, Historians of the German Democratic Republic on Antisemitism and Persecution; selbstkritisch: Pätzold, Persecution and the Holocaust. A Provisional Review of GDR Historiography; umfassend und besonders erhellend für die Vor- und Frühgeschichte der Vergangenheitsbewältigung in Ost und West: Herf, Zweierlei Erinnerung.

23 Diesen im Überblick: Pohl, Die Holocaust-Forschung; Herbert (Hg.), Nationalsozialistische Vernichtungspolitik.

24 Die wichtige Studie von James E. Young (»Beschreiben des Holocaust«) wäre hier exemplarisch zu nennen: Ihr Rezeptionsraum war leider nicht die Geschichtswissenschaft.

25 Assmann/Hölscher (Hg.), Kultur und Gedächtnis; Assmann/Harth (Hg.), Mnemosyne; Assmann, Das kulturelle Gedächtnis; Assmann, Erinnerungsräume.

Für das spezifische Erkenntnisinteresse des Gesamtrahmens der Arbeit wurde an den älteren und nach wie vor wichtigen Arbeiten bzw. Sammelbänden zur deutschen Geschichtswissenschaft angeknüpft, wie z.B. an Ernst Schulins *Traditionskritik und Rekonstruktionsversuch* von 1979, an den von ihm herausgegebenen Sammelband *Deutsche Geschichtswissenschaft nach dem Zweiten Weltkrieg* von 1989 oder an der neunbändigen Aufsatzsammlung zu deutschen Historikern.[26] Unverzichtbar waren natürlich auch die bibliographischen Einführungen zur Deutungs- und Interpretationsgeschichte des Nationalsozialismus, allen voran Ian Kershaws mehrfach überarbeiteter Überblick *Der NS-Staat* und die weniger prominente und auch weniger strukturierte, aber wertvolle und materialreiche Einführung in *Hitler-Interpretationen* von Gerhard Schreiber – um nur diese beiden zu nennen.[27] Für die empirischen und ideologiekritischen Aspekte der deutschen Geschichtswissenschaft blieben natürlich auch Pionierstudien zur Historiographiegeschichte, wie die von Winfried Schulze aus dem Jahre 1989 oder das ältere, vor kurzem neu aufgelegte Buch von Georg G. Iggers über die deutsche Geschichtswissenschaft Vorbild. Beide waren unverzichtbare Grundlage einer neu fokussierten Fragestellung, beide haben den Status einer grundlegenden Einführung bzw. den eines Klassikers längst erreicht.[28] Dennoch galt es, um exemplarisch bei diesen wichtigsten Büchern zu bleiben, die Akzente völlig anders zu setzen, wenn die Frage nach der Thematisierung des Holocaust gestellt wird. Während Schulze eine viel breitere Rekonstruktion deutscher Geschichtswissenschaft zwischen 1945 und 1965 anstrebte und dieses wiederum primär auf institutioneller Ebene durchführte, beschrieb Iggers' weit ins 19. Jahrhundert ausgreifende Studie, deren Titel in der deutschen Übersetzung dabei seine Hauptintention gar nicht spiegelte, eine Art von Vorgeschichte des Bruches, ja, sie thematisierte eher den ideologischen Anteil deutscher Historiker an ihm. Für ein wirkungs-

26 Schulin, Traditionskritik und Rekonstruktionsversuch; ders. (Hg.), Deutsche Geschichtswissenschaft nach dem Zweiten Weltkrieg; Wehler (Hg.), Deutsche Historiker.

27 Kershaw, Der NS-Staat. Geschichtsinterpretationen und Kontroversen im Überblick, Reinbek 1988 [engl. Orig.: London 1985]; erw. und bearb. Neuaufl., Reinbek 1999; Schreiber, Hitler-Interpretationen.

28 Schulze, Deutsche Geschichtswissenschaft; Iggers, Deutsche Geschichtswissenschaft [engl. Orig. 1968; dt. 1870]; der ursprüngliche Titel lautete »The German Conception of History«, die deutsche Übersetzung wurde, wie Iggers anläßlich der Neuauflage anmerkte, ohne sein Wissen vom Verlag gewählt (vgl.: ders., Vorwort zur Neuauflage von 1997, S. I f.).

und rezeptionstheoretisches Interesse waren beide Bücher in ihrem zeitlichen Horizont zu schmal (Schulze) bzw. viel zu weit (Iggers), und in ihrer Fragestellung waren beide dafür gleichzeitig zu umfassend. Es galt nicht noch einmal, wie Iggers dies vorgelegt hatte, die theoretischen Voraussetzungen und politischen Wertvorstellungen der deutschen Historiker zu analysieren (und das vor allem im Rückgriff auf die lange Fachtradition seit Ranke), sondern in dieser Arbeit wurde statt dessen der Blick auf die konkreten interpretatorischen Schwierigkeiten deutscher Historiker bei einem einzigen Thema, nämlich dem der Judenvernichtung, gelenkt. Dabei sollte weniger Ideologie unterstellt werden, sondern stärker die lebensgeschichtliche und generationelle, mithin also historisch gewordene Perspektive der Historiker ermittelt werden. Gerade das aber konnte und wollte auf der anderen Seite auch Schulze nicht leisten, weil er den Aspekt der individuellen Erinnerungen eher als Informationsquelle für den Wiederaufbau der deutschen Geschichtswissenschaft nutzte, nicht aber die Spannungen und Ambivalenzen zwischen Erinnerung und Erforschung, zwischen Leben und Werk einzelner Vertreter des Faches zum Ausgangspunkt nahm, sondern sozusagen »das Fach selbst«. Zudem, so scheint mir, lassen sich die von ihm in seiner Einleitung unter der Überschrift »Geschichtswissenschaft und Zeiterfahrung« entwickelten differenzierten Fragen, wie die Historiker die Katastrophe des Nationalsozialismus verarbeitet haben, tatsächlich eher beantworten, wenn man nicht das ganze Fach untersucht, sondern eine Problemgeschichte in exemplarischer Absicht ansteuert.

Der problemorientiertere diskursgeschichtliche Argumentationsansatz, der sich hierfür anbietet, der die Linearität des Erkenntnisinteresses durchbricht[29] und der die Literatur über historiographische Fragen stärker kontextualisiert, also die Theoriedebatte um Kontexte und Kulturen des Erinnerns, wurde seit Mitte der 80er Jahre innerhalb der Debatten um die deutsche Geschichtswissenschaft und ihren Umgang mit dem Nationalsozialismus vor allem von Dan Diner und Saul Friedländer vorbereitet.[30] Den Aporien der Singularitätsaxiome, Unsagbarkeitstopoi und Verharmlosungsvorwürfe konnte nicht anders als durch eine kritische

29 Die Tendenz zur Teleologie besonders drastisch bei: Blanke, Historiographiegeschichte als Historik.

30 Vgl. jüngst: Echterhoff/Saar (Hg.), Kontexte und Kulturen des Erinnerns; exemplarisch für den Ansatz von Diner und Friedländer etwa: Diner, Perspektivenwahl und Geschichtserfahrung; Friedländer, The Shoah between Memory and History.

Historiographiegeschichte in erweiterter Absicht begegnet werden, denn auch der richtige Hinweis auf die Notwendigkeit empirischer Detailforschung löste eine solche erkenntnistheoretische Problematik nicht auf.[31] In den letzten Jahren hat sich deshalb neben der Historisierung der Historiker[32] auch die Tendenz verstärkt, Erkenntnistheorie als Teil einer kritischen Historiographiegeschichte zu begreifen. Christoph Cornelißen hat seine Biographie Gerhard Ritters explizit als Beitrag verstanden, »der in Kenntnis der neueren Tendenzen des Faches die bislang weitgehend theoretisch geführte innerfachliche Diskussion zur Verständigung über die eigenen Grundlagen in die ›Laboratorien‹ zurückführt, in denen Geschichte ›gemacht‹ wird«, Thomas Etzemüller hat seine Darstellung über »Werner Conze und die Neuorientierung der westdeutschen Geschichtswissenschaft nach 1945« auf den konstruktivistischen Schriften des polnisch-jüdischen Mediziners, Mikrobiologen und Wissenssoziologen Ludwik Fleck aufgebaut.[33] Die meisten jüngeren Wissenschaftler meiden die Skandalisierung bei der Untersuchung der institutionellen und intellektuellen Restauration an den Nachkriegsuniversitäten und untersuchen statt dessen ihre Formen und Strategien, die das »Ausblenden, Versachlichen und Überschreiben« nach 1945 als »Vergangenheitsmanagement« in eigener Sache erscheinen lassen und deren Funktion es war, einen wie immer empfundenen authentischen Anschluß an den neuen Staat herzustellen. Jan Eckel hat das Korpus der frühen Widerstandsliteratur zum Nationalsozialismus als Medium eines Denkprozesses in einer historischen Übergangsphase analysiert, dessen autobiographisch grundierte und moralische Selbst- und Sinndeutungen den Verfassern vor allem die Gegenwartsorientierung in der neuen Bundesrepublik erleichterten. Die »idealistischen Umbauten«, »intellektuellen Umwidmungsprozesse« und »wissenschaftlichen Verwandlungen« wurden in der jüngeren Forschung insgesamt Leitlinien einer Re-Lektüre jener Nachkriegstexte, die nicht anders als im Spannungsfeld zwischen einer defensiven »akademischen Vergangenheitspolitik« einerseits und fluiden »Wandlungsprozessen« an-

31 Vgl. hierzu: Berg, Der Holocaust in der Geschichtswissenschaft, S. 114 ff., das Folgende als ergänzende Anlehnung an diesen Überblick.

32 Auch die Historiker, so Paul Nolte, »müssen sich eine Historisierung gefallen lassen«, vgl.: Nolte, Die Historiker der Bundesrepublik, S. 413; zum Konzept der »Generation« vgl.: Bude, Generationen im 20. Jahrhundert.

33 Cornelißen, Gerhard Ritter, S. 2; Etzemüller, Sozialgeschichte als politische Geschichte, v.a. S. 2 ff. und 268 ff; noch pointierter: ders., Kontinuität und Adaption eines Denkstils.

dererseits zu verstehen sind.[34] Neben der heuristischen Öffnung zum Untersuchungsfeld von »Vergangenheits-« und »Geschichtspolitik« waren es dabei auch Probleme der »Geschichtskultur«, die den Rahmen der Diskussion erweiterten und für die Fragen der Problematik von Interpretationen sensibilisierten,[35] in diesem Zusammenhang nicht selten in jenen vielfältigen und kontroversen Debatten, wie sie um Personen,[36] um neue Quellen und einzelne Bücher, Ausstellungen oder Filme,[37] Gedenktage und -reden oder um mediale Vermittlungsformen unseres Wissens über Verbrechen und Vernichtung geführt wurden.[38] Aus der Fülle der Literatur, die hier zu nennen wäre, seien nur die beiden Studien von Cornelia Brink genannt, deren theoriegeleitete und materialintensive Untersuchungen des öffentlichen Gebrauchs von Fotografien der Kon-

34 Der Terminus »Vergangenheitsmanagement« bei Kaiser/Krell, Ausblenden, Versachlichen, Überschreiben, in: Weisbrod (Hg.), Akademische Vergangenheitspolitik (hier die Gliederung des Sammelbandes anhand der Begriffe »idealistische Umbauten« usw.; ähnlich zuvor schon: Leggewie, Von Schwerte zu Schneider; Eckel, Intellektuelle Transformationen, in: Herbert (Hg.), Wandlungsprozesse; in den Arbeiten dieses Sammelbandes werden sowohl der Diskurs der Abwehr und der Defensive herausgearbeitet, als auch die Prozesse der intellektuellen Integration, der Umorientierung und des Einstellungswandels zwischen den 40er und den 70er Jahren betont. Hauptthese des Herausgebers ist es, die Zusammengehörigkeit beider scheinbar entgegengesetzter Tendenzen zu fokussieren und »Liberalisierung« als einen Prozeß des mühsamen Lernens darzulegen.

35 Grundlegend: Frei, Vergangenheitspolitik, dessen Studie über das Verhältnis von realgeschichtlicher Amnestierung und Integration ehemaliger Nationalsozialisten bei gleichzeitiger normativer Abgrenzung vom Regime selbst Standards gesetzt hat; zuvor schon: Reichel, Politik mit der Erinnerung; Wolfrum, Geschichtspolitik; zum Terminus »Geschichtskultur« vgl. die Einführung von Jörn Rüsen, Was ist Geschichtskultur?

36 Vgl. exemplarisch die Debatten um die Memoiren von Binjamin Wilkomirski, um den Germanisten Schneider/Schwerte oder, spezieller für die Geschichtswissenschaft, um die Historiker Karl Dietrich Erdmann, Werner Conze und Theodor Schieder; hierzu die Literatur in Berg, Der Holocaust in der Geschichtswissenschaft, S. 117 ff.

37 Vgl. die Goldhagen-Debatte, die Kontroverse um die sogenannten »Wehrmachtsausstellung«, die Diskussion um den Spielberg-Film »Schindlers Liste« oder die erstaunliche Rezeption der Tagebücher von Victor Klemperer, die Literatur hierzu in: ebd., S. 118 ff.; Bartov, Der Holocaust. Von Geschehen und Erfahrung zu Erinnerung und Darstellung, passim.

38 Vgl. die Raktionen auf die Rede von Martin Walser, die Mahnmal-Debatte oder die Analyse der Bilder und Fotografien zum Holocaust, die Literatur hierzu in: Berg, Der Holocaust in der Geschichtswissenschaft, S. 121 f. und 126.

zentrationslager nach 1945 und der Semantik der Erinnerung in Fotoausstellungen der 60er Jahre nicht nur interdisziplinäres Neuland für die Geschichtswissenschaft betreten haben, sondern auch beispielhaft dafür sind, wie mit neuen Fragestellungen und einem der Geschichtswissenschaft traditionell fremden Material Diskursgeschichte geschrieben werden kann, ohne lediglich in theoretische Posen zu verfallen.[39] Verstärkt konnten auch, dies ein letzter Kontext, der hier nur andeuten soll, wie vielfältig die Anregungen der neuen Kultur- und Diskursgeschichte sind, innerhalb dieser Forschungsentwicklung Parallelen und Unterschiedlichkeit national codierter Gedächtnisse herausgearbeitet werden, erinnert sei hier nur an die Studien von Dan Diner und Moshe Zuckermann, von Peter Novick und Sebastian Conrad.[40]

Quellengrundlage war außerdem der edierte Briefwechsel Meineckes in der Gesamtausgabe seiner Schriften und die Briefe Ritters, die Schulze für seine Darstellung als wohlbekannt fast schon voraussetzte. Zu diesen sind neue umfangreiche Sammlungen hinzugekommen, hingewiesen sei vor allem auf die Edition wichtiger zusätzlicher Kaehler-Briefe durch Bußmann und die jüngsten Publikationen der Briefe Hannah Arendts aus den 90er Jahren. Außerdem, auch das ist dem vorliegenden Ansatz geschuldet, wurde in weit stärkerem Maße als gemeinhin üblich auf autobiographische Schriften zurückgegriffen, nicht zuletzt angeregt durch die in der Öffentlichkeit vieldiskutierten »Brechungen von Biographie und Wissenschaft«[41] in den Erinnerungsinterviews *Versäumte Fragen*, die im Anschluß an den Frankfurter Historikertag von 1998 entstanden sind, und durch die Memoiren der letzten Jahre von Fritz Klein (2000), Peter Gay (1998/99), Walter Grab (1999) oder die Beiträge im Sammelband, den Hartmut Lehmann und Otto G. Oexle unter dem Titel »Erinnerungsstücke« herausgegeben haben. Die Deutungskonkurrenz und Interdependenz von Zeitgeschichte und Erinnerung, die vielfältigen Probleme, die sich aus der Gemengelage aus Primärerfahrung, Erinnerungs-

39 Brink, Ikonen der Vernichtung; dies., »Auschwitz in der Paulskirche«.

40 Diner, Ereignis und Erinnerung, in: Berg/Jochimsen/Stiegler (Hg.), Shoah, S. 13-30; Zuckermann, Zwischen Historiographie und Ideologie. Zum israelischen Diskurs über den Holocaust, in: Fritz Bauer Institut (Hg.), Auschwitz, S. 55-79; Novick, The Holocaust in American Life; Conrad, Auf der Suche nach der verlorenen Größe (Conrad vergleicht die Entstehung der deutschen und japanischen Zeitgeschichtsforschung).

41 Jarausch/Hohls, Brechungen von Biographie und Wissenschaft, in: dies. (Hg.), Versäumte Fragen, S. 15-54; vgl. auch Hubatsch, Deutsche Memoiren 1945-1955.

kultur und Geschichtswissenschaft ergeben,[42] und die Frage nach dem »Historiker als Zeitzeugen« haben in den letzten Jahren derart verstärkte Aufmerksamkeit erfahren, daß Omer Bartov die Reflexion des Amalgams von Perspektiven als eines der wichtigsten Forschungsdesiderate zum Verständnis des Holocaust ausgerufen hat.[43] Deshalb wurde in der vorliegenden Studie auch den kleineren und versteckteren autobiographischen Texten, wie denen von Joseph Wulf (1958), H. G. Adler (1956 und 1970), Hans-Dietrich Loock (1975), Reinhart Koselleck (1995) oder Julius H. Schoeps (1995), Aufmerksamkeit geschenkt, nicht zuletzt deshalb, weil sie unabhängig von ihrer Erscheinungszeit in der Fachliteratur kaum zitiert werden, obwohl gerade sie die Probleme, mit denen Erinnerung an und Erforschung von Auschwitz konfrontiert sind, auf hohem Niveau reflektieren. Vor allem aber wurden, da das Problem der Perspektivität unterschiedlicher kollektiver Gedächtnisrahmen im Zentrum des Interesses stand, in der vorliegenden Arbeit auch die Autobiographien von jüdischen Historikern berücksichtigt, die bislang ebenfalls viel zu wenig Beachtung in der Forschung gefunden haben.[44] Neben den bereits genannten sind dies solch bemerkenswerte Texte wie von Herbert A. Strauss (1997), Raul Hilberg (1994), Felix Gilbert (1988/89) oder Saul Friedländer (1978/79). Gemeint sind aber auch manche fast vergessenen älteren Texte, wie die Lebensbeschreibung von Gustav Mayer (1949), Gerhard Masur (1978) oder die kurze von Hans Rosenberg (1978). Die historische Auswertung von Autobiographien, so hat vor kurzem die Historikerin Dagmar Günther kritisiert, ist in weiten Teilen über die Benutzung als »Fakten- und Praktiken-Steinbruch« und als »Seelenspiegel« nicht hinausgekommen. Wichtig aber, so auch für die vorliegende Arbeit über das Spannungsverhältnis von Erforschung und Erinnerung, werden sie vor allem als »biographische Sinnkonstruktionen«, die in den gängi-

42 Jarausch, Zeitgeschichte und Erinnerung. Deutungskonkurrenz oder Interdependenz?; Hockerts, Zugänge zur Zeitgeschichte: Primärerfahrung, Erinnerungskultur, Geschichtswissenschaft, beide in: Jarausch/Sabrow (Hg.), Verletztes Gedächtnis, S. 9-37 und 39-72; Gross, Der Holocaust in primärer Erinnerung und historischer Forschung. Zur aktuellen Diskussion um die »Zeugenschaft«, in: Frei/Steinbacher (Hg.), Beschweigen und Bekennen, S. 127-136.

43 Bartov, Der Holocaust. Von Geschehen und Erfahrung zu Erinnerung und Darstellung, S. 102; Sabrow, Der Historiker als Zeitzeuge, in: Jarausch/Sabrow (Hg.), Verletztes Gedächtnis, S. 125-152.

44 Vgl. hierzu: Bauer, Die dunkle Seite der Geschichte; Michman, Die Historiographie der Shoah aus jüdischer Sicht.

gen Paarungen Fakten und Fiktionen, Dichtung und Wahrheit, Authentizität und Verzerrung gerade nicht aufgehen.[45]

Die wichtigsten benutzten Archivalien waren ausgewählte Nachlässe, wie die von Ritter, Rothfels, Rassow, Meinecke und Kaehler im Bundesarchiv Koblenz bzw. im Geheimen Staatsarchiv Preußischer Kulturbesitz Berlin-Dahlem und in der Niedersächsischen Staats- und Universitätsbibliothek Göttingen. Neben diesen bekannteren habe ich auch die Akten des »Verbandes der Historiker Deutschlands« am Max-Planck-Institut in Göttingen, umfangreiche Bestände des Hausarchivs des Münchner Instituts für Zeitgeschichte, den ebenfalls in München liegenden Nachlaß von Gerhard Masur und Teile des Privatnachlasses von Eugen Kogon eingesehen. Wichtiger für das Gesamtbild der Arbeit waren aber ohne Zweifel die Briefwechsel zwischen H. G. Adler und Hans Buchheim aus dem Nachlaß Adlers im Deutschen Literaturarchiv in Marbach und vor allem der in der Forschung bisher ganz übersehenene Nachlaß des jüdischen Historikers und Dokumentaristen Joseph Wulf im Zentralarchiv zur Erforschung der Geschichte der Juden in Deutschland (Heidelberg).

Fragestellung: Kein Gegensatz, sondern Paradoxie – Erinnern und Vergessen

Es würde sich lohnen, so sagte einmal der israelische Historiker Moshe Zuckermann eher beiläufig, zu untersuchen, »warum man sich an einem Ort so beharrlich um Bewahrung der ›Vergangenheit‹ bemüht, während man sich am anderen nichts sehnlicher wünscht, als daß sie doch endlich vergehen möge«.[46] Diese Beobachtung könnte in der Tat in eine komparative Untersuchung münden; trotzdem ist die Interdependenz beider Wünsche, der Mühe um Bewahrung und der Sehnsucht nach Vergehen, komplexer und nicht ohne weiteres allein an zwei verschiedenen Orten oder zu zwei diachron voneinander geschiedenen Zeiten zu studieren. Nur auf den ersten Blick leuchtet es ein, daß jedes »mehr« an Erinnerung die Quantität von Vergessen reduziert oder umgekehrt, Vergessen ein Auslöschen von Gewußtem darstellt. Der zweite Blick enthüllt, daß das Verhältnis zwischen beiden Größen keineswegs ausreichend beschrieben ist, wenn das Modell einer quantitativ-reziproken Gegenläufigkeit die Vorstellung beherrscht.

45 Günther, Prolegomena zur Autobiographie als Quelle der Geschichtswissenschaft, S. 59; Berg, Zwischen individuellem und historiographischem Gedächtnis, S. 181-207; Zeitgenössisch: Harnack, Gedanken über Memoiren und Tagebücher.

46 Zuckermann, Zweierlei Holocaust, S. 13; Hölscher, Erinnern und Vergessen.

Es ist dieser Punkt, an welchem die Arbeiten ansetzen, die die Zusammengehörigkeit von Erinnern und Vergessen betonen, denn zwischen beiden Potenzen besteht mehr als nur ein einfacher Gegensatz. So hat zum Beispiel Avishai Margalit darauf hingewiesen, daß das Problem vielmehr in einer beide zusammenhaltenden Angst oder Sorge besteht. Beide Befürchtungen seien eigentlich weniger ein Argument als vielmehr die »Artikulationen einer Stimmung«: Angst nämlich vor dem »Verlust des Erbes«, bzw. Sorge vor der Idee, der »Vergangenheit gerecht werden zu müssen«.[47] Ob Sorge oder Angst – die Artikulation solcher Stimmungen bricht sich häufiger in Affekten Bahn als im wohlgesetzten Argument. In der deutschen Öffentlichkeit ist diese Dynamik in Martin Walsers Friedenspreisrede aufzuzeigen, seine Haltung gegen die »Dauerpräsentation unserer Schande« und seine abschätzig gemeinte Bemerkung über jene, die, wie er sich ausdrückte, »im grausamen Erinnerungsdienst arbeiten«, war im Gestus des Widerstands vorgebracht worden.[48] Hier ist nicht der Ort, diese Debatte erneut aufzurollen, es bleibt vielmehr festzuhalten, daß der Affekt gegen die Last der Erinnerung hier zwar besonders markant artikuliert wurde, aber keineswegs auf die öffentliche Diskussion und nicht auf Deutschland beschränkt ist, auch wenn beides für eine laut vernehmbare Verstärkung des Gesagten sorgt, wie viele Gedächtnisdebatten in den letzten fünfzehn Jahren deutlich gemacht haben.

In der gegenwärtigen Entwicklung der Fachwissenschaft wird ebenfalls kritisch über den »Memory-Boom« nachgedacht:[49] »Erinnerung« gilt derzeit als geschichtsmethodologische »Göttin«, »Liebesdienerin« und »Kronzeugin« in einem.[50] Im Kontext wissenschaftlicher Kritik am

47 Margalit, Gedenken, Vergessen, Vergeben, in: Smith/Margalit (Hg.), Amnestie, S. 193. Margalit versucht in diesem Zusammenhang zu begründen, wie der Gedanke der Vergebung eine Formulierung finden kann, ohne mit Vergessen erkauft zu werden; zum Problem des »Gegenwärtigseins« der Vergangenheit auch: Kohli-Kunz, Erinnern und Vergessen.

48 Walser, Erfahrungen beim Verfassen einer Sonntagsrede, S. 17. Walser intendierte jedoch nicht den Schlußstrich unter die Beschäftigung mit der NS-Vergangenheit, sondern forderte, daß die Erinnerung an Auschwitz dem privaten Innenbereich des menschlichen Gewissens eines jeden Einzelnen anzuvertrauen sei. Erst wenn man sie aus dem öffentlichen Diskurs herausnehme, so Walser, könne verhindert werden, daß sie »für andere Zwecke instrumentalisiert« oder als »Moralkeule« mißbraucht werde.

49 Winter, The Generation of Memory: Reflections on the »Memory-Boom«, S. 13-45.

50 Bories-Sawala, Erinnerung – Göttin, Liebesdienerin, Kronzeugin?, S. 117-132.

Erinnerungsdiskurs war es beispielsweise der französische Historiker Henri Rousso, der gegen den aktuellen Gedächtniskult anschrieb[51] und dem Begriff »Gedächtnis« allgemein Vieldeutigkeit, Sentimentalisierung, Moralisierung und Irrationalisierung im Verhältnis zur Vergangenheit vorwarf. In der deutschen Diskussion haben vor allem die Beiträge von Heinz D. Kittsteiner die Kritik an der »Gedächtniskultur« auf eine Weise formuliert, die von abwehrender Polemik frei blieben und das Problem des Gedächtnisdiskurses als »Einbruchstelle« von Sinnstiftung und mythischem Denken zur Diskussion stellten.[52] Trotzdem hat sich, allgemein gesprochen und die Kritik an manchen Fehlentwicklungen im ubiquitären Erinnerungsdiskurs einmal beiseite gelassen, das Bewußtsein in der Geschichtswissenschaft verschärft, daß historische Erinnerungen gruppenspezifische Kontinuitäten konstruieren, sich zur Überbrückung von Widersprüchen eignen, selbst mythisch werden und somit mitunter regelrecht auf das Realgeschehen zurückwirken können. »Erinnerungen sind geschmeidig«, so die zunehmende methodologische Einsicht der Historiker, »und wir müssen zu begreifen suchen, wie und von wem sie geformt werden.«[53]

Geschichtswissenschaft unternimmt es in erklärter und systematischer Hinsicht erst seit kurzem, neben der erinnerten Vergangenheit auch die Erinnerung selbst zu betrachten, also über Themen und Gegenstände hinaus auch die Formen, in denen sie bewahrt werden, zu erforschen. Das begann mit dem Interesse an dem Projekt Pierre Noras Mitte der 80er Jahre in Frankreich,[54] wurde aber nicht zuletzt auch durch Akte der

51 Henri Rousso, L'hantise du passé, Paris 1998. Vgl. hierzu: Ulrich Raulff, Marktwert der Erinnerung. Ein Historiker bekämpft den aktuellen Gedächtniskult, in: FAZ, 5. 5. 1998.

52 Kittsteiner, »Gedächtniskultur« und Geschichtsschreibung, S. 319; vgl. auch: ders., Der Angriff der Gegenwart auf die Vergangenheit; ders., Erinnern – Vergessen – Orientieren.

53 Burke, Geschichte als soziales Gedächtnis, S. 291 f.

54 Nora, Zwischen Geschichte und Gedächtnis; zu seinem Großprojekt vgl. auch: ders., Das Abenteuer der »Lieux de mémoire«, in: François/Siegrist/Vogel (Hg.), Nation und Emotion, S. 83-92; zu Nora: Große-Kracht, Gedächtnis und Geschichte; Unfried, Gedächtnis und Geschichte; Otto G. Oexle hat inzwischen Noras Werk selbst als »eine Memoria, ein Denk-Mal« bezeichnet, vgl.: Oexle, Memoria als Kultur, S. 11; das deutsche Pendant zu Nora: François/Schulze (Hg.), Deutsche Erinnerungsorte (3 Bände).

Wiedererinnerung selbst hervorgerufen, z.B. durch die Wiederentdekkung der Schriften von Maurice Halbwachs[55] und Aby Warburg.[56]

Die oben zitierte Kritik Roussos und vieler anderer am Begriff und an den Möglichkeiten seines Mißbrauchs ist keine Entdeckung der Gegner dieses Diskurses, sondern ein Teil der Debatte von Anfang an. Die Spannung zwischen zuviel und zuwenig Erinnerung ist eine derjenigen Paradoxien des Gedächtnisses, die erst innerhalb dieser Diskussion erarbeitet wurde. Denn ein normativ »richtiges Erinnern« wird ja in der theoretischen Diskussion nirgends gefordert, ganz im Gegenteil: Solche Forderungen bilden zumeist den Ausgangspunkt von diskursgeschichtlicher Kritik. Was dagegen einzufordern ist, ist die Berücksichtigung von Wahrnehmungsweisen, von jenen Formen also, in denen Erinnerungen erzählt werden. Aufmerksamkeit benötigt auch, wie solche Erzählungen konkurrieren, wo sie öffentlich werden und wann sie privat bleiben, warum sie mal Streit entfachen und mal in »konsensuelles Schweigen« münden.[57] Nur in diesem reflexiven Sinne hat man vom richtigen Umgang mit der nationalsozialistischen Vergangenheit gesprochen: Als Aufforderung zur intensiven Reflexion der grundlegenden Bedingungen wissenschaftlicher Erkenntnis, des Verhältnisses zwischen Geschichte und Gedächtnis und des komplexen Zusammenhangs von historischer Erinnerung und Bereitschaft zum Vergessen:[58] »Wer über Gedächtnis spricht, ist gezwungen,

55 Halbwachs, Das Gedächtnis und seine sozialen Bedingungen [franz. Orig.: 1925]; ders., Das kollektive Gedächtnis [franz. Orig.: 1950]; zu Halbwachs als Erinnerungstheoretiker: Echterhoff/Saar, Einleitung: Das Paradigma des kollektiven Gedächtnisses. Maurice Halbwachs und die Folgen, in: dies., Kontexte und Kulturen, S. 13-35; sowie v.a.: Assmann, Das kulturelle Gedächtnis, S. 34-48; Assmann, Erinnerungsräume, S. 131 ff.; Oexle, Memoria als Kultur; Große-Kracht, Gedächtnis und Geschichte, S. 21-31.

56 Vgl.: Aby Warburg, Ausgewählte Schriften und Würdigungen, hg. v. Dieter Wuttke, Baden-Baden 1980; ders., Mnemosyne-Atlas, hg. v. Kurt W. Forster/ Martin Wuttke, Berlin 1996; zu Warburg als Erinnerungstheoretiker vgl.: Gombrich, Die Theorie des sozialen Gedächtnisses, in: ders., Aby Warburg, S. 323-347; Ginzburg, Kunst und soziales Gedächtnis. Die Warburg-Tradition, in: ders., Spurensicherung, S. 115-172; Kany, Mnemosyne als Programm; Wuttke, Aby Warburgs Kulturwissenschaft, in: HZ 256 (1993), S. 1-30; Diers, Mnemosyne oder das Gedächtnis der Bilder, in: Oexle (Hg.), Memoria als Kultur, S. 79-94.

57 Der Begriff bei Klaus Naumann, Die Sehnsucht des Mitläufers nach dem Schlußstrich, in: Die ZEIT, 3. Februar 1995.

58 Hölscher, Erinnern und Vergessen, in: Borsdorf/Grüttner (Hg.), Orte der Erinnerung, S. 111-127.

auch über Wahrnehmen und Lernen, über Wissen und Wiedererkennen, über Zeit und Erinnern zu sprechen – von Aufmerksamkeit, Emotion und Vergessen ganz zu schweigen.«[59]

Die vorliegende Arbeit »Der Holocaust und die westdeutschen Historiker« ist nicht ohne ihren Untertitel zu verstehen – die Betonung auf »Erforschung und Erinnerung« wird hier nicht als lediglich verdoppelte und parallel – aber getrennt – verlaufende Diskussion verstanden, sondern als elyptischer Doppelbrennpunkt eines verschränkten, beide Seiten sich gegenseitig kommentierenden Diskurses, in welchem Geschichtsschreibung als Teilsystem innerhalb des kollektiven Gedächtnisses verstanden wird, Gedächtnis dagegen auch im Diskurs der Geschichtsschreibung aufzufinden ist. Der Doppelcharakter von Gedächtnis gilt mithin wissenschaftstheoretisch auch für die eigene Fachwissenschaft: Sie ist stets beides, Aufbewahrungsort und Konstruktionsarbeit. Wer sich mit der Vergangenheit beschäftigt, so Reinhart Koselleck, werde immer mit sich selbst konfrontiert – eine Antinomie zwischen »damals« und »jetzt«, der man sich auch wissenschaftsimmanent nicht einfach entziehen könne, im Gegenteil: Sie setze geradezu voraus, so Koselleck weiter, »daß wir die Fragwürdigkeit unserer Wissenschaft theoretisch klären«.[60] Die Grundfragen für die folgenden Kapitel lauten deshalb: Mit welchen Argumenten wurden und werden Geschichtswissenschaft und kollektives Gedächtnis als Opposition gesehen, wie ihre Teilidentität begründet? Wie war zu unterschiedlichen Zeiten ein Nachdenken über die Shoah möglich, und wo lagen die Grenzen der Reflexion? Wo und auf welche Weise wurden diese Grenzen überschritten, und wann ging dieses Überschreiten gerade *nicht* von der Geschichtsforschung aus? Welche Begriffe, Modelle und Erklärungsmuster wurden dabei verwendet, und welche intellektuellen Folgen hatten bestimmte Interpretationen? Welche Rückwirkungen auf das historische Gedächtnis hat die Erforschung des Holocaust gezeitigt? Wie wurden aus den Erinnerungskonflikten zwischen Deutschen und Juden, Tätern und Opfern, Mitläufern und Widerständlern, der älteren und der jüngeren Generation, etablierten Wissenschaftlern und akademischen Außenseitern jene Konflikterinnerungen, die auch heute noch in den wissenschaftlichen Debatten und Kontroversen

59 Schmidt, Gedächtnisforschung. Positionen, Probleme, Perspektiven, in: ders. (Hg.), Gedächtnis. Probleme und Perspektiven der interdisziplinären Forschung, S. 10.

60 Koselleck, Wozu noch Historie? Vortrag auf dem Deutschen Historikertag in Köln am 4. April 1970; zit. nach dem Wiederabdruck in: Hardtwig (Hg.), Über das Studium der Geschichte, S. 361.

zum Thema fortwirken? Wie stellte sich die Historiographie dem Dilemma einer traumatisch fortwirkenden Vergangenheit, und wo ritualisierte sie ihr Wissen in formelhaften Wendungen und Interpretationsschemata?

Erste Gegenüberstellung: Der »Historikerstreit« als Paradigma (Christian Meier und Ernst Nolte)

Noch der »Historikerstreit« Mitte der 80er Jahre ließ solche Fragen vermissen. Er soll hier keineswegs noch einmal analysiert werden, vielmehr ist beabsichtigt, ihn als Paradigma der intellektuellen Aporie der 80er Jahre zu verstehen und zum Ausgangspunkt eines archäologischen Rückblicks in seine Vorgeschichte zu machen, der versucht, seine Verwerfungen besser zu verstehen. Denn während der Kontroverse selbst gab es nur sehr wenige Einsichten in die Schwierigkeiten des perspektivischen Erinnerungsdiskurses. Schaut man von heute auf diese letzte Großdebatte der alten Bundesrepublik und die sie einordnenden Kommentare, so fällt die Eindeutigkeit der Bewertungen auf.[61] Die meisten sahen in ihm ein »Gegenbild einer historischen Kontroverse« (Lutz Niethammer), eine anachronistische, wissenschaftlich irrelevante und intellektuell verengende Episode (Karl Dietrich Bracher) ohne Ergebnis.[62] Aus Sicht der Forschung wurde der Streit als langweilig, falsch oder sogar »schädlich« – kurz: als »Stellvertreter-Krieg«[63] bewertet. In der Tat war ja der politische Subtext dieser Auseinandersetzung ebenso evident wie paradox, fand sich

61 Zur Deutung und Einordnung des »Historikerstreits« vgl. v.a. die Einschätzungen und z.T. deutlichen Revisionen der damals beteiligten Historiker: Heinrich A. Winkler, Kehrseitenbesichtigung. Zehn Jahre danach: Ein Blick Rückblick auf den Historikerstreit, in: FR, 29. 10. 1996; Immanuel Geiss, Nicht ein Wort des Bedauerns. Historikerstreit: Nach zehn Jahren eine polemische Bilanz, in: Rhein. Merkur, 12. 7. 1996; außerdem: Elvert, Nationalsozialismus, Nationalbewußtsein und deutsche Identität; v. Stakelberg, Geschichtswissenschaft und Politik. Ein Blick zurück auf den Historikerstreit.

62 Vgl. Niethammer, Über Kontroversen in der Geschichtswissenschaft, S. 223; Bracher, Zwischen Geschichts- und Politikwissenschaft, S. 40; außerdem: Aly, Wider das Bewältigungs-Kleinklein, in: Loewy (Hg.), Grenzen des Verstehens, S. 47; Herbert, Vernichtungspolitik, S. 21 f.; v. Hehl, Kampf um die Deutung, S. 432; einschlägig auch die Tatsache, daß Ian Kershaw sein Kapitel über den »Historikerstreit« in der zweiten Auflage seines Buches »Der NS-Staat« gestrichen hat.

63 Mommsen, Zum Stand der wissenschaftlichen Debatte über die Historisierung der NS-Zeit, S. 17.

doch die politische Linke auf einmal (methodisch gesprochen) in der Position des klassisch-historistischen Singularitätspostulates wieder, welches sie traditionell abgelehnt hatte, während die Konservativen universalhistorische Vergleichsbezüge einforderten. Angesichts der überzogenen Anforderung, mit dem Sprechen über die Judenvernichtung zugleich die richtige politische Gesinnung zu zeigen, kam es zu jenen notorischen politischen, wissenschaftlichen und logischen Kontradiktionen, und die verärgerten Bewertungen des »Historikerstreits« haben hier ihren Grund und ihre Berechtigung. So formulierte es Bracher, der den »von leichtfertigen oder Aufsehen suchenden Thesenrittern ausgelösten sogenannten Historikerstreit« am schärfsten attackierte, letztlich konsequent, wenn er bemerkte: »Er betraf eigentlich gar nicht die Historiker. Er hieß ›Historikerstreit‹, aber die Historiker waren gar nicht die Auslöser. Nolte ist eigentlich mindestens zur Hälfte Philosoph und Habermas ebenfalls.«[64] Diese Einschätzung hatte nicht zuletzt Ernst Nolte selbst vertreten und von »im Kern nichts andere[m] als eine[r] große[n] Kampagne gegen mich« gesprochen.[65]

Doch all diese Feststellungen sind aus Sicht der Gedächtnisgeschichte zu reduktionistisch und belegen nur die Vermutung, daß die andere Dimension dieser Debatte während ihres Verlaufs nur vereinzelt und in ihrer Bewertung erst ex post herausgearbeitet wurde.[66] Der »Historikerstreit« lag in der Tat noch ganz innerhalb jenes geschichtswissenschaftlichen Selbstverständnisses, welches die Dynamik geschichtskultureller und postmoderner Verunsicherungen noch in den alten und eingeschliffenen historischen Denkformen abarbeiten und damit abwehren konnte.[67] Die Frontlinien der Diskussion waren geradezu altbekannt, die Argumentationsstrategien verliefen innerhalb der bewährten Paradigmen der Geschichtswissenschaft, und »die Positionen lassen sich eindeutig

64 Bracher, Zwischen Geschichts- und Politikwissenschaft, S. 40. Bracher erklärt hier, »Nicht-Historiker und Medien« hätten versucht, »die Historiker in einen Streit hineinzutreiben, den diese dann erst und auch nur teilweise angenommen haben«. Für die Klärung der Totalitarismus-Problematik habe die Auseinandersetzung »wenig mehr als persönliche Ranküne mit sich gebracht […]«. Von »Thesenrittern« ist die Rede in: Bracher, Die Weimarer Erfahrung, S. 16.

65 Nolte, Das Vergehen der Vergangenheit, S. 158.

66 Eine Ausnahme in dieser Hinsicht Diner, Zwischen Aporie und Apologie, S. 62-73.

67 So auch die Beobachtung von Rüsen, Historische Aufklärung im Angesicht der Post-Moderne, 236 f.

wissenschaftshistorisch verorten und charakterisieren«.[68] Die dem Thema »Erforschung und Erinnerung« inhärente Spannung selbst zu thematisieren war den Beteiligten seinerzeit aber nahezu unmöglich. Der Streit hatte seine bedeutsameren Momente dort, wo dies ausnahmsweise gelang, seine Blindstellen dagegen resultierten folgerichtig umgekehrt aus der Weigerung, die Ambivalenzen im Verhältnis von Geschichte und Gedächtnis, Erforschung und Erinnerung zu erkennen und anzusprechen. Dies wäre an der Gesamtdebatte ebenso eindrücklich zu zeigen wie anhand einzelner Texte und ihrer Bezüge.

Der Althistoriker Christian Meier hatte zum Beispiel als Vorsitzender des deutschen Historikerverbandes seinerzeit in Tel Aviv einen Vortrag gehalten, der solche Fragen verhandelte. Er machte eine in das bundesrepublikanische Selbstverständnis übergegangene Dauerauseinandersetzung um die Vernichtung der Juden im Nationalsozialismus aus, die sich in den verschiedensten Formen äußere – etwa in Trauer, Scham, Ratlosigkeit, Obsessionen, Fluchtversuchen oder Kompensationen –, die aber alle Symptome ein und derselben Sache seien, nämlich einer im ganzen unbewältigten Geschichtserinnerung als Teil gemeinsamer Identität.[69] Nicht eine gelungene, sondern eine ständig mißlingende Erinnerung, so könnte man diesen Vortrag heute etwas verkürzend zusammenfassen, etwas also, das Meier seinerzeit »Virulenz der Erinnerung« nannte,[70] war ständiger Teil der deutschen Gegenwart; die Erinnerung an die deutschen Verbrechen sei auf gerade diese Weise, so Meier, »tief in die Fundamente der Bundesrepublik installiert«, mehr noch, sie müsse dies auch bleiben: »Was damals geschah, wird – und darf – nie, jedenfalls nicht in den Zeiträumen, an die die heute Lebenden denken können, vergessen werden.«[71]

Diese These hatte Brisanz, und das aus drei Gründen: Meier forderte hier vierzig Jahre nach Kriegsende in semioffizieller Weise bereits im

68 Ebd., S. 237; vgl. auch: Bichler, Das Diktum von der historischen Singularität und der Anspruch des historischen Vergleichs, S. 169-192; Berg, »Auschwitz« und die deutsche Geschichtswissenschaft, S. 34 ff.

69 Meier, Verurteilen und verstehen. An einem Wendepunkt deutscher Geschichtserinnerung, in: »Historikerstreit«, S. 48-61. Der Text wurde im Januar 1986 als Vortrag gehalten, am 28. Juni desselben Jahres gekürzt in der »Frankfurter Allgemeinen Zeitung« abgedruckt; vgl. auch: ders., 40 Jahre nach Auschwitz; ders., Von Athen nach Auschwitz.

70 Ebd., S. 48; hier auch das folgende Zitat; zu diesem Gedanken vgl. jetzt: Schilling, Scheitern an der Vergangenheit.

71 Meier, Verurteilen und Verstehen, S. 50 und 51; das folgende Zitat S. 54.

Januar 1986, also ein halbes Jahr *vor* dem berühmten Nolte-Artikel in der Frankfurter Allgemeinen Zeitung, welcher den »Historikerstreit« auslöste, Teil des deutschen Geschichtsbewußtseins müsse immer die Beispiellosigkeit der Verbrechen sein, »die wir in diesen zwölf Jahren begangen haben«. Er begründete diese These mit der Einzigartigkeit von Unrecht und Verbrechen, also mit der Neuartigkeit und Planmäßigkeit, mit der dieser »administrative Massenmord nach Methoden, die für Ungeziefer indiziert sind, ins Werk gesetzt wurde«.[72] Und er argumentierte nicht zuletzt auch mit dem Pragmatismus des Erinnerungsparadoxons: »Wenn wir uns besser erinnern, machen wir es den anderen leichter, uns zu schonen.«

Tatsächlich war Schonung neben Erinnerung das andere, etwas verdecktere zweite Zentrum dieses Textes. Meier hatte in einer Rede die Vergangenheitsbewältigung bundesdeutscher Provenienz als Dauer-Erinnerung auf der Positivseite der Nachkriegsidentität etabliert und konnte deshalb zugleich um Verstehen und Verständnis für die Mehrheit der Deutschen jener Zeit werben. Sein Beitrag betonte den Wendepunkt deutscher Geschichtserinnerung auch als Übergang von »Verurteilen« zu »Verstehen«, er betonte dabei, daß das Problem nicht an die Wissenschaft zu delegieren sei, und er fügte hinzu: »Wir werden neue Kategorien nicht nur des Verstandes, sondern auch des Herzens brauchen.«[73] Mit dieser etwas künstlichen Entgegensetzung von »Verstand« und »Herz« hatte er somit nicht nur *mehr* Erinnerung gefordert (in Deutschland), sondern zugleich auch *weniger* angemahnt (nämlich gegenüber »Zumutungen« von draußen):

> »[W]enn wir es mit diesem Geschehen nicht aufnehmen, wenn wir meinen, damit einfach Schluß machen zu können, so wird es uns nur schlimmer heimsuchen und seine Streiche spielen. Und dann werden wir auch die Festigkeit nicht gewinnen, welche wir manchen Zumutungen gegenüber durchaus haben sollten.«[74]

Das Gedächtnis funktioniert auf paradoxe Art, und Christian Meier hatte dies in seinem Schlußsatz ja durchaus benannt: Wenn wir uns erinnern, werden wir nicht mehr erinnert. Er hat sich mit dieser Reflexion über den Umgang mit der deutschen Vergangenheit als Prognostiker erwiesen, denn Ernst Noltes »Rede, die geschrieben, aber nicht gehalten

72 Ebd., S. 50; das folgende Zitat S. 55.

73 Ebd., S. 61. Hier waren zuletzt »Verstehen« und »Verzeihen« fast schon zu Gegenbegriffen von »Erinnern« geworden.

74 Ebd.

werden konnte«,[75] hat fünf Monate später auf präzise Art den Beweis hierfür erbracht.

Noltes Text liest sich heute wie ein spiegelbildlich verfaßter Versuch einer Antwort oder Widerlegung des konsenssuchenden Vortrages von Meier. Er schrieb nicht *für*, sondern *gegen* Erinnerung. Für ihn war die Präsenz einer reflektierten nationalsozialistischen Vergangenheit vier Jahrzehnte später nicht wünschenswerter Teil der bundesdeutschen Nachkriegsgeschichte, sondern nur noch ein »Richtschwert über der Gegenwart«.[76] Selbstverständlich erfaßte auch Nolte das »Bedrängende« dieser speziellen deutschen Geschichte. Schon Jahre zuvor hatte er von der »negativen Lebendigkeit« des Dritten Reiches geschrieben.[77] Aber er konnte oder wollte diese gerade nicht erklären, während Meier genau dies versucht hatte. Statt dessen bezeichnete es Nolte als »die beklagenswerteste Folge des ›Nichtvergehens‹ der Vergangenheit«, daß die »einfachsten Regeln, die für jede Vergangenheit gelten, außer Kraft gesetzt zu sein scheinen«.[78] Auch Nolte wandte sich, wie bekannt, in diesem Text an zentraler Stelle der »Endlösung« zu. Für ihn war die gegenwärtige Erinnerung an die Judenvernichtung aber rein interessengeleitet, nicht der Dimension des Ereignisses selbst geschuldet. Während Meier die Unterschiede zwischen historischen Katastrophen hervorhob, zielte Nolte auf »Gleichbehandlung«.[79] Er argumentierte deshalb nicht *für*, sondern explizit *gegen* das Singularitätsaxiom, wie es von Meier vorgebracht worden war. Meier hatte sich der Bedeutung, der Wirkungsgeschichte der Judenvernichtung und den Schwierigkeiten der Verinnerlichung einer »Auschwitz-Erkenntnis« gewidmet. Nolte tat das Gegenteil: er wandte sich rhetorisch der Vorgeschichte des Ereignisses Auschwitz selbst zu und legitimierte sein Verfahren mit dem »Ethos der Wissenschaft«. Entscheidend für den Ansatz Noltes war, daß er den wirkungsgeschichtlichen Aspekt des Ereignisses dementierte und »Wissenschaft« gegen »Gedächtnis« setzte. Nur auf diese Weise konnte er die Sicht auf die realhistorische Vorgeschichte des Ereignisses zu revidieren versuchen: Er betonte deshalb das

75 Nolte, Vergangenheit, die nicht vergehen will. Eine Rede, die geschrieben, aber nicht gehalten werden konnte, in: Historikerstreit, S. 39-47.

76 Ebd., S. 39; hier auch das folgende Zitat.

77 Nolte, Die negative Lebendigkeit des Dritten Reiches. Eine Frage aus dem Blickwinkel des Jahres 1980, in: FAZ, 24. 7. 1980; wieder u.d.T. Zwischen Geschichtslegende und Revisionismus? Das Dritte Reich im Blickwinkel des Jahres 1980, in: Historikerstreit, S. 13-35.

78 Nolte, Vergangenheit, die nicht vergehen will, S. 42.

79 Ebd., S. 43.

Reaktive, Sekundäre und wertete das Ursprüngliche und Primäre des Holocaust ab.[80] Und nicht zuletzt: Er markierte mit seiner rhetorisch nur schwach verbrämten *damnatio memoriae*, entgegen seiner eigenen Intention, gerade keinen »Schlußstrich«,[81] sondern die wohl aufgeregteste Kontroverse über die Judenvernichtung, die es in Deutschland bis dahin gegeben hatte.

Während also Meier einen Text über Erinnerung vorlegte, der um Konsens für die Bewertung der Realgeschichte warb und damit einer Bitte um Verzeihen nahekam, schrieb Nolte einen jeden Konsens negierenden, provokativen, sich empirisch gebenden Text über »schlichte [...] Wahrheiten«,[82] mit dem er jedoch in die Gedächtnisgeschichte des Ereignisses einzugreifen versuchte, indem er eine vollständige »Neuordnung der Memoria-Zeichen« intendierte.[83]

Die Unterschiede zwischen beiden Vorträgen wurden hier betont, weil sie der Verschiedenartigkeit der hier artikulierten Intentionen eigen sind. Es sollte aber nicht vollständig darüber hinweggesehen werden, daß es auch Gemeinsamkeiten gab. Die wichtigste war, daß sich sowohl Meier

80 In diesem Zusammenhang stellte er dann die beiden oft zitierten rhetorischen Fragen: »War nicht der ›Klassenmord‹ der Bolschewiki das logische und faktische Prius des ›Rassenmords‹ der Nationalsozialisten? [...] Rührte Auschwitz vielleicht in seinen Ursprüngen aus einer Vergangenheit her, die nicht vergehen wollte?« Nolte legte aber nicht nur Bedeutung auf die chronologische Reihung der Morde, sondern betonte v.a. ihren »kausalen Nexus«, vgl.: ebd., S. 45 und 46.

81 Nolte beansprucht eine Position jenseits von Bewältigung und Schlußstrich. Der ganze Text plädiert jedoch in unmißverständlicher Weise für eine »Mauer gegen das Verlangen nach immer fortgehender ›Auseinandersetzung‹ mit dem Nationalsozialismus«, vgl. ebd., S. 40 und 46. Der ursprünglich vorgesehene Vortragstitel von Noltes Text lautete im übrigen: »Die Vergangenheit, die nicht vergehen will. Auseinandersetzung oder Schlußstrich?« (vgl.: ebd., S. 47).

82 Ebd., S. 45. Der Habitus des Tabu-Bruchs [»(M)an scheut sich, (solche Fragen) aufzuwerfen, und auch ich habe mich lange Zeit gescheut, sie zu stellen.«] wertete hier Noltes eigene Position innerhalb des Wissenschaftsbetriebs auf und kompensierte, daß er mit seinen Thesen vollkommen allein stand.

83 Die Definition von »Vergessen« als »Neuordnung der Memoria-Zeichen« bei: Simon, Verordnetes Vergessen, in: Smith/Margalit (Hg.), Amnestie oder Die Politik der Erinnerung, S. 21-36 (32); vgl. auch Nolte, Zwischen Geschichtslegende und Revisionismus? Hier definiert Nolte »Revision« in Absetzung zu »Revisionismus« als eine Art Synthese (in Abgrenzung zu »Einzel- und Spezialwissenschaft«) und als Versuch, »sich von zeitbedingten Begrenzungen frei zu machen« (ebd., S. 35).

als auch Nolte der Frage widmeten, »wieviel Gedächtnis« für den Nationalsozialismus und die »Endlösung« nötig sei, wer hierfür zuständig sei und wann ein Zuviel bzw. ein Zuwenig an Erinnerung zum Problem und Konflikt zu werden drohe. Christian Meier ging hierbei von der Vorstellung einer erfahrungsgesättigten, »gegenwärtigen Vergangenheit« aus und versuchte somit dem »kommunikativen Gedächtnis« an das Dritte Reich Stabilität zu geben, während Nolte einer »reinen«, einer »vergangenen Vergangenheit« das Wort redete und die historischen Gewichtungen des »kulturellen Gedächtnisses« innerhalb der Geschichtsschreibung zu verschieben versuchte. Meier wollte einen »inzentiven« Diskurs über die NS-Vergangenheit begründen und verteidigen, Nolte eine »quietive« Sicht der Vergangenheit neu verankern. Beide zusammen markierten exemplarisch genau das Konfliktpotential zwischen »heißer« und »kalter« Erinnerung, wie sie Jan Assmann im Anschluß an Claude Lévi-Strauss beschrieben hat. Deshalb erscheint dieser häufig übersehene Aspekt des nicht nur in Deutschland so bezeichneten »Historikerstreits« als Musterbeispiel von Erinnerungskampf und Gedächtnisgeschichte.[84]

Dieses Beispiel mag genügen, um die Relevanz einer Methode aufzuzeigen, die die Kontroversen um die Judenvernichtung nicht ausschließlich wissenschaftsintern interpretiert, sondern in einem erweiterten Rahmen betrachtet, der ihre Deutung zugleich systematisch ermöglicht, ohne sie von ihrem Zeithintergrund abzulösen. Denn nähert man sich dem »Historikerstreit« als einem eigenen historischen Ereignis und nicht als mehr oder weniger mißglückte Forschungsdebatte, rücken also erinnerungstheoretische Fragen ins Zentrum des Interesses, so bleibt er als Grundauseinandersetzung und Beispiel für mögliche Verirrungen des Kollektivgedächtnisses bedeutsam.[85] Auf den in der Auseinandersetzung zwischen Nolte und Habermas wiederbelebten Antagonismus zwischen Heidegger und Jaspers in der Nachkriegszeit hat zum Beispiel mit verblüffender Stringenz Anson Rabinbach hingewiesen.[86] Generell aber fällt dem rückblickenden Betrachter auf, wie wenig Beteiligte und Kommentatoren die erinnerungstheoretischen Fallen des Streits selbst zum Thema

84 Vgl. zum »Historikerstreit« auch Diner (Hg.), Ist der Nationalsozialismus Geschichte?; Wehler, Entsorgung der deutschen Vergangenheit?; Maier, Die Gegenwart der Vergangenheit.

85 Assmann, Das kulturelle Gedächtnis, S. 51 und 66-86; außerdem: Zuckermann, Zweierlei Holocaust, v.a. S. 52 f.; zuletzt: Frei, Farewell to the Era of Contemporaries, S. 62.

86 Rabinbach, The German as Pariah: Karl Jasper's »The Question of German Guilt«, S. 132.

gemacht haben. Man hat später diese Tatsache zu der These zugespitzt, daß der »Historikerstreit«, so eine Einschätzung mit Blick auf die revitalisierte Nationalperspektive während der Auseinandersetzung in den 80er Jahren, die Beobachtung machen ließ, »daß manche mehr als vierzig Jahre brauchten, um sich selbst und anderen einzugestehen, daß sie eine notwendige Begebenheit nicht verarbeitet hatten, daß eine nationale Niederlage im Untergrund ihrer Persönlichkeit rumort«.[87] Günther konstatierte »Glaubenskämpfe«, deren Ursachen in »schwärenden Wunden« zu suchen seien, die eine unverarbeitete Geschichte geschlagen hatte. Von einem plötzlichen Ausbruch »ungezähmter Erinnerungen« hat auch Saul Friedländer gesprochen und die Heftigkeit des deutschen »Historikerstreits« ebenfalls nicht nur allgemein an den Faktoren »Geschichtswissenschaft und Politik«[88] festgemacht, sondern zumindest ebenso stark im »Einfluß [der] persönlicher Lebensgeschichte« gesehen.[89] Im Rückblick scheint es, so auch Norbert Frei, als sei das eigentliche Thema der NS-Debatten dieser Zeit um die Vernichtung der Juden Europas nicht das zu Erforschende, sondern die Erinnerung der Zeitzeugen gewesen:[90] »Ohne individuelle Unterschiede zu vernachlässigen, scheint es, als habe diese enorm produktive Generation von empirisch arbeitenden Historikern im Prozeß einer zunehmenden Professionalisierung und mit einer emphatisch vertretenen Sachlichkeit den eigenen generationellen Anteil an der Geschichte ablösen wollen.« Lediglich der Amerikaner Charles S. Maier fragte als einer der wenigen Historiker schon während der Debatte aus der Distanz des amerikanischen Beobachters nach dem Funktionieren des Erinnerungsdialoges und den Bedeutungen des Standpunktes der Beteiligten. Äußere sich nicht die Schwierigkeit der Erinnerung gerade darin, daß die Verteilung der Erinnerungsaufgaben generell sehr ver-

87 Horst Günther, Historiker ohne Geschichte, in: Neue Rundschau 105 (1994), S. 31-40. Axel Schildt meinte sogar, das Ende des »Historikerstreits« sei tatsächlich nie erfolgt, lediglich mehrfach »dekretiert« worden, vgl.: Schildt, Ankunft im Westen, S. 144.

88 v. Stackelberg, Geschichtswissenschaft und Politik: Ein Blick zurück auf den Historikerstreit.

89 Friedländer, Auseinandersetzung mit der Shoah: Einige Überlegungen zum Thema Erinnerung und Geschichte, S. 17 f.

90 Frei, Farewell to the Era of Contemporaries, S. 67. Frei spricht auch vom zu lange vernachlässigten Aspekt des generationellen Ansatzes: Erst mit Blick auf die Alterskohorte, auf Adoleszenzerfahrungen und die eigenen Erinnerungen der beteiligten Personen sei der Subtext des ›Historikerstreits‹ zu verstehen; das folgende Zitat ebd. S. 68.

schieden sei? Daß also eine »gelungene Erinnerung« eine wie auch immer sich konkretisierende Form dialogisierenden Argumentierens benötige?[91]

Zweite Gegenüberstellung: Dialog und Grenzen der »Historisierungsdebatte« (Martin Broszat und Saul Friedländer)

Dieses »dialogisierende Argumentieren« hat es gegeben, wenn auch in häufig mißglückter Kommunikation, erwähnt seien beispielsweise die Briefe zwischen Hermann Broch und Volkmar v. Zühlsdorf in der Nachkriegszeit, die Auseinandersetzung um die Frage der SS-Mitgliedschaft zwischen Hans Georg Holthusen und Jean Améry in den 60er Jahren oder auch der Briefwechsel zwischen Martin Broszat und Saul Friedländer um die »Historisierung« des Nationalsozialismus von 1988.[92] Die Fragestellung der vorliegenden Studie hat ihren Ursprung deshalb nicht allein im »Historikerstreit«, sondern zugleich in der teilweise ihm vorangegangenen, teilweise parallel dazu ausgetragenen Historisierungsdebatte. Der Begriff der »Historisierung« ist seither, mehr noch als andere Begriffe, *das* Stichwort in allen wissenschaftlichen Debatten um die Interpretation des Dritten Reichs und der Judenvernichtung. Er wurde, trotz seiner Mehrdeutigkeit, nicht aus dem »Verkehr gezogen«, wie das Christian Meier auf dem Höhepunkt der Kontroverse sogar einmal gefordert hatte. Er hat unter systematischen Gesichtspunkten mehrere Verwendungskontexte: 1.) als Schlüsselwort jenes spezifischen Deutungs- und Interpretationswandels der bundesrepublikanischen Geschichtswissenschaft vor der Wiedervereinigung, 2.) als theoretisch trivialisierter Kampfbegriff in geschichtspolitischer Absicht bis heute sowie 3.) als Grundlagenterminus reflexiver Methodologie jenseits von Schulen und Streitfällen. Im ersten Sinne geht er auf Martin Broszat und die frühen

91 Maier, Die Gegenwart der Vergangenheit, S. 203 f.

92 Zu diesen sich in Dichotomien aufspaltenden Erinnerungsdiskursen vgl.: Berg, Perspektivität, Erinnerung und Emotion, S. 236 ff., 238 ff. und 241 ff.; zur Broszat-Friedländer-Debatte haben auch wohlwollende Kommentatoren des Broszatschen Aufsatzes bei dessen Einordnung des Nationalsozialismus in die deutsche Geschichte »einen Moment lang eine relativierende Tendenz auf[blitzen]« sehen, vgl.: Meier, Nachruf auf Martin Broszat, S. 36; der Historiker Wolfgang Kraushaar meinte explizit, daß »das ›Plädoyer für eine Historisierung des Nationalsozialismus‹ nicht die Konsistenz [besitze], um sich mit dem Holocaust konfrontieren zu lassen«, vgl.: Kraushaar, Der blinde Fleck in der modernistischen Historisierungsvariante, S. 35.

80er Jahre zurück. Im damals karrieremachenden Begriff artikulierte sich eine frühe Irritation der Wissenschaft über die ersten fünfzigsten Jahrestage des Gedenkens an den Nationalsozialismus und der ihnen eigenen Erinnerungsdynamik. Im zweiten Sinne sind die Belege ohne Zahl: Auf Broszats problematisches, aber methodisch noch differenziert vorgetragenes »Historisierungs«-Postulat antworteten manche Historiker mit ihren Beschwörungen von Nüchternheit, Distanz und Meinungsfreiheit, und das gerade mit dem Motiv, nicht »vor Auschwitz kapitulieren« zu wollen.[93] Außer Ernst Nolte und Joachim Fest, die sich schon während der Debatte auf ihn beriefen, nahmen später auch Gesamtdarstellungen explizit, teilweise emphatisch, auf Broszats Historisierungspostulat Bezug, neben Rainer Zitelmann, Eckehard Jesse, Uwe Backes war dies vor allem Karl-Heinz Weißmann.[94] Die Schwierigkeiten des Begriffes, vor allem aber die Probleme seiner Begründung und Anwendung in bezug auf das Dritte Reich, wurden hier nicht mehr mitdiskutiert.[95] Für Christoph Dipper war der Ausdruck dasselbe wie Professionalität, er bedeute dasselbe wie »methodisch korrekt«, also, wie er ausdrücklich im Anschluß an Martin Broszat hinzufügt, »*sine ira et studio*, mit dem Blick für die richtige Dimension« das Dritte Reich »nicht in der verkehrten chronologischen Reihenfolge, von rückwärts, von Auschwitz her [zu betrachten], sondern von seinen Anfängen ausgehend – wie man das auch sonst zu

93 Diese Formulierung im Vorwort der Herausgeber: Backes/Jesse/Zitelmann (Hg.), Die Schatten der Vergangenheit, S. 37.

94 Ebd.; Nolte, Die Ausschau nach dem Ganzen. Wissenschaft, Ethos und Historisierung, in: FAZ, 18. 7. 1987; Fest, Nachwort, in: »Historikerstreit«, S. 390; die Broszatsche Forderung wurde von Fest programmatisch erneuert in: ders., Fremdheit und Nähe, S. 9 f. und 180 ff.; zu Weißmann vgl. Kap. 4.1.

95 Der Tübinger Historiker Dietrich Beyrau sprach noch vor kurzem affirmativ von der »Formel der Historisierung«, mit der es gelungen sei, »die Ablösung einer überbordenden pädagogisierenden und moralischen Deutung und die Einbettung in einen analytischen Rahmen« zu benennen, vgl.: Beyrau, Die korrekte Moral und die historische Profession, S. 262. »Die moralische Obsession«, so Beyrau, stehe in Spannung zu methodischen Ansprüchen und Verfahrensweisen historischen Arbeitens. Vgl. auch Ulrich v. Hehls Charakterisierung von Goldhagens Buch »Hitlers Willing Executioners« als »Gegenteil einer Historisierung«, in: v. Hehl, Kampf um die Deutung, S. 434; oder Sonja Margolinas konservativ-skeptische Bewertung des Mißerfolgs der Historisierungsbemühungen: »Dieser Versuch ist kläglich an der linksliberalen moralischen Sturheit gescheitert«, vgl.: Margolina, Geschichte im Fluß, in: Merkur 53 (1999), S. 677-685 (682).

machen pflegt«.[96] Die dritte Bedeutung wurde am dezidiertesten von Jörn Rüsen beachtet, und auch Helmut Fleischer faßte sie schon früh und treffend in die Formulierung, Probleme der Historisierung beträfen »Verfassungsfragen des Geschichtsbewußtseins«.[97]

Alle drei Bedeutungsschichten von »Historisierung« thematisierten spezifische Umgangsweisen mit der nationalsozialistischen Vergangenheit. Verschieden weit, unterschiedlich motiviert und mit stark voneinander differierenden Konsequenzen kreisten die einzelnen Historisierungsvarianten um die Frage, nach welchen methodischen Regeln und theoretischen Prämissen der Umgang mit dieser Geschichte gelingt oder scheitert.

Am beeindruckendsten wurde dieser dritte Verwendungskontext in der berühmten Debatte zwischen Saul Friedländer und Martin Broszat verhandelt, die teilweise als die Antwort und die Ergänzung der theoretischen Defizite des »Historikerstreits« für die Sinnbildung historischen Gedächtnisses gelesen werden kann.[98] Hier wurden diese Grenzen der fachwissenschaftlichen Interpretation direkt thematisiert. In ihren Aufsätzen, Vorträgen, vor allem aber in jenem »Experiment mit ungewissem Ausgang«, dem Briefwechsel von 1988,[99] stellten beide die Arbeit des

96 Dipper, Warum werden deutsche Historiker nicht gelesen?, S. 95; ein reduktionistischer Text, der von nur drei Formen des Umgangs mit Vergangenheit ausgeht, von denen nur »Historisierung« Berechtigung habe, »Normalisierung« und »Ontologisierung« werden dagegen abgelehnt, letztere mit der bemerkenswerten Begründung, hier solle »nicht verstanden werden, sondern gerichtet« (97). Sein Fazit lautete deshalb, Historisierung sei »die einzige« und »einzig korrekte« Art des Umgangs mit dem Dritten Reich, anders könne man es nicht verstehen.

97 Rüsen, The Logic of Historization. Metahistorical Reflections on the Debate between Friedländer and Broszat, S. 113-144; Fleischer, in: Backes/Jesse/Zitelmann (Hg.), Impulse zur Historisierung des Nationalsozialismus, S. 59.

98 Steven Aschheim hat geschrieben, daß der Broszat-Friedländer-Briefwechsel hier eine singuläre Position innehabe, ja, »vielleicht *das* exemplarische Dokument »of a [...] post-Shoah German-Jewish dialogue« sei, vgl.: Aschheim, On Saul Friedländer, S. 25 und S. 17; zur Neueinschätzung der Debatte vgl. Anm. 108.

99 Broszat/Friedländer, Um die Historisierung des Nationalsozialismus (zit. als »Briefwechsel«; die Formulierung vom »Experiment« ist von Martin Broszat, in: ebd., S. 340); zahlreiche Nachdrucke in anderen Zeitschriften folgten. Eine breite Rezeption erfolgte im anglo-amerikanischen Sprachraum, vgl. die mehrfachen englischen Wiederabdrucke, in: Yad Vashem Studies 19 (1988), S. 1-49; New German Critique 44 (1988), S. 85-126; James Baldwin (Hg.), Reworking the Past. Hitler, the Holocaust, and the Historians' Debate, Boston 1990, S. 102-134.

Historikers von verschiedenen Seiten her in den Diskussionszusammenhang nach der Frage einer angemessenen Historik für das Grenzereignis Auschwitz. Historiographische, methodische, theoretische und persönliche Aspekte waren die Themen der Debatte, nicht die sie störenden Akzidenzien. Zentral war hierbei das Verhältnis von Erforschung und Erinnerung – aufgefächert in einer Vielzahl von Einzelfragen. Es ging um Probleme zeitlicher Distanz, der angemessenen Perspektive und um das Verhältnis von »kritischem Verstehen« und »historischer Einsicht«. Beide griffen auf Fragen zurück, die schon jener vielbeschworene deutsch-jüdische Dialog aufgeworfen hatte, und thematisierten Aporien eines deutschen bzw. jüdischen Blickes auf die Geschichte des NS-Regimes. Es ging um unterschiedliche Traditionen der eigenen Fachwissenschaft und um Innovationen einer jüngeren Generation von Wissenschaftlern, um das Verhältnis von öffentlichem und akademischem Geschichtsbewußtsein und um die Frage nach der adäquaten Sprache des Historikers zwischen Präzision und Moral. Nicht zuletzt ging es auch um das Austragen von Konflikterinnerungen verschiedener kollektiver Gedächtnisse im Sinne des Satzes von Halbwachs, der von einer »Anzahl unverwechselbarer Personen« ausging, die wir stets »mit und in uns« trügen.[100] Versteht man diesen Satz als Metapher für den von Halbwachs so bezeichneten »Ausblickpunkt«,[101] den jedes individuelle Gedächtnis auf das des Kollektivs freigibt – so ließe sich die Broszat-Friedländer-Debatte mit ihren Zentralbegriffen »Perspektive«, »Fokus«, »Gedächtnis« und »Gerechtigkeit« mithin auch als Auseinandersetzung um den Rahmen von Erinnerungen lesen. Wenn es aber, so die naheliegende Frage, den Forschern hier gelang, die ansonsten im Wissenschaftsbetrieb ausgeschalteten Fragen zum Thema eines fairen und persönlichen Austauschs zu machen, wo lagen dann die Grenzen der »Historisierungsdebatte«? Wieso und woran scheiterte dieser Dialog, wenn er doch offensichtlich gerade deshalb geführt wurde, um die »andere Erinnerung« (Stephan Braese) besser zu verstehen?

Perspektivität und Aporie: Das Problem der Geschichtswissenschaft als Teil und Gegenteil der Erinnerung

Für die Beantwortung dieser Fragen, soll noch einmal ein genauerer Blick auf die Theoreme von Martin Broszat und auf die Aufrichtigkeit innerhalb seiner Argumentation geworfen werden. Broszat hatte 1985 in

100 Halbwachs, Das kollektive Gedächtnis, S. 2.
101 Ebd., S. 31.

der Zeitschrift »Merkur« und in seinen erläuternden Arbeiten danach den Umgang mit dem Nationalsozialismus als von Moralisierung, Pädagogisierung und pauschaler Distanzierung geprägt beschrieben. Eine »negative Zentralisierung« des Dritten Reiches in der deutschen Geschichte produziere ein Vergessen, so der Münchner Historiker:

> »Die Gefahr des Verdrängens dieser Zeit besteht m.E. nicht nur in dem üblichen Vergessen, sondern in diesem Fall, paradoxerweise, gerade darin, daß man sich aus didaktischen Gründen um dieses Kapitel zu sehr ›bemüht‹.«[102]

Er hatte im ganzen »Erinnerung« mit »Schock« und »Sprachlosigkeit« assoziiert, die von ihm favorisierte »realistische Annäherung« jedoch mit dem Gegenteil, also mit Nachsicht, Verständnis, Gerechtigkeit.[103] Die NS-Zeit sei in die deutsche Geschichte einzuordnen, der Historiker sei aufgerufen, »selbst der Hitler-Zeit gegenüber ein Maß mitfühlender Identifikation – mit den Opfern, aber auch mit den in diesem ›Unheil‹-Kapitel der deutschen Geschichte fehlinvestierten Leistungen und Tugenden – aufzubringen«.[104] Zugleich argumentierte der renommierte Historiker mit der generationellen Gesetzmäßigkeit und der »zwangsläufig veränderten Perzeption der jungen Generation«, also einer »Unvermeidbarkeit dieser Historisierung«, die man sich lediglich noch »bewußt« zumachen habe.[105] Historisieren, so Broszat abschließend, habe etwas mit der Perspektive der geschichtlichen Betrachtung zu tun.[106]

Aufgrund dieser Perspektive aber, die erst in den kritischen Nachfragen von Saul Friedländer als eine deutsche Sichtweise erkennbar wurde, war Broszats Vorstellung von der »geschichtsvergröbernden« Erinnerung der Opfer überzeugt, die, »absolut gesetzt«, die »wesentliche[n] Zugänge geschichtlicher Erkenntnis« versperre und »historischer Gerechtigkeit« nicht genügen könne. Die »intensive jüdische Erinnerung an den Holocaust« berge umgekehrt gleichsam die Gefahr, die Geschichte des Dritten Reiches »von hinten aufzurollen, anstatt sie, wie das der historischen Methode entspricht, nach vorwärts zu entfalten«. Hier aber müsse die

102 Broszat, Was heißt Historisierung?, S. 8 und 14.
103 Broszat, Was heißt Historisierung?, S. 4; seine Ansichten hatte Broszat bereits in früheren Beiträgen dargelegt, vgl. z.B.: Broszat, Grenzen der Wertneutralität in der Zeitgeschichtsforschung, S. 109; Broszat, Eine Insel in der Geschichte?
104 Ebd., S. 114 f.
105 Broszat, Was heißt Historisierung?, S. 4 und 5.
106 Ebd., S. 9.

Forschung gegen die Erinnerung angehen. Das »Potential der Holocaust-Erinnerung«, so Broszat weiter, schaffe ein konstruiertes Bild von den Ereignissen, das Auschwitz in einer solchen historischen Retrospektive sei nicht das Auschwitz der historischen Realität. Es werde statt dessen perspektivisch zum »Zentralereignis der Hitler-Zeit«, stelle die »ganze Geschichte in den Schatten« und mache die Judenvernichtung »sogar zum alleinigen Maßstab der geschichtlichen Perzeption dieser Zeit.«[107]

Zu diesen Auffassungen äußerte sich Saul Friedländer insgesamt am ausführlichsten und kritischsten, denn er wollte nicht unwidersprochen lassen, daß seine persönlichen Erinnerungen nachsichtig geduldet werden und seine historischen Forschungen nicht ausreichend »historisierend« seien. Seine Argumente und Einwände sollen hier nicht noch einmal aufgeführt werden;[108] entscheidende Differenz aber, so kann man als Fazit dieser zweiten Gegenüberstellung festhalten, war innerhalb des Briefwechsels zwischen dem deutschen und dem jüdischen Historiker ein unterschiedliches Verständnis von Erforschung und Erinnerung: Beide zogen in bezug auf den Holocaust andere Konsequenzen aus den Begriffen, beide gewichteten das jeweilige Verhältnis zwischen ihnen verschieden, und beide thematisierten das Verhältnis von persönlicher Involviertheit in das Thema und ihre Verpflichtung auf akademische Wissenschaftlichkeit mit anderen Folgen auf ihre wissenschaftliche Arbeit. Der Briefwechsel zwischen ihnen hat die Sehnsucht nach Kompromissen ebenso vermieden wie verletzende Provokationen. Deshalb konnte überhaupt erst sichtbar werden, *wie* unterschiedlich die beiden Positionen wirklich waren. Im empirischen Pathos Martin Broszats hatte »Historisierung« die Bedeutung erhalten, in einem rational gesicherten Erkenntnisprozeß Gedächtnis in Geschichte zu verwandeln. Friedländer dagegen betrachtete die Lebendigkeit des Gedächtnisses als Phänomen *sui generis* und versuchte, geschichtliche Zusammenhänge und Erklärungen mit der eigenen Erinnerung in Einklang zu bringen.[109] Für Broszat

107 Broszat, in: Briefwechsel, S. 352 f.

108 Vgl. die Zusammenfassung: Berg, Perspektivität, Erinnerung und Emotion, S. 236 ff., 238 ff. und 241 ff.; hier wird vom Verf. die positive Einschätzung des Broszat-Friedländer-Briefwechsels relativiert, die 1996 und 2001 ohne das Wissen um die Parteimitgliedschaft von Martin Broszat entwickelt worden war, vgl.: Berg, »Auschwitz« und die Geschichtswissenschaft, S. 38 ff.; ders., Der Holocaust in der Geschichtswissenschaft, S. 115 ff.; vgl. auch: ders., Die Lebenslüge vom »Pathos der Nüchternheit«.

109 Vgl. auch: Rüsen, The Logic of Historicization. Metahistorical Reflections on the Debate between Friedländer and Broszat, S. 117.

galt der Imperativ, daß die Geschichtswissenschaft selbst die beste, gerechteste und authentischste Form der Erinnerung ist. Friedländer situiert die möglichen Einsichten in das Geschehen von Auschwitz in einen erkenntnistheoretischen Zwischenraum »between History and Memory«. Geschichtswissenschaft und Erinnerung haben, folgt man Friedländers Überlegungen, eine Art gegenseitige Verantwortung und Aufgabe wahrzunehmen. Während Broszat die Gegenwärtigkeit des Ereignisses erkenntnistheoretisch auszuschalten versuchte und die zunehmende Entfernung des Ereignisses von der Gegenwart als eine Art naturalen Teil der »Historisierung« begriff, setzte Friedländer sein Verständnis von »historisch« dort an, wo die historische Zeit ein besonderes Verhältnis zur Gegenwart aufweist. Die Opposition von »Erforschung« und »Erinnerung« erwies sich hier als dichotom gedachte Schlüsselbegrifflichkeit der Auseinandersetzung und als Bruchstelle einer mißlungenen Annäherung: Die Perspektivität der verschiedenen Standpunkte verdeutlichte die grundlegende Aporie, nämlich die Tatsache, daß in dieser Debatte Geschichtswissenschaft zugleich als Teil und Gegenteil der Erinnerung fungierte. Während aber, und hier liegt der Kern der erkenntnistheoretischen Differenz, Broszat im Briefwechsel die Opposition von »Geschichte« und »Gedächtnis« jeweils den Standpunkten der beiden Briefpartner zuzuordnen versuchte und »Erinnerung« als zwar legitim, aber dennoch als Sache »jüdischer Menschen« betrachtete, »die auf einer mythischen Form« einer »trauernden und auch anklagenden Erinnerung« zu beharren das Recht besäßen, sah Friedländer das Oppositionspaar als solches für beide Seiten konstitutiv an und definierte die Spannung zwischen beiden Begriffen als wichtigen, die Forschung begleitenden Prozeß. Auch die »Historisierungsdebatte« brachte somit kein Ergebnis, vielmehr war sie Ausdruck eines »Aushaltens der Schwierigkeiten«.

Methode: Gedächtnis- und Diskursgeschichte

Als Dokument stellt der Broszat-Friedländer-Briefwechsel ein Erinnerungsmodell dar, das Leon Wieseltier in einem anderen Zusammenhang einmal folgendermaßen beschrieben hat: »Beim Sammeln der Aufzeichnungen über den Nazikrieg gegen die Juden haben [...] Geschichte und Erinnerung zusammengearbeitet. Die Überlebenden brachten präzisen Schmerz und die Gelehrten schmerzhafte Präzision ein. Ohne ihre eigene Methode zu verraten, ging die Geschichte so nahe wie möglich an die Erinnerung zum Thema heran.«[110] Die vorliegende Arbeit möchte das

110 Wieseltier, Nach der Erinnerung, S. 188.

methodologische Problem dieser Annäherung als roten Faden einer wissenschaftshistorischen Diskursgeschichte zum Holocaust begreifen. Es wird dabei aber vermieden, »Erinnerung« als subjektiv und »Erforschung« als objektiv zu konzeptualisieren. Ebenso unbefriedigend bleibt der Versuch von Broszat, jene als »jüdische« Perspektive, diese als deutschen Erkenntnisfortschritt auseinanderzudividieren – ein Axiom, das seinerseits die wissenschaftliche Erkenntnis wenig voranbringen konnte, dafür andererseits die Kommunikation über den Holocaust in hohem Maße erschwert hat.

Der Ansatz dieser Arbeit, der die Konstituierung von Diskursen bzw. Diskursverboten im Verhältnis der Deutschen zu Nationalsozialismus und Massenverbrechen fokussiert, unterscheidet sich von der Vorstellung eines graduell wachsenden Forschungsstandes grundlegend. Steht hier die idealtypische Vorstellung von Wissenschaft im Vordergrund, nach der der intergenerationelle und internationale Diskurs sozusagen systemisch folgerichtig in den Formen wissenschaftlicher Methodik und Objektivität nach »richtig« und »unrichtig«, »wahr« und »falsch« sortiert, betont diese Arbeit das Problem, wer auf welche Weise das Recht zum Sprechen über die Judenvernichtung erhielt, welche Sinnstiftungsformeln zu bestimmten Zeiten zu benutzen waren und welche Regeln dabei als unverletzlich galten. Fremd- und Selbstwahrnehmung der in die Diskurse hinein verlagerten Deutungsansprüche werden hier selbst zum Thema. Das Gedächtnis wird dabei nicht als »das Andere« der Forschung verstanden, sondern diese als ein Teil von kollektiven Erinnerungen in der Sprache der Wissenschaft. Man kann die Ambivalenz der Beziehung zwischen Geschichte und Gedächtnis beschreibend objektivieren, ohne sich in die Rolle des Ringrichters in einem wie immer imaginierten Kampf zu begeben. Vor diesem Hintergrund wäre kein Wort des Titels bedeutsamer als das »und« zwischen »Erforschung und Erinnerung« – es kennzeichnet weniger etwas Separiertes und voneinander Getrenntes und zeigt auch keine schlichte Addition an, sondern es möchte auf die Wirksamkeit des einen im anderen hinweisen.

Dieses Problem erfordert beides: die Erkenntnis-Fortschritte der Holocaustforschung, ebenso zu verstehen wie seine Nachgeschichte,[III]

III Weigel/Erdle (Hg.), Fünfzig Jahre danach. Zur Nachgeschichte des Nationalsozialismus, S. X: »Die Nachgeschichte zeigt sich damit auch als teils sichtbarer, teils verdeckter Kampf um die Erinnerungen.« Mittel in dieser Auseinandersetzung um Erinnerung ist Skandalisierung ebenso wie Betroffenheit, Forschungsgroßprojekte ebenso wie »Schweigen«.

also einschließlich der Aspekte ihrer Verlustgeschichte von Wissen und Erkenntnissen. Nimmt man die Historiographie zur Judenvernichtung genauer in den Blick, so reicht es nicht aus, ihren kumulativen Zuwachs festzuhalten. Mitzuerzählen ist zu jeder Zeit auch die spezifische Selektivität der Erinnerung, die sich in Themenwahl, Redeweisen, Erkenntnisinteressen und Begriffsprägungen finden läßt. Nicht selten gingen dabei auch bestimmte Aspekte des Themas verloren, manches wurde neu gefunden, anderes verblieb in Nischen.

Fragen, die einem solchen Ansatz verpflichtet sind, lauten: Wie erinnern sich Gesellschaften, was vergessen sie? Wie wird Vergangenheit rekonstruiert, und wo wird sie funktionalisiert? Wer hat die Erinnerungshoheit, und wo konkurrieren Erinnerungsinteressen? Welchem Wandel unterliegen Erinnerungstechniken? Wie nähert man sich der Historizität des Erinnerungsvorganges? Mit diesen Fragen wird die komplizierte Geschichte von Rezeptionen und Deutungen, von Zitaten, Begriffen und Inszenierungen, die Geschichte der Konstruktion historischer Mythen und ihrer Implikationen ernst genommen. Eine kritische Historiographiegeschichte geht im Unterschied zur klassischen Hermeneutik weder auf die Suche nach dem »wahren Sinn« eines Textes noch nach der »einen Intention« seines Autors. Vielmehr stehen die »vielfältigen Ergebnisse der Lektüre«,[112] der Kontext von persönlichen Erinnerungen und gesellschaftlichen Interessen, nicht die Darstellung an sich, sondern die Folgen ihrer Interpretation im Mittelpunkt des Forschens.

Diese Akzentverschiebung hat wissenschaftsgeschichtlich ihren Ausgangspunkt in Linguistik, Literatur- und Rezeptionstheorie: »Die poststrukturalistische Ausrichtung auf Geschichte [...] kann mit einem Chiasmus bezeichnet werden als ein reziprokes Interesse an der Geschichtlichkeit von Texten und der Textualität von Geschichte.«[113] In manchen ihrer dekonstruktivistischen Varianten hat sie sich dem Vorwurf postmoderner Beliebigkeit ausgesetzt. Aber selbst ohne Rückgriff auf die Thesen von der rhetorischen Konstituierung allen historischen Wissens[114] erweitert

112 Vgl. jetzt: Simon, Historiographie, S. 275; »Wir möchten in der Historiographiegeschichte nicht einfach Geschichten über Geschichten und Geschichtenerzähler erzählen, sondern Fragen stellen [...], etwa: Wovon hängt es ab, wer Geschichte wie betreibt, wessen Geschichte behandelt wird.« (291)

113 Montrose, Die Renaissance behaupten, S. 67.

114 White, Metahistory [amerikan. Orig.: 1973]; vgl. hierzu: Young, Hayden White, postmoderne Geschichte und der Holocaust; eine kritische Lektüre dieses methodologischen Grundlagentexts der »linguistischen Wende« bietet: Oexle, Sehnsucht nach Klio.

ein solcher Ansatz unser Geschichtsbild insofern, als er das Wissen von Geschichte »wenigstens teilweise als Folge komplexer und subtiler Bewahrungs- und Auslöschungsvorgänge« zu begreifen versucht.[115] Also auch diesseits des theoretischen »l'art pour l'art« kann man an historiographischen Texten »die Sprache am Werk« zeigen und über sie die eigene Disziplin als kulturelles Feld auffassen, »das sich durch einen spezifischen Diskurs, eine besondere Art, über besondere Dinge zu sprechen, konstituiert und reproduziert«.[116]

Reine Historiographiegeschichte ist demnach nicht ausreichend. Denn der Holocaust ist durch beide Erinnerungsformen gekennzeichnet, durch eine provozierende Fremdheit und durch eine bedrängende Nähe; das eine ist die legitime Position wissenschaftlicher Herangehensweisen der Erforschung; das andere ist ein Hinweis darauf, daß wir Auschwitz, unabhängig vom Wissensstand, zu unserer Vergangenheit, unserem »kollektiven Gedächtnis« zählen. Die Resistenz des Themas gegenüber einer monochromen Wissens- und einer unilinearen Gedächtnisbewahrung wird in den wechselnden Diskursarten zwischen 1945 und 1990 geradezu augenfällig. Der Terminus »Diskurs« soll dabei nicht überstrapaziert werden und wird deshalb mit Georg G. Iggers als »Formen der artikulierten sowie der sublimalen Kommunikation« definiert.[117] Diskurs heißt im folgenden ein Verfahren, das zwei Seiten eines Textes zu betrachten versucht, seine wörtliche, textuelle, »harte« Seite ebenso wie die »weiche« seines Kontextes, seiner Perspektivität, seiner Konzeption und Intertextualität. Nicht nur den Themen der historiographischen Arbeiten, Kommentare und Forschungen allein, sondern auch ihrer Funktion und den in ihnen liegenden Konsequenzen wird deshalb im folgenden Aufmerksamkeit geschenkt.

Erinnerungen sind selektiv, partikular, gegenwartsbezogen und hängen von Sinnbedürfnissen Einzelner und Gruppen ab. Sie können ihrerseits geschichtsmächtig werden, z.B. in Debatten, die, aufeinander Bezug nehmend, einen gemeinsamen Gegenstand verhandeln.[118] Die methodische Herangehensweise dieser Arbeit kann deshalb mit Jan Assmann als

115 Montrose, Die Renaissance behaupten, S. 67.

116 Simon, Historiographie, S. 277.

117 Iggers, Zur ›linguistischen Wende‹ im Geschichtsdenken und in der Geschichtsschreibung, S. 557. Weitreichende Herleitungen bieten: Fohrmann/Müller (Hg.), Diskurstheorien; Titzmann, Kulturelles Wissen – Diskurs – Denksystem, S. 47-61; als Grundlagenbuch gilt nach wie vor: Foucault, Die Ordnung des Diskurses; hierzu: Frank, Was ist ein »Diskurs«?, S. 408-427.

118 Assmann, Die Ziele der Gedächtnisgeschichte, S. 34 f.

»Gedächtnisgeschichte« beschrieben werden, die er als »auf die Geschichte angewandte Rezeptionstheorie« definiert.[119] Es geht ihr weniger um die Vergangenheit als solche als um die erinnerte Vergangenheit, nicht primär um die Faktizität als vielmehr um die jeweilige Aktualität von Erinnerung. Untersucht werden »Relevanz«, »Pfade der Überlieferung« und »Netze der Intertextualität«, nicht das Synchrone des Untersuchungsgegenstands, sondern die »diachrone[n] oder vertikale[n] Linien der Erinnerung«.[120] Gedächtnisgeschichte reflektiert auch falsche, verzerrte und instrumentalisierte Erinnerung, auch das Konstruktive, das Modellieren und Neu-Erfinden von Vergangenheiten. Ziel von Gedächtnisgeschichte ist es nicht, die »Wahrheit« von Überlieferungen herauszufinden, sondern »diese Überlieferungen selbst als Phänomene des kollektiven bzw. kulturellen Gedächtnisses zu studieren«.[121] Notwendigerweise verfährt Gedächtnisgeschichte hochgradig selektiv. Zugleich vermag sie marginalisierte, apokryphe und häretische Konzepte der Vergangenheitsrepräsentation besser wahrzunehmen, so daß sie »Gegenerinnerungen« und deren Funktionen stärker berücksichtigt als traditionelle Ansätze.[122] Historiographiegeschichte soll im folgenden in diesem breit kontextualisierten Sinne verstanden werden und umfaßt exemplarische Auffassungen einzelner Historiker und historische »Schulen« ebenso wie »klassische« Einzelmonographien zum Thema. Lebensgeschichtliche und generationelle Aspekte sollen ebenso thematisiert werden wie mehr oder weniger bekannt gewordene Debatten, Kontroversen und Deutungskämpfe. Institutionen werden ebenso beachtet wie Personen, Rezensionen genauso wie Autobiographien, öffentliche Stellungnahmen ebenso wie persönliche

119 Ebd., S. 27, 35 und 28. »Gedächtnisgeschichte erforscht die Geschichte des kulturellen Gedächtnisses« und analysiert die Bedeutung, die eine Gegenwart der Vergangenheit zuschreibt«. Gedächtnisgeschichtlich orientierte Studien zum Holocaust und den nationalsozialistischen Verbrechen finden sich in folgenden Sammelbänden jüngeren Datums: Knigge/Frei (Hg.), Verbrechen erinnern; Koch (Hg.), Bruchlinien; Loewy/Moltmann (Hg.), Erlebnis – Gedächtnis – Sinn; Fritz Bauer Institut: Auschwitz: Geschichte, Rezeption und Wirkung; Berg/Jochimsen/Stiegler (Hg.), Shoah; einen guten Überblick über den Umgang mit staatlichen Verbrechen im 20. Jahrhundert auch außerhalb Deutschlands bietet: Grosser, Verbrechen und Erinnerung [zuerst 1990 u.d.T.: »Ermordung der Menschheit«; franz. Orig.: 1989]. Eher impressionistisch und tagebuchartig dagegen jüngst: Paris, Vergangenheit verstehen.

120 Assmann, Die Ziele der Gedächtnisgeschichte, S. 26 und 27.

121 Ebd., S. 35.

122 Ebd., S. 28 und 31; ders., Kollektives und kulturelles Gedächtnis, S. 13-32

Korrespondenzen. Nicht die Dynamik und Singularität eines Ereignisses oder die Komplexität der Tradition einer Institution, nicht die Individualität eines Gedankens oder einer Person bzw. ihres Handelns und nicht die sozialen Schichtungen einer historischen Epoche sind demnach die einheitsstiftenden Momente der vorliegenden Arbeit, sondern allein die frappierende Dominanz eines Problems, das zu unterschiedlichen Zeiten und unter je eigenen Bedingungen bei gänzlich verschiedenen handelnden Akteuren stets in der Frage mündete, wie über die Vernichtung der Juden wissenschaftlich zu schreiben sei. Das Korpus der Texte, die sich als Antwort auf dieses diachron verstandene Dauerproblem darstellen, ist Grundlage der vorliegenden Arbeit.

2. Tragödie, Schicksal, Bruch. Auschwitz und die Paradoxien nationalgeschichtlicher Deutung

Wissen, nicht Erinnerung

»Ich wußte [...] vor 1945 nichts von den Massenvernichtungen.« Diesen oft geäußerten Satz verwendete auch der 46jährige Neuzeithistoriker Hans-Günter Zmarzlik in seinem »Rückblick in eigener Sache«, die er 1968 als Vorlesung hielt und zwei Jahre später im Druck vorlegte. Doch in diesen Erinnerungen an seinen eigenen Weg vor und nach 1945 rückten ihm nicht die erinnerten Ereignisse, sondern die Erinnerungen selbst »immer mehr Fragezeichen in den Blick«, so Zmarzlik verunsichert und gegen sich selbst ermittelnd: »Vielleicht habe ich es nicht wissen wollen. Man kann nachher schwer sagen, ob man manchmal nicht weggehört hat, wenn in der Anonymität des Fronturlauberzugs etwas davon durchsickerte. Denn viele wußten davon. Meine Schwester, die es mir erst nach dem Kriege hat erzählen können, hörte 1944 bei einer Reise durch Oberschlesien eine Frau ihrer Nachbarin zuflüstern: ›Sehen Sie dort den Rauch? Da werden Menschen verbrannt. Aber für mich war im Sommer 1945 [...] Auschwitz noch nicht existent.«[1]

Die Grundkonstellation von Anklagen und Verteidigungen, von Fragen und Antworten war ab Kriegsende vorgegeben: Wer »wußte« und wer nicht? Was hatte man »wissen« können, was nicht? Wieviel und wie genau hatte man »gewußt« – wie immer die Frage im einzelnen formuliert wurde und an wen sie gerichtet war, ob an sich selbst oder an andere – am Anfang stand die Frage nach Wissen, nicht die nach Erinnerung. Was heute als ›Geschichte‹ diskutiert wird, war Gegenwart, nicht Vergangenheit. Der Auschwitzdiskurs begann quantitativ, und er erhielt seinen ersten Maßstab durch die Frage nach dem Verhältnis von »Wissen« und »Nicht-gewußt-haben«. Zeitgenössische Beobachter haben in der Nachkriegszeit diese Haltung nicht selten mit Fassungslosigkeit konstatiert, und noch die verständnisvollsten Kommentatoren bemerkten, daß das

1 Zmarzlik, Einer vom Jahrgang 1922, S. 25 und 31.

»Nicht-Wissen [...] nicht vollständig [war].«[2] Die historische Forschung hat vor einigen Jahren aus mentalitätsgeschichtlichem Interesse dieses Diskursparadigma umgedreht und konstatiert: Zu fragen sei nicht, »ob – und wieviel – die Deutschen von dem Völkermord wußten. Die Frage lautet vielmehr: wie gingen die Deutschen mit ihrem Wissen um.«[3] Die Dichotomie »Wissen« versus »Nichtwissen« reicht offensichtlich nicht aus, denn in jedem Fall fehlte ein, wie man es nennen könnte, »Wissen vom Wissen«: Auschwitz war nicht unmittelbar nach Kriegsende Signum einer Epoche oder gar des Jahrhunderts. Den »qualitativen Unterschied zwischen Auschwitz und Buchenwald«, so sei der Historiker Fritz Klein stellvertretend für viele ähnlich lautende Äußerungen zitiert, »hat man erst langsam realisiert«.[4] Selbst Raul Hilberg hat an verschiedenen Stellen erklärt, ihm sei zunächst »das ganze Ausmaß der Vernichtung gar nicht bewußt gewesen [...]. Erst später, 1946 [...], begriff ich, daß jeder dritte Jude der Welt tot war. Und keiner wußte, wie damit umzugehen war. Es gab ja keine sogenannte ›Erinnerung‹, es war nur ein Schock. Jeder machte weiter, als ob nichts passiert wäre.«[5]

Für die deutsche Situation war zwar das Problem gleich, die Umstände jedoch gänzlich andere. Hier war es nicht die Ungläubigkeit angesichts der von Hilberg lapidar festgestellten Dimension des Völkermords im Zweiten Weltkrieg. In Deutschland fehlten nicht lediglich Informationen, sondern die Anerkennung der eigenen Täterschaft als Nation: »Wer

2 Posener, In Deutschland, S. 25. Posener beobachtete scharf, urteilte aber milde; ähnlich Kogon, Das deutsche Volk und die Konzentrationslager, in: ders., Der SS-Staat, S. 331 ff.; vgl. dagegen die einschlägigen Kommentare zur deutschen Nachkriegsmentalität bei Shirer, End of Berlin Diary; Spender, Deutschland; Padover, Lügendetektor; Arendt, Besuch in Deutschland.

3 Benz, Die Deutschen und die Judenverfolgung. Mentalitätsgeschichtliche Aspekte, S. 54. Vgl. zu diesem eigenen Forschungszweig in der Literatur: Büttner, Die deutsche Gesellschaft und die Judenverfolgung – ein Forschungsproblem; Wilhelm, Wie geheim war die ›Endlösung‹?; Kershaw, The Persecution of Jews and German Popular Opinion; Mommsen, Was haben die Deutschen vom Völkermord an den Juden gewußt?; Bankier, Die öffentliche Meinung.

4 So Fritz Klein in einer Interview-Bemerkung in: Schüler-Springorum/Wickert (Hg.), Unversöhnte Geschichte(n), S. 14.

5 Raul Hilberg in einem Interview mit der »Hannoverschen Allgemeinen« vom 5. 10. 1995; ausführlicher: ders., Unerbetene Erinnerung; sowie das Interview mit Harald Welzer, »Der Holocaust war für mich Gegenwart«, in: Welzer (Hg.), Auf den Trümmern der Geschichte, S. 13-48; zur Rezeption von Hilberg in Deutschland: Berg, Lesarten, S. 92, 98-102, 110-112 und 132-134.

die Deutschen als Mittäter bei den Millionenmorden bezeichnet, muß damit rechnen, daß er einfach nicht mehr gehört wird«[6], so formulierte es der Freiburger Mediävist Gerd Tellenbach, und das Zitat zeigt jenseits individueller Glaubwürdigkeit in dieser Frage, daß sich entlang der Frage nach dem »Wissen« sehr schnell Grenzen des Diskurses manifestierten: Nach 1945 war beweispflichtig, wer von Mittäter- oder auch nur Mitwisserschaft ausging, nicht aber derjenige, der sie dementierte. Man konzedierte 1947 lediglich ein unspezifisches Geheimwissen, nach welchem man sich während des Krieges »düstere Kunde aus den Konzentrationslagern [...] von Mund zu Ohr [raunte]«.[7] Tellenbach befragte dann folglich auch weniger den prekären Status solch eines Halbwissens, sondern polemisierte statt dessen mit dem für die Zeit repräsentativen antiamerikanischen Reflex gegen die Besatzungsmacht und sorgte sich um ein »Deutschland als Niemandsland« und um einen »verhängnisvolle[n] Bruch mit der Tradition«, wo doch »kein Kulturvolk ohne geschichtliches Bewußtsein« leben könne.[8] Die Frage, wie man nun das deutsche Geschichtsbild, dasjenige »eines der großen abendländischen Geistesvölker«, in den »ganzen europäisch-amerikanischen Kulturkreis« *»einkomponiert«* bekomme, war dringlicher.[9] Doch Halbwissen und schlechtes

6 Tellenbach, Die deutsche Not als Schuld und Schicksal, S. 49.

7 Ebd., S. 45.

8 Ebd., S. 46 und 47.

9 Tellenbach, Nachwort über heutige Perspektiven der deutschen Geschichte, in: ders., Die Entstehung des Deutschen Reiches, S. 241 [Hervorh. v. N.B.]. Dieses Nachwort geht leider trotz der Ernsthaftigkeit seiner Rhetorik nicht aufrichtig mit dem Leser um. Tellenbach beteuert hier recht offensiv, er habe im Text gegenüber der Erstauflage von 1940 »kein Wort weggelassen, hinzugefügt oder geändert«: wissenschaftlich oder politisch enthalte dieses Buch nichts, »was heute zu korrigieren wäre« (226); dies sei schon deshalb nicht nötig gewesen, weil das Buch zu seiner Zeit »vom Geist der Warnung« erfüllt gewesen sei (225 f.). Keine der Behauptungen stimmt: Den Satz »In uns ist das Gefühl der Volksgemeinschaft lebendig« (S. 9 in der Ausgabe von 1940) änderte er opportunerweise in: »In uns lebt das Gefühl der nationalen Gemeinschaft.« (S. 13 in der 3. Aufl.). Folgender Passus aus dem dritten Kapitel (90), in welchem von der endgültigen Loslösung des deutschen Staates vom fränkischen Gesamtreich die Rede ist, fehlt in der Version von 1947 ganz: »Der geistige Same Karls des Großen, der bei den Völkern verwandten Blutes einen fruchtbaren Boden gefunden hatte, war aufgegangen. Die Tradition des Ostfrankenreiches und das reifende Bewußtsein völkischer Eigenart machte sich geltend.« Ein solcher Umgang mit den eigenen Texten war nach 1945 die Regel, vgl. zum Verfahren des »diskursiven Vergangenheitsmanagements« aus

Gewissen korrespondierten miteinander. In seinem bereits im Jahre 1945 verfaßten Buch *Die deutsche Not als Schuld und Schicksal* hatte er anhand der Schlüsselvokabeln Ehre und Schuld ein implizites Nachdenken über die Ausrottung des europäischen Judentums begonnen – aber es fand zu jener Zeit nicht anders statt als in einem Konglomerat aus Ungläubigkeit und Unwillen, Depression und Defensive. »Schuld des Nationalsozialismus« und »Verantwortung des deutschen Volkes« – diese Stichworte machen deutlich, was unter »Bann und Last der Vergangenheit«[10] verstanden wurde, der man mitunter noch auf der Suche nach Erklärungen mit vehementer Gegenwehr antwortete.

In der Nachkriegszeit wurde nach jedem Gedanken gegriffen, der Tatsachen und Selbstbild zu moderieren in der Lage war und somit weniger Erklärung war als vielmehr den Charakter unausgesetzter Erläuterung aufwies. Nach der Überzeugung Gerd Tellenbachs zum Beispiel war die Judenverfolgung zurückzuführen auf »krankhafte Erscheinungen«, die »u.a. der Erforschung durch die Medizin bedürfen«, also auf Phänomene wie Perversion und Sadismus; aber auch der Gedanke an die Verantwortlichkeit moderner Verwaltungsapparate war hiermit kompatibel, denn nicht alle beteiligten Täter seien »bar jeden humanen Gefühls«[11] gewesen, so die tastenden Ausführungen des Freiburger Historikers. Dann wiederum verglich er den »Judenwahn« mit der »ganz verwandte[n] Erscheinung« des Hexenwahns, einer über die Massen geradezu herrschenden Macht, ehe er die Vernichtung als »empörend rational« und als »kalt bewußt« charakterisierte, ohne die Widersprüchlichkeit beider Erklärungen zu bemerken.

Es gab aber auch Ausnahmen. Der Kölner Peter Rassow berichtete in einem Privatschreiben an seinen Göttinger Kollegen Kaehler Anfang Juni 1945, er habe erstmals Hitlers *Mein Kampf* gelesen. Sein Fazit der Lektüre betonte weniger in Variationen das Rätselhafte des Geschehens als vielmehr den genau niedergelegten und angekündigten Plan, der dann später vor aller Augen umgesetzt wurde:

> »Die wichtigste Feststellung scheint mir, daß keiner seiner Anhänger behaupten darf, er habe keine Schuld an den Greueln der KZs, weil er nichts davon gewußt habe. Denn alles Grundsätzliche, was die Greuel

literaturwissenschaftlicher Sicht den glänzenden Aufsatz von Gerhard Kaiser und Matthias Krell, Ausblenden, Versachlichen, Überschreiben, in: Weisbrod (Hg.), Akademische Vergangenheitspolitik, S. 190-214.

10 Tellenbach, Die deutsche Not, S. 8.

11 Ebd., S. 15, die folgenden Zitate S. 16. und 17.

> ermöglicht hat, steht klar in dem Buch zu lesen. Die Billigung der Grundsätze aber enthält die Billigung der Greuel. Wer noch dazu den Abtransport der Juden in den bis zuletzt gesteigerten Schüben erlebt hat, mußte sich sagen, daß in der Behandlung dieser Unglücklichen jede Scheußlichkeit möglich und daher sicher war.«[12]

Auch die Historikerin Anneliese Thimme erinnerte sich später an bohrende Schuldfragen. Bei ihr aber, über zwanzig Jahre jünger als Tellenbach und damals noch Studentin, führten diese nicht zu weit ausholenden Erklärungen oder Theorien, sondern zu regelrechten Lesezwängen:

> »Denn wenn wir auch nicht den ganzen Umfang dessen wußten, was geschah: Das, was wir wußten, war schrecklich genug, so daß man sich alles Mögliche ausmalen konnte, was die Alliierten mit den Deutschen vielleicht tun würden. Ich habe mir zwar notgedrungen später die nötigen Details der NS-Verbrechen angeeignet, aber ich konnte im Grunde keine schlimmere und schlechtere Auffassung von ihnen bekommen, als ich bereits 1945 hatte, obwohl ich die Details von Auschwitz und den anderen Konzentrationslagern sicher nicht kannte. Als ich einmal voller Abscheu und Entsetzen über die Nazis mit meinem Onkel sprach, der im Potsdamer Heeresarchiv angestellt war, sagte dieser: ›Wenn Du wüßtest, was ich weiß ...‹ Da ich den Satz in Erinnerung behalten habe, aber zumindest heute nicht mehr weiß, ob ich auch nur annähernd etwas von Auschwitz wußte, nehme ich an, daß er mir nicht gesagt hat, was er wußte. Später konnte ich es mir denken. Es war die systematische Judenermordung. Nach 1945 hat man alles relativ schnell erfahren. Als ich im Frühjahr 1947 sieben Wochen in der Schweiz war, liehen mir Freunde die neueste deutsche Literatur über diese Zeit, und ich erinnere mich, daß ich ganze Nächte hindurch las.«[13]

Bei Tellenbach die Beschwörung abendländischer Kulturwerte, bei Rassow die Beschäftigung mit der Hitlerschen Weltanschauung und die Erinnerung an den Abtransport der Juden aus der Mitte der Gesellschaft und bei Thimme nächtliche Lektüre, hier weitgespannte Erklärungen und Apologie der Deutschen, dort die Besinnung auf die Verantwortung der eigenen Augenzeugenschaft oder aber Hunger nach Informationen, auf der einen Seite der Versuch nationale Kontinuität zu erhalten, auf der

12 Rassow, Brief an Siegfried A. Kaehler vom 31. 5. und 2. 6. 1945, in: Schulze, Deutsche Geschichtswissenschaft, S. 69.

13 Thimme, Geprägt von der Geschichte, S. 153 und 154.

anderen Seite die Wiedererinnerung bzw. Aneignung von Details des Ereignisses – die Unterschiede in den Reaktionen auf das Wissen vom Völkermord waren bereits in den 40er Jahren diametral einander entgegengesetzt. Die Judenvernichtung war vor wie nach 1945 eine »Frage des Wissenwollens.«[14]

Zwanzig Jahre später hat Erich Kosthorst die Formulierung: »Dies also war deutschen-möglich«[15] gebraucht, eine Einsicht, die in der unmittelbaren Nachkriegszeit privat geblieben war. Wie Zmarzlik und Kosthorst hat auch Fritz Klein, später einer der bekanntesten Zeithistoriker der DDR, erst in seinen Lebenserinnerungen von Gesprächen unter den Wehrmachtssoldaten berichtet, die im Dunkel der vollbesetzten Zugabteile 1943 über Systematische Tötungen von Juden sprachen: »Wer begreifen wollte [...], begriff: Ein Volk wurde von Deutschen umgebracht.«[16]

Universalisierungsrhetorik: Begriffe für die Deutung, nicht Belege für die Wirklichkeit

Die historische Forschung hat unter dem Druck, das »Deutsche« am Thema anerkennen zu müssen und das Verhältnis von Wissen und Geschehen bestimmbar zu machen, zunächst die eigene Opferrolle entdeckt oder den defensiven Weg von »Moral-Trompetern und Kultur-Cellisten«[17] eingeschlagen: Die Grundstruktur beider nationaler Narrative zeigt sich nicht nur in der einen oder anderen Vokabel, diesem oder jenem Argument, sondern in der tiefverankerten Überzeugung, daß es das deutsche Volk selbst sei, das durch den »Versucher und Verführer« Adolf Hitler, der noch dazu »Österreicher« war, dem Schicksal so ausgesetzt gewesen sei, wie niemand sonst: »Kein anderes Volk hatte eine so schwere Prüfung zu bestehen.«[18] Die eigenen Leiden zu entdecken war das eine, einem

14 Herbert, Der Holocaust und die deutsche Gesellschaft, S. 51.

15 Kosthorst, Mein Weg durch die Zeitgeschichte, S. 143; Kosthorst hat hier den biographischen Ursprung der Sonderwegsthese »als Motiv« vermutet, lange vor ihrer wissenschaftlichen Ausformulierung »als Ergebnis«: »Die Prüfung einer solchen Variante des deutschen Sonderweges [...], die aber dem Jahrgang 1920 durch die Tradition des deutschen politischen Denkens nicht nur geläufig war, sondern irgendwie auch nicht abwegig erscheinen konnte, blieb Motiv, nicht Ergebnis meiner wissenschaftlichen Forschung«, ebd., S. 142.

16 Klein, Drinnen und Draußen. Ein Historiker in der DDR, S. 92.

17 Zmarzlik, Einer vom Jahrgang 1922, S. 26.

18 Tellenbach, Die deutsche Not, S. 43; vgl. auch: Tellenbach, Aus erinnerter Zeitgeschichte.

regelrechten politischen Eskapismus zu huldigen das dazugehörige Pendant. »Man richtete sich«, so Zmarzlik in seinen Erinnerungen an die Studienzeit der Nachkriegsjahre, »in einer Art von kulturellem Weltbürgertum ein. Hinter den Trümmern nationalstaatlicher Macht- und Realpolitik entdeckten wir das Arkadien der Dichter und Denker. Vom Vaterland, das untergegangen war, stiegen wir unvermittelt über ins Abendland, das unvergängliche Werte versprach.«[19] Heidelberger Studenten konnten in der Nachkriegszeit mit ihren Lehrern ein »Rendezvous mit dem Weltgeist« zelebrieren, die NS-Deutung aber setzte die »deutsche Frage« auf die Agenda – und zwar so, daß die zentrale Rolle des Judenmords unerkannt blieb.[20] Sicher, man sah die »schrecklichen Dokumentarfilme, man war empört und forderte die Bestrafung der Verbrecher, aber die Interpretation des Ereignisses blieb so etwas wie ein innenpolitisches Rätsel Deutschlands, das man folgendermaßen vermittelt bekam:

> »Die Gräuel waren das Werk einer Verbrecherbande, die sich als Staat im Staat organisiert hatte – einer kriminellen Geheimorganisation, einer Art politischer Mafia, die ihre sinistren Herrschaftspläne mit brutalen Mitteln durchgesetzt und das deutsche Volk, die Majorität der ›anständigen Deutschen‹, gewissermaßen in Geiselhaft genommen hatte.«[21]

Rückblickende Einschätzungen, wie diese aus den Studienerinnerungen von Nicolaus Sombart, machen deutlich, daß der politische Eskapismus mitnichten unpolitisch war. Die Dämonisierung[22] der NS-Zeit war auch ein Arsenal von Deutungsinteressen und Erinnerungskämpfen: »Indem ich dem Leitbegriffe [der »Dämonie«, N.B.] eine überragende Bedeutung beimesse«, so Dehio, »rücke ich schon ein wenig ab von den Deutungen, die auf ihn verzichten.«[23] Dieses Abrücken galt primär all jenen Erklärungen, »die in isolierender Betrachtung das deutsche Geschehen unserer Epoche einfach aus deutscher Wurzel emporwachsen sehen.«[24] Die emphatische Betonung differenzierterer Interpretationen war deshalb nicht selten nur mehr ein argumentativer Schritt, um zum Beispiel die »völ-

19 Zmarzlik, Einer vom Jahrgang 1922, S. 26; ganz ähnlich auch: Besson, Wie ich mich geändert habe, S. 398-403.

20 Sombart, Rendezvous mit dem Weltgeist, S. 217.

21 Ebd., S. 218.

22 Vgl. exemplarisch: Dehio, Deutschland und die Weltpolitik, S. 12, 13, 27 und 30.

23 Ebd., S. 12.

24 Ebd., S. 12 und 25.

kische Irredenta« als »ein[en] glühende[n] Zustrom volkstümlicher Leidenschaften« von außen, also von »jenseits der Grenzen« wahrnehmen zu müssen.[25]

Die fast strukturell zu nennende Apologetik der ersten Historikerwortmeldungen zur Judenvernichtung speiste sich aus einer Mischung aus Entsetzen und Überforderung. Diese Zusammensetzung führte zu einer weitausgreifenden Universalisierungsrhetorik und entsprach dem Verhältnis zwischen der Faktizität des Ereignisses und dem tradierten Selbstbild, mit dem man sich generell für alles Nationale und alles Geschichtliche zuständig fühlte. Beides nun aber zusammenzuführen gelang nicht. Entweder glaubte man, nationale Werte zu denunzieren, wenn man die Vernichtung der Juden als Ereignis und als Faktum zum Thema machte. Oder aber man gelangte, im umgekehrten Fall, sofort an das Ende der eigenen Modellbildungen historischer Erklärungen, deren positive Grundbegriffe »Staat«, »Reich« und »Macht« waren. Denn dann hätte man die Traditionen, die man selbst zeitlebens repräsentierte, zur Disposition stellen müssen – eine Art intellektueller Suizid, den man kaum als gangbaren wissenschaftlichen Weg bezeichnen kann.[26] Traditionell gewöhnt, die Ereignisse der Welt unter nationalgeschichtlicher Perspektive zu sehen, war es nun aber eine universalhistorische Geschichtszäsur im denkbar zerstörerischsten Sinne, die das Deutsche mit Krieg, Zerstörung und Genozid verband und erklärt werden mußte. Doch über eine »sentimentale Verinnerlichung des deutschen Debakels« oder ein »adventistische[s] ›Stunde-Null‹-Bewußtsein« reichten die Verstehensbemühungen selten hinaus.[27] Diese »Erklärungen«, die aus heutiger Sicht nichts über das Ereignis aussagen, viel dagegen über die sprachlose Verlegenheit derer, die sie versuchten, sind zu Quellen eines Diskurses geworden, in denen sich jener Existentialismus des Schocks metaphorisch erhalten hat. Die ältere Generation der Historiker versuchte von dem »hohen Scherbenberge eigener Erfahrungen aus«[28] Begriffe für die Deutung zu finden, nicht Belege für die Wirklichkeit. In den Tagebüchern des Historikers Ulrich Kahrstedt, der sich tief auf die NS-Ideologie eingelassen hatte, finden sich auf eingelegten Zeitungsausschnitten mit den Balkenüberschriften wie »Neue Greueltaten aufgedeckt«, oder »Maidanek und Auschwitz« auch nebeneinander abgedruckte Fotos vom »deutschen

25 Ebd.

26 In Nebensätzen der bekannten Schriften findet man Äußerungen wie die, daß die Situation den Mut, »noch weiter zu leben und zu wirken, [lähmte]«, z.B. bei: Meinecke, Die deutsche Katastrophe, S. 96.

27 Sombart, Rendezvous mit dem Weltgeist, S. 145.

28 Dehio, Deutschland und die Weltpolitik, S. 39.

Torturlager Belsen« und Abbildungen eines »polnischen Schrumpfkopfes«.[29] Solche reißerischen Nachrichten ließen sich leicht als Propaganda abwehren – und mit ihnen das Thema selbst. Fotos, Anklagen, Erzählungen, Berichte und Zeitungsartikel provozierten zuallererst das Gegenteil: Sie führten zu dem angesichts der Fakten einigermaßen auffallenden und Irritationen nach sich ziehenden Nachweis, daß eben nicht das Deutsche, sondern das Zeitbedingte, die Moderne der Massengesellschaft, das Allgemein-Anthropologische des Themas der Untersuchung und Forschung bedürfe. Die Nationalgeschichte war das Zu-Verteidigende und damit *das* Strukturmoment der ersten Nachkriegshistoriographie: melancholisch und deterministisch als Geschichte eines tragischen Verfehlens (»Irrweg«, »Rätsel«, »Zufall«), apologetisch als Nachweis des Nicht-Nationalspezifischen am Nationalsozialismus und revisionistisch als Suche nach einer rettenden Gegenerzählung vom guten und anderen Deutschland.[30] Wir finden demnach das Thema »Auschwitz« nicht als Erzählung, sondern als deren Vermeidung. Und dennoch ist es von einer fast durchgängigen – wenn auch negativen – Präsenz, welche in den vereinfachenden Begriffen ›Verdrängung‹ versus ›Aufarbeitung‹ nicht sichtbar wird. Es wird mitgedacht, aber nicht ausgesprochen, oder aber ausgesprochen und im selben Atemzug kontrastiert, kontrapunktiert und revidiert.[31] Es kann regelrecht als Kennzeichen der nationalen historiographischen Selbstverständigung gelten, daß man sich demonstrativ vom National-

29 NStUB Göttingen, NL Kahrstedt, Nr. 32 und 33, hier die »Hessische Post« vom 19. 4. 1945 und der »Hannoversche Kurier« vom 26. 10. 1945.

30 Zu den »Retter[n] und Wiederhersteller[n] des deutschen Geschichtsbildes« zählten z.B. Anneliese Thimme, Hans Rothfels, Gerhard Ritter auch Karl Dietrich Erdmann, vgl.: Thimme, Geprägt von Geschichte, S. 208 f.

31 Diesen »paradoxen Befund« betont auch die Arbeit von Conrad, Auf der Suche nach der verlorenen Nation. Conrad verweist hier durchgängig (vgl. z.B. S. 12, 85, 105, 130, 410 u.ö.) auf jenen Diskurs vom »Ende des Nationalstaates« bei gleichzeitiger Intensivierung des Nationalen als eine Art konstitutive »Ambivalenz«: »Die Überwindung einer nationalen durch eine europäische Perspektive war nicht selten mit einer Bekräftigung deutscher Ansprüche verbunden. Kosmopolitarismus und ein ausgreifendes, im Grunde imperialistisches Geschichtsbild gingen mitunter Hand in Hand. […] Auch nach dem häufig lamentierten ›Ende des Nationalstaates‹ bleibt die Nation somit noch der Mittelpunkt der Deutung der Vergangenheit. Auch in einer Epoche, in der das Transzendieren nationaler Grenzen – thematisch und methodisch – in der Geschichtswissenschaft programmatisch gefordert wurde, blieb die Historiographie im Grunde der Nationalgeschichtsschreibung verhaftet.« (131)

staat abwandte und nichtstaatliche Werte wie »Kultur«, »Christentum«[32] oder überstaatlich-globale Bezüge wie »Europa«, »Mitteleuropa« oder »Abendland« beschwor: »Deutschland war geschlagen und zerstückt, aber ›Europa‹ war auf ihrer aller Lippen.«[33] Zugleich fand eine »Renaissance nationaler Topoi [...] unter der Oberfläche des Diskurses« statt, der »Subtext« *Nation* war Antrieb der großen Kontinuitätsfragen im Streit dessen, was *Deutschland* eigentlich zu heißen habe.[34] Das Nationale wurde somit universell umdefiniert, das moralisch Verstörende in Begriffe christlicher Sünden- und Sühnen-Metaphorik gefaßt und das Konkrete in eine metaphysische Philosophie eingebunden.

Ein Zurückschrecken vor der Faktizität der Geschehnisse konnte noch dort stattfinden, wo man sich dem Thema direkt zuwandte. In einem bemerkenswerten Passus seines kleinen Büchleins *Hitler in uns selbst* aus dem Jahre 1946 hat beispielsweise der christlich-konservative Kulturphilosoph Max Picard solch eine metaphysische Reflexion über das Verhältnis von Vergasung und Vergessen, so seine Formulierung, unter dem Titel »Der Mensch ohne Erinnerung« angestellt und zur These der modernen »Zusammenhangslosigkeit« gefunden:

> »Der Nazi vergißt alles, weil er keine Kontinuität hat. Es ist immer nur das in ihm, was der Augenblick in ihn wirft [...]. Es ist im Innern eines solchen Menschen nie etwas aus der Vergangenheit da. Das ist der Grund, weshalb in der Gegenwart alles geschehen kann, der Mensch

32 Vgl. hierzu den Tagebucheintrag des Prälaten Sauer vom 23. 4. 1945, in welchem er das »Ende des Reichs des Antichrist« festhält: »Unverständlich, wie auf dieses Entrechtungssystem und diese Verfahren, die höchsten ewigen Werte aus den Herzen zu rotten [sic!], so Ungezählte hereinfallen konnten. [...] Das Schicksal des deutschen Volkes ist schwer und dunkel. Seine Weltgeltung ist unwiederbringlich dahin. Es war höchste Zeit, daß die potestas tenebrarum zu Ende geht und das Volk sich nun wieder in tiefster Not zu Gott zurückfindet.« Zit. nach: Ott, Schuldig – mitschuldig – unschuldig?, S. 244 f.

33 Eva Reichmann, Im Banne von Schuld und Gleichgültigkeit, in: FAZ, 23. 3. 1960, wieder in: dies., Größe und Verhängnis deutsch-jüdischer Existenz, S. 181.

34 Conrad, Auf der Suche nach der verlorenen Nation, 126 f.; Lutz Niethammer hat ebenfalls pointiert hervorgehoben, daß nationalgeschichtliche Optik der Herangehensweise und Aporien der Erklärung des Nationalsozialismus ein regelrechtes Dependenzverhältnis verbindet: »Je mehr man die deutsche Zeitgeschichte durch eine nationale Brille betrachtet, desto mehr gewinnt deren brauner Schatten eine zentrale Rolle in der Gedächtnisarbeit.« Vgl.: Niethammer, Methodische Überlegungen zur deutschen Nachkriegsgeschichte, S. 319.

> getraut sich alles [...]. Er unternimmt die bösesten Handlungen, sie werden alle in den Abgrund der Gedächtnislosigkeit hineingeworfen, sie verschwinden dort. [...] Das also charakterisiert den Nazi: nicht nur, daß er mordet, sondern vor allem dies: daß er vergißt, daß er mordet.«[35]

Diese Beobachtung über den »Abgrund der Gedächtnislosigkeit« hatte zwar die soziale Konstruktion von »Vergessen« erkannt, zugleich aber die Verbrechen des Nationalsozialismus außerhalb von Geschichte gestellt und somit den Fragen der Traditionskritik entzogen. Eine Verbrechen und Gedächtnis verknüpfende Argumentation, in der »das Sündhafte« darin gesehen wurde, daß »alles, was in der Vergangenheit geschah, beim Deutschen abgebrochen von der Gegenwart«[36] sei, beschreibt genau das Dilemma der Deutungsversuche aus den späten 40er Jahren zwischen Partikularität und Universalisierung. Wenn man das Geschehen der vergangenen anderthalb Jahrzehnte mit dem Rückgriff auf den nationalen Charakter Deutschlands zu verstehen versuchte, es aber mit den Vergessensvokabeln »Augenblickshaftigkeit«, »Zusammenhangslosigkeit« oder »Diskontinuität« beschrieb, so konnte aus dem Nationalsozialismus sehr schnell auch die »Wunde« jener »Krankheit« werden, an der die ganze Welt litt:

> »So sei der Nazi, haben wir gesagt: ohne Erinnerung, ohne innere Kontinuität, zusammenhangslos. Aber so ist der Deutsche heute überhaupt, nur nicht so ausgeprägt wie der Nazi, und so sind auch fast alle Europäer und Amerikaner heute.«[37]

Dem Deutschen, so noch einmal Picard, sei die Aufgabe gestellt gewesen, stellvertretend für die Welt gegen die Zusammenhangslosigkeit und Diskontinuität zu kämpfen:

> »Das Böse, das Zusammenhangslose, wurde für kurze Zeit als ein deutsches Phänomen, in das Hitlerphänomen zusammengefaßt. Es hätte sonst alle Länder der Erde durchsetzt [...], es hätte alle Länder der Erde zerstört. So aber, indem es sich formte, indem es deutlich als die Naziwelt dastand, setzte es sich ab von allem anderen, es blieb hier in Deutschland beieinander, es sammelte sich *hier*. Es ist, wie wenn ein Körper Krankheitsstoffe in sich hat, die überall zerstreut sind, bis sie sich schließlich zu einer deutlichen Krankheit sammeln und sich in einem einzigen Organ sichtbar machen. [...] So kam auch im Natio-

35 Picard, Hitler in uns selbst, S. 31-37.
36 Ebd., S. 36.
37 Ebd., S. 36.

nalsozialismus das als deutliches Phänomen zum Ausdruck, was überall im deutschen Volk vorhanden war, und nicht nur im deutschen Volk, sondern in fast allen Ländern der Erde.«

Und Picard fährt fort:

»[V]iel von dem Übel, das in Deutschland getan wurde, geschah stellvertretend für die anderen; hier in Deutschland wurde zum deutlich geformten Phänomen, was in den anderen Ländern nur hier und da und weniger heftig und weniger deutlich vor sich ging.«[38]

Die Universalisierung christlich-konservativer Provenienz ist als Reflex auf das spezifisch Deutsche an der Tat der Judenvernichtung zu erkennen:

»Man kann gegenüber den Greueln der Konzentrationslager nicht von Einzelschuld und Kollektivschuld reden. [...] Die Konzentrationslagergreuel waren [...] so ungeheuer, daß diese Distinktion nicht ausreicht. Weder die Schuld des Einzelmenschen noch die des Kollektivums sind eine Entsprechung für diese Greuel. Nicht der Einzelne und nicht das Kollektivum eines Volkes, nur die ganze Menschheit, das Böse, das in den ganzen Menschen darin ist [sic!] und sich in diesen Greueln gesammelt hat, nur die Schuld der ganzen Menschheit ist die Entsprechung für diese Greuel. *Nicht das Juristische, nicht das Moralische, nur das Metaphysische reicht hier zur Erklärung aus.*«[39]

In solchen Versuchen einer ahistorischen Entkonkretisierung der Judenvernichtung war seinerzeit nicht Aufklärung das Ziel, sondern Entlastung.[40] Von der Picardschen These einer »hitlerischen Welt der Diskontinuität« war es nicht mehr weit, den Nationalsozialismus als »Angelegenheit, die sich außerhalb der Geschichte, neben ihr, in ihren Abwässern abspielt«, zu deuten: »Der Nationalsozialismus«, so das Zentrum der Interpretation von Picard, »ist kein Teil der Geschichte, keine Episode in ihr, der Nationalsozialismus ist ein Einbruch in die Geschichte, er ist geschichtslos. [...] Die Geschichte wird unterbrochen durch den Nazismus.«[41] Die Auffassung,

38 Ebd., S. 247 f. [Hervorh. v. Picard].

39 Ebd., S. 280 f. [Hervorh. v. N.B.]. Die Anspielungen galten natürlich der Jasperschen Unterscheidung verschiedener Arten von Schuld.

40 Blasius, »Judenfrage« und Gesellschaftsgeschichte, S. 17.

41 Picard, Hitler in uns selbst, S. 232 und 205. Zu den teils hilflosen, teils opportunistischen Äußerungen der repräsentativen deutschen Philosophen zwischen 1945 und 1948 vgl. Gerwin Klinger, Meisterdenker in staatsloser Zeit. Deutsche Philosophie zwischen 1945 und 1948, in: FR, 29. 6. 1996. Klinger differenziert allerdings nicht im Hinblick auf die zeitgenössische Se-

daß Geschichte »Verhängnis« sei, daß sie nicht gemacht wird »sondern uns in unabwendbaren Entscheidungen [widerfährt]«,[42] enthielt in diesem Kontext einen aggressiven Kern. Hermann Aubin sprach noch 1957 von der »Episode des Nationalsozialismus«,[43] die deutschen Verbrechen wurden unter einer solchen Perspektive als »Übertreibungen« marginalisiert. Die Formulierung, es sei dabei bisweilen »nicht ohne Gewaltsamkeiten gegen Undeutsche«[44] vonstatten gegangen, offenbart weniger schlechtes Gewissen als vielmehr die Überzeugung einer Geschichtsnotwendigkeit von Leid und Tod bei der Durchführung von historischen Missionen. Deutlich wird dies nicht zuletzt am Konzept »Abendland«, einem Begriff, der beides leisten konnte: er trug zur Rettung vormaliger Wertevorstellungen ebenso bei wie zur Camouflierung des nach wie vor virulenten nationalen Superioritätsdenkens.

»Entsiegeln« als Aufgabe: Das Selbstbild der Historiker

Aber die Historiker konnten nicht nur auf paradoxe Weise den nationalen Bezug ihres Nachdenkens wahren, sondern damit zugleich auch ihr Selbstbild als *praeceptor germaniae*, das sie als Verwalter des eigenen Nationalerbes und als »Hüter des heiligen Feuers auf den Altären der Vergangenheit« mystifizierte.[45] Der ab 1949 in Heidelberg lehrende 62jährige Johannes Kühn, der noch wenige Jahre zuvor eine Schrift zur Sinngebung des Krieges vorgelegt hatte,[46] konnte mit ungebrochenem Pathos und fast trotzigem Gestus direkt nach dem Zweiten Weltkrieg vom Abendland als »höchster Stufe« des Verlaufes bisheriger geschichtlicher »Wahrheit« schreiben:

mantik der Sprache, so daß die Gemeinsamkeiten von Carl Schmitt und Karl Jaspers stärker hervortreten als die viel größeren Unterschiede; zu diesen vgl. v. Laak, Gespräche; Kadereit, Karl Jaspers und die Bundesrepublik.

42 Kaehler, Die Problematik der Preußischen Geschichte im 19. Jahrhundert, S. 17.

43 Aubin, Abendland, Reich, Deutschland und Europa, S. 58 f.

44 Aubin, Die Deutschen in der Geschichte des Ostens, S. 516 und 544. Vgl. auch: Conrad, Auf der Suche nach der verlorenen Nation, S. 388 f.

45 So die Formulierung von Justus Hashaben über die »Historikerpflichten« im neuen Deutschland aus dem Jahre 1920, zit. nach: Vowinckel, Geschichtsbegriff und Historisches Denken, S. 15.

46 Johannes Kühn, Über den Sinn des gegenwärtigen Krieges, Heidelberg u.a. 1940, ein Buch, das Victor Klemperer zum Urteil veranlaßte, Kühn sei ein »Verräter an der Wissenschaft« geworden, vgl.: Klemperer, Ich will Zeugnis ablegen bis zum Letzten, S. 667.

> »Die Wahrheit der Geschichte [ist] nirgends genauer, schärfer und reicher bestimmt worden [...], als im abendländischen Kulturkreis, [...] nirgends [trat sie] in solcher Offenbarungsfülle ans Licht [...]. Das ist aber nur die bisher unter besonderen Verhältnissen erreichte höchste Stufe, hinter der man andern Ortes weit zurückblieb.«[47]

Die »Offenbarungsfülle« der geschichtlichen Wahrheit des »abendländischen Kulturkreises« umfaßte nach 1945 aber nicht zuletzt die Verbrechen der Deutschen in ganz Europa. Es ist in hohem Maße symptomatisch, daß das Nachdenken hierüber sich in einer Erkenntnistheorie Bahn brach, die gegen »Richtigkeitswissen« polemisieren konnte und sich ein »Wahrheitswissen« konstruierte, in dem »Auschwitz« nicht vorzukommen brauchte, weil es ein Geschehen an der »Oberfläche« repräsentierte, deren Ursache man aus der »Tiefe« erst noch zu eruieren habe. Leitwissenschaft war die Theologie, der Zweite Weltkrieg, so der greise Walter Goetz, sei seit den Tagen des heiligen Augustinus das größte Ereignis, und nie »seit der ›Civitas Dei‹ war es so schlagend klar, daß wirklich große historische Ereignisse nach theologischer Interpretation verlangen«.[48] Der Historiker sei nicht Antiquar, so nochmals Kühn explizit, »sondern ein Weiser«: Es gehe nicht um »Tatsachen-anhäufen-können«, sondern um das »Ringen um die Gestalt der wahren Geschichte«.[49]

Hans Freyer, auch er war zeitweise ein begeisterter Anhänger des Nationalsozialismus, sprach von den »historisch erhellten Bereichen der Vergangenheit« und setzte von ihnen die »dunkle[n] Brunnenstube der

47 Kühn, Die Wahrheit der Geschichte, S. 55. Dieses Buch von Kühn, so Detlev Junker, habe einen »unglücklichen Titel«, nichtsdestotrotz könne es aber als »Grundzug seiner Historik anhand klassischer Fragen der Geschichtstheorie« gelesen werden, vgl.: Junker, Theorie der Geschichtswissenschaft am Historischen Seminar der Universität Heidelberg, v.a. S. 171 f.; unkritisch: Wolgast, Die neuzeitliche Geschichte im 20. Jahrhundert (v.a. S. 147 ff.), der Kühn als »nicht im 3. Reich kompromittiert« charakterisiert; kritisiert von Demm, Alfred Weber und die Nationalsozialisten, S. 232.

48 Zit. nach: Radkau, Die deutsche Emigration, S. 227. Die Äußerung stammt von 1941.

49 Kühn, Die Wahrheit der Geschichte, S. 69 und 66 f. Durchgängig in diesem Buch die Dichotomie zwischen »Richtigkeit« vs. »Evidenz« (S. 6 ff.), zwischen »Aussagewahrheit« vs. »Wertewahrheit« (S. 26). »Historisches Verstehen« hieß für Kühn, und hier formuliert er einen Konsens des damaligen Selbstverständnisses der Zunft, »in alle Tendenzen von innen eindringen zu können, ohne darin gefangen zu bleiben [...], [heißt], die Erinnerung an sie rein zu bewahren, ihre Stimme rein zu Gehör zu bringen« (ebd., S. 28 [Hervorh. v. N.B.]).

gegenwärtigen Entscheidungen« ab.[50] In seiner *Weltgeschichte Europas*, dessen »Wesen« und »Selbstbewußtsein« der Leipziger Soziologe und Universalhistoriker seinen Lesern als »fünftausendjährige Vergangenheit« präsentierte, markierte er zu Beginn seine Methode im Anschluß an Hegel als einen »Entschluß, in Tatsachen zu philosophieren«, als »denkende Betrachtung«, also als Philosophie – wenn auch, wie er einschränkend hinzufügt, als eine »Geschichtsphilosophie mit Jahreszahlen«.[51] Und obwohl Freyer seiner Darstellung in guter Tradition des Historismus immer wieder Reflexionen über »Tatsächlichkeit« und »Individualität« des Historischen einfügt – es ging ihm expressis verbis weniger um den »Aufweis eines Wirkungszusammenhangs« als vielmehr um den »Versuch einer Sinndeutung der ganzen Epoche«, um die »Einheit der Weltgeschichte«, ganz so »wie dem sorgfältigen Forscher im Vielen der Natur um die Einheit der Schöpfung«.[52] Mit diesem hochgesteckten Ziel konnte man beides erreichen: Die Arbeit als philosophische Deuter fortsetzen und alle diejenigen, die sich auf die ungeheuren Ereignisse »stürzten«, als Moralisten denunzieren: »Kein Wunder, daß sich die erschütterte Menschheit mit dem Willen zu erfahren, zu verstehen, zu urteilen auf die ungeheuren Ereignisse stürzt. […] Die Urteile […] sind dennoch fürs erste mehr moralische und politische als historische.«[53]

Die Vorbilder waren die griechischen Historiker und Tragödien-Dichter. Der zitierte Hans Freyer bewunderte Thukydides und dessen Tugend, an den Grundsätzen der historischen Kritik auch angesichts der Krise festzuhalten. Doch auch am großen Vorbild der Antike bewunderte er nicht die Kritik an sich, sondern den Verzicht auf »die Zurechnung von Schuldanteilen«, daß er also weniger »Ursachenforschung« betreibe, so Freyer, als vielmehr »Einsicht in die Verstrickung der unheilbringenden Kräfte« fördere.[54] Paul Egon Hübinger verglich Deutschland mit der »Situation Griechenlands im zweiten vorchristlichen Jahrhundert«, die ein Polybios historiographisch bewältigt habe, und er fügte hinzu, man

50 Freyer, Weltgeschichte Europas, Bd. 2, S. 993.

51 Freyer, Weltgeschichte Europas, Bd. 1, S. XI, XII und XIII. Vgl. auch den religiösen Schlußsatz dieser Einleitung: »Und wie jenem aus den Gleichungen, in denen er die Bewegungen der Welten ermisst, die Harmoie des Alls entgegentönt, so mag wohl der Historiker, der die Weltgeschicke überblickt, eine Ahnung des Wortes erfahren, dass tausend Jahre vor Ihm wie ein Tag sind, und hundert Jahre wie eine Nachtwache« (ebd., XIV).

52 Ebd., Bd. 2, S. 998; Bd. 1, S. 87 und 95.

53 Ebd., Bd. 2, S. 998.

54 Ebd., Bd. 1, S. 164.

müsse versuchen, »bis uns ein begnadeter Historiker für unsere Geschichte die gleiche Leistung« vollbringe, ihm vorzuarbeiten.[55] Gisbert Beyerhaus fand in der publizierten Fassung von Interviews, die der britische Militärhistoriker Basil Liddel Hart mit Vertretern der Wehrmachtsgeneralität führte und die das Bild der militärischen »Aufrechterhaltung eines ›Codes of decency‹« der Deutschen »belegten«, eine Leistung im Range von Weltliteratur: »Wenn wir nach Parallelen Umschau halten, wäre für dieses Buch nur eine antike Parallele zu nennen – die ›Perser‹ von Aischylos.«[56] Und auch Golo Mann gestand in den Vorbemerkungen seiner Darstellung des »Dritten Reiches«, daß »Beobachtungen der Art, wie die römischen Historiker sie pflegten«, ihm mehr sagen, »als alle moderne Gesellschaftswissenschaft«.[57]

Es dominierte ein fachliches Selbstverständnis, das in der eigenen Arbeit die Aufgabe sah, »die Angeln der Weltgeschichte«[58] aufzufinden. Die Geschehnisse selbst verblaßten darüber: es galt, sie zu durchdenken, nicht, sie darzustellen. Die zeitgenössische Vorstellung vom »Entsiegeln« der Vergangenheit macht deutlich, wie stark die Rätselhaftigkeit, die Hermetik und die Unzugänglichkeit vergangener Wirklichkeiten erkenntnistheoretisch betont wurde: »Wir leben im Gefühl der Zukunft, und damit erst entsiegeln wir die Vergangenheit. Daher muß vom Historiker verlangt werden, daß er imstande sei, das Vergangene als die Zukunft zu lesen‹ […].«[59]

Paradoxien der Apologie – Dialektik des Kommentars

In den einflußreichen Schriften von Friedrich Meinecke, Gerhard Ritter und Hans Rothfels soll im folgenden diese hier skizzierte Grundproblematik näher ausgelotet werden. Dabei ist von einer Paradoxie des Apologetischen auszugehen, die den Kommentar solcher Schriften dialektisch macht. ›Auschwitz‹ ist bei keinem der gewählten Wortführer der Nachkriegshistoriographie Thema, so daß die Frage an alle drei nicht lauten

55 Hübinger, Um ein neues Geschichtsbild, S. 399.
56 Beyerhaus, Neue Wege zur Erforschung des Zweiten Weltkriegs, S. 58.
57 Mann, Deutsche Geschichte, S. 105.
58 Kühn, Die Wahrheit der Geschichte, S. 65.
59 Ebd., S. 68. Mit dieser Formulierung variiert Kühn ein Zitat Hamanns; vgl. auch die aufschlußreiche Abkehr von Ranke gegen Ende des Buches: »Das Ranke-Wort von der Beschränkung der Geschichte auf das ›wie es eigentlich gewesen‹ hat am Ende mehr verführt als geführt […]. Geschichte ist nicht das Gewesene« (ebd.).

kann, wie sie mit der »Judenvernichtung« als Zeitgenossen und in ihrem Beruf umgingen – denn sie vermieden es, hierüber zusammenhängend zu sprechen oder zu arbeiten. Da aber für Gedächtnisgeschichte nicht nur das Erinnerte von Interesse ist, sondern naheliegenderweise auch das Vergessene oder das nicht ausgesprochene Erinnerte, lautet die Frage an jeden dieser drei Historiker, wie sie das »Dritte Reich« in den Verlauf der deutschen Geschichte einfügten, ohne dabei die Judenvernichtung zum Gegenstand des Nachdenkens oder Forschens zu machen. Grundthese des Kapitels ist deshalb, daß in den unmittelbaren Nachkriegsjahren der späten 40er Jahre der Zivilisationsbruch des Holocaust in Metathemen verschoben wurde und erst die Dekonstruktion dieser Verschiebungen sichtbar macht, was zu vermeiden sich die Historiker bemühten. Alle drei sprechen nichtsdestotrotz mit der Autorität des Zeitzeugen. Gemeinsam ist ihnen auch, daß sie durch ihre Themenwahl, durch die Form ihrer Geschichtserzählungen und durch ihre methodisch-theoretische Herangehensweise das Spiegelbild einer tiefen persönlichen und fachwissenschaftlichen Erschütterung bilden,[60] die sich jedoch nur noch in der apologetischen Reaktionsbildung auf sie erkennen läßt. Bei Meinecke, dem der nächste Abschnitt gilt, führt das zum Nachdenken im begrifflichen Feld eines von Goethe entlehnten Wissenschaftsbegriffes von ›Katastrophe‹, ›Schicksal‹, ›Zufall‹ und ›Drama‹ und zur Verfestigung historiographischer Grundprämissen, die in der Konzeption einer »vertikalen Historiographie« gipfelte.

60 Die »Unsicherheit« und »Irritation« der Nachkriegshistoriker zu betonen ermöglicht, den etwas hohl gewordenen »Verdrängungs-Vorwurf« neu zu fassen. Allerdings meinen die Begriffe »selektives Problembewußtsein« (135) und »besondere Schwerpunktsetzungen« im Grunde genommen nichts anderes, vgl.: Conrad, Auf der Suche nach der verlorenen Nation, S. 186 und 215. Zur ansonsten ähnlichen Herangehensweise vgl. auch: ders., S. 134, 136, 222, 233, 244, 282 u.ö.

2.1. »Wellen des Zeitalters« und »Vertikale Historiographie«: Friedrich Meineckes *Die deutsche Katastrophe*

Der Terminus »Katastrophe«

Anneliese Thimme verdanken wir einen aufschlußreichen Bericht aus dem Göttingen der Nachkriegszeit. Die Historikerin erinnert sich hier an einen fünfzig Jahre zurückliegenden Besuch beim hochbetagten Friedrich Meinecke, der seinerzeit bei seinem Schüler Siegfried August Kaehler in dessen Göttinger Wohnung wohnte:

> »War er während des Krieges leidend, daß ihm alles zuviel wurde, vor allem längere und anstrengende Gespräche, so saßen wir jetzt bis zu drei Stunden zusammen, und falls jemand irgendwelchen Naziunsinn redete, was schließlich auch mal vorkam, wenn auch nicht oft, dann war er voller Zorn, schlug mit der Faust auf den Tisch und wurde sehr heftig, daß dem andern der Unsinn verging. [...] Es war damals in jenen Monaten um 1945/46, daß er sein kleines Büchlein über ›Die deutsche Katastrophe‹ schrieb, und er war damit wohl der erste Historiker, der sich schriftlich mit der Vergangenheit der deutschen Geschichte auseinandersetzte. Vielleicht war der Titel nicht so glücklich, denn welche Katastrophe meine er: die von 1933 oder die von 1945 oder sogar noch die von früher? Auch er ›rätselte‹ am deutschen ›Schicksal‹ herum, wobei Schicksal für mich doch immer den Eingriff fremder, willkürlicher Mächte oder eines ebenso willkürlichen Zufalls bedeutet, der unbeteiligte und unschuldige Menschen trifft.«[1]

Thimme hat in dieser Bewertung zwei Punkte betont, die bei Meinecke eng zusammengehören: seinen »Zorn« über den »Naziunsinn« und das Ambivalente im sprichwörtlich gewordenen Titel *Die deutsche Katastrophe.* Das unbestimmte Verhältnis der beiden Teile des Titels war im Ausdruck regelrecht angelegt, dabei war er zugleich prägnant und suggestiv und konnte somit zu gegenteiligen Lesarten führen, je nachdem, ob man das Katastrophische als von Deutschland verursachtes Geschehen oder als über es hineinbrechendes Verhängnis ansah.[2] Tatsächlich war die

1 Thimme, Geprägt von Geschichte, S. 191.

2 Eine der wenigen zeitgenössischen Rezensionen, die das problematisierten, war der (ansonsten positive) Artikel von Johann Albrecht v. Rantzau, Die deutsche Katastrophe. Zum neuen Werk von Friedrich Meinecke, in: Die ZEIT, 14. 11. 1946. Der Rezensent bezog das titelgebende Wort »Katastrophe« auf das Jahr 1933.

Unentschiedenheit der Bezugnahme ein konstitutives Moment nicht nur des Textes von Meinecke, sondern fast aller vergleichbaren Bekenntnisse: »Fünfeinhalb, nein zwölf Jahre immer wieder die Frage: Wann kommt das Ende?« – so korrigierte sich beispielsweise der Direktor der Württembergischen Landesbibliothek Wilhelm Hoffmann gleich im ersten Satz seiner Schrift *Nach der Katastrophe*, die im Sommer 1945 in zehntausend Exemplaren vorlag und innerhalb eines Jahres vergriffen war; die rückblickende Betrachtung konnte angesichts der realen Trümmerfelder der Gegenwart beides unter das Dach eines Begriffes fassen – Weltkrieg und Nationalsozialismus.[3] Die Natur-Implikationen des Begriffes »Katastrophe«, seine gedankliche Nähe zum Passiven, zum Ausgeliefert-Sein und zur Sphäre von Sturm, Erdbeben oder Überschwemmung wurde von Meinecke und anderen immer wieder aktualisiert. Er sprach von den »Quellgewässern des Nationalsozialismus«, den »Sturmwinden der Hitler-Bewegung« und den »Wellen des Zeitalters«.[4] Hans Freyer evozierte im gegenwärtigen Geschehen ebenfalls »Wellenberge«, außerdem »Funkenschlag« und »Feuersbrunst«.[5] Johannes Haller, der in den verschiedenen Auflagen seiner »Epochen deutscher Geschichte« vor und während des Krieges den Tag herbeigesehnt hatte, an dem die nationale »tiefeste Erniedrigung« überwunden sein würde, und dann 1939 ausrief: »Was Glaube und Hoffnung war, ist Wirklichkeit geworden, der Tag ist gekommen!«, verglich nach 1945 die Geschichte expressis verbis mit einer Naturkatastrophe und sprach damit nur aus, was der Begriff als solcher bereits nahelegte oder was man in Goethe-Zitaten wiederfand.[6] Wie Natur sei auch Geschichte eine »große Verschwenderin, sie kennt auch das Mitleid nicht. Ohne Erbarmen zerstört sie durch ihre Katastrophe, durch

3 Hoffmann, Nach der Katastrophe, S. 1.

4 Meinecke, Die deutsche Katastrophe, S. 38, 57, 70; »Wellen« ist eine durchgehende Grundmetapher des Buches und Kapitelüberschrift.

5 Freyer, Weltgeschichte Europas, Bd. 2, S. 995 und 996.

6 Haller, Johannes: Die Epochen der deutschen Geschichte (Vorwort); vgl. zu Haller: Volkmann, Deutsche Historiker im Umgang mit Drittem Reich und Zweitem Weltkrieg; ders., Von Johannes Haller zu Reinhard Wittram; ders., Als Polen noch der Erbfeind war. Zum 50. Todestag des politischen Historikers Johannes Haller, in: Die ZEIT, 12. 12. 1997; zur NS-Zeit speziell auch: Müller, Johannes Haller und der Nationalsozialismus; zur Autobiographie von Haller außerdem: Berg, Zwischen individuellem und historiographischem Gedächtnis, S. 191 ff.; die zeitgenössische Dominanz des Goetheschen Wissenschaftsverständnisses demonstriert z.B.: Ziegler, Zu Goethes Deutung der Geschichte (»Das Geschichtschaos stellt sich weitgehend als Erscheinungsform eines ihm zugrundeliegenden Naturchaos dar.« S. 247).

Sturm und Überschwemmung, Erdbeben und vulkanische Ausbrüche das Dasein ungezählter Tiere und Pflanzen und läßt Tausende von Menschen umkommen. Für sie gibt es weder Schuld noch Strafe, nur unerbittliche Notwendigkeit – sie scheint wirklich kein Herz zu haben.«[7]

Aber sogar ohne solche Natur-Analogien blieb der Ausdruck in den Schriften der Nachkriegsjahre diffus und ist deshalb interpretationsbedürftig. Kramer meinte in *Vor den Ruinen Deutschlands* die »eigentliche Katastrophe der deutschen Geschichte« lange vor dem Dritten Reich in der Unterwerfung der west- und süddeutschen Länder durch Preußen[8] zu erblicken, in Fritz Hellings kommunistischer Sicht des »Katastrophenweg[s] der deutschen Geschichte« war sogar die Gesamtgeschichte des deutschen Volkes »mißraten«,[9] während Werner Conze dagegen noch 1953 von »den Katastrophen von 1945« im Plural sprechen konnte und damit explizit »die Härte der Siegerentscheidungen« und die »Besatzungsherrschaft«[10] meinte. Noch Jahre später konnte z.B. Theodor Schieder sprechend die »Ereignisse seit 1933« und die »Katastrophe von 1945« voneinander trennen,[11] und Percy E. Schramm benutzte die längst zur Formel geronnene Wendung noch Anfang der 60er Jahre.[12] Wenn der Begriff nicht wie hier direkt vergangenheitspolitisch umgedeutet wurde, konnte er auch durch historische Analogisierungen eine Ausweitung ins Unspezifische erfahren. In einer seiner vielen Preußen-Apologien hat z.B. Siegfried A. Kaehler vor Studenten explizit von der »Katastrophe von 1945« gesprochen, verbunden mit dem Gedanken, daß es sich nun, wie 1918, erneut um einen den Deutschen »auferlegten Deutungskampf um das deutsche Geschichtsbild« handele.[13] Hans Freyer sprach, wie viele an-

7 So die Formulierung von Johannes Haller, Zum Verständnis der Weltgeschichte, S. 363; sowie: »[D]er Gott der Geschichte ist derselbe mitleidlose, unbarmherzige wie in der Natur, auch in der Geschichte geht es natürlich zu.« Ebd., S. 364; Wittram mißdeutete dieses Bekenntnis zu einer »Naturreligion« als Folge der Dominanz des zeitgenössischen naturwissenschaftlichen Weltbildes, vgl.: Wittram, Erinnerung an Johannes Haller, S. 67 f.

8 Kramer, Vor den Ruinen Deutschlands, S. 86.

9 Helling, Der Katastrophenweg der deutschen Geschichte, S. 204.

10 Conze, Die deutsche Opposition gegen Hitler, S. 210.

11 Schieder, Die geschichtlichen Grundlagen und Epochen des deutschen Parteienwesens, S. 64.

12 Zum Beispiel in: Henry Picker, Hitlers Tischgespräche (Neuauflage 1963), S. 23.

13 Kaehler, Die Problematik der Preußischen Geschichte im 19. Jahrhundert, S. 3 f.

dere, von der »Dauerkatastrophe, die mit den Schüssen von Sarajewo begann«,[14] und selbst Ludwig Dehio benutzte in seinen nachdenklichen Arbeiten zur Revision des eigenen Geschichtsbildes neben dem Ausdruck »Katastrophe von 1918« den Begriff »Katastrophe des Friedens« für die Folgezeit und konstatierte, daß in diesen Jahren »die Seele eines jeden« Deutschen von der »Sehnsucht nach der Auslöschung einer Katastrophe« beherrscht war.[15]

Hier äußerten sich nicht zufällig immer wieder fundamentale Unterschiede zu den Lesarten der deutschen Geschichte durch jüdische Historiker. Eva Reichmann hat in ihren Arbeiten den Terminus »Katastrophe« nicht selten verwandt, an einer Stelle jedoch mit scharfer Abgrenzung zur diffusen Verwendung des Begriffes hinzugefügt, daß sie »nicht im verlorenen Krieg, sondern im Rückfall in die als Nationalsozialismus getarnte Barbarei« zu erblicken sei.[16] Der jüdische Emigrant und Nationalismusforscher Hans Kohn, der in Rußland, London, Palästina und später in New York arbeitete, versuchte später sogar, den Begriff umzuprägen, und nannte ausdrücklich das Jahr 1933 als »Katastrophe für die Deutschen, die Juden und die ganze Welt«.[17] Kohn war bemüht, für den Zusammenbruch des Staates eine verursachende Vorgeschichte zu finden. In bezug auf die Nationalgeschichte Deutschlands wurde von der Seite der Emigranten nicht der Bruch konstatiert, sondern die ihn verursachende, in die Vergangenheit zurückreichende Kontinuität des Niedergangs als Erklärung herangezogen. Kohn, ein in Prag geborener Universalgelehrter und wissenschaftlicher Seiteneinsteiger, favorisierte selbst ein Interpretationsmodell, in welchem die deutsche Geschichte zwischen Französischer Revolution und Nationalsozialismus als eine zusammenhängende Epoche vergleichend behandelt werden müsse. Die Perspektive sei explizit auf einen spezifisch deutschen politischen, institutionellen, sozialen und intellektuellen Sonderweg im 19. Jahrhundert gerichtet, der vom Westen abweiche.[18] »Die ›Deutsche Katastrophe‹ begann in Wirklichkeit im Jahre

14 Freyer, Weltgeschichte Europas, Bd. 2, S. 994.

15 Dehio, Deutschland und die Weltpolitik, S. 19 f., 21 und 26.

16 Reichmann, Flucht in den Haß (Vorwort), zit. nach dem Wiederabdruck in: dies., Größe und Verhängnis deutsch-jüdischer Existenz, [zuerst: 1956], S. 166; vgl.: Travers, A German Catastrophe? S. 54-73.

17 Kohn, Bürger vieler Welten, S. 77.

18 Kohn, Wege und Irrwege, v.a.: Der Verlauf der neueren deutschen Geschichte, in: ebd., S. 7-26. Zu Kohn vgl. v.a. die Studie von Wolf, Deutsch-jüdische Emigrantenhistoriker, S. 113 f.; Faulenbach, Der »deutsche Weg« aus der Sicht des Exils.

1871, als Berlin zum erstenmal die deutsche Hauptstadt wurde und Deutschland ein vergrößertes Preußen.«[19]

Die Kontinuitätsthese zwischen Preußen und dem Dritten Reich wurde von der deutschen Historiographie nach 1945 insgesamt als zutiefst provozierend wahrgenommen und mit Vehemenz widerlegt, nicht aber von Meinecke. Denn gerade sein schmales Büchlein unterschied sich von der Mehrheit, und er argumentierte im ganzen kaum anders als Kohn. Trotz der Ausweitungen der Katastrophen-Metapher ins Allgemeine der abendländischen Geschichte und der damit verbundenen apologetischen Selbstbezogenheit der Argumentation auf das deutsche Leiden in Krieg und Vertreibung und im Verlust des Nationalstaates war Meineckes Verständnis von »Katastrophe« eng mit der These von einer deutschen Fehlentwicklung, die nicht erst seit 1933 eingesetzt habe, verknüpft. Sicher, auch Meineckes Vorstellungen von »Katastrophe« bezogen die Niederlage von 1918 und das Ende des Kaiserreiches ein, und er sprach häufig vom »Jahrhundert der Katastrophen«,[20] dessen Ursachen im 19. Jahrhundert lagen und dessen »Endkatastrophe« noch die kommenden Jahrhunderte beschäftigen werden.[21] Er meinte zwar auch die Katastrophe *für* Deutschland und sprach gegenüber einem emigrierten Schüler auch von der »Weltenwende« und von den »furchtbaren Katastrophen *für uns hier Gebliebene!*«[22] Doch der bekannteste deutsche Historiker des 20. Jahr-

19 Kohn, Bürger vieler Welten, S. 242. Zu einem Sammelband, den Kohn herausgegeben hatte und der bereits dieselbe These vertrat, vgl.: Conze, Deutsche Geschichte in neuer Sicht?, Sp. 719-721 [Hervorh. v. N.B.]: Conze konstatiert »Simplifikationen«, »unbekümmerte[n] Einseitigkeiten« und »Halbwahrheiten« die nur in »tiefergehenden Strukturanalysen und Ereigniszusammenhängen wirklich begreifbar gemacht werden« könnten; es gelte »die Wirkungszusammenhänge auch der schwersten Katastrophen und Verhängnisse, von denen wir selbst unmittelbar betroffen sind, nüchtern, sauber und mit gebändigten Emotionen zu erforschen und zu begreifen. *Wer Furcht davor hat [...] den Teufel zu neutralisieren, stellt sich der Geschichte nicht in ihrer Unerbittlichkeit.*«

20 Meinecke, Tagebuchblätter 1918/19, in: ders., Straßburg – Freiburg – Berlin, S. 169, 310 und 313.

21 Meinecke, Die deutsche Katastrophe, S. 5, 7 und 9. Mit deutlichem Bezug auf den Weltkrieg auch S. 96, wo Meinecke von der »heutige[n], fürchterliche[n] Katastrophe« spricht, »die aus dem Hitlertum entsprang und ihm ein Ende machte«.

22 Friedrich Meinecke, Brief an Gerhard Masur vom 7. 2. 1947, in: IfZ, NL Masur [Hervorh. v. N.B.].

hunderts[23] war nicht nur einer der ersten, die sich überhaupt äußerten, sondern, was nicht übersehen werden kann, auch einer der selbstkritischsten: er sprach Kritik am preußischen Militarismus deutlich aus, attakkierte den alldeutschen Imperialismus und den übersteigerten Nationalismus der deutschen Geschichte insgesamt. Auch das Bürgertum der Wilhelminischen Ära und der ersten Jahrhunderthälfte, also seine eigene Klasse, wurde von der Kritik nicht ausgenommen – Punkte, die die etablierte Historikerzunft ungern zum Thema von Kritik machte. Meineckes »Meistererzählung« von der »deutschen Katastrophe« ist also in der Tat komplexer, und er findet nicht zuletzt deshalb immer wieder Interesse, weil jene hochspezifische Mischung einer dezidierten Kritik, eines analytischen Zugriffs und einer Flucht in den dämonisierenden Irrationalismus das Buch so schwer interpretierbar macht.[24] Der Text wurde einerseits oft regelrecht verspottet, aber zugleich auch noch in den 90er Jahren »unübertroffen« und »herausragend« genannt. Er wurde als Apologie der NS-Zeit gelesen, andererseits aber wurde dem Verfasser noch jüngst bestätigt, er habe mit »bestechender Ehrlichkeit« nach den Gründen der deutschen Katastrophe gefragt.[25]

»Gleichgewichtsverhältnisse der Seele« als Programm und »Schicksal« als Erklärung: Zur Goethe-Rezeption Meineckes

Die insgesamt unbestimmte, vage und oszillierende Vorstellung der »deutschen Katastrophe« bei den Historikerkollegen Meineckes und bei ihm selbst ist somit das eine. Das andere ist, daß Meineckes Buch über lange Passagen die Katastrophe *der* Deutschen und ihrer Geschichte meinte, trotz der immer wiederkehrenden Abschwächungen des von ihm selbst konstatierten, ja entwickelten deutschen Sonderwegs. Es scheint, als müsse man hier Meinecke gegen Meinecke lesen, damit deutlich wird, daß er, ungeachtet seiner zahlreichen gegenteiligen Äußerungen im Buch selbst, ganz und gar auf das »Deutsche« der Katastrophe fixiert war. Die Überzeugung, daß es etwas *Deutsches* zu erklären gebe, veranlaßte

23 So meinte zumindest Stern, Geschichte und Geschichtsschreibung, S. 274.

24 Wolfrum, Geschichte als Waffe, S. 62 ff. Auch Wolfrum hebt die »Pilotfunktion« des Meinecke-Textes für das Geschichtsbild der Nachkriegszeit hervor. Das »Oszillieren« zwischen einer europäischen und einer spezifisch deutschen Verortung des Nationalsozialismus betont auch Conrad, Auf der Suche nach der verlorenen Nation, S. 161.

25 Hofer, in: Lehmann/Oexle (Hg.), Erinnerungsstücke, S. 133; Jost Nolte, Respektvolles Lob eines altmodischen Denkers, in: DIE WELT, 27. 1. 1996.

Meinecke dabei weniger, die zwölf Jahre des Dritten Reich zu analysieren, sondern er befragte durchgängig dessen hundertzwanzigjährige Vorgeschichte im 19. und frühen 20. Jahrhundert. Dabei ist hervorzuheben, daß der Historiker die beiden begrifflichen Teile des Terminus »National-Sozialismus« in der Weltanschauung Hitlers pervertiert sah und mit Berufung auf Friedrich Naumann die These vertrat, »Nationales« und »Soziales« hätten durchaus synthetisiert gehört, aber auf andere Weise als es geschehen war. Daß er hierbei die von Goethe entlehnten Konzepte von »Polarität und Steigerung«,[26] von »Dämonie« und »Schicksal« verwendete und dem gesamten Buch darüber hinaus den gedanklichen Aufbau von »Gleichgewichtsverhältnissen der Seele«, »Gleichmaß der Kräfte« bzw. »Gleichgewichtsstörungen« zugrunde legte, macht den Grundzug dieses deutschen Selbstverständigungsprozesses deutlich, den Meinecke wie so viele Vertreter des deutschen Bürgertums ebenfalls in einer idealisierten Goethezeit verankerte. Es war dies aber nicht nur eine an Begriffen Goethes angelehnte Deutung deutscher Geschichte, sondern eine Rekapitulation der zentralen bürgerlichen Werte, die in seiner Person und in der klassischen Literatur insgesamt ihr »Goldenes Zeitalter« erblickte. Meinecke hatte zehn Jahre zuvor diesen Wertezusammenhang selbst prominent zusammengeführt, als er Deutung und Selbstdeutung des Historismus mit einem langen Kapitel über »Goethe und die Geschichte« versah, ein Kapitel, das 1949 als Separatum erschien.[27] Paradoxerweise wurde bisher die von Meinecke vorgenommene Deutung der deutschen Geschichte durch einen an Goethe gebildeten Denkstil deswegen nicht ausreichend berücksichtigt, weil Meineckes Buch in der so häufig zitierten These mündete, die »Wege der Erneuerung« seien durch eine Form säkularisierten Gottesdienstes, in »musikalisch-poetischen Feierstunden« zu erreichen, die am späten Sonntagnachmittag und als feste

26 Johann Wolfgang von Goethe, Polarität und Steigerung, in: Hamburger Ausgabe, Bd. XIV (Naturwissenschaftliche Schriften); zum Wissenschaftsbegriff bei Goethe und seinen Folgen vgl.: Mandelkow, Natur und Geschichte bei Goethe im Spiegel seiner Rezeption im 19. und 20. Jahrhundert.

27 Meinecke, Goethe und die Geschichte (1936); Separatdruck: München 1949. Der Einleitungssatz (»Wir wären heute nicht das, was wir sind, ohne Goethe.«) wurde vor dem Hintergrund der Machtübernahme Hitlers, dem April-Boykott gegen jüdische Geschäfte, der Gleichschaltung des öffentlichen Lebens und den »Nürnberger Gesetzen« zu Recht als eine peinliche Ignoranz kritisiert, mit dem Meinecke demonstrierte, daß er nicht wußte, was das Wort »heute« zu dieser Zeit bedeutet hatte, vgl. Hessing, Friedrich Meinecke: Naturbegriff und Goethebild, S. 317 f.

Einrichtungen »wenn irgend möglich« in einer Kirche »die schönste deutsche Musik« und »auserlesene poetische Stücke« darzubieten hätte:

> »In jeder deutschen Stadt und größeren Ortschaft wünschen wir uns also künftig eine Gemeinschaft gleichgerichteter Kulturfreunde, die ich am liebsten ›Goethegemeinde‹ nennen möchte. […]« Und er präzisierte: Ihnen »würde die Aufgabe zufallen, die lebendigsten Zeugnisse des großen deutschen Geistes durch den Klang der Stimme den Hörern ins Herz zu tragen – edelste deutsche Musik und Poesie zugleich ihnen immer zu bieten.«[28]

Es war nun Grundzug der meisten bisherigen Interpretationen, dieses Fazit als »eigentümlich« oder als nachgerade indiskutierbare Lächerlichkeit zu bewerten.[29] Hessing sah in diesem Fazit einen Beleg für »Meineckes Unfähigkeit, umzudenken« und hielt dem Historiker, dessen »unscharfes Denken« repräsentativ für das deutsche Bürgertum sei, die Nüchternheit Max Webers vor. Geiss sprach mit Blick auf Meinecke von einem intellektuellen und politischen »Bankrott« der idealistischen bürgerlichen Geschichtsschreibung und war davon überzeugt, daß das intensive Studium seiner Schriften »das wirkungsvollste Mittel zur Demontage des Meinecke-Denkmals« sei.[30] Die Verständnislosigkeit in Teilen der Forschung über den Schluß wurde so dominant, daß man wohlwollend meinte Meineckes Gesamtansatz verteidigen zu können, indem man »die eher am Rande« vorgetragene Empfehlung der Goethe-Gemeinde als einen »marginale[n] Aspekt« seiner ansonsten »beachtliche[n] analytischen[n] Leistung« bewertete.[31] Aber weder der Spott über den ungebrochen bürgerlichen Idealismus noch das Auseinanderdividieren von gelungener rationaler Analyse und einem idealistischen Voka-

28 Meinecke, Die deutsche Katastrophe, S. 174 f.

29 Geiss, Wie es zur »deutschen Katastrophe« kam, in: FR, 13. 1. 1971; weniger scharf: Blanke, Historiographiegeschichte, S. 643; oft zitiert wird der schwache Aufsatz von Schwab, Goethe-Kult (zu Meinecke nur S. 250), der im ganzen zwar Zitate, aber keinerlei Analyse bietet.

30 Hessing, Friedrich Meinecke: Naturbegriff und Goethebild, S. 318 und 349; Geiss, Demontage des Meinecke-Denkmals, in: FR, 1. 8. 1970; zusammenfassend: ders., Kritischer Rückblick auf Friedrich Meinecke, in: ders., Studien über Geschichte und Geschichtswissenschaft.

31 Schulze, Der Neubeginn der deutschen Geschichtswissenschaft, S. 8; und: ders., Deutsche Geschichtswissenschaft, S. 55; zuvor schon ähnlich: Wippermann, Friedrich Meineckes »Deutsche Katastrophe«, in: Erbe (Hg.), Friedrich Meinecke heute, S. 114.

bular, das »von der Ernsthaftigkeit und Tiefe der Analyse« ablenke,[32] trifft Aufbau, Gedankenführung, Wertmaßstäbe und Intention dieses einflußreichen Schlüsselbuches der NS-Deutungsgeschichte, das seine zentralen Gedanken einer von Goethe inspirierten Geschichts- und Naturkonzeption verdankte.[33] Die Funktion, die das Kultursymbol »Goethe« dabei hatte, soll im folgenden genauer betrachtet werden, vor allem aber wird der Nachweis versucht, daß eben nicht nur im Gesamtwerk Meineckes und dann im letzten Passus des Buches *Die deutsche Katastrophe*, sondern gerade hier – vom Beginn des Textes an – die Goethezeit zur Folie einer NS-Deutung wurde, die die Verbrechen dieser Jahre primär als Verrat am deutschen Kulturauftrag betrauerte.

Meinecke formulierte hier ein Erklärungsmodell deutscher Geschichte, dessen Pole Goethe und Hitler waren. Immerhin war man über den Zusammenhang beider Namen noch kurz zuvor an deutschen Universitäten stolz gewesen und hatte den Zweiten Weltkrieg als eine »Feuerprobe« beschrieben, der das »angeborene Führertum« von Deutschland mit dem Hinweis auf *Wilhelm Meister* und *Faust* in der Entscheidung sah.[34] Das war nicht die Auffassung Meineckes, aber übereinstimmend mit solchen Schriften war auch er davon überzeugt, das Weltgeschehen durch Goethe deuten zu können.[35] Das einfache Primär-Schema dieser Deutung war zunächst ein historisch-chronologisches Dekadenzmodell, es fing im frühen 19. Jahrhundert bei der deutschen Klassik an und führte den Leser gedanklich in mehreren Durchgängen durch das Kaiserreich zu dem Gegenpol hin, den der Nationalsozialismus darstellte. Konsequenterweise betrachtete es Meinecke so als sein Hauptthema, die Bewegung eines Niederganges zu schildern,[36] der zwar nicht nur, aber vor allem in Deutschland stattgefunden hatte. Dabei mußte er die Geschichte des zeitlich in der Mitte zwischen beiden Polen liegenden Bismarck-Reiches, also die Zeit seiner Jugend und Ausbildung zum Historiker, als längere Phase des Übergangs beschreiben. Hier, so Meinecke, fanden mehrfache Versuche statt, die Probleme, die die rasante Entwicklung des 19. Jahr-

32 Schulze, Der Neubeginn der deutschen Geschichtswissenschaft, S. 7.

33 Hessing, Friedrich Meinecke: Naturbegriff und Goethebild, passim. Dieser Aufsatz umfaßt allerdings keine Analyse von »Die deutsche Katastrophe«, die nur erwähnt wird.

34 August Raabe, Das Erlebnis des Dämonischen in Goethes Denken und Schaffen, Berlin 1942, S. 376.

35 Ebd., S. 374.

36 Meinecke, Die deutsche Katastrophe, S. 10: Nämlich das »Geschichtsproblem einer verfallenden Kultur« zu erklären (mit Bezug auf Burckhardt).

hunderts in Politik, Wirtschaft, Technik und Handel genommen hat, in bestimmten Synthesen zu bändigen. Dabei wertete Meinecke die positiven Werte des Kaiserreiches stets als Bewahrung des Goethe-Erbes, die problematischen Entwicklungen dagegen negativ als erste Vorformen der späteren »Entartung des Hitlermenschentums«. Dies war eine Vokabel, deren typisierende Funktion darin bestand, Tendenzen des Zeitalters beschreiben zu können, und die mit Hitler als politischer Figur sehr wenig zu tun hatte: Es sei nicht erforderlich und widere ihn an, das »Charakterbild des unseligen Mannes voller zu entwerfen«.[37] Die Phase der Reichseinigung und Nationalstaatsgründung umfaßte den Hauptteil seiner Überlegungen aber auch schon deshalb, weil sie nicht nur zeitlich, sondern auch konzeptionell eine »Mitte« bildete. »Goethe« und »Hitler« waren so gesehen nicht nur die Portalfiguren des 19. Jahrhunderts, sondern beide bildeten in diesem Konzept auch zwei Prinzipien, die zeitlich nicht fixierbar sind und die sich im historischen Verlauf stets polar gegenüberstehen. Das war nun selbst wieder ein Gedanke, den man von Goethe entlehnen konnte, prototypisch in der Idee der »zwei Seelen« im ersten Teil des *Faust.* In dieser Überzeugung markierte Bürgerlichkeit das »Mittlertum der Extreme« (Rudolf Kassner). Das 19. Jahrhundert wurde als ein »deutsches Jahrhundert« konzeptualisiert, wie dies neben Meinecke auch Kassner in einer melancholischen Homage an das »Wesen« des Saeculums zur gleichen Zeit getan hat.[38] Vor der Folie des zwar gefährdeten, aber noch hellen Jahrhunderts von Individualismus, Idealismus, Innerlichkeit, Romantik und Historismus mußte das 20. Jahrhundert geradezu als Steigerung der Verfallssymptome in einer »Schockwelt des Kollektivs« (Kassner) oder im »Hitlermenschentum« münden: Die »dämonischen Gewalten« waren nicht gebändigt worden, die Störung des Gleichgewichts nicht mehr aufzuhalten gewesen.

Meineckes Erklärungsmodell für die deutsche Katastrophe verlief exakt im Rahmen dieses Schemas, und es erstaunt nicht, daß er es in fünf

37 Meinecke, Die deutsche Katastrophe, S. 89; vgl. hierzu auch: Hessing, Friedrich Meinecke, Naturbegriff und Goethebild; Wichert, Bismarck und Goethe. Klassikrezeption der deutschen Geschichtswissenschaft zwischen Kaiserreich und Drittem Reich.

38 Kassner, Das Neunzehnte Jahrhundert. Ausdruck und Größe; Die konzeptionelle Parallelität beider Bücher wurde bislang übersehen. Auch Kassner versuchte eine »Wesensschau« der »Grundstimmungen des Jahrhunderts im Sinne Goethes zu formulieren, als Schlüsselbegriffe wählte er »Gestaltwandel«, »Morphologie« und »Synopsis«, seine Methodik nannte er »Physiognomik«, und auch Kassner argumentierte anhand des Goethe-Paradigmas »Polarität und Steigerung«.

Stufen gliederte, die man angesichts seiner Tragödienperspektive auf das Geschehen ohne weiteres auch als »Akte« eines Dramas bezeichnen könnte. *Erstens* konstatiert er den Zusammenhang der deutschen und der europäischen Geschichte innerhalb des Konzepts »Abendland«. Zwar hielt sich Meinecke nicht lange mit der Beschreibung dieses »Goldenen Zeitalters« auf, aber in zahlreichen Rückgriffen im Verlauf des Buches wird deutlich, daß ihm hier eine Art von idealem Urzustand vorschwebte, und er gab diesem geschichtlichen Raum den Namen »Goethezeit«. Den absoluten Wert dieser Epoche markierte die Meineckesche Vorstellung von »Idealen« oder, noch allgemeiner, von »Kultur«, die »alles Herrliche und Heilige der abendländischen und insbesondere unserer eigenen nationalen Kultur« umfaßte.[39] Die abendländische Entwicklung im 19. und 20. Jahrhundert charakterisierte er, *zweitens*, durch die beiden Hauptströmungen (»Wellen«), die demokratisch-soziale und die nationale, ein Vorgang, der für Meinecke unter dem Gesichtspunkt gesehen wurde, »Geist und Macht« miteinander zu versöhnen, »das Erbe der Goethezeit in das Zeitalter der Maschinen zu retten«,[40] wie er es ausdrückte. Die Dynamik beider »Wellen« resultiere aus der hinter beiden geschichtlichen Strömungen stehenden drängenden Kraft der »Massen«. *Drittens*, so Meinecke, laufen diese beiden Prozesse nicht einsträngig, sondern sie sind jeweils in sich gedoppelt in ein positives, »kulturfähiges« und ein negatives, »kulturwidriges«[41] Moment. Der *vierte* Schritt bestand nach seiner Auffassung darin, daß sich die beiden Doppel-Wellen nun begegneten, sich sozusagen schnitten, und dabei »entzündeten« sich am Kreuzungspunkt nicht die beiden positiven Linien der »Wellen«, also im Verständnis Meineckes ein evolutionärer Sozialismus und ein kulturfähiges Preußentum, sondern es entzündeten sich die jeweils negativen Linien,

39 Meinecke, Die deutsche Katastrophe, S. 13; vgl. auch die in Varianten beschworene Absolutheit der Kultur: S. 17 (3 mal), 19, 20 (2 mal), 22, 24 (2 mal), 26, 27 (3 mal), 28 (2 mal), 29, 34 (2 mal), 35, 40, 41, 43, 46, 47, 48 (2 mal) usw. Die Repräsentativität dieses Kulturzeitalters wird auch mit anderen Chiffren bezeichnet, z.B. mit dem Namen »Humboldt«, aber zumeist steht Goethe pars pro toto: S. 20, 21, wo Meinecke vom »heiligen Erbe der Goethezeit« spricht; außerdem S. 22, 38, 41, 44, 61, 62 (in Gegenüberstellung zu Hitler, ebenso 82), S. 65, 83 u.ö.

40 Zur »Synthese«-Vorstellung (häufig als »Verschmelzung« imaginiert) von »Geist«, »Kultur«, »Goethezeit«, »Idealismus«, »Höhenflug« und »Macht«, »Staat«, »Bismarckzeit«, »Realismus«, »Erdentritt« vgl. die vielen analogen Formulierungen und Begriffe in: Meinecke, Die deutsche Katastrophe, S. 19, 21, 22, 23, 24, 27, 28 u.ö.

41 Ebd., S. 23, 24 u.ö.

d.h. der zum Machiavellismus übersteigerte Militarismus des Preußentums und der zur Rücksichtslosigkeit verkommene brutale Massen-Sozialismus. Diese in sich konsistente geistige Geometrie Meineckes findet in einem *fünften* Gedankenschritt ihre Aufhebung in Vorstellungen von Pathos und Tragik, wie sie die klassische deutsche Literatur, nicht nur Goethe, anbot: Die Tatsache, der Zeitpunkt und die Folgen dieser Überkreuzung und Verstärkung sind, nach Meineckes Überzeugung, »deutsches Schicksal«. Ihm erschien nach dem Zweiten Weltkrieg, so schreibt er an seinen Schüler Kaehler, »immer der Schiller'sche Demetrius wie ein Symbol unseres Schicksals: Rein und edel fängt er an, und als Verbrecher endet er!! *Rätselhaft, – aber jedenfalls sehr tragisch.* Ich werde nicht fertig mit dem Nachdenken darüber.«[42]

Mehr noch als Schiller war Goethe Bezugspunkt dieses Schicksalskonzeptes.[43] Meineckes Antwort auf die Frage nach der »Deutschen Katastrophe« konnte mit der Apotheose des Schicksalgedankens seinen Begriff von kultureller Größe schützen. Daß es keine »positive Synthese« zwischen den Hauptströmungen des 19. und 20. Jahrhunderts gegeben habe, ist keine historische Analyse, sondern ein Befund, der die elitären Erfahrungen und Überzeugungen einer ganzen Generation rettete: Denn so hatte man weder die falschen Werte verehrt noch nicht einmal die verkehrten Ideen gehabt. Der Irrweg Preußens und Deutschlands, so Meinecke, bestehe sozusagen nicht im Gedanken eines »Nationalsozialismus«, sondern in dessen unkultureller, »undeutscher« Art der Realisierung.[44] Nicht die ›richtigen‹ nationalen und nicht die angemessenen ›sozialen‹ Strömungen hatten sich getroffen, sondern die jeweils übersteigerte, »entartete« Form beider führte in die Katastrophe. »Kultur«, so legt das Buch Meineckes nahe, sei als erstes Opfer zu beklagen gewesen, erst graduell im Verlaufe des sich zunehmend technisierenden 19. Jahrhunderts, später dann im sich immer radikaler gebärdenden Nationalismus und in jenem »vermassten« Sozialismus, der zwar nach Kultur griff, diese aber zugleich niederzog. Beider »kulturfreundliche« Momente seien von den jeweils

42 Meinecke, Brief an Siegfried A. Kaehler vom 26. 3. 1948, in: ders., Ausgewählter Briefwechsel, S. 521 [Hervorh. v. N.B.].

43 Vgl. die weiterführende Literatur zur Goethe-Rezeption nach 1945: Meier, Goethe in Trümmern; Mandelkow, Goethe in Deutschland; Klönne, »Heimkehr zu Goethe«?; Kleinschmidt, Der vereinnahmte Goethe; Nutz, Restauration und Zukunft des Humanen; Schwab, Zum Goethe-Kult, v.a. S. 250 ff.

44 Meinecke spricht hierbei, ganz der Terminologie sehr zeitgemäß von den »Entartungserscheinungen unseres Wesens«, von der »Entartung« des »deutschen Menschentums«, vgl. ebd., ders., Die deutsche Katastrophe, S. 9, 21, 26 und v.a. S. 28.

»kulturfeindlichen« dominiert gewesen, bis zur schicksalhaften Negativsteigerung in ihrer Verschmelzung. Deutschland sei in ein »Zeitalter der inneren Fremdherrschaft« geraten, einem »Verbrecherclub« sei es gelungen, das deutsche Volk »zwölf Jahre hindurch in seine Gefolgschaft zu zwingen«.[45]

Polarität und Steigerung – Zum Goethe-Verständnis der Historiker nach 1945

Der Gedanke vom »Verbrecherclub« war reine Apologie, damit das Konzept eigener bürgerlicher Anständigkeit aufrechterhalten werden konnte. Geradezu programmatisch war hierfür die starke Betonung der Kultur, besonders die These vom Verrat am Zeitalter Goethes. Vor diesem Hintergrund ist es eben nicht mehr verwunderlich, daß Meinecke in seiner Analyse, um den deutschen Geist zu »entnazisieren«, im letzten Kapitel die Bildung von »Goethe-Gemeinden« anregt, jene »Feierstunden«, die »inmitten der Zerstörung etwas Unzerstörbares, einen deutschen *character indelebilis*«[46] darstellen sollten. Die Argumentation in Meineckes *Die deutsche Katastrophe* bereitet diese Kur durchgängig vor, weil die »Katastrophe« nach Meineckes Überzeugung darin bestand, daß »der Genius Deutschlands« die Werte der Individualität, des Humanen, der Künste und des Schönen überhaupt gleich zweimal schlecht verwaltet hat. Zunächst war der Traum gescheitert, das Ideal in Bismarcks Staat so zu »realisieren«, daß es nicht nur zur seelischen Erhöhung beitrug, sondern auch im Leben selbst verankert wurde. Schon in der Schlußpassage seines 1943/44 beendeten Erinnerungsbandes *Straßburg – Freiburg – Berlin* hatte Meinecke im Habitus des »konservativen Reformers« seine Position zu Beginn des Jahrhunderts auf ähnlicher Grundlage formuliert: »Goethes und Bismarcks Erbe in uns harmonisch zu vereinigen [...], war der Traum, den ich mit so manchem meiner Generation in der Vorkriegszeit

45 Meinecke, Die deutsche Katastrophe, S. 151 und 140. Fast wortgleich: Freyer, Weltgeschichte Europas, Bd. 2, S. 994.

46 Meinecke, Die deutsche Katastrophe, S. 170. Vgl. auch die Goethe-Interpretation Meineckes in: ders., Lebenströster. Betrachtungen über zwei Goethesche Gedichte [geschrieben 1945/46] und den Brief Meineckes an Familie Rabl vom 1. 2. 1945, in welchem er von der »Zuflucht zum Göttlichen« spricht, »das doch nun einmal trotz alles Satanischen in der heutigen Welt den letzten Grund bildet. In diesen Tagen ging mir fortwährend das große Gedicht Goethes ›Edel sei der Mensch‹ [...] durch den Sinn, – es hat religiöse Tiefen, die sich einem erst in solcher Not wie heute erschließen.« (in: Meinecke, Ausgewählter Briefwechsel, S. 234).

geträumt hatte.«[47] Als dies gescheitert war, hätte man die Aufgabe gehabt, Goethes Ideale, deren politische Umsetzung in der Wilhelminischen Epoche untergegangen war, gegen seine direkten Widersacher zu schützen, aber auch das hatte man versäumt. An Goethe war man folglich zweifach »schuldig« geworden.

Die akademische Elite hatte sich in der Tat um die Jahrhundertwende herum in Goethe eine Figur der Synthese geschaffen, die persönliche und öffentlich-politische Überzeugungen zu harmonisieren imstande war. Heutigen Beobachtern mag das drapiert anmuten, und es ist auch richtig, wenn der Kulturnationalismus dieser Jahre kritisiert wird, sei es wegen seiner Epigonalität, sei es wegen seiner späteren revanchistischen Züge, in denen z.B. noch Goethes kurzer Straßburg-Aufenthalt von 1771/72 den nationalen Anspruch auf das Elsaß begründen sollte.[48] Doch Meineckes Nachkriegsidee der »Goethe-Gemeinden« war vor dem Hintergrund seiner eigenen Biographie und der Prägung wilhelminischer Bildungsgelehrter weniger lächerlich als vielmehr konsequent, lautete doch die zentrale Aufgabe des »Goethe-Bundes«, der im August 1900 unter maßgeblicher Führung des Althistorikers Theodor Mommsen gegründet wurde und dem Meinecke angehörte, es gelte »jeden neuen reaktionären oder unberechtigten Angriff auf die deutsche Geistesarbeit und Geistesfreiheit zu bekämpfen«. Mitglieder des »Goethe-Bundes« dürften deshalb bei Reichstagswahlen nur demjenigen ihre Stimme geben, so die Satzung, der »sich verpflichtet hat, unter dem Zeichen Goethes die deutsche Kultur zu achten und zu schützen«.[49] Genau diese Selbstverpflichtung schien in Deutschland in bezug auf den Nationalsozialismus aber am heftigsten verletzt worden zu sein, zumindest konnte sich das jeder Wähler Hitlers vorwerfen oder aber Deutsche stellvertretend für ihr Land. So lag die Deutung nahe, es seien nicht die falschen Werte gewesen,

47 Meinecke, Straßburg – Freiburg – Berlin, S. 317 und 318.

48 Vgl. z.B. das Buch von Ernst Trautmann, Goethe, der Straßburger Student, 2., umgearb. und vermehrte Aufl., Leipzig 1923; Philipp Witkop, Goethe in Straßburg, Freiburg 1943; im »Dritten Reich« waren Bezugnahmen auf Goethe dazu geeignet, Durchhaltewillen und Superioritätsbewußtsein zu formulieren, vgl. die Reden des Germanisten Gerhard Fricke, Goethes Straßburger Wandlung, Rede gehalten bei der Gründungsfeier der Landesvereinigung Oberrhein der Goethe-Gesellschaft Weimar in Straßburg am 22. Mai 1943, Straßburg o.J. (1943).

49 Theodor Mommsen, Der Goethe-Bund und seine Zukunft, in: Deutsche Revue 25 (1900), S. 129-132, zit. nach: Rebenich, Theodor Mommsen, S. 176. Zum Zusammenhang auch: v. Bruch, Wissenschaft, Politik und öffentliche Meinung.

mit denen man dem Aufstieg Hitlers machtlos gegenübergestanden hatte, sondern umgekehrt die Untreue gegenüber alten Idealen, die richtig waren, aber zu wenig beachtet worden waren und die es deshalb jetzt, nach der »Katastrophe«, radikal zu erneuern gelte. Auch Ludwig Dehio beschwor in diesem Sinne die Notwendigkeit eines Rettungsaktes der »Kontinuität abendländischer Bildung«, weil der Nationalsozialismus den »deutschen Abfall von dieser Bildung« markiert habe, und Siegfried A. Kaehler sah seine Hauptaufgabe als Historiker nach 1945 darin, »die letzten Reste der bürgerlichen Geisteserente einzubringen«.[50]

Die Goethe-Rezeption der späten 40er Jahre zielte äußerlich auf die 200. Wiederkehr des Dichtergeburtstages im August 1949, hier schien einem die Goethezeit gleichsam zeitlich »entgegenzukommen«.[51] Im Grunde wurzelte sie aber in einer zutiefst bildungsbürgerlichen und angesichts des Bombenkriegs noch gesteigert existentialistischen Religiosität.[52] Goethes Autorität war unbefragbar, der konservative Kult um ihn wurde einmal als eine Form von Sucht beschrieben.[53] Wer die Erwartungen, die allgemein mit dem Namen Goethes verknüpft waren, unterlief, sei es auf der Seite der jüdischen Emigranten mit dem Hinweis auf die Nähe von Weimar und Buchenwald, sei es, weil die unkritische Goethe-Verehrung auch einem Philosophen wie Jaspers als Rechtfertigungsideologie erschien, hatte mit einigem zu rechnen: Die kritische Goethe-Rede von Jaspers im Jahre 1949, der im Jahr zuvor nach Basel gewechselt war, brachte ihm von gelehrter Seite aus den schulmeisterlichen Tadel »Literat« ein, und er mußte sich anhören, daß ein echtes Verständnis für Goethe überhaupt nur »von innen« möglich sei.[54]

Der Goethe-Kult, seine Diskursfronten können auch en detail an der Debatte über den Wiederaufbau des Frankfurter Geburtshauses verfolgt

50 Dehio, in: HZ 169 (1949), S. 339; Kaehler, Briefe 1900-1963, S. 329 f.

51 Buchwald, Goethezeit und Gegenwart, zit. nach: Mandelkow, Goethe in Deutschland, Bd. 2, S. 137.

52 Meinecke, Brief an Siegfried A. Kaehler vom 8. 3. 1945, in: ders., Ausgewählter Briefwechsel, S. 492: »Ich sage mir im Keller immer leise die Goethesche Ode ›Das Göttliche‹ (Edel sei der Mensch etc.) vor, in der ich eine ganze Religion, und zwar meine, wiederfinde.«

53 Mandelkow, Goethe in Deutschland, Bd. 2, S. 135.

54 Jaspers, Unsere Zukunft und Goethe, in: Die Wandlung 2 (1947), S. 559-578; die bekanntesten Polemiken gegen Jaspers: Robert Curtius, Goethe oder Jaspers?, in: Die Tat (Zürich), 2. 4. 1949 [wieder in: Die ZEIT, 28. 4. 1949]; Fritz v. Rintelen, Der Rang des Geistes. Goethes Weltverständnis, Tübingen 1950, zit. nach: Mandelkow, Goethe in Deutschland, Bd. 2, S. 140-143.

werden,[55] stellte eine hochaggregierte Mischung aus Flucht vor der Realgeschichte und Rettung in sogenannte Ewigkeitswerte dar, für die der Dichter selbst stand und deren Leitbegriffe deswegen auch bei ihm entlehnt wurden. Eduard Spranger, Briefpartner Meineckes, visierte in seinem noch während des Krieges geschriebenen Buch die These des Goethe-Worts vom »Stirb und werde« an,[56] und der Freiburger Mediävist Gerd Tellenbach hatte mit seiner Lehrveranstaltung über »Goethes geschichtlichen Sinn« im Wintersemester 1946/47 und im Sommersemester darauf ein regelrechtes Ereignis ausgelöst, das noch Jahre später von mythischen Erinnerungen umgeben war.[57] Hier war es für Tellenbach und seine Hörer möglich, sich an Goethes Verachtung der »zerstückelnden Zeit« aufzurichten und ganzheitliche Kritik an »bloßer Beschreibung« und »Aufzählen von aufeinanderfolgenden Einzelnen« zu üben:[58] »Ein

55 Dolf Sternberger, Das Frankfurter Goethehaus, in: Die Wandlung 2 (1947), S. 191-197; Sternberger zitiert hier einen Ausspruch des Germanisten Richard Alewyn »Zwischen uns und Weimar liegt Buchenwald.«

56 Spranger, Goethes Weltanschauung, S. 52 f. In einem Brief an Meinecke vom Oktober 1949 heißt es sehr »goethisch« mit Blick auf die Vergangenheitsdeutungen des Adressaten: »Die rein politisch Denkenden werden ihnen danken für die weise Rechtfertigung auch des ›irrenden Strebens‹. Die religiös Suchenden fühlen sich getröstet und erhoben durch den Bezug alles Vergänglichen auf das Ewige. Nur darin liegt der letzte Gehalt, den der Mensch – der Einzelne! – zu verantworten hat. Das gilt [...] auch für den Historiker, der über die Tragik des Irrens und Leidens der Generationen emporgehoben wird, aus der ein höherer Sinngehalt kommt als der des Erfolges oder Mißerfolges.« (Spranger, Brief an Meinecke vom 19. 10. 1949, in: Meinecke, Ausgewählter Briefwechsel, S. 620 f.).

57 Ausgangspunkt war es, »einem eigenen Bedürfnis nachzukommen, das ich auch bei der damaligen Studentengeneration zu spüren glaubte«, sowie »ein Gefühl der Notwendigkeit prinzipieller Besinnung in diesem Augenblick«. Er sei, so Tellenbach später, »wohl auf keine meiner Vorlesungen durch die Jahrzehnte hindurch so oft angesprochen worden wie auf diese, die ich nie wiederholt habe.« Vgl. Tellenbach, Erzählte Erfahrung. Der Historiker, in: FUB 30 (1991), S. 51-62 (58).

58 Tellenbach, Goethes geschichtlicher Sinn, in: ders., Ausgewählte Abhandlungen und Aufsätze, S. 51. Leitbegriffe, die in einem solchen Kontext von Goethe entliehen werden konnten, waren: Ganzheit, Zusammenhang, »im Flüchten das Dauernde zu ergreifen«, »Vergänglichkeit ertragen«, »Entzeitlichung«, »Augenblick und Ewigkeit« und die Laudatio der »geschichtsbildenden Kraft der Zukunft« (ebd., S. 52-59) – kurz: »Ein geschichtlicher Universalismus als Vorbild auch für uns Heutige, die mit abgründigen Zweifeln an der Geschichte fertig werden müssen.« (ebd., 67).

Übermaß an Erinnerung an Vergangenes«, so konnte man sich von Goethe soufflieren lassen, »betrügt die Gegenwart.«[59] Seine »Metamorphose«, so z.B. der Schweizer Schriftsteller Max Rychner, sei »das Geschichtliche par excellence«. Er, Goethe, »klopfte mit dem Hammer an geologische Schichten, er fundierte die Farbenlehre geschichtlich, er nahm die Natur historisch und die Geschichte als ein Stück Natur.«[60]

Solche Anleihen waren eben nicht nur literarische Erbauung, sondern inspirierten tröstend die spezifischen Geschichtsdeutungen einer ganzen akademischen Generation. Wie in dem Briefwechsel zwischen Meinecke und Spranger, so läßt sich auch in dem zwischen Carl Jacob Burckhardt und Max Rychner zeigen, wie sämtliche Erfahrungen, ob vor, während oder nach dem Zweiten Weltkrieg, schriftlich über vier Jahrzehnte hinweg am »große[n] Freund aus Weimar« abgeglichen werden, »Natur« und »Reisen« ebenso wie die Themen »Abschied-Nehmen«, »Judentum« oder eben »Geschichte«:[61] »Ohne Goethe schiene uns jedoch die deutsche Geschichte im Sand verlaufen, über Ansatz und Planung nie recht hinausgediehen. Er ist der Augenblick, dem man Verweilen wünscht und in dem am schönsten zu verweilen ist.« Auch der 1936 nach Kolumbien emigrierte jüdische Historiker Gerhard Masur hat später seine Erinnerungen unter dem ein Goethe-Gedicht zitierenden Titel *Das ungewisse Herz* vorgelegt, ein Buch, dessen Grundduktus Lebensbewältigung anhand von Goethe-Lektüre versucht. Masur berichtet hier in einem sehr sprechenden Detail von seiner ersten beruflichen Tätigkeit in Bogota nach seiner entwürdigenden Vertreibung aus Deutschland: er organisierte eine Goethe-Ringvorlesung.[62]

Daß Goethe im Jahre 1946 auch als Statthalter des Widerstands gegen Hitler und als Rechtfertigung der sogenannten »inneren Emigration« herhalten konnte, ist anderweitig an der Schrift von Frank Thiess bereits mehrfach aufgezeigt worden, die signifikanterweise den Titel »Heimkehr zu Goethe« trug.[63] Entscheidend für die Goethediskurse der unmittel-

59 Tellenbach in einer Goethe-Paraphrase, ebd., S. 58.

60 Burckhardt/Rychner, Briefe 1926-1965, S. 65.

61 Vgl. z.B. ebd., S. 64 ff., 84, 87, 90, 124, 132, 240. Die Redewendungen vom »großen Freund aus Weimar« (106, 108) und die Aufforderung, »laß uns goethisch verfahren« (72) war zwischen beiden sprichwörtlich, das folgende Zitat S. 67.

62 Gerhard Masur, Das ungewisse Herz. Berichte aus Berlin über die Suche nach dem Freien.

63 Thiess, Heimkehr zu Goethe; »Goethes Geist« habe die »totale Vergiftung und Selbstzerstörung des deutschen Volkes« verhindert; hierzu: Klönne, »Heimkehr zu Goethe«?; Schwab, Zum Goethe-Kult, S.241 f.; Mandelkow, Goethe in Deutschland, Bd. 2, S. 135 f.

baren Nachkriegszeit war dabei die Struktur des kommunikativen Appells nach außen, der bei den politischen Nachbarn und bei den Alliierten für die Überzeugung warb, die Deutschen hätten in ihrer Geschichte außer dem Nationalsozialismus auch schon etwas anderes exportiert. Hier war Goethe dann »der andere Deutsche«, der »abendländische Mensch«, man betonte seine »Christlichkeit« oder aber stellte ihn als »Bollwerk« gegen die Säkularisierungstendenzen und den Nihilismus dar, die seit Nietzsche in den Untergang geführt hätten.[64] Die vielfältigen Vereinnahmungen Goethes belegen weniger die umfassende Bildung der damaligen Epigonen, sondern umgekehrt deren völlige Verunsicherung, die einzig mit der Anrufung des Klassikers nichts falsch zu machen glaubte. Der Jugend wurde dabei in ungebrochen militaristischer Diktion Goethe als »Reisepaß« verordnet, mit dem sie »beim geistigen Wettrüsten der Völker« erfolgreich sein werde.[65]

Ein weiterer Aspekt der Goethe-Rezeption, der über die individuelle Lesart Meineckes hinausreichte und einem allgemeineren Kontext angehört, war die Tatsache, daß man sich der eigenen kulturellen Tradition in mitunter recht pragmatischer und konkreter Weise versicherte. Meinecke selbst hat seiner Idee von den »Goethe-Gemeinden« wenig später noch die Eingabe an Bundespräsident Heuss folgen lassen, Goethes Geburtstag, den 28. August, zum künftigen Nationalfeiertag ausrufen zu lassen.[66] Viele Zeitschriften, nicht nur die literarischen und allgemein kulturellen, sondern eben auch die historischen Fachzeitschriften, eröffneten ihre ersten Nachkriegsbände mit Beiträgen zu Goethe, auch die HZ bot einen langen Aufsatz zur Außenpolitik des Fürstentums Weimar und zu Goethes Minister-Tätigkeit, in welchem seine »über äußerliche

64 von Rintelen, Goethe als abendländischer Mensch; Beutler, Goethes Christlichkeit; Flitner, Goethe im Spätwerk; alle genannten Beiträge sind aus dem Jahre 1947, zit. nach: Mandelkow, Goethe in Deutschland, Bd. 2, S. 137 ff. Solche Appelle wurden im Ausland positiv aufgenommen, umgekehrt erinnerte man selbst, z.B. in Frankreich, die Deutschen an das »Weltbürgertum« Goethes, vgl. zur Goethe-Rezeption in Frankreich zwischen 1871-1949 Fink, Goethe, der andere Deutsche?

65 Hermann Uhde-Bernay, Wendung der Jugend zu Goethe (1946), zit. nach: Mandelkow, Goethe in Deutschland, Bd. 2, S. 137.

66 Meinecke, Brief an Kaehler vom 16. 9. 1948; sowie: Meinecke, Brief an Theodor Heuss vom 13. 9. 1948, beide in: ders., Ausgewählter Briefwechsel, S. 300 [Faksimile-Abdruck des Briefes an Heuss zwischen S. 304 und 305]. Ein Jahr später wurde Meinecke übrigens mit der Frankfurter Goethe-Medaille ausgezeichnet.

Fährlichkeiten erhabene Innerlichkeit« gepriesen wurde.[67] Die Hinwendung zu seiner praktischen und amtlichen Tätigkeit und seinem administrativen Wirken auf dem Feld der Politik bot einen weiteren Ansatzpunkt für die Nutzbarmachung eines nationalen Monuments, das nicht angreifbar schien.

In der Goethe-Rezeption verschwammen Geschichtsverständnis, politische Selbstdeutung und allgemeine Zukunftshoffnungen bis zur Ununterscheidbarkeit. Vor dem Hintergrund solch einer »Kultur«-Religion erscheint es nachgerade als folgerichtig, daß die einzige Erwähnung von Konzentrationslagern in Meineckes *Die deutsche Katastrophe* folgendermaßen erfolgt: Unter der Überschrift »Hitlerismus und Christentum« erscheint zwar das Wort »Gaskammer«, aber im semantischen Kontext eigenen Verlustes: In den Gaskammern der Konzentrationslager, so Meinecke, »erstarb schließlich auch der letzte Hauch christlich-abendländischer Gesittung und Menschlichkeit«.[68] Der Gedanke, der sich hierin implizit ausspricht, ist irritierend, aber konsequent: es dominiert die auf das eigene nationale Kollektiv gerichtete Vorstellung, nicht die Juden, sondern die Kultur der Deutschen sei Opfer dieses Geschehens geworden. Bei Meinecke oder auch bei Gerd Tellenbach erscheint die unmittelbare Vergangenheit »als das größte Unglück der deutschen Geschichte [...]«.[69] Deutschland hatte sich selbst um den Kulturanspruch gebracht, den zu retten jetzt alle Anstrengungen galten.

Autobiographische Authentizität

In welcher Art präsentierten sich nun Geschichtsverständnis, Selbstdeutung und Wissenschaftsansatz Meineckes und seine Sorge um das Deutschland nach dem Nationalsozialismus? Sein Buch stellt sowohl eine emotional-religiöse Bekenntnis-Schrift dar und wie es zugleich Erklärungsmodelle eines personalisierenden »Hitlerismus« entwickelt. Die

67 Hans Haussherr, Der Minister Goethe und die äußere Politik Carl August's, in: HZ 169 (1949), S. 299-336 (301); in demselben Heft der HZ schloß auch Fritz Hartung seinen Aufsatz über die Übersteigerung der Staatsräson mit dem Goethe-Zitat, nach welchem in allen politischen Krisen »immer derselbe Konflikt« zwischen Alt und Neu, dem Beharren und der Entwicklung, der alten Ordnung und ihrer Umformung sich fortsetze: Fritz Hartung, L'Etat c'est moi, in: ebd., S. 1-30 (30); vgl. auch die jeweils erste Ausgabe der »Deutschen Beiträge«, und »Die Fähre« im Jahre 1946.

68 Meinecke, Die deutsche Katastrophe, S. 125.

69 Tellenbach, Die deutsche Not, S. 43.

Schrift hat dokumentierende, berichtende und erklärende Passagen, Apologie und Kritik wechseln oft recht unvermittelt. Das Buch amalgamiert inhaltlich und formal also sehr verschiedene Bereiche. Entscheidend aber, zumindest für Rezeption und Erfolg des Buches, war, daß seine Überlegungen über das »Abendland«, den »deutschen Charakter« und den »Zufall« in der Geschichte, aber auch die Passagen über den Ursprung des Nationalsozialismus, seine »Idee« und gewalttätige Realisierung, den Ton der Unangreifbarkeit autobiographischer Authentizität trugen.[70] *Die deutsche Katastrophe* wurde bislang noch nicht ausführlich als Autobiographie gedeutet, trotz des Untertitels »Gedanken und Erinnerungen«, trotz der vielen Selbstbezüge im Text, trotz der einleitenden Anmerkungen des Autors und trotz der zeitgenössischen Rezeption des Buches.[71] Auch Meinecke selbst hat kaum über die Textgattung Autobiographie reflektiert. Ganz beiläufig erwähnt er an einer Stelle, sie sei der Versuch, »harmloses Eigenleben mit ernsten wissenschaftlichen und geistigen Erfahrungen im Lebensberichte zu verschmelzen«.[72] An anderer Stelle taucht noch ein anderer Gedanke auf, doch eher nebenbei in einem privat verfaßten Brief: Meinecke kommt hier zur Bestimmung der Konjunktur von Memoiren als »natürliche und berechtigte Reaktion des gequälten Gemütes gegen alles Erlebte [...]«.[73] Für ihn war auch »Gedächtnis« keine erkenntnisfördernde Kategorie. Es tauchte ganz traditionell lediglich als Entschuldigung im Vorwort auf, wenn der Autor darlegt, die Umstände hätten ihm eine Berufung lediglich auf sich selbst erlaubt und

70 »Deutscher Geist, Christentum, Abendland, in diesem Dreiklang müssen wir leben, glauben und hoffen.« Meinecke, Brief an Heinrich Ritter v. Srbik vom 8. 5. 1946, in: ders., Ausgewählter Briefwechsel, S. 249.

71 Vgl. dagegen die Aufnahme des Buches in den autobiographischen Band der Ausgewählten Werke: Meinecke, Autobiographische Schriften, S. 321-445. Winfried Schulze hat ein paar Bemerkungen zum Textgenre »Autobiographie« gemacht, jedoch Meineckes Bekenntnisse der Ritterschen »Ortsbestimmung der Nation« gegenübergestellt, so daß sich der Eindruck festigt, hier wäre gleichsam nur die individuelle Introspektion anvisiert worden, während Ritters Texte den Versuch einer rein wissenschaftlichen Auseinandersetzung markiere (vgl.: Schulze, Deutsche Geschichtswissenschaft, S. 46-76 (v.a. 50 ff.). »Autobiographie« als Deutungsansatz bei Meinecke anzulegen hieße jedoch, zur Funktion des persönlichen Sprechens durchzustoßen, um zu zeigen, wie gerade der persönliche Erfahrungsaspekt nationalpädagogisch eingesetzt werden konnte.

72 Meinecke, Straßburg – Freiburg – Berlin, S. 253.

73 Meinecke, Brief an Siegfried A. Kaehler vom 16. 4. 1950, in: ders., Ausgewählter Briefwechsel, S. 555.

der Bericht sei aufgrund seiner Sehschwäche und fehlender Quellen ohne Objektivierungen und ausschließlich aus seiner Erinnerung entstanden.[74] In seinen Memoiren bezeichnete er es als charakteristisch, daß »Erinnerungen aus so tief erregenden Tagen wie wir sie jetzt erleben« nur »einzelne Momente hell beleuchtet das Gedächtnis ganz fest behaupten, – wie Blitze, die das Dunkel der Nacht unterbrechen«.[75] Trotz dieser insgesamt eher marginalen Bemerkungen kann bei Meinecke von einer »Autobiographisierung« von Geschichte gesprochen werden. Sie markiert den Wandel seiner grundlegenden Vorstellungen über die Geschichte selbst, über das allgemeine Interesse an ihr und über ihre Wirkung auf den Menschen. Meinecke machte in einem Brief an seinen Schüler Kaehler vom Januar 1945, in welchem seine langsame Hinwendung zu Jacob Burckhardt im Verlauf des Krieges deutlich wird, aus dieser Einsicht ein regelrechtes Programm: »Statt wie bisher nach Taten und Werken der Menschen zu fragen, fragen wir: Wie wirken die Taten und Werke auf die Seele des Menschen selbst! Also – Geschichte des Menschentums als große historische Zukunftsaufgabe, – falls überhaupt noch Historie erforscht werden kann.«[76]

Die Besonderheit seiner Autobiographie für die Zeit der »deutschen Katastrophe« besteht also weder in der »Schicksals-« und »Rätsel«-Metaphorik allein noch in der Erwähnung seiner eigenen Person – beides war ein konstitutives Element vieler Schriften dieser Zeit. Ausschlaggebend

74 Meinecke, Die deutsche Katastrophe, S. 7 f.: »Ich war während der Niederschrift durch ein Augenleiden vielfach behindert und [...] fast ganz auf mein Gedächtnis angewiesen. Möge man die daraus entstandenen Mängel mit Nachsicht hinnehmen.«

75 Meinecke, Straßburg – Freiburg – Berlin 1901-1919, in: ders., Autobiographische Schriften, S. 300. Der Bezug gilt den Novembertagen des Jahres 1918, geschrieben während des Zweiten Weltkrieges.

76 Meinecke, Brief an Siegfried A. Kaehler vom 29. 1. 1945, in: ders., Ausgewählter Briefwechsel, S. 514; auch die kurze Bemerkung Meineckes auf einer Postkarte 15 Monate später verweist auf die Dauer und Intensität des methodischen Paradigmenwechsels bei Meinecke: »Der Gegensatz Ranke-Burckhardt beschäftigt mich augenblicklich ganz und gar.« Vgl.: Meinecke, Brief an Gerhard Masur vom 26. 4. 1947, in: IfZ, NL Masur; vgl. auch den Aufsatz über Ranke und Burckhardt aus dem Jahre 1948 als Ergebnis dieser Bemühungen. Zu diesem Zusammenhang auch die Anmerkungen von Schulze, Deutsche Geschichtswissenschaft, S. 56 f., und seine treffende Beobachtung, wie sehr sich Meinecke in diesem Punkt von Gerhard Ritter unterschied, der gerade die »mit dem Namen des Basler Kulturhistorikers implizierte Entzauberung des Politischen [...] nicht nachvollziehen [wollte].«

für die Wirkung des kleinen Buches von Meinecke war die »Autobiographisierung« von Geschichte überhaupt, die mit Burckhardt anvisierte Frage, wie »die Taten und Werke auf die Seele des Menschen« wirkten, also der Versuch einer historischen Wirkungsanalyse. Damit verbunden war eine konsequent durchgeführte Katharsis-Konzeption von »Reinigung« durch »Beugung« und die Vorstellung einer »Rettung des uns verbliebenen Restes deutscher Volk- und Kultursubstanz«:

> »[...] möchten meine Aufzeichnungen, so begrenzt auch ihr Wert heute nur sein kann, dazu beitragen, ein neues, zwar gebeugtes, aber seelisch reineres Dasein zu beginnen und den Entschluß zu stärken, für die Rettung des uns verbliebenen Restes deutscher Volk- und Kultursubstanz den uns verbliebenen Rest der eignen Kraft einzusetzen.«[77]

Meinecke drehte den Satz von der »Geschichte als Lehrmeisterin des Lebens« um: Er habe, so wörtlich, »unter dem Eindruck unserer Erlebnisse einige neue Gesichtspunkte gefunden, die mich selbst überraschten. Der Satz ›Historia vitae magistra‹ muß heute eigentlich umgekehrt werden! ›Historiae vita magistra‹. Daß man auch dabei auf Klippen stößt, ist klar, aber mit wachsamer Selbstkritik kommt man vielleicht daran vorbei.«[78]

In einem Brief an Ludwig Dehio aus derselben Zeit wählt Meinecke allerdings knappere und deutlichere Worte für sein Anliegen: »Die Hauptsache ist doch, daß die deutsche wissenschaftliche Historie inmitten der grassierenden Pseudo- und Radikalinsky-Historie sich endlich wieder meldet und den verwirrten Gemütern die Hoffnung gibt, daß wenigstens auf diesem sehr kleinen Lebensgebiet die alte Kultur noch vorhanden ist.«[79] Aber ganz gleich, ob demütige (»gebeugte«) Sehnsucht nach dem »reineren Dasein« oder die ungebrochene Überzeugung, daß die »deutsche wissenschaftliche Historie« es verbürge: in beiden scheinbar so gegensätzlichen Zitaten spricht sich der gleiche Gedanke aus, den Meinecke bereits während des Zweiten Weltkrieges in einer theoretischen Arbeit breit entfaltet hatte:[80] Rettung durch die alte Kultur.

77 Meinecke, Die deutsche Katastrophe, S. 7 f.

78 Meinecke, Brief an Eduard Spranger vom 18. 12. 1947, ders., in: Ausgewählter Briefwechsel, S. 609.

79 Meinecke, Brief an Ludwig Dehio vom 21. Juli 1947, in: ders., Ausgewählter Briefwechsel, S. 280 ff.

80 Meinecke, Deutung eines Rankewortes (1942), in: Gesammelte Schriften, Bd. 4, S. 117-139.

»Vertikalität« und »Horizontalität« in der Geschichte: Ein antikatastrophisches Deutungsmodell

Das Kultur-Interpretament, das der Historiker Meinecke als Grundlage seiner Deutung des 19. Jahrhunderts zugrunde gelegt hatte und das der Autobiograph Meinecke als das Bemühen der eigenen Arbeit glaubhaft gemacht hatte, kulminiert in der Ausformulierung der Theorie einer »vertikalen Historiographie«, in welcher beide, die eigenwillig-persönlichen wie die zeittypisch-historistischen Elemente, gebündelt erscheinen. Die »horizontale Geschichtsbetrachtung« sei mit einer »vertikalen Betrachtung der Geschichte« zu verbinden, die allein es vermöge, »inmitten der Tragödie überall auch Züge von echter Kultur eingesprengt in die überwiegende Masse menschlicher Unvollkommenheiten, Gebrechen und Laster« aufzuzeigen.[81] Die zeitgenössischen Erlebnispole »gut« – »böse« werden hier in die Senkrechte gestellt und erscheinen nicht mehr als zwei Möglichkeiten menschlichen Daseins, sondern als Dichotomie von Menschen- und göttlicher Welt. Das Böse der Welt wird als Antichrist konzeptualisiert,[82] die Darstellung von Meinecke thematisiert den Nationalsozialismus als Widerstand gegen die christliche Ordnung: »Niemöller vertrat ohne es zu wissen, viel mehr als nur den Glauben seiner Kirche. Die ganze christlich-abendländische Vergangenheit von zwei Jahrtausenden stand in ihm auf und rief dem Usurpator dieser Vergangenheit zu: Mein Reich, sagt Gott, ist nicht von dieser Welt, dein Reich aber, das du gründen willst, ist des Satans.«[83] Christentum, darauf gilt es in *Die deutsche Katastrophe* zu achten, ist bei Meinecke fast alles geworden, auch der Liberalismus und die Demokratie, »1789« und die humanitären Freimaurer.[84]

81 Meinecke, Irrwege in unserer Geschichte?, in: Der Monat 2 (1949), S. 3-6.

82 Das Werk Hitlers, so Meinecke, müsse »zu den Durchbrüchen eines satanischen Prinzips in der Weltgeschichte gerechnet werden«, vgl.: Meinecke, Die deutsche Katastrophe, S. 26.

83 Ebd., S. 121 ff. und 123.

84 Meinecke, Die deutsche Katastrophe, S. 124. Benedotto Croce hat die »dualistische Falle«, in die sich Meinecke seiner Ansicht nach begeben habe, scharf kritisiert: Mit dem Dualismus müsse man »den Verderb alles Denkens und zugleich die Quelle alles Religiös-Übersinnlichen erblicken«, Meinecke lasse keinerlei dialektisches Denken zu: »Ohne die schützende Waffe dieser Denkform muß der Philosoph der Versuchung erliegen, Gegensätze als etwas Außermenschliches, Diabolisches aufzufassen, womit er sich dann wirklich dem Teufel ausliefert, der für ihn nicht mehr einen Diener Gottes, sondern eine Gott entgegengesetzte Macht darstellt.« Vgl.: Croce, Friedrich Meineckes Geschichtsphilosophie, in: Der Monat 3 (1951), S. 313-315.

Meinecke verstand unter »vertikaler Betrachtung der Geschichte« ebenfalls viel mehr als nur den Glauben seiner Kirche. In dem eben bereits zitierten kurzen Aufsatz unter dem Titel *Irrwege in unserer Geschichte?* ließ er seine in *Die deutsche Katastrophe* niedergelegte Sicht des historischen Dekadenz-Verlaufes der deutschen Geschichte drei Jahre später noch einmal Revue passieren, allerdings mit jener signifikanten Änderung historiographischer Art. Er untersuchte hier die Frage, wie der »Schatz der geschichtlichen Erinnerungen« aus jeder Epoche zu retten sei. Denn dieses Sammeln »geschichtlicher Werte«, die »krisenfest« und »unantastbar« seien, so Meinecke in expliziter Abgrenzung zur »zunächst zu übenden horizontalen, den zeitlichen Verlauf der Dinge folgenden Betrachtung«, sei Aufgabe einer Historie, die nicht nur Erkenntnis vertieft, »sondern auch ethischen und religiösen Halt gibt«. Meinecke revidierte also den von ihm kritisch durchgemusterten Weg der neueren Geschichte nicht inhaltlich, sondern wiederholte vielmehr seine Auffassung, daß ihm die preußisch-deutsche Geschichte, »horizontal betrachtet«, nie aufhören werde »Tragödie zu sein«.[85] Zum Grundduktus dieses Textes gelangt man schon durch die von ihm gewählten Schlüsselbegriffe. Auf den knapp vier Seiten erscheint der Begriff »Irrweg«/»Unglücksweg« allein vierzehnmal, »Tragödie« bzw. »tragisch« und »Schicksal«, »schicksalsmäßig« und »schicksalsbestimmt« je sechsmal sowie »Abgrund«, »Dä-

85 Ebd., S. 6. Zur apologetischen Funktion der Dramenmetaphorik im ganzen nur ein Beispiel. Meinecke kommentiert die Nationalstaatsbildung im 19. Jahrhundert mit den Worten: »Nur als Tragödie kann man diesen Vorgang verstehen. Wer wird den tragischen Helden gleich schulmeistern, einen Irrgang zu beschreiben, wenn dieser von dem stolzen Gefühl ›In hoc signum vices‹ erfüllt, Taten vollbringt, die ihn zuerst auf die Höhe des Sieges und schließlich doch in den Abgrund führen« (ebd., S. 5). Dieser Satz schien dem Meinecke-Schüler und Emigranten Hajo Holborn in einer im ganzen respektvollen Entgegnung »ganz unhaltbar«, und er erinnerte daran, »welche nicht wiedergutzumachenden Wunden im Zuge solcher Ereignisse nicht nur dem eigenen Volke, sondern auch anderen Völkern geschlagen werden«. Im übrigen sei die Geschichte der letzten fünfzig Jahre, wie Holborn betonte, »durch den zukünftigen Historiker, nicht nur als die Geschichte deutscher Niederlagen, sondern in erster Linie als die des politischen Niedergangs Europas« darzustellen, vgl.: Holborn, »Irrwege in unserer Geschichte?«, in: Der Monat 2 (1949/50), S. 531-535 (535); knapper urteilte Geoffrey Barraclough, der seinen Widerspruch zu Meinecke mit dem pointierten Satz beginnen ließ: »Das Schlagwort vom ›Irrwege‹ führt in die Irre.«, ders, o.T., in: ebd., S. 335-338 (335).

monie« (auch: »dämonisch«) und »Irrlicht« je zweimal. »Dämonie« war das Kürzel dafür, wie aus Gutem unversehens Böses entstehen konnte: »Heil und Unheil in der preußisch-deutschen Geschichte [sei] oft so untrennbar miteinander verwachsen«.[86] Für Meinecke, so sein Biograph Hofer treffend, wenn auch kritiklos, war »alle Geschichte zugleich Tragödie«.[87] Den im letzten Kapitel von *Die deutsche Katastrophe* noch rein religiös beschworenen *character indelebilis* deutscher Kulturwerte reformulierte Meinecke nun in Begriffen historiographischer Methode, also nicht als nationalethische Besinnung im allgemeinen, sondern mit Berufung auf Ranke als wissenschaftsethisches Programm im besonderen:

> »Es ist die von Ranke uns gelehrte Betrachtung der historischen Epochen und Gebilde ›sub specie aeterni‹ in ihrem Verhältnis unmittelbar zu Gott. Oder wie man es auch ausdrücken kann: es ist die *vertikale Betrachtung der Geschichte* [...]. [Sie] hält die einzelnen Fliehenden, d.h. die Epochen und Gebilde der Geschichte gleichsam an der Hand fest, läßt sie verweilen und sucht ihnen ins Angesicht, womöglich ins Herz zu schauen, ihre besondere Leistung und ihren besonderen Wert für die höchsten Anliegen und Aufgaben der Menschen zu ermitteln.«[88]

In wenigen Texten ist die Verschmelzung von historischer Erinnerung und ahistorischer Anti-Erinnerung durch religiöse Introspektion und ästhetische Tröstung so knapp und so überzeugt vertreten worden wie in Meineckes entzeitlichendem Plädoyer für eine »vertikale Betrachtung der Geschichte«. Das Festhalten der fliehenden Zeit, als prototypisches Moment historischen Fragens, verwandelt sich in zeitenthobene Beichte und in Kunst:

> »In welch individueller Gestalt, so fragt die vertikale Betrachtung das zu prüfende Gebilde, hast du Kulturwerte des Wahren, Schönen und Heiligen hervorgebracht?«[89]

86 Meinecke, Brief an Gerhard Masur vom 7. 2. 1947, in: IfZ, NL Masur, Nr. 58.

87 Hofer, Weltgeschichte als Tragödie, S. 95. Vgl. auch: ders., Dämonie und Geschichte. Weg und Wandlung Friedrich Meineckes, in: Der Tagesspiegel, 6. 2. 1957, S. 4.

88 Meinecke, Irrwege in unserer Geschichte?, S. 5 [Hervorheb. v. N.B.].

89 Ebd., S. 6; die Konsequenz formuliert Meinecke selbst: »Jetzt wird nicht mehr nach Irrwegen gefragt, *die der einzelne Mensch oder das einzelne Volk* zeitlich gegangen sind« [Hervorh. v. N.B.]. An anderer Stelle sprach Meinecke einmal von den »stillen und heilsamen Erinnerungs- und Vergangenheits-

Also nicht »die Frage nach Erfolg und Mißerfolg, nach Auswirkungen auf den weiteren geschichtlichen Verlauf überhaupt« ist dieser Geschichtsschreibung wichtig, denn das ist nach wie vor Aufgabe »der horizontalen Betrachtung« deutscher Geschichte. Entscheidend ist demgegenüber das Suchen, Auffinden und Retten von »echter Kultur«, einer Kultur »inmitten ihrer Tragödie […], eingesprengt in die überwiegende Masse menschlicher Unvollkommenheiten, Gebrechen und Laster«. Und weiter:

> »Derartig vertikal, als individuelles Gebilde betrachtet, kann diese in sich so tief gespaltene Epoche auch ihr Auge unmittelbar zu Gott erheben und eines milden Richterspruchs gewärtig sein.«[90]

In der Tat konnte man in diesem Plädoyer für einen »milden Richterspruch« auch eine Revision seiner Revision erkennen.[91] In dieser Mischung aus Hoffnung und Apologie, aus repräsentativem Sprechen für Deutschland und konservativer Selbstdeutung scheint das Plädoyer für den »milden Richterspruch« das gedankliche Zentrum zu bilden. Karl Dietrich Erdmann, der Meinecke gegen den Verdacht, daß sich in einem »falschen Schicksalsbegriff […] ein Mangel an Bereitschaft zur echten Ursachenforschung verbergen könnte«, verteidigte, sah in dessen Begriff der »vertikalen Betrachtung der Geschichte« einen »tiefbegründeten Willen« am Werk, »die Welt des Realen, der Geschichte den strengsten

werten, die zu den seelischen Vitaminen gehören«. Vgl.: Meinecke, Straßburg – Freiburg – Berlin, S. 228. Die überzeugendste Kritik an Meineckes »Ästhetisierung« des historischen Denkens haben schon früh Ernst Schulin und Jörn Rüsen vorgelegt, vgl.: Schulin, Das Problem der Individualität; Jörn Rüsen, Meineckes »Entstehung des Historismus«, in: Erbe (Hg.), Friedrich Meinecke heute; neueren Datums ist die sachliche und kritische Darstellung von Jonathan B. Knudsen, Friedrich Meinecke (1862-1954), in: Path of Continuity, S. 49-71. Auch hier wird die spezifische Mixtur aus antiaufklärerischen und klassisch-liberalen Momenten von Meineckes Moderatorenrolle in den Nachkriegsjahren hervorgehoben (ebd., S. 51).

90 Meinecke, Irrwege, S. 5.

91 Eine Leserzuschrift dankt für diesen »milden Richterspruch«: »[…] Wer wollte je behaupten, daß alle, schlechthin alle Erscheinungen des Dritten Reiches verwerflich und in sich schlecht gewesen wären? Trotz allen Drucks und Terrors?« Ein zweiter Leserbrief sieht in dem Beitrag selbst »die auswegslose Irre der politischen Vernebelung – um nicht zu sagen Verfälschung des deutschen Geschichtsbildes« und einen »Freibrief, der […] ohne weiteres für Hitler paßt […].«, vgl.: Keine Irrwege – ?, in: Der Monat 2 (1949/50), S. 330-335 (hier: 331 und 334).

Maßstäben zu unterwerfen, die zur Hand sind«.[92] Erdmann machte bei Meinecke durchaus kein »Ausweichen ins Irrationale« aus, sondern verteidigte ihn mit den Hölderlin-Worten: »Es bleibt uns überall noch eine Freude. Der echte Schmerz begeistert. Wer auf sein Elend tritt, steht höher. Und das ist herrlich, daß wir erst im Leiden recht der Seele Freiheit finden.«[93] So absurd sich solche Sätze mitunter heute lesen,[94] zumal angesichts der Tatsache des von Deutschland verursachten Leidens, letztlich formulieren sie nur auf konsequente Weise die dramentheoretische Katharsis-Funktion der Tragödie zu Ende.

Zur Rezeption des Buches allgemein

Die zeitgenössische Erdmann-Lektüre von Meineckes Text macht deutlich: Ein wesentliches Moment von *Die deutsche Katastrophe* lag in ihrer Rezeption. Denn die Autorisierung des Textes durch das Leben seines Verfassers bekam im Kontext der Schuldfrage nach 1945 eine besondere Funktion, die sich über die Lesarten von *Die deutsche Katastrophe* zeigen läßt. Dieser von der Forschung bislang vernachlässigte Aspekt soll nun-

92 Erdmann, Anmerkungen zu Friedrich Meineckes »Irrwege in unserer Geschichte«, S. 85 und 87.

93 Ebd., S. 90. Eine ähnliche Heroik des Leidens formulierte zeitgleich Hans Schlange-Schöningen in dem pathetischen Schlußsatz seiner NS-Apologie: Angesichts des »Grausens und [der] Verwüstung« liege ein Stück Hoffnung in dem Gedanken, daß auch »daß tiefste Unglück […] seine Würde [habe], wenn der Unglückliche sie zu wahren versteht«. Vgl.: Schlange-Schönigen, Am Tage danach, S. 205.

94 Es gab auch zeitgenössische Kritik, z.B. von Gerhard Ritter, der explizit gegen den »vertikalen Aspekt« der Historie Meineckes argumentierte, da er hier »eine gewollte Preisgabe historischen Denkens« vermutete, und der »den Glauben Goethes« in Meineckes Theorie durchaus erkannte, vgl.: Ritter, Brief an Friedrich Meinecke vom 1. 1. 1940, in: Ritter, Ein politischer Historiker in seinen Briefen [zit. als: Ritter, Briefe], S. 346 f. Der Brief antwortete auf die Arbeit »Geschichte und Gegenwart« (in: Meinecke, »Vom geschichtlichen Sinn und vom Sinn der Geschichte«, Leipzig 1939, S. 7-22), in welchem dieser bereits Anfang der 30er Jahre seine »vertikale Geschichtsschreibung« angedacht hatte; Rothfels äußerte sich privat ebenfalls negativ, sprach von »weltferne[m] Gewölk«, »Altersstil«, »Jargon« und war der Meinung, Meinecke sei »von den wirklich massiven Dingen geschichtlichen Lebens […] nie tiefer berührt worden«, vgl.: Rothfels, Briefe an Siegfried A. Kaehler vom 8. 5. 1948 und 17. 11. 1947, in: Briefwechsel Kaehler-Rothfels (StUB Göttingen, Nr. 268 und 271).

mehr hervorgehoben werden, beginnend mit zwei längeren zeitgenössischen Kommentaren zum Text.[95] So schrieb z.B. Eduard Spranger Ende September 1946:

»Ich werde vermutlich von Ihren Empfindungen beim Schreiben nicht weit abweichen, wenn ich sage, daß jeder Leser bei dem Titel ›Die deutsche Katastrophe‹ zunächst befürchtet, in einem schon verwundeten Zustand noch neue Wunden zu empfangen, mindestens aber geärgert zu werden, etwa weil die düsteren Nebel sich noch nicht genug gelichtet hätten, um die Dinge angemessen sehen zu können. Ich versichere Ihnen, daß ich keine Stelle gefunden habe, an der es mir so gegangen wäre. Alles ist voll von milder Weisheit, die nicht mehr zu entscheiden wagt. Sie haben m.E. das Höchstmaß von Gerechtigkeit entwickelt, das heute erreichbar ist, und dabei das eigene Volk nicht geschont, aber auch nach anderen Seiten, wo es gefährlicher war, das Nötige gesagt. [...] In dieser Richtung muß man vorgehen: woher diese Gleichgewichtsstörungen, die Überrumpelungen eines ganzen hochstehenden Volkes [...]? [...] Sehr belebend wirken die eingeflochtenen persönlichen Erinnerungen. Man sieht Sie gleichsam diese ganzen 12 Jahre als Antagonisten. Der empfängliche Leser wird es als eine schöne Fügung – neben all dem blind Zufälligen (c. VIII) – deuten, daß Sie, der Altmeister der Geistesgeschichte, heute noch die Sache des ›Geistes‹ gegen den Ungeist und Verbrechen in der Welt führen und damit Ihr Werk krönen können [...].Viele werden Ihnen so dankbar sein, wie ich [...].«[96]

95 Winfried Schulze hat allerdings einige Passagen seiner Darstellung über die deutsche Geschichtswissenschaft nach 1945 auch dem Wirkungsaspekt von Meineckes Buch gewidmet, vgl.: Schulze, Deutsche Geschichtswissenschaft, S. 56-58.

96 Spranger, Brief an Meinecke vom 25. 9. 1946, in: Meinecke, Ausgewählter Briefwechsel, S. 597-599. Vgl. auch: ders., Brief an Meinecke vom 15. 6. 1949, in welchem Spranger das Gesamtwerk Meineckes mit den Worten lobt, es sei »symbolisch«: »Es hat seinen Wert nicht nur in dem Bau, dem es gewidmet ist, sondern in dem Wiederaufbau des deutschen Selbstgefühls und Gemütes, das in Ihnen, teurer Freund, seine alte Kraft verkörpert findet. Daran richtet sich, wie Sie wissen, unser ganzes Volk auf. Und so ist Ihnen beschieden, der getreue Eckart der Deutschen in ihrer verlassensten Zeit geworden zu sein. Möge Gott Ihnen dafür Gesundheit und Zuversicht schicken« (in: ebd., S. 619).

Und in einem langen Schreiben von Siegfried A. Kaehler an den Lehrer Ende Oktober 1946 heißt es über das öffentlich an anderer Stelle als »Wellenbrecher«[97] charakterisierte Buch:

»Den einen Blickpunkt, unter dem die besondere Bedeutsamkeit Ihrer ›Betrachtungen und Erinnerungen‹ mir erscheint, möchte ich noch kurz zur Geltung bringen: das Buch tritt als Erinnerungsbuch auf, dem Anschein nach ohne höheren Geltungsanspruch, und erweist sich doch von der ersten bis zur letzten Seite als vollgiltiges (sic!) Geschichtswerk, obwohl es ohne alle ›Quellen‹ geschrieben und ohne ›Belege‹ seinen Anspruch erhebt. Und das ist möglich dadurch geworden, daß die ›naive‹ Form des Erlebnisberichtes durch die auf das persönliche Erleben angewendete, durch lange Jahrzehnte geübte und verfeinerte analytische Methode wie von selbst die Einordnung des persönlich Wahrgenommenen in den Aufriß der Grundkräfte des Zeitalters bewirkt. *So entsteht aus dem persönlichen Bericht ein Aufriß der Zeitgeschichte, dessen Fragen und Wertungen alle weiteren Fragestellungen beeinflussen werden – sei es in Zustimmung oder in Ablehnung.* […] Solche Verbindung schlichten Berichtes mit verfeinerter Analyse aus der Fülle der Lebenserfahrung jahrzehntelanger Denkarbeit ist das Höchste, was ein zeitgeschichtliches Werk erreichen kann – welches beneidenswerte Glück, daß Sie diese Höchstleistung nicht nur Ihren hohen Jahren, sondern auch den bedrückenden Umständen, unter denen Sie lebten und schrieben, abgewinnen konnten! So stehen Sie nicht nur den Jahren nach an der Spitze der Historikergeneration, welche heute den dunklen Weg des deutschen Volkes in die Zukunft zu gehen hat, sondern Sie haben auch die Führung übernommen bei der *Rodung des Dickichts von Mißverständnissen und Irrtümern*, durch welche dieser Weg gebahnt werden muß.«[98]

97 Kaehler, »Die deutsche Katastrophe«. Zu dem neuesten Buch von Friedrich Meinecke, in: Göttinger Universitäts-Zeitung 1 (1946), Nr. 20 vom 15. 11. 1946, S. 3-5 (3).

98 Kaehler, Brief an Meinecke vom 30. 10. 1946, in: Meinecke, Ausgewählter Briefwechsel, S. 505 [Hervorh. v. N.B.; Auslassung im Druck.]. Im Privatbrief tat Kaehler mit vorsichtigen Worten dann, was er in der Rezension nur ganz vage andeutete, nämlich Meineckes Buch zu kritisieren. Allerdings nimmt Kaehlers Kritik eine Sonderstellung ein, weil er das Buch im Grunde viel zu kritisch, manches zu »überspitzt« fand, v.a. weil Meinecke »der Masse des ›idealistischen Mitläufers‹ von 1930/33 keine Gerechtigkeit widerfahren« lasse (ebd., S. 506). Meinecke entgegnete schlicht, an seiner Kritik des deutschen Bürgertums halte er fest, Meinecke, Brief an Siegfried A. Kaehler vom 8. 12. 1946, in: ebd., S. 509.

Beide Kommentatoren, der Kollege und der Schüler, der Philosoph und der Historiker, adelten das Werk als führend, als Krönung und als über den Untiefen des tagespolitischen Streits stehend. Aber nicht allein die Polemik gegen die »steigende Flut der Tagespublizistik« und die weitblikkende Voraussage, daß in der »kommenden Auseinandersetzung um unsere Schicksalsfragen« Meineckes Buch die Richtung weisen werde, ist signifikant, sondern die dankbare Erwähnung der autobiographischen Form.[99] Beide Briefpartner, darauf gilt es zu achten, hatten die Besonderheit der Mischform aus Erlebnisbericht, Quelle und Studie, Monographie oder Analyse sofort bemerkt, und beide argumentieren dabei dialektisch: das Buch sei wissenschaftlich so gewichtig, weil es mit Persönlichkeit versehen ist, aus dem »persönlichen Bericht« sei ein »Aufriß der Zeitgeschichte« geworden – die Verschmelzung von beidem mache es zum »Höchsten, was ein zeitgeschichtliches Werk erreichen« könne.[100] Diese Beobachtungen verweisen auf die eigentliche Brisanz der Rezeption, die darin liegt, daß Meineckes *Deutsche Katastrophe* selbst in hohem Maße konsensfähig erschien, trotz seiner im Detail deutlichen Kritik an den Traditionen. Von Deutschen aller politischen Richtungen und Schichten, von Lesern im In- und Ausland, von Opponenten des NS-Staates und von ehemaligen Parteimitgliedern, Mitläufern wie Opfern, wurde die Art und Form der Selbstkritik als annehmbar empfunden. Albert Brackmann sprach von einer »tiefen Ergriffenheit« und von einem »Gefühl der Weihestimmung«, das ihn beim Lesen der Schlußworte erfaßt habe.[101] Gerhard Brück, ein, wie er schrieb, deutschnationaler und zum Christentum konvertierter österreichischer Jude, der im November 1938 ins KZ Dachau verschleppt wurde und ein Jahr später glücklich

99 Ebd., S. 502. Kein »ernsthafter Versuch zu einer Darstellung unter anderen Blickpunkten, als Sie genommen haben«, könne an seiner Fragestellung und an seinen Antworten vorübergehen.

100 Kaehler, »Die deutsche Katastrophe«, S. 3. Zahlreiche ähnliche Bewertungen in: Geheimes Staatsarchiv Preußischer Kulturbesitz (Berlin-Dahlem) [im folgenden GStAPK], Rep 92 Meinecke, Nr. 140, 154 und 187. Als exemplarisch für die wenigen Ausnahmen seien aufgeführt: Hanz Holldack, Eine Selbstkritik des Bürgertums, in: Hochland, Nr. 39 (1946), S. 169-176; Hermann L. Mayer, Revision des deutschen Zeitgeschichtsbildes, in: Süd-West-Echo (Rastatt), 18. 1. 1947; sowie: Heinz Weniger, Ursache oder Schuld in der Geschichte?, in: Rheinische Zeitung (Köln), 9. Nov. 1946. Er kritisiert die Berufung auf »Zufall« und »das Tragische« als ein »bedenkliches Zeichen für einen Geschichtsdenker.«

101 Brackmann, Brief an Friedrich Meinecke vom 7. 11. 1946, in: GStAPK, Rep. 92, Nr. 4.

nach Schweden entkommen war, dankte in einer »Stimmung des Karfreitags« für die »fast aufwühlende Gewalt, die Ihre eigene Bekenntnisschrift in mir hervorgerufen hat« von den »Königsgedanken aus diesem Born weiser Erkenntnis« und lobt Meinecke vor allem für das Kapitel »Vom positiven Gehalt des Hitlerismus«.[102] Ein jüngerer Leser schrieb, er habe das Buch »mit Gier« gelesen: »Ja so ist's. [...] So Vieles lautet in mir gleich wie bei Ihnen [...] Ich sehe die Dinge vielleicht etwas weniger tragisch, etwas weniger schuldbewußt als Sie, da ich als Jüngerer die Schuld der Anderen, der anderen Seite, vielleicht noch stärker spüre. Es ist eine Tragödie der Zeit, daß Verbrechen der Einen, Verbrechen der Anderen ausgelöst haben.«[103] Auch für die Form der Geschichtsschreibung gab es überwiegend Lob. Karl Dietrich Erdmann lobte gerade die Methode, die wichtiger sei als das Ergebnis des Buches: »In ersten Umrissen werden die Kategorien des Verstehens sichtbar, die unserem Schicksal adäquat sind.«[104] Der Neuzeithistoriker Franz Schnabel lobte »die moralische Betrachtung der Geschichte«, die durch die moderne Geschichtswissenschaft vernachlässigt worden sei, der Berliner Mediävist Baethgen wünschte sich den Kollegen als »Führer und Berater« für die Suche nach der »Revision eigener älterer Anschauungen«, und der Historikerverband gratulierte zum 90. Geburtstag in einem Schreiben Hermann Heimpels mit den Worten: »Dem Vergeistiger der Nationalidee [...] / Dem Erforscher der Kausalität / Und Hüter der Werte im Glanz des Vaterlands und in zwei Niederlagen / Der im biblischen Alter mitten in der Katastrophe zu sammelnder Wiederbesinnung das seine tat«.[105] Der Bundesminister für gesamtdeutsche Fragen, Jakob Kaiser, gratulierte zusammen mit dem Bundesinnenminister zum 90. Geburtstag im Jahre 1958 mit den Worten: »Dank für Ihre verdienstvollen Leistungen als Interpret unserer Geschichte [...].«[106] Daß damit nicht allein die Stimmung der weihevollen

102 Gerhard Brück, Brief an Friedrich Meinecke vom 4. 4. 1947, in: GStAPK, Rep. 92, Nr. 5.

103 Erich Boehringer, Brief an Friedrich Meinecke vom 22. 8. 1946, in: GStAPK, Rep. 92, Nr. 4.

104 Karl Dietrich Erdmann, Friedrich Meinecke: Die deutsche Katastrophe, in: Kölner Universitätszeitung, Nr. 7 (ohne Datum).

105 Franz Schnabel, Das Urteil der Geschichte, in: Hessische Nachrichten (Kassel), 26.11.1946; Friedrich Baethgen, Brief an Meinecke vom 29. 5. 1946, in: GStAPK, Rep. 92, Nr. 2; das Schreiben des Historikerverbandes, in: ebd., Nr. 278. Das Münchner Institut für Zeitgeschichte bemerkte, er habe »auch der zeitgeschichtlichen Forschung richtungsweisende Einsichten« geschenkt, in: ebd.

106 Schreiben an Friedrich Meinecke, in: GStAPK, Rep. 92, Nr. 278.

Selbstbesinnung gemeint sein mußte, verdeutlicht ein Schreiben, das Meineckes *Die deutsche Katastrophe* als »Weltmedizin« charakterisierte, die zugleich schmerze und wohltue: »Das Satanische der jüngsten Vergangenheit liegt für mich vor allem auch darin, daß alle berechtigten historischen Ansprüche Deutschlands durch die geschehenen Teufeleien verschüttet erscheinen, sie können einfach nicht mehr zur Diskussion kommen.«[107] Selbst Michael Müller-Seidel konnte sein unsägliches Buch über »Deutsche und jüdische Tragik«, in welchem er die »sinnlose Vernichtung von Millionen von Juden und Christen zugleich« behandelte, mit der Verbeugung vor der »lautere[n] Weisheit des Historikers an seinem Lebensabend« beginnen.[108] Und unter dem Titel »Abschied von Preußen« dankte die »Süddeutsche Zeitung« für die »Fragmente zu einer Entartungsgeschichte«.[109]

Manche lobten den greisen Autor für den Verzicht auf »Ressentiment und Parteileidenschaft«[110] und dankten ihm, daß er es abgelehnt habe, »von Schuld zu sprechen«,[111] daß er »dem deutschen Volk die innere Last der jüngsten Vergangenheit [erleichtert]« und zur »Heilung« des deutschen Volkes beigetragen habe.[112] Eine große Gruppe beschäftigte sich mit dem Aspekt, daß Meinecke den »Zufall« als historische Kategorie neu etabliert hatte.[113] Eine Nürnberger Zeitung bezeichnete den Verfasser

107 Heinz Gaessner, Brief an Meinecke vom 1. 5. 1947, in: GStAPK, Rep. 92, Nr. 12.

108 Müller-Seidel, Deutsche und jüdische Tragik, S. 184 und S. 9.

109 SZ, 1. 10. 1946, S. 3.

110 So Gerd Bucerius, Brief an Meinecke vom 28. 11. 1946, in: GStAPK/Rep. 92, Nr. 5.

111 So das Hamburger Abendblatt, Nr. 253 vom 30. 10. 1952.

112 Bruno Wachsmuth, Zwischen Schuld und Verhängnis, in: Der Tagesspiegel (Berlin), 4. 9. 1946; Anonym, Die klärende Katastrophe, in: Schwäbische Zeitung, 30. 8. 1946.

113 Teilabdruck des »Zufall«-Kapitels z.B. in: »Der Mannheimer Morgen«, 30. 1. 1947; weitere Beispiele: Hermann Fiebing, Zufälle?, in: Südkurier (Konstanz), 7. 8. 1946, S. 1; Maximilian v. Hagen, Eine erste Geschichte unserer Katastrophe, in: Neue Zeit, 26. 10. 1946. An diesem Punkt entzündete sich aber auch die schärfste Kritik: als »etwas wehleidige Allerweltstheorie« bezeichnete dieses Kapitel Gustav Zerres, Die deutsche Katastrophe, in: Rh. Merkur (Koblenz), 29. 10. 1946; eine andere Zeitung bezeichnet es als »naiv« (Die Herrschaft des Nationalsozialismus, in: Trierische Volkszeitung, 12. 11. 1946; Leonhard v. Muralt, Die deutsche Katastrophe. Zum Buch von Friedrich Meinecke, in: Bücher-Rundschau (ohne Datum), S. 338-340 kritisiert den Faktor »Zufall« in der Darstellung Meineckes, weil er die Mitverantwortung der Deutschen verschleiere, in: GStAPK, Rep. 92, Nr. 254.

als einen der ersten, die aus dem Exil zurückgekehrt seien, und setzten auf seine Funktion, »Mittler [...] zwischen seinem in die Irre gegangenen Volk und dessen Besiegern« zu sein.[114] Der Leibniz-Verlag rühmte die »entscheidende Überschau des Geschehens«, seine »endgiltige, überlegene [...] objektive, kristallene Klarheit« von »höchster umfassendster Warte aus«: Meinecke vermöge »wahrhaft sub specie aeternitatis schon im Augenblick selbst [Geschichte] endgiltig abwägend« zu überschauen.[115] Der »Tagesspiegel« in Berlin zog folgende Bilanz der Meineckeschen Forschungsleistung: es sei sein Verdienst, die Tragik gezeigt zu haben, »daß Politik um des Menschen willen mehr sein muß als nur Gewalt, aber nie ohne Gewalt auskommen« könne.[116]

Auch im Ausland fanden sich Stimmen, die das Buch als nicht kritisierbar bezeichneten: »The slender volume is by far the best book written by a German to the disasters of the Hitler era« und »[...] the best short analysis of the reasons for, and the significance of, Hitler's rise to power [...].« Der dänische Historiker Aage Friis beschrieb Meinecke als »Opfer des Nationalsozialismus«, als »Widerstandskämpfer« und als den »größte[n] deutsche[n] Historiker unseres Jahrhunderts«, der »mit tiefem menschlichem und politischem Verständnis [...] und bemerkenswerter Überlegenheit« beschrieben habe, wie »Deutschland in die Hände einer kulturfeindlichen Verbrecherbande« fiel.[117] Und der bereits mehrfach angeführte Schweizer Historiker Walther Hofer legte nahe, daß sich in Meineckes Buch »deutsches Schicksal« selbst ausspreche: Meineckes »Leben und Werk« sei aufs engste mit dem allgemeinen Schicksal des deutschen Geistes verflochten«, sein »Denken und Schaffen« geradezu »Niederschlag der überindividuellen Substanz eines Volkes und einer Zeit«:

> »Hier spricht ein Mensch zu uns, der den ganzen fürchterlichen Wirbel der jüngsten deutschen Geschichte mitgelebt und mitgelitten hat [...]. Und welch ein Schicksal ist dies! [...] Was muß es für den denkenden und fühlenden Menschen Meinecke bedeuten, was erst für

114 Anonym, Die deutsche Katastrophe, in: Nürnberger Nachrichten vom 26. 2. 1947.

115 Leibniz Verlag (vormals R. Oldenbourg Verlag), Brief an Meinecke vom 30. 9. 1946, in: ebd.

116 Hans Kudszus, Die Tragik der Geschichte, in: Tagesspiegel (o. Datum), in: GStAPK, Rep. 92, Nr. 278.

117 Felix E. Hirsch, Tribute to a Great European, in: Harald Tribune (New York), Oct. 29, 1952; Sidney B. Fay, Brief an Meinecke vom 5. 5. 1947, in: GStPK, Rep. 92, Nr. 10; Aage Friis, Meinecke über die deutsche Katastrophe, in: Svenska Dagbladet (Stockholm) vom 14. 3. 1947.

den nationalen deutschen Historiker Meinecke, als Kind 1871 erlebt zu haben, um als Greis 1945 erleben zu müssen! [...] Wie mit Lebensfäden umspannt Meinecke die ganze verhängnisvolle Entwicklung des deutschen Menschentums von Bismarck zu Hitler hin. [...] Seine Geschichtsschreibung ist daher niemals mit rein wissenschaftlichen Kategorien zu erfassen, da sie immer mehr ist, als Wissenschaft: bewußtes weltanschauliches Bekenntnis und Ausdruck aktiven Erlebens. *Geschichtliches Schicksal* – das ist die letzte und höchste Stufe des Denkens über Sinn und Wesen der Geschichte, welche der greise Historiker erreichen sollte – *ist tragisches Schicksal, der Sinn der Geschichte ist Erlebnis des Tragischen, die Geschichte Erfüllung einer Tragödie* [...].«[118]

Hofer fügte hinzu, daß nur derjenige den Weg, den das deutsche Volk gegangen sei, voll und ganz verstehen könne, der die Soziologie des Totalitarismus aus eigener Erfahrung kenne: »Meineckes Werk ist eine idealtypische Bestätigung für die Erkenntnis, daß aller Inhalt einer Welt- und Geschichtsanschauung auf einem Lebensbezuge letztlich beruht.«[119] Deshalb habe der Doyen der Historikerschaft »diese tiefe Berechtigung über das deutsche Schicksal zu sprechen« und »uns diese ungeheuerliche Entwicklung allmählich erfassen zu lassen«, weil er »all das in sich durchkämpfen mußte, was uns heute als Verbrechen des deutschen Menschen erscheinen will«.[120]

Die Lesart der »Historischen Zeitschrift«: Meineckes Die deutsche Katastrophe *als Gegenbuch zu Kogons* Der SS-Staat

Es ist nicht allein die Verehrung des Schülers dem Lehrer gegenüber, wenn Hofer die lange Dauer des Erinnerungsvermögens von Meinecke bildhaft und eindrücklich betont, indem er hervorhebt, daß der Altmeister des Historismus als Kind noch über die Veteranen der antinapoleonischen Kriege des frühen 19. Jahrhunderts gestaunt habe, die während der Reichseinigungsfeiern 1871 bei der Parade durch das Brandenburger Tor mitmarschierten. Die *longue dureé* des biographischen Gedächtnisses war ein Argument im Kampf der Erinnerungen um Relevanz. Hier deutet

118 Hofer, Ein geschichtlicher Denker zur deutschen Katastrophe, S. 149-151 [Hervorh. v. N.B.]. Meineckes Buch wurde bezeichnenderweise 1951 u.d.T. »Die deutsche Tragödie« ins Japanische übersetzt und dort »lebhaft rezipiert«, vgl.: Conrad, Auf der Suche nach der verlorenen Nation, 161.

119 Hofer, Ein geschichtlicher Denker, S. 150.

120 Ebd., S. 151.

sich ein Kontext des Erinnerungskampfes an, der das erste und wichtigste Buch eines deutschen Historikers zum Nationalsozialismus auch als indirektes Gegenbuch zu verschiedenen Schilderungen der KZ-Gefangenschaft machen konnte. Neben Eugen Kogons zugleich mit Meinecke erschienenem Bericht *Der SS-Staat* waren dies direkt nach 1945 eine Vielzahl von Texten, die als Erlebnisberichte eine eigene Gattung begründeten und die Begriffe wie Schicksal, Hölle oder Tragödie völlig anders gebrauchten. Diese Berichte und Schilderungen versetzten deutsche Leser jedoch in die Rolle der Beschuldigten, forderten Antworten und Erklärungen und waren jeder für sich eine Art von Mahnmal eines kollektiven Leidens geworden, an das man nicht erinnert werden wollte. Walther Hofers Dank, daß Meinecke »die Mahnerrolle so ganz in den Hintergrund treten läßt«, hatte vor diesem Hintergrund auch etwas von einem Vergessensappell. Man wollte Bücher lesen, die authentisch die eigene Überwältigung durch den Nationalsozialismus aufzeigten, nicht aber solche, die schlechtes Gewissen über die eigene Indifferenz hervorriefen. Man wollte Distanz, nicht Nähe zum realen Geschehen und zu den Verbrechen der NS-Zeit. In einem Privatbrief an den Verfasser von *Die deutsche Katastrophe* heißt es über die Verbrechen des Nationalsozialismus: »Wir [müssen] die Dinge etwas mit der Perspektive des Himmels sehen, von ganz weit her, und da scheint mir zu dieser geschichtlichen Entwicklung, die, wie Sie sagen, mit der Aufklärung und der französischen Revolution begann, der Nazismus [...] nur ein kleiner Teilabschnitt zu sein, wenn auch – vielleicht – der grausigste und nackteste. Wir haben wohl auf dieser Flugbahn die Kulmination überschritten. Der Ablauf der Dinge wird jetzt schneller gehen. Ich könnte mir denken, daß in 60-70 Jahren diese Dinge sich befriedet haben.«[121]

Eugen Kogon hatte beim Schreiben seines Buches über »Das System der deutschen Konzentrationslager« diese Ressentiments vorausgesetzt und deshalb sogar selbst »gegen die Flut an Erlebnisberichten« polemisieren müssen, um sein eigentliches Anliegen zu verteidigen. Deshalb nannte er seine Darstellung einen »Sachbericht«, den er als ein Plädoyer verfaßt hatte, die Wahrheit und Wirklichkeit zur Kenntnis zu nehmen.[122] Er wollte »das System« darstellen, nicht nur einzelne Erlebnisse schil-

121 Erich Boehringer, Brief an Meinecke vom 22. 8. 1946, in: GStAPK, Rep 92, Nr. 4.

122 Kogon, Der SS-Staat, S. VII; zitiert wird die Ausgabe des Verlages Karl Alber, München 1946. Alle folgenden Zitate aus dem Vorwort und der Einleitung, ebd., S. V-XV.

dern, so Kogon, also »das organisatorische Gefüge« bloßlegen und gerade nicht das Individuelle, sondern das Typische herausarbeiten. Deswegen legte er weitläufig die Entstehungsbedingungen des Textes dar und betonte die Tatsache, daß er aus einem 400seitigen Gemeinschaftswerk mit Mitgefangenen aus dem Sommer 1945, das neben seinem Hauptbericht noch 150 Erlebnisberichte von Häftlingen beinhaltete, nun ein ganz »neues Manuskript« gemacht habe, das als Analyse zu lesen sei, nicht als Ressentiment eines Einzelnen und deshalb gerade nicht den »Einzelfall« Buchenwald darstellte, den er selbst durchlebt hatte, sondern das gesamte KZ-System. Außerdem erläuterte er entschuldigend den Umstand, wie einzelne Teile des Textes auch als Durchschlag in der russisch besetzten Zone unter dem Titel »KL Bu« publiziert werden konnte.

Das betont systematisch aufgebaute Buch[123] *Der SS-Staat* enthielt neben grundsätzlichen Kapiteln und Unterkapiteln über »Die Ziele des nationalsozialistischen Staates«, »Psychologie der SS« und »Psychologie der KL-Gefangenen«, die in Stufen sich radikalisierende Entwicklung des KZ-Systems und Darlegungen über die innere Organisation der Lager auch detaillierte Schilderungen von exemplarischen Tagesabläufen der Gefangenen, der Zwangsarbeit und des Strafsystems, der Ernährungslage und Hygiene sowie der sanitären Verhältnisse. Im vierzehnten Kapitel schilderte Kogon »Sondereinrichtungen« wie Krematorien, Gaskammern und medizinische Versuchsstationen, im folgenden Kapitel »Gruppenschicksale und Sonderaktionen« wie das der Juden, die Liquidation der russischen Kriegsgefangenen oder die Vernichtung »lebensunwerten Lebens«. Kogon stellte das Außenlager-System, die Korruption der SS und die wirtschaftliche Ausbeutung der Gefangenen dar. Ein Kapitel war den »antifaschistischen Kräften« innerhalb des Lagers und ihrem Kampf gegen die SS gewidmet, eines der Befreiung der Lager, und das letzte unter dem Titel »Das deutsche Volk und die Konzentrationslager« war eine kritische Auseinandersetzung mit der »These von der deutschen Kollektivschuld«.

Aus heutiger Sicht ist die Präzision seiner differenzierten Darlegungen und die Schärfe seines Blickes nicht halb so erstaunlich wie die vielfach vorgebrachten Skrupel, mit denen er begründete, seinen Bericht überhaupt zur Publikation freigegeben zu haben. Im Vorwort offenbarte er

123 Das Inhaltsverzeichnis umfaßt allein acht Seiten, manche Überschriften von Unterkapiteln sind in einem bewußt szientifizierten Ton formuliert, so z.B. »Gesamtzahl und durchschnittlicher Dauerbestand an KL-Gefangenen«, »Vermengung der Häftlings-Kategorien und gegenseitiges Zahlenverhältnis« oder die Darlegung über »Die Relativität statistischer Angaben«.

seine Sorge über »die dunkle Last [...], die ich zutage gefördert habe«,[124] und deswegen warnte er seine Leser vor einzelnen Kapiteln, die zu lesen manchen Männern und Frauen »reinen Herzens« schwer werden würde. Er sprach gleich im ersten Satz von der Berechtigung, das Buch überhaupt der Öffentlichkeit vorgelegt zu haben: Es sei dies, so die fast flehentlich vorgebrachte Legitimationsbemühung, ein »Ecce Homo-Spiegel«, keine Anklage gegen das »Deutschtum«.[125] Um den Vorwurf der Propaganda abzuwehren, schrieb er eigens ein Abschlußkapitel mit dem Titel »Das deutsche Volk und die Konzentrationslager« und empfahl gleich im Vorwort, es zweimal zu lesen, einmal zu Beginn und dann noch einmal als Abschluß. Hier legte er seinen sachlichen Sprachstil ab, nannte das Dritte Reich die »zwölf Rauhjahre« und gestand sich und dem Leser ein, daß mit dem deutschen Volk in der NS-Zeit etwas »Metaphysisches« geschehen sei, das mit dem Verstand allein kaum mehr begreifbar sei. Auch hier setze er sich noch einmal mit der Glaubwürdigkeit seiner Analyse, mit den Argumenten gegen die Beschäftigung mit dem Faktum der Lager und mit der Funktion seines Buches überhaupt auseinander, die er vor allem darin sah, einen Beitrag für ein erneuertes Deutschland zu leisten. Entscheidende These dieses Kapitels aber war die strikt abgelehnte These von der deutschen Kollektivschuld. Die grauenhaften Tatsachen, so Kogon, hätten nicht im Zusammenhang mit dem Anwurf der Kollektivschuld wirken können, sie hätten mehr Einsicht bewirkt, wenn man sie »unmittelbar« dem deutschen Gewissen anvertraut hätte: »Ehe sie noch die Sphäre des tiefsten Rechts- und Menschlichkeitsempfindens, ja des Religiösen berühren konnte, wo der Deutsche der zwölf Jahre Hitler-Herrschaft und ihres seelischen Einflusses noch genug Widerstand geleistet hätte, wurde die KL-Propaganda schon abgelehnt, weil er merkte, daß er in die größere Schuld noch unentrinnbarer gestoßen werden sollte. Jeder von ihnen spürte, daß ihn ein höherer Richter nicht auf eine und dieselbe Anklagebank mit Verbrechern und Aktivisten der NSDAP gesetzt hätte.«[126]

Kogon argumentierte in den Rändern seines Textes strukturell defensiv und zeigte auch demonstrativ auf der ersten Seite des Vorwortes auf die Verbrechen der Amerikaner in Japan, deren Atombomben-Abwurf sie auf das Niveau der SS »herabgedrückt« habe.[127] Er kritisierte paritätisch die deutsche Verstocktheit und das pharisäische Ausland und er ver-

124 Kogon, Der SS-Staat, S. VII; das nächste Zitat S. VI.
125 Ebd., S. VII.
126 Ebd., S. 328.
127 Ebd., S. V; die nächsten beiden Zitat S. VIII und X.

wahrte sich eindringlich gegen das Mißverständnis, mit Ressentiment zu schreiben, bloß eine sensationelle Reportage oder lediglich einen »Atrozitätsbericht« beabsichtigt zu haben. Kogon nahm fast jeden nur denkbaren Einwand gegen die Veröffentlichung seines *SS-Staates* vorweg und beschäftigte sich im Dezember 1945 auch mit dem Vorwurf, daß über die deutschen Konzentrationslager bereits zuviel gesprochen und geschrieben worden sei. Er sprach in verallgemeinernden Sätzen von seinem Mißtrauen gegenüber »der menschlichen Natur«, betonte den Charakter der »unheimlichen Verstrickung« in eine Schuld, die »weit über Deutschland« hinausreiche, und versicherte, daß der Häftling im KZ nicht allein gegen die SS zu bestehen hatte, sondern zugleich auch gegen »den Terror und die Arroganz« seiner eigenen Mitgefangenen.[128] Er erwog voller Sorge die Wirkung seines Buches, von dem er annahm, es könne das Böse unter Umständen nicht nur dokumentierend in Erinnerung bewahren, sondern durch seine Aufzeichnungen vielleicht gar am Leben erhalten: »Ich war infolgedessen mehrmals während der Abfassung des Manuskriptes versucht, es zu verbrennen.«[129]

Eugen Kogon war keineswegs grundsätzlich gegen Darstellungen der »deutschen Katastrophe« in jenem Tonfall und Stil, wie sie von Meinecke verfaßt worden waren, im Gegenteil. Er selbst hatte in dem zitierten Kapitel über den Umgang der Deutschen mit der Tatsache der Lager empfohlen, daß sie – nachdem sie Humanität stranguliert hatten – nun »in die eigenen verschütteten Tiefen« herabzusteigen hätten, wo »das Gold der hohen deutschen Qualitäten – jawohl: das Gold!« begraben liege, mit dem man »den historischen und nationalpsychologischen Wurzeln der Schuld« nachspüren solle, um nach »Generationen der Geduld« gewandelt und mit »gereinigte[m] Wesen« wieder zur »Erfüllung der wahren deutschen Aufgabe in Europa und der Welt« hervorzutreten.[130] Das war nun genau das Anliegen Meineckes gewesen, und deshalb ist es eben nicht verwunderlich, daß Kogon in seiner Besprechung von Meineckes Buch mit hohem Respekt vor dem Historiker, dessen Darstellung als »den Auftakt zur Revision der deutschen Geschichtsschreibung« gewertet und sogar von »vorzüglichen« Passagen gesprochen hatte.[131] Allerdings lehnt Kogon jegliche Spekulation über den »positiven Gehalt des Hitlertums« und den »Zufall in der Geschichte« als »Deus ex machina« und »Notausgang« für deutschnationale Ressentiments strikt ab. Insgesamt wertet er

128 Ebd., S. VI und IX.
129 Ebd., S. VII.
130 Ebd., S. 327.
131 Kogon, Beginn der Geschichtsrevision, S. 776 und 777.

das Buch Meineckes treffend als Versuch, »möglichst viel aus der Vergangenheit zu retten«.[132]

Auf diese sehr moderate Kritik antwortete die Historikerzunft mit einem großen Aufsatz in ihrem Hauptorgan, der »Historischen Zeitschrift«, in welcher der Autor Gisbert Beyerhaus zu Beginn mit regelrecht drohendem Unterton klarstellte: »Es ist das geistige und politische Gegenlager zu Hitler, welches hier [bei Meinecke, N.B.] zu Wort kommt.«[133] Ziel seines eigenen Aufsatzes sei es, die große Leistung Meineckes »fortzuentwickeln und zu weiteren Untersuchungen anzuregen«. Hierfür stellte er explizit das von Eugen Kogon beanstandete Kapitel VIII in den Mittelpunkt. Beyerhaus versuchte sich hartnäckig an einer Umprägung der Begrifflichkeit und legte Meinecke sehr einseitig aus, wenn er von der passiv verstandenen »Katastrophe des deutschen Volkes« sprach. Der Umschlag von Demokratie in »Cäsarismus«, so der Verfasser, sei ein allgemeines »Zeichen der verfallenden Kultur«, kein bloß »deutsches Problem«, der »Kampf des Hitlerismus gegen das Christentum« sei ein folgerichtiger Vernichtungszug des totalitären Staatswesens gegen »das letzte Bollwerk des Rechtstaates und der Gewissensfreiheit« gewesen. Hitler sei »das einmalige unerwartete Eingreifen eines fremdartigen Faktors in die abendländische Geschichte«, Otto Hintze habe mit seinem Diktum »Dieser Mensch gehört doch eigentlich gar nicht zu unserer Rasse« zu Recht die Frage aufgeworfen, so Beyerhaus, »ob diese Wesensfremdheit nicht schon rein biologisch begründet sei«, seine Abstammung sei »vom Balkan«, seine Despotie »asiatisch«, sein Erfolg ein »Durchbruch des Satanischen«.[134] Beyerhaus schrieb auch privat an Meinecke, er habe gerade in dessen Kapitel »Der Zufall und das Allgemeine in der Geschichte« den Kern des Buches ausgemacht und hier seinen Versuch verankert, »durch *positive* Analyse Herrn Eugen Kogon zu bekehren und auf die Torheit seiner Unterstellungen [...] hinzuweisen«:

> »Seine [Kogons] These, Sie hätten durch Heranziehung des Zufalls einen Notausgang für Deutschnationale schaffen wollen, richtet sich selbst. Über die unheilvolle Wirkung seines Buches ›Der SS-Staat‹ auf jugendliche Seelen dürfte er demnächst von Pädagogen aller Richtungen hingewiesen werden.« Und Gisbert Beyerhaus fügte hinzu: »Der mir befreundete Philosoph Joachim Ritter [...] hält den ›SS-Staat‹ für so verderblich, daß er für Sekretierung wäre!«[135]

132 Ebd., S. 779.
133 Beyerhaus, Notwendigkeit und Freiheit in der deutschen Katastrophe, S. 73.
134 Ebd., S. 75 ff.
135 Beyerhaus, Brief an Meinecke vom 31. 5. 1949, in: GStAPK, Rep. 92, Nr. 3.

Im Herbst 1949, Meinecke hatte noch nicht geantwortet, fragte Beyerhaus noch einmal nach: »Sie werden verstehen, daß mir besonders an Ihrem Urteil liegt, wieweit es mir gelungen ist, die Verteidigung Ihres Buches gegen den Angriff von Kogon in den »Frankfurter Heften« mit den richtigen Waffen zu führen.«[136] Beyerhaus versuchte hier das Meinekke-Buch zu instrumentalisieren. Indem er den Verfasser als Repräsentanten einer deutschen Opferkonzeption etablierte und mit der Betonung des antichristlichen »Vernichtungszugs« im allgemeinen die Erfahrung der KZ-Gefangenschaft, die Kogon in seinem Buch zum Ausdruck gebracht hatte, zu überschreiben begann, gab er dem Buch *Die deutsche Katastrophe* eine Rezeptionsrichtung, die nun zu ihm dazugehört. Die Metapher vom »SS-Staat«, die Kogons Buch bekannt gemacht hatte, war dabei sehr beliebt, denn auch sie ließ sich umbiegen. So sprach auch Kaehler in einem Text über den 20. Juli 1944 von der »Revolte gegen den SS-Staat« und »der tiefverwurzelten Gegenrevolution gegen die nationalsozialistische Beherrschung der europäischen Welt«, die den Rechtsstaat anstelle des »SS-Staates« zu errichten versuchte.[137] Jenseits der Frage, ob das für die Geschichte des militärischen Widerstands gegen Hitler so überhaupt formuliert werden kann – die mehrfache und deshalb aufdringliche Verwendung des Begriffs »SS-Staat« trug zu dieser Zeit eine konnotative Bedeutung, die man von Eugen Kogons Buchtitel von 1946 übernehmen konnte. Doch während sie dort für das KZ-System im engsten Sinne gebraucht wurde, erfuhr die Metapher vom »SS-Staat« im Gebrauch von Beyerhaus, Kaehler oder Kluke eine Ausweitung auf die deutschen Verhältnisse insgesamt.[138] In dieser Lesart der deutschen Innenpolitik zwischen 1933 und 1945 mußte der Greifenverlag im August 1948 dann auch nicht bei Kogon, sondern er konnte bei Meinecke anfragen, ob er sich nicht an »einem kulturpolitisch [...] bedeutsamen Bekenntnis-Buch« beteiligen wolle, in welchem »die Schicksale hervorragender Persönlichkeiten des deutschen Geisteslebens, die während der letzten 12 Jahre aus Gewissensgründen gezwungen waren, in die sogenannte ›innere Emigration‹ oder ins Ausland zu gehen, in Selbstdarstellungen« vereinigt würden. Das Sammelwerk solle »vor den Augen der Weltöffentlichkeit und zu Nutz und Frommen des deutschen Volkes eine möglichst vollständige Geschichte des unterdrückten, verfolgten und leidenden geistigen Deutschlands in der Zeit von 1933-1945 [...] zur Darstellung

136 Beyerhaus, Brief an Meinecke vom 17. 10. 1949, in: GStAPK, Rep. 92, Nr. 3.
137 Kaehler, Der 20. Juli im geschichtlichen Rückblick, S. 440 und 442.
138 Kluke, Der deutsche Widerstand, S. 137.

bringen.«[139] In einem wirkungsgeschichtlichen Kontext wird die Markierung des Meinecke-Textes als Zeugen- und Erlebnisbericht einmal mehr bedeutungsvoll – hier in der speziellen Funktion als »Gegenbuch« zu den Zeugen- und Erlebnisberichten überlebender KZ-Häftlinge. Die Verknüpfung von autobiographischer Erfahrung und historiographischer Belehrung in einer von den Deutschen als annehmbar empfundenen Botschaft war für die deutsche Nachkriegshistoriographie von überragender Bedeutung.

Den nationalen Rahmen seines Denkens hat dabei gerade ein so kulturkonservativer Historiker wie Meinecke eingestanden. In einer selbstkritischen Bemerkung anläßlich einer sehr distanzierten englischen Rezension von *Die deutsche Katastrophe*, die Meinecke »amüsant [...], nicht unfreundlich, aber maliziös«[140] nannte, referierte er den Rezensenten, der über Meinecke geschrieben hatte, sein Begriff von Freiheit meine lediglich die Freiheit zum Bücherschreiben, politische Freiheit könne er ohne nationalbegrifflichen Rahmen gar nicht denken: »Ein Körnchen Wahrheit steckt darin, aber ganz richtig ist es auch nicht.«[141] Und doch gestand er ein, daß das »›framework‹ of an authorian state‹«, das der Rezensent in seinem Buch erkannt hatte, von einem Deutschen »leider so leicht nicht« abgeschüttelt werden könne.[142]

139 Greifenverlag, Brief an Meinecke vom 15. 8. 1946, in: GStAPK, Rep. 92, Nr. 13.

140 Meinecke, Brief an Siegfried A. Kaehler vom 16. 4. 1947, in: ders., Ausgewählter Briefwechsel, S. 514.

141 Ebd.

142 Meinecke, Brief an G. P. Gooch vom 15. 4. 1947, in: ders., Ausgewählter Briefwechsel, S. 277.

2.2. »Ein ganz dunkler Fleck auf dem deutschen Ehrenschilde«: Gerhard Ritters Entnationalisierung des Nationalsozialismus

Nationalgeschichte als Sinnbezug

Aus rückblickender Perspektive vermag man Meineckes ambivalente Überlegungen zum »Irrweg« der deutschen Geschichte kaum noch in ihrer kritischen Potenz wahrzunehmen. Das liegt zuallererst an dem Verwischen historischer Realitäten zu einem tragisch-dramatischen Geschehen eines fehlgegangenen Helden, wie sie Meinecke selbst und, in fast gleichen Formulierungen, der baltendeutsche Historiker Johannes Haller vorgenommen haben. Wenn Gerhard Ritter aber unablässig gegen die, wie er es nannte, »Verdunkelung« der deutschen Geschichte anschrieb und sich vehement dagegen verwahrte, sie nur noch als »Katastrophe« darzustellen, so markierte dies auch seine Distanz zum melancholischen Kulturnationalismus Meineckes. Wenn Ritter dabei nicht die deutsche Kultur der Goethezeit als Maßstab der Bewertung des jüngst Geschehenen anführte – wie verteidigte er die nationalen Traditionen dann? Was für Themen wählte und welche Positionen bezog er dabei? Welche Begriffe benutzte er, und wie redete er vom Nationalsozialismus und von der Judenvernichtung?

Ritters Einsatz für die Beibehaltung und Aufwertung eines strikt nationalstaatlichen Politik- und Geschichtsverständnisses ist bekannt und schon oft kritisiert worden, nicht zuletzt von Zeitgenossen.[1] Er deutete den Nationalsozialismus im Vergleich zu Meinecke weniger eskapistisch, aber im Grunde genommen noch viel einengender und reduktionistischer, wenn auch in fast atemberaubender Weise konsequent: Nationalgeschichte war für den Freiburger Historiker auch nach 1945 der Sinnbezug schlechthin und wird selbst gar nicht mehr erläutert. Sie ist für Ritter schon allein deshalb das Gegenteil des Nationalsozialismus, da dieser »sinnlos« ist. Unglück, Zufall und schwere politische Bedingungen

1 Allgemein zu Ritter: Cornelißen, Gerhard Ritter; die wichtigste ältere Literatur: Berthold, »… großhungern und gehorchen«; Zmarzlik, Lebendige Vergangenheit; Dorpalen, Gerhard Ritter; Müller, Ein politischer Historiker; die erste größere Einführung in Leben und Werk legte ein Schüler vor: Schwabe, Gerhard Ritter – Werk und Person, in: Ritter, Briefe; ders., Gerhard Ritter (1888-1967), in: Path of Continuity; für die Jahre nach 1945 außerdem wichtig: Blänsdorf, Gerhard Ritter 1942-1950; die Rolle Ritters beim Wiederaufbau des eigenen Wissenschaftsbetriebs betrachtet sehr kritisch: Schumann, Gerhard Ritter und die deutsche Geschichtswissenschaft nach dem Zweiten Weltkrieg.

erklärten seine Verursachung, die (unter ähnlichen Belastungen) jedem Volk der Welt hätten passieren können.

> »[I]st es etwa nicht sinnlos, daß ein einzelner Mensch diesen ungeheuren Einbruch der Barbarei über das Abendland herbeizuführen vermochte, den wir erlebt haben – daß er durch einen bloßen Willen buchstäblich die ganze Welt in Brand setzen konnte, ohne daß irgend jemand es zu hindern imstande war? [...] Ja, man möchte glauben, es hätte sich mit dem jähen Ende unseres nationalen Staates der Sinn unserer rätselvollen Geschichte überhaupt endgültig verdunkelt! Denn wo keine Zukunft mehr sichtbar ist, bleibt uns auch die Deutung der Vergangenheit verwehrt.«[2]

Mit der eigenen nationalen Tradition aber, so Ritter eine solche Skepsis tröstend, habe der Nationalsozialismus am allerwenigsten zu tun, im Gegenteil: er habe gerade diese am meisten geschändet, sie müsse, von der »Barbarei« befreit, verstärkt aufgeboten werden. In Ritters Thesen vom »einzelnen Menschen«, der das Unglück über Deutschland, das Abendland und die ganze Welt brachte, ist die später vieldiskutierte Deutung des Dritten Reiches als »Betriebsunfall« der deutschen Geschichte nicht nur angelegt, sondern bereits ausformuliert.[3] Deutschland wird als völlig überrascht von und unvorbereitet auf den Nationalsozialismus charakterisiert, die »Hitlerbewegung« nicht als ein Ereignis der deutschen Geschichte, sondern als »ein Ergebnis des Aufwallens verwirrter Zeiten« gewertet.[4] Er betont die Kontingenz und die Diskontinuität des Ereignisses. Nicht die Suche nach historischen Ursachen in der eigenen Geschichte, sondern der Nachweis, es mit dem Gegensatz der eigenen Tradition zu tun zu haben, ist das immer wieder vorgebrachte Credo seiner wissenschaftlichen Bemühungen nach 1945. Verblüffend ist dabei die durchgehend verleugnete Ambivalenz von wissenschaftlichem Objektivitätsideal und der Proklamation einer präskriptiven politischen Historie,

2 Ritter, Geschichte als Bildungsmacht, S. 16 und 17.

3 Klaus Schwabe hat dieser Ritter-Deutung widersprochen: Schwabe, Gerhard Ritter – Werk und Person, S. 103. Die Zitate, die er aus Ritters Werk anführt, sind jedoch der Hauptintention Ritters zumeist nachgeordnete Differenzierungen, nach denen er zu seiner These zurückkehrt, der zufolge die deutsche Sonderentwicklung im politischen Bereich gerade keinen Zusammenhang mit dem Aufkommen des Nationalsozialismus aufweise.

4 So z.B. in Ritters konzisester Formulierung seiner Ansichten zum Nationalsozialismus: Ritter, The historical foundations of the rise of National Socialism.

ging es ihm doch grundsätzlich um die Klärung und Reinigung des nationalen Selbstbewußtseins, nicht darum, dessen belastete Traditionen zu bestimmen.[5] Dabei gerät es regelrecht zur Pointe, daß innerhalb der Kontinuität geschichtlicher Grundüberzeugungen und wissenschaftlicher Methodik[6] das Axiom der Diskontinuität deutscher Geschichtsentwicklung verkündet wurde: Um die Kontinuität der Geschichtsschreibung beibehalten zu können, mußte das Dritte Reich intellektuell marginalisiert werden, sowohl in der Bestimmung seiner Vorgeschichte als auch in der Bewertung seiner Folgen.

Polemik gegen die »Optativ-Historie« (S. A. Kaehler) und Skandalisierung der Kontinuitätsfrage

Mit einer solchen Überzeugung stand Ritter nicht allein. Gegen die These vom deutschen »Irrweg« polemisierte z.B. auch sein Göttinger Kollege Siegfried A. Kaehler mit dem abschätzig gemeinten Terminus »historischer Optativ«, einem Begriff, mit dem er der nachträglichen Sicht auf das Vergangene entgegenzutreten suchte.[7] Und mit der dem Thema »Forschungsprobleme des Nationalsozialismus« seinerzeit inhärenten Dialektik merkte ein Autor in Anlehnung an Ritter an:

> »So viel auch sonst an deutschem, allzu deutschem Geisteserbe in den Nationalsozialismus eingeströmt ist, so muß doch, gerade wenn man eine rein nationale Linie wahren und alle ausländischen Einflüsse verfemen möchte, eben das strenge Führerprinzip *undeutsch und ungermanisch* genannt werden.«[8]

5 Hein, Geschichtswissenschaft in den Westzonen und der Bundesrepublik 1945-1950, S. 30-40.

6 Die »Konstanten im Welt- und Geschichtsbild Ritters« betont auch: Matthiesen, Gerhard Ritter. Studien zu Leben und Werk bis 1933, S. 1287.

7 Siegfried A. Kaehler, Der Wunsch als Vater der Historie. Wandlungen unseres Geschichtsbildes, in: Deutsche Zeitung, Nr. 22 (1950). Vgl. auch: Kaehler, Brief an Meinecke vom 26. 10. 1949, in: Meinecke, Ausgewählter Briefwechsel, S. 550 f.; hier merkte Kaehler an, daß er den Begriff »Irrweg« ganz auszuscheiden wünscht, der ihm zu sehr vom Universalismus determiniert scheint; ein Jahr später äußert Kaehler, ob nicht vielleicht »das quälende Ringen um den Sinn und um die Deutung von ›Weg und Irrweg‹ [...] selbst ein großer Irrweg unseres Geschlechtes [sic!] gewesen [ist]?« Kaehler, Brief an Meinecke vom 28. 10. 1950, in: ebd., S. 562 f.

8 Heffter, Forschungsprobleme der Geschichte des Nationalsozialismus, S. 208 [Hervorh. v. N.B.]. Heffter verweist statt dessen auf den »romanischen Elitebegriff«, ebd.

Schon in den oben bereits zitierten Betrachtungen von Max Picard unter dem mißverständlichen Titel »Hitler in uns selbst« aus dem Jahr 1946 wurde Hitler als ein expressiver Ausdruck einer im übrigen die ganze Epoche kennzeichnenden Krankheit interpretiert. Picard hat diese These in einen Begriff gegossen, der für das hier untersuchte Problem bedeutsam ist, weil er paradigmatisch das Verhältnis von Verbrechen und Nation beleuchtet: »Zusammenhangslosigkeit« bzw. »Diskontinuität«. Die These von der Diskontinuität der Ereignisse zwischen 1933 und 1945 im Verhältnis zur gesamten deutschen Geschichte nahm zeitweise nicht weniger obsessiven Charakter an als die gegenteilige und oft denunzierte Schuldphantasie einer im Grunde verfehlten Nationaltradition seit Bismarck, Friedrich dem Großen, Luther oder dem Mittelalter. Tatsächlich läßt sich in Ritters wissenschaftlich ausformuliertem Objektivitätspostulat die Phantasie eines Max Picard vom »zusammenhangslosen Menschen« finden. Picard hatte die Vorstellung entfaltet, daß der Nationalsozialismus gar kein Teil der Geschichte sei, nicht einmal »eine Episode« in ihr, und die These aufgestellt, daß der Nationalsozialismus ein »Einbruch in die Geschichte«, daß er »geschichtslos« sei und umgekehrt, die Geschichte durch den Nazismus »durchbrochen« worden sei.[9] Ritter orientierte sich an dieser Vorstellung vom »Zustand der Diskontinuität« der modernen Zivilisation. Diese stellte den Subtext einer nationalen Rettungsaktion dar, die Ritter bis in die 60er Jahre als seine persönliche, wissenschaftliche und nationalpädagogische Hauptaufgabe deutete. »Revision« zu betreiben bedeutete für Ritter weniger, von der Korrektur der Nazi-Ideologie zu schreiben, als für die Korrektur der Kritik an ihr einzutreten. Ersteres erledigte sich von selbst, da das Dritte Reich in seiner Sicht ein »sinnloser Abbruch eines großartigen Aufstiegs«[10] war, etwas, das man mit Anstand zu ertragen, aber nicht zu erklären hatte. Erklärungsbedürftig, ja, unerträglich waren für ihn statt dessen die Erklärungen selbst, vor allem jene vom »Irrweg« und seiner in der deutschen Geschichte angelegten Zwangsläufigkeit.

Diese Frage nach dem Verhältnis von Kontinuität und Bruch war dann auch die Folie der entscheidenden Zäsur in der Nachkriegshistoriographie, der sogenannten »Fischer-Kontroverse« in den frühen 60er Jahren.[11]

9 Picard, Hitler in uns selbst, S. 232 und 205; siehe auch oben S. 58.

10 Ritter, Geschichte als Bildungsmacht, S. 24.

11 Von Wehler als »erste Wende« bezeichnet, vgl.: Wehler, Geschichtswissenschaft heute, S. 727; vgl. hierzu die beiden Sammelbände von 1964 und 1969: Lynar (Hg.), Deutsche Kriegsziele 1914-1918;Schieder (Hg.), Erster Weltkrieg. Ursachen, Entstehung und Kriegsziele; zur Debatte selbst v.a. die

Der Streit um die Ursachen des Ersten Weltkrieges und die deutsche Kriegszielpolitik, der letzten von Ritters großen Deutungsschlachten, wurde deshalb so heftig geführt, weil über die Frage nach dem Zweiten Weltkrieg noch immer die beruhigende »Diskontinuitätsthese« wie eine Decke gebreitet worden war. Wie heute immer deutlicher wird, wurde dieser Kampf geradezu zur »Stellvertreterdiskussion« und erhielt seine generationsbedingte Absolutheit nicht zuletzt aus der Auseinandersetzung um »Auschwitz«. Keiner der damals Beteiligten, so erinnerte sich jüngst der Düsseldorfer Historiker Gerd Krumeich, hatte damals die Begriffe »Kontinuität« und »Diskontinuität« gebraucht, ohne nicht zumindest implizit an die NS-Verbrechen zu denken:

> »Wenn man nach denen sucht, die in dieser ›querelle des anciens et des modernes‹ die ›Modernen‹ waren, dann fällt der Blick auf die Hunderte von jungen Studenten und Studentinnen, die in Hamburg Fischers Vorlesungen folgten. Niemand in dieser anonymen Studentenmasse, sei es in Hamburg oder anderswo, hatte jemals konkret über deutsche Kriegsziele im Ersten Weltkrieg oder die Juli-Krise von 1914 nachgedacht. Aber alle hatten verstanden, daß da jemand den Mut gehabt hatte, sich gegen das Establishment zu wenden und die ›Kontinuitäts‹-Frage so zu stellen, wie die Studenten sie stellen wollten. Wir folgten Fischer vor allem, weil er die gesetzten älteren Herren zur Weißglut brachte, die seminarmäßig über die ›Dämonie der Macht‹, über deutschen Geist und deutsches Schicksal, über Bismarcks historische Größe und dergleichen mehr lehrten. In Wahrheit hatte der Streit über den Kriegsausbruch die Rolle eines Stellvertreterkrieges. Denn eigentlich hatten wir eine ganz andere Frage, die freilich nur ganz wenige zu stellen wagten. *Es war die Frage nach Auschwitz und wie das hatte geschehen können.*«[12]

Arbeit von Hallgarten, Deutsche Selbstschau nach 50 Jahren; außerdem aus Sicht der Fischer-Schule: Geiss, Die Fischer-Kontroverse; Berghahn, Die Fischerkontroverse – 15 Jahre danach.

12 Gerd Krumeich, Das Erbe der Wilhelminer. Vierzig Jahre Fischer-Kontroverse: Um die deutschen Ziele im Ersten Weltkrieg stritten die Historiker, weil man vom Zweiten geschwiegen hatte, in: FAZ, 4. 11. 1999 [Hervorh. v. N.B.]. Ob die Fischer-Kontroverse die enge Verbindung von Geschichtswissenschaft und nationaler Orientierung »zerbrach« oder lediglich im »kritischen« Gewande der »Sonderwegsthese« weiterführte, also nicht die Deutung selbst wechselte, sondern nur ihre Vertreter, wird diskutiert bei: Jarausch, Normalisierung oder Re-Nationalisierung?, S. 574.

Krumeich erinnerte in diesem Zusammenhang an den Ulmer Einsatzgruppen-Prozeß von 1958, an die Gründung der Ludwigsburger Zentrale im gleichen Jahr und an, wie er es hier nennt, Gerhard Schoenberners Jahrhundertbuch *Der gelbe Stern*, das 1960 erschienen war, sowie an den Auschwitz-Prozeß:

> »Von alldem war in der Fischer-Kontroverse nicht ausdrücklich die Rede, aber alle, die von ›Kontinuität‹ sprachen oder die Diskontinuität der deutschen Geschichte von Bismarck über Hitler bis Adenauer einforderten, *wussten oder ahnten, dass sie eigentlich von Auschwitz sprachen.* [...] Vehement forderten damals – im Angesicht des Schocks des gelben Sterns und des Auschwitz-Prozesses – die Jungen Rechenschaft von den Alten. [...] Es galt ja vor allem, das verstehende ›Wir‹ der älteren Historiker, die im Wilhelminismus aufgewachsen oder, wie Gerhard Ritter, Soldat im Ersten Weltkrieg gewesen waren, zum Nutzen historischer Kritik zu destruieren.«[13]

Gerhard Ritter hatte für solche »Rechenschaft von den Alten« keinerlei Verständnis. Für ihn war dies gleichbedeutend mit etwas, was er sehr spezifisch »Selbstverzweiflung« nannte – keine Antwort auf drängende Fragen, sondern Teil des Problems, gegen das er zu Felde zog. Ritter sah *hierin* geradezu das Echo jener nationalen »Selbstüberhebung«, die vom Nationalsozialismus praktiziert worden war und der es nun mit »Nüchternheit« entgegenzutreten gelte[14] – so Ritters Vorgaben an deutsche Diskussionsteilnehmer. Ins Ausland aber dankte er umgekehrt und sogar überschwenglich, wenn man »echtes, einfühlsames Verständnis in die Lage des Durchschnittsdeutschen« aufbrachte: »Hass auf das deutsche Volk« zu haben sei, so Ritter, »unwürdig eines historicus [...].«[15] Ritters Arbeiten symbolisierten in hohem Maße den Rückgriff auf Wissens- und Wertebestände, die aus der Zeit vor dem Nationalsozialismus stammten und damit als unbescholten stilisiert werden konnten. Sie waren gleichsam aktuell und veraltet zugleich, weil sie einem Zeitgeist folgten, der

13 Krumeich, Das Erbe der Wilhelminer [Hervorh. v. N.B.].

14 Ritter, Geschichte als Bildungsmacht, S. 40. Zur »politischen Pädagogik« Ritters nach 1945 vgl. auch Schwabe, Gerhard Ritter – Werk und Person, S. 97-121; Cornelißen, Gerhard Ritter, S. 371-622.

15 So an einen niederländischen Kollegen, dem er »als Deutscher« dafür dankte, »dass Sie so mutig und offen gegen ein Wiederaufleben alter Hassempfindungen bei ihren Landsleuten entgegengetreten sind.« Ritter, Brief an Geyl vom 16. 1. 1962, in: BAK, NL Ritter 1166, Nr. 351.

insgesamt eine intellektuelle Verankerung in den Paradigmen des Kaiserreichs zu etablieren versuchte.

Selbststilisierungen nach 1945 als Teil der akademischen Vergangenheitspolitik

»Akademische Vergangenheitspolitik« bezeichnet eine Wissenschaftskultur, in welcher die »Selektion, Tradierung und Zirkulation der Geschichten über das vergangene Fachgeschehen« organisiert wird.[16] Daß dies nach 1945 in beschönigender Weise geschah, ist bekannt. Weit interessanter erscheint inzwischen die Frage, welche semantischen Strategien hierfür herhalten mußten, eine Frage, die für die jüngere Forschung immer stärker in das Zentrum des Interesses rückt. Die Rhetorik des Ausblendens umfaßte dabei insgesamt sehr verschiedene Verfahren, die kürzlich unter dem etwas modischen Begriff »Vergangenheitsmanagement« zusammengefaßt wurden. Richtig aber ist, daß die Tabuisierungen und Skandalisierungen abweichender Meinungen, die »Inszenierungen des Neuanfangs«, die Überschreibungen und das spezifische Einklagen von »Sachlichkeit« ein Feld absteckten, das die Art und Weise, wie über ein Thema gesprochen werden durfte, von vornherein festlegte. Hierzu gehörten auch all jene Argumentationsfiguren, in denen Kritik an Institutionen dadurch entwertet wurde, indem man entweder die individuelle oder die disziplinäre »Anständigkeit« beschwor. Lange Zeit wurden solche Mythen geflissentlich in Geschichtsschreibung überführt, ganz so, als ständen Akademiker und insbesondere Historiker von Berufs wegen jenseits von Quellenkritik.

Wenn nun Ritter über seine eigene Rolle in den Hitler-Jahren »Rechenschaft« ablegte, dann trotzig wie einer, der schon immer alles im voraus gewußt hatte, sich lediglich in Details korrigieren mußte und ansonsten seinen Anschauungen treu bleiben durfte: »Ich bin leidenschaftlicher Gegner des Nationalsozialismus schon lange vor 1933 und vollends seit der sogenannten Machtergreifung gewesen. Daran hat sich 1943 gar nichts geändert. Das Einzige, was ich am Nationalsozialismus begrüßt habe, war – abgesehen von der Überwindung der Arbeitslosigkeit – die Tatsache, daß 1938 das unglückselige Problem ›Großdeutsch-Kleindeutsch‹ durch die Eingliederung Österreichs ins Reich endlich überwunden schien.« Daran finde er auch heute nichts zu bereuen: »National-

16 Weisbrod (Hg.), Akademische Vergangenheitspolitik, passim; das Zitat in: Kaiser/Krell, Ausblenden, Versachlichen, Überschreiben, S. 190 f. Hier auch die Begriffe im folgenden Absatz (v.a. S. 194).

sozialistisch bin ich nie gewesen, imperialistisch auch nicht, wohl aber patriotisch.«[17] Mit dieser persönlichen Rechtfertigung hatte er nicht einmal unrecht, denn von ihm sind keine NS-Parolen aus der Zeit zwischen 1933 und 1945 überliefert, noch fallen seine wenigen antisemitischen Bemerkungen aus dem Rahmen der damals an den Universitäten verbreiteten Überzeugungen. Zudem hatte Ritter in den 30er Jahren auch persönlich unter moderaten Schikanen zu leiden,[18] war schließlich, wenige Monate vor Ende des Krieges, als Angehöriger des »Freiburger Kreises« verhaftet worden und schwebte im Berliner Gestapo-Gefängnis und dem Konzentrationslager Ravensbrück in Lebensgefahr. Wenn nun Ritter vor dem Hintergrund seiner persönlichen Integrität in den Jahren 1933-1945 und unter Vorgabe der oben skizzierten Möglichkeiten des Vergangenheitsmanagments gerade bei der Beschreibung der eigenen Rolle und Funktion in der NS-Zeit viel weniger »konstruieren« und verändern mußte als Kollegen, die im Dritten Reich der NS-Ideologie Tribut gezollt hatten und nun schweigen mußten, so war gerade dies für die Rittersche Konzeptualisierung des Phänomens »Hitler« und des Themas Nationalsozialismus bedeutsam, weil er so die Authentizität mitbrachte, um das Dritte Reich deutend als das von ihm stets beschworene Unheil zu präsentieren. Das konnte aber nur insofern gelingen, als Ritter in konservativer Manier die Nationalsozialisten von einem elitären Standpunkt als »Aufstand der Massen« interpretierte, sie als das Gegenteil deutscher politischer und kultureller Traditionen wahrnahm und ihnen den Mißbrauch derjenigen Werte vorwarf, die er selbst und seine Generation verfochten hatte. Es mißlang vollständig, sein Biograph Cornelißen spricht von konstitutiven »Wahrnehmungsfallen«,[19] wenn sich Ritter über die Massenverbrechen und insbesondere die Judenvernichtung äußerte. Diese Themen wurden von ihm, wo er nicht zu den üblichen Stilisierungen griff, bereits als solche deswegen weitläufig umgangen, weil er ihre Thematisierung mißtrauisch als gegen Deutschland gerichtete politische Delegitimationsversuche denunzierte.

In einem längeren Interview, das Helmut Heiber Anfang der 60er Jahre für seine große Studie über die Geschichtswissenschaft in der Zeit

17 Ritter, Brief an Fritz T. Epstein vom 20. 6. 1961, in: BAK, NL Ritter 1166, Nr. 350.

18 Vgl. zu den diversen Verhören im sogenannten ›Lörracher Fall‹ und den Reiseverboten für Ritter seine Personalakte im Freiburger UA: B24/1046-1049.

19 Cornelißen, Gerhard Ritter, S. 232-246 (245).

des Nationalsozialismus anfertigte,[20] stilisierte sich Ritter zum Beispiel als veritabler Seher, der die deutschen Beschwichtigungsformeln der damaligen Zeit kurzerhand Juden in den Mund legte:

> »Mir war vom ersten Augenblick an klar«, so Ritter, »als im April diese Judenverfolgungen begannen, daß das eine Katastrophe werden würde ohnegleichen. Ich erinnere mich, daß ich auf der Kaiserstraße mit meinem halbjüdischen Kollegen Brie, dem Anglisten, stand und den schauderhaften Eindruck mit Erbitterung in mich aufnahm und sagte: Lieber Brie, das wird eine Kulturkatastrophe, wie wir noch keine erlebt haben. Er äußerte harmlos: Ach, das sind so revolutionäre Anfangserscheinungen, die werden schon vorübergehen. Ich sagte: Lieber Freund, Sie werden in zwei Jahren im KZ sitzen, Sie werden das erleben. Was denn auch tatsächlich eintrat, allerdings nur für wenige Tage.«[21]

Seltsam konstruiert erscheint der Kontrast zwischen dieser und Ritters weiteren Behauptungen im Heiber-Interview, in denen er zahlreiche Entlastungsargumente aufführt, eine geradezu paradigmatische Mischung aus nachträglicher Hellsichtigkeit und Erinnerungslücken. Heiber: »Bücherverbrennungen?« Ritter: »Ja, die haben hier nicht stattgefunden.« Heiber: »diese Aktion vom 10. Mai 1933 ist hier nicht durchgeführt worden in Freiburg?« Ritter: »Ich weiß nichts davon.«[22] Die Ausschaltung

20 Die Universität Freiburg im Hitlerreich! Persönliche Eindrücke und Erfahrungen. Niederschrift auf Tonband aufgenommener Ausführungen von Prof. Gerhard Ritter anläßlich eines Besuches von Dr. Helmut Heiber am 22. Mai 1962, in: BAK, NL Ritter 1166, Nr. 414. Vgl.: Heiber, Walter Frank und sein Reichsinstitut [zu diesem Buch vgl. auch Kap. 3.3].

21 Ebd., S. 1. Hier berichtet Ritter auch von einem seiner jungen Doktoranden, »der am 1. April uniformiert vor einem zertrümmerten jüdischen Geschäft stand, an dessen Zerstörung er beteiligt gewesen war […]. Natürlich habe ich dem Mann gegenüber meinen Unmut sehr deutlich zum Ausdruck gebracht, und er hat sich auch geschämt.«

22 Ebd., S. 28. Richtig ist, daß nach dreimaliger (!) Verschiebung der großen Verbrennungsaktion wegen Regens (10. 5., 17. 5. und 31. 5.) diese zumindest in symbolischer Form am 17. 6. 1933 um 21.15 h vor dem Münsterportal stattfand, inklusive Fackelzug vom Karlsplatz über Siegesdenkmal und Kaiserstraße (heute Kaiser-Joseph-Straße); siehe: An die Bevölkerung Freiburgs!, in: Der Alemanne, Nr. 165 vom 17. 6. 1933; lediglich das hier angekündigte »Große Bücherfeuer« auf dem Exerzierplatz wurde abgesagt; eine Presseinformation der Stadt Freiburg forderte alle Schülerinnen und Schüler auf, sich zu beteiligen, »die Volksschulen vom 7. Schuljahr an, die höheren Schulen

der »jüdischen oder halbjüdischen Professoren vollzog sich ganz in der Stille«,[23] der NS-Studentenbund sei »ihm oft auf die Nerven gefallen«, aber »wie gesagt, das alles außerhalb des engeren Kreises meiner eigenen Gefolgschaft. – Nationalsozialistische Unterwanderung? Ich weiß nicht, was damit gemeint ist.«[24] Der »Grundton« an der Freiburger Universität sei »nicht gerade nazifreundlich« gewesen, »hier im Badenerlande« sei alles anders gewesen, »die natürliche Gutherzigkeit der Bevölkerung und auch die katholische Tradition« konnte den Nationalsozialismus »einigermaßen abdämpfen«,[25] »im ganzen und großen waren doch die meisten unpolitisch wie heute ja auch«. Und weiter: »Ich würde denken, daß [...] die Verseuchung durch die braune Flut hier in der Professorenschaft nicht so arg gewesen ist, wie anderswo [...]. Aber natürlich sind auch wir nicht verschont geblieben von dem Zwang, allerhand nationalsozialistische Elemente herzuberufen, deren wissenschaftliche Leistungen wir sehr gering achteten.«[26] Im allgemeinen seien die Studenten, die zu seinen, Ritters, Vorlesungen kamen, »in der Hoffung, da etwas zu hören, was ihnen das Herz stärkte gegen die Nazityrannei«, sehr »erfreulich« gewesen. In diesem Zusammenhang benutzte Ritter ohne größeres Zögern den Begriff »Résistance«, nimmt ihn dann etwas später rhetorisch geschickt

im Alter unbegrenzt«, nach: Stadtarchiv Freiburg C 4/XII/30; eine Gesprächsnotiz von Oberbürgermeister Kerber vom 17. Juni 1933 hält das Engagement des Feuerwehrkommandanten Scholl fest, der die »unentgeldliche Mitwirkung der Feuerwehrkapelle bei der heute Abend stattfindenden Bücherverbrennung bereitwilligst zugesagt und das Erforderliche hierwegen veranlasst« (ebd.). In einem Brief von Kerber an den Erzbischof der Stadt, Conrad Gröber, vom 22. 6. 1933 wird Vollzug »einer gründlichen Reinigung sämtlicher städtischer Bibliotheken von Schmutz und Schund« gemeldet, bei der sich SA, Hitlerjugend und Polizei beteiligt hätten: »[Die] unheilvolle Zersetzungstätigkeit jüdischer und marxistischer Literaten« sei von »sichtbarer kraftvoller Hand gehemmt« worden. Kerber spricht hier auch von einem »ersten Akt, eine[r] symbolischen Verbrennung, vor den Stufen des Münsters«, der eine großangelegte Aktion auf dem Exerzierplatz folgen solle (ebd.). In einem »Beschluß zur Verbrennung von Büchern« vom 19. Juli 1933 wird festgehalten, daß die Kosten für die Fackeln der HJ »anläßlich der Verbrennung von Schundliteratur« durch »die Handkasse des Oberbürgermeisters übernommen« wurden (ebd.). Die Literatur zu diesem Vorgang muß korrigiert bzw. präzisiert werden, z.B. Giles, »Die Fahne hoch, die Reihen fest geschlossen«, S. 44.

23 Ritter, Die Universität Freiburg im Hitlerreich, S. 2.

24 Ebd., S. 3.

25 Ebd., S. 11.

26 Ebd., S. 16 und 4 f.

zurück und ergänzt: »Ach, bei den meisten sollte man nicht von Opposition sprechen oder von Resistenz, es war vielfach nur die Unfähigkeit des Professors, sich plötzlich umzustellen [...]. Die Gelehrten sind im Grunde unpolitische Naturen, die kann man nicht plötzlich zu Predigern machen. Ich sehe in der ›stillen Resistenz‹ kein Verdienst, nur einfach ein Faktum.«[27] Nach 1945 dann »haben [wir] doch erreicht, daß unsere Fakultät [...] in weitem Umfang wieder kuriert war.«[28] Mit dieser Wortwahl spielte Ritter auf seine Schlüsselrolle bei der universitären »Autoerupation« an, die er, dem Selbstverständnis eines behandelnden Arztes vergleichbar, in Erinnerung behalten hatte.[29] Tatsächlich waren es vor allem die beschönigenden Gutachten von Ritter selbst gewesen, die er seinen Kollegen ausstellte und die dieses positive Bild über die Universität im Dritten Reich ermöglicht hatten: Heidegger habe vor 1933 in einer unpolitischen Welt gelebt, nach seinem Parteieintritt das Hineintragen der »groben Judenhetze [...] in die Räume der Universität« verhindert und zuletzt »in schärfster innerer Oppositionshaltung« zum Regime ausgeharrt. Dem Althistoriker Joseph Vogt, der sich in seinen Publikationen mit rassekundlichen Ansätzen dem NS-Staat angepaßt hatte, attestierte der Ausschuß unter Ritter, er sei 1933 in die SA und 1937 in die Partei eingetreten, um auf die »Überwindung von Klassengegensätzen« hinzuwirken und »Deutschland und das Abendland vor dem Kommunismus zu retten«. Und sogar der Rasseforscher Hans F. Günther, dem nicht bescheinigt werden konnte, daß seine Forschung und Lehre frei von nazistischen Einflüssen geblieben sei, und der mitsamt seinem Lehrstuhl aus der Universität ausgeschlossen wurde, erhielt ein Gutachten, das seine »menschlich anständige Haltung« dokumentierte. Die Argumentation in diesen und in vielen anderen Fällen war immer gleich: Entweder wurde nachträglich die »scharfe Oppositionshaltung« hervorgehoben, so im Gutachten für den Kunsthistoriker Kurt Bauch, obwohl auch dieser sich in den ersten Jahren nach 1933 für den Nationalsozialismus ausgesprochen hatte, oder aber Parteimitgliedschaften und NS-Ideologie in der wissenschaftlichen Arbeit wurde mit dem Alter erklärt, das bei jüngeren Kandidaten notwendig zu Umwegen über die Partei habe führen müssen. Kaum ein Ausdruck, so Cornelißen zusammenfassend über diese

27 Ebd., S. 17 und 27.

28 Ebd., S. 6 und 7.

29 Zur konkreten Rolle Ritters im »Reinigungsausschuß« der Freiburger Universität vgl. Cornelißen, Gerhard Ritter, S. 371-400; außerdem: Seemann, Die politischen Säuberungen des Lehrkörpers der Freiburger Universität nach dem Zweiten Weltkrieg.

vergangenheitspolitischen Weichenstellungen der Nachkriegsuniversität, tauche so oft auf wie der vom »entschiedenen Gegner des Nationalsozialismus«.[30] Ritters Erinnerungsrückblick auf die NS-Zeit im Heiber-Interview bezog sich also auf die eigene Deutung von Geschichte, nicht auf diese selbst.

Die Rhetorik der Abschwächung, nach der in Freiburg alles nicht so schlimm gewesen sei, wird in einem Narrativ des Dramas ergänzt, wenn die Deportation von Juden aus der Nachbarschaft zum Thema wird. Hier entwirft Ritter in seiner privaten Korrespondenz, nicht in Veröffentlichungen, ein personalisiertes Szenario, das mit seinen Schlüsselworten »Gewissensqualen«, »Verzweiflung«, »Pistole«, »tränenerstickt« und »Martyrium« mehr an Literatur als an politische Realität erinnert:

> »Gestatten Sie mir eine paar Worte über meine eigene Antwort auf die Frage: ob das deutsche Volk verantwortlich ist für die Untaten Hitlers und seiner Gesellen. Natürlich haben Sie vollständig recht damit, dass es unsinnig ist, von jedem einzelnen Deutschen ein Schuldbekenntnis für Dinge zu fordern, die zum grossen Teil geschahen, ohne dass er davon etwas erfuhr, zum anderen Teil ausserhalb seiner Einflussspähre blieben, sodass er sie gar nicht hindern konnte. Trotzdem gestehe ich, dass es mir immer Gewissenqualen gemacht hat, so oft ohnmächtig zusehen zu müssen, wenn etwas Entsetzliches geschah. Ich werde nie vergessen, wie mir zumute war, als ich eines Morgens hörte, ein mir befreundetes jüdisches Ehepaar werde soeben zu einem Transport nach Südfrankreich abgeholt […], um dort umgebracht zu werden. Ich besass noch eine Pistole und kämpfte mit mir, ob ich den Polizeimann niederschiessen sollte, der sie abführte. Zuletzt tat ich es nicht, weil es sinnlos war und erfuhr später, dass der Polizeioffizier ein früherer Regimentskamerad unseres jüdischen Freundes war und mit Verzweiflung im Herzen, ja mit tränenerstickter Stimme das Ehepaar zum Verlassen der Wohnung aufgefordert hatte. Fälle dieser Art gab es tausendfach, und selbst ein Martyrium dessen, der dem Bösen wehren wollte, wäre praktisch fruchtlos geblieben; denn es wäre der Öffentlichkeit geheim gehalten worden.«[31]

An dieser Geschichte, deren diskursive Bedeutung gerade darin besteht, daß er sie als ein Drama in seinem Inneren darstellt, also dem Thema

30 Cornelißen, Gerhard Ritter, S. 384.

31 Ritter, Brief an Peter Geyl vom 16. 1. 1961, in: BAK NL Ritter 1166, Nr. 350; gekürzt in: Ritter, Briefe, S. 563 f.

selbst die politisch-öffentliche Seite entzieht, knüpfte Ritter dann reflexive und moraltheoretische Überlegungen an, die er sonst strikt ablehnte:

> »Aber irgendwie empfand man doch immer ein Stück moralischer Mitverantwortung, wenn man in solchen Fällen einfach stille hielt. Darüber hinaus möchte ich auch meinen, dass ein demokratisches Staatsvolk vor der Geschichte (nicht vor dem Richter und nicht vor dem neutralen Ausländer) irgendwie dafür verantwortlich ist, wem es Beifall klatscht und dadurch zur Macht bringt. [...] Trotzdem bleibt es für mich eine betrübende und mich als Deutschen immer wieder beschämende Tatsache, dass so viele Deutsche – bis in die Reihen meiner ›Kollegen‹ – nicht vom moralischen Widerwillen, von der Empörung über die so heuchlerischen, brutalen und verlogenen Reden des Rattenfängers daran verhindert wurden, jemals ihm und seinen fragwürdigen Compagnons seine Stimme zu geben. Nicht den politischen Irrtum, wohl aber das, was ich ›moralische Pferdenase‹, also ganz stumpfe Nase nennen möchte, empfinde ich als Schuld oder doch als sittliches Versagen grosser, sehr grosser Teile des deutschen Volkes, mit verhängnisvollen Folgen. *Dass nachher, als er einmal an der Macht war, ein abscheuliches Gesindel von gesinnungslosen Stellenjägern, Nachläufern, Feiglingen und auch Sadisten, d.h. Schurken obenauf kam und sich breit machte, war nicht anders zu erwarten und hat mich weniger bedrückt als jene ›Pferdenase‹. Denn in jeder Nation lebt [...] unter der Decke der Zivilisation – einer sehr dünnen Decke – immer eine Menschenart, die an Raubtiere erinnert und nur auf ihre Stunde lauert, um aktiv zu werden.*«[32]

Das sind in den Briefen und Veröffentlichungen nach 1945 die kritischsten und deutlichsten Worte für Verantwortung der Deutschen, die Ritter geäußert hat. Die mehrmalige hilflose Wendung »irgendwie« und die Häufung von Schimpfworten, die gleichzeitigen Affekte gegen Richter und Ausländer, das sofortige Abstrahieren der konkreten Schuld, die lediglich »vor der Geschichte« bestehe, das Täterbild (»Raubtiere«) Ritters, der durch die strikte Trennung von Sadisten bzw. Schurken und Volk zu guter Letzt doch eine Form der Externalisierung des Nationalsozialismus findet, und das Klagen über die allgemeine sehr dünne Decke der Zivilisation – all das zeigt, daß Ritter das Bild eines Nationalsozialismus zeichnete, in welchem die Ereignisse bis Ende der 30er Jahre aus der Sicht der deutschen Mehrheitsbevölkerung enthalten waren. Zudem sind

32 Ebd. Die hervorgehobenen Schlußsätze markieren den Teil des Briefes, der in der Briefauswahl von Schwabe/Reichardt gekürzt wurde.

Ritters begrenzt-kritische Einschätzungen, wie sie in den beiden zitierten längeren Passagen ersichtlich sind, ohne Folgerungen geblieben. Er legte in demselben Brief seine vergangenheitspolitische Grundüberzeugung dar, der er als Historiker stets gefolgt ist: Heute sei das deutsche Volk »in allen seinen Schichten« so tief überzeugt von der »Verworfenheit« des Hitlerregiments und »so tief betroffen über das Unglück«, das dieser Mann angerichtet habe,

> »dass die Hitlerzeit als ein ganz dunkler Fleck auf dem deutschen Ehrenschild empfunden« werde. »Da bedarf es gar nicht erst der entsprechenden Belehrung in den Schulen, wie sie aber Tag für Tag erfolgt. *Ebensowenig der Belehrung vom Ausland her.* […] *Ich meinerseits glaube, dass die Zeit vorbei ist, wo solche Schuldbekenntnisse von Nutzen waren.* Ich empfinde es geradezu als Gefahr, dass auf den Überschwang patriotischer Selbstverherrlichung von einst heute bei uns auf Schulen und Universitäten vielfach ein *Super-Revisionismus* gefolgt ist, der kein gutes Haar mehr an der deutschen Vergangenheit lässt.«[33]

Die letzte Zeile ging bereits explizit gegen »das neueste Produkt dieser Modeströmung«, nämlich Fritz Fischers »Griff nach der Weltmacht«, das Ritter als Erneuerung der »Schuldanklage von Versailles« und als Paradebeispiel des »Superrevisionismus« denunzierte. Insgesamt richtete sich seine Argumentation demnach nicht nur gegen die als überflüssig empfundenen Schuldbekenntnisse und gegen die »Belehrung« von außen, sondern bereits gegen die Vergegenwärtigung der Fakten selbst, gegen die historische Beschäftigung mit dem gesamten Thema und gegen die Interpretation und Analyse der Quellenfunde, die ihm nicht genehm erschienen.

Meineckes Buch *Die deutsche Katastrophe,* liest man es als Eröffnungsschrift der Zeitgeschichte nach 1945, war im Grunde genommen ein Dokument, das die herkömmliche Definition von ›Zeitgeschichte‹ umkehrte. Er schrieb im Angesicht der desaströsen Ergebnisse der zwölfjährigen NS-Herrschaft keine ›Geschichte der Väter‹, sondern als Vater eine ›Geschichte der Söhne‹, denen man, die eigenen Kulturwerte aus dem 19. Jahrhundert zu vermitteln, versäumt hatte. Das war bei Ritter anders. Er schrieb nicht über die Söhne als historische Akteure des Nationalsozialismus, sondern ganz und gar innerhalb des Kontextes der eigenen Generation, in einem defensiven Tonfall und zudem ohne jede Melancholie, die Meineckes Ansatz so stark prägte. Das Bild, das Ritter vom Dritten Reich

33 Ebd. [Die Hervorhebungen markieren die gekürzten Passagen bei Schwabe/Reichardt].

entwarf, wirkt deshalb noch stärker verzerrt, weil er den Anteil von Universität und Intellektuellen am Dritten Reich vollständig ausklammerte, aber es war kompatibel mit seinen eigenen, auch früher geäußerten Anschauungen und – was nicht gering zu veranschlagen ist – auch mit seinem eigenen Verhalten im Nationalsozialismus selbst.[34] Verhängnisvoll für die Interpretation der gesamten NS-Zeit aber war nun, daß das Beharren auf dieser Sichtweise einige Themen regelrecht aus dem Problemfeld »Nationalsozialismus« heraushielt. Da sich Ritter über die Massenverbrechen und insbesondere die Judenvernichtung nicht zusammenhängend äußerte und er die Folgen dieser Ereignisse für die Gegenwart oder das Problem des eigenen Selbstverständnisses als Historiker und als Deutscher nicht bedenkenswert einschätzte, kann man einmal mehr auch bei ihm nur ex negativo argumentieren. Ritters Erklärungen, was der Nationalsozialismus gewesen sei, haben schon angesichts von Dachau und Buchenwald schlechterdings keinen nachvollziehbaren Sinn, oder umgekehrt formuliert: Der Sinn der eigenen Geschichtsdeutung ließ sich von ihm nur aufrechterhalten, wenn er KZ-System, Deportationen, Raub und Enteignung, Vertreibung und Vernichtung der Juden in Deutschland und Europa als Auswüchse zwar, aber nicht als wesentlich zur Bestimmung dessen ansah, was in zwölf Jahren Nationalsozialismus stattgefunden hatte. Was Ritter unter »Nationalsozialismus« verstehen wollte, war so eng konzeptualisiert, daß er seine diesbezüglichen Thesen mit biographischer Authentizität, mit historiographischer Autorität und mit der Emphase des Eiferers vorbringen konnte, der sich sogar noch

34 Zum Verhalten Ritters im Dritten Reich vgl. außer der genannten Literatur: Olszewski, Gerhard Ritter und der Nationalsozialismus, in: ders., Zwischen Begeisterung und Widerstand, S. 111-129; zuletzt überwog eine wohlwollende Einschätzung, so z.B. in der Studie von Michael Matthiesen über die Rolle Heimpels und Ritters bei der Vertreibung von Arnold Berney von der Freiburger Universität, vgl.: Matthiesen, Verlorene Identität; bei Matthiesen und auch in den Erinnerungen mehrerer Ritter-Schülerinnen entsteht das Bild eines deutschnationalen Historikers, der in der Zeit des Nationalsozialismus ein scharfer Gegner des Marxismus war, sich seine kritische Unabhängigkeit aber bewahren konnte und der gegenüber jüdischen Kollegen und Schülern menschlich anständig blieb, vgl.: Vordtriede, »Es gibt Zeiten, in denen man welkt«, S. 156; Thimme, Geprägt von der Geschichte, v.a. S. 171-173 und 180 f. Thimme berichtet für die Zeit zwischen 1933 und 1945 von Ritters »Kritik, die er offen oder versteckt in den Vorlesungen aussprach. So verklausuliert seine Bemerkungen auch gelegentlich waren, wir Studenten merkten es immer und gaben ihm begeisterten Applaus, was er gelegentlich etwas unwirsch zurückwies.«

durch Widerspruch und Kritik bestätigt fühlte. Die Tatsache aber, daß all diejenigen Themen, Fragen und Probleme, die sich nach 1945 der Weltöffentlichkeit stellten, in diesem Bild vom Dritten Reich fehlten, macht es fragwürdig, ob man Ritters Arbeiten überhaupt innerhalb eines veränderten Kontextes deuten sollte, dessen Zäsur auf den Zweiten Weltkrieg und vor allem auf den Völkermord zurückgeht. Das Besondere an ihnen scheint dagegen vielmehr darin zu liegen, daß sie in den Konstellationen des *Ersten* Weltkriegs, *dessen* Schuldfrage und *seinen* Folgen zu lesen sind.

Widerstand als Geschichtsthema

Für erforschungswürdig hielt Ritter dagegen den deutschen Widerstand, der eng mit seinem Selbstbild verknüpft war und der das einzige Thema darstellte, mit dem man sich nach 1945 überhaupt affirmativ auf die Jahre der NS-Zeit beziehen konnte.[35] Daß dieses Thema historiographische Forschung und biographische Gedächtnisarbeit verschmelzen ließ, hatte so unwiderlegbare Vorteile für die persönliche wie disziplinäre Autorität, daß Ritter sie nicht ungenutzt ließ.[36] Er sprach im März 1946 selbstbewußt von seinem »moralische[n] Fundament für mein weiteres Wirken«, das erstens kein anderer deutscher Historiker habe und das zweitens »heute unschätzbar [geworden ist], wo wir aus einem Zwangsverhältnis in ein neues, vorläufig in mancher Hinsicht noch drückenderes hineingeraten sind«.[37] Und schon zuvor hatte er beteuert, er habe »weder ein eingeklemmtes, noch ein volles Schuldgefühl«, eher im Gegenteil: er glaube,

35 Eckel, Intellektuelle Transformationen, S. 140.

36 So ist noch sein Erstaunen zu spüren, als er im November 1949 an die Mitglieder des Vorstandes des Historikerverbandes schrieb: Die Überwindung der Widerstände gegen eine Zusammenarbeit mit dem Internationalen Historikerverband seien wohl nicht zuletzt deshalb erleichtert worden, weil er, Ritter, (»mehr als ich geglaubt hätte«) als Widerstandskämpfer gewertet werde und damit als Garant einer antinazistischen Haltung der neuen deutschen Historie erscheine; zit. nach: Worschech, Der Weg der deutschen Geschichtswissenschaft, S. 55. Sogar in der frühen DDR wurde Ritter in gewisser Hinsicht geschont. Leo Stern z.B. kritisierte zwar Ritters Nachkriegspublikationen scharf, fügte aber im gleichen Atemzug in seinem Vortrag hinzu: »Gestatten Sie mir […] einige Worte zu Gerhard Ritter, der unzweifelhaft einer der großen deutschen bürgerlichen Historiker ist […]. Ritter gehörte der Gruppe der Verschwörer gegen Hitler an, die nach dem 20. Juli 1944 von der Gestapo zur Verantwortung gezogen wurden.« Stern, Gegenwartsaufgaben, S. 47 f.

37 Ritter, Brief an Werner Jäger vom 5. 3. 1946, in: Ritter, Briefe, S. 412.

allen Grund zu einem guten Gewissen zu haben, weil er der einzige deutsche Historiker gewesen sei, »der es gewagt hat, das heiße Eisen dieser heiklen Problematik überhaupt anzurühren«, und weil er sich zu denen rechnen dürfe, die »ihre Pflichterfüllung durch Gestapokerker und große Todesgefahr unter Beweis gestellt« hätten.[38] So lebte auch seine Widerstandsforschung von dem Zugehörigkeitsgefühl Ritters – und fand damit Eingang in das von ihm gezeichnete Bild des Dritten Reiches als Ganzem. Hier, wo er sich als »geistiger Verbündeter« sah, schrieb er »mit Herzblut« und bekannte in Privatbriefen ohne Zögern, daß in diesem Buch »leidenschaftliche[n] Teilnahme« und ein »großes Stück eigenen Erlebens« mit eingeschlossen sei.[39] Ritter schrieb in einem Brief an seinen Verleger mit Stolz über den Fortlauf seiner Arbeit am Goerdeler-Buch, daß er als Biograph am Leben seines Helden »unmittelbar Anteil« genommen habe und daß deswegen die Darstellung »wie eine Originalquelle« wirken werde.[40] Dabei hatte sich Ritter mit dem Thema Carl Goerdeler einen Widerstandsorganisator zur historiographischen Aufgabe gewählt, der den Umsturz- und Attentatsplänen des 20. Juli »nicht nur vorher innerlich widerstrebt, sondern sie nachträglich radikal verleugnet hat«.[41] Ritters »Interpretations- und Denkarbeit«[42] mußte deshalb anhand von Goerdelers persönlicher »Besessenheit« die »Grundhaltung« des deutschen Widerstands herausstellen und den Nachweis erbringen, daß sie trotz des Scheiterns umfassend und prinzipiell gewesen sei, von einer Elite breit unterstützt, kein Offiziersputsch, sondern »Aufstandsversuch eines ganzen Volkes«, »Stimme des bedrängten Gewissens« und Ausdruck des wahren Patriotismus: »Aber letztlich nicht um der eigenen Person und ihres Nachruhms in der Geschichte, sondern um Deutschland willen.«[43]

38 Ritter, Brief an Wilhelm Röpke vom 13. 11. 1945, in: ebd., S. 404 f. (404).

39 Zit. nach: Cornelißen, Gerhard Ritter, S. 548.

40 Ritter, Brief an die DVA vom 20. 8. 1954, zit. nach: ebd., S. 554.

41 Ritter, Carl Goerdeler und das Ende des deutschen Widerstands, passim; ders., Carl Goerdeler und die deutsche Widerstandsbewegung, S. 387 f. Ritter diskutiert hier die Motive Goerdelers, der in Gefangenschaft »zum Muster eines aufrichtigen Bekenners« geworden zu sein schien. Ritter beschreibt ihn als einen »Besessenen der Rechts- und Friedensidee«, der sich zum Schutze Deutschlands in die Phantasie einer Mittlerperson zwischen den Nationalsozialisten und den Alliierten hineingesteigert habe: »Wer ihn verstehen will, muß sich in seine Art, die Welt zu sehen, ganz tief hineindenken« (391).

42 Eckel, Intellektuelle Transformationen, S. 141.

43 Ritter, Goerdeler und das Ende des deutschen Widerstands, S. 290.

Die Widerstandsdeutungen Ritters, seiner Kollegen und ihrer Epigonen waren lebensgeschichtlich relevante Passagentexte, authentifizierende Selbststilisierungen mit auffallend hohem Anteil an Biographik auch dort, wo man gar nicht als Augenzeuge sprechen konnte. Hier konnte noch im Zitat die »Autorität der Innensicht« tradiert und somit eine »Ausschließungstrategie« zum Argument werden. Mit solchen Texten konnten die Autoren Lebensläufe der nationalsozialistischen Zeit verhandeln, die man für sich und die Leser als exemplarisch darstellte.[44] So konnte alles zugleich erreicht werden, die apologetische geschichtspolitische Entlastung Deutschlands während der NS-Zeit und die Eskamotierung von unliebsamen historiographischen Themen ebenso wie die Manifestierung eines imaginären Selbstbildes, in dem man die eigenen Wertetraditionen nicht abrupt aufzugeben hatte. Zugleich war mit dem Widerstandsthema auch die Möglichkeit gegeben, »durch den Anblick dieser Männer wieder eine Brücke [...] zur guten deutschen Vergangenheit« zu finden, wie Ritter die Funktion seines Buches selbst unmißverständlich bezeichnet hat.[45] Jan Eckel hat diese diskursiven Zusammenhänge dargestellt, die politische und mentale Funktion solcher »autobiographischer Verifizierungsstrategien« dabei stets gleichgewichtig im Auge behaltend. Seiner These, daß sich gerade in solchen Texten eine Art von selbsterarbeiteter intellektueller Transformation etablieren konnte, sich also ein Weg in die Wertegemeinschaft der frühen Bundesrepublik eröffnete, der das Pathos solcher Widerstands-Arbeiten ab Mitte der 60er Jahre regelrecht überflüssig werden ließ, macht die konstitutive Nähe von Forschung und Erinnerung an dem Schlüsselthema der »historischen Rekonstitutions- und Neubestimmungsperiode«[46] plausibel, zumal wenn man die Rezeptionsgeschichte solcher Bücher noch mit einbezieht, die auch im Falle von Ritters Goerdeler-Buch eindeutig ausfällt. Schon Ritters eigene Gestapohaft und Flucht aus Berlin erinnerte seinen Kollegen Kaehler »fast an die legendären Befreiungsberichte der Apostelgeschichte«.[47] Das Buch erhielt von allen Werken Ritters die breiteste Reaktion überhaupt, die Kommentare der Presse und der Fachkollegen in Deutschland waren primär positiv oder gar euphorisch, die

44 Eckel, Intellektuelle Transformationen, S. 143 und 144.

45 Ritter, Brief an G. Goerdeler vom 15. 3. 1955, zit. nach: Cornelißen, Gerhard Ritter, S. 559.

46 Eckel, Intellektuelle Transformationen, S. 175.

47 Kaehler, Brief vom 12. 11. 1946, in: Briefwechsel Rothfels – Kaehler (GStUB Göttingen).

im Ausland eher skeptisch bis ablehnend.[48] Die »Stuttgarter Zeitung« gab der Hoffnung Ausdruck, die Goerdeler-Biographie möchte »ein politisches Volks- und Hausbuch der Deutschen« werden, der Mediävist Heinrich Bornkamm lobte den Erziehungswert der Studie und dankte dem Verfasser dafür, daß er den Lesern mit den Männern der Widerstandsbewegung die »Basis für eine neue geistige Orientierung« gegeben habe. Der Göttinger Kollege Percy E. Schramm dankte Ritter für diesen »Dienst«, mit dem Ritter etwas »Entscheidendes« geleistet habe: »[U]ns vom Alpdruck unserer jüngsten Vergangenheit zu befreien.«

Im Zusammenhang der Wortführerschaft von Meinecke und Ritter für die Geschichtswissenschaft nach 1945 ist dieses Ergebnis kaum zu überschätzen. Die Kosten einer solchen autobiographischen – und das war hier gleichbedeutend mit einer thematisch-wissenschaftlichen – Dominanz sind aus historiographiegeschichtlicher und erkenntnistheoretischer Sicht immens, denn »Nähe« der Emigranten, der überlebenden Opfer des NS-Regimes und der Außenseiter des Faches zum von ihnen erlebten Geschehen, wurde im Namen der Wissenschaft umgekehrt einhellig zurückgewiesen.[49]

Die Kontroversen Ritters als Kampf um die Ehre Deutschlands: Die Münchner Rede von 1949

Die Kontroversen, die Ritter bis zu dieser Zeit führte, zuweilen regelrecht ausfocht, manchmal nur ungewollt auslöste oder aber autoritär zu beenden versuchte, waren insgesamt strategisch und polemisch auf allen Ebenen und in sämtlichen Formen: in wissenschaftlichen Publikationen und Tageszeitungen, auch in privater Korrespondenz sowie vor allem in der Gremienarbeit der Wissenschaftspolitik. Man gewinnt das Bild eines unablässig kämpfenden Historikers,[50] der immer um das gleiche rang: Die

48 Nach: Cornelißen, Gerhard Ritter, S. 557 f. Auch aus dem Ausland, so betont Cornelißen, kamen positive Reaktionen, aber sie waren deutlich »dissonanter«, z.B. warf der Hitler-Biograph Alan Bullock dem Goerdeler-Buch zu Recht vor, es marginalisiere alle anderen Widerstandsgruppen außer der nationalkonservativen.

49 Siehe hierzu unten S. 131 ff. Im Oktober 1939 hatte sich Ritter dagegen noch selbst zum »Emigranten […] im eigenen Volk« stilisiert, Ritter, Brief an Oncken vom 5. 10. 1939, in: Ritter, Briefe, S. 344.

50 Dies galt als Ritters »Eros des politischen Erziehers seiner Zeit«, die z.B. Heinrich Bornkamm noch am Grabe des Verstorbenen rühmen konnte, als er auf die »entschlossene Natur« Ritters hinwies, der »um der Sache« willen

Wiederherstellung der Ehre Deutschlands und die Rettung der nationalen politischen Traditionen, mal mit den Mitteln der objektiven Wissenschaft, mal in »Form der mit historischen Mitteln betriebenen Politik«.[51] Anhand dieser Kontroversen um Ritter in der Vorgeschichte und Frühzeit der Bundesrepublik wird deutlich, warum sich die Haltung der bundesdeutschen Nachkriegshistorie in Ritters »defensiver Mentalität« geradezu personifizierte und warum sie neben der deutschen die jüdische Katastrophe nicht wahrzunehmen in der Lage war.

Als erster Vorsitzender des Historikerverbandes und Eröffnungsredner beim ersten deutschen Historikertag nach dem Weltkrieg war Ritter die dominierende Figur des sich neu konstituierenden Wissenschaftsbetriebs.[52] Fritz Hartung charakterisierte dabei die Gründe für Ritters Eignung: »Gerade die Verbindung einer unbestrittenen Wissenschaftlichkeit mit einer absolut einwandfreien politischen Haltung in den Jahren von 33-45 macht Sie zum geeignetsten Vorsitzenden des Verbandes. Daß Sie als guter und nationaler Deutscher bekannt sind, sehe ich durchaus als ein Positivum an; wäre es anders, könnten Sie schwerlich im gleichen Maße auf das Vertrauen der überwiegenden Mehrheit der deutschen Historiker rechnen.«[53] Ritter hat die »rein wissenschaftliche« Ausrichtung des VHD immer wieder betont und dennoch dezidiert politische Ansprüche formuliert, ohne dies jemals als Widerspruch empfunden zu haben.[54] Auch der Historikertag selbst sollte unter der von Ritter aus-

»auch Feindschaften hatte und sie austrug«, vgl.: Bornkamm, Gerhard Ritter. Grabrede, S. 146.

51 So bereits die zeitgenössische Einschätzung von Joachim A. v. Rantzau, Politische Geschichtsschreibung und Patriotismus, in: FAZ, 16. 3. 1951.

52 Dazu: Schulze, Deutsche Geschichtswissenschaft, S. 159-182; Schumann, Gerhard Ritter, passim; Cornelißen, Gerhard Ritter, S. 437-443; mit Blick auf die Auswirkungen der deutschen Teilung in der Geschichtswissenschaft: Worschech, Der Weg der deutschen Geschichtswissenschaft, v.a. S. 36 ff. und 57 ff.; hier allerdings keine Hinweise auf die vielfältigen Probleme und Kontroversen der Verbandsgründung und des ersten Historikertages; statt dessen: »Die Gründung des Verbandes vollzog sich ohne größere Schwierigkeiten«, ebd., S. 39.

53 Fritz Hartung, Brief an Ritter vom 20. 6. 1949, in: AVDH/Göttingen 1.

54 So z.B. in einem Schreiben an den Abteilungsleiter im Innenministerium der DDR, Korfes, vom 24. 4. 1952, zit. in: Worschech, Der Weg der deutschen Geschichtswissenschaft, S. 43; auch Worschech betont die von Ritter fortgeführte »Tradition eines objektivistischen Wissenschaftsverständnisses« mit zahlreichen gleichzeitigen Belegen für eine damit einhergehende Instrumentalisierung in politischer Absicht, z.B. der »gesamtdeutschen Frage«, S. 43 ff.

gegebenen Parole von Normalität und Wissenschaftlichkeit stehen.[55] Gleichzeitig aber sollten dort »nur solche Themata« behandelt werden, »die auch für das politische Denken des modernen Menschen eine besondere Bedeutung haben«.[56] Die von Ritter angestrebte Programmatik vereinte also beides, Wissenschaftlichkeit und Wirksamkeit. »Wir wünschen auf diesem ersten deutschen Historikertag nach der Katastrophe die Themenstellung nicht von dem Belieben der gerade Eingeladenen abhängig zu machen, sondern ein Programm durchzuführen, das als Ganzes geeignet ist, der Außenwelt einen Begriff von der Lebenstüchtigkeit echt historischer Forschung zu vermitteln, d.h. anschaulich zu machen, daß eine echte Selbstbesinnung und gesunde Neuorientierung des deutschen Volkes ohne historische Studien nicht möglich ist.«[57] In einem früheren Schreiben an Stadelmann hatte Ritter die Funktion der eigenen Arbeit bereits noch deutlicher angesprochen. Es gehe ihm darum, so schrieb er im Dezember 1948, »vor der Öffentlichkeit zu dokumentieren, wie wir uns die Erneuerung deutscher Historie denken: keine Totalrevision im Sinne fremder Zumutungen, aber auch nicht einfach der alte Trott.«[58] Seine eigene Eröffnungsrede hatte demzufolge die Gratwanderung zwischen dieser Prämisse und einer weitverbreiteten Erwartungshaltung auf eine grundsätzliche Äußerung zur nationalen Selbstvergewisserung zu bestehen. Und in der Tat läßt sich die Rede nicht anders charakterisieren als ein Ergebnis jener Kompromißbildung zwischen Mißtrauen gegen die Kritik an der nationalgeschichtlich verengten Sichtweise der Vergangenheit und dem neuen Selbstvertrauen, das sich in Ritter selbst verkörperte.

Es ist bezeichnend, daß für Ritter in seiner Münchner Eröffnungsansprache gleich zu Beginn das drängendste Problem gewesen zu sein schien, ob nach der »Kulturkatastrophe« die Historiker noch das »Ohr

55 So wurde z.B. in einem Frühstadium der Planung, als noch Frankfurt a.M. als Tagungsort vorgesehen war, auf die Zusammenkunft in der Paulskirche wegen des »wissenschaftlichen Charakters« der Tagung verzichtet, vgl.: Protokoll über die Sitzung des vorläufigen Ausschusses des Verbandes der Historiker Deutschlands, am 5. und 6. 2. 1949, in: AVDH/Göttingen, 1.

56 Ritter, Brief an Hermann Straßburger vom 24. 2. 1949, in: AVDH/Göttingen, 1.

57 Ritter, Brief an W. Philipp vom 18. 3. 1949, in: AVDH/Göttingen, 1.

58 Ritter, Brief an Stadelmann vom 26. 12. 1948, in: AVDH/Göttingen, 1. Ritter betonte hier auch, daß seiner Ansicht nach »gerade die mittelalterliche Historie mit ihrer recht einseitigen Pflege der gelehrt-antiquarischen Forschung [...] manches zu revidieren« habe.

der Nation« erreichen könnten.[59] Der Freiburger Ordinarius, obwohl in kritischer Absetzung zur Hypostasierung des Staates in der deutschen historiographischen Tradition, war gleichwohl davon überzeugt, daß die »deutsche Historie« ihr Erbe nicht fahrenlassen könne, »ohne sich selbst, d. h. den letzten und höchsten Sinn ihrer Arbeit zu verraten«.[60] Nach der Erwähnung der einen oder anderen Einseitigkeit oder Überspitzung verkündete Ritter an zentraler Stelle sein Credo, daß er nicht glaube, die eigene Wissenschaft habe irgendeinen Anlaß, ihre Fundamente »heute grundsätzlich zu ändern«.[61] Insgesamt war er der pragmatischen Ansicht, daß es keiner großen Worte bedürfe, sondern Bescheidenheit, nüchterner Selbstbesinnung, rückhaltlos kritischer Überprüfung der Traditionen und illusionsloser Erwägung der anstehenden Aufgaben.[62] Eine Absage erteilte er den »mühsamen und praktisch nutzlosen Versuchen nachträglicher Selbstanklage oder Selbstrechtfertigung unserer Zunft.«[63] Es gehe um Verstehen, nicht um Kritisieren, wichtig sei die »Klärung und Reinigung des nationalen Selbstbewußtseins« jenseits von Opportunismus und Nationalismus.[64] Der Nationalsozialismus erscheint in dieser Rede als Problem, das allein die Deutschen betrifft, als »die Geschichte unseres eigenen Unglücks«, das man auch selbst und ohne ausländische Hilfe beschreiben wolle.[65]

»Das deutsche Volk, das 12 Jahre lang immer nur die dröhnenden Lautsprecher der Hitlerpropaganda gehört hat, sehnt sich seit langem

59 Ritter, Gegenwärtige Lage, S. 288 und 289.

60 Ebd., S. 292.

61 Ebd., S. 296.

62 Ebd., S. 289; sowie: »illusionsfreie Nüchternheit«, ebd., S. 294; vgl. auch Ritter, Brief an Percy E. Schramm vom 1. 7. 1947, in: Ritter, Briefe, S. 431 f. Hier hob Ritter »die nüchterne Frage nach der politischen Verantwortung« hervor und erteilte den »geschichtsphilosophischen Konstruktionen« eine Absage, mit denen in Deutschland traditionell alle großen »Wertkonflikte« zum Schicksal erklärt würden.

63 Ebd., S. 289.

64 Ebd., S. 294. Hier konnte sich Ritter den Seitenhieb gegen die einzige kritische Bismarck-Biographie, das vieldiskutierte Werk des jüdischen Juristen und Emigranten Erich Eyck, nicht verkneifen und disqualifizierte dessen »verfehlte« und »schulmeisternde Grundhaltung«, ebd., 293; die Dichotomie beider Sichtweisen auf Bismarck diskutiert Cornelißen, Gerhard Ritter, S. 507-521, der sie als Auseinandersetzung »ungleicher Partner« beschreibt (509).

65 Ritter, Gegenwärtige Lage, S. 299.

danach, endlich die ruhige, reine Stimme der geschichtlichen Wahrheit, objektiver historischer Wissenschaft zu vernehmen.«[66]

Das NS-Bild, welches Ritter hier zeichnet, zeigt ein Deutschland, das das Regime widerwillig zu ertragen hatte, einen Alltag, in welchem man sich dessen Ansprüchen nicht entziehen konnte, und portraitierte ansonsten die Vorstellung vom Dritten Reich, das vor allem an grölenden SA-Massen festgemacht wird. Deshalb werde man als deutscher Historiker, so Ritter, »gewiß viel zu tun haben, um unsere deutsche Geschichte vor ungerechter Verunglimpfung zu schützen«.[67] Alle historischen Ereignisse, die Eingang in diese Rede gefunden haben, belegen deutsches Leid: Die Trennung von »der sogenannten Ostzone, die ja in Wahrheit die Mitte, das Herzstück Deutschlands mitumfaßt«, der Verlust Preußens und die Kriegsverluste.[68] Eine Erwähnung der deutschen Verbrechen oder speziell der Vernichtung der europäischen Juden erfolgt nicht, statt dessen qualifizierte Ritter den Nationalsozialismus lakonisch als etwas gänzlich Un- und Außerdeutsches. In einem bilanzierenden Gestus bezeichnete er zudem die zwölf Jahre der Herrschaft Hitlers als Ergebnis »dämonische[r] Kräfte der Tiefe«.[69]

Eine Abkehr von alten Positionen wurde durch diese Apologie und die wenigen selbstkritisch konzedierten Fehler der Vergangenheit gerade nicht eingeleitet,[70] sondern umgekehrt: Die Positionen der Wissenschaft wurden traditionell restauriert, wobei der rhetorischen Abgrenzung von Nationalismus und Nationalsozialismus und der Redefigur von der »ruhige[n], reine[n] Stimme der geschichtlichen Wahrheit« und der »objektive[n] historische[n] Wissenschaft« jenseits der »Atmosphäre von Anklage und Verteidigung« eine Schlüsselfunktion zukam.[71] Für die von Ritter angestrebte rasche Aufnahme in den Internationalen Historikerverband hatte diese schwebende Mittelposition aus gemäßigter Traditionskritik und programmatisch-wissenschaftlicher Zukunftsausrichtung

66 Ebd., S. 306.

67 Ebd., S. 308.

68 Ebd., S. 298 f.

69 Ebd., S. 305.

70 So auch Worschech, Der Weg der deutschen Geschichtswissenschaft, S. 59, der den Artikel des Historikers Franz Herre zitiert, in dem vom »Geschmetter der alten Töne« die Rede ist, vgl.: Herre, Selbstbesinnung der deutschen Geschichtswissenschaft, in: Neues Abendland 4 (1949), S. 306; weitere kritische Stimmen: Ernst Deuerlein, in: Tagespost, 4. 10. 1949; Markov, Krise der deutschen Geschichtsschreibung, in: Sinn und Form 2 (1950), S. 109-155.

71 Herre, Selbstbesinnung, S. 306 und 308.

die erwartete »politisch recht glückliche« Wirkung erzielt: »Für die Wirkung nach außen sprechen die Überschriften, welche die Neue Zeitung ihren beiden Berichten gegeben hat: ›Deutsche Historiker gegen Nationalismus‹ und ›Geschichtsschreibung ohne Scheuklappen‹.«[72] Im ganzen, so Ritter abschließend, sei der politische Effekt entschieden günstig gewesen.[73]

Entnationalisierung des Nationalsozialismus als Programm

Daß der Nationalsozialismus etwas Außerdeutsches war, suchte Ritter in vielen seiner Nachkriegsschriften zu belegen, und dies nicht allein in metaphorischer Rhetorik, sondern in konkreter historischer Deutung. Nicht nur wird dabei strikt »zwischen dem deutschen Volk und seiner nationalsozialistischen Führung«[74] unterschieden, ein für die Zeit Ritters geradezu rituell vorgebrachtes Stereotyp. Da erscheint zudem der Nationalsozialismus selbst als Produkt außerdeutscher Entwicklungen, das Hitler, »der geborene Österreicher«,[75] dem italienischen Faschismus Mussolinis abgeschaut habe. Der eigentlich historische Ursprung der Diktatur liege in der Französischen Revolution, den Rassismus und Antisemitismus des Dritten Reiches lastet Ritter dem »Franzosen Gobineau«, dem Buch des »Deutsch-Engländers« Chamberlain und dem »gärenden Völkerchaos des Donauraums« an, das Hitler »nach Deutschland eingeschleppt« habe. Als Gipfel dieser Geschichtsdeutung gibt er schließlich den Juden selbst die Schuld am Antisemitismus und spricht diesem damit eine gewisse Berechtigung zu: »Ein politischer Antisemitismus größeren Stils ist erst nach dem Weltkrieg entstanden, im Zusammenhang mit dem *massenhaften Einströmen jüdischer Bevölkerung aus dem Osten.*«[76] Und auch bei der politischen Ideologie und Theorie des »Lebensraums«,

72 Ritter, Brief an Hermann Heimpel vom 23. 9. 1949, in: AVDH/Göttingen, 1; Ritter konnte sich kurz darauf durch das Lob des Präsidenten des CISH, Nabholz, bestätigt sehen, der dem Freiburger Historiker seinen »ausgezeichneten Eindruck« von der Münchner Tagung bestätigte, Brief an Ritter vom 4. 10. 1949, zit. nach: Worschech, Der Weg der deutschen Geschichtswissenschaft, S. 61.

73 Ritter, Brief an Hermann Heimpel vom 23. 9. 1949 (wie Anmerkung 72).

74 Ritter, Europa und die deutsche Frage, S. 7.

75 Ritter, Goerdeler und die deutsche Widerstandsbewegung, S. 92.

76 Ritter, Europa und die deutsche Frage, S. 116 ff. [Hervorh. v. N.B.]; Conrad spricht ironisch von Ritters »Logik des Imports«, vgl.: Conrad, Auf der Suche nach der verlorenen Nation, S. 173 f.

nach Ritter Kernstück jeglicher imperialistischer Doktrin, handele es sich »nicht bloß um eine deutsche, sondern um eine internationale Erscheinung [...]«.[77] Der Nationalsozialismus, so legte Ritter z.B. dem deutschen Widerstand in geradezu sentenzenhafter Weise in den Mund, sei »eine satanische Verfälschung echter deutscher Tradition«,[78] es sei »grundfalsch«, wollte man den Nationalsozialismus aus den Voraussetzungen deutscher Geschichte ableiten: »Im Kern seines Wesens ist der Nationalsozialismus gar kein originaldeutsches Gewächs.«[79]

Ritters *Europa und die deutsche Frage* war dasjenige Buch, das am deutlichsten die oben entwickelte These einer Entnationalisierung des Nationalsozialismus vertrat und in scharfer Dialektik gegen das Bild vom Dritten Reich als einer deutschen Katastrophe anging. Nicht nur »analogisch«, sondern explizit »genealogisch«[80] wurde in der Französischen Revolution die Ursache des Nationalsozialismus gesehen, da Ritter der Auffassung war, daß es sich im Hitler-Regime um einen »Aufstand der Massen«, um eine radikale Verwirklichung einer totalen Demokratie« gehandelt habe. Ritter verteidigte hier die Tradition deutschen Staatsdenkens als politisch den Verfassungen und Staatsgebilden des europäischen Westens gleichwertig. Die Reaktionen hierauf waren ein Spiegel des Buches selbst und bestätigten somit auch in der Rezeption, was es darstellte und sein wollte: ein durch und durch deutsches Buch. Denn während im Ausland Verwunderung und Ablehnung überwogen,[81] war die Aufnahme

77 Ritter, Europa und die deutsche Frage, S. 118.

78 Ritter, Goerdeler und die deutsche Widerstandsbewegung, S. 91.

79 Ebd., S. 93 und 94.

80 Auch Erdmann hatte betont, daß der Nationalsozialismus in der Französischen Revolution sowohl »analogisch« als auch »genealogisch« als »Typ geschichtlich vorgeprägt« sei: Erdmann, Anmerkungen zu Friedrich Meineckes »Irrwege in unserer Geschichte«, S. 90 f. Werner Conze fand, das Buch Ritters verbinde »in ungebrochene[m] Selbstbewußtsein ehrliche Neuorientierung und Apologie«, vgl.: Conze, Die deutsche Geschichtswissenschaft, S. 13.

81 Ritter beklagte sich z.B. bei Rothfels in antiamerikanischem Tonfall, daß »die Furchtsamkeit der amerikanischen Verleger, mein kleines Buch übersetzen zu lassen« ihm geradezu »grotesk« erscheine: »Hier wird ein Buch nach dem anderen aus dem englischen übersetzt, große und kleine. Die deutschen Verleger fürchten sich nicht davor, obwohl sie alle in schwerer Geldnot sitzen, und diese Herren im Lande des Dollars sind nun schon 3/4 Jahr am Überlegen, und können den Entschluß nicht finden.« Er werde »die bittere Empfindung« nicht los, »daß doch eine Abneigung im Spiele ist, die Stimme eines Deutschen überhaupt zu hören«. Vgl.: Ritter, Brief an Hans Rothfels vom 14. 3. 1949, in: AVHD/Göttingen (1).

in Deutschland selbst geradezu emphatisch. Auch der später zu Ritter auf Distanz gegangene Ludwig Dehio schrieb ihm zustimmend, das Dritte Reich gleiche einem »Hohlspiegel«, der zwar die deutschen Züge wiedergebe, »aber verzerrt durch Umstände, die nicht aus der deutschen Entwicklung allein abzuleiten sind, sondern aus der europäischen, ja der globalen«. *Europa und die deutsche Frage* habe dem Selbstbewußtsein der Jugend wieder aufgeholfen, indem Ritter hier das »post hoc ergo propter hoc« widerlegt habe. Damit habe er »unserem Volke einen Dienst erweisen [können], wie so leicht kein anderer«.[82] Dehio hat seine Haltung hierzu noch Jahre später anhand von Ritters Begriffsbildungen abzuarbeiten versucht. So pries er dessen Terminus »Dämonie der Macht« auf dem Marburger Historikertag von 1951 als einen Leitbegriff von »überragende[r] Bedeutung« und formulierte eine dezidierte Absage an eine »Überbetonung der deutschen Sonderart«.[83] Daß Dehio und Ritter nur kurze Zeit später in eine scharfe Grundsatzauseinandersetzung über die Tradition des deutschen Militarismus gerieten, verdeutlicht, daß Ritter zwar mit Begriffen, frühen Thesenbüchern und voluminösen Grundsatzdarstellungen die Nachkriegsthemen dominierte und damit noch den Widerspruch gegen sich in seine Fahrwässer zwang, durch seinen ungebrochenen wilhelminischen Wertekanon aber so unbeweglich blieb, daß man sich schon bei leichter Kritik an den Kontinuitäten deutscher Politik in eine diametral entgegengesetzte Richtung entwickelte. Es ist im Kontext von Ritters starrer Verteidigung von Preußen und Bismarck nicht ohne Pointe, daß er es war, der anderen vorwarf, unbeweglich zu sein. Dehios Gesamtdarstellung Preußens, in welcher er kritische Töne über das Kontinuitätsproblem nicht aussparte, war für Ritter deshalb ein

82 Dehio, Brief an Gerhard Ritter vom 13. 11. 1948, in: AVHD/Göttingen (1).

83 Dehio, Deutschland und die Epoche der Weltkriege, S. 78. Der Beitrag war Teil der erstmalig auf dem Marburger Historikertag etablierten Sektion »Zeitgeschichte« und kombinierte kritische Anmerkungen mit dem bekannten Arsenal der Metaphorik; so spricht Dehio vom »Drama der Weltkriege« (77), von einer »dämonischen Versuchung« (78) und von Hitler als »der leibliche Dämon des extremen Hegemonialkampfes«, als »satanische[m] Genie« (91), der Deutschland auf einer »dunklen Woge der Krise, von den schwellenden Kräften der Zivilisation« emportrug »stets auch angefeuert von den weltweiten Aspirationen des bewunderten Rivalen, des Bolschewismus« (91); Dehio betont sein Abrücken von einer »isolierenden Betrachtung«, die »das deutsche Geschehen unserer Epoche einfach aus deutscher Wurzel emporwachsen« sieht, »ohne die Verflechtung dieses Geschehens mit der Umwelt dauernd im Auge zu behalten« (78).

Beleg dafür, daß der Verfasser noch 1961 in der »Katastrophenstimmung« von 1945 befangen sei.[84]

Widersprüche von Außenseitern und Polemik gegen Ausländer

Als Beispiel für die ständigen Kritiken und Polemiken, in die sich Ritter verstrickte, könnte besonders eindrücklich sein Verhältnis zur DDR-Geschichtswissenschaft untersucht werden, denn hier waren die gegenseitigen Angriffe besonders scharf formuliert. Aber es ist zu betonen, daß sich diese Dauerfehde nicht auf den zunehmend »kälter« werdenden Systemkonflikt reduzieren läßt. Ritters in *Geschichte als Bildungsmacht* geprägtes Wort von der »Macht des Bösen und des blinden Zufalls«[85] im Ringen zwischen »Gott und Satan« provozierte beispielsweise bei Leo Stern empörten Widerspruch, der auch ohne kommunistische Agententheorie gut begründet werden konnte. Stern wandte ein, man brauche keine »tiefsinnig-gelehrte Barocksprache«, sondern müsse nur »aufzeigen, was ist«; es gebe nichts Rätselvolles, Mystisches an der deutschen Geschichte, wenn man sie nicht selbst zuerst philosophisch-romantisch mystifiziere.[86] Auf Kritik aus dem Osten aber reagierte Ritter zumeist nicht einmal mit Ärger, geschweige denn mit Entgegnungen.

Neben dem Widerspruch gegen die Rittersche Interpretation der deutschen Vergangenheit von ostdeutscher Seite gab es auch im westlichen Teil Deutschlands und im Ausland keine Publikation des Freiburgers, die nicht polarisierte. Bereits seine erste Nachkriegsveröffentlichung, eine

84 Vgl.: Cornelißen, Staatskunst und Kriegshandwerk: Gerhard Ritter und Ludwig Dehio, in: ders., Gerhard Ritter, S. 568-588 (587). In den Handexemplaren der Kontrahenten war die Sprache deutlicher als in den veröffentlichten Einwänden und Entgegnungen: Dehio regte sich über Ritters »sture Apologetik« auf, Ritter nannte Dehios Einwände »Blech« (586).

85 Ritter, Geschichte als Bildungsmacht, S. 15.

86 Stern, Gegenwartsaufgaben der deutschen Geschichtsforschung, S. 42 und 45 ff. Das war nüchtern erkannt und bedurfte keiner weiteren Auslegung. Aber Stern ließ seine Kritik in den Vorwurf münden, Ritters Geschichtskonzeption spreche »objektiv die Kräfte des deutschen Monopolkapitals, die Hitler an die Macht geschoben hatten, weil er das willfährigste und skrupelloseste Werkzeug zur Verwirklichung ihrer imperialistischen Raubpläne war, von jeder Schuld frei«. Damit repräsentierte auch Stern die Gesamtperspektive der DDR-Kritik an der bundesrepublikanischen Geschichtsschreibung, mit ihren eigenen blinden Flecken. Vgl. z.B.: Lozek/Syrbe, Geschichtsschreibung contra Geschichte. Hier ist dann konsequenterweise nur noch von den westdeutschen »NATO-Historikern« die Rede.

apologetische Studie über den »deutschen Professor« im Dritten Reich, rief das Erstaunen derer hervor, die aus der Universität der »deutschen Professoren« verjagt worden waren: Hannah Arendt hielt der Ritter-These von der institutionellen Resistenz der akademischen Elite entgegen, die Universitäten hätten 1933 »ihre Würde verloren«. In einem Brief an Karl Jaspers war sie sich mit diesem einig, daß man nicht wissen könne, wie man es anstellen soll, ihre Reputation wiederherzustellen:

> »Denn sie haben sich lächerlich gemacht. Denazifizierung, sicher recht wichtig, ist da ja auch nur ein Wort; denn die Institution selbst, schlimmer der Stand des Gelehrten, sind lächerlich geworden. Dabei ist nicht entscheidend, daß Professoren nicht zu Helden geworden sind; sondern ihre Humorlosigkeit, ihre Beflissenheit, ihre Angst den Anschluß zu verpassen. [...] Nun weiß ich, daß viele, vermutlich sogar eine Majorität, niemals im Ernst Nazis waren. Nur wird einem auch dies leider fragewürdig, wenn man etwa sieht, was z.B. Gerhard Ritter [...] darüber auszusagen weiß. Er hatte einen Artikel in der ›Gegenwart‹, der leider hier nachgedruckt wurde.«[87]

Ritters rhetorisch vorgenommene Unterscheidung von Politik und Historie, die der eigenen Arbeit als Vergangenheitsdeuter Dignität gegenüber der Tagesmeinung verleihen sollte, wurde bereits von Zeitgenossen nicht akzeptiert, ihr Einspruch blieb einflußlos, Ritter verhöhnte die ihn kritisierenden Außenseiter, wie z.B. Joachim v. Rantzau, als »unzufriedene Privatdozenten«.[88]

Mit welch harten Bandagen der Streit um die unterschiedlichen Geschichtskonzeptionen ausgetragen wurde, zeigt auch der Machtkampf um Einfluß in der Frühgeschichte des Münchner Instituts für Zeitgeschichte.[89] Ritters Hauptwiderstand richtete sich dabei gegen die Person

87 Ritter, Der deutsche Professor im »Dritten Reich«; vgl.: Arendt, Brief an Karl Jaspers vom 9. 7. 1946, S. 87; die englische Version von Ritters Aufsatz in: The Review of Politics 8 (1946), Nr. 2 (April), S. 242-254.

88 Joachim A. v. Rantzau, Politische Geschichtsschreibung und Patriotismus, in: FAZ, 16. 3. 1951: »Herr Ritter beachtet nicht eine Tatsache von grundlegender Wichtigkeit, nämlich daß die historische Arbeit jederzeit in die Politik hineingezogen werden kann, ja daß beispielsweise gerade seine Schrift über die deutsche Frage *im Grunde Politik ist* [...]« [Hervorh. v. N.B.]; schon zuvor: ders., Individualitätsprinzip, Staatsverherrlichung und Geschichtsschreibung; ders., Das deutsche Geschichtsdenken der Gegenwart und die Nachwirkungen von Ranke.

89 Vgl. hierzu auch Kap. 3.2.

von Gerhard Kroll (1910-1963), den aus Breslau stammenden Juristen und Volkswirt, der seine Nachkriegskarriere als Landtagsabgeordneter in der CSU begonnen hatte und ab 1949 Geschäftsführer in der Gründungsphase des Instituts wurde, das damals noch »Institut für die Geschichte der nationalsozialistischen Zeit« hieß. Kroll war Vertreter einer katholisch-abendländischen Geschichtsrevision, deren preußenkritische Grundüberzeugung er auch am Institut zu etablieren versuchte, wobei es folgerichtig zum Konflikt mit dem überzeugten Protestanten Ritter kam, dessen Einfluß in der Gründungsphase des IfZ kurze Zeit dominant war. Ritter erwirkte seine Absetzung durch die Drohung, andernfalls aus dem wissenschaftlichen Beirat des Instituts auszutreten.[90] Parallel dazu focht Ritter in der Roegele-Kontroverse gegen den Vorwurf, sein eigener nationalpolitischer Ansatz sei unangemessen. Denn dieser Vorwurf bestärkte ihn nur darin, jede Kritik, gleich ob an der deutschen Vergangenheit, an der Historikerschaft Deutschlands oder an seiner eigenen Person, als genau die verräterische Störung zu bewerten, gegen die es zu kämpfen gelte. Ritter beklagte in einem Artikel, der bezeichnenderweise den Titel »Nationalismus und Vaterlandsliebe« trug, daß durch die Kritik an ihm »mühsam gebaute Brücken persönlichen Vertrauens zur deutschen Historikerschaft wieder zerstört« würden.[91] Wenn es dieses Vertrauen ihm gegenüber gab, so lag dies allerdings, wie gezeigt, primär an seinem Selbstverständnis als Widerstandskämpfer.

90 Später wurde Kroll Herausgeber der katholischen Zeitschrift »Neues Abendland«, vgl.: Schildt, Zwischen Abendland und Amerika, S. 45 f. Schildt macht hier die Gemengelage verschiedener »Abendland«-Konzeptionen deutlich, von denen die »autochtone konservativ-protestantische« (ebd., S. 33) Version nur ein Seitenzweig gegenüber dem dominierenden intellektuellen Katholizismus war; dessen wichtigste Institution, die Zeitschrift ›Neues Abendland‹, wurde dann auch zum Organ schärfster Kritik an Ritter, vor allem in Artikeln der jungen Historiker Ernst Deuerlein und Franz Herre (beide Jg. 1926). Zum Gesamtzusammenhang auch: Schulze, Deutsche Geschichtswissenschaft, S. 173; zur Gründungsgeschichte des IfZ existieren drei ältere Arbeiten: Koehl, Zeitgeschichte and the new German Conservativism; Gimbel, The Origins of the Institut für Zeitgeschichte; Auerbach, Die Gründung des Instituts für Zeitgeschichte; eine Zusammenfassung von Auerbach bei Benz, Wissenschaft oder Alibi?, v.a. 18 ff.; außerdem die Erinnerungen von Karl Buchheim, der äußerst kritische Töne gegenüber Gerhard Ritter anschlägt: Buchheim, Eine sächsische Lebensgeschichte; zum Umgang des IfZ mit der Geschichte der Judenvernichtung vgl. unten Kap. 3.2. Dort auch die jüngere Forschungsliteratur.

91 Ritter, Vaterlandsliebe und Nationalismus, in: FAZ, 2. 2. 1951.

Dieses Selbstbild und sein missionarisches Selbstverständnis, die »große nationalpolitische Aufgabe des neueren Historikers« zu verkörpern, dem die Sicherung der »Kontinuität des Geschichtsdenkens« aufgegeben war,[92] war ihm auch ausreichende Legitimation, gegen Ausländer und Emigranten zu polemisieren, und das in einer seine üblichen apodiktischen Urteile noch weit übertreffenden Art und Weise. Bismarck-Kritikern wie Erich Eyck und Golo Mann warf er vor, sie würden eine Form von Vansittart-Geschichtsschreibung praktizieren, ihr »Cliche-Bild« bestätige lediglich die üblichen Vorurteile des Auslandes gegenüber der deutschen Geschichte. Schließlich seien doch, so schrieb er an Golo Mann, »die 43 Bismarck-Jahre die einzige Epoche großen politischen Glücks in langen Jahrhunderten der immer erneuten Katastrophen und Bedrängnisse. Darf man die den Deutschen nun so stark verdunkeln? Sollten sie nicht auch irgendwie Freude an ihrer Geschichte behalten dürfen?«[93] Den Vorwurf der »Verdunkelung« richtete Ritter nicht ausschließlich an ausländische Kommentatoren der deutschen Geschichte, er war vielmehr im Grundsatz davon überzeugt, daß die »Bußpredigten der Unberufenen« die feindliche Propaganda des Krieges fortsetzten und daß es ein Skandal sui generis sei, »wenn die Deutschen von Fremden über ihre eigene Geschichte belehrt werden«.[94]

Fremd waren ihm in dieser Sicht auch deutsche Emigranten und Remigranten. In der Rosenberg-Kontroverse von 1949/50 wird deutlich, daß Ritter nicht nur Themen setzte, sondern auch verhinderte. Hans Rosenbergs Gastprofessur an der Berliner Freien Universität hatte zwar nachhaltige Wirkung, denn der Emigrant hatte hier mit Blick auf die dominanten Deutungsparadigmen in Deutschland nach 1945 eine »kritische Neuinterpretation der preußisch-deutschen Geschichte als moralische Verpflichtung«[95] gefordert und damit bei den Studenten einen

92 Ritter, Brief an Friedrich Meinecke vom 10. 9. 1946, in: Ritter, Briefe, S. 419; hier auch: »Ich fühle mich in einem hohen Grade mitverantwortlich für das künftige Schicksal deutscher Historie.«

93 Ritter, Brief an Golo Mann vom 9. 4. 1959, in: Ebd., S. 535; vgl. zu Ritters Verhältnis zu Emigranten und Ausländern auch Urbach, Zeitgeist als Ortsgeist, S. 161 ff.; Cornelißen, Ein deutscher Historiker und die »ausländische Geschichtswissenschaft«, in: ders., Gerhard Ritter, S. 457-483.

94 Ritter, Brief an die Redaktion der »Neuen Zeitung« vom 31. 12. 1948, in: Ebd., S. 449; im Ergebnis wurden damit von Ritter nicht nur die kritischen ausländischen Stimmen, sondern jede kritische Wortmeldung als »ausländisch« denunziert.

95 Vgl.: Winkler, Ein Erneuerer der Geschichtswissenschaft. Hans Rosenberg 1904-1988, S. 545; Teilnehmer der Rosenberg-Seminare waren u.a. Otto Büsch,

»Gärungsprozeß des Umdenkens« ausgelöst, wie dies ein Seminarteilnehmer später formulierte.[96] Aber der Einfluß Rosenbergs auf eine sich kritisch verstehende Geschichtswissenschaft in Deutschland benötigte den Generationswechsel, bis sein Ansatz, die »aristokratische« durch die »demokratische« Betrachtungsweise zu ersetzen, Wirkung zeitigte.[97] Der Emigrant hatte bei seinem Berliner Gastaufenthalt, ohne allerdings den Terminus zu benutzen, die These vom »deutschen Sonderweg« entwikkelt. Auch wenn er dieses Interpretament nicht erfunden hatte, so hat er ohne Zweifel dessen Konzeption entscheidend vorbereitet.[98] Sein Versuch, die Vorbedingungen für die deutsche Anfälligkeit für den Nationalsozialismus zum Thema zu machen, stand diametral zur konservativen Historiographie im Deutschland dieser Zeit. Es ging dabei darum, Gründe zu benennen, wie die langfristigen Traditionen zwar »nicht notwendigerweise auf Hitler und somit Auschwitz hin führten«, aber doch zu einer politischen Rahmenbedingung seiner Ermöglichung wurden.[99] Vor allem das »Postscriptum« wandte sich gegen die »naive und oberflächliche Deutung«, das Dritte Reich sei lediglich ein tragischer Unfall oder eine fatale Verirrung gewesen.[100] Wie zu erwarten, kam es hier zu einer Intervention von Gerhard Ritter, der eine deutsche Ausgabe von Rosenbergs Arbeit *Bureaucracy, Aristocracy and Autocracy: The Prussian Experience 1660-1815*, in den 40er Jahren begonnen und 1958 erschienen, durch sein schroff ablehnendes Gutachten beim Verlag verhinderte.[101]

Helga Grebing, Gerhard A. Ritter, Wolfgang Sauer, Gerhard Schulz; Rosenberg war noch während des »Historikerstreits« ein Kritiker jener »alarmierende[n] Rückfälle in deutsch-nationales Denken«, nach: Winkler, ebd., S. 553.

96 So die Einschätzung des Sozialhistorikers Gerhard A. Ritter, zit. nach: ebd., S. 545.

97 Rosenberg in seinem Vorwort zu: ders., Politische Denkströmungen im deutschen Vormärz, S. 7-17.

98 Den direkten Einfluß der These Rosenbergs auf Hans-Ulrich Wehlers »Kaiserreich«-Interpretation betont z.B. Winkler, Hans Rosenberg, S. 549.

99 So Walther, Emigrierte deutsche Historiker in den Vereinigten Staaten, S. 46.

100 Winkler, Hans Rosenberg, S. 542.

101 Vgl.: Wehler, Geschichtswissenschaft heute; ders. (Hg.), Sozialgeschichte heute, S. 16. Den Rosenbergschen Einfluß auf die Revision der Vorstellungen über den deutschen Geschichtsverlauf vom 19. zum 20. Jahrhundert hat Ritter mit seiner Intervention dennoch nicht verhindern können. Noch bedeutsamer in Hinblick auf die Historiographie von Auschwitz war ein

Eine solche massive Geschichtspolitik wurde von Ritter im defensiven Gestus der Verteidigung durchgeführt, denn er selbst sah sich in der Nachkriegszeit von der Kritik aus den Kreisen der Emigration regelrecht »verfolgt«. Er unterschied grundsätzlich zwischen »zwei Sorten« von Emigranten, denjenigen, die Deutschland schaden, und den anderen, die Deutschland nützen.[102] Die jeweiligen Anläße für seine Kontroversen mit »dem Ausland« waren deshalb für Ritter fast nebensächlich, weil er, so sein Biograph Christoph Cornelißen, »das Gegeneinander der europäischen Nationen als selbstverständlich erlebte« und darüber hinaus gerade in der Geschichtswissenschaft das »Stück nationaler Selbstbesinnung« (Ritter) erblickte, das es ihm unmöglich machte, mit ausländischen Fachvertretern anders als in agonaler Gegenüberstellung zu verkehren.[103] Englische Kollegen, die nach 1945 die deutsche Geschichte oder Geschichtsauffassung kritisiert hatten, wurden von Ritter »Edelkommunist«, »wunderlicher Kauz« oder »schnoddriger Halbjournalist von letztlich deutschfeindlicher Einstellung« bezeichnet. Auf Reisen im Ausland

anderer Einfluß, den Rosenberg ausgeübt hat und der, anders als sein Beitrag zur Genese der »Sonderwegsthese«, weniger beachtet worden ist: Raul Hilbergs »Revolte gegen das Schweigen« (so Hilberg selbst, in: ders., Die Holocaustforschung heute, S. 403). Hilberg erwähnte mehr als einmal den prägenden Einfluß, den im Jahre 1947 ein Rosenberg-Seminar, vor allem dessen These von der »Unzerstörbarkeit der Bürokratie«, auf sein Interesse an Verwaltungsstrukturen ausgeübt habe. Hilbergs Magisterarbeit (die er allerdings bei Franz Neumann schrieb) trug den Titel: »The Role of the German Civil Service in the Destruction of Jews« [Typoskript 1950, in: Butler Library (Columbia University), New York]. »Der Grund [für die Wahl des Themas, N.B.] war, daß ich damals schon den Eindruck hatte, daß dieser Vernichtungsprozeß einen ausgesprochen bürokratischen Charakter hatte.« Rosenbergs Bürokratie-Buch und der von ihm geprägte Begriff der »Revolution von oben« für die Herausbildung eines bürokratischen Absolutismus war also für die wohl wichtigste Studie zur nationalsozialistischen Judenvernichtung von überragender Bedeutung. Vgl.: Hilberg/Söllner, Das Schweigen zum Sprechen bringen, S. 176 und 190. Mit anderem, kritischerem Akzent gegenüber Rosenberg; Hilberg, Unerbetene Erinnerungen, S. 50 ff. Hilbergs Lebenswerk: Die Vernichtung der europäischen Juden [dt. zuerst: 1982; engl. Orig.: 1961].

102 Corneließen, Gerhard Ritter, S. 461 f.

103 Ebd., S. 483; diese Überzeugungen Ritters gingen auf den Ersten Weltkrieg bzw. auf dessen deutende Erklärung danach zurück und gehörten zum Grundbestand des Geschichtsbewußtseins von Ritter, vgl. auch dessen 1920 in einem Aufsatz vorgelegte Theoretisierung: Ritter, Nationalbewußtsein und Geschichtswissenschaft.

war sein Erstauen über die dortige »natürliche Entfernung von deutschen Dingen« deswegen konstitutiv, auf eine Konferenz in Monaco über »Die Ursprünge des Nationalsozialismus« reiste er in dem Bewußtsein, daß er »die Sache Deutschlands« zu vertreten habe, und zwar »als einziger deutscher Experte unter lauter Emigranten und Nazigeschädigten oder deutschfeindlichen Ausländern«.[104]

Trotz zahlreicher gegenteiliger Beteuerungen, deren Niederschlag sich nicht nur in privaten Quellen, sondern auch in den Publikationen selbst dokumentiert findet, waren die Emigranten im Urteil Ritters für das negative Deutschland-Bild im Ausland verantwortlich. Dabei waren die älteren Emigranten in ihrem Urteil über die deutschen Traditionen sehr viel milder und verständnisvoller, als das die agonale Sichtweise Ritters wahrzunehmen bereit war. Selbst Veit Valentin baute in den Vorbemerkungen zu seiner *Geschichte der Deutschen* seiner Heimatverbundenheit ein Monument, wenn er davon sprach, daß alles, was er geschrieben habe, »von der Liebe zu dem besten Deutschland von ehemals« eingegeben sei, dem er alles verdanke, daß es »etwas Unsterbliches im Deutschtum« gebe und er stets ein »deutscher Patriot« bleibe.[105] Karina Urbach hat zu Recht darauf hingewiesen, daß Ritters antinomische Polemiken gegenüber Emigranten unterschlugen, daß diese nach ihrer Emigration nicht zu »Ausländern« im Sinne Ritters wurden, sondern nach wie vor Repräsentanten der Weimarer Kultur blieben und daß seine Abschätzigkeit ihnen gegenüber somit nicht zuletzt gegen eine deutsche Tradition zielte, »eine andere deutsche Tradition als seine eigene«.[106]

Fazit: Historiographie des »Deutschbewußtseins«

Ritters ostentatives Bemühen, die Judenvernichtung nicht als geschichtswürdiges Thema anzuerkennen, so könnte man mit seinen eigenen Worten typisieren, geschah »um Deutschlands willen«. Seine Warnungen vor der Gefahr der Entfremdung von deutscher Geschichte, »wenn man sie der Jugend nur in den schwärzesten Farben schildert«, gipfelten mitunter in abfälligen Bemerkungen über die »Tagesmode« Zeitgeschichte, die er

104 Ebd., S. 458 f., 460 und 468. Die Beschimpfungen bezogen sich auf Barraclough und Taylor.
105 Urbach, Zeitgeist als Ortsgeist, S. 175; vgl. auch: Wolf, Deutschjüdische Emigrantenhistoriker.
106 Urbach, Zeitgeist als Ortsgeist, S. 177.

nichtsdestoweniger eifrig betrieb.[107] Er jedoch verstand sie kontrapunktisch zur allmählich zunehmenden Bedeutung, die »Auschwitz« für das öffentliche Bewußtsein anzunehmen begann. Sein demonstrativer Hochmut gegenüber »aktualisierter Geschichte«, die er gegen »die nicht aktualisierte, d.h. die echte Historie«[108] absetzte, verrät wenig von der Souveränität, mit der er sich selbst umgab:

> »Man redet heute schon viel zu viel von Überdruß an der Geschichte oder vom ›Abschied von der Geschichte‹. Mir macht das geringen Eindruck. Das weitaus meiste davon ist bloße Rhetorik der Literaten. Natürlich ist es schwer, über den ungeheuren Bruch von 1933-45 hinweg wieder Anschluß an die Vergangenheit zu finden und aus der Katastrophenstimmung einmal wieder herauszukommen. Aber es muß und wird schließlich gelingen.«[109]

Noch 1962 erklärte er unmißverständlich, ihm ginge es um Werte wie »Vaterland« und »Patriotismus«; und weiter wörtlich: »Ich meine, daß wir uns hüten müssen, allgemeine und deutsche Geschichte immer nur mit entsetztem Starren auf Hitlers Schreckenstaten zu lehren.«[110]

Die »Betriebsunfall«-These war keine Erfindung von Ritter, wenngleich er ihrer Entstehung und Tradierung auch in zahlreichen Kontroversen, mit großer Energie und mit der Überzeugungskraft des unumstrittenen Fachgelehrten und des vom Regime verfolgten Widerständigen wissenschaftliche Autorität, weite Verbreitung und lange Dauer verliehen hat. In seinem ersten wichtigen Aufsatz nach 1945 hat er den Berufsstand der Professoren verteidigt, indem er ihnen anständiges Verhalten im Dritten Reich attestierte,[111] und noch wenige Monate vor seinem Tod 1966 ist er gegen »die politische Tendenz« und »die Tagesmode« angegangen, »die heute die ganze deutsche Vergangenheit im Licht der Hitlerzeit sehen möchte« und den Jüngeren das Geschichtsstudium »zum Ekel« mache.[112]

107 Ritter, Geschichtsunterricht oder »Gemeinschaftskunde«?, beide Zitate auf S. 290.

108 Ebd., S. 294. Vgl. auch Ritter, Wissenschaftliche Historie, Zeitgeschichte und »politische Wissenschaft«. o.O., o.J., S.5. [zit. nach einem Sonderdruck aus »Jahreshefte 1957/58« der Heidelberger Akademie der Wissenschaften].

109 Ebd., S. 23.

110 Ebd., S. 290. Vgl. hierzu den energischen Widerspruch von Rintelen, Eine Entgegnung auf Gerhard Ritters Aufsatz, in: GWU 13 (1962), S. 705-712.

111 Die »einflußreichste« Rechtfertigung, so auch Remy, The Heidelberg Myth, S. 2.

112 Ritter, Wissenschaftliche Historie einst und jetzt, S. 585.

Ritters Nachkriegshistoriographie fand in einer grundsätzlichen Verteidigungshaltung ihren Ausdruck, die nicht selten auch mit nationalen Ressentiments zusammenfiel.[113] Auch die konstitutive Berufung auf die wissenschaftliche Objektivität, die Position des Regime-Opfers und die Angst vor »aktualisierter Geschichte« können nicht darüber hinwegsehen lassen, daß Ritter eine »kritische Revision« lediglich in einer milde geläuterten Form des Nationalen erblickte. Dem NS-System wurden, wie gezeigt, außerdeutsche Ursprünge vorgelagert, und auf diese Weise konnte das »richtige« Nationale weiterhin als Entgegensetzung gegen die Hitler-Zeit verstanden werden, biographisch in der Berufung auf seinen Status als Teil des Widerstands, historiographisch als Fortführung des als bewährt deklarierten Ansatzes von vor 1933, politisch in der Hypostasierung von Preußentum und Bismarckreich. Die Suche nach nichtdeutschen Ursachen für Aufstieg und Radikalität des Nationalsozialismus entsprach insgesamt den Schwierigkeiten nationalgeschichtlicher Deutung, die ihre Apotheose in der »Entnationalisierung« und »Exterritorialisierung« des Dritten Reiches erfuhr, nichtsdestoweniger aber national argumentierte. Noch in kritischen Beiträgen, wie in Holborns vorsichtiger Meinecke-Kritik, die explizit gegen die Interpretation des Dritten Reiches »als das Ergebnis von tragischen Zufälligkeiten individueller und allgemeiner Art« antrat, ist jene Möglichkeit konzediert, daß zumindest Teile der Katastrophe nichtdeutschen Ursprungs sein könnten. Zwar solle man, so Holborn ausdrücklich, Hitler nicht »als ein ›außerdeutsches‹ Ereignis betrachten«, aber, so fügte er augenblicklich hinzu, jener stelle »in einem gewissen Grade den Einbruch des Fremden in die deutsche Geschichte dar. Er war noch in einem höheren Sinne ein Fremdling als der Korse Napoleon innerhalb Frankreichs. Hitlers ursprüngliche politische Idee, vor allem seine Rassentheorie, sind auf dem Sumpfboden des verfallenden Habsburger Reiches gewachsen.«[114]

Ritter hatte solche Argumente vorgegeben und in wiederholten Wendungen und wechselnden Zusammenhängen seine nationalpolitische Sichtweise auf den Nationalsozialismus regelrecht zum Programm erhoben: »Ein Volk [...], das an seiner Vergangenheit verzweifelt, hat auch keine rechte Hoffnung auf die Zukunft mehr. Dies zu verhindern, scheint mir die unmittelbar dringendste und schönste Aufgabe politischer Bildung zu sein.«[115] Es war das Axiom für die Forschung, nicht das

113 Cornelißen, Gerhard Ritter, S. 551.
114 Holborn, Irrwege in unserer Geschichte?, S. 532.
115 Ritter, Geschichtsunterreicht oder »Gemeinschaftskunde«?, S. 290 f.

Ergebnis der historiographischen Bemühungen Ritters und derer, für die er sprach, wenn sich der traditionelle Wertebereich des Nationalen und die unabwendbare Kritik am konkreten historischen Geschehen der vorangegangenen Jahre nie trafen, oder höchstens, wie parallel liegende Geraden, im unbestimmbar Unendlichen. Man hypostasierte den »Bruch, den das Jahr 1945 in unsere geschichtliche Entwicklung gebracht hat« und ging daran, ihn zu überbrücken. Ritters Schlüsselfrage war das Nationale und die »Verbindungen nach rückwärts«, die er nicht in Frage gestellt sehen wollte, auch nicht durch staatlich organisierte Massenverbrechen. Er hatte schon in den frühen dreißiger Jahren seiner Überzeugung Ausdruck verliehen, daß der »rechte Historiker [...] nun einmal notwendig naiv« sein müsse, daß das Empirische seiner Wissenschaft ihn zu einer gewissen »Schlichtheit« zwinge,[116] zugleich ging er davon aus, daß jeder Historiker »so etwas wie ein philosophischer Kopf« sein müsse.[117] »Wahre Geschichtsschreibung«, so Ritter, lasse sozusagen »die Dinge [...] selbst reden« und finde jenseits »des ewigen ›Urteilens‹« statt.[118] Sie ziele auf die »klare Vorstellung von dem inneren Verlauf historischen Geschehens«, auf die »Bedeutung des *Staates* in der Geschichte und auf das Verhältnis von Staat und Kirche« und auf »das Charakteristische deutschen Wesens«.[119] Da die Hypostasierung des Nationalen bei Ritter in seinem Selbstverständnis eine gegen den Nationalsozialismus gerichtete, defensive Position einnahm, konnte er im Sinne einer »Vertiefung des unerträglich verflachten Begriffs der ›nationalen‹ Gesinnung, der ›na-

116 Gerhard Ritter, Brief an Hans Rothfels vom 27. 4. 1932, in: Ritter, Briefe, S. 247. Ritter entwickelt hier anhand den Differenzen seiner und Rothfels' Deutung des Freiherrn vom Stein und in Abgrenzung gegen Kaehler einerseits und Meinecke andererseits seine eigene historische Methodik: eine »neue Schlichtheit« genannte, kompliziert austarierte Mischung aus unbedingter Empirie und »politischer Nebenabsicht« (S. 246). Trotzdem wandte sich Ritter später häufig gegen beides, gegen jegliches »Stoffhubertum« *und* gegen »Thesen«-Geschichtsschreibung (hier z.B. S. 247, ähnlich: Ritter, Brief an Heinrich Bornkamm vom 13. 10. 1932; oder: Ritter, Brief an Nikolai Hartman vom 15. 3. 1937, in: ebd., S. 252 ff., 316 ff. u.ö.). Vgl. zu Ritters »Historik« insgesamt auch die Darstellung von Schwabe, Gerhard Ritter – Werk und Person, S. 154-170; Cornelißen, Gerhard Ritter, S. 129-144.

117 Ritter, Gegenwärtige Lage und Zukunftsaufgaben deutscher Geschichtswissenschaft, S. 311.

118 Ritter, Brief an Heinrich Bornkamm vom 13. 10. 1932, in: Ritter, Briefe, S. 253.

119 Alle Zitate in: ebd. [Hervorh. v. G. R.].

tionalen Idee‹, des Deutschbewußtseins also«[120] nach 1945 genauso argumentieren wie vor 1933. Seine Auffassung »deutscher Geistesart« mündete konstant in ein »Programm nationaler Geschichtsschreibung«,[121] das er bruchlos gegen den Nationalsozialismus zu verteidigen versuchte: Im Dritten Reich gegen die Zumutungen der NS-Historie selbst[122] und nach dem Zusammenbruch des Hitler-Staates gegen die Deutungen der zwölf Jahre deutscher Diktatur aus deutschlandkritischer Perspektive. Anfang Februar 1933 konstatierte er, ohne die Kongruenz seiner Rhetorik zur neuen Zeit wahrnehmen zu wollen, »eine ganz deutlich erkennbare nationale Aufgabe«, eine »Erziehungsaufgabe« für den Historiker.[123] Nach 1945 machte er deutlich, daß er sich nicht davon abhalten lassen werde, »meinem Volk publizistisch zu dienen«, und er bemerkte beiläufig, er werde »die reine Gelehrsamkeit nun bewußt eine Zeitlang zurückstellen müssen, um so etwas wie historisch-politisch Nothilfe zu leisten«.[124] Er konnte diese Rolle also bruchlos nach 1945 fortführen, seine Autorität basierte geradezu auf dieser Treue zu den eigenen Anschauungen, nicht auf deren Modifikation oder gar Revision. Ritter polemisierte gerne gegen die Vorstellung, ein Historiker habe »eine irgendwie fertig vor ihm stehende Vergangenheit bloß zu photographieren«, sein historiographisches Selbstbild entwickelte sich dabei zu einer brisanten Mischung aus Können, Kunst und Kampf, einer Mischung, der er nichtsdestotrotz historische Objektivität und historiographische Authentizität zumaß. Für sich selbst nahm er stets einen »höheren Standort« und eine »klare Fernsicht«[125] in

120 Ritter, Brief an Hermann Witte vom 11. 2. 1933, in: ebd., S. 261 f. (262).

121 Ebd.

122 Vgl. hierzu exemplarisch seine Aufkündigung der Mitarbeit an der »Historischen Zeitschrift« nach der sog. »Oncken-Affäre« im Selbstbewußtsein des Wissenschaftlers, »der sich für das Schicksal deutscher Historie mitverantwortlich weiß«: Ritter, Brief an Karl Alexander v. Müller vom 1. 12. 1935, in: ebd., S. 285 ff. (288).

123 Ritter, Brief an Witte (Anmerk. 120), S. 262. Ritter war der Meinung, solange »alles den Schreiern nachläuft«, wolle man die Stimmen wie die seinige nicht hören. Statt in das »nationale[n] Phrasengedröhn« (Ritter nennt es auch den »nationalsozialistischen Rauschtrank«) einzustimmen, wolle er deshalb lieber die »Reservestellungen vorbereiten«.

124 Ritter, Brief an Paul Mollenhauer vom 28. 1. 1946, in: ebd., S. 408.

125 Ritter, Deutsche Geschichtswissenschaft im 20. Jahrhundert, S. 136. Vgl. auch die folgende Passage: »Die wenigen, die (wie der Verfasser) es [gemeint ist die Einsicht, daß man mit Hitler einem »gewissenlosen Abenteurer« in die Hände gefallen sei, N.B.] schon damals wußten, erinnern sich heute noch deutlich der tiefen Verzweiflung, die sie angesichts dieser Blindheit

Anspruch – ohne das je plausibel begründen zu können. Der Historiker, so Ritter im Vorwort zu seinem Goerdeler-Buch, dürfe nicht warten, bis die Legende sich verfestige, er müsse dagegen »selbst mit Hand anlegen am Formen des Geschichtsbildes unserer Zeit.«[126] Hier dagegen hat Ritter, der mit seiner ganzen Person und Autorität gegen die Thematisierung, gegen Kenntnis und Erkenntnis der jüdischen Katastrophe im Deutschland Hitlers eingetreten ist, hier hat er seine Arbeit treffend charakterisiert.

überfiel: in qualvoller Voraussicht einer unaufhaltsam kommenden Kulturkatastrophe.« (Ritter, Carl Goerdeler und die deutsche Widerstandsbewegung, S. 93).

126 Ritter, Carl Goerdeler und die deutsche Widerstandsbewegung, S. 11 und 10.

2.3. »Bridging the gulf of these years«: Hans Rothfels und die Restituierung deutscher Fragen

Differenz und Kommunikation: Elliot Cohens Berliner Rede von 1950 als Paradigma

Am 13. März 1950 hielt Elliot Cohen, »Jude amerikanischer Staatsbürgerschaft«, wie er sich selbst bezeichnete, und Herausgeber der amerikanischen Zeitschrift »Commentary«, in Berlin auf Einladung der »Gesellschaft für christlich-jüdische Zusammenarbeit« eine bemerkenswerte Rede.[1] Es war dies sein erster Aufenthalt in Deutschland nach dem Krieg und seine Rede befaßte sich mit dem »Abgrund« der Erfahrungen zwischen Deutschen und Juden und der Unmöglichkeit, »diese Kluft [...] durch ein paar freundliche Worte und einige gute Vorsätze« zu überbrükken: »Zwischen uns liegt ein Abgrund, breit wie ein Ozean, und von einer Brücke über seine Tiefen ist keine Spur zu sehen.« »Abgrund«, »Kluft« und »Brücke« waren die wiederkehrenden Begriffe dieser Rede und Cohen ließ keine Unklarheit darüber entstehen, wie er sie verstanden wissen wollte: Er attackierte das in Deutschland herschende Schweigen und erwartete den Beginn eines Dialoges von deutscher Seite, hoffte von dort auf den »ersten Bogen jener Brücke über den Abgrund«. Cohen beendete seine Rede mit dem »Gefühl, sehr viel mehr gesagt zu haben«, als er ursprünglich wollte, »und wiederum auch, nicht richtig angefangen zu haben«. Diesen Widerspruch erklärte er damit, »daß ich so intensiv empfinde, der Anfang könne nicht von einem Juden gemacht werden, sondern er müsse von der anderen Seite ausgehen«.

Liest man die Rede heute, so scheint sie gleichsam den konstitutionellen Widerspruch abzubilden, in den sich der Redner begeben hatte: Ein erstes Wort zu sprechen, in dem um ein erstes Wort gebeten wird; den Anfang zu machen und ihn wieder zurückzunehmen mit der Bitte, »er müsse von der anderen Seite ausgehen«; »Aussöhnung« abzulehnen und gleichzeitig den Weg zu ihr aufgezeigt zu haben. Diese Rede kann als Diskursparadigma verstanden werden.[2] In ihm zeigt sich »die andere Erinnerung«[3] ebenso deutlich wie die Erwartungen von jüdischen Emigranten

1 Cohen, Deutsche und Juden. Eine Rede in Berlin, in: Der Monat 3 (1950/51), S. 375-379; alle folgenden Zitate hieraus.

2 Andere mit ähnlicher Tendenz gingen ihr voraus und wären hier ebenfalls zitierbar, vgl. z.B.: Ernst Landau, Wir Juden und die Umwelt. Ein Beitrag zum Problem der Kollektivschuld, in: Jüdische Rundschau 1 (1946), S. 23-25.

3 Braese, Die andere Erinnerung, passim.

an Deutschland und das, was Deutsche von einer Rede eines Juden in Deutschland zu erwarten hatten: Fragen, Aufforderungen, Bitten, Schmerz und Vorwürfe.[4] George Steiner sollte später von der »krankhaften Stille« sprechen und konstatierte noch zehn Jahre später: »Was in Deutschland so tot und abgestorben wirkt, ist die Sprache.«[5]

Der deutsche Diskurs: Schweigen als »Mitte des Menschen« und als ein Ort der Wandlung

Auf solche Interventionen von jüdischer Seite gab es zumeist Reaktionen. Auch die gedruckte Fassung der Rede Cohens erhielt Antworten und sie sind vor allem deshalb bemerkenswert, weil hier Erklärungsversuche für das von ihm kritisierte »Schweigen« formuliert wurden. Das Schweigen, so legt ein Leserbrief nahe, sei Ausdruck einer »sprachlose[n] Verachtung für das Verbrechen«, denn die Deutschen »stehen der Tatsache der Rassenmorde ebenso fassungslos wie die Juden selbst gegenüber«. Nun aber ziehe ebendieses Schweigen »den Verdacht auf sich«, selbst »suspekt« zu sein. Dies mache den Anständigen »angesichts der vielen Schuldigen, die sich keineswegs schuldig fühlen«, unfähig, für die eigene Unschuld einzutreten.[6] Diese Argumentation war nicht weniger dialektisch als das Problem selbst. Es gab, dieser Logik zufolge, zwei Arten von Schweigen, die anständige Art der Unschuldigen und das »falsche« Schweigen der Schuldigen – eine im Grundsatz zwar richtige Phänomenologie, aber nichtsdestotrotz solipsistisch, da beide von außen ja ununterscheidbar waren. In der Bitte, daß das Schweigen gebrochen werden möge, hatte Cohen bewußt Schriftsteller, Gelehrte und explizit auch die »Histo-

4 Nicht jede öffentliche Stellungnahme von Juden im Nachkriegsdeutschland war so moderat wie die Rede Cohens. Der Herausgeber der »Jüdischen Rundschau«, Robert Weltsch, schloß 1946 kategorisch aus, daß je wieder Juden in Deutschland leben könnten: »Hier riecht es nach Leichen, nach Gaskammern und nach Folterzellen«, zit. nach: Kolinsky, Wohnort Deutschland, S. 283; zum Gesamtzusammenhang: Burgauer, Zwischen Erinnerung und Verdrängung; Brenner, Nach dem Holocaust; Wasserstein, Europa ohne Juden; Gay, Das Undenkbare tun.

5 Steiner, Das hohle Wunder, S. 129; zit. nach: Braese, Die andere Erinnerung, S. 75.

6 Der Monat 3 (1951), Nr. 32, S. 211 f.; eine zweite Zuschrift betont wörtlich: »Vergessen wir nicht, daß die Deutschen heute an der Judenfrage leiden« (212) und legt der jüdischen Seite nahe, »den ersten Schritt zur Versöhnung« zu unternehmen, da das Schicksal die Juden »in die *sozusagen unglücklich-privilegierte* Lage des Verzeihenden« versetzt habe [Hervorh. v. N.B.].

riker«[7] angesprochen, also nicht Privatbekenntnisse gefordert, sondern an die Bewahrer des kulturellen Gedächtnisses appelliert. Cohens Bitte um »ein Wort« zielte weder auf individuelle Schuldgeständnisse noch auf spitzfindige Erläuterungen, warum diese ausblieben, sondern auf Verantwortung durch Erinnerung.

Der Kontrast zu Hans Rothfels hätte nicht größer sein können. Weder hat er eine vergleichbare Bitte formuliert noch einer solchen entsprochen. Er war ein preußisch-deutscher Konservativer, dessen Vertreibung aus dem Deutschland der NS-Zeit wegen seiner jüdischen Herkunft ihm nach 1945 de facto eine »Brückenfunktion« zuwies – aber im genau gegenteiligen Sinn der von Cohen vorgestellten Weise. Wie Rothfels hier Vergangenheitspolitik betrieb und wie er den Kanon an Werten, Themen und Interpretationen der nachkriegsdeutschen Geschichtswissenschaft stabilisiert hat, soll im Zentrum der hier verfolgten Frage stehen. Im Gegensatz zu Cohen war er wie die meisten deutschen Historiker nach der »Katastrophe« davon überzeugt, daß Schweigen ein Ort der Wandlung, eine Art von Bewährung oder Prüfung sei.[8] Gerhard Tellenbach hat nach 1945 angesichts der »Verdunkelung der deutschen Ehre« die Frage nach einem »Gebot schamhaften Schweigens« als ernsthafte Option erwogen.[9] Es galt als positives Zeichen, als »Substanz« und »Erhabenheit«. Max Picard hat zur gleichen Zeit ein ganzes Buch über die heilige Funktion des »Urphänomens« Schweigen geschrieben, es als anthropologische »Mitte des Menschen« charakterisiert und seine reinigende, vergebende Funktion hervorgehoben. Verzeihen bedeute Vergessen-Können, Leid und Schweigen gehörten zusammen, während jede Form von »Analyse« zerstörerisch sei:[10]

> »Wohl ist der Geist die Ursache der Wandlung, aber ohne das Schweigen läßt sich die Wandlung nicht verwirklichen, denn bei der Wandlung ist der Mensch nur dann imstande, sich ganz von allem Vorangegangenen zu lösen, wenn er das Schweigen zwischen das Vergangene und das Neue setzen kann.«

7 Ebd., S. 376.

8 Picard, Die Welt des Schweigens, S. 11, 67 und 117: »*Ohne Schweigen* [...] *gäbe es auch kein Vergessen und kein Verzeihen.* Wie in das Schweigen die Zeit selbst eingeht, so geht in sie auch das ein, was in der Zeit geschieht, und darum wird der Mensch durch das Schweigen [...] hingeleitet zum Vergessen und Verzeihen.« [Hervorh. v. N.B.].

9 Tellenbach, Die deutsche Not, S. 7.

10 Picard, Die Welt des Schweigens, S. 61 und 92.

Rothfels bestätigte diese Position de facto. Man könnte sogar sagen, daß keine der wesentlichen Figuren der deutschen Geschichtswissenschaft nach 1945 das »sprechende Schweigen«[11] so bewußt gewählt hat, so »kommunikativ geschwiegen« hat, um mit Hermann Lübbe zu reden, wie Hans Rothfels. Im Dritten Reich als Jude stigmatisiert und ungeachtet seiner Loyalitätsbekundungen in die Emigration gezwungen, bildete Rothfels für die sich neu konstituierende deutsche Geschichtswissenschaft nach 1945 die größte Gefährdung: Er war einer der im Ausland angesehensten Historiker und hatte aufgrund der schäbigen und skandalösen Vertreibung aus Deutschland nun eine geradezu idealtypische Position inne.[12] Er hat aber weder öffentlich noch im privaten Bereich Fragen oder gar Vorwürfe formuliert. Seine Wortmeldungen zum Nationalsozialismus waren Formen der Enthistorisierung, indem er historische Probleme verschwieg oder durch ein moralisches Pathos ersetzte. Seine Überbrückungsversuche nach 1945 waren nicht auf die jüdisch-deutsche Kluft, sondern auf die deutsch-deutsche Geschichtschronologie bezogen. Sie waren reale Akte des Beschweigens, die die Zeit zwischen 1933 und 1945 als zu überbrückende Aufgabe ansahen, nicht das aus ihr resultierende »Gegenüber« von Geschichtserfahrungen.

Hans Rothfels als »strategische Persönlichkeit«: Leben in fünf Epochen deutscher Geschichte

Hans Rothfels wird von seinen Schülern zu den eigenwilligsten und profiliertesten Fachhistorikern gezählt, die die deutsche Geschichtswissenschaft im 20. Jahrhundert hervorgebracht habe, er entziehe sich jedem

11 Ebd., S. 89; das »Beschweigen« als aktiver Akt verstanden, arbeitet auch Roth heraus, vgl.: Roth, Hans Rothfels, S. 1070, 1071 und 1073.

12 Zu Rothfels gibt es noch keine grundlegende Arbeit oder Biographie – sie ist eines der herausragenden Desiderate der Forschung innerhalb der deutschen Historiographiegeschichte, und dies trotz der Arbeiten von Willi Oberkrome und Ingo Haar zur »Volksgeschichte« der Zwischenkriegszeit und dem »Königsberger Kreis«, vgl. Oberkrome, Volksgeschichte; Haar, »Revisionistische« Historiker und Jugendbewegung; ders., Historiker im Nationalsozialismus, v.a. S. 70-105. An der Universität Freiburg arbeitet derzeit Jan Eckel an einer umfassenden Studie zu Rothfels; für den vorliegenden Zusammenhang sind außerdem wichtig: Schulze, Hans Rothfels und die deutsche Geschichtswissenschaft nach 1945; v. Klemperer, Hans Rothfels 1891-1976, in: Path of Continuity, S. 119-135; aus der älteren Literatur v.a.: Mommsen, Hans Rothfels; ders., Geschichtsschreibung und Humanität.

»vorschnell typisierenden Zugriff«.[13] Das Unzeitgemäße seiner Haltung wurde stets stark betont, man hat sogar behauptet, daß Herkunft, Lebenswelt und Mentalität dieses engagierten Rechten und späteren »reflektierten Konservativen« zuweilen fremder anmuten als Ereignisse aus dem 19. Jahrhundert.[14] Sein Wort hatte in zeitgeschichtlichen Kontroversen nach 1945 »schlechthin konstitutive Bedeutung«, die mitunter geäußerte These vom geringen Einfluß der Emigrationshistoriker auf die deutsche Geschichtswissenschaft nach 1945 wird vor allem durch den besonderen Fall von Rothfels relativiert.[15] Karl Heinz Roth nannte ihn einen »Geschichtspolitiker«, der nach beiden Weltkriegen die diskreditierte deutsche Vergangenheit »rehabilitierte« und nach 1945 die Formulierung entscheidender Forschungsfragen über den Nationalsozialismus »um Jahrzehnte verzögerte«.[16] Noch im 19. Jahrhundert (1891) in Kassel geboren, war er Schüler Meineckes schon vor dem Ersten Weltkrieg in Freiburg,[17] studierte außerdem bei Lenz, Delbrück und Hintze in Berlin

13 So übereinstimmend: Mommsen, Hans Rothfels, S. 127; und: Conze, Nachruf auf Hans Rothfels, S. 360.

14 Neugebauer, Hans Rothfels (1891-1976) in seiner Zeit, S. 245.

15 Vgl. z.B. Conrad, Auf der Suche nach der verlorenen Nation, S. 344; Krohn dagegen spricht im Hinblick auf Rothfels zu Recht vom »großen Einfluß auf die Geschichtswissenschaft der fünfziger Jahre«, vgl.: ders., Unter Schwerhörigen? Zur selektiven Rezeption des Exils, S. 118.

16 Roth, Hans Rothfels: Geschichtspolitische Doktrinen im Wandel der Zeiten, S. 1061, 1062 und 1073. Zur Vergangenheitspolitik von Rothfels vgl. beispielsweise nur die kritischen Bemerkungen über seine Rolle im Kontext der berühmten »Fischer-Kontroverse« bei Thimme, Geprägt von Geschichte, S. 206 f. und 211: »Wenn Rothfels später auch nicht das Fischersche Buch verhindern konnte, so hat er sicher daran mitgewirkt, daß das Tagebuch Riezlers Fischer nicht zugänglich gemacht wurde, und er hatte vermutlich auch alles getan, um die schlimmsten Stellen des Riezlerschen Tagebuches unschädlich zu machen. Daß ein prominenter Historiker eine Quelle über den Ausbruch des Ersten Weltkrieges, also der Zeit vor damals 40 Jahren unterdrücken, am liebsten wohl ganz verschwinden lassen wollte, erschien mir ganz unglaublich und war mir auch ganz unverständlich.« Diese Einschätzung wurde jüngst wiederholt bei: Böhme, »Primat« und »Paradigmata«, S. 113.

17 Die inhaltliche Kontinuität von Meinecke zu Rothfels betont besonders v. Klemperer, Hans Rothfels 1891-1976, S. 119 ff. Zu betonen ist jedoch die volksgeschichtliche Radikalisierung von Rothfels in den dreißiger Jahren, nachdem das alte auf den Staat bezogene Geschichtsmodell nicht mehr tragfähig zu sein schien. Das führte zum bewußt herbeigeführten Bruch mit dem Lehrer, v.a. in der Bismarck-Deutung. Deutschland als »Kultur-Nation« zu konzeptionalisieren, wie es Meinecke vertreten hatte, wurde von Rothfels verworfen.

und Heidelberg, wo er schließlich bei Hermann Oncken über Clausewitz promovierte. Rothfels kehrte als Schwerverwundeter mit einer lebenslangen Behinderung aus dem Ersten Weltkrieg zurück. In den frühen 20er Jahren Archivar am Reichsarchiv (Rothfels arbeitete an einer geplanten Edition zur Geschichte der Bismarckschen Sozialgesetzgebung), habilitierte er sich bei Meinecke in neuerer und neuester Geschichte in Berlin. 1926 erhielt er einen Ruf an die Universität Königsberg, wo er sein Forschungsinteresse den Nationalitätenproblemen im europäischen Osten widmete und seine Sicht der Staatshistorie ergänzte durch die neue Volksgeschichte und statt des Konzeptes des Machtstaates nun das Programm »ganzheitlicher Volksgeschichte« vertrat.[18] Obgleich er 1910 zum Protestantismus konvertiert war, wurde Rothfels als Sohn jüdischer Eltern Opfer der NS-Rassenpolitik. Daß Rothfels 1933 nicht sofort unter das »Gesetz zur Wiederherstellung des Berufsbeamtentums« fiel, verdankte er zunächst seiner Kriegsverletzung. Obwohl er schon vor 1933 verbotenerweise zusammen mit radikalen Studenten gegen »Versailles« demonstriert hatte, wurde er, auf den Eckart Kehr noch wenige Jahre zuvor das böse Wort vom »ersten Faschisten unter den deutschen Historikern«[19] gemünzt hatte, ein Jahr später zwangsemeritiert, zwölf Monate später erhielt er die von Hitler unterzeichnete Entpflichtungsurkunde.

18 Hans Rothfels, Interview mit Viktor v. Oertzen und Hubert Locher für den SWF, in: BAK, NL Rothfels 213, Nr. 135, S. 2: »Die östlichen Fragen erschienen interessanter als die im Westen, wo das Verhältnis zwischen Frankreich und Deutschland glatt gestellt (sic!) war [...].« Die Beziehungen zu den Studenten, so Rothfels, auch mit den nationalsozialistisch organisierten, sei gut gewesen, man habe ihm »keine nationale Unzuverlässigkeit« vorwerfen können.« (ebd., S. 5). Zum Gesamtzusammenhang: Ingo Haar, »Revisionistische« Historiker und Jugendbewegung, S. 52-103.

19 Kehr, Neuere deutsche Geschichtsschreibung, S. 266. Eine weniger bekannte kritische Wertung stammt von Hallgarten, Das Schicksal des Imperialismus, S. 93 ff. Daß Rothfels, so Boockmann, »durch seine jüdische Herkunft vor der Versuchung bewahrt [wurde], mit den Nationalsozialisten gemeinsame Sache zu machen«, muß angesichts der schwierigen Quellenlage als bloße Behauptung und überholt gelten, vgl.: Boockmann, Die Königsberger Historiker, S. 277. Den Stand der Forschung zur Königsberger Zeit von Hans Rothfels bietet Haar, »Revisionistische« Historiker und Jugendbewegung, S. 52-103; zur Schwierigkeit einer eindeutigen Wertung vgl. auch die jüngste Kontroverse um Rothfels zwischen Heinrich A. Winkler und Ingo Haar in den »Vierteljahrshefen für Zeitgeschichte«, vgl.: Winkler, Ein Lobredner Hitlers?; Haar, Quellenkritik; Winkler, Geschichtsklitterung; hierzu auch: Roth, Richtung halten.

Für die NSDAP war Rothfels ein »jüdischer Professor«, und es sei »völlig ausgeschlossen, dass ein Träger artfremden Blutes über deutsche Geschichte zu der kommenden deutschen Generation spricht«.[20] Allerdings hat die Universität Königsberg um Rothfels gekämpft. In einem offenen Brief hoben Studenten »die gesamte Forschungs- und Lehrtätigkeit von Herrn Prof. Rothfels, seine Angriffe gegen die erwähnten destruktiven Tendenzen und einen zersetzenden Individualismus« hervor und führten als »Beweis« an,

> »dass er niemals der nun vergangenen Epoche, wohl aber den besten Wegbereitern eines wissenschaftlichen neuen Geistes zuzurechnen ist. Für die Männer, denen die innere Verbindung mit Volkstum, Boden, Landschaft, Wehrwillen und nicht zuletzt mit sozialer Verpflichtung zur zweiten Natur geworden war, hat er von jeher das Verständnis in der Wissenschaft und der Universität zu erschließen versucht. [...] Er ist nicht müde geworden, die gestaltende Kraft der nationalen und Volkstums-Idee, die die Völker ergriff [...], als die eigentlichen positiven Motoren der Weltgeschichte besonders warm und eingehend zu kennzeichnen.«[21]

Der Kurator, der Rothfels ohne Einschränkung zu den »Wegbereitern des neuen Deutschlands« zählte, schrieb an das Berliner Ministerium, wies auf den »stets echten deutschen Bekennermut« von Rothfels hin, hob dessen Kampf gegen die »Kriegsschuldlüge« und die »westlerischen demokratischen Tendenzen in Politik und Geschichtsschreibung« hin und forderte, es müsse bei der bevorstehenden »Entjudung« der deutschen Universität Ausnahmen geben. Rothfels habe in Königsberg »eine Gedankenwelt aufgebaut, die im wesentlichen identisch ist mit der, die das neue Deutschland geschaffen« habe: »Der neue Staat ist so stark, daß er

20 Der Beauftragte der Parteileitung, Brief vom 2. 7. 1934 an den Stellvertreter des Führers, in: BAK, NL Rothfels 213, Nr. 20. Hier auch weitere Briefe zwischen dem Akademischen Auslandsdienst, dem Kultusministerium und der Danziger Parteistelle.

21 Ebd. Ein ähnlicher Brief an den Kurator erfolgte von seiten der Kollegen Maschke und Craemer. Ein persönlicher Brief der Studenten an Rothfels vom gleichen Datum enthielt folgende Sätze: »Wir haben mit Ihnen in den letzten Wochen den Anfang eines neuen Deutschlands erlebt und den erhofften Umschwung begrüßt. [...] Unter Ihrer Leitung hat uns die Einsicht in nationale und soziale Fragen den Blick erweitert für das Werden und Wesen des neuen Reiches.« (ebd.).

sich ruhig hinter einen solchen Mann stellen könne.[22] In seiner letzten Königsberger Vorlesung[23] drückte sich die enge Verbindung zwischen Rothfels und den Studenten sowie die Sprachlosigkeit über jenes »verwaltungsgeschichtliche Kuriosum«, wie es der Historiker nach 1945 herunterzuspielen versuchte,[24] aus. In seinen Abschiedsworten vor dem Seminar vom 25. Juli 1934 spricht Rothfels zwar wehmütig, aber angesichts der Anhänglichkeit der Schüler versöhnlich von einem ihn »tief bewegenden Schlussakkord« des Abschieds, von einem »Sieg des Lebens und der Wirklichkeit über die Theorie«, an den er sich in seiner Erinnerung halten werde als einer »Quelle der Kraft«, und er ergänzt: »Seien Sie versichert, daß die stärkste Waffe gegen Verbitterung die Erinnerung an die Tatsache sein wird, mit Ihnen in einer Gemeinschaft gestanden zu haben, wie sie wohl an wenigen Stellen des deutschen Universitätslebens Wirklichkeit geworden ist.«[25] Er wünschte dem Zuhörer- und Schülerkreis, er möge sich »von der grossen Zeitbewegung aufs stärkste und innerlichste« ergreifen lassen »und sie als echte Totalität nehmen.«[26] Die Schlußworte muten prophetisch an: »Ich werde nicht vergessen, was gewesen ist, wie Sie es nicht tun wollen […]. Lassen Sie uns im Kern so etwas wie eine intelligible Gemeinde sein.«[27]

22 Der Kurator der Albertus-Universität Königsberg an den Minister für Wissenschaft, Kunst und Volksbildung, Brief vom 8. 4. 1933, in: BAK, NL Rothfels 213, Nr. 20. Vgl. auch die studentische Solidaritätserklärung für Rothfels vom 3. 4. 1933: Man verdanke ihm die »Erkenntnis unserer Aufgaben an Volk und Reich«; und weiter: »Sie haben uns in einer Zeit, wo andere ratlos waren, den Weg gezeigt in einer Wissenschaft, die ihre Berechtigung und Bindung im Dienst am Volk und Staat findet.« (Ebd.).

23 Hans Rothfels, Schlußworte der letzten Vorlesung in Königsberg (Sommersemester 1934), in: BAK, NL Rothfels 213, Nr. 142.

24 Rothfels, Die Geschichtswissenschaft in den dreißiger Jahren, S. 90-107 (90).

25 Hans Rothfels, Abschiedsworte beim Zusammensein mit dem Seminar in Juditten (25. VII. 1934), in: BAK, NL Rothfels 213, Nr. 20 (unpaginiert, 6 S.); in einer der wenigen Selbstdeutungen von sich selbst spricht hier Rothfels von seiner Generation als »rittlings der Zeitenwende« stehend und von den Vorsätzen, »mit denen meine Generation aus dem Felde zurückkehrte«: »eine neue wissenschaftliche Haltung«, namentlich die des »inneren Hineinwachsens in verpflichtende Aufgaben des geschichtlichen Raums« (S. 1 f.).

26 Ebd., S. 3.

27 Ebd., S. 4 f.

Kurze Zeit später wurden Rezensionen von Rothfels von der HZ abgelehnt.[28] Während des Novemberpogroms des Jahres 1938 wurde er verhaftet, doch ein »wohlwollender Kriminalbeamter am Alexanderplatz« ließ ihn, wie Rothfels später erzählte, wegen seiner Krücken durch die Hintertür wieder laufen.[29] Im selben Jahr verließ er Deutschland mit Hilfe englischer Freunde und wurde nach einem Jahr in England, wo er nach Ausbruch des Krieges wiederum als Deutscher in ein Internierungslager auf der Isle of Man gebracht wurde, an die Brown University in Providence/USA berufen.[30] Nach dem Krieg erhielt er einen der angesehensten Lehrstühle der Universität Chicago. Noch in Amerika schrieb er sein wohl berühmtestes Buch: *The German Opposition*,[31] das die Grundlage seiner Rückkehr nach Deutschland werden sollte: zunächst als Gastdozent in Tübingen und Göttingen, ab 1951 dann als Ordinarius in Tübingen.

Hans Rothfels war eine »strategische Persönlichkeit«, wie dies Winfried Schulze einmal formulierte. In ihm verbinden sich fünf epochale Zeit- und Gedächtnisschichten deutscher Geschichte: Kaiserreich, Weimarer Republik, Nationalsozialismus, Emigration und Bundesrepublik. Diese biographische Verbindung allein macht ihn bereits interessant für die deutsche Wissenschaftsgeschichte.[32] Neben der Vita ist es aber vor

28 Vgl.: Walter Kienast, Brief an Hans Rothfels vom 8. 2. 1936; Hans Rothfels, Brief an Karl Alexander von Müller vom 23. 2. 1936, in: BAK, NL Rothfels 213, Nr. 20.

29 Rothfels, Interview mit Viktor v. Oertzen und Hubert Locher für den SWF (o.D.), in: BAK, NL Rothfels 213, Nr. 135, S. 6.

30 Schon in den Jahren 1936 und 1937 hatte Rothfels Englandreisen unternommen. Die Tagebücher aus dieser Zeit sind zwar äußerst knapp gehalten, lassen aber die große Anspannung und mehrmals auch antisemitische Vorurteile erkennen, z.B. über Fraenkels »unleugbar geistig-jüdische Züge«, die ihn, so Rothfels, unsympathisch machten. Vgl.: Rothfels, Aufzeichnungen über meine Englandreise 24. Nov. - 12. Dez. 1936, in: BAK, NL Rothfels 213, Nr. 127, S. 4; ähnliche Bemerkungen auf S. 6 und 12; hier heißt es über das emigrierte Warburg-Institut in London: »Ein scheussliches Völkergemisch in Studenten wie Dozenten und die ganze Atmosphäre mir sehr antipathisch.«

31 Hans Rothfels, The German Opposition to Hitler. An Appraisal, Hinsdale (Ill.) 1948.

32 Schulze, Hans Rothfels und die deutsche Geschichtswissenschaft nach 1945, S. 84 f. Eine frühe Kritik an der Funktion von Rothfels bei: Iggers, Die deutschen Historiker in der Emigration, S. 103. Iggers, selbst Emigrant, Historiker in New York und Buffalo, der vor allem mit seinen kritischen Büchern über die Entwicklung des deutschen Geschichtsbewußtseins seit dem

allem seine den Geschichtsbrüchen entgegengehaltene historische Deutungsarbeit, die hier interessiert. Schon die Arbeiten von Rothfels zur Geschichte des 19. Jahrhunderts, zur Revolution von 1848, zu den preußischen Reformen, zu Bismarck und dem osteuropäischen Nationalitätenproblem hatten zu ihrer Zeit kanonische Bedeutung. Aber noch einflußreicher wurde seine Interpretation des Dritten Reiches, und das Selbstverständnis der frühen Bundesrepublik bekam durch seine Beiträge noch eine entscheidende Prägung. Daß er hierbei sogar als Vertreter eines »einzigartigen Patriotismus deutsch-jüdischer Symbiose« gelten konnte, wie dies sein Schüler Erich Kosthorst bemerkte,[33] verzerrt die Diskurs- und Kommunikationsgeschichte, in die sich Rothfels hineinbegab, beträchtlich. Eine solche Einschätzung verkennt vollständig, daß die Funktion von Rothfels in den Jahren nach 1945 in einem Spiel der Perspektiven lag, darin, daß er als Ausländer, Emigrant und vertriebener Jude eine andere Geltung zugewiesen bekam, aber nicht weil er eine neue Perspektive mitbrachte, sondern weil er die alten reimportierte und als deutscher Patriot Positionen formulierte, die sich seine Kollegen gar nicht mehr leisten konnten.[34]

19. Jahrhundert bekannt wurde, wurde in Hamburg unter dem Familiennamen Igertsheimer geboren, den die Eltern bei der Emigration 1938 in »Iggers« veränderten. Er kann als eine Art Gegenbiographie zu Rothfels verstanden werden. Er selbst verortet allerdings den »Übergang in meinem Bewußtsein vom patriotischen Deutschen, der sich ganz mit den Kindern in der Schule und dem Lehrer identifizierte, zum nationalen und religiösen Juden« noch in Deutschland, vgl. hierzu seine Kindheitserinnerung an Deutschland: Iggers, Eine Kindheit in Deutschland, S. 172. An anderer Stelle hat er dagegen betont, daß das Gefühl, bewußt Jude zu sein, eine Folge der Emigration war, das berichtet z.B.: Wolf, Deutsch-jüdische Emigrantenhistoriker in den USA und der Nationalsozialismus, S. 179. Vgl. jetzt den Lebensbericht, den Georg G. Iggers und seine Frau Wilma zusammen unter dem Titel »Zwei Seiten der Geschichte« geschrieben haben.

33 Vgl. die Nachkriegserinnerung eines Schülers an die frühe Tübinger Zeit von Rothfels bei: Kosthorst, Mein Weg durch die Zeitgeschichte, S. 137-152, v.a. S. 139 ff.

34 Tatsächlich kann Hans Rothfels diesbezüglich nicht nur als Gegentypus zu Iggers, sondern auch zu Selma Stern und ihrem jüdischen Selbstverständnis gelten, wie das Gottfried Niethart dargelegt hat, vgl.: Niethart, Deutsch-jüdische Historiker in der Weimarer Republik, S. 148 f.

»Brückenschläger« und »Verteidiger deutscher Werte«: Deutsche Diskursangebote an Emigranten als Vereinnahmungen

Diese einmalige Funktion von Rothfels für die Nachkriegsgeschichtswissenschaft haben die Zeitgenossen sehr bewußt wahrgenommen und genutzt. Kaehler sprach vor der Remigration des Freundes, die er ihm ständig auszureden versuchte, recht unverblümt davon, daß Rothfels' »jetzige Stellung zwischen zwei Bereichen der abendländischen Wissenschaft so einzigartig [sei], daß es vermutlich mehr im deutschen Interesse liegt, wenn er an seiner neuen Wirkungsstätte bleibt *und von ihr aus unsere geistigen Belange wahrnimmt*«.[35] Friedrich Meinecke hat seinen Schüler nach dem Krieg offiziell als »Brückenschläger« angesprochen. In seinem Geleitwort für die Festschrift für Rothfels rühmt er explizit dessen »meisterhaft abgewogenen Münchner Vortrag von 1949 über Bismarck«, sein »Streben« nach »Vereinigung« als das »Leitmotiv Ihres Lebens und Wirkens als Lehrer und Forscher«. Meinecke exemplifiziert hier noch einmal die Rothfels und sein Schicksal zugleich vereinnahmende und universalisierende Rhetorik: »Furchtbare Stunden«, so Meinecke, waren »Ihnen *und uns* beschieden, als das ›Dritte Reich‹ heraufzog«.[36] Die Gefahren dieser Zeit haben »nicht nur nationales, sondern rein menschliches Dasein« tödlich bedroht. Rothfels habe, so Meinecke, wegen seiner Abstammung besonders gelitten, aber eine »Heilkraft des inneren Risses« entwickelt, die es ihm ermöglicht habe, »als Emigrant und Professor in Amerika« Fuß zu fassen. Meinecke spricht den Vorgang der »Entjudung« nicht aus. Statt dessen aber lobte er den ehemaligen Schüler, »Treue zu allem bleibend Guten Ihrer deutschen Vergangenheit mit der inneren Verpflichtung für Ihre neue Umwelt charaktervoll vereinigen« zu können.

> »Unvergessen wird es Ihnen in Deutschland stets bleiben, daß Sie das Buch ›German Opposition to Hitler‹ schreiben konnten [...]. Sie durften es wagen, als ein Verteidiger deutscher Werte aufzutreten, weil Sie jetzt auf einer höheren Warte standen als der nur einer nationalgeschichtlichen Betrachtungsweise.«

Hier wird die ganze Paradoxie nationaler Exkulpation deutlich, für die man so emphatisch zu danken hatte, weil sie zwar »Verteidigung« war, aber eben von »einer höheren Warte« als der »nur nationalgeschicht-

35 Kaehler, Brief an Friedrich Meinecke vom 20. 4. 1950, in: Meinecke, Ausgewählter Briefwechsel, S. 557 [Hervorh. v. N.B.].

36 Meinecke, Zum Geleit, S. 10 [Hervorh. v. N.B.]. Hieraus auch die folgenden Zitate.

lichen Betrachtungsweise« zu kommen schien, als wenn dies in Deutschland verbliebene Historiker vorgebracht hätten. Meinecke hatte die exkulpierende Anwendbarkeit von jenem Hans-Rothfelsschen »inneren Universalismus« im Hinblick auf das Deutungsmodell der deutschen Nationalgeschichte der NS-Zeit sehr genau erkannt:

> »Wie bitter nötig tut uns in der heutigen erschütternden Zeit einer Völker- und Weltenwende ein solcher innerer Universalismus, der in der Ehrfurcht vor den positiven Werten des eigenen Volkes wurzelnd zur Ehrfurcht vor den positiven Werten und Gemeinsamkeiten aller Völker wird und *Brücken schlägt* zu allem wahrhaft Menschlichen in Ihnen. *Ein solcher Brückenschläger sind Sie geworden.*«[37]

Und dem in Amerika verbliebenen Historiker Hajo Holborn wies Meinecke darauf hin, daß er eine »Mission« habe, als »ursprünglich« deutscher Historiker »*nun mehr Brücken eines neueren Verständnisses* zu schlagen zwischen unseren Völkern«. Es gelte, »die deutsche Geschichte des 19. Jahrhunderts unter dem Gesichtspunkt ihres schrecklichen und tragischen – und noch mehr schrecklichen als tragischen Ausgangs zu sehen, ohne wilde Bilderstürmerei mit strenger, aber auch innerlich verstehender Kritik«.[38] An den jüdischen Emigranten Gerhard Masur, der nach einer langen Odyssee ebenfalls in Amerika eine bescheidene Zuflucht ge-

37 Ebd., S. 11 [Hervorh. v. N.B.]. »Die geistige Gemeinschaft zwischen uns gehört zu den wenigen vollständig geretteten Werten meines Lebens«, so betonte Meinecke auch gegenüber dem vom NS-Regime verfolgten Ludwig Dehio, vgl.: Meinecke, Brief an Ludwig Dehio vom 15. 5. 1947, in: GStAPK, Rep. 92, Nr. 187. In solchen Vereinnahmungen verwischen sich alle Unterschiede: Für Ludwig Dehio, dessen Haltung in den Jahren zwischen 1945 und 1949 von Winfried Schulze gebührend hervorgehoben worden ist, war es unmöglich, als neuer Herausgeber der Historischen Zeitschrift zur Normalität überzugehen. Das Wiedererscheinen der Fachzeitschrift verzögerte sich bis zum Frühsommer 1949 und ist nur zum Teil mit ungeklärten Lizenzierungsfragen des Oldenbourg-Verlages zu erklären: »Dehios Zaudern [stellt] den Versuch dar, die ›Katastrophe‹ zunächst zu verarbeiten und erst dann wieder historisch zu arbeiten. In einem vom Verlag verhinderten Geleitwort gestand er die Spuren des Nationalsozialismus in der HZ ebenso ein wie die ›Verkrümmung unserer Wissenschaft‹« (Schulze, Die Historiker und die historische Wirklichkeit, S. 176).

38 Meinecke, Brief an Hajo Holborn vom 1. 12. 1946 [Hervorh. v. N.B.], in: Ausgewählter Briefwechsel, S. 262 f. Vgl. auch ders., Brief an Ludwig Dehio vom 19. 6. 1946, in: GStAPK, Rep. 92, Nr. 187: »Es fällt doch auf alles, was uns früher im Sonnenschein lag, heute ein dunkler Schatten.« Nötig sei eine Revision des bisherigen Geschichtsbildes »mit Liebe und Strenge zugleich«.

funden hatte, richtete Meinecke ähnliche Worte: »Inmitten einer weltgeschichtlichen Zeitenwende«, so der ehemalige Lehrer an seinen anhänglichen Schüler, gelte es, »sich selbst innerlich frei und aufgeschlossen zu erhalten. Das ist das Ziel, das wir anstreben.« Er hoffe, daß er, Masur, bei seinen Schülern dieselbe Erfahrung mache, »dass sich *geistige Brücken* zwischen gutem deutschem und amerikanischem Geiste zu bilden anfangen«.[39]

Die gedankliche Konstruktion Meineckes war allerdings aggressiver, als es die harmonisierenden Topoi von »Brücken« und »Überbrückung« zunächst erkennen lassen. Vor allem die Kontrastierung war suggestiv: »Ich hatte schon befürchtet, daß Sie im Sturme der Zeit untergegangen seien!« Da aber er, Masur, nun in den USA lebe, werde er sich »menschlich, geistig und wissenschaftlich [...] nun wieder *freier entfalten* können«: Möge er das ihm *»anvertraute Pfund«* reichlich wirken lassen. »Glückauf zu Ihrem *erweiterten* Leben.« Die »hier Gebliebenen«, so fügte der greise Doyen der deutschen Historie sogleich an, litten demgegenüber an »furchtbaren Katastrophen«; man müsse, so Meinecke weiter, »die letzten Reservoirs seines Innenlebens aufbieten, um sich zu behaupten, und doch möchte man manchmal schreien«.[40] In einem Brief an Rothfels von Anfang Juni 1946 wurde die Verkehrung der Perspektiven noch deutlicher: »[I]ch erhielt den Eindruck, daß Sie nach so viel Schwerem und Schwerstem, was sie zu erleben hatten, nun doch wieder auf der *aufsteigenden Kurve* sind, – während wir hier in Deutschland alle noch auf der *absteigenden Kurve* sind. Jeder trägt außer dem allgemeinen Unglück auch noch einen besonderen Packen Privatunglück.«[41] Meinecke klagt über sein schlechtes Sehen, das unzureichende Papier und die beengten Räumlichkeiten, die das Briefeschreiben zur Last werden lassen. Dann dankt er ihm für einen auf englisch geschriebenen Aufsatz, in dem Rothfels die Massenflucht im Osten thematisiert hatte,[42] mit den Worten: »Daß gerade Sie ihn schrieben, ist eine Tat, für die ich Ihnen die

39 Friedrich Meinecke, Brief an Gerhard Masur vom 22. 7. 1948, in: IfZ, NL Masur. Zur Anhänglichkeit Masurs vgl. z.B.: Masur, Friedrich Meinecke, in: International Encyclopedia of the Social Sciences (1968), S. 121-124.

40 Meinecke, Brief an Gerhard Masur vom 7. 2. 1947, in: IfZ, NL Masur [alle Hervorh. v. N.B.].

41 Meinecke, Brief an Rothfels vom 3. 6. 1946, in: ders., Ausgewählter Briefwechsel, S. 250 f. [Hervorh. v. N.B.]. Hieraus auch die folgenden Zitate. Rothfels hat an diesem Selbstbild seinerseits mitgearbeitet, wenn er wenige Jahre später Meineckes »Selbstbehauptung gegenüber allen Vergewaltigungen« pries, vgl.: Rothfels, Friedrich Meinecke, der Lehrer, in: FAZ, 30. 10. 1952.

42 Rothfels, Frontiers and Mass Migrations in Eastern Central Europe.

Hand drücke. Treue um Treue sei unsere Losung, aber zugleich auch das mutige Durchdenken aller Konsequenzen für unsere eigenen Ideale und Wertmaßstäbe bei einer Revision unserer früheren Geschichtsansicht unter den Lehren der furchtbaren Katastrophe.« Diese Lehren seien, so Meinecke, Inhalte einer Schrift – gemeint war *Die deutsche Katastrophe* – die er, Meinecke, schon geschrieben habe und von der er die Vermutung ausspricht: »Sie werden manches anders ansehen als ich in meiner Auffassung der tieferen Zusammenhänge und Ursachen der nazistischen Entartung des deutschen Menschentums. Aber in manchem werden wir uns auch wieder einander genähert haben.« Für den Altmeister des Historismus war es ebenso aussagekräftig wie für das Geschichtsdenken der Zeit und die damit verbundenen Schwierigkeiten der Wahrnehmung und Selbstwahrnehmung nach der »deutschen Katastrophe«, daß die »Gemeinsamkeiten« sehr unterschiedlicher Erfahrungen betont wurden. »Das gehört ja zu dem Tröstlichsten dieser Zeit, daß tiefere Gemeinsamkeiten des Denkens den Menschen wieder bewußter werden.«[43]

In dem Brief Meineckes an Rothfels klingen mehrere Fragen an, und das Schreiben bildete zudem selbst genau jenen Diskurs ab, nach welchem die Rückkehr des Emigranten vorgezeichnet schien. Von dem »Sie«-»wir«-Gegensatz, verstärkt durch das suggestive Bild von dem gegenläufigen Kurvenverlauf über den emphatischen Dank an den Aufsatz-Autor Rothfels, daß »gerade« er ihn geschrieben habe, bis zu jener Schlußsentenz, in der die »Nähe«, das »Tröstliche« und die »tieferen Gemeinsamkeiten« den Vollzug der deutsch-jüdischen Versöhnung verkünden. Im Grunde genommen vollzieht sich in der Wiederaufnahme der Beziehung zwischen Schüler und Lehrer das gelungene Gegenprogramm zur von Schmerz geprägten Stellungnahme über die Geschichte von Deutschen und Juden, wie sie beispielsweise von Cohen bei seinem ersten Besuch in Deutschland nach 1945 formuliert wurde.

Ressentiments gegen Emigranten: Rothfels als Ausnahme

Die Ressentiments gegen die Rückkehr von Emigranten waren im Nachkriegsdeutschland weit verbreitet, ihre Urteile galten von vorneherein als verzerrt.[44] Der Münchner Wirtschafts- und Sozialhistoriker Friedrich Lütge trat nach 1945 mit einer langen, an die Adresse der amerikanischen Besatzer addressierten Denkschrift über das Verhältnis von »Partei-

43 Meinecke, Brief an Rothfels vom 3. 6. 1946, in: ders., Ausgewählter Briefwechsel, S. 250.

44 Exemplarisch in: Hoffmann, Nach der Katastrophe.

genosse – Nichtparteigenosse« hervor, in welcher er die »innere Entwicklung« des Dritten Reiches dermaßen hypostasierte, daß er zu Beginn seiner Ausführungen explizit die Informationen von Emigranten über das Deutschland vor und während der NS-Zeit als a priori wertlos ausschied. Um die »Göttin Gerechtigkeit« wieder auf den Thron zu setzen, so Lütge, könnten ausschließlich »der Einblick in die inneren Verhältnisse«, die »internen Vorgänge«, die »innere Entwicklung«, die »innere Haltung« und die »innerste Überzeugung« zur Grundlage der Beurteilung gewählt werden. Nicht die »oberflächliche« formale Mitgliedschaft oder das von den »Terroristen in der Partei« unter Zwang geforderte soziale Handeln, sondern der »ehrliche Willen«, das »soziale Verantwortungsgefühl«, die »Gewissensskrupel« während des Krieges und der ständige Versuch »zu mildern und zu bessern« sei als Bewertungsgrundlage adäquat.[45] Auch der Soziologe Helmut Schelsky sprach sich 1950 in einem Brief an Carl Schmitt pauschal und pejorativ gegen die »remigratorische Wissenschaft« aus.[46] Selbst ein so liberal gesonnener Historiker

45 Lütge, Parteigenosse – Nichtparteigenosse, S. 190, 185, 173, 177, 186, 177, 185, 186 und 180 (in der Reihenfolge der Zitate). Das Fazit einer solchen Methode, die einforderte, man müsse zuerst erkennen und verstehen, ehe man kritisieren oder gar verdammen dürfe (172), war vorhersehbar: Die Zahl der Parteigenossen wuchs zwar ständig an, die Zahl der »eigentlichen« Nazis aber wurde immer geringer, »weil ein immer größer werdender Prozentsatz in einer sich von Tag zu Tag versteifenden inneren Opposition zur Parteiführerschaft stand« (185). Die Deutschen waren entweder aufgrund von »Idealen« an einer »ehrlichen Mitarbeit und Mitgliedschaft« (177) in die NSDAP eingetreten oder aber gegen ihren Willen in die Partei hineingezwungen bzw. ohne ihr Wissen »automatisch« aufgenommen worden (183-187). Zwar nicht Millionen, aber doch Tausende von Männern, gerade aus den »einsichtigeren Kreisen« der Rechten, hätten aber tatsächlich die Aufnahme angestrebt, »um die Entwicklung selbst in die Hand zu nehmen« und Einfluß auf die »innere geistige Haltung« der Partei zu gewinnen (181 f.), natürlich aus Sorge um Deutschland und in der kritischen Haltung gegenüber der »Unzulänglichkeit der führenden Männer dieser so schnell aufgeschossenen Massenpartei« (181). Wo aber alles dies nicht zutraf, liege »ein massenpsychologisches Rätsel« vor, das jedoch verständlicher werde, wenn man den Lügencharakter der Parteipropaganda gegenüber einer »aufgewühlte[n], direktionslose[n] Masse« berücksichtige (178). Der Text schließt mit einer Warnung vor »pharisäischer Unduldsamkeit« und bietet dem Ausland an, »Vergangenes [...] begraben« sein zu lassen: »Jeder schlage an seine Brust und scheue sich, den ersten Stein aufzuheben.« (191)

46 Helmut Schelsky, Brief an Carl Schmitt vom 28. 9. 1950, zit. nach: Dirk v. Laak, »Nach dem Sturm schlägt man auf die Barometer ein ...«, S. 37.

wie Franz Schnabel konnte sogar noch Ende der 50er Jahre die Berufung des jüdischen Remigranten Eric Voegelin auf den neueingerichteten Lehrstuhl für Wissenschaftliche Politik folgendermaßen kommentieren: »Da hat man doch das letzte Strandgut der Emigration an Land gezogen.«[47] Emigranten wehrten sich mitunter gegen eine solche »selektive Perzeption« und gegen ihre erkenntnistheoretische Marginalisierung, nach welcher Deutschland nur von Deutschen verstanden werden könne, die zwischen 1933 und 1945 im Land geblieben waren.[48] Doch entweder waren die Ressentiments stärker, oder aber man wurde als Rückkehrer in einer solch strategischen Überschwenglichkeit gelobt, daß einem die Rolle im System gerade dadurch eng begrenzt und von vorneherein festgeschrieben wurde. Arnold Bergsträsser erhielt das Lob für die »Sorge um das Vaterland«, die stets an erster Stelle gestanden habe, für die Bewahrung »des Deutsche[n] im besten Sinne des Wortes« auch im Ausland und für den Verzicht auf Vorwürfe nach der Rückkehr: »Wir sind glücklich, aus den Schilderungen des abendländischen Menschenbildes den alten Arnold wiederzuerkennen, wie er war, wie er geblieben ist – frei von Ressentiment, furchtlos von den alten Idealen beseelt.«[49] Solchen Erwartungen konnte natürlich auch entgegengearbeitet werden, wie im Falle Bergsträssers mit seinem Sammelband *Deutsche Beiträge zur geistigen Überlieferung* aus dem Jahre 1947, den Ludwig Dehio in der HZ begeistert als »Kunde vom alten Deutschland« und als »Denkmal des deutschen Geisteslebens in Übersee« begrüßte.[50]

Diese spezifische Heimholung traf in noch stärkerem Maße im Falle von Hans Rothfels zu, der im übrigen in dem genannten Band von Bergsträsser das »Überzeitliche« der preußischen Reformer der politischen »Wiedererweckung« anempfohlen hatte. Heinrich Ritter v. Srbik bekannte, daß eine Rückkehr von Rothfels nach Deutschland »ein Son-

47 Zitiert nach den Erinnerungen von Hans Maier, Ein Schwieriger zwischen den Fronten. Erinnerungen an Eric Voegelin, in: FAZ, 8. 4. 2000. Voegelin war bereits zu Lebzeiten ein umstrittener Wissenschaftler, doch bei Meier wird er als »Schwieriger« mit »fordernde[m] Auftreten« und einer »dezidierten Art, seinen Standpunkt zu vertreten« beschrieben, dessen »Empfindlichkeit des Emigranten« es gewesen sei, die die sozialen und wissenschaftlichen Beziehungen zu Kollegen erschwerte und der folglich selbst die sich um ihn ausbreitende Einsamkeit zu verantworten habe.

48 Ebeling, Deutschland wiederbesucht, S. 497.

49 Hans Speidel, Brief an Arnold Bergsträsser, in: Hodeige/Rothe (Hg.), Atlantische Begegnungen, S. 11.

50 Bergsträsser (Hg.), Deutsche Beiträge; Dehio, Rez., in: HZ 169 (1949), S. 339 f.

nenstrahl im Düster der Zeit« wäre.[51] Friedrich Meinecke räsonierte halb ärgerlich über die von ihm vermutete Deutungshoheit jüdischer Historiker, halb kalkulierend, wie diese nutzbar zu machen sei, er habe »im ganzen von diesen jüdischen emigrierten Historikern den Eindruck, daß sie nicht mit *emigrantischem Ressentiment* unser Schicksal betrachten, daß sie uns besser kennen und verstehen als die Amerikaner und daß sie als Vermittler in unserer Wissenschaft uns viel Gutes bedeuten könnten«. Und er fügt in Klammern an: »Wie tapfer hat nicht z.B. Rothfels die Potsdamer Beschlüsse historisch kritisiert in einer amerikanischen Zeitschrift.«[52] In den Augen Meineckes war deshalb das Verhalten Rothfels' die Ausnahme von einer Regel, die man ansonsten von deutscher Seite generell bei Emigranten erwartete – und bekämpfte. In einem Brief aus dem Jahre 1947 lobte er das »antinationalistische Element«, das Rothfels in einem Bismarck-Aufsatz herausgestrichen hatte, ein Lob, das er mit einer Betrachtung über den Zusammenhang von geschichtlichen Katastrophen und ihrer Wirkung auf das Geschichtsdenken der Gegenwart verband: »In allem Unglück, das wir heute erleiden, ist uns doch, wenigstens uns Historikern, das Glück zuteil geworden, alles neu zu sehen, von der Konvention sich zu befreien und die Rätsel unseres Schicksals zwar nicht zu lösen, – im Gegenteil, sie noch rätselhafter zu sehen, – aber doch ahnungsvoller und tiefer zu empfinden. Letzten Trost muß dann immer das Metaphysische und das Religiöse uns geben.«[53]

Die strategische Position von Rothfels als »Ausnahme« des ansonsten gegen Emigranten gerichteten Vorurteils hat keineswegs nur dessen ehemaliger Lehrer erkannt. Als im Institut für Zeitgeschichte die Planungen für eine neu zu gründende zeithistorische Fachzeitschrift begannen, galt

51 Heinrich v. Srbik, Brief an Rothfels vom 10. 2. 1949, in: v. Srbik, Die wissenschaftliche Korrespondenz des Historikers, S. 563-565.

52 Meinecke, Brief an Dehio vom 21. 7. 1947, in: ders., Ausgewählter Briefwechsel, S. 280-282 (281) [Hervorh. v. N.B.]. Bei Meinecke ist das Geflecht aus abschätzigen Affekten gegen Juden und Judentum und seinem Philosemitismus generell schwer zu entwirren, vgl. Rosenblüth, Friedrich Meinecke über Juden und Judentum; außerdem: Meineke, Friedrich Meinecke, S. 30; sowie: Classen, Rhetorische Bemerkungen, S. 423 f. Zu konstatieren bleibt dreierlei: 1.) Meineckes nicht selten abfällige Bemerkungen über Juden; 2.) Sein explizites Eintreten gegen Antisemitismus; 3.) Seine Beliebtheit als akademischer Lehrer und der lebenslange Kontakt zu jüdischen Schülern, z.B. zu Dietrich Gerhard, Felix Gilbert, Gerhard Masur, Hans Rosenberg u.a.

53 Meinecke, Brief an Rothfels vom 17. 8. 1947, in: ders., Ausgewählter Briefwechsel, S. 283 ff.

Rothfels auch hier als »*der* Mann für das Institut«, so Hellmuth Becker aus dem wissenschaftlichen Beirat. In einer Empfehlung von Rothfels durch Otto Vossler heißt es: »Aber dann gibt es noch einen Mann, der für die Aufgabe geradezu prädestiniert ist, Herr Rothfels in Tübingen. Er ist doch die offenkundige, schlechthin ideale Lösung, was will man denn noch mehr?«[54] Der Heidelberger Historiker Fritz Ernst, der aus München ebenfalls für die Mitarbeit im Beiratsgremien für die »Vierteljahreshefte für Zeitgeschichte« angefragt worden war und der sich auf Reisen in die USA davon überzeugt hatte, »daß sowohl in USA wie in England Richtungen an der Arbeit beteiligt sind, die viel schärfer ›antideutsch‹ sind als etwa die englischen Aktenherausgeber der Zeit nach 1919«, schrieb zur gleichen Zeit an Mau: »Am besten wäre natürlich die Lösung Rothfels […], man müßte dringend an ihn appellieren mit dem Hinweis auf wissenschaftliche und nationale Gründe.«[55]

Verwissenschaftlichung des apologetischen Reflexes der Nachkriegszeit: »Die deutsche Opposition«

Wie Meinecke im »Rätsel unseres Schicksals« Erklärungen und Trost miteinander verknüpfte, wurde anhand der Strukturanalyse seiner *Deutschen Katastrophe* von 1946 und ihrer Wirkungen deutlich. Hans Rothfels hatte durch sein Wort vom »besetzten Deutschland« einer solchen Tendenz seine Weihe gegeben: »Nur wenige Ausländer«, so formulierte er mit Bezug auf die amerikanische Öffentlichkeit, »waren bereit, sich klar zu machen, daß Deutschland nach 1933 ein ›besetztes Land‹ war.«[56] In seinen Arbeiten zum deutschen Widerstand wies er »die Fiktion der

54 Becker, Brief an Hermann Mau vom 24. 2. 1951, in: IfZ /Gründungsunterlagen ID 101, Bd. 1 [Hervorh. im Orig.]; Vossler, Brief an Hermann Mau vom 19. 10. 1951, in: ebd.

55 Ernst, Brief an Hermann Mau vom 7. 10. 1951, in: ebd.

56 Rothfels, Die deutsche Opposition gegen Hitler, S. 20. Rothfels war der prominenteste Vertreter dieser These, aber natürlich nicht der einzige. Auch das vielgelesene Buch »Die deutsche Frage« des ebenfalls emigrierten, liberalen Wirtschaftswissenschaftlers Wilhelm Röpke von 1945 handelte davon, »dass die Deutschen die ersten Opfer der Barbareninvasion gewesen sind, die sich von unten herauf ergoss, dass sie die ersten waren, die mit Terror und Massenhypnose überwältigt wurden, und dass alles, was später die besetzten Länder zu erdulden hatten, zuerst den Deutschen selbst zugefügt worden ist, eingeschlossen das allerschlimmste Schicksal: zu Werkzeugen weiterer Eroberung und Unterdrückung gepresst oder verführt zu werden.« Und in seinem exkulpierenden Büchlein »Am Tage danach« (Hamburg 1946) hat Hans

Identität zwischen Deutschem und Nationalsozialistischem«[57] nach. Dem »Vansittartischen« und »Morgenthauischen« Bild des ›ewigen Deutschen‹ könne ein anderes entgegengesetzt werden, »wirklich im Ewigen verwurzelt und im Martyrium bezeugt«. Der deutsche Widerstand habe sich als »moralische Auflehnung gegen das Böse schlechthin« erwiesen. Mit einem ins Allgemeine gehobenen Begriff vom »Menschen« und seiner »Menschlichkeit« etablierte Rothfels einen politisch ausgesprochen opportunen Widerstandsbegriff als »Vermächtnis des Menschentums in extremis« und als »Durchbruch ins Freie« gegen die »Anmaßung des Totalitären in allen seinen Farben, braun oder rot«.[58] Die englische Version von *The German Opposition* und ihr expliziter Appell an die amerikanische Öffentlichkeit erweist sich bei näherem Hinsehen als doppelt addressiert: Mit diesem zunächst in Englisch an die USA gerichteten Plädoyer für das bessere Deutschland hatte der Emigrant Rothfels dort weniger Erfolg als in Deutschland, an das das Buch implizit gerichtet war.[59] In Amerika gab es bereits seit 1947 das Buch von Allen Welsh Dulles mit dem suggestiven Titel »Germany's Underground«, und die Rezeption dieser Darstellung durch Rothfels ist vielsagend.[60] Zwar lobte er die »Einsicht in die Bedingungen und Probleme einer Opposition unter totalitärer Herrschaftsform« und den »Geist unbefangener Abwägung« des Autors, der als Mitglied des »Office of Strategic Service« (OSS) seit Anfang der 40er Jahre in Kontakt mit dem Widerstandskreis um

Schlange-Schöningen recht plump »Gerechtigkeit« für die Deutschen eingeklagt: Deutschland habe »schon vorweggebüßt, indem es Hitler bereits sechs Jahre vor dem Krieg *ohnmächtig* ertragen« mußte. Andere Völker, so der Autor, hätten schwer gelitten, »aber die Deutschen *eher und mehr* denn alle …« Ebd., S. 7 [Hervorh. v. N. B.].

57 Rothfels, Das politische Vermächtnis des deutschen Widerstands, S. 10. Hier auch die folgenden Zitate.

58 Rothfels, Zum 20. Jahrestag der Erhebung des 20. Juli 1944, S. 6. Die Parallelisierung von »20. Juli 1944« und »17. Juni 1953« war inhaltlich schon vor dem Datum des Aufstandes in der DDR angelegt und konnte natürlich im Verlauf der 50er Jahre als Beweis für die Gültigkeit der Argumentation angesehen werden, vgl. hierzu ausführlich Wolfrum, Geschichtspolitik, v.a. S. 65-85.

59 Aus einem Schreiben von Felix Hirsch an Ritter geht beiläufig hervor, daß der amerikanische Verlag, der Rothfels' »The German Opposition« betreute und den dieser auch für das »Europa-Buch« von Ritter vorgeschlagen hatte, an »Rothfels' Buch so viel Geld verloren« habe, daß nun für Ritters Buch nur noch mit einem Druckkostenzuschuß von bis zu 3.000 Dollar zu rechnen sei; vgl.: Felix Hirsch, Brief an Ritter vom 5. 11. 1949, in: AVHD/Göttingen (1).

60 Hans Rothfels, Rez. von Allen Welsh Dulles, Germany's Underground, New York 1947, in: HZ 169 (1949), S. 133-135. Hiernach die folgenden Zitate.

Gisevius gestanden hatte. Aber aufschlußreicher als das Lob war der Tadel durch den Emigranten. Er beklagte nämlich nicht nur im allgemeinen, daß die »Untergrundliteratur« in einer Welt, die sich an die »Gleichsetzung« von Deutschen und Nationalsozialisten gewöhnt habe, nach wie vor regelrecht tabuisiert werde, sondern er bemängelte auch im speziellen, daß der von Dulles verwendete Begriff der »Opposition« zu schmal verstanden werde, und fügte diesem Befund hinzu: »[A]nonyme Kräfte und die Probleme einer schweigenden oder potentiellen Opposition werden kaum berührt.« Insgesamt vermißte er die Einsicht in den Gesamtcharakter der Bewegung, die nach Rothfels' Auffassung alle Klassen-, Berufs- und Parteiengrenzen überschritten habe. Nicht zuletzt fehle auch deutliche Kritik an Amerika – kurz, Rothfels entwarf hier das Programm seines eigenen Buches, das er dann auch folgerichtig im letzten Satz und mit Ausrufungszeichen ankündigte.

In Deutschland hatte man mit der Berufung auf die eigene Widerständigkeit nicht gewartet, bis Rothfels das Stichwort lieferte. Noch bevor Rothfels' Originalversion des Buches in Deutschland verbreitet war, hatte zum Beispiel die HZ einen langen Besprechungsessay über das Thema gedruckt.[61] Aber das Gewicht seiner Stimme »von außen« wurde natürlich sofort erkannt, nicht zuletzt von Gerhard Ritter, der sich sofort um die deutsche Übersetzung bemühte. Er drängte seinen Kollegen, es sei dringlich, eine gute und zuverlässige Darstellung der Widerstandsbewegung herauszubringen, um einer verhängnisvollen Legendenbildung über die deutsche Widerstandsbewegung entgegenzuwirken: »Wenn ich mich recht erinnere, sind Sie ja wohl nun dabei, Ihr ausgezeichnetes Buch ins Deutsche zu übersetzen und ich möchte Ihnen sagen, daß wir alle aufs stärkste an seinem baldigen Erscheinen in deutscher Sprache und in einem deutschen Verlag interessiert sind. Sicherlich haben Sie schon einen Verleger-Vertrag. Nötigenfalls wäre ich gerne bereit, Ihnen dabei vermittelnd zu helfen.«[62] Später hat Rothfels nicht nur seine Rückkehr nach Deutschland, sondern sogar seine »Austreibung aus Beruf und

61 Kluke, Der deutsche Widerstand; der Verfasser bemerkt in der ersten Anmerkung, daß die »ausgezeichnete Darstellung« von Rothfels leider nicht mehr mit aufgenommen werden konnte (S. 136). Eine Einzelbesprechung besorgte dann Gerhard Ritter im selben Band.

62 Gerhard Ritter, Brief an Rothfels vom 24. 2. 1949, in: AVHD/Göttingen (1). Die Vermittlung von Ritter war nicht mehr nötig, denn Ende Februar hatte Rothfels das Manuskript einer »nicht unwesentlich veränderten deutschen Ausgabe« an den Verleger Desch in München geschickt; vgl.: Hans Rothfels, Brief an Ritter vom 9. 3. 1949, in: ebd.

Heimat« rückblickend als »Glücksfall« beschrieben und dies damit begründet, er verdanke dieser Tatsache die Möglichkeit der »Darstellung der deutschen Opposition«.[63] Mit diesem Buch öffnete er sich nicht nur persönlich das Forschungsfeld »Zeitgeschichte« und ebnete sich die Rückkehr nach Deutschland,[64] sondern es war eine »tiefe Befriedigung für mich, mich mit einem Thema zu beschäftigen, das, ich möchte sagen, mir eine Art mir auferlegte Aufgabe in besonderem Maße zu sein schien«. Denn hier, so Rothfels in einem Interview aus den 60er Jahren, »war ein Ansatzpunkt, wo man nicht nur mit *Flagellantentum*, nicht nur mit *Selbstbeschuldigungen*, an denen es natürlich nicht fehlen konnte, zu tun hatte«.[65] Er habe allerdings »auch nie etwas apologetisch zu verhüllen gesucht, was da geschehen war«.[66]

Das Gegenteil ist richtig. Rothfels etablierte den allgemeinen apologetischen Reflex der Deutschen nach 1945 als Wissenschaft. Die »Rechtfertigung« des Widerstands gegen den Diktator wurde ausgeweitet und bezog sich keineswegs auf die Attentäter allein, sondern auf Deutschland und das deutsche Volk insgesamt. In einem Brief an Kaehler bemerkte Rothfels schon 1947, »daß man erhebliche Modifikationen an dem sogen[annten] Versagen der deutschen Intelligenz« anzubringen habe und er hoffe, so Rothfels, »etwas in der Art in einer Broschüre über die Deutsche Widerstandsbewegung zu tun […].«[67] Es ging ihm »um Ge-

63 Vgl.: Sitzungsberichte der Heidelberger Akademie der Wissenschaften. Jahresheft 1958/59, Heidelberg 1960, S. 27-30 (30).

64 Aus einem Brief von Rothfels an Meinecke, in welchem Rothfels sein Buch »als ein Zeichen der Anhänglichkeit und Verbundenheit« dem Lehrer übersandte (»was immer Sie von diesem etwas gewagten, mir aber sehr notwendigen Versuch denken«), geht hervor, daß Rothfels ca. hundert (!) Exemplare versandt hatte und noch immer zahlreiche Anfragen erhielt und daraufhin die deutsche Übersetzung plante, vgl.: Rothfels, Brief an Friedrich Meinecke vom 24. 9. 1948, in: GStAPK, Rep. 92, Nr. 221.

65 Rothfels, Interview, S. 9 f.

66 Ebd., S. 10. Zum Kontext von Rothfels' Beitrag zur Widerstandsforschung vgl.: Steinbach, Widerstandsforschung im politischen Spannungsfeld, S. 597-622 (v.a. 618 f., mit sehr positiver Würdigung von *Die deutsche Opposition* und weiterer Literatur). Der Beitrag von Christiane Toyka-Seid im gleichen Band ist, entgegen seinem Titel, nicht einschlägig. Ihre Bewertung, mit Rothfels beginne »die auf akribischem Quellenstudium und methodisch ›korrektem‹ Vorgehen beruhende Widerstandshistoriographie« (S. 579), geht am Problem vorbei. Am besten: Walther, Emigrierte deutsche Historiker in den Vereinigten Staaten, S. 48 f.

67 Rothfels, Brief an Siegfried A. Kaehler vom 17. 11. 1947, in: Briefwechsel Kaehler–Rothfels (NStUB Göttingen, Nr. 268).

rechtigkeit gegenüber einer kollektiv diskriminierten Nation«.[68] Rothfels argumentierte in hohem Maße reduktionistisch mit den Chiffren »Buchenwald«, »Oranienburg« und »Dachau«, denn er meinte hier explizit *deutsche* Opfer. Er sprach von der Empörung der Nachkriegszeit, über die »unerhörten Greuel« der Lager in Rußland und Polen, aber er fuhr in atemberaubender Argumentation fort: »Als diese Beweise ›deutscher Bestialität‹ zutage traten, hörte man wenig von der großen Anzahl *Deutscher*, die unter den Opfern gewesen waren.«[69] Und Rothfels versagte sich auch nicht – neben bissigen Bemerkungen zu französischen »Lagern« in Süddeutschland und zum Krieg der Amerikaner gegen die Indianer – eine eigene Erklärung der Fakten:

> »Alle verfügbaren Zeugnisse und die Ergebnisse jeder nüchternen Prüfung [sind] geeignet darzutun, *daß die moderne Massenzivilisation aus sich selbst heraus ein Reservoir dunkler Kräfte erzeugt, deren Freisetzung nackte Barbarei bedeutet, während gleicherweise deutlich sein sollte, daß mögliches Material für Folterknechte sowohl wie für Märtyrer in jeder Nation vorhanden ist, entschied eine Politik des Hasses und der Rache, dies zu übersehen.*«[70]

Die Schlußfolgerung blieb unausgesprochen, war aber klar: Von den Lagern zu sprechen hieß, eine Politik des Hasses und der Rache fortzusetzen. Das überwältigende Pathos des Rothfelsschen Buches, sein unablässiges Beschwören des Menschlichen »in der Grenzsituation überhaupt«,[71] resultiert nicht zuletzt daher, daß er die Ebene des Konkreten verlassen mußte, in der dieses »Menschliche« dementiert worden war, um sein sich selbst gestelltes Thema des »Widerstandes« überhaupt zu legitimieren. Zugleich stellte er suggestiv Wissenschaft gegen Politik, redete der Versöhnung das Wort, grenzte sich gegen Rache ab und vereinnahmte noch den Gestus der Aufklärung gegen die Verdrängung, sprach im Namen der Wahrheit gegen Ideologie.[72] Rothfels hatte recht, als er davon sprach,

68 Rothfels, Die deutsche Opposition gegen Hitler, S. 24.

69 Ebd., S. 22 [beide Zitate; Hervorh. v. N.B.]. Vgl. auch die subtile Argumentation im folgenden, in der gegenläufig zur Hochrechnung deutscher Opfer in den KZs nun die Zahl der Ausländer in den SS-Verbänden als einer »schwarzen Internationalen« zur Forschungsfrage gemacht wird.

70 Rothfels, Die deutsche Opposition gegen Hitler, S. 23 f. [Hervorh. v. N.B.]

71 Ebd., S. 24.

72 Vgl. die Überschrift des Auftaktkapitels: »Hindernisse auf dem Weg zur Wahrheit«, in: ebd., S. 19-26.

es gehe nicht zuletzt um »Maßstabsfragen«[73] der Politik, man müßte allerdings anfügen: »Maßstabsfragen« auch einer geschichtswissenschaftlichen Annäherung an den Nationalsozialismus und seine Verbrechen.

Ein Geschichts- und Erinnerungsmodell der deutschen Massenverbrechen, das nicht der Emblematik des ›Widerstands‹ verpflichtet gewesen wäre, hätte einen anderen »Maßstab« als gerade »Mut«, »Leidenskraft«, »Standfestigkeit«, »Haltung«, »Martyrium«, »moralische Selbstbehauptung« oder gar »Christentum als ›Rettungsanker‹ im Chaos« wählen müssen.[74] Aber eine »mittelbare Betroffenheit«, so Konrad Kwiets provozierende Feststellung schon vor Jahren, war auch eine Strategie, die in der Revisionsdebatte nach 1945 die Frage nach Holocaust und Antisemitismus regelrecht verhinderte. Mit solchen Begriffen konnte das Schutzschild einer Gesellschaft, »die die ›Judenfrage‹ gestellt – und in Auschwitz gelöst hatte«, beibehalten werden.[75]

Im Einklang mit den in Deutschland verbliebenen Historikern hat auch Hans Rothfels keinerlei Versuche gemacht, eine solche Frage zu stellen. Emigranten hatten, wollten sie Anerkennung in Deutschland finden, nur innerhalb der deutschen Diskursform die Möglichkeit, über die deutsche Vergangenheit zu reden. Die Remigration nach Deutschland war, in den Worten von Hans Rothfels, eine »Rückkehr an den naturgegebenen Standort«.[76] Er zielte mit vollem Erkennen der Tragweite dieser Paradigmenvorgabe in erster Linie auf eine Überbrückung der »Erlebnislücke«, wie er selbst es nannte.[77] Völlig überzeugt davon, daß die Grund-

73 Ebd, S. 26.

74 Schlüsselbegriffe auf nur drei Seiten von: Rothfels, Die deutsche Opposition gegen Hitler, S. 14-16.

75 Kwiet, Die NS-Zeit in der westdeutschen Forschung 1945-1961, S. 96.

76 Zit. nach: Winfried Schulze, Deutsche Geschichtswissenschaft, S. 136. Schulze geht von folgenden Zahlen aus: Von den 134 Historikern, die nach 1933 emigrierten, kehrten nur 21 nach Deutschland zurück. Für die Bundesrepublik waren die bekanntesten: Hans Joachim Schoeps (Erlangen), Ernst D. Fraenkel (Frankfurt a.M.), Walter Mohr (Saarbrücken) und Hans Rothfels (Tübingen) (ebd. S. 136 f.).

77 Rothfels, Interview, S. 11; nachdem sich Rothfels in Gastsemestern versichert hatte, daß die »Erlebnisgemeinschaft« ideell Bestand hatte, schrieb er nach Tübingen, daß »eine 10-jährige Lücke kein Problem in meinem Verhältnis zur gegenwärtigen deutschen Studentengeneration« darstelle, vgl. Rothfels, Brief an Paul Kluckhohn vom November 1949 (Abschrift), in: Briefwechel Kaehler – Rothfels (NStUB Göttingen, Nr. 286).

lage pädagogischer Wirksamkeit auf »Erlebnisgemeinschaft«[78] beruhen müsse, war für Hans Rothfels der Entschluß zur Rückkehr nach Deutschland und die wissenschaftliche Konstruktion eines Deutschlandbildes, zu dem er sich zugehörig fühlen konnte, eine Aufgabe, die er mit dem Buch *Die Deutsche Opposition* zu lösen versuchte. Die Wiederherstellung dieser »Erlebnisgemeinschaft« rekurrierte aber auf »deutsche«, nicht auf »jüdische« Erlebnisse. Wenn überhaupt, vollzog sie sich in der Weise, wie wir oben zwischen Meinecke und Rothfels feststellen konnten,[79] zumeist als ein seltsames Bündnisangebot von Deutschen an jüdische Emigranten, das auf ein Einschwören auf den Themenkanon deutscher Traditionen abhob: Das »andere Deutschland« herauszustreichen war eine Art Voraussetzung dafür geworden, von deutscher Geschichte überhaupt reden zu dürfen.[80]

Als der Heidelberger Historiker Fritz Ernst nach vier Monaten Amerika-Aufenthalt zurückkam, schrieb er halb erstaunt, halb nachdenklich an Rothfels, manche der Emigranten, die er getroffen hatte, seien heute Deutschland gegenüber »eher bitterer geworden«; zwar urteilten sie oft eher ungerecht und verallgemeinernd, aber alle fragten nach Globke und nach Heidegger »und treffen damit zweifellos zwei wichtige Kreise«; und er ergänzte: man empfinde selbst bei der Rückkehr nach Deutschland

78 Ebd. Den Begriff »Erlebnisgemeinschaft« hatte Rothfels bereits 1946 in einem Brief an Kaehler und ein Jahr später in einer Ablehnung des Rufes der Universität Erlangen verwendet: Er leugne nicht, daß für ihn eine starke Versuchung in der Idee liege, »noch einmal und mehr als nach 1919 mitzuhelfen, diesem Bedarf zu entsprechen [gemeint ist die Erwartung der Studentengeneration, N.B.]. Aber ich frage mich, ob man erziehen kann, ohne in der positiven und negativen Erlebnisgemeinschaft der letzten 8 Jahre gestanden zu haben. Ich weiß aus Erfahrung hier, wie schwer es ist, Erlebnislücken zu füllen.« Hans Rothfels, Brief an E. v. Guttenberg vom 10. 4. 1947, in: BAK, NL Rothfels 213, Nr. 35 [Hervorh. v. N.B.]; Rothfels, Brief an Siegfried A. Kaehler vom 12. 10. 1946, in: Briefwechsel Rothfels – Kaehler NStUB Göttingen.

79 In Rothfels' Nachlaß wurde allerdings ein sehr kritischer Brief von Helmut Kuhn über Meineckes Buch gefunden, der als Lesezeichen in Rothfels' Exemplar von »Die deutsche Katastrophe« eingelegt war; darin heißt es: »Weil die Diabolic [sic!] der Nazis nicht durchschaut ist, fällt übertriebener Tadel auf andere.« Vgl.: Helmut Kuhn, Brief an Hans Rothfels vom 15. 12. 1946, in: BAK, NL Rothfels 213, Nr. 175.

80 Noch 1962 würdigte Rothfels Meineckes »Die deutsche Katastrophe« als ein Buch »geschichtlicher Selbstbesinnung«, das »das ›andere Deutschland‹ aufs würdigste repräsentierte«. Rothfels, Friedrich Meinecke. Zum 100. Geburtstag am 30. Okt. 1962, in: FAZ, 27. 10. 1962.

»das Restaurative wieder sehr stark, in allen Kanälen, und aufs engste verbunden mit den Kräften unseres ›Wiederaufstiegs‹ [...]«.[81]

Zur Rezeption des »Oppositions«-Buches in der deutschen Geschichtswissenschaft

Vor diesem Hintergrund stellt die begeisterte Aufnahme des Rothfelsschen Oppositions-Buches eine für die Rothfels-Rezeption typische Pointe dar, war es doch selbst eines der Programmschriften jener Restauration. Die Rezensionen von Gerhard Ritter und Karl Dietrich Erdmann im ersten Band der »Historischen Zeitschrift« und der ersten Ausgabe von »Geschichte in Wissenschaft und Unterricht« gaben die offizielle Lesart vor. Ritter griff in die vollen und skizzierte bereits im ersten Satz den Rahmen, in dem er die Bedeutung des Buches verankerte:

> »Das Schrifttum deutscher Emigranten in Amerika und England über das deutsche Problem hat vielfach mehr Verwirrung als Aufklärung gestiftet. *Das Ressentiment ist, wo es hemmungslos waltet, kein günstiger Nährboden nüchtern-objektiver Geschichtsschreibung, und langjährige Entfremdung vom deutschen Boden führt leicht zu verzerrter Sicht der Wirklichkeit.*«[82]

Der Konsens deutscher Historiographie war hier auf den Punkt gebracht: Über Deutschland könne man eigentlich nur schreiben, wenn man kein Emigrant sei, denn diese schrieben nicht »nüchtern-objektiv«, sondern mit verzerrendem »Ressentiment«. Um so »beglückender« die Ausnahme, so Ritter: Mit dem Buch von Rothfels vereine sich »edle Menschlichkeit« und »Meisterschaft« des Fachs; zwar sei der Autor »leidgeprüft«, aber »völlig frei von blinder Leidenschaft und Verbitterung«.[83] Und obwohl er selbst unter der Judenverfolgung so schwer gelitten habe, »urteilt er mit bewundernswerter Objektivität und bleibt weit entfernt davon, das ganz deutsche Volk für seine Greueltaten verantwortlich zu machen«.[84] Seine Sorgfalt, Sauberkeit, Behutsamkeit und die geistige Durchdringung des Stoffes führe zur überzeugenden Grundthese des Buches, das »mit so großer Klarheit das politisch-moralische Schwergewicht dieser Opposi-

81 Ernst, Brief an Hans Rothfels vom 10. 7. 1955, in: BAK, NL Rothfels 213, Nr. 1. Zu Fritz Ernst siehe auch Kap. 3.1.

82 Ritter, o.T., in: HZ 169 (1949), S. 402-405 (402) [Hervorh. v. N.B.].

83 Ebd.

84 Ebd., 403 f.

tionsbewegung ins Licht stellt, die gangbare Vorstellung von der widerstandslosen Fügsamkeit aller Deutschen gegenüber der Hitlertyrannei als Legende erweist«.[85] »[G]erechte Würdigung« – das hieß für Ritter, die Breite der Bewegung, die Tiefe der Motive, die Wahrheit der religiösen Grundüberzeugungen und das »Schicksals- und Rätselhafte« der gescheiterten Attentate herauszustellen und dabei vor allem Militär und Kirche »mit tiefem Verständnis« zu begegnen. Kaum mehr erstaunlich, wie ungeniert Ritter – trotz aller Wissenschaftsrhetorik – dabei mehrmals die »politische Bedeutung« des Rothfels-Textes betont und zum Schluß gar unverblümt von einer »apologetischen Grundhaltung des Buches« spricht, das jedoch »von einer politischen Tendenzschrift« weit entfernt sei.[86] »Gute Wissenschaft ist, was uns nützt!« – Nur so ließe sich der Kern dieser vergangenheitspolitisch so einflußreichen Rezension paraphrasieren, und nichts anderes meinte Ritter. Er formuliert gleichsam eine Art offizielle Grußadresse der deutschen Geschichtswissenschaft, indem er Ethos und Können »unseres alten Kollegen und Freundes, dessen Stimme wir nach so langem Verstummen nun von jenseits des Ozeans her mit Freude wieder vernehmen« außer Konkurrenz stellt: Es könne, so Ritter weiter, »kaum einen schöneren Beweis dafür geben, daß die wissenschaftliche Reife des echten Historikers auf eine Höhe der Betrachtung führt, wo das Gezänk der Tagespolitik von selbst verstummt«.[87]

Auch Erdmann bezeichnete das Buch als die beste Darstellung des Problems, die heute vorliege. Das gelte sowohl hinsichtlich des Umfangs und der Sorgfalt der Dokumentierung wie aufgrund des ausgewogenen Urteils. In ihm verbinde sich »das Unterscheidungsvermögen des Historikers von hohen Graden« mit »der Sympathie der inneren Nähe zu seinem Gegenstand« und der Möglichkeit einer zugleich distanzierten Sicht, die

85 Ebd., S. 403.

86 Ebd., S. 405.

87 Ebd., S. 402. Die tatsächliche historische Differenz zwischen beiden Widerstandskonzeptionen war beiden natürlich bekannt; daß diese ganz in den privaten Gedankenaustausch verbannt wird, mag ein weiterer Hinweis sein auf den nationalen »Bündnischarakter« der Rezeption des Rothfelsschen Buches, den Ritter zwischen beiden Historikern etabliert und mit dem er das zu dieser Zeit wichtigste Thema zu besetzen suchte. Ritter spricht in einem Privatschreiben noch vorsichtig von einem »gewissen Unterschied der menschlichen und politischen Haltung«, der wohl »konstitutiv« sei, Rothfels verschärfte diese Einschätzung noch und sprach im Antwortbrief an Ritter sogar von dem »Fundamentalunterschied zwischen uns«, vgl.: Ritter, Brief an Hans Rothfels vom 7. 2. 1958; sowie: Rothfels, Brief an Gerhard Ritter vom 10. 2. 1958, beide in: BAK, NL Rothfels 213, Nr. 1.

dem Verfasser seine jetzige Tätigkeit an einer amerikanischen Universität gewähre. Sehr behutsam werde das Verhältnis der militärischen und zivilen Opposition bestimmt. Das Fazit Erdmanns war eindeutig: »Die Attentatsversuche der Offiziere waren lediglich die Aktionsspitze eines politischen Widerstandes, den Rothfels weitausholend in den Zusammenhang seiner seit den Tagen Burkes zu verzeichnenden ›konservativen Freiheitsbewegung gegen Gewaltherrschaft einzelner wie der Massen‹« stelle.[88]

Nur drei Jahre später konnte Werner Conze bereits im Ton eines Forschungsfazits feststellen, die Literatur zur deutschen Opposition habe ihrerseits »ihre Geschichte«.[89] Das deutsche Volk habe seit 1945 »vielfaches Unrecht und Elend erfahren müssen« und darüber fast versäumt, den Ursachen von 1945 nachzuspüren, »*um uns selbst ohne rechthaberischen Trotz den Weg nach vorn freizumachen*«.[90] Tatsächlich sei nun »eine beginnende innere Bewältigung« erkennbar, da eine zentrale Frage, namentlich die nach dem Widerstand in Deutschland, ins Bewußtsein gehoben werden konnte: »So kann es fast als eine besondere geschichtliche ›Entdeckung‹ bezeichnet werden, daß sich nach dem Kriege herausstellte, wie stark im deutschen Volke, das bis zuletzt den äußeren Feinden gegenüber seinen Widerstandswillen bewiesen hatte, ein Widerstandsgeist gegen die Herrschaft Hitlers lebendig geblieben ist, ja gewachsen war.«[91] Als wichtigster »Entdecker« mußte natürlich Rothfels erwähnt werden, und tatsächlich schrieb Conze, Rothfels sehe – durch eigenes Erleben »stark ergriffen« doch nicht als Parteigänger – mit distanziertem Verständnis auf das Phänomen und er weise die »Rechtfertigung« von »beträchtlichen Teilen des deutschen Volkes« nach.[92] »Bewältigung der Vergangenheit« – bei Conze 1953 noch nicht wörtlich, als Terminus technicus aber doch sinngemäß eingesetzt – hieß hier nichts anderes, als den Widerstandswillen der Deutschen zu rühmen und ansonsten die Vergangenheit hinter sich zu lassen. Es waren die besten Historiker ihrer Zeit, Rothfels, Ritter, Erdmann und Conze, die solche Weichen der Vergangenheitspolitik stellten.[93]

88 In: GWU 1 (1950), S. 313.
89 Conze, Die deutsche Opposition gegen Hitler, S. 210.
90 Ebd. [Hervorh. v. N.B.].
91 Ebd., S. 210.
92 Ebd., S. 211 (Conze zitiert hier Rothfels selbst, N.B.).
93 Es sei an dieser Stelle auf einen weiteren wichtigen persönlichen Aspekt der Deutungsgeschichte deutscher Verbrechen im Dritten Reich hingewiesen: Der in den 30er Jahren mit rassistischer Politikberatung und antisemitischen

Kaehler fügte ein Jahr später noch pointiert hinzu, es sei das Verdienst von Rothfels, daß er als emigrierter Deutscher in dem grundlegenden Werk *The German Opposition to Hitler* die irrigen Meinungen richtiggestellt habe und das erste wissenschaftliche Gesamtbild der »deutschen Freiheitsbewegung« gegeben habe.[94]

Im Briefwechsel zwischen Meinecke und Kaehler in den Jahren 1948 und 1949 wird die deutsche Aufnahme des Rothfelsschen Buches noch unverbrämt kommentiert, das Funktionale, das später hinter wissenschaftlichen Wendungen verschwinden sollte, erscheint hier sehr direkt. Kaehler machte seinen Lehrer Mitte Juli 1948 auf das Buch aufmerksam und beschrieb auch sogleich seine Bedeutung, die er vor allem in der »Klärung des amerikanischen Urteils« über Deutschland sah, und das von jemandem, der dies aus eigener Anschauung einschätzen konnte, also bis zum Sommer 1939 die deutsche Entwicklung »von innen« gesehen habe. Rothfels' Urteilsvermögen, so Kaehler, sei den »Darstellungen aus dem amerikanischen Gesichtskreis« nicht zugänglich: »Es ist schon ein großartiges Erlebnis zu sehen, wie der aus Deutschland Verbannte diesem Land und seinem Geist die Treue hält und mit seiner gelehrten Kenntnis den Weg für ein besseres Verständnis der geschichtlichen Wahrheit zu bereiten versteht.«[95] Und kurze Zeit später, noch bevor er fünfzig Seiten gelesen hatte, wußte Kaehler bereits, »daß diese Schrift nicht nur sachlich von größter Wichtigkeit ist, sondern auch eine sehr mutige Tat, ein Beweis der Unabhängigkeit von den geläufigen Vorurteilen der Tages-

Denkschriften und Aufsätzen reüssierende junge Werner Conze, zur damaligen Zeit offensichtlich ohne jeden Dissens mit seinem Lehrer Rothfels, konnte Jahrzehnte später, als seine unsäglichen Texte über »die fortschreitende Entjudung« Wilnas erstmals öffentlich kritisiert wurden, Anfang der 70er Jahre, von Rothfels schriftlich eine »Erklärung« erhalten, in der ihm der aus Deutschland als Jude vertriebene Lehrer bescheinigte, »daß ihm [gemeint ist W. Conze, N.B.] antisemitische Äußerungen sowie eine entsprechende Einstellung von jeher völlig fern gelegen haben«. Rothfels entschuldigte die entsprechenden Formulierungen Conzes auch explizit, dies seien »keine antisemitischen Bemerkungen, sondern Hinweise auf Tatbestände, wie sie sich, insbesondere von der polnischen Seite her gesehen, darstellten«. Vgl.: Erklärung von Hans Rothfels vom 29. 1. 1970, in: BAK, NL Rothfels 213, Nr. 172.

94 Kaehler, Der 20. Juli im geschichtlichen Rückblick, S. 440 und 442.

95 Kaehler, Brief an Friedrich Meinecke vom 10. 7. 1948, in: Meinecke, Ausgewählter Briefwechsel, S. 528 f. Kaehlers antiamerikanische Grundeinstellung wird im folgenden, nicht zitierten Teil des Briefes deutlich.

meinungen«, jener »Tyrannis der öffentlichen Meinung«, wie er mit abschätzigem Blick auf die USA sich ausdrückte.[96] Als Meinecke dann wenige Wochen später das Buch gelesen hatte, schrieb er sogleich an den Verfasser:

> »Eben habe ich mit tiefer Bewegung Ihre German Opposition ausgelesen und drücke Ihnen von Herzen die Hand. *Das ist eine Tat, daß Sie dies Buch in Amerika geschrieben haben*, und ich hoffe und wünsche, daß es beitrage, die ›*Luftbrücke*‹, die heute U.S.A. mit Deutschland verbindet, *zu einer dauerfesten Steinbrücke* umzuwandeln.«[97]

Das Wortspiel mit der für die historiographische Architektur von Rothfels so symbolträchtigen Metapher der »Brücke« hatte in diesem Brief natürlich einen realen Anlaß, nämlich die Blockade Berlins und die von General Lucius D. Clay aufgebaute »Luftbrücke« mit bis zu 1000 Flügen nach Berlin zwischen 1948 und 1949. Aber sie war, einmal mehr, treffend gewählt. Meinecke fügte noch hinzu, als seien ihm in der Rothfelsschen Darstellung der Widerstandsereignisse in Deutschland seine eigenen Erlebnisse geradezu »souffliert« worden: »Alle meine Gespräche mit Kaiser und Beck werden mir wieder lebendig. *Ja, so war es*; es erschien uns als einfache menschliche Gewissenspflicht, den Unhold [gemeint ist Hitler, N.B.] zu beseitigen und dann ein ethisch reineres Deutschland wieder aufzubauen.«[98] In diesem Zitat wird deutlich, wie Rothfels den in Deutschland verbliebenen Kollegen und seinen Lesern regelrecht beibrachte, was sie erlebt hatten bzw. erlebt haben wollten.

Rezeptionsparallelen zwischen Wissenschaft und Öffentlichkeit

Doch nicht nur die Fachkollegen lobten Buch, Thema, Thesen und Ethos des Verfassers, auch vom Auswärtigen Amt kam später emphatischer Dank für ein Werk, das für viele wie eine »Befreiung«[99] gewesen sei

96 Kaehler, Brief an Friedrich Meinecke vom 4. 8. 1948, in: ebd., S. 531 f. Meinecke antwortete ähnlich und sprach von »tiefem Eindruck und Bewunderung« für die Forschung und dem »tapferen Mut«, mit dem Rothfels »seinen neuen Landsleuten die Wahrheit über den 20. Juli sagt« (ebd., S. 534).

97 Meinecke, Brief an Hans Rothfels vom 22. 8. 1948, in: ders., Ausgewählter Briefwechsel, S. 293 f. (293) [Hervorh. von N.B.].

98 Ebd. [Hervorh. v. N.B.].

99 Martin Krapf, Brief an Hans Rothfels vom 16. 7. 1965, in: BAK, NL Rothfels 213, Nr. 36.

und das Aufgaben der Politik wahrnehme.[100] Drei seiner Thesen wurden immer wieder rühmend hervorgehoben: Erstens die »Lauterkeit« des Widerstands, wonach das Handeln jener Männer aus »Grundsatz«, nicht aus »Zweckmäßigkeit« erfolgt sei; dann die Widerlegung der vorgeblichen Sicht Amerikas, nach der alle Deutschen in einheitlicher »moralischer Minderwertigkeit hinter dem Abscheulichen« ständen. Der Umfang derer, so schrieb ein Leser begeistert Rothfels' These weiter, »die nach Gesinnung und Gefolgsbereitschaft in Deutschland dem Lager der Widerstandsleute zuzurechnen« seien, sei »viel breiter« gewesen, als bisher zugestanden worden sei. Und drittens (damit zusammenhängend), die Unterscheidung von »Nationalsozialisten« und »Deutschen«,[101] von »jenem Nazireich« auf der einen und »echtem nationalen Konservativismus« auf der anderen Seite.[102] Das Buch, so Karl Wolff, könne ganz Wesentliches zur Gesundung unseres Volkes« beitragen, die Verständigung mit dem Westen erleichtern und arbeite dazu noch in willkommener Weise jeglicher »Radikalisierung« entgegen: »Ihr Buch kann unserer Jugend Helden geben und gibt sie ihr, weil es nicht predigt und propagiert, sondern wissenschaftlich feststellt: So war es!« Der Absender fügte in naiv-zutreffendem Bewußtsein für die Rechtfertigungsstrategie des Rothfelsschen Sprechaktes hinzu: »Und es ist nun einmal wertvoll, wenn man seinen Schülerinnen nicht nur drei Jahre lang seine Gedanken nahezubringen gesucht hat, sondern dann – fast am Ende einer solchen gemeinsamen Arbeit – sagen kann: Sehen Sie, dieser Mann mit diesem Schicksal sagt an seiner Stelle eben das!«[103]

Damit hatte er den neuralgischen Punkt der Rezeptionsgeschichte dieses Buches erfaßt. Rothfels sagte, was alle deutschen Historiker zur gleichen Zeit auch sagten, aber es war etwas anderes, wenn es von ihm kam, und man konnte sich seiner Autoriät bedienen, ohne den mißtrauischen Vorwurf der Apologie zu schüren. Ludwig Dehio verpackte wenige Jahre darauf anläßlich Rothfels' Rückkehr nach Deutschland sein Lob für

100 Theo Kordt, Brief an Hans Rothfels vom 23. 5. 1951, in: BAK, NL Rothfels 213, Nr. 158.

101 Alle drei Punkte versammelt z.B.: [Unleserlicher Absender], Brief an Hans Rothfels vom 29. 1. 1952, in: ebd.

102 Kurt Wolff, Brief an Hans Rothfels vom 17. 3. 1951, in: BAK, NL Rothfels, 213, Nr. 158; Krapf, Brief an Hans Rothfels vom 16. 7. 1965, in: ebd., Nr. 36.

103 Ebd. Geradezu begeistert war der Verfasser über die Rothfelssche Würdigung auch des »privaten« Widerstands, des »Gift träufelns« (sic): »Wenn Sie von draussen aus so tief hinter die Kulissen des NS-Staates gesehen haben, werden Sie das Heutige bei uns auch recht gut kennen.«

den Kollegen in die ambivalente Beschreibung einer Art Sensation: »Wer überwindet, der gewinnt! Was haben Sie alles überwunden! Aber gewonnen haben Sie Dankbarkeit und Autorität wie kaum ein anderer Lehrer an unseren Universitäten.«[104]

Eine bedeutsame Nuance der Rezeption hat später noch der Rothfels-Schüler Theodor Schieder hinzugefügt, als er bekannte, daß er das Buch bei seinem Erscheinen mit Skepsis in die Hand genommen habe: »Sie sagten es den westlichen Nationen, daß es einen deutschen Widerstand gegen Hitler gegeben hat, solange diese ihn einfach aus dem historischen Gedächtnis streichen wollten. Sie sagten es später dem deutschen Volk in seiner Sprache, daß die Männer dieses Widerstands nicht nationale Verräter waren, sondern von tiefem Ethos erfüllte Persönlichkeiten. Als wir zuerst die englische Ausgabe Ihres Buches über den Widerstand in die Hand bekamen, haben Sie gerade diejenigen im Innersten berührt, die im Krieg den Sprung der nationalen Loyalität noch nicht gewagt hatten.«[105]

Sogar der Anatomie-Professor Robert Wetzel, der im Dritten Reich eine steile medizinische Karriere gemacht hatte und der ein Tübinger Nachbar von Rothfels war, war in der Lage, aus dem Buch Honig zu saugen. An den als Jude aus Deutschland verjagten Universitätskollegen schrieb er, auch er, Wetzel, gehöre zum Widerstand, habe zwischen »allen festen Fronten« gestanden.[106] Es habe auch »bis weit in die Partei, SS, SD« hinein« eine »german opposition« gegeben, »und zwar im Namen eines von ihr bejahten (›ihres eigenen‹) Nationalsozialismus« außerhalb der Partei. Man habe damals idealistisch die »Verkrustungen« aufbrechen wollen und eine neue »Verlebendigung« angestrebt. Diese nationalsozialistische Vereinnahmung der Formulierung »german opposition« ex post war nur noch schamlos. Hier drehte sich die Intention des Schreibens und wurde zur Beichte und Bitte um Absolution: »Was wir mit diesem Nationalsozialismus wollten (den Hitler in seinen Worten zunächst in

104 Ludwig Dehio, Brief an Hans Rothfels vom 9. 4. 1951, in: BAK, NL Rothfels 213, Nr. 158. Die Anspielung auf ein »neues Verhängnis« galt in Zeiten des Kalten Krieges wohl dem kommunistischen Osten. Kritik kam eher aus der englischsprachigen Wissenschaft, vgl. noch die Rezension von Douglas Brown zur Neuauflage in den 60ern: »The legend of July 20 is emotionally necessary to Germans, but it remains a legend«, Rothfels' Darstellung wird als »not convincing« bewertet (in: The Daily Telegraph vom 30. 6. 1961).

105 Schieder, Hans Rothfels zum 70. Geburtstag, S. 123.

106 Robert Wetzel, Brief an Hans Rothfels vom 24. 7. 1954, in: BAK, NL Rothfels 213, Nr. 158.

rätselhaft einfühlender Weise anzusprechen wusste), war das eine Reich für alle Deutschen, die ihm zugehören wollen [lies: also einen Nationalsozialismus, der Leute wie Rothfels einbezog, N.B.] – war der ›nationale‹ Sozialismus nicht der Massen, sondern der organisch gestalthaften Gliederung [der den Naturwissenschaftler besonders ansprach, N.B.] – war die Sicherung des Rechts, die geistige Freiheit, kulturelle Vielfältigkeit, war Schutz und Pflege der Natur.« Weil damals alles so »zwieseitig« war, müsse es auch heute »zwielichtig« (sic!) bleiben: »Ich stehe nach wie vor zu den Worten des Anwalts, dass es nicht darum geht, mich jetzt zu loben und – gar Ihnen gegenüber – von aller Schuld reinzuwaschen.« Aber genau das war der Tenor des Schreibens. Rothfels vermochte bei soviel Dreistigkeit nur noch Fragezeichen an den Rand des Briefes zu setzen. Eine Antwort von ihm ist nicht bekannt.

Die Kongruenz der wissenschaftsimmanenten und der öffentlichen Rezeption von Rothfels' Oppositions-Buch – quer durch alle politischen Lager – verdeutlicht die Sehnsucht nach einem Widerstandsnarrativ, das man als »Invention of Tradition« bezeichnen muß, weil es nicht nur als »Geschichte« erzählt wurde, sondern als eine große Gegenerzählung zum Nationalsozialismus fungierte. Rothfels, dessen »Büchlein«, wie er schrieb, »manche eigentümlich Auswirkungen« hatte und das ihm eine »kaum erträgliche Brieflast« eintrug,[107] hat dieser Sehnsucht entsprochen, in den Begegnungen mit seinen alten Kollegen, in persönlichen Briefwechseln und in seinen wissenschaftlichen Schriften.

Der Auftritt von Rothfels auf dem Münchner Historikertag 1949

Der Rechtfertigungsdrang, der an Rothfels herangetragen wurde, ist als eine Tatsache der sich neu konstituierenden deutschen Geschichtswissenschaft anzusehen. Und auch das Lehrer-Schüler-Verhältnis und die Freundschaftsbeziehung von Rothfels und Meinecke bzw. Kaehler reichen nicht zur Erklärung aus. Die Konstituierung des Historikerverbandes, im Oktober 1948 durch ein Exekutivkomitee als vorläufigen Vorstand und durch den ersten Nachkriegshistorikertag in München im September 1949, erfolgte beispielsweise unter einer beachtenswerten Veränderung der Namensgebung. Der in den Paragraphen 1 und 14 der Satzung formulierten Rechtsnachfolge des neu- bzw. wiedergegründeten »Verbandes der Historiker Deutschlands« durch den »Verband Deutscher Historiker« ging eine konkrete Überlegung voraus, die in unserem

107 Rothfels, Brief an Siegfried A. Kaehler o.D. (1948?), in: Briefwechsel Kaehler – Rothfels (NStUB Göttingen, Nr. 276, S. 2).

Zusammenhang wichtig scheint. Denn hierbei spielte die besondere Person und Geschichte von Hans Rothfels eine Rolle, was in der Formulierung der Verbands-Satzung seinen Niederschlag fand. Fritz Hartung brachte die Bedeutung von Rothfels auf den Punkt, als er bei der Vorbereitung der Satzung zu Paragraph 1 bemerkte: »Statt ›Historiker Deutschlands‹ würde ich sagen: ›deutsche Historiker‹; das gäbe emigrierten Historikern – ich denke an Rothfels – die Möglichkeit, sich anzuschließen.«[108] Rothfels war, das sei nicht vergessen, tatsächlich eine Ausnahme,[109] denn schon vor seiner Rückkehr nach Deutschland erhielt er Rufe nach Erlangen und Heidelberg,[110] 1949 hatte er schon ein Gastsemester in Göttingen abgehalten; seine Übersiedlung nach Tübingen, wo er bis zu seiner Emeritierung blieb, erfolgte 1951, begeistert vorbereitet durch zahllose petitionsartige Schreiben von seiten der Kollegen und sogar der Studenten.[111] Tatsächlich sollte für den zuvor noch zögernden

108 Fritz Hartung, Bemerkungen zum Entwurf der Satzung (2 Seiten), vom 20. 12. 1948, in: AVDH/Göttingen (1).

109 Die Betonung der Ausnahmestellung von Rothfels erfolgt vor allem gegen die Einschätzung bei Konrad H. Jarausch, Die Provokation des »Anderen«, in: Bauerkämper/Sabrow/Stöver (Hg.), Doppelte Zeitgeschichte, S. 441, der seltsamerweise Rothfels zusammen mit Hans Rosenberg und Walter Markov nennt und ihnen zusammen bescheinigte, sie hätten als Zeitzeugen und Wissenschaftler wesentlich zur Erneuerung der deutschen Geschichtswissenschaft nach 1945 beigetragen und die demokratischen Tendenzen in einer »weitgehend von Nationalkonservativen wie Gerhard Ritter dominierten Zunft« gestärkt. Eine Ausnahme war Rothfels auch aufgrund seines Status: Er war der einzige Neuzeithistoriker, der eine universitäre Spitzenposition räumen mußte. Keine Ausnahme stellt Rothfels hinsichtlich seiner Konversion, hinsichtlich des späten Zeitpunktes seiner Emigration und in bezug auf seine konservative Einstellung dar, vgl. die knappen und präzisen Hinweise bei: Krohn, Geschichtswissenschaften, in: Handbuch der deutschsprachigen Emigration, Sp. 747-761; Walther, Emigrierte deutsche Historiker in den Vereinigten Staaten, S. 41-50.

110 Über den von ihm abgelehnten Ruf nach Heidelberg merkte er noch bitter in einem Brief an Meinecke an, »[i]n der Form, dass man einfach von heute auf morgen hinwerfen könnte, wie Freunde und Kollegen zu denken scheinen, geht es nicht. Aber auf Besuch (vielleicht sogar auf Probe!) käme ich gerne einmal.« Vgl.: Rothfels, Brief an Meinecke vom 14. 11. 1947, in: GStAPK, Rep. 92, Nr. 39.

111 Paul Kluckhohn, Brief an Hans Rothfels vom 18. 9. 1950, schreibt, Rothfels' Rückkehr werde »von Vielen sehr sehnlich gewünscht« und »eine grosse Zahl von Kollegen« werde sehr bemüht sein, ihm »das Einleben zu erleichtern«; ebenso auch Wolfgang Schadewaldt, Brief an Hans Rothfels vom

Rothfels gerade letzteres von großer Bedeutung gewesen sein.[112] Das entscheidende Ereignis, es wurde zu Recht als symbolhaftes »Scharnier« zwischen den verschiedenen Stationen seines Lebens bezeichnet,[113] aber lag indes in der Zeit seines Gastsemesters, also ein Jahr zuvor.

Auf dem ersten gesamtdeutschen Historikertag nach dem Krieg, am 14. September 1949 in München, war es der Vortrag von Hans Rothfels, der gleichsam eine offizielle Linie festlegte, wie emigrierte und in Deutschland verbliebene Historiker zukünftig miteinander umzugehen hätten: Das Thema lautete »Bismarck und das 19. Jahrhundert«, und es war dies in zweifacher Hinsicht ein »Brückenschlag« über die Zeit von 1933 bis 1945 hinweg. Erstens knüpfte Hans Rothfels »als ein von außen Blickender« an seinen 1932 in Göttingen, auf dem letzten Historikertag vor der Machtergreifung, gehaltenen Vortrag »Bismarck und der Osten« an. Wichtiger aber war der von Rothfels intendierte, von ihm so benannte »*Brückenschlag* zu einer besseren Vergangenheit«,[114] den er mit seinem gezeichneten Bismarckbild vornahm: »Ich befinde mich in der günstigen Lage, das ohne geringste polemische oder apologetische Nebenabsicht aussprechen zu können, da ich sowieso seitdem abseits gestanden habe.«[115] Vor mehreren Hundert Historikern wies der Bismarckkenner, eine der großen Kapazitäten der Zunft schon zu Weimarer Zeiten, jede Verbindung zwischen Bismarck und dem Dritten Reich von sich: »[D]as Zweite Reich [stand] im Entscheidenden und in prinzipieller Grenzsetzung genau gegen all das, was das Dritte Reich propagierte.«[116] Zwar

8. 8. 1950 und Friedrich Beißner, Brief an Hans Rothfels vom 24. 11. 1950; alle in: BAK, NL Rothfels 213, Nr. 20 (5); eine Studentengruppe verfaßte ein Schreiben, in welchem sie zum Ausdruck brachte, Rothfels wäre der geeignetste Nachfolger von Stadelmann (der kurz zuvor gestorben war): »Ein weiteres Anliegen bewegt uns bei unserer Bitte an Sie. – Die Wiederaufnahme Ihrer Lehrtätigkeit an einer deutschen Universität könnte uns Anlaß und Gelegenheit sein, nach unseren Kräften an Ihnen manches Unrecht wiedergutzumachen. In treuer Anhänglichkeit und herzlicher Ergebenheit würden wir uns als Schüler bemühen, in Ihnen unserem Vorbild nachzueifern.« (Brief an Hans Rothfels vom 12. 2. 1950, in: ebd.)

112 Vgl. die Bemerkungen des als Student beteiligten Wolfram Fischer, in: Hohl/Jarausch (Hg.), Versäumte Fragen, S. 100 f.

113 Schulze, Hans Rothfels und die deutsche Geschichtswissenschaft nach 1945, S. 84.

114 Rothfels, Bismarck und das 19. Jahrhundert, S. 233-248 (233) [Hervorh. v. N.B.].

115 Ebd., S. 234.

116 Ebd., S. 247.

gab es auch eine mit dieser Bismarckdeutung unzufriedene Minderheit auf dem Historikertag, aber als Ereignis sollte Rothfels vor allem die »unusual acclamation«, wie er später in einem Bericht über seine Deutschlandreise schrieb, im Gedächtnis behalten:

> »As a matter of fact, I would like to take up first one extremely and exceptionally personal matter. If I were asked, what was the high water mark of a 5-month-visit to Germany, I would perhaps be tempted to say: the unusual acclamation with which I was greeted by about 400 people before, and even after the paper I read at the historian's convention.«[117]

Er, Rothfels, habe angesichts der Herzlichkeit und der allergrößten Freundlichkeit der Kollegen nicht darüber zu entscheiden, ob sich hier auch ein schlechtes Gewissen ausgesprochen habe: »I never felt myself to be in the judge's seat.«[118]

Rothfels hat in der Tat alles vermieden, was ihn als Mahner hätte in Ungnade fallen lassen können. Im Gegenteil: Er bescheinigte der deutschen Universität, sie sei »eine Art von Retterin humaner Beziehungen« gewesen. Die Professoren hätten sich zum allergrößten Teil entweder »miraculously well« oder zumindest nicht falsch verhalten, nur ein kleiner Teil habe sich als regimetreu erwiesen, sei aber längst von den Positionen entfernt worden. Die Studenten seien »die intelligenteste und ernsthafteste Generation«, die je an einer Universität gewesen sei, im vollen Bewußtsein »um ihre Verantwortung als ›Überlebende‹«.[119] Statt Entnazifizierung sei es vielmehr nötig, die zukunftsgerichteten Elemente zu stärken, die Mauer der Isolation zu zerbrechen und mit ihr den »Pariah-Complex«, der in Deutschland herrsche.[120] Für die Studenten gelte, so Rothfels, daß die Zurückweisung von Kollektivschuld-Vorwürfen aus einem nationalen Ehrgefühl heraus ein »unteilbarer Teil der Menschenwürde« und nicht mit Neonazismus zu verwechseln sei: »[A]s far as my personal experiences with students go, I did not meet with the slightest

117 Hans Rothfels, Impressions gained from a 5-month visit in Germany. Vortrag vor dem »Graduate History Club« in Chicago [21 S.], S. 6, in: BAK, NL 213, Nr. 59; vgl. auch: Schulze, Hans Rothfels und die deutsche Geschichtswissenschaft nach 1945.

118 Rothfels, Impressions, S. 7.

119 Hans Rothfels, Report on Experiences as a visiting Professor in Germany (Summer 1949), in: BAK, NL Rothfels 213, Nr. 20 (4), S. 3.

120 Ebd., S. 8 und 9 f.

signs of surviving nazism or antisemitism.«[121] Auch mit ihnen habe er im besten Einvernehmen gestanden: »Yet there was not the slightest difficulty in *bridging the gulf of these years.*«[122]

»Die psychische Entlastungsfunktion seines Vortrags für die Kollegenschar«[123] fiel zeitlich und inhaltlich mit seiner warmen Wiederaufnahme in die deutsche Wissenschaft zusammen.[124] Winfried Schulze hat darauf hingewiesen, daß in dieser Zusammenführung von Vergangenheit (Bismarck), Gegenwart (Konfrontation des Emigranten mit den in Deutschland verbliebenen Historikern) und Zukunft (Hoffnung auf ein neues

121 Rothfels, Report on Experiences, S. 8. Rothfels schloß diesen Bericht effektvoll mit den Worten: »The fear of the Soviets and the experience of the second set of concentration camps may be overcome by blank despair« (ebd., S. 9).

122 Ebd., S. 11 und 6 f. [Hervorh. v. N.B.]. Rothfels spricht von einer »atmosphere of complete mutual confidence«, S. 7. Eine ehemalige Königsberger Schülerin dankte ihm dann auch mit den Worten: »Es war, als streifte auch mich der Hauch dieser guten alten Zeit, und als seien aufs neue die Brücken auch zu Ihnen geschlagen.« (Vgl.: Agnes Scholz, Brief an Hans Rothfels vom 18. 3. 1951, in: BAK, NL Rothfels 213, Nr. 158). Rothfels verweist hier auf die Wiederbegegnung mit ehemaligen Studenten, die den »Holocaust« (sic!) überlebt hätten. Das Zitat lautet wörtlich: »[…] a few highly qualified persons […] have survived the holocaust.« Der Kontext, v.a. die Tatsache, daß es sich hier nicht um jüdische Studenten handelte, Rothfels zudem hier auch keinerlei Bemerkung zur jüdischen Thematik macht, läßt vermuten, daß diese zu dieser Zeit ungewöhnliche Wortwahl wohl für ehemalige Soldaten gemeint war, vgl. auch: Wyrwa, ›Holocaust‹. Notizen zur Begriffsgeschichte, S. 300 ff. Der Begriff wurde ab Ende der 50er Jahre in wissenschaftlichen Kontexten für die Begrifflichkeit von Judenverfolgung und -vernichtung, setzte sich aber erst in den 60er Jahren durch, v.a. aufgrund der Rezension von Elie Wiesel über das Theresienstädter Requiem von Josef Bor in der New York Times Book Review vom 17. 10. 1963.

123 Schulze, Hans Rothfels und die deutsche Geschichtswissenschaft nach 1945, S. 84.

124 Rothfels war nicht der erste, der in der Bismarck-Debatte nach dem Krieg den Reichsgründer rehabilitierte. Gegen die Kritik am nun negativ verstandenen »deutschen Sonderweg« wandte sich die Zunft in einer Art kollektiver Abwehr. So hatte sich z.B. Peter Rassow in einem Rundfunkvortrag vom 1. April 1948 gegen die »leichtfertigen Thesen« verwahrt, nach denen »ein gerader Weg von Friedrich dem Großen über Bismarck zu Hitler führe«. Rassow bezog sich hier nicht zuletzt auf Hans Rothfels, den »bekannten Historiker der Universität Königsberg, der um seiner jüdischen Abkunft willen Deutschland hatte verlassen müssen«; und er fügte hinzu: »Leider hat er sich

Zusammenleben von Opfern und Tätern) sich der von Heimpel so genannte »Drang zur Normalität«[125] in gleicher Weise für beide Seiten aussprach.[126]

Die offizielle Einladung an Rothfels, auf dem Historikertag zu sprechen, war erst Ende Dezember 1948 erfolgt. Hermann Aubin hatte in einem Schreiben an Ritter hoffnungsvoll geäußert, man habe »begründete Aussicht, dass zur rechten Zeit Rothfels in Deutschland weilen« werde: »Er wäre der vom Himmel gesandte Mann für das Bismarck-Thema.«[127] Der darauf folgende Schriftwechsel läßt erkennen, daß der Beitrag Ritters zu diesem Ereignis nicht gering war. Ritter fügte seinem ersten Themenvorschlag (»das Bismarckproblem zu neuer Diskussion zu stellen«) auch einen Hinweis auf die Funktion der »Vermittlung« zwi-

nicht entschließen können, wieder nach Deutschland zurückzukehren«, vgl.: Rassow, Bismarck, in: BAK, NL Rassow, N 1228, Nr. 18. Für den Kontext, in dem das Bismarck-Thema symbolisch stand, sind die Leserbriefe aufschlußreich, die Rassow erreichten und ihm für »die reine, klare Stimme der historischen Wissenschaft und der Sachlichkeit« seines Vortrages dankten. Die Rede war von »befreiender Wohltat« und »Genugtuung«; und eine Berlinerin erklärte: »Aber es muß jeden anständigen Deutschen empören, wenn eigene Landsleute ihre große geschichtliche Vergangenheit gerade jetzt in unserem nationalen Unglück direkt mit Freude in den Schmutz ziehen, wie es bis zu Ihrem Vortrage, sehr geehrter Herr Professor, seit drei Jahren geschehen ist« (alle Zitate in: BAK, NL Rassow, N 1228, Nr. 188).

125 Heimpel in einem Gespräch mit Winfried Schulze, vgl.: ders., Hans Rothfels und die deutsche Geschichtswissenschaft, S. 92.

126 Daß Rothfels trotzdem individuelles Versagen Einzelner mit einer Kritik an nationalstaatlichem Denken verband, wird deutlich in seinem Beitrag »Zur Krise des Nationalstaates«. Aber auch hier universalisiert er die Forderung nach einer Korrektur des Nationalstaatsprinzips. Nach allem gelte es, so Rothfels, »das Bild vom Menschen als im Ebenbild Gottes geschaffen wiederherzustellen«, »eine Front des Menschlichen gegen das Unmenschliche« zu errichten und in Grenzsituationen »Entscheidungen des Gewissens« zu treffen, »die keine souveräne Gewalt, kein nationales Kollektiv dem Einzelnen abzunehmen« vermögen, vgl.: Rothfels, Zur Krise des Nationalstaats, in: VfZ 1 (1952), S. 138-152.

127 Hermann Aubin, Brief an Ritter vom 5. 11. 1948, in: AVHD/Göttingen (1). Vgl. auch die Antwort Ritters, der zu diesem Zeitpunkt noch unsicher war: »Was Rothfels anlangt, so müsste ich zunächst einmal ermitteln, ob er geneigt wäre, auf einem deutschen Historikertag mit einem Bismarck-Vortrag aufzutreten. Hundertprozentig sicher scheint mir das noch nicht. Wenn er es täte, wäre das freilich sehr gut.« Gerhard Ritter, Brief an Aubin vom 12. 11. 1948, in: ebd.

schen seiner »im Ausland erworbenen neuen Sicht auf die kontinentaleuropäische Machtpolitik« hinzu und schloß sein Schreiben mit der Bemerkung, »daß noch immer unter uns eine Reihe von ehemaligen Freunden und Kollegen sich findet, die sehr glücklich sein würden, mit Ihnen persönlich zusammenzutreffen«.[128] Aber Rothfels lehnte das Thema zunächst ab, ein Bismarckvortrag sei ihm »nicht sehr sympathisch«. Er habe ja bereits dazu publiziert und außerdem wolle er nicht »gegen A. O. Meyer polemisieren«. Statt dessen schlug er »etwas aus dem Gebiet der Nationalismus-Forschung, Nationalitätsbegriff, westlicher und östlicher oder so« vor, in welchem seine Bismarck-Interpretation ja enthalten sei.[129] Ritter aber drängte: »Es wäre uns doch sehr viel daran gelegen, daß Sie ein Bismarck-Thema behandeln würden, denn es muß unbedingt auf diesem Historikertag über Bismarck gesprochen werden. Und gerade Sie darüber zu hören, wäre wichtig!« Ritter verstand die Bemerkung von Rothfels über den jüdischen Historiker Meyer nicht: »Warum wollen Sie gegen A. O. Meyer, der ja tot ist, nicht polemisieren?« Sein Buch gelte doch allgemein als bedauerlich, ja, werde sogar mehr kritisiert, als er, Ritter, richtig finde, denn es sei doch einiges wertvolle Material darin zu finden. Im Gegensatz zum Bismarck-Buch von Eyck, welches »hier die Gemüter sehr lebhaft« beschäftige.[130] Am wichtigsten sei es, und hier kommt Ritters Interesse am Bismarck-Thema und an Rothfels als Redner am deutlichsten zum Ausdruck, »gegenüber allen moralisierenden Kritiken und sachlich berechtigten Hinweisen, die Grenzen seines [gemeint ist Eyck, N.B.] Werkes klarzulegen, daß es im Rahmen kontinentaler Machtpolitik des 19. Jahrhunderts praktisch doch keinen anderen Weg gab, zur Reichsgründung zu gelangen, soweit wir sehen können.«[131]

128 Gerhard Ritter, Brief an Rothfels vom 21. 12. 1948, in: ebd. (1).
129 Hans Rothfels, Brief an Ritter vom 4. 1. 1949, in: ebd.
130 Gerhard Ritter, Briefe an Rothfels vom 11. 1. 1949 und 24. 2. 1949, in: ebd.
131 Gerhard Ritter, Brief an Rothfels vom 14. 3. 1949, in: ebd.; im Vortrag sollte Rothfels dann anspielungsreich von »der dringenden Aufforderung, einen Bismarck-Vortrag zu halten« sprechen; man möge ihn deshalb »nicht für einen unbedenklichen ›Ja-Sager‹ halten. Aber es gibt Verpflichtungen, denen man sich schwer entziehen kann [...]« und weiter: »Ich fasse die an mich ergangene Aufforderung zu einem in München zu haltenden Bismarck-Vortrag wohl richtig dahin auf, daß mir die Bereitschaft zugetraut wird, mich auch hier, falls es nötig sein sollte, zwischen alle zur Verfügung stehenden Stühle zu setzen.« Die Funktion, die ihm Ritter und mit diesem die deutsche Geschichtswissenschaft zuwies, hat Rothfels als solche erkannt und anerkannt. Vgl.: Rothfels, Bismarck und das 19. Jahrhundert, S. 233 und 234.

Rothfels' Kommen, das Mitte Februar noch »unsicher« schien,[132] war für die Planungen Ritters ausschlaggebend. Am 23. Februar schrieb er in einem Rundbrief an den Vorbereitungskreis, Rothfels müsse »spätestens um den 25. 9. nach USA zurückfliegen«, was die Planungen in Terminschwierigkeiten brachte.[133] Als dessen Teilnahme gar zu scheitern drohte, da er sich gegen die Vorverlegung der Tagung auf Juni aussprach, entschied sich Ritter wegen Rothfels endgültig für München und legte den Historikertag für September (zunächst 20. bis 22., später dann doch 12. bis 14. September) fest.[134] Ausländischen Gästen gab Ritter mit Gespür für taktische Nuancen, aber dennoch mit sehr durchsichtiger Betonung das Kommen »eines amerikanischen Gast[es], Prof. H. Rothfels«, bekannt.[135]

Die Wirkung des Rothfels-Vortrages war enorm. Im Protokoll des Historikertages, das Hermann Heimpel verfaßte, heißt es, der Beitrag sei »mit besonderem Beifall« aufgenommen worden. Die HZ sprach von einem »wissenschaftlich wie menschlich überragende[m] Vortrag«.[136] Kaehler, der den Rothfels-Beitrag als »Höhepunkt« des Historikertags bezeichnete, hatte die Bedeutung des Augenblicks klug erfaßt, wenn auch nicht durchschaut, als er Meinecke berichtete, »die schicksalsbedingte Identität von subjektiver und objektiver Geschichte« mache die Vorträge von Rothfels so außergewöhnlich. Auch bemerkte er die »seltsame Duplizität« der beiden Bismarck-Reden von 1932 und 1946.[137] Von einem »fesselnden Vortrag« berichtet Georg Stadtmüller, »eine dankbar begrüßte Gipfelwanderung« der Tagung sah A. v. Harnack in Rothfels'

132 Gerhard Ritter, Brief an Heimpel vom 13. 2. 1949, in: AVDH/Göttingen (1).

133 Gerhard Ritter, Brief an Aubin, Grundmann, Heimpel, Gelzer vom 23. 2. 1949, in: ebd.; drei Tage zuvor hatte Ritter Rothfels' Beitrag unter dem Titel »Bismarck als europäischer Staatsmann« angekündigt, vgl.: Ritter, Brief an W. Philipp vom 18. 3. 1949, in: ebd.

134 Hans Rothfels, Brief an Ritter vom 9. 3. 1949, in welchem er Hans Herzfeld als »Ersatzmann« vorschlug; Ritter hatte die Vorverlegung auf Juni erwogen, weil er eine Gesamttagung mit dem deutschen Archivverband wünschte, der bereits für Juni in Frankfurt a.M. geplant war.

135 Gerhard Ritter, Brief an Torvald Höjer vom 26. 12. 1948, in: AVHD (1).

136 Hermann Heimpel, Protokoll über die Sitzungen der 20. Versammlung deutscher Historiker (12. bis 14. Sept. 1949) sowie des Verbandes der Historiker Deutschlands (11. bis 14. Sept. 1949), der Konferenz der Landesgeschichtlichen Publikationsinstitute (15. Sept. 1949) und des Verbandes der Geschichtslehrer Deutschlands (15. Sept. 1949) zu München [9 Seiten], in: AVHD (1), S. 8; HZ 169 (1949), S. 668.

137 Kaehler, Brief an Friedrich Meinecke vom 20. 9. 1949, in: Meinecke, Ausgewählter Briefwechsel, S. 548 f.

Vortrag: »Der frei gehaltene Vortrag fand begeisterte Aufnahme.«[138] Theodor Schieder hat Jahre später in einem offenen Brief zum 70. Geburtstag Rothfels' die Schlüsselszene dieses Auftrittes von 1949 noch einmal bestätigt, als er mit Dankbarkeit noch Anfang der 60er Jahre an den besonderen Beifall der Schlußsitzung des Münchner Historikertags erinnerte und ebenfalls genau alle drei Punkte hervorhob: Die Intertextualität des Bismarck-Themas, die These von der »prinzipiellen Entgegensetzung« zwischen Kaiser- und Drittem Reich und den Verzicht auf das »Richteramt«: Er, Rothfels, habe bei seiner Rückkehr ein »zerschlagenes Volk« vorgefunden und habe ein Recht darauf gehabt, »mißtrauisch« und »unnachgiebig« zu sein, aber: »Sie boten Vertrauen und übten Nachsicht«. »Sie [haben] Ihr persönliches Betroffensein als Herausforderung verstanden, das ungeheuerliche Schicksal dieser Zeit durch die Sprache und den Geist der Historie zu erfassen, dieses Schicksal zu verstehen [...]. So wurde für Sie das Amt des Historikers nicht zu einem Richteramt, aber zu einem Wächteramt.«[139] Diese dankbare Homage an Rothfels und dessen Auffassung von der Aufgabe des Historikers wird erst in ihrer logischen Umkehrung ganz sichtbar, denn das Richteramt – das waren im kollektiven Gedächtnis der Deutschen nach 1945 die Juden.

Antijüdische Reflexe in der deutschen Geschichtswissenschaft

Es gab nach wie vor deutliche antijüdische Reflexe von Vertretern der deutschen Geschichtswissenschaft, manche trotz und manche wegen »Auschwitz«. Meinecke selbst hatte in *Die deutsche Katastrophe* gängige Vorurteile tradiert, z.B. in der häufig zitierten Wendung von den »Juden, die dazu neigen, eine ihnen einmal lächelnde Gunst der Konjunktur unbedacht zu genießen«. Er war antisemitisch genug, das Stereotyp von den »Schäden des jüdischen Wesens« und von den »Anstoß« erregenden Juden, die seit der vollen Emanzipation selbst viel »zu jener allmählichen Entwertung und Diskreditierung der liberalen Gedankenwelt« beigetragen hätten, mit vollem Ernst in die Vorgeschichte der Judenvernichtung einzubeziehen.[140] Und Gerhard Ritter schrieb im Januar 1946 recht

138 Georg Stadtmüller, Wer schreibt unsere Geschichte?, in: AVHD (1); A. v. Harnack, Geschichte ohne Scheuklappen, in: Neue Zeitung, 17. 9. 1949.

139 Schieder, Hans Rothfels zum 70. Geburtstag, hier S. 117, 119 und 120.

140 Meinecke, Die deutsche Katastrophe, S. 29. Meinecke fügt noch hinzu, die Juden hätten »neben dieser negativen und zersetzenden Wirkung« auch »recht viel Positives für den Geist und das Wirtschaftsleben Deutschlands geleistet [...]«.

unverblümt über ein »zuviel an Judentum an den Universitäten« der Weimarer Zeit:

> »Ich persönlich stehe auf dem Standpunkt, daß man recht wohl Bedenken haben konnte gegen ein zuviel an Judentum auf den Universitäten, ohne deshalb ein grundsätzlicher Antisemit im Sinn des Nazitums zu sein, d.h. die Grundsätze der Humanität und Rechtlichkeit zu verleugnen, die jeder Hochschullehrer zu achten hat.«[141]

Ritters Briefpartner Kaehler antwortete beflissenen Tones aus Göttingen: »Was die Berechtigung des von Ihnen erwähnten Widerstandes gegen die übermäßige Besetzung deutscher Lehrstühle durch Juden vor 1933 angeht, so kann ich nur daran erinnern, daß bei meinem Eintritt in die Hallenser Fakultät im Herbst 1932 von den 17 Lehrstühlen nicht weniger als 5 […] mit Volljuden besetzt waren; den romanistischen hatte ein ›halb- oder viertelsarischer‹ Kollege inne.« Und von einem jüdischen Kollegen berichtet Kaehler, dieser habe »selbst gesagt, daß er als Dekan der Marburger Fakultät in einer Berufungsangelegenheit nach Berlin gefahren sei, um Herrn Werner Richter klar zu machen, daß für die Marburger Fakultät die weitere Berufung eines jüdischen Kollegen nicht tragbar sei. So kluge Juden hat es leider aber nicht immer gegeben, sonst würden *die peinlichen Vorgänge von 1933* sich nicht ereignet haben«.[142] Die Einigkeit Ritters und Kaehlers über »ein zuviel an Judentum an deutschen Universitäten«, so läßt sich diesen Worten entnehmen, konnte in Abgrenzung vom Antisemitismus der Nationalsozialisten hergestellt werden, ohne dabei »die Grundsätze der Humanität und Rechtlichkeit zu verleugnen, die jeder Hochschullehrer zu achten« habe – und das nach 1945. Vor allem bei Kaehler hatten sich nach 1945 hartnäckig antisemitische Stereotype und Vorurteile gehalten. Im Mai 1945 sprach er beispielsweise von der »Aufgabe, die Überlieferung des wahren und wirklichen Deutschland« zu bewahren und »zu verteidigen gegen die bereits im Gang befindliche Verleumdung durch demokratisch jüdische Propaganda […]«. An anderer Stelle vergleicht er die »recht rigorosen und in mancher Beziehung unver-

141 Ritter, Brief an Kaehler vom 28. 1. 1946, zit. nach: Kaehler, Briefe, S. 335.

142 Kaehler, Brief an Gerhard Ritter vom 25. 2. 1946, in: Kaehler, Briefe, S. 335 f. Mit den »peinlichen Vorgängen von 1933« sind offenbar die »Gesetze zum Schutze des Berufsbeamtentums« gemeint. Zur Vertreibung der jüdischen Hochschullehrer aus den Universitäten vergleiche folgende drei Fallstudien zu Freiburg, Göttingen und Berlin: Martin, Die Entlassung der jüdischen Lehrkräfte; Wegeler, Das Institut für Altertumskunde der Universität Göttingen; Jarausch, Die Vertreibung der jüdischen Studenten und Professoren von der Berliner Universität.

ständlichen« alliierten Versuche, die Universitäten zu entnazifizieren, mit den Methoden der Nationalsozialisten: »Die Erinnerung an das Verfahren des 3. Reiches« lasse, so Kaehler, »in dieser Beziehung das Nazisystem wenigstens bis zur Reichskristallwoche (sic) November 1938 in erheblich milderem Licht erscheinen.«[143]

»Notstege über die alten Pfeiler«: Die Beziehung zwischen Kaehler und Rothfels nach 1945

Die Ressentiments waren tief verankert, sie äußerten sich in den privaten Briefwechseln nicht selten so direkt und unverblümt wie bei Siegfried A. Kaehler. Nun kannten aber gerade er und Hans Rothfels sich schon von vor 1914 aus Freiburger Studienzeiten. Ihre langjährige Freundschaft in den 20er Jahren und bis zur Emigration von Rothfels, die Entfremdung, ja der Bruch ihrer Beziehung in den Jahren danach und die Art und Weise ihrer Wiederannäherung nach dem Ende des Nationalsozialismus stellen ein Paradigma des Verhältnisses zwischen Emigranten und in Deutschland verbliebenen Historikern dar und verdienen eine genauere Betrachtung. Denn an den gleichen Kaehler richtet nun Hans Rothfels nur wenige Wochen später ein Schreiben, in dem er »einen *Versuch der Überbrückung*« der seit 1938 bestehenden Entfremdung zwischen beiden unternimmt.

> »Ich denke, es ist leichter für mich, aber ich nehme an, daß es beiderseits mit dem Gefühl geschehen kann: Das Zufällige und Mißgeschickliche, das zwischen uns trat, ist längst in dem Strom des Unwesentlichen untergegangen und wie überall die Fundamente wieder erscheinen, nach Überflutung und Zerstörung, mögen wir auch im Privaten wieder versuchen, *Notstege über die alten Pfeiler* zu legen. An einer inneren Verbundenheit habe ich nie gezweifelt und auch nicht daran, daß in letzten Dingen Du Deinen Mann stehen würdest.«[144]

Diese Offerte, »Notstege über die alten Pfeiler zu legen«, formulierte beides: ein Angebot und eine Bedingung. Der Monate später abgesandte zehnseitige Antwortbrief Kaehlers von Ende Juli 1946 versammelt eine Fülle von ausweichenden Alltagsberichten, Klagen über Arbeitsbelastung, »nicht vorhandenen Kalorien«, über »Brieflaufzeiten« und Perso-

143 Kaehler, Brief an Johann Wilhelm Mannhardt vom 14. 8. 1945, in: Kaehler, Briefe, S. 325.

144 Hans Rothfels, Brief an Kaehler vom 7. 4. 1946, in: Kaehler, Briefe, S. 336 [Hervorh. v. N.B.]; die folgende Antwort Kaehlers ebd., S. 336-346.

nalberichte. Über Meinecke heißt es, er habe für »die elementare Wucht der NS-Revolution [...] nie eine Vorstellung besessen«, und an die Schilderung »ungezählter Schicksale« aus den Nachkriegswirren Deutschlands schließt seine Bemerkung an: »Dieses nur [...] zum Beweis dafür, daß es auch innerhalb Deutschlands nicht anders hergegangen ist als dort, wohin die braune Flut übergeflossen ist.« Mit Hitlers »Volksmordidee« ist das zerstörte Preußen gemeint (»es gibt keine Silhouette von Potsdam mehr«), und der Brief Kaehlers endet schließlich in der Vergegenwärtigung des furchtbaren Schicksals der weiblichen Bevölkerung Berlins. Außerdem machte Kaehler in einem Brief an Rothfels aus demselben Jahr eine Bemerkung im Zusammenhang mit der Anfrage einer Gastdozentur, die sich zuerst nicht zu realisieren schien (Rothfels hatte inzwischen einen Ruf nach Chicago angenommen): Seine Absage sei die richtige Entscheidung »nicht nur unter der Rücksicht auf den persönlichen Abstieg in schwer vorstellbare Daseinsbedingungen, deren Tiefpunkt noch keineswegs erreicht« sei, »sondern auch im Blick auf die stärkere Wirkungsmöglichkeit« [gemeint ist die in Amerika], denn, so Kaehler weiter: »Solche 7 Jahre, wie sie hinter uns liegen, sind ein schwer zu überspringender Abgrund.«[145] Für alle emigrierten Historiker wären solche larmoyanten Selbststilisierungen des Preußenhistorikers Kaehler eine Zumutung gewesen, weil sie insinuierten, daß der »schwer zu überspringende Abgrund« in den Jahren des Weltkrieges, nicht aber in dessen Vorgeschichte zumindest seit 1933 zu verorten sei. Für Rothfels aber gehörte der Konsens in solchen Fragen, ungeachtet seiner eigenen Lebensgeschichte als Opfer des antisemitischen Furors, zu den Bedingungen seines neuen geschichtspolitischen Wirkens nach 1945. Die »verletzende Naivität«, die das »freudige Erstaunen« über seine Aufsätze begleitet habe, und andere »Entgleisungen« in Anfragen an ihn, die er natürlich konstatierte, seien ihm, so Rothfels, »im Grunde sehr unwesentlich geworden im Vergleich mit guten alten Erinnerungen«.[146] Sein Austausch mit Kaehler macht deutlich, daß er solche Briefwechsel als Einübung dessen benötigte, was er »das im Rahmen innerdeutscher Diskussion Wichtige« nannte.[147] So dankte denn Kaehler seinem Briefpartner auch dafür, daß er sich bereit fände, »trotz aller entgegenstehenden schweren Bedenken«

145 Kaehler, Brief an Rothfels vom 12. 11. 1946, in: ebd., S. 350; zit. nach dem Durchschlag im NL Kaehler (NStUB Göttingen).

146 Rothfels, Brief an Siegfried A. Kaehler vom 12. 10. 1946, in: Briefwechsel Rothfels – Kaehler (NStUB Göttingen).

147 Rothfels, Brief an Siegfried A. Kaehler vom 8. 5. 1948, in: Briefwechsel Rothfels – Kaehler (NStUB Göttingen), Nr. 271, S. 2.

der alten Heimat »mit erprobten und erweiterten Kräften in dem noch schwereren Ringen um ›Krisis und geschichtliches Selbstbewußtsein‹ beizustehen«, und bestätigte ihm zudem auch, daß er beim Lesen seiner Briefe das Gefühl gehabt habe, »als ob die vergangenen Jahre nicht gewesen und Heute an das Vorgestern anzuknüpfen wäre«.[148] Daß solche Brücken über die NS-Zeit, wie sie hier im privaten Briefwechsel paradigmatisch untersucht worden sind, Teil der Wissenschaftspolitik ihrer Zeit waren, ist evident. »[D]ie Früchte Deiner Königsberger Jahre«, so versicherte ihm Kaehler im Frühjahr 1948, seien »vorzeigbar«.[149]

Im einem Brief von Anfang Februar 1947 sprach Rothfels einmal Konzentrationslager und deutsche Schuld an, nachdem ihm Kaehler von den KZ-Filmen der Alliierten berichtet hatte: »Ihr seid nun einmal alle unrettbar mitverhaftet.« Die Informationen über die KZs, so Rothfels, seien wichtig und könnten ein Gegengewicht gegen neue Nazilegenden bilden. Wohl könnten die »tatsächlichen Ungeheuerlichkeiten diesmal nicht als Propaganda weggewischt werden«, aber er glaube nicht, so Rothfels, daß sie das Bild von Deutschland hier [in Amerika, N.B.] bestimmen werden, »eine psychologische [...] Dauerverfehmung« habe keinen Bestand, sei bereits »wieder im Abklingen«, schließlich könne man nicht umhin einzusehen, daß ein »großer Teil der Insassen Deutsche waren«; für Rothfels bestand das Skandalon der Verbrechen primär darin, daß »die Welt sich für die Greuel gar nicht interessierte solange es ›nur‹ Deutsche waren, die da gequält wurden«. Die »Gleichung«, so führte er gegenüber Kaehler weiter aus, daß Nazis gleich Deutsche seien, wurde geschaffen, um »Potsdam« zu legitimieren, für die deutsche Teilung »waren die K. Z. allerdings auch ein Propagandamittel«. Wie im Oppositionsbuch, so deutete Rothfels auch hier im Privatbrief die Konzentrationslager als ein vornehmlich gegen Deutsche eingesetztes Machtmittel des totalitären Staates – und daß sie von den Alliierten dann nach dem Sieg über Deutschland sozusagen ein zweites Mal gegen Deutschland verwendet wurden, erfordere nun »Gegenbilder«.[150]

Rothfels hatte sich der Aufgabe verschrieben, solche »Gegenbilder« zu formulieren. Im Privaten hat er darüber hinaus immer wieder Anfänge gesucht, »Brücken gebaut«, »Notstege« gesetzt und Versöhnung verkündet. Er übersetzte Arbeiten der Kollegen ins Englische und publizierte sie

148 Kaehler, Brief vom 12. 11. 1946, in: Briefwechsel Rothfels – Kaehler (NStUB Göttingen).
149 Kaehler, Brief vom April 1946 (?), in: ebd., Nr. 270.
150 Rothfels, Brief an Kaehler vom 7. 2. 1947, in: ebd., Nr. 264.

in Amerika.[151] Und er schickte seine eigene Studie über »1848« an Heinrich v. Srbik mit der Widmung »in alter Gesinnung«, auf die der Adressat »in der Zeit des Verkanntseins und des Totgeschwiegenwerdens« ermutigt Bezug nahm, als er mit dem Bekenntnis antwortete, er wolle Gewißheit darüber erhalten, »daß gerade *Sie* mich nicht mißverstehen und mich nicht einer Färbung meiner Vergangenheit bezichtigen werden«.[152] Srbik beschwor Rothfels, »selbst auf die Gefahr hin, daß ich den Anschein der Verteidigung erwecke«, er möge die von ihm vertretene »gesamtdeutsche Geschichtsauffassung« nicht mit »nationalsozialistischer Geschichtsansicht« verwechseln: »*Sie persönlich* aufzuklären, ist mein einziger Zweck; Ihnen zu sagen, daß meine Lebenslinie auch von 1938-1945 nicht geändert worden ist.« Er, v. Srbik, habe sich für Rothfels und andere in Berlin eingesetzt, habe »in reinem Wollen« seine »Idee des alten Reiches« vertreten in der Hoffnung, sie möge »ausgleichend, regulierend die törichten Überspannungen des Rasseprinzips [...] paralysieren«; er sei selbst bitter enttäuscht worden und nur »mit knapper Not dem K. Z. entronnen«: »Ich kann nur wahrheitsgemäß erklären, daß [...] meine Hände rein geblieben sind und daß ich glaube, das Ethos meiner Wissenschaft und die Treue zur Geschichte meiner Heimat nie verletzt zu haben ...« Der Brief v. Srbiks schließt mit der Versicherung, er würde »all dies« nicht schreiben, »wenn nicht Ihr Separatum die Widmung trüge ›in alter Gesinnung‹«. Noch 1953 bescheinigte Rothfels seinem Kollegen Fritz Hartung in einem Geburtstagsschreiben, er bewundere, wie Hartung »sich gehalten habe, wenn ich so sagen darf, nicht nur gesundheitlich [...], sondern vor allem unter den Verhältnissen des Drucks, dem Sie erst von der einen Seite und dann von der anderen ausgesetzt gewesen sind. Sie wissen, wie ich darüber denke und dass ich über Im-Geschirr-bleiben eine Meinung habe, die den Einzelfall in seiner individuellen Art zu sehen entschlossen ist.«[153]

151 Z.B. erschien Meineckes Text »1848. Eine Säkularbetrachtung« (Berlin 1948) in einer Übersetzung von Rothfels u.d.T. »The Year 1848 in German History«, in: The Review of Politics 10 (1948), S. 475-492.

152 Heinrich v. Srbik, Brief an Rothfels vom 10. 2. 1949, in: v. Srbik, Die wissenschaftliche Korrespondenz des Historikers, S. 563-565 (alle Zitat im folgenden hieraus).

153 Hans Rothfels, Brief an Fritz Hartung vom 10. 1. 1953, in: BAK, NL Rothfels 213, Nr. 20 (5).

Rothfels' praktische »historiographische Bemühung«, so Hans Mommsen, war »gleichsam der Versuch, mit sich selbst ins Reine zu kommen, nicht als beliebiges Individuum, sondern stellvertretend für die tragenden politischen Wertüberzeugungen der Nation, der er sich verbunden fühlte«.[154] So wurde sein Widerstandsbuch durch den Zeitpunkt seines Erscheinens, im Kontext der antipreußischen Diskussion nach Kriegsende und im Sprachduktus ein »Manifest des anständigen Deutschlands«, ja, eine »erträumte Autobiographie« (Ulrich Raulff).[155] In dem späteren, sehr persönlich gehaltenen Vortrag über »Die Geschichtswissenschaft in den dreißiger Jahren« aus dem Jahre 1963 bittet Rothfels förmlich darum, seine »Haltung des Verstehenwollens« nicht mißzuverstehen, sei es als »Edelmut«, den man von jemandem, der im Dritten Reich Unrecht erlitten hat, nicht erwarten könnte, sei es als »typische Schwäche, als charakteristische Blutleere historischen – besser – historistischen Denkens«.[156] Rothfels, der sich durch seine enorme Erfahrung, die eigenen biographischen Erlebnisse und die mehrfach wechselnde Perspektivität seiner beruflichen Tätigkeit gerade darin seinen Historikerkollegen in Deutschland überlegen sah, daß er um die verschiedenen »Härtegrade der Richtigkeit«[157] im Historischen wußte, war methodisch davon überzeugt, daß auch »Katastrophen« die Aufgaben des Historikers im Kern unberührt lassen.[158] »Das Nachdenken über die Geschichte hat eine Dignität, die nichts bedrohen kann.«[159] Kontinuität und Diskontinuität, so Rothfels wörtlich, »gehören zusammen, es schwankt nur das Gewicht von der einen zur anderen Seite. Der Historiker hat eine besondere Affinität zur Kontinuität.« Bei Rothfels, der das »starke allgemeine Bedürfnis nach Kontinuität« stets wahrgenommen hat, wurde das Gewicht völlig auf das zum Programm erhobene Kontinuitätsaxiom gelegt. »Menschliche Enttäuschungen«, so Rothfels in bezug auf sein Leben, sei »ein zu scharfer Ausdruck«; er habe aus einer »allgemein anthropologischen Sicht« nichts anderes erwartet, als daß »Menschen eben durch Druck leicht nach-

154 Mommsen, Hans Rothfels, S. 128.

155 Ulrich Raulff, Erträumte Autobiographie, in: FAZ, 11. 7. 1994.

156 Rothfels, Die deutsche Geschichtswissenschaft, S. 90 f.

157 Hans Rothfels, Die Problematik wissenschaftlicher Geschichtsdeutung. Protokoll eines Kolloquiums im Oktober 1965 in Tübingen, in: BAK, NL Rothfels 213, Nr. 130, S. 4.

158 Ebd., S. 20.

159 Ebd., S. 18.

geben«.[160] Gegen Ende seines Lebens wurde er in einem Radiointerview gefragt: »Haben Sie sich eigentlich diese schreckliche, ich nehme den Ausdruck nicht gern, Endlösung geistig vorstellen können?« Rothfels antwortete seltsam ambivalent, indem er sogleich auf die Ausnahmen verwies:

> »Nein, in der Form nicht, wohl aber in der Zielrichtung auf eine völlige Ausschaltung jüdischen Elementes, nicht wahr, ich meine, es gab ja schon Vorstadien, die deutlich genug waren dafür, wobei aber, vielleicht sollte ich das auch einmal ruhig erwähnen, es auch merkwürdige Ausnahmen gab.«[161]

Im Rückblick auf Leben und Werk von Hans Rothfels verstärkt sich der Eindruck, daß er wider besseres Wissen im Hinblick auf die ihm hier gestellte Frage die Ausnahmen zur Regel erhoben hat. Die Identität von Historiographie und Lebensgeschichte, vor allem in der Zwischenkriegszeit, verkehrte sich ins Gegenteil, als er die Erfahrung von Antisemitismus und Vertreibung regelrecht dementieren mußte, um die Kontinuität seiner Auffassungen zu wahren. Sein persönliches Bedürfnis nach dem »Hereinschlüpfen in den alten Anzug«, wie er es ausdrückte,[162] wurde in seinem Fall zu einem historiographischen Programm. Nicht daß er sich selbst weigerte, seine eigene erzwungene Emigration aus Deutschland in historisches Interesse an diesen Themen umzusetzen, ist dabei der Befund, der allein schon für die deutsche Historiographiegeschichte post Auschwitz von signifikanter Bedeutung ist. Von weit höherer Relevanz aber ist seine wissenschaftsstrategische Position, die diese Haltung in vielfältigen zeitgeschichtlichen Funktionen, Ämtern und Stellungen als Status quo festschrieb, gleichsam als »deutsche Perspektive« von außen geadelt wurde oder als Restituierung der deutschen Frage auf Kosten anderer.

160 Rothfels, Interview, S. 7.

161 Ebd., S. 6 f. Tatsächlich war nicht nur er selber eine solche, sondern auch seine Schwester traf auf einen Augsburger Meldebeamten, der zu ihr die lebensrettenden Worte sagte: »[...] den Namen *Sarah* lassen wir wohl besser weg ...«

162 Rothfels, Brief an Siegfried A. Kaehler vom 27. 11. 1949, in: Briefwechsel Kaehler – Rothfels (NStUB Göttingen, Nr. 286, S. 1).

Kontrapunkt: Warum der Emigrant Gustav Mayer die Metapher der »Brücke« fallenließ

Seinem »protestantischem Konservativismus« hätte, so Herbert A. Strauss über Hans Rothfels, ein »Gegengewicht« gutgetan,[163] Niedhart hat einmal mit ähnlicher Intention die Historikerin Selma Stern genannt, die sich nach ihrer Emigration verstärkt jüdischen Themen zugewandt hatte – eine im Kontrast zu Rothfels noch bedeutendere symbolische Gegenbiographie mag aus den Erinnerungen von Gustav Mayer zu uns sprechen, erstens, weil beide ungefähr gleich alt waren, vor allem aber weil das Bild der »Brücke« hier explizit aufgrund der Kenntnis über die Vernichtungslager zurückgenommen wird: »Ich wäre unwahrhaftig, wollte ich verhehlen, daß seither Gaskammer und Konzentrationslager auch bei mir auf Seele und Geist ihre Wirkung taten und nicht aufhören zu tun.«[164] Mayer, bürgerlich-jüdischer Herkunft und mit demokratisch-linksliberaler Einstellung, war einer der großen Außenseiter seiner Zeit, sowohl im Kaiserreich als auch in der ersten Republik. In den 90er Jahren war er Journalist bei der »Frankfurter Zeitung«, Korrespondent in Holland und Brüssel, später wurde er Privatgelehrter und, anders als die etablierten Kollegen wie Rothfels, die sich der Erforschung Bismarcks verschrieben, Historiker des Vormärz, der Arbeiterbewegung und deren Theoretiker. Seine Biographie über Friedrich Engels ist legendär. Er emigrierte nach England, wo er im Jahre 1948 nach 15 Jahren im Exil 76jährig starb. Die Drucklegung seiner Memoiren hat er nicht mehr erlebt. »Mayers Lebensfrage war der Verlust der jüdischen und das Nichterlangen einer deutschen Identität. Er bemühte immer wieder das Bild von der Zugbrücke, die den Abgrund zwischen Juden und Nichtjuden hätte überwinden sollen und die den Schritt zum ›anderen Ufer‹ erlaubt hätte, ›an dem der deutsche Mensch lebte‹.«[165] Die Bilanz, die Mayer zog, war niederschmetternd. Zunächst benutzte er das Bild der »Zugbrücke«, die »immer wieder im letzten Augenblick in die Höhe« schnellte, »wenn der deutsche Jude sich völlig als Deutscher empfinden wollte«, um auszudrücken, was sein Lebensthema negiert hatte, ja: »Zugbrücke« wollte er

163 Strauss, Am Abgrund, S. 131. Als »Gegengewicht« vermißte Strauss z.B. den 1940 in Jerusalem verstorbenen Historiker Arnold Berney.

164 Mayer, Erinnerungen. Vom Journalisten zum Historiker der deutschen Arbeiterbewegung, S. 370.

165 Niedhart, Identitätskonflikte, S. 315 f. Auf das Hoffnungsbild Mayers von der »Brücke« und auf seine vollständige Ernüchterung nach dem Zweiten Weltkrieg, die in einer Infragestellung seines Lebens mündete, machte Gott-

ursprünglich auch zum Titel seiner Memoiren machen.[166] Nach dem Holocaust verwarf er diesen Gedanken der Grund- und Hoffnungsmetapher der »Brücke« vollständig, sprach nicht mehr vom Verbindenden, sondern vom Trennenden: Die Antwort auf die Frage »Inwiefern bin ich noch Jude?« gab die »deutsche Umgebung« in unmißverständlicher Weise,[167] und so rief der 76jährige den Deutschen aus seinem englischen Exil zu: »[E]s wäre auch nicht mein Wunsch, noch einmal wieder in Eurer Mitte zu leben, denn ich würde mich heute unter Euch nicht mehr unter den ›Meinen‹ fühlen können.«[168] Und in einem seiner letzten Briefe an Friedrich Meinecke heißt es noch deutlicher: »Nun ist *der breite Blutstrom* da, den ich so wenig noch einmal überschreiten könnte. Wie die Besucher des Hades den Styx, der sie in ihre Welt unrettbar bannte.«[169] Meinecke, der den emigrierten Kollegen mit pejorativem Unterton als »grundehrliche und liebesbedürftige Natur«[170] charakterisiert hat, antwortete einschlägig mit dem Hinweis auf das mehrfache Leiden Deutschlands: »Jeder Deutsche hat außer dem allgemeinen unausmeßbaren Unglück noch ein besonderes, ganz persönliches, nur jeweilig anders

fried Niedhart mehrmals aufmerksam, vgl. auch: ders., Deutsch-jüdische Neuzeithistoriker in der Weimarer Republik, S. 150. Lediglich tadelnde Worte angesichts des in den Erinnerungen Mayers niedergeschriebenen Dilemmas der eigenen Identität findet Hans-Ulrich Wehler, der den Bruch, den Mayer vollzieht, nicht gesehen hat: »Mit offensichtlicher Ratlosigkeit spürte hier Mayer dem Schicksal der deutschen Juden nach. Sogar angesichts der ›Endlösung‹ versagte er sich eine schneidende Kritik an der Entwicklung der deutschen Gesellschaft und ihrer Politik, wie er sie seit 1890 selber miterlebt hatte. Hilfloses Entsetzen und ein häufig resignierender Fatalismus klangen in seiner Autobiographie immer wieder durch. Bis zuletzt lebte Mayer in den Vorstellungen eines aufgeklärt-liberalen Bildungsbürgertums, dem der deutsche Weg in die Barbarei im Grunde unverständlich blieb.« Wehler, Gustav Mayer, S. 126.

166 Vgl. das Nachwort des Verlags, ebd., S. 375. Hans Blumenberg hat solche lebensgeschichtlichen Bilder »Daseinsmetaphern« genannt, vgl. Hans Blumenberg, Schiffbruch mit Zuschauer. Paradigma einer Daseinsmetapher, Frankfurt a.M. 1979.

167 Mayer, Erinnerungen, S. 364.

168 Ebd., S. 372. Die Deutschen »unterschiedslos zu hassen«, so Mayer weiter, brächte er allerdings nicht übers Herz. Er hoffe auf die »Gerechten« unter den Deutschen. Für diese seine »Wenns und Abers« sei er auch von seinen nach Israel ausgewanderten Brüdern kritisiert worden.

169 Gustav Mayer, Brief an Friedrich Meinecke vom 3. 1. 1946, in: Meinecke, Ausgewählter Briefwechsel, S. 248 (dort: Anm. 1) [Hervorh. v. N.B.].

170 Meinecke, Straßburg – Freiburg – Berlin, S. 264.

zusammengesetztes Unglück zu tragen.« Zwar sei der Nationalstaat »kaputt gegangen«, habe aber »die Möglichkeit einer in ihrem Geist rein erhaltenden Kulturnation gelassen«. Und Meinecke fragte, völlig davon überzeugt, man könne sich »über die Ursachen dieser namenlosen Katastrophe [...] rasch verständigen«,[171] abschließend: »[K]ann man dem guten deutschen Geiste, wenn er einen einmal umfangen hat, je untreu werden?«[172] Mayer antwortete zunächst voller schroffer Ablehnung, versuchte aber auch danach noch, den Kontakt mit Meinecke aufrechtzuerhalten.[173] Ende Juni 1946 entgegnete ihm der greise Historiker, der noch immer in Göttingen wohnte, allgemein würde »im Auslande viel zu sehr verkannt, unter welchem furchtbaren Druck« die Deutschen in den NS-Jahren gelebt hätten, »wie völlig aussichtslos es war, dagegen aufzutreten, – wir waren an Händen und Füßen gefesselt.« Und Meinecke, der sich in dieser Zeit scharf gegen jede kritische Wortmeldung von »außen« wandte und beispielsweise Karl Barths Äußerungen aus der Schweiz als »Pharisäertum« abtat, fügte hinzu: »Möge jeder Ausländer, der jetzt das ganze deutsche Volk für schuldig erklärt, sich doch die Gewissensfrage vorlegen, ob auch er den Mut zum Martyrium und zur Zerstörung seiner Familie in solcher Lage aufgebracht haben würde!«[174] Diese völlige »Blindheit, diese völlige Unfähigkeit, die andere Seite zu sehen«, die Peter de Mendelssohn 1949 an Ernst Jüngers Strahlungen ausgemacht hat,[175] kann auch für die frühen Wortmeldungen der deutschen Historiker festgestellt werden. Erfahrungen jüdischer Historiker wurden nicht zum Thema gemacht. Ihre Themen waren begründungspflichtig und ihre Perspektive auf das Ereignis des Holocaust marginalisiert.

171 Ebd., S. 247.

172 Vgl.: Meinecke, Brief an Gustav Mayer vom 22. 3. 1946, in: ebd., S. 247 f.

173 Brief an Friedrich Meinecke vom 30. 3. 1946 und vom 12. 5. 1946, in: ebd.

174 Vgl.: Meinecke, Brief an Gustav Mayer vom 25. 6. 1946, in: ders., Ausgewählter Briefwechsel, S. 253 f. [Hervorh. v. F. M.] Meinecke unterschrieb den Brief mit der Formel »In alter Gesinnung Ihr Fr. Meinecke«. Die Enttäuschung über Barths »Pharisäertum« drückte Meinecke in einem Brief an Walter Hofer vom 11. 7. 1946 aus, in: ebd., S. 256.

175 De Mendelssohn, Gegenstrahlungen, S. 170.

3. »Historiosophie«, »Vergangenheitsbewältigung«, »Dokumentation«. Auschwitz zwischen Schuld- und Schamdiskurs

Verdrängungsepoche oder Erinnerungsjahrzehnt?

Die 50er Jahre haben als Verdrängungs- und Restaurationsepoche Eingang in die Vorstellungen von der Nachkriegszeit gehalten und haben im allgemeinen keinen guten Ruf. Man kann das Apologetisch-Defensive dieses Jahrzehnts leicht belegen, sowohl unmittelbar anhand vieler zeitgenössischer Beobachtungen als auch in systematischer Hinsicht mit den Ergebnissen der historischen Forschung. Der Charakter dieser Zeit läßt sich aber nicht nur dort aufzeigen, wo Beispiele aus dem Bereich der offensichtlichen Verweigerungen, sich mit der Vergangenheit auseinanderzusetzen, zusammengetragen werden. Noch deutlicher werden die Konturen dieser »janusköpfigen« zehn Jahre mit Blick auf das Gegenteil, wenn man umgekehrt den weitverbreiteten Habitus der Pädagogisierung und den Philosemitismus in Augenschein nimmt, mit ihren Ambivalenzen und Bemühungen, das Schweigen zu überwinden.[1] Das vorangegangene Kapitel hatte anhand von Fallstudien drei verschiedene Versuche zum Thema, auf genau jene Werthaltungen zurückzugreifen, die von den Ereignissen scheinbar nicht dementiert worden waren, weil sie aus dem späten Kaiserreich, ja aus dem 19. Jahrhundert stammten. Der Nationalsozialismus wurde dabei zwar als verbrecherisch, nicht aber als Teil der deutschen Geschichte imaginiert, so daß im kulturellen Pathos Meineckes ebenso wie in der Ritterschen Verteidigung politischer und nationaler Kontinuitäten oder im Bündnis von Rothfels mit der in Deutschland verbliebenen akademischen Elite das eigentliche Thema – die Judenvernichtung – gar nicht erst gestellt werden brauchte.

Das gilt aber nicht in gleicher Weise für die ersten zehn Jahre der Bundesrepublik, in der das Verhältnis von Geschichte und Verbrechen zu einer Art Dauerreflexion avancierte, wenn dies auch keineswegs immer

1 Zum Gesamtzusammenhang: Bollenbeck/Kaiser (Hg.), Die janusköpfigen 50er Jahre; Stern, Im Anfang war Auschwitz, v.a. S. 155 ff. und 241 ff.; ders., »Ein freundlich aufgenähter Davidstern«: Antisemitismus und Philosemitismus in der politischen Kultur der 50er Jahre; Benz, Zwischen Antisemitismus und Philosemitismus. Juden in Deutschland nach 1945, in: ders., Bilder vom Juden, S. 110-128.

auf den ersten Blick evident ist. Es ist aber festzuhalten, daß zwischen 1949 und Ende der 50er Jahre nicht nur Begriff und Inhalt der vielzitierten »Vergangenheitsbewältigung« in buchstäblicher Weise »erfunden« wird, sondern es institutionalisieren sich auch die Foren der wissenschaftlichen Zeitgeschichtsforschung, sei es im Kontext juristischer Aufklärungsbemühungen, wie sie sich in der Ludwigsburger »Zentralstelle« manifestierten, sei es in der Gründung wissenschaftlicher Forschungsinstitute, die ihr zuarbeiteten und damit zum Gegenpol zu jenem akademischen Mandarinentum avancierten, wie es sich an den Historischen Seminaren noch lange halten konnte. Die 50er Jahre erscheinen vor diesem Hintergrund eher als »Erinnerungsjahrzehnt«, sind also nicht ausreichend erfaßt, wenn man nicht den Beginn der beiden Hauptdiskurse darstellt, die für die Beschäftigung mit Nationalsozialismus und Judenvernichtung fast gleichzeitig zur Verfügung standen.

Nun sollte eine solche Feststellung, die sich bewußt gegen den Vorwurf abgrenzt, die Themen Nationalsozialismus und Massenverbrechen seien gar nicht beachtet worden, allerdings nicht falsch verstanden werden: Gemeint ist nicht, daß die Bemühungen dieser Jahre ausreichend, gelungen oder gar vorbildhaft gewesen seien, ganz im Gegenteil. Die Halbheiten und Unsensibilitäten in der akademischen Beschäftigung mit dem Dritten Reich waren in beiden Fällen nicht weniger dominant als in der öffentlichen Meinung. Sie war weniger freiwillig, als man sich das rückwirkend wünschen würde, sie war nach wie vor von einem notorischen Rechtfertigungsdruck begleitet, und sie besaß nicht selten auch den Charakter vergangenheitspolitischer Interessenvertretung, mit der man ganz intentional Entlastung suchte, sei es durch die Verengung des Täterbegriffs, sei es durch ein Anschmiegen an einen universalisierten Opferstatus.[2] Ohne Zweifel gilt für die 50er Jahre, daß mehr Erinnerung möglich gewesen wäre. Doch eine solche Quantifizierung ist schon seit längerem in Gefahr, als etwas hohl klingende Belehrung wahrgenommen zu werden, die einen ex post in der wohlfeilen Position dessen erscheinen läßt, der an den Unzulänglichkeiten früherer Zeit die eigene Überlegenheit zu demonstrieren versucht. Im folgenden soll es um etwas anderes gehen. Ins Zentrum der gedächtnisgeschichtlichen Lektüre rücken nicht abermals die häufig konstatierten Defizite, sondern die Formen historiographischer Diskurse insgesamt. Damit ist die archivalische Authentizität des jüdischen Außenseiter-Historikers Joseph Wulf ebenso gemeint wie die Pathosformeln einer »Historiosophie«, wie sie die Mediävisten Her-

2 Vgl. hierzu die Beiträge in Weisbrod (Hg.), Akademische Vergangenheitspolitik.

mann Heimpel und Reinhard Wittram in Göttingen beisteuerten, oder die hierzu polare Rhetorik der »neuen Sachlichkeit«, wie sie in der jungen Historikergeneration am Institut für Zeitgeschichte in München gepflegt wurde – übrigens in direkter Distanzierung voneinander, wie dies nicht zuletzt Martin Broszat zeit seines Lebens praktiziert und gefordert hat, wenn er die »heilsame Enthaltsamkeit« der Geschichtsschreibung nach 1945 als Fortschritt beschwor.[3]

Kanon und Archiv: Pädagogisierung des Historischen, Historisierung der Pädagogik

Auch die 50er Jahre sollen demnach nicht anders betrachtet werden als in einem qualitativen *close reading* des Zusammenhangs von Erinnerung und Vergessen, Bewußtmachung und Verdrängung – ihres dynamischen Verhältnisses zueinander und ihres dialektischen Zusammenhangs. »Vergangenheitsbewältigung« ist in dieser Hinsicht weniger ein klar definierbares Verfahren als ein Feld der Auseinandersetzung über ihren Zweck, ihr Ziel und die Mittel, mit denen sie zu erlangen ist. Die Hauptkonfliktlinie verlief hier gar nicht zwischen jenen, die die Aufarbeitung der Vergangenheit einforderten, und jenen, die sich ihr verweigerten. Hauptdifferenz war vielmehr ein sehr unterschiedlich verstandenes Kräfteverhältnis von Erforschung und Erinnerung im ganzen, von einer Pädagogisierung des Historischen auf der einen und der Historisierung des Pädagogisch-Erzieherischen auf der anderen Seite.[4] Anders ausgedrückt: Während ein Teil der Wortmeldungen im Jahrzehnt zwischen 1950 und 1960 eine gedächtnisgeleitete Haltung und Rhetorik der »Scham« zu Beginn der Vergegenwärtigung des Vergangen als Conditio sine qua non jeglicher historischer Arbeit voraussetzten, gab es eine hierzu gegenläufige Hierarchie historischer Selbstverständigung, die »klassisch« wissenschaftsimmanent argumentierte und in der Vermehrung von Wissen – also in der Erforschung selbst – mehr Aufklärungspotential vermutete als in Reflexionen der Schuld. Während hier ein öffentliches Verfahren

3 Vgl. v.a. Broszat, Aufgaben und Probleme des zeitgeschichtlichen Unterrichts; das Zitat in: ders., Was kann das heißen: Konservative Wende?, in: ders., Nach Hitler (2. Aufl.), S. 302.

4 Eine Fallstudie zur Pädagogisierung des Historischen bei Kai Arne Linnemann, Die Wiederkehr des akademischen Bürgers. Hermann Nohl und die Pädagogik der Sittlichkeit, in: Weisbrod (Hg.), Akademische Vergangenheitspolitik, S. 167-189; insgesamt: Dudek, »Der Rückblick auf die Vergangenheit wird sich nicht vermeiden lassen.« Zur pädagogischen Verarbeitung des Nationalsozialismus.

begonnen wurde, in welchem mit der Begrifflichkeit der Gedächtnisbildung und des Erinnerungsgebots die Frage erörtert wurde, inwiefern und auf welche Art und Weise der Judenmord als Teil eines Kanons deutscher Gedächtnisarbeit zu verstehen sei, galt es auf der anderen Seite, das Archiv, das Dokument und die Überreste und Quellen selbst als Ausgangspunkte historischer Selbstverständigungsfragen zu etablieren. Hier die Favorisierung von Autobiographie und Eingedenken, dort monographische Enzyklopädie und Detailwissen, hier subjektives Bekenntnis und Selbstbefragung, dort Objektivitätsideal und die Aufklärung anderer. »Kanon« und »Archiv« – die beiden klassischen Gedächtnis-Formen – können hierbei im idealtypischen Sinne als dichotome und reale Orte der kollektiven Gedächtnisbildung gelten – also keineswegs nur im übertragenen Sinne, sondern ganz konkret.

Aleida Assmann hat in ihrer Untersuchung der Erinnerungsmetaphorik die lange Tradition dieses Begriffspaares aufgezeigt. In der Tat ist die Medialität der Erinnerung seit jeher in Metaphern des Raumes vorgestellt worden – doch dürfe dabei nicht übersehen werden, so Assmann, daß es sich dabei um verschiedene Grade von Organisation, Ökonomie und Verfügbarkeit des Gedächtnisses handele:

> »Ein Teil unseres Gedächtnisses kann systematisch als Wissensspeicher ausgebaut werden, ein anderer Teil, der unsere sinnlichen Wahrnehmungen und biographischen Erfahrungen aufnimmt, bleibt in der Regel chaotisch und unaufgeräumt.«[5]

»Lerngedächtnis« und »Erfahrungsgedächtnis« sind zwar komplementär und können miteinander in Widerstreit geraten, sie sind aber in systematischer Sicht verschiedenen Ebenen zuzuordnen und können sich nicht gegenseitig widerlegen. Vielmehr bestehen sie parallel und unabhängig nebeneinander und zielen auf verschiedene Formen des Bewahrens. Während ersteres in der Metapher der Bibliothek oder des Archivs prinzipiell unabgeschlossen ist und den unendlichen Vorrat an Daten und Fakten repräsentiert, den die Vergangenheit überliefert hat, so steht das Erfahrungsgedächtnis eher für den dynamischen Aspekt des Erinnerungsaktes selbst und funktioniert nicht nach den Prinzipien der Genauigkeit oder gar Vollständigkeit, sondern prozessual und im Vorgang des Suchens, Auffindens und Vergegenwärtigens. Es monumentalisiert und – vor allem – es selektiert, d.h. es ist per definitionem »ungerecht«, weil beim Erstellen eines Kanons mit jeder Aufnahme auch ein Akt des

5 Assmann, Zur Metaphorik der Erinnerung, in: dies., Erinnerungsräume, S. 160 f.

Ausschlusses aus dem »Pantheon« der Erinnerung verbunden ist. Während die Metapher des »Archivs« eine Grundvorstellung von Gedächtnis avisiert, kann man in der unendlichen Auseinandersetzung um den »Kanon« historischen Wissens den Akt der Erinnerung selbst bebildern, der auf einen diskursiven Prozeß des Auswählens und Hierarchisierens beruht.

In den 50er Jahren wurde die Judenvernichtung erstmals auf beiden Ebenen der Gedächtnisbildung zum Thema. In der allgemeinen Diskussion war die Kanon-Debatte folgerichtig dominanter, ist doch die öffentlich-diskursive Verständigung über die Bedeutung eines Ereignisses oder eines Zeitabschnitts Teil der Definition von »Erfahrungsgedächtnis«. Wir finden sie in den vielen Dabatten um Bildung, Umerziehung, Lernen aus der Geschichte und, natürlich, auch im Nachdenken über den Geschichtsunterricht.[6] Allein in der neugegründeten Zeitschrift »Geschichte in Wissenschaft und Unterricht« kann man diese Grundsatzauseinandersetzung in jedem einzelnen Heft studieren, mitunter in der dichotomen Gegenüberstellung langer Pro- und Contra-Artikel über das Problem der Einbeziehung der jüngsten Vergangenheit in den Geschichtsunterricht. Warnungen hiervor, weil die Archive noch nicht bereit seien, und gegenteilige Appelle, den »Kulturraum neu zu ordnen«, standen sich unvermittelt gegenüber.[7] Um das 20. Jahrhundert verstehen zu können, sahen deshalb schon Zeitgenossen der 50er Jahre, daß die Jahrhundertmitte als

6 Kosthorst, Selbstverständnis und öffentliche Einschätzung des Geschichtsunterrichts; Weniger, Didaktik und Methodik des Geschichtsunterrichts; Haag, Die Schule als Feld vorpolitischer Erziehung; Messerschmid, Grundfragen der politischen Erziehung; Deler, Der Beitrag der Geschichtslehrer zu einer besseren Zukunft Europas.

7 Vgl. Die Neueste Zeit im Geschichtsunterricht (1918-1945): Fernis, Von der Unmöglichkeit dieses Unterrichts; Schäfer, Über die Notwendigkeit dieses Unterrichts, die Zitate S. 597 und 606. Fernis argumentierte mit dem Problem der Vollständigkeit der Quellen, mit dem Ideal einer wissenschaftlichen »Ganzheit« und schloß mit dem Plädoyer: ›Erst Wissenschaft, dann Unterricht‹; Schäfers Argumentation zielte weniger auf abschließende Antworten, sondern stärker auf die Notwendigkeit des Fragens überhaupt; er forderte ein Sprechen über das, was man selbst erlebt hatte, und vertrat ein Bildungsideal, das nicht nur aus »Stoff« bestehen könne. Seine Schlüsselbegriffe waren nicht Wissen, Objektivität und der Leitsatz *sine ira et studio*, sondern Verantwortung, Aktualität und das Ideal des Neuanfangs und der Orientierung: »[D]ie Einstellung des nach Rückwärts gerichteten Scheinwerfers [muß] geändert werden.« (607).

»Lehrzeit« für die künftige Menschheit[8] gelten werde, daß dies ein »Zeitabschnitt sei, der gar nicht wichtig genug genommen werden« könne,[9] und daß Verdrängung »künstliches Vergessen« sei.[10] Nun galt es für Pädagogen, Philosophen und Theologen – Historiker äußerten sich gleichfalls in diesen Rollen – herauszufinden, worin die Wichtigkeit der Vergangenheit bestehe, was man daraus lernen könne und wie das künstliche Vergessen zu verhindern sei: »Mitschuldigwerden kann auch der Nachgeborene, indem er rechtfertigt, entschuldigt oder verdrängt. Das jüdische Problem wird also für uns aktuell bleiben, solange sich Menschen erinnern werden« – so heißt es in dem für die hier beschriebene Gesamttendenz prototypische zweibändige Publikation über »Schicksal und Wesen« des Judentums, die sich an Deutsche richtete und dabei vor allem Studenten, junge Menschen, Lehrer und Dozenten ansprechen wollte.[11] »Wer sich so wie wir auf dieses Volk eingelassen hat, im Guten wie im Bösen, wird es nicht mehr los.« – Solche schiefen Sätze kondensieren aus heutiger Sicht das Gewölk einer solchen Sprache, die zwischen dem Erinnerungsappell und dem Vergessenswunsch einen regelrechten Abgrund verschleierte – eine Abgründigkeit allerdings, die genau angeben konnte, was sie lähmte, selbst dort noch, wo sie eine Grammatik der Vermeidung verwendete, in der der Völkermord selbst »Subjekt« geworden war: »Völkermord vergißt sich nicht rasch, beim Volk der Opfer nicht, aber auch nicht beim Volk der Täter.«[12]

Diese Bücher des Bemühens um die intellektuelle Rückholung von Juden in den Gedächtniskanon der Nation waren regelrechte Nachhilfestunden, die »den Beitrag« der Juden zu erinnern unternahmen.[13] In der

8 Litt, Wege und Irrwege geschichtlichen Denkens, S. 131. Vgl. auch die Eingangsbemerkung in: ders., Die Geschichte und das Übergeschichtliche, in: Die Sammlung 5 (1950), S. 6-19: »Wir können uns sogar des Eindrucks nicht erwehren, als ob diese [gemeint ist die Bewertung der jüngst vergangenen Geschichte, N.B.] zu gewichtig sei, um bloß die Bewohner unseres Planeten anzugehen – als ob sie irgendwie für das All der Welt von Bedeutung sein müsse.«

9 Barthel, Das Problem der Zeitgeschichte, S. 500.

10 Litt, Wege und Irrwege, S. 15, 127, 139, 140 f. u.ö.

11 Böhm/Dierks (Hg.), Judentum. Schicksal, Wesen und Gegenwart, S. VII f.

12 Ebd., S. VII.

13 Vgl. ebd., Bd. II: »Leistungen des Judentums«, mit den Arbeiten von Alfred Weber, Der Beitrag der Juden zur Menschheitsgeschichte (S. 467-518), Ernst Gottfried Lowenthal, Der Beitrag der deutschen Juden auf wissenschaftlichem Gebiet (S. 519-537) und Karl Heinrich Rengstorf, Der Beitrag der deutschen Juden auf kulturellem Gebiet (S. 538-551); vgl. auch: Koch (Hg.), Portraits zur deutsch-jüdischen Geistesgeschichte.

»großen Baustelle Deutschland« öffnete man »Werkstätten«, in denen die Frage »Was ist der Talmud?« gestellt werden konnte.[14] In einem Plädoyer für die »Einbeziehung der jüdischen Frage« in den »Kernbereich jeder Menschenbildung« stellte an anderer Stelle ein Lehrer im Anschluß an eine Bemerkung Romano Guardinis Ende der 50er Jahre fest, daß in der Geschichte der letzten zwanzig Jahre »etwas Ungeheuerliches steht, das noch nicht aufgearbeitet« sei; er äußerte Sorge vor der »Verdrängung der Vergangenheit«, vor dem »Verblassen des ›Schreckensregiments‹ der nationalsozialistischen Diktatur«, fragte sich, ob das politische Bewußtsein der Bundesrepublik »verkarstet« sei, und gestand: »Das Wort ›Antisemitismus‹ weckt die Vorstellungen von Judenstern und Gaskammer.«[15] Solche Texte vermischten appellative und bekenntnishafte Passagen durchgängig und artikulierten stets die Sorge um die Folgegeneration. Exemplarisch ist zum Beispiel auch folgende Formulierung: »[W]ir sollten [bei den »strittigen Punkten in der Geschichtsbetrachtung«, N.B.] in unserer eigenen Geschichte zu Übereinkunft und Klärung kommen. [E]in gültiger Kanon deutschen Werdens muß vor allem der Jugend gegeben werden.«[16] Als Handreichungen für den Unterricht konzipiert, verdeutlichten solche Erziehungsvorgaben aber zugleich auch die Schwierigkeiten ihres eigenen Ansatzes, denn sie trugen ihre eigene Unglaubwürdigkeit mitunter regelrecht vor sich her, und es verwundert nicht, daß durch den guten Willen hindurch Vorurteile und Ideologie zum Vorschein kamen, die eben weder durch Bekenntnisse noch durch Appelle hinfällig geworden waren. In dem zitierten Text manifestierte sich im Grunde genommen mehr die eigene Statuskrise des Lehrers, denn er machte nicht die Erzieher, sondern indifferente, unwillige und antisemitische Schüler als Hauptproblem aus, deren einhellige Überzeugung es war, Meinungsäußerungen über Juden seien »riskant«: heutzutage müsse man ja positiv

14 Schoeps, Was ist der Talmud?, in: GWU 2 (1951), S. 147-150; das Selbstverständnis der Zeitschrift als »Werkstatt« stammt aus dem Editorial, ebd., S. 1.

15 Schilling, Beitrag zur Behandlung von Judentum und Antisemitismus im Oberstufenunterricht, S. 144. Der Autor schlug elf Unterrichtseinheiten vor, um den »historische[n] und psychologische[n] Hintergrund« seit den mittelalterlichen Verfolgungen einigermaßen zu erhellen. Nur dann, so der Autor, »wird man die jüngste Katastrophe der Judenheit zu erklären und zu deuten vermögen« (144): Die neunte Lehreinheit galt der »Endlösung«, die elfte der Frage: »Der jüdische Mensch und wir. Die Aufgaben der Bundesrepublik.« (147). Zum Gesamtzusammenhang jetzt auch: Rohlfes, Streifzüge durch den Zeitgeist der Geschichtsdidaktik.

16 Schlegel, Haben wir ein deutsches Geschichtsbild?, S. 264.

über Juden reden.[17] Solche mit Sorge erruierten Befunde in bezug auf Schüler, auf die man zuerst den Antisemitismus der eigenen Generation projiziert hatte, wurden noch dazu im gleichen Atemzug bestätigt: »Eine sinnvolle Einschätzung des Sagbaren«, so der Verfasser, sei in der Tat »von einer [...] Fülle von Imponderabilien abhängig«, und er verband diese Einsicht mit der bemerkenswerten Botschaft an die Juden, sie müßten mit »Überlegung und Feingefühl« vorgehen, damit sie nicht eine »falsche Auslegung oder gar Unwillen erwecken«. Eine Pressemitteilung vom Mai 1959, in der das Direktorium des Zentralrates der Juden die Kultusminister aufgefordert hatte, »dem katastrophalen Zustand geschichtlicher Unkenntnis der deutschen Schüler« mit geeigneten Maßnahmen entgegenzutreten, bezeichnet der Autor als »in der Formulierung von jüdischer Seite [...] für ungeschickt und psychologisch bedenklich.«[18]

Kanondebatten dokumentieren stets ein pädagogisches Bemühen oder reflektieren einen diesbezüglichen Mangel, sie werden aber von Zeitgenossen nicht notwendigerweise auch als Auseinandersetzung wahrgenommen, und sie waren, wie an diesem winzigen Beispiel deutlich wird, nicht per se ehrenwert. Vielmehr wird das Bemühte und die Unsicherheit deutlich, von denen ein Sprechen über Antisemitismus und Judenverfolgung abhängig war. Zugleich wird auch evident, wie scharf die Appelle von deutscher Seite aus an die Adresse der Juden noch immer waren: man solle die deutsche Aufarbeitung und das fragile Verhältnis zwischen Deutschen und Juden gefälligst nicht durch irgendwelche Forderungen neu belasten.[19]

17 Schilling, Beitrag zur Behandlung von Judentum und Antisemitismus, S. 148.

18 Ebd.

19 Philosemitismus war ein schlechter Ratgeber in den ersten Aufarbeitungsbemühungen, nicht allein wegen des heute kaum noch vorstellbaren Pathos: »[Die] ›Schicksale jüdischer Menschen‹. Da taucht nun das Wort auf [...]. Das eine Wort, an dem sich die vielen und allzu vielen stoßen. Das anstößige und unbegreifbare, das so viel Herzensgröße und Herzensleid in sich birgt. Das Schicksalswort mit seinem Geheimnis, das mit Flucht und Fluch beladene, das heilige und entheiligte Wort, das nach der letzten Sinndeutung verlangende, unendliche und doch hart begrenzte: Jüdische Menschen.« So beginnt der zentrale Aufsatz von Hermann Maas in einem Sammelband von 1952, in welchem *Den Unvergessenen, Den Opfern des Wahns*, so Titel und Untertitel, gedacht werden sollte. Dieses Buch »des Dankes und der Scham« (161) vermittelt einen eigentümlichen Eindruck und balanciert auf dem schmalen Grad zwischen Trauerrede und Rechtfertigungsdruck. Vgl.: Den Unvergessenen. Opfer des Wahns 1933-1945, S. 160-176 (160). Zu Hermann

Die Etablierung der Pädagogik in den Kontext historischen Fragens am Ende der 50er Jahre war deshalb kein Zufall, »damals standen sich Geschichtswissenschaft und Geschichtsunterricht sehr nahe«.[20]

Charakterisierungen der »Vergangenheitsbewältigung« – damals und heute

Auch die Charakterisierungen der »Vergangenheitsbewältigung« sind so heterogen geworden, daß sie eine Historisierung erfordern. Die Rede war seit den frühen 80er Jahren zunächst von den fatalen Hypotheken der inneren Glaubwürdigkeit des demokratischen Rechtsstaates bis hin zu Ralph Giordanos vielbeachteter These von der »Zweiten Schuld« Deutschlands, nämlich der Leugnung der ersten.[21] Diese Einschätzung, übrigens selbst eine in den 50er Jahren vertretene Position,[22] wurde seit den 90er Jahren entweder von einer »modifizierte[n] Verdrängungsthese« etwas revidiert[23] oder gänzlich widerlegt, z.B. von Graml[24] und Schwarz,

Maas auch: »Redet mit Jerusalem freundlich…« Zeugnisse von und über Hermann Maas, Karlsruhe 1986.

20 Dieckmann, Geschichtsinteresse der Öffentlichkeit, S. 61.

21 Giordano, Die zweite Schuld; vgl. zum Gesamtthema: Frei, Vergangenheitspolitik; Reichel, Vergangenheitsbewältigung in Deutschland.

22 Die These von der »Zweiten Schuld« geht auf die berühmte Rede Elliot Cohens von 1950 in Berlin zurück (vgl. hierzu oben Kap. 2.3). Cohen argumentierte hier zwar gegen die Diskussion der »Kollektivschuld«, diese sei fruchtlos; er betonte aber: »Selbst wenn man zugesteht, daß die Deutschen in ihrer Gesamtheit für das Verbrechen der Vergangenheit nicht verantwortlich zu machen sind – sollten sie nun nicht bald den Mund auftun, sollten sie nicht bald Maßnahmen ergreifen, die der Welt zeigen, daß sie sich des begangenen Unrechts bewußt sind – Schritte zur Besserung, zur Selbsterkenntnis und zur erzieherischen Aufklärung des gesamten Volkes über das Übel und seine Bedeutung, so werden tatsächlich alle Deutschen, ob sie nun schuldig oder unschuldig am Verbrechen der Vergangenheit sind, als belastet gelten. *Durch dies Versäumnis kann Deutschland für Gegenwart und Zukunft so etwas wie eine Kollektivschuld auf sich laden.*« Cohen, Deutsche und Juden. Eine Rede in Berlin, S. 376 [Hervorh. v. N.B.].

23 So Berghoff, Zwischen Verdrängung und Aufarbeitung, S. 97; vgl. etwa: Brochhagen, Nach Nürnberg. Vergangenheitsbewältigung und Westintegration, S. 223.

24 Graml, Die verdrängte Auseinandersetzung mit dem Nationalsozialismus, S. 170. Betont wird die »Redlichkeit« der Bemühungen der damaligen publizistischen und wissenschaftlichen Elite, also seiner eigenen (ebd., S. 172); vgl. auch unten 3.2.

der 1991 sogar ein »neurotisches Dauergeschwätz über die NS-Vergangenheit« konstatierte.[25] Manfred Kittel ging sogar noch weiter und vertrat die These, nicht die Vergangenheit sei nach 1945, sondern die Leistungen der Aufarbeitung seien nach 1965 verdrängt worden.[26] Im Jahre 1996 hat nun Norbert Frei die Kenntnisse über die frühen 50er Jahre mit seiner großangelegten Studie über die »vergangenheitspolitischen« Vorgänge der deutschen Innenpolitik zwischen 1949 und 1954 auf eine neue empirische Grundlage gestellt. Sein Buch vertritt die These, daß auf der politischen Ebene weite Teile der bundesrepublikanischen »Bewältigung« der ersten, alliierten »Bewältigung« der Nazi-Vergangenheit galten und nicht der Vergangenheit selbst. Die hysterische Bekämpfung der sogenannten und von alliierter Seite nie offiziell proklamierten »Kollektivschuldthese« galt einem politischen Phantom, mit dessen empörter Zurückweisung konnte das eigentliche Problem massenhafter Akklamation des Nationalsozialismus durch die Bevölkerung ausgeblendet werden.[27]

Diese außerordentlich stark divergierenden Einschätzungen dessen, was die Auseinandersetzung mit der Vergangenheit leisten konnte und was nicht, verweist auf dreierlei: Zunächst auf die sehr verschiedenen Ebenen, auf denen »Aufarbeitung« und »Bewältigung« in den 50er Jahren von völlig verschiedenen Protagonisten mit ganz unterschiedlichen Interessen, Zielen und Ergebnissen praktiziert wurde. Dies hat Berghoff vor kurzem zutreffend akzentuiert: Wenn wir »Zwischen Verdrängung und Aufarbeitung«[28] einen Zugang zu »kollektiven Dispositionen und Verhaltensweisen« bekommen wollen, dann nur, wenn zwischen dem Beginn der Zeitgeschichtsforschung und der lokalgeschichtlichen Chronik, zwischen dem Umgang mit den dinglichen Resten des Terrors und den Sprachformen bzw. Begrifflichkeiten, der Diskretion der Berufsstände und demoskopischen Umfrageergebnissen unterschieden wird. Aber schon anhand dieser notwendigen und naheliegenden Differenzierung gerät der Begriff »Vergangenheitsbewältigung« unter die mißtrauisch-

25 Schwarz, Die Ära Adenauer, Bd. 2, S. 527, zit. nach: Berghoff (S. 98).

26 Kittel, Die Legende von der »Zweiten Schuld«, S. 367.

27 Frei, Vergangenheitspolitik (passim); vgl. auch ders., Von deutscher Erfindungskraft oder: Die Kollektivschuldthese in der Nachkriegszeit; übrigens hob bereits 1988 Günter Anders diesen Punkt hervor: »Gäbe es das Wort nicht, Ihr würdet es erfinden, um es zu bekämpfen.« Vgl.: Anders, Wir Eichmannsöhne, S. 82.

28 So der Aufsatztitel, der zutreffend andeutet, nicht so sehr das eine oder das andere, sondern ein noch näher zu bestimmendes Mischverhältnis aus beidem sei das eigentliche Signum der Zeit.

kritische Frage, ob er nicht eigentlich zuviel meine und damit nichts Genaues mehr. Außerdem beweist die unterschiedliche Art der Beurteilung der 50er Jahre auch die Gebundenheit der Interpreten, ihre Rückschau erweist sich, nicht selten als ein parteilicher Beitrag im Streit zwischen Geschichte und Gedächtnis und damit eher als Teil dessen, was sie zu beschreiben vorgeben. Auch hier liegt die Vermutung nahe, daß der Begriff selbst Transporteur von mehr ist als nur von historischer Analyse. Wenn z.B. Werner Conze abschätzig vom »Strudel der Vergangenheitsbewältigung« sprach,[29] äußerten sich darin neben der Abwehr und der Angst vor den Ambivalenzen des Themas auch die realen Schwierigkeiten, die dieser Ausdruck stets mittransportierte: Der überaus deutsche Terminus war von Beginn an ein Doppelbegriff von ethisch-normativem und analytisch-deskriptivem Gehalt,[30] Amos Elon hat ihn unübersetzbar genannt und als Widerspiegelung einer eigentümlichen intellektuellen Faszination charakterisiert,[31] kurz: er ist *das* Wort zwischen Geschichte und Gedächtnis schlechthin.

Wie zur Geschichte der Vergangenheitsbewältigung die Kritik an der Geschichte und am Umgang mit ihr gehört, so gehört zur Geschichte des Wortes »Vergangenheitsbewältigung« die Kritik am Begriff und am Umgang mit ihm, den Motivationen, Formen und Ergebnissen seiner Verwendung.[32] Diese Kritik setzte schon früh ein. Als die Begriffe »Aufarbeitung« und »Bewältigung« der Vergangenheit noch keine fünf Jahre alt waren und die Kritik die Forderung selbst zu übertönen begann, faßte Adorno vor dem Koordinierungsrat für christlich-jüdische Zusammenarbeit im Herbst 1959 sein Unbehagen hierüber in folgenden Gedankengang zusammen. Zunächst, so seine Befürchtung, sei die Verwendung des Schlagwortes »Vergangenheitsbewältigung« weit davon entfernt, »helles Bewußtsein« zu schaffen, im Gegenteil bedeute der Terminus schon jetzt sein Gegenteil, assoziiere den »Schlußstrichgedanken« und habe geradezu eine revisionistische Bedeutung angenommen. Als Konsequenz für diese Umkehr des Gebrauchs sah er »einen Hohlraum der

29 Conze, Das Kaiserreich von 1871 als gegenwärtige Vergangenheit im Generationswechsel, S. 386.

30 So auch Kohlstruck, Zwischen Erfahrung und Geschichte, S. 13.

31 Elon, In einem heimgesuchten Land, S. 179.

32 So auch Kohlstruck, Zwischen Erinnerung und Geschichte, S. 16; vgl. auch: Klingenstein, Über Herkunft und Verwendung; Dudek, »Vergangenheitsbewältigung«; frühe Auseinandersetzungen: Wenke, »Bewältigte Vergangenheit« und »Aufgearbeitete Geschichte«; sowie: Rychner, Vergangenheit bewältigen; der erste Beitrag ist eine kritische Auseinandersetzung mit Hermann Heimpel, der zweite ein literarisches Gespräch zwischen den Generationen.

Rede« entstehen, in dem Deportation und Massenmord umschlossen seien und somit »die Ermordeten noch um das einzige betrogen werden, was unsere Ohnmacht ihnen schenken kann, das Gedächtnis«. Der Begriff »Aufarbeitung der Vergangenheit« sei heute, so das Fazit, zum »Zerrbild« geworden und in ein »leeres und kaltes Vergessen entartet«.[33] Seine Kritik an der Ritualisierung, Assoziationsbreite und dem »geschwafelten Tiefsinn aus zweiter Hand«,[34] der von Beginn an diesem Begriff haftete, hat bis heute nichts von seiner Aktualität verloren. Im folgenden soll nicht dieser Befund Adornos erneut belegt werden, sondern die Historizität der Aufforderung, sich mit der NS-Zeit zu befassen, selbst untersucht werden. Daß sie durchgängig von ihrem eigenen Pathos unterhöhlt wurde, ist zu offenkundig, um wiederholt zu werden. Aber seit wann und vor allem mit welcher Funktion ist der Terminus »Bewältigen« bzw. »Aufarbeiten« der Vergangenheit im Gebrauch? Welchem Kontext sind diese Ausdrücke geschuldet, wie haben speziell Historiker die Mahnung gegen das Vergessen der Geschichte begründet? Welche Bedeutung hatte in den 50er Jahren die Diskussion um »Aufarbeitung«, »Bewältigung« und »Verdrängung« der NS-Geschichte für das Verhältnis von Wissenschaft und Gedächtnis, wie verhalten sich »sciencia« und »memoria«, und welchen Ort nahmen die Historiker in diesen Diskurs ein?

Historiographische Selbstreferentialität als Signum der Zeit

Um das Verhältnis von Erforschung und Erinnerung für die 50er Jahre in den Blick zu bekommen, reicht es nicht aus, Stagnation zu ermitteln, denn nach dem Zusammenbruch des Dritten Reiches konnte historiographische Erinnerung als Ganzes nicht mehr unbefragt funktionieren. Die Geschichtswissenschaft war in Legitimationsnot gekommen und mußte die Probleme der Herangehensweise, der Beweiskraft, der Wissenschaftlichkeit und der Konstruktivität – mithin also das Verhältnis von Geschichte und Gedächtnis – erörtern: »Die Geburt des geschichtsphilosophischen Denkens aus Geschichtskrisen«[35] förderte die Einsicht, daß »die bewußte Geschichte als Einzelwissenschaft [...] schon ein *Geistesprodukt* [ist]. [I]n der Tatsachenauswahl und Tatsachenverknüpfung liegt schon etwas wie Deutung und Bewertung. Niemals begegnet uns bloßer

33 Adorno, Was bedeutet: Aufarbeitung der Vergangenheit?, hier S. 555, 557 f. und 566.

34 Ebd., S. 569.

35 Spranger, Die Geburt des geschichtsphilosophischen Denkens aus Geschichtskrisen.

Rohstoff.«[36] Der Bonner Historiker Paul Egon Hübinger erkannte scharfsinnig, daß das, was so inflationär »Geschichtsbild« genannt wurde und dessen Erneuerung allenthalben gefordert wurde, nichts anderes war, als der große Gegenbereich zum »Faktum«, ein »ideeller Bereich« nämlich, so Hübinger, in welchem sich die Tatsachen lediglich spiegeln.[37] »Revision des Geschichtsbildes« – im anhaltenden Nachdenken über die Art und Weise ihrer Konsequenzen, ihrer Begründung und Begründbarkeit erwachte die Einsicht in den Konstruktionscharakter der Geschichtswissenschaft – Revision hieß ja nichts anderes als »die Neuverteilung von Wert und Unwert in der Geschichte anhand eines veränderten oder erst zu verändernden Wertsystems«, hieß, wie der Schweizer Meinecke-Schüler Walter Hofer in einer hellhörig machenden Metaphorik unvergleichlich und suggestiv anmerkte, »Neuverteilung von Licht und Schatten durch Umstellen der Scheinwerfer, die in die Vergangenheit gerichtet sind«.[38] Dieses Bild bezeichnet präzise den geschichtspolitischen Prozeß der fünfziger Jahre, denn alles drei war gleichzeitig fraglich geworden: »[D]er Sinn der Geschichte, der Wert der historischen Einsicht, die Geltung des Historikers sind in eine schwere Krise geraten«, so Hermann Aubins pessimistische Worte an Meineckes Grab.[39]

Ein Signum der Zeit ist ohne Zweifel die historiographische Selbstreferentialität. In der Tat standen »theoretische Geschichte«, »Faktum« und die Auseinandersetzung um »das Problem des geistigen und methodischen Standort[es] der heutigen Geschichtswissenschaft« in einer »Grundlagenkrise« von Wissenschaft und Erkenntnisinteresse zur Diskussion,[40] nicht

36 Ebd., S. 24.

37 Hübinger, Um ein neues Geschichtsbild, S. 385. Vgl. auch den später von ihm gebrauchten Terminus technicus »posthitleristische Zeitgeschichtsforschung«, z.B. in einem Brief an Hans Rothfels, Brief vom 14. 1. 1965, in: BAK, NL Rothfels 213, Nr. 36.

38 Hofer, Über das Problem einer Revision des deutschen Geschichtsbildes, S. 1803.

39 Hermann Aubin, Ansprache bei der Beisetzung von Friedrich Meinecke, Berlin 12. Februar 1954, in: AVHD/6 (1954).

40 Vgl.: Anderle, Die Geschichtswissenschaft in der Krise; ders., Theoretische Geschichte. Betrachtungen zur Grundlagenkrise der Geschichtswissenschaft; Wittram, Das Faktum und der Mensch. Bemerkungen zu einigen Grundfragen des Geschichtsinteresses; teilweise identisch mit einem Kapitel in: ders., Das Interesse an der Geschichte; zur Standortfrage wurden solche Fragen z.B. von Schieder ausgerufen, vgl. seine Vorbemerkung, in: HZ 185 (1958), S. 1. Die zeitgenössische und gebräuchlichste Terminologie war im übrigen, »Wesen und Aufgabe« der Geschichtswissenschaft zu bestimmen, so z.B. Anderle, Theoretische Geschichte, S. 1.

immer frei von unklaren, halbkritischen und entlastungsuchenden Prämissen, aber doch mit zunehmendem Bewußtsein dafür, »daß alles geschichtliche Sehen [...] standortbestimmt, perspektivisch [ist]«.[41] »Schau und Schöpfung«, also Deutung und Verarbeitung des Erforschten[42] waren dabei ebenso problematisch geworden wie die »Zuwendung zur Vergangenheit um ihrer selbst willen«.[43] Letztere sah sich dem Vorwurf des »Szientismus« ausgesetzt, Geschichtswissenschaft mußte sich die Frage stellen, warum sie Geschichte so betreibe, »als ob sie nur für den Historiker da sei«.[44] Mit einem Wort: Das Verhältnis von »Einheit und Einzelheit«[45], die Spezialisierung ebenso wie »Synthese [und] Synopsis« galten als begründungspflichtig. Nichts schien mehr unbefragt in der Lage zu sein, »aus der blutigen Hekatombe kostbare Erfahrung zu destillieren«.[46] Die Hilflosigkeit war groß, aber sie wurde ausgesprochen: »Alles geschichtliche Bemühen mündet in die Frage, was Geschichte in dieser

41 Hofer, Über das Problem der Revision, S. 1801.

42 Vgl.: Ritter, Gegenwärtige Lage und Zukunftsaufgaben deutscher Geschichtswissenschaft, S. 22: Ritter kritisierte sowohl »weltfremde Neutralität« wie jegliche Kritik an der historischen Methode, die er als »Anwendung von Regeln des gesunden Menschenverstandes auf die Quellen« bezeichnet. Allerdings läßt er seinen Vortrag mit dem pathetischen Ausruf schließen, »höhere Geschichtsschreibung« beginne doch erst »jenseits der Selbstverständlichkeiten«: »Nicht im Nacherzählen und Nachprüfen von Quellen, sondern in Schau und Schöpfung sinnhafter Zusammenhänge.«

43 Anderle, Theoretische Geschichte, S. 3.

44 Ebd. Anderle zitiert hier eine Bemerkung von G. Barraclough. Die Kritik an der »Historischen Vernunft« dieser Zeit hatte dabei aber die denkbar unterschiedlichsten Motive und Ziele. So konnte Kritik an individualisierender Betrachtungsweise und »Singularitätsaxiom« ohne weiteres in der Absicht geübt werden, die »Initiative« wieder auf das »konservative Lager« übergehen zu lassen, wie Anderle so freimütig zugesteht (ebd., S. 19 und 53).

45 Altheim, Einheit und Einzelheit, S. 18-21.

46 Anderle, Theoretische Geschichte, passim, der den Ausdruck »Synopsis« in Auseinandersetzung mit Arnold J. Toynbees »synoptic view« gewinnt. Toynbee hatte mit seinem vielbändigen Werk »A Study in History« in den 50er Jahren mit zur Grundlagendiskussion beigetragen. Die Formulierung vom Mißverhältnis zwischen Katastrophe und ihrer Verarbeitung, von der »blutigen Hekatombe« und der aus ihr zu »destillierenden« Erfahrung in dem Aufsatz von Dehio, Ranke und der Imperialismus, S. 328, hier aber mit Bezug auf den Ersten Weltkrieg.

Zeit – noch oder wieder – sein kann, und was sie nicht mehr ist. Hier tappen wir, wenn wir ehrlich sein wollen, noch ganz im Dunklen […].«[47]

Der oben zitierte Text Hübingers zeigt paradigmatisch, daß dieses »Im-Dunkeln-Tappen« nicht vom langsam zur Sprache kommenden Entsetzen über die Vernichtungslager zu lösen ist. Der Theologe Paul Tillich bezeichnete zu Beginn der 50er Jahre die Gaskammern von Auschwitz als den »Höhepunkt der stolzen Neuzeit, die mit dem Humanismus begann und in der Vertierung endigte«.[48] Im Zuge des Vergangenheitsbewältigungsdiskurses, der nun in den 50er Jahren einsetzte, wurden »Moral« und »Gewissen« als historische Objektive entdeckt, mit denen Vergangenheit nicht mehr nur in die Ferne, sondern auch nahegerückt werden konnten:

> »Eine moralische Wertung, die Verbindlichkeit beansprucht, kann nur zwischen Partnern erfolgen, die beiderseits gleich verbindliche sittliche Maßstäbe anerkennen. Wer für die absolute Gültigkeit des Satzes ›Du sollst nicht töten‹ kein Organ mehr hat, wird verständnislos gegenüber dem *Entsetzen und der Empörung sein, das die Tötung von Millionen Menschen in ›Vernichtungslagern‹* bei denjenigen hervorruft, für die die Unantastbarkeit menschlichen Lebens zu den ethischen Grundnormen gehört.«[49]

Hübingers Ausführungen unterscheiden sich nicht in allen Details von den bisher betrachteten Historiker-Statements, aber in mancher Hinsicht eröffneten sie ein völlig neues Feld, etwa, wenn er erklärte, man könne Traditionsgeschichte nicht mehr im national beschränkten Rahmen treiben,[50] wenn er die »Revision des Gewissens« *vor* der des Geschichts-

47 So Theodor Schieder und Walther Kienast in einer Vorbemerkung und zum Abschied von Ludwig Dehio aus der Redaktion der Historischen Zeitschrift, in: HZ 183 (1957), S. 1-3 (2 f.).

48 Tillich, Die Judenfrage. Ein christliches und ein deutsches Problem, S. 21; der Text basierte auf einem Vortrag von 1953.

49 Hübinger, Um ein neues Geschichtsbild, S. 389 [Hervorh. v. N.B.].

50 Ebd., S. 400. Hübinger rekurriert hier auf das intellektuell die damalige Zeit in Atem haltende Buch des Romanisten Ernst R. Curtius, Europäische Literatur und lateinisches Mittelalter (Bern 1948); zur großen Curtius-Kontroverse, die seit den frühen 70er Jahren immer wieder ihre Fortsetzungen findet, informieren einführend die beiden konträren Artikel von Michael Nerlich, Von der Vergangenheit eingeholt. Curtius oder Jauß – Das Musterfach Romanistik in der Krise?, in: FR, 19. 3. 1996; und: Earl Jeffrey Richards, Die Schatten der Literaturwissenschaft. Jaus, Schwerte und Curtius – Eine Replik auf Michael Nerlich, in: ebd., 14. 5. 1996; außerdem: Walter Boehlich,

bildes ausrief, wenn er »die volle Berücksichtigung der dunklen Seiten der Geschichte« einforderte und dabei auf Eugen Kogons *SS-Staat* hinwies,[51] wenn er »die Vergangenheit des eigenen Volkes« und die »Frage nach der individuellen Schuld« verknüpfte[52] oder wenn er im Anschluß an die gleichlautende These des remigrierten Germanisten Richard Alewyn die erinnerungstheoretische Konsequenz von »Buchenwald« formulierte:

> »Wir haben daraus zu lernen: Wenn wir uns der Klassik von Weimar, des humanitären Ethos Iphigeniens rühmen, dürfen wir jetzt die Augen von Buchenwald auf der Höhe des Ettersberges nicht mehr abwenden.«[53]

Einen solchen Satz wird man bei Meinecke, Ritter oder Rothfels nicht finden. Die Distanz zu den Nationalapologien der vorangegangenen 40er Jahre, in welchen Goethe noch umgekehrt zur Versicherung der wichtigsten Werte fungierte, wurde in der neuen Problematisierung deutscher »Lieux de mémoire« deutlich. Solche Versuche waren vordergründig nicht radikal, aber sie speisten sich aus einem noch unbestimmten Gefühl, daß man nach dem Dritten Reich die Beschäftigung mit einer negativen Tradition als Teil der eigenen Aufgabe zu akzeptieren hatte: »Niemand bekennt sich gern zu seinen Sünden. [...] In Deutschland scheint aber die Gabe, sie zu ignorieren, besonders entwickelt zu sein.«[54] In solchen Sätzen, die manchmal nur beiläufig formuliert wurden aber eben von den Historikern selbst, liegt die Neuartigkeit dessen, was als Interpretationsparadigma für den Nationalsozialismus in den 50er Jahren

Ein Haus, in dem wir atmen können. Das Neueste im Dauerstreit um den Romanisten Ernst Robert Curtius, in: Die ZEIT, 6. 12. 1996.

51 Hübinger, Um ein neues Geschichtsbild, S. 396 und 400 und schon S. 389, wo er (noch in einer Terminologie, die an die 40er Jahre erinnert) zum Nachdenken über das Böse auffordert, das seinen Platz in der »allgemeinen ›historischen Ökonomie‹« bekommen müsse.

52 Ebd., S. 398.

53 Ebd., S. 389 und 397. Zwischen Ritter und Hübinger liegen unter dem Blickwinkel unseres Themas in der Tat Welten, sie lassen sich allerdings nur systematisch bzw. theoretisch, nicht strikt individuell oder biographisch bestimmen. Auch im Aufsatz von Hübinger bleiben Residuen jenes nationalbezogenen Denkens stehen, etwa, wenn er vor »Geschichtsmasochismus«, vor dem »Wüten gegen das eigene Volk« warnt oder wenn er in der Darstellung von Kontinuität die »vornehmste Aufgabe« für die Erforschung der Geschichte sieht, ebd., S. 393 f. und 399.

54 Ebd., S. 396.

begann, nach und nach zur regelrechten »Historiosophie«[55] wurde: Der Versuch die fragwürdig gewordene Geschichte als Teil des zu erinnernden nationalen Gedächtnisses zu verstehen. Die Probleme, die das mit sich brachte, waren neu. Neu war ein ganz besonderer Zungenschlag der Selbstkritik, neu war die Haltung, die in Deutschland etwas zu vermissen schien, neu war ein zunehmendes Unbehagen angesichts des Vorwurfes vernachlässigter Erinnerung. Kritisiert wurde demnach erstmals der deutsche *Umgang* mit der Vergangenheit, nicht mehr nur diese Vergangenheit selbst, was auf wohlfeile Art und Weise ja jeder tun konnte.

Jenseits von Ereignis und Geschichte: »Schuld« und »Scham«

Texte wie die von Hübinger, Ernst, Wittram oder vor allem Heimpel, die das Nachdenken über negative Traditionsbildungen, über die Problematik der Geschichte, über die Macht des Gedächtnisses und die Schwierigkeiten, hiermit umzugehen, ins Zentrum rückten, werteten bestimmte immer wiederkehrende Schlüsselbegriffe auf, vor allem »Sünde«, »Gewissen«, »Vergebung«, »Scham« und »Schuld«. Diese religiöse Textur und das signifikante Ineinandergreifen von Schuld- und Schamdiskurs markierte für die Bundesrepublik der 50er Jahre eine entscheidende Weichenstellung des Diskurses. Vor allem Schuld und Scham avancierten zu Leitbegriffen, die zwar nicht selten innerhalb ein und derselben Wortmeldung gleichbedeutend verwendet werden konnte, in systematischer Hinsicht aber nicht substituierbar sind. Während der Begriff Schuld in den 50er Jahren bereits eine eigene Geschichte hatte,[56] die man in Deutschland primär als von außen auferlegt begriff, kam nun die Rede von der Scham hinzu, sei es direkt oder indirekt, letzteres etwa in der zur Formel geronnenen Redewendung von der »Befleckung« der deutschen Ehre,[57] der »Schändung des deutschen Namens« durch die »maßlosen« Verbre-

55 Der Begriff hat, soweit ich sehe, seinen Ursprung bei Hermann Heimpel, in: ders., Rudolf Stadelmann, (S. 202-223). Heimpel benutzt den Begriff der »Historiosophie« ohne Quellenangabe im Sinne eines Gesamtinteresses an der Geschichte, der Geschichte ihrer Erforschung und der Erkenntnis von Geschichtlichkeit im allgemeinen.

56 Vgl. Frei, Die Erfindung; Friedmann/Später, Deutsche und englische »Kollektivschuld-Debatte«; Wippermann, Wessen Schuld?

57 Vgl. diesen v.a. bei Gerhard Ritter zum Ausdruck kommenden Diskurs in Kap. 1.2.

chen des nationalsozialistischen Regimes[58] oder aber in dem Lob für den »Adel der Gesinnung«, das man Juden zollte, die es unterließen, auf den Völkermord hinzuweisen.[59] Man könnte verleitet sein, die in dieser Zeit so inflationär verwendeten Begriffe aufgrund ihrer rhetorischen Nähe für Synonyme zu halten, aber die semantischen Unterschiede zwischen Schuld und Scham sind wichtiger.[60] Die Differenz kommt prägnant in dem von Bundespräsident Theodor Heuss vorgenommenen semantischen Umbau der politischen Sprachregelung – weg von der Kollektivschuld hin zur Kollektivscham – zum Ausdruck. Schuld kann im juridischen Sinne nur dann sinnvoll verwendet werden, wenn der Begriff personal verwendet wird, also individualisierbar bleibt. Schuld hat sich vor Gericht zu verantworten. Im moralischen Sinne verwendet, ersetzt das Gewissen die gerichtliche Instanz, es bleibt aber bei der appellativen Figur, Verantwortung übernehmen zu müssen. Der Diskurs um Schuld honoriert deshalb von vorneherein den Beschuldigten, indem er ideal-

58 Hofer, Judenverfolgung und Judenausrottung, in: ders. (Hg.), Der Nationalsozialismus, S. 276. Bei Hofer wird die Emphase des Superlativs interessanterweise genau auf diesen Aspekt gelegt: Als die alliierten Truppen die Konzentrationslager »entdeckten«, so die Suggestion vollständiger Ahnungslosigkeit auf deutscher Seite, »ging ein Schrei des Entsetzens und der Empörung durch die ganze zivilisierte Welt«; der »deutsche Name« wurde »dank den maßlosen Verbrechen« der Nationalsozialisten »geschändet und verachtet, wie es noch nie einer anderen Nation zuvor widerfahren worden war«.

59 Ein solches Lob wurde z.B. Leo Baecks Buch »Dieses Volk« zuerkannt, vor dem man sich nur in »Hochachtung – und wohl auch in heimlicher Beschämung – neigen« könne, denn weil Baeck nach Theresienstadt verschleppt worden sei, hätte man verstehen können, »daß sich auf dieses Nachdenken über das Wesen der jüdischen Existenz die dunklen Schatten jener bösen Zeit der Zertretung und Entwürdigung des jüdischen Menschen« gelegt hätten. Vgl.: Leo Baeck, Dieses Volk. Jüdische Existenz heute, Frankfurt a.M. 1955; das Zitat in der Rezension von Walther Zimmerli, in: Die Sammlung 10 (1955), S. 295.

60 Die Unterscheidung von Schuld- und Schamkultur geht auf das Buch der Ethnologin Ruth Benedict aus den 40er Jahren über den Unterschied der politischen Kulturen Japans und des Westens zurück. Sie wurde jüngst von Karl Heinz Bohrer und Aleida Assmann erneuert, beide Arbeiten liegen dem folgenden Abschnitt zugrunde, vgl.: Ruth Benedict, The Crysanthemum and the Sword. Patterns of Japanese Culture, London 1977; Karl Heinz Bohrer, Schuldkultur und Schamkultur und der Verlust an historischem Gedächtnis, in: NZZ, 16. 12. 1998; Assmann, Geschichtsvergessenheit – Geschichtsversessenheit, S. 80 ff. und 86 ff.

typisch das Verfahren von Anklage, Bekenntnis, Buße/Strafe und Erlösung anerkennt, am Ende also die Möglichkeit der »Entschuldigung« steht. Bei Scham dagegen gibt es kein solches Verfahren, sie kann einem, entgegen der bekannten Redewendung, weder befohlen noch erlassen werden. Scham ist an Außenwahrnehmung und Blicke gebunden und zieht Gefühle der Peinlichkeit und der Angst vor Bloßstellung nach sich. Hier dominiert deswegen, ebenfalls idealtypisch gesprochen, weniger das klärende Verfahren oder Gespräch als vielmehr der Versuch, das »Gesicht zu wahren« und Bloßstellung zu verhindern – im Beschweigen. Während sich Schuld nach aktiver Vergebung sehnt, so Scham nach passiv sich einstellendem Vergessen. Scham ist als Gefühl generell ein eher innerliches Gefühl und gehört dem persönlichen Bereich an:

> »[I]m Zentrum steht dabei immer der Blick. Scham ist die Umkehrung des imperialen und perspektivischen Blicks; es geht stets darum, daß man durch Blicke affiziert wird, daß man sich selbst als Wahrnehmungsobjekt eines anderen Blicks erfährt. Die Gegenbegriffe zu Scham sind Stolz und Ehre. [...] Ehre ist soziales Kapital, Schande bedeutet dessen Verlust.«[61]

Während Schuld also Individualisierung *und* Öffentlichkeit zugleich impliziert, erfordert Scham eher die hierzu entgegengesetzten Kommunikationsfiguren des Tabus, des Taktes und der Distanz und zielt auf Selbstdisziplin. Das Paradigma der Schuld verweist auf eine Öffentlichkeitskultur, das der Scham auf eine Kultur des Schweigens. Eine Grundunterscheidung von »außen« und »innen« lag bereits dem Buch von Karl Jaspers zugrunde, in welchem er kriminelle und politische Schuld von moralischer und metaphysischer unterschieden hatte und damit nicht nur den Schuldbegriff in vier Dimensionen ausdifferenzierte, sondern zugleich auch dessen Zweiteilung festschrieb.[62] Zugleich aber offenbarte bereits dieser Text, daß Jaspers mit seiner Hinwendung an die Deutschen Ressentiments der Schamkultur abzubauen versuchte und an das Einge-

61 Assmann, Geschichtsvergessenheit – Geschichtsversessenheit, S. 87.

62 Jaspers, Die Schuldfrage, S. 31 ff. (zuerst: Heidelberg 1946). Vgl. hierzu die Beiträge von Rabinbach, Karl Jasper's »Die Schuldfrage«; v. Beyme, Karl Jaspers – vom philosophischen Außenseiter zum »Praeceptor Germaniae«, beide in: Heß/Lehmann/Sellin u.a. (Hg.), Heidelberg 1945; der Versuch einer intellektuellen Rehabilitation für Jaspers und kritisch gegen Rabinbach: Clark, A Prophet without Honour: Karl Jaspers in Germany, 1945-1948.

ständnis individueller Reue und Buße im Modus der Schuldkultur appellierte.[63]

Gedächtnistheoretisch ist von Belang, daß die oben verschiedenen Ebenen zugewiesenen »Gedächtnisse«, das des Wissens und das der Erfahrung, sich in der Schuld-Scham-Dichotomie wiederfinden lassen. Während die Ermittlung von Schuld eine personale und individuelle, vor allem aber eine empirisch-faktische Historiographie erfordert, wie sie das Institut für Zeitgeschichte über Jahre vor Gericht praktiziert hat, in dem es angeforderte Gutachten zu einzelnen Personen oder zu bestimmten historisch ungeklärten Fragen vorlegte, so zielt die Artikulation von Scham nicht auf Wissen, sondern auf die Hoffnung nach Metanoia angesichts eigener Fehler oder kollektiver Verfehlungen. Genau das aber waren die beiden Formen der Geschichtsschreibung in den 50er Jahren in Konfrontation mit der Judenvernichtung, wie sie idealtypisch an verschiedenen Generationen (die Jahrgänge um 1900 und die in den 20er Jahren Geborenen), an verschiedenen Orten (München und Göttingen) und in ihren verschiedenen Motiven zu analysieren sind. Aber so unterschiedlich sie unter theoretischer Betrachtung auch sein mögen, eines hatten beide historiographische Verfahren gemeinsam: Sie entdeckten die Gegenwart als Geschichtsthema neu.

Die theoretische Entdeckung der Gegenwart (Göttingen) und die »Erfindung« der Zeitgeschichte (München)

Wo die alte Droysensche Vorstellung tradiert wurde, daß nur derjenige Geschichte *hat*, der von ihr weiß, wo man Geschichte und Gedächtnis als

63 Dies betont z.B. Assmann, Geschichtsvergessenheit – Geschichtsversessenheit, S. 94. Assmann macht an dieser Stelle am Beispiel der Walser-Bubis-Debatte überzeugend deutlich, daß beide Begriffe, Scham und Schuld, dem Auschwitz-Diskurs eingeschrieben sind: »Wenn wir nicht Lippengebete produzieren wollen, müssen wir die Erinnerung dem Gewissen anvertrauen«, so Walser in seinem Vortrag an der Universität Duisburg, der den Begriff »Schande« im Titel trug (vgl.: Walser, Wovon zeugt die Schande, wenn nicht vom Verbrechen?, in: FAZ, 28. 11. 1998). Er habe, nach Assmanns Interpretation, »im Paradigma der Schamkultur von ›Schande‹« gesprochen, während Bubis »im Paradigma der Schuldkultur« von »Verbrechen« sprach. Diese »dramatische Kollision zweier Wertsysteme« äußere sich in verschiedenen Bewertungen von Erinnerung: »Beide Seiten haben in diesem Punkt ihre Empfindlichkeiten gegeneinander ausgespielt. Die nichtjüdischen Deutschen leiden unter einem Beschuldigungskomplex, die deutschen Juden unter einem Vergessenskomplex.« (ebd., S. 94 f.).

Problem wahrnahm, da mußte die unmittelbare katastrophische Vergangenheit zum Nachdenken über alles zugleich werden: 1.) Zur Reflexion über die bedrängende Nähe der Vergangenheit zur Gegenwart und die Tatsache, daß man eigene Lebenszeit historisierte; 2.) Zur Frage nach den Formen, in denen wir Vergangenes erinnern, und 3.) zur Problematisierung der Geschichtswissenschaft selbst, die ihrer Gedächtnisfunktion jene wissenschaftlichen Regeln auferlegt hatte, die sie nun teilweise als Erinnerungshindernis wahrnahm und die sie zugleich zum Teil und zum Gegenteil von Erinnerung machte:

> »Immer, bei jeder Einzelfrage, ist das ganze Thema der Geschichte da. Wie kann man mit aller kritischer Sorgsamkeit des Einschränkens und Unterscheidens den Fragen des ›Insgesamt‹, ›letzten Endes‹, ›im Grunde‹ entrinnen? Wie kann man die Einzelfragen von den Grundfragen lösen? Ich weiß es nicht.«[64]

In manchen Fällen wurden solche Fragen zu ganzen Theorien über Gegenwart und Geschichte, Erinnerung und Gedächtnis ausformuliert. Peter Rassow und Fritz Ernst stellten sich die Frage nach dem Verhältnis des Historikers zu seiner Gegenwart ebenso wie Hermann Heimpel, Reinhard Wittram und Alfred Heuß.[65] Vor allem die Publikationen der drei zuletzt Genannten, sie erschienen noch dazu alle im selben Verlag, nannte man damals auch »die kleinen Göttinger Bekenntnisse«.[66]

Theorie wurde aber nicht nur deshalb Dauerthema der geschichtswissenschaftlichen Selbstverständigung der 50er Jahre, weil man über das »Wesentliche« der Geschichtsanschauung von Augustinus und seines Gedächtnisbegriffs nachdachte oder die grundsätzliche Erweiterung des weltlichen durch ein christlich-religiöses Geschichtsdenken forderte oder weil man die fachliche Tradition musterte und von Ranke auf den anthropologischen Pessimismus von Burckhardt umschwenkte.[67] Theo-

64 Wittram, Das Interesse an der Geschichte, S. 136.

65 Rassow, Der Historiker und die Gegenwart; Ernst, Die Deutschen und ihre jüngste Geschichte; Heimpel, Der Mensch in seiner Gegenwart; ders., Kapitulation vor der Geschichte?; Heuß, Verlust der Geschichte; Wittram, Das Interesse an der Geschichte; Wittrams Bemühungen um Grundfragen der Geschichte setzte sich später in zwei weiteren Sammelbänden fort: ders., Zukunft in der Geschichte; ders., Anspruch und Fragwürdigkeit der Geschichte.

66 Vgl. Obenaus, Geschichtsstudium, S. 322.

67 Zum Gesamtkomplex schon früh und immer noch eine der besten Hinführungen: Iggers, Deutsche Geschichtswissenschaft, v.a. S. 295-364; für die Neueinschätzung zentraler Thesen v.a. dessen »Vorwort zur Neuauflage von

retischer Bemühungen bedurfte es auch, indem man einzelne Begriffe und bislang bewährte Methoden in Frage stellte oder aber indem man sich der »Geschichte, die noch nah ist« (Rothfels) stellte. »Zeitgeschichte«, heute ein selbstverständlicher Begriff, wurde nach dem Krieg mit großem Aufwand neu definiert, etabliert und institutionalisiert.[68] Und gerade in diesen Auseinandersetzungen um die Disziplin »Zeitgeschichte« findet sich die ganze Palette von Fragen, Begründungen, Kritik und Delegitimationsversuchen, die die oben skizzierte theoretische Krise der Geschichtswissenschaft kennzeichnete. Als »contradictio in adjectu«, als noch nicht »geschichtsreif«[69], als »Verlegenheitsbildung« und »Notbehelf«[70], als zu nahe, zu verwoben mit uns und unserem Leben, als zu sehr im Mittelpunkt eigenen Schicksals, eigener Vorurteile, eigener Leidenschaften wurde sie nicht zuletzt von ihren Förderern bestimmt. Paul Kluke, damals Direktor des Instituts für Zeitgeschichte in München, bestimmte seltsamerweise sogar »Lebenswandel und Tod des Herren« als ein »zeitgeschichtliches« Ereignis derjenigen, die sich diesem Datum bis heute unmittelbar verbunden fühlen: »Der Ungläubige und Ungebildete dagegen gleicht der Eintagsfliege; er ist ohne Erinnerung und ohne Erwartung.«[71] Zeitgeschichtliche Erinnerung konnte demzufolge im christlich definierten Rahmen knapp 2000 Jahre zurückreichen und die große religiöse Zäsur von Golgatha umgreifen, während man zu Anfang kaum in der Lage war, im Rückblick eines Jahrzehnts die Grabstätte des Judentums, die Vernichtungsstätten im besetzten Polen, wahrzunehmen. Noch für einen so liberalen Historiker wie Franz Schnabel war beispielsweise nur die Tatsache der Gründung eines Instituts zur Erforschung der nationalsozialistischen Vergangenheit, daß man also im Namen der Wissenschaft Material systematisch sammelt und »griffbereit hinstellt«, eine »Überordnung der Wissenschaftlichkeit über das Leben, die geradezu gegen den gesunden Menschenverstand« verstoße:

> »Es ist gewiß noch niemals vorgekommen, daß eine so wirre Vergangenheit in einer Zeit, in der sie noch unmittelbare und unheilvolle

1997«, in: ebd., S. I-IX, sowie das »Nachwort zur deutschen Neuauflage von 1997«, ebd., S. 400-443.

68 Vgl. hierzu auch Kap. 3.2. Dort ist auch die grundlegende Literatur aufgeführt.

69 Barthel, Das Problem der Zeitgeschichte, S. 488.

70 Kluke, Aufgaben und Methoden zeitgeschichtlicher Forschung, S. 7429.

71 Ebd., S. 7430.

Konsequenzen für das Leben zahlreicher Menschen entfaltet, sorgfältig konserviert wird, statt daß man sie zuzudecken sich bestrebt.«[72]

Ritter, an den diese Zeilen gerichtet waren, antwortete völlig zustimmend in der Sache, seine Argumentation aber erfolgte genau umgekehrt: auch er sehe in einer solchen Einrichtung und ihrer Tätigkeit eine »Gefahr«, ein solches Institut widerspreche »allen Traditionen der Vergangenheit«. Allerdings, so seine bemerkenswerte Umkehrung des Schnabelschen Gedankens, habe noch niemals das deutsche Volk »so dringenden Anlaß gehabt, sich mit seiner jüngsten Vergangenheit auseinanderzusetzen *und schleunigst davon zu distanzieren* wie heute«. Deshalb unterstütze er ein solches Institut, es müsse aber jede nur mögliche Garantie gesucht werden, daß »nicht politische, sondern *ausschließlich wissenschaftliche Interessen* dort verfolgt werden«.[73]

Gedächtnis und Gegengedächtnis

Hier wird sichtbar, daß noch die Hinwendung zu Gegenwart und »Zeitgeschichte« Teil einer »Immunisierungsstrategie«[74] sein konnte. Argumentiert wurde durchgängig, wenn auch nicht immer so explizit wie bei Schnabel und Ritter und nicht immer so religiös wie bei Kluke, mit dem fragilen Verhältnis von »politischen« und »wissenschaftlichen Interes-

72 Franz Schnabel, Brief an Gerhard Ritter vom 15. 7. 1949, in: AVHD, Max-Planck-Inst. für Geschichte (Göttingen). Konkret befürchtete Schnabel eine »Denunziantenzentrale«. Die Vorbehalte der Universitätshistoriker, auch der liberalen wie Schnabel, gegenüber den außeruniversitären Bemühungen zur Etablierung der Zeitgeschichte betont auch: Benz, Wissenschaft oder Alibi?, S. 16 f.

73 Gerhard Ritter, Brief an Franz Schnabel vom 22. 7. 1949 [Hervorh. v. N.B.]; hier bezeichnete Ritter im übrigen das im Entstehen begriffene Institut in München nach seinem damaligen ersten Vorsitzenden Kroll mit dem bösen Wort »Kroll-Oper«, eine Anspielung auf die Reichstagssitzungen der Nationalsozialisten.

74 Conrad, Auf der Suche nach der verlorenen Nation, S. 222; Conrad, der in Anlehnung an Benedict Anderson von der »Erfindung der Zeitgeschichte« spricht, setzt seine Diskussion der methodischen Probleme im Hinblick auf die Etablierung der Zeitgeschichte bei der »epistemologische[n] Unsicherheit über die Frage, wie individuelles Handeln, Verantwortung und Schuld angesichts anonymer Strukturen der Massengesellschaft noch rekonstruiert werden können« an. Dabei wird sichtbar, wie sich hier methodische Einwände, wissenschaftstheoretische Grundlagenfragen und politische Bedürfnisse überlagern, S. 219-303.

sen«, »Leben« und »Wissenschaft«, Erinnerung und Erkenntnis. Dabei wurde aber stets die eigene Erinnerung gemeint, stets im Rahmen eines deutschen Gedächtnisses argumentiert, ohne Bezug auf die Erinnerung anderer: Eine Einbeziehung des jüdischen Gedächtnisses leistete weder das christlich-religiös konnotierte Pathos der protestantischen Bußfertigkeit eines Heimpel oder Wittram in Göttingen noch die szientistisch argumentierende Historiographie der jungen Zeitgeschichte in München.

»Gegenwartsgeschichte«[75] oder »Gegenwartsvorgeschichte«, d.h. die »Zeit, auf deren Wirkungen die Gegenwart ruht oder deren Wirkungen die Gegenwart als für sich bestimmend empfindet«,[76] wurde zwar als Aufgabe erkannt, aber als deutsches Problem empfunden, und das gerade nicht nur von ihren erklärten Gegnern. Mit Zeitgeschichte als Disziplin und als Verfahren wurde zwar genau der Bereich wissenschaftlich »geöffnet«, in dem sich Erforschung und Erinnerung überschnitten. Es ging aber nach wie vor um das »Menschsein« in diesem »in den Fundamenten gefährdeten Jahrhundert«, so Konrad Barthels in einer von Heimpel übernommenen Begründung einer »Verpflichtung« zur Zeitgeschichte: »Wir müssen Zeitgeschichte treiben« – so der Appell an sich selbst, in welchem eher eine Art von Pflicht-Bewußtsein sich aussprach, weniger eine Vorstellung darüber, welche Richtung hierbei einzuschlagen war.[77] In solcher Emphase steckte noch das Selbstbild des Historikers als »Arzt und Lehrer seines Volkes«,[78] es ging um die »reinigende Funktion der Zeitgeschichte«[79] – aber im Rahmen einer durch und durch deutschen Perspektive: um der »seelischen, moralischen und politischen Gesundheit unseres Volkes« willen sei man verpflichtet, Zeitgeschichte zu treiben, wie einmal sehr direkt gesagt wurde.[80] Am Beispiel der Institutio-

75 Conze, Die deutsche Geschichtswissenschaft seit 1945, S. 2.

76 Ernst, Zeitgeschehen und Geschichtsschreibung. Auch Ernst beginnt seine Reflexionen mit der Gründung des IfZ, die er begrüßt und diametral entgegengesetzt bewertet wie Schnabel und Ritter: »Die Hinwendung zur geschichtlichen Beschäftigung mit der jüngsten Vergangenheit, mit der ›Epoche der Mitlebenden‹, bedeutet eine Wiederaufnahme einer großen Tradition der abendländischen Geschichtsschreibung«, zit. nach: ders., Gesammelte Schriften, S. 289 und 291.

77 Barthel, Das Problem der Zeitgeschichte, S. 496, 498 und 501. Barthel bezieht sich explizit auf die Heimpelsche Formulierung von der »eigenen Schuld« (ebd., 498).

78 Kluke, Aufgaben und Methoden zeitgeschichtlicher Forschung, S. 7432.

79 Ebd., S. 7436.

80 Scheurig, Einführung in die Zeitgeschichte, 2. Aufl. Berlin 1970 (zuerst: 1962). Ähnlich auch in Barthel, Das Problem der Zeitgeschichte.

nalisierung dieses Imperativs, am neugegründeten »Institut zur Erforschung der nationalsozialistischen Zeit«, aus dem wenige Jahre später das »Institut für Zeitgeschichte« wurde, soll gezeigt werden, wie sehr in der frühen Zeitgeschichtsforschung der Kampf um die Erinnerung die Forschung dominierte und wie schwierig die Wahrnehmung der Vernichtung der europäischen Juden dabei lange Zeit blieb. Sicher, auch hier ging es um »die Frage nach Schuld und Verhängnis, nach Irrtum und Fehlleistung, nach vorbestimmten Situationen und menschlichem Versagen«.[81] Paul Kluke erwähnte durchaus »das Konto dieser Schuld«, die »Verletzungen des geschriebenen und ungeschriebenen Sittengesetzes«, aber er betonte zugleich, daß auch die »weinerliche Selbstanklage« zu vermeiden sei. Gemeinsam mit den Erinnerungs- und Bekenntnistheorien aus Göttingen hatte der Münchner Aufruf zur zeitgeschichtlichen Besinnung die aufgesetzt wirkende Beschwörung »der höchsten, schönsten Aufgabe des Menschen, die ihm erst im letzten Sinn seinen Rang und seine Würde in der göttlichen Weltordnung verleiht, seine *humanitas* begründet: nämlich Selbstorientierung, die Klärung und Bewußtwerdung über seine Stellung und seinen Auftrag auf dieser Erde«.[82]

Die hierbei eingeforderte Verpflichtung auf »Takt, Ernst und Würde« bei der Behandlung der NS-Verbrechen markiert zugleich die Hoffnung auf eine »Befreiung« von der »verbrecherischen Tat, deren man sich und das Volk nicht entledigen kann, indem sie schweigend zu negieren versucht wird. In einem schweigenden Herumtragen schleppt man sie weiter, sie wird nur verdrängt, und die Verdrängung vergiftet die Seele und die Zukunft. Erst ein männliches Eingestehen wird sie überwinden helfen.«[83]

Aber die Unterschiede waren stärker, denn die Ebene hatte gewechselt: Von der Universität zum Forschungsinstitut, von der Hörsaalvorlesung zum Gerichtsgutachten, von reflexivem Räsonieren über Schuld zur offensiven Sicherung der Akten, kurz – von der Theorie zur Empirie, von der Tradition zur Innovation. Die von Kluke genannten Hauptaufgaben verweisen auf den Habitus der jungen Generation der NS-Forscher, wie sie sich gerade am Münchner Institut formierten: Es gehe, so Kluke, um die »Klärung des Tatsächlichen« und um die »reine Faktizität der Ereig-

81 Kluke, Aufgaben und Methoden zeitgeschichtlicher Forschung, S. 7435.

82 Ebd., S. 7436.

83 Ebd.; Hier auch die beiden Zitate zuvor.

nisse«,[84] nicht um »›antifaschistische‹ Afterwahrheiten, wie sie von drüben zu uns kommen«.[85] Propagiert wurde

> »eine wissenschaftliche Forschung, die alle Regeln des Handwerks beherrscht, die sich nicht von billigen Vorurteilen und ephemeren Meinungen beirren läßt, weil sie sich lediglich als Dienerin der großen Wahrheit verpflichtet weiß, und zwar der Wahrheit des sachlich Richtigen wie des sittlich Rechten – nur eine solche wissenschaftliche Erforschung der Vergangenheit wird ihre rechte Klärung herbeiführen können.«[86]

Im Zentrum stand also primär die Sicherung der Quellen, aber nicht in der Art und Weise der Nürnberger Dokumentenserie, die »unter bestimmten sehr unhistorischen Gesichtspunkten ausgewählt« wurde: »Den Historiker interessiert nicht die Bestätigung oder Widerlegung eines juristisch zubereiteten Tatbestandes, sondern eben das historische Problem.« Hier konnte demnach in semioffizieller Weise gegen die »sogenannten Tatsachenberichte« als »primitive Sensationsbefriedigung«[87] polemisiert werden, und damit waren nur zur Hälfte die Memoirenliteratur der Protagonisten auf der Täterseite gemeint.

Jüdische Historiker, die selbst emigriert oder im KZ gewesen waren und sich der Erklärung und Erforschung dieses Themas zuwandten, kamen weder in der »Historiosophie« vor noch in der wissenschaftlichen Zeitgeschichtsforschung. Ihre Arbeiten wurden im Rahmen des eng begrenzten deutschen Gedächtnisses nicht als Wissenschaft betrachtet, sondern im besten Falle als »Quellen« in der Tradition der »Nürnberger Prozesse«. Gerald Reitlinger, Raul Hilberg, Léon Poliakov oder Joseph Wulf wurden in den 50er Jahren nicht angemessen rezipiert, sondern als »Gegengedächtnis« wahrgenommen und ignoriert. Von der »neuen Sachlichkeit« der Institutshistoriographie bekamen sie nicht nur Kritik und Ablehnung zu spüren, sondern wurden konsequent aus dem Wissenschaftsdiskurs herausgehalten. Die Lebens- und Arbeitsgeschichte von Joseph Wulf und seine jahrelangen Auseinandersetzungen mit dem IfZ in den 50er und 60er Jahren dokumentierten die Niederlage des jüdischen Gedächtnisses in diesem »Kampf« um die Erinnerung en détail. Die Konfliktlinie zu jüdischen »Außenseitern« der Holocaust-Forschung

84 Die beiden Formulierungen: ebd., S. 7432 und 7433.

85 Ebd.

86 Ebd., S. 7432.

87 Ebd., S. 7433.

wurde von deutscher Seite dabei mit der Differenz von »Wissenschaft« und »Erinnerung« begründet, sie war aber eine Dichotomie zweier verschiedener Gedächtnisse, die sich auch in der Historiographie wiederfanden.

Es wäre also zu kurz gegriffen, würde man die Wissenschaftsgeschichte deutscher Historiker und ihrer Deutungen der Judenvernichtung in den 50er Jahren als Auseinandersetzung zwischen einem ungenügenden Gedächtnisdiskurs und einem Wissenschaftsdiskurs beschreiben, in welchem sich zuletzt die Empirie durchsetzen konnte. Bezieht man das verschüttete Gedächtnis jüdischer Forschungen mit ein, erweisen sich beide Pole als graduelle Diskussionsbeiträge, in denen jüdische Forschungen de facto außerhalb des Kanons des »Erfahrungsgedächtnisses« *und* außerhalb des »Wissensspeichers« des Archivs verblieben.

3.1. Hermann Heimpel, Reinhard Wittram und Fritz Ernst und die »Demonstration protestantischer Bußfertigkeit« im Deutschland der 50er Jahre

Schlußstrichethiker versus »Professor für Schuld und Sühne«

In einem Radiogespräch mit dem Wiener Historiker Forst de Battalia, das unter dem Titel »Ist Preußen eigentlich an allem schuld?« am 22. Januar 1958 im Sendehaus Köln stattfand, erklärte Peter Rassow verärgert und in einer ausgesprochen allgemeinen Formulierung, »der Historiker als solcher«, also der wissenschaftlich arbeitende Spezialist, kenne das Wort Schuld gar nicht. Schuld sei ein moralischer und ein religiöser Begriff, aber keiner der Geschichtswissenschaft. Es sei ein »unangenehmer Sprachgebrauch«, so Rassow weiter, wenn in der Umgangssprache Schuld und Ursache ständig verwechselt würden. Und gereizt fuhr er fort: »Nun lassen Sie sich von mir als Historiker sagen, daß ich diese Verwechselung von Schuld und Ursache nicht mitmache, auch wenn ich damit verbreitete Gefühle verletzen sollte.«[1] Aus einem Kommentar zu diesem Radiogespräch von Rassows Göttinger Kollegen Siegfried A. Kaehler, der mit Bezug auf Forst de Battalia meinte, dieser kehre »ja ziemlich allen historischen Unrat zusammen mit Raffiniertheit, der sich jeder Form der Widerlegung« entziehe,[2] wird der Grund für Rassows Ärger ersichtlich: de Battalia hatte lediglich mit einer Bemerkung auf die nationalsozialistischen Konzentrationslager verwiesen.

Rassow stellte in polemischer Absicht die Frage, wie denn ein Historiker »beschaffen« sein müßte, »wenn vor ihm und von ihm die Ereignisse der Geschichte« nach Kriterien der Schuld bewertet würden. Aber genau mit dieser Polemik wich er einer Grundaporie der Zeit aus, denn von »Schuld« zu sprechen hätte eben, neben den moralischen oder gar religiösen Implikationen des Begriffes, in erster Linie bedeutet, individuelle Haltungen Einzelner oder das Verhalten von kollektiven Akteuren kritisch zu bewerten. Rassow hatte aber mit seinem Rückzug auf eine wissenschaftsimmanente Terminologie versucht, Ursache gegen diese kritische Bewertung auszuspielen, und hiermit einer weitverbreiteten Meinung Ausdruck verliehen, die den disziplinären Eigensinn zu hypostasieren versuchte: »Schuldfrage ist keine Historikerfrage.«[3] Die

1 BAK, NL Rassow N 1228, Nr. 188.

2 Vgl.: S. A. Kaehler, Brief an Rassow vom 14. 8. 1958, in: ebd.

3 Rassow, Brief an Carl Linfert vom 11. 11. 1957, in: BAK, NL Rassow, N 1228, Nr. 188; Carl Linfert, Programmdirektor des Westdeutschen Rundfunks, hatte

Affekte von Rassow überlagerten in der für sie typischen Haltung der Defensive das Problem, daß die von ihm vorgenommene Trennung von Schuld und Ursache künstlich war. Hermann Heimpel hat auf dem Historikertag in Ulm 1956 dieser Einsicht Ausdruck verliehen, als er nicht ihre Gegenläufigkeit, sondern umgekehrt ihren Zusammenhang betonte, vom »Bedeutungswandel der Tatsachen« und vom »fast gesetzlichen Dreischritt« der Geschichtswissenschaft sprach, die von der »Schuldfrage« auszugehen und über die »Ursachenfrage« zur »Strukturfrage« fortzuschreiten habe.[4]

Rassows wie Heimpels sentenzenartige Definitionen sind im folgenden genauer zu untersuchen. Es kann dabei nicht übersehen werden, daß sie im Kontext ihrer Zeit einem weitverbreiteten Resonanzraum angehörten, in dem Folge-Vokabeln und korrespondierende Metaphern von Schuld – also Sühne, Heilung, Läuterung, Reinigung aber auch Versöhnung und Verantwortung – in der Theologie, Philosophie und Geschichtswissenschaft eine außerordentliche Konjunktur hatten. In den Worten von Reinhard Wittram: »Immer aber geht es in der Geschichte um Schuld, sie ist der geheime Motor, der das Getriebe in Gang hält, meist verborgen, immer tätig, das eigentliche Perpetuum mobile der Weltgeschichte.«[5]

Mißt man solche Ausgriffe ins Moralisch-Pädagogische an ihrem Beitrag zur konkreten Aufklärung über die NS-Zeit oder gar am Grad dessen, was deren Verfasser selbst in jenen Jahren getan und geschrieben haben, so ist die Bilanz ohne Zweifel kläglich. Historiographische Apologien fanden zu dieser Zeit nicht nur Ausdruck in den opportunistischen Äußerungen der »Schlußstrich-Ethiker«, so Gerwin Klinger, sondern auch in den Deklamationen der »Professor[en] für Schuld und Sühne«.[6] Von offizieller Seite wurde der Sühne-Aspekt mitunter so hervorgehoben, daß sein Zusammenhang mit Schuld nicht sichtbar, sondern un-

die oben erwähnte Sendung aufgrund des von ihm beklagten »historischen Gedächtnisschwunds« in Bezug auf Preußen angeregt, vgl.: Linfert, Brief an Peter Rassow vom 7. 11. 1957, in: ebd.

4 Heimpel, Geschichte und Geschichtswissenschaft, S. 8.

5 Wittram, Das Interesse an der Geschichte, S. 17.

6 Gerwin Klinger, Meisterdenker in staatsloser Zeit. Deutsche Philosophie zwischen 1945 und 1948, in: FR, 29. 6. 1996. Hier finden sich treffende Zitate von Julius Ebbinghaus, Karl Jaspers, Carl Schmitt, Hans-Georg Gadamer, Helmut Schelsky, Joachim Ritter, und Otto F. Bollnow, die verdeutlichen, wie mit Engagement und Kaltschnäutzigkeit an epochenübergreifenden Beständigkeiten festgehalten wurde. Zum neuen Existentialismus der damaligen Zeit vgl.: Hermand, Kultur im Wiederaufbau, S. 73-77.

sichtbar gemacht wurde. Historikern, die sich politisch tief mit dem Nationalsozialismus eingelassen hatten, wurde nicht selten gerade ihre *persönliche* Integrität bescheinigt. Nach dem Krieg, so z.B. anerkennend die HZ beim Tode von Heinrich Ritter v. Srbik, habe er im »*Asyl* in Ehrwald« gelebt: Es war die »*Zeit seiner Stille und Trauer*, die er selbst als eine *Zeit der Läuterung* bezeichnete.« Angesichts solcher Wortwahl erstaunt es nicht, wenn sein Eintreten für die NS-Außenpolitik so formuliert wurde, daß der Eindruck erweckt werden konnte, der Einzelne sei »mißbraucht« worden oder sogar nur »verstrickt« gewesen (eine weitere Vokabel mit Hochkonjunktur in dieser Zeit), ohne je etwas getan zu haben.[7] Vor dem Hintergrund der in den 50er Jahren erforderlichen semantischen Umbauten in Biographie und Wissenschaft entstanden innerhalb von Läuterung, Stille und Trauer – was immer das individuell auch heißen mochte – Palimpseste aus Altem und Neuem, deren Merkmal nach Freud ja auch Bewahrung, nicht nur Auslöschung ist.[8] Der Rechtshistoriker Heinrich Mitteis setzte sich in mehreren »grüblerischen Schriften«[9]

7 Näf, Heinrich Ritter v. Srbik (1878-1951), S. 95 [Hervorh. v. N.B.]. Der zitierte Nachruf von Näf auf v. Srbik ist hierfür ein gutes Beispiel: v. Srbiks Geschichtslehre, so Näf, habe zwar die Gefahr »ideologischen *Mißbrauchs*« in sich getragen. Aber »als Idee und Wirklichkeit sich 1938 begegneten« (gemeint ist: als die jahrelang herbeigeschriebene großdeutsche Vereinigung von Österreich und Deutschland endlich verwirklicht wurde), da »erfüllte sich nicht die Idee«, sondern »da wurde *ihr reiner Gehalt* befleckt«, und »ihre *Würde* mußte Unwürdiges decken«. Der Schluß solcher Apologie war einfach: »Doch eine Idee kann richtig bleiben, auch wenn Ideologie sie denaturiert. Srbiks Werk und sein Schöpfer mit ihm, ist von einem politischen Willen *usurpiert* worden.« Sein Werk »an sich«, so Näf, sei nicht zu politischen Zwecken geschaffen worden, sondern rein wissenschaftlich »aus gemüthafter Anhänglichkeit an Vaterland und Geschichte« hervorgegangen, an des Autors »stets wacher menschlicher Gewissenhaftigkeit« sei kein Zweifel möglich (ebd., S. 101 [Hervorh. der Schlüsselbegriffe v. N.B.]).

8 Kaiser/Krell, Ausblenden, Versachlichen, Überschreiben, S. 206 ff.; Assmann, Erinnerungsräume, S. 154-158.

9 So die Formulierung seines Biographen Brun, Leben und Werk des Rechtshistorikers Heinrich Mitteis, S. 152 und 176; gemeint sind folgende Arbeiten: Rechtsgeschichte und Gegenwart, in: Neue Justiz. Zeitschrift für Recht und Rechtswissenschaft 1 (1947), S. 27-29 (eine Zusammenfassung von: ders., Vom Lebenswert der Rechtsgeschichte, Weimar 1947); ders., Die Rechtsgeschichte und das Problem der historischen Kontinuität. Abhandlung der Deutschen Akademie der Wissenschaft, Berlin, Nr. 1, Berlin 1947; ders., Über das Naturrecht. Deutsche Akademie der Wissenschaften zu Berlin. Vorträge und Schriften, Berlin 1948.

mit dem Dritten Reich auseinander und hielt als Vorsitzender der Bezirksgruppe Rostock des »Kulturbundes zur demokratischen Erneuerung Deutschlands« sogar mehre »antifaschistische Ansprachen«, zum Beispiel bei der Einweihung des Ehrenmals für die Opfer des Faschismus Ende November 1945. Er sei hierbei »ganz auf Versöhnung eingestellt«, wie er in einem Brief vom Ende Oktober 1945 mitteilte.[10] Das verwundert kaum, denn nun kritisierte Mitteis das Denken jener »Rechtserneuerung«, das er in den 30er Jahren selbst vertreten hatte, klagte über den Positivismus der Rechtssetzung als »schlimmste[n] Mißbrauch des juristischen Denkens [...], *den das deutsche Volk durchlitten hatte*« und reflektierte allgemein über die *»messerscharfe Scheide zwischen Schuld und Schicksal«*.[11] Auch Mitteis, der in seinen Arbeiten von vor 1945 eine rechtshistorische Rechtfertigung der Kriegspolitik Hitlers verkündet hatte, sah nun in erster Linie die Wissenschaft selbst als Opfer, herabgewürdigt »zum Instrument der Propaganda für die Machtpolitik des ›totalen Staates‹«.[12] Seine Aufgabe nach dem Zusammenbruch des Dritten Reiches sah er in der zukünftigen Wiedererrichtung der deutschen Kultur, nicht im Betrachten des jüngst Vergangenen, »jedenfalls bin ich froh, wenn ich möglichst wenig von diesen Dingen zu reden brauche«.[13]

»Erlebnisgeschichte des deutschen Volkes«: Das Bekenntnisbuch von Fritz Ernst

Das aber war bei der nächsten Generation anders, sie redete viel »von diesen Dingen«, ja, sie stellte einen Großteil ihrer Arbeit in den Dienst eines »bekennenden« Sprechens. Eines der weniger bekannten Beispiele hierfür war das »Bekenntnisbuch«,[14] das der Heidelberger Historiker Fritz Ernst (1904-1963) im Wintersemester 1961/62 als Vorlesung hielt und kurz darauf publizierte. Sein im folgenden zu betrachtender Bewälti-

10 Mitteis, Brief an Christa Dempf-Dulckeit vom 30. 10. 1945, zit. nach: Brun, Leben und Werk, S. 177.

11 Mitteis, Über das Naturrecht, S. 29; zit. nach: ebd., S. 150; ders., Brief an Christa Dempf-Dulckeit vom 20. 4. 1947; zit. nach: ebd., S. 151 [Hervorh. v. N.B.].

12 Vgl. Mitteis, Staatliche Konzentrationsbewegungen im großgermanischen Raum, in: Abhandlungen zur Rechts- und Wirtschaftsgeschichte. FS für Adolf Zycha, Weimar 1941, S. 53-58; ders., in: Tägliche Rundschau, Nr. 157 vom 13. 11. 1945, beide nach: Brun, Leben und Werk, S. 152 f.

13 Mitteis, Brief an Christa Dempf-Dulckeit vom 7. 4. 1946; zit. nach: ebd., S. 153.

14 Engisch, Fritz Ernst als Persönlichkeit, S. 13.

gungstext, der den später inflationären, zu seiner Zeit aber aufhorchen lassenden Titel »Die Deutschen und ihre jüngste Vergangenheit« trug,[15] wurde so etwas wie sein Vermächtnis, denn Ernst starb noch im selben Jahr. Dieses Büchlein vereinte in seinen neun kurzen Kapiteln zwei ansonsten getrennte Kommunikationsweisen der Beschäftigung mit Drittem Reich und Judenvernichtung und kann als Dokument des Übergangs von reiner Nationalapologie zur neuen Betroffenheit gelesen werden. Den Mittelalterhistoriker und Schüler von Johannes Haller hatte sein Interesse an Atmosphäre, Erleben und am Verhalten des deutschen Volkes allgemein in die methodische Nähe zur später ›Mentalitätsgeschichte‹ genannten Geschichtsforschung geführt.[16] Ausgangspunkt seiner Überlegungen war die Überzeugung, daß »für alle Deutschen, die in diesem Jahrhundert geboren sind – mögen sie für oder gegen Hitler gewesen sein – der Nationalsozialismus das zentrale Ereignis gewesen ist«.[17] Ernst fand zur damals noch kaum etablierten Zeitgeschichtsforschung, weil er der Überzeugung war, daß seit 1918/19 die Deutschen »gezwungen« gewesen seien, sich mit ihrer Gegenwart historisch zu beschäftigen.[18] Er selbst hatte im Juni 1940, nach dem Sieg über Frankreich, in »Nanzig« [NS-deutsch für Nancy] einen Vortrag über Lothringen gehalten, den er mit den Worten schloß: »[…] nach Jahrhunderten, die von welschen Raubzügen erfüllt waren, ist die Kraft des neu geeinten deutschen Volkes heute daran, die Zukunft auch dieses Grenzlandes zu gestalten«.[19] Diese Kommentare waren zu ihrer Zeit so ubiquitär, daß man sie heute mitunter als Selbstverständlichkeit fast schon bei allen Zeitgenossen vorauszusetzen geneigt ist. Aber für diejenigen, die sich mit dem eigenen ideologischen Schwulst konfrontierten, blieb Erklärungsbedarf – und den machten nur die wenigsten zu einem öffentlichen Akt. Sein Text

15 Ernst, Die Deutschen und ihre jüngste Vergangenheit. Beobachtungen und Bemerkungen zum deutschen Schicksal der letzten fünfzig Jahre (1911-1961), Stuttgart 1963.

16 Aschoff, Einführung, in: Ernst, Im Schatten des Diktators, S. 5-37 (23). Der Herausgeber rühmt Ernst für die Zeit zwischen 1933 und 1945 in übertriebener Weise und führt ihn als Beispiel für das deutliche Opponieren eines Historikers durch Doppelsprache, Anspielungen in der wissenschaftlichen Literatur usf. an. Man könne ihm »eine gerade Linie vor und nach 1945« zubilligen, so der Herausgeber, der diese Formulierung von Ernst selbst entliehen hat, vgl.: Ernst, Die Deutschen und ihre jüngste Geschichte, S. 131. Ernst formulierte dies zwar allgemein, meinte aber ebenfalls sich selbst.

17 Ernst, Die Deutschen und ihre jüngste Vergangenheit, S. 135.

18 Ernst, Zeitgeschehen und Geschichtsschreibung, S. 137-189.

19 Ernst, zit. nach: Aschhoff, Einführung, S. 7.

über die jüngste Vergangenheit erprobte also einen Mittelweg zwischen »übertriebenen deutschen Schuldbekenntnissen« und »Selbstprüfung« – eine Kompromißbildung, die sich zwar die Anerkennung der »ungeheuren Dinge« zur Aufgabe gemacht hatte,[20] und versuchte, die Glaubwürdigkeit vor sich, Kollegen und Schülern wiederherzustellen, die aber oft unvermittelt zwischen harschen Rechtfertigungsideologemen und Selbstbezichtigungen wechselte. Nichtsdestotrotz war die Schülergeneration von dem Ergebnis beeindruckt. Wolfgang Mommsen hat in dem Text eine »Rechenschaftslegung« erkannt, die »mehr der Zeitgenosse, der dies alles miterlebt hat [...], als der kritische Historiker« verfaßt habe.[21] Ernsts behutsames Plädoyer für Verständnis verdiene als ganzes »Aufmerksamkeit und höchste Achtung«. Gäbe es mehr solcher Vorlesungen auf deutschen Universitäten, so war sich Mommsen sicher, wäre der »heute vorhandene tiefe Graben des Nichtverstehens« zwischen den Generationen kleiner.

Ernst präsentierte Apologie und Beichte methodisch in einer Erzählung der »Erlebnisgeschichte des deutschen Volkes«: »Sowohl das Bedürfnis nach historischer Wahrhaftigkeit wie das Bemühen um die Bildung der jüngeren Generation gebieten es, die Geschichte zu zeigen, *wie sie erlebt wurde.*«[22] Diese Abkehr von dem historistischen Forschungsparadigma Rankes war deshalb so ambivalent, weil sie im Grunde eine zwar methodisch-kontrollierte, aber dennoch durchgängig subjektzentrierte Rechtfertigung darstellte, eine Erzählung über das Thema, was man geglaubt, gehofft oder gewollt habe und an welcher Stelle einen das Entsetzen gepackt hatte. Ernst berichtete also weniger über die Ereignisse als vielmehr über sich selbst:

> »Wer nicht versucht, sich die Zeitatmosphäre vorzustellen, *für den wird das Ganze flach und farblos, nur eine Zeit der Verbrechen.* Das Menschliche ist aus der Geschichte entwichen. Damit wird aber die Zeit unverständlich und unglaubhaft, und diejenigen, die sie miterlebt haben, in welcher persönlichen Lage auch immer, wenden sich verbittert von solchen Darstellungen ab.«[23]

20 Alle drei Formulierungen in: Ernst, Die Deutschen und ihre jüngste Vergangenheit, S. 125.

21 Wolfgang J. Mommsen, Die Deutschen und ihre jüngste Geschichte, in: NPL 11 (1966), S. 94 f.

22 Nicht: wie sie »eigentlich gewesen ist«, wie das berühmte Ranke-Wort hier anschließen müßte [Hervorh. von N.B.]. Nur zur Verdeutlichung: Andere Historiker haben dasselbe gemacht, sich aber gehütet, es auszusprechen!

23 Ebd., S. 159 [Hervorh. v. N.B.].

Man könnte diesen Versuch, das »Menschliche« in einer Erzählung über das Dritte Reich und den Nationalsozialismus zu bewahren, unter einen Großteil der historiographischen Produktion der späten 50er legen und damit deren Subtext dechiffrieren. In dem Text von Ernst ist dieser als eine knapp 140seitige Mitläufererzählung an die Oberfläche gekommen, basierend auf dem Axiom, nur der könne die Zeit verstehen, der sie auch erlebt habe. Es gebe genug gute Handbuchdarstellungen der jüngsten deutschen Geschichte, so Ernst, er aber möchte davor warnen, »das Geschehen, dessen Zeugen wir gewesen sind, nur aus Büchern zu lernen«,[24] denn »Entstehen und Funktionieren« der Diktatur seien den Jüngeren so kaum noch zu verdeutlichen: »Wenn man in den letzten Jahren vor Studenten über gewisse Erscheinungen des Hitlerreiches sprach, bekam man oft Gelächter zu hören – die Überlegenheit derjenigen, die sagen: ›So etwas kann uns nicht passieren.‹«[25] Deshalb wolle er sich versagen von Schuld zu reden, den es bestehe die Gefahr, »daß man nur ›in den eigenen Fehlern wühlt‹ und an das Geschehene Maßstäbe anlegt, die nicht angelegt werden können«. Diese Formulierung im Vorwort war aber eine Konzession an den »alten Patriotismus«, denn Ernst redete in seiner Vorlesung im Grunde von nichts anderem als vom Schuldig-Werden, zwar in verteidigendem, erläuterndem und entlastendem Sinne, aber doch öffentlich. Denn, so Ernst, »wenn wir fragen, wie die ungeheuerlichen Dinge, die geschehen sind, möglich waren, wenn wir zu erklären versuchen – auf das Urteilen dürfen wir doch nicht verzichten. Viele Deutsche haben heute vergessen, was sie selbst 1946 gesagt haben«, doch das Beschweigen und Beschönigen, das heute wieder vielfach geübt werde, sei »ebenso einseitig und viel gefährlicher«, es würde sich furchtbar rächen, wenn es sich durchsetzte.[26]

Apologie und Obsession als Ort des Bekenntnisses

Die Apologien dieses Textes sind in der Tat zahl- und haltlos. Ernst polemisierte gegen die Deutschen, die nach 1945 in der Schlechtigkeit des eigenen Volkes wühlten, warnte vor billigem Pharisäismus, überzeichnete das Diktatorische des Alltags, das er »Wesen der Diktatur« nannte,[27]

24 Ebd., S. 8. Auf die Gerichtsmetaphorik von »Zeugen«, »Richter«, »Anwalt« usf. wird nochmals eingegangen, vgl. hierzu Kap. 3.2.

25 Ebd., S. 9.

26 Ebd., S. 10.

27 Ebd., S. 19, 20 (ähnlich S. 122) und 102. Zur Überzeichnung des totalitären Alltags im Dritten Reich vgl. auch Kap. 4.1.

wusch die Wehrmacht völlig weiß,[28] ebenso die Universitäten, streute antikommunistische Phrasen[29] ein und parallelisierte in penetranter Weise das Schicksal der Kirchen mit dem der Juden in Wendungen wie »Juden- und Kirchenverfolgung«.[30] Noch unerträglicher aber sind die Widersprüche des Textes, z.B. indem Ernst kaum eine Gelegenheit ausließ, das Nicht-Wissen von der Judenvernichtung in der Heimat herauszustellen, auf einmal jedoch die Rolle des politischen Witzes betonte und als Beispiel einen der unheimlichsten erzählte:

> »Bei einer Judenvernichtung in Polen sagt ein betrunkener SS-Sturmführer zu einem Juden: ›Ich habe ein Glasauge. Ich schenke dir das Leben, wenn du erkennst, welches Auge mein Glasauge ist.‹ Der Jude mustert ihn: ›das linke!‹ ›Gut, aber wie hast du gesehen, daß das linke das Glasauge ist?‹ ›Es blickt so gütig, Herr Sturmführer!‹«[31]

Dies bietet Fritz Ernst seinen Hörern des Winters 1961/62 ohne Kommentar, und auch im Rückblick fällt ein solcher schwer. Doch hatte, so scheint es, diese Fehlleistung fast etwas von einer Obsession: Die Judenvernichtung war hier beides, das Zu-Verhüllende, das man nur »ahnte« *und* das Argument für die Abwendung vom Nationalsozialismus:

> »Im Ausland wirft man den Deutschen vor, sie hätten sich erst dann von Hitler abgewandt, als deutlich wurde, daß er den Krieg verloren hatte. [...] Unsre Studenten waren schon empört, als sie die fortschreitende Judenverfolgung während des Krieges *ahnten*, allerdings nur in den verhältnismäßig milden Formen, wie man sie in Deutschland *ahnen* konnte, zunächst wenigstens mild im Vergleich zu den damals schon praktizierten Massentötungen in Polen und bald in Rußland, von denen die Masse in Deutschland *nichts wissen konnte bis zum Zusammenbruch.*«[32]

Doch nicht auf die Apologie als solche soll hier der Blick gelenkt werden, sondern auf die Obsession. Denn das Neue an dem Text wird nicht gesehen, wenn er nur daraufhin beurteilt würde, ob seine Angaben stimmen. Apologie und Obsession sind unverkennbare Bausteine dieses Bekennt-

28 Vgl.: ebd., S. 109, 114, besonders 118, wieder 120 sowie, als Höhepunkte, 123, wo Ernst »das Geistige« des Generalstabs gegen Hitlers Brutalität stellt, und 158, wo er sich ausgerechnet über General von Reichenau lobend ausläßt.

29 Ebd. S. 119 und 130 (Universitäten) und 114, 125 (Antikommunismus).

30 Ebd., S. 109, auch 106 f, 110, 111 u.ö.

31 Ebd., S. 118.

32 Ebd., S. 120 [Hervorh. v. N.B.].

nisses, aber sie sind nicht das Gegenteil der Beichte, sondern ihr Medium. Aus heutiger Sicht ist die Erregung des Textes, das *Wie* seiner teils hilflosen Bewältigungsversuche, teils unverschämten Behauptungen, und die Tatsache, daß die Judenvernichtung als historisches Argument über das Gedächtnis, nicht über die Geschichte entdeckt wird, interessanter als die zeittypischen Relativierungen. Hier wurde nicht Erforschung und auch nicht bloße Erinnerung publiziert, sondern ein Versuch, Gedächtnis als Vehikel zu benutzen, um die »Kraft [von] nationalen Mythen über die Menschen«[33] zu erkunden, ja Ernst sprach sogar explizit von der »Struktur und der Bedeutung nationaler Emotionen«.[34] Nicht nur Geschichte an sich, sondern ihr Verhältnis zur Gegenwart, also das Ausmessen einer Differenz in ihr interessierte auf einmal: Wir stehen alle noch im Schatten der Herrschaft Hitlers, so Ernst, und er griff auf das Jahr 1911, also fünfzig Jahre zurück, um »das Problem, das uns beschäftigt, *für die Gegenwart* verstehen zu können«.[35] Wie Heimpel und Wittram, wie Heuß und andere »entdeckte« auch Ernst das Gedächtnis und die Gegenwart zugleich, spürte, wie ein neues Erlebnis »die Erinnerung an das Frühere verändert«[36] und mit welchen Tücken Erinnerung überhaupt verbunden ist:

> »In 10 Jahren werden wir mehr wissen und weniger zugleich, werden wir gelernt und vergessen haben. Auf jeder Stufe des Lernens und des Vergessens aber ist es möglich, einen Beitrag zu leisten zum Urteil über das vergangene Geschehen.«[37]

Für diese Generation war der Nationalsozialismus drei Dinge auf einmal: *Erstens* eine Verführung an einem Scharnierpunkt der eigenen Karriere, der sie sich in ihren Dreißigern widerstandslos ergaben, *zweitens* »die größte Schmach der deutschen Geschichte«[38] nach seinem Zusammenbruch (und das als ganz persönlich verstandenes Versagen) und deshalb *drittens* ständiger biographischer Bezugspunkt der Reflexion im Hinblick auf die Zukunft, die eigene und die der Jugend, in den Jahren des Neubeginns: »[E]s blieben nur Trümmer und Massengräber«, die Frage nach dem »Sinn und Wesen der zwölf Jahre [bekam] schnell etwas Schiefes«, denn: »Die Bilanz ist negativ«, es wurden Hunderttausende »deutscher Soldaten« und »zugleich Millionen von Juden in Massenvernichtungs-

33 Ebd., S. 19.
34 Ebd.
35 Ebd., S. 16 f.
36 Ebd., S. 17.
37 Ebd., S. 11.
38 Ebd., S. 109.

lagern und in Massenerschießungen getötet«.[39] Die Selbstprüfung nach 1945 führte zur Anerkennung der eigenen Verantwortung,[40] auch wenn von der Generation der NS-Akteure das eigene Leiden stets mit dem der Juden zusammen genannt wurde: »Die Massenvernichtungslager der SS haben Millionen ausgelöscht, und 1945 hat diese Menschenverachtung [...] auf uns zurückgeschlagen.«[41] Gegen die Stimmen, die schon Ende der 40er Jahre das, »was man später die ›Bewältigung der Vergangenheit‹ nannte«, als vollzogen betrachteten, hielt Ernst fest, daß die Auseinandersetzung mit ihr fruchtbar gemacht werden müsse. Er sprach seine Zuhörerinnen und Zuhörer direkt an:

> »Soweit Sie Deutsche sind, kann dieses Deutschland Ihnen niemand geben und Ihnen niemand streitig machen, *niemand kann Sie aber auch davon befreien. Sie sind hineingewachsen – Sie übernehmen ein Erbe, dem Sie nicht entrinnen können, Sie sind zwar nicht der Urheber dieses Erbes, aber Sie sind doch insofern dafür verantwortlich, als Sie es gestalten können. Eine Vergangenheit wird immer nur durch die Arbeit für die Zukunft ›bewältigt‹, im Grunde bekommt das Vergangene nur durch das Zukünftige seinen Sinn.*«[42]

Dies ist die bis heute gültige Konsensdefinition für Vergangenheitsbewältigung, die seither immer wieder aktualisiert wurde. In ihrer spezifischen Architektur, die die Vokabel »Verantwortung« in das Zentrum der Aussage rückt, gilt sie seitdem im allgemeinen für jede Generation und für jede in gleicher Weise.

»Was man sonst [...] über die Behandlung der Juden wußte, war freilich genug ...«

Im Falle von Ernst gibt es nun ein vermittelndes und nicht zur Veröffentlichung bestimmtes Dokument,[43] mit dem man sein vergangenheitspolitisches Credo des letzten Zitates überprüfen kann. Es handelt sich um eine sozusagen autobiographische Urfassung der Publikation von 1963 auf wenigen Seiten, die zeitlich zwischen dem Dritten Reich und der

39 Ebd., S. 122 und 124.
40 Ebd., S. 125 und 126.
41 Ebd., S. 132.
42 Ebd., S. 137.
43 Ernst, Rückblick auf jene zwölf Jahre des Dritten Reichs [18 S., wahrscheinlich aus der Zeit zwischen den Jahren 1956-1959], jetzt in: ders., Im Schatten des Diktators, S. 39-72. Gefunden im »Institute of Contemporary History and Wiener Library«, London.

Universitätsvorlesung steht und die 50er Jahre ebenso repräsentiert wie die Vorlesung einige Jahre später, mit ihrem didaktischen Grundton, ihrer ostinaten Häufung des »Wächtervokabulars«[44] und ihrem unablässig wiederkehrenden »Verstehensappell«.[45] Hier erscheint die dem später publizierten und viel ausführlicheren Vorlesungstext eher implizit anheimgegebene grundlegende Auseinandersetzung mit der Judenverfolgung und -vernichtung noch persönlicher, der Autor erprobte gleichsam an ihr, »seine eigene Vergangenheit von außen zu betrachten«.[46] Geschrieben in der zweiten Hälfte der 50er Jahre und in zeitlicher Parallelität zu seinem Schlüsselaufsatz *Zeitgeschehen und Geschichtsschreibung*, repräsentiert dieser vor wenigen Jahren zufällig gefundene Text eine andere literarische Gattung und ist noch unmittelbarer und subjektiver als das Buch von 1963, manchmal fast schon ein Rechenschaftsbericht, stilistisch kaum überarbeitet.[47] Sein Herausgeber schätzt das sichere Erinnerungsvermögen und die gleichzeitige kritische Distanz des »historisch geschulte[n] Zeitzeuge[n]« hoch ein, denn der Autor habe keine Scheu

44 Aschoff, Einführung, in: Fritz Ernst, Im Schatten des Diktators, S. 36; als Beispiel u.a.: »Man kann nicht eindringlich genug davor warnen.« (so: Ernst, Die Deutschen und ihre jüngste Geschichte, S. 8.)

45 Beklagt wird z.B. die »Verständnislosigkeit der westlichen Gegner« (S. 115); »Man muß verstehen«, so zweimal: ebd., S. 116, wieder 117 u.ö. Noch komprimierter formulierte der gleichaltrige Theologe Helmuth Thielicke diesen Zusammenhang zwischen Anpassung, nachträglicher Reue und Verstehensappellen an die Nachfolgegeneration, vgl.: Thielicke, Kleine Biographie, in: Kern (Hg.), Wegweiser, S. 22-40 (29): »Freilich lernte ich auch den Konflikt eines jungen Menschen kennen, der einem heißbegehrten Lebensberuf nachjagt und der nun in einer Diktatur fortgesetzt vor dem Problem steht, entweder ganz konsequent zu sein, auf jede Verbeugung vor den Machthabern zu verzichten und dann auch seinen Beruf und den erstrebten Lebensinhalt aufzugeben; oder aber dem Berufsziel dennoch nachzujagen, von seiner Konsequenz mehr oder weniger abbröckeln zu lassen und zuzusehen, wie man, ohne ein Hundsfott zu werden, sich einigermaßen durchlaviert. Jetzt, nachher, scheint es ganz eindeutig, welche Lösung die gerade und einzig akzeptable gewesen wäre.« Es liege ihm daran, so Thielicke, »die ganze Schwere der Entscheidung deutlich zu machen und *um Verständnis für manche Handlungen zu werben, die jemand, der nicht unter einer ideologischen Tyrannis gelebt hat, von sich aus kaum verstehen kann*« [Hervorh. v. N.B.].

46 Ernst, Rückblick auf jene zwölf Jahre des Dritten Reiches, S. 68.

47 An einer Stelle ist die Rede von der »persönlichen Rechnung«, Ernst, Rückblick, S. 69.

vor deutlichen Stellungnahmen und Namensnennungen.[48] Gleichwohl scheint das nicht die eigentliche Begründung für die Relevanz des Textes zu sein, liegt seine Bedeutung doch ohne Zweifel mehr im Akt der privaten Entnazifizierung, nicht aber in dem eher unterstellten Erinnerungsvermögen oder seiner kritischen Distanz.

Der Text stellt einen Rückblick auf die Heidelberger Universität in den Jahren 1937 bis 1946 dar. Die Parallele zu den Buchkapiteln »Die Herrschaft Hitlers« und »Der Zweite Weltkrieg« mit *Die Deutschen und ihre jüngste Vergangenheit* ist evident, ebenso die Überzeugung vom Historiker als besserem Zeitzeugen. Über die Frage, warum Fritz Ernst diesen Rückblick später nicht verwertet hat, sondern ihn »in einem ausländischen, jüdischen Archiv gleichsam versteckte«,[49] kann nur spekuliert werden. Das Thema »Judenvernichtung« wird zwar nur gestreift, aber dafür mit einer einzigartigen Offenheit:

> »Da ich selbst keinen Freund unter den ersten Opfern des Nationalsozialismus hatte, *war die eigene Situation viel eindrucksvoller als das allgemeine Schicksal der Juden etwa*, von dessen Einzelheiten auch ich übrigens zum ersten Mal erfuhr, als mir am Anfang des Krieges eine Schülerin, begeisterte NS-Anhängerin, aus dem Auswärtigen Amt ein paar Seiten aus der ›Times‹ vom 1. November 1939 schickte, in dem das englische Weißbuch über die erste Befragung verfolgter Juden im Auszug wiedergegeben war. [...] Meinen einzigen jüdischen Klassenkameraden, mit dem ich seit 1927 den Kontakt verloren hatte, sah ich 1935 zufällig in Stuttgart. Wir sprachen lange in seiner Wohnung. Wir waren damals relativ optimistisch, da damals das Regime Zeichen der inneren Schwäche aufwies. Später hörte ich dann, daß ihm die Auswanderung nach USA gelungen war. Wir kamen nach 45 wieder in Berührung. *Was man sonst im allgemeinen über die Behandlung der Juden wußte, war freilich genug, und kein Deutscher kann sagen, er habe nichts gewußt. Aber es gehörte zu dem allgemein Demütigenden des Regimes, solange es nicht einen Nahestehenden betraf.* Während des Krieges habe ich dann durch BBC viel mehr gehört, *immer Grausameres.* Ich wußte

48 Aschoff, Einführung, S. 17. Der hohe Quellenwert, den er dem Text zubilligt, resultiert jedoch aus dem eigenen universitätshistorischen Interesse, da aus Heidelberg sonst kein Bericht in dieser geschlossenen Dichte existiert, mit Ausnahme des Briefwechsels zwischen Jaspers und Bauer, der aber auch erst 1945 einsetzt.

49 Aschoff, Einführung, S. 26.

viel mehr als der kleine PG, aber *diese Kenntnis belastete nur mich selbst und meine Frau.* Ich konnte sie nicht weitergeben.«[50]

Ernst berichtet in diesem Privattext, daß er alles wußte, daß ihn jedoch das jüdische Schicksal nicht besonders interessiert habe, höchstens als Teil der allgemeinen Belastungen. Näher habe er das Schicksal der Kirchen beobachtet, »da ich viele theologischen Freunde hatte, und auch zur katholischen Theologie Beziehungen bestanden«.[51] Als der Parteivertreter der Heidelberger Fakultät ihn Ende November 1938 das zweitemal offiziell zum Eintritt in die Partei aufgefordert hatte, habe er ihm gesagt, von seinen schwäbischen Verwandten würde ihm keiner mehr die Hand geben, »wenn ich jetzt nach der Schweinerei mit der ›Kristallnacht‹ in die Partei einträte«. Dazu gehöre nicht viel Mut: »Ich wußte, daß auch er sich schämte«, zwar sei in den Heidelberger Bezirken nördlich des Neckars damals keine einzige jüdische Wohnung betreten worden, aber »südlich des Neckars [wurden] nicht nur die Synagoge zerstört, sondern auch Wohnungen demoliert [...]«.[52]

Ernsts Bemühen, die Momente der Unzufriedenheit oder der halbherzigen Kompromisse als Widerstand auszulegen, scheinen ihm selbst unzureichend: »Es ist natürlich, daß man beim Rückblick mehr die Fälle des Widerstandes sieht, und jedenfalls war die Einordnung von uns allen in die Kollektivschuldformel etwas, was wir nur schwer schlucken konnten, so berechtigt sie auch sein mochte.«[53] Sein Fazit ist hier vage hoffend im Hinblick auf die »verbrauchte« Jugend und die beiden »heutigen Mächte, der große Kapitalismus und der Katholizismus«, aber exakt in bezug auf das (eigene) Verhalten im Dritten Reich: Während er in der Vorlesung von 1961 davon ausging, daß der Einzelne sich in einer Diktatur »frei halten« (sic!) könne,[54] lautete derselbe Passus im früheren privaten Bewältigungstext: »Eine Diktatur ändert auch die Menschen, die ihr innerlich widerstreben. Sie setzt ihnen die Gesprächsthemen. Man kann

50 Ebd., S. 40 f. [Hervorh. v. N.B.].
51 Ebd., S. 41.
52 Ebd., S. 42 f.
53 Ebd., S. 68 f. Hierzu gehört auch die Promotion der »Halbjüdin« Cornely, die in Heidelberg 1944 ihre Dissertation fertigmachen konnte und später in einer Kaiserslauterner Buchhandlung »untergetaucht« überlebte. Ernst scheint den Schutz, den sie durch die Universität erhielt, als eine Art Bonus auf seinem Rechenschaftsbericht zu verbuchen, merkt dann aber, wie prekär die Halbherzigkeit dieses Unterfangens war, später habe er sich »Sorgen« um sie gemacht, so der Verfasser, wo sie den Krieg über war, hat er erst nach 1945 erfahren.
54 Ernst, Die Deutschen und ihre jüngste Vergangenheit, S. 110.

in einer Diktatur die Größe des Menschen kennenlernen, aber auch seine Abhängigkeit. Jeder Glaube: ›Ach, die werden die Diktatur innerlich ungefährdet überstehen‹, ist eine Illusion. Man muß verhindern, daß Menschen unter eine Diktatur kommen. Von innen gestürzt wurde zudem noch keine moderne Diktatur. Das ist nicht zur Entschuldigung der Deutschen gesagt, aber es ist eine Erkenntnis.«[55]

Vom Bösen: Reinhard Wittrams christliche Geschichtsauffassung

Auch Reinhard Wittram hat nach dem Zweiten Weltkrieg sein Verhältnis zur Tradition theoretisiert, ausgehend von der Einsicht, daß »eine Wende« eingetreten sei, die »nur mit den größten bekannten geschichtlichen Umwälzungen« verglichen werden könne.[56] Als Osteuropahistoriker und Schüler Hallers zwischen 1928 und 1939 wurde er Dozent an der Herder-Hochschule in Riga und (nach der Umsiedlung der Balten-Deutschen) an der Reichsuniversität Posen, wo er auch Dekan der Philosophischen Fakultät wurde. Wittram vollzog einen dezidierten Dienst an der völkischen Ideologisierung der Geschichtswissenschaft, er war NSDAP-Mitglied ab 1941 und hielt im Krieg Reden für den Führer und gegen den »artfremden Bolschewismus«. Nach 1945 war Wittram der Hauptakteur des Wiederaufbaus der baltischen Geschichtsforschung in Göttingen, hierbei vertrat er die kritische Position eines Warners vor dem »Stil der Mythologisierung«.[57] Wittram gilt neben Heimpel allgemein als einer der wenigen, die sich einer kritischen Bewertung ihrer eigenen Rolle im Dritten Reich nicht entzogen, obwohl er selbst zu den besonders Belasteten unter den Historikern zählte.[58] Kaehler nannte ihn einmal einen »aus den Wolken baltischer Deutschtumsträume gefallene[n] Romantiker«.[59] Seit Februar 1946 war er in Göttingen, seit dem WS 1947/48 lehrte er am Historischen Seminar, aber erst ab 1955 wurde er ordentlicher Professor für Mittlere und Neuere Geschichte und Osteuropäische Geschichte. Er

55 Ernst, Im Schatten des Diktators, S. 72 und 71.

56 Wittram, Das Interesse an der Geschichte, S. 95.

57 Wittram, Brief an Hellmuth Weiss vom 1. 12. 1951, zit. nach: Neitmann, Reinhard Wittram und der Wiederbeginn der baltischen Studien in Göttingen nach 1945, S. 17.

58 Vgl. z.B. Wehler, Geschichtswissenschaft heute, S. 718; ähnlich auch: Wolfgang J. Mommsen, in: Autobiographische Interviews zum Thema »Neubeginn und Entwicklung der deutschen Geschichtswissenschaft in den 1950er/60er Jahren«, in: Hohls/Jarausch (Hg.), Versäumte Fragen, S. 211.

59 Kaehler, Brief an Peter Rassow vom 13. 5. 1945, in: ders., Briefe, S. 295-298 (297).

begann seine Professur mit einer berühmt gewordenen Vorlesung im Wintersemester 1955/56 unter dem Titel »Das Interesse an der Geschichte«.[60] Sie war ein Ereignis, so erinnert sich ein Student von damals, der Hörsaal verfolgte nichts weniger als den »Durchbruch des Gewissens in der wissenschaftlichen Reflektion«.[61] Ihr großes Thema war der Fortschritt und sein Gegenteil: die »Wiederentdeckung des Bösen in der Geschichte und im Menschen«. Auch der Stil des Textes, der zwischen Melancholie, einem »wärmesuchenden Stil« und einem »seelsorgerischen Anliegen« changierte, besaß große Suggestivität: aus »man« wurde »ich«, »das Gewissen hat repräsentative Kraft«, so Wittram.[62]

Allerdings begann Wittrams »Demonstration protestantischer Bußfertigkeit«[63] schon früher. In einem wenig beachteten Vortrag vor der Evangelischen Studentengemeinde der Universität Göttingen Anfang Juli 1952 mit dem bezeichnenden Titel »Das öffentliche Böse und das achte Gebot«[64] stellte Wittram mit den Begriffen des Alten und Neuen Testaments die Frage nach den Bedingungen von Geschichtsschreibung in der Diktatur. Die Grundtermini zu Beginn dieser Rede waren einschlägig: Gericht, Zeugenschaft, Gebot, Sünde, Ehre und Schande. Wittram bezog sich auf Luther, Paul Gerhardt, auf theologische Literatur, Predigten

60 Wittram, Das Interesse an der Geschichte.

61 Obenaus, Geschichtsstudium nach der Katastrophe, S. 316; Sauter sprach von einer Vorlesung, aus der ihm einzelne Sätze »unvergeßlich« geblieben seien, vgl.: Sauter, Endzeit- oder Endvorstellungen, S. 382.

62 Die Einschätzung bei: Radkau, Geschichtswissenschaft heute, S. 144. Vgl. insgesamt den kritischen Beitrag von Volkmann, Von Johannes Haller zu Reinhard Wittram, v.a. S. 30 ff. Sowie die Verteidigung der Wittramschen Nachkriegszeit: Neitmann, Reinhard Wittram und der Wiederbeginn der baltischen Studien; Neitmann veranschlagt die »Intensität von Wittrams Selbstkritik« (25) sehr hoch: den »tiefen, ja bohrenden Ernst, mit dem Wittram dem Problem nachgegangen ist«, könne man nicht leugnen (26); dies wird nicht nur gegen Volkmann, sondern auch gegen Eduard Mühles Thesen entwickelt, der zwar auch von den »selbstkritischen Anläufen« spricht, jedoch betont, daß diese »vorsichtig an der Oberfläche« blieben, vgl.: Mühle, »Ostforschung«, S. 320. Ohne kritische Analyse, dafür mit Zeitkolorit: Hagen, Göttingen als »Fenster zum Osten« nach 1945, S. 321-343.

63 So nannte dies ein ehemaliger Schüler: Obenaus, Geschichtsstudium nach der Katastrophe, S. 316. Obenaus hob zusätzlich die Konkurrenz zwischen Wittram und Heimpel hervor.

64 Wittram, Das öffentliche Böse und das achte Gebot, in: Die Sammlung 8 (1953), S. 16-26 [wieder in: ders., Zukunft in der Geschichte, S. 60-75]. Das achte Gebot des Alten Testaments lautet: »Du sollst kein falsch Zeugnis ablegen.«

und stellte die Frage, was es heute heiße, »öffentlich« böse geworden zu sein. Habe man dann »Ruf und Ehre verloren«?[65] Bemerkenswert war nun, wie Wittram die angeschnittenen Fragen der Sphäre der Theologie streitig zu machen versuchte und sie historisierte. In einer geschichtlichen Tour de force von der Ketzergeschichte des Mittelalters und den Religionskriegen der Neuzeit über die Französische Revolution und Napoleon gelangte der Göttinger Rußlandspezialist zu den »geistigen Kämpfe[n] der Gegenwart«.[66] Wittram unterbreitete dem Zuhörer, bzw. dem Leser eine regelrechte Historik christlich-anthropologisierter Geschichtsbetrachtung, die vor dem Hintergrund der Massenmorde der NS-Zeit und ihrer massenhaften Täter und Opfer gespenstisch anmutet:

> »Es ist die Frage, unter welchen Bedingungen wir genug tun, wenn wir alles zu verstehen suchen, da es ja unser Amt ist, immer von neuem dazu anzusetzen, daß wir auch das Fremde und Widrige verstehen. Das Kennzeichen christlicher Geschichtsbetrachtung ist nicht die Generalregel unterschiedslosen Geltenlassens, sondern etwas anderes: das Wissen um den Menschen. *Die Vergangenheit ist für uns, wenn wir nach dem Menschen fragen, eine Totenstadt. Die Toten sind bei Gott aufgehoben.* Aber wir fordern die Begegnung mit ihnen, wir lassen sie im Kostüm ihrer Zeit und mit den Gesinnungen ihrer Zeit vor uns hintreten und hantieren mit ihrer Ehre und ihrem Ruf. Wir können nicht anders, denn von der Überlieferung geht ein Bann aus, dem wir uns nicht ohne Prüfung überlassen dürfen. *So wehrlos die Toten sind, so mächtig sind sie zugleich. Wir müssen den Suggestionen standhalten, ein Zeugnis ablegen, das den Tätern und Denkern von ihren eigenen Bedingungen her gerecht wird, und zugleich Stellung nehmen – so, als stritten sie noch mit uns.* Wenn sie zu unrecht verunglimpft werden, sollen wir sie verteidigen und in Schutz nehmen. In anderen Fällen müssen wir verstehen und dennoch urteilen. Das können wir nur, wenn wir uns mit dem toten Gebein solidarisch wissen in unserer Menschlichkeit vor Gott, der über den Zeiten ist.«[67]

Ist die Vermutung, daß Wittram sich hier intellektuell mit Auschwitz auseinandersetzt, angesichts dieses vagen und allgemeinen Räsonierens berechtigt? Reichen die Ausdrücke Totenstadt, Täter oder die Wendung von der gleichzeitigen Wehrlosigkeit und Mächtigkeit der Toten um den Redner in die Aufarbeitungsprosa der 50er Jahre einzureihen? Ja, denn

65 Ebd., 17.
66 Ebd., S. 20.
67 Ebd., S. 19 [Hervorh. v. N.B.].

Wittram tut dies selbst. Am Schluß der Rede spricht er aus, was zu Beginn nur zu ahnen war: »Damit bin ich beim letzten, was ich erwägen wollte. Unsere Mitschuld ist immer da. Es gibt eine objektive Schuld, die von unserem guten Willen nahezu unabhängig ist. Wir, die wir zu der Massenverfemung in unserem Volk [gemeint ist die Judenverfolgung, N.B.] (und schließlich den Massenmorden) aus Angst oder mit Hilfe eines sublimen Selbstbetrugs oder in unverantwortlicher Ahnungslosigkeit geschwiegen haben, mögen Entschuldigungsgründe haben, aber wir sind schuldig geworden.«[68]

In dieser kleinen Rede wird in jeder Hinsicht der Paradigmenwechsel zur »christlichen Geschichtsbetrachtung«[69] im Zeichen des protestantischen Schuldverständnisses dieser Zeit greifbar: Die religiöse Grundorientierung spiegelt sich nicht nur in Thema, Begriffen, Beispielen, Veranstaltungsort und Zuhörerschaft wider, sondern die Darlegung des eigenen Gewissens zielte auch auf die Beichte über »die Schwäche und Abgründigkeit des Menschen«,[70] ein Bekennerwort, das jedoch sogleich wieder abstrahiert und zur gemeinschaftsbildenden »Menschlichkeit vor Gott, der über den Zeiten ist«, umgeschmolzen wird. Denn Ziel des Redners war weniger das Thema Sündenfall selbst, als die These von der Historizität der Sünde[71] und vom öffentlichen Verhalten nach ihrem Eingeständnis. Es ging also um eine Existenzfrage, nämlich das Verhältnis von Scham und Ehre.[72] Diese Rede diskutierte zu Beginn den öffentlichen Sündenfall, anthropologisierte und universalisierte diesen mit Hinweisen auf »unsere eigene Verderbtheit und Mitschuld«, ging zur differenzierenden Betrachtung verschiedener Ehrbegriffe über, bevor sie mit dem Hinweis auf »Massenverfemung« und »Massenmorden« im Nationalsozialismus endete.

Die Differenz zwischen dem bei Wittram zutage tretenden »Durchbruch des Gewissens« in der wissenschaftlichen Reflexion und den an der nationalen Ehre orientierten Thesen eines Gerhard Ritter mag nicht in jeder ihrer Arbeiten evident sein. Sie wäre aber greifbar, wenn man beide zugleich auftreten ließe, ihre Thesen und die von ihnen ausgehende Wirkung auf die junge Generation direkt nebeneinanderhalten könnte. In der Tat – es gibt eine solche Konfrontation beider vor einer kritischen

68 Ebd., S. 25.

69 Ebd., S. 19.

70 Ebd., S. 20.

71 Ebd.

72 Ebd.: »In der Ehre hat der Mensch seine soziale Existenz.« Vgl. auch: Wittram, Über die Ehre, in: Eckard (Dezember 1952), S. 24-31.

Studentenschaft, die angesichts des bisher Ausgeführten eine weit über das Anekdotische hinausweisende Bedeutung annimmt und die in den Erinnerungen eines Beteiligten überliefert ist.[73]

Auf dem 3. Deutschen Evangelischen Studententag, der 1954 in Heidelberg stattfand und einen mehrwöchigen öffentlichen Disput nach sich zog, ging es unter dem Motto »Nachdenken, auch wenn es weh tut«, um die Frage nach den Wurzeln und der Zukunft des Nationalismus. Ritter mußte erfahren, »daß ausgerechnet der Schluß seiner Rede, wo er den Studenten Hoffnung machen, ihnen Perspektiven aufzeigen wollte, zu massiven Protesten führte. Seine christlich gemeinte, zukunftsweisende Erwägung, das deutsche Volk sei vielleicht in schwerere Nöte als andere Völker geführt worden, weil Gott von ihm größere und bessere Lösungen erwarte, wurde sarkastisch als Anregung für ein neues Sendungsbewußtsein abgetan.«[74] Die selbstkritischeren Reflexionen Wittrams entsprachen den studentischen Erwartungen und der Entmythologisierung des Vaterlandes viel eher, geradezu »tosenden Beifall« bekamen jedoch die Theologen Erwin Krämer und Heinz Zahrnt, nicht die Historiker.

Das Böse, seine »Permanenz« und die Gerechtigkeit für den Einzelnen

Wittram hat auch die Frage nach den entscheidenden Ursachen für die Katastrophe von 1945 als erkenntnistheoretisches Problem diskutiert, als Suche nach »der Sinnhaftigkeit des Ganzen«. Es gebe nicht nur die eine Alternative: »Agnostizismus, Chaos, Anhäufung von Zufällen – oder

73 Ich folge hier den Erinnerungen von Werner Terpitz, Die Nation ist das Vergängliche. Schon 1954 protestierten Studenten gegen den falschen Konsens der Bundesrepublik, in: FAZ, 31. 7. 1999. Terpitz war bei diesem Ereignis in Heidelberg einer der studentischen Diskussionsleiter. Die Ereignisse des Heidelberger Evangelischen Studententags, an dem über tausend Studenten in mehr als vierzig Diskussionsgruppen teilnahmen, zogen damals eine Welle der Kritik in Zeitungen und Rundfunk nach sich, in deren Folge die Heidelberger Studenten sogar als »Vaterlandsverräter« beschimpft wurden. Schon das Vorbereitungsheft mit dem in Schnörkelfraktur geschriebenen und mit einem Fragezeichen versehenen Titel »Heilig Vaterland?« löste regelrecht Wirbel aus, Terpitz spricht von einem 60seitigen (sic!) Presseecho. Die Vorträge zweier Theologen und von Ritter und Wittram wurden in folgender Broschüre vereinigt: Der Kreis. Sonderreihe, Heft 1, Stuttgart 1954.

74 Terpitz, Die Nation ist das Vergängliche; die Studenten, so Terpitz, »beharrten darauf, daß damit endlich Schluß sein müsse, daß man Gott nicht wieder unterstellen solle, mit dem deutschen Volk Besonderes vorzuhaben«.

Erkenntnis des gesetzmäßigen Entwicklungsprozesses«.[75] Wenn er die »harte Unbestreitbarkeit des Tatsächlichen«[76] theoretisch hinterfragt und seine methodologische Feinsinnigkeit abschätzig all das zur »Faktologie«[77] erklärt, was nicht »in einem langsamen Prozeß von Forschung, Kritik und Kontrolle« in »einem Meinungsstreit von Jahren oder Jahrzehnten«[78] gehärtet wurde, so nimmt sich das angesichts der Schwierigkeit der 50er Jahre, die Tatsache des Holocaust als Geschichtsthema anzuerkennen, doppelsinnig aus. Nimmt man aber diese Umwege ernst, wird mit einem Begriff von Nicolai Hartmann das Ringen um den Gegenstand als ein »Erringen der Methode«[79] ersichtlich, die auf ihn angewendet wird. Die vielfältigen und auch mitunter langatmigen Bemühungen um die »Geschichtsauffassungen«, um die »Lehre vom Menschen«, so die zeitgenössischen Ausdrücke,[80] verdeutlichen, daß in einer Fülle von Theorie-, Methoden-, Traditions- und Erkenntnisfragen immer wieder die Grundfrage nach dem Verhältnis von Geschichte und Gedächtnis verhandelt wird, auch dort, wo die Begriffe der Theologie entliehen sind. Das theologische Begriffsparadigma protestantischer Positionsbestimmungen erhielt zu jener Zeit Deutungsmächtigkeit auch für Geschichte und Geschichtswissenschaft. »Die moderne protestantische Theologie«, so Wittram, bemühe sich um gerade diejenigen Aussagen über den Menschen, »die [...] aus biblischem Verständnis über den Menschen gewonnen sind, stoische und neuplatonisch-idealistische Verzeichnungen ausschließen und das ganze heutige Forschungs- und Erfahrungswissen einschließen«.[81] Erkenntnisfragen und Offenbarungsbegriff, Sündenvergebung und Gnadenlehre justierten das Feld, auf das man sich zu begeben hatte, wollte man Auschwitz in den Blick nehmen. Aus heutiger Sicht schwer zu verstehen, bedeutete das aber auch, daß jene »Betroffen-

75 Wittram, Das Faktum und der Mensch, S. 59 und 60.
76 Ebd., S. 62.
77 Ebd., S. 63.
78 Ebd., S. 62.
79 Hartmann, Das Problem des geistigen Seins, S. 31.
80 Wittram, Das Faktum und der Mensch, S. 69, 71 und 85: »Im Bewußtsein, mit allen Zeittendenzen zusammen zu hängen, muß die Geschichtsschreibung die Kraft der Wahrheitsaussagen prüfen. Ihre Wahrheit aber hängt wesentlich auch an einem – nicht nur psychologisch schlüssigen – ›Wissen‹ um den Menschen.«
81 Ebd., S. 71 f. (mit Literaturhinweisen zu Karl Barth u.a.). Wittram hält auch Lehrveranstaltungen zusammen mit Theologen ab, z.B. eine Arbeitsgruppe zum Thema »Das Problem der historischen Veränderung«, vgl.: Hagen, Göttingen als »Fenster zum Osten« nach 1945, S. 336.

heit, die das Wesen des Glaubens ist«,[82] nur auf diese Weise ermöglicht und öffentlich hergestellt werden konnte. Die Absage an Idealismus und der Versuch einer historisch-anthropologischen Neubestimmung von »Mensch und Geschichte«, wie es immer hieß, war ein Selbstverständigungsdiskurs, in welchem man sein eigenes Soll und Haben prüfte: Der Mensch, nicht mehr dualistisch verstanden, so Wittram, sei eben nicht, wie Karl Barth nahegelegt hatte, »halb gut und halb schlecht«, teilweise verdammenswert und teilweise gerecht, sondern »beides ganz«, aber beides nicht von innen, sondern von außen her »sub ira bzw. gratia Dei«.[83]

Wittram versuchte eine Begrifflichkeit für »das Böse« zu finden, an dem er selbst teilgenommen hatte – freiwillig und aus Überzeugung –, die ihm aber als Historiker sein Wissenschaftsethos bewahrte, ohne daß ihm wiederum als protestantischer Christ der Glaube abhanden kam. Das Sprechen vom »Sittlichen in der Geschichte«[84] und von der »Abgründigkeit der menschlichen Natur«[85] war beides zugleich: verschroben-apologetisch und weiterführend, weil Wittram hier den Terminus »Unmenschlichkeit« für das Böse als unhistorisch und von der Geschichte widerlegt ablehnte:

> »Das Böse ist nicht eine animalische, sondern eine menschliche Kategorie. Es ist nicht möglich, das Bild des Menschen zu reinigen, indem man die berechnende und jeder Grausamkeit fähige Rachsucht oder den kalten Wahn, dem menschliches Leben gleichgültig ist, zur Identifikation des Menschen nicht zuläßt.«[86]

Diese Re-Anthropologisierung der Wissenschaft verallgemeinerte auf den Begriff »Mensch« hin und individualisierte zugleich gegen den Begriff »Typus«. Gerade »vom Persondenken her»,[87] so Wittram, sei es nötig, Gerechtigkeit zu wahren. Es gebe nicht *den* Junker des Wilhelminismus, *den* Bourgeois des Ancien régime (man darf hinzufügen *den*

82 Ebd., S. 73 [Hervorh. v. N.B.].

83 Ebd., S. 73. Es wurde betont, daß Wittram im Gespräch sehr viel deutlicher wurde als im gedruckten Text, wo er es häufig bei Andeutungen beließ, vgl.: Hagen, Göttingen als »Fenster zum Osten« nach 1945, S. 336.

84 Ebd., S. 78 ff.

85 Ebd., S. 84.

86 Ebd., S. 75. Es ist übrigens auch potentiell innovativ deswegen, weil auf diesem Wege die Rehabilitierung der »ungeschriebenen Tragödien«, der »Dulder« und der »namenlosen Masse« als historische Subjekte erfolgen konnte, vgl. ebd., S. 75 f.

87 Ebd., S. 75.

Nazi): »Kein Mensch geht im Typus auf«, so seine Polemik,[88] man dürfe nicht zu einer »Personifizierung von Institutionen und Gruppen« gelangen, die den »Wesensunterschied zwischen dem Sachganzen und dem personalen Selbst verwischt«.[89] Für den rückschauenden Historiker aber hieß das nach Wittram darüber hinaus dann auch folgerichtig, keinen »fremden Normenkodex an Vergangenes« heranzutragen, sondern »ausdauernd um das Verständnis der handelnden Menschen aus ihren eigenen Bedingungen bemüht sein« und ein Urteil, »sollte es nicht zu vermeiden [sein]« (sic!), nur dann und dort fällen, wo man sich selbst in Frage stellt – erst dieses zusammen sichert es, »verfahrensgemäß und glaubwürdig zu sein«.[90]

Damit war die gedankliche Operation vollzogen, nach der ein kritisches Sprechen über das »Sachganze« ermöglicht wurde, ohne damit das »personale Selbst« zu gefährden. Einem »fremden Normenkodex« des Urteils konnte der wissenschaftliche Fachmann entgegentreten, die damit verbundenen moralischen Vorwürfe hatte man zugleich schon dem Disput entzogen und dem eigenen Gewissen anvertraut. Kritische Revision der überholten Vorstellung von Geschichte, Sittlichkeit, des Bösen und seiner »Permanenz« bei größtmöglicher Gerechtigkeit für den Einzelnen – so wird man diese in jener spezifischen protestantischen Bußfertigkeit wurzelnden geschichtsphilosophischen Versuche charakterisieren können. Wenn es in den 50er Jahren eher solche ins Allgemeine weisenden philosophisch-theologischen Ausgriffe und Reflexionen gab als einen ideologisch verhärteten Revanchismus, so ging das nicht zuletzt auf das »Schuldbewußtsein der Davongekommenen«[91] zurück, für die Wittram exemplarisch sprach. Wie Ernst und Heimpel nahm auch er sich aufgrund der eigenen Biographie Appelle zu Herzen, wie die von Elliot Cohen aus dem Jahre 1950, der in der zitierten Rede explizit die Historiker angesprochen hatte, als er das »Schweigen eines Grabes« und das »intellektuelle Vakuum« anprangerte.[92] Angesichts des Geschehens und angesichts der auch konjunkturellen Verwendung der christlichen Sühne-Rhetorik durch manche Historiker war dieses Bemühen eskapistisch. Der

88 Ebd., S. 77.

89 Ebd., S. 77. Ich lese diese Äußerung auf dem Hintergrund des Wunsches, als Mensch und Einzelner vom Staat, System oder z.B. von der Partei des Nationalsozialismus unterscheidbar zu bleiben.

90 Ebd., S. 85.

91 Stökl, Zum Selbstverständnis des Faches Osteuropäische Geschichte, S. 485.

92 Cohen hatte gesagt, daß dies Schweigen in einem bestimmten Bereich »besonders beredt und unheilvoll« wirke: »[W]o bleiben die Worte der Nächstenliebe, der Seelenpein und der Selbstüberprüfung, der Diagnose und

realhistorische Bezug war ungreifbar, ja, wurde auf diese Weise regelrecht unbefragbar gemacht. Doch es steht für beides: Für einen metaphorisch-entzeitlichten, proklamatorisch-antidiskursiven Ton der Weihe auf der einen und für die beginnende »Vergangenheitsbewältigungs«-Rhetorik auf der anderen Seite, die an ihrem Anfang nicht nur unverbraucht war, sondern explizit erwartet wurde. Sicher spricht sich hier auch die teils opportunistische, teils ehrliche Überzeugung aus, zu sagen, was der andere hören wollte. Außerdem konnte hinter der entkonkretisierten Sprechweise der Metaphorik insgesamt mehr verschwinden als sichtbar werden.[93] Aber die Bekenntnisse waren ein Teil der selbstreferentiellen Kanonbildung geschichtlicher Selbstverständigung und leisteten dadurch nicht wenig: Sie interpretierten den Nationalsozialismus als für die Gegenwart bedeutsam, als ständige Aufgabe für die Erinnerung des Einzelnen und für das kollektive Gedächtnis.

Gegen »Tugendbolde« und »unerträglichen Pharisäismus« (Hermann Heimpel)

Hermann Heimpel nun gehört ebenfalls in diesen Kontext, seine Arbeiten bereiteten ihn schon allein deshalb vor, weil er das Konzept »Vergangenheitsbewältigung« erfunden hat.[94] Drei Jahre älter als Ernst und ein Jahr jünger als Wittram, vollzog er in der bereits erwähnten Ulmer Rede eine neue Form der geschichtsmethodologischen Revision und öffnete

der Therapie, der Wiederherstellung von Weisheit [...] von den Gelehrten, den Historikern, den Dichtern und Schriftstellern?« Vgl.: Cohen, Deutsche und Juden, S. 376.

93 Vgl. auch die sehr ungeschützte, mithin aber auf viele dieser Texte zutreffende Bemerkung, die der Freiburger Kunsthistoriker Kurt Bauch an Ostern 1945 an Rudolf Stadelmann adressierte, als er von den »apokalyptischen Zeiten« der Gegenwart sprach und dann fortfuhr: »[I]m Grunde genommen beginnen ja die Schwierigkeiten erst. [...] Wie werden wir aus dieser allgemeinen Not und Schande wieder herauskommen, ohne uns selbst völlig zu verleugnen?« Zit. nach: Ott, Schuldig – mitschuldig – unschuldig?, S. 243.

94 Die Bedeutung Heimpels für Prägung und Verbreitung des Begriffs betont in der neueren Forschung erstmals Kohlstruck, Zwischen Erinnerung und Geschichte, S. 14. Zuvor schon zeitgenössisch: Wenke, »Bewältigte Vergangenheit«; Kohlstrucks Verwendung des Begriffs Vergangenheitsbewältigung macht den Begriff für folgende Überlegungen besonders brauchbar: Eine Beschäftigung mit dem historischen Nationalsozialismus unter der Voraussetzung von Schuldzuschreibungen an die Deutschen (S. 22 f.), diese Definition wird hier zugrunde gelegt.

die Wissenschaft in Richtung Bewältigungsdiskurs. Anders als in den ersten Nachkriegsjahren, als die Diskussion um die Revision des Geschichtsbildes eher der Frage nachgegangen war, inwieweit der hypertrophe Begriff der Nation korrigiert werden müsse, begann in den 50er Jahren ein Versuch, Geschichte und Geschichtswissenschaft, Geschehen und Gedächtnis so zu bestimmen, daß lebendiges Gedächtnis und methodische Wissenschaft wieder zusammenfinden sollten. Zusammen mit diesem Wunsch mußte bemerkt werden, daß er sich angesichts der deutschen Vernichtungspolitik im Nationalsozialismus nicht mehr realisieren ließ. »Heute [...] ist die Aufgabe geschichtlichen Wissens nicht mehr eine solche Befreiung von ungewußter Vergangenheit, sondern umgekehrt der Ersatz der verlorenen unbewußten Bindungen durch bewußte Wissenschaft.«[95]

Hermann Heimpel wurde Lehrstuhlinhaber in Freiburg noch vor 1933 und vor seinem dreißigsten Lebensjahr. Der Mediävist und Neuzeithistoriker unterstützte dort 1933 den Heideggerischen Aufbruch der Universitäten nach Kräften,[96] zwei Jahre später übernahm er die Nachfolge seines hochgeschätzten, 1942 in Theresienstadt umgekommenen jüdischen Lehrers Hermann Hellmann in Leipzig und ging schließlich an die Universität in Straßburg, die von den Nationalsozialisten nach dem Sieg über Frankreich als »Grenzland-« und Elite-Universität (offiziell »Reichsuniversität«) ausgebaut wurde. Nach dem Krieg etablierte Heimpel sich in Göttingen, wo er seit 1957 Direktor des Max-Planck-Instituts für Geschichte war. Er war Vorsitzender des Historikerverbandes und Mitglied zahlreicher Kommissionen, Rektor der Universität Göttingen, Vizepräsident der Deutschen Forschungsgemeinschaft und Vorsitzender der Westdeutschen Rektorenkonferenz.[97]

95 Heimpel, Geschichte und Geschichtswissenschaft, S. 16.

96 Vgl. hierzu aufgrund neuer Quellen: Matthiesen, Verlorene Identität, v.a. S. 51-55.

97 Noch ist die Biographie Heimpels nicht geschrieben worden: Schulze betont die Schwierigkeit, über ihn zu urteilen, Matthiesen bezeichnet ihn als »Mitläufer«, Heiber nennt ihn »Konjunktur-›Aktivist‹«, während Boockmann ihn in einer außerordentlich apologetischen Darstellung regelrecht »freispricht«, vgl.: Schulze, Deutsche Geschichtswissenschaft, S. 42; Matthiesen, Verlorene Identität, S. 9; Heiber, Universität unterm Hakenkreuz, Teil I: Der Professor im Dritten Reich, S. 370; Boockmann, Der Historiker Hermann Heimpel, v.a. S. 53 und S. 59. Der Straßburger Zeit Heimpels wurde 1998 auf dem Frankfurter Historikertag ein Referat gewidmet, das die Berufungskorrespondenz zwischen Ernst Anrich und Heimpel behandelt, vgl.: Racine, Hermann Heimpel à Strasbourg, S. 142-156.

In den Erinnerungen von Schülern und ehemaligen Studenten wird er als einer der akademischen »Magneten« in eine Reihe mit Otto Hahn und Max Planck gestellt, seine Art zu lehren war in Stil und Methode ein regelrechtes Erlebnis, er wirkte »mit seinem ganzen Wesen« auf seine Hörer – seine Vorlesungskunst wurde funkelnd, inhaltlich packend und mitunter geradezu hinreißend genannt, auffällig war auch seine »subjektive« Art, Geschichte zu verstehen und verständlich zu machen. Betont wurden Heimpels »Eindringlichkeit« und das »grundsätzlich Existentielle« seines Auftretens. Kaehler schrieb an Rothfels aus Göttingen, Heimpel sei der »unbestrittene Stern erster Größe an unserem historischen Firmament, ich habe noch nie eine solche Verbindung von griffsicherer Gelehrsamkeit und künstlerischer Gestaltungskraft bei einem Angehörigen unserer Generation erlebt, wie er sie besitzt«.[98] Einen Großteil seiner Autorität hatte Heimpel sich durch eine sehr spezifische Aufrichtigkeit erworben, mit der er von der jüngsten deutschen Vergangenheit gesprochen hat. Es sei gerade die Tatsache gewesen, so Heinrich Schmidt stellvertretend für viele ähnliche Äußerungen, daß Heimpel nach 1945 »selbstkritisch-offen« eingestanden hatte, daß er nicht gegen die »Drohung und Lockung der Zeiten« gefeit gewesen sei, die ihn glaubhaft gemacht habe.[99] Reinhard Rürup, der damals bei Heimpel studiert hat, merkte zwar an, daß dieser »gelegentlich von ›unserer Schuld‹ oder von ›unserem Versagen‹« gesprochen habe und daß dies seinerzeit immer relativ allgemein auf ihn gewirkt habe – »aber immerhin war er einer der ganz wenigen, die sich öffentlich äußerten«.[100]

Ein Blick auf verstreute Briefäußerungen Heimpels in der unmittelbaren Nachkriegszeit macht aber deutlich, daß die Versuche der intellektuellen Aufrichtigkeit in den 50er Jahren in der Deutung der eigenen Vergangenheit, die seine Nachkriegsberühmtheit begründeten, einen Lernprozeß benötigten. Heimpel sah das Problem, das auf ihn wie auf so viele zutraf, genau: »Wie zäh ist doch der menschliche Wille zur Norma-

98 Hinck, Im Wechsel der Zeiten, S. 151 f.; Schmidt, Erinnerungen an drei Göttinger Historiker, S. 16, 18, und 35; Kaehler, Brief an Rothfels [undatiert: April 1948?], in: Briefwechsel Kaehler – Rothfels (NStUB Göttingen NL Kaehler, Nr. 270, S. 4).

99 Schmidt, Erinnerungen an drei Göttinger Historiker, S. 34 f. So auch schon Werner, Das NS-Geschichtsbild und die deutsche Geschichtswissenschaft, S. 90; ähnlich auch Schönwälder, Historiker und Politik, S. 280; Esch, Denken und doch Schauen, S. 154 f.; Esch, Über Hermann Heimpel, S. 159 f.

100 Rürup, in: Hohls/Jarausch (Hg.), Versäumte Fragen; vgl. auch: Obenaus, Geschichtsstudium nach der Katastrophe von 1945, S. 316; Schulin, Drei Vorlesungen.

lität, als weigere sich eine alte geistige Kultur, aus welchem Grund und aus welcher Schuld auch immer, eingetretene Katastrophen hinzunehmen.«[101] Noch in einem Brief an Ritter aus dem Mai 1949 äußerte er beispielsweise salopp, daß so mancher »zu einem SA-Rang wie die Jungfer zum Kinde«[102] kam:

> »Also, ich weiß nicht recht. Natürlich war die Reichsuniversität mit einer schlechten Sache verquickt, und wir haben keinen Grund zur übermäßigen Empfindlichkeit. [...] Nachdem ich bei den Nazis zu leise gewesen bin und ihnen leider sogar einmal nachgegeben habe, habe ich jetzt meine Lehre weg und trete jeden gleich vor den Bauch. *Ich bin überzeugt, daß auch diese neuesten Geschichtserneuerer kürzer leben als wir.*«

Außerdem werde es überhaupt schwer sein, »die Bösen« und »die Braven« zu unterscheiden. »Aber so lange man Europa sagt und ein Land gallisiert, das in seinem Urgrund deutsch ist oder sagen wir lieber: allemannisch und fränkisch, so lange verwinde ich für mich nicht die elsässische Frage.« Das war in Kontinuität zur eigenen Rolle an der Reichsuniversität in Straßburg gesprochen[103] und schien noch weit entfernt von dem Heimpel der »Göttinger Bekenntnisse«, ja er mokierte sich regelrecht über »den Tugendbold« Tellenbach, der kein Verständnis dafür aufzubringen in der Lage sei, »daß ein großer bewegter Geist in einer Zeitenwende irren kann«.[104] Insgesamt war der hier anklingende Trotz aber von

101 Heimpel, Brief an den Leipziger Verleger Hiersemann vom 3. 4. 1946, zit. nach: Heimpel, 1946 – Monumenta Germania, in: ders., Aspekte, S. 263.

102 Heimpel, Brief an Gerhard Ritter vom 12. 5. 1949, in: AVHD (1). Hier auch die folgenden Zitate.

103 Vgl. Heimpel, Die Erforschung des deutschen Mittelalters im deutschen Elsaß (1941); dieser Aufsatz Heimpels in den Straßburger Monatsheften wurde zu eine Art Grundsatzpapier für die von der Mediävistik an der neuen Reichsuniversität zu übernehmenden Aufgaben (Wolf, Das Janusgesicht der Historie, S. 260). Explizit bekannte sich Heimpel hier zum neuen Staat des Nationalsozialismus: »Auch dieses Reich ist Ordnung Europas aus seiner Mitte. Mit seinem Blute verteidigt es die Vergangenheit und die Zukunft Europas gegen eine Barbarenwelt, die keine Vergangenheit kennt.« (Heimpel, zit. nach: Wolf, 262). Hier bezeichnete Heimpel überdies das Umschreiben der Geschichte als unumgänglich: das deutsche Volk habe durch die nationalsozialistische Revolution eine neue Stufe des historischen Bewußtseins erreicht und benötige hierfür auch eine adäquate neue Historiographie (Wolf, ebd., S. 261).

104 Heimpel, Brief an Gerhard Ritter vom 16. 1. 1946, zit. nach: Matthiesen, Verlorene Identität, S. 111. Hier meinte Heimpel nur vermittelt sich selbst: die Auseinandersetzung mit Ritter bezog sich auf den »Fall Heidegger«.

Beginn an reaktiv und brüchig. Heimpel konnte zwar hochmütig »eine gewisse Elastizität gegenüber Gefühlen anderer« zugestehen,[105] aber in den späten 40er Jahren weigerte er sich regelrecht, Auskunft über sich selbst zu geben:

> »Ich bin nicht bereit, mich in Paris examinieren zu lassen, weder auf meinen Charakter noch auf mein Verhältnis zum Nationalsozialismus. Ich würde darin einen unerträglichen Pharisäismus sehen, um so mehr, als wir in Paris mit Kollegen aus Völkern zusammentreffen werden, welche gar keinen Grund haben, uns etwas vorzuwerfen. [...] Wir können die Sache gar nicht privat genug behandeln. Der Natur der Sache nach wirbeln allzu viele Besprechungen und Verhandlungen von Verband zu Verbande immer wieder unangenehme Dinge auf.«[106]

Die Weigerung, sich von anderen wegen der NS-Vergangenheit oder gar wegen des eigenen Charakters »examinieren« zu lassen, der Affekt gegen »Pharisäismus« und der Trotz, mit welchem Heimpel hier das »Private« als den einzigen Ort markierte, Fragen nach der eigenen Rolle im Dritten Reich zu behandeln, wurde nicht immer so drastisch formuliert. Aber es steht in der Kontinuität solcher abwehrenden Selbstbehauptung, wenn gerade die Autobiographie als Ort der Konversion und Konfession gewählt wurde, die man auf diese Weise dem kontroversen Diskurs entziehen, trotzdem aber vorzeigen konnte.

Autobiographie als Passage

So auftrumpfend eine solche Abwehr heute auch klingen mag, sie verdeckte die schon damals einsetzende veränderte persönliche Auffassung Heimpels. Seine nach 1945 beginnenden Depressionen sind in diesem Zusammenhang zu sehen, vor allem das Schicksal des von ihm verehrten Lehrers Siegmund Hellmann wurde ihm »mehr und mehr zum Inbegriff eines Verhängnisses, das seine Schatten auch über sein eigenes Leben warf«.[107] Heimpel erarbeitete sich die Haltung »protestantischer Bußfertigkeit« mit einiger Mühe, und es war die Judenvernichtung, die ihn

105 Heimpel, Brief an Gerhard Ritter vom 8. 6. 1949, in: AVHD (1).

106 Heimpel, Brief an Gerhard Ritter vom 4. 12. 1949, in: AHVD (1). Inhaltlich ging es um die Strategie des Auftretens der deutschen Delegation auf dem Internationalen Historikertag in Paris im Jahre 1950, vgl. hierzu auf derselben Quellenbasis: Schumann, Gerhard Ritter und die deutsche Geschichtswissenschaft nach dem Zweiten Weltkrieg, passim.

107 Fleckenstein, Gedenkrede auf Hermann Heimpel, S. 27-45 (28 f.).

nach und nach zu einer intellektuellen Revision veranlaßte. Das schlechte Gewissen wird auch in den wenigen überlieferten Erinnerungsfragmenten überdeutlich, etwa, wenn er von Siegmund Hellmann sagte, dieser habe »in einer uns heute unbegreiflichen, damals aber nicht unverbreiteten aufschiebenden Weise« über das jüdische Schicksal nachgedacht.[108] Im ersten Satz des Nekrologs auf Hellmann von 1952 heißt es dann: »Bei dem zu entsetzlicher Wirklichkeit gewordenen Angsttraum, den der Humanist niemals hätte träumen können, im Deportationslager Theresienstadt, ist Siegmund Hellmann am 7. Dezember 1942 gestorben, von uns allen verlassen, gewiß einsam in dem Massenschicksal.«[109] Und noch 1981, anläßlich einer Feier zu Heimpels achtzigstem Geburtstag, ergriff er das Wort und sagte: »[M]ein Vorgänger auf dem Leipziger Lehrstuhl [...] mußte in Theresienstadt in einer Masse von Gequälten einsam sterben. In München war er mein Lehrer gewesen, und oft hatte ich ihm meine Verehrung gezeigt – solange das kein Risiko war.«[110] Wenn Heimpel hier sein persönliches schlechtes Gewissen kundtat, so tat er es als Historiker auch in gewisser Weise zugleich repräsentativ für die Zunft. Die Authentizität im Privaten ist sicherlich nicht das einzige Kriterium solcher privater »Umwidmungsprozesse«, doch sie kann auch als Beleg für die Verwandlung eines »Denkstils« dienen.[111] Tatsächlich haderte Heimpel nach 1945 mit seiner Lebensgeschichte in den Jahren des Nationalsozialismus, und zwar im Verlauf der Jahre immer mehr. Es ist überliefert, daß er die letzten drei Jahre seines Lebens die Bibel vor dem Hintergrund der eigenen Erfahrungen im Dritten Reich, dem eigenen Versagen unter Hitler und der Vernichtung der Juden las:

108 Heimpel, Erinnerungen an Siegmund Hellmann, in: ders., Aspekte, S. 151.
109 Heimpel, Aspekte, S. 147.
110 Heimpel, Rede, gehalten am 19. 10. 1981, in: Hermann Heimpel zum 80. Geburtstag, hg. v. Max-Planck-Institut für Geschichte, Göttingen 1981, S. 42. Häufig waren die Bekenntnisse aber auch sehr allgemein, vgl. als Beispiel die rhetorisch aufgeblähte Paraphrase des Begriffs Schuld in folgendem Zitat: »Der Mensch lebt vom Kredit, und der im Eingang unseres Jahrhunderts Geborene, den keiner der Pfeile traf, die den Himmel seit 1914, 1933, 1939 verdunkelten, hat den Kredit für immer überzogen. Er hat dankbar zu bedenken, daß der Mühlstein ihn noch nicht in die Tiefe gezogen hat, den das Buch der Bücher dem ansinnt, aus dessen Mund die unnützen Worte kamen. [...] Zieht man die Summe, so weiß man: da wir alle schwach sind, sind die Schwächen der Anderen nur die Verzeihungen für den eigenen Mangel.« Heimpel, Dank für den am 25. Juli 1966 dargebrachten Fackelzug, in: ders., Aspekte, S. 190.
111 Etzemüller, Kontinuität und Adaption eines Denkstils, S. 124.

»[Die Tochter Heimpels, N.B.] fand auf dem Schreibtisch ihres Vaters die Broschüre ›Der Kleine Katechismus Doktor Martin Luthers. Neubearbeitete Ausgabe 1986, Luther-Verlag Bielefeld‹. Zahlreiche Unterstreichungen, Durchstreichungen und Randbemerkungen zeigen die Intensität der Lektüre wie auch der Auseinandersetzung mit dem Text. Das Dokument im ganzen bestätigt noch einmal, auf wie quälende Weise Hermann Heimpel am Ende seines Lebens mit den religiösen Grundfragen befaßt war. Gleich auf das Titelblatt [...] schrieb er: ›Habe ich aber die Kraft, auf Gottes Gnade zu vertrauen?‹ Im Vaterunser ist wiederum die Bitte um Vergebung der Schuld als einzige durch dicke Unterstreichungen hervorgehoben. Neben den Credo-Satz vom Allmächtigen wird zweimal im Heft das Wort ›Auschwitz‹ gesetzt.«[112]

Ein solches privates Dokument läßt sich nur indirekt wissenschaftshistorisch bewerten, dagegen ist es unter gedächtnisgeschichtlicher Perspektive keineswegs irrelevant. Denn anhand des kurz vor dem Tod mehrfach an den Rand der Bibel geschriebenen Wortes »Auschwitz« lassen sich Überlegungen zu der Bedeutungsverflechtung von Religiosität, Privatheit und Schuld – dieser eigentümlichen Melange der Heimpelschen Vergangenheitsbewältigung – entschlüsseln. Die Art und Weise dieser Begriffsverwendung, seine Offenheit zu historiographischer Wissenschaftlichkeit und persönlicher Betroffenheit im Schnittkreis von Politischem, Öffentlichem und Privatem ließen ihn von Beginn an zum Bindeglied zweier Redeformen werden, die zueinander strebten und sich doch immer auch in die Quere kommen mußten. Auch das läßt sich am Beispiel Heimpels gut zeigen. Die Dämonisierungstendenzen der ersten Nachkriegsanalysen wurden hier erstmals durch ein Sprechen über den Nationalsozialismus abgelöst, in welchem zwar nicht das vergangene Handeln der eigenen Person, wohl aber der gegenwärtige persönliche Bezug zum Geschehen dargestellt wird. Sie ermöglichten es deshalb auch erstmals, die persönliche Scham zu thematisieren, und das paradoxerweise auch dort, wo der Grund für diese Scham, also die eigenen Verfehlungen, nach wie vor ungenannt blieb. Hier ging also ein historiographischer Fortschritt mit einem Rückschritt einher. Heimpels Weg durch die autobiographische Passage inszenierte weniger einen vergangenen Antagonismus von Ich und Umwelt, wie dies noch bei Meinecke, Haller und Ritter der Fall war. Statt dessen reflektierte er die teleologische Gegenwartsorientierung der erinnerten Tatbestände – und das sowohl

112 In: In Memoriam Hermann Heimpel, S. 47-60 (59 f.).

für die eigene Erinnerung als auch für das Ethos des eigenen Berufs.[113] Diese Einsicht in die »geheime Macht einer zeitgebundenen Gedächtnisordnung« hat das Sprechen über den Nationalsozialismus grundlegend verändert.[114]

Scham- und Schuldbekenntnisse, gerade wo sie berechtigt waren und auch dort, wo sie ehrlich empfunden wurden, führten nach wie vor nicht zur Beschäftigung mit dem Thema Holocaust, sondern eher zur Beschäftigung mit sich selbst oder zu religiösen Grübeleien in einer ausufernden erkenntnistheoretischen Rhetorik. Das Göttingen der 50er Jahre war hierfür ein prädestinierter Ort, anregend und von einer Art »Undurchdringlichkeit« zugleich.[115] Die bereits mehrfach genannte Historikerin Annelise Thimme erinnert sich an ihre Studienzeit, in welcher speziell hier das Christentum »eine neue und große Chance bekommen« hatte. In Göttingen lehrten Theologieprofessoren, »zu deren Predigten ganze Massen strömten, so daß man nicht immer einen Platz erhielt, wenn man nicht rechtzeitig kam«.[116] Das studentische Göttingen um 1950 herum wurde auch mit Thomas Manns »Zauberberg« verglichen: »[A]ls ich mich in Thomas Manns ›Zauberberg‹ verlor, dachte ich: Dahin bist du nun selber auch geraten, als ein anderer Hans Castorp, der mit Staunen hört, was die Settembrinis, Naphtas und Peeperkorns ihm verkünden.«[117] Es sei etwas »seltsam Entrücktes, beinahe Unwirkliches« in dieser Nachkriegsuniversität vorhanden gewesen, »und über all den Bildungserlebnissen konnte man fast vergessen, wonach man eigentlich suchte«.

»Vergangenheitsbewältigung«: Ursprung und Prägung des Begriffes durch Heimpel

Als wohl früheste nachweisbare Verwendung der Rede von der »unbewältigten Vergangenheit« wurde eine Rede von Hermann Mau, einem Schüler Heimpels, genannt, in der er bereits 1952 Kritik an der unterbliebenen

113 Vgl. hierzu Sabrow, Der Autoritätsanspruch der Zeitgeschichte und die Geltungskraft der Gegenwart, in: ders., Der Historiker als Zeitzeuge, S. 145-152.

114 Ebd., S. 152.

115 Hinck, Im Wechsel der Zeiten, S. 147. Mit Bezug auf den Germanisten Wolfgang Kayser bemerkte Hinck, daß diese Undurchdringlichkeit »gewissen Themen und Fragen von vorneherein einen Riegel vorschob.«

116 Thimme, Geprägt von Geschichte, S. 191 f., mit dem Hinweis auf Friedrich Gogarten und Otto Weber. Gogarten wohnte, dies nebenbei bemerkt, mit Kaehler in einem Doppelhaus.

117 v. Krockow, Zu Gast in drei Welten, S. 157. Hier auch das folgende Zitat.

»geistige[n] Bewältigung [der] jüngsten Vergangenheit« übte.[118] Die protestantische Herkunft des Begriffs wird noch deutlicher im Kontext der Einladung zu einer Tagung zum 20. Juli, die vom 15. bis 18. Juli 1955 in der Evangelischen Akademie Berlin-Wannsee stattfand und sich die *Verbindlichkeit und Problematik unserer Geschichte* zum Thema gemacht hatte. Im Einladungstext wurde die Frage gestellt, ob sich nicht »die Schatten einer unbewältigten Vergangenheit mächtiger denn je« zeigten.[119] Bei Heimpel bekam der Terminus jedoch über diese eher noch floskelhaft gebrauchte Wendung nicht nur mehr Gewicht, sondern auch eine spezifische Ausrichtung. In einem kurzen Text zur Jahreswende 1955/56 fragte er: »Was erwarten wir vom neuen Jahr?« Und er antwortete in einer Reflexion über Gedenktage, über das Verhältnis von Staat und Bürger, über die Frage nach der Teilung Deutschlands und der Hoffnung auf Wiedervereinigung.[120] Seine »Neujahrsgedanken« skizzierte er jedoch als Wünsche *und* Pflichten, und zu diesen zählt er auch das Gedächtnis hinzu: »Ohne Gedächtnis, nämlich ohne Rechenschaft, sind die Jahre nichts. Nichts als ein Haufen abgelebter und abgelegter Terminkalender, deren Einträge wir alsbald nicht mehr verstehen werden. Das neue Jahr fordert unser Gedächtnis.«[121] Aus einem eher allgemeinen Jahresrückblick wurde hier ein Nachdenken über die deutsche Geschichte, über Schuld und Vergessenwollen und über die Verpflichtung, zu erinnern. Gedenktage »zwingen«, so Heimpel, auch den »geschichtsfremden Menschen [...] in die Geschichte«. Aber eben weil sie von der Geschichte gesetzt seien, seien »alle diese Termine im Streit, im Wechsel der Wer-

118 Hermann Mau, Der Nationalsozialismus als aktuelle Forschungsaufgabe, in: IfZ, MS 49-1338/54; Mau gebrauchte die Wendung »geistige Bewältigung« allerdings bereits zwei Jahre früher, also 1950, vgl. Kap. 5.1.

119 Zit. nach Kohlstruck, Zwischen Erinnerung und Geschichte, S. 13 f. Vgl. auch die Betonung des protestantischen Milieus, in welchem der Begriff geprägt wurde, bei: Fröhlich/Kohlstruck, Vergangenheitspolitik in kritischer Absicht, S. 16.

120 Heimpel, Neujahr 1956, Ansprache, gehalten im Norddeutschen und Westdeutschen Rundfunk am 1. 1. 1956 in der von J. Eggebrecht geleiteten Sendereihe »Gedanken zur Zeit«, in: Heimpel, Kapitulation vor der Geschichte?, S. 86-91 (90). Vgl. auch: Heimpel, Erst zehn Jahre ist es her, in: DIE WELT, 7. 5. 1955.

121 Vgl. die Formulierung: »Dem älteren Menschen aber mag es schwindeln vor der unbewältigten Geschichte seines Jahrhunderts, wenn er das Auf und Ab, das scheinbar Feste und doch ins Vergessen Sinkende der Jahrestage bedenkt [...].« Ebd., S. 87.

tung«.[122] Gedächtnis war nach Heimpel eine Aufgabe, die aufgrund der Schwierigkeit der deutschen Geschichte »in den letzten 20 Jahren«[123] notwendig, ja verpflichtend zu sein hatte:

> »Diese Leistung des Gedächtnisses überwindet die unsere Gegenwart grausam überschattende *Gefahr vergeßlicher Verdrängungen.* Es wäre eine gute Neujahrsübung, alle Torheiten, Konzessionen an die Macht und weichen Reaktionen auf den wechselnden Zeitgeist zusammenzustellen, die man in den letzten 20 Jahren gesagt hat, oder hat drucken lassen. Denn wir alle, jeder auf seine Weise, sind schuldig geworden und schuldig geblieben, soweit uns der Tod, der Herr der letzten Jahrzehnte, verschont hat.«[124]

Erinnerung also als Form einer Buße von Schuld, als »klare, nicht durch Rechtfertigung verstellte Sicht auf das Leben und die Geschichte des einzelnen und des Volkes«: nur dies allein könne die »Krankheit unserer Zeit heilen«, könne »*die unbewältigte Vergangenheit bewältigen.* Nur so werden wir endlich frei, frei auch wir, welche bis zu ihrem Ende nicht mehr dispensiert sind von ihrer Vergangenheit und von ihren Irrtümern.«[125] Heimpel hätte diese Forderung mit der Offenlegung eigener »weicher Reaktionen« und »Konzessionen an die Macht« glaubwürdiger machen können als in der allgemeinen Forderung an andere oder in der unbestimmten Verwendung des Personalpronomens »Wir«. Auch die nachdenklichen Reflexionen eines Hermann Heimpel, lange vor der Zeit der vielgeschmähten Bewältigungsroutine, hatten einen stark deklamatorischen Charakter, blieben äußerlich folgenlos, aber ihre »authentifizierende Präsentation«[126] wirkte ehrlich, weil auf das persönliche Gewissen bezogen.

Die Hoffnung, die in diesem Text Heimpels zum Ausdruck gebracht wird, war ambivalent. Es war die Hoffnung eines theologischen Denkmusters, das durch Taten der Buße, durch einen »Weg der Vernunft« und des Gedächtnisses Erlösung in der Ehrlichkeit gegen sich selbst erhoffte:[127] »Laßt uns im neuen Jahr das Meer der Gefühle und Mißgefühle, den

122 Ebd., S. 87.
123 Ebd.
124 Ebd. [Hervorh. v. N.B.]. Zur selben Zeit publizierten Léon Poliakov und Joseph Wulf das von Heimpel Geforderte (vgl. Kap. 3.3): Ihre Dokumentationen sind genau das, was Heimpel angedeutet hatte, ein Panoptikum des NS-Zeitgeistes; Reaktionen von Heimpel auf diese Bücher sind nicht bekannt.
125 Ebd. [Hervorh. v. N.B.].
126 Sabrow, Der Historiker als Zeitzeuge, S. 145.
127 Ebd., S. 91.

Ozean der Gefahren und Ängste durchfurchen mit dem Kiel der Vernunft und des Mutes. Erwarten wir vom neuen Jahre, was das neue Jahr von uns erwartet: ein Leben der Verantwortung, die wir übernehmen, im Gedächtnis an eine unglückliche und schuldige aber auch des Guten reiche, an die deutsche Geschichte.«[128]

Hermann Heimpel hat subjektiv die beiden oben beschriebenen Pole der Scham- und Schuldkultur zu verbinden versucht, zugleich aber objektiv im Anschluß an Jaspers die Transformation einer Auseinandersetzung mit der nationalsozialistischen Vergangenheit eingeleitet, die sich vom schamkulturellen Paradigma der nationalen Schmach und des Ehrverlustes Ritterscher Provenienz ablöste und zu einem schuldkulturellen Paradigma der Verantwortung hinüberleitete. Eine Rede zum Volkstrauertag geriet ihm dabei zu einer Abhandlung über Scham, die nicht bei der Trauer über die eigenen Kriegstoten der »Gewaltmaßnahmen« innehielt, sondern den Gedanken der Wiederherstellung der nationalen Ehre mit dem Gedanken ihrer Beschädigung konterkarierte: »Männern, die im Jahre 1955 von den Toten zu reden haben, schiebt sich die Scham vor die Trauer und vor den Stolz.«[129] Heimpel erinnerte hier nicht allein an Soldaten, sondern auch an die allein gelassenen Geschwister Scholl.[130] Der Tod, so Heimpel, griff zwar »als der Raub der schönsten Lebensjahre in Krieg und Gefangenschaft [...] als blindes Schicksal nach den Millionen [...]«. Aber er war zugleich auch »Vernichtung«, »Quälerei«, »langsamer Mord«, »›Liquidation‹« anderer Millionen, »weil sie Gegner des Nationalsozialismus oder weil sie Juden, oder weil sie ›Asoziale‹ waren oder, wie es in Mordbefehlen gegen russische Gefangene hieß, Untermenschen, keine Menschen, Tiere. Der Tod traf sie in Konzentrationslagern und Todeskammern.«[131] Dies traf nicht die Erwartungen an einen Festredner in den 50er Jahren, und der Ton dieses Textes ist zu Recht »unerhört« genannt worden.[132] Heimpel unterlief Apologien in den 50er Jahren, indem er sie zum Ausgangspunkt seines Sprechens machte. Der Text ist noch voller Affekte gegen »die Rache der grausamen Sieger«, die alliierte Be-

128 Ebd., S. 91.

129 Heimpel, Über den Tod für das Vaterland, in: Die Sammlung 11 (1956), S. 1-11 [wieder in: Kapitulation vor der Geschichte?, S. 32-45], vgl. v.a. den Beginn, S. 32 f. Der Text wurde ursprünglich als Rede zum Volkstrauertag (13. November 1955) in Hannover bei einer Gedenkfeier der Niedersächsischen Landesregierung gehalten.

130 Ebd., S. 32.

131 Ebd., S. 32 f.

132 Bahners, Die Zeit, in der nicht tot zu sein ein Vorwurf ist, in: FAZ, 22. 9. 2001.

satzung und ihre Entnazifizierungspolitik. Die Nürnberger Prozesse bezeichnet Heimpel als »Erdrutsch, der dem Erdbeben folgte und Unschuldige wie Schuldige unter sich begrub«. Auch ist »Vermassung« und »Entgöttlichung der Welt« die Standarderklärung für den Prozeß der Modernisierung, in welchem es zur »Krise des Todesbewußtseins« gekommen sei. Aber die Argumentationslinie dieser Reflexion verläuft, unter Beibehaltung vieler alter und überkommener Versatzstücke, in der neuen Bahn eines »post-Auschwitz-Denkens«: Gaskammer, Massentod und Massenmord, so Heimpels Überlegung in Kürze, lassen jegliche heroische Verklärung des Sterbens für das Vaterland obsolet erscheinen.[133] Konservative Themen standen auf dem Prüfstand eines Denkens, das sich die Glaubwürdigkeit durch Schuld- und Scham-Reflexionen angesichts der NS-Verbrechen neu versichern mußte. Der Krieg von 1939 bis 1945 zeige die »Unübertragbarkeit« jedes herkömmlichen (ob antiken oder revolutionär-modernen) Opfer-Mythos einer Rhetorik, in welcher der »Tod für das Vaterland« ehemals seine heroische Legitimität erhalten hatte. Im letzten Kriege »wurden Menschen zum Tode gezwungen und ihnen im Tod wie im Leben die Ehre verweigert. Dies bedenke, wer zehn Jahre danach vom Tod fürs Vaterland spricht.«[134]

Heimpels Begriffsverwendung verband dabei autobiographische Selbstbesinnung und politisch motivierten Deutungskampf. Bei ihm finden sich Einsicht in die Notwendigkeit der Reflexion und die Verantwortung vor der Vergangenheit *und* Sehnsucht nach Befreiung von »Geschichte«, Restbestände des Trotzes und Aufbegehrens.[135] Die Assoziationsbreite Ende, Abschluß, Fertigwerden war nie vom Terminus Aufarbeiten/Bewältigen der Vergangenheit zu trennen gewesen, und sie gehört auch zur Entstehung der Begrifflichkeit dazu. In seinem Essayband *Der Mensch in seiner Gegenwart*, den Heimpel, aufschlußreich genug, als die gedankliche Fortsetzung seiner Kindheitserinnerungen bezeichnete, hat der titelgebende Einleitungstext mit dem Vorhaben, Geschichte und Gegenwart zu versöhnen, besondere Bedeutung. Er entwarf hier einen theoretischen Versuch, Aktualität und Kontinuität in ein Verhältnis zu bringen, das sie nicht als Opposition zueinander verstand, sondern das sie auseinander hervorgehen ließ. Das Vorwort begann folgendermaßen:

133 Ebd., S. 30 und 35 f.

134 Ebd., S. 41 und 42.

135 Vgl.: Kohlstruck, Zwischen Erinnerung und Geschichte, S. 15 f. Kohlstruck verweist noch auf eine andere als die religiöse Konnotation des Begriffsursprungs »Vergangenheitsbewältigung«, z.B. auf ältere Sprachbelege, die den Zusammenhang von »Vergangenheit« haben und moralische Verfehlung zeigen.

»Wer wie der Verfasser in den Schicksalen seines Volkes und seiner Zeit geschont blieb, hat um so mehr die Pflicht, sich zu besinnen. Wagt er es zu mahnen und [...] zu erinnern an die Erschütterung von 1945 und an die uns in ihr gebotene Gelegenheit zu Einkehr und Neuanfang, an jene uns so leicht verlierbare Offenheit der Herzen an der Grenze der Ordnungen, *so sei alle Kritik zuerst Selbstkritik, alle Mahnung Mahnung an sich selbst.* Wälzt er die Frage um, warum der Historiker so leicht dem Erfolg sich verpflichtet, warum die Geisteswissenschaften so ungeschützt gegen Drohung und Lockung der Zeiten sind, so muß er sich und andere zuerst daran erinnern, daß auch er solches an sich geschehen ließ.«[136]

In einer solchen Passivkonstruktion lag nicht nur Bescheidenheit und Einkehr, sondern auch ein gewisser drohender Unterton. Denn die Gleichung »Kritik = Selbstkritik« hatte ja auch etwas politisch Entschärfendes, Deeskalierendes, wenn sie anderen vorgetragen wurde. Zur Fortsetzung seiner Karriere nach 1945 hatte Heimpel eine eindeutige Meinung: »Solange unsere schuldige Generation gebraucht wird, muß auch der Schuldige wagen zu handeln, als wäre er ohne Schuld, wenn er nun einmal auf den Platz gestellt worden ist, wo gehandelt werden muß.«[137]

»Die halbe Violine«: Augustinus als autobiographisches Gedächtnis-Modell

Noch näher führte Heimpel das ihn umtreibende Thema zwischen Schuld und Scham, Geschichte und Gegenwart, Christen- und Judentum in seinen Kindheitserinnerungen zusammen, auch wenn das auf den ersten Blick kaum erkennbar ist.[138] Man hat in diesen Memoiren mit gutem Grund »ein Zeitbild und Kulturdokument des bürgerlichen Zeitalters« gesehen und dabei genau dasjenige positiv hervorgehoben, was die Lektüre des Buches bis heute erschwert, nämlich seine Tendenz, noch

136 Heimpel, Der Mensch in seiner Gegenwart, S. 7 [Hervorh. v. N.B.].

137 Heimpel, Neujahr 1956, in: ders., Kapitulation vor der Geschichte?, S. 90.

138 Heimpel, Die halbe Violine; zur Autobiographie von Heimpel gibt es keine eigenständige Arbeit, lediglich zeitgenössische Rezensionen und wenige Briefbemerkungen. Eine frühere Fassung des folgenden Abschnitts wurde bereits zur Diskussion gestellt, vgl.: Berg, Der Nationalsozialismus in Autobiographien, v.a. S. 193 ff.; zum hundertsten Geburtstag Heimpels erinnerte die FAZ mit einem großen Artikel an ihn. Patrick Bahners deutete dabei subtil die Mehrschichtigkeit der literarischen Herstellung von Unmittelbarkeit, vgl.: Bahners, Die Zeit, in der nicht tot zu sein ein Vorwurf ist, in: FAZ, 22. 9. 2001.

den Niedergang mit der »versöhnenden Patina der Vergangenheit« zu veredeln und zu verklären, so der enthusiastische Kommentar der HZ.[139] Heimpels Göttinger Kollege Kaehler pries nicht zufällig ihre Funktion, die Atmosphäre jener Jahre der ersten Jahrhunderthälfte zu beschwören, »die man heute zu Unrecht zu verunglimpfen pflegt«. Damit hatte er zwar ohne Zweifel einen Aspekt von *Die halbe Violine*, nicht aber den entscheidenden gesehen.[140] Der Pädagoge Hermann Nohl lobte das Buch überschwenglich, sah in ihm »ein Irisieren der Darstellung,« und nahm den Text als »ganz ursprüngliche und volle Erinnerung«. Die Doppelbödigkeit der Schuld-Thematik erwähnte auch er nicht.[141] Heinrich Schmidt las bewundernd »eine Folge von Gegenwarten«, da Heimpel nicht aus der Gegenwart des Rückblickenden, sondern aus der Vergegenwärtigung des jeweiligen Bewußtseins heraus erzähle. Deshalb sei die Arbeit weniger interessant für den Historiker, dafür aber um so mehr für den Pädagogen, so Schmidts zeitgenössische Einschätzung, die gleichfalls die Abgründigkeit des Textes übergeht und die er auch in einem späteren Rückblick nicht korrigierte.[142] Seine Schüler Boockmann und Fleckenstein sahen in dem Buch ganz allgemein den Versuch der Selbstvergewisserung in einer als Zusammenbruch erlebten Zeit,[143] was gleichfalls nicht falsch ist, aber unterschlägt, welcher Art diese Selbstvergewisserung war, wie sie vorgenommen wurde und mit welcher Funktion Heimpel sie versehen hatte. Er selbst hat das Buch treffender als eine Studie über »kind-

139 Fridolin Solleder, Rezension [o.T.], in: HZ 171 (1951), S. 605-607.

140 Vgl.: Kaehler, Brief an Friedrich Meinecke vom 30. 3. 1950, in: Meinecke, Ausgewählter Briefwechsel, S. 554. Mehrere Versuche Kaehlers, eigene Erinnerungen in diesem Sinne vorzulegen, scheiterten, der Nachlaß bewahrt nur die übriggebliebenen Fragmente.

141 Vgl.: Hermann Nohl, Vergangenheit und Zukunft, in: Die Sammlung 6 (1951), S. 62 f.

142 Heinrich Schmidt, Bemerkungen zu den Selbstbiographien dreier Historiker, in: ebd. 8 (1953), S. 511-516; vgl.: ders., Erinnerungen an drei Göttinger Historiker, S. 37: Das Buch sei eines der »bewegendsten Leseerlebnisse« während der Studienzeit gewesen und habe ihm eine Möglichkeit erschlossen, »Leben auch in den Erscheinungs-, den Ausdrucksformen der Jahre nach 1945 […] als den Vergangenheiten gleichwertig und wie sie ›unmittelbar zu Gott‹ zu begreifen«.

143 Boockmann (Der Historiker Hermann Heimpel, S. 8) stellt die Erinnerungen neben die von Fontane und die Romane von Hermann Lenz; Fleckenstein nennt es »ein Buch der Besinnung und der Einkehr in die eigene Vergangenheit, ein Buch, in dem der Autor im Rückblick auf die behüteten Jahre seiner Jugend […] sich selbst zu vergewissern suchte«, vgl.: ders., Gedenkrede auf Hermann Heimpel, S. 30 f.

liches Zeit- und Geschichtsbewußtsein« charakterisiert,[144] und tatsächlich bildet das Buch nicht nur die Realität verschiedener »Gegenwarten« ab, wie Heimpel sie später theoretisch ausformulieren sollte, sondern es illustriert auch seine später entwickelte Überzeugung, daß Geschichte und Gegenwart gegeneinanderstehen, daß Vergessen zur politischen Gefahr werden muß und daß die Gegenwart »mit dem letzten konstitutiven, nämlich das ganze Dasein bestimmenden Ereignis« beginnt.[145]

In den Erinnerungen von Heimpel werden nicht nur »Lebensunmittelbarkeiten« (Schmidt) oder »Perlmuttglanz« (Nohl) präsentiert, sondern auch deren Verlust. Sie verhandeln die Frage, warum eine so bürgerlich-saturierte Generation wie die seine Wegbereiter des Nationalsozialismus werden konnte. Dabei wird die Metapher »Heimkehr«, so der ursprünglich vorgesehene Titel dieses durch und durch reflexiven Bildungsromans, wörtlich genommen und in Varianten durchgespielt. Was Heimpel als Autobiograph auf das München der Jahrhundertwende beziehen konnte, das wurde im Kontext der protestantischen Bußfertigkeit des Gedächtnistheoretikers Heimpel zur theoretischen Auseinandersetzung mit Augustinus' *Confessiones.*

Die kunstvoll, aber prätentiös geschriebenen Memoiren rufen ein paradiesisches Kinderglück vor dem Ersten Weltkrieg in Erinnerung, eine Welt der familiären Ordnung, der Gewißheiten, der Ferienreisen in die Berge und der kindlichen Rituale des Geigenunterrichts. Heimpel betrachtet all dies in einem Stil durchgängiger Melancholie als Verlust: »Eine Welt versank.«[146] Immer deutlicher wird, wie er an dem heranwachsenden Kind (von dem er in der dritten Person, nicht in der Ich-Form berichtet) jene Erfahrungen untersucht, die Geschichte als Tiefendimension von Fortschritt, Technik und Geschwindigkeit unterscheidet. »Von Geschichte war im Hause Stengel nicht die Rede. Die Vergangenheit war erledigt. Gut so. Der Vater haßte Akten und alte Briefe, allzu viele Erinnerungen, Gerümpel und Staub. [...] Über die Vergangenheit dachte der Vater, soweit sie nicht zum Fortschritt beitrug, leicht ein wenig ironisch.«[147] Ganz anders die Begeisterung des Sohnes: »Das Eigene im Andern, die Gegenwart in der Vergangenheit, das Vertraute im Fremden, Geschichte, Zeit, versöhnende Zeit.«[148] Das Bild seiner Heimat München, die erinnernde Rückkehr dorthin beim Schreiben der

144 Heimpel, Der Mensch in seiner Gegenwart, S. 198.
145 Ebd., S. 31, 41 und S. 12.
146 Heimpel, Die halbe Violine, S. 257.
147 Ebd., S. 152.
148 Ebd., S. 163.

Memoiren und die christliche Überhöhung dieses Gedankens in der Heimkehr-Metapher – alle drei Bereiche werden von Heimpel programmatisch zusammengeführt: Nachdem das Leben, das »Getümmel«, den Menschen über die Erde gehetzt hat, sehne er sich nach der alten Heimat. Dann tritt er die »Wanderung nach seiner Jugend an«:

> »Der Geist öffnet den Heimweg durch Erinnerung. Was ist der Mensch? Der Mensch ist das Wesen, das Erinnerung hat. Die Engel haben kein Gedächtnis, da sie Gott schauen. Die Menschen haben Erinnerung, weil sie von Gott wissen und ihn nicht sehen, sondern auf dem Weg sind. Ihre Wege sind Heimwege zu sich, nämlich zu ihrem Ursprung, dahin, wo sie wirklich bei sich sind, nämlich zu Gott.«[149]

Diese Definition von Menschsein als Gedächtniswesen, innerhalb der jede Erinnerung als eine Reminiszenz an Schuld, nämlich der Abkehr von Gott, fungiert und damit zu einem kurzen Abschnitt auf einem imaginierten Rückweg wird, ist von einem Wortfeld aus Angst, Schuld, Vergebung dominiert, geradezu kulminierend auf der letzten Seite des Textes. Das Buch endet mit einer Betrachtung über die Zusammengehörigkeit von Leben und Schuld. Und verdüstert merkte der Autor an, daß »alle Angst, die je sein kann, schon einmal auf den Münchner Straßen [...] lag, alle Einigkeit und alle Vergebung. Auch alle Schuld war schon mit siebzehn Jahren, alle Abschiede vorausgenommen, in den Abschieden sitzt ja die Schuld, jede Lokomotive klagt uns an.«[150]

Die Evidenz, diese Bewegung des Erinnerungstextes von kindlicher Idylle hin zum Thema Schuld als Heimpels Selbstkommentar zum Dritten Reich zu lesen, wird nicht allein durch die Entstehungsbedingungen des Textes oder durch die zusammenhanglose und deswegen auffällige Evokation der anklagenden Lokomotive motiviert, die an die Deportationszüge in die Konzentrationslager denken läßt. Entscheidender Hinweis auf die Schuld-Referenz der Memoiren ist ein nicht publiziertes abschließendes Kapitel, in welchem er seine eigene Augenzeugenschaft des Hitlerputsches in München 1923 darstellt.[151] Unter dem Titel »Traum im November« imaginiert Heimpel hier ein beispielloses Szenario aus

149 Ebd., S. 149 f.

150 Ebd., S. 280.

151 Er hatte sein Buch ohne die vier letzten Seiten drucken lassen, die erst über ein Jahrzehnt später erstmalig öffentlich gemacht wurden. Heimpel, Traum im November, in: Insel-Almanach auf das Jahr 1961; wieder in: GWU 32 (1981), S. 521-525 [Zitate hieraus im Text, N.B.]. Der Text blieb separat und wurde auch nicht in die Neuauflagen von »Die halbe Violine« übernommen.

historischer Realgeschichte und apokalyptischer Vision, Selbstauskünften und mißlingender Rechtfertigung, Gewalt und Verlust. Erst mit dieser halb parodistischen, halb apokalyptischen Szenerie im Radius des 9. November 1923 fügte Heimpel die Anlage seiner Memoiren zum Ganzen zusammen. Weder Ort noch Zeit behalten die »Unschuld« des Kinderparadieses: München wird zum Ort des ersten nationalsozialistischen Auftrittes, der Zeitpunkt des 9. November trägt aus der Rückschau seine zukünftige Doppelbedeutung 1923/1938 in sich. Heimpel beschreibt hier die Unsicherheit des zweiundzwanzigjährigen Studenten (im Text heißt er Erhard), dessen Urteilsvermögen gegen die Massivität der politischen Bierkeller-Reden chancenlos ist:

> »Erhard saß an seinem Maßkrug mit dem Respekt, den er den Ausführungen kundiger und beamteter Männer entgegenzubringen gewohnt war. Er war guten Willens und strengte sich an. Vielleicht kommt heute das Politische, zu dem ihn doch sein Studium verpflichtet, der politische Sinn, den sie heute immer fordern, nun gewiß, mit Recht. Richtig. Richtig jetzt auch dies. Und wieder: richtig. Vielleicht ist alles richtig? Der Redner spricht nur Sätze aus, die er sich gut überlegt hat. Aber vielleicht ist das Viele richtig und das Ganze falsch [...].«

Seine Zweifel scheitern jedoch an den eigenen Bemühungen um Vorurteilsfreiheit:

> »Manches erschien auch zweifelhaft – doch was ist Zweifeln hinter einem Maßkrug gegen Überzeugung hinter einem Rednerpult. Man erziehe sich – und Erhard erzieht sich ja fortwährend – zum Zuhören: gib dich dem Vortrag hin, folge Worten und Gründen. Ihren Sinn versteht nur, wer zu glauben bereit ist: die Kritik vor der Interpretation, das ist schlechtes Handwerk, umgekehrt ist richtig, das lernst du doch über deinen Urkunden und Chronikschreibern.«

Es ist das Fachwissenschaftliche am Historiker, das ihn als Zuhörer der Reden von Kahr, Ludendorff und Hitler (»Der Neue mit dem Konfirmandenanzug«) urteilslos zu machen scheint:

> »[Wie bei] der Datierungsfrage [...] treten Gründe und Gegengründe an [...] Aber vielleicht genügt es schon, sich zu bemühen, die Geschichte zu heilen mit dieser versöhnlichen Klugheit: ein Glück, Geschichte zur Historie zu läutern. Vielleicht genügt es, vielleicht ist das mehr als ein Ergebnis [...] Aber man darf sich ja nicht begnügen. Geschichte muß sein, Interpretation und Kritik. Paß auf, und wende das an. O wie mühsam hängt das alles zusammen. Erst datieren, dann

verwerten. Erst verstehen, dann urteilen. Mittlere und Neuere Geschichte. Und dann, wäre man so weit und sähe die Zusammenhänge, käme noch das Handeln. O wie lang ist dieser Weg. Gibt es keinen kürzeren?«

Heimpel, der 1933 den »kürzeren Weg« gegangen war, läßt an dieser Stelle sein Alter ego Erhard den Weg ins Freie suchen, die Fahnen, »wilden Mienen« und Fackeln erscheinen ihm im Traum. Er steht im Lesesaal der Bibliothek unter der Inschrift »Favete linguis«, und in einer langsam beginnenden Feuersbrunst, die die historischen Werke der Bibliothek verschlingt, erscheinen ihm sein jüdischer Kommilitone und Freund aus Freiburger Studienzeiten Arnold Berney sowie sein jüdischer Lehrer und Vorbild, Siegmund Hellmann:[152] »Ach Gott, der November ist noch nicht fertig.« Unter Rauchschwaden und Funkenregen, »Feuerwind« und Brausen geht alles unter: »Die Bibliothek dreht sich [...] Hier ist eisige Luft, kein Dach. Unter der rostigen Galerie steht Regenwasser. [...] Dann ist Stille. Fevete linguis.« Der bemerkenswerte Satz »Es kommt wohl eine Zeit, in der nicht tot zu sein, ein Vorwurf ist« steht am Schluß dieser verstörenden Traumvision Heimpels.

Dieser Zusammenhang muß zur Konzeption von Heimpels Vergangenheitsbewältigung hinzugedacht werden, sonst sieht man durch den latenten Verdacht, es handele sich um Lippenbekenntnisse, nicht hindurch:

> »[Ü]ber die Altwasser der Geschichte springen die Erinnerungen als kalte Feuer und zucken den Menschen an: freundlich einmal, schreckhaft dann, oft Scham erweckend.«[153]

Die Scham- und Schuldfrage, wie sie in diesen Bildern des Untergangs der Bibliothek, mithin seines beruflichen Lebenssinns, und in der Wiederkehr der vertriebenen und vernichteten ehemaligen jüdischen Kollegen aufscheint, hatte ihren theologischen Referenztext in den »erinnernden Bekenntnissen« von Augustinus. Im zehnten Buch seiner *Confessiones* unterbrach dieser seine Selbstanklage und fragte nach dem Sinn und Zweck seiner Beichte. Genau an dieser Stelle entwickelt er seine viel-

152 Das Motiv vom Bibliotheksbrand als Symbol für den Weltuntergang kannte der Mediävist Heimpel natürlich. Seine Darstellung steht der von Elias Canetti in »Die Blendung« kaum nach! Sein Verhältnis zu Berney und Hellmann hat er nicht nur in offiziellen Nachrufen, sondern auch in sehr persönlichen Texten niedergelegt, die aus dem Nachlaß publiziert wurden, vgl.: ders., Aspekte, S. 155-163 und S. 149-151.

153 Heimpel, Gedanken zu einer Selbstbesinnung der Deutschen, S. 1.

zitierte Gedächtnistheorie, die er im Bild der »Asymmetrie zwischen menschlichem Vergessen und göttlichem Eingedenken« darlegt.[154] Schon bei Augustinus bezieht sich »Gedächtnis« auch auf die Gegenwart, bezieht den Erinnernden, »die persönliche Selbsterfassung« in die Vorstellung von Gedächtnis mit ein. Der mittelalterliche Kirchenvater hatte diese in ein Modell der »Heimkehr« zu Gott entworfen. Dieser Grundgedanke bezog die Bereiche »Schuld« und »Vergebung« aufeinander, indem das Abfallen des Menschen von Gott als Schuld durch Vergessen erscheint, das Vergeben der menschlichen Sünden durch Gott aber gerade nicht das Vergessen der Sünden, sondern die Erinnerung an den Sünder imaginiert. Wenn Gott unsichtbar ist, das Innerste des Menschen, also Gedanken und Erinnerungen, ihm aber durch die Gnade der Vergebung dennoch zugänglich bleibt, dann kann er auch dort aufgesucht werden: »[N]icht mit Lauten der Stimme, nur in Worten der Seele und im Aufschrei der Gedanken.«[155] Dieser Weg nach innen ist demnach, Augustinus zufolge, dem Heimpel hier folgen konnte, eine Heimkehr zu Gott, der einem das Vergessen vergeben hat, weil er sich immer an einen erinnert.

Nichtgeschriebene Bücher: Von der »Erkenntnis und ihrer Askese«

Die Schuldfrage, wie sie in diesen Bildern des Untergangs seiner akademischen Berufung im Angesicht der Wiederkehr seiner ehemaligen jüdischen Freunde und Lehrer aufscheint, wurde für Heimpel zu einer Historik, d.h. zur Art und Weise, über Geschichte als Ganzes nachzudenken: »[N]un gehört der Mord von Tausenden und Tausenden zu unserer Geschichte!«[156] Der Kern seiner Historiographie und die private »Aufarbeitung der Vergangenheit« blieben in der Vorstellung einer »Erkenntnis und ihrer Askese«[157] miteinander verbunden. Exemplarisch innerhalb der

154 Weinrich, Lethe. Kunst und Kritik des Vergessens, S. 38.

155 Augustinus, Bekenntnisse. Lateinisch und Deutsch. Eingeleitet, übersetzt und erläutert von Joseph Bernhart, Frankfurt a.M. 1987, S. 487.

156 So eine Interviewäußerung Heimpels in: Wolfgang Berkefeld, Hermann Heimpel – Freude an der Geschichte, in: Westermanns Monatshefte 103 (1962), S. 48-54 (54).

157 Ich übernehme diese Formulierung Heimpels aus einer seiner historiographischen Arbeiten, die meines Erachtens auch ein gutes Stück Selbstcharakterisierung darstellt: »Der Moralist Burckhardt weigert sich, das Böse wegen guter Folgen gut zu nennen, der Historiker Burckhardt anerkennt die Macht als Element der geschichtlichen Ökonomie. Nicht Urteile und Aburteile, sondern *die Erkenntnis und ihre Askese* ist Burckhardts letztes Wort.« Heimpel, Zwei Historiker, S. 35 [Hervorh. v. N.B.].

wissenschaftlichen Historiographie von Heimpel könnte sein Versuch gewertet werden, eine Neukonzeption zur deutschen Geschichte zu formulieren. Berkefeld äußerte im Schlußsatz seines Interview-Artikels aus dem Jahre 1962 die plausible Vermutung, daß die Fortsetzung der Memoiren, die Heimpel u.d.T. »Die zweite Violine« geplant hatte, auch den Weg für eine Gesamtdarstellung deutscher Geschichte aus seiner Feder freimachen würde, die man von ihm über Jahre hin erwartete. Hier hätte Heimpel als Historiker seiner selbst und als Historiograph des 20. Jahrhunderts die Geschichte der Weimarer Republik, des Aufstiegs der Nationalsozialisten, Antisemitismus, Krieg und Judenvernichtung doppelt abzuhandeln gehabt, als offizielle »Geschichte« *und* als persönliche Lebensgeschichte, als Forschung und als Erinnerung. Er hätte das eine im anderen erhalten müssen, die Autorität des Fachgelehrten im zweiten Band der Autobiographie und die Authentizität des Zeitgenossen in der *Deutschen Geschichte*. Er hat beide Projekte fallengelassen.

Ernst Schulin hat kürzlich anhand der Vorlesungsmanuskripte Heimpels aus den 50er Jahren gezeigt, wie eng dieses Vorhaben und sein Scheitern zusammenhängen. Einerseits war sich Heimpel – zumal als Mediävist – sicher, daß »die deutsche Geschichte, auch nicht die Geschichte des Nationalsozialismus [...] als Geschichte des Teufels geschrieben werden« könne. Alle Geschichte des Schlechten stehe unter der Frage, wie das Schlechte sich das Gute dienstbar gemacht habe. Andererseits aber fragte er sich nach »dem Sinn einer deutschen Geschichte, zu der Auschwitz und Belsen jetzt genau so und genau so unwiderruflich gehören, wie Aachen und Wittenberg?« Auch hier siegte schließlich die »Erkenntnis und ihre Askese«: die Vorlesung blieb unpubliziert.[158] Seine Hörer aber vernahmen einen mit den Tränen ringenden und gegen das Versagen der Stimme kämpfenden Heimpel, der vom Katheder knapp und »tonlos« vom Zweiten Weltkrieg, der »Endlösung« und dem Kriegsende berichtete.[159] Heimpels Fazit lautete, daß die Geschichte manchmal Schuldige verschone und Unschuldige treffe,

158 Schulin, Heimpel und die deutsche Nationalgeschichtsschreibung; die Zitate Heimpels in: ebd., S. 50 f. Vgl. auch Schulins zutreffende Bewertung: »Für Hörer wie mich blieb die Vorlesung immer in Erinnerung, aber schon Ende der sechziger Jahre dachte ich: wie historisch käme einem heute bereits Heimpels Buch über die Deutsche Geschichte vor, wenn es denn existierte; wie überholt, wie typisch für die fünfziger Jahre!« Ebd., S. 15.

159 Ebd., S. 50.

»die Sonne aber, die über Gerechte und Ungerechte scheint, leuchtet nur den Toten nicht. Dies ist der erste Sinn der deutschen wie aller Geschichte: die Rücksicht der Lebenden, der unverdient Davongekommenen, aber auch einfach der noch nicht Gestorbenen auf die Gestorbenen, die mit demselben Rechte wie wir noch leben könnten: Ihnen wird keine Selbstbezichtigung oder Demütigung des deutschen Volkes, sondern eine geistige Bewältigung der deutschen Geschichte geschuldet. Der Sinn der Geschichte ist etwas einfaches: [...] Er liegt im Überstrom von der geschehenen zu der geschehenden Geschichte. [...] Die Gegenwart ist das Reich der Freiheit, nämlich der Raum eines Handelns, das für uns gesättigt ist von verantwortlicher Erinnerung – von der Erinnerung an die deutsche Geschichte.«[160]

Die Gedächtnistheorie der »verantwortlichen Erinnerung«, die Kritik an geschichtsloser Gegenwart, seine explizit vorgenommene geschichtswissenschaftliche Wendung zur »Vergangenheitsbewältigung« und seine Historik der Schuld wurden von Heimpel, als Leser von Halbwachs,[161] nicht nur autobiographisch, sondern auch in seinen Methodentexten als »Sinnfrage« artikuliert.[162] Dies führte zur Konzeption einer »Gedächtnistheorie« als Reflexion über das Verhältnis von Erinnerung und Vergessen, mit der er seinen Versuch, die Distanz zur nationalsozialistischen Vergangenheit zu verstehen und zu erklären, einleitet: »Geschichtswissenschaft ist das wissenschaftlich disziplinierte Gewissen des Menschen.«[163] Schlüsselbegriffe zum Verständnis sowohl von »Erinnerung« als auch von »Vergeßlichkeit« sind, neben der Beschleunigung, dem »Zuviel« an Geschichte, vor allem die »Schuld« und das »Gewissen«: aus der »Fähigkeit« und »Neigung«, zu vergessen, erwachsen erst die lebenserhaltenden Kräfte für die Gegenwart.

»[B]eginnen wir mit einer Feststellung: unser Gedächtnis wird schlechter; wir neigen zur Vergeßlichkeit, wir leben geradezu im Zustand einer Gedächtnislähmung. Die Vergeßlichkeit ist der Preis, den der Mensch dafür bezahlt, daß er sich die Erde unterworfen hat. Die Vergeßlichkeit kommt von der Geschwindigkeit. Aber nicht nur die Geschwindigkeit macht uns vergeßlich. Sondern wir vergessen Geschichte, weil wir allzuviel Geschichte erlebt haben und erleben müssen. Der Mensch hat

160 Heimpel, in: ebd., S. 51.
161 Heimpel, Aspekte, S. 243.
162 Heimpel, Aspekte, S. 168: »Doch war die Sinnfrage: Geschichte nach 1945? Warum 1933? nicht ausgeschlossen.«
163 Heimpel, Der Mensch in seiner Gegenwart, S. 211.

> die Neigung und die Fähigkeit, im Sinne seiner Lebenserhaltung zu vergessen. Und besonders die Schuldigen – wir Schuldigen – denken nicht gern zurück. Das ist eine Barriere zwischen uns und der Vergangenheit – Die Schuldschranke, die unsere liberalen Vorväter nicht kannten. [...] Pathos und einfache Sympathie sind verloren: durch Geschwindigkeit und Schuld.«[164]

Der Gedanke der »Schuldschranke«, die als »Barriere« zwischen heute und gestern trenne, macht deutlich, daß für Heimpel »Vergangenheit« hier nicht ›nationalsozialistische Vergangenheit‹ bedeutet, denn diese ist ja mit dem Bild der »Barriere«, der »Schuldschranke« bezeichnet, sie gehört zur Gegenwart. Sie wird doppelt problematisiert: einerseits wird sie mit dem Thema »Schuld« verknüpft und damit mit *dem* Nachkriegsdiskurs schlechthin. Andererseits wird in ihr das Verhältnis zur Gesamtvergangenheit ein anderes, und Heimpel bringt als Mittelalterhistoriker bewußt auch dieses zweite Thema ins Spiel: ob nämlich jeder Blick in die Vergangenheit durch das Nadelöhr der jüngst vergangenen zu gehen habe. Ein »naiver Umgang« mit Geschichte sei nicht mehr möglich, weder vor- und außerwissenschaftlich noch besonders in der Wissenschaft. Ja, diese selbst ist direkt daran beteiligt, daß ein »natürliche[s] Verhältnis zur Geschichte«[165] schwieriger wenn nicht unmöglich wird. »Die unvergleichliche Gegenwart stößt für unsere Generation Vergangenheit weiter zurück als für frühere Generationen, macht das Vergangene ganz vergangen. Die unvergleichliche Gegenwart macht die Vergangenheit gleichförmig, nimmt ihr gewissermaßen ihre zeitlichen Gliederungen; sie schafft jene Simplifikationen, jene Vereinfachung der Geschichte, die für das Gefühl der Lebenden fast eine Annullierung der Geschichte ist.«[166]

164 Heimpel, Über Geschichte und Geschichtswissenschaft in unserer Zeit. Vortragsreihe der Niedersächsischen Landesregierung, Heft 13, Göttingen 1959, S. 5. Mit »Geschwindigkeit« ist »Modernisierung« gemeint. Heimpels Reflexionen offenbaren einen vollständig ungeläuterten Affekt gegen die im Zuge der Modernisierungsprozesse auftretenden Auflösungserscheinungen in Brauchtum, Sitte, Ständebewußtsein; seine Rede kann auch als ein locus classicus rhetorischer konservativer Aversion gegen allgemeine Gleichheitsforderungen, gegen Emanzipation, Bildungsforderungen, soziale Mobilität, Urbanisierung, Industrialisierung, Wirtschaftsegalität, Automatisierung, Reklame u.a.m. gewertet werden.

165 Ebd., S. 6.

166 Ebd.

Wie hat die »Geschichte als Wissenschaft«[167] darauf zu reagieren? Wie kann der »Historismus« nach seinem Ende neu begriffen werden? Geschichtswissenschaft, so die Antwort Heimpels, erfülle ihre Aufgabe, »wenn sie die Zeit im ordnenden Denken bewältigt«,[168] wenn sie nicht *weniger* historisch, sondern »historistischer« wird, wenn sie sich als »Gedächtnis des Menschen« versteht:

> »Die Geschichte als Wissenschaft, die Historie verändert die Welt nicht. Sie ist das Gedächtnis des Menschen. [...] Gedächtnis zu haben ist mehr als Lehren aus der Geschichte zu ziehen. *Gedächtnis zu haben ist etwas an sich Menschliches. Der Mensch ist das Wesen mit Gedächtnis. So ist Geschichte ein Stück Humanität.* Schon dem einzelnen gibt die Erinnerung an die vergangenen Zeiten die eigentliche Tiefe, die eigentliche menschliche Natur: das historische Gedächtnis verlängert das Leben des Menschen über seine physische Lebenszeit hinaus. Gedächtnis ist Tradition, aber nun freilich nicht wie die Traditionen der alten Ständegesellschaft unbewußte Tradition, sondern bewußte Tradition, nicht Vor-Urteil, sondern Urteil; so ist Tradition nicht Bindung sondern Freiheit: die Freiheit, aus der zufälligen Zeitgenossenschaft der Mitlebenden hinauszutreten in die *Zeitgenossenschaft des Vergangenen.*«[169]

Heimpel führt hier aus, was er unter den Aufgaben einer Geschichtswissenschaft nach der deutschen Katastrophe versteht. Seine Ausführungen kulminieren in dem Satz »Geschichte ist Bewältigung der Vergangenheit«.[170] Den heutigen Assoziationshof dieses Begriffes gab es damals noch gar nicht, ja, Heimpel kann mithin als der wichtigste Protagonist seiner Etablierung im Diskurs genannt werden. Allerdings darf nicht übersehen werden, wie anders Heimpel akzentuiert: »Bewältigung der Vergangenheit« heißt hier gerade *nicht* Beschäftigung mit der NS-Zeit, sondern die Vorstellung, Geschichtswissenschaft könne »Freiheit von der Geschichte« verleihen, versöhnen, das Gewissen bereinigen:

> »Wir können der bezeichneten Aufgabe der Geschichtswissenschaft: die Zeit im ordnenden Denken zu bewältigen, einen zweiten Auftrag anschließen: den Menschen frei zu machen von seinen dunklen Be-

167 Ebd., S. 12 f.

168 Ebd., 13; man beachte in diesem Zusammenhang den Ausdruck »bewältigen« als Terminus für die Aufgabe einer konservativ verstandenen Geschichtswissenschaft generell!

169 Ebd., S. 13 f. [Hervorh. v. N.B.].

170 Ebd., S. 14.

> dingtheiten, von Ressentiment und Tabu, vom Gesetz von Druck und Gegendruck, von Aktion und Reaktion, von Parteilichkeit, Zorn und unbereinigtem Gewissen: Geschichte ist Bewältigung der Vergangenheit. *Geschichtswissenschaft verleiht Freiheit von der Geschichte.* So wäre die Geschichte nicht nur das lebensverlängernde, sondern auch *das versöhnende Gedächtnis des Menschen.*«[171]

Diese anthropologisch hergeleitete Funktion geschichtswissenschaftlichen Arbeitens konnte schwerlich, so Heimpels argumentativer Anschluß, mit den herkömmlichen Objektivitätsmaßstäben legitimiert werden. Deshalb war es folgerichtig, daß Heimpel hier auch eine Umdefinition von »Objektivität« vornehmen mußte. Sie wurde gegen bloße »Richtigkeit« abgegrenzt und stellte eine Art von gedächtnistheoretischem Plädoyer für die Historizität auch des Gedächtnisses dar, die eminent modern anmutet: »Historische Objektivität ist das Streben danach, die fremden Partner der eigenen Geschichte nicht als Objekte, sondern als Subjekte zu begreifen.« Es gelte, »historische Objektivität, nicht *für* die Geschichte, sondern *aus* der Geschichte« heraus zu verstehen. Dies sei, so Heimpel, ein »aus dem Erleben und Mitverschulden der eigenen Zeit« gewiesener Ansatz,[172] den er am Beispiel von Deutschen und Polen illustriert, »eine Annäherung im Ringen mit sich selbst, im Ringen mit dem anderen, um den anderen«. Heimpel verweist an dieser Stelle auf die mehrtausendseitigen Dokumentationsbände des Bundesministers für Vertriebene, mit denen Fachhistoriker »ein Memento für deutsche Leiden, Gedächtnis der Vertriebenen, Mahnung an die Geschonten« errichtet hätten:

> »Aber diese deutsche Betrachtung der Sache kann nicht alles sein. Wer diese Dokumente liest, liest sie auch mit dem Bewußtsein, daß Unrecht und Grausamkeit, an Deutschen begangen, nicht nur Aktionen, sondern Reaktionen sind auf Vertreibungsaktionen, die uns zur Last fallen. Das notwendige Gleichgewicht soll der noch ausstehende Band des Dokumentationswerkes herstellen, der die Vertreibung der Deutschen in den europäischen Rahmen stellt; bis zu seinem Erscheinen

171 Ebd., S. 14 [Hervorh. v. N.B.]. Auch Schulin hat die »angesichts des zeitgeschichtlichen Wissensstandes« geradezu »voreilige« Rhetorik der Versöhnung in den frühen 50er Jahren bei Heimpel kritisiert, vgl: Schulin, Hermann Heimpel und die deutsche Nationalgeschichtsschreibung, S. 13.

172 Ebd., S. 15.

genügt es, in dem eben erschienenen, ruhig geschriebenen Buch von Alexander Dallin: ›Deutsche Herrschaft in Rußland 1941-45‹ zu lesen.«[173]

Heimpel war einer der wenigen Zeitgenossen, die dieses Großprojekt der Nachkriegsgeschichtswissenschaft kritisierten, und er gelangte zu dieser Kritik durch das Nachdenken über die Funktion und das Funktionieren von Erinnerung, mithin über die Einsicht in die Pluralität von »Gedächtnissen«, über die Erkenntnis, daß »eine neue Gegenwart [...] ein neues Licht auf die Vergangenheit (wirft)«.[174]

Es war eine Mischung aus grundsätzlicher Reflexion, die Heimpel als Deutscher[175] zu artikulieren versuchte, methodischer Innovation, die er als Fachhistoriker einforderte, und Schamgefühl, das er als privates Individuum durchblicken ließ. Einer »naiven Geschichtsbetrachtung« müsse begegnet werden, denn »das Menschliche versteht sich nicht mehr von selbst«.[176] Die »Erfahrung der eigenen Unmenschlichkeit«,[177] so Heimpel, sei Grund genug, eine »anthropologische Wendung der Geschichte« zu konstatieren: »Der Historiker ist stärker als früher hingewiesen auf die ausdrückliche Frage, was der Mensch sei. Er sucht die Antwort, indem er fragt, was der Mensch gewesen sei«,[178] und dies nicht nur im universalhistorischen oder urgeschichtlichen Sinne, sondern mit bewußtem Blick auf die Zeitgeschichte: »Sollen wir unsere eigene Erfahrung mit der Geschichte vergessen und sie auf diese Weise nicht überliefern? Sollen wir unsere Erfahrung mit den Menschen ins Grab nehmen, statt den Versuch zu machen, sie zum Verständnis der Vergangenheit auszunutzen?«[179]

173 Heimpel, ebd., 15 f.; der Ergänzungsband der Dokumentation ist bezeichnenderweise nicht mehr erschienen. Den Gesamtzusammenhang klärt jetzt die wichtige Studie von Matthias Beer auf, vgl.: Beer, Im Spannungsfeld zwischen Politik und Zeitgeschichte; das Buch von Alexander Dallin, auf das Heimpel hier verweist, kann als die früheste Arbeit zum »Vernichtungskrieg« im Osten gelten, vgl.: Dallin, Deutsche Herrschaft in Rußland 1941-45. Eine Studie über Besatzungspolitik, Königstein/Ts. 1981 (unveränd. Ausg. von 1958; engl. Orig.: German Rule in Russia, 1956). Ihr war in Deutschland kein erkennbarer oder gar hervorzuhebender zeitgenössischer Erfolg beschieden.

174 Heimpel, Über Geschichte und Geschichtswissenschaft, S. 16.

175 Vgl. z.B. ebd., S. 25: »Der deutsche Historiker [...].«

176 Ebd., S. 19.

177 Ebd.

178 Ebd.

179 Ebd.

Es waren die in solchen Fragen und Formulierungen zum Ausdruck kommenden Versuche, Erinnerung und Erforschung gerade *nicht* voneinander zu trennen, die Heimpel im Kontext der Historiographie der 50er Jahre eine besondere Rolle einnehmen lassen. Der Einbruch der »Gegenwart« in die Traditionen des historischen Denkens,

> »die unvergleichliche Zeit fordert uns auf, historisch zu denken. Die Neigung der modernen Gesellschaft, die Vergangenheit zu vergessen, ruft die Geschichtswissenschaft auf, das Gedächtnis dieser Gesellschaft zu sein. Das Erlahmen der natürlichen Beziehung zur Vergangenheit muß uns auffordern, diese Bindung durch Besinnung herzustellen. [...] Die Position Nietzsches hat sich umgekehrt. Nietzsche sah seine Zeit leiden an einem Zuviel an wissenschaftlich erinnerter Vergangenheit, und forderte das produktive Vergessen. Unsere Zeit droht zu leiden an einem Mangel an erinnerter Vergangenheit. [...] Nur das Wissen von den Schrecknissen der Vergangenheit läßt uns den Schrecken der Zukunft ins Auge schauen, um sie zu bannen.«[180]

Für Heimpel war »Historisches Bewußtsein« dasselbe wie »historisches Selbstbewußtsein«. Deswegen der subjektive Zwang, sich autobiographische Rechenschaft zu geben. Deswegen aber auch das Festhalten am wissenschaftspolitischen Konservativismus seiner Zeit. Es gelte, bei aller Revision und Innovation, die traditionellen Themen der Geschichtswissenschaft nicht zu vernachlässigen, »[d]enn wie alle Wissenschaft lebt auch die Geschichte in zwei Bereichen. Sie ist zugleich weltoffen und weltfremd, sie lebt aus der Aktualität, aber sie lebt ebenso aus der Kontinuität: aus der Kontinuität der eigenen Vergangenheit, und aus der Kontinuität der Forschung. Diese Forschung ist, ungestört vom Diktat der jeweiligen Gegenwart, immer wieder hingewiesen auf die einfache, ruhige und langatmige Klärung von Sachzusammenhängen, von Schuldfragen besonders und von Ursachenfragen.«[181] Und Heimpel schließt mit dem Plädoyer: »[L]assen wir die Kontinuität nie fahren. Geschichte, entflammt von den Forderungen der Gegenwart, ist doch auch wieder eine Beruhigung dieser Gegenwart, sie ist nicht nur das erkennende, nicht nur das verstehende, sondern auch das versöhnende Gedächtnis der Menschen.«[182] Mit der historisch erfaßten Wirklichkeit diene der Historiker, so Heimpel, der Gegenwart: »[W]ir beantworten die Frage unseres An-

180 Ebd., S. 23 f.
181 Ebd., S. 24.
182 Ebd., S. 24 f.

fangs, ob die Geschichtswissenschaft den Forderungen der Zeit gerecht werde, mit einem deutlichen Ja. Aber wir bedenken: nicht nur ist die Vergangenheit der Gegenwart verpflichtet, die Gegenwart hat auch eine Pflicht gegenüber der Vergangenheit, die vom Historiker verwaltete Pflicht des Gedächtnisses. Das Gedächtnis macht den Menschen menschlich, Geschichte und Geschichtswissenschaft sind in diesem Sinn Elemente der Menschlichkeit.«[183]

Fazit: Der Einbruch der Gegenwart in die konservative Historik der 50er Jahre

Die Rede von der »Bewältigung der Vergangenheit« war eine konservative Erfindung der 50er Jahre, die vor allen Dingen durch ihren defensiven Charakter gekennzeichnet ist. Diese Milde hatte aber einen Grund, denn es war nicht die Konfrontation mit der »Vergangenheit«, sondern der »Einbruch der Gegenwart«, der die Geschichtsschreibung ändern sollte. Die hier analysierte »protestantische Bußfertigkeit« wurde vor allem auf ihre Leistungen, auf ihre Innovation und Funktion hin befragt. Sie hielt aber auch einige Möglichkeiten zur semantischen Verdrehung, zur Verharmlosung und zur Sublimierung der Selbstrechtfertigungen bereit, was hierbei nicht vergessen werden sollte. So konnte aus Reue, Buße und Scham auch das Bedürfnis nach Versöhnung wachsen, übermächtig werden und in die parallelisierende Haltung münden, man möge sich nun gegenseitig nichts mehr vorwerfen. Als der Auschwitz-Überlebende Jean Améry 1958 in einem Gespräch mit einem Kaufmann in Süddeutschland das »Bekenntnis« hörte, daß das deutsche Volk dem jüdischen nichts mehr nachtrüge, begann er zu verstehen, daß dieser Art von aggressivem Versöhnungsszenario nur mit eigenen Ressentiments und deren Explikation zu begegnen sei.[184] Die Differenz zwischen dem Wunsch nach autobiographischer Beichte und der Weigerung, über dieselbe Zeit offiziell und auf Anfrage hin Auskunft zu geben, mutet mitunter widersprüchlich an, ist aber ein wesentlicher Teil dieser Diskursstruktur. Der bereits erwähnte Tübinger Theologe Helmut Thielecke, als geradezu fanatischer Gegner der »Entnazifizierung« den Besatzungs-

183 Ebd., S. 25.

184 Vgl.: Améry, Ressentiments, in: ders., Jenseits von Schuld und Sühne, S. 108 f.: »Ich hegte meine Ressentiments. Und da ich sie nicht loswerden kann, noch mag, muß ich mit ihnen leben und bin gehalten, sie jenen zu erhellen, gegen die sie sich richten.«

behörden ein Dorn im Auge,[185] brachte die Mentalität dieser Seite »protestantischer Bußfertigkeit« auf den Punkt. Er lehnte das Fragebogen-Verfahren der Alliierten aus nationalem Ehrgefühl mit grotesken Verzerrungen der politischen Proportionalität rundweg ab:

> »Denn sie [gemeint sind die Fragebögen, N.B.] waren auf eine kollektive Verdammung gegründet, der man sich *nur durch komplizierte und entwürdigende Akte der Selbstrechtfertigung entziehen konnte.* Unzählige waren jahrelang unschuldig, ohne Gerichtsurteil, ja ohne daß sie den Grund ihrer Verhaftung auch nur ahnten, eingesperrt.«

Grundiert aber war seine Ablehnung, ähnlich wie bei Heimpel, Wittram und Ernst, biographisch-theologisch:

> »Dadurch wurden alle *moralischen Appelle* und alle Versuche einer ›Reeducation‹ in der Wurzel unglaubwürdig, und ich sah mit tiefstem Erschrecken, wie hier unwissend und wider Willen die Giftsaat eines neuen Nationalismus ausgeworfen wurde und wie sie schon während der Lagerzeit in vielen Herzen zu keimen begann – *in Herzen, die eben noch unter den Zuchtruten Gottes sich zu beugen bereit waren.*«[186]

Nationalismus und Verstocktheit, folgt man der Logik Thieleckes, waren offenbar *Ergebnis* der Reeducation, nicht umgekehrt. Man dürfe den »Herzen«, die sich gerade »unter den Zuchtruten Gottes zu beugen bereit waren«, nicht mit lästigen und äußerlichen Fragen kommen, was man in den dreißiger Jahren gewählt habe und ob man Parteimitglied gewesen sei oder Ähnliches. Dieser Trotz antwortete auf die Verachtung, die den Bekennern und Bereuern nicht selten entgegenschlug. Über die in den 50er Jahren in kürzesten Abständen vorgelegten theoretisch-reflexiven Arbeiten von Heimpel, Heuß und Wittram konnte ein Theodor Schieder herablassend und bissig von den »Göttinger Wallungen« sprechen.[187] Das

185 Vgl. zu den Konflikten um Thielicke auch: Wolfgang Faßnacht, Universitäten am Wendepunkt? Die Hochschulpolitik in der französischen Besatzungszone (1945-1949), Freiburg/B. 2000.

186 Thielicke, Kleine Biographie, in: Kern (Hg.), Wegweiser, S. 22-40 (38) [Hervorh. v. N.B.].

187 Mündliche Mitteilung von Ernst Schulin in einem Gespräch mit dem Vf. am 14. 6. 1999, N.B. Jahre später klingt das dann in einem veränderten Ton nach Schieders »reflexivem Lernprozeß«, den Hans-Ulrich Wehler so an ihm gelobt hat, ganz anders: In einem Brief an Rothfels bedankte er sich für dessen berühmt gewordenen Vortrag über die deutsche Geschichtswissenschaft in den 30er Jahren und fügte hinzu: »Jedenfalls ist Ihnen gelungen,

entsprach wiederum völlig dem Heroismus des Schweigens, der von bestimmten Kreisen regelrecht »gepflegt« wurde. Die Grenzen bis zum äußeren rechten Spektrum waren vielleicht fließend, der Trotz hartnäckig und zusammen mit dem Selbstmitleid weit verbreitet, die Unterschiede jedoch sind sprechender.[188] Nicht zuletzt aufgrund des jüngst erweiterten Wissens um die Rolle Schieders im Dritten Reich[189] bleibt festzuhalten: die häufig von rechter Seite denunzierte »öffentliche Zurschaustellung von Reue« war gegenüber jenen »Laboratorien der Selbstbehauptung«, von denen Dirk v. Laak im Hinblick auf rechtsintellektuelle Kreise und Zirkel gesprochen hat,[190] trotz ihrer oben beschriebenen Einseitigkeiten eine notwendige erste Etappe auf dem Weg zum Sprechen über den Völkermord.

Dingen auf den Grund zu gehen, die oft verdrängt werden, wenn ich auch glaube, daß sich gerade in meiner Generation eine weit größere Zahl damit ständig innerlich auseinandersetzt.« Vgl.: Schieder, Brief an Hans Rothfels vom 16. 2. 1965, in: BAK, NL Rothfels 213, Nr. 36. Werner Conze hat dagegen noch in den 70er Jahren, ohne Namen zu nennen, stereotyp davon gesprochen, daß die »›Revision des deutschen Geschichtsbildes‹ [...] unter dem psychischen Druck der Siegerschelte und der eigenen Skrupel zuweilen selbstquälerisch [...] vollzogen [wurde]-«. Conze, Die deutsche Geschichtswissenschaft seit 1945, S. 14.

188 Der Name »Kogon« stand z.B. nach 1945 in rechtsintellektuellen Kreisen z.B. geradezu exemplarisch für all das, was sie ablehnten. So schrieb beispielsweise Rudolf Diels im November 1949 in einem Brief an Carl Schmitt voller Ressentiment von der »Remoulade von Reue, Busse, Impotenz und Selbstverstümmelung«, in die er, Carl Schmitt, »einige steinharte Formulierungen hineinwerfen« möge, so »daß Kogons ihre salzlose Brühe in die Augen« spritze, vgl.: Rudolf Diels, Brief an Carl Schmitt vom 27. 11. 1949, zit. nach: Dirk v. Laak, »Nach dem Sturm schlägt man auf die Barometer ein ...«, S. 44.

189 Aly, Rückwärtsgewandte Propheten, S. 153-184; und: ders., »Daß uns Blut zu Gold werde«. Theodor Schieder, Propagandist des Dritten Reiches; vgl. auch die beiden Sammelbände von Schoettler (Hg.), Geschichtsschreibung als Legitimationswissenschaft; sowie: Schulze/Oexle (Hg.), Deutsche Historiker im Nationalsozialismus.

190 Von Laak, »Nach dem Sturm schlägt man auf die Barometer ein ...«, S. 36; ders., Gespräche in der Sicherheit des Schweigens.

3.2. »Wie schwer ist es, über Auschwitz nicht wirkungsvoll zu schreiben«: Zur Entstehung der Zeitgeschichtsschreibung am Institut für Zeitgeschichte

Kontroversen um die Frühgeschichte des Instituts für Zeitgeschichte

Das Institut für Zeitgeschichte (IfZ) hat anläßlich seines 50. Geburtstages eine Festschrift publiziert, in welcher seine eigene Gründungsgeschichte und die Entwicklung der Zeitgeschichtsforschung in Deutschland zusammen dargestellt werden. Dabei werden zwar die Schwierigkeiten des Anfangs sowohl der Disziplin als auch der Institution erwähnt, in erster Linie wird aber die These vorgetragen, daß die deutsche Zeitgeschichtsforschung insgesamt und das Institut im Speziellen vom Beginn der eigenen Arbeit an das Thema »Auschwitz« erforscht habe. Es sei lediglich eine oft wiederholte »Mär«, wenn behauptet werde, diese Thematik sei verdrängt worden, diese »unsinnige Behauptung« sei, so Horst Möller, der Direktor des IfZ in diesem Rückblick explizit, zu »widerlegen«.[1] Statt also dem Gedanken der Schwierigkeiten weiter nachzugehen, die die Zeitgeschichtsforschung nach dem Zusammenbruch des Dritten Reiches zu überwinden hatte, lobt Möller »die damaligen Institutsplanungen und ihre eingehende Diskussion in den Gremien«.[2] Schon 1951, so Möller mit dem Hinweis auf die Akten der frühen 50er Jahre, sei das Schicksal der Juden in Forschungsplanungen des Instituts festgeschrieben worden. Dort ständen »Chronologie der Judenverfolgung mit beispielmäßiger Dokumentation« sowie »Zeugnisse jüdischer Menschlichkeit« als Arbeitsvorhaben, beide werden von ihm deshalb als Beleg für seine These gewertet.[3]

Diese Auffassung ist nun nicht nur mit anderslautenden, sehr viel kritischeren Einschätzungen zur Frühgeschichte des IfZ zu konfrontieren, beispielsweise mit der scharf vorgetragenen negativeren Bilanz von

1 Möller, Das Institut für Zeitgeschichtsforschung, S. 50 und S. 2.

2 Ebd., S. 34.

3 Ebd., S. 31; Vgl.: Kuratorium und Beirat, Protokoll der Sitzung vom 9. 3. 1951, S. 12 f., in: IfZ ED 105 (1). Wichtigste Arbeit zur Frühphase des IfZ ist immer noch: Schulze, Deutsche Geschichtswissenschaft nach 1945, S. 229-242; außerdem: Auerbach, Die Gründung des Instituts für Zeitgeschichte; Dazu die Festschriften-Sammelbände von 1975 und 2000, vgl.: 25 Jahre Institut für Zeitgeschichte; Möller/Wengst (Hg.), 50 Jahre Institut für Zeitgeschichte.

Sebastian Conrad,[4] sondern mit den von Möller zitierten zeitgenössischen Befunden aus der Frühphase des IfZ selbst. Während Conrad in erster Linie auf der Basis von Grundlagentexten der damaligen Akteure die intellektuelle Konzeption einer »deutschen« gegen die »Ignoranz« des Auslandes gerichteten Perspektive dieser frühen Bemühungen um Aufklärung hervorhebt und von einer »Verinselung« der Zeitgeschichte der 50er Jahre spricht, nach der die Deutschen, zur Beschäftigung mit der unmittelbar vergangenen Katastrophe gezwungen, diese Aufgabe aber sozusagen an ein außeruniversitäres Forschungsinstitut delegiert hätten, um sonst nichts damit zu tun haben zu müssen, läßt sich bereits anhand des Materials im Hausarchiv selbst ein sehr viel skeptischeres Bewußtsein von den Möglichkeiten und Grenzen der eigenen Arbeit auffinden, als es den Anschein hat, verläßt man sich ausschließlich auf die rückblickende Jubiläumsbilanz des Instituts. Beispielsweise war es den Verantwortlichen der ersten Stunde bewußt, so die nachdenklichere Einschätzung des ersten Direktors Hermann Mau, daß das Institut seine Aufgabe auf die Dauer nicht ohne eine stärkere Teilnahme der deutschen Geschichtswissenschaft im allgemeinen und der deutschen Hochschulen im besonderen erfüllen könne und daß es vor dem Mißverständnis geschützt werden müßte, als könne es die »geistige Bewältigung der nationalsozialistischen Vergangenheit allein und sozusagen stellvertretend für die deutsche Wissenschaft leisten«.[5] In der Tat belegt ein solcher differenzierterer Blick auf den Kontext der eigenen Arbeit, daß die Möglichkeit der Erfüllung all jener Aufgaben, für die das IfZ gegründet wurde, schon zur Zeit seiner Etablierung leicht überschätzt werden konnte.[6] Es besteht nun aber kein Grund, diese Überschätzung heute noch einmal retrospektiv zu wiederholen, diesmal im Bewußtsein, daß die Münchner Zeithistoriker nicht nur eine übergroße Aufgabe zugewiesen bekamen, sondern diese auch

4 Conrad, Auf der Suche nach der verlorenen Nation, S. 239 ff. Conrad äußert sich ausgesprochen kritisch zur frühen Konzeptualisierung von Zeitgeschichte, vgl. v.a. sein Kapitel »Zeitgeschichte als Methode«, welches aber das IfZ weniger institutionell bewertet, sondern eher eine Einschätzung der zeitgeschichtlichen Konzepte der 50er Jahre im ganzen vornimmt.

5 Vgl.: Kuratorium, Protokoll der Sitzung vom 9. 1. 1952, S. 2, in: IfZ ED 105 (1).

6 Vgl. z.B. die Hinweise von Christoph Weisz und Ingrid Baass auf die frühen Pläne des bayerischen Staatsministers Anton Pfeffer im Oktober 1947, der in einer Vorbesprechung über das zu gründende Institut sieben Forschungs- und Arbeits-Abteilungen plante und allein für Archiv und Bibliothek 20 Räume forderte, Weisz/Baass, Die Bibliothek des Instituts für Zeitgeschichte, in: Möller/Wengst (Hg.), 50 Jahre Institut für Zeitgeschichte, S. 88.

ohne Einschränkung zum Erfolg geführt hätten. Die von Möller angeführten Aktenbelege zeigen keineswegs, »wie es eigentlich gewesen« ist, denn beide Arbeitsvorhaben erschienen überhaupt nicht im Druck. Darüber hinaus bleibt vor allem die Interpretation der problematischen Vorstellung von einer Dokumentation »jüdischer Menschlichkeit« außen vor, aus der nicht ersichtlich wird, inwiefern hier das Thema des Völkermords an den Juden überhaupt gemeint war.

Es soll demnach im folgenden versucht werden, die Frage nach dem Umgang mit dem Völkermord an den Juden im Dritten Reich am IfZ noch einmal zu stellen, und zwar anhand der archivalischen Überlieferung der Institutsarbeit jener Zeit, soweit sie die Rekonstruktion der damaligen Entscheidungen erlaubt. Dabei wird insgesamt eine Argumentation über die Formen der Thematisierung und deren Reichweite und Grenzen anvisiert, kein rein quantitatives Herangehen an die Problematik, das die Einträge in Bibliographien seit den 50er Jahren zählt und die Auflagenhöhe des *Tagebuchs der Anne Frank* bis 1981 triumphierend als allgemeinen Beleg gegen die Verdrängungsthese der 50er Jahre verrechnet, wie dies Möller schwerverständlicherweise getan hat.[7] Eine solche Fragestellung, die auf Interpretation der forschungsleitenden Fragestellungen und Erkenntnis-Interessen zu verzichten können glaubt, wird der Ambivalenz der Fragestellung nach dem Verhältnis von Erforschung und Erinnerung am IfZ kaum gerecht. Zugleich wird im Folgenden aber der Einsicht Rechnung getragen, daß die Institutshistoriker im Gegensatz zur in dieser Hinsicht deutlich abstinenteren akademischen Geschichtsschreibung als »Außenseiter-Gilde«[8] der Nachkriegshistoriographie begannen.

»Die Tat selbst« und die »nachträgliche Erörterung des Tuns«: Die junge Zeitgeschichtsforschung unter Legitimationsdruck

»Wir wollen«, so schrieb der zweite Direktor des Instituts für Zeitgeschichte Paul Kluke über das Arbeitsprogramm seiner noch jungen Institution, »gewiß nicht der Thesis einer deutschen Kollektivschuld in einem juristisch greifbaren Sinn das Wort reden oder den Versuchen, die gemacht wurden, diese Schuld vor einem internationalen Tribunal in genauer Dosierung von Nachweis und Strafe auszumessen. Doch es bleiben die Taten der zwölf Jahre, Terror und Totschlag, kaltblütige Morde nach der Liste, die aus dem Munde des zum Hüter des Rechts berufenen Ministers

7 Möller, Das Institut für Zeitgeschichte, S. 50 und 51.

8 Den Ausdruck benutzt Wolfgang Benz, Wissenschaft oder Alibi?, S. 25.

als rechtens erklärt wurden, die industrielle Vernichtung von Millionen unschuldiger Menschen, und mit diesen Taten hat sich auch die Zeitgeschichte zu beschäftigen. Sie schüttelt den Vorwurf ab, damit das eigene Nest zu beschmutzen. Das geschieht durch die Tat selbst, nicht erst durch eine nachträgliche Erörterung des Tuns.«[9]

Eine solche Erklärung mutet heute redundant an, denn es steht nicht mehr die Frage zur Debatte, ob und aus welchem Grund sich Zeitgeschichte mit der Vernichtungspolitik der NS-Zeit zu beschäftigen habe. Aber auf dem Weg zur langsamen Etablierung der Zeitgeschichtsforschung im Verlauf der 50er Jahre waren die nationalsozialistischen Massenverbrechen das größte Hindernis für eine Institutsgründung, die noch lange um ihre politische Anerkennung und Finanzierung bangen mußte und ihr Geld Jahr für Jahr von einem Beiratsgremium bewilligt bekam, in welchem Bund und Länder vertreten waren. Aus Historikersicht blieb gegen das stete Mißtrauen also der Vorwurf aus der Welt zu schaffen, man »beschmutze« die eigene nationale Integrität. Klukes Formulierung vom prekären Verhältnis der »Tat selbst« und der »nachträgliche[n] Erörterung des Tuns« reflektiert ein Wissen um solche Schwierigkeiten, das aus der politischen und finanziellen Abhängigkeit der eigenen Arbeit ebenso resultierte wie aus einer allgemeinen »defensiven Mentalität« der Öffentlichkeit im Nachkriegsdeutschland.

Der Anspruch einer »einwandfreien sachlichen Forschung«[10] konnte hier regelrecht drohende Untertöne bekommen. Seit langem, so berichtet zum Beispiel die »Stuttgarter Zeitung« aus der Frühphase der Institutsgründung, sei »in der wissenschaftlichen Fachwelt ein Meinungskampf ausgebrochen über die Frage, ob nicht die Objektivität der Forschung gefährdet werde, wenn zu stark politische Verfolgte, die nicht über die fachlichen Grundlagen verfügen, zu den Arbeiten herangezogen werden.« Sicherlich, so fügte der Autor dieses Artikels hinzu, brauche man hierfür einen »KZ-Spezialisten«, aber man sei sich im allgemeinen doch darüber im klaren, »daß man nicht etwa die jüngste deutsche Geschichte nur mit Spruchkammermaßstäben messen« könne.[11] Noch in den Reflexen der Presse wird das Dilemma deutlich. Es war sozusagen politisch inopportun, das Thema der Konzentrationslager zu vernachlässigen, aber aus Gründen der wissenschaftlichen Objektivität sollten zugleich

9 Kluke, Aufgaben und Methoden zeitgeschichtlicher Forschung, S. 7436.
10 Vgl.: A. D., »Nationalsozialismus – wissenschaftlich betrachtet«, in: Stuttg. Ztg., 8. 8. 1950. Das Folgende v.a. nach den Beständen des Hausarchivs im Institut für Zeitgeschichte, vgl.: IfZ/Allg. (1946-1950), in: IfZ ED 105 (1).
11 Ebd.

keinesfalls die Stimmen der »zu stark politisch[e] Verfolgte[n]« dominieren. Sie würden, so das in dem Zeitungsbeitrag artikulierte Mißtrauen, der deutschen Geschichte der vergangenen Jahre lediglich den Maßstab der Entnazifizierung auferlegen. In solchen öffentlich geäußerten Erwartungen an das zu errichtende Institut wird erkennbar, mit welchen geschichtspolitischen Balanceakten die Gründung selbst zu erfolgen hatte.

Heinz-Dietrich Loock, mehrere Jahre Mitarbeiter am IfZ, hat in seinem Rückblick auf die Anfänge des Instituts dieses Wissen wohl am pointiertesten zum Ausdruck gebracht, als er Anfang der 70er Jahre schrieb: »Auschwitz leistet der Entstehung der Zeitgeschichte am heftigsten Widerstand.«[12] Wie ist dieser Widerstand, den Loock aus dem Rückblick von 25 Jahren im Blick auf die Anfänge des Instituts zu erkennen glaubte, selbst zu fassen? Welche Befunde geraten in den Blick, nimmt man statt der unkritischen Bilanz des 50. Geburtstages eher die skeptische Einschätzung nach 25 Jahren als Ausgangspunkt der Fragestellung? Kann man das Problem empirischer darstellen als lediglich in den divergierenden Bewertungen aus unterschiedlicher Perspektive der selbst Beteiligten oder ihrer institutionellen Erben? Hat es in der Frühphase des IfZ eine Beschäftigung mit dem Holocaust gegeben und wenn ja, auf welcher Quellenbasis, anhand welcher Fragestellung und in welcher Form wurde das Thema beschrieben und konzeptualisiert?

Das vergangenheitspolitische Grundgesetz: Nüchternheit und Distanz

Zeitgeschichte ist per definitionem »Mitbestimmung der Mitlebenden«, so Lutz Niethammer in einer Definition, die die Deutungs- und Interpretationskämpfe auf dem Feld der Forschung nicht auszugrenzen, sondern einzubeziehen versucht.[13] Sie ist dies auch dann, wenn explizit vorgebracht wird, sie sei objektiv. Das Ideal der »Objektivität« und die Beschwörung von »Distanz« waren am IfZ der paradoxe Ausgangspunkt einer allgemeinen »Historik« der jüngsten Vergangenheit, mit der man sich der wissenschaftlich geläufigsten Sprachregelung bediente, die einem

12 Loock, War's so? Erinnerungen an die Entstehung der Zeitgeschichte, S. 49.

13 Niethammer, Methodische Überlegungen zur deutschen Nachkriegsgeschichte, S. 325. Niethammer bestimmt Zeitgeschichte als »eine langsame und approximative Veranstaltung von außen nach innen, die dem Geheimnisschutz der Herrschaft Stück um Stück und auf nur selten ganz sicherbare Weise ihre öffentliche Selbstdarstellung und Legitimation entzieht oder sie zumindest überprüft« (S. 315). Diese Definition ist im folgenden zugrunde gelegt.

für die Demonstration der eigenen Herangehensweise zur Verfügung stand. Es hat mit der Unterschiedlichkeit verschiedener Gedächtnis-Arbeit zu tun, wenn die zeitgenössische Kritik an diesem Habitus gerade von der älteren Generation formuliert wurde, die, wie an Heimpel im vorigen Kapitel gezeigt wurde, die Notwendigkeit einer »aus der Erschütterung« geborenen Neubewertung der deutschen Geschichte betonte oder die, wie z.B. Karl O. v. Aretin dies tat, herausstrich, daß es »unsinnig« sei, »die jüngste Vergangenheit rein positivistisch und ohne Wertungen darstellen zu wollen«, und daß man die Wahrheit der jüngsten Vergangenheit »nicht nur aus einer chemisch gereinigten Fakten-Aneinanderreihung« schöpfen könne.[14] In der Gründungsphase des IfZ, als ein Forschungsprogramm noch gesucht wurde, war es bezeichnenderweise der 80jährige Walter Goetz (1867-1958), der in einer Denkschrift aus dem Jahre 1948 in pädagogischem Duktus hervorhob, daß die Zeit des Dritten Reiches »grundlegend zu erforschen sei, damit die Nation wisse, wie sie in den 12 Jahren nationalsozialistischer Herrschaft regiert worden ist«, und dabei vor allem betonte, »eine gewisse Schuld an diesem schwersten Niedergang deutscher Geschichte« trage die Nation mit.[15]

Das Wissenschaftsideal des IfZ war mit solchen Denkschriften aber kaum bezeichnet, im Gegenteil. In München wollte man nicht »Schuld«-, sondern »Ursachenforschung betreiben, nicht Selbstaufklärung über den »Niedergang deutscher Geschichte«, sondern Kenntnisse über Struktur und Verlauf der politischen Funktionsweise des NS-Systems erhalten. In Absetzung von einem ins Allgemeine zielenden Räsonieren »szientifizierte« sich das historiographische Sprechen über Nationalsozialismus und die deutsche Geschichte zwischen 1933 und 1945, und es etablierte sich ein neuer Bezug des Bewertungsmaßstabes: Nicht mehr die stolze Höhe der Nationalgeschichte *vor* Hitler war der archimedische Punkt der Interpretationen, sondern die Informationen aus Dokumenten und Quellen unter dem Gesichtspunkt der Objektivität. Diese Leitlinie ist aufgrund ihrer wissenschaftsimmanenten Dignität und wegen ihrer allgemeinen Selbstverständlichkeit viel zu selten diskursgeschichtlich untersucht worden, obwohl die »Imponiervokabel« Objektivität nicht selten von jenen vereinnahmt worden ist, die lediglich andere Sichtweisen zu margina-

14 Vgl.: v. Aretin, Deutschlands Geschichtswissenschaft seit dem Zweiten Weltkrieg, S. 362.

15 Vgl.: BAK, N. Goetz, Nr. 49. Zu Goetz und seiner Rolle in den frühen Grabenkämpfen um das Münchner Institut vgl. v.a. Weigand, Walter Wilhelm Goetz, v.a. S. 352 ff.

lisieren versuchten.[16] Theodor Eschenburg, neben seinem Tübinger Kollegen Hans Rothfels der Spiritus rector der »Vierteljahrshefte für Zeitgeschichte«, der in den 50er Jahren am IfZ gegründeten und bis heute wichtigsten deutschen zeitgeschichtlichen Fachzeitschrift,[17] lobte beispielsweise das Buch von Konrad Heiden über den Nationalsozialismus, das dieser *vor* seiner Vertreibung durch die Nazis verfaßt hatte, weil er hier »zur Distanz gezwungen« und mit »großer Objektivität« auch die »positive Seite des Nationalsozialismus«, die »Mängel der Weimarer Demokratie und ihrer Parteien« und die Verwandtschaft zwischen Nationalsozialismus und Bolschewismus behandelt habe.[18] Heidens in der Emigration entstandenen Arbeiten über das Dritte Reich, so das zu jener Zeit gängige Vorurteil, fehlte dagegen »die Unvoreingenommenheit«:

> »Es gibt im Ausland Kräfte, die allzu sehr unter dem Einfluß der Erinnerung an die jüngste Vergangenheit stehen, während manche Deutsche diese Zeit einfach ausgelöscht haben wollen. Aus dieser Über- und Unterbewertung entstehen Konflikte, weil die der Erinnerung Verhafteten ebenso wie die sie Verschüttenden sich nicht zur distanzierten Betrachtung und Beurteilung der erlebten Vergangenheit aufraffen können.«[19]

Man könnte dies als das vergangenheitspolitische Grundgesetz des neuen Forschungsinstituts der 50er und frühen 60er Jahre bezeichnen, unter dem vor allem die Arbeiten kritisiert werden konnten, die außerhalb

16 Hockerts, Zugänge zur Zeitgeschichte, S. 62, der vorschlug, »den Objektivitätsbegriff aus dem Verkehr zu ziehen«, solange damit der Eindruck erweckt werde, »die Zeithistorie könne aus dem Strom der Zeit herausspringen und ihn vom festen, eben ›objektiven‹ Ufer aus betrachten und beurteilen«.

17 Zu Eschenburg vgl. seine Memoiren: Eschenburg, »Also hören Sie mal zu«; ders., »Letzten Endes meine ich doch«; außerdem: Schwarz, Nachruf; Rupp/Noetzel, Theodor Eschenburg; zu den VfZ vgl. den Jubiläumsband 51 (2003).

18 Eschenburg, Aufgaben der Zeitgeschichte, S. 358. Man staunt heute mitunter über solche Formulierungen, noch dazu in einem Methodentext, der seine eigene Unantastbarkeit durch Objektivität erbringen möchte. Diese Texte sind aber Legion, vgl. z.B.: Moltmann, Zeitgeschichtlicher Unterricht, der ebenfalls nach den »positiven Zügen« der jüngsten Geschichte fragt und vor »Verdammungsurteilen« warnt. Generell, und im Widerspruch zu seinem Objektivitätsfetischismus, war Eschenburg im übrigen der pragmatischen Meinung, daß Zeitgeschichte v.a. »ein Hilfsinstrument des politischen Messens« sei und ein »großes Erfahrungsreservoir für den Politiker« darstelle (Eschenburg, Aufgaben der Zeitgeschichte, S. 360 und 359).

19 Eschenburg, Aufgaben der Zeitgeschichte, S. 359 und 360.

Deutschlands entstanden, also von Emigranten oder Historikern aus dem Ausland. Kern der frühen zeitgeschichtlichen Methodik war zwar das Beschwören von objektiver und distanzierter Herangehensweise, die von niemandem in Frage gestellt wurde, häufig aber meinte man nur die Unabdingbarkeit der *eigenen* zeitlichen und geographischen Nähe zum Gegenstand, waren Plausibilität und Kohärenz der eigenen Erlebnislogik ausschlaggebend.[20] Dieser Standpunkt weist prototypisch den Widerspruch zahlreicher ähnlicher Arbeiten aus derselben Zeit auf, in denen versucht wurde, Zeitgeschichte nach dem Ideal einer »nüchterne[n], redliche[n], wirklichkeitsnahe[n]« Wissenschaft zu bestimmen.[21] Einerseits wurde auf die Bedeutung der Zeitgenossenschaft verwiesen, die es erst ermögliche, Zusammenhänge zu erkennen und eine »isolierende Betrachtung« einzelner Ereignisse zu vermeiden, wie es Nachgeborene so häufig täten. Andererseits erfolgte ein recht pathetischer Aufwand, »Distanzierung«, »Objektivität« und ein »nüchternes Schauen und Beurteilen« gegen die »emotionale«, »affektgeladen[e]« Zeitgeschichte »mit ihren heillos verwirrenden Wirkungen« abzugrenzen.[22] Zeitgeschichte sei »wirklich aus eigenem Erleben *und* zugleich mit Distanz« zu schreiben.[23]

»Laokoons im Kampf mit Mikrofilmrollen«

Man hat die Problematik der frühen Verlautbarungen des IfZ nicht verstanden, wenn man diese offizielle Erinnerungsseite nicht mit dem inoffiziellen Gedächtnis des Instituts wenigstens konfrontiert. Denn obwohl sich das Institut der empirischen Erforschung auch der erinnernden und aufklärenden Vermittlung in der Öffentlichkeit verpflichtet hatte, war sein Ethos das des Forschens, nicht das der »Vergangenheitsbewältigung«. Der Begriff »Vergangenheitsbewältigung« war am IfZ von Beginn an ein bespötteltes »Unwort«.[24] Hans Buchheim machte in einem Brief an H. G. Adler Witze über den Ausdruck und bemerkte: »Ich bemühe mich, die ›unaufgearbeitete Vergangenheit‹ auf meinem Schreibtisch aufzuarbeiten.«[25] Doch verschaffte der Terminus dem Institut jene »Hoch-

20 Conrad, Auf der Suche nach der verlorenen Nation, S. 238, 241 und 245.
21 Eschenburg, Aufgaben der Zeitgeschichte, S. 360.
22 Ebd., S. 359, 358 und 360.
23 Ebd., S. 361 [Hervorh. v. N. B.].
24 So berichtet Graml, Die fünfziger Jahre, in: 50 Jahre Institut für Zeitgeschichte, S. 80.
25 Buchheim, Brief an Adler vom 16. 5. 1958, in: DLA, NL Adler A II 89.

konjunktur«, vor allem nach den Hakenkreuzschmierereien Ende der 50er Jahre, die es bekannt machte.[26] Obwohl man sich also dezidiert gegen das Pathos und die Rhetorik einer »Verstrickung aller in die allgemeine Schuld«[27] wehrte, blieb man in seinem Radius, sowohl als Forscherpersönlichkeit mit eigenen Vergangenheitserinnerungen als auch im Kontext der eigenen Gegenwart mit ihren Themen, Fragen und Antworten. So erfolgte nicht nur Abgrenzung, sondern auch Anknüpfung, manche Argumentationsmuster wurden bruchlos von der historiographischen Tradition übernommen. Helmut Heiber, selbst immer wieder ostentativ auf die sachlichen und objektiven Kriterien zeitgeschichtlicher Forschung verweisend, konnte dessenungeachtet noch 1962 in seiner Biographie über Joseph Goebbels die These aufstellen, das Interesse des jungen Studenten an Latein weise »auf das – genaugenommen – Undeutsche, Romanische seines Wesens« hin.[28] Man war zwar gegen eine »radikale Gewissenserforschung«, aber manche Thesen lesen sich heute wie Sedativa für das eigene und das kollektive deutsche Gewissen. Man verschrieb sich zwar einer »Wissenschaftsgläubigkeit«,[29] aber nicht selten wurde hier nur auf andere Art und Weise nationale Selbstbilder verteidigt. Man wollte weniger Fragen sammeln als vielmehr Antworten geben. Vor allem aber wurde man »zuerst einmal ins Archiv geschickt. [...] Bei unserer Suche stießen wir weder auf Schuld noch auf Entwicklung, sondern auf – Quellen. Wir waren plötzlich keine Atlasse mehr, sondern kleine Laokoons im Kampf mit Mikrofilmrollen. Aber die Bändigung der Quellenschlangen – das war harte Arbeit. [...] Der moralische Impetus wurde konkret: er bezog sich auf die ordentliche Bearbeitung der Quellen«.[30] Die Frage nach den Maßstäben der richtigen geschichtlichen Erkenntnis könne, so der sich gegen Heimpel und andere richtende Ansatz, nur gefunden werden »im mühsamen Geschäft der historischen

26 Loock erinnerte sich z.B., daß man sich ungeachtet des Spotts »von der Konjunktur in Vergangenheitsbewältigung« regelrecht »hochtragen« ließ, Loock, War's so?, S. 49.

27 Vgl. auch die Konzeption eines »dritten Weges«, den die Zeitgeschichtsforschung nach den Vorstellungen von Hermann Mau, dem ersten Direktor des IfZ, zu gehen habe. Hier wird »Verstrickung« zugleich konstatiert und dagegen argumentiert, siehe Kap. 5.1.

28 Helmut Heiber, Joseph Goebbels, Berlin 1962, S. 15.

29 Loock, War's so?, S. 40 f. Er vermutete sogar einen Zusammenhang zwischen dem Beginn der »Zeitgeschichte« und der »Enthistorisierung des gesellschaftlichen Bewußtseins«, (S. 42).

30 Ebd., S. 42 und 43.

Forschung«.[31] Das war die Wirklichkeit und der Gründungskonsens der Zeitgeschichtsschreibung, es gab kein anderes Personal und »anders konnte sie nicht entstehen«.[32]

Dieses Selbstbild beruhte aber auf einem Ideal, das daraus resultierte, daß man den Deutungskonflikten der Zeitgenossen entgehen wollte, zugleich aber auf die Primärerfahrung erlebter Geschichte aufbauen mußte – die eigene und die von befragten Personen der Zeitgeschichte. Propagiert wurde »eine möglichst kühl-objektivierte, wissenschaftliche Darstellung der Geschehnisse«, die man mit dem Mißtrauen gegen jede Form von Propaganda und Publizistik nach 1945 auch gut zu begründen meinte,[33] aber trotz der »Aktenhuberei hatten wir noch keine Distanz gefunden«, die »Zerstörungen der jüngsten Vergangenheit wirkten unwillkürlich in uns fort [...]«.[34] Man selbst hatte zwar als junger Mann vor der Hakenkreuzflagge salutiert,[35] war im Krieg gewesen, verwundet worden, hatte danach eine jahrelange Gefangenschaft überstanden,[36] aber »diese halbverstandene Kontinuität des alltäglichen Lebens«, so Loock, »betraf uns nicht«.[37] Oder aber man definierte sich als »zwar betroffen, aber kaum belastet«,[38] reiste umher, klärte auf und hielt Vorträge in Volkshochschulen, Lehrervereinen, Landeszentralen für politische Bildung und evangelischen Akademien – »sie alle luden uns ein, einzelne von uns oder auch gleich die ganze Korona [...] – eben ›kühl objektivierend‹ und ›wissenschaftlich‹«:[39]

> »Ich erinnere mich noch einer Tagung der Niedersächsischen Landeszentrale für Heimatdienst auf Spiekeroog. Zwischen den Vorträgen und Diskussionen war Zeit. Wir wanderten am Strand entlang und durch die Dünen, oft zusammen mit den Kursteilnehmern, die un-

31 Wenke, »Bewältigte Vergangenheit«, S. 70.
32 Loock, War's so?, S. 45 und 40.
33 Vgl. z.B.: Auerbach, Die Entstehung des Instituts für Zeitgeschichte, passim.
34 Loock, War's so?, S. 44 f.
35 Ebd., S. 44.
36 Schwer verwundet waren z.B. Hans Buchheim und Thilo Vogelsang; der erste Verwaltungsleiter, Heinz Förster, war aus einem polnischen Gefangenenlager geflohen, Helmut Heiber hatte Jahre in jugoslawischer Gefangenschaft verbracht; vgl.: Graml, Die fünfziger Jahre, S. 78. Heute, so Loock in den 70er Jahren, sei er »betroffen davon, daß wir dem Verbrauch der Flaggen durch die Nazi-Zeit so widerstandslos erlegen waren.« (Loock, War's so?, S. 44).
37 Ebd., S. 44 und 46.
38 Broszat, in: ders./Friedländer, Briefwechsel, S. 361.
39 Loock, War's so?, S. 45. Das folgende Zitat: ebd., S. 46.

> seren Referenten manchmal mit Interesse gefolgt waren. [...] Die alten Lehrer sprachen langsam, nachdenklich, auch ein bißchen scheu. Einer sagte – und man merkte, es sollte beiläufig klingen: ›Ich war in der Partei.‹ Die anderen nickten nur. Und dann kam sie: die Lebensbeichte und die halb nur ausgesprochene Bitte um Absolution. Da war es, das Schuldgefühl, der Wunsch nach metanoia – und da war sie: die Wissenschaftsgläubigkeit. Sie beichteten uns jungen Spunden, uns Landsertypen, weil wir – Wissenschaftler waren, weil wir die Sache studiert hatten. [...] [W]ir verdammten nicht, wir erteilten Absolution. [...] [D]ie anmaßende Rolle der Volksaufklärer und Beichtväter hatten wir angenommen. Doch blieb uns ein anderer Weg? Wir gingen unsicher, stolperten über uns selbst, lernten aus jedem Stolpern und lernten – von den alten Lehrern, daß sich Vergangenheit nicht bewältigen ließ [...]. Auch so entstand Zeitgeschichte.«

Loock hat in diesem Erinnerungstext an einen der neuralgischen Punkte der bundesdeutschen Wissenschaftsgeschichte den historischen Ort der eigenen Forschung aufzuspüren versucht. Es war eine Zeit auch der »Wissenschaftsgläubigkeit«, der »Rolle« des Historikers und des »Mißbrauchs« von Autoritäten und Büchern, z.B. von *The German Opposition to Hitler*, von der Hans Rothfels »im Jahre 1948 den Amerikanern so großartig berichtet hatte: [...].« »Welchen Mißbrauch«, so nochmal Loock, »haben wir mit diesem Buch getrieben und mit dem Gegenstand des Buches. Wir haben es bloß thesauriert. Am 20. Juli jeden Jahres wurde der Tresor geöffnet. Und da glänzte der Widerstand dann schwitzend vor Moral. Wir steckten immer neue Widerständler hinein in den Tresor.«[40]

Forschungsauftrag und inoffizielle Erinnerung

Das Ambivalente und Gegenläufige der Wahrnehmung von Judenverfolgung und Vernichtungspolitik ist aber auch in den Diskussionen der Gremien zu fassen. Schon der Blick auf die Namensgebung des neuen Instituts sensibilisiert hierfür: Als in den späten 40er Jahren, also noch vor der konstituierenden Sitzung des IfZ, dieser noch nicht festgelegt war, war auch der Kurs zwischen Forschung und politisch mahnender Erinnerung noch völlig unklar. Der Gründungsdirektor Kroll z.B. fand die »derzeitige Namensgebung«, nämlich »Institut zur Erforschung des Nationalsozialismus«, »eine unglückliche. Es sei nicht praktisch, dem

40 Ebd., S. 48: »Uns war bisweilen unbehaglich.«

Nationalsozialismus in dieser Form ein Denkmal zu setzen.«[41] Er schlug damals bereits den später realisierten Namen »Institut für Zeitgeschichte« bzw. »Institut für jüngste deutsche Geschichte« vor und betonte beides zugleich: den wissenschaftlichen Aspekt, der sich gegen die »Berichterstattung über den Nationalsozialismus in Form von Hintertreppenromanen«[42] wandte, und den aufklärerisch-erzieherischen Aspekt. Es war Bundespräsident Theodor Heuss, der es in einem Brief an die Institutsleitung Ende Juni 1949 für »zweckdienlich« hielt, »den Begriff des Nationalsozialistischen im Namen erscheinen zu lassen. Das hat gewiss etwas gleichzeitig Abstossendes und Anziehendes.« Vielleicht könne man aber statt ›Erforschung des Nationalsozialismus‹ sagen ›der nationalsozialistischen Epoche‹, »weil damit stärker auch die Auswirkungen umfasst werden.« Ein paar Erfahrungen zeigten überdies, so Heuss, daß mit der Belassung des Begriffs Nationalsozialismus leichter Material erreicht werden wird, das in privatem Wissen steckte, als mit der allgemeinen Benennung, »durch die sich nur Wissenschaftler selber angesprochen fühlen.«[43] Aber bereits auf der konstituierenden Sitzung im September 1950 ersuchte der damalige Generalsekretär Kroll die Zustimmung der Beirats- und Kuratoriumsmitglieder, »dass das Institut den Untertitel (für Telefonanfragen) ›Institut für Zeitgeschichte‹ führen dürfe«.[44] Der Beschluß der Namensänderung erfolgte mit Zwischenschritten: Im Mai 1952 drehte man die beiden Parallelnamen um und nannte sich erstmals »Institut für Zeitgeschichte (Deutsches Institut für Geschichte der nationalsozialistischen Zeit)« und setzte hinzu: »Es wird beschlossen, daß der jetzige Untertitel allmählich fallen gelassen werden soll, so daß die offizielle Bezeichnung des Instituts künftig lautet: ›Institut für Zeitgeschichte München‹.«[45] Und schon 1960, lange vor der programmatischen Öff-

41 Kuratorium: Sitzungsprotokoll (4. Sitzung vom 30. 5. 1949, S. 10), in: IfZ/Hausarchiv, Kuratorium (Sitzungsprotokolle) 1 (1949-1961).

42 Ebd., S. 4.

43 Heuss, Brief an das Deutsche Institut zur Erforschung des Nationalsozialismus vom 24. 6. 1949, in: IfZ/Hausarchiv ED 105 (1). Imanuel Geiss hat das IfZ das »institutionalisierte Interesse der Politik an Zeitgeschichte« genannt hat, vgl.: Geiss, Die westdeutsche Geschichtswissenschaft seit 1945, S. 434. Als Generalverdacht verstanden, erscheint dies überzogen, vor allem für Heuss, vgl.: ders., Staat und Volk im Werden.

44 Sitzungsprotokoll, S. 7, in: IfZ/Hausarchiv, Kuratorium: Sitzungsprotokolle 1 (1949-1961).

45 Kuratorium und Beirat, Protokoll der Sitzung vom 17. 5. 1952, S. 2, in: IfZ/Hausarchiv ED 105 (1).

nung der Zeitgeschichte in die Geschichte der Bundesrepublik hinein, wie sie später Martin Broszat vornehmen sollte, wies ausgerechnet Werner Conze auf die von ihm bemängelte Grenzziehung des zeitgeschichtlichen Forschungsgebietes hin und erklärte, »es müsse im Blick behalten werden, daß schließlich die Zeitgeschichte nicht für alle Zeiten mit dem Jahre 1945 aufhöre«.[46]

Ziel des Instituts, so kann man den Protokollen der ersten vorbereitenden Sitzungen des Kuratoriums entnehmen, war ganz zu Beginn gerade nicht reine Forschung, sondern vielmehr eine Mischung aus Aufklärung und Rehabilitation. Die Aufgabe schien seinerzeit klar: »Dieses Institut werde nicht die Aufgabe haben, die lückenlose Geschichte des Nationalsozialismus zu schreiben [...]. Die Geschichte selbst sei Sache der Historiker. Das Institut habe jedoch eine publizistische Aufgabe zu erfüllen.«[47] Die Dringlichkeit der Institutsgründung konnte von Brill Anfang 1949 sogar noch mit dem Anwachsen des Antisemitismus und der öffentlichen »Gleichgültigkeit und Abneigung gegen diese Aufklärung«, die »außerordentlich« sei, begründet werden.[48] Und in derselben Sitzung wurde an dringlichen Themen an erster Stelle »Hitler und Bayreuth« genannt und darauf folgend der »2. Mai 1933 – Übernahme der Gewerkschaften«; als drittes Thema war eine Auswertung der Akten des Finanzministeriums vorgesehen.[49] Gleichzeitig aber war der Wunsch groß, »es solle der deutschen Wissenschaft Gelegenheit gegeben werden, sich vor dem internationalen Publikum zu rehabilitieren, um die Achtung der Welt wiederzu-

46 Kuratorium und Beirat, Sitzung vom 21. 10. 1960, S. 9, in: IfZ ED 105 (1).

47 So Schwend von der Bayrischen Staatskanzlei, in: Kuratoriumsprotokoll (3. Sitzung vom 27. 2. 1949, S. 6), in: IfZ/Hausarchiv, Kuratorium: Sitzungsprotokolle 1 (1949-1961).

48 Ebd., S. 5. Den Konflikt zwischen »politisch denkenden Beamten« und den »Gelehrten der Geschichtswissenschaft« beschreibt Wolfgang Benz pointiert folgendermaßen: es war weniger eine Auseinandersetzung zwischen konservativen und progressiven, reaktionären und fortschrittlichen Kräften: »Konservativ in der Mehrzahl waren die Protagonisten beider Lager, aber [...] die einen hatten während der NS-Zeit im KZ gesessen, wie Staatssekretär Hermann Brill, oder waren Zwangsarbeiter gewesen, wie Staatssekretär Walter Strauß, von den anderen, den Professoren, hatten sich eher zu viele in Übereinstimmung mit den machtpolitischen Zielen des Regimes befunden. Und die einen waren an gesellschaftlicher Aufklärung, an der Nutzbarmachung historischer Forschung interessiert, die anderen an der Verteidigung ihres Elfenbeinturmes.« Vgl.: Benz, Wissenschaft oder Alibi?, S. 21.

49 Kuratoriumsprotokoll vom 27. 2. 1949, S. 8.

gewinnen«.[50] Diese Strategie deutscher Selbstrettung durch Wissenschaft drückt sich auch in der Themenwahl der ersten Jahre aus. In der Konstituierenden Sitzung des »Deutschen Instituts für Geschichte der nationalsozialistischen Zeit« vom 11. September 1950, an der der Bundespräsident Theodor Heuss teilnahm, wurde ausgerechnet auf Vorschlag von Eugen Kogon Übereinstimmung darüber erzielt, »dass mindestens ein Mitglied des Beirats anerkannter Kenner der deutschen Widerstandsbewegung sein muss«.[51] In derselben Sitzung lautet die Liste der Themenvorschläge, die als Grundlage eines Arbeitsplans dienen sollten, folgendermaßen:

> 1.) »Das Werk der Geschwister Scholl«; 2.) »Der Reichstagsbrand«; 3.) »Bayreuth und Hitler«; 4.) »Moeller v. d. Bruck/Tatkreis«; 5.) »Die Ereignisse des 30. Juni 1934«; 6.) »Die ›Kristallnacht‹«; 7.) »Dokumente zur Vorgeschichte des 20. Juli 1944«; sowie: 8.) »Die Fritschkrise Februar 1938«[52]

»Das bedeutete«, wie Hans Buchheim jüngst rückblickend feststellte, »daß alles, was man nicht selbst erlebt oder beobachtet hatte, im Forschungsprogramm fehlte. Was heute als die grausame Wirklichkeit der Hitler-Despotie offenkundig ist, ja in einem Maße im Zentrum der Beschäftigung mit der nationalsozialistischen Zeit steht, daß der Blick auf die Vielschichtigkeit und Komplexität der Gesamtwirklichkeit verstellt zu werden droht, lag im Bewußtsein der Zeitgenossen des fünften und des sechsten Jahrzehnts unseres Jahrhunderts in einer Grauzone – offensichtlich auch für die Mitglieder des Beirates, die doch allesamt ausgewiesene Gegner des Nationalsozialismus gewesen waren, zum Teil auch Opfer wie Hermann Brill und Eugen Kogon. Selbst wo die Aufmerksamkeit sich auf die Verbrechen gegen die Menschheit richtete, waren sie damals nicht unter den Namen von Auschwitz, Sobibor, Treblinka, Majdanek gegenwärtig, vielmehr nur unter ›Buchenwald‹ und ›Dachau‹. Haben die

50 So der Hessische Staatssekretär Brill, Vorbesprechung vom 16./17. 10. 1947, S. 4, in: IfZ/Hausarchiv/Kurat.: Sitzungsprotokoll 1 (1947-1961).

51 Sitzungsprotokoll, S. 3, in: IfZ/Hausarchiv, Kuratorium: Sitzungsprotokolle 1 (1949-1961). Es wurde zudem erwogen, sechs eigenständige »Referate« einzurichten, die jeweils a) das historisch-politische Geschehen, b) Wirtschaft und Sozialgeschichte, c) Kulturgeschichte, d) Militär- und Kriegsgeschichte sowie e) Rechtsgeschichte abzudecken hätten. Das sechste Referat sollte speziell für die »Deutsche Widerstandsbewegung« eingerichtet werden, vgl.: ebd., S. 7.

52 Ebd., S. 6. Diese Liste wird auch in dem Erinnerungsbericht von Hans Buchheim zitiert, vgl.: ders., Die fünfziger Jahre, in: 50 Jahre Institut für Zeitgeschichte, S. 69-77 (70).

Zeitgenossen gewußt, was geschah, wenn sie fürchteten, es sei so, und hofften, es sei nicht so?«[53] In der Tat: der Schwerpunkt lag auf Widerstand und die deutsche Perspektive der Themenwahl war evident, auch beim sechsten Thema. Ein halbes Jahr später wurde der von Mau vorgelegte erweiterte Themenplan erörtert, die Judenverfolgung und -vernichtung war hier sogar überhaupt nicht mehr vorgesehen. Statt dessen »Hitlers Wiener und Münchner Zeit«, »Soziologie der NSDAP bis 1933«, »Besatzungspolitik und nationaler Widerstand auf dem Balkan« und »Die Brauchitsch- und Halder-Krise« sowie »Die deutsche Industrie und der Aufstieg der NSDAP«.[54] Und es war Gerhard Ritter, der in derselben Sitzung eine breite Diskussion über den »deutschen Widerstand« anregte und sein eigenes Buch über Goerdeler ins Gespräch brachte. Daß ein Bewußtsein für die geschichtspolitische Exklusionsfunktion des Widerstandsthemas vorhanden war, zeigt eine Bemerkung Brills, es müßten »auch andere Themen bearbeitet werden, deren Bedeutung den genannten in keiner Weise nachstünde, für deren öffentliche Behandlung dagegen noch nichts geschehen sei. Hier sei aus moralischen Gründen vor allem an die Opfer der Juden zu denken. Eine Darstellung dieses Komplexes sei leicht durchführbar an Hand der vorhandenen Quellenaufzeichnungen aus den Ghettos z.B. von Smolensk und Wilna, die den Verlauf der Ereignisse jeweils bis kurz vor Ableben der Berichterstatter festhielten.«[55] Das Goerdeler-Buch Ritters wurde publiziert, eine Darstellung der Ghettoereignisse von Smolensk und Wilna, die Brill für »leicht durchführbar« gehalten hatte, erschien dagegen niemals.

Politik der Zeitgeschichte
Ablehnung von Reitlinger und Sontheimer

Im Rückblick wird deutlich, wie sehr die Themen »Widerstand« und »Judenverfolgung« bzw. Vernichtungspolitik ausbalanciert waren, oft das eine mit dem anderen zugleich thematisiert wurde oder aber in impliziter argumentativer Abgrenzung. Der »Bundeszentrale für Heimatdienst« bot man, laut Beschluß des Beirates, beide Themen zugleich an,[56] die Strate-

53 Ebd., S. 70 f.

54 Vgl.: Protokoll von Kuratorium und Beirat vom 9. 3. 1951, S. 5, in: IfZ/Hausarchiv, Kuratorium: Sitzungsprotokolle 1 (1949-1961).

55 Ebd., S. 6-8 (7 f.).

56 Kuratorium, Protokoll der Sitzung vom 27. 7. 1953, S. 2, in: IfZ/Hausarchiv ED 105 (1).

gie eines »zu erstrebenden thematischen Gleichgewichts«[57] erscheint in den Beirats- und Kuratoriumsprotokollen recht offensiv. Den Holocaust selbst dagegen wollte man nicht direkt und nicht konkret zum Thema machen. Mitte 1954 galt es zu entscheiden, wie man mit dem Buch von Gerald Reitlinger, *The final solution* umzugehen habe. Die Argumentation, das Buch *nicht* zu übersetzen, mag erstaunen, verweist aber auf die Brisanz des Themas, denn man wollte an dem eigenen Projekt einer »Gesamtdokumentation zur Judenpolitik des Dritten Reiches« festhalten, zumal eine Zusammenarbeit mit der »Wiener Library« in London bereits geplant war: »Eine Übersetzung Reitlingers würde diesen Plan stören [...].« Statt dessen erklärte sich Hans Rothfels bereit, »eine Besprechung von Reitlinger in Form einer Miszelle in der Zeitschrift [»Vierteljahrshefte für Zeitgeschichte«, N.B.] vornehmen zu lassen«.[58] Diese erschien jedoch nicht. Reitlingers Buch über die »Endlösung« wurde in Deutschland noch viele Jahre lang weniger als Teil der *Geschichtsschreibung* über den Nationalsozialismus, sondern vielmehr als »die fürchterlichste *Anklage* gegen den nationalsozialistischen Unrechtsstaat, die je geschrieben wurde,« wahrgenommen. De facto wertete solch ambivalentes Lob das Buch auch ab.[59]

Unter dem neuen Generalsekretär des IfZ, Paul Kluke, wurde die bisherige Linie etwas korrigiert, wenn auch nicht gänzlich verlassen. So erscheint in der Liste der zukünftigen Arbeitsvorhaben »Antisemitismus, Rassengesetzgebung und sog. Lösung der Judenfrage« Mitte der 50er Jahre erstmals (anstelle von »Reichskristallnacht«) und hier sogar an zweiter Stelle der Aufzählung.[60] Auch hier wurde zweierlei deutlich: *erstens*, daß man (z.B. im Vorhaben, eine Zusammenarbeit mit der Londoner »Wiener Library«) im Hinblick auf eine »Veröffentlichung zur Vernichtung des deutschen Judentums« die Ausblendung der europäischen Dimension der Massenvernichtung fortschrieb, während man auf der anderen

57 Kuratorium und Beirat, Protokoll der Sitzung vom 1./2.. 7. 1955, S. 8, in: IfZ/Hausarchiv ED 105 (1).

58 Kuratorium, Protokoll der Sitzung vom 25. 6. 1954, S. 6 f., in: IfZ/Hausarchiv ED 105 (1).

59 Diese Formulierung anläßlich der 3. Auflage Reitlingers im Jahre 1960 bei: Besson, Neue Literatur zur Geschichte des Nationalsozialismus, S. 327; zur ablehnenden Rezeption von Reitlingers Büchern auch: Berg, Lesarten, S. 103.

60 Kuratorium und Beirat, Protokoll der Sitzung vom 1./2. 7. 1955, S. 8, in: IfZ/Hausarchiv ED 105 (1). Kluke bewertete »die Bearbeitung der Judenpolitik des Dritten Reiches« als »vordringlich« und setzte seine Hoffnungen auf den »mit einem Stipendium aus New York nach Deutschland zurückkehrenden Dr. Lamm« als »geeignete[n] Bearbeiter«, ebd., S. 9.

Seite an dem Gedanken festhielt, »den Nationalsozialismus nicht nur von seinen deutschen, sondern auch von seinen europäischen und globalen *Voraussetzungen* her zu untersuchen [...]«[61]; *zweitens*, daß man »weniger die politischen Verantwortlichkeiten als die menschliche Tragödie behandeln« wollte, wie es das Kuratoriumsprotokoll vom 20. Oktober 1956 explizit festhält.[62] Das Projekt, wissenschaftlich exakte Zahlen über die Judenvernichtung zu erhalten, wurde im Januar 1960 folgendermaßen protokolliert: »Dr. Krausnick erklärte, die Untersuchung sei bereits angelaufen, und das Statistische Bundesamt sei zur Mitarbeit bereit. Die Schwierigkeit liege im Sachlichen. Man werde nie zu exakten Zahlen kommen, da die Masse der Vergasten nicht registriert worden sei. Man müsse u. U. mit einer Differenz von 1-2 Millionen rechnen. *Jedoch könne man vielleicht zu einer Mindestzahl kommen; damit sei dann aber die Zahl von 6 Millionen noch nicht widerlegt.*« Immerhin habe man dann eine exakt berechnete Mindestzahl und könne »zu einer begründeten Schätzung der tatsächlichen Zahl der Opfer gelangen«.[63]

Aus New York kamen in der zweiten Jahreshälfte 1956 auch Forschungsgelder der »Rockefeller Foundation« in Höhe von 26.000 Dollar, die für zwei Jahre die Forschung »zur nationalsozialistischen Judenpolitik und zur Besatzungspolitik während des Zweiten Weltkrieges« finanzieren helfen sollten.[64] Allerdings hält das Sitzungsprotokoll von Kuratorium und Beirat fest: »Es sei im gegenwärtigen Augenblick nicht leicht, dafür geeignete Mitarbeiter zu finden [...].« Und das Protokoll verzeichnet bei der Diskussion der künftigen Institutsarbeiten: »Die Arbeiten sollen nicht nur, wie jetzt für die Rockefeller-Mittel vorgesehen, in Richtung der Judenpolitik und der Besatzungspolitik erweitert werden, sondern es solle angestrebt werden, auch die Wandlungen des Justizwesens im Dritten Reich und seiner Wirtschafts- und Finanzpolitik zu untersuchen.«[65]

61 Kuratorium und Beirat, Protokoll der Sitzung vom 22. 4. 1958, S. 13, in: IfZ/Hausarchiv ED 105 (1) [Hervorh. v. N. B.].

62 Kuratorium und Beirat, Protokoll der Sitzung vom 20. 10. 1956, S. 12, in: IfZ/Hausarchiv ED 105 (1).

63 Kuratorium und Beirat, Protokoll der Sitzung vom 22. 1. 1960, S. 4, in: IfZ ED 105 (1) [Hervorh. v. N.B.]. Vgl. auch: Krausnick, Zur Zahl der jüdischen Opfer des Nationalsozialismus, in: APuZ, Nr. B 32/54, vom 11. 8. 1954, S. 426 f.

64 Vgl. auch die Chronik des Instituts von Hellmuth Auerbach, Hermann Weiß und Udo Wengst, in: 50 Jahre Institut für Zeitgeschichte, S. 507-538 (511).

65 Kuratorium und Beirat, Protokoll der Sitzung vom 20. 10. 1956, S. 3 f. und 11, in: IfZ/Hausarchiv ED 105 (1).

Auch die Zeit der Weimarer Republik war Mitte der 50er Jahre noch Gegenwart, Lebenszeit der im IfZ arbeitenden Wissenschaftler, für manche die prägenden Jahre der Ausbildung und Berufsfindung. Der Freiburger Assistent des Politikwissenschaftlers Arnold Bergsträsser, Kurt Sontheimer, hatte damals Formen antidemokratischen Denkens in der Weimarer Republik untersucht,[66] und Kroll bemühte sich sichtlich, die zu erwartenden Einwände gegen dieses Forschungsvorhaben bereits im Vorfeld der Diskussion zu entkräften. So betonte er, daß der Autor die »politischen, wirtschaftlichen und verfassungsrechtlichen Belastungen des Weimarer Staates« keineswegs leugnen, daß er Politik nicht »zu einer literarhistorischen Angelegenheit« machen wolle und daß er nicht nach Autoren, sondern systematisch vorgehe, um »etwa einen denunziatorischen Charakter« der Darstellung zu vermeiden. In der folgenden Diskussion jedoch wurde das Vorhaben abgelehnt, weil das »Thema nicht bedeutsam genug« sei »und es wichtiger sei, den sozialen Untergrund zu behandeln, auf dem sich solche Ideen entwickeln konnten. *Man gab auch zu bedenken, daß mit einer solchen Untersuchung jene Skribenten heroisiert und dem verdienten Vergessen entrissen werden könnten.*«[67] Man entschied

66 Sontheimer, Antidemokratisches Denken in der Weimarer Republik; das Buch wurde Mitte der 50er Jahre von Sontheimer als Endzwanziger begonnen und Ende 1959 fertiggestellt; es erschien erst drei Jahre später. Im Vorwort ist von den Kontroversen um die Drucklegung nichts zu lesen, sondern im Gegenteil: Der Autor dankt hier dem »angenehmen Arbeits- und Gesprächsklima im Institut für Zeitgeschichte«, er erhielt ein Stipendium des IfZ und veröffentlichte in den »Vierteljahrsschriften zur Zeitgeschichte« zwei Aufsätze früherer Fassungen des Themas: Sontheimer, Antidemokratisches Denken in der Weimarer Republik, in: VfZ 5 (1957), S. 42-62; sowie: ders., Der Tatkreis, in: VfZ 7 (1959), S. 229-260. Zu Sontheimers eigener generationellen Sicht auf die intellektuelle Nachkriegsgeschichte aus der Perspektive der späten 90er Jahre vgl.: Sontheimer, So war Deutschland nie; die hierzu nötige kritische Interpretation gibt knapp und deutlich die Rezension von Ulrich Herbert, So war Deutschland wirklich nie. Anmerkungen zu Kurt Sontheimers Buch über die politische Kultur der Bundesrepublik, in: SZ vom 17. 5. 1999. Nicht ergiebig: Hans Heigert, Von innen ausgehöhlt. Kurt Sontheimers »Antidemokratisches Denken in der Weimarer Republik«, in: SZ, 24./25. 6. 1995; wissenschaftlich: Bleek, Sontheimer: Politikwissenschaft als öffentlicher Beruf, S. 27-43.

67 Vgl.: Kuratorium und Beirat, Protokoll der Sitzung vom 20. 10. 1956, S. 8 f. [Hervorh. v. N.B.], in: IfZ/Hausarchiv ED 105 (1). In der Anlage zum Protokoll wird festgehalten, Sontheimer solle v.a. »dem Zusammenhang von Ideen höchsten Niveaus und ihrer platten Simplifikation« nachgehen. Ein Verteidi-

sich, so läßt sich aus dem letzten Satz schließen, mitunter sehr bewußt dafür, was erinnert und was vergessen werden sollte. Als dann im Oktober 1960 die beiden Gutachten für das Manuskript Sontheimers von Hans Herzfeld und Werner Conze vorlagen, die Arbeit war inzwischen immerhin als Habilitationsschrift in Freiburg angenommen worden, wurden die Bedenken in München noch einmal manifest: Conze kritisierte »einen Mangel an Verstehen-Wollen«, Rothfels meinte, man müsse dem Autor den Vorwurf machen, »etwas ›zu wohlgefällig‹« zu sein, und Herzfeld wies darauf hin, daß durch die »Auslassung der linken Gegner von Weimar« der Titel der Arbeit nicht gerechtfertigt sei, »aber daß er nicht jeder Windung des geistig-politischen Denkens und Wollens empfindsam nachgegangen sei, das stelle s.E. nur eine für die jüngere Historikergeneration überhaupt kennzeichnende Position dar, die man als solche anerkennen müsse«.[68] Entschieden wurde, daß ein weiteres Gutachten den Ausschlag geben solle, das dann ein Jahr später, zusammen mit einem vierten von Prof. Kaufmann, vorlag: Krausnick hoffte als Generalsekretär des Instituts auf einen Kompromiß, doch der stellte sich nicht ein. Vor allem die vehemente Ablehnung der Arbeit durch Kaufmann gab den Ausschlag, die »Freigabe des Manuskripts« zu beschließen. Gegen die »dringend« vorgetragene Warnung, das Manuskript in den Institutsschriften zu publizieren, waren keine positiven oder abwägenden Stellungnahmen durchsetzbar, auch v. Gablentz schwenkte in die »methodischen Bedenken, insbesondere gegen eine gleichsam freischwebende Ideologiegeschichte ohne Berücksichtigung der sozialen und politischen Voraussetzungen«, ein. Kaufmann gab sogar seiner Ansicht Ausdruck, der Autor lasse »jegliche Fähigkeit [vermissen], den Stoff seines Themas wissenschaftlich zu analysieren«. Auch Herzfeld, obwohl er seine persönliche Meinung wiederholte, man solle mit der jüngeren Historikergeneration toleranter sein, bestätigte nun, daß die methodischen Einwände

ger des Sontheimer-Vorhabens zum Zeitpunkt seiner Projektierung war eineinhalb Jahre später erst Prof. v. d. Gablentz, der die »Aufhellung der ideologischen Hintergründe des Nationalsozialismus« anmahnte.

68 Sitzung von Kuratorium und Beirat vom 21. 10. 1960, S. 7, in: IfZ ED 105 (1). Heute scheint weniger das Fehlen der »linken Gegner« von Weimar in diesem Buch als vielmehr das Fehlen jeglicher Bemerkungen über den antisemitischen Radikalismus dieser Zeit erwähnenswert. Vgl.: Bier, The Holocaust, West-Germany, and Strategies of Oblivion, 1947-1979 S. 194.

sich »nicht durch Umarbeitung beheben ließen«.[69] Gleichzeitig lobte das Gremium übereinstimmend das abgeschlossene Manuskript von Thilo Vogelsang über Reichswehr, Staat und Partei als »besonders wertvoll« (Gutachter waren Herzfeld und Rothfels), und zwar aufgrund der »sehr viel positiveren Linien im Verhältnis von Reichswehr und Staat [...]«. Die Motive und Konzeptionen Schleichers seien viel dichter dokumentiert als bisher, »so daß man sagen könne, die Abstempelung Schleichers zum bloßen Intrigen- und Ehrgeizpolitiker sei jetzt überzeugend widerlegt«.[70]

Zu Problemen der Definition von »Zeitgeschichte«: Themen, Begriffe und Zäsuren

Hans Rothfels hat die Disziplin »Zeitgeschichte« mehr geprägt als jeder andere Historiker nach ihm, und das sowohl auf theoretischer Basis als auch in empirischer Hinsicht.[71] Er hatte der deutschen Zeitgeschichtsforschung das erste wichtige Gründungsbuch über den deutschen Widerstand geschenkt, und noch Anfang der 60er Jahre sprach Rothfels davon, daß man aufgrund der bereits erwähnten Zusammenarbeit mit der »Wiener Library« und dem dort gesammelten »Material über die Hilfe, die Juden von Deutschen geleistet worden sei [...], das Problem auch einmal von dieser Seite« beleuchten könne.[72] Aber auch sein »elastisch weitgefaßter Begriff der Zeitgeschichte«[73] wurde gelobt und war viele Jahre einflußreich. Er hatte als die große Zäsur das Jahr 1917 ausgerufen und damit die russische Revolution und den Eintritt der USA in den Weltkrieg zum Fokus der zeitgeschichtlichen Theorie gewählt. Er hatte das Interesse

69 Kuratorium und Beirat, Sitzung vom 4. 11. 1961, S. 7, in: IfZ ED 105 (1). Nur v. Gablentz verteidigte den Verfasser aufgrund von dessen anderen Publikationen gegen den Vorwurf, »daß Dr. Sontheimer zu wissenschaftlicher analytischer Arbeit überhaupt nicht fähig sei [...]«.

70 Ebd., S. 6.

71 Hierbei schätzt auch sein Schüler Heinrich A. Winkler die Rolle Rothfels und die seiner Schüler (v.a. der frühverstorbene Waldemar Besson) sehr hoch ein, vgl.: Heinrich August Winkler, in: Hohl/Jarausch (Hg.), Versäumte Fragen, S. 369-382. Vgl. auch die in diesem Zusammenhang interessante Unterscheidung der Schüler des Tübinger Historikers in eine »Rothfelssche Rechte« und eine »Rothfelssche Linke« (S. 374).

72 IfZ/Protokoll des Stiftungsrates vom 1. 8. 1963, S. 9, in: ED 105 (2) Hausarchiv/Stiftungsrat (Sitzungsprotokolle) A (1962-1978).

73 Herzfeld, Rezension von Rothfels' »Zeitgeschichtlichen Betrachtungen«, in: HZ 202 (1966), S. 657.

am »Weltbürgerkrieg« der Ideologien hypostasiert, innerhalb dessen die Ereignisse in Deutschland zwischen 1933 und 1945 nur noch ein Detail in einem größeren, grundlegenderen Design waren, Ausschnitt eines Zeitalters krisenhafter Erschütterung, das noch dazu bis in die unmittelbare Gegenwart reichte. Und er hatte »das Strukturhafte und Wesenhafte einer in vielen Beziehungen auf das Totale angelegten Epoche« als Erkenntnisziel eingefordert, und gerade nicht die Erfahrungsgeschichte der Einzelnen oder von Gruppen,[74] wie es im vielzitierten Diktum von Zeitgeschichte »als Epoche der Mitlebenden« zumindest anklang, aber mit der abschätzigen Warnung vor »presentism« im Grunde wieder zurückgenommen wurde.[75]

»Zeitgeschichte« konnte konzeptionell aber auch anders begründet werden. In keinem Plädoyer für die Zeitgeschichte wird das deutlicher als in Eva Reichmanns Argumentation. Auch sie bestimmte »Zeitgeschichte als politische *und* moralische Aufgabe« und stellte »Völkermord, Genocide, die vorsätzliche, durch Kriegshandlungen nicht verursachte, mit allen Errungenschaften der Technik durchgeführte Ausrottung ganzer Völkergruppen« ins Zentrum ihrer Fragestellung.[76] Damit unterschied sie sich signifikant von der in Fachkreisen dominierenden Definition durch Rothfels, der in seinem programmatischen und ungleich wirkungsmächtigeren Aufsatz am Beginn der »Vierteljahrshefte für Zeitgeschichte« 1953 das Neue des Zeitalters gerade nicht dadurch bestimmt hatte, daß »es geschehen [konnte], daß mit Männern, Frauen und Greisen auch unabsehbar trostlose Züge von Kindern den Todesmarsch in die Gaskammern antraten« (so Reichmanns Zentralfrage). Stattdessen zielten seine Bezüge

74 Rothfels, so sein Schüler Werner Conze, »brachte die eigene bittere Lebenserfahrung in die Zeitgeschichtsforschung ein und objektivierte sie in seiner – auch methodisch – richtungsweisenden Einleitung zu den 1953 beginnenden ›Vierteljahrsheften für Zeitgeschichte‹«. Vgl.: Conze, Die deutsche Geschichtswissenschaft seit 1945, S. 15. Das ist zwar oft genug wiederholt worden, stimmt aber gerade nicht. Rothfels hat Themen gefördert, die er nicht erlebt hatte, dagegen seine Erlebnisse (Antisemitismus, Vertreibung, Emigration) aus dem Wissenschaftsdiskurs herausgehalten (vgl. oben Kap. 1.3).

75 Vgl.: Rothfels, Zeitgeschichte als Aufgabe, in: VfZ 1 (1953), S. 1-8; ders., Sinn und Aufgabe der Zeitgeschichte, in: ders., Zeitgeschichtliche Betrachtungen, S. 9-16. Eingegangen ist diese Konzeption z.B. in das weitverbreitete Fischer-Lexikon »Geschichte«, (Frankfurt a. M. 1961), hier v.a. der Art. »Zeitgeschichte« von Waldemar Besson, einem Schüler von Rothfels, vgl. ebd., S. 264-269 und 332-351.

76 Reichmann, Zeitgeschichte als politische und moralische Aufgabe, S. 6 f. [Hervorh. v. N.B.].

auf »ein Zeitalter krisenhafter Erschütterungen« allgemein und auf die geopolitisch »universale Konstellation«, um die Gegenwartsepoche als Forschungsobjekt zu bezeichnen.[77] Rothfels sprach zwar von der »Vordringlichkeit« der zeitgeschichtlichen Forschung im Bereich der deutschen Geschichte und davon, daß man »die nationalsozialistische Phase mit aller Energie anzugehen« habe, aber die Absetzung gegenüber jeglicher Apologetik wurde von ihm in einem Atemzug mit der Absage »an alle Tendenzen der Selbsterniedrigung«[78] geäußert. Es ging ihm im konservativen Sinne mit Hans Freyer mehr um eine »Theorie unseres Zeitalters«,[79] als um die Kenntnis und Anerkennung des unmittelbar Vergangenen. »Zeitgeschichte« wurde zwar heftig umkämpft, aber es läßt sich zeigen, daß in den frühen Auseinandersetzungen um ihre Berechtigung auch ihre Vertreter den nationalsozialistischen Völkermord an den Juden nicht in ihre Definition mit aufnahmen und die Außenseiterposition von Eva Reichmann, die nach zehn Jahren Zeitgeschichtsforschung an den Holocaust erinnerte, als jüdische partikulare Perspektive, nicht jedoch als wissenschaftliche Aufgabe angesehen wurde. Nicht das »Neue« und der Bruch, sondern eine »niemals recht zu Ende gedachte Solidarität mit der Vergangenheit«[80] wurde Forschungsmaxime.

Man kann darüber hinaus auch zeigen, daß die generellen Gegner und die Verteidiger von »Zeitgeschichte« sich in einem wesentlichen Punkt genau einig waren, nämlich darin, daß ihr Erinnerungsaspekt (als störend) so klein, der Erforschungsaspekt (als Korrektiv von Erinnerung) dagegen so groß wie irgend möglich zu sein hatte. Diejenigen, die »Zeit-

77 Reichmann, Zeitgeschichte, S. 6 f. Vgl.: H. Rothfels, Zeitgeschichte als Aufgabe, S. 2; Reichmanns Aufsatz muß direkt als Antwort auf Rothfels gewertet werden, aber sie verzichtet auf eine namentliche Abgrenzung: »Bei der Aufzählung der Schrecknisse, die über uns gekommen sind, sollte, um jede Unklarheit auszuschließen, eine Rangordnung eingenommen werden: Revolution und Kriege hat es viele im Laufe der Menschheitsepoche gegeben, auch Unrecht und Verfolgung. Neu geprägt werden mußte in unserem Zeitalter nur ein Begriff, *weil es die Sache, die er bezeichnet, vorher nicht gab* [...].« [Hervorh. v. N.B.].

78 Rothfels, Zeitgeschichte, S. 8.

79 Rothfels, Sinn und Aufgabe der Zeitgeschichte, S. 16; ders., Vorwort, in: ebd., S. 5; Freyer, Theorie des gegenwärtigen Zeitalters; dieses Buch aus dem Jahre 1955, eine lange Reflexion über den »Zivilisationsmechanismus«, das »sekundäre System«, Rationalisierung und den »Geist der Maschine« (11), artikuliert die aus der Konservativen Revolution in die Bundesrepublik hinübergeretteten Aversionen gegen die Moderne.

80 So kritisch: Reichmann, Zeitgeschichte, S. 7.

geschichte« generell ablehnten, beurteilten dieses Postulat skeptisch, während ihre Vertreter optimistisch darangingen, den Beweis zu führen, objektiv »Zeitgeschichte« zu betreiben. Man müsse lernen, »seine eigene Vergangenheit von außen zu betrachten«, wie es der Historiker Fritz Ernst ausdrückte.[81] In vielen wissenschaftlichen Studien, Aufsätzen, Rezensionen und kleineren Beiträgen dieser Zeit wurde, wenn es um die deutsche Geschichte des 20. Jahrhunderts ging, die Erforschung des Themas mit Reflexionen über die Erinnerungsgrenzen und Gedächtnismöglichkeiten, über das »eigentümliche Spannungsverhältnis« von Nähe und Ferne, das Geschichtswissenschaft zu ihrem Gegenstand habe, versehen.[82] Die Hinwendung zur am nächsten liegenden Vergangenheit und zu den brennendsten Themen begann mit einem »Entwirklichungsprozeß« sogar dort, wo man sich theoretisch und praktisch auf den Weg machte, »Zeitgeschichte« zu erforschen: es wurde »Zeit zwischen die Ereignisse und die Individuen gelegt«.[83] Karl Dietrich Erdmann hat z.B. selbst von der »Entstehung [der] Distanz durch den Prozeß des Fragens« gesprochen. Wo kein Abstand durch Raum oder noch keiner durch Zeit gegeben sei, müsse er in der »wissenschaftlichen Haltung« eingenommen werden:

> »Wo der Gegenstand der Geschichte uns politisch noch so nahe angeht, daß das Gestern uns wie ein Heute erscheinen mag und wir selbst noch mitten im Getümmel stehen, da ist die Distanz, die vom Historiker gefordert wird, eine Distanz von sich selber [...]. Der Weg zur Gewinnung von Distanz aber wird beschritten durch einen bewußten Prozeß des Fragens.«[84]

Wissenschaftliches Fragen wurde als »Distanzierungsprozeß«, also als eine von Gedächtniskämpfen und persönlicher Erinnerung abstrahierende Zeitsimulation von »fünfzig Jahren« definiert, der Zeitspanne nämlich, »die erforderlich ist, um ein Geschehen historisch zur Reife zu bringen«.[85]

81 Ernst, Rückblick auf jene zwölf Jahre des Dritten Reichs, S. 68 f.

82 Ein Beispiel für den Imperativ der Distanzierung: »Je näher der Gegenstand liegt, dem sie sich zuwenden möchte, um so mehr ist sie gehalten, Abstand zu gewinnen«, so: Erdmann, Die Geschichte der Weimarer Republik als Problem der Forschung, S. 1.

83 Herbert, Drei deutsche Vergangenheiten. Über den Umgang mit der deutschen Zeitgeschichte, in: Bauerkämper, Sabrow, Stöver (Hg.), Doppelte Zeitgeschichte, S. 380.

84 Erdmann, Die Geschichte der Weimarer Republik, S. 19 und 2 f.

85 Ebd., S. 1.

Kontrastiert man diese Bemühungen um die richtige Distanz zur Geschichte der eigenen Zeit mit den konzeptionellen Überlegungen der Institutsverantwortlichen, die Zäsuren der Zeitgeschichtsforschung zu verschieben, wird die Gegenläufigkeit von Konzeption und Praxis evident: Als Schlüsselfrage des Instituts erwies sich nämlich bald das Problem der Ausdehnung von Institutsarbeiten auf die Zeit nach 1945, und das schien nun nicht mit der oben dargelegten heuristischen Problematik zu kollidieren. Diese Frage war stark umkämpft: »Als Vorsitzender des Kuratoriums gab Ministerialdirektor Hübinger zu bedenken, daß bei einer Beschäftigung des Instituts mit der Zeit nach 1945 der Vorwurf zu gewärtigen sei, das Institut wende sich von seiner eigentlichen und ursprünglichen Forschungsarbeit über den Nationalsozialismus ab«, eine Frage, die demnach nicht nur prinzipiell, sondern auch pragmatisch im Hinblick auf die Bundesfinanzierung zu klären war: »So sehr er [Hübinger, N.B.] anerkenne, daß der Begriff ›Zeitgeschichte‹ auch die Zeit nach 1945 einschließe, müsse er doch pflichtgemäß auf diese möglichen Konsequenzen aufmerksam machen. Professor Litt unterstützte diesen Gesichtspunkt, indem er unterstrich, wie wichtig gerade die spezielle Arbeit des Instituts über die nationalsozialistische Zeit sei. Jede Ablenkung dieser Aufgabe sei geeignet, den Sinn des Instituts zu schwächen.«[86] Vor allem Krausnick, Herzfeld und Rothfels machten aber geltend, es sei in der Tat keine »Spezialisierung auf den Nationalsozialismus« erwünscht, wie »gewisse Kreise« argumentierten, die dem Institut eine »›einseitige‹ Zeitgeschichte« vorwarfen und somit das Institut »in seiner wissenschaftlichen Glaubwürdigkeit zu diskreditieren suchen«.[87] Wenn das Institut ein lebendiges Zentrum wissenschaftlicher Arbeit über die Zeitgeschichte bleiben solle, so sei es nicht möglich, »es exklusiv auf den Nationalsozialismus zu beschränken«.[88]

Fragen zum Aufgabengebiet des Instituts im allgemeinen und zur Frage der Periodisierung des Untersuchungsfeldes wurden Anfang der 60er Jahre erneut diskutiert, denn die Grundsatzfragen kehrten immer wieder. In einer Stiftungsratssitzung vom 11. März 1964 z.B. wurde die Überzeugung formuliert, der Nationalsozialismus müsse nach wie vor primärer Bezugspunkt der Forschung sein. Aber er »sei schließlich nicht als logische Krönung der deutschen Geschichte zu werten, sondern stelle eine Art ›Ausnahmezustand‹ dar, der innerhalb der Zeitgeschichte eine be-

86 Vgl.: Kuratorium und Beirat, Protokoll der Sitzung vom 8./9. 5. 1959, S. 5 f., in: IfZ ED 105 (1).
87 Ebd., S. 6.
88 Ebd.

grenzte Periode einnehme«, weshalb »eine elastische Auslegung« dessen, was ›Zeitgeschichte‹ heißen solle, durchaus möglich sei.[89] Auch Hans Rothfels hielt hier ein eindeutiges Plädoyer: wie bereits in den Vierteljahrsheften seit langem üblich, sei es aufgrund der von bestimmter Seite erhobenen Vorwürfe, das Institut habe keinen anderen Auftrag, »als in Schuld zu wühlen«, geradezu »taktisch geboten« die Arbeit über 1945 hinauszuführen. Zeitgeschichte dürfe sich »keinen grundsätzlichen zeitlichen Barrieren« verschreiben.[90]

Kritik von rechts: Mohler versus Rothfels

Was hier von Rothfels noch unter dem Blickwinkel von »Taktik« gesehen wurde und den Anschein erweckte, als müsse man sich nach »rechts« flexibel verhalten, entwickelte sich in diesen Jahren allerdings anders weiter. Armin Mohler, der bereits Anfang der 60er Jahre die Schließung zeitgeschichtlicher Archive gefordert hatte,[91] provozierte Rothfels während der »Hoggan-Affäre« ganz direkt. Bei dem Streit um die Thesen des britischen Historikers David Hoggan über den Zweiten Weltkrieg[92] geriet er mit Hans Rothfels in Streit, da dieser in seiner Funktion als Vorsitzender des Historikerverbandes auf dem Duisburger Historikertag deutlich Stellung gegen die Geschichtsapologie bezogen hatte. Auch das IfZ veranstaltete 1963 zusammen mit der Akademie in Tutzing eine Tagung über das »Unbehagen an der Zeitgeschichte«, Hauptthema war auch hier das Buch und die Thesen von David Hoggan, deren revisionistische und apologetische Tendenz zurückgewiesen wurden.[93] Dessen Grundthese

89 Äußerungen von Ministerialrat Prof. Dr. Kordt und Ministerialdirektor Hagelberg in der Stiftungsratssitzung vom 11. 3. 1964, S. 12, in: ED 105 (2) Hausarchiv/Stiftungsrat (Sitzungsprotokolle) A (1962-1978).

90 Der Brief Rothfels' vom 8. 3. 1964 wird wiedergegeben in demselben Protokoll des Stiftungsrates, vgl.: ebd., S. 10 f.

91 Vgl.: Glaser, Deutsche Kultur 1945-2000, S. 303.

92 Hoggan, »Der erzwungene Krieg. Ursachen und Urheber des 2. Weltkrieges; das Buch erlebte zahlreiche Neuauflagen. Zum Gesamtzusammenhang: Schröder, Pseudowissenschaftlicher Mißbrauch der Zeitgeschichte, in: ders./ Matthias Peter, Einführung in das Studium der Zeitgeschichte, S. 116-126.

93 Vgl.: Möller/Henke (Hg.), 25 Jahre Institut für Zeitgeschichte, S. 112. Jasper, Über die Ursachen des Zweiten Weltkrieges. Zu den Büchern von A. J. P. Taylor und David L. Hoggan, S. 311-340. Dies war die »offizielle« Widerlegung Hoggans durch das Institut: es handele sich bei seinem Werk um »nichts anders als eine glatte Verfälschung« (S. 329), das Buch besitze keinen wissenschaftlichen Rang (S. 338).

bestand im Vorwurf an die britische Diplomatie der 30er Jahre, Kriegstreiberei betrieben zu haben: Ursache des Zweiten Weltkriegs sei der »Versuch« der britischen Politik gewesen, »Deutschland zu vernichten«.[94] Das deutsche Vorwort sprach sogar von der Widerlegung einer »2. Kriegsschuldlüge« und bezeichnet Hoggans Buch als Beispiel »kritisch-nüchterner Quellenforschung« und gleichzeitig von der Bedeutung des Buches als »einzige[s] Psychotherapeuticum [...], das Deutschland in der Vielfalt seiner Nachkriegsbindungen und -bußen zur inneren Freiheit zu verhelfen« möge. Hoggan hatte für dieses Buch von der dubiosen rechtslastigen »Ranke-Gesellschaft« im Mai 1964 sogar den »Ranke«-Preis erhalten. In der Auseinandersetzung mit Mohler über diesen Fall wird aber auch die Argumentation von Rothfels profiliert. Während z.B. Werner Conze die Problematik merkwürdig verschoben behandelte und methodisch postulierte, alle Fragen seien erlaubt, sonst sei die wissenschaftliche Freiheit in Gefahr, war Rothfels hier viel eindeutiger.[95] In einem Briefwechsel mit Armin Mohler stritt er sich aber nicht nur über das eine Buch, sondern über Sinn und Unsinn der Beschäftigung mit der Vergangenheit im allgemeinen. Hier wird deutlich, daß der von rechter Seite erhobene Vorwurf, die »Vergangenheitsbewältigung« würde »auf dem Rücken aller Deutschen ausgetragen«,[96] einen anderen Rothfels traf als den Remigranten direkt nach dem Krieg.[97] Zugleich zeigt der Briefwechsel aber auch einen sehr vitalen Rothfelsschen Konservativismus an, dessen Positionierung gegen rechts nichtsdestowenigerWandlungsprozesse dieser Haltung beleuchten.

94 Ebd., 4. Aufl. 1963, S. 793. In den Nachgefechten des »Historikerstreits« versucht u.a. Rolf Kosiek noch 1987 die Thesen von Hoggan zu rehabilitieren, vgl.: ders., Historikerstreit und Geschichtsrevision.

95 Wichtige Rezensionen waren u.a.: Jasper (Anmerk. 93); ders., Fibel für alte und neue Nazis, in: Die ZEIT, 5. 10. 1962; Rothfels, in: AHR (Juli 1964); ders., in: Das Parlament [Ausführungen auf dem Historikertag in Duisburg]; Graml, in: GWU 14 (1963), H. 8 [auch als Sonderdruck des IfZ]; Die Artikelserie in der Rhein-Neckar-Zeitung: Frank Thiess, Wie entstand der Zweite Weltkrieg?, in: Rhein-Neckar-Ztg. vom 21./22. 7. 1962; Werner Conze, Wie entstand der Zweite Weltkrieg?, in: ebd., 28./29. 7. 1962; Wolfgang Schieder/Volker Wieland, Wie entstand der Zweite Weltkrieg?, in: ebd., 4./5. 8. 1962.

96 Mohler, Brief an Hans Rothfels vom 22. 6. 1964, in: ebd.

97 Mohler wörtlich: »[I]ch [denke] doch immer mit Dankbarkeit daran zurück, wie Sie bei Ihrer Rückkehr aus den USA und den Jahren danach ein Gegengewicht zu Ihren in Deutschland gebliebenen Kollegen bildeten, von denen so viele in Panik gleich alle Geschichte über Bord werfen wollten« (ebd.).

Zu Beginn verwahrte sich Rothfels, dem der Fall seinen eigenen Worten 1964 zufolge »mehr als zum Halse heraus[hing]«, gegen den Artikel Mohlers in »Christ und Welt«, gegen die dort aufgestellte Behauptung, er, Rothfels, habe beim Historikertag in Duisburg »die Nerven verloren«, und gegen »meine Einbeziehung in den Strudel der Affekte und latenten Hysterie, ja unter die National-Masochisten«.[98] Er habe Hoggan zwar unmißverständlich, aber doch gebremst widerlegt: »Sie [dagegen] meinen, man hätte mindestens aus Takt sagen sollen, *wie ›rührend‹, daß Du als dazu nicht genötigter Ausländer Dich ›unbeliebt‹ machst, indem Du uns als weniger schlimm schilderst, als wir sind.*« Hier aber war für Rothfels die Grenze erreicht:

> »Erstens handelt es sich nicht um uns, sondern um Hitler und das Regime. Zweitens macht sich Hoggan gar nicht unbeliebt. Ich kann mir nicht denken, dass Sie nicht wissen, was hier gespielt wird und von welchen Kreisen. Das hat mit Revisionismus im Stil der Jahre nach dem Ersten Weltkrieg gar nichts zu tun […].«

Die von Mohler gezeichnete »Karikatur […] der zeitgeschichtlichen Forschung« brachte Rothfels, der Hoggans Claqueure in »mannigfach verfilzten Kreise meist alter, bewährter Nazis« vermutete, richtiggehend in Rage, vor allem Mohlers »Stichwort ›nationale‹ contra ›nationalmasochistische‹ Geschichtsschreibung« – es wecke »die übelsten Erinnerungen«, so Rothfels. Mohler meinte darauf, Rothfels daran erinnern zu müssen, daß »jede Aussage zur Zeitgeschichte« unmittelbar politische Folgen habe und zu »Tributzahlungen, Abschreibungen von deutschen Provinzen, politischer Handlungsunfähigkeit usw.« führe.[99] Diese »Munition gegen die Deutschen als Ganzes«, so Mohler, werde durch eine »›Zeitgeschichte‹, die sich heute hinter Ihrem großen Namen« verstecke »und Ihren Namen mißbraucht«, gefördert und führe automatisch »zur Stunde der Russen«; und er ließ seinen antisemitischen Ressentiments freien Lauf, wenn er Rothfels schrieb: »Dann werden Sie wohl in Chicago sein, während ich mit meiner Kinderschar hier bleiben muß.« Rothfels antwortete zwar noch einmal, allerdings nur, um die Korrespondenz zu beenden, und mit spürbarer Verletztheit und Wut. Zwar sei er Mohlers »Ansicht, daß die letzten Gewinner die Russen sein werden« gar nicht so fern, aber nicht er und die Profession der Zeitgeschichte, sondern ein »Nationalbolschewismus« à la Mohler hätte das dann zu verantworten.

98 Rothfels, Brief an Armin Mohler vom 18. 6. 1964, in: BAK, NL Rothfels 213, Nr. 36.

99 Mohler, Brief an Hans Rothfels vom 22. 6. 1964, in: ebd.

Rothfels erwiderte scharf, »daß [er] die Charakterisierung der Zeitgeschichte, wie ich und andere sie treiben, als Nationalmasochismus eine Infamie finde.« Und Rothfels verteidigte sich gegen Mohler mit den Worten:

> »Meine und vieler anderer Bemühungen gehen gerade dahin und wie mir scheint nicht ohne erheblichen Erfolg, die Unterscheidung von Deutschen und Nationalsozialisten zu internationaler Anerkennung zu bringen.«[100]

Es wurde immer wieder auf die Schwierigkeiten der Etablierung eines kritischen Forschungsinstituts zur Geschichte der jüngsten Vergangenheit hingewiesen. Die Vorreiterrolle, die die Institute hier übernahmen, machten sie in den Augen der Universitäten suspekt, an Ritters und Schnabels Skepsis wurde das exemplarisch gezeigt. Allerdings sollte dieser Gegensatz nicht überspannt wahrgenommen werden, denn die Art und Weise, wie das Institut für Zeitgeschichte in seinen Anfängen Wissen über die Vergangenheit produzierte, war schon bald dazu angetan, die Vorurteile der etablierten Zunft abzubauen. Bereits mit dem Marburger Historikertag von 1951 wurden die Sektionen »Probleme der Zeitgeschichte« und »Soziologie und Historie« als Innovationen der Geschichtswissenschaft institutionalisiert, und der Öffentlichkeit »im In- und Ausland« konnte eine »Historie als politische Wissenschaft« präsentiert werden, »die das Ohr an der Gegenwart hat«.[101] Auch hier überwogen Sorge und der Stil einer bemühten Vermeidung von Mißverständnissen. Der Sektionsleiter Heffter führte die aufrichtige Überlegung an, daß der »Weg der historisch-wissenschaftlichen Erforschung der Zeitgeschichte zwischen zwei Klippen hindurchmuß, der Abneigung, die furchtbaren Dinge überhaupt anzurühren, und der Angst, politische Vorurteile, die sich nach 1945 herausgebildet haben, revidieren zu müssen«. Damit beschrieb Heffter das Dilemma präzise, und es verwundert kaum, daß er

100 Rothfels, Brief an Armin Mohler vom 25. 6. 1964, in: ebd. Mohler antwortete mit dem Diktum: »Die Zeitgeschichte kann vorerst keine Wissenschaft sein, sondern nur Waffe (auch des Selbstmordes ...).« Vgl.: Mohler, Brief an Hans Rothfels vom 30. 6. 1964, in: ebd. Dem Brief war ein Zeitungsausschnitt aus der FAZ vom selben Tag mitgegeben, in welchem über die Ankündigung des DDR-Ministerrat, NS-Dokumente zu sammeln, die die Kriegsverbrechen und die Verbrechen gegen die Menschlichkeit beweisen, informiert wurde.

101 So vermerkte der Schriftleiter des Verbandes, Heimpel, voller Stolz, vgl: Heimpel, Marburger Historikertag, in: HZ 173 (1952), S. 215-218 (215).

»Sachlichkeit« und »Gerechtigkeit« als Mittel empfahl, diesen Schwierigkeiten zu begegnen.[102] Von dieser »Sachlichkeit« und »Gerechtigkeit« in der Erforschung der »furchtbaren Dinge« soll im folgenden Abschnitt die Rede sein.

Prozesse als Zäsur: Das IfZ als Fachinstanz vor Gericht

Eine markante Zäsur für das Bild des nationalsozialistischen Judenmordes, wie es am IfZ entworfen wurde, bildeten erst die Jahre zwischen 1958 und Mitte der 60er Jahre. Die europäische Dimension der Judenvernichtung wurde in den Jahren bis 1965 langsam konzeptionell in die Arbeit des Instituts aufgenommen, eine Änderung der Sichtweise, die vor allem auf öffentliche Debatten reagierte. Der Eichmann-Prozeß in Jerusalem hielt die deutsche Öffentlichkeit monatelang in Atem, allein in den Zeitungen FAZ, SZ, FR und Welt erschienen um die 800 Artikel über den Organisator der »Endlösung«, über seine Verhöre durch die israelische Staatsanwaltschaft und über die Zeugenvernehmungen. Als der israelische Journalist Amos Elon zu dieser Zeit das Institut für Zeitgeschichte in München besuchte, machte er eine Beobachtung, die den vollzogenen Generationswechsel in der Geschichtswissenschaft mit einer unspektakulären Beiläufigkeit zu charakterisieren vermag: Von Thilo Vogelsang, einem Direktoriumsmitglied des Instituts, berichtet Elon, daß er in seinem Büro »unter einer riesigen Landkarte von Europa« gesessen habe, »auf der die nationalsozialistischen Konzentrations- und Vernichtungslager eingetragen« waren.[103]

Mitte der 60er Jahre findet sich denn auch die Bemerkung von Helmut Krausnick, daß eine Dokumentation der Judenverfolgung »die Durchführung der sogenannten ›Endlösung‹ in ganz Europa« einzubeziehen habe.[104] Ohne Zweifel waren es die vielen Institutsgutachten zu Gerichtsverhandlungen über NS-Verbrechen und die Veröffentlichung der Höß-Memoiren, die zu dieser Einsicht führten. Nicht zuletzt kann aber auch die in den Beirats-Sitzungen zum Ausdruck kommende Einsicht in das veränderte Verhältnis von Geschichte und Gedächtnis erwähnt werden,

102 Vgl.: GWU 2 (1951), S. 626; zit. nach: Worschech, Der Weg der deutschen Geschichtswissenschaft, S. 71.

103 Vgl.: Elon, In einem heimgesuchten Land, S. 60 ff.; die Angaben zur öffentlichen Reaktion auf den Eichmann-Prozeß bei: Matthias Weiß, Journalisten: Worte als Taten, in: Frei (Hg.), Karrieren im Zwielicht, S. 280.

104 Sitzung des Beirates und des Stiftungsrates vom 19. 6. 1965, S. 12, in: IfZ ED 105 (2).

etwa die Forderung nach »größere[r] Breitenwirkung« und nach der »Notwendigkeit der ›publicity‹«, wie es genannt wurde, die das Institut benötige.[105] Dabei wurde im Falle der Gutachten noch ein denkbar defensiver, mit dem Höß-Text dagegen ein viel offensiverer Weg beschritten, ein Grund mehr, die Herausgabe gerade dieses Textes im Jahre 1958 als eine Zäsur im öffentlichen Diskurs über Auschwitz zu begreifen.

Die Institutsgutachten wurden im Selbstverlag und in geringer Auflagenhöhe veröffentlicht, was auch im Beirat für Kritik und für die Frage sorgte, warum man ein »gewichtiges Zeugnis der internen Institutsarbeit [...] nicht in die offizielle Reihe der ›Quellen und Dokumentationen‹ aufgenommen« habe. In der Tat hatte »das Argument der erheblich günstigeren Preisgestaltung« ein irritierendes Moment auch für Mitglieder des Beirates.[106] Der erste Band wurde 1957, der zweite 1966 vorgelegt,[107] Autoren waren neben Broszat, Buchheim und Heiber, Hellmut Auerbach und Hermann Graml, im zweiten Band kamen noch Hans Mommsen, Thilo Vogelsang und Hans-Dietrich Loock hinzu. Der erste Band stellte eine Auswahl aus 150 Gutachten und Anfragen dar, die das junge Institut in der ersten Zeit pro Jahr erreichten (die Zahl stieg später noch steil an), und er war in erster Linie auf die »manigfaltigen Verfolgungsmaßnahmen des nationalsozialistischen Regimes« bezogen. Paul Kluke hat den Band als »Pionierarbeit« und »Nachschlagewerk« bezeichnet, trotz der »fragmentarischen Entstehung« und trotz der »provisorischen Ergebnisse«.[108] Hier wurden Einzelfragen und die »Klärung schwieriger Tatsachenfragen« untersucht, es gab einen Teil über »Verfolgung der Juden in Deutschland«, einen über »Verfolgung der Juden im Ausland«, Abschnitte über Polizei und paramilitärische Organisationen. Manchmal wurden Quellenbelege und -exzerpte aneinandergereiht präsentiert, manchmal erreichte ein Gutachten aber auch den Umfang einer kleinen Monographie, so wie die 80seitige Darstellung Broszats über die Judenpolitik Rumäniens.[109] Trotz der generell ablehnenden Haltung des Instituts gegenüber den Arbeiten von Reitlinger, Poliakov und Wulf mußte es in dieser Zeit noch intensiv auf sie zurückgreifen und sie häufig

105 Kuratorium und Beirat, Protokoll der Sitzung vom 3. 12. 1957, S. 7, in: IfZ ED 105 (1).

106 So die Nachfrage von Hübinger, in: ebd., S. 6.

107 Gutachten des Instituts für Zeitgeschichte, Selbstverlag des IfZ, München 1958; Gutachten des Instituts für Zeitgeschichte, Bd. II, Stuttgart 1966.

108 Kluke, Vorwort, in: Gutachten (Bd. I), S. 10.

109 Vgl.: Gutachten (Bd. I), hier: Buchheim, S. 62 f.; Broszat, S. 102-183.

zitieren.[110] Der zweite Band setzte sich auch mit der Wirkungsgeschichte des Dritten Reiches auseinander, Loock untersuchte den rechtsradikalen Druffel-Verlag und den Hünenburg-Verlag Friedrich Spiesers.[111] Obwohl das Vorwort des ersten Bandes die Hoffnung zum Ausdruck brachte, »Informationen für Lehrer und Journalisten« und eine »Lektüre für Geschichtsinteressierte«[112] vorzulegen, blieben beide Bände recht unbekannt. Sie dokumentierten darüber hinaus auch die Schwierigkeiten des Historikers angesichts juristischer Anlässe, »Schuld und Verantwortung im einzelnen [abzuwägen]«.[113]

Auschwitz aus Sicht der Täter: Die Höß-Memoiren

Beides zusammen, Erforschung und der Gang an die Öffentlichkeit, wurde erst mit der Publikation der Erinnerungen von Rudolf Höß avisiert: Das Projekt, die Memoiren des Lagerkommandanten von Auschwitz zu publizieren, über das der Beirat Anfang Dezember 1957 beriet, wurde angesichts seiner Brisanz anders bewertet und hatte tatsächlich eine immense Resonanz im In- und Ausland.[114] Der dabei vorgebrachte Einwand Brills, »er könne sich nicht mit dem Gedanken befreunden, daß das Institut die schriftlichen Ergüsse eines Massenmörders veröffentlichen wolle«, führte nicht dazu, die Publikation dieser Schlüsselquelle zu verhindern, ja minderte nicht einmal die Publikationsstrategie der Herausgeber, die sich erstmals mit Pressevorabdrucken an die Öffentlichkeit wandten und schon früh eine Taschenbuchlizenzausgabe planten. Das lag auch an der Tatsache, daß sich das Täterbild für die NS-Verbrechen langsam änderte. Denn aus den Auschwitz-Memoiren von Rudolf Höß

110 Vgl. z.B. vor allem Bd. II, in welchem Reitlinger und die Bücher von Poliakov/Wulf durchgängig benutzt wurden (z.B. Reitlinger: S. 56, 60, 63, 64, 67, 68, 75, 74, 78, 90, 91, 92 u.ö.). Zum Konflikt zwischen dem IfZ und Wulf vgl. Kap. 5.2.

111 Vgl. Loock, in: Gutachten (Bd. II), S. 448-468 und 399-447. Zum Gutachten von Hans Mommsen über den Staatssekretär der Reichskanzlei, Wilhelm Kritzinger, vgl. Kap. 5.1.

112 Kluke, Vorwort (Bd. I), S. 10.

113 Andreas Hillgruber, Rez. von Bd. 1, in: NPL 3 (1958), Sp. 922. Zu den »Auschwitz-Gutachten« siehe unten S. 312-319.

114 Vgl. zur internationalen Resonanz: Höss, de goede moordenaar?, in: De Linie (Brüssel), Nr. 536 vom 9. 1. 1959, S. 3; Stig Janasson, Kommendanten i Auschwitz, in: Stockholm-Tidningen vom 20. 2. 1959; The Nazi Mentality, in: TLS 58 (1959) vom 17. Juli 1959.

wurde nicht zuletzt deutlich erkennbar, daß es sich hier weniger um die »Ergüsse« eines einzelnen Wahnsinnigen handelte, sondern daß es einen »in vieler Hinsicht repräsentativen Charakter dieser Quelle« zu erkennen galt, »aus der sich ergebe, daß die Verbrechen des Hitler-Staates durchaus nicht nur von Verbrechertypen im üblichen Sinne begangen wurden«.[115] Als die Edition dann vorlag, wurde ihre Bedeutung schnell erkannt und sowohl intern als auch öffentlich zu einem differenziert diskutierten Wendepunkt der Wahrnehmung des NS-Massenmordes, handelte es sich doch hierbei »um ein Dokument, das weit über den Interessenkreis der Historiker hinausgehe«. Nicht allein die »zahlreichen darin enthaltenen Fakten über die Judenvernichtungspolitik«, sondern vor allem die »eigenartige[n] Mischung von Sentimentalität und Frivolität« führte, so der Beirat im April 1958, »in ein Zentralproblem der nationalsozialistischen Zeit hinein«, und man erwog den prägnanten, später verworfenen Titel »Der Weg nach Auschwitz«.[116] Dem Text käme, Broszat zufolge, auch die Bedeutung eines »Beweises« zu, »denn trotz aller anderweitig vorliegender Beweise besteht ja gegenüber dem Faktum Auschwitz und dem Judenmord der Gaskammern noch immer ein weitverbreitetes Zweifeln« oder aber zumindest, wie er in einer bemerkenswerten Formulierung hinzufügte, ein »sehr ungenaues, seiner selbst nicht sicheres Wissen«.[117]

Auch die öffentliche Resonanz war bemerkenswert. Die Publikation der Höß-Memoiren kann ohne Zweifel als einer der frühesten wissenschaftlichen »Auschwitz«-Diskurse überhaupt bewertet werden, Jahre vor dem Jerusalemer Eichmann- bzw. dem Frankfurter Auschwitz-Prozeß. Der Tenor der Kommentare war geprägt vom Erstaunen über Höß als

115 Kuratorium und Beirat, Protokoll der Sitzung vom 3. 12. 1957, S. 6, in: IfZ/Hausarchiv ED 105 (1).

116 Kuratorium und Beirat, Protokoll der Sitzung vom 22./23. 4. 1958, S. 6 f., in: IfZ/Hausarchiv ED 105 (1).

117 Broszat, Einleitung, in: Kommandant in Auschwitz, S. 14. Die Veröffentlichung könne und solle, indem sie »mit der abgründigsten Unmenschlichkeit konfrontiert«, zu jener »Katharsis« beitragen, »welche nach der Epoche des Dritten Reiches Gebot nationaler Selbstachtung ist« (ebd.). Die Höß-Memoiren seien sogar, so ein polnischer Historiker, »der erste wissenschaftliche Versuch [gewesen], in Deutschland, die Wahrheit über Auschwitz aus erster Hand zu beweisen«, vgl.: Franciszek Ryszka, Martin Broszat, die Wiederaufnahme der kulturellen Beziehungen und die Aussöhnung mit Polen, in: Henke/Natoli (Hg.), Mit dem Pathos der Nüchternheit, S. 59-69 (68).

Beispiel für das »Phänomen des Nationalsozialismus«,[118] orientierte sich im ganzen und in einzelnen Begriffen deutlich erkennbar an der Einleitung von Martin Broszat[119] und brachte die Einsicht zum Ausdruck, daß Höß »kein perverser Sadist und einer jener ›verkommenen Brutalinskys‹«[120] gewesen war, denen man bis dahin Verbrechen jeden Ausmaßes zugetraut hatte: Das Bewußtsein sträube sich zwar, Höß »der Spezies Mensch zuzurechnen«, so artikulierte ein Kommentator ein weitverbreitetes Unbehagen, jedoch löse sich bei näherer Betrachtung »das unheimliche Phänomen in fast banaler, aber darum nicht weniger unheimliche[r] Weise auf«, denn Höß war kein »Entarteter im Schaltwerk des Todes«, sondern der Typ des »Exekutivbeamten«[121], keiner der »Schlagetots«, sondern »ein Mann, wie er der Anlage nach unter uns leben könnte«:[122] »Der Fall Rudolf Höss zeigt, wie sehr viel tiefer und verworrener die Wurzeln unseres Unheils reichen.«[123] Höß sei kein asozialer Massenmörder von Geburt an, sondern ein Karrierist, und der Höhepunkt seiner Karriere falle »mit der tiefsten Erniedrigung, die in der menschlichen Geschichte zu verzeichnen ist« zusammen.[124] Nicht nur seine Taten schockierten, sondern auch die »grausig-pedantische« Sprache.[125]

118 Gerhard Fritsch, Autobiographie eines Ja-Sagers und Massenmörders, in: Die Presse (Wien), 11. 1. 1959.

119 Vgl. zum Folgenden: IfZ ED 105 Hausarchiv/Höß, Rudolf; zu den Höß-Aufzeichnungen selbst und zur Einleitung Broszats, vgl. unten Kap. 5.2.

120 Walter Hähnle, Judenvernichtung, in: Zeitwende (Hamburg), Juni 1960, S. 413.

121 Gottfried Vetter, Der Maschinist des Teufels, in: Telegraf (Berlin), 1. 2. 1959.

122 Hellmut Becker, Der Henker von Auschwitz lebt unter uns, in: Volkshochschule im Westen, H. 9/10 (1958), S. 232 f., der sein Unbehagen folgendermaßen ausdrückte: »Man muß das Buch oft aus der Hand legen, weil man einfach nicht mehr weiterlesen kann.«

123 Anonymus, Was einmal war. Deutsche Wirklichkeiten, in: Gegenwart (Frankfurt a.M.), Dez. 1958.

124 So Günter Hönicke in einem Radioessay des Norddeutschen Rundfunks, in: NDR (Das politische Buch) vom 28. 10. 1958, in: IfZ ED 105 Hausarchiv, Höß. Eine Ausnahme im Tenor der Kommentare stellt bezeichnenderweise der Beitrag im Forum »Außenpolitik« dar, vgl.: H. L., Die totalitäre Krankheit, in: Außenpolitik (Stuttgart), Mai 1959, in welchem die These vertreten wird, es handele sich bei diesem Phänomen »nicht um etwas spezifisch Deutsches […]«.

125 Vgl.: Anonymus, Der Henker von Auschwitz macht Bilanz, in: SZ 235, 1. 10. 1958.

Die Form seines Berichtes verwirrte, und die sich darin aussprechende Mentalität, wie beispielsweise Werner Jochmann treffend feststellte, die »nüchterne Sachlichkeit« des Stils seiner Memoiren wurde durchgehend als das Hauptcharakteristikum hervorgehoben:

> »Waren die, die so handelten, noch Menschen? Begegnen wir nicht vielmehr Außenseitern der Gesellschaft, Rohlingen, Sadisten oder Verbrechern?« Nein, antwortete Werner Jochmann, »gewünscht waren Roboter der Pflichterfüllung, Männer wie Höss. In ihnen begegnen wir einem durchschnittlich begabten, keineswegs böswilligen, ordnungsliebenden und pedantisch gewissenhaften Menschen.«[126]

Die »Spaltung des moralischen Bewußtseins« und die Unerschütterlichkeit des »Gefühls der Rechtschaffenheit«, die an Höß exemplifizierbar wurde, hatte ein anders Nachdenken über »das Grauen von Auschwitz« zur Folge:[127] »[...] er war, so grotesk es klingt, gleichsam um eine humane Form des Massenmords bemüht«.[128] Entdeckt wurde auf breiter publizistischer Ebene *und* in den zeitgleichen frühen wissenschaftlichen Gesamtdarstellungen[129] zum Nationalsozialismus die »Gaskammer als Handwerkszeug«, die »Alltäglichkeit« von Massenhinrichtungen[130] und der »gänzlich unpersönliche Zug«[131] der Judenvernichtung, letzteres nicht selten mit heute etwas vorschnell wirkendem Eifer. Insgesamt aber scheint gerade diese Autobiographie zu einer Herausforderung im Nachdenken über Drittes Reich und Massenverbrechen geworden zu sein. Das Buch werde für die Aufarbeitung der Vergangenheit »eine entscheidende Rolle spielen«.[132]

126 Werner Jochmann, Roboter der Pflichterfüllung, in: Sonntagsblatt (Hamburg), 11. 2. 1959.
127 Helmut Lindemann, Das Grauen von Auschwitz, in: Stuttgarter Zeitung, Nr. 280, 5. 12. 1958, S. 3.
128 Ebd.
129 Vgl. zu diesem Thema oben Kap. 4.1. Das Hößsche Täterbild wurde v.a. in der Darstellung von Helga Grebing aus dem Jahre 1959 erkenntnisleitend: Grebing, Der Nationalsozialismus. Ursprung und Wesen (1959). Auch Karl Dietrich Erdmanns Handbuch-Beitrag u.d.T. »Die Zeit der Weltkriege« aus demselben Jahr rückt Höß sofort an prominente Stelle, während z.B. Eichmann noch falsch geschrieben wird und mehrmals als »Wilhelm Eichmann« erscheint, vgl.: Erdmann, Die Zeit der Weltkriege, S. 244-328 (289 und 291).
130 Paul Noack, Die Gaskammer als Handwerkszeug, in: Münchner Merkur, 27. 2. 1959. Noack greift hier eine Formulierung von Broszat auf.
131 Erdmann, Die Zeit der Weltkriege, S. 290.
132 Hellmut Becker, Der Henker von Auschwitz (Anmerk. 122).

Beide Großpublikationen, die Gerichtsgutachten und die Hößtagebücher sowie der mit ihnen verbundene Erfolg, waren aber nicht gleichbedeutend mit der Fokussierung der Opfer nationalsozialistischer Verbrechen. Die Vernichtung der Juden war noch immer ein Thema, dem Vorbehalte entgegengebracht wurden. An der Zurückweisung von Erich Kubys Projekt über die »Judenfrage« kann man heute den Entscheidungsgang nicht mehr genau rekonstruieren: Eine von ihm dem Institut vorgeschlagene zweibändige Dokumentation zur Judenverfolgung in Deutschland wurde vom IfZ abgelehnt. Während Becker von Gesprächen mit Kuby berichtet, aus welchen hervorgehe, daß dieser das Fehlen einer »zusammenfassende[n] Dokumentation zur Judenfrage« mit seiner eigenen Arbeit kompensieren und ein »politisch-pädagogisches Buch« schreiben wolle, weil ein »Hilfsmittel für den Sozialkundeunterricht notwendig sei«, lehnte Rothfels ein solches Vorhaben scharf ab: »Eine Dokumentation für allgemeine politisch-pädagogische Zwecke sei wohl weniger Sache des IfZ und liege auch schon vor« (eine Bemerkung, die auf Wolfgang Schefflers Buch zielte). »Man könne«, so Rothfels, »wohl kaum die Mitarbeiter des IfZ mit dieser zusätzlichen Aufgabe belasten«. Inzwischen aber war das Thema Judenverfolgung anders kodiert, man wollte sehr wohl an dem Bild des Geschehens, dem immer mehr Interesse zukam, mitwirken, weshalb schon »der Wirkung wegen« das Vorhaben einer Dokumentation erwogen wurde: Wenn deshalb Wolfgang Scheffler bereit sei, eine größere Dokumentation zu erstellen, wolle man durchaus mit ihm zusammenarbeiten, »wenn sich dadurch keine zu große Belastung ergebe«. Aber »der Wirkung wegen müsse [...] unbedingt im Rükken das IfZ stehen«.[133]

Konzilianz und Ohnmacht: H. G. Adler und das IfZ

Ein besonderes Kapitel war das Verhältnis zwischen dem IfZ und H. G. Adler. Die Zusammenarbeit zwischen ihm und dem Institut wurde zur jahrelangen Zitterpartie. Zwar wurde bereits 1959 »die Gewinnung von Dr. Adler für eine spezielle Untersuchung zum Thema der Judenverfolgung im Rahmen des von der Rockefeller Foundation unterstützten Forschungsvorhabens über Besatzungs- und Judenpolitik vom Beirat besonders begrüßt«.[134] Auch zuvor schon wurde sein Buch über Theresien-

133 Vgl. die Äußerungen von Becker und von Rothfels: Sitzung des Beirates und des Stiftungsrates vom 19. 6. 1965, in: IfZ ED 105 (2), S. 11 f.

134 Kuratorium und Beirat, Protokoll der Sitzung vom 8./9. 5. 1959, S. 7, in: IfZ ED 105 (1).

stadt am IfZ als »hervorragend«[135] gelobt, bereits Mitte der 50er Jahre kam es zu den ersten Kontakten, Adler besuchte das Münchner Institut im Mai 1956. Bald schien es, als könnte Adler für die Münchner Zeithistoriker so etwas wie Experte in Sachen KZ und Judendeportation werden: »Wir würden Anfragen, die sich auf Deportationen beziehen, soweit wir selbst nichts oder nicht genügend dazu sagen können, gerne Ihnen vorlegen, da Sie sicher eher weiterhelfen können.«[136] Adler verwies hierfür auf den Internationalen Suchdienst in Arolsen, stimmte aber einer Zusammenarbeit freudig zu.[137] Tatsächlich wurde Adler im Herbst 1958 vom Institut gefragt, ob er nicht im Auftrag des Instituts »eine Arbeit nach eigener Wahl« über seinen »Themenkreis« einreichen wolle.[138] Adler und Hans Buchheim schrieben sich im folgenden häufig und arbeiteten gerne miteinander. Obwohl im Briefaustausch immer wieder unterschiedliche Positionen deutlich werden,[139] kam es zu keiner Auseinandersetzung, die mit dem Schriftwechsel zwischen Joseph Wulf und dem IfZ vergleichbar wäre.[140] Im Gegenteil: Adler versichert dem Münchner Briefpartner, wie »verwandt« dessen Überlegungen zum Totalitarismus seinen eigenen seien, dieser bedankte sich bei Adler für Hinweise auf entsprechende Literatur.[141] Beide waren sich in der Ablehnung der Arbeit von Reitlinger einig, Buchheim schmeichelte dem Kollegen, indem er schrieb, man solle lieber Adlers Theresienstadt-Buch lesen anstatt Reitlinger:

135 Wissenschaftlicher Beirat, Protokoll der Sitzung vom 16. 7. 1966, in: IfZ ED 105 (2), S. 1. Die Äußerung war von Helmut Krausnick.

136 Buchheim, Brief an Adler vom 21. 8. 1959, in: Deutsches Literaturarchiv (Marbach) [weiter zit.: DLA], NL Adler, A II 89.

137 Adler, Brief an Buchheim vom 5. 9. 1959, in: ebd.

138 Adler: Der verwaltete Mensch. Studien zur Deportation der Juden aus Deutschland, S. XVII.

139 So betonte Adler die »Belastung« der Wehrmacht »durch Zuschauen bei Schandtaten« und »eigenen Schandtaten«. Sie sei »noch ärger, als man gemeinhin annimmt«, vgl.: Adler, Brief an Buchheim vom 19. 5. 1958; in: DLA, NL Adler, A II 89. Gegen Martin Broszats Buch über die nationalsozialistische Polenpolitik, das er ansonsten sehr lobte, brachte Adler »kleinere sprachliche Einwände, wo die NS-Sprache nicht genügend überwunden ist« (sic!) vor, vgl.: Adler, Brief an Broszat vom 31. 10. 1963, in: ebd.

140 Adler bezeichnete sich einmal als »Freund des Instituts«, vgl.: Adler, Brief an Krausnick vom 5. 3. 1959, in: ebd. Vgl. zur Auseinandersetzung zwischen Wulf und dem IfZ Kap. 3.3 und 5.2.

141 Adler, Brief an Buchheim vom 3. 1. 1962; sowie: Buchheim, Brief an Adler vom 13. 3. 1962, in: ebd.

»Aber wenn einer nur recht laut und absurd schreit, dann ist er der Aufmerksamkeit der Öffentlichkeit sicher, seien seine Werke auch noch so dilettantisch. Das solide, wirkliche Wissen findet viel schwerer Beachtung. Wieso eigentlich liest der geistige Normalverbraucher Reitlinger und nicht Adler [...]?«[142]

Ebenso einig war man sich auch in der Ablehnung von Hannah Arendts Eichmann-Buch. Karl Dietrich Bracher hatte angeregt, in den »Vierteljahrsheften« eine Stellungnahme zu Arendts Buch *Eichmann in Jerusalem* zu drucken, und auch Rothfels plädierte dafür, Adler für eine Miszelle zum Problem der Judenräte selbst zu gewinnen.[143] Krausnick fragte bei Adler an,[144] aber Adler lehnte ab. Statt dessen empfahl er Otto D. Kulka dafür und antwortete ansonsten, daß für dieses Buch »eine Abfertigung« nötig sei. Man müsse den »sachlichen Dillettantismus der Autorin« nachweisen, es wimmele von Fehlern und Irrtümern. Adler warf ihr sogar Manipulation der Fakten vor, sie habe »keine Ahnung« und koche sich ihre Meinung »zu einem giftigen Brei zusammen«.[145] Buchheim, der zu dieser Zeit einer »Sonderprüftruppe« angehörte, die ehemalige SS- und Waffen-SS-Leute daraufhin zu prüfen hatte, ob sie für den Eintritt in die Bundeswehr geeignet seien,[146] blieb im Verlauf der Beziehungen bis zum Scheitern des großen Buchprojektes von Adler, *Der verwaltete Mensch*, das erst in den 70er Jahren erschien, Adlers erster Ansprechpartner, auch in seiner Bonner Zeit. Doch der freundliche Ton im Briefwechsel zwischen beiden war das eine. Das andere war die zunehmende Störung der Beziehungen zwischen Adler und dem IfZ. Es gab wohl nach dem vielversprechenden Beginn der Kontakte auch manche falschen Erwartungen von Adler an das Institut.[147]

Vor allem die Arbeit an dem umfangreichen Werk über die Deportationen der Juden aus Deutschland ging auf Kontakte mit dem IfZ und bis in das Jahr 1958 zurück. Anfang Dezember 1958 wurde Adler auf einen Quellenbestand hingewiesen, der die Akten zur Deportation der Juden aus Unterfranken komplett enthalten sollte. Er wandte sich sofort an

142 Buchheim, Brief an Adler vom 7. 5. 1963, in: ebd.

143 Sitzung des Beirats und des Stiftungsrates vom 24. 7. 1964, in: IfZ ED 105 (2), S. 8 f.

144 Krausnick, Brief an Adler vom 6. 11. 1964, in: DLA, NL Adler, A II 89.

145 Adler, Brief an Krausnick vom 9. 11. 1964, in: ebd.

146 Buchheim, Brief an Adler vom 16. 5. 1958, in: ebd.

147 So lehnte die Redaktion der VfZ Adlers Aussatz zur Soziologie der Konzentrationslager ab, vgl.: Adler, Brief an Buchheim vom 18. 6. 1958, in: ebd.

Buchheim, um bei ihm für die »Erforschung des Deportationskomplexes gerade vom Standpunkt der Gestapo aus« zu werben, und brachte auch konkret sein Interesse an einem Forschungsauftrag zum Ausdruck.[148] Buchheim antwortete etwas dilatorisch erst Anfang Februar des nächsten Jahres, die Anfrage mache ihm »Kopfzerbrechen«, er betrachte den Brief Adlers »zunächst einmal als privat«, prinzipiell sei auch Krausnick als Direktor nicht gegen eine Zusammenarbeit, aber der Vorschlag müsse »möglichst konkret« sein.[149] Adler, der seine Anfrage daraufhin noch ein weiteres Mal erläuterte,[150] erhielt Ende Februar eine schriftliche Zusage für eine Honorararbeit auf Basis von Sondermitteln des Instituts: »Wir wissen, daß wir bei Ihnen das finden, worum wir uns selbst immer bemühen: eine Verbindung von exakter Einzelforschung mit Gesichtspunkten, die in größere Zusammenhänge und allgemeinere Probleme Licht bringen.«[151] Genau das hatte Adler vor, und sein Projekt war von bemerkenswerter Dimension, er hoffte noch lange, »die Forschung über den von Hilberg erreichten Stand hinaus zu befördern«:[152]

> »An den Würzburger Gestapoakten können wir die Technik der Deportation von Juden aus dem ›Altreich‹ systematisch und in jedem wesentlichen Detail studieren, und zwar, was mir so wichtig erscheint, vom amtlichen Gesichtspunkt nicht nur des RSHA, sondern auch der anderen beteiligten staatlichen und regionalen Behörden aus.«[153]

Es war ein »Gesamtüberblick über die Deportationen aus dem ›Altreich‹, vielleicht auch mit Hinweisen auf das ganze ›Großdeutschland‹« geplant. Offen blieb noch, ob es ein Dokumentenwerk oder eine Gesamtdarstellung werden sollte, doch Adler versprach, in jedem Fall einen »sehr streng[en] und unemotionell[en]« Ton zu bewahren.[154]

Doch die Arbeit gestaltete sich schwieriger, als alle Beteiligten geglaubt hatten. Der Forschungsauftrag wurde für Adler eine immer größere Last, er fühlte sich »genasführt«,[155] von den staatlichen Würzburger Stellen

148 Adler, Brief an Buchheim vom 6. 12. 1958, in: DLA, NL Adler A II 89. Als Buchheim nach über 6 Wochen noch nicht geantwortet hatte, fragte Adler noch einmal an, vgl.: Adler, Brief an Buchheim vom 27. 1. 1959, in: ebd.

149 Buchheim, Brief an Adler vom 2. 2. 1959, in: ebd.

150 Adler, Brief an Buchheim vom 6. 2. 1959, in: ebd.

151 Buchheim, Brief an Adler vom 23. 2. 1959, sowie: ders., Brief an Adler vom 11. 5. 1959, beide in: ebd.

152 Adler, Brief an Förster vom 9. 12. 1964, in: ebd.

153 Adler, Brief an Buchheim vom 5. 3. 1959, in: ebd.

154 Ebd.; vgl. auch Kap. 5.3.

155 Adler, Brief an Buchheim vom 27. 1. 1961, in: ebd.

kam kaum ein Entgegenkommen, Hilfe vom IfZ blieb aus. Zwar schätze er die »Hilfsbereitschaft« von Herrn Hoch, dem damaligen Archivar des IfZ, aber offensichtlich hatte dieser Adlers Angelegenheit noch nicht übernommen:

> »Um aufrichtig zu sein, muß ich Ihnen gestehen, daß mich die Würzburger Arbeit nicht mehr freut und ich schon zu bedauern beginne, mich vertraglich verpflichtet zu haben.«[156]

Seine Sorge, die Arbeit könnte ein »kümmerliches Stückwerk« bleiben, nahm beständig zu.[157]

Adler versicherte, es sei »selbstverständlich«, daß er bei einer gestatteten wissenschaftlichen Verwertung der Dokumente »zu jeder von den Behörden gewünschten Verhüllung der personellen Zusammenhänge« bereit wäre:

> »Mir liegt ausschließlich daran, Vorgänge in ihrem Funktionieren genau zu begreifen und dann darzustellen, also ein rein historisch-soziologisches Studium – die verwickelten Personen interessieren mich nicht und brauchen nichts zu befürchten.«[158]

Die Ohnmacht des sonst so konzilianten Adler wurde mit der Zeit immer quälender, die Antworten der Behörden blieben aus, und er fürchtete, die Verträge mit dem IfZ nicht einhalten zu können. Sein Gefühl der Vereinsamung nahm ständig zu: »Meine Isolation ist allerdings arg, sie hat sich in den letzten zwei Jahren nur immer verschlimmert, und öfters frage ich mich, wofür und für wen meine gesamte Tätigkeit – wissenschaftlich wie künstlerisch – etwas taugen soll.«[159] Doch er griff weniger die Mitarbeiter im Münchner Forschungsinstitut an, vielmehr verzweifelte er an dem Land und seiner Regierung,

> »die sich nicht schämt, einen Herrn Maunz als Mitglied zu dulden, einem Juden offenbar nicht gestatten kann, in Juden betreffende Papiere aus dem Zweiten Weltkrieg zu gucken. Mag diesem Juden auch bloß am Wissen und nichts am Aufdecken von Lumpen gelegen sein, mag er dies auch schriftlich versichert haben, er bleibt ein Jude und soll erkennen, daß er sich in keine Angelegenheiten alter Nazis und

156 Adler, Brief an Buchheim vom 27. 2. 1961, in: DLA, NL Adler, A II 89.
157 Adler, Brief an Förster vom 10. 3. 1961, in: ebd. Förster war der Verwaltungschef am IfZ.
158 Adler, Brief an Hoch vom 18. 12. 1961, in: ebd. Ähnlich auch in: Adler, Brief an Hoch vom 19. 2. 1962, in: ebd.
159 Adler, Brief an Buchheim vom 2. 3. 1964, in: ebd.

ihrer Schutzherren zu mischen hat. KL- und Gestapo-Funktionäre opfert man vielleicht, aber ›ehrenwerten‹ Beamten spart man um Gottes Willen mögliche Scherereien.«[160]

Doch auch die Entfremdung vom Institut nahm zu: Er könne sich, so Adler noch zurückhaltend, »leider nicht des Eindrucks erwehren, als ob man, aus welchen Gründen auch immer, nicht wünscht, daß ich wissenschaftlich jene Zusammenhänge durchdringe und aufkläre, die sich das IfZ, das ja auch eine staatliche Stelle ist, von mir erwartet hat«.[161]

Adler bat in dieser Zeit das Institut auch um eine berufliche Perspektive für Hermann Langbein und begründete dies mit der Relevanz, Auschwitz zu erforschen: »Das Phänomen Auschwitz ist von der Forschung noch kaum angetastet worden, und sicher sind wir uns einig, daß für seine Erforschung die Zeit herangereift ist.«[162] Adler schlug konkret vor, Langbein solle die »Dienststelle des SS-Standortarztes Auschwitz« und die »Mitglieder der SS im Konzentrationslager Auschwitz« erforschen: »Hier wäre ein Beitrag zur Typologie des Lagerpersonals von den leitenden Funktionären bis zu den Wachposten der SS zu leisten.«[163] Die Antwort, die Adler sehr enttäuscht haben muß, war aufschlußreich. Buchheim verwies nicht nur auf das fehlende Geld und auf andere Themenschwerpunkte des Instituts, sondern regte an, Langbein solle statt einer Forschungsarbeit lieber in »Form eines Zeugenberichts seine Erfahrungen und Erkenntnisse« niederlegen:

> »Wir würden uns sehr freuen, wenn wir von einem Kenner einen ausführlichen Bericht von Auschwitz bekämen, der in gewisser Weise ja das Gegenstück zu den Erinnerungen von Höß bilden würde [...].«[164]

Sieben Jahre nach der Vergabe des Honorarauftrages sah sich das Institut in den Worten Helmut Krausnicks darin getrogen, daß die Auftragsarbeit an Adler, der über die Organisation der Deportation der Juden aus Deutschland aus den Akten forschen sollte, gelingen könnte. Gründe

160 Adler, Brief an Buchheim vom 27. 2. 1961, in: DLA, NL Adler A II 89.
161 Adler, Brief an Buchheim vom 27. 1. 1961, in: ebd.
162 Adler, Brief an Buchheim vom 8. 7. 1960, in: ebd.
163 Ebd. Er sprach in diesem Brief im Hinblick auf die Lagerärzte Boger und Wirth explizit von »Schuldverstrickung«, aus »ursprünglich durchaus wohlmeinenden Männern, die den Häftlingen helfen wollten« wurden auf einmal »Massenmörder« und »Sadisten«, so Adlers Täterbild von 1960.
164 Buchheim, Brief an Adler vom 27. 7. 1960, in: ebd. Langbein lehnte diesen Vorschlag ab, er habe Lust, eine Arbeit zu schreiben, nicht aber einen »Zeugenbericht«, zit. nach: Adler, Brief an Buchheim vom 2. 9. 1960, in: ebd.

hierfür gab es aus Sicht des Instituts genug. Adler war im Verlaufe der letzten Jahre mehrfach schwer erkrankt,[165] hatte außerdem parallele Arbeitsprojekte, mit denen er seinen Lebensunterhalt bestreiten mußte, und benötigte deshalb viel mehr Zeit als abgesprochen. Zudem hatte er seinen Interessenschwerpunkt verändert, er interessierte sich immer stärker für das Phänomen »Deportation« selbst, und er wollte die »Vorgänge rund um den Akt der Verschickung zum Hauptgegenstand« der Untersuchung machen.[166] Nicht zuletzt überschritt er auch den vereinbarten Umfang des Manuskriptes, wie er Ende 1964 dem Institut mitteilte, um ein vielfaches.[167] Seine Bitte um die Verlängerung des Vertrages wurde deshalb abgelehnt. Im Jahre 1965 gab er zwei Teile seines Buches ab, Broszat und Vogelsang korrigierten das Manuskript,[168] aber die Gemeinsamkeiten waren zerbrochen: »Es fand wenig Beifall; weder wissenschaftlich noch stilistisch entsprach mein Elaborat den Auffassungen der zuständigen Herren. So trennten sich die Wege.«[169] Die Gutachten von Hans Herzfeld und Ernst Fraenkel, aufgrund der ersten 400 Seiten des Manuskriptes erstellt, waren »sehr kritisch«. Sie kamen zu dem Schluß, daß »das Ergebnis nicht den gehegten Erwartungen« entspreche.[170] Auch die Erwägung, das Manuskript in der vorliegenden Form innerhalb der Schriftenreihe des Instituts zu publizieren, wurde abgelehnt und Adler »zu eigener Verwertung« zurückgegeben. Man vermißte in dem »sehr persönlich gefärbten Produkt«, wie es hieß, »eine erkennbare Abtrennung von Analyse und Materialauswertung sowie eine systematische Auseinandersetzung mit der älteren Literatur«.[171] Bracher wies in der Aussprache über die »stark subjektive Komponente« des Buches auf den Kernpunkt des Problems, daß nämlich »Adler nicht nur wissenschaftlicher Bearbeiter, sondern auch unmittelbar beteiligter Zeitgenosse« sei.[172] Als forschungsstrategische Schwierigkeit erwies sich einmal mehr,

165 Adler bat sogar das IfZ mehrfach zur Deckung von Operations- und Krankenhauskosten um finanzielle Hilfe, vgl.: Adler, Brief an Buchheim vom 15. 10. 1960, und: ders., Brief an Buchheim vom 27. 10. 1960, beide in: ebd.

166 Adler, Der verwaltete Mensch, S. XIXf.

167 Ebd., S. 1 f.

168 Buchheim, Brief an Adler vom 6. 10. 1965, in: DLA, NL Adler A II 89.

169 Adler, Der verwaltete Mensch., S. XX.

170 Ebd., S. 2.

171 Ebd., S. 3 und S. 2.

172 Ebd., S. 2 f. Bracher plädierte dabei als einziger für eine Drucklegung und verwies darauf, die »materiell ungünstige Lage von Dr. Adler zu berücksichtigen«. (S. 3.) Vgl. zu dem von Bracher angesprochenen Doppelcharakter aus Erforschung und Erinnerung auch Adlers Selbsteinschätzung, in: Kap. 5.3.

daß es sich in Adlers Fall in der Perspektive des Münchner Instituts »weder als Quellen- noch als Forschungspublikation«, so Hans Herzfeld, betrachten ließ. Da man nicht mehr wußte, wie man weiter verfahren sollte, plädierten mehrere Beiräte »aus volkpädagogischen Gründen« für eine Publikation, allerdings nicht am Institut: Adler solle daher »mit Empfehlung und Unterstützung des Instituts an einen Verlag gewiesen werden«.[173] Adlers eigenes Fazit war bitter. Sein Werk sei »ohne Hilfe der Gelehrten und ohne Gönnerschaft der Mächtigen geschrieben worden«, er habe, so zitiert er einen englischen Literaten, auch nicht »in der milden Stille der Zurückgezogenheit noch unter dem Schutz akademischer Lauben« geschrieben, sondern »inmitten von Kummer und Wirrnis, in Krankheit und Sorge«.[174]

Das »Auschwitz-Gutachten« des IfZ: Bedeutung und Grenzen eines Standardwerkes

Mitten in der singulären Entstehungsgeschichte des Adlerschen Buches erschien das Gutachten des IfZ für den Frankfurter Auschwitz-Prozeß, dessen Eröffnung im Dezember 1963 stattfand, dessen Vorbereitung aber in die späten 50er Jahre zurückreicht. Der Prozeß markierte ohne jeden Zweifel auch einen Schlüsselpunkt in der Auschwitz-Historiographie.[175] Hier entstanden mit Helmut Krausnicks Untersuchung über die Judenverfolgung, mit Hans-Adolf Jacobsens Analyse zum sogenannten »Kommissarbefehl«, mit Broszats Beitrag über die Konzentrationslager und mit Buchheims Darlegungen über die SS diejenigen Arbeiten zum Thema,

173 Adler, Der verwaltete Mensch, S. 3.

174 Ebd., S. XX.

175 Vgl. zum Gesamtkomplex aus zeitgenössischer Sicht v.a.: Langbein, Der Auschwitz-Prozeß; Naumann, Auschwitz. Bericht über die Strafsache gegen Mulka (der Band wurde vom Autor überarbeitet und gekürzt auch als Fischer-Taschenbuch vorgelegt, zuerst: 1968); ein kurzer Gesamtüberblick des Prozesses bei: Reichel, Strafsache gegen Mulka u.a. Der Auschwitz-Prozeß, in: ders., Vergangenheitsbewältigung, S. 158-181; Benz, »Bürger als Mörder und die Unfähigkeit zur Einsicht«: Der Frankfurter Auschwitz-Prozeß, S. 382-391; zur Rezeption in der Öffentlichkeit speziell: Kröger, Die Ahndung von NS-Verbrechen vor westdeutschen Gerichten; eine Art Bilanz versuchen zwei neuere Publikationen: Schneider (Hg.), Auschwitz – Ein Prozeß; Werle/Wandres, Auschwitz vor Gericht: Völkermord und bundesdeutsche Strafjustiz; zum Aspekt der deutschen Geschichtswissenschaft: Frei, Der Frankfurter Auschwitz-Prozeß und die deutsche Zeitgeschichtsforschung, S. 123-138.

deren Bedeutung lange anhalten sollte.[176] Ohne Zweifel hat dieses zweibändigeWerk Maßstäbe gesetzt,[177] doch es wurde auch einmal als etwas »zu erfolgreich« bezeichnet, und tatsächlich hat sich der schnelle Ruhm als »Standardwerk« eher lähmend auf weitere Forschungen ausgewirkt.[178] Zudem beschrieb es den zur damaligen Zeit noch nie so klar dargelegten und hochkomplizierten »Handlungsrahmen«, weniger »den faktischen Gebrauch der Macht«.[179] Das Frankfurter Auschwitz-Gutachten war jedoch auch eine etwas prekäre »Verschmelzung von Geschichte und Kriminologie«,[180] es lag genau in jener Schnittmenge zwischen den institutionell so verschiedenen Bereichen der Geschichts- und der Rechtswissenschaft, die unter der Bezeichnung »Vergangenheitsbewältigung« in der Bundesrepublik so ziemlich alles umfaßte, was irgendwie mit dem Nationalsozialismus zu tun hatte.[181] Daß dies mehr als nur die Nähe des Anlasses bedeutete, daß sich hier ein juridischer Diskurs in die Geschichtsschreibung hinein fortsetzte, soll weniger als Kritik oder gar als »unangemessenes moralisches Zensurverfahren« ex post formuliert werden.[182] Der erinnerungsgeschichtliche Perspektivenwechsel auf den

176 Buchheim, Broszat, Jacobsen, Krausnick, Anatomie des SS-Staates (2 Bde.), Olten/Freiburg i. Br. 1965. Der Aufsatz von Martin Broszat über die Konzentrationslager wurde noch nach über 30 Jahren als »die grundlegende Arbeit über das Thema« genannt, vgl.: Meier, Nachruf auf Martin Broszat, S. 26. Ulrich Herbert bezeichnet das Gutachten als »einen ersten Höhepunkt«, dessen nüchterne und eindrückliche Analyse »den Kenntnisstand über die NS-Vernichtungspolitik über Jahrzehnte markiert und bestimmt« habe und dessen wissenschaftliches Niveau lange nicht wieder erreicht worden sei, in: Herbert, Vernichtungspolitik. S. 14.

177 Banach, Heydrichs Elite, S. 13.

178 In diesem Sinne etwa: Gellately, Situating the »SS-State« in a Social-Historical Context, S. 364.

179 Banach, Heydrichs Elite, S. 13.

180 Wojak, Die Verschmelzung von Geschichte und Kriminologie. Historische Gutachten im ersten Frankfurter Auschwitz-Prozeß, in: Frei, van Laak, Stolleis (Hg.), Geschichte vor Gericht, S. 29-45.

181 Die Besonderheiten justizieller Fragen, Termini und Interessen und ihrer forensischen Zwecksetzung behandeln: Reinhard Henkys, Geschichte und Gericht in nationalsozialistischen Gewaltverbrechen, in: ders., Die nationalsozialistischen Gewaltverbrechen, S. 25-266; Baumann, Die strafrechtliche Problematik der nationalsozialistischen Gewaltverbrechen, in: ebd., S. 267-321; zur Kriminologie kollektiver Verbrechen: Jäger, Verbrechen unter totalitärer Herrschaft.

182 Vor dieser Gefahr warnte z.B. Frei, Die Rückkehr des Rechts. Justiz und Zeitgeschichte nach dem Holocaust – eine Zwischenbilanz, S. 431.

historischen Ort dieser »Lebensleistungen« soll vielmehr versuchen, auch an den besten der damaligen Arbeiten die Schnittstelle zwischen Erinnerung und Erforschung zu erkennen.

Diese Schnittstelle liegt in der Übernahme der Situation vor Gericht. Durch das Vorwort, das die Prämissen des DFZ bündelte, bekamen die fachwissenschaftlichen Gutachten etwas Konzeptionelles. Bereits an anderer Stelle hatte Buchheim davor gewarnt, das Thema »im Spannungsfeld von Anklage und Verteidigung« zu belassen und durch die »Vermengung verfassungsrechtlicher und strafrechtlicher Erörterungen« das Bild von SS und Nationalsozialismus unhistorisch werden zu lassen. Buchheim hat statt dessen bewußt betont: »Dem Historiker, dem andere Aufgaben gestellt sind als dem Richter und dem Anwalt, ist es dagegen nicht nur erlaubt, sondern geboten, auf Kategorien der Anklage und Verteidigung zu verzichten und die persönlichen ›Fälle‹ außer acht zu lassen.«[183] Aufgaben des Historikers seien *erstens*, die »Eigenart des Ganzen« in den Blick zu nehmen, *zweitens*, »Konkretisierung« zu leisten statt »allgemeiner Begriffe«, und *drittens*, die Erkenntnis der Ursachen zu fördern.[184]

Buchheim leitete im ersten Band von *Anatomie des SS-Staates* seine Studie über die SS als das »Herrschaftsinstrument« des Dritten Reiches mit einer Art kurzgefaßten Rezeptionsgeschichte der NS-Verbrechen ein. Er machte dabei zwei Gruppen aus, deren Sichtweisen Zusammenhänge ignorierten, Interessen erkennen ließen und notwendig verzerrt seien. Er begann sein Vorwort mit einer Anspielung auf Kogons *SS-Staat*:

> »Die KZ-Verbrechen und der Massenmord an den Juden waren spezifische Bestandteile der nationalsozialistischen Herrschaft. Dieser Zusammenhang gerät bei vielen Menschen in Vergessenheit, und zwar aus recht verschiedenen Gründen. Für die einen zum Beispiel reduziert sich die Beschäftigung mit dem Dritten Reich auf den Namen Auschwitz; ihre Gedanken kreisen um die Tatsache, daß die Hölle historische Wirklichkeit geworden ist. Das geschichtliche Ganze verlieren sie dabei trotzdem aus den Augen.«[185]

Dieser Gruppe unterstellt der Autor ein Desinteresse »für die geistigen und politischen Voraussetzungen« einer Tat, die sie lediglich mit »all-

183 Buchheim, Die SS in der Verfassung des Dritten Reiches, S. 127.

184 Ebd.

185 Buchheim, Vorwort, in: Anatomie des SS-Staates, Bd. 1, S. 9-11. Bei Kogon hieß es: »Die Konzentrationslager sind […] eines der grausigen Fakten, um die das deutsche Gewissen kreisen müßte. Gerade von ihnen will das Volk nichts mehr hören.« (Kogon, Der SS-Staat, S. 325 f.)

gemeinen moralischen und kulturkritischen Betrachtungen« verbinden. Die andere Gruppe, für die »die Verbrechen ein erratischer Block« seien, »die zusammenhangslos in jenem Abschnitt deutscher Geschichte« stehen, habe »abgesehen von den offenkundigsten Verbrechen« an der »Politik der Hitlerzeit nichts Wesentliches auszusetzen«.[186]

Es mag überraschen, in diesem Vorwort zwei Gruppen benachbart zu finden, deren Ansicht über das Verbrecherische des NS-Regimes nach Meinung des Autors korrigiert werden müsse und deren Gemeinsamkeit darin besteht, den Zusammenhang von Politik und Vernichtung nicht erkennen zu können. Die Gedanken der einen, offensichtlich sind hier die Opfer gemeint, »kreisen um die Tatsache, daß die Hölle historische Wirklichkeit« geworden sei. Diese Gruppe »reduziere« die Beschäftigung mit dem Dritten Reich »auf den Namen Auschwitz«. Das »trotzdem« im Folgesatz supponiert, daß dieser Argumentationszusammenhang zwar anerkannt, aber durchaus nicht als ausreichend betrachtet wird. Nicht für diese, so scheint es, sondern für die andere Gruppe, für diejenige, die »an der Politik der Hitlerzeit nichts Wesentliches auszusetzen« habe, abgesehen von ebenjenen »offenkundigsten Verbrechen«, also »Auschwitz«, »sind die Verbrechen ein erratischer Block«, dem kein Zusammenhang mit der deutschen Geschichte beigemessen wird. Eine Gruppe, die nationalsozialistische Politik unterstützt hat, ohne sich für »Auschwitz« verantwortlich zu fühlen, kann aber durchaus als Umschreibung ehemaliger Nationalsozialisten angesehen werden. Buchheim visierte hier eine Darstellung der »Wirklichkeit des Hitlerregimes«[187] an, die sich in doppelter Abgrenzung sowohl gegen Ex-Nazis als auch gegen die Opfer wendet. »Auschwitz verstehen« hieße demnach, so könnte man diesen Gedanken ausformulieren, weder der Sichtweise von KZ-Überlebenden noch der Ansicht der (ehemaligen) Nationalsozialisten zu folgen. Diese zentralisierten das Verbrechen, jene marginalisierten es. Die Aporie der einen sei ebenso zu brechen wie die Apologie der anderen. Weder das vorwurfsvolle »Umkreisen« noch das verantwortungslose »Umgehen«, so ließe sich mit Buchheim sagen, sei geeignet, Antworten auf die Frage zu finden, welcher Zusammenhang »zwischen dieser politischen Herrschaftsform und den ideologischen Massenverbrechen« bestehe.

Bis in die Wahl des Titels hinein war *Anatomie des SS-Staates* demnach mit Kogons *SS-Staat* intertextuell verknüpft. Die subtile Gleichzeitigkeit von Vereinnahmung und Korrektur kann als Ausdruck eines »Zwangs« zum Kompromiß gedeutet werden, der sich dem Entstehungskontext des

186 Ebd., S. 9.
187 Ebd; hier auch das folgende Zitat.

Textes verdankt. Das bis zu diesem Zeitpunkt beste Buch über die Massenverbrechen des Nationalsozialismus wurde als juristisches Gutachten geschrieben, in einem Prozeß über die Täter von Auschwitz verwendet und führte dort zur Entscheidung, den arbeitsteiligen Massenmord an den Juden primär unter dem Gesichtspunkt der »Beihilfe« zu interpretieren. Es wurde programmatisch mit dem positivistischen Stoßseufzer verfaßt, »wie schwer« es sei, »über Auschwitz *nicht* wirkungsvoll zu schreiben«![188] Und es hatte neben seiner singulären Stellung in der Erforschung des Dritten Reiches noch eine zweite und weniger offensichtliche Bedeutungsebene, und diese erschließt sich einem, wenn man nach dem Aspekt der Erinnerung fragt. Denn gerade wenn man die Sichtweise Buchheims auf das Verbrechen an den Juden fokussiert, wird deutlich, wie vergangenheitspolitisch manche Bücher angelegt waren, mitunter als regelrechte »Gegenbücher«.

Buchheims Studie über das Herrschaftsinstrument der SS im allgemeinen, noch mehr aber seine Betrachtungen über das Verhältnis von Befehl und Gehorsam im so betitelten zweiten Teil des Gutachtens wandten sich nicht nur gegen Kogons *SS-Staat*, sondern auch gegen eine wenig bekannt gewordene Darstellung desselben Themas. Denn 1956 erschien zunächst auf englisch und später in deutscher Übersetzung eine Studie unter dem Titel *The SS. Alibi of a Nation 1922-1945*.[189] Ihr Verfasser war Gerald Reitlinger, und ihr Titel war Programm. Reitlinger, der als Autor der ersten Gesamtdarstellung über die »Endlösung« bereits einen Namen hatte, vertrat hier die These, daß die SS zwar schlimm und mächtig gewesen sei, aber nicht in dem absoluten Maße, in dem sie vielfach ex post als »diabolus ex machina« fungiere. Er zeigt statt dessen den Zusammenhang auf, daß neben der SS eben auch Wehrmacht, Bürokratie, neben der Gestapo auch die übrige Polizei und neben profilierten Nazis auch viele Mitläufer verantwortlich seien.

In einer außerordentlich kritischen Rezension der Originalausgabe war es nun aber gerade Buchheim, der dem Autor ein »verzerrtes« Urteil vorwarf und vor einer Übersetzung des Buches ins Deutsche regelrecht

188 Ebd., S. 11; Broszat knüpfte im Vorwort zu Bd. 2 ebenfalls an Kogon an: Er nannte den »SS-Staat« zwar eine »meisterliche[r] Schrift«, setzte sich aber gleichwohl von ihr ab, vgl. Broszat, Vorwort in: ebd. (Bd. 2), S. 11.

189 Reitlinger, The SS. Alibi of a Nation 1922-1945 (London 1955), die deutsche Übersetzung von Hans B. Wagenseil im Kurt Desch-Verlag machte aus dem Untertitel bezeichnenderweise und überaus typisch für die 50er Jahre: Tragödie einer deutschen Epoche, vgl. Berg, Lesarten, S. 103 ff.

warnte.[190] Reitlinger, so Buchheim, komme zu dem Schluß, daß »das ganze deutsche Volk [...] schlechthin böse sei«. Vor allem in dessen »Zerrbild« der deutschen Widerstandsbewegung sah der Rezensent das »Niveau neonazistischer Pamphlete«. Buchheim bemängelte das Fehlen der organisatorischen Struktur und die konsequente Ausrichtung des Reitlingerschen Buches »auf die politische Entwicklung«. In Buchheims eigener Studie wird deshalb das betont herausgestellte Erkenntnisinteresse auf die *Vereinigung* von SS und Polizei, auf den Macht*apparat*, auf das *Funktionieren* gelegt, »mit anderen Worten: *wie totalitäre Herrschaft in der Alltagspraxis funktionierte*«.[191] Während für Buchheim also die SS im Hinblick auf Totalitarismus wahrgenommen wurde, erscheint sie bei Reitlinger dagegen ganz und gar als Symbol eines Landes, das mit ihrer Hilfe Juden vernichtet hat, eine wissenschaftliche Herangehensweise, die sich in Buchheims Sichtweise »verzerrt« ausnimmt. Es sei, so Buchheim, bei Reitlinger »keine tiefgreifende Auseinandersetzung mit dem im Thema steckenden Problem« zu spüren«, denn »er ist einfach nicht gewillt, die Frage zu stellen, wie sich ein Volk in solche Schuld verstricken konnte, sondern verurteilt einfach, macht die SS zum Prototyp unserer Nation [...]«. Reitlinger sei »unfähig, die verwirrende Perversion von Gut und Böse, welche die Geschichte der nationalsozialistischen Zeit charakterisiert, zu durchschauen« und er habe sich zu wenig mit der geistig-politischen Entwicklung Deutschlands in den letzten Jahrzehnten auseinandergesetzt, um zu einem abgewogenen Urteil kommen zu können.

Reitlinger hatte in einer Schlüsselpassage der Zusammenfassung seines Buches ein Tabu verletzt. Denn das von den Alliierten in den Nachkriegsprozessen, so Reitlinger, »von deutschen Emigranten« übernommene Postulat, nach dem »die SS ein Staat im Staate [gewesen sei], nur sich selbst verantwortlich, der Schrecken der deutschen Beamten und die Macht, die diese zur Tyrannei und zur Grausamkeit trieb«,[192] erschien ihm zu einfach und spiegelte nicht seine Meinung über die Wirklichkeit des Dritten Reiches wider: »Die meisten übersehen [...], daß auch die

190 Buchheim, Zur Geschichte des ›Dritten Reiches‹, Sp. 182-198 (193 ff.).

191 Buchheim, Anatomie des SS-Staates, S. 10 [Hervorh. von N.B.]. Das Zitat im Original: »Es ist weniger von dem die Rede, was die SS im einzelnen getan hat, sondern mehr davon, wie der aus der Vereinigung von SS und Polizei gebildete Machtapparat entstanden ist und funktionierte, mit anderen Worten: wie totalitäre Herrschaft in der Alltagspraxis ausgeübt wurde.«

192 Reitlinger, Die SS, S. 438: »Die Bedeutung der überzeugten, hartgesottenen SS-Leute wird heute vielfach übertrieben.«

Gestapo nicht unabhängig handeln konnte und auf die Mitarbeit mancher Kreise der deutschen Bürokratie angewiesen waren.« Und weiter:

> »Man will es nicht wahrhaben, daß die gewaltige Maschinerie, durch die mehr als vier Millionen Juden aus ihren Wohnungen gerissen wurden, um in oft entfernten Konzentrationslagern, Gettos und Gaskammern umzukommen, nicht von einer einzigen obskuren Gestapoabteilung gelenkt werden konnte, daß sie nicht völlig geheim bleiben und gar nicht in Bewegung gesetzt werden konnte ohne Mitwirkung von Spezialabteilungen des Ministeriums des Innern, der Ministerien für Verkehrswesen, Finanzen und Wirtschaft, der Oberkommandos, der Ministerien für Arbeit und Rüstung und vor allem des Auswärtigen Amtes.«[193]

Wie bei Reitlingers SS-Darstellung, so beanstandete Buchheim auch in dem weitverbreiteten Gesamtüberblick von NS-Verbrechen durch Lord Russell of Liverpool unter dem Titel »Geißel der Menschheit«,[194] daß der Autor »kaum nach dem geschichtlichen Hintergrund oder danach ›wie es möglich werden konnte‹«[195] fragt. Statt dessen »finden wir eine Untat an die andere gereiht [...] die entsetzlichsten Wahrheiten sind bunt vermischt mit offensichtlichen Halb- und Unwahrheiten und ausgesprochenen Schauergeschichten, so daß der Leser auch bei bestem Willen nicht den Eindruck gewinnen kann, der Autor habe sich um Sachlichkeit bemüht [...]«.

»Sachlichkeit« – was das zu dieser Zeit war, definierten deutsche Historiker, gerade im Hinblick auf das Thema SS, KZ-System und Judenvernichtung.[196] Und sie taten dies häufig explizit im Widerspruch zum »Engagement«, zur »Zeugenschaft« und zum »Pathos« von jüdischen

193 Reitlinger, Die SS. Tragödie einer deutschen Epoche, S. 439.

194 Lord Russell of Liverpool, Geißel der Menschheit. Kurze Geschichte der Nazi-Verbrechen, Frankfurt a.M. 1955 (engl. Orig. u.d.T. »The Source of Swastika).

195 Buchheim, Zur Geschichte des ›Dritten Reiches‹, Sp. 195 f.

196 Vgl. die Einschätzung von Amos Elon (In einem heimgesuchten Land. Reise eines israelischen Journalisten in beide deutschen Staaten, S. 60-63), der sich schon Mitte der 60er Jahre von der Tatsache beeindruckt zeigte, daß es kaum ein europäisches Land gebe, »dessen Akademiker mit mehr Offenheit und kühlerer Gelassenheit versuchen, den nationalen Wahn der Vergangenheit als das Verbrechen bloßzulegen, das es war«, der aber auch von einem »leicht konservative[n] Pessimismus« der jungen Intellektuellen am Institut spricht.

Forschern und Historikern. Von der problematischen Seite dieser Diskursvorgabe soll am Beispiel von Joseph Wulf im folgenden Kapitel (3.3) ausführlicher die Rede sein.

Fazit: Forschung – ohne Erinnerung

Die Bilanz der Frühgeschichte des IfZ ist zwiespältig. Man könnte seinen Bewertungsmaßstab zum Beispiel daran ausrichten, was das Institut vorfand, als es mit der Arbeit begann, und würde schon allein aufgrund der Tatsache, daß es wenig brauchbare Anknüpfungen gab, um so mehr dafür wissenschaftliche Traditionen, von denen man sich absetzen mußte, zu einem Urteil kommen, das der zu Beginn des Kapitels zitierten positiven Selbstdarstellung durch Möller ähnelt. Eine beeindruckende Fülle an Aktivitäten, eine zwar zeitverhaftete, aber quantitativ zu honorierende Forschungs- und Publikationsleistung und darüber hinaus die Durchsetzung der Disziplin Zeitgeschichte im Wissenschaftsbetrieb und im öffentlichen Bewußtsein – all dies wäre in einer solchen Gesamtbilanz aufzuführen, die man vor allem gegen zeitgenössische Kritiker der Zeithistoriker herausstellen müßte. Da die Entwicklung des IfZ in den 50er Jahren inzwischen längst nicht mehr separat von der Entstehung der Zeitgeschichtsschreibung als Disziplin betrachtet wird,[197] wie noch in frühen Arbeiten geschehen, wäre damit zugleich auch die Bilanz der Geschichtswissenschaft nach 1945 im ganzen aufgewertet, ein Urteil das schon mehrfach vorgetragen wurde[198] und das am Institut selbst inzwischen als offiziell gilt.

Man könnte umgekehrt aber auch Defizite der Arbeit der ersten 15 Jahre betonen, also im Sinne Conrads die strukturellen Mängel hervorheben, wie z.B. die politische Abhängigkeit des Instituts von seinen Geldgebern in Bund und Land oder die Dominanz der Sichtweise alter Generale und Verwaltungsfachleute im Beirat, bzw. die Autoritätsgläubigkeit der Insti-

197 In der jüngeren Zeit ist dagegen zumeist beides zusammen betrachtet worden, wenn auch noch nicht in einer umfassenden Untersuchung, die immer dringlicher erscheint, vergleicht man einmal die außerordentlich konträren Deutungen von Horst Möller und Sebastian Conrad aus den letzten Jahren: Möller, Das Institut für Zeitgeschichte; Conrad, Auf der Suche nach der verlorenen Nation (vgl. oben S. 271 ff.).

198 Vgl. z.B. Hein, Geschichtswissenschaft in den Westzonen und in der Bundesrepublik, S. 30-40; Schulze, Deutsche Geschichtswissenschaft; Lob für die Gründung des IfZ »am Beginn der vielgeschmähten 50er Jahre« auch von Sellin, Gegenwärtige Tendenzen der deutschen Geschichtswissenschaft, S. 250.

tutsverantwortlichen bei den für die Institutsarbeit durchgeführten Befragungen ehemaliger Funktionsträger des Dritten Reiches. Darüber hinaus wären auch individuelle Beschränkungen, einzelne Fehler – ja Fehlleistungen – aufzuführen, wie die besondere Publikations- und Wirkungsgeschichte der Hitler-Tischgespräche, von denen im fünften Kapitel die Rede ist, die Ressentiments gegen eine ideologiekritische Studie über die Konservative Revolution oder den Sozialdarwinismus.[199] Auch eine solche Kritik im einzelnen wäre nun – mit welcher Gewichtung auch immer – in ein Gesamtbild einzufügen, wie es oben skizziert wurde. In einer solchen Gesamteinschätzung wäre also die Arbeit insgesamt als die einer historiographischen Avantgarde darzustellen, die weniger offiziell als zunftintern heftigen Gegenwind hatte und deren Zeitbegrenztheiten nicht gegen den deutlichen Zugewinn an Wissen und Ansehen für die deutsche Geschichtswissenschaft ausgespielt werden sollte.

Doch weder das Herausstellen der positiven Leistungen im Sinne Möllers noch die Betonung ihrer eingeschränkten Reichweite im Anschluß an Conrad und erst recht nicht eine »goldene Mitte« zwischen beiden Einschätzungen kann das Problem angemessen beschreiben, das darin besteht, daß am IfZ in der Frühzeit Forschung ohne Erinnerung betrieben wurde, mitunter sogar in scharfer Wendung gegen sie. Weder wurden die disparaten Teile des eigenen Gedächtnisses zu forschungsleitenden Fragen, noch wurden Erinnerungen von akademischen Außenseitern, von Ausländern oder von Juden einbezogen, die im Holocaust eine zentrale Fragestellung für die NS-Forschung sahen. Eine makellose Bilanz, wie sie die Institutsfestschrift zum 50. Geburtstag explizit und vehement auch für die Themen »Judenverfolgung« und »Judenvernichtung« zu etablieren versuchte, geht weit an der publizierten Forschung, am einzusehenden Material des eigenen Hausarchivs und an der kommunikativen Kompetenz des Instituts der Jahre zwischen 1949/50 und den 60er Jahren vorbei und muß revidiert werden.[200] Dies ist aber mehr als nur ein Fehler im Detail, weil durch die Konzeptualisierung des Dritten Reiches aus einer strikt deutschen Perspektive ein Bild des Nationalsozialismus etabliert wurde, das gerade nicht die historisch zentrale Bedeutung von Vernich-

199 Vgl.: Kuratorium und Beirat, Protokoll der Sitzung vom 5. 11. 1951, S. 24, in: IfZ ED 105 (1), S. 18. Gerhard Ritter bügelte z.B. eine von Theodor Litt positiv beurteilte Arbeit von Hedwig Conrad-Martius über »Die Entwicklung des Sozialdarwinismus in Deutschland und seine Bedeutung für die Entstehung des nationalsozialistischen Menschenbildes« mit den Worten ab, »er wisse nicht, wie diese Arbeit dem Institut nützlich sein könne«.

200 Möller, Das Institut für Zeitgeschichte, v.a. S. 2 ff., S. 31 f., 32f. und 45 ff.

tungspolitik und Genozid reflektierte, sondern eher die »Überwältigung« und »Verführung« Deutschlands aus der Perspektive der Mitläufer.

Das Selbstverständnis des Instituts, das »Gedenktaghistoriographie« und »Erinnerungsdrang« mit TV-Geschichte in Verbindung bringt, dies hämisch als »Bewußtseinsmassage« denunziert und sich selbst indirekt die Rolle der »zeitgeschichtlichen Diskurs-Hygiene« zuzuschreiben versucht,[201] wäre insgesamt weitaus glaubwürdiger, wenn das Gedächtnis der eigenen Institution nicht als irrelevant und apokryph marginalisiert würde. Hier wäre vor allem der Umgang mit jüdischen Außenseiterhistorikern zu nennen, also die in diesem Kapitel erwähnten Reitlinger und Adler, aber in erster Linie Joseph Wulf, dessen heftige briefliche Auseinandersetzungen mit dem IfZ in Kapitel 5.2 ausführlich dargestellt werden.[202] Der von Hans-Peter Schwarz in der Einführung zur zitierten Jubiläumsschrift unreflektiert und redundant vorgetragene Habitus der Professionalität und Rationalität, seine Ausrichtung an empirisch überprüfbaren Erkenntnissen und »international anerkannte[n] Objektivitätsstandards«[203] wäre dabei prinzipiell nicht zu korrigieren, sondern müßte lediglich auf die Geschichte der Erforschung selbst angewandt werden, denn auch die Untersuchung des Gedächtnisses bemißt sich an nichts anderem. Aufzugeben allerdings wäre die historisch unhaltbare Gegenüberstellung der »noch unzulänglich aufgeklärte[n], eher für Verdrängung disponierten Öffentlichkeit« auf der einen und der »objektive[n] Dokumentation und Erforschung des Nationalsozialismus« auf der anderen Seite, die er für die Nachkriegszeit feststellen zu müssen glaubt. Die Arroganz dieses Selbstbildes der Geschichtswissenschaft, die sich nur wahrzunehmen weiß als eine Art privilegierte Wissenskaste, die »die ungeschminkte, objektiv überprüfbare Wahrheit über das Dritte Reich« in

201 Schwarz, Warum eine Festschrift?, in: ebd., S. XXII und XV.

202 Als glatte Fehlinterpretation ist deshalb der Hinweis auf das IfZ und auf Joseph Wulf zu bewerten, mit welchem Bernhard Sutor die Geschichtsbilanz der 50er Jahre aufzuwerten versucht, ohne dabei die Unterschiede zwischen IfZ und dem jüdischen Außenseiter herauszuarbeiten, vgl.: ders., Restauration oder Neubeginn? (v.a. im Abschnitt »Das Frageinteresse der fünfziger Jahre«, S. 6 f.). Konzentrationslager und Judenverfolgung hätten zwar nicht im Zentrum der Diskussion gestanden, »ich bestreite aber, daß dies mit Verdrängung zu tun hat. Es dauerte seine Zeit und bedurfte auch gründlicher Forschung, um das ganze Ausmaß der nationalsozialistischen Verbrechen einer rationalen Bearbeitung zugänglich zu machen, soweit diese überhaupt möglich ist« (7).

203 Schwarz, Warum eine Festschrift?, S. XX.

den öffentlichen Diskurs (und gegen dessen Widerstände) einzubringen habe, ist überflüssig. Sie wird in bezug auf den Holocaust durch fast jedes publizierte Buch eines beliebigen deutschen Historikers zwischen 1945 und den frühen 60er Jahren dementiert.

Der geschichtspolitische Affekt gegen Gedächtnis und Erinnerung in jüngeren Selbstdarstellungen des Instituts mutet nicht zuletzt deswegen überholt an, weil Institutsmitglieder selbst es waren, die sich kritisch über das Verhältnis von eigenen Erlebnissen und Erinnerungen auf der einen Seite und dem offiziellen Forschungsprogramm auf der anderen geäußert haben. So vermerkte die Bilanz zum 25jährigen Bestehen, die sehr viel bescheidener und selbstkritischer dargeboten wurde, daß es in der Nachkriegszeit nicht gelungen sei, eine Gesamtdarstellung zur Vernichtung der Juden vorzulegen.

Hans-Dietrich Loock hatte sich in seinen Erinnerungen mit den damaligen Möglichkeiten der Geschichtswissenschaft auseinandergesetzt. Er hat hier auch die Szene erwähnt, als Willy Brandt in Warschau vor dem Mahnmal an den jüdischen Ghetto-Aufstand auf die Knie fiel: »Das war keine Bewältigung der Vergangenheit. Das war ihre Annahme. Die Wissenschaft kann das nicht.«[204] Und er hatte sich die Frage gestellt, ob Historiker und Forscher eigentlich nur forschen müssen oder ob sie auch erinnern dürften. Seine Antwort lautete damals:

> »Historiker dürfen sich in jedem Fall erinnern und bei der Erinnerung an die Entstehung der Zeitgeschichte einmal zurückgreifen in die Zeit, die zur Zeitgeschichte wurde. Ich sehe uns noch – als sei es gestern –, ein kleiner Trupp von ›Arbeitsmännern‹, auf dem Appellplatz des Lagers um den Oberstfeldmeister herumstehen. Er erzählte uns, daß man Autos gebaut habe, in die man die Abgase einleiten konnte, daß man Juden in diese Autors gepfercht und sie so umgebracht habe. Er endete mit dem Satz: ›Jetzt haben wir bessere Methoden.‹ Unsere Reaktion kam für ihn offenkundig unerwartet. Ein stummer Schrei der Empörung zuerst, geradezu körperlich spürbar. Und dann ein lauter Schrei, halb unkontrolliert und halb kalkuliert: ›Das ist eines Nationalsozialisten unwürdig!‹ Am nächsten Tag erhielt ich ein Außenkommando und betrat das Lager erst wieder, als wir vom Arbeitsdienst entlassen wurden. […] Das ist keine besondere Geschichte. Es geschah nichts, und ich lebte, wie gesagt, einen guten Tag all' die noch verbleibenden Wochen. Aber die Geschichte fraß sich in die Erinnerung ein.«[205]

204 Loock, War's so?, S. 52.
205 Ebd., S. 49 f.

Am IFZ wurde in den späten 50er Jahren mehr gearbeitet als erinnert, mehr geforscht als »bewältigt« – das Wissen um die Judenvernichtung, das KZ-System und die SS durch die Studien von Helmut Krausnick, Hans Buchheim und Martin Broszat wurde in diesen Jahren eigentlich erst geschaffen, die noch über Jahrzehnte hinaus Standardwerke blieben. Erinnerungen dagegen, wie der von Loock autobiographisch verortete Moment, Informationen über die Vernichtung der Juden erhalten zu haben, blieben persönlich, verschlossen und unwissenschaftlich. Mit der »handwerklichen Exaktheit des Historikers« wurden, »die eigene Empörung im Zitat verbergend«,[206] die ersten großen Gesamtdarstellungen zu Auschwitz vorgelegt, erst dem Gericht, später der Öffentlichkeit. Aber die Judenvernichtung wurde nicht begrifflich gefaßt und als Ereignis sui generis wahrgenommen. So wurde, um einmal mehr Hans-Dietrich Loock zu zitieren, das »Außerordentliche in ordentlichen Verhältnissen unter[gebracht]«.[207] So wurde daraus – Zeitgeschichte. »Nur Landser konnten so unverfroren sein, den Anfang zu machen«, hatte Loock selbstkritisch und ironisch angemerkt.[208] Im folgenden Teil soll gefragt werden, ob es wirklich allein die »Landser« waren, die den Anfang machten, gefragt wird nach dem Prinzip des Dokumentierens und einmal mehr nach dem Außenseiter der Forschung, Joseph Wulf, der als einer der wenigen sachkundigen »Konkurrenten« innerhalb der jungen Zeitgeschichtsforschung mehrere Jahre lang zum regelrechten Konterpart des IfZ wurde.

206 Ebd., S. 50.
207 Ebd., S. 49.
208 Ebd., S. 50.

3.3. »Prähistorische Ausgrabungen« und »absolute Objektivität« (Joseph Wulf): Zur »verschobenen Historiographie« von Quelleneditionen und Dokumentensammlungen

Quellen-Klassiker seit den 50er Jahren: Das Tagebuch der Anne Frank

Anfang der 50er Jahre erschien die deutsche Taschenbuchausgabe des *Tagebuch der Anne Frank.* Das Buch wurde bald zu *dem* Dokument des Holocaust, zu einem Klassiker, der in seiner Berühmtheit, seinen spezifischen Rezeptionsangeboten und seiner Besonderheit der tatsächlichen Aufnahme im Nachkriegsdeutschland wohl bis heute kaum übertroffen sein dürfte. Direkt nach Kriegsende in Holland erschienen, wurde es erst fünf Jahre später ins Deutsche übersetzt, zunächst aber noch kaum beachtet[1]. Nachdem die dramatisierte Fassung des Tagebuchs auch in Deutschland Erfolg hatte, stiegen die Verkaufszahlen steil an: An die 3/4 Millionen verkaufte Exemplare des Tagebuchs in der Paperbackausgabe zwischen 1955 und 1960, zwei Millionen Besucher des Theaterstücks in insgesamt zweitausend Aufführungen in allen großen Städten Deutschlands, doppelt so viele noch einmal, als 1959 die Verfilmung des Tagebuchs in die deutschen Kinos kam.[2] Als zum Auftakt der »Woche der Brüderlichkeit« im März 1957 der Leiter der Hamburger Senatspressestelle, Erich Lüth, eine »Erinnerungsfahrt« nach Bergen-Belsen angeboten hatte, meldeten sich statt der erwarteten achtzig Jugendlichen über zweitausend, und eine regelrechte Prozession in Bussen und Personenwagen setzte ein – »in langen Reihen gingen die jugendlichen Pilger (sic!) vorbei an dem Gräberfeld, in dem an unbekannter Stelle Anne Frank ruht ...«[3] Bei den Premieren in Berlin, Düsseldorf und anderswo verließen die Theaterbesucher »in ergriffenem Totengedenken«[4] schweigend das Theater, ein Reporter der amerikanischen Zeitschrift »Der Monat«, der sich für den »seltsamen Triumphzug«[5] von Buch und Bühnenstück interessierte,

1 Berghoff, Zwischen Verdrängung und Aufarbeitung, S. 108.

2 Diese und die folgenden Zahlen nach: Reichel, »Über Auschwitz wächst kein Gras«, S. 164; vgl. auch: Benz, Mythos Anne Frank, in: ders., Bilder vom Juden, S. 86-95; beide betonen das Problem der Instrumentalisierung, kritisieren das »Medienereignis« und die damalige Konstruktion einer »Opferikone«.

3 Der Tagesspiegel (Berlin), 19. 3. 1957, zit. nach: Norbert Muhlen, Anne Franks Heimkehr, in: Der Monat 9 (1957), S. 81.

4 Muhlen, Anne Franks Heimkehr, S. 79.

5 Ebd., S. 82.

bekam bei einer Umfrage erstaunliche Antworten zu hören. Ältere Jahrgänge bemängelten »die amerikanische Brille« (»So war es niemals in Deutschland«), fühlten sich an ihr eigenes Schicksal erinnert (»Wir haben auch so viel verloren!«), oder sie warnten davor, daß hier mit »ollen Kamellen« die Jugend »belastet« werde. Jüngere und ganz junge Zuschauer und Leser äußerten sich gegenteilig, aber nicht minder aufschlußreich: Sie waren ergriffen, gerührt und erschüttert, erkannten aber in Anne Frank »den Prototyp des ›jungen Menschen‹« überhaupt: »Junge Deutsche finden ihre eigene Situation in der ›Grenzsituation‹«,[6] so das Fazit des Interviewers:

> »Die politische Grundlage der Tragödie schrumpft in den Augen der meisten jungen Besucher zu einem ›historischen Hintergrund‹ zusammen, der ihnen zu fremd, fern und unverständlich bleibt, um wirklich interessant zu werden. Nicht unähnlich den politischen Konflikten, die zu Haft und Hinrichtung Maria Stuarts führten, bleiben Nationalsozialismus und Judenverfolgung für die große Mehrzahl jugendlicher Theaterbesucher nur seltsame äußere Umstände zweiten Ranges für die persönliche Tragödie ihrer Heldin. [...] [D]ie Praxis des deutschen Nationalsozialismus [aber bleibt] diesen jungen Leuten auch nach dem Theaterbesuch ein Buch mit sieben Siegeln, das zu öffnen und zu verstehen sie kein Bedürfnis empfinden.«[7]

Statt dessen gab es einen mit großer Spannung verfolgten Wettbewerb um die Vergabe der Hauptrolle, einen erstaunlichen Werberummel, inklusive großer Reklamewände mit der Modewerbung für »Anne-Frank-Blusen und -Röcke«.[8] Irritationen über den Gebrauch dieses Dokuments zur NS-Judenverfolgung stellten sich ein: »Von einem Jungmädchentagebuch läßt sich das Publikum gern rühren, aber vom System der Gaskammern will es nichts wissen.«[9] Die meisten *jüdischen* Deutschen aber, die befragt wurden, erklärten dagegen, sie hätten das Stück nicht angesehen, weil es zu schmerzliche Erinnerungen heraufbeschwören

6 Ebd., S. 80.

7 Ebd., S. 80 f. Auch Gerhard Schoenberner bemerkte ein paradoxes »brennendes Interesse für Sekundärfragen« und wandte kritisch ein, im Tagebuch selbst werde »die Judenverfolgung nur indirekt behandelt«, vgl.: Schoenberner, Vom Tagebuch zum Film. Das Schicksal der Anne Frank, in: Frankfurter Hefte 14 (1959), S. 913.

8 Ebd., S. 913.

9 Ebd., S. 915.

würde.[10] Es war ohne Zweifel ein »deutsches« Stück für die Deutschen der 50er Jahre, gleich welchen Alters. Das *Tagebuch der Anne Frank*, wo es nicht als Ideologie jüdisch-amerikanischer »Reißerfabrikanten«[11] abgetan wurde, eignete sich zur intimen Identifikation und persönlichen Annäherung ebenso wie zur pathetischen Überhöhung und kitschigen Versöhnungssehnsucht, die man, ausgesprochen von einem jüdischen Mädchen, dankbar entgegennehmen konnte. Für Deutsche repräsentierte es als Buch »die Wahrheit [...] nichts als die Wahrheit, die ganze Wahrheit«.[12] Die Taschenbuchausgabe aus dem Jahr 1955 gab die Rezeptionsanweisung für den Text auf der Umschlagvorderseite gleich mit an: »Ich glaube an das Gute im Menschen« – das war genau der Satz, der die Lücke zwischen einem allgemeinen moralischen Bekenntnis und einem spezifischen Wunsch, *nicht* wissen zu wollen, schloß. Die ehemalige jüdische C.V.-Funktionärin und Historikerin Eva Reichmann, selbst erstaunt, daß mit dem Bild eines Kindes etwas zuwege gebracht wurde, »was dokumentarische Beweise, was Vorwurf und Anklage nicht vermochten«, wandte sich in der Programmzeitschrift der Essener Bühnen vom April 1957 direkt an die Theaterbesucher. Man solle das Schicksal von Anne Frank nicht isolieren und sentimentalisieren, nicht vergessen, daß Erschütterung nur den Anfang bilde, solle fragen, *warum* dieses Kind sterben mußte, und sich über die politischen Vorgänge, die zur Vernichtung führten, Klarheit verschaffen; dies sei allerdings schwerer, »als das Kind Anne Frank in sein Herz zu nehmen und über es zu weinen«: »Es ist leicht, sich von einer guten Theatervorstellung rühren zu lassen, und es vermittelt fast ein selbstgefälliges Wohlgefühl, wenn diese Rührung einem Vorgang gilt, von dem sich in Entrüstung abzukehren nachgerade zum guten Ton gehört.«[13] In Deutschland las man jedoch wei-

10 Der Leserbrief einer jüdischen Emigrantin aus Tel Aviv forderte angesichts der Diskrepanz zwischen der deutschen Anne-Frank-Mode und den historischen Kenntnissen der Deutschen, wie sie der Artikel von Muhlen skizziert hatte, sogar, mit »diesen Anne-Frank-Aufführungen« aufzuhören! Dies sei »Zuckerwasser« und nur die »halbe Wahrheit«, und sie ergänzte das abbrechende Tagebuch mit einem langen Zitat des Erinnerungsberichts von Anne Franks Freundin Lies Goosens, die sie noch einmal im Lager Bergen-Belsen wiedergesehen hatte. Vgl.: Rina Frauendörfer, Anne Frank in Deutschland, in: Der Monat 9 (1957), H. 107, S. 91 f.

11 Muhlen, Anne Franks Heimkehr, S. 80.

12 Albrecht Goes, Vorwort, in: Das Tagebuch der Anne Frank, S. 7.

13 Reichmann, Drei Stufen. Zur Aufführung des »Tagebuchs der Anne Frank«, in: dies., Größe und Verhängnis deutsch-jüdischer Existenz, S. 170-172 [zuerst: 1958].

terhin einen Text über die Vorgeschichte der Vernichtung der Juden von einem »Kind, das nichts weiß und alles begreift«[14] – vor dem Hintergrund der deutschen Sehnsucht nach Unschuld war dies ein verführerisches Identifikationsangebot für deutsche Rezipienten.

Probleme des »dokumentarischen Prinzips«

Das »dokumentarische Prinzip«, wie man es provisorisch einmal nennen könnte und für das *Das Tagebuch der Anne Frank* nur das prominenteste Beispiel ist, nimmt für die frühe Phase der Auseinandersetzung um die nationalsozialistische Vergangenheit eine bisher kaum problematisierte Stellung ein.[15] Walter Anger, Herausgeber einer frühen Dokumentation zur Geschichte des Dritten Reiches,[16] erläuterte seine Methodik Ende der fünfziger Jahre noch höchst naiv, aber er traf damit ungewollt dennoch

14 Diese Formulierung bei: Harry Pross, Die jüdisch-deutsche Katastrophe, in: NPL 1 (1956), Sp. 243-258 (245); zur Rezeptionsgeschichte des Tagebuchs in Deutschland und in den USA vgl. die beiden Aufsätze von Hanno Loewy, Das gerettete Kind; ders., Märtyrerromanzen; James E. Young untersucht die erinnerungspolitische Funktion der Anne-Frank-Gedenkstätte in der Amsterdamer Prinsengracht, vgl.: Young, Das Anne-Frank-Haus, in: ders. (Hg.), Mahnmale des Holocaust, S. 107-113. Die vorschnelle Vereinnahmung der Opfersicht, mit der man die Geschichte der Judenvernichtung durch die Überbetonung ihrer Vorgeschichte umging, betont auch: Herbert, Der Holocaust in der Geschichtsschreibung der Bundesrepublik Deutschland, S. 68 ff.

15 Die Frage nach dem Dokumentarischen und dessen eigener Aussageweise hat für die 50er Jahre eine sehr spezielle Bedeutung, ist aber mitnichten auf diesen Zeitabschnitt beschränkt, wie z.B. die 90er Jahre aufschlußreich und unablässig gezeigt haben. Es sei nur an das vierbändige »Echolot«-Projekt für die Monate Januar und Februar des Jahres 1943 von Walter Kempowski aus den Jahren 1993, an die Klemperer-Tagebücher 1933-45 von 1995 oder an die Wehrmachtsausstellung »Vernichtungskrieg. Verbrechen der Wehrmacht 1941-1944« aus dem Jahre 1995 erinnert. Alle thematisierten die Verfolgung und Vernichtung der Juden, alle drei waren reine Quellen (bzw. Kompilationen) oder doch dokumentarisch konzipiert, und sie alle erhielten ihre über Fachkreise hinausweisende Bedeutung durch die Wucht alltagsgeschichtlicher Authentizität. Alle lösten zudem weitreichende öffentliche Debatten aus, vgl. zu den drei genannten Beispielen exemplarisch: Herbert, Zwischen Beschaulichkeit und Massenmord. Die Kriegswende 1943 aus der Perspektive des Alltags; Heer (Hg.), Im Herzen der Finsternis. Victor Klemperer als Chronist der NS-Zeit; Hamburger Institut für Sozialforschung (Hg.), Eine Ausstellung und ihre Folgen.

16 Anger (Hg.), Das Dritte Reich in Dokumenten.

den Kern des Problems: »[J]ede Behauptung wird [...] durch Dokumente belegt.«[17] Genau das war ja in bezug auf das Dritte Reich das geringste Problem, Schwierigkeiten entstanden ja erst mit dem auf das Material projizierten Objektivitätsanspruch. Noch offensiver war Walther Hofer in seiner wesentlich berühmteren und bis heute erfolgreichen Quellensammlung aus derselben Zeit. Er konnte sie sogar mit folgendem Statement einleiten:

> »Die gerade im Zusammenhang mit der wissenschaftlichen Behandlung zeitgeschichtlicher Probleme immer wieder aufgeworfene Frage der Objektivität erledigt sich in den meisten Fällen [...] von selbst. Wer den Gegenstand der Darstellung selbst dokumentarisch in Erscheinung treten oder zu Worte kommen läßt, der ist per definitionem objektiv.«[18]

Die sich hier aussprechende Überzeugung mag Andeutung genug sein, um die mit Dokumenten verbundene positivistische Ansicht von Objektivität genauer anzuschauen. Bis weit hinein in die Sekundärliteratur wird noch in jüngster Zeit und in methodisch allzu genügsamer Weise mit dem Finger auf »Dokumente«, »Quellen« und »Dokumentationen« gezeigt, als sei deren Vorhandensein, ihre Drucklegung und Verbreitung ein metahistorischer Akt, der nach vollkommen anderen Gesetzen funktioniert als den bei Monographien, Aufsätzen, Zeitungsberichten und Rezensionen des Wissenschaftsbetriebs üblichen. Wie am *Tagebuch der Anne Frank* angedeutet werden konnte, haben solche als »Dokument« gefundenen, vorgelegten, immer umkämpften und einen hohen Authentizitätsappell aufweisenden Texte aber eine eigene »kommunikative Struktur«, deren Entschlüsselung noch zu selten Interesse findet.

Das Problem gilt natürlich auch und in noch viel höherem Maße für Texte ehemaliger Täter. Als die im Nürnberger Gefängnis verfaßten Erinnerungen von Alfred Rosenberg 1947 erstmals publiziert wurden, trugen sie den Titel *Portrait eines Menschheitsverbrechers*. Wenige Jahre später erschienen sie erneut, diesmal unter der schlichten Benennung *Letzte Aufzeichnungen*. Der Erstdruck stellte eine gekürzte Version des Originals dar, die mit einem polemischen Kommentar ergänzt worden war. Die im einschlägigen rechtsradikalen Göttinger Plesse-Verlag

17 Ebd., S. 7 (Vorwort). Zeitgenössische Kritik an der Sammlung Angers bei: Braubach, Zeitgeschichte, S. 235.

18 Hofer (Hg.), Der Nationalsozialismus. Dokumente 1933-1945, S. 7. Widerspruch zu diesem Diktum schon bei Jäckel, Dokumente zur Geschichte des Dritten Reiches, in: NPL 3 (1958), Sp. 29.

erschienene Ausgabe von 1955 war dagegen vollständig, aber unkommentiert. Dieser Wechsel ist symptomatisch, und Hans Buchheim hat ihn auf den Punkt gebracht, als er bemerkte, die »völlige Kommentarlosigkeit« sei eben »auch ein Kommentar«.[19] Dieses Beispiel verweist auf ein bisher noch wenig bearbeitetes Problem des Deutungskampfes zwischen einer sich gerade erst konstituierenden Historiographie der Zeitgeschichte und den Versionen der Beteiligten. Denn in der Tat waren es zunächst nicht nur durch Historiker gezähmte »Quellen«, die allein durch Fachleute in den 50er Jahren publiziert wurden, sondern profilierte Darstellungen und engagierte Deutungen in Konkurrenz zur wissenschaftlichen Zeitgeschichte.[20] Die Fülle der populär gehaltenen Apologien auf unterschiedlichstem Niveau mußte erst einmal als eigene Textsorte geschieden werden von den als »Quellen« geadelten Texten und den eigenen wissenschaftlichen Interpretationen, und nicht immer ging das einfach mit einer »*damnatio memoriae*«, wie bei Julius Lipperts Pamphlet aus dem Druffel-Verlag.[21]

In einem diskursgeschichtlichen Aufsatz hat Harald Welzer kürzlich Albert Speer anhand seiner Spandauer Erinnerungen und Tagebücher als

19 Buchheim, Zur Geschichte des ›Dritten Reiches‹, S. 185.

20 Hans Mommsen hat erklärt, es erscheine für die westdeutsche Forschung »verständlich, daß sie zunächst Dokumentationen und Quelleneditionen den Vorzug gab«, und suggeriert damit eine pragmatische und systematische Entscheidung der Wissenschaft, die sich nach den bewährten Regeln der Zunft in der richtigen Reihenfolge an die Arbeit gemacht habe. Bei näherem Hinsehen erweist sich aber die Frage, wo die »Quellenedition« anfängt und wann »Dokumentationen« in Kommentare übergehen, als ein äußerst verschlungener Deutungskampf. Nicht in allen Fällen hat er zu völlig eindeutigen Trennungslinien zwischen »Quelle« und »Kommentar«, zwischen »Nationalsozialismus« und seiner Erforschung geführt. Das von ihm erwähnte Buch von Hans Frank, »Im Angesicht des Galgens« (Neuhaus bei Schliersee 1955), das im Eigenverlag Brigitte Frank erschien, der berühmte »Gerstein-Bericht« im ersten Band der »Vierteljahrshefte für Zeitgeschichte« und die Faksimile-Reproduktion des Stroop-Berichtes über die Vernichtung des Warschauer Ghettos haben unter systematischer Perspektive nichts miteinander zu tun, vgl.: Mommsen, Holocaust und die deutsche Geschichtswissenschaft, S. 84.

21 Julius Lippert, Lächle … und verbirg die Tränen. Erlebnisse und Bemerkungen eines deutschen »Kriegsverbrechers«, Leoni 1955; Buchheim, Zur Geschichte des »Dritten Reiches«, S. 185: »Hier hat sich ein Nazi übelster Sorte ein Selbstbildnis geschaffen, der die damnatio memoriae wirklich verdient.« Tatsächlich wurden im November 1956 Bücher des Druffel-Verlags in Leoni am Starnberger See von staatlicher Seite aus beschlagnahmt.

Prototyp einer Art »antizipierten Retrospektion« oder, einfacher ausgedrückt, Historiographie zu Lebzeiten interpretiert. Das Geschichtsbewußtsein dieser Führungsfigur des Dritten Reiches, so Welzer, der als »Musterarchitekt« und »Musterminister« während des Nationalsozialismus ebenso wie als »Muster-Angeklagter« in Nürnberg, »Muster-Häftling« in Spandau und »Muster-Zeitzeuge« in seinen Publikationen schließlich als »Muster-Bereuer« für die Zeit danach reüssieren konnte, kann unter diesem Blickwinkel als fortgesetzte Arbeit »an der Zukunft seiner Vergangenheit« rubriziert werden.[22] Es handele sich, so Welzer pointiert, um die »Fortdauer der Größenphantasien im Angesicht ihrer faktischen Widerlegung«.[23]

Der Kampf um die Erinnerung benötigte nichts mehr als Eindeutigkeit. Derart ambivalente Darstellungen durch Ex-Nationalsozialisten, wie die von Kleists *Auch Du warst dabei* aus dem Jahre 1954, kündigten den Konsens auf, nach welchem eine einheitliche Zweiteilung von »Nationalsozialismus« und ihren Gegnern möglich sei. »Verdrehungen«, »Unvollständigkeiten«, »Zwei- und Dreideutigkeiten« und »zynischen Euphemismen« wurden als »Produkt bewußter Böswilligkeit« und als »Fälschung der deutschen Geschichte« wahrgenommen, die »einwandfrei überführt werden« können. Doch die vehemnte Zurückweisung motivierte sich zugleich über den inhaltlichen Skandal hinaus und wurde auch deshalb nötig, weil Kleists titelgebende Ansprache an den Leser nicht ebenso einfach widerlegt werden konnte, wie seine apologetischen Textpassagen.[24]

22 Welzer, Albert Speers Erinnerungen an die Zukunft, S. 389-403. Den Begriff »antizipierte Retrospektion« hat Welzer von Alfred Schütz entlehnt und als Leben im »Modus des Futur zwei« definiert (394). Speers Hang zum Megalomanen komme auch im Kleinen zur Geltung. Vor dem Hintergrund der Sozialgeschichte der 50er Jahre, so Welzer, erscheinen Speers Aktivitäten »gar nicht mehr absonderlich« (399).

23 Ebd., S. 401.

24 Buchheim, Zur Geschichte des »Dritten Reiches«, S. 181, 178, 182. Kleist konnte nach dem Krieg seine Thesen auch noch auf Tagungen vorstellen, die »der menschlichen Verständigung zwischen ehemaligen Anhängern und Gegnern des nationalsozialistischen Regimes dienen sollte«. Buchheim berichtet von einer »heftigen Auseinandersetzung zwischen Kleist und einigen Zuhörern, die »über Kleists Kälte und menschliche Indifferenz« entsetzt waren, die sich jedoch zuletzt bereit fanden »in einer Art Ehrenerklärung Kleist *subjektive Wahrheit* zuzubilligen«, vgl.: Buchheim, ebd., S. 184 [Herv. v. N.B.].

Aber nicht nur in Form radikaler retrospektiver Rechtfertigungsliteratur aus obskuren Verlagen erscheint in den 50er Jahren die Sicht von Tätern und Verantwortlichen. Sie prägte in noch viel stärkerem Maße in den von Historikern als »Quelle« vorgelegten und durch Kommentare, Einordnung, Anmerkungen und Bewertung gerahmten Versionen die Sicht auf das Geschehen. Man hat geradezu von einer »verschobenen Historiographie«[25] gesprochen: »Zeugnisse«, die als ganze auf Fragen antworten. Denn die Fragen sind es, die zusammen mit den Antworten jenen kulturellen Rahmen geben, innerhalb dessen die Erzählung erzählbar, die Deutung verstehbar, die Fragen beantwortbar erscheinen: das, so Welzer, sei das Typische dieser Art einer »verschobenen Historiographie«.

Beispiel Hitler-Tischgespräche: »Hitlerismus«

Die früheste Quellenpublikation des IfZ ist hierfür ein gutes Beispiel. Es war dies eine Ausgabe von »Hitlers Tischgesprächen«, die erste Publikation des Instituts überhaupt, mit der die Münchner eine derartige Kontroverse lostraten, dass sie ihre Chancen auf Glaubwürdigkeit zu verspielen drohten.[26] Mit der Herausgabe der »Tischgespräche« Hitlers durch Gerhard Ritter, der im Vorwort betonte, er wolle den Diktator »weder anklagen noch verteidigen, weder verdammen noch verherrlichen« sondern lediglich »zeigen, wie es eigentlich gewesen ist«,[27] hatte sich in der Tat ein regelrechter Skandal entwickelt, heraufbeschworen von dem Historiker, der unablässig Objektivität für den Umgang mit der Vergangenheit und Gerechtigkeit mit der deutschen Geschichte im speziellen eingefordert hatte. Darüber hinaus bleibt Ritters Verhalten auch im Hinblick auf den Vorabdruck der Tischgespräche in der Zeitschrift »Quick« zweideutig.[28] Er selbst stritt jedes Wissen um den Vorgang ab. Doch es mutet

25 Vgl. Welzer, Verweilen beim Grauen, S. 123.

26 Vgl. hierzu: Möller, Das Institut für Zeitgeschichte, S. 35 ff. Das IfZ stellte wenige Jahre später mit der Edition der Höß-Memoiren (1958) den angeschlagenen Ruf wieder her. Die als »Meine Psyche« betitelten Erinnerungen erschienen, eingeleitet und kommentiert von Martin Broszat, u.d.T. »Kommandant in Auschwitz« und erreichten bis heute über 14 Auflagen; vgl. oben 3.2 und unten 5.2.

27 Ritter, Zur Einführung, in: Henry Picker, Hitlers Tischgespräche im Führerhauptquartier 1941-42. Im Auftrage des Deutschen Instituts für Geschichte der nationalsozialistischen Zeit geordnet, eingel. und veröffentl. von Gerhard Ritter, Bonn 1951, S. 11-29 (11).

28 Vgl.: QUICK, Nr. 23-28 vom 10. 6. 1951 bis zum 15. 7. 1951; die Trivialisierung durch diese Serie wird durch die Themen überdeutlich, die von »Hitler

nachgerade ironisch an, daß er selbst das Projekt der »Tischgespräche« in genau der Beiratssitzung, in der diskutiert wurde, wie »die Darstellung der Geschichte der nationalsozialistischen Zeit durch Unberufene mit fragwürdiger Tendenz in den Illustrierten Zeitungen« verhindert werden sollte, als dringlich angemahnt hatte, »um der Gefahr der Bagatellisierung der Dinge in der sich entwickelnden Publizistik entgegen zu treten.«[29] Das von ihm in diesem Fall dominierte Institut, das den Vorschlag Ritters einstimmig angenommen hatte,[30] war sowohl wissenschaftlich als auch politisch durch die Publikation im Ganzen und den Vorabdruck im Besonderen schwer in Verruf geraten.[31] Bereits kurz nach dem Erscheinen des Buches, so Staatssekretär Strauß, habe »der Herr Bundeskanzler sein ausdrückliches Befremden darüber ausgesprochen [...]« und unter politischem Aspekt stehe »die Existenz des Instituts im Zusammenhang mit den Angriffen gegen seine erste Publikation auf dem Spiele [...].«[32] Scharf reagierte auch der Bayrische Ministerpräsident Hans Ehard in einem Beitrag in der »Bayrischen Staatszeitung« vom 11. 8. 1951. Kuratorium und Beirat bemängelten an der Edition dann auch nicht nur den Vorabdruck in der Illustrierten, sondern auch das Rittersche Vorwort und sein Verfahren der thematischen Aufteilung des Stoffes und der vielen Zwischentitel nach Art eines »Goethe-Brevier«.[33] Entscheidend aber sei das Fehlen eines Kommentars: »Die Vorrede Prof. Ritters spräche sich nicht eindeutig genug gegen Hitler aus, und die Vorrede Pickers sei überhaupt überflüssig«, ein Kommentar aber wäre für mindestens zwei Drit-

und die Könige« über »Hitler und die Frauen« bis zu »Hitler, der Antichrist« reichte. Zum Bild von Nationalsozialismus und Krieg in Illustrierten der 50er Jahre vgl. das Material in: Schorstheimer, Die leuchtenden Augen der Frontsoldaten; die kritische aber faire Besprechung von Winfried v. Bredow, Kurzzeitgedächtnis mit Lücken, in: NPL 41 (1996), S. 529f. weist auf die Defizite der Arbeit hin.

29 Vgl.: Protokoll der Sitzung von Kuratorium und Beirat vom 9. 3. 1951, S. 4 und 5f., in: IfZ/Hausarchiv ED 105: Kuratorium und Beirat, Sitzungsprotokolle (1).

30 Vgl.: ebd., S. 6; sowie: Hermann Mau, Arbeitsbericht für den Zeitraum vom 10. März bis 5. November 1951 [23 S.], S. 14, in: IfZ/Hausarchiv: Tätigkeitsberichte 1951-1961; ED 105 (1); hier betont Mau noch einmal, daß man Ritter zwar beauftragt habe, selbst aber darüber hinaus keinerlei Mitwirkung an diesem Projekt gezeigt habe.

31 Vgl.: Protokoll der Sitzung von Kuratorium und Beirat vom 5. 11. 1951, S. 2ff., in: IfZ/Hausarchiv ED 105: Kuratorium und Beirat, Sitzungsprotokolle (1).

32 Ebd., S. 2f. und 9.

33 Ebd., S. 6.

tel des Buches nötig gewesen.[34] Man war »erstaunt darüber, wie sehr Prof. Ritter […] die Bedeutung eines wissenschaftlichen Kommentars unterschätzt habe.«[35] Ritters Text wies gleich im ersten Satz eine defensiv anmutende Strategie der Verteidigung auf. Auf eine Kommentierung des Textes verzichtete Ritter ausdrücklich, obwohl er sich, wie er anmerkte, »der Gefahr« bewußt sei, »daß unverständige Leser die gewagtesten Behauptungen Hitlers bloß deshalb für bare Münze nehmen, weil sie so selbstsicher vorgetragen werden.«[36] Es verwundet heute in der Tat, wie naiv der Freiburger Historiker in dieser so umstrittenen Publikation den Standpunkt der »Wahrheit« und Objektivität »jenseits von Anklage und Verteidigung, von Verdammnis und Verherrlichung«[37] für sich reklamierte. Naiv deshalb, weil er das Pickersche Material in drei Punkten geradezu bedenkenlos präsentierte. Erstens erschien Hitler in den Tischgesprächen *und* im Vorwort Ritters ausgesprochen trivialisiert. Nach Ritters eigenen Worten entstand hier »ein abgerundetes, wirklich lebendiges Bild des ganzen Menschen.«[38] So hob er den Humor des Diktators ebenso hervor wie seine Tierliebe. Trivialisierend war zudem auch die unkritische Reproduktion der gegenteiligen Stereotypen, z.B. dem von dem »magischen Bann«, den Hitler auf seine Zuhörer ausübte, das »Verführerische« und »wahrhaft Dämonische«.[39] Zweitens blieben die vergleichenden Bezüge, die Ritter anfügte, seltsam künstlich. Er verglich das ganze Unternehmen mit Luthers Tischgesprächen, zog die Bismarcksche

34 Ebd., S. 5.

35 Ebd., S. 6; allerdings ging die Kritik des Gremiums nicht so weit, Ritter in dieser Sache Unwissenschaftlichkeit vorzuwerfen. Man sah lediglich einen »taktischen Fehler« (S. 7) und es war Hans Rothfels, der hier abschwächend von »eine[r] gewisse[n] Vernachlässigung bestimmter psychologischer Gesichtspunkte« sprach, vgl.: ebd. Im Januar 1952 entschied man sich dann dafür, Ritter das Ausscheiden aus dem Beirat nahezulegen, vgl.: Kuratorium, Protokoll der Sitzung vom 9. 1. 1952, S. 1, in: ebd.

36 Ritter, in: Picker, Hitlers Tischgespräche, S. 545.

37 Ebd., S. 11.

38 Ebd., S. 13.

39 Ebd., S. 13, 16, 17 und 18; auch der Direktor des Instituts verteidigte gerade diesen Punkt mit aller Vehemenz: »Das Böse« sei keineswegs in jeglicher seiner Erscheinungsformen als solches erkennbar und gerade das mache es so gefährlich und unheimlich: Der friedliche Hitler im »Gespräch über Technik, über Hunde und Frauen oder Kunst steht nicht im Widerspruch zu dem Hitler der haßerfüllten, gewalttätigen und blutdürstigen Monologe.« Beides gehöre in das differenzierte Bild, »das dem Historiker zu schreiben aufgegeben ist.« Vgl.: Hermann Mau, Der Nationalsozialismus als aktuelle Forschungsaufgabe (1952); zu diesem Text siehe Kapitel 5.1.

Zwanglosigkeit im deutschen Hauptquartier des Jahres 1870/71 zu kontrastiven Zweck heran und vermeinte in Hitlers Fatalismus einen Reflex auf stoische Philosophie zu erkennen.[40] Schließlich fragte Ritter explizit: »Tut man ihm [gemeint ist Hitler, N.B.] unrecht, wenn man seine Erscheinung irgendwie opernhaft findet?« An mehreren Stellen seiner Einführung literarisierte Ritter den sich selbst stilisierenden Hitler noch zusätzlich. Da funkelte der Fanatismus »unheimlich aus Hitlers Augen« und der Leser der »Tischgespräche« fühlte sich »in Klingsors Zaubergarten« versetzt. Entscheidend aber bleibt der dritte Aspekt: der der kommentarlosen historischen Enthaltsamkeit bei gleichzeitig forcierten Rhetorik der Bedeutsamkeit der Quelle.[41] Über Seiten hinweg paraphrasiert Ritter lediglich die Ausführungen Hitlers im historischen Präsens.[42] Besonders bemerkenswert erscheint zudem Ritters eigene Resistenz gegen das von ihm als »Alltagsquelle« des Diktators gepriesene Dokument. Er fügte sie keineswegs in seine NS-Deutung ein, sondern fand sich unabhängig von ihr in seiner bereits zuvor feststehenden Meinung bestätigt: Dämonie und »Barbarei des Massenmenschentums«, bzw. »technisierte Barbarei« und letztendlich »Verhängnis« von Person und Nation »die sich durch ihn hatte verführen lassen, und die nun, längst zum Werkzeug seines Machtwillens geworden, die ganze Last der Verantwortung für seine Herrschaft zu tragen hatte.«[43]

40 Ritter, in: Picker, Hitlers Tischgespräche, S. 11, 13 und 16.

41 Ebd., S. 14, 15, 24 und 14.

42 Im übrigen wiederholte Ritter zahlreiche Versatzstücke aus dem Vorwort von Picker selbst. Auch dieser begann mit der Versicherung, »nicht zu rechtfertigen oder zu verurteilen« (33) sei im Sinne seiner Dokumentensammlung. Picker betonte die Einmaligkeit des Materials und verblieb vollständig im Banne der »geradezu hypnotischen« Fähigkeit Hitlers »die besten Gegen- und Abwehrvorstellungen der Berater« (35) auszuschalten. Tatsächlich finden sich hier sogar Reflexionen über die »Vermischung guter und böser Motive, des Edlen mit dem Gemeinen«, der Versuch einer Ehrenrettung von Hjalmar Schacht und Bewunderung für Eva Braun. Auf eine Kommentierung, so Picker, sei zu verzichten »um der unmittelbaren Wirkung der Dokumente willen« und »um einen unverfälschten Eindruck von Hitlers Denken literarisch einzufangen und weiterzugeben.« (38). Den didaktischen Wert seiner Publikation sah Picker darin, das Zeitlose im »Wesen des Diktators« zu lehren und vor den Gefahren einer Alleinherrschaft zu warnen »trotz aller Anerkennung der überragenden Möglichkeiten revolutionärer Tatmenschen« und einer in ihrem Friedensplanungen »zunächst bestechend wirkenden Diktatur.« (38).

43 Ebd., S. 18, 27 und 28.

Es war Hannah Arendt, die diesem Band öffentlich vehement widersprochen hat. Sie sah in der Publikation ein »eher irreführende[s] als aufschlussreiche[s] Dokument«,[44] dessen »Tendenz zur Verherrlichung des ›großen Mannes‹ sie sowohl Picker als auch dem Vorwort von Ritter und dem Münchner Institut anlastete: »Da auf jeglichen Kommentar verzichtet wird, hat man Hitler wie zu seinen Lebzeiten das freie unwidersprochene Wort gelassen.«[45] Aufschlußreich an der Kritik Arendts ist der Ärger über das »zweideutig Unentschiedene«, über die Beteuerungen Ritters in seinem »im Kleinstdruck gesetzten Nachwort« und über »gewisse Zwischentitel« der Veröffentlichung, die auf eine »Differenz zwischen Himmler und Hitler« hindeuten.[46] Statt, so ist Arendt zusammenzufassen, auf den militärisch »unwesentlichen Irrtümern« positivistisch-berichtigend herumzureiten, hätte man »vielmehr die prinzipiell lügenhafte Natur dieser Reden« zu zeigen gehabt, gerade im Hinblick auf die »›Ausmerzung‹ der Juden und der östlichen Völker.« Denn diese wurden, während Hitler in den »Tischgesprächen« noch »über geeignete Siedlungsgebiete für Juden und die Möglichkeit plauderte, daß selbst Juden anständige Menschen seien«, so Arendt, bereits seit Sommer 1941 zu Hunderttausenden erschossen.[47] Sie sah deshalb im Dokument als auch in seiner Präsentation das Problem: Eine »verschobene Historiographie«, von jemandem herausgegeben, »der nicht weiß, daß der Inhalt einer historisch-politischen Quelle davon bestimmt wird, in welchem Moment bestimmte Dinge einen bestimmten Zuhörerkreis gesagt werden«, und den »Zuhörerkreis« der Deutschen zu dieser Zeit bezeichnete Arendt mit dem Terminus einer »auffälligen Unaufgeklärtheit«.[48]

44 Vgl.: Hannah Arendt, Bei Hitler zu Tisch, in: Der Monat 4 (1951/52), Nr. 37, S. 85-90.

45 Ebd., S. 85: Die Autorin spricht sogar von einer »Propaganda für Hitler« sowie von einer »Hilfe für den deutschen Neonazismus«, wenn auch einer »vermutlich unfreiwillig geleisteten« und gibt am Ende der Hoffnung Ausdruck, das Institut möge durch den »Fehlgriff« der »so verdächtigen Popularität dieser ›Quelle‹« lernen, ebd., S. 90.

46 Ebd., S. 86: »Die unkritische Veröffentlichung seiner Propagandareden bei Tisch wird jedenfalls dazu dienen, das historisch ganz unfundierte Märchen von dem ›guten‹ Hitler, der von den Taten des ›bösen‹ Himmler nichts wußte, zu stützen.«

47 Ebd.

48 Ebd., S. 88 und 90; die Publikation wurde zurückgezogen und außerhalb des Instituts neu herausgegeben, zu dieser Ausgabe, vgl. Kap. 5.1. Aus heutiger Sicht erscheint es wie Trotz, wenn Martin Broszat ein paar Jahre später genau diese Quelle für den zeitgeschichtlichen Unterricht ausdrücklich empfiehlt: Man könne »an Hand von Hitlers Tischgesprächen unmittelbar an die

Beispiel Gerstein-Bericht: Geheimhaltung

Auch der später unter der Bezeichnung »Gerstein-Bericht« bekannt gewordene Dokumentenanhang im ersten Band der »Vierteljahrshefte für Zeitgeschichte« erweist sich als hochambivalente Textur. Mit diesem »Augenzeugenbericht zu den Massenvergasungen«,[49] eingeleitet von Hans Rothfels, wurde ein Stück »wie es eigentlich gewesen«-Diskurs begonnen, dessen Problematik erst auf den zweiten Blick auffällt. Kurt Gerstein (1905-1945), SS-Obersturmbannführer, der am 25. Juli 1945 tot in seiner Zelle des Militärgefängnisses Cherche-Midi in Paris aufgefunden wurde, vereinigte eine Täter- und eine Opferphysiognomie. Er war seit 1933 Mitglied der NSDAP und der »Bekennenden Kirche« und wurde 1936 aus dem Staatsdienst, 1938 aus der Partei ausgeschlossen. Gerstein versuchte, nach dem Euthanasie-Tod einer Verwandten, Informationen über die Tötung von Geisteskranken zu verbreiten, und begründete seinen Eintritt in die Waffen-SS mit seinem Vorhaben, mehr über die Hintergründe in Erfahrung zu bringen. Einerseits war er seit 1942 Abteilungsleiter »Technische Desinfektion in der Gesundheitstechnik« und mit der Anforderung von Zyklon-B für die SS zuständig. Andererseits waren seine Augenzeugenberichte aus Treblinka und Bełżec vom August 1942 und deren Weitergabe an das neutrale Ausland eine der spektakulärsten Widerstandshandlungen aus diesem Milieu. Noch Jahre nach seinem Tod reihte die Spruchkammer Tübingen den Verstorbenen mit der Begründung, er habe »angesichts des entsetzlichen Ausmaßes der vergangenen Verbrechen«

Wesensmerkmale Hitlers hinführen«, diese Reden stellen, so Broszat, der hier anspielungsreich gegen Arendt formuliert, ohne diese zu nennen, »trotz der lauten Kritik an ihrer Veröffentlichung – fraglos eine der besten Quellen dar, um dem ungeschminkten Wesen Hitlers nahezukommen.« Kritik an der Dokumentation sei »naiv« und »abwegig«. Vgl.: Broszat, Aufgaben und Probleme zeitgeschichtlichen Unterrichts, zit. nach: ders., Nach Hitler (1. Aufl.), S. 18.

49 Hans Rothfels, Vorbemerkungen des Herausgebers, in: VfZ 1 (1953), S. 177-185; der Bericht selbst S. 185-194. Zeitgleich mit der Publikation in den VfZ erhielten auch die »Frankfurter Hefte« die Verlagserlaubnis, das Gerstein-Dokument als »Erinnerung an gern vergessene oder – noch schlimmer – verdrängte Geschehnisse« abzudrucken. Aufschlußreich ist, daß der Text hier mit dem Augenzeugenbericht von Jankel Wiernik, einem Warschauer Juden, der in ein »Sonderkommando« eines Vernichtungslagers gezwungen wurde, ergänzt war. Als Überlebender von Treblinka schrieb er seinen Bericht, der in englischer und jiddischer Sprache erschienen war. Die Auswahl aus der deutschen Übersetzung durch Eric Joseph Con hatte übrigens Heinrich Böll vorgenommen, vgl.: Belcec und Treblinka. Ein SS-Offizier und ein Jude berichten über die Todeslager in Polen, in: Frankfurter Hefte 8 (1953), S. 548-557.

nicht ohne Mitverantwortung beurteilt werden können, in die Kategorie ›Belasteter‹ ein: »Die Kammer ist der Auffassung, daß der Betroffene nicht alles getan hat, was ihm möglich gewesen wäre …«[50] Am 20. Januar 1965 wurde Gerstein jedoch vom damaligen Ministerpräsidenten Kurt Kiesinger rehabilitiert. Hier hieß es, er habe »nach Kräften aktiven Widerstand gegen die nationalsozialistische Gewaltherrschaft geleistet«.

Vor allem die Rezeption des zur »Bekennenden Kirche« gehörenden Gerstein durch die Kirchen bietet ein Bild metaphysischen Schuldig-Werdens.[51] In dem Hochhuth-Drama *Der Stellvertreter* hat sein Bericht exemplarische Aufnahme gefunden. Auch in der Historiographie provozierte er unterschiedlichste Wertungen. Saul Friedländer hat im Jahre 1967 die bisher ausgiebigste Auseinandersetzung mit diesem Tätertyp vorgelegt. Sein Buch trug den programmatischen Titel »Kurt Gerstein oder die Zwiespältigkeit des Guten« und verrät die gedanklichen Bezüge zu dem Bericht Hannah Arendts aus Jerusalem über Eichmanns »Banalität des Bösen«. Friedländer sah den »einzigartigen Charakter und die ungewöhnliche Bedeutung« des Falles Gerstein in der »völlige[n] Passivität der ›anderen‹. Wenn es in Deutschland Tausende oder auch nur Hunderte von ›Gersteins‹ gegeben hätte […], dann wären zweifellos Zehntausende von Juden gerade durch diese ›offiziellen‹ Komplicen des Regimes gerettet worden.«[52] Er charakterisierte sein Selbstbild wohl treffend, wenn er davon sprach, daß es dem SS-Mann Gerstein durch den »Makel des Eintritts in die SS« um die »Gefahr« ging, »mit den wahren Tätern verwechselt zu werden«. Diese Ambivalenz und »die Einsamkeit seines Handelns« machten die Geschichte Gersteins zum »tragischen Schicksal« von Teilhabe und Differenz, Schuldigwerden und Gewissenswahrung, ein »Schicksal« das emblematisch für ein deutsches Selbstbild werden konnte.[53] Friedländer hatte hier lediglich einen Teil des Problems getroffen, weil er der Selbstwahrnehmung des Protagonisten zu direkt gefolgt ist und die Beschwörung des »tragischen Schicksals« zwischen Schuldigwerden und Gewissenswahrung zum Fluchtpunkt seines Essays

50 Zit. nach: Friedländer, Kurt Gerstein, S. 194.

51 Vgl. z.B.: Pierre Joffroy, Der Spion Gottes. Die Passion des Kurt Gerstein, Stuttgart 1972, S. 7.

52 Friedländer, Kurt Gerstein, S. 196.

53 Es ist aufschlußreich, daß die Person von Kurt Gerstein in der Mahnmal-Debatte der späten 90er Jahre gerade bei der Verteidigung des universalistischen Vorschlages des Theologen Richard Schröder (»Du sollst nicht morden!«) eine wenn auch marginale Rolle spielte, vgl.: Walter Boeckh, Du sollst ein Mahnmal bauen, in: FAZ, 23. 6. 1999.

wählte. Liest man die Vorbemerkungen von Rothfels, vor allem aber den Bericht selbst, so fallen zwei Punkte auf, die dem Text einen appellativen Rahmen verleihen: die Rechtfertigung des Abdrucks durch Rothfels hob nicht nur die absolute Geheimhaltung der Vergasungen in dem Bericht Gersteins hervor, sondern betonte auch hier am Beispiel Gersteins die Unterscheidung zwischen »den Nazis« und »dem deutschen Volk«.[54]

Rothfels diskutierte die Glaubwürdigkeit des Berichtes ausführlich und kam zu dem Schluß, daß die »Kraßheiten«, die er enthält »und die man hinzunehmen sich sträubt«, offensichtlich »nicht zu Lasten des Beobachters, sondern der Vorgänge selbst und ihrer Akteure« gehen.[55] Diese »Vorgänge«, nämlich Massenvergasungen in Bełżec, Treblinka und Majdanek waren, so berichtete Gerstein gleich zu Beginn seiner Ausführungen Äußerungen von Odilo Globocnik, »eine der geheimsten Sachen, die es zurzeit überhaupt gibt, man kann sagen die geheimste. Wer darüber spricht wird auf der Stelle erschossen. Erst gestern seien zwei Schwätzer erschossen worden.«[56] Tatsächlich irritiert angesichts dieser Tatsache, daß jemand, der aus der Partei ausgeschlossen wurde und sich innerlich als Gegner und Widerständler empfand, trotzdem Augenzeuge werden konnte. Rothfels mußte deshalb Stimmen zitieren, die auf der einen Seite die »Meisterschaft seiner Tarnung«, auf der anderen Seite sein »eigentliches Wollen« und die »Konstantheit seines inneren Wesens« bezeugten.[57]

Joseph Wulf und Léon Poliakov als früheste Dokumentaristen des Nationalsozialismus – und ihre Ablehnung durch die Fachwissenschaft

Die große Gefahr nicht nur der genannten Dokumentationen war, daß man die Täteroptik mit dem, was man für Erklärungen hält, gleichsetzte: Ihr Sprechen wurde somit fast »wissenschaftlich«. Opferaussagen konnten, wenn sie wie Anne Frank nur das Richtige sagten, ebenso Sprachrohr für etwas werden, was annehmbar schien. Hier war es weniger der »wissenschaftliche« als vielmehr der »authentische« Diskurs, der die Quellen und Dokumente konjunkturell begünstigte. Diese von den Quellen ausgehende Antizipation dessen, was man zu sagen wünschte, kann für die 50er Jahre in bezug auf »saubere« Wehrmacht, Ostkrieg und für die Judenvernichtung in vielen Beispielen belegt werden. Man kann

54 Vgl. etwa Rothfels, Vorbemerkungen, S. 181.
55 Rothfels, Vorbemerkungen, S. 182.
56 Gerstein-Bericht, S. 188.
57 Rothfels, Vorbemerkungen, S. 185.

die Argumentation aber auch umdrehen und zeigen, wie die Dokumente, welche die »Endlösung«, die massenhafte Beteiligung an ihr, ihren Vorstufen und ihren Folgen, dokumentierten, von einer ansonsten quellenfetischistischen Fachwissenschaft abgelehnt, abgewertet und relativiert wurden. Denn die eigentlichen Dokumentarwerke in dieser Zeit über die Shoah legten zwei jüdische Gelehrte vor, Joseph Wulf und Léon Poliakov. Ihre Schwierigkeiten angesichts einer indifferenten, verschämten und stummen Mehrheitsgesellschaft waren fundamental: *Sie* mußten ihre Glaubwürdigkeit, ihre Objektivität, ihre Sachlichkeit und ihren Verzicht auf Rache unter Beweis stellen, was in solchen Dokumentenwerken mitunter zu kompositorischen, rhetorischen und metaphorischen Besonderheiten führte, von denen im folgenden die Rede sein soll.

In einer Rezension, deren Unverschämtheit noch heute atemberaubend anmutet, warf Armin Mohler Ende der 50er Jahre den Autoren von *Das Dritte Reich und seine Denker* vor, dieses Buch und ihre bisher veröffentlichten »Wälzer« seien »Unfug« und allenfalls »eine Art Adreßbuch zur Fortführung der ›Entnazifizierung‹«. Von Wissenschaftlichkeit könne keine Rede sein, denn die »erste Pflicht des Historikers, nämlich das einzelne Faktum möglichst in seinem Gesamtzusammenhang zu sehen«, sei verletzt worden: »Die Biographie der Herausgeber ist uns nicht bekannt, aber man kann sich schwer vorstellen, daß sie einen totalitären Staat aus eigener Erfahrung kennen«.[58]

Diese Schmährede galt Léon Poliakov und Joseph Wulf, deren Quellendokumentationen zum Dritten Reich seit 1956 in kurzen Abständen erschienen und in der Öffentlichkeit des In- und Auslandes einige Resonanz fanden, waren es doch die ersten Versuche, die Vernichtung der europäischen Juden darzustellen. Sie umfaßten *Das Dritte Reich und die Juden* (1955), *Das Dritte Reich und seine Diener* (1956), das bereits erwähnte *Das Dritte Reich und seine Denker* (1959) sowie *Das Dritte Reich und seine*

58 Armin Mohler, o.T., in: HPB 8 (1960), S. 244. Die Häme ist kaum zu überbieten, wenn Mohler süffisant anfügt, »ehrlicherweise [müßte] er [der Titel, N.B.] heißen ›Blütenlese zur Kulturpolitik des Dritten Reiches, ausgewählt aus den Nürnberger Dokumenten und den Archiven des Centre de Documentation Juive in Paris‹«. Die eigene Perspektive verdeutlicht der Rezensent, wenn er ausgerechnet Hans Grimm, den Autor von »Volk ohne Raum«, als eine Art Kritiker des Dritten Reiches gegen Wulf/Poliakov zu verteidigen versucht. Die dokumentierten »belastenden« Zitate, so Mohler als Erklärung, hätten »jene Münze« dargestellt, »die es Professoren und Publizisten gestattete, sich in dem daran anschließenden Text in variierendem Ausmaß vom gleichgeschalteten Denken freizuhalten«.

Vollstrecker (1960), das Wulf alleine herausgab. Anders, als die Titel vermuten lassen, behandelte nicht nur das erste Buch, sondern alle Bände das Thema der Judenvernichtung direkt, differenziert und detailversessen:

> »Wie in unseren beiden ersten Büchern wird auch in diesem Kapitel [gemeint ist das Kapitel »Denker« im Nationalsozialismus, N.B.] viel von der Judenfrage die Rede sein, wenn dies auch keineswegs von uns beabsichtigt ist, sondern sich vielmehr zwangsläufig aus dem von uns behandelten Problem ergab. Die nationalsozialistischen Gedankengänge selbst führen dazu.«[59]

Heute, aus dem Abstand von 45 Jahren, stellt sich dieses Großprojekt der Holocaust-Forschung nicht nur als mutig und innovativ dar (zu einem Zeitpunkt, als der Begriff »Holocaust« noch gar nicht verwendet wurde), sondern offenbart auch jene wissenschaftliche Langzeitwirkung, die mitunter nur Bücher besitzen, die geradezu antikonjunkturell angelegt sind. Was die Werke von Poliakov und Wulf auszeichnete, war gerade nichts anderes als das Gespür für den »Gesamtzusammenhang«, den Mohler ihnen absprechen wollte. Beide kannten den »totalitären Staat aus eigener Erfahrung« nur zu gut. Wulf verbrachte die Jahre von 1941 bis 1945 im Ghetto und im Konzentrationslager, trug die Auschwitz-Tätowierung Nr. 114866 und schwor nach seinem Jahr in Auschwitz, sich »bis zum Ende meines Lebens nur mit der Geschichte des Dritten Reiches zu beschäftigen«.[60]

Der Zeithistoriker, Dokumentarist und Publizist wurde 1912 in Chemnitz als Kind einer wohlhabenden jüdischen Kaufmannsfamilie geboren.[61] Ab 1917 lebte die Familie in Krakau, wo Wulf später auch sein Studium

59 Poliakov/Wulf, Das Dritte Reich und seine Denker, S. 433.

60 Wulf in einem Interview mit der Zeitschrift »Der Aufbau« (New York), 22. 12. 1967, zit. nach: Sachor – Nicht vergessen, S. 7.

61 Im Folgenden stütze ich mich auf Archivrecherchen im Zentralarchiv zur Erforschung der Geschichte der Juden in Deutschland [ZAGJD] (Heidelberg), das den Nachlaß von Wulf bewahrt, die Aufstellung der benutzten Bestände bietet das Quellenverzeichnis. Ich danke Naomi Wulf für die Möglichkeit der Einsicht in den umfangreichen Bestand an Manuskripten und Briefen von Wulf. Wichtige Arbeiten zur Person und zur Arbeit von Wulf kommen von Henryk M. Broder, Wer war Joseph Wulf?, in: Frankfurter Rundschau, 24. 10. 1981; sowie aus jüngerer Zeit: Schoenberner, Joseph Wulf – Die Dokumentation des Verbrechens, S. 132-142; Breysach, Joseph Wulfs Zeugenwissen; Der zitierte Gedenkband »Sachor« der Aktion Sühnezeichen aus dem Jahr 1989 versammelt persönliche Erinnerungen von Freunden und Kollegen; zur Biographie Wulfs ziehe ich auch seine eigenen Angaben in

der Judaistik und der Landwirtschaft begann. Er wurde nicht Rabbiner, wie der Vater erhoffte, obwohl Joseph Wulf zunächst noch in Nancy und Paris weiterstudierte, stattdessen versuchte er sich als Schriftsteller. Im Jahre 1934 heiratete er Jenta Falik-Dachner, wurde Vater, doch mußte er seine kleine Familie bald bei polnischen Bauern vor den Deutschen versteckt halten. Wulf selbst ging in den Untergrund, wurde Mitglied in jüdischen Widerstandsorganisationen, von der Gestapo entdeckt, verhört und ins KZ verschleppt, von wo er erst auf einem jener berüchtigten »Todesmärsche« im Frühjahr 1945 entkommen konnte. Seine Frau und sein Sohn David überlebten, Eltern, Bruder, Schwägerin und Nichte wurden Opfer der nationalsozialistischen »Endlösung«: Der Vater wurde im KZ Plaszow (Krakau) erschossen, Mutter, Schwägerin und deren kleine Tochter in den Gaskammern von Bełżec ermordet, und der Bruder fand den Tod auf dem Transport nach Auschwitz.[62] Schon im Februar 1945 gehörte Wulf zu den Mitbegründern der »Jüdischen Historischen Kommission« in Polen, die in den knapp zwei Jahren, bis Wulf Polen verließ, 31 Dokumentationen über das Dritte Reich veröffentlichte. Wulf lebt nach dem Krieg kurz in Skandinavien, mehrere Jahre in Paris, wo er als Zeitungskorrespondent arbeitete und zusammen mit anderen das »Centre pour l'histoire des Juifs Polonais« gründete – zur gleichen Zeit lernte er auch Léon Poliakov kennen.[63] In den 50er Jahren arbeitete Wulf wieder in Deutschland und lebte mit seiner Frau in Berlin.

Lebensläufen, Briefen, Interviews sowie Briefe seiner Mitarbeiterin Ulla Böhme heran; für die Einordnung sind zudem die zeitgenössischen Presseberichte wichtig. Außerdem stütze ich mich auch auf die Interviews, die Henryk Broder Anfang der 80er Jahre mit vielen Zeitgenossen von Wulf geführt hat, auch diese Bestände sind im ZAGJD. Ausdrücklich hingewiesen sei an dieser Stelle auf den eindrucksvollen Film von Broder, von dem der Artikel nur die Kurzfassung ist: Portrait eines Gerechten: Wer war Joseph Wulf? (WDR 3, 18. 10. 1980). Sämtliche Informationen werden im folgenden einzeln nachgewiesen. Ich danke auch Herrn Broder für seine Hinweise und vor allem dem Leiter des Archivs, Herrn Dr. Peter Honigmann, für seine umfassende und freundliche Hilfestellung.

62 Joachim March, Joseph Wulf. Historiker der jüdischen Tragödie. Aus der Reihe »Diener des Gewissens«. Sendemanuskript [15 S.] des SFB (23./24. 3. 1977), S. 2, in: B 2/7 (91/15) - Nr. 37.

63 Der Historiker Léon Poliakov, Freund von Alexandre Kojève und Emanuel Lévinas, wurde 1910 in Sankt Petersburg geboren, verbrachte Anfang der 20er Jahre »mehrere wunderbare Jahre« (Poliakov) auf der Goethe-Schule in Berlin. Später zog er für immer nach Frankreich und geriet unter den Nationalsozialisten in Gefangenschaft. Auch Poliakov verlor seine ganze Familie

Als 1955 der erste der Dokumentationsbände im sozialistischen »arani-Verlag« von Arno Scholz in Köln erschien, markierte er sofort öffentlich und wissenschaftsgeschichtlich einen bundesrepublikanischen Tabubruch: Besonders ein Quellenexzerpt, das die Unterschrift des politischen Beraters von Konrad Adenauer, Otto Bräutigam, trug, löste ein außerordentliches und auch internationales Presseecho aus.[64] Der Band von Poliakov/Wulf wurde zwar nicht zum Bestseller, aber »alle lobten das Buch mit Worten wie ›ein wichtiges Werk‹, ›sehr nützliches Buch‹. Einige nannten es gar ein ›klassisches Dokumentar-Werk‹«,[65] wie Wulf mit Bitterkeit in der Stimme später bemerkte, als er zum Ausdruck brachte, daß seine eigene Intention mit der Erhebung zum »Klassiker« nicht verwirklicht worden war. Insgesamt wurden seine »prähistorischen Ausgrabungen«,[66] wie der Autor zwei Jahre darauf ironisch anmerkte, teils »positiv-neutral«,[67] teils »verschnupft«[68] aufgenommen.

durch die »Endlösung«. Nach Kriegsende war er als Sachverständiger am Nürnberger Prozeß beteiligt. Poliakov arbeitete sein ganzes Leben über Judenverfolgung und Rassismus und wurde v.a. als Verfasser einer neunbändigen Geschichte des Antisemitismus sowie in Deutschland durch seine Zusammenarbeit mit Joseph Wulf bekannt. Vgl.: Poliakov, Humanität, Nationalität, Bestialität, S. 133-155.

64 Otto Bräutigam war damals als Leiter der Abteilung »Allgemeine Politik« im »Reichsministerium für die besetzten Ostgebiete« zuständig und arbeitete nach dem Krieg als politischer Berater für Kanzler Adenauer, den er auf der Moskau-Reise begleitete. Vgl.: Der SPIEGEL, 1. 3. 1956; außerdem die Autobiographie von Bräutigam, So hat es sich zugetragen (Würzburg 1968). Das umstrittene Zitat lautet: »In der Judenfrage dürfte inzwischen durch mündliche Besprechungen Klarheit geschaffen sein.«

65 Wulf, Geständnisse eines Autors, S. 30.

66 Ebd., S. 31.

67 Ebd. Vgl. exemplarisch, auch zu den später vorgelegten Büchern Wulfs: Paul Arnsberg, Vom Mißbrauch der Sprache [Rez. von: Wulf, Aus dem Lexikon der Mörder], in: FAZ, 9. 10. 1963 (»Können eines Fachmanns«); Heinz Joachim, Die Musik in Hitlers Herrschaft [Rez. von: Wulf, Musik im Dritten Reich], in: Die Welt, 10. 10. 1963 (Ungenauigkeiten, aber ein notwendiges Buch); ähnlich: H. H. Stuckenschmidt, Gegängelte Musik, in: FAZ, 19. 10. 1963; Albert Buesche, Es war kein Spuk, sondern Wirklichkeit [Rez. von: Wulf, Die Bildende Künste], in: Der Tagesspiegel, 10. 3. 1963 (Der Verfasser, »angeekelt von dem Dargestellten, doch zugleich fasziniert von der Enthüllung der Geschehnisse«, empfiehlt das Buch als »Schutzimpfung«).

68 Wulf, Geständnisse eines Autors. Ein Beispiel für einen totalen Verriß: Bodo Scheurig, Hitlers rückgratloser Diener [Rez. von: Wulf, Bormann], in: Kurier, 4. 12. 1962 (»durchweg mißlungen«, »Geschwätz«, »Widersprüche« und »mit raschem Verdikt«).

Heute werden die Dokumentationsbände lediglich in fachwissenschaftlichen Literaturberichten oder Forschungsreferaten pflichtgemäß aufgelistet oder aber gänzlich übergangen.[69] Die Innovation und Singularität der Anlage dieser Bücher wird aber durchgängig kaum mehr erkannt, was sich nicht zuletzt darin zeigt, daß man die Bücher nicht mehr zu benutzen scheint – zitiert werden sie nicht. Hier setzte sich zuletzt ein Trend durch, der in der zeitgenössischen Aufnahme der Bücher durch die Kollegen seinen Ursprung hat, denn die Reaktion der Fachwissenschaft war beim Erscheinen der Bücher fast durchweg abweisend. Sie mokierte sich über »das Zuviel an zitatschweren Randleisten« und lehnte »die wenig sinnvollen Überschriften«[70] als unwissenschaftlich ab, wenn sie sich überhaupt äußerte: Weder in der »Historischen Zeitschrift«, seinerzeit unter der Ägide von Theodor Schieder, noch im seinerzeit zweitwichtigsten Forum, der Zeitschrift »Geschichte in Wissenschaft und Unterricht«, wurden die Bücher beachtet. Max Braubach qualifizierte Wulfs Dokumentation über Martin Bormann beiläufig in einem Satz als »eine immerhin recht aufschlußreiche Materialsammlung«.[71] Noch am freundlichsten war insgesamt die Erwähnung der Bücher bei Hans-Günther Seraphim, der jedoch auch anmerkte, der Band befriedige »nicht die Forderung nach einer wissenschaftlichen Geschichte der Judenpolitik und Judenverfolgung des nationalsozialistischen Regimes. Diese [bleibe] noch zu schreiben.«[72]

69 In einem Satz oder einer Fußnote erwähnt werden Poliakov/Wulf z.B. in: Mommsen, Holocaust und die deutsche Geschichtswissenschaft; Kulka, Die deutsche Geschichtsschreibung über den Nationalsozialismus und die »Endlösung«, S. 611; Kwiet, Judenverfolgung und Judenvernichtung im Dritten Reich. Ein historiographischer Überblick, S. 298. Keine Erwähnung finden sie in den ansonsten ausgezeichneten Einführungen in die Historiographie des Holocaust von Kershaw, Der NS-Staat, S. 148-206 (»Hitler und der Holocaust«) und 329-355 (»›Normalität‹ und Genozid: Das Problem der ›Historisierung‹«); sowie jüngst: Herbert, Vernichtungspolitik. Neue Antworten und Fragen zur Geschichte des ›Holocaust‹, S. 9-66; Erwähnung findet Wulf aber in: ders., Deutsche und jüdische Geschichtsschreibung über den Holocaust, S. 252 f.

70 Thilo Vogelsang, o.T. [Rez. Wulf/Poliakov, Das Dritte Reich und seine Diener], in: HPB 5 (1957), S. 242 f.

71 Wulf, Martin Bormann; Braubach, Veröffentlichungen zur Zeitgeschichte, in: HJB 85 (1965), S. 119-157 (134).

72 Hans-Günther Seraphim, o.T. [Rez. von Wulf/Poliakov, Das Dritte Reich und die Juden], in: HPB 4 (1956), S. 215. Der Verfasser hielt zur gleichen Zeit, soweit ich sehe, in Göttingen die ersten akademischen Veranstaltungen

Auch Martin Broszat (1926-1989), wie Buchheim gehörte er zur jungen Garde am IfZ, reagierte in den 50er Jahren regelrecht allergisch auf die Dokumentation der NS-Verbrechen durch Juden. Gegen Léon Poliakovs und Josef Wulfs Dokumentation *Das Dritte Reich und seine Diener* wandte er, trotz Bekundungen der »schmerzlichen Scham«, ein, sie sei polemisch und nicht wissenschaftlich.[73] Die Bearbeiter hätten auf die »letzte Genauigkeit wissenschaftlicher Editionen verzichtet«. Es sei die Frage, »ob die vorliegende Dokumentensammlung als ganzes, nach Auswahl, Gliederung und Thematik den Ansprüchen von Gründlichkeit und methodischer Behutsamkeit« entspreche. Solch eine Dokumentation, vor allem der »bloß journalistisch« wirkende »Ton der Ironie«, sei vielleicht gegenüber »hartnäckigen Tatsachenverleugnern« am Platze, verlasse aber »die Distanziertheit wissenschaftlich-historischer Quellenpublikationen« und verschließe den Weg zu einer »tieferen Erfassung des geschichtlichen Stoffes« eher, als daß sie ihn öffne. Broszat argumentierte an dieser Stelle seiner Einwände mit der Metaphorik des Gerichts: »Es erweist sich an ihr [der Dokumentensammlung, N.B.] die auch für alle politischen Farbbücher geltende Unmöglichkeit, mit Dokumenten *allein*, d.h. ohne deren kritische Verarbeitung, einen genau formulierten Beweis zu führen. Dokumentation wird dann unweigerlich zum Plädoyer [...].«[74] »Beweis«, »Plädoyer« – die Wortwahl, der Kontext der anklagenden Farbbücher, die einhellige Ablehnung der Arbeiten von Poliakov und Wulf überhaupt –, all das offenbart die Überzeugung Broszats, daß eine gerechte Darstellung der Judenvernichtung nicht jüdischen Überlebenden überlassen werden konnte. Broszats Argumentation wird noch deutlicher, denn gegen den rezensierten Band brachte er auch das dort mitgegebene Fotomaterial als Einwand vor. Es sei »ohne sprachlich-logische Begrifflichkeit«, dadurch der »Gefahr suggestiver Überredung anstatt rationaler Überzeugung« ausgesetzt. Dies gelte für das Bild sogar noch mehr als für den Film: die »statische Dauer« des aus der Umwelt gelösten Ausschnittes

über die Judenvernichtung an einer deutschen Universität ab. Sie seien zwar nicht so »spektakulär« gewesen wie die zeitgleichen Großvorlesungen von Percy E. Schramm über den Zweiten Weltkrieg, aber dennoch »sehr beliebt« und hätten mit »bescheidenem Anspruch ›quellenkritische Einführungen‹« geboten. Vgl. diese Einschätzung bei Hagen, Göttingen als »Fenster zum Osten« nach 1945, S. 332.

73 Vgl.: Broszat, Probleme zeitgeschichtlicher Dokumentation, Sp. 298; die folgenden Zitate Sp. 298 und 300.

74 Ebd., Sp. 301 [Hervorh. v. N.B.]; die folgenden Zitate Sp. 302.

mache aus dem Bildinhalt »etwas Ekstatisch-Symbolhaftes und Suggestives«, und das bei Bildern, »die an sich schon pathetisch« seien:

> »Das Dokumentieren erfolgt dann nur noch durch das Übermaß der Wirkung, es läßt für Überlegung und Kontrolle keinen Raum mehr. Gerade weil die nationalsozialistische Publizistik sich des verführerischen Mittels suggestiver Bildwirkung zur Entfachung von Begeisterung wie zur Aufstachelung von Feindschaften und Haß in solchem Maße und mit solcher Unbedenklichkeit bediente, sollte die historisch-geistige Auseinandersetzung mit der nationalsozialistischen Zeit sich auf bessere Mittel besinnen.«

In der Tat legten die Autoren, wie es H. G. Adler eher bewundernd als kritisierend ausdrückte, ein »ungefüges Lesebuch des Ungeheuerlichen«, einen »Gespensterwirbel« vor, dem man sich als Leser nur durch »Flucht« zu entziehen vermöge.[75] Hier wurden »dem deutschen Leser die wichtigsten Quellen zur Geschichte und Durchführung der Judenpolitik des nationalsozialistischen Staates erstmalig im Wortlaut vorgelegt«.[76] Sie provozierten dabei mit allem: mit ihrem Gespür für das Symbolische, mit den Fotos, mit ihren Dokumentensammlungen überhaupt und mit Aussagen wie der, daß auch »schreckliche Dinge [...] manchmal einfach zu erklären« seien.[77] Das wurde ihnen als Reduktionismus, Irrationalismus und als ungezügelte Emotion ausgelegt, war aber eher einem Pathos des Konkreten geschuldet. »In unserem Jahrhundert könnte man fast sagen, der KZ-Insasse habe Charakter und Zweck der Begriffe Freiheit und öffentliche Meinung weit konkreter erfaßt als der Denker.«[78] Broszat hatte aber genau umgekehrt gegenüber denjenigen, »die unter der Herrschaft des Nationalsozialismus zu leiden hatten«, »Wissenschaftlichkeit«, »rationale Überzeugung«, »Systematik« eingeklagt: »Bitterkeit und Sarkasmus, zum Prinzip erhoben, [können] keine Helfer sein, um das Phänomen des Nationalsozialismus historisch zu entschlüsseln.«

Poliakov und Wulf waren nicht die einzigen Forscher, die sich ganz und gar der NS-Judenvernichtung zuwandten und die genau deshalb umsonst auf öffentliche und fachwissenschaftliche Anerkennung warteten. Es war die Zeit, als man Gerald Reitlingers Darstellungen der

75 H. G. Adler, Besprechung von: Poliakov/Wulf, Das Dritte Reich und seine Diener. Radiomanuskript, S. 8 und 1, in: DLA, NL Adler, A II 33.

76 Ebd.

77 Poliakov/Wulf, Das Dritte Reich und seine Diener, S. XIV.

78 Wulf, Presse und Funk, S. 9.

»Endlösung« und der »SS« vorwarf, es mangele ihnen leider »völlig an Verständnis und Respekt für die gesamte deutsche Anti-Nazi-Widerstandsbewegung«;[79] die Zeit, in der Reitlingers Bücher in die Dichtung Paul Celans Eingang fanden,[80] nicht aber in die Historiographie Deutschlands, in welcher Raul Hilberg keinen deutschen Verlag für seine Gesamtdarstellung finden konnte.[81] In der Tat war es nur eine Handvoll von Außenseitern, unter ihnen nicht wenige Autodidakten wie Wulf, die damals überhaupt eine »Revolte gegen das Schweigen«[82] wagten.

Was aber war das Besondere an den Dokumentationsbänden von Poliakov und Wulf? Welche Vorstellungen vom Nationalsozialismus, seinen Tätern und seinem Verhältnis zu Deutschland lag ihnen zugrunde? Wie wurde die Judenvernichtung thematisiert? Welche Fragen gestellt? Und welche metahistoriographische Reflexion lag den Bänden zugrunde?

Detailgenauigkeit und Gesamtgeschehen: Zur Konzeption der Judenvernichtung und zum Täterbild bei Poliakov/Wulf

Poliakov/Wulf rückten den Völkermord ins Zentrum ihrer NS-Interpretation. Sie nannten den Holocaust eine »Technik«, die »in den Dienst methodischer Verneinung des Lebens« gestellt worden sei, und sie sprachen, ähnlich wie Hannah Arendt, von einer »Industrie« und vom »Massenmord als Selbstzweck«:[83] »Mit allem Drum und Dran entstand eine vollkommen neue Industrie – Hauptzentren Auschwitz, Treblinka und Sobibor«, und »das komplizierte Räderwerk« funktionierte, »wie man sie von deutscher Organisationsfähigkeit nicht anders erwarten konnte«.[84] Die entscheidenden Themenfelder und Fragestellungen einer heute jahrzehntealten Forschung waren auch schon bei den Autoren der »Dritte-Reich-Reihe« präsent, allerdings eher versteckt in Auswahl, Gliederung und den wenigen Kommentaren. Denn auf der anderen Seiten sprachen sie »Raub und Plünderung« in einer Direktheit an, die von den meta-

79 So der Vorwurf von Hans Buchheim, vgl. Kap. 3.2.

80 Vgl. Felstiner, »Alle Dichter sind Juden«. Paul Celans Sprache als Ort des Erinnerns, S. 135. Felstiner weist hier den Einfluß von Reitlingers Buch auf das 1957 entstandene Gedicht »Tenebrae« nach.

81 Zur Geschichte der Übersetzung des Buches von Hilberg, The Destruction of the European Jews, vgl.: ders., Unerbetene Erinnerungen, S. 147 ff.; Berg, Lesarten, v.a. S. 110 ff.

82 Hilberg, Die Holocaustforschung heute, S. 403.

83 Poliakov/Wulf, Das Dritte Reich und die Juden, S. 3; zu Arendt vgl. Kap. 4.3.

84 Ebd., S. 4.

physischen Schuldkonstruktionen eines Heimpel oder Wittram aus derselben Zeit weit entfernt war: dieses erste der fünf Kapitel, so die Verfasser, habe »allen Phasen der Tragödie den Stempel aufgedrückt«[85] und alle sozialen Schichten der Täter umfaßt. Poliakov/Wulf sprachen also von beidem, von »organisiertem Raub« *und* von »schamlosen Plünderungen« und »Leichenfledderei«:[86] Es schien ihnen überhaupt kein konzeptioneller Widerspruch darin zu liegen, Wirtschaftsführer wie SS, »Kaufleute, Ärzte oder andere Akademiker« und noch den einzelnen »im Osten Kämpfenden«, der die »von Juden erbeuteten Ringe oder Uhren schnell als Geschenk an Braut und Kind« schickte, zugleich zu thematisieren. Doch trotz einer solchen Detailgenauigkeit behielten sie die Dimension des Gesamtgeschehens im Auge. Das »Ausschlaggebende« des Massenmordes sei gar nicht diese Tragödie zwischen dem »jüdischen Unglück« und dem allgemeinen Interesse »am großen Arisierungsprogramm« gewesen: »Gewinnsucht« und »Eigennutz«, so die Autoren, habe »zumindest einen auf allgemein bekannte menschliche Eigenschaften zurückführenden und mit ihnen im Einklang zu bringenden Sinn«. »Das Ausschlaggebende« in der Charakterisierung der Katastrophe sei deshalb vielmehr »die absolute Sinnlosigkeit des Amokläufers«.[87] Das zweite und umfangreichste Kapitel heißt bei Poliakov/Wulf deshalb nur drastisch »Ausrotten, ausrotten!«[88] Der Tod an sich, so die Autoren im zweiten Band, »war entsetzlicher Selbstzweck und nicht nur grauenhaftes Mittel zur Erreichung eines gewissen Ziels«.[89]

Am provokativsten aber waren die Aussagen über das Verhältnis der Deutschen zur Judenvernichtung: *»Sie dienten allzu gut!«*[90] könnte das Motto dieser durchgängig und in allen Publikationen vorgeführten These sein, nicht nur beim gleichnamigen Band, einer Art vorweggenommenen Goldhagen-These in den 50er Jahren.[91] Aber anders als später Goldhagen

85 Ebd., S. 3.
86 Ebd., S. 9.
87 Ebd., S. 3.
88 Poliakov/Wulf, Das Dritte Reich und die Juden, S. 81-248.
89 Poliakov/Wulf, Das Dritte Reich und seine Diener, S. XIII.
90 Ebd., S. VII.
91 Diese Analogisierung ist leicht inhaltlich zu begründen. Auffällig ist jedoch auch schon die Ähnlichkeit der Titel: Wulf, Das Dritte Reich und seine Vollstrecker; sowie Poliakov/Wulf, Das Dritte Reich und seine Diener und Goldhagen, Hitlers willige Vollstrecker; Goldhagen erwähnt die Arbeiten von Wulf und Poliakov nur beiläufig (z.B. S. 684 und 690). Es gab nicht einen einzigen Kommentar zur wissenschaftsgeschichtlich so bedeutsamen Nähe

gingen Poliakov/Wulf gerade vom *umgekehrten* Problem, d.h. explizit von den jahrhundertealten »außerordentlichen geistigen Kraftströmen« im Verhältnis zwischen deutscher Geschichte und jüdischem Schicksal, aus.[92] Der Hiatus zwischen dieser Geschichte und der Tatsache, daß es Deutschland war, von welchem der »in unserer Zivilisation neue Komplex des industrialisierten Mordens«[93] ausging – er wird als Grundwiderspruch und zu erklärendes Problem der Katastrophe in einen Subtext dieser Quellensammlung eingeschrieben, nicht durch die Universalisierung des Antisemitismus als Problem stillgestellt. Wulf parierte die hypertrophe Fixierung seiner Zeit auf das Totalitäre des NS-Systems mit dem beiläufigen Satz, letzten Endes basiere doch jeder Totalitarismus auf »Machthysterie«:[94] Er sprach auch später, wenn er vom Nationalsozialismus redete, immer wieder vom Verlust von »Objektivität und Integrität« (148), vom »Spießersinn«, »Banausengemüt« und von »Vernunftsfeindschaft« (S. 9 und 10), also von der persönlichen, individuellen und intentionalen Seite des Geschehens. Der Nationalsozialismus habe »allerdings *das Superunding des Totalitarismus*, die Torheit« mächtig gesteigert.[95] Charakteristisch aber, so zeigt es vor allem der Band *Das Dritte Reich und seine Diener*, waren neben Grausamkeit und Haß auch ganz und gar »deutsche« Faktoren, nämlich »emsige Betriebsamkeit«, »Beflissenheit« und »lebenswerteste[r] Tüchtigkeit«, »sachliche Kenntnisse« und »Ausübung ihrer Pflichten«;[96] neben den »Vollstreckern« brauchte es unzählige »Diener«: Die Diener des Dritten Reiches hatten neben ihren Dienstpflichten »auch über jenes Problem unterrichtet zu sein, das als ›Endlösung der Judenfrage‹ in die Geschichte eingegangen ist. Die vorliegende Dokumentensammlung läßt somit einwandfrei ihr Verhalten gegenüber dieser größten aller Untaten des Nationalsozialismus erkennen.«[97]

Die Autoren unterscheiden hier zu Recht zwischen einer »ganz privaten Einstellung zu diesen Dingen«, also der wie immer zu taxierenden an-

zwischen Wulf und Goldhagen. Wulf war in den 90er Jahren, trotz gelegentlicher Pflichtzitierung, völlig vergessen. Zur Goldhagen-Debatte: Schoeps (Hg.), Ein Volk von Mördern?; eine akribische Fülle von Nachweisen aus der Debatte, auch aus Radio- und Fernsehbeiträgen, bietet: Schmid, Vom »Henker« zum »Wunderheiler«; zur Goldhagen-Debatte selbst vgl. Kap. 5.1.

92 Poliakov/Wulf, Das Dritte Reich und die Juden, S. 2.

93 Ebd.

94 Wulf, Presse und Funk, S. 10.

95 Wulf, Presse und Funk, S. 86 [Hervorh. v. N.B.].

96 Poliakov/Wulf, Das Dritte Reich und seine Diener, S. VII und XII.

97 Ebd., S. VII.

tisemitischen Motivation der Akteure auf der einen Seite, und dem Funktionieren der Hitlerschen »Judenpolitik«, ihrer »Haltung [...] als verantwortlicher Beamte[r] innerhalb ihres Zuständigkeitsbereiches«, also ihrem Handeln an und für sich.[98] Bei letzterem, so die Autoren, hätten sie »kläglich versagt«, wie immer sie auch »im tiefsten Herzen empfunden haben mögen«. Die »ungeheuerlichste Tragödie unseres Jahrhunderts«, so die Autoren, war deutsch: reibungslos, pflichtgetreu, planmäßig »und »ohne jegliche Panne«.[99]

Poliakov und Wulf haben mit dieser Herangehensweise völlig andere Täter wahrgenommen als die Mehrheitsgesellschaft um sie herum. Die »Verbindung von Diplomatie und Auschwitz« war »überraschend eng«: die lokalen Verwaltungen waren eingebunden, der Anschein von Rechtsstaatlichkeit wurde nach außen aufrechterhalten. Mit starken Bildern beschrieben sie eine vergangene Realität, wie sie sich ihnen aus der Fülle der Akten darstellte: »[D]ie diplomatischen Vertretungen in Frankreich, Ungarn und Rumänien [entwickelten sich] zu Spinnstuben, in denen die Normen den Schicksalsfaden der Juden des jeweiligen Landes spannen.« Die Rede ist bei ihnen sogar von »Kampflust« der Diplomatie, »begeisterte Vorkämpfer« werden beim Namen genannt (Franz Rademacher, Eberhard v. Thadden, Martin Luther) und von »phlegmatischeren Streitern« unterschieden.[100] Wulf hat dennoch die realhistorische Spannung zwischen »Rassenwahn« und »Vernichtungsmaschinerie« ganz unmetaphorisch wahrgenommen und beides erkannt und benannt.[101] Mit solchen Thesen konnte er in der Bundesrepublik der 50er Jahre keinen wissenschaftlichen Erfolg haben. Nur andere Außenseiter, wie der bereits mehrfach genannte H. G. Adler in London, der sämtlichen Büchern Poliakovs und Wulfs größere Radio-Besprechungen widmete, sahen deutlich, was das Besondere der Publikationen war, denn hier wurde »die Ansteckung ziviler Verwaltungszweige und der Wehrmacht durch den nationalsozialistischen Ungeist« benannt, deren Ausmaße während des Krieges »immer gespenstischeren Umfang gewann, weil viel zu viele der Verantwortlichen bedenkenlos oder auch nur gleichgültig sich an Verbrechen beteiligt oder ihnen doch untätig freien Lauf gelassen haben, während zu viele andere

98 Ebd.

99 Ebd.

100 Ebd., S. 7

101 Vgl. z.B.: Wulf, Partisan der Menschlichkeit. Der Fall Raoul Wallenberg. Sendemanuskript für den Südwestfunk,, 1. 9. 1966 [34 S.], S. 2, in: B 2/7 (91/15), Nr. 7.

sich nicht zu einer tapferen Abwehr, sondern nur zu einem Wegsehen, mehr oder weniger angewidert, entschließen konnten«.[102]

Neben der Diplomatie waren es auch die Beamten und die Soldaten, denen Poliakov und Wulf ihre »Rassegesetzgebung« bzw. ihren »Diensteifer«, ihre »Unterwürfigkeit«[103] vorhielten, nicht ohne in zahllosen Dokumenten auf ihre »Handlungsfreiheit« hinzuweisen.[104] Die Autoren dokumentierten häufig Fälle, »aus denen hervorgeht, daß auch eine andere Haltung durchaus möglich war«.[105] Wer lesen und verstehen wollte, konnte diesem Ansatz einiges an Erkenntnis abgewinnen: »Wer dies liest, mag bald die heute beliebte Redensart von der ›nationalsozialistischen Gewaltherrschaft‹ nicht mehr hören, wie sie fast schon stereotyp von den Nachrichtenredakteuren unserer Funkanstalten verwendet wird. [...] *Diese Gewalt kam nicht über das deutsche Volk, sie kam aus ihr.*«[106]

Das Besondere an allen Büchern von Poliakov und Wulf war es, zu zeigen, »welch weiten Spielraum, wie viele Variationen es gab«.[107] Sie zeigten in Band eins und zwei ihrer Reihe »den Nazistaat [...] in unmittelbaren Aktionen«,[108] vergaßen aber dabei keineswegs die »Vordenker der Vernichtung« (Götz Aly). In Band drei machten sie »den Puls der nationalsozialistischen Ära fühlbar«[109] und wandten sich Religion, Philosophie,

102 Adler, Besprechung von: Poliakov/Wulf, Das Dritte Reich und seine Diener. Radiomanuskript, S. 1, in: DLA, NL Adler, A II 33.

103 Poliakov/Wulf, Das Dritte Reich und seine Diener, S. 341.

104 Ebd., S. IX.

105 Ebd., S. 175.

106 Ansgar Skriver, Theater im Dritten Reich, in: Spandauer Volksblatt, 5. 8. 1964: »Würde man die Dokumentationen Wulfs nicht das schwarz auf weiß Gedruckte ans Licht ziehen [...], man könnte es gar nicht glauben, in welch katastrophalem Ausmaß deutsche Kultur während der zwölf Jahre zu nationalsozialistischer Kultur wurde.«

107 Poliakov/Wulf, Das Dritte Reich und seine Diener, S. 341. An dieser interpretatorischen Scharnierstelle entfernt sich der Ansatz von Wulf auch markant von der Linie der DDR, die z.B. an Wulfs Dokumentationen bemängelte, er vernebele »die Kontinuitätslinien des deutschen Faschismus«, dessen »Kolonialismus« und »Imperialismus«; er könne seine eigene bürgerliche »Gebundenheit« nicht verstecken, vgl.: Gerhard Strauß, Dokumentation über nazistische Kunst [Rez. von: Wulf, Die bildenden Künste], in: Neues Deutschland, 4. 9. 1965.

108 Adler, Besprechung von: Poliakov/Wulf, Das Dritte Reich und seine Denker. Radiomanuskript, S. 1, in: DLA, NL Adler, A II 33.

109 Ebd., S. 3 und 8. Adler hebt hier hervor, daß diesem Puls »Vermessenheit genauso wie mißgeleiteter Idealismus, Verwirrung wie brüchiges oder zerstörtes Wertgefühl, überheblicher Intellekt, Hochmut sowie öfters auch

Unterricht, Wissenschaft und naturwissenschaftlicher Forschung zu – hier fehlte es in Deutschland bis dahin an jeglicher Bereitschaft, den »kulturelle[n] Untergrund« des Dritten Reiches auch nur zu erwähnen.[110] Diese Sammlung zog keine systematischen Trennstriche zwischen weltberühmten Geistesgrößen und drittrangigen ungebildeten Nebenfiguren des intellektuellen Deutschlands der 30er und 40er Jahre und vereinte in der Tat alle Richtungen ideologischer Gleichschaltung und freiwilliger Konformität: »spintisierende [...] Querköpfe«, Mitläufer, blinde patriotische Begeisterte und pure Opportunisten[111] – ein Panoptikum verschieden motivierter Ideologie, die die Herausgeber sehr wohl voneinander unterschieden. So zeigen sie z.B. das »Musterbeispiel einer [...] Universitäts-Perversion« und »Situationen von geradezu schizophrener Art«[112] und gaben »den gefühlvollen Ergüssen der Professoren, die da nach einer neuen Mystik suchten«,[113] dem Spott der Leser preis. Obwohl sie zugestanden, »daß ein großer Teil der deutschen Naturwissenschaftler – wie auch immer ihre Neigung oder politische Überzeugung auch gewesen sein mag – die Türen ihrer Laboratorien vor dem Rassenwahn fest geschlossen hielten« – wurden auch diese von Poliakov/Wulf nicht geschont, hätten doch »nazistische[n] Patrioten« und ihr »Germanismus« ebenso verkündet, »[...] daß allein der germanische Geist dazu befähigt sei, die Wissenschaft zu fördern und die Wahrheit zu erkennen«.[114] Mit einer von Schmerz, Wut und Unverständnis belegten Sprache attackieren die Autoren »die ›Repräsentanten‹ deutscher Rechtswissenschaft und Kultur« und deren »Ringen«, wie mit dem »gefahrdrohenden Problem der ›Mischlinge‹« umzugehen sei. Seitenweise belegen die Herausgeber zudem den Zusammenhang von »Wehrmacht und Judenhetze«.[115] Entscheidend blieb für Wulf dennoch immer die »gewisse Demarkationslinie«, jene »Grenze, die der Mensch manchmal überschreitet, sei es nun vorsätzlich oder fahrlässig«.[116] Denn Poliakov und Wulf konstatierten durchaus differenziert ein Mischverhältnis aus »Distanzierung, Nicht-Wissen-Wollen

Wahnwitz und Dummheit abzuhören« sei. Der Weg in den Abgrund sei mit den Definitionen mancher deutscher Gelehrten aus freiem Entschluß gepflastert gewesen.

110 Ebd.

111 Ebd., S. 2.

112 Poliakov/Wulf, Das Dritte Reich und seine Denker, S. 73.

113 Ebd., S. 167.

114 Ebd., S. 291.

115 Poliakov/Wulf, Das Dritte Reich und seine Diener, S. IX.

116 Wulf, Theater und Film, S. 9.

oder Mittäterschaft«,[117] verhöhnten aber auch die »schüchternen Abschwächungsversuche eines Generals, die ausreichten, die von ihm unterzeichneten Anordnungen, gegen Juden vorzugehen, als »Milde« umzuinterpretieren und sein Gewissen zu beruhigen.[118] Auch hier (im zweiten Band der Dokumentensammlung) wird deutlich, daß die Autoren ganz selbstverständlich von der Annahme ausgehen, daß der »Mittäterschaft oder auch Mitschuld am Vernichtungswerk« nur zu entgehen war, wenn man es wagte, »sich ihm entgegenzustellen«. Die »Würde« und damit die »Ehre ihres Volkes« wahrten nur jene, die bewußt nicht mitmachten.[119]

> »Uns betrübt die Promiskuität der Denker und Mörder, aber sie beleuchtet das verzwickte Problem des Dritten Reiches. [...] Wir hielten es für unvereinbar mit unserer Pflicht als Historiker, diesen oder jenen Auszug fortzulassen, nur weil dessen Verfasser uns vielleicht nachweisen konnte, er sei im Grunde seines Herzens ein Gegner des Nationalsozialismus gewesen. [...] Den von uns ausgewählten unfreiwilligen Denkern mögen mildernde Umstände zugebilligt werden, aber verdienen sie den Freispruch des Schweigens?«[120]

Die Verfasser legten tatsächlich den Versuch eines »Querschnitt[s] durch die deutsche Geisteswelt unter dem nationalsozialistischen Regime« vor: »Eigentlich bedürfte es also keines Kommentars. Es war jedoch unvermeidlich, neben Adolf Hitler und Heinrich Himmler auch Persönlichkeiten in ihren schriftstellerischen und rhetorischen Auslassungen zu dokumentieren, die im Dritten Reich nicht nur bekannt und angesehen waren, sondern es auch heute noch sind. Manche von ihnen fühlten sich durch solche Nachbarschaft diffamiert und drückten uns ihr Mißbehagen darüber aus.«[121] Dieses ihnen angetragene Mißbehagen befestigte bei den Verfassern eine klare Distinktion bezüglich Motive, »Verstrickung«, Ausrede und Erklärungen ex post: »Handelt es sich um Borniertheit oder Schadenfreude, um Karrieremacherei oder ganz einfach um Furcht?

117 Poliakov/Wulf, Das Dritte Reich und seine Diener, S. X.
118 Poliakov/Wulf, Das Dritte Reich und seine Denker, S. XI.
119 Poliakov/Wulf, Das Dritte Reich und seine Diener, S. XI und 341; über eine spätere Dokumentation bemerkte ein Rezensent: »Hier spiegeln sich das Versagen, die sklavenhafte Willigkeit, die Meinungslosigkeit, das politische Desinteresse und der deutsche Selbsthaß [...].« Vgl.: H. G. Sellenthin, Auf dem Pressefriedhof des III. Reiches [Rez. von: Wulf, Presse und Funk], in: Telegraf-Illustrierte, 13. 6. 1965, S. 18.
120 Poliakov/Wulf, Das Dritte Reich und seine Denker, S. VII.
121 Ebd., S. VII.

Nun, das ist nicht wichtig! Individual-Psychologie dürfte hier kaum am Platze sein. Was einzig und allein zählt, sind die unheimlichen Gewalten, das Zusammenfließen verschiedenster Strömungen. Zum Schluß mußte es unweigerlich in der schlimmsten Katastrophe der ganzen Geschichte Deutschlands, ja Europas überhaupt, münden.«[122]

Insgesamt sprachen Poliakov und Wulf von »eiskaltem Rationalismus« *und* vom »Wille[n] zum Mord«, von einer »geradezu sadistischen Wut auf alles Schwache und Unschuldige«, welches zugleich zur »Ausmerzung unwerten Lebens« führte.[123] Während allerdings die Proteste gegen die Euthanasie Erfolg zeitigten, fragten die Autoren sich und die Leser: »Weshalb war der Druck der Öffentlichkeit im Falle der Juden nicht ebenfalls stark genug [...]? Damit sehen wir uns eine[m] neuen Fragenkomplex gegenüber – gestehen wir es nur – einer entsetzlichen Frage. [...] Diffamierung solchen Ausmaßes, derartiger Vehemenz und von dieser Beständigkeit muß unweigerlich Früchte tragen.«[124] An »soldatischem Mut«, so die Autoren maliziös, habe es »dem Deutschen bestimmt nicht gemangelt [...]. Ebensowohl weiß die Welt aber auch, wie eng sein Mangel an Zivilcourage von 1933 bis 1945 oft mit der Furcht, die Gunst der Obrigkeit einzubüßen, der Sorge um die öffentliche Meinung, die des lieben Nachbarn oder gar des Blockwarts, verknüpft war.«[125] Poliakov/Wulf sprachen unverblümt von »im Überfluß vorhandenen Charakterschwächen«, einem »Mangel an echter innerer Überzeugung« und »eine[r] allgemeine[n] Lust am Marschieren, in ›Reih und Glied‹ ohne jede Verantwortung und oft selbst wider besseres Wissen«.[126]

Im letzten Kapitel von *Das Dritte Reich und die Juden* wird dann derjenigen gedacht, »die sich nicht fügten« und deren Zahl nicht gering sei: »zahlreiche Deutsche wurden vor die Wahl gestellt. Auf diese oder jene Art hatten sie die Entscheidung zu treffen.«[127] Und: »Wer helfen wollte, konnte helfen. Leider war der weitaus größte Teil des deutschen Volkes mit anderen Dingen beschäftigt.«[128] Allerdings, so stellen sie pars pro toto z.B. für die Universitäten fest: »Unter den Lehrern von wirklichem Format waren wohl ganz rabiate Hitlerianer ebenso selten wie die heldenhaften Temperamente vom Schlage eines Professors Huber.«[129]

122 Ebd., S. 3.
123 Poliakov/Wulf, Das Dritte Reich und seine Diener, S. XIII.
124 Ebd., S. XIV.
125 Poliakov/Wulf, Das Dritte Reich und seine Denker, S. VIII.
126 Ebd: »Dieser Ansicht begegnet man in Deutschland auch heute noch.«
127 Poliakov/Wulf, Das Dritte Reich und die Juden, S. 4.
128 Ebd., S. 405.
129 Poliakov/Wulf, Das Dritte Reich und seine Denker, S. 73.

Historik, kein Gedenkpathos: Wulfs Motive und sein geschichtswissenschaftliches Objektivitätspostulat

Wulfs Interesse und sein Engagement beim Forschen hatte Präzision und gerade kein vom konkreten Inhalt entleertes »Gedenkpathos« zur Folge, im Gegenteil: er leide regelrecht an »Archivitis« und strebe eine Synthese zwischen den historischen Quellen/Dokumenten und dem, »was er als Widerstandskämpfer und Auschwitzhäftling unmittelbar erfahren hat«, an, so seine Selbsteinschätzung, die er Mitte der 60er Jahre eher beiläufig in einem Interview äußerte.[130] Er bezeichnete die Dokumente nicht als »Rüstzeug gegen das Böse«, wie Harry Pross es sich anläßlich einer Besprechung wünschte,[131] er wollte einfach informieren und aufklären. Außerdem stellte er als einer der wenigen in den 50er Jahren die zielgerichtetsten Fragen, ja die Grundfrage überhaupt: »Wie konnte es geschehen, daß im 20. Jahrhundert und im Zentrum der zivilisierten Welt die Vernichtung der europäischen Juden geplant und ausgeführt wurde?«[132] Gerade durch seine distanzierte Zurückhaltung bei dem Problem, »die *ganze* nationalsozialistische Gedankenwelt zu ordnen«,[133] vermochte er Institutionen, Tätergruppen, Planungsvorhaben der 30er und 40er Jahre und deren historische Verortung in einen Zusammenhang mit dem Holocaust zu bringen, wie das später erst wieder Ludolf Herbst, Ulrich Herbert, Saul Friedländer und Götz Aly in den 90er Jahren taten. So gibt es im Nachlaß Wulfs eine 130seitige Schrift über *Die verantwort-*

130 Joachim Hemmerle, Dokumentarist des Dritten Reiches. Eine Begegnung mit dem Historiker Joseph Wulf, in: FR, 29. 10. 1965.

131 Harry Pross, Die jüdisch-deutsche Katastrophe, in: NPL 1 (1956), Sp. 253.

132 Joseph Wulf, Auswüchse des deutschen Kontinuitätsgedankens in der Bundesrepublik [Ms., 30 S.], ca. 1954/55, in: B 2/7 (91/15), Nr. 12, S. 1. Die dieser Frage zugrunde liegende Zäsur der deutschen Geschichte ist 1942, nicht mehr »1933«, also der Umschlag von Diktatur in Vernichtungspolitik und nicht die »Machtergreifung«, wie die entsprechende Diskussion in Deutschland lange Zeit ihren Fokus wählte. Das Jahr 1933 war darüber hinaus aber auch für Wulf nach wie vor rätselhaft: Nach allen seinen Büchern habe er bis jetzt ein Problem noch nicht gelöst »das Jahr 1933«. Er sei immer wieder erstaunt, »wie hochkultivierte Deutsche 1933 plötzlich wie Idioten funktionierten«. Vgl.: Wulf, Brief an Graf v. Baudissin vom 7. 7. 1964, in: B 2/7 (91/15), Nr. 36.

133 Joseph Wulf, Generalplan Ost. Ein Kapitel nationalsozialistischer Politik. Sendemanuskript für den Südwestfunk, 16. 2. 1967 [41 S.], in: B 2/7 (91/15), Nr. 11 [Hervorh. v. N.B.].

lichen hohen Offiziere um Hitler,[134] in der Wulf nicht nur detailliert auf das Verhältnis zwischen Wehrmacht und Einsatz- bzw. Vernichtungstruppen der SS und auf den sogenannten »Kommissarbefehl« eingeht, sondern in Kapiteln über den Mythos der »Operation Tannenberg« und über die NS-Erziehung in der Wehrmacht auch die Kontinuitätsfrage auf hohem wissenschaftlichen Niveau präsentiert.[135] So nannte Wulf z.B. den Antisemitismus, die Intentionalität des Geschehens hervorhebend, einen »Krieg gegen das jüdische Volk«[136] und gibt Hinweise auf die »Mord-Ideologie« des RSHA: In den Zielen, so Wulf, war man sich zwischen Partei und SS einig, nicht aber in den Methoden und der Zeitplanung.[137] So erwähnt Wulf die »Volksdeutsche Mittelstelle« und den Gesamtzusammenhang des »Generalplan[s] Ost«: »Man muß dazu wissen«, so Wulf, »daß nicht etwa nur Himmler sich mit Umsiedlungsplänen beschäftigte: derartige Institutionen gab es unzählige.«[138] Außerdem verwies er nicht zuletzt und ohne die ideologische Rhetorik der DDR-Historiker immer wieder auf die »Auswüchse des deutschen Kontinuitätsgedankens«, und das mit großer Genauigkeit sowohl bei Herleitungen aus dem Kaiserreich[139] und der Weimarer Zeit und mit ebensolcher Präzision bei

134 Joseph Wulf, Die verantwortlichen hohen Offiziere um Hitler. Studie zur Geschichte der Reichswehr und Wehrmacht [Ms., 129 S.], in: B 2/7 (91/15), Nr. 40.

135 Der wissenschaftliche Durchbruch in diesen Fragen gelang der etablierten Geschichtswissenschaft lange nicht. Erst die Studie von Streit, Keine Kameraden. Die Wehrmacht und die sowjetischen Kriegsgefangenen aus dem Jahre 1978 [Neuaufl. 1996], kann hier als Standardwerk gelten. Allerdings: auch Streit war seinerzeit ein akademischer Außenseiter und hat bis heute nie einen Lehrstuhl erhalten.

136 Wulf, Auswüchse des deutschen Kontinuitätsgedankens, S. 2. Vgl. später erst wieder: Dawidowicz, Der Krieg gegen die Juden 1933-1945; sowie: Herbst, Der Krieg vor dem Krieg: Die Forcierung der nationalsozialistischen Judenpolitik, in: ders., Das nationalsozialistische Deutschland, S. 200-217.

137 Wulf, Generalplan Ost, S. 20. Vgl. zum Themenkomplex Rassismus und rationales Kalkül der »Sachzwänge«: Herbert, Best, S. 42 ff., 88 ff. und v.a. 203 ff. und 245 ff.

138 Ebd., S. 10. Vgl. zur Umsiedlungspolitik erst wieder: Aly, Endlösung.

139 Als Beispiel für die Kontinuitätsfrage, wie Wulf sie sah, sei hier nur auf die von ihm betonte Tradition der »Härte, Gewalt und Menschenverachtung« bei den NS-Tätern verwiesen sowie auf seine Diskussion der Richard Wagnerschen »musikalischen Bilder des Weltuntergangs«, in: Wulf, Auswüchse des deutschen Kontinuitätsgedankens, S. 4 und 5. Zu diesen Zusammenhängen vgl. aus der neuesten Forschung z.B.: Herbert, Generation der

seinen scharfen Verurteilungen der Nachkriegskarrieren breiter Kreise ehemaliger NS-Aktivisten, ihrer »Mystifikationsgesinnung« und zirkelhaften Organisationen nach 1945,[140] sowie ihrer Publikationen mit dem »Pathos des Dokumentarischen«.[141] Es war ihm unerträglich, eine Todesanzeige für Wilhelm Stuckart in der »Frankfurter Allgemeinen Zeitung« zu lesen, unmöglich, die Nachricht über den CDU/FDP-Vorschlag von Herbert Gerigk zum Bochumer Kulturdezernenten zur Kenntnis zu nehmen, ohne an dessen *Lexikon der Juden in der Musik* von 1940 zu denken, und es provozierte Wulf, wenn Leute wie Alfred Baum, der ehemalige stellvertretende Regisseur bei der »Jud-Süß«-Verfilmung von Veit Harlan, als Leiter des Senders »Freies Berlin« fungierten.

Der Tabubruch: Daten, Orte, Namen

Nicht nur Inhalt und Dichte der Wulfschen Dokumentation beeindruckt heute den zurückschauenden Betrachter. Am erstaunlichsten erscheint die Art seiner Geschichtsschreibung, sein »Dokumentationsstil«,[142] seine Reflexion über Objektivität und Standort, die Problematisierung der Zeugenschaft der Vernichtungslager und die Selbstkommentare über seine Arbeit: »Es gibt eine Mythendeutung, auch hinsichtlich der Zeitge-

Sachlichkeit; Orth, Das System der nationalsozialistischen Konzentrationslager; sowie Saul Friedländers von Richard Wagner abgeleiteter Terminus »Erlösungsantisemitismus«, in: ders., Das Dritte Reich und die Juden, S. 87-128.

140 Vgl. ebd., S. 4 (und passim). Wulf verweist hier z.B. auf General v. Manstein, General v. Reichenau, auf die 1950 gegründete »Reichsbruderschaft« in Bielefeld, bei der die Tochter Himmlers ein und aus ging, und auf das »Freikorps Deutschland«, das im August 1951 vom ehemaligen Gauleiter Wiens, Eduard Frauenfeld, ins Leben gerufen wurde. Zum Gesamtzusammenhang aus Sicht der neueren Forschung: Frei (Hg.), Karrieren im Zwielicht; Loth/Rusinek (Hg.), Verwandlungspolitik; Ulrich Herbert, Als die Nazis wieder gesellschaftsfähig wurden, in: Die ZEIT, 10. 1. 1996.

141 Wulf nennt hier Peter v. Kleist, Auch Du warst dabei, Heidelberg 1952; Fritz Hesse, Das Spiel um Deutschland, München 1953; Friedrich Grimm, Politische Justiz, die Krankheit unserer Zeit, Bonn 1953, sowie den im Verlag »Arbeitsgemeinschaft 33« verlegten Band von Edmund Herbert (d.i. Edmund Gleeds) u.d.T. »Wir sprechen Hitler frei« (Lüneburg 1954), vgl.: Wulf, Auswüchse des Kontinuitätsgedankens, S. 22 ff.

142 H. G. Sellenthin, Die dichtende Rassenseele [Rez. von Wulf, Literatur und Dichtung], in: Telegraf-Illustrierte, 2. 2. 1964, S. 18. Dieser Rezensent meinte den Terminus uneingeschränkt positiv, Wulf habe mit den Dokumenten regelrecht »in die Wesensmitte des Dritten Reiches« geführt.

schichte«, so war sich Wulf sicher.[143] Insgesamt stellen die veröffentlichten Texte, Fotos, Faksimiles und Quellenexzerpte einen außerordentlich heterogenen Bestand dar. Sie beziehen sich auf Hauptangeklagte (Himmler, Stoop u.a.) und subalterne Mitläufer. Es werden Schlüsselquellen (z.B. das »Wannsee-Protokoll«) und abseitige Fundstücke und Absurditäten des Nationalsozialismus präsentiert. Es kommt bereits Publiziertes vor,[144] doch es überwiegt Unveröffentlichtes. Primärquellen wechseln mit (teilweise aus den Fremdsprachen übersetzten) Sekundärforschungen anderer Historiker (z.B. Auszügen aus dem Buch von Reitlinger). Alles in allem dominieren aussagekräftige Quellen, die immer wieder von Resümees und kleinen Aufsätzen unterbrochen und ergänzt werden.[145]

Auffällig ist vor allem das Stilmittel des Kontrastes: Um Ideologie und Realität, Phrasen und Alltagshandeln zugleich darstellen zu können, kompilieren Poliakov/Wulf unterschiedliche Quellen auf einer Seite: während den Hauptteil der Seite die (meist) ungekürzten Briefe, Gesetzestexte, Vorladungen, Verordnungen, Meldungen, Beschwerden, Protokolle und Aktenvermerke aus der Verwaltung des Dritten Reiches einnehmen, stellen die in Kästen gerahmten Kurzexzerpte und Satzfetzen aus den verbreiteten ideologischen Schriften der Zeit eine starke Spannung durch die Form einer Art gegenseitiger Selbstkommentierung her: So wird z.B. ein Heeresschreiben vom 2. 10. 1943 zitiert, in dem es heißt, die »Judenaktion in der Nacht vom 1. zum 2. Oktober« sei »ohne Zwischenfall durchgeführt« worden.[146] Auf der Seite unten wird lediglich der Satz »Der Führer hat immer recht« aus dem Organisationsbuch der NSDAP, ebenfalls von 1943, gedruckt. Auch in dem Band über die Vernichtung des Warschauer Ghettos findet sich das Kontrastive als Stilmittel, hier spiegelbildlich eingesetzt in der Doppelperspektive auf die Täter und die Opfer. Beide Seiten werden doppelt vorgestellt: In Aussagen über sich selbst und in den Augen des Gegenübers. So entsteht zunächst allein schon in der Konfrontation von »Stroop-Bericht« und

143 Wulf, Theater und Film, S. 9.

144 Prominentestes Beispiel ist der bereits erwähnte sog. »Gerstein-Bericht«, der mitsamt der Fußnoten aus den VfZ 1 (1953), S. 185-196, wieder verwendet wird.

145 Vgl. z.B.: Léon Poliakov, Sechs Millionen sind statistisch und dokumentarisch bestätigt (in: Das Dritte Reich und die Juden, S. 234-238); oder: Joseph Wulf, Finnland und Dänemark wahrten ihre Würde (in: ebd., S. 407-415), sowie biographische Essays über Täter (Stroop) und Opfer (Ringelblum).

146 Vgl.: Poliakov/Wulf, Das Dritte Reich und seine Diener, S. 392.

»Ringelblum-Archiv« jener Abstand, der selbst einer Art Kommentar gleichkommt.[147] Auch in der Auswahl der Textzeilen, die die Autoren als Überschrift über den Quellen verwendeten, konnte ohne weiteres etwas einem Kommentar Ähnliches herausgelesen werden.[148]

Viele der von den Autoren ausgewählten Quellenstücke waren schon aus dem Abstand von nur zehn Jahren so absurd geworden, und im Kapitel »Hitleriana« dominieren die »Absurditäten« so auffällig, daß die Autoren empfahlen: »Lachen ist gesund und kann manches offenbaren.«[149] Nicht selten wählten sie einen paradoxen Stil der Ironie und des Sarkasmus und kommentierten: »Die Scham nimmt ab mit der wachsenden Sünde (frei nach Schiller)«, so in einer Polemik gegen den Schauspieler Werner Krauß, und Wulf fügte an: »Diese Zeilen sollen weder polemisch noch ironisch wirken. Hier geht es allein um die Sauberkeit und Reinheit zeitgeschichtlicher Dokumentation.«[150] Nur selten formulieren die Autoren direkt: »[E]s möge gestattet sein, eine solche Geisteshaltung als unfaßliches Höchstmaß an Wahnsinn zu bezeichnen, das ohne Beispiel dasteht und nicht zu erreichen gewesen wäre, ohne den begeisterten emsigen Wetteifer der Wahnsinnigen.«[151]

Einen Hinweis auf das Objektivitätsverständnis der Verfasser gibt das kurze Vorwort zum Kapitel über die Geschichte der Wissenschaften in dem Band *Das Dritte Reich und seine Denker*.[152] Objektivität war für sie der Leitbegriff der eigenen Arbeit schlechthin, und das in doppelter Abgrenzung. Die »Reaktion«, so die Autoren, die darunter das NS-Geschichtsbild verstanden, hätte aus dem erkenntnistheoretischen Zweifel eines Dilthey, Simmel und Rickert gefolgert, daß es »keine Objektivität

147 Vgl: Wulf, Das Dritte Reich und seine Vollstrecker, S. 47. Vgl. auch: Josef (sic!) Wulf, Dr. Emanuel Ringelblum und sein Untergrundarchiv im Warschauer Ghetto, in: Deutsche Rundschau 87 (1961), S. 241-249 (241). Wulf war im übrigen selbst anwesend, als am 1. September 1946 die ersten zehn Metallkisten des Untergrundarchivs von Emanuel Ringelblum in der Ruine des früheren Hauses Nowolipkistr. 68 ausgegraben wurden, vgl. hierzu: Sakowska, Die zweite Etappe ist der Tod, S. 101 (Foto).

148 Adler, Besprechung von: Poliakov/Wulf, Das Dritte Reich und die Juden. Radiomanuskript, in: DLA, NL Adler, A II 33, S. 2.

149 Poliakov/Wulf, Das Dritte Reich und die Juden, S. 4.

150 Wulf, Theater und Film, S. 10.

151 Poliakov/Wulf beziehen sich hier auf die NS-Wissenschaft und die »intellektuelle Elite« des Dritten Reiches, z.B. auf die Konzipierung einer »Deutschen Physik« durch Prof. Philipp Leonard, vgl.: dies., Das Dritte Reich und seine Diener, S. 311 ff.

152 Poliakov/Wulf, Das Dritte Reich und seine Denker, S. 355.

mehr gab«, daß also »jeder Auslegung Tür und Tor geöffnet« waren: »Der Subjektivität war somit das Bürgerrecht in der Geschichtswissenschaft verliehen worden.« Das Fazit für die Verfasser lautete somit: »Im Dienst des totalitären Staates wird eben die Wissenschaft geschändet.«[153] Objektivität sei also schon deshalb vonnöten, weil ihre Unterdrückung zwischen 1933 und 1945 das Funktionieren des Dritten Reichs selbst miterkläre. In *Die bildenden Künste* aus dem Jahre 1963 reflektierte Wulf noch einmal über das Problem zeitgeschichtlicher Objektivität, hier dagegen viel defensiver: Zeitgeschichte bewege sich »selbstverständlich«, so Wulf, in anderen Dimensionen als klassische Historiographie,[154] weil »Mittel und Rüstzeug [...] sozusagen noch unmündig [seien], Reflexionen eingeengter und die Deutung beschränkter.« Deshalb seien aber auch die Aufklärungsmöglichkeiten hinsichtlich der kausalen Zusammenhänge begrenzter. Die Abschwächung durch Wulf mag erstaunen, aber seine Argumentation war für die 50er Jahre so singulär, daß sie nochmals hervorgehoben werden soll: »Zeitgeschichte«, so Wulfs Absage an Gesamtdarstellungen, Großinterpretationen und geistesgeschichtliche Einordnungen, stelle lediglich ein »Stadium für künftige Historiker [dar]«. So relativierte er zwar auch seine eigene Arbeit, aber gleichzeitig reflektierte er »die Grenzen der Historiographie«, ohne dabei Pragmatismus, Empirie und konkrete Forschung zu denunzieren, etwas was zu dieser Zeit niemand vermochte und was erst wieder in Arbeiten der 80er und 90er Jahre geleistet wurde:

> »Ich möchte jetzt noch einmal in sozusagen eigener Sache sprechen: ich meine die doppelte Aufgabe, die der Historiker bei der Erforschung der jüdischen Katastrophe zu erfüllen hat. Allererst [sic!] ist es wichtig, die Fakten festzustellen – und schon das ist gar nicht so leicht. Die, die Augenzeugen waren, wurden ermordet [...] Die andere und diffizilere Aufgabe ist die, die Grenzen der Historiographie zu erkennen. Wir können nicht neutrale und unbeteiligte Forscher der Wahrheit sein, wenn wir über Geschehnisse schreiben, die Leben und Tod von Menschen und Völkern bestimmten. Es ist meine Pflicht, Partei für die Opfer zu ergreifen, im Namen der Menschlichkeit und für eine menschlichere Zukunft. Wir müssen Wege und Methoden finden – und ich meine exakte wissenschaftliche Wege und Methoden – die uns helfen sollen zu verstehen, was die Menschen in den Konzentrations- und Vernichtungslagern erlitten haben. Wir können nicht gleichgültig

153 Ebd., S. 393.
154 Wulf, Die bildenden Künste, S. 10.

bleiben, wenn wir fragen nach den Ursachen und Gründen, warum sie ermordet wurden [...].«[155]

Aber diese bescheidene Zurücknahme war nötig, weil Wulf auf der anderen Seite nach vorne preschte, denn seiner Auffassung nach bedurfte zeitgeschichtliche Forschung nichts dringender als konkreter Menschen, »ohne Namen wäre das ganze Unternehmen sinnlos gewesen [...]«. Wulf verwies auf die Defizite der Zeitgeschichte, um gleichzeitig auf den »Überfluß« der Disziplin hinzuweisen: »Namen!«

> »[...] Einerseits handelt es sich um Namen, deren Träger oft noch leben und recht eindrucksvoll weiter wirken; andererseits sind es häufig Dilettanten, die einzig und allein in totalitäre[m] Ungeist zu Blendwerk werden konnten. Wer aber sollte oder dürfte hier die gültige Auslese treffen? [...] Im Prinzip gehören [...] beide zum integralen Bestand der Dokumentation im Stadium der Zeitgeschichte. Wie vermöchte sich sonst der spätere Historiker je ein Bild von Furcht und Zwangsvorstellungen im totalitären Staat zu verschaffen? Dilemmas dieser Art sind nun einmal peinlich. Besonders natürlich dann, wenn jemand so oft wie der Schreiber dieser Zeilen mit ihnen konfrontiert wird.«

Das Dritte Reich habe nicht nur aus Hitler, Göring, Goebbels, Himmler oder Rosenberg bestanden: »Es war unmöglich, alle anderen *als reine Abstrakta* zu verschweigen.«[156]

Nichts ist bezeichnender als diese von Wulf gedanklich vorgenommene Identität von Namen und Objektivität: Es war dies *das* große Tabu seiner Zeit, und an der Frage der Namen schieden sich die Geister. Exemplarisch für die verbreitete Sorge der Nachkriegshistoriographie zum Verhältnis von Geschichtswissenschaft, Nationalsozialismus und Gegenwart mag hier die Diskussion um die Namensnennung in Helmut Heibers Buch aus dem Jahre 1965 *Walter Frank und das Reichsinstitut für Geschichte des neuen Deutschlands* gesehen werden.[157] Das Buch wurde bereits vor

155 Wulf, Auswüchse des deutschen Kontinuitätsgedankens in der Bundesrepublik, S. 9 ff.

156 Wulf, Presse und Funk, S. 11 [Hervorh. v. N.B.].

157 Helmut Heiber (Jg. 1924) kann in spezieller Hinsicht als typologische Gegenfigur zu Wulf gesehen werden, v.a. aufgrund seiner »stupende[n] Quellenkenntnis«, mit der er sich über Jahrzehnte hinweg als Mitarbeiter des IfZ unentbehrlich machte: seit 1954 hatte er eine »akribische Erschließung« der Materialien des Nürnberger Prozesses durchgeführt und damit den Grundstein für das Archiv des Instituts gelegt (Möller, Die Entstehung der Zeit-

der Publikation vom Beirat des IfZ innerhalb des Verfahrensweges interner Entscheidungsgremien durchweg hoch gelobt, und (in Rothfels' Worten) als »*das Schicksal* der eigenen Wissenschaft im Dritten Reich« rezipiert.[158] Solche Formulierungen und das Lob selbst klingen im Kontrast mit den Büchern von Poliakov/Wulf interessant: Heibers Buch habe »keinen denunziatorischen Ton«,[159] beruhe auf »einer enormen Materialbreite« und leide lediglich an Defiziten »in stilistischer Hinsicht«.[160] Gleichzeitig machte Rothfels den Vorschlag, dem Buch *kein* Personenverzeichnis beizugeben, um »einem Mißbrauch« vorzubeugen, eine Idee, mit der er sich jedoch nicht durchsetzen konnte.[161] Anhand von Heibers Monumentalwerk, für dessen Drucklegung Rothfels und Schieder »ent-

geschichtsschreibung, S. 16 f.). Das hier erwähnte Buch über Walter Frank und sein Reichsinstitut für deutsche Geschichte (Stuttgart 1966) war sein Hauptwerk. Das Opus magnum wurde zum Nachschlagewerk für das Verhalten der Hochschullehrer im Dritten Reich. Außerdem publizierte Heiber auch mehrere biographische Darstellungen, z.B. über Hitler und über Goebbels. Broszat nennt ihn einen »Meister der kritisch-biographischen Forschung und Darstellung« [Broszat, Helmut Heiber zum 65. Geburtstag, in: VfZ 37 (1989), S. 353-356]. Hohe Auflagen erzielte sein Buch über die Weimarer Republik, in einer Reihe, deren Herausgeber er zusammen mit Broszat war (»dtv-Weltgeschichte des 20. Jahrhunderts«). In den 70er Jahren wurde er (zus. mit Ino Arndt und Hildegard v. Kotze) von Broszat (damals stellvertretender Direktor des IfZ) damit beauftragt, die »Akten der Parteikanzlei« aus den Empfängerkopien zu rekonstruieren – ein Projekt der Superlative, an dem die Arbeitsgruppe scheitern mußte. Heiber trennte sich in den 80er Jahren im Streit vom IfZ. In seinen jüngeren dickleibigen Bänden über die Universität im Dritten Reich dominierte zuletzt ein »Sprechton« der Darstellung, der häufig in regelrechte Orgien des Ressentiments abrutschte, z.B. gegen Methodologie in den Wissenschaften, gegen einen »beflissenen Nationalmasochismus«, gegen Emanzipation, Juden, Medien und die Moderne allgemein. Vgl. hierzu: Walter Bußmann, in: HZ 257 (1993), S. 829-831: »Das an Material überquellende Werk hinterläßt den Eindruck eines Zettelkastens, in den der Autor beliebig hineingreift. Hinzu kommt die Sprache, die oftmals unerträglich ist.« Ähnlich scharf urteilt auch: Bernd Martin, Die Entlassung der jüdischen Lehrkräfte an der Freiburger Universität, S. 9.

158 Vgl.: Kuratorium und Beirat, Sitzung vom 19. 6. 1965, S. 9 [Hervorh. v. N.B.], in: ED 105 (2).

159 Ebd.

160 Ebd., S. 6.

161 Ebd., S. 9.

schieden« und »unbedingt« votierten,[162] wurde die Grundsatzfrage diskutiert, wie denn rechtlich und moralisch mit dem Zitieren von Namen noch lebender Personen zu verfahren sei. Die Benutzung von Briefen als historische Quelle, so Kaufmann, fördere mehr »unangenehme Indiskretion« als historische Erkenntnis zutage: »Es sei eine Frage des Taktes, der von den Historikern nicht immer gewahrt werde. [...] Es fehle vielfach ein Gefühl für Diskretion.« Einwände kamen nur von Karl Dietrich Bracher: Die »Farbigkeit der Vorgänge«, so entgegnete er, werde jedoch erst durch das Zitieren von Briefmaterial erreicht.[163]

Wulf aber verzichtete eher auf »Diskretion«, »Takt«, und auch die illustrative »Farbigkeit der Vorgänge« war für ihn nicht ausschlaggebend. Er nannte in erster Linie Namen, weil er hier als Zeitzeuge auftreten wollte bzw. als deren Vertreter. Nicht die Rolle des Wissenschaftlers, sondern die Rolle desjenigen, der Erinnerung einfordert, war hier Leitlinie, nicht zuletzt deshalb ist die Reflexion über die Verbindung von Objektivität und »Namen« so brisant. Sie ist der neuralgische Punkt seiner gesamten Methodik, denn die Träger der Namen, so schrieb Wulf mit spitzer Feder, könnten sich »1963 bzw. 1964 beim Lesen ihrer eigenen Aufsätze, Briefe oder Studien aus den Jahren 1933-1945 betroffen« oder aber »etwas komisch, wenn nicht gar albern fühlen«.[164] Wulf setzte sich noch aus einem weiteren Grund der Kritik der Kollegen aus. Er nahm die namenlosen

162 Die offensive Verteidigung des Heiber-Buches verwundert heute kaum noch: Erstens fanden sich diejenigen, die positiv votierten, in dem Werk vollständig ausgespart. Zweitens hat das so oft zitierte Monumentalwerk aufs Ganze gesehen nicht mit der legitimatorischen Funktion der Geschichtsschreibung gebrochen, weit eher dagegen das Thema »trotz, oder wie mir scheint gerade wegen seiner unglaublichen Ausführlichkeit [...] das Forschungsfeld, das eigentlich erst zu öffnen war, sofort wieder geschlossen. NS-Historie, so der von Heiber erzeugte Eindruck, das waren endlose Propagandaschlachten plus Personalquerelen. Mehr nicht. [...] Auf nicht weniger als 1200 Seiten machte Heiber die gesamte Mischpoke der Nazi-Historiker derart lächerlich, daß niemand sie anschließend mehr ernstnehmen konnte, ja ernst zu nehmen brauchte. Weitere Nachforschungen schienen überflüssig. Das Problem der NS-Historie war damit für lange Zeit unter Anekdoten und humorigen Sprüchen begraben.« Vgl. diese Einschätzung bei: Schöttler (Hg.), Geschichtsschreibung als Legitimationswissenschaft, S. 13 f.

163 Sitzung des Stiftungsrates vom 19. 6. 1965, in: IfZ ED 105 (2), S. 6 ff.

164 Wulf, Presse und Funk, S. 11. Die Namensnennung war v.a. der Grund, Wulf der »Denunziation« zu bezichtigen, so auch Alphons Silbermann, Was heißt Dokument? Joseph Wulfs Sammlung, in: Die Welt, 27. 5. 1965.

Pamphletisten viel eher in Schutz als die damalige und spätere Prominenz. Sogar gegen ihre eigenen Überzeugungen hätten, so konzediert er, manche damals ihre Texte verfaßt! Aber er wollte gerade nicht diese denunzieren und jene schonen, wie der Usus der 50er Jahre vorgab: »Wen sollte man da mit ruhigem Gewissen verschweigen? Und warum? Wer Zeitgeschichte darstellt, kann sich nicht von Gefühlen, Affekten oder Handlungen beeinflussen lassen. Aber er sollte dabei nie den Satz eines ostjüdischen Rabbis vergessen: ›Ich fürchte, ich könnte klüger sein als frommer.‹«[165]

Wulf bekam viele »entlastende« Zuschriften und Briefe als Antwort auf die Publikationen. Die Briefeschreiber aus »Justiz«, »Wehrmacht« und dem »Auswärtigen Amt« schickten, so Wulf anspielungsreich, nicht selten »ganze Leitzordner mit eidesstattlichen Versicherungen im Original oder Fotokopie (selbstverständlich vorsorglich beglaubigt)«:[166]

> »Was man aus den Unterlagen dann alles erfährt, ist erstaunlich. Offenbar erblickten die Beamten des Tausendjährigen Reiches ihre vornehmste Pflicht darin, möglichst viele Juden vor dem Tode zu bewahren. […] Nach gewissenhafter wissenschaftlicher Analyse muß man anhand so einwandfreien Beweismaterials […] feststellen, daß a) die Beamten des Dritten Reiches mehr Juden retteten, als umgekommen sind; b) ein erheblicher Prozentsatz dieser Beamten bei Hitler nur in Amt und Würden blieb, um so die Möglichkeit zu haben, mehr Juden das Leben zu retten.«[167]

Wulf legte demgegenüber Wert auf die Feststellung, daß seine fünf Bände nicht dokumentierten, ob »jemand Nazi war (denn viele der Genannten waren nicht einmal NSDAP-Mitglieder!), sondern *sie stellen lediglich eine Dokumentation über das Dritte Reich dar. Das aber ist ein grundsätzlicher Unterschied*«. Der Leser solle nicht vergessen, daß es Parteigenossen gab, die keine Nazis waren, und andererseits Nazis, die nicht in der Partei waren. »Falls jemand Freunde namens Cohn oder Levi besaß so ist das kein Grund, seinen Namen in diesen Büchern zu verschweigen.«[168] Er wehrte sich gegen die »Widerstandsmärchen«, die »als Mißbrauch im höheren humanitären Sinne anzusehen sind«.[169] Außerdem verteidigt er sich auch gegen den Vorwurf der Rezensenten, er habe die biographischen An-

165 Wulf, Presse und Funk, S. 11.
166 Wulf, Geständnisse eines Autors, S. 29 f.
167 Ebd.
168 Wulf, Presse und Funk, S. 11.
169 Ebd., S. 12.

gaben zu den behandelten Personen mit dem Jahr 1945 abbrechen lassen: »Es ist nicht Aufgabe des Herausgebers, auf die jetzige Tätigkeit der Betroffenen hinzuweisen. Das obliegt eher der Presse, verschiedenen Behörden der Bundesrepublik Deutschland, den Hochschulen und vielleicht besonders der Kirche beider Konfessionen. Das Studium der Reaktion oder des Schweigens der erwähnten Personen lohnte die Arbeit und wäre wohl ein Buch wert.«[170]

Fazit: Zum prekären Status jüdischer Autorenschaft im NS-Diskurs der 50er Jahre

In der Einleitung seiner ersten Dokumentation *Das Dritte Reich und die Juden* wird aber noch etwas deutlich: Anhand der Arbeiten von Wulf, seinem Engagement und den ihm entgegengebrachten Widerständen wird deutlich, daß nicht nur Thema und Stil, sondern schon eine jüdische Autorenschaft generell tabu waren, und das wiederum war ihm bewußt. Ein wohlwollender jüdischer Kommentator der Bücher von Poliakov und Wulf, H. G. Adler, meinte denn auch, sie hätten sich vielleicht sogar »zu sehr zurückgehalten«.[171] Tatsächlich kann man die These aufstellen, daß die Ressentiments, die Wulf und Poliakov entgegengebracht wurden, *so* groß waren, daß sie von den Autoren vorweggenommen werden mußten und in die Konzeption ihrer Bände Eingang fanden. So räsonieren sie hier über »Distanz«, »Objektivität« und die Schwierigkeiten einer Geschichtsschreibung der Judenvernichtung, die sie vor allem darin erblicken, daß sie *Juden* waren und damit Betroffene mit »Ressentiments«:

> »Ohne den entsprechenden Abstand ist in diesem Fall eine Geschichtsschreibung besonderes schwierig und heikel. Doch kommt noch ein weiteres erschwerendes Moment hinzu. Eine jüdische Feder – und wenn sie noch so gewissenhaft sein will – muß, in die undankbare Rolle des Anklägers gezwungen, Gefahr laufen, den rechten Ton zu verfehlen oder an den beiden gleicherweise gefährlichen Klippen zu scheitern, daß sich der Historiker erstens jeglichen – wenn auch verständlichen – Ressentiments zu enthalten und zweitens übermenschliche ›wissenschaftliche‹ Objektivität besitzen muß, die jeden angesichts von

170 Ebd.

171 Adler, Besprechung von: Poliakov/Wulf, Das Dritte Reich und die Juden. Radiomanuskript, in: DLA, NL Adler, A II 33, S. 2.

> 6 Millionen Leichen – einem Drittel des gesamten jüdischen Volkes – schwerfallen dürfte.«[172]

Und »Ressentiments« war die immer wieder geäußerte Selbstverdächtigung. Wulf reflektierte die Frage des Abstandes zwischen einer »synthetische[n] Studie« und den Originalen »im Rohzustand« immer wieder, auch aus dem Abstand von mehreren Jahren:

> »Bevor mein Kollege Léon Poliakov und ich überhaupt an das Buch [...] herangingen, beratschlagten wir lange über die Art und die ganze Konzeption der bevorstehenden Arbeit. Sollte man auf Grund des gesammelten, sorgfältig studierten und analysierten Materials, das in unzähligen Dokumenten bestand, eine synthetische Studie veröffentlichen oder dem Leser unter Umständen lieber die Originale gewissermaßen im Rohzustand vorsetzen?«[173]

Wulf war vollkommen überzeugt davon, daß eine Studie »schon eine Stellungnahme bedeuten oder ihr doch gleichkommen würde«, und dies vor allem deshalb, weil es eben Juden waren, die sie vorgelegt hätten: Poliakov, so Wulf, stamme aus Leningrad, er selbst sei »in Krakau (Galizien!) erzogen worden«, Poliakov war in Gefangenschaft, er selbst »landete in Auschwitz«. Beide vereine dazu eine weitere »gemeinsame jüdische Nachkriegs-Eigenschaft: unsere Familien sind ausgerottet. Was also hätte näher gelegen, als uns Ressentiments, Erbfeindschaft, Haß oder andere menschlich verständliche Eigenschaften und Einstellungen vorzuwerfen?«[174] Sie mußten, so Wulf, »absolute Objektivität« wahren und ihrerseits »den Dokumenten lediglich den Titel und das Vorwort hinzufügen«.[175]

172 Poliakov/Wulf, Das Dritte Reich und die Juden, S. 4. Eine Entgegnung auf diesen Satz bei: Harry Pross, Die jüdisch-deutsche Katastrophe, in: NPL 1 (1956), Sp. 243-258, hier: 243 f. Pross, der diesen Passus zu Beginn seiner Sammelrezension zitiert, merkt treffend an, daß es auch ihm nicht gelungen sei, »die vielberufene Objektivität in Anspruch« zu nehmen, »ohne die angeblich Geschichtsschreibung nicht möglich ist. Sie ist seiner ›deutschen Feder‹ nicht minder versagt, als sie einer jüdischen in diesem Zusammenhang sich entziehen mag«, ebd., Sp. 244.

173 Wulf, Geständnisse eines Autors, S. 29 f.

174 Ebd.

175 Ebd., S. 30. Im übrigen wurde ihnen »Objektivität« keineswegs durchweg abgesprochen, vgl. z.B. die Kurzrezension von R[eginald] P[hleps] zu Wulfs »Das Dritte Reich und seine Vollstrecker«, in: Deutsche Rundschau 87 (1961), S. 1168 f. Dieser spricht davon, daß sich Wulf »wie bei den vorhergehenden großen Bänden [...] in vorbildlicher Objektivität wiederum ausschließlich auf Dokumente [stütze], an denen nichts abzuhandeln« sei.

Dies waren nicht nur nachgereichte Überlegungen, sondern Überzeugungen, die in die Konzeption der Bände eingegangen sind. Das dritte Kapitel von *Das Dritte Reich und die Juden*, die knapp sechzig Seiten Zeugenaussagen von Überlebenden der Judenvernichtung, ist in dieser Hinsicht besonders aufschlußreich.[176] Es könnte, auch hier antizipieren die Verfasser die Einwände gegen ihre Integrität, »*begreiflicherweise* gewisser Ressentiments verdächtigt werden«,[177] weshalb von Überlebendenberichten lediglich zwei Gattungen berücksichtigt wurden: Erstens Kinderaussagen, »denn diese sind unvoreingenommene Beobachter und noch unfähig, sich nationalen, rassischen oder gar politischen Erwägungen hinzugeben«,[178] und zweitens, »Aussagen von Wissenschaftlern, bei denen Beobachtung und intellektuelle Neugier die Gefühle temperieren und in Schranken halten [...]«:[179]

> »Zeugen, die durch das Feuer der Vernichtungslager hindurch gegangen sind, können nicht unbefangen sein. [...] Diese Menschen müssen vom Dritten Reich und seinen Einrichtungen mit leidenschaftlicher Ablehnung, ja mit Haß sprechen [...]. Die geschichtliche Wahrheit gebietet es jedoch, bei Zeugenaussagen solche subjektiven Gefühle zurückzustellen, sie möglichst ganz auszuschalten. Deshalb sind an den Anfang dieses Kapitels Berichte von Wissenschaftlern gestellt [...], die durch ihre nüchterne Sachlichkeit und durch ihre Vollständigkeit bestechen [...].«

Die Kinder aber, so die anspielungsreich gewählte Formulierung von Poliakov/Wulf, »nennen ihre Henker nicht ›SS-Leute‹ oder ›Nazis‹, sie registrieren sie vielmehr unter dem Sammelbegriff ›Deutsche‹.« Daran dürfe man sich nicht stoßen. »So war es für sie.«[180]

Joseph Wulf war nicht der einzige und auch nicht der einzige jüdische Autor, der in den 50er/60er Jahren das Verhältnis von »Emotionalität« und »Nüchternheit«, den Abstand zwischen der »Emphase des Abscheus« und vollkommener »Vorurteilsfreiheit«[181] reflektierte. Eine Wulf vergleichbare Rhetorik des Tatsächlichen und der in Zitaten, Bildunterschriften oder beiläufigen Anmerkungen versteckten Emotionalität ließe

176 Poliakov/Wulf, Das Dritte Reich und die Juden, hier: »Zeugenaussagen«, S. 249-306.

177 Ebd., S. 4 [Hervorh. v. N.B.].

178 Ebd., vgl. den Abschnitt: »Kinder erzählen«, S. 278-288.

179 Ebd., vgl. den Abschnitt: »Wissenschaftler sagen aus«, S. 253-277.

180 Ebd., S. 251.

181 Adler, Selbstverwaltung und Widerstand, S. 221.

sich auch bei Wolfgang Scheffler zeigen, vor allem in seinem ersten frühen Buch *Judenverfolgung im Dritten Reich*,[182] das nicht nur selbst die Bedeutung des Dokumentarischen hervorhebt,[183] sondern dazu noch einige Dokumente von Poliakov und Wulf übernimmt.[184] Auch hier diente diese massive Rhetorik der Absicherung und scheint aus heutiger Sicht eher das Mittel gewesen zu sein, überhaupt die »vielen peinlichen Fragen« zu stellen und so kritische Dinge anzusprechen wie das »politische Versagen des deutschen Volkes bzw. der mangelnden demokratischen Festigkeit des Durchschnittsbürgers in jenen Jahren«.[185] Auch H. G. Adler hat zur gleichen Zeit ähnlich versachlicht argumentiert:

182 Scheffler, Judenverfolgung im Dritten Reich. Auf der ersten Seite und im Schlußwort beschwört Scheffler regelrecht die »Tatsachen«, das »Tatsachenwissen«, die »Tatsachenvermittlung« und die »Schilderung der tatsächlichen Geschehnisse«, das »Aufzeigen der Wahrheit« und die Wichtigkeit eines »saubere(n) wahrheitsgemäße(n) Unterricht(s)« (alle Zitate auf S. 5 und 115 f.).

183 Vgl. die Dokumentensammlung im Anhang: Scheffler, Judenverfolgung im Dritten Reich, S. 65-114; sie solle »unmittelbar an die Ereignisse heranführen«, so Scheffler.

184 Dies war keineswegs selten, vgl. z.B. den bereits erwähnten Anger (Hg.), Das Dritte Reich in Dokumenten; im Abschnitt »Der Kampf gegen die Juden« (ebd., S. 52-63) sind von 15 Quellen-Exzerpten ein Drittel aus Poliakov/Wulf, Das Dritte Reich und die Juden. Auch Walter Hofer stützt sich im Kapitel »Judenverfolgung und Judenausrottung« (Hofer, S. 267-312) durchgängig auf deren Vorarbeit. Von 22 abgedruckten Quellen zitiert er ebenfalls ein Drittel aus den beiden ersten Bänden von Poliakov und Wulf.

185 Scheffler, Judenverfolgung, S. 115, 116. Vgl. auch die Fotounterschrift unter einem Bild eines Abtransportes Würzburger Juden im Jahre 1942: »Und keiner hat es gewußt?« (zwischen S. 80 und 81) oder folgenden Satz: Neben der SS seien auch viele Verwaltungsstellen, Polizeieinheiten […] »direkt oder indirekt« beteiligt gewesen. Die Ereignisse von 1933 bis 1941 »(haben) sich in aller Öffentlichkeit abgespielt […]. Die Verantwortung dafür muß jeder Deutsche mit seinem Gewissen ausmachen« (S. 59). Scheffler hat seine Entscheidung zum Dokument häufig und noch Jahrzehnte später immer wieder dargelegt: »Fotos, Tagebucheintragungen, Briefe oder Geschäftsunterlagen sprechen eine beredtere Sprache als manche abstrakte Abhandlung. Sie reißen das Gesamtschicksal der dem Tode überantworteten Juden aus ihrer Anonymität heraus, machen bewußt, daß es hier um Menschen mit Namen geht, nicht um unvorstellbare Opferzahlen.« Vgl. die Dokumentation des Schicksals der jüdischen Belegschaft der Firma Schultz in: Grabitz/Scheffler, Letzte Spuren, S. 7.

> »Wenn 15 Jahre nach dem Zusammenbruch des nationalsozialistischen Staates von seinen Konzentrationslagern die Rede ist, sollte man nicht allbekannte Greuel in den Mittelpunkt der Darstellung rücken, sondern vor allem Erkenntnisse zu gewinnen versuchen, die politisch, soziologisch, psychologisch, geschichtlich und allgemein menschlich bedeutsam sind.«[186]

Es gelte, so Adler dem Diskurs konzedierend, die »menschlichen Möglichkeiten« in ihrer »extremen und verzerrten Ausprägung« kennenzulernen. Diese seien vor 1933 »unvorstellbar« gewesen, schlummerten aber in den »Untiefen der menschlichen Natur«.[187] Adler hat in dieser Double-bind-Situation nicht selten gestrenge Forschung »repräsentiert«, z.B. wenn er 1958 einer »totalitären Methode der Persönlichkeitszertrümmerung« das Wort redete und damit seine Redeweise an den damals gültigen Sprachgebrauch anpaßte. Zudem mäkelte er anläßlich der Neuauflage von Kogons *SS-Staat*, Kogon hätte seinem »Standardwerk« sicher noch mehr nützen können, wenn er neuere Literatur und Forschung einbezogen hätte.[188] Erst Jean Améry hat sich fast zwanzig Jahre später zu seinen »Ressentiments« und seinem »reaktiven Groll« bekannt und hierfür Öffentlichkeit eingefordert.[189] Erst später wurde reflektiert, daß »Opfer-Sein«, also der Status des »Überwältigten«, um noch einmal mit Améry zu reden, die Folge einer dem einzelnen Individuum überantworteten Form des Tragens der »Erlebnislast« war. Erst Améry konnte Sätze sagen

186 Adler, Selbstverwaltung und Widerstand, S. 221.

187 Ebd. Adler gab hier die »Kenntnis des Unheimlichen« als Erkenntnisziel aus.

188 Adler, Methoden der Persönlichkeitszertrümmerung, S. 271 f.

189 Amérys Hauptthema und die »Methode« seines Schreibens über Auschwitz lagen bemerkenswert nahe beieinander, ja sie waren im Grunde genommen identisch. Améry hat berichtet, wie dieser Zusammenhang sich von selbst aufzwang. Hierbei handelte es sich weder um das reine Zeugnisablegen noch um eine dem Leser »in distinguierter Objektivität« gegenübertretende Wissenschaftlichkeit, sondern um ein hochreflektiertes autobiographisches Schreiben oder, anders ausgedrückt: um die öffentliche Analyse eigener Ressentiments: »Wo das ›Ich‹ durchaus hätte vermieden werden sollen, erwies es sich als der einzig brauchbare Ansatzpunkt. Eine nachdenklich-essayistische Arbeit hatte ich geplant. Eine durch Meditationen gebrochene, persönliche Konfession entstand. [...] Bekennend und meditierend gelangte ich zu einer Untersuchung oder, wenn man will, zu einer Wesensbeschreibung der Opfer-Existenz.« Vgl.: Améry, Jenseits von Schuld und Sühne, S. 16. Vgl. zu Amérys autobiographischem Schreiben: Fiero, Schreiben gegen das Schweigen; Heidelberger-Leonard, Jean Amérys »Meisterliche Wanderjahre«.

wie: »Mir ist nicht wohl in diesem friedlichen, schönen, von tüchtigen und modernen Menschen bewohnten Lande. Warum, das hat man schon erraten: Ich gehöre jener glücklicherweise langsam aussterbenden Spezies von Menschen an, die man übereinkommensgemäß die Naziopfer nennt. Das Volk, von dem ich spreche und das ich hier anrede, zeigt gedämpftes Verständnis für meinen *reaktiven Groll.* [...] *Ich spreche als Opfer und untersuche meine Ressentiments.*«[190]

Eine solche Position zu beziehen war für Wulf oder Adler zwei Jahrzehnte zuvor völlig undenkbar. Wenn Améry die »Beschreibung der subjektiven Verfassung des Opfers« und die »aus *Introspektion gewonnene Analyse der Ressentiments*«[191] zum Programm machen konnte, war es für Wulf in den 50er Jahren lediglich möglich, »absolute Objektivität« zu propagieren und statt einer Darstellung der Judenvernichtung beweisartig Dokumente darüber vorzulegen. Wulf hat hier denkbar defensiv argumentiert, und man kann vermuten, daß er wußte, warum: wahrscheinlich wären seine Chancen, Gehör zu finden, andernfalls gleich null gewesen. Aus diesem Grunde, so seine methodische Argumentation, »wurde *die einzig vollkommen neutrale und vorurteilslose* Form einer Sammlung von Dokumenten und unbeeinflußbaren Zeugenaussagen – sie stammen größtenteils aus den Archiven des Dritten Reiches selbst – gewählt«.[192]

Der von deutscher Seite aufgebaute Druck, der die Zurückweisung der »Kollektivschuldfrage« zum Ziel hatte, konnte also nicht ohne Wirkung auf die Autoren bleiben. Schon bei Eugen Kogons Buch über die »Historie des Bösen«, gemeint war sein *SS-Staat* von 1946, bemängelte seinerzeit die »Süddeutsche Zeitung« »eine Reihe schwerer psychologischer Fehler« der Alliierten, von denen einer der größten »die unglückliche Version von der ›Kollektivschuld‹ (war), die man zugleich mit einer massiven KZ-Greuelpropaganda verquickte«.[193] Autoren wie Kogon in den 40er Jahren oder Wulf und Adler zehn Jahre später schrieben zu einer Zeit, in der die Thematisierung der Judenvernichtung begründungspflichtig war, nicht ihr Verschweigen. Im Raum stand sozusagen ständig die Frage, die ein

190 Améry, Jenseits von Schuld und Sühne, S. 103.
191 Ebd., S. 104.
192 Poliakov/Wulf, Das Dritte Reich und die Juden, S. 4 [Hervorh. v. N.B.].
193 Ernst Müller-Meiningen, Nie und nirgends wieder, in: SZ, 11. 2. 1947. Fazit dieses Artikels war: »Pharisäertum dort und Verstocktheit hier, dieser Geist muß auf beiden Seiten durch die Rückkehr zu den sittlichen Grundsätzen abendländischen Denkens gebannt werden, wenn das Kapitel der Konzentrationslager, die auch noch heute in manchen Ländern weiterbestehen, endgültig seinen Abschluß finden soll.«

Anonymus Anfang der 50er Jahre an Eugen Kogon stellte: »Warum schiebt man den Deutschen die Juden wieder zu?«[194] Eugen Kogon erhielt noch Jahre später, ebenfalls anonym, Briefe solchen Inhalts:

> »Klar sieht, wer von ferne sieht und nebelhaft, wer Anteil nimmt. Aus diesem Grunde hätten Sie recht getan das Manuskript zu verbrennen, wie Sie es bei seiner Abfassung mehrmals beabsichtigten. [...] Nichts als die Wahrheit kann uns frei machen. Jawohl, aber durch Verunglimpfungen ist der Wahrheit schlecht gedient. Sie hätten bei Ihren KL-Erlebnissen bleiben und nichts verallgemeinern sollen.«[195]

Wollte man aber genau das, nämlich »verallgemeinern« und nicht nur einen persönlichen Erlebnisbericht abgeben, wollte man geschichtswissenschaftliche Forschung und nicht individuelle Erinnerungen vorlegen, dann mußte man gerade als Opfer »Objektivität« und »Nüchternheit« regelrecht beschwören, sonst wurde man entweder marginalisiert oder zum »Klassiker« literarisiert und damit anderen Sphären zugeordnet, oder aber es wurde regelrecht vor der Lektüre gewarnt.[196] Der Kulturbetrieb besprach den *SS-Staat* als »würdiges Gegenstück zu Dostojewskis *Memoiren aus einem Totenhaus*«[197] oder in einer Reihe mit Hemingways *Wem die Stunde schlägt*, Thomas Manns *Doktor Faustus*, Benns *Statische Gedichte*, Plieviers' *Stalingrad*, Kasack, Koestler und Graham Greene.[198] Die allgemeine Publizistik durfte unterdessen weiter

194 Anonym, Brief an Eugen Kogon vom 10. 1. 1952, in: Privatnachlaß Michael Kogon.

195 Anonym, Brief an Eugen Kogon vom 2. 5. 1953, in: Privatnachlaß Michael Kogon. Das waren noch die harmloseren Zuschriften, vgl. dagegen: »Wer zwingt Sie jetzt als Sklave eines auf Ihrer Judenreligion basierenden christlichen Mythos in geistiger Hinsicht ein KZ-Leben zu führen? Ich [...] empfehle Ihnen dringend – sich nicht länger als Sprecher des deutschen Volkes auszugeben. Sie sind ein Sprecher des Zionismus und des Sternbanden-Gangstertums und sonst gar nichts. Für Ihre Expektorationen ist Palästina zuständig.« (Erich Schüler, Brief an Eugen Kogon vom 15. 12. 1948, in: ebd.).

196 »Freilich wird nur der religiös und sittlich feste, gut vorgebildete Leser dieses Buch ungefährdet lesen können.« In: Das neue Buch (Bonn), Nr. 4 (1958); oder: »Es hat wohl selten ein Buch gegeben, das so nahe an der Grenze des sittlich Möglichen stehen mußte.« In: Jugendnachrichten (München) vom August 1953 [zur 4. bzw. 3. Aufl. von Kogons »SS-Staat«].

197 O. H. E. Becker, Die nackte Wahrheit, in: Der Tagesspiegel (Berlin), 10. 7. 1948.

198 So in der von Alfred Andersch geleiteten Sendereihe des Hessischen Rundfunks »Das Abendstudio«, einer Gesprächsfolge zusammen mit Axel Egge-

fabulieren: daß die KZs »keine deutsche Erfindung« waren, sondern »ein Werk des Teufels«,[199] daß das Buch eine »aktuelle Warnung« sei und als »Mahnruf« gelesen werden müsse, »eine Warnung zugleich an Europa und die Welt: nie mehr zuzulassen, daß konzentrationäre Staaten (sic!) in ihrem Bereich entstehen können«.[200]

In den Worten von Poliakov und Wulf las sich der Widerstand gegen diesen Zeitgeist dann so: »Dadurch [gemeint ist das rein dokumentarische Verfahren, N.B.] erübrigt es sich, den schmerzlichen, als ›kollektive Schuldfrage‹ bereits in die Geschichte eingegangenen Fragenkomplex zu erörtern.«[201] Auf dieses Thema, so die Autoren, seien sie absichtlich nicht eingegangen. Was sie statt dessen wollten, kleideten sie in Worte reinen Understatements. Die Empörung, daß »ausgerechnet im pedantischen Deutschland« dieses Thema bisher »keiner einzigen ernsthaften Untersuchung gewürdigt worden« sei,[202] ließ sich hierbei nicht überspielen. Ziel der Studie sei es lediglich, »zur Zerstreuung nicht gerechtfertigten Unbehagens« beizutragen, einer »besseren Erkenntnis der Zusammenhänge« zu dienen und zur »sorgfältigen Nachforschung« anzuregen.[203] Das war viel weniger und defensiver, als was die Autoren eigentlich vorgelegt hatten. In der Formulierung vom »festumrissenen Rahmen« steckt deshalb ein Schlüssel zur Sozial- und Wissenschaftsgeschichte der frühen 50er Jahre der Bundesrepublik: »Wir glaubten«, so Wulf im Rückblick, »im festumrissenen Rahmen das menschlich Mögliche getan zu haben.«

brecht und Klaus-Peter Schultz über »Große Bücher der letzten Jahre«. Vgl. zum Andersch der Nachkriegsjahre den hervorragenden kritischen Essay von W. G. Sebald, Der Schriftsteller Alfred Andersch, in: ders., Luftkrieg und Literatur, München 1999, S. 121-160.

199 Zur 3. Aufl. von Kogons »Der SS-Staat«, in: Die Freiheit (Wien), 26. 1. 1952.

200 Ebd.

201 Poliakov/Wulf, Das Dritte Reich und die Juden, S. 2.

202 Ebd.

203 Ebd.

4. Totalitarismus, Faschismus, Antisemitismus. Auschwitz und der Rahmen theoretischer Modelle

Fetisch Forschungsstand

In den Verjährungsdebatten der 60er Jahre gab es eine Argumentationsfigur derjenigen, die die Verjährung von Totschlag bzw. Mord befürworteten, die aus heutiger Sicht erstaunlich anmutet: Die Erfassung der NS-Verbrechen, so die dezidiert vorgetragene Auffassung, sei abgeschlossen, ihre Erforschung stehe unmittelbar vor dem Abschluß und eine Verlängerung der Verjährungsfristen sei deshalb gar nicht mehr notwendig.[1] Bundesjustizminister Schäffer (CSU) konnte sich bemerkenswerterweise mit dieser Position bereits im Jahre 1960 auf einen Bericht der »Ludwigsburger Zentralstelle zur Aufklärung von NS-Verbrechen« berufen, die gerade erst gegründet worden war und deren Auftrag es war, Gewaltverbrechen des Dritten Reiches systematisch zu untersuchen und ihre Erkenntnisse der Staatsanwaltschaft zu übermitteln.[2] Ihr erster Leiter Erwin Schüle war selbst Verjährungsbefürworter, und er betonte auch vier Jahre später, daß man in Ludwigsburg die Vorermittlungen noch 1964, also rechtzeitig vor Ablauf der Verjährungsfrist, abschließen könne. In einem Brief vom 27. 10. 1964 an den Generalsekretär des Zentralrates der Juden, van Dam, unterstellte er sogar, daß sich beide in der Ablehnung der Verlängerung von Verjährungsfristen einig seien. Und er fuhr fort: »Ich glaube, auf Grund meiner Erfahrungen sagen zu können, daß durch die Tätigkeit der Zentralen Stelle und der Staatsanwaltschaften bis zum Eintritt der Verjährung alles das geschehen ist, was nach menschlichem Ermessen geschehen kann. Ich bin überzeugt, daß die Dunkelziffer bei den nationalsozialistischen Gewaltverbrechen wesentlich geringer ist, als bei

1 Fleitner, Die Ludwigsburger Zentrale, S. 34-37; Frei, Vergangenheitspolitik.

2 Zur »Zentralstelle« vgl. außerdem: Rückerl, NS-Verbrechen vor Gericht; Rondholz, Die Ludwigsburger Zentralstelle; Kramer, »Ludwigsburg öffnete uns schockartig die Augen, Ohren und Herzen«, in: Fröhlich/Kohlstruck (Hg.), Engagierte Demokraten, S. 201-212; Greve, Der justitielle und rechtspolitische Umgang mit den NS-Gewaltverbrechen in den sechziger Jahren; Miquel, Aufklärung, Distanzierung, Apologie, in: Frei/Steinbacher (Hg.), Bekennen und Beschweigen, S. 61-70.

der allgemeinen Kriminalität.«[3] Diese Überzeugung war mehr als gewagt. Vor dem Hintergrund, daß man in Ludwigsburg bis dahin noch kein einziges ausländisches Archiv ausgewertet hatte und man 1964 gerade erst begann, Material aus dem Ausland anzufordern, war die Versicherung, man könne dies innerhalb eines halben Jahres abschließen, Ausdruck einer nachgerade kompletten Fehleinschätzung des Ausmaßes der Verbrechen im ganzen.

Bemerkenswerterweise galt das Dritte Reich in den 60er Jahre aber nicht nur im Interessenspiel der Politik, sondern auch in der Wissenschaft als erforscht. Befunde dieser Art sind in vielen zeitgenössischen historiographischen Texten ein Topos, der zu dieser Zeit immer wieder verkündet wurde: die Fakten seien nun geklärt, die Hauptarbeit der Forschung sei abgeschlossen worden und es komme nun primär auf Interpretation an. Schon zu Beginn der 60er Jahre erklärte Hans Mommsen, daß der äußere Ablauf der Judenverfolgung »im wesentlichen« feststehe.[4] Karl Dietrich Bracher leitete zur selben Zeit seine Gesamtdarstellung mit demselben Topos ein: »Der Nationalsozialismus ist weitgehend erforscht«, es sei gelungen, »eine nahezu lückenlose Anschauung von der Herrschaft des Hitler-Regimes in Deutschland und Europa zu gewinnen«, so der erste Satz in *Die deutsche Diktatur*.[5] Zuvor hatte schon Martin Broszat erklärt: »Die Geschichte selbst hat die Frage nach dem Wesen des Nationalsozialismus durch massive und unumstößliche Fakten weitgehend beantwortet. Einzelheiten mögen noch ungeklärt sein, das Gesamturteil wird sich dadurch nicht wesentlich ändern.«[6] Und auch Karl Dietrich Erdmann betonte 1961, es gebe keinen Zeitraum der deutschen Geschichte, über den soviel bekannt sei wie über die Jahre 1933-

3 Zit. nach: Fleitner, Die Ludwigsburger Zentrale, S. 37; Schüle amtierte vom Gründungsjahr 1958 bis 1966, seine Nachfolger Adalbert Rückerl (1966-1986) und Alfred Streim (1986-1996) haben keinen Zweifel daran gelassen, daß solche Ausführungen aus der Gründungsphase ein schwerwiegendes Hemmnis für die Arbeit der ZSt. gewesen sind. Fleitners Arbeit betont den instrumentellen Charakter der Frühphase der ZSt., deren Handlungsspielraum durch eine dünne Personaldecke und stiefmütterliche finanzielle Ausstattung eng begrenzt war. Er bezeichnet die ersten Jahre der Behörde als »Legitimationsinstrument« der Politik und spricht von einer »Pazifizierungsfunktion« zur Absicherung der Verjährungsfristen.

4 Mommsen, Der nationalsozialistische Polizeistaat und die Judenverfolgung vor 1938, S. 68.

5 Bracher, Die deutsche Diktatur, S. 1.

6 Broszat, Der Nationalsozialismus. Weltanschauung, Programm und Wirklichkeit, S. 7.

1945: »Gewiß mögen noch manche Einzelzüge korrigiert werden. [...] Aber was damals geschehen ist, steht doch in allem Wesentlichen fest.«[7] Es hatte etwas von einer voreiligen Bilanz, wenn auch am IfZ bereits 1968 erklärt wurde: »unsere Kenntnis der nationalsozialistischen Zeit steht, was die Fakten angeht, wesentlich auch dank der zeitgeschichtlichen Forschung auf gesicherter Grundlage«, so Helmut Krausnick. Nun gelte es, den Zusammenhang mit den internationalen Entwicklungen zu betrachten, also den Erscheinungen nachzugehen, die außerhalb Deutschlands mit dem deutschen Geschehen verwandt seien.[8] Waldemar Besson bewertete die neue Konjunktur der öffentlichen Aufmerksamkeit an den Themen Antisemitismus und Nationalsozialismus, die auf die Hakenkreuzschmierereien im Dezember 1959, auf die Ergreifung Eichmanns und auf die NS-Prozesse zurückzuführen war, als bedenklich, da durch dieses »vordergründige und spektakuläre Interesse« auch »weniger Seriöses befördert« werde, ganz zu schweigen davon, so der Konstanzer Ordinarius weiter, daß »schließlich Zeitgeschichte überhaupt nur noch als Beschäftigung mit dem Nationalsozialismus verstanden« werde.[9] Solche Auffassungen, die den Forschungsstand zu einem Fetisch machten, trugen offenbar die Botschaft mit sich, daß es einen graduell wachsenden Wissensstand über die Vergangenheit gebe, der sich von Ereignissen außerhalb des Forschungsprozesses nicht beinflussen lasse – bzw. nicht beeinflussen lassen dürfe.

Die »Skeptische Generation« (Schelsky): Keine Zeit für »larmoyante Konfessionen«

Hier drückte sich ein Selbstverständnis aus, daß in Abgrenzung vom allgemeinen Pathos der Vorgängergenerationen den Zugang zum historischen Geschehen rational über die Forschung suchte. Dabei wurde nicht das Rätselhafte des Nationalsozialismus zum Ausgangspunkt gemacht, sondern das Gegenteil: Argumentiert wurde mit Erklärbarkeit, Erforschbarkeit und dem erreichten Grad des Wissens. Diese sich gegen die späten 40er und die 50er Jahre abgrenzende Intertextualität muß hier mitgelesen werden, denn natürlich war die NS-Forschung, namentlich die Kenntnisse zur Vernichtung der Juden, weder zu Beginn noch gegen

7 Erdmann, Das Dritte Reich im Zusammenhang der deutschen Geschichte, S. 405.

8 Krausnick, Zeitgeschichtliche Forschung in Deutschland, S. 156; ders., Zur Arbeit des Instituts für Zeitgeschichte, S. 94.

9 Besson, Neuere Literatur zur Geschichte des Nationalsozialismus, S. 324.

Ende der 60er Jahre erschöpfend. Dies waren Bekenntnisse anderer Art, hier für »solide und sachlich-kühle wissenschaftliche Arbeit«[10] und gegen pathetische Selbstbefragungen, ganz gleich, ob sie mittels Goethescher Kulturwerte vollzogen wurden, den Nationalstaat verteidigten oder aber umgekehrt ihr Gewissen auf die Agora trugen und öffentlich »protestantische Bußfertigkeit« betrieben. Jüngere Jahrgänge waren sich darin einig, daß es der Nüchternheit bedurfte.

In einem kleinen autobiographischen Text, der an Weihnachten 1970 im »Süddeutschen Rundfunk« in der Beitragsreihe *Wie ich mich geändert habe* gesendet wurde, hat der Konstanzer Historiker Waldemar Besson (1929-1970) die generationelle Historizität dieser Nüchternheit und Skepsis zu beschreiben versucht.[11] Als sechzehnjähriger Jugendlicher bei Kriegsende habe er sich angesichts der »Trostlosigkeit der äußeren Lage« auf die »Entfaltung der inneren Kräfte« verlegt. Die Berufung auf »die abendländische Tradition«, die Tröstlichkeit von Bach-Kantaten oder die kathartisch empfundene »Bedeutung der christlichen Botschaft« bildeten auch für ihn den Ausgangspunkt einer Reflexionsbewegung, die jedoch durch einen einjährigen Amerikaaufenthalt im Jahre 1950 rasch zu einem neuen Selbstverständnis führte: Hier habe er eine Art »linken Impuls«, so Besson, erhalten, der aus seinen »bohrenden Fragen«, wie es zum Dritten Reich hatte kommen können, ein ganz konkretes Interesse an Zeitgeschichte bewirkte und ihn zugleich auch »kritischer [...] gegenüber der eigenen Zeit« gemacht habe. Eine »bislang selbstverständliche Identifikation mit meiner Umwelt«, in der, so Besson, »die Menschen so taten, als sei Auschwitz nur ein böser Alptraum gewesen«, wurde allmählich empfindlich gestört.[12]

Die »volle Fahrt in Richtung kritischer Liberalität«, wie Besson sie bezeichnete, war dabei keineswegs identisch mit einem Abschied von alten Ufern: »Im Grund wollte ich mit dem Verändern zugleich auch immer die Kontinuität.«[13] Besson sah sich nun als »Linken abgestempelt«, sein

10 Krausnick, Zur Arbeit des Instituts für Zeitgeschichte, S. 92.
11 Besson, Wie ich mich geändert habe, S. 399.
12 Ebd., S. 400.
13 Ebd., S. 401. Besson war einer der ersten, die die zwölf Jahre der Hitlerzeit zum Thema einer Fernsehreihe machten, die, so schreibt er es selbst, »zum ersten Mal Millionen Deutscher zur Auseinandersetzung mit ihrer eigenen Vergangenheit zwang«. Er verfaßte über Jahre hinweg politische Kommentare für Zeitungen, Rundfunk und Fernsehen. Seine Überzeugung, »wie sehr Erneuerung auch bei uns not tat«, führte zu seinem Engagement in der Hochschulreform, Sympathie zur Aussöhnung mit Osteuropa und einem »dring-

autobiographisches Selbstbild betonte demgegenüber das Konservative am Wunsch nach Reformen. *Wie ich mich verändert habe* beschreibt die Suche nach einer »politischen und geistigen Mitte«, allerdings einer Mitte, die nicht lediglich »Extreme abwehrt«, sondern sich selbst als radikal und skeptisch versteht: »Wer zur gleichen Zeit von der Versehrtheit des Menschen und von seiner Freiheit weiß, der muß in der Tat zwischen der linken Skylla und der rechten Charybdis seinen Weg suchen.«[14]

Diese Haltung, die der zwei Jahre ältere Philosoph Odo Marquard bei sich selbst als »Abschied vom Prinzipiellen«[15] bezeichnet hat, erhielt durch Helmut Schelsky in seiner zuerst 1957 erschienenen Darstellung *Die skeptische Generation* ihre sprichwörtlich gewordene Bezeichnung.[16] Sie wurde nachgerade zum Synonym für Selbst- und Fremdbild der »1945er«, also derjenigen Alterskohorte, die auch als HJ-, Flakhelfer- oder Kriegsgeneration bezeichnet wurde. Schelsky habe hier »den Nerv einer ganzen Generation getroffen«, so Klaus Harpprecht.[17] Doch Buchtitel und Leitbegriff konnten sehr verschiedene Lesarten erfahren und wurden zu einer Selbstbeschreibung, in der sich nicht nur die Jugend portraitiert fand. In dieser »Konvergenz von Buchtitel und Zeitgeist«,[18] wurde neben der Mentalität der jüngeren Generation auch ein typologisches Reaktionsmuster auf den totalen Zusammenbruch von Staat und Gesellschaft formuliert, das sich zwar vor allem, aber nicht allein auf die zwischen 1920 und 1930 Geborenen beziehen läßt. Aus heutiger Sicht nimmt sich die »Begriffspolitik« (Franz-Werner Kersting) des Buches, vor allem, wenn man neben seinem kommerziellen Erfolg im Speziellen und seiner diskursiven Wirkungsgeschichte im allgemeinen auch die in ihm angelegte Mehrfachvalenz seines Rezeptionsangebotes und die Biographie des Verfassers mit einbezieht, als eines der erfolgreichsten Konzepte für die

lichen Bedürfnis nach mehr sozialer Gerechtigkeit. So sah sie Besson »jetzt am Beginn der sechziger Jahre in voller Fahrt in Richtung auf eine kritische Liberalität« (ebd.).

14 Ebd., S. 402 und 403.

15 Marquard, Abschied vom Prinzipiellen, S. 4-22.

16 Schelsky, Die skeptische Generation; zum Kontext: Rehberg, Verdrängung und Neuanfang: Die Soziologie nach 1945 als »Normalfall« westdeutscher Geschichtserledigung, in: Loth/Rusinek (Hg.), Verwandlungspolitik, S. 259-284.

17 Zit. nach: Kersting, Helmut Schelskys »Skeptische Generation«, S. 471 und 467; vgl. zum Forschungsstand auch: Moses, The Forty-Fivers, S. 95-127.

18 Kersting, Helmut Schelskys »Skeptische Generation«, S. 486.

intellektuelle Selbst-Entnazifizierung aus, die die Nachkriegszeit bereitstellte.[19]

Schelsky hatte als einen der markantesten Züge dieser Generationenkohorte, ihren »Konkretismus« und ihren geschärften »Wirklichkeitssinn«, betont:[20] »Diese Generation ist in ihrem sozialen Bewußtsein und Selbstbewußtsein kritischer, skeptischer, mißtrauischer, glaubens- oder wenigstens illusionsloser als alle Jugendgenerationen vorher, sie ist tolerant, wenn man die Voraussetzung und Hinnahme eigener und fremder Schwächen als tolerant bezeichnen will, sie ist ohne Pathos, Programme und Parolen. Diese geistige Ernüchterung macht frei zu einer für die Jugend ungewöhnliche[n] Lebenstüchtigkeit.«[21] Diese auf Realität und Nüchternheit zielenden Eigenschaften, dazu die den Besson-Text charakterisierende Mischung aus Konservativismus und Reformismus, also die Hoffnung auf einen politischen Weg »zwischen der linken Skylla und der rechten Charybdis«, könnte zur Frage führen, ob ihre Träger in Abgrenzung von ihrer konservativen Väter- und Großvätergeneration,[22] von denen ein vollständiges Umdenken als 50-, 60- oder 70jährige kaum noch zu erwarten war, ein anderes, gar angemesseneres Bild vom Nationalsozialismus und seinen Verbrechen zu zeichnen in der Lage war. Die erste Antwort scheint einfach: Die Historiker, Publizisten, Intellek-

19 Ebd., S. 484. Schelsky (Jahrgang 1912) gehörte der Jugendbewegung an, war in Königsberg Schüler von Arnold Gehlen und Hans Freyer gewesen und erhielt 1943 bereits mit 31 Jahren einen Ruf an die Reichsuniversität Straßburg, dem er allerdings kriegsbedingt nicht mehr gefolgt ist. In Leipzig war er 1933 in SA-Uniform an Gewaltaktionen beteiligt gewesen, im Seminar von Theodor Litt habe er sich offensiv rassistisch und antisemitisch zu Wort gemeldet, 1934 publizierte er ein Manifest, in welchem er für Zensur, einen starken Staat, Eugenik und Vernichtung derer plädierte, die für ihr Volk keine Leistung erbringen, vgl.: Kersting, S. 466 und 495; sowie: Schäfer, Helmut Schelskys Leipziger Jahre (mit weiterer Literatur).

20 Beide Begriffe von Schelsky, Die skeptische Generation, S. 88 und 307 f.

21 Ebd., S. 488.

22 Ernst Schulin bezeichnet sie, zeitgenössische Begriffe aufgreifend, als »Front-« und als »Kriegsjugendgeneration«, vgl.: Ernst Schulin, Weltkriegserfahrung und Historikerreaktion, S. 173 ff. und 178 f. Siegfried A. Kaehler (1885-1963), Franz Schnabel (1887-1966), Gerhard Ritter (1888-1967), Hans Rothfels (1891-1976) und Percy E. Schramm (1894-1970) gehören zur ersten Gruppe, Hermann Heimpel (1901-1988), Gerhard Masur (1901-1975), Theodor Schieder (1908-1984) und Werner Conze (1910-1986) zur zweiten.

tuellen und Meinungsführer insgesamt, die das Dritte Reich nicht mit dem Erlebnishintergrund der verantwortlichen und im Beruf stehenden Protagonisten, sondern aus der mißtrauischeren Warte einer biographischen Erfahrung von Jugend und Adoleszenz zu schildern begannen (also die Jahrgänge der 20er Jahre), lösten im Verlauf der 50er Jahre die emotionalen Deutungen der Väter aus der Nachkriegszeit zu Recht und sehr erfolgreich ab.

Noch mehr: man polemisierte *gegen* die Bewältigung der Vergangenheit, weil man ihre diskursive Funktion zu durchschauen meinte und weil die Publikationen zur deutschen Geschichte zwischen 1933 und 1945 im Verlauf der Jahre immer schwächer wurden. Der 1923 geborene Politikwissenschaftler Wilhelm Hennis hat vor einigen Jahren in seinem autobiographischen Rückblick die spezifische »Problematik meines Jahrgangs« präzise beschrieben und von den »vertrackten Jahrgängen« und den »Davongekommenen« gesprochen.[23] Auch er machte mit vehement vorgetragenen generationellen Argumenten geltend, daß man nach 1945 nicht habe »Vergangenheit bewältigen« müssen, sondern daß man vor allem das Versagen der Politik und der politischen Urteilskraft, der »Staatskunst« zu erklären hatte: »[F]ür Vergangenheitsbewältigung hatte mein Jahrgang weder Lust noch Zeit.«[24] Der Altphilologe Walter Jens, ebenfalls Jahrgang 1923, erklärte kategorisch: »[G]enug des Persönlichen. Wo das Herz beteiligt ist, wo man von Schuld weiß, ist Sachlichkeit das oberste Gebot. Wir haben genug nachzuholen, als daß für larmoyante

23 Hennis, Politikwissenschaft als Beruf. »Erzählte Erfahrung« eines Fünfundsiebzigjährigen, S. 381. Die beiden Grundaxiome dieser »erzählten Erfahrung« bilden, so scheint mir, ein besonderes Verhältnis aus Kriegserlebnissen und Nachkriegserkenntnis: »[V]on meiner Dresdner Schulklasse ist die Hälfte nicht aus dem Krieg zurückgekehrt, aus der Parallelklasse im Staatsgymnasium keiner.« Sowie: »Hinter den deutschen Leiden steht ein anderes Leid, *das uns [...] doch besser schweigen läßt.*« Vgl. ebd., S. 381 und 382 [Hervorh. v. N.B.].

24 Ebd., S. 398. Hennis erwähnt an dieser Stelle auch den sich anbahnenden Konflikt der späten 60er Jahre mit den nur wenige Jahre Jüngeren: »Zwanzig Jahre später unterschied uns das sehr von den fünf Jahre jüngeren: Habermas, Sontheimer, Dahrendorf – selten genügten wenige Jahre Altersunterschied für so unterschiedliche Generationserfahrungen.«

Konfessionen Zeit wäre.«[25] Der 1927 in Ostpommern geborene Christian Graf v. Krockow hat das Verhältnis von Empörung, Betroffenheit und Sachlichkeit beim Engagement um das Verstehen und Erklären der NS-Zeit kürzlich sogar zu einer Leitlinie seiner Lebenserinnerungen gemacht. Seine Kritik an den »Betroffenheitsbekennern« und »Schuldeinforderern« und sein Verdacht der gerade dadurch vorgenommenen Selbstentlastung ist historisch genau hier verortbar:

> »Man hat uns die Flakhelfer-Generation genannt; etwas später und weitaus genauer hat Helmut Schelsky von der skeptischen Generation gesprochen. Für sie wurde die Gewaltherrschaft an ihrer schäbigen Kehrseite kenntlich; der Traum deutscher Welt- oder Allmacht, von dem man uns eingeredet hatte, daß es die Bestimmung der Jugend sei, für ihn sich zu opfern, erwies sich als der Alptraum, der er war. Wenn es darum etwas gab, worauf wir uns ohne Verabredung einschworen, dann das ›Nie wieder!‹ Niemals wollten wir falschen Propheten folgen, niemals mehr dem Sog einer Heilslehre, dem Bann einer ›Weltanschauung‹ erliegen.«[26]

Es ging darum, so v. Krockow, der hier für seine Generation spricht, sich in keinem Sinne mehr einsperren zu lassen, »auch nicht in der Sonderrolle einer Büßernation. Sofern sich also für uns eine ›Schuldfrage‹ stellte, wies sie nicht in die Vergangenheit, sondern in die Zukunft: Wehe, wenn wir das ›Nie wieder!‹ jemals vergessen und uns noch einmal dem Rausch einer Heilslehre hingeben sollten, statt die Skepsis zu verteidigen.«[27] Der Publizist Joachim Fest sprach Anfang der 60er Jahre in einer Fernseh-Moderation der Sendung »Panorama« sogar pejorativ von »Vergangenheitsriecherei«.[28] Auch der Sozialhistoriker Gerhard A. Ritter, zwei Jahre älter als v. Krockow, bestätigte diese spezifische Prägung durch das Dritte Reich: Die Erfahrungen der NS-Zeit hätte ihn zwar, »wie viele Historiker meiner Generation, sehr geprägt [...]. *Die Aufarbeitung der Vergangenheit*

25 So formulierte das Walter Jens, wie Hennis auch Jahrgang 1923, Ende der 50er Jahre, vgl.: Jens, Ein Jude namens Kafka, in: Koch (Hg.), Portraits, S. 207.

26 V. Krockow, Zu Gast in drei Welten, S. 155. Die Schlüsselfrage dieser Generation (»wie war das möglich?«) und das Bekenntnis zum sachlichen »Nie wieder!« auch auf den Seiten 103 f., 156, 173, 203, 294.

27 Ebd., S. 155 f. Die Judenvernichtung wird bei v. Krockow dann auch als exemplarisches Beispiel unter anderen Schrecken des 20. Jahrhunderts stets mit der Verteibung der Deutschen aus dem Osten zusammen genannt, vgl.: ebd., S. 266 und 291.

28 Ich danke für diesen mündlichen Hinweis Christina v. Hodenberg.

spielte für uns nicht die zentrale Rolle, die sie heute hat. Das entscheidende Kriterium war für uns, wie man verhindert, daß wieder so eine Entwicklung eintritt, daß die Demokratie der Bundesrepublik, wie die der Weimarer Republik, nicht funktioniert und zusammenbricht?«[29]

Dieses Selbstverständnis wurde von den Vierzigjährigen Mitte der 60er Jahre zur Leitlinie des Verstehens der NS-Zeit gemacht: Die Autoren der »jüngeren Generation«, die einerseits noch wüßten, was der Nationalsozialismus war, andererseits aber keine »Mitverantwortung für sein Heraufkommen« trügen, so Waldemar Besson über sich, Broszat, Buchheim und andere, hätten »ein hohes Maß an Unbefangenheit«, das der Wissenschaft zugute kommen muß«, ja: Ihnen sei von vorneherein »Apologie in eigener Sache ganz fremd«.[30]

Das Pathos der »neuen Linken«

Im Kontrast zu diesem Selbstverständnis wurde die öffentliche Debatte bald von der »neuen Linken« geführt, die gerade keine oder kaum eigene Erinnerungen mehr an die Zeit des Nationalsozialismus hatte. Auch sie sahen sich als eine »Generation der Unbefangenen«, und dies noch ehe das Kürzel »68er« möglich war.[31] Als »Periode des gleitenden Übergangs«

29 Interview mit Gerhard A. Ritter, in: Hohls/Jarausch (Hg.), Versäumte Fragen, S. 138. Vgl. auch ders., Ein tiefer Einschnitt in meinem Leben, in: Filmer/Schwan (Hg.), Besiegte, S. 252-259; ders., in: Schüler-Springorum/Wikkert (Hg.), Unversöhnte Geschichte(n), S. 9-25.

30 Besson, Neuere Literatur zur Geschichte des Nationalsozialismus, S. 316. Hier auch Kritik am »Schlagwort« Vergangenheitsbewältigung (315).

31 Vgl. den Titel des Buches von Blücher, Generation der Unbefangenen, o.O. 1966. Zu den 60er Jahren insgesamt: Metzler, Am Ende aller Krisen?; Korte, Eine Gesellschaft im Aufbruch; Schönhoven, Aufbruch in die sozialliberale Ära; zu den 60er Jahren aus wissenschaftshistorischer Perspektive: Iggers, Die deutsche Geschichtswissenschaft; Berger, Decades of Postnationalism? German Historiography from the 1960s to the 1980s, in: ders., The search for normality, S. 77-108; v. Hehl, Die Wendung in die Betroffenheit, in: ders., Kampf um die Deutung, S. 416 ff.; Zahlreiche scharfsinnige Beobachtungen zum alltäglichen Umgang mit der Vergangenheit im Deutschland der 60er Jahre bei: Elon, In einem heimgesuchten Land; ähnlich auch: Kurt R. Grossmann, Die Vergangenheit als Gegenwartsaufgabe, in: Deutsche Rundschau 87 (1961), S. 233-240. Nicht zeitgenössisch, aber für die Intellektuellen-Geschichte der 60er Jahre eine wahre Fundgrube: Reich-Ranicki, Mein Leben. Der Literaturkritiker war im August 1964 Zeuge im Strafverfahren gegen SS-Obergruppenführer Karl Wolff und wurde daraufhin von der jungen Journalistin Ulrike Meinhof fast eine Stunde lang interviewt. Sie sei, so

und »Phase der Gärung«,[32] als gesamtgesellschaftlicher Wandlungsprozeß, an dessen Ende die »intellektuelle Selbstanerkennung der Bundesrepublik als westliche Demokratie« stand,[33] und als »langes Jahrzehnt«, in dem »die Verfassung aus der Verschattung hervorgekommen [war], worin sie entstanden war«,[34] hat die eigene Mythisierung der Akteure längst auch retrospektiven Besitz von diesen zehn Jahren ergriffen: Studentenproteste und APO konnten beides zugleich tun, reale Defizite der »Vergangenheitsbewältigung« benennen *und* ihren eigenen Beitrag zum Vermeidungsdiskurs leisten, indem sie von den zwölf Jahren Hitler-Diktatur auf eine Art und Weise redeten, als hätten lediglich die Eltern und Großeltern ihnen zu antworten und als hätte diese Vergangenheit nicht auch mit ihnen selbst zu tun: Der Nationalsozialismus wurde auf diese Weise, so Ulrich Herbert in einer treffenden Formulierung, zu einer Vorgeschichte nur bestimmter, nicht aller Deutscher.[35] Das Interesse der Öffentlichkeit wie der Historiker an einer empirischen Erforschung der nationalsozialistischen Judenvernichtung ging in den 60er und den 70er Jahren, trotz immer neuer Anstöße von außen, eher zurück.[36] Die jüngere Generation favorisierte zwei gegenläufige Tendenzen der Thematisierung von Nationalsozialismus und Drittem Reich: personalisierte Anklage im Kampf der Generationen und universalisierte Aktualisierung angesichts des »Megatodes« durch Atomwaffen, neue Kriege, aktuelle Skandale und »gegenwärtigem Faschismus«. »Faschismus« war dabei ein Deutungsangebot, das gerade nicht die Judenvernichtung ins Zentrum des Interesses stellte. In der »Entgrenzung des Faschismusbegriffs«, so Kraushaar über

Reich-Ranicki, die erste Person in der Bundesrepublik gewesen, die aufrichtig und ernsthaft wünschte, er möge über seine Erlebnisse im Warschauer Ghetto erzählen (S. 459 f.).

32 Beide Ausdrücke bei: Schönhoven, Aufbruch in die sozialliberale Ära, S. 128.

33 Ebd., S. 144. Vgl. zum intellektuellen Hintergrund dieser Bestimmung das Gemeinschaftswerk von Albrecht/Behrmann/Bock/Homann und Tenbruck, Die intellektuelle Gründung der Bundesrepublik.

34 Eine Formulierung Dolf Sternbergers von 1979, zit. nach Schönhoven, Aufbruch, S. 145; vom »langen Jahrzehnt« spricht Metzler, Am Ende aller Krisen?, S. 57.

35 Herbert, Drei deutsche Vergangenheiten, S. 384. Ein Beispiel für die zeitgenössische Verbitterung über diesen Diskurswechsel findet sich in den vielen emotionalen Bemerkungen bei: Josef Engel, Zeitgeschichte – Faschismus. Literaturbericht, in: GWU 20 (1969), S. 239-252 (passim). Rückblickende »Abrechnungen« mit »der Linken« mit ihren je eigenen Verzerrungen finden sich z.B. in: Baring, Es lebe Deutschland; Sontheimer, So war Deutschland nie.

36 Herbert, Vernichtungspolitik. Neue Antworten und Fragen, S. 17.

den Beitrag der »68er« zur Aufklärung über den Nationalsozialismus, war die »systematische Vernichtung der europäischen Juden schon kategorial in ihren Analysen nicht vorgesehen«.[37] Wo die Massenverbrechen konkretes Interesse fanden, waren sie eher Illustration für jedwede Erscheinungsform des Imperialismus, sei er faschistischer oder liberaler Her kunft.[38] Als »Formen bürgerlicher Herrschaft«, so der suggestive Erfolgsbuchtitel von Reinhard Kühnl Anfang der 70er Jahre, konnten Liberalismus und Faschismus souverän als *ein* Phänomen abgehandelt werden.[39] Vergangenheit wurde im Medium des ideologischen Konfliktes um Gegenwartsfragen verhandelt, Geschichte auf eine theoretisch folgenreiche Weise in die Jetztzeit hineinverlängert.[40]

Auf die anfängliche Kritik von Seiten einer kritischen Studentenschaft,[41] oftmals noch als KP-gesteuert denunziert, haben die angegriffenen Akademiker, auch die Vertreter der Geschichtswissenschaft, zweideutig reagiert, offensiv, mit großangelegten Vorlesungsreihen unter Beteiligung aller Fakultäten und unter dem Motto »Die Universität und der Nationalsozialismus« kam es zum zwanzigsten Jahrestages von 1945 zu einem universitätsinternen Reflexionsversuch (so in Berlin, Tübingen und München[42]), der jedoch mitunter zur reinen Apologie er-

37 Vgl. den Artikel von Kraushaar, Von der Totalitarismustheorie zur Faschismustheorie, S. 278, 282 und 283.

38 Herbert, Drei deutsche Vergangenheiten, S. 384.

39 Kühnl, Formen bürgerlicher Herrschaft. Liberalismus – Faschismus. Vgl. auch: ders., Probleme einer Theorie über den deutschen Faschismus. Kein Problem einer solchen Theorie schien die Judenvernichtung darzustellen, sie taucht hier überhaupt nicht als erklärungsbedürftig auf. Antisemitismus wird lediglich als ideologischer Köder des Systems für die Hoffnung auf nationale Machtentfaltung bei den sozial Depravierten der Gesellschaft dargestellt, sozusagen als »einige demagogische Floskeln«, die den Antikapitalismus der Bevölkerung anzustacheln habe (S. 321 und 327). Eigentlicher Feind des Faschismus, so Kühnl, war die Arbeiterbewegung (z.B. 328, 334 u.ö.).

40 Kielmannsegg, Lange Schatten, S. 418. Zwei Beispiele aus der zeitgenössischer Diskussion und Kritik: Rabinbach, Towards a Marxist Theory of Fascism and National Socialism; Winkler, Die »neue Linke« und der Faschismus: Zur Kritik neomarxistischer Theorien über den Nationalsozialismus, in: ders., Revolution, Staat, Faschismus, S. 65-117.

41 Den Anfang stellten die sechs Hefte von Rolf Seeliger, Braune Universität. Deutsche Hochschullehrer gestern und heute, München 1964-66, dar.

42 Aus den im WS 1964/65 in Tübingen, WS 1965/66 in München und SS 1966 in Berlin veranstalteten Ringvorlesungen gingen folgende Publikationen hervor: Flitner (Hg.), Deutsches Geistesleben und Nationalsozialismus; Die deutsche Universität im Dritten Reich; Nationalsozialismus und die deutsche

starrte.[43] Das war die zweite, die defensive Seite, denn hier wurde lediglich eine Verteidigungslinie gezogen, die es ermöglichte, die Kritik en detail mit der insgesamt positiven Einschätzung des Widerstandspotentials der Universitäten zu verbinden. Die Beiträge markierten die Auffassung, daß das, was zu erledigen sei, entweder schon in den 50er Jahren getan wurde oder in Ergänzungen nun dargebracht werde; daß man übergehen könne zu den Gesamtdarstellungen, den Überblicken, den distanziert-objektiven Zusammenfassungen, dem generösen Vergessen des Peinlichen, mit dem ein jeder auf sich allein gestellt sei. Die Schuldgeständnisse, von denen es hier einige gab, waren noch ganz und gar in der Tradition der 50er Jahre gehalten.[44] Aber das genügte zehn Jahre später niemandem mehr: Tatsächlich war es, »als sei eine Sperrmauer eines Stausees gebrochen«,[45] denn an dieser Stelle formierte sich jener Widerstand, der die Kläglichkeit des »hilflosen Antifaschismus«[46] mit Vehemenz attackierte.

Universität; ebenfalls in dieser Reihe zu sehen ist der selten zitierte Kieler Beitrag von Erdmann, Wissenschaft im Dritten Reich; ein Beispiel für die schwierige Position der Universität kommt im Aushang der Tübinger Hochschullehrer vom 19. 2. 1964 »An die Tübinger Studenten« zum Ausdruck, in welchem zu der Frage, warum politisch belastete Professoren an der Universität lehrten, Stellung genommen wird. In Punkt 5 heißt es u.a.: »Wir begrüßen das Interesse der Studenten an der Klärung dieser Frage, auch wenn wir Form und Inhalt einzelner Äußerungen mißbilligen. Wir halten es für eine wichtige Aufgabe der Universität, sich in den kommenden Semestern stärker als bisher mit der jüngsten Vergangenheit auseinanderzusetzen«; der Faksimile-Abdruck dieses Dokuments, in: Schmid/Schäfer (Hg.), Wiedergeburt des Geistes, S. 199; zum Gesamten: Lammers, Die Auseinandersetzung mit der ›braunen Universität‹, S. 148-165.

43 Hier fiel z.B. jenes oft zitierte Wort von den »wildgewordenen Studienräten«, mit dem Hans Rothfels von den Belastungen der eigenen Wissenschaft abzulenken versuchte, vgl.: Rothfels, Die Geschichtswissenschaft in den dreißiger Jahren, S. 90-107.

44 Vgl. in dieser Tendenz auch noch die Bewertung von Heiber, Universität unterm Hakenkreuz, Teil I, S. 152.

45 Ebd., S. 13.

46 Vgl. ursprünglich: Haug, »Positive Werte« und Konzeption »reiner Wissenschaft« in den Ringvorlesungen über Wissenschaft und Nationalsozialismus; ders., Der hilflose Antifaschismus. Scharfe Kritik hieran bei Heiber, der die »Auslassungen« Haugs als »gleichermaßen perfid wie töricht« charakterisiert; in der Berliner Vorlesung war Heiber selbst Vortragender gewesen. Heibers Antikritik attackierte die »Leerstrecken soziologischer und marxistischer Wortplantagen«, den »unhistorische[n] moralische[n] Rigorismus« (S. 153) und eine »moralisierende Prüderie gegenüber dem Menschlichen und Allzu-

Dieser bekam nun einen Namen und einen Ankläger, der Blick für die Schwäche des Umgangs mit dem Nationalsozialismus koppelte sich an einen Gestus der Entlarvung, der die Auseinandersetzung über die Frage, was der Nationalsozialismus war und in welchen historischen Zusammenhängen seine Verbrechen stehen, für Jahre beherrschte, ja, sich in gewisser Weise sogar dem Thema einprägte.[47]

Affekte gegen Ausländer: »Deutsche Geschichte von draußen gesehen«?

Die scharfe Debatte zwischen den Generationen machte die Selbstbeschreibung der »skeptischen Generation« als »frei von Apologie« defensiver, es blieb aber bei der aggressiven Abwertung von Darstellungen zur NS-Zeit aus dem Ausland. So kritisierte die Zunft den Amerikaner William Shirer, der in einer umfangreichen Gesamtdarstellung des Dritten Reiches seinen interpretatorischen Ansatz nicht im von deutscher Seite so pathetisch herausgestrichenen inneren Widerstand gegen das Regime verankert hatte, sondern in den antidemokratischen Kontinuitäten der Vorgeschichte des Dritten Reiches.[48] Noch in den 80er Jahren wurde dieses Buch in den Kontext der Nachkriegs-»Reeducation« durch die Besatzungsmächte gestellt und mit der Vokabel »publizistisch« aus dem Wissenschaftsdiskurs herausgehalten.[49] Die Reaktionen in der Öffentlichkeit wurden seinerzeit sogar von Kritikern Shirers »erschrek-

menschlichen« (154). Das war nun nicht gerade die bestmögliche Verteidigung gegen eine offene Anklage, sondern schien sie zu bestätigen.

47 »Tribunalisierung« nannte das Hans-Ulrich Thamer, in: Die Auseinandersetzung mit dem Nationalsozialismus; allerdings stellt Thamer die Entwicklung der Forschung allzu optimistisch als einen Fortschritt von der »Mythisierung« über die »Tribunalisierung« zur »Historisierung« dar.

48 Shirers Buch ist ein »Klassiker« der NS-Interpretation, vgl.: Shirer, The Rise and Fall of the Third Reich [dt.: Aufstieg und Fall des Dritten Reiches]. Ausgehend von diesem Buch entwickelte sich in der ersten Hälfte der 60er Jahre eine Art »Goldhagen-Debatte«, in welcher es einmal mehr um die Frage ging, ob der Nationalsozialismus als eine lange in der deutschen Geschichte angelegte Möglichkeit interpretierbar sei. Das Buch Shirers war nicht nur ausgezeichnet lesbar und allgemeinverständlich und deshalb für die breitere Öffentlichkeit attraktiv. Für die USA kann es als eines der einflußreichsten Darstellungen zur Geschichte des Dritten Reiches überhaupt gelten, Übersetzungen erfolgten u.a. ins Japanische und Persische; vgl. zur Rezeption Shirers: Rosenfeld, The Reception; Berg, Lesarten, v.a. S. 112-119.

49 Hillgruber, Zum Stand der wissenschaftlichen Erforschung des NS-Zeit, S. 48 f.

kend«[50] genannt. Die Überschriften in deutschen Zeitungen waren in der Tat schrill: »*William Shirer hat nichts dazu gelernt*«, »*Ein Amerikaner erteilt Zensuren*«, »*Ein Bucherfolg gegen Deutschland und die Deutschen*«, »*Ein historischer Leichtgewichtler*« und »*William Shirers tendenziöser Bestseller*« – so lautet ein Querschnitt durch die Empörung auch seriöser Blätter.[51] Die wissenschaftspolitische Abwehr erfolgte keineswegs nur durch die ältere Historikergeneration, sondern gerade durch die jüngere, die sich in der Shirer-Debatte mit vernichtenden Rezensionen regelrecht gegenseitig überboten. Mit dem überlegenen Gestus der Wissenschaft erklärte z. B. Martin Broszat, mit »Gesinnung allein« lasse sich keine Geschichte schreiben.«[52] Auch Karl Otmar von Aretin, der zu Recht angemerkt hatte, daß die Fehler in Shirers Buch in keinem Verhältnis zur Vehemenz der Ablehnung durch Öffentlichkeit und Wissenschaft stünden,[53] schloß sich letztlich der in diesen Jahren opportunen Meinung an, der Autor offenbare ein regelrechtes »Unvermögen«, »sich mit der totalitären

50 V. Thadden/v. Aretin: Das Dritte Reich in Angelsächsischer Sicht, S. 778.

51 Ebd. Häufig genannte Kritikpunkte waren Shirers abschätziges Urteil über Hindenburg oder sein negatives Urteil über die deutsche Generalität. Karl Otmar v. Aretin hat zum Echo dieses Buches einige treffende Bemerkungen gemacht und die Frage gestellt, ob es, angesichts des immer wieder erhobenen oder implizierten Vorwurfes, Shirer sage »nur die halbe Wahrheit«, überhaupt möglich sei, »in einem Buch über den Nationalsozialismus die ganze Wahrheit zu sagen« und ob »diese Wahrheit von uns auch akzeptiert würde« (S. 779).

52 Broszat, William Shirer und die Geschichte des Dritten Reiches [zit. nach: ders., Nach Hitler (1. Aufl.), S. 178]. Broszat sprach von einer »total verfehlten Kontinuitäts-Konstruktion« (184) und von der »kurzen Elle moralischer Richtigkeitsprinzipien«, die Shirer angelegt habe, die aber »vom Wesen der Sache« wenig erfasse (179). Der gleiche Tenor auch bei Mommsen, Aus der Zeitgeschichte, S. 953 f. Karl Dietrich Bracher monierte die »klischeehaften Vorstellungen« Shirers, vgl.: Bracher, Die deutsche Diktatur, S. 1. Vgl. auch: v. Thadden/v. Aretin, Das Dritte Reich in Angelsächsischer Sicht; sowie: v. Borries, William L. Shirer und seine Kritiker.

53 Ebd., S. 779: »So viele Fehler Shirer auch unterlaufen sind; sein Bild ist als Ganzes gesehen nicht falsch, es entspricht nur nicht dem, was wir Deutsche uns inzwischen von dieser Zeit gemacht haben.« Die in Deutschland beibehaltene »Diabolisierung« Hitlers, »den preiszugeben niemandem mehr weh« tue, so die scharfsinnige Formulierung v. Aretins, habe eine Art von »geistige[r] ›Entnazifizierung‹« nach sich gezogen, die »ungleich bedenklicher [seien] als das Buch von Shirer einschließlich aller seiner Fehler.« Wäre es fehlerfrei gewesen, »es hätte uns, wie sein Echo zeigt, erschlagen können« (S. 781).

Problematik des Dritten Reiches auseinanderzusetzen«, er habe »nichts von dem ›Hitler in uns‹ gespürt«.[54] Als die Zeitschrift »Deutsche Rundschau« Anfang der 60er Jahre eine kleine Artikel-Serie unter dem Titel »Deutsche Geschichte von draußen gesehen« startete, in der eine Reihe von englischen, amerikanischen, polnischen und jüdischen Historikern und ihre Bücher vorgestellt wurden, die sich der Interpretation der letzten 200 Jahre deutscher Geschichte widmeten, mißriet diese gute Idee beinahe, und zwar deshalb, weil die deutschen Rezensenten die deutschfreundlichen Äußerungen der Ausländer zustimmend zitierten, während sie Kritik als »Halbwahrheiten und Verzerrungen« empört zurückwiesen.[55] In deutschen Veröffentlichungen blieb dagegen die Charakterisierung des Nationalsozialismus als »epileptische[r] Anfall des deutschen Volkes«[56] unbeanstandet. Fast resignierend klang es, wenn Waldemar Besson darüber klagte, daß man doch tatsächlich fünfzehn Jahre nach dem Ende des Dritten Reiches Auffassungen zu hören bekomme, »die in den ersten Nachkriegsjahren weit verbreitet« gewesen waren, obwohl sie »vom Fortschritt der Forschung aus dem Weg geräumt schienen«.[57]

Zu Beginn der 60er Jahre wurde als »Fortschritt der Forschung« proklamiert, daß man zu »Vergleichshorizonten« überzugehen habe, so Broszat, der dabei auf den »Faschismus« und die Aufhellung von »Strukturfragen« verwies. Man solle den »Zusammenhang universaler Tendenzen der industriellen Zivilisation mit den spezifisch deutschen Verhältnissen« untersuchen, so forderte Besson und erneuerte in diesem Zusammen-

54 Ebd., S. 780. Vgl. auch die anderen Autoren, die das fehlende Verständnis des »Wesens des Totalitarismus« inkriminierten: v. Thadden, in: ebd., S. 776; Epstein, in: VfZ (1962), S. 96 ff.; Mann, Vorwort, in: Shirer, Aufstieg und Fall des Dritten Reiches; zur Rezeptionsgeschichte des Buches vgl.: Rosenfeld, The Reception; Berg, Lesarten, v.a. S. 112-119.

55 Die Serie mag von der Diskussion um Shirers Buch initiiert worden sein, er selbst wurde aber nicht berücksichtigt. Vgl. im Literaturverzeichnis die Nachweise bei Waldemar Besson (über Gorden A. Craig), Erhard Dornberg (über A. J. P. Taylor), Manfred Schlenke (über George P. Gooch), F. A. Krummacher (über Geoffrey Barraclough), Wolfgang Rieger (über Koppel S. Pinson), Hellmut Kämpf (über Oskar Halecki) und Helge Pross (über Hans Kohn), alle in: Deutsche Rundschau 86 (1960). Das Zitat im Beitrag von Dornberg, S. 139. Das Gesagte trifft v.a. auf die ersten beiden, nicht dagegen auf die beiden letzten Beiträge zu! Die mittleren waren dieser Sorge enthoben, hatten sie es doch mit Autoren zu tun, die zeitweise in Deutschland gelebt hatten und in hohem Maße und explizit pro-deutsch schrieben.

56 Michael Freund, Vorwort, in: W. Bernhard, Die deutsche Aufrüstung 1934-1939, Frankfurt a.M. 1969.

57 Besson, Neuere Literatur zur Geschichte des Nationalsozialismus, S. 314.

hang die These, der Nationalsozialismus sei ein »Sonderfall des Totalitarismus« gewesen.[58]

Die Konstanz deutscher Metaerzählungen – und das Problem »Antisemitismus«

Wer sich der »Problematik des Erkennens und Verstehens der jüngsten deutschen Vergangenheit« stellen wollte, konnte Anfang der 60er Jahre im gleichnamigen Buch von Werner Frauendienst lesen, daß das Jahr 1933 eine »Zeit der Unklarheit, des Suchens, des Hoffens, des Übergangs« gewesen sei, daß man den Nationalsozialismus zur Kenntnis zu nehmen habe, aber »im gleichen Arbeitsgang« müsse »der kommunistische Bolschewismus mitbehandelt werden. Der Nationalsozialismus ist tot und vergangen, der östliche Totalitarismus aber [...] lebt. Er ist heute die eigentliche Gefahr, ähnlich *aber weit größer als damals der Nationalsozialismus.*«[59] Das Totalitarismus-Modell war en vogue, ›Bewältigung der Vergangenheit‹ erscheint bei Frauendienst vor diesem Hintergrund bezeichnenderweise als »*Austilgung* der deutschen nationalsozialistischen Vergangenheit«.[60]

Zwischen »Totalitarismus« und »Faschismus« gab es in den 60er Jahren ein von allen Forschern, akademischen Schulen und Generationskohorten vernachlässigtes Thema, und das war die Frage nach der Problematik des Antisemitismus. Warum dieser in den 30er und 40er Jahren so folgenreich eskaliert war, welche spezifischen Ursachen und Bedingungen er in Deutschland während dieser Jahre und zuvor gehabt hatte, welche Trägergruppen ihn stützten und in welchen Schritten er vom Vorurteil zur Vernichtung geführt hatte – hierzu gab es keine mit den Fragen um »Totalitarismus« und »Faschismus« vergleichbare Debatte. Die Diskussion der Historiker erfolgte gerade anhand derjenigen interpretatorischen Modellbildungen in den 60er Jahren, die die beiden Schlüsselfragen des Holocaust ausnahmen, nämlich die Frage »Warum die Juden?« und die Frage »Warum die Deutschen?«

58 Ebd., S. 315. Es sei mit »Nachdruck hervorzuheben«, so Besson, »wie unzureichend eine nur deutsche Perspektive des Nationalsozialismus ist«. Allerdings war Besson über die eigene wissenschaftsgläubige Kraftmeierei, die in solchen Sätzen steckte, auch nicht ganz glücklich, und so fügte er noch hinzu: »Gerade als Deutscher fühlt man sich dabei etwas wehrlos, weil der Hinweis auf universalere Aspekte leicht als Suche nach einem Alibi für ein mangelndes Verantwortungsbewußtsein im eigenen Volke ausgelegt werden könnte.«

59 Frauendienst, Zur Problematik, S. 11 und 12 [Hervorh. v. N.B.].

60 Ebd., S. 2 [Hervorh. v. N.B.].

Der Antisemitismus und die nationalsozialistische Judenpolitik, wurden zwar in vielfachen Varianten in totalitarismus- und faschismustheoretische Erklärungsmuster integriert, meist aber unter erheblichen erkenntnistheoretischen Kosten. Das Problem des Antisemitismus setzt bis heute, wie Saul Friedländer einmal bemerkte, innerhalb der NS-Historiographie durchgängig »ein Fragezeichen hinter den Geltungsanspruch der allgemeinen Deutungen des Nationalsozialismus«.[61] Methodisch lautet also die Frage dieses Kapitels, inwiefern die Substanz der großen Erklärungstheorien für das Begreifen des Holocaust genau an dieser Stelle durch die Fokussierung des Antisemitismus theoretisch limitiert wird.

Die Frage, warum gerade in Deutschland der Antisemitismus, den es europaweit gab, zur Vernichtung der Juden führte, kann, so der Leiter des Berliner Zentrums für Antisemitismusforschung Wolfgang Benz, als »Schlüsselfrage zu Auschwitz« verstanden werden: diese Frage sei keiner Konjunktur, keiner Mode, keiner wissenschaftlichen Forschungsschule und keinem Publikumsinteresse unterworfen, es sei »die schwierigste Frage überhaupt«.[62] Diese »schwierigste Frage« hat nun ihre eigene Geschichte innerhalb der Historiographie. Sie kann hier nicht im Detail nacherzählt werden, doch ein paar Hinweise auf Verwerfungen des Begriffs und seiner Reichweite gehören hierher. So wurde beispielsweise noch in der Aufregung um die Goldhagen-Thesen im Sommer und Herbst 1996, vor allem um sein begriffliches Deutungsangebot »eliminatorischer Antisemitismus«, nicht bemerkt, daß der Ausdruck »Vernichtungsantisemitismus« bereits Anfang der 60er Jahre von dem jüdischen Soziologen Alphons Silbermann geprägt worden war.[63] Doch auch jenseits von Benennungen und Begrifflichkeiten – das Hauptproblem liegt

61 Friedländer, in: Jäckel/Rohwer (Hg.), Der Mord an den Juden im Zweiten Weltkrieg, S. 27.

62 Benz, Antisemitismus, in: Burgmer (Hg.), Rassismus in der Diskussion, S. 84. Benz versucht hier selbst eine Erklärung, der kaum kritiklos zu folgen sein dürfte. Er argumentiert hier zwar nicht explizit, aber doch merklich gegen die Thesen Goldhagens, wenn er den Akzent der »Warum«-Frage von der die deutsche Gesellschaft belastenden Kontinuitätsfrage wegnimmt und feststellt, daß der Antisemitismus durch die nationalsozialistische Propaganda »hergestellt« werden mußte. Demnach stellte der Nationalsozialismus, der sich in der Lage sah, Juden zu deklassieren, zu deportieren und zu ermorden, die Bedingungen seines Vernichtungswillens, also Akzeptanz, Opportunismus oder Indifferenz, erst selbst her, ehe er zur Tat schritt.

63 Goldhagen, Hitlers willige Vollstrecker, v.a. Kap. 2, S. 71 ff. und Kap. 16, S. 487 ff. Goldhagen erwähnt allerdings Silbermann nicht, vgl.: Silbermann, Die Soziologie des Antisemitismus.

woanders: Die Paradoxie wissenschaftlicher Erklärungsversuche besteht nun gerade darin, daß ein einfacher Verweis auf den Antisemitismus als ausreichende Erklärung für die Vernichtung der Juden zwischen 1941 und 1945 sich letztlich selbst dementiert. Denn die Tatsache einer ubiquitären und zeitlich unbegrenzten Feindschaft gegen Juden kann ja gerade *nicht* die Diskontinuität[64] des Ereignisses »Auschwitz« erklären.[65] Wenn der Rütten & Löning-Verlag anläßlich der Eichmann-Ergreifung 1961 in einem Verlagsprospekt ein Buch ankündigte, das Eichmann als »letztes, wenn auch einmaliges Glied einer durch die Jahrtausende reichenden Kette« charakterisiert und der Nationalsozialismus als »fürchterlichsten und gnadenlosen Endpunkt« einer Geschichte, die mit Flavius Josephus 70 n. Chr. begann, präsentiert wurde, werden diese Paradoxien in Logik und Formulierungen greifbar.[66] Diese Aporie kann auch nicht durch die

64 Vgl. hierzu: Strauss, Der Holocaust als Epochenscheide der Antisemitismusgeschichte; Berding, Antisemitismus in der modernen Gesellschaft. Kontinuität und Diskontinuität; Volkov, Nationalismus, Antisemitismus und die deutsche Geschichtsschreibung; dies., Das geschriebene und das gesprochene Wort. Über Kontinuität und Diskontinuität im deutschen Antisemitismus.

65 Zum Stellenwert des Antisemitismus in der neueren Holocaust-Forschung vgl.: Herbert, Vernichtungspolitik. Neue Antworten und Fragen zur Geschichte des Holocaust, S. 31 ff. Eines der gelungensten und fast schon »klassisch« gewordenen Beispiele für die historische Herleitung von Judenverfolgung und Vernichtung aus den antisemitischen Traditionen des späten 19. und frühen 20. Jahrhunderts bei Graml, Reichskristallnacht. Hier wird der Novemberpogrom von 1938 als eine Art Scharnier zwischen dem modernen Antisemitismus des späten 19. Jahrhunderts und dem im Zweiten Weltkrieg vollzogenen Genozid interpretiert. Der »Rückblick« auf Vorgeschichte, Entstehung und Entwicklung des rassischen Antisemitismus wird in einem Drittel des Buches berücksichtigt. Ähnlich, aber durch die andere Themenstellung und Funktion des Buches weniger spektakulär: Berding, Moderner Antisemitismus in Deutschland; Erklärungsversuche des Holocaust, die dem Antisemitismus der Deutschen die Hauptaufmerksamkeit widmeten, legte vor wenigen Jahren nicht nur Goldhagen (vgl. hierzu Kap. 5), sondern auch John Weiss vor. Sein Buch, im englischen Orginal »Why the Holocaust happened in Germany« überschrieben, überzeugte trotz durchgängigen Verweisen auf die Kontinuität zwischen Kaiserreich, Erstem Weltkrieg und Weimarer Republik, bzw. Nationalsozialismus, nicht, vgl.: Weiss, Der lange Weg zum Holocaust; hierzu die konzise Kritik bei Susanne Heim, o.T., in: Beiträge zur nationalsozialistischen Gesundheits- und Sozialpolitik, Bd. 14: Repression und Kriegsverbrechen, Berlin/Göttingen 1997, S. 178-180.

66 Pendorf, Mörder und Ermordete. Der Verlagsprospekt in meinem Privatarchiv, N.B.

Ersetzung von »Antisemitismus« durch übergeordnete Konzeptionen wie »Rassismus« oder »Rassenimperialismus« vollständig aufgehoben werden.[67] Die »Zentralität des Antisemitismus« als »Schlüssel zum geschichtlichen Verständnis der Bedeutung des Holocaust« zu benutzen, wie es Otto D. Kulka beispielsweise 1985 gefordert hat,[68] ist also in der Tat so richtig wie prekär. Neben Kulka bezeichneten auch Arno Herzig und viele andere die Antisemitismusforschung als den »bedeutendste[n] historische[n] Forschungszweig« für die Erklärung des Holocaust.[69] Doch diese Einsicht kann kaum das Nachdenken über das schwierige Verhältnis von Kontinuitäten und Brüchen gerade in der Geschichte des Antisemitismus ersetzen. Keine »Formel«, so Hans Herzfeld bereits Anfang der 60er Jahre, werde jemals die »Gesamtheit des tragischen Prozesses befriedigend umfassen, in welche die Nation Goethes, Schillers und Kants schließlich in den Strudel des Aberwitzes hineingezogen wurde«. Der Antisemitismus aber, so erkannte der selbst als Jude diskriminierte nationalkonservative Historiker, sei in einem Geschehen kulminiert, »das nicht mehr quantitativ, sondern das nach seiner Qualität beurteilt werden« müsse. Antisemitismus war zwar keine eigene »Theorie«, aber der konkret vorgebrachte Widerpart anderer theoretischer Erklärungen – er selbst blieb häufig genug »ein ungelöstes Rätsel«.[70]

67 Vgl. z.B.: Claussen, Was heißt Rassismus, S. 7. Auschwitz, so der Autor in seiner Analyse ausgewählter Quellen zum Rassismus, resultiere »nicht aus einer quantitativen Steigerung des Antisemitismus oder gar des Rassenhasses«, sondern könne als »nationalsozialistische Reaktion auf den mißglückten deutschen Griff nach der Weltmacht« interpretiert werden, für den die NS-Ideologie des »Rassenimperialismus« die Legitimation abgab.

68 Kulka, Die deutsche Geschichtsschreibung über Nationalsozialismus und die »Endlösung«, S. 628 f.

69 Vgl: Herzig, Historie und Shoah, in: ders./Lorenz (Hg.), Verdrängung und Vernichtung, S. 16; Weiss, Der lange Weg zum Holocaust; aus der älteren Literatur vgl. schon des exemplarischen Titels wegen v.a.: Katz, Vom Vorurteil zur Vernichtung.

70 Herzfeld, Ein ungelöstes Rätsel. Der Antisemitismus – eine deutsche Schicksalsfrage; Herzfeld bediente in diesem Aufsatz mit seinem Vergleich zwischen Antisemitismus und »Hexenwahn vergangener Jahrhunderte« nichtsdestotrotz das geläufige Denkmuster vom »Rückfall des modernen Menschen in die Barbarei«.

Fallstudien als Zugang: »Totalitarismus«, »Faschismus« und »Antisemitismus« und ihre Probleme bei der Deutung des Holocaust

Die Zusammenziehung der drei Begriffe ›Totalitarismus‹, ›Faschismus‹ und ›Antisemitismus‹ ist also sowohl der Vehemenz der tatsächlichen Debatten von damals entnommen als auch systematischen Gesichtspunkten verpflichtet. Vor allem aber sollen hier Fallstudien den Zugang zu den Problemen legen, die sich gerade dann ergeben, wenn diese drei in ihrer Zeit hegemonial verwendeten Großbegriffe zur Deutung der Shoah verwendet werden. Der begriffliche Interpretationskampf zwischen Totalitarismus- und Faschismustheorie vor dem Hintergrund des »Kalten Krieges« soll dagegen nicht ein weiteres Mal nachgezeichnet werden.[71] Auch hier wäre die Verschränkung von Erforschung und Erinnerung zu zeigen, oder anders ausgedrückt: die Kontroverse zwischen Totalitarismus- und Faschismus-Begriff ist ein »Paradebeispiel dafür, wie in der historisch-sozialwissenschaftlichen Begriffsbildung Norm und Analyse, Zukunftsperspektive, Gegenwartspraxis und Interpretation der Vergangenheit verschränkt sein können und wohl auch müssen«.[72] Im folgenden sollen aber statt dessen alle drei Begriffe in historiographiegeschichtlichen Einzeluntersuchungen thematisiert werden: »Totalitarismus« wird als die Möglichkeit einer deutschen Interpretation vorgestellt, die sich vor allem dazu eignete, die frühen Gesamtdarstellungen des Dritten Reiches stofflich zu ordnen. Wahrscheinlich ist die Hypothese von der Geburt der Totalitarismustheorie aus dem Geiste der NS-Gesamtdarstellungen überzogen, zumal Theorien vom »totalen Staat« ja so alt sind wie das Nachdenken über den Staat selbst und folglich bis in die Antike reichen. Aber da sich

71 Vgl. den besten Überblick bei: Kershaw, Das Wesen des Nationalsozialismus: Faschismus, Totalitarismus oder einzigartiges Phänomen?, in: ders., Der NS-Staat, S. 39-79; informativ, obwohl Teil der Auseinandersetzung: Bracher, Um Faschismus, Totalitarismus, Demokratie; sowie der Sammelband: Totalitarismus und Faschismus. Eine wissenschaftliche und politische Begriffskontroverse; zuletzt: Wippermann, »Faschismus« oder »Totalitarismus«?, in: ders., Umstrittene Vergangenheit, S. 17-20. Den einzigen Dreiervergleich zwischen Deutschland, Italien und Japan lieferte Martin, Zur Tauglichkeit eines übergeordneten Faschismus-Begriffs.

72 Jürgen Kocka, Die Demokratie im Zeitalter ihrer Bedrohung, in: FAZ, 19. 7. 1977. Kocka betont die Aufgabe, die »jeweiligen Schwächen« von Totalitarismus- und Faschismustheorie »wechselseitig zu lindern und sich so [dem] Gegenstand noch treffender zu nähern«.

ein nicht unwesentlicher Anteil der Propaganda, der nationalsozialistischen Selbstbeschreibung, im Konzept des Totalitarismus erhalten hat, mag die provozierende Frage nach der theoretischen Klammer jener historiographischen Textsorte »Gesamtdarstellung«, die »als Extrakt intensivster Einzelforschung« und als »Zwischenbericht zur Selbstklärung« zugleich anzusehen ist,[73] ihren heuristischen Wert haben.

Die erkenntnisverhindernde Thematisierung der Judenvernichtung innerhalb des Begriffsrasters »Faschismus« soll an den beiden Lebensgeschichten von Joseph Wulf und Helmut Eschwege demonstriert werden, die beide in den 60er und 70er Jahren, als dieses Erklärungsmodell Konjunktur hatte und Zulauf fand, damit scheiterten, mit Büchern über den nationalsozialistischen Genozid und seine Folgen die wissenschaftliche und allgemeine Öffentlichkeit zu erreichen. Das Prekäre jeder Interpretation des Nationalsozialismus auf einer Grundlage, die den Antisemitismus entweder zu einseitig oder zu wenig berücksichtigt, soll danach an den Arbeiten Hannah Arendts zur deutschen Geschichte aufgezeigt werden. Dabei wird einmal mehr die Dialektik der Rezeption Thema sein, dort nämlich, wo ihr Buch über den Totalitarismus gerade *nicht* totalitarismustheoretisch argumentiert, wie so häufig dankbar von deutscher Seite her behauptet wurde, sondern den zentralen Teil seines Erklärungswertes gerade den Passagen über die spezifisch deutschen Traditionen von Antisemitismus und Imperialismus verdankt. Und die hierin liegende Dialektik, daß ihr Buch über die Gefahren des modernen Staates eigentlich ein Buch über den deutschen Nationalsozialismus darstellt, wird noch einmal wiederholt, wenn man ihren *Bericht über die Banalität des Bösen* hinzuzieht und zeigt, daß *hier*, also in einem Buch über das Dritte Reich selbst, der Antisemitismus von der Autorin wegerklärt wurde. In ihrem Buch über Eichmann, so die Ausgangsüberlegung, verlor Arendt die zehn Jahre zuvor konzipierte Vorstellung von den »drei Säulen der Hölle« aus den Augen und schrieb ein Buch über die Gefahren einer Bürokratie in den Zeiten der anonymisierten Moderne, nicht aber eine Analyse des Funktionierens der spezifisch nationalsozialistischen Judenvernichtung.

Das hier ins Zentrum gerückte Jahrzehnt hat nicht nur in den ersten Gesamtdarstellungen zum Nationalsozialismus anhand totalitarismustheoretischer Prämissen die NS-Zeit synthetisiert, sondern auch generell den Zivilisationsbruch mit Aktualisierung, Vergleichen und faschis-

73 Besson, Neuere Literatur zur Geschichte des Nationalsozialismus, S. 316.

mustheoretischen Maximen zu einer rein theoretischen Auseinandersetzung gemacht. Wo die 50er Jahre im Übergang zu den 60er Jahren in gewisser Weise auf privatem Wege und mit schlechtem Gewissen ständig um die Erklärung von »Auschwitz« rangen, wie am Beispiel von Heimpel, Wittram und Ernst gezeigt wurde, kann man an den 60ern im Übergang zu den 70er Jahren genau das Gegenteil behaupten: jetzt etablierte sich ein Diskurs, der, obwohl aus einer kritischen Öffentlichkeit erwachsen und obwohl er das Verbrecherische zu benennen glaubte, diametral vom Ereignis wegführte. War zunächst noch die Rede von Schuld an die Dignität der Person gebunden, die diese (wie eine häufig gebrauchte Redewendung dieser Jahre lautete) »männlich« auf sich zu nehmen hatte, so weitete sie sich im folgenden in einem Maße aus, daß sie unsichtbar wurde. Ja, die kritische Opposition phantasierte sich selbst in die Rolle der Juden der NS-Verfolgungen: Man posierte in *Teach-Ins* vor Plakaten mit der warnenden Botschaft »Die Endlösung der Studentenfrage steht bevor«, und Adorno schrieb in einem Briefwechsel mit Günter Grass, daß bei allen Differenzen über die Einschätzung der Studentenbewegung kaum zu leugnen sei, daß sie, die Studenten, so Adorno wörtlich, »auf der Plattform der deutschen Reaktion die Rolle der Juden übernommen hätten«.[74]

Man kann es nur paradox formulieren: hier wurde noch die Thematisierung von »Endlösung« und Schicksal der Juden zum »Vermeidungsdiskurs«. Es stellt sich die Frage, in welcher Weise Authentizität und Autorität in der Darstellung über den Nationalsozialismus und die Shoah überhaupt in theoretischen Begriffen gefaßt werden können, wenn man sich diesen Erinnerungs- und Vergessensfallen ausgesetzt sieht.[75] Um aber zu verstehen, mit welchen autoritativen Vorzeichen das Nachdenken über den Holocaust zu dieser Zeit versehen wurde, indem man ihn in Metabegrifflichkeiten einzufügen versuchte (oder aber von ihnen fernhielt), soll im folgenden weniger die Substanz der jeweiligen Theorie oder die Geschichte ihrer Konzeptualisierung und Ausdifferenzierung versucht werden, sondern ihr Gebrauch in der Historiographie der Zeit.

74 Theodor W. Adorno, Brief an Günter Grass vom 4. 11. 1968, zit. nach: Kraushaar, Von der Totalitarismustheorie zur Faschismustheorie, S. 280.

75 Vgl. z.B. die Bemerkungen bei Métraux, Authentizität und Autorität, S. 362-388.

4.1. Judenvernichtung als Thema in frühen Gesamtdarstellungen des Nationalsozialismus: Die Grenzen des Konzepts »Totalitarismus«

»Das Buch, das fehlt«: Die Sehnsucht nach der Gesamtdarstellung

Im Jahre 1986 legte der Historiker Hans-Ulrich Thamer eine umfangreiche Gesamtdarstellung des Dritten Reiches vor. Er wählte als Titel-These seines Buches die Bezeichnung »Verführung und Gewalt« und obwohl der Verfasser dem Text eine Faschismus-Definition zugrunde legte, war sein Titel und das Buch als ganzes eine an die traditionellen Vorstellungen einer differenzierten Totalitarismuskonzeption anknüpfende Begrifflichkeit, die propagandistische Falschaussage und terroristische Einschüchterung als Kennzeichen des Nationalsozialismus in den Vordergrund zu stellen schien. Klaus Hildebrand lobte in einer Besprechung das hier dargestellte Bild, hier sei das »Doppelgesicht des Dritten Reiches« und damit eine »Grunderfahrung im Leben unter dem Hakenkreuz« beschrieben: »Die Menschen verwirrend und *totalitär fesselnd*, geradezu diabolisch fügte sich das Miteinander des Gegensätzlichen zu einer Gewöhnlichkeit des Monströsen.« Nun sind aber unter methodischem Blickwinkel beide Begriffe »keine komparablen Faktoren«, zumal sie einmal mehr insinuieren, die Deutschen seien das Opfer zweier gegenläufiger Strategien einer abstrakt-totalitären Herrschaft geworden. Zudem sind beide deutende Schlüsselvokabeln des Titels auf verschiedenen Ebenen angesiedelt. »Gewalt«, so zum Beispiel der kritische Einwand des polnischen Historikers Ryszka, sei meßbar, beispielsweise nach der Zahl der Opfer, nicht aber »Verführung«. Hier ließen sich allenfalls interpretative Kriterien der Sozialpsychologie anlegen, aber keine bestimmbaren Daten. Ein bilanzierender Blick auf das Dritte Reiches könne nicht als Frage nach der Verführungskraft des Regimes allein gestellt werden, sondern müsse die Frage nach dem Grad der freiwilligen Zustimmung einbeziehen.[1]

Das Buch von Thamer aus den 80er Jahren ist nur ein Beispiel für die allgemeine Problematik, die mit der Heuristik von Gesamtdarstellungen zur NS-Zeit verbunden ist. Die immense wissenschaftsstrategische und

1 Thamer, Verführung und Gewalt; vgl. die Anmerkungen von Franciszek Ryszka zum Thamerschen Buch, in: VfZ 36 (1988), S. 790 ff.; Klaus Hildebrand, Die Gewöhnlichkeit des Monströsen. Das Doppelgesicht des »Dritten Reiches«, in: FAZ, 4. 12. 1986 [Hervorh. v. N.B.].

erinnerungspolitische Bedeutung gerade von Gesamtdarstellungen ist kein Geheimnis unter Historikern, erst recht nicht im Hinblick auf das Dritte Reich. Die Kontroverse um das skandalöse Buch von Hellmut Diwald von 1978[2] und die aufsehenerregende Debatte über die Darstellung von Karlheinz Weißmann in der Propyläen-Reihe im Jahre 1995[3] mag diese andauernde Brisanz anschaulich machen. Sie ist aber auch durchaus kein Phänomen jüngeren Datums, im Gegenteil. In einem Brief an Hermann Heimpel aus den späten 40er Jahren kommt beispielsweise Gerhard Ritter nicht zufällig auf das Projekt einer Gesamtdarstellung deutscher Geschichte zu sprechen. Diese sei nötig, um »das ewige Missverständnis deutscher Geschichte im Ausland« zu korrigieren und »einer wahrhaft grausigen Verwirrung über deutsche Geschichte entgegenzutreten«, so der damalige Vorsitzende des deutschen Historikerverbandes: »Wer diese Darstellung schafft, tut dem deutschen Volk den größten Dienst, den er ihm als Historiker überhaupt leisten

2 Diwald, Die Geschichte der Deutschen; eine an wenigen Stellen abgemilderte 2. Aufl. dieses Klassikers revisionistischer Literatur erschien 1979. Grundaxiom des Revisionismus von Diwald war sein Kampf gegen den »wesentlichste[n] aller Schuldsprüche, der auf den Deutschen lastet«, nämlich der Hinweis auf Judenvernichtung und KZ; diese sei das »Kainsmal eines Verbrechertums« und stelle eine »moralische Diskriminierung Deutschlands« dar. Gegen die »Ermahnungen« von überall fordert Diwald »den radikalen Bruch mit dem Grundsatz der Selbstgeißelung in der historischen Arbeit.« Der Historiker, so Diwald, sitze »in keiner Loge, nur um das perennierende Unglück der Zeiten zu registrieren«. Vgl.: Diwald, Ein Querkopf braucht kein Alibi, S. 381, 369, 332, 369, 387 und 370; zur Methode Diwalds auch: Evans, Fakten und Fiktionen, S. 149.

3 Weißmann, Der Weg in den Abgrund; das Buch, das von Weißmann seit 1993 im Auftrag des Verlags verfaßt wurde, obwohl Verträge mit Hans Mommsen als Autor vorlagen, wurde wegen des massiven Protestes zurückgezogen und in einer überarbeiteten 2. Auflage zwei Jahre später im Münchner Helbig-Verlag herausgebracht. Die Verlagsinitiative resultierte aus dem Wechsel des Cheflektors, Rainer Zitelmann, der die Arbeit bei dem rechtskonservativen Weißmann in Auftrag gab. Weißmann hatte sich im Vorwort explizit auf das Historisierungspostulat von Martin Broszat gestützt, eine Berufung, die er im Vorwort der Neuauflage von 1997 vehement verteidigte. Die Kritik am Buch und seiner Entstehungsgeschichte bezeichnete der Verfasser als »Kampagne gegen Autor und Werk« und sprach von einer »Perfidie des Angriffs« (ders., Vorwort zur Neuausgabe, S. 14). Vgl. exemplarisch die Kritik bei Ulrich Herbert, Die »selbstbewußte Nation« und der Nationalsozialismus, in: Die ZEIT, 1. 12. 1995.

kann.«[4] Das war die ziemlich unverblümte Motivation der unmittelbaren Nachkriegszeit. Die Sehnsucht nach einer Gesamtdarstellung deutscher Geschichte war groß, und Heimpel selbst hatte sich jahrelang mit Plänen hierfür beschäftigt:

> »Diese ›wirkliche‹ Deutsche Geschichte müßte von einem einzigen Geist entworfen sein, das ›dunkle Rätsel‹ aufgeben und lösen, müßte tiefgründig und doch unschuldig, naiv und doch prophetisch, gerecht und versöhnend werten und erzählen.«[5]

Das war in der Sprache der 50er Jahre (»Rätsel«, »tiefgründig«, »versöhnend«) ein umfassender Anspruch, der ja nicht zuletzt bei Heimpel selbst angesichts seiner Erschütterung, seiner Zweifel und der hieraus resultierenden Neuerwägungen zum Scheitern des Vorhabens geführt hatte.[6] Die Sehnsucht nach dem »Buch, das fehlt« aber blieb. Man bräuchte ein Buch, das »wissenschaftlich zuverlässig gearbeitet und lesbar zugleich wäre«, in dem man die Tatsachen nachschlagen könne und in dem auch die Urteile stimmten, so ein Kommentator in einem Literaturüberblick zum Dritten Reich aus dem Jahre 1953: »Ein Buch in dem nicht gelobhudelt, aber auch nicht geschimpft würde, das Leistungen nicht verschwiege, aber Verbrechen Verbrechen nennte; das uns zeigte, wie Menschliches und Sachliches, wie deutsche Innenpolitik und Weltpolitik ineinander greifen; das uns hinter den Entscheidungen die Personen sichtbar machte, ohne sie zu isolieren; so wenig wie es jene zwölf Jahre aus der deutschen Geschichte ausklammern dürfte und uns doch zugleich zeigen müßte, daß sie etwas anderes waren als normale deutsche Geschichte. [...] Statt dessen haben wir eine Bibliothek von Büchern, die nur noch der Spezialist bewältigen kann.«[7]

Diese hochgesteckte Hoffnung ist ein Topos, der Rezipienten und Verfasser verbindet. Zwar änderten sich die konkreten Fragen und unmittel-

4 Ritter, Brief an Hermann Heimpel vom 22. 11. 1949, in: AVHD/Göttingen (1). Vgl. auch Kap. 2.2 und 3.1. Zum Zusammenhang, v.a. zur spezifischen Dichotomie von Ritters Euphorie und Heimpels Skepsis in dieser Frage vgl.: Schulin, Hermann Heimpel und die deutsche Nationalgeschichtsschreibung, passim.

5 Heimpel, Eine wirkliche »Deutsche Geschichte«, S. 102.

6 Heimpel hat seine Vorarbeiten, wie in Kap. 3.1 dargestellt, bekanntlich später mit dem Hinweis auf »Auschwitz und Belsen« nicht publiziert, sondern die Schwierigkeiten eines solchen Unterfangens erläutert, vgl.: Heimpel, Entwurf einer deutschen Geschichte, S. 163 und 165.

7 Gablentz, Zur Geschichte des Nationalsozialismus. Über einige von vielen Büchern – und das eine, das fehlt, S. 873.

baren Probleme im Verlauf der Jahre, nicht aber das Prekäre des Textgenres »Gesamtdarstellung« selbst, das Sprechen im Namen des eigenen Kollektivs blieb verführerisch, sei es, weil man etwas ganz Bestimmtes sagen wollte oder aber »alles«. Weißmann selbst gab in frappierender Kontinuität mit dem Axiom Ritters als Grundmotivation für seine Darstellung »Gerechtigkeit für das eigene Volk« an.[8] Und noch jüngst hat Bernd-Jürgen Wendt in seinem Überblick über die einschlägigen Probleme eine Synthese des Nationalsozialismus als »Gratwanderung« bezeichnet.[9] Die Auswahl der Fakten, ihre Gliederung und Gewichtung, die Sprache, mit der erzählt und analysiert wird, die wissenschaftliche Haltung zwischen abstrakter Fachlichkeit und emotionalem Abscheu – all dies sind Fragen, die sich gerade in einer solchen Textur wiederfinden lassen, ob sie nun in der Heuristik des Blickes (wie bei Thamer), in revisionistischen Motiven der Nationalapologie (wie bei Diwald) oder aber im Kontext eines Buches in der Vergangenheitspolitik eines Verlages (wie bei Weißmann) zutage treten lassen.

Die Frage nach der allgemeinen Problematik von geschichtlichen Gesamtdarstellungen verschärft sich angesichts von Auschwitz noch, also dann, wenn man die Frage stellt, wie in Synthesen deutscher Geschichte zwischen 1933 und 1945 der Holocaust in den geschichtlichen Verlauf darstellend eingebunden wird. Es wurde einmal die These vertreten, daß das Textgenre der Gesamtdarstellung mit seinem »heißen Atem«[10] den Nationalsozialismus vorwiegend unter lehrhaften, pädagogischen Gesichtspunkten präsentiert habe und daß es kein Zufall sei, daß die »maßgeblichen und einflußreichsten Werke auf diesem Gebiet [...] von politischen Feinden, ideologischen Gegnern und Opfern des Hitlersystems« verfaßt worden seien; deshalb, so die Argumentation, sei es kein Wunder, wenn »der Anteil angelsächsischer und jüdischer, liberaler und sozialistischer Autoren« entsprechend groß sei.[11]

Im folgenden sollen aber gerade nicht diese, sondern die Arbeiten zur Gesamtgeschichte des Dritten Reiches aus der Feder deutscher Historiker untersucht werden, die gleichfalls nicht ohne den »heißen Atem« entstanden sind und deren pädagogischer Impetus keinesfalls kleiner zu

8 Weißmann, Vorwort zur Neuausgabe, S. 14. Bezeichnenderweise finden sich auch im Text selbst viele an Meinecke und Ritter erinnernde traditionelle, ja geradezu veraltete Begriffe, wie bspw. »deutsche Katastrophe«, und »finis germaniae« als Kapitelüberschriften.

9 Wendt, Deutschland 1933-1945, S. III.

10 Becker, in: 25 Jahre Institut für Zeitgeschichte. Statt einer Festschrift, S. 28.

11 Rumpf, Nationalsozialistische Außenpolitik im Rückblick, S. 107 f.

veranschlagen ist, als die zitierte Bemerkung unterstellte. Die Leitfragen lauten also hier, wie die Täter und ihre Motive, wie die Opfer und ihr Leid erscheinen, ob der millionenfache Mord in einer abstrakten Mordtheorie thematisiert oder im Stil einer Chronik dokumentiert wird, ob das Thema als These, Antithese oder Synthese abgehandelt wird.[12] Wie also sind nun diese Texte strukturiert? In welchem Umfang und in welcher Sprache erscheinen Auschwitz und die nationalsozialistische Judenvernichtung? Welche Bilder prägen die Erzählung, wie werden Metaphern eingesetzt, und welcher Anteil an der Gesamterzählung wird ihnen beigemessen? Wird über Sprache, die eigene Position, Erinnerung und Wissenschaft nachgedacht? Wie wird mit Nicht-Wissen umgegangen, welche Leerstellen bleiben? Welche Bedeutungen werden »Totalitarismus« gegeben, und wie wird der Antisemitismus thematisiert?

Metaphern der Unsagbarkeit: Golo Mann und die Melancholie des verlorenen Patriotismus

In der später zum vielverkauften Klassiker avancierten Darstellung von Golo Mann aus dem Jahre 1958 beeindrucken Stil und Zugriff bis heute, vor allem in den vielfach zwischen die darstellenden Kapitel eingeschobenen Reflexionen, die Mann »Betrachtung« oder »Zwischenbetrachtung« nennt.[13] Sie ermöglichten es dem Verfasser, der die »Mentalität des Historikers« mit der Situation vor Gericht verglich, hier allerdings eher in der Rolle der Geschworenen als in »der des gelehrten Richters«[14] verkörpert sah, den Charakter des Naziregimes »nicht bloß nach seiner Nachtseite, sondern in seiner ganzen Komplexität« zu kommentieren. Die in der Einleitung evozierte Gerichtssituation, die Abgrenzung vom »gelehrten« Richter und die Einnahme einer Sichtweise des »Geschworenen« braucht nicht überstrapaziert zu werden, legt aber dennoch nahe, daß Neutralität und eine wahrheitsgetreue Darstellung nur in Distanz zu Sichtweisen der

12 Radkau, Geschichtswissenschaft heute, S. 143. Historiographische Synthesen, so warnte Radkau Anfang der 70er Jahre, bergen stets die Gefahr eines ›Liquidierens‹ von Thesen und deren Widerspruch.

13 Mann, Deutsche Geschichte 1919-1945. Der Text umfaßt zwei Kapitel der zuerst in der Büchergilde Gutenberg erschienenen Gesamtdarstellung »Deutsche Geschichte im 19. und 20. Jahrhundert« aus dem Jahre 1958. Später über 1945 hinaus erweitert und immer wieder aktualisiert; zu Mann vgl.: Koch, Golo Mann und die deutsche Geschichte. Eine intellektuelle Biographie; zu seiner »Deutschen Geschichte« v.a. S. 126 ff.

14 Mann, Deutsche Geschichte 1919-1945, S. 8. Hier auch das nächste Zitat.

Ankläger, der Beschuldigten und der Zeugen zu haben ist. Diese Haltung des neutral-distanzierten, wahrheitsliebenden und unbescholtenen Bürgers war aber zugleich auch jene, deren Sache zur Verhandlung anstand, denn »durch eine Kette von Katastrophen und schandvollen Enthüllungen« sei ihm »Heimatliebe und Nationalbewußtsein«, so Mann, »zunächst fast ganz genommen worden. Hier aber liege die Gefahr von Kritik und Enthüllungen, denn auch die deutsche Nation, so Mann, werde ohne ein gesundes Maß von beidem auf die Dauer nicht auskommen. Die Aufgabe der »Historiker-Geschworenen«, die alle Argumente vorsichtig gegeneinander abgewogen haben und die nun entscheiden müssen, »was rechtens ist und was Unrecht war und bleibt«, lautete also im Modus der Melancholie des verlorenen Patriotismus: Jene unglückselige Epoche sei in »leidenschaftliche[r] Anteilnahme *und* kühle[r] Objektivität zu erforschen und ihr [der deutschen Nation, N.B.] beides wiederzugeben«.[15]

Wie verwirklichte Golo Mann seine eigenen Vorgaben? Zunächst einmal erscheint die Zeitgenossenschaft, die Tatsache, daß sich »der Erzähler, zumal für die Ereignisse des Jahres 1933, auf eigene Erinnerungen stützen könne, als Ausweis zur Legitimation zur Darstellung. Wem die Zeit fremd sei »wie Tyrus und Ninive«, der sei zwar zu beglückwünschen, könne aber nicht wirklich kompetent darüber sprechen.[16] In den drei erwähnten »Betrachtungen«, die das Buch enthält, gibt es keinen Gedanken über Auschwitz, das hier nicht als zivilisatorischer Bruch wahrgenommen wird. Statt dessen wird der 30. Januar 1933 gleich zweimal sowie der Zweite Weltkrieg zum Gegenstand innehaltender Reflexion gewählt.[17] Mann betonte zu Recht, wie apologetisch die rückschauenden Berichte der historischen Akteure von damals seien, eine »Verzerrung der Perspektiven, ein Verschweigen des Gravierenden, ein Verschieben der Gewichte, wenn es nicht geradezu eine sogenannte Gedächtnistäuschung ist«.[18] Die Probleme des Verschweigens, des Verschiebens und der Verzerrung betrafen aber mithin seine eigene Darstellung: Für die Betrachtung über das Jahr 1933 nennt er Hitler noch mit vollem Namen, in Teil zwei seiner Darstellung verweigert er sich der erinnernden Nennung des

15 Dies alles Formulierungen des Klappentextes [Hervorh. von N.B.].

16 Diese Bemerkung schließt sich an das Ranke-Wort an, nur »darzustellen, ›wie es eigentlich gewesen ist‹«, dem Golo Mann sich verpflichtet fühlt, vgl. S. 106.

17 Vgl.: ebd., S. 94-104, S. 121-124 und S. 160-63.

18 Ebd., 94 f. mit Bezug auf v. Papen, Meißner, Schacht, Otto Braun und Severing.

Namens und beschränkt sich auf die Initiale »H.«[19] Das Dritte Reich erscheint als »Verzauberung«[20] einerseits, als »Durchbruch« der »unbekannten teuflischen Kräfte« der Seele Hitlers andererseits. Die zwölf Jahre des Nationalsozialismus erscheinen als Geiselnahme, bei der ein Einzelner das ganze Volk, später die halbe Welt in seine Gewalt brachte.[21] Entscheidenden Akzent setzte Golo Mann demnach auf »Unterschied, Trennung, Feindschaft zwischen Regime und Volk«, sowohl im Frieden als auch später im Krieg.

Dieser Grundgedanke des Totalitarismus, daß Handeln nur unter Terror und Zwang historiographisch, konzeptualisierbar scheint, wird nicht allein theoretisch, sondern vor allem beschwörend und in Bildern vorgetragen. Die Rede ist von Hitlers »Methode der Überrumpelung«, von einer Polizei, »die mehr und mehr den Bürger diktierte«, und von einem regelrechten Krieg des Regimes gegen das eigene Volk:[22] »So eisern hatte die Tyrannei die deutsche Nation im Griff, daß auch die vernünftigsten Stimmen von außen nicht mehr an sie herankommen konnten.« Der »Spuk«, die »Flut« und der »Morast des Nazismus«,[23] gegen die kein »Damm« mehr zu errichten war, und andere Metaphern markieren eine Gewaltsamkeit, die sich aber weniger auf die objektive Gewalt der damaligen Politik selbst bezieht als vielmehr auf die Vorstellung einer naturgeschichtlichen Unabwendbarkeit des Schicksals seiner Etablierung.[24] Es entspricht dieser auf eine Art von »Terrorismus« der Person Hitlers und auf die Gefangennahme Deutschlands zielenden Perspektive Golo Manns, wenn er in Hitlers letztem und heimlichstem Wunsch, »Deutschland [...] mit sich ins Verderben [zu] reißen«, zu sehen glaubt, seine ganze

19 S. 105 ff. Die Verächtlichmachung Hitlers ist ein literarischer Topos, wie ihn nicht wenige Intellektuelle im Exil benutzen. So sprach sein Vater Thomas Mann vom »Dauer-Asylisten«, Brecht häufig nur vom »Anstreicher«, Heinrich Mann vom »Hysteriker« und vom »pöbelhaften Klamauk« des Nationalsozialismus, Lion Feuchtwanger sogar vom »Hampelmännertum«. Auch die Verweigerung des Namens ist literarisch inspiriert: Ernst Weiss (1882-1940) benutzte dieses Stilmittel in seinem nachgelassenen Roman »Ich – Der Augenzeuge« ebenfalls. Vgl. hierzu: Koebner (Hg.), »Bruder Hitler«. Autoren des Exils und des Widerstandes sehen den »Führer«, S. 24-31.

20 Mann, Deutsche Geschichte, S. 94 und 102: »*Zufällig* gab es ihn« [Hervorh. v. G. M.]. Vgl. auch die Formulierungen »böse[r] Zauber« (S. 138 und 195) und »eine so dumme wie schauerliche Episode«.

21 Ebd., S. 104.

22 Ebd., S. 124, 142 und 164. Das nächste Zitat S. 180.

23 Ebd., S. 124, 95 und 105.

24 Ebd., S. 96: »Hitlers Sieg [war] so gut wie unvermeidlich.«

unglaubliche Laufbahn habe letztlich doch nur der Verwirklichung dieses Traums gedient.[25] Gleichzeitig die »nackte Alleinherrschaft von Gangstern« und ein im Grunde genommen »friedliches Deutschland« zu betonen erschien auch Golo Mann widersprüchlich, der Rechts- und Beamtenstaat hätte »sonst nicht mitgemacht«: »Hier mußte das Anormale, Ungesetzliche sich hinter dem Normalen, Gesetzlichen verbergen.« Mann konnte also am Ende seiner Darstellung das »ungläubige[n] Staunen der Alliierten« über ein Land, »das zwölf Jahre lang vom Nationalsozialismus regiert worden war«, in dem es nun aber eigentlich gar keine Nationalsozialisten gab, zur metaphorischen Überspitzung dessen, was »am Ende der Kern der ganzen peinlichen Geschichte« war, benutzen und wörtlich nehmen: Es war ein Nationalsozialismus ohne Nationalsozialisten, die »Geschichte eines Gauklers, *der sich großer, aber moralisch blinder, gleichgültiger nationaler Tüchtigkeit bemächtigt hatte wie einer Maschine und nun sie für sich arbeiten ließ*«.[26] Die Maschinen-Metapher wurde von Mann mehrmals und an entscheidender Stelle verwendet, dort nämlich, wo die Frage nach dem deutschen Anteil am NS-Regime diskutiert wird: »viele Elemente des Nazismus«, so seine suggestive Überlegung, waren »nicht-deutschen Ursprungs«, und vielleicht war ja die »ganze Maschinerie des ›totalen‹ Einparteienstaates, die den Russen, den Italienern abgesehen war«, ein lediglich »auf deutschem Boden« stehender Apparat, gespeist von internationalen Problemen, Fragen und Themen.[27] Und in seiner Gesamtcharakterisierung des Nationalsozialismus kam er erneut auf das Bild der »Maschine« zurück: Der Nationalsozialismus war, so Mann, eine »Maschine zur Erzeugung von Macht, Sicherung von Macht, Erweiterung von Macht. Die Maschine stand in Deutschland, folglich waren es deutsche Energien, deutsche Interessen, Leidenschaften, alte Ideen, von denen sie sich nährte. Die brauchte sie, aber gebrauchte sie nur, war nicht identisch mit ihrer Summe.«

Der Nationalsozialismus wurde also als eine umfassende Macht über die Deutschen konzeptualisiert: »Macht bedeutete Organisation, Indoktrination, Befehlsgewalt; sie bedeutete Unterdrückung alles Selbständigen, Widerstandskräftigen. Sie war in diesem Sinn etwas wesentlich

25 Ebd., S. 194; vom »Terrorismus« spricht Mann auf S. 122. Das nächste Zitat S. 123.

26 Ebd., S. 194 [Hervorh. v. N.B.].

27 Ebd., S. 105 mit dem Zusatz: »Man kann auf die Frage, was hier von der deutschen Geschichte gemacht war und was international, Sache der Welt in jenem Augenblick, nur verweisen; nicht sie klar beantworten.«

Negatives.«[28] Deswegen war auch das Thema »Widerstand« so ambivalent besetzt. Einerseits war zu zeigen, daß es ihn im Totalitarismus nicht geben konnte, andererseits mußte er für die Tradition des besseren Deutschlands herhalten. Während in der Darstellung Manns also die Parteiherrschaft auf einer »Auswahl der Schlechten beruhte«, war der Widerstand eben Ausdruck einer »echten Elite aus allen Klassen, Traditionskreisen und Landschaften«: »Der gute Genius der Nation hatte sich in der Verneinung, im Kampf gegen das Ungeheuer zusammengerafft.«[29] Wenn nun aber einerseits die Metaphorisierung und Dämonisierung der Person »H.s«,[30] andererseits verschiedene Formen der Rationalisierung und ein durchgreifendes Bedürfnis, alles Deutsche zu verteidigen, die Erzählstruktur des Mannschen Textes insgesamt charakterisiert,[31] so bleibt die Frage zu beantworten, wie Abscheu und Apologie sich im Hinblick auf die Judenvernichtung ergänzen, ob auch sie im Bekunden des Anstößigen einerseits bzw. dem Nachweis des Nicht-Deutschen andererseits Eingang in den Text findet. Und es verwundert kaum noch, daß genau in diesen beiden Methoden die wenigen Passagen über die nationalsozialistischen Massenverbrechen aufgehen. Mit Blick auf die Einsatzkommandos hinter der Ostfront und die Frage, daß das Heer vorgab, hiervon nichts gewußt zu haben, gesteht der Historiker Golo Mann:

> »Wie das Heer von diesen Dingen wegsah, sie nicht wissen wollte, so redet auch der Historiker ungern von ihnen. Es sind Taten und Zah-

28 Ebd., S. 137.

29 Ebd., S. 190.

30 So ist z.B. auf S. 96 vom »schlauen Teufel«, auf S. 101 von seinem »schwarzen Herzen« die Rede.

31 Zum Beispiel: »Es fragt sich sogar, inwieweit wir es noch mit einem Kapitel der deutschen Geschichte zu tun haben und inwieweit mit einer Auflösung internationalen Charakters« (S. 105). An einer Stelle bricht dieses Bemühen, Deutsches und Nationalsozialistisches zu trennen, dennoch auf, und Mann gibt den Blick auf die Ambivalenz seiner Grundfrage frei: »Sagt man, ihre [gemeint sind die Nationalsozialisten, N. B.] Herrschaft sei im Grunde landfremd gewesen, so sagt man etwas Wahres damit. Sagt man dagegen, sie sei die am echtesten deutsche, in allen modernen Zeiten populärste Regierungsform gewesen, so sagt man auch etwas Wahres. Was sie eigentlich war [...], läßt sich nicht auf einen einzigen Begriff bringen, oder allenfalls auf einen, dessen Formulierung recht künstlich klingen muß: Es war eine Verbindung von Identität und Nichtidentität. Der Nazismus war das Deutscheste vom Deutschen, hervorgebracht und getragen von einer Schicht der Nation, die viel breiter als sie je zuvor ein deutsches Regierungssystem getragen hatte; das ist der schwerste Vorwurf, den man den Deutschen machen kann« (140).

len, die die Phantasie sich nicht vorstellen kann, der Geist sich zu glauben weigert, wie klar auch dem Verstand bewiesen werden kann, daß sie wahr sind. Sie sind wahr. [...] Kein Zweifel ist möglich über eine Untat, die, in unserer Zeit geschehen, auf das Bild des Menschen und seine Geschichte für alle Zeiten einen Schatten werfen wird.«[32]

Das Verbrechen erscheint als Ereignis der »tiefsten Tiefen des H.schen Unternehmens«, Mann verwendet hier den Unsagbarkeitstopos als Historiographie des ›Ungerne-reden-Wollens‹. »Judenhaß?« Zwar das echteste Gefühl, dessen H. fähig gewesen sei, aber schwerlich eine Weltanschauung, so Mann. Er habe die »Phantasie des Volkes nicht bewegt«, und der Antisemitismus unter den Deutschen war keineswegs größer als unter den meisten anderen Völkern.[33] »Später, als die Obrigkeit befahl, Europas Juden umzubringen, fanden sich Leute, die es taten, so wie sie jeden anderen Befehl ausgeführt hätten.« Die Judenvernichtung, so Mann, der hier sogar Himmler als Beispiel anführt, »war kein Glaube, sondern *Verbrechen durch schlechte Literatur*«, also »Gerede«, »Prahlerei« einerseits, »Nachahmung der Kommunisten, der Jakobiner« andererseits, insgesamt eher »zynische[r] Opportunismus« als »Glaube«.[34] Beteiligung der Wehrmacht an Massenverbrechen? »Nie ist ein Generalstab so unschuldig an einem Krieg gewesen, wie der deutsche es am zweiten Weltkrieg war, nie ist er so widerwillig an die Ausübung seines Handwerks gegangen.«[35] Beteiligung von Soldaten an Massenerschießungen? »In ein unendlich weites, fremdes und feindlich-ödes Land geworfen, gequält von Partisanen hinter der eigenen Front, geängstigt durch die Kriegsführung eines Gegners, der seinerseits gegenüber dem Eindringling kein Erbarmen kannte, tat der Landser seine harte Pflicht, weil er mußte, und machte sich das Leben so erträglich, wie es ging.« Massenbegeisterung für den Nationalsozialismus? »Die große Masse der Vernünftigen und Gesunden [diente]

32 Ebd., S. 174. Hier auch das nächste Zitat.

33 Ebd., S. 137.

34 Mann, Deutsche Geschichte, S. 138 f. [Hervorh. v. N.B.].

35 Ebd., S. 164. Das nächste Zitat S. 173. Bemerkenswert bleibt aber, daß Mann die Massenerschießungen »an Juden oder kommunistischen Funktionären« ausdrücklich von den Vernichtungslagern absetzt und somit als eigenes Ereignis absetzt: sie haben »in der Öffentlichkeit des russischen Krieges« stattgefunden (174). Auch verweist Mann auf die »riesigen Zahlen« von russischen Kriegsgefangenen, die man »Hungers sterben« ließ (175) – beides hält ihn jedoch nicht davon ab, festzustellen, daß dies »[...] nicht durch Schuld der Armeeführung« geschehen sei: »Ihre Befehlshaber waren voll guten Willens« (175).

einigen wenigen Schurken.«[36] Wer beging den Genozid? »Das Ärgste, die Gaskammern in den Lagern von Polen und Österreich, in denen Europas Juden, Millionen von ihnen, getötet wurden, ist damals nur einer ganz kleinen Zahl von Mordbeamten bekannt gewesen.«[37]

Die Widersprüchlichkeiten in der Darstellung Golo Manns haben nicht zuletzt in den von ihm gewählten Bildern über das Verhältnis von Erinnern und Vergessen oder das von Gegenwart und Vergangenheit Ausdruck gefunden. Er redet von der »Gleichgültigkeit der Nation«, die die Toten vergaß, von einer unwillkommenen Erinnerung »im Saus und Braus« des wirtschaftlichen Wiederaufstiegs und läßt dabei die kritischsten Töne durchklingen – aber mit Bezug auf die »Katastrophe des zwanzigsten Juli«. Hier schlug eine Metaphorik durch, die den Ärger über die Jahre der NS-Herrschaft als Trauer über die Entwertung des »heiligen Deutschlands« erkennen läßt: Die Einsicht in den Verlust des Begriffs »Vaterland« verschaffte sich im Ärger über die andauernde Bedeutung und Wirksamkeit des Dritten Reiches Bahn:

36 Ebd., S. 174.

37 Ebd. Einen immensen Erfolg mit derselben These hatte auch das Buch von Helga Grebing, Der Nationalsozialismus. Ursprung und Wesen [zuerst: München 1959] mit 15 Auflagen, in nur fünf Jahren. Hierbei sind die großen Unterschiede zwischen der Erstauflage (mit lediglich knapp hundert Seiten) und den späteren Auflagen zu beachten: in der 15. Auflage hatte das Buch ein Kapitel mehr und war auf insgesamt 160 Seiten angewachsen. Insgesamt erlebte das Buch 18 Auflagen, und es verkauften sich in ca. 100.000 Exemplaren. Die Erstauflage war noch primär eine Auseinandersetzung mit der von Deutschland abgewehrten Kollektivschuldthese, deren Widerlegung Grebing zum Thema machte. Damit korrespondiert die von ihr vertretene Sichtweise, daß die »Endlösung« »weitgehend im geheimen« durchgeführt wurde (76). So kann die Autorin, v.a. im interpretatorischen Fazit des letzten Kapitels (»Das Ende unserer Geschichte?«, S. 86-100) ihren Akzent auf eine Verteidigung der deutschen Geschichte gegenüber ihrer Vereinnahmung durch den Nationalsozialismus legen. Und so schreibt sie explizit, es gelte »die Proportionen unseres geschichtlichen Selbstverständnisses in die rechte Ordnung zu rücken und dann mit der durch diese Ordnung wieder gewonnenen Klarheit den Nationalsozialismus als das zu bezeichnen, was er war: ein Rückfall in die Barbarei vor jeder Geschichte« (S. 86). In der zum Vergleich herangezogenen 15. Auflage heißt dieser Satz dann: Aufgabe sei es, »die Proportionen unseres geschichtlichen Selbstverständnisses in die rechte Ordnung zu rücken, eine von nationalen Tabus und entsprechenden psychologischen Barrieren freie Einstellung zur deutschen Geschichte zu erreichen«. Vgl.: Grebing, Der Nationalsozialismus (1964), S. 135.

> »Wie ein verfluchtes Haus, ein Mörderhaus, von dem die Dorfbewohner wegsehen und das doch in ihrer Mitte steht, so steht das Dritte Reich in der Erinnerung der Deutschen.«

Im selben Gedankengang vergleicht er es mit einer »Mauer zwischen Gegenwart und aller früheren Vergangenheit. Weil man sich an jene zwölf Jahre, an den häßlichen Namen, welcher damals der deutsche Gruß war, nicht erinnern will, so hat auch das, was vorher war, an Interesse verloren, und man lebt ganz im Augenblick.«[38] Aus dem Bild des Hauses, das den Nationalsozialismus »in der Mitte« der Gesellschaft als eine Art von Erinnerungsmahnmal seiner selbst darstellt, wird eine Mauer, die den historischen Betrachter nicht mehr in das dahinterliegende Gelobte Land positiv besetzter Geschichte blicken läßt: wer sich an die Geschichte des Dritten Reiches erinnert, vergißt die Geschichte davor, so Manns Fazit, in welchem sich der Eindruck verdichtet, daß bereits ein gutes Jahrzehnt nach dem Zusammenbruch des Hitler-Regimes bereits Kritik am übertriebenen Umgang mit den zwölf Jahren des Nationalsozialismus artikuliert wird.

Golo Mann sprach einmal von seinem »komplizierten Seelenzustand« in bezug auf Deutschland.[39] Dieser drückte sich ohne Zweifel auch in seiner Konzeptualisierung von Nationalsozialismus und dessen Verbrechen aus, die im Muster der in Deutschland gültigen Diskursform des Totalitarismus verblieb. Zentrum auch seiner Melancholie war der Verlust nationalkultureller Bedeutung der konservativen Elite in Deutschland, die in mühevoller Abwehrarbeit soweit wie möglich von dem getrennt wurde, was Mann unter »Nationalsozialismus« verstand. In seiner Gesamtdarstellung des Nationalsozialismus wird in Themenschwerpunkten, Sprechweisen, begrifflichen Konzepten, Wahl der Bilder und expliziten Wertungen durchgängig deutlich, daß dieses Verständnis bei scharfer Ablehnung zugleich in hohem Maße reduktionistisch war. Auch bei Mann wird jene Angst der älteren Generation deutlich, die auf die Tatsache reagierte, daß zwischen der genauen Kenntnis und Darstellung der NS-Verbrechen und der Entweihung des Nationalen – mithin also jener Domäne der eigenen Rolle des *praeceptor germaniae* – ein Verhältnis kommunizierender Röhren bestand. Je forcierter versucht wurde, diese Rolle aufrechtzuerhalten, desto schwächer wurde die Bereitschaft, das Dritte Reich mitsamt seiner Massenvernichtungspolitik in die deutsche

38 Zit. nach: Stern, Leben in Diktaturen. Eine persönliche Erinnerung, S. 282.

39 Mann, Kein Triumph und keine Trauer. Begegnungen in Deutschland 1945, S. 185.

Geschichte zu integrieren, deren besseren Teil zu repräsentieren man als die eigene Aufgabe definiert hatte. Umgekehrt: je stärker man die Judenverfolgung als Ereignis in den Blick nahm, desto schneller schwand auch der kompensative Entlastungswunsch nach einer unkritischen Verteidigung gerade jener Werte der bürgerlichen Elite, die gerade nicht in der Lage gewesen waren, den Holocaust zu verhindern.

Vorherrschaft der SS: Mau/Krausnick und die Suggestivität der Geheimhaltung

Die Darstellung von Golo Mann versammelte die zu ihrer Zeit verbreiteten Topoi von Gesamtdarstellungen des Nationalsozialismus in auffälliger Weise und prägnanten Formulierungen. Die für die engere Fachwissenschaft wichtigeren Darstellungen zur Interpretation der Gesamtgeschichte des Dritten Reiches kamen jedoch aus dem Institut für Zeitgeschichte in München. Autoren waren Hans Buchheim und Martin Broszat, die kleinere Arbeiten vorlegten. Zu den damals noch prominenteren Historikern, die »nach dem heißen Eisen«[40] der NS-Zeit griffen, gehörten Hermann Mau und Helmut Krausnick (Jg. 1905), beide in der Frühzeit des Instituts in München als deren Direktoren tätig. Mau, der als dessen erster Generalsekretär nach Kroll für den Hauptteil und die Gesamtstruktur verantwortlich zeichnete, verstarb jedoch, bevor er das Manuskript vollendet hatte. Krausnick, der schon 1932 der Partei beigetreten war, seine Karriere 1938 als Mitarbeiter der Zentralstelle für Nachkriegsgeschichte begann und als Soldat im Herbst 1944 an der Ostfront und in Italien eingesetzt worden war, komplettierte die von Mau konzipierten letzten drei Abschnitte über Verfolgung, Widerstand und Zusammenbruch.[41] Den eigenen Parteieintritt und sein Verhältnis zur NS-Bewegung beschrieb Krausnick 1950 in einem Privatbrief an Gerhard Ritter als eine »Hoffnung, ja Überzeugung«, der ihm in vieler Hinsicht unheimliche Radikalismus der Partei werde sich unter dem Druck der Verantwortung sehr schnell legen:

> »Mit 26 Jahren begeisterter Volkskonservativer und als Schüler von Hoetzsch an der ersten repräsentativen Versammlung der Volkskons[ervativen]. Vereinigung im Herrenhaus beteiligt, stiess ich in meiner Enttäuschung über deren Fehlschlag in Berlin-Grünau auf eine

40 Heimpel, Eine wirkliche »Deutsche Geschichte« II, in: Die Sammlung 9 (1954), S. 332-335.

41 Zu Mau vgl. Kap. 5.1. Zu Krausnick v.a. Benz, Vorrede. Zugleich ein Versuch über Helmut Krausnick, S. 7-14.

ausgesprochen anständige Gruppe von Nationalsozialisten, die unseren Freundeskreis mit dem ehrlich gemeinten Argument warb, die Partei habe noch gar keine ›Köpfe‹ und müsse diese auf Grund ihres Wahlerfolges erst sammeln! […] Als im Mai 1933 jeder OG. Leiter Bürgermeister und jeder Kreisleiter Oberbürgermeister wurde, war ich mit der Partei innerlich fertig, habe mich später bewusst von einem Bekenntnispfarrer trauen lassen und meine beiden Kinder von Bekenntnispfarrern taufen lassen, in meiner Arbeit trotz Warnungen eines hitlerfeindlichen Fachgenossen jüdische Autoren zitiert usw.«[42]

Eine solche lebensgeschichtliche Teilhabe an dem, was erklärt werden mußte, mußte nolens volens zu einer Form von Eigengeschichtsschreibung werden, die auf die »anständige Gruppe von Nationalsozialisten« und auf die »Enttäuschung« abhob, die einem nach dem Eintritt in die Partei bereitet wurde. Es mutet deshalb durchaus nicht falsch an, wenn für diese Darstellung innerhalb des von Peter Rassow 1953 herausgegebenen Handbuchs *Deutsche Geschichte im Überblick* noch das Wagnis des Vorhabens als ein »erste[r] Ansatz zur historischen Bewältigung auch der letztvergangenen Epoche« betont wurde.[43] Hervorgehoben wurden die »noch wilden Gewässer«, die »trübe« fließenden Quellen und das »von Leidenschaften aufgewühlte Meer, das für uns alle die Erinnerung an die Hitler-Zeit bedeutet«, der Historiker fungierte innerhalb dieser Metaphorik durchaus konsequent als »Talent […], nach festen Sternen den Kurs zu bestimmen, den das Schiff der Geschichtsschreibung einhalten mußte.«[44]

Die Gliederung Hermann Maus nach Knotenpunkten in der Entwicklung des Dritten Reiches, habe sich, wie Rassow im Nachwort der Sonderausgabe sagte, nicht nur »bewährt« sondern auch »durchgesetzt«. Das Buch wurde dabei als eine »rückhaltlose Schilderung des Irrwegs« wahrgenommen.[45] Auch Bracher zählte das Buch zu jener Zeit als »ganz unzweifelhaft zu den besten zusammenfassenden Darstellungen«, die der »umstrittene Gegenstand« bisher gefunden habe. Es widerlege die Behauptung von der »Noch-nicht-Darstellbarkeit« unserer jüngsten Vergangenheit.[46] Das Buch schildert in vier Kapiteln auf ca. 140 von 200

42 Vgl.: Krausnick, Brief an Gerhard Ritter vom 25. 9. 1950, in: AVHD (1).

43 Mau/Krausnick, Deutsche Geschichte der jüngsten Vergangenheit (zuerst: 1953), hier zit. nach dem Nachwort der Sonderausgabe, S. 201.

44 Ebd., S. 202.

45 Braubach, Veröffentlichungen des Jahres 1956, S. 549; von einem »moderatly conservative critical judgement« sprach Meyer, Mitteleuropa, S. 349 f.

46 Bracher, Zur Geschichte des ›Dritten Reiches‹, in: NPL 2 (1957), Sp. 97 und 101.

Seiten »Die Machtergreifung 1933«, »Die nationalsozialistische Revolution 1933/34«, die Jahre »Auf dem Wege zum ›Großdeutschen Reich‹ 1933-1938« und »Die Vorgeschichte des Zweiten Weltkrieges 1938-1939«. Das fünfte und letzte Kapitel »Der Zweite Weltkrieg 1939-1945« verwendet nochmals drei Viertel der letzten 40 Seiten auf Militäropperationen, Widerstand und Zusammenbruch. Unter der Überschrift »Verfolgung« wird auf 10 Seiten ein »nationalsozialistische[r] Staat« als handelndes Subjekt vorgestellt, der im Krieg fast das gesamte Europa einschließlich Deutschlands totalitär beherrschte. Krausnick konzidiert zwar »eine gewisse Zurückhaltung« des Terrors in Deutschland selbst, aber er betont Hitlers Entschlossenheit, »hier eines Tages die Kirchen zu beseitigen«.[47] Exemplarisch war auch in dieser Darstellung die Bewertung der »Vorherrschaft der SS« und die zu »furchtbarer Methode entwickelte« Macht von »Gewalt und Mord«. Einerseits wurden sie vor der deutschen Öffentlichkeit »besonders sorgfältig getarnt, andererseits aber bestand deren Funktion zugleich darin, die »dunkle[n] Ahnung«, die davon kursierte, zur »Aufrechterhaltung des Terrors« zu nutzen. Wissen und Nichtwissen wurden in solchen totalitarismustheoretisch konzipierten Auffassungen vom Nationalsozialismus regelrecht identisch. Die medizinischen Versuche in den Konzentrationslagern werden zu einem allgemeinen Beispiel dafür, wie sich in einem »totalen« Staat »gewisse moderne, nicht auf Deutschland beschränkte, rein naturwissenschaftliche Auffassungen der Medizin im Zeitalter des technischen Gemeinwesens« durchsetzten.[48] Den »schlimmsten Ausschreitungen einiger SS-Formationen gegen Juden« während des Krieges in Polen »traten Befehlshaber des Heeres [...] entschieden entgegen«, Krausnick spricht in diesem Zusammenhang zweimal von »Widerstand«.[49] Auch der Mord der Einsatzgruppen an den Juden nach dem Überfall auf die Sowjetunion sei der Wehrmacht »zweifellos verheimlicht worden«, obwohl es einigen der Wehrmachtsführer »vorbehalten« blieb, wie er ironisch anmerkte, »der ›harten, aber gerechten Sühne am jüdischen Untermenschentum‹ noch das Wort zu reden.« Die »methodischer und unauffälliger angelegte Vernichtung der Juden, für die der Name *Auschwitz* zum furchtbaren Symbol geworden ist«, wird als ein Unternehmen der »nationalsozialistische[n] Staatsführung« dargestellt, wobei Krausnick auch hier ihre »peinliche Sorgfalt«, mit der sie die Ausrottung getarnt habe, nachzuweisen versuchte. Diese, so Krausnick,

47 Mau/Krausnick, Deutsche Geschichte, S. 161. Hier auch das nächste Zitat.
48 Ebd., S. 164.
49 Ebd., S. 167 und 169. Hier auch die beiden folgenden Zitate.

beweise »daß sie in ihrer Judenpolitik längst die Grenzen dessen überschritten wußte, wozu sie sich auch dem eigenen Volk gegenüber bekennen durfte«.[50]

Die Dominanz des sich gerade in Gesamtdarstellungen zeigenden Grundproblems dieser Zeit formulierte in der Darstellung von Mau/Krausnick schon der Klappentext. In einer zugleich der Emotionalität wie deren Kritik verpflichteten Formulierung ist hier zunächst von der Bedeutung der kurzen »zwölf Jahre« die Rede, »die das Schicksal der Menschheit auf Jahrhunderte hinaus« bestimmt hätten. Denn nichts weniger als den »schrecklichsten Weltkrieg, den die Weltgeschichte kennt«, gelte es darzustellen. Gleichzeitig aber wurde für die »Distanz, die das Maßlose überschaubar, das Entsetzliche ertragbar« macht, die Fachkompetenz der Historiker beschworen. Mit ihrer »sachliche[n] Darstellung« hätten die Autoren »bewiesen«, so die emphatische Formulierung, »daß in unseren Tagen der Historiker, *aber auch nur der Historiker*, von der Epoche des Nationalsozialismus ein Geschichtsbild entwerfen« könne.[51] Die Hauptleistung solcher Proklamationen entsprach dabei durchaus der Selbstwahrnehmung der Historiker, nämlich *erstens* zur Deutung allgemein privilegiert zu sein und *zweitens* die Dignität dieser Deutung aus der Fähigkeit zu Distanz und Sachlichkeit zu ziehen.[52] Der Zusammenbruch von 1945 habe »eine solche Distanz geschaffen«, meinte ein zeitgenössischer Publizist affirmativ, daß die Jahre 1933-1945 »in ihrer Unglaublichkeit kaum weniger fremd geworden [seien] wie lange vergangene Jahrhunderte«.[53]

50 Ebd., S. 171.

51 So der Klappentext: Ebd.[Hervorh. von N.B.].

52 Vgl. auch die Äußerung von Golo Mann, der in seinem 1958 erstmals erschienenen Buch über die NS-Zeit von dem Leid spricht, das die deutsche Besatzung im Krieg über so viele Länder gebracht hat, und dem daraus resultierenden »Haß [...], der heute, *nach so langer Zeit*, wohl noch nicht ganz abgestorben ist«. Mann, Deutsche Geschichte, S. 168 [Hervorh. v. N.B.].

53 Mirgeler, Das Hitlerreich im Rückblick zweier Jahrzehnte, S. 472. Man solle, so fügte er noch hinzu und machte damit seine Absichten 20 Jahre nach Kriegsende unmißverständlich deutlich, »dieses Faktum auch in der Erwägung der Schuldfrage in Rechnung setzen und nicht aus moralischen Gründen eine Kontinuität postulieren, *die meist nicht mehr da ist*« (sic!) [Hervorh. v. N.B.].

Vergewaltigung, Verstrickung, Verführung:
Hans Buchheim und der Totalitarismus

Auch die beiden knappen Darstellungen *Das Dritte Reich* und die *Totalitäre Herrschaft*, die Buchheim 1958 und 1962 vorlegte,[54] trugen alle Züge jener Kompromißbildung zwischen präzisen und apologetischen Anteilen, die die Beschäftigung mit dem Nationalsozialismus in einer Zeit eingehen mußte, in der sie sich dem Vorwurf ausgesetzt sah, »offenkundige Fehlurteile der Nachkriegspropaganda« zu übernehmen.[55] Obwohl Buchheim in erster Linie außenpolitische Zusammenhänge darstellte und den Verbrechen an den Juden eindrucksvolle Passagen widmete, kann auch in diesen kleinen Schriften die Geburt der Totalitarismustheorie aus dem Geist der NS-Gesamtdeutung in den 50er Jahren gezeigt werden: Deutschland war im eisernen Griff einer – als aktiv handelndes historisches Subjekt imaginierten – »Dämonie der totalen Herrschaft«,[56] die sich »entwickelte«, »ausbreitete« und die sozialen Beziehungen »vergiftete«, den Einzelnen »vergewaltigte« und »erstickte«.[57] Hier wurde dann auch dementsprechend stark auf den »sich in legalen Formen« vollziehenden Bruch mit 1933 hingewiesen, Traditionseliten wie Wehrmacht, Bürokratie, Kirchen und Wirtschaft wurden entlastet, indem sie als Opfer von Hitlers Täuschungsmanövern dargestellt werden, und die SS als ein Staat im Staate charakterisiert.[58] Buchheim legte auch hier unter Betonung der »konstitutiven Verkehrtheit« des Systems den Schwerpunkt der Betrachtung auf die »bitteren Erfahrungen« derer, die »einen Weg eingeschlagen hatten, auf dem nicht nur die demokratische Verfassung, sondern jede verbindliche staatliche Ordnung überhaupt zerstört werden

54 Buchheim, Das Dritte Reich; ders., Totalitäre Herrschaft. Vgl. zu Buchheim auch Kap. 5.1.

55 Vgl. das nazistische Pamphlet von Helmut Sündermann, Das Dritte Reich. Eine Richtigstellung in Umrissen, Leoni 1959, S. 57. Er benutzt Buchheims Darstellung durchgehend zur Auseinandersetzung mit »Legende und Wirklichkeit« und zur »Richtigstellung«. Zur Judenvernichtung bemerkt er lediglich, »in rückblickender Betrachtung möchte man meinen, daß bei gutem Willen auf jeder Seite das Problem wahrscheinlich lösbar gewesen wäre« (S. 22). Seine Polemik ist Erinnerungskampf, er versucht insgesamt gegen »den rückblickenden Historiker [...] die Auffassungen des Jahres 1933 heranzuziehen« (S. 21). Buchheim und dem IfZ werden dabei jegliche Neutralität und Objektivität aberkannt.

56 Buchheim, Das Dritte Reich, S. 85.

57 Ebd., S. 12 und 69. Das nächste Zitat S. 7.

58 Ebd., S. 13 f., 27, 30 f., 32, 48 f, 49 ff.

sollte«, und zeichnete das Bild von Hitler als »unumschränktem Herr über Deutschland« und als Willensmensch der »Egozentrik«, der seinen Willen anderen aufzwang: »Wenn er Deutschland sagte, diente er nicht der Sache, sondern versuchte er, die Sache in seinen Dienst zu zwingen.«[59] »Die Sache«, daran ließ Buchheim keinen Zweifel, war der Staat, der nun als »Instrument« in Hitlers erschlichener Autorität fungierte:[60]

> »Hitler sah die Welt immer durch das Medium seines jeweiligen Zwecks; worauf er seinen Willen gerade richtete, das verstand er gleichsam zum Angelpunkt seiner Welt zu erheben, demgegenüber die wirklichen Verhältnisse bedeutungslos zu werden schienen. Je mehr sich aber diese Wirklichkeit schließlich doch geltend machte, um so unentrinnbarer besiegelte allerdings die gleiche Kraft, die als unbeirrbarer Wille Deutschlands Aufstieg bewirkt hatte, als Monomanie und gegenstandslose Illusion den Untergang des Reiches.«[61]

Totalitarismus bedeutete nach Buchheim »lückenlose« Organisation, bestand in »unerbittlichem« äußeren Zwang und endete in der »Herrschaft über das Gewissen«: Der totalitäre Staat stelle den Menschen vor die Alternative, entweder bedingungslos mitzumachen und dabei sich selbst aufzugeben oder sich treu zu bleiben und dabei vernichtet zu werden.[62] Den Nationalsozialismus beschrieb Buchheim als zwar »geistfeindlich« und charakterisiert seine Ideologie als »neue[n] Glauben«, entscheidend sei aber sein »totalitärer Verfügungsanspruch« gewesen: er »zwingt dem Volk auf, was angeblich dessen wahrer Wille ist«.[63] Der einzelne Mensch werde so durch Heilsversprechen und Gewalt dazu gebracht, »in Kauf zu nehmen, ja oft begeistert [zu] unterstützen, was ihn doch, wie er selbst spürt, in seinem Kern vergewaltigt«.[64]

Die Beschreibung der Judenverfolgung und -vernichtung beeindruckt dennoch auch den heutigen Leser. Lediglich die Verortung des National-

59 Buchheim, Hitler als Politiker, S. 8, 9 und 20. So in dem aus Rundfunksendungen hervorgegangenen Gemeinschaftswerk, das auch in vereinfachter Form für den zeitgeschichtlichen Unterricht als Schulmaterial erhältlich war.

60 Buchheim, Das Dritte Reich, S. 17.

61 Ebd, S. 36 und wortgleich: ders., Hitler als Politiker, S. 15; zweimal zitiert Buchheim hier den Hitler-Ausspruch: »Nationalsozialismus ist das Gegenteil von dem, was heute ist« (ebd., S. 8 und S. 21).

62 Buchheim, Totalitarismus, S. 71.

63 Ebd., S. 20, 22, 23, 21 (in der Reihenfolge der Zitate im Text).

64 Ebd., S. 23 f.

sozialismus als »einer Deutschland nicht würdigen Herrschaft«[65] jenseits des Verlaufs der deutschen Geschichte blieb den schamdiskursiven Beschwichtigungsformeln der Zeit verpflichtet. Buchheim, aufrichtig bemüht, nicht zu beschönigen, spricht hier von »Triebkräften«, die jenseits aller guten und bösen Kategorien der Politik und außerhalb des Horizonts mitmenschlicher Beziehungen lägen.[66] Damit hatte er aber zwei der interessantesten Fragen mehr geschlossen als geöffnet, nämlich die nach der konkreten Politik der Vernichtung auf der einen Seite und die nach den alltagsgeschichtlichen Beziehungen zwischen Juden und Nichtjuden in den 30er und 40er Jahren im Kontext des Vollzugs einer solchen Politik. Dennoch: die Charakterisierung des Zusammenhangs der verschiedenen Verbrechensdimensionen offenbart einen noch unverfälschten Blick auf den Nationalsozialismus. Buchheim betont das »Einmalige der nationalsozialistischen Judenverfolgung«, den Aspekt jener »planmäßigen, industrieförmigen Vernichtungsaktion«, und verankert ihn in einem »zeitgeschichtlich typischen« Vorgang eines »Einbruch[s] biologisch-materialistischer Kategorien in das politische Denken«:

> »Das eigene Volk und, im Zweiten Weltkrieg, die Völker Europas, wurden von den Nationalsozialisten wie unrationell angelegte und von Unkraut durchwucherte Pflanzungen angesehen, in denen einmal Ordnung geschaffen werden mußte, indem man die Asozialen isolierte, die ›Fermente der Dekomposition‹ unschädlich machte, wertvolle Elemente vermehrte und minderwertige verkümmern ließ, Kranke unfruchtbar machte und Unruhe stiftende Volksstämme entweder verpflanzte oder ›ausmerzte‹; am Ende sollte dann eine neue, biologisch sinnvoll geordnete europäische Gesellschaft stehen. Gerade die schrecklichsten Untaten der Nationalsozialisten galten diesem wahnsinnigen Versuch, durch Züchtung und Selektion das politische Leben zu reformieren und so Europa säuberlich neu zu ordnen. Euthanasie, Umsiedlung und Germanisierung und nicht zuletzt die Ausrottung

65 Buchheim, Das Dritte Reich, S. 82.

66 Buchheim, Das Dritte Reich, S. 40. In einer zeitgleichen Rezension heißt es an anderer Stelle über »die typischen Verbrechen gegen die Menschlichkeit«, zu denen Buchheim die Vernichtung der Juden und die Menschenversuche zählt, beides seien »Spezifika des Nationalsozialismus«, die in einer »genau analysierbaren Perversion *europäischen Geistes* begründet« seien, vgl.: Buchheim, Zur Geschichte des »Dritten Reiches«, Sp. 196 [Hervorh. v. N.B.].

> ganzer Kategorien als wertlos oder gar gefährlich betrachteter Menschen dienten diesem Programm.«[67]

Die Einsicht in den Zusammenhang völkisch-sozialer Großraumplanung und Verbrechen gegen die Menschlichkeit konnte, wie sich zeigte, wieder verlorengehen und wurde erst durch Arbeiten von Peukert, Aly oder auch Baumann in den 80er und 90er Jahren neu erarbeitet. Hingegen zeigte ein Erklärungsmodell, das Hitlers Rolle und Willen und seine Zwecksetzungen als »total« auswies, den eigenen Staat und das eigene Volk dabei »aufs Spiel setzend«, alle Züge des totalitarismustheoretischen Zugangs der 50er Jahre: Die Trennung von »oben« und »unten«, von Hitler und dem Volk, von Nationalsozialismus und Deutschland.[68] Hitlers Herrschaft, so diese konsensfähige Sicht, habe »das merkwürdige Schauspiel einer Zerstörung der nationalen Idee in einem extrem nationalistischen Staat« geboten.[69] Gerade die Judenverfolgung als Ausdruck des rassebiologischen Denkens belegte nach Buchheim die »Antithese« des nationalen Denkens, nicht seine Übersteigerung, da ihr »zahllose Menschen zum Opfer fielen, die Deutschland über alles liebten«.[70] Die These vom »extrem nationalistischen« Deutschland der NS-Zeit, das zugleich mit seinen Verbrechen im deutschen Namen »den Horizont staatlichen und nationalen Denkens« sprengte und »Deutschland in schwere Schuld verstricken« konnte, ermöglichte es Buchheim, von den immanenten

67 Buchheim, Das Dritte Reich, S. 40 und 41 f. Sündermann, Das Dritte Reich (S. 65 und 68), erkennt hier nur eine »empörende[n] Sammelbeschuldigung gegen die Nationalsozialisten (also immerhin viele Millionen Deutsche!)« und wehrt sich gegen die »Kollektivschuld-These«, die sogar Vansittart in den Schatten stelle: »Man kann menschliches Verständnis dafür aufbringen, daß jüdische Autoren ihren berechtigten Zorn über das Geschehene auf einen möglichst großen Kreis ausdehnen wollen; ich begreife aber nicht, wieso ein deutscher Schriftsteller sogar mit Hilfe von Falschzitaten die offenkundige Tatsache hinwegdiskutieren will, daß die nach einer langen Periode der jüdischen Auswanderung ab 1941 einsetzende […] Ermordung internierter Juden ein Geheimvorgang war, der weder mit dem nationalsozialistischen Programm noch mit dem Willen des deutschen Volkes übereinstimmte.«

68 Das machte das Buch zustimmungsfähig, vgl. z.B. Waldemar Bessons Diktum, nach dem Buchheim in seinem schmalen Büchlein genau die »Gesichtspunkte« habe erkennen lassen, »nach denen auf der Grundlage unseres heutigen Wissens und Verstehens Geschichte des Nationalsozialismus geschrieben werden muß«. Besson, Neuere Literatur zur Geschichte des Nationalsozialismus, S. 315.

69 Buchheim, Das Dritte Reich, S. 54.

70 Ebd., S. 56 und 58.

Gefahren unseres Zeitalters zu sprechen, die im Nationalsozialismus schon einmal zur schrecklichen Alleinherrschaft gekommen seien.[71] Der Gedanke der »Verstrickung« war bei Buchheim, so könnte man etwas überspitzt sagen, das *missing link* zwischen der theoretischen Konzeption seiner Totalitarismus-These und seiner lebensgeschichtlich grundierten Gesamterzählung vom Dritten Reich: Daß die Verbrechen des Nationalsozialismus seine militärischen Gegner zuletzt zur bedingungslosen Kapitulation regelrecht zwangen und daß diese Kapitulationsforderung »auf das ganze deutsche Volk« ausgedehnt wurde, sei, so Buchheim, »tragische Verstrickung«.[72]

Lebensgeschichte und Theorie: Totalitarismus als Metapher für »wirkliche« und »gespaltene« Wirklichkeit

Buchheim hat oft darauf hingewiesen, daß er zu jener Generation gehöre, die die NS-Zeit noch ganz innerhalb des Horizontes dessen, »wie sie die Ereignisse tatsächlich erlebt hatten«, beschäftigte.[73] »Wer das nicht am eigenen Leibe erfahren hat, wird allerdings große Mühe haben, das Verhalten an sich normaler Menschen unter einem totalitären System zu verstehen.«[74] Er war derjenige Historiker, dessen Totalitarismus-Modell am stärksten lebensgeschichtliche Ausrichtung und Funktion bekam, denn sein theoretischer Erklärungsversuch zielte nicht allein auf äußere Gewalt-Metaphern einer terroristischen Überwältigung, sondern auch auf die alltagsgeschichtlichen Vorstellungen von Verführung und »Bann«. Für ihn sei es als einer der frühen Mitarbeiter des IfZ eine »einzigartige Gelegenheit« gewesen, so Buchheim, das zu erforschen, was er kurz zuvor selbst erlebt hatte, »jedoch nur fragmentarisch im eigenen Alltag und insgesamt mehr oder weniger verschleiert und irreführend dargestellt, mithin als so weitgehend eingeschränkte Wirklichkeit, daß das tatsächlich Erlebte nicht die Wirklichkeit gewesen war«.[75] Für Buchheims Totalitarismustheorie galt mithin die doppelte These vom Verhältnis von Alltag und Politik: Einerseits war für ihn ihre Trennung konstitutiv, er sprach davon, daß das nicht-politische Alltagsleben einer Bevölkerung insgesamt […] gewissermaßen quer zur Politik«, ja sogar »quer zur Wirklichkeit« stehe: »Der Alltag erweist sich als resistent.« Auf der anderen Seite galt ein hohes Maß seiner Bemühungen aber gerade dem Nachweis,

71 Ebd., S. 60.
72 Ebd., S. 43.
73 Buchheim, Politische Kriterien der Schuld, S. 516.
74 Buchheim, Totalitäre Herrschaft, S. 50.
75 Buchheim, Die fünfziger Jahre, S. 69. Die folgenden Zitate S. 76.

daß der Totalitarismus eine Kraft war, die nicht allein äußerlich blieb, sondern im Inneren des einzelnen Menschen Platz greifen konnte – sogar ohne dessen Zutun. Kern totalitärer Herrschaft in dem theoretischen Versuch von Buchheim war deshalb nicht zufällig ihre »unheimliche Dimension«, ihr Auswachsen »über alle Maßstäbe« und ihr »Bannkreis«: Die Menschen hätten sich nicht nur in ihrer Freiheit bedrückt und eingeengt gefunden, sondern dem Regime »ausgeliefert« und »erbarmungslos von ihm in Anspruch genommen *und schließlich gar unversehens in sein Wirken schuldhaft verstrickt*«.[76] Kein Winkel des öffentlichen noch des privaten Lebens habe Sicherheit geboten, »Begeisterung und Einsatzbereitschaft seien künstlich produziert worden«.[77]

Auch hier formierte sich im Begriffsschema des »Totalitarismus« ein Deutungsmodell der jüngsten Vergangenheit aus der Perspektive »der Deutschen«, eine Sicht »an sich normaler Menschen«, der Mitläufer, in all ihrer Widersprüchlichkeit. Denn auch hier benötigte das Einmalig-Besondere des Phänomens einmal mehr die Zeitzeugenschaft derjenigen, die »unmittelbar unterworfen« waren. Über Totalitarismus könne nur reden, wer ihn selbst »erfahren« habe. Hier war einmal mehr die passive Nähe zum Geschehen zu betonen, fanden ein beschwörendes Pathos und die Selbstwahrnehmung als Opfer Ausdruck. Betont wurden der erbarmungslose Charakter, das Zerstörerische und die offene Gewalt und Freiheitsberaubung als primäres Vergehen des Dritten Reiches am eigenen Volk. Gegenüber dem offenen Terror gebe es keine Zweifel, daß er zu verabscheuen sei, so Buchheim.[78]

Trotzdem mußte erklärbar bleiben, wie man »unversehens in sein Wirken schuldhaft *verstrickt*« werden konnte. Sonst bliebe unverständlich, wie und warum man auch noch so marginal, subjektiv oder objektiv, Akteur oder auch nur Mithandelnder des Geschehens werden konnte. Von der Generation Buchheims konnte nicht nur das Erleiden geschildert, sondern mußte auch das eigene aktive Handeln erklärt werden, und sei es nur das der Akklamation zum System in der Frühzeit des Dritten Reiches. Hier geriet ihm die »paradoxe Haltung« der Deutschen in den Blick: positiv gegenüber Hitler, negativ gegenüber der SS. Buchheim verwies auf den »verlogenen« Charakter des Totalitarismus, auf seine »Künstlichkeit«, sein »Versagen« und die Tatsache, daß er »offenkundig seine Versprechen nicht [erfüllt]« habe, denn wenn »das Böse«, so Buchheim mit fast verzweifeltem Unterton, in Gestalt »des Geschichtlich-

76 Buchheim, Totale Herrschaft, S. 12 f. [Hervorh. v. mir, N.B.].

77 Ebd., S. 14.

78 Beide Zitate: ebd., S. 14.

Notwendigen, des Gemeinnutzes, des Wohles des Volkes oder der Klasse auftritt«, gerate der Mensch in schier unauflösliche Konflikte.[79] Nicht die offene Gewalt war demnach »eigentliches Merkmal« der diktatorischen Regierungsweise, sondern »die schleichende Vergewaltigung des Menschen durch Perversion des Denkens und sozialen Lebens«. Denn das Schlimmste sei, so Buchheim, daß Begriffe, Worte und Werte ihrer altgewohnten Geltung beraubt und die sittlichen Maßstäbe verwirrt worden seien: »Man war verwirrt, wurde verwirrt und verwirrte selbst noch die Verwirrung«.[80] Ausgangspunkt der Sichtweise einer Gesellschaft, »die gewissermaßen unter dem Stromkreis eines totalitären Verfügungsanspruches« stehe, war die Tatsache, daß der Totalitarismus nicht nur das Fremde, sondern auch das Eigene darstellte, daß er seine Stellung festigte und große Teile des »zunächst widerstrebenden Volkes« zu gewinnen und »sogar seine Gegner für sich einzuspannen« in der Lage war:[81]

> »Die Verkehrung des Richtigen und der Korrumpierung des Guten selbst, die schlimmer sind als das schlechthin Falsche und bewußt Böse. Gehorsam ist besser als Ungehorsam, schlimmer als aller Ungehorsam aber ist der entartete Gehorsam; Treue ist besser als Untreue, schlimmer als alle Untreue aber ist die Vergötzung der verabsolutierten Treue. Denn das einfach Falsche und Böse sind nur Feinde des Guten und der Wahrheit; das verkehrte Richtige und mißdeutete Gute aber verleumden und schänden sie.«[82]

Die »Loyalität«, die auf diese Art entstehen konnte, ist aber unecht, denn »das Regime gestattet ihnen [den Menschen unter totalitärer Herrschaft, N.B.] nicht nur nicht, sich zu entfalten (Opfererzählung), *sondern will aus ihnen andere machen, als sie von Natur aus sind* (Mitläufererzählung), es engt sie nicht nur in ihrer Freiheit ein, *sondern versucht, sie zu überfremden*«:[83] Die »totalitären Eingriffe«, so Buchheim wörtlich und verall-

79 Alle Zitate: ebd., S. 13 und S. 14.

80 Ebd., S. 14 und 46, Buchheim zitiert hier eine Wendung von H. G. Adler. Zum Verhältnis Buchheims zu Adler siehe Kap. 3.2.

81 Ebd., S. 51 und 13.

82 Buchheim, Die Chiffren des »Dritten Reiches«, S. 749.

83 Buchheim, Totalitäre Herrschaft, S. 13 [Hervorheb. v. N.B.]. Das Originäre dieser Ausführungen besteht v.a. im Versuch, Gewalt und Verführung zugleich zu erklären. Das Gewalttätige des Regimes, die Einschüchterung des Volkes durch die Macht, hoben auch andere Autoren von Beginn an hervor, vgl. z.B. Herzfelds Metapher von den »Polypenarmen« der SS und der Gestapo, mit denen diese die »Nation« besiegten, in: Herzfeld, Hitler, in: Geschichte in Gestalten, S. 210. Auch die vielfachen Anleihen bei Kogon und

gemeinernd, laufen »auf eine Vergewaltigung der Natur des Menschen hinaus«.[84] Das totalitäre System könne die Menschen veranlassen, »Verbrechen zu begehen, indem es ihnen die Tat als einen Akt der Selbstüberwindung und die Stimme des Gewissens als Gefühlsduselei hinstellt«.[85]

Totalitarismus, so können wir dieser Erzählung entnehmen, muß als eine Gewalt- und eine Verführungsfigur zugleich gedacht werden. Er ist nicht nur die Erklärung für das Opfer-Werden der leidenden Bevölkerung, sondern auch für das Täter-Werden der aktiv Handelnden. Aus deutscher Sicht fiel zu dieser Zeit ohnehin beides zusammen. Gleich einem Diebstahl wird bei Buchheim beschrieben, wie »das alltägliche Leben und [das] normale menschliche Verhalten«, die Tatsache, daß es auch »viel Gutes« unter dem Nationalsozialismus gegeben habe, vom System »verfälscht«, innerhalb des Regimes »in den Dienst seiner inhumanen Zwecke« gestellt worden sei.[86]

Zu diesem Modell kommt aber noch etwas anderes hinzu. Die ursprüngliche Bedeutung von Totalitarismus in den 20er Jahren, als »totalitär« noch die Bedeutung von »nicht-parlamentarisch« hatte, also in etwa ein Äquivalent zu »autoritär« war, sei »aus den Erfahrungen mit dem Dritten Reich und dem stalinistischen Rußland« erweitert worden.[87] »Totalitarismus« war in den 50er und 60er Jahren mithin auch jener Begriff, mit dem sich Nationalsozialismus und Kommunismus unter eine Perspektive bringen lassen konnten. Bei Buchheim liegt die These von ihrer »weitgehend gleiche[n] Prägung«, »Wirkungskraft«[88] und der »enge[n] Verwandtschaft«[89] ausformuliert vor und ist schon im Axiom der Interpretation begründet. Er hat sie in seiner Darstellung über den Totalitarismus durchgehend vertreten,[90] aber eben nicht nur dort. Auch

seinem Buch gehören in diesen Zusammenhang, vgl. unter vielen anderen Belegen Kaehlers Ausführungen über den »20. Juli 1944«, in welchen die Kogonsche Formel vom »SS-Staat« gleich fünfmal Erwähnung findet: das »eiserne Joch« des »SS-Staates« sei »dem eigenen wie fast allen europäischen Völkern in fünf Kriegsjahren« von Hitler und Himmler aufgezwungen worden, in: Kaehler, Der 20. Juli 1944 im geschichtlichen Rückblick, S. 438.

84 Buchheim, Totalitäre Herrschaft, S. 16.

85 Ebd., S. 102.

86 Ebd., S. 50 f.

87 Buchheim nennt (in dieser Reihenfolge): »Gleichschaltung und Uniformierung des Lebens, der politischen Zeit und Konzentrationslager«, ebd., S. 11.

88 Ebd., S. 33.

89 Buchheim, Das Dritte Reich, S. 72.

90 Buchheim, Totalitarismus, S. 16, 18, 19 u. v.a. 32 ff.; vgl. noch: ders., Die fünfziger Jahre, S. 76.

in dem Überblick über Grundlagen und politische Entwicklung des Dritten Reiches[91] sprach er von der »gleichen Gefahr«, die Europa im Falle des Bolschewismus von außen, im Falle des Nationalsozialismus von innen her bedroht habe. In ihrem »totalitären Entwurf und dessen Konsequenzen«, so Buchheim, ständen sich tatsächlich Nationalsozialismus und Kommunismus »viel näher« als Nationalsozialismus und italienischer Faschismus. Buchheim konzidierte zwar, daß ihre Unterschiede historisch seien, nicht aber der Realität der jeweiligen Gegenwart entsprächen. Politische Polizei, er spricht an einer Stelle von »Polizeiherrschaft«,[92] Propaganda, weltanschauliche Doktrin als »Religionsersatz«[93] – all das seien Variationen derselben historischen Elemente. »[W]as dem Nationalsozialismus dabei an sozusagen natürlicher Barbarei fehlte, wurde durch die erschreckende Konsequenz in der Pervertierung europäischen Geistes wettgemacht.«[94] Das Leben unter totalitärer Herrschaft[95] gleiche sich darin, daß »die wirkliche Wirklichkeit des totalitären Systems« sich als eine »gespaltene Wirklichkeit« darstellte: als eine »Verquickung der gestörten, teils geleugneten, teils verfälschten und doch wirksamen alten und der umfassend proklamierten, aber nur fragmentarisch und diffus vorhandenen neuen Wirklichkeit«.[96] Für Buchheim folgte daraus eine lebensnotwendige Verhaltensweise unter dem Totalitarismus, »die man als strukturell bedingte Opposition bezeichnen« könne, eine umfassende Doppeldeutigkeit des Lebens: »An die Stelle des *Nein* muß das *Ja – Aber* treten.«[97]

Auch Hans Buchheim hat die Probleme jenes spezifischen Verhältnisses von Normalität und Außerordentlichkeit immer wieder reflektiert. Fünfundzwanzig Jahre nach seiner totalitarismustheoretischen Interpretation des Nationalsozialismus hat er den Alltag der Zeitgenossen im Dritten Reich erneut zum Thema einer Betrachtung gemacht, die gleichsam als rechtfertigender Kommentar zu jenen oben geschilderten Wahrnehmungsweisen zu lesen ist. Seine Auseinandersetzung erfolgte auf-

91 Ursprünglich 1958 innerhalb des Handbuchs »Schicksalsfragen der Gegenwart« erschienen, welches das Bundesverteidigungsministerium als Grundlage für den staatsbürgerlichen Unterricht der Truppe verwendete. Als selbständige Schrift erschien der Text im Kösel-Verlag München im selben Jahr.

92 Buchheim, Totalitäre Herrschaft, S. 35.

93 Ebd., S. 39.

94 Buchheim, Das Dritte Reich, S. 72 f.

95 Buchheim, Totalitäre Herrschaft, S. 43-64.

96 Ebd., S. 46.

97 Ebd., S. 47.

grund der in den 80er Jahren dominanten Ikonisierung von »Auschwitz« als Signum der NS-Zeit, gegen die sich Buchheim einmal mehr zu wehren versuchte. Er stellte die *damalige* Wahrnehmung des Völkermords »für die große Mehrheit der Deutschen« in den Vordergrund, die ihn »höchstens als erschreckendes Gerücht, von dem man hoffte, daß es sich nicht bewahrheiten werde«, kannten.[98] Sowohl diese indifferente Mehrheit als auch erklärte Gegner des Regimes hatten es, so legt Buchheim nahe, subjektiv mit einem anderen Nationalsozialismus zu tun, denn »nicht die Verbrechen, sondern der Zwangscharakter des Regimes« an sich sei Grund für Hinnahme wie für Gegnerschaft der politischen Verhältnisse gewesen:

> »Die KZ waren in den Augen der Nazigegner ein Terrorinstrument der Nazibande, das sie zu fürchten hatten und dem sie zu entgehen hofften, nicht ein deutscher Frevel gegen die Menschenwürde, gegen den sie protestieren müßten, wenn sie nicht daran mitschuldig werden wollten.«[99]

Der Komplex »Auschwitz«, so bemerkte Buchheim richtig, war noch nicht auf den Begriff gebracht und seine Wahrnehmungsgeschichte, so schickte er voraus, sei paradox: Zwischen der Weise, wie Zeitgenossen [...] die NS-Herrschaft erfahren haben, und der, wie das Dritte Reich im Rückblick zu sehen sei, habe sich »in mehrfacher Hinsicht eine Umkehrung vollzogen.«[100] Für Buchheim war es aber völlig abwegig, Wähler Hitlers von 1933 »für mitschuldig am Völkermord« zu erklären. Er konzidierte lediglich eine »politische« Schuld, die mit dem Einzelnen jedoch nichts zu tun habe.[101] Sein Nachdenken über das Verhältnis von Alltag, Normalität und Schuldig-Werden entwickelte auch Buchheim am Verhalten des Einzelnen während der Judendeportation:

> »Als typisches Fallbeispiel wird immer wieder angeführt, daß jemand in seiner Stadt Zeuge wurde, wie Juden zusammengetrieben und abtransportiert wurden, ohne daß er irgendetwas dagegen gesagt oder

98 »Aus heutiger Perspektive ist der Kardinalpunkt der NS-Herrschaft der Völkermord an den Juden, zusammengefaßt im Namen von Auschwitz, der zum Symbolbegriff geworden ist. Fast ausschließlich unter diesem Blickwinkel wird heute jene Zeit beurteilt«, vgl.: Buchheim, Politische Kriterien der Schuld, S. 515.

99 Ebd.

100 Ebd.

101 Ebd., S. 518: »Keine persönliche politische Schuld trifft den NSDAP-Wähler der Jahre vor 1933 für das, was der ›Führer‹ seit 1933 im einzelnen getan hat.«

getan hat. Das wird nicht nur von Nachgeborenen als moralisch schuldhaft gewertet, sondern nicht selten werfen es diejenigen, die derartiges erleben mußten, auch sich selbst vor.«[102]

Und trotz dieser Feststellung fuhr Buchheim fort, daß man dagegen eben nichts hatte tun können, weil der Protest »unter den Verhältnissen des totalitären Systems wirkungslos geblieben wäre.«[103] Hier übernahm Buchheim die Selbstentlastung der Zeitzeugen vollständig und bis hinein in den Wortlaut seiner Argumentation. Buchheim überführte in den 80er Jahren dann die Apologie des faktisch Gewesenen in moralphilosophische Überlegungen zum Begriff des »nicht-personalen Subjekt« des Handelns:[104]

> »Schuldhaftes Denken pflegt dermaßen in Wechselwirkungen verquickt zu sein mit Vorstellungen und Auffassungen, die nicht schuldhaft sind, daß sich eine im Prinzip an sich mögliche Schuldzuweisung praktisch im Geflecht ›mildernder Umstände‹ verliert.«[105]

Somit hatte er schließlich selbst in einer eigenen Abhandlung *Politische Kriterien der Schuld* die dünne Stelle seines Ansatzes demonstriert, die die Alltagsperspektive damaliger Mitläufer auf das Verbrechen mit sich bringt. Sie läßt sich als Plädoyer lesen, für Schuld »mildernde Umstände« einzuklagen, also die moralische Indifferenz gegenüber dem Schicksal der Judenvernichtung während der NS-Zeit der Verantwortlichkeit des Einzelnen zu entziehen und auf eine allgemeine, »nicht-personale« Ebene zu transponieren. Dieses Plädoyer ist eine der explizitesten Entlastungsargumentationen für das reale Verhalten einer Mehrheit der deutschen Bevölkerung, die in der Geschichtswissenschaft nach 1945 entwickelt wurden.[106]

102 Ebd., S. 519.
103 Ebd., S. 519.
104 Ebd., 521 f.; vgl. auch: ders., Theorie der Politik, München/Wien 1981, S. 93 ff.
105 Ebd., S. 524.
106 Allenfalls könne jeder Deutsche prüfen, »ob und gegebenenfalls wie weit er sich die kollektive politische Mitschuld seines Volkes foro interno als persönliche politische, moralische und intellektuelle Mitschuld zurechnen muß«. Dies aber ist ein Vorgang privater Art. »Es war [...] schon immer illusorisch und moralisch fragwürdig, eine Welle öffentlich geleisteter ›Trauerarbeit‹ zu erwarten. Dagegen ist es nicht erlaubt, aus deren wohlbegründetem Ausbleiben zu schließen, daß politische, moralische und intellektuelle Selbstprüfung bei unseren Mitbürgern nicht stattgefunden hätten und stattfänden.« Ebd., S. 525.

»Wirklichkeit« versus »Weltanschauung«: Martin Broszats These vom Dritten Reich als die Geschichte des »Irrtums über den Nationalsozialismus«

Der Gedanke der »gespaltenen Wirklichkeit« war auch für die Darstellung von Martin Broszat (1926-1989) konstitutiv. Er ist einer der wichtigsten und einflußreichsten deutschen Zeithistoriker der Nachkriegszeit. Broszat hat mit seinen gewichtigen sozialhistorischen und strukturanalytischen Arbeiten zum Dritten Reich, vor allem zur Geschichte des Antisemitismus, der Judenverfolgung, des Widerstandes und des NS-Alltages, in zweifachem Sinne Geschichte geschrieben. Die Bedeutung seiner Arbeiten ist international und langandauernd gewesen, seinen Anstößen sind gleich mehrere Paradigmenwechsel innerhalb der NS-Forschung zu verdanken. Er gehört als Historiker sowohl thematisch als auch methodisch weder nur den 50er/60er Jahren noch ausschließlich den 70er/80er Jahren an, sondern beiden Epochen gleichermaßen. In seiner Biographie verbinden sich wissenschaftliche Innovationen und gedankliche Kontinuitäten in außergewöhnlicher Weise.[107] Das Dritte Reich erlebte Martin Broszat als Kind, Jugendlicher und junger Mann in Leipzig. Aufgewachsen als Sohn eines Postinspektors, hat er »soziale Motivation« und »Führerbindung« des NS-Regimes in der Hitler-Jugend noch selbst erlebt.[108] Im April 1944 wurde er Mitglied der NSDAP, eine Tatsache, über die er sich niemals öffentlich geäußert hat.[109] Später wollte er wissen, so Klaus-Dietmar Henke über Broszats Motivationen, »was mit ihm selbst geschehen war, wie es und warum es dem NS-Regime gelungen war, auch seine eigenen Gefühle und Moralvorstellungen, seinen eigenen Intellekt zu verwirren, als er ein junger Mann

107 So auch Henke, Das Institut für Zeitgeschichte, S. 45.

108 Vgl. den Aufsatztitel von Broszat, Soziale Motivation und Führerbindung; zur Jugend von Martin Broszat vgl. die wenigen Informationen in den Erinnerungen seines Bruders Gottfried Broszat, Zeitgeschichten und schwarze Löcher; die beste Arbeit über Broszat ist Lorenz, Has the Third Reich become History?; außerdem: Henke/Natoli (Hg.), Mit dem Pathos der Nüchternheit.

109 Mitgliedsnummer: 9994096, Aufnahmedatum: 20. 4. 1944. Ich danke Dirk Moses (Sydney) für den Hinweis und eine Kopie der Mitgliedsakte aus dem Berliner Document Center. Das Datum der Aufnahme ist zu beachten, an Hitlers Geburtstag wurden ganze HJ-Jahrgänge in die Partei überführt. Ob es sich hierbei um ein kollektives Ritual oder um eine Form von Prämierung handelte, ist für den Zusammenhang der Fragestellung dieser Arbeit weniger maßgebend als die durch Broszats Beschweigen bezeugte Tatsache, daß er dieses Datum nach 1945 zeitlebens als Stigma verstanden haben muß.

gewesen war«.[110] Er begann sein Studium der Geschichte, der Germanistik und der Philosophie an der Universität Leipzig, direkt nach dem Krieg, in welchem er noch als Flakhelfer eingezogen worden war. Von dort wechselte er 1949 nach Köln, um bei Theodor Schieder über »Die antisemitische Bewegung im Wilhelminischen Deutschland« zu promovieren, eine unpubliziert gebliebene Arbeit auf der Basis der Primärschriften und der deutschsprachigen Literatur bis in die 30er Jahre, in der die Klassiker judenfeindlicher Politik und Ideologie portraitiert werden, wobei mehrfach die objektive Seite der zeitgenössischen Judenfrage betont wird, etwa in den überbetonten Verweisen auf die Prozentzahlen des jüdischen Bevölkerungsanteils in Großstädten, insbesondere in Berlin.[111] Im Jahre 1954 wurde er Mitarbeiter bei der von der Bonner Bundesregierung in Auftrag gegebenen Edition der *Dokumentation der Vertreibung der Deutschen aus Ostmitteleuropa*, ein Jahr später begann er seine Tätigkeit am IfZ als wissenschaftlicher Assistent, eine über Jahre dauernde Zeit der »gutachterlichen Kärnerarbeit« zwischen »monumentalen Verbrechenskomplexen« und »abgelegensten Details«.[112]

In seiner vielgerühmten Gesamtdeutung von 1960 fordert Broszat, »die Wirklichkeit des Nationalsozialismus« von einer »eingebildeten nationalsozialistischen Weltanschauung« strikt zu trennen.[113] Broszat arbeitete also kaum noch den Charakter der Gewalt des Regimes gegenüber der eigenen Bevölkerung heraus, den noch Buchheim in seinen

110 Henke, Das Institut für Zeitgeschichte, S. 45; vgl. auch Broszats eigene Wendung, die er für seine Person wie für seinen Jahrgang prägte: »Zwar betroffen, aber kaum belastet«, in: Briefwechsel, S. 361.

111 Broszat, Die antisemitische Bewegung, S. 19, 36, 38 und 75 (zu Frankfurt).

112 Henke, Das Institut für Zeitgeschichte, S. 43. Vgl. hierzu: Kap. 3.2.

113 Broszat, Der Nationalsozialismus, S. 20; vgl. auch Broszats frühen Aufsatz von 1957, in welchem er, ähnlich wie Buchheim, den Gedanken der »tatsächlichen Erlebniswirklichkeit« und der von den Nationalsozialisten »erzeugten Scheinwirklichkeit« verfolgt: Broszat, Aufgaben und Probleme, S. 30; Lob für diesen Ansatz von Besson, Neuere Literatur zur Geschichte des Nationalsozialismus, S. 315, 317 und 328, der die Darstellungen von Buchheim und Broszat zusammen als »besonders bedeutsam« wertet; Mommsen, Aus der Zeitgeschichte, S. 949 f. Mommsen hebt an der Broszatschen Auseinandersetzung mit dem »wahren« Nationalsozialismus v.a. seine Bemühung um die »Trennungslinie« zwischen dem totalitären Nationalsozialismus und Anhängern des »nationalen Sozialismus« hervor. Broszat entlarve, so Mommsen, den Nationalsozialismus als eine Bewegung, die aus Dynamik und aggressiver Energie bestanden habe, nicht dagegen primär aus Ideologie.

Darstellungen stark akzentuiert hatte. Statt dessen übernahm er dessen Denkfigur der »Verführung« und baute dieses Konzept weiter aus. Der Nationalsozialismus erscheint unter der Fragestellung des Widerspruchs zwischen Selbstbild und Geschehen. Wirklichkeit wird vor allem als »das krampfhaft Radikale«, aber »innerlich Leere«, als »die Geschichte enttäuschter Sehnsüchte, sich anhäufender Resignation und Opposition« thematisiert, als ein Abspringen und Verstoßenwerden von Leuten, »die ursprünglich zur NSDAP gehörten [...]«.[114] Broszat schreibt hier die Geschichte der »deutschen Bewußtseinskrise« als die Erzählung einer »rauschhafte[n] Besinnungslosigkeit«, eines »Irrtums über den Nationalsozialismus«, den auch und gerade die Elite durchmachte.[115] Damit könne zwar die Geschichte keineswegs auf »Hitler [...] als fataler ›Zufall‹ der deutschen Geschichte« reduziert werden, dennoch habe der NS mehr als irgendeine andere »Potenz in der deutschen Geschichte« in hohem Maße »geistig, moralisch und politisch von der Anhängerschaft und Hingabe derjenigen gezehrt, die gar nicht zu ihr gehörten, sie im Grundsätzlichen verkannten und mit ihren eigenen unartikulierten Vorstellungen und Sehnsüchten verwechselten«.[116] Mehr als »gezielte Propaganda«, so Broszat, half solche »blinde Befangenheit in einer subjektiven Scheinwelt vom Nationalsozialismus, dessen Realität jahrelang zu verhüllen.« Es war die Dynamik dieser Partei, es waren ihre Aufmärsche, ihre Standartenweihen, die marschierenden SA-Kolonnen, die Uniformierung, Musikkapellen usw., die die Menge mitrissen. Auch Broszats frühes Buch ist noch dem Deutungsmuster eines Hermann Rauschning aus den späten 30er Jahren verpflichtet, der gleichfalls kategorisch zwischen »Kulissen« und »Wirklichkeit« im Dritten Reich unterschied und dessen Diktum, daß »kein Feind [...] der deutschen Nation eine größere Erniedrigung zumuten [konnte], als diese Weltanschauung anzunehmen und zu glauben«, er zustimmend zitiert.[117] Es ist das Deutungsmuster der »geistigen Verführung« und das einer »befremdlichen Selbsttäuschung«, die zur Folge hatten, dem »Monstrum der nationalsozialistischen Weltanschauung« nichts

114 Broszat, Der Nationalsozialismus, S. 10. Broszat exemplifiziert dies an prominenten Nationalsozialisten wie Gottfried Feder, Alfred Rosenberg und Hans Frank.

115 Ebd., S. 8, 46 und 13 (in der Reihenfolge der Zitate).

116 Ebd., S. 9. Die nächsten Zitate S. 12 f. und 46 f.

117 Rauschning, Die Revolution des Nihilismus, S. 84; Broszat, Der Nationalsozialismus, S. 26.

mehr entgegensetzen zu können.[118] Broszats Fazit am Ende des Buches lautete, daß das Dritte Reich den Beweis dafür liefere, wie »ein beinahe *total organisiertes* und d.h. *total beherrschtes* und *total eingesetztes* Volk diesen Zustand der Entmündigung als Volksgemeinschaft mißverstehen und begrüßen konnte«. Ideologie und Propaganda hätten mit Erfolg dem Publikum »einzureden« gewußt, die Ressentiments und Antigefühle seien unverdorbenes ›Volksempfinden‹, ihre unvernünftige Massentümlichkeit sei ›echt‹ und ›völkisch‹« und so sei es dem Staate Hitlers auch weitgehend gelungen, die »rauschhafte Besinnungslosigkeit«, den »Verzicht auf eigenes Urteil und eigenes Wollen als unerhörte Opferbereitschaft und Selbstlosigkeit einer Volksgemeinschaft zu stilisieren«. Die Rede ist bei Broszat also ebenfalls von der »totalen« Verfügbarmachung, allerdings nicht durch Gewalt, sondern durch Betrug, Täuschung und »Virtuosität«, mit der er die Vorgehensweise des Nationalsozialismus beschreibt. Nicht der Entschluß und das Bekenntnis *zum* Nationalsozialismus, sondern der umgekehrte Prozeß der »Aufsaugung« allen gesellschaftlichen Lebens, mit dem sich der Staat »den einzelnen nun auch in seiner sozialen und beruflichen Existenz weitgehend verfügbar machte«, stellte in dieser Frühschrift Broszats den Kern des Phänomens Nationalsozialismus dar.[119]

Diese frühen Darstellungen von Hans Buchheim und Martin Broszat hatten einen gemeinsamen lebensgeschichtlichen Grundgedanken, den sie im Modus der Wissenschaft präsentierten. Das Leben unter totalitärer Herrschaft, so der Konsens beider zeitgleich erschienenen Interpretationen des Nationalsozialismus, war dadurch charakterisiert, daß »wirkliche

118 Broszat, Der Nationalsozialismus, S. 27. Vgl. auch die auf spätere Arbeiten Broszats vorausweisende Interpretation von Hitler, die später die Bezeichnung Funktionalismus oder Strukturalismus erhalten sollte: »Hitler war nicht primär völkischer Ideologe. Nicht der missionarische Eifer eines Mannes, der bestimmte weltanschauliche Theorien als neue Welterkenntnis und Wahrheit verbreiten will, trieb ihn voran. Was hier vorliegt, ist vielmehr der Fanatismus purer Aggressivität, der seine Ziele und seinen Aktivismus vom einmal fixierten Gegner her erhält, Anti-Dynamik ohne eigene Substanz, geleitet durch die Überzeugung von der Organisierbarkeit politischer Dogmen und totalitärer Kampfbewegungen: ein beinahe inhaltsloser, jedenfalls letztlich unverbindlicher Fanatismus bloßer an sich selbst glaubender und vorwärtsdrängender Energie.« S. 40; Broszat, Soziale Motivation und Führerbindung, vor allem S. 395 ff. (»Schubkraft der sozialen Dynamik«).

119 Broszat, Der Nationalsozialismus, S. 45.

Wirklichkeit«, so die Wortprägung von Buchheim, und Alltag des totalitären Systems sich voreinander verbergen konnten. Die »gespaltene Wirklichkeit«, dies die Schlüsselformulierung beider, bewirkte, daß Engagement innerhalb der Regime-Vorgaben und Unkenntnis über deren Voraussetzung eine fatale Verbindung eingegangen waren. Es benötigt kein Pathos der Skandalisierung, um das Geschichtskonzept beider Darstellungen als Mitläufer-Erzählungen zu deuten, denn beide explizieren in abstrakter Form ausschließlich die gedächtnisgeschichtliche Perspektive derer, die mitgemacht hatten, mit welchen Vokabeln auch immer. In der Darstellung Broszats manifestierte sich die Geschichte des Mitläufers in der NS-Zeit als Betrugs- und Täuschungsgeschichte, die ihn zum Opfer der »Aufsaugungs«-Energien des Staates gemacht hatten, der ihm die Wahrheit über sich vorenthalten habe. Buchheim extrapolierte den historischen Ort des Mitläufers unter dem Totalitarismus gar als »strukturell bedingte Opposition«, die er in der umfassenden »Doppeldeutigkeit des Lebens« selbst zu verankern versuchte. Der Nationalsozialismus ist dabei semantisch mehrfach codiert. Er ist, in beiden Darstellungen unterschiedlich gewichtet, ein Gewalt-, Betrugs- und Verführungsgeschehen, an dem Menschen aus richtigen Motiven teilnehmen konnten, weil sie seine »eigentliche« Wirklichkeit nicht durchschauten. Dieser »wirkliche« Nationalsozialismus jedoch ist gesichtslos und bleibt unerklärt. Sein enigmatischer Grundzug wird demnach durch die Erklärungen von Buchheim und Broszat wesentlich erhöht, weil von beiden apriori ausgeschlossen wird, daß es auch für diesen ein Personal gegeben haben könnte, das ihm nicht aufgrund von Gewalt, Betrug oder Verführung zustimmen konnte, sondern aus Überzeugung.

Totalitarismustheoretische Balancen: Die Darstellung des Nationalsozialismus bei Karl Dietrich Erdmann

Einen noch höheren Grad an fachwissenschaftlicher Verbindlichkeit als die knappe Skizze von Mau und Krausnick oder die schmalen Einzelveröffentlichungen von Buchheim und Broszat erlangte die Darstellung von Karl Dietrich Erdmann, die Ende der 50er Jahre innerhalb der 8. Auflage des *Handbuchs für deutsche Geschichte* erschien. Sie war nicht nur in Großkapitel eingeteilt, sondern auch in Paragraphen gegliedert, fokussierte in viel höherem Maße Einzelprobleme und Forschungskontroversen und verarbeitete eine beeindruckende Literaturfülle auch jüngsten Datums, zum Beispiel Hannah Arendts Totalitarismus-Buch. Neben dieser spezifischen bibliographischen Aktualität der Erdmannschen Synthese lassen sich jedoch die traditionellen Passagen nicht übersehen.

Seine mehrfache Berufung auf Meinecke als »Fixpunkt historischer Besinnung und Auseinandersetzung«,[120] seine Hitler-Deutung in der Sprache der Dämonisierung[121] und seine durchgehende Ehrenrettung der Wehrmacht[122] wiederholten das bereits gängige Geschichtsbild seiner Zeit. Die totalitarismustheoretische Pointe der Erdmannschen Darstellung lag aber woanders. An seinem Beitrag kann man die subtilen Formen der komparatistischen Äquivalenz nachweisen, die dem totalitarismustheoretischen Ansatz inhärent ist und mit der der Verfasser argumentative Balancen in seinen Text hineinnahm, die die Wucht der Verbrechen auf sehr verschiedene Ereignisse verteilte. So legte er beispielsweise in diesem Text eine massive Betonung auf diejenigen Verbrechen, die Hitler am eigenen, am »deutschen Volke selbst verübte«.[123] Auch der »Kampf gegen die Kirchen« wurde in dieser Darstellung suggestiv hervorgehoben,[124] die Leiden des deutschen Volkes stark emotionalisierend vorgetragen, zumal hier Erdmann explizit vom »schrecklichsten Abschnitt des Krieges« sprach:

> »Die Leiden der ostdeutschen Bevölkerung unter den hereinbrechenden sowjetischen Truppen und auf der Flucht vor ihnen überstiegen jedes aussprechbare Maß. Die Vergeltung schlug in gleicher Weise Schuldige und Unschuldige eines Volkes, das sich von Machthabern hatte führen lassen, die den Völkermord an den Juden zu verantworten hatten.«

Auch in den KZs, so Erdmanns alle Differenzen einebnende Hervorhebung, hätten sich »Deutsche und Nichtdeutsche […] in gleicher Weise

120 Erdmann, Die Zeit der Weltkriege, S. 3 (Zitat) und S. 184, wo er Meineckes These von der »grandiose[n] negative[n] Symbiose« von Sozialismus und Nationalismus übernimmt; zu Erdmann vgl.: Kröger/Thimme, Die Geschichtsbilder des Historikers Karl Dietrich Erdmann; zur NS-Zeit Erdmanns auch: Kröger, Der Historiker als Mitläufer, S. 95-110.

121 Ebd., S. 185. Hier heißt es: »Das Griechische gibt hierfür den prägnanten Begriff mit dem Worte ›diabalein‹ = verwirren, irreführen. Die welthistorische Größe Hitlers, der das Denken verwirrte, um nach kurzen Jahren eines steilen Anstieges seiner Macht die Welt in Flammen zu setzen und mit seinem eigenen Sturz sein Volk mit hinabzureißen, ist diabolisch.«

122 Vgl. ebd. die apodiktische Formulierung Erdmanns zum »Kommissarbefehl«; dieser wurde, so der Kieler Historiker 1959, »von der Truppe weitgehend sabotiert« (288).

123 Ebd., S. 184, 185 u.ö.

124 Ebd., S. 203.

der hemmungslosen Willkür der Lagerherren ausgeliefert« gefunden.[125] Um die Vernichtungslager selbst aber habe sich, so Erdmann, eine »Zone des Schweigens« gebildet, die Vernichtung der Juden trug »einen gänzlich unpersönlichen Zug«: »Was hier geschah sollte niemand, auch nicht das deutsche Volk selber, erfahren.«[126] Die Entwicklung des SS-Staates selbst schilderte Erdmann als einen Prozeß analog zum Anwachsen des Nationalsozialismus innerhalb Deutschlands:

> »Wie das gesamte Leben von der nationalsozialistischen Bewegung durchtränkt wurde und dessen eigentümliche Färbung annahm, so wurde die Bewegung selbst und weitgehend auch der Staat durchsetzt von den Einflüssen, die die SS unter Himmler in zunehmendem Maße zu gewinnen verstand. In der Geschichte der SS wiederholt sich zu verschiedenen Malen der Vorgang, daß sich kleinere zuverlässige Kader aus einem größeren Verband herausbilden.«[127]

Die Täter wurden von Erdmann vollständig klischeehaft dargestellt, in den Konzentrations- und Vernichtungslagern, in den Kommandostellen und im Reichssicherheitshauptamt, so der Historiker, hätten »kriminelle Elemente« dominiert, Himmler könne als »die äußerste Steigerung der Hitler'schen Gedanken« dargestellt werden.[128] So erstaunt es nicht eben übermäßig, wenn Erdmann auch die totalitarismustheoretische Balance zwischen braun und rot wiederherstellt, indem er die Vergeltung der sowjetischen Armee betont, die Grausamkeit der britischen Luftwaffe hervorstreicht und damit dem Erinnerungsort »Auschwitz« die *Lieux de mémoire* »Breslau« und »Dresden« hinzufügt:

> »Neben den Namen Belzec, Treblinka und Auschwitz als grausige Wortsymbole für das Maß des radikal Bösen, dessen die menschliche Natur fähig ist, steht der Name Dresden [...].«[129]

Die vollständige Neuausgabe dieser Darstellung für die folgende Auflage des Handbuches durch Erdmann selbst hat dann knapp 20 Jahre später zu einer aufschlußreichen Stellungnahme geführt, die Karl Dietrich Bracher an der Infragestellung der Totalitarismustheorie in den 70er Jahren festmachte. Dabei lobte er die Neuauflage, da Erdmann »im Getümmel der modischen Umwertungen mit unbestechlicher Klarheit [...] an den

125 Ebd., S. 285.
126 Ebd., S. 289 und 290.
127 Ebd., S. 201.
128 Ebd., S. 202 und 203.
129 Ebd., S. 311.

wesentlichen Konturen der Epoche [festhalte]«.[130] Trotzdem ging Bracher auf Distanz, denn Erdmann hatte zwar den Totalitarismus-Begriff nicht aufgegeben, aber den Begriff »Faschismus« dennoch gelten lassen, für den Kritiker war dies gleichbedeutend mit der Preisgabe einer »wahrhaft offenen Zeitgeschichtsforschung«, an deren Stelle nun »Habermas-Welle«, »linksmodische Soziologisierung« und »theoretisierende und ideologisierende Verfremdung von Personen- und Ereignisgeschichte« getreten sei.[131]

Brachers totalitarismustheoretische »summa historica«

Karl Dietrich Brachers Stellungnahme pro »Totalitarismustheorie« leitet zu seiner eigenen NS-Gesamtdarstellung über, die unter dem Titel »Die deutsche Diktatur. Entstehung, Struktur, Folgen« 1969 die *summa historica* der frühen NS-Forschung der 60er Jahre darstellte. Sie ist nicht nur eine der imposantesten Leistungen bei dem Versuch, einen Gesamtüberblick zu verschaffen, sondern sie ist in ihrer Selbstverpflichtung auf den Grundgedanken des Totalitarismus auch am konsequentesten. Dabei konnte der Begriff stets Typus- *und* Epochenbegriff zugleich sein. Noch 1997 antwortete Karl Dietrich Bracher, auf die Frage, ob der Totalitarismus-Begriff Schlüssel zum Verstehen der gesamten Epoche bleibt, mit »Ja, das würde ich eindeutig bejahen, nach wie vor«. Immer noch sei es die wissenschaftliche Aufgabe, ja, das »wissenschaftliche Selbstbewußtsein«, so Karl Dietrich Bracher, auf die Anfänge seiner wissenschaftlichen Arbeit zurückblickend, »Quellen zu erschließen, möglichst viel aufzuhellen, aufzuklären, Zusammenhänge darzustellen« sowie »Antwort zu geben« auf die Fragen ›Wie war es möglich‹ und ›Wie ist das zu beurteilen‹. Vor der Bewertung der moralischen Dimension des Geschehens, »das in die furchtbarste deutsche Diktatur und den Holocaust mündete« hätten deshalb die Fakten gestanden: »Ohne gesicherte Fakten sind keine moralischen Aussagen zu machen.« Bracher bezeichnete dies als »eine Art von politischer Bildungsarbeit«, die geleistet werden mußte: »Das war das große Anliegen nach 1945, mag man es heute als ›volkspädagogisch‹ abtun. Und auch die Wissenschaft war dazu aufgerufen.«[132]

130 Bracher, Zeitgeschichte im Wandel der Interpretationen, S. 639.

131 Ebd., S. 637, 638 und 643.

132 Vgl. Bracher, Zwischen Geschichts- und Politikwissenschaft, in: Lehmann/Oexle (Hg.), Erinnerungsstücke, S. 32. Bracher war in seiner Zeit in Harvard zeitweise Schüler von Carl Joachim Friedrich, der schon in den 20er Jahren nach Amerika gegangen war (S. 27 f.).

In mehreren mächtigen Büchern ist Karl Dietrich Bracher diesem bildungspolitischen Aufruf an die Wissenschaft gefolgt, ohne lange nach Fachgrenzen und Zuständigkeiten zu fragen. Die These, daß die frühen Synthesen zum Nationalsozialismus aus mehreren Gründen ein Erklärungsmodell des Totalitarismus entwickeln, rückt deshalb die Darstellung von Karl Dietrich Bracher *Die deutsche Diktatur* zusätzlich in das Zentrum des Interesses, weil er diese Nähe nicht nur am ausführlichsten begründete,[133] sondern auch am überzeugendsten umgesetzt hat. Denn hier wurde nicht nur eine der umfangreichsten Gesamtdarstellungen überhaupt verfaßt, sondern auch explizit ein Deutungs- und Erklärungsangebot erarbeitet, welches in Termini der Totalitarismustheorie das Europäische der antiliberalen Krise, die Totalität der nationalsozialistischen Macht und die Kontinuität des Problems über 1945 hinaus warnend betonte.[134] Bracher, der sein Bemühen als das »eines [...] eher unvorhergesehenen Historikers und Politikwissenschaftlers, der katastrophengeschichtlichen Dimensionen unseres Zeitalters habhaft zu werden« bezeichnet hat, hatte damit ein für viele Jahre gültiges Lehr- und Lernwissen über den Nationalsozialismus vorgelegt.[135] Die Aufgabe war enorm, und

133 Vgl. z.B. wahlweise: Bracher, Zeitgeschichtliche Kontroversen; ders., Schlüsselwörter in der Geschichte; ders., Die totalitäre Erfahrung; ders., Totalitarismus als Begriff und Realität.

134 Manfred Hettling hat angesichts dieser säkularen Gegenüberstellung von Demokratie und Totalitarismus zu Recht angemerkt, daß die Niederlage des Nationalsozialismus im Jahre 1945 gleichsam nur noch als »Etappenziel« im Kampf gegen das Totalitäre der Epoche erscheine, vgl. Hettling, Umschreiben notwendig?, S. 394 f. Hier als Auseinandersetzung mit den Ansätzen von Horst Möller, der Brachers Grundkonzeption übernommen hat, vgl.: Möller, Die Relativität historischer Epochen, S. 3-9.

135 Bracher prägte die Politik- und Geschichtswissenschaft nach 1945 maßgeblich; heute gilt er als »einer der Väter unserer Zeitgeschichte« (Jäckel). Von Heiber wurde er sogar einmal als »Kirchenvater« in der Erforschung der NS-Machtergreifung bezeichnet. 1922 in Stuttgart geboren, war der Sohn eines hohen Beamten im württembergischen Kultusministerium ursprünglich Althistoriker; er verbrachte seine Kindheit in der Weimarer Republik und seine Jugend im Dritten Reich; als Soldat nahm er am Afrika-Feldzug teil und war 1943-46 in Kriegsgefangenschaft in den USA und in Frankreich; nach dem Krieg studierte er Geschichte und Philosophie in Tübingen, u.a. bei Stadelmann und Spranger sowie in Harvard. Bracher war gegen die Große Koalition Ende 1966, plädierte für eine »wehrhafte Demokratie« und vertrat die Meinung, daß die Entwicklung der Demokratie in der Bundesrepublik kein selbstverständlicher Prozeß sei. Immer wieder warnte er vor den »Schatten« Weimars.

das Ergebnis war eine Sensation, denn wie konnte ein junger Politikwissenschaftler fast im Alleingang eine ganze historische Epoche abschließend klären wollen, »zu der doch erst einmal die Geschichtswissenschaft zu sprechen hatte?«[136] In der Tat: Mit Brachers Büchern haben wir sogar die Mischung aus Einzelforschung, Spezial-Analyse, Überblick, Synthese und Bewertung, die allein schon eine Historisierung der Bracherschen Arbeiten äußerst komplex macht. Für die Frage nach der Kontextualisierung des Holocaust sind sie ein zentraler Textkorpus der 50er und 60er Jahre und auch hier in jeder Hinsicht repräsentativ. Sowohl ihre methodische Innovation und ihre zunächst äußerst unterkühlte Kenntnisnahme durch die Fachwissenschaft als auch ihre konzeptionelle Reichweite, ihre Fragestellung und damit ihre Grenzen sind Widerspiegelungen dieser Zeit.

Die Hauptfrage des Buches lautete »warum?« Bracher interpretiert die Kardinalfrage seiner Generation, aber sie wurde nicht in bezug auf die Massenverbrechen, sondern auf die Frage nach dem Übergang von Demokratie in Diktatur gestellt:

> »Meiner Generation ist die Zeitgeschichte ja besonders drastisch nahegebracht worden. Die ersten Eindrücke stammen aus der späten Weimarer Republik im verhängnisvollen Übergang zum ›Dritten Reich‹. Es war der Kontrast zwischen dem schwäbisch-humanistischen Elternhaus einer kinderreichen, bildungsbeflissenen Familie und den wachsenden Erschütterungen der Wirtschafts- und Staatskrise in der untergehenden demokratischen Republik; er zwang uns früh dazu, neben dem Reiche des Wahren und Schönen in Musik, Literatur und Philosophie eine zunehmend antiliberale, schließlich totalitäre Politik wahrzunehmen, die durch Verführung und Zwang zugleich wirkte.«[137]

Konkret auf Hitler bezogen lautete die »Warum«-Frage: »Wie war es möglich, daß er solche Chancen bekam? […] Das zu erklären, das ist nicht einfach nur mit Hilfe irgendeiner Art von Individualpsychologie oder Psychohistorie möglich. Sie erklärt zwar, warum der Betreffende die Chance hatte, ein begabter Demagoge zu werden, aber nicht, warum er zum Zuge kam. Und das war einer der Ausgangspunkte, die wir vor und nach der Arbeit in vielen Gesprächen auch außerhalb des Instituts diskutiert haben.«[138] Fast noch bewegender, so Brachers exemplarische Formulierung bereits im Jahre 1957, »als die Geschichte des Dritten Reiches

136 Rupp, Karl Dietrich Bracher, S. 18 f.
137 Bracher, Zwischen Geschichts- und Politikwissenschaft, S. 22 f.
138 Ebd., S. 31.

selbst erscheint uns im Sinne der politischen Bewußtseinsbildung die Frage, wie der Nationalsozialismus und sein Aufstieg überhaupt möglich gewesen sind«.[139] Seine Bücher über die »Auflösung der Weimarer Republik« und über die »Nationalsozialistische Machtergreifung« und »Die deutsche Diktatur«, so Bracher, hätten mit dieser Grundhaltung die vielzitierte Aufarbeitung der Vergangenheit vorweggenommen, sie sei schon in den 50er Jahren in Gang gekommen, »nicht erst mit der bekannten Fischer-Kontroverse [...] und lange vor der Studentenrevolte von 1968«.[140] Das ist nicht falsch argumentiert, doch gilt zugleich, daß sie nicht allein der Frage galten, was das Spezielle und Historische des Nationalsozialismus war, sondern daß sie am Beginn der neuen Bonner Republik in hohem Maße der Frage verpflichtet waren, wie Demokratie generell zu schützen sei:

> »Für die neue deutsche Demokratie war die Weimarer Frage entscheidend. Bis heute ist sie natürlich wichtig, aber damals brannte sie vielen Menschen auf den Nägeln. *Denn sie waren doch beteiligt gewesen, waren enttäuschte oder gescheiterte Politiker, die sich erklären wollten: Wie war 1933 überhaupt möglich gewesen, und natürlich auch: Wie kann man Rückfälle vermeiden?* Sie dürfen nicht vergessen, daß zwischen 1933 und der Zeit, als ich darüber arbeitete, nur 17 Jahre lagen.«[141]

Brachers politikwissenschaftliche Impulse für die Geschichtswissenschaft lassen es gerade hier nicht zu, vorschnelle Urteile zu fällen, obwohl solche vorliegen. Wenn Hans-Ulrich Wehler Ende der 70er Jahre feststellte, Bracher sei wohl »in den vergangenen zwei Jahrzehnten als der bedeutendste westdeutsche Zeithistoriker«[142] anzusehen, und Martin Jay ihn nur wenige Jahre später enttäuscht als »politischen Pamphletisten« bezeichnete, der gerade als Historiker abgedankt habe zugunsten einer »Fünfziger-Jahre-Nostalgie« eines Neokonservativen, der jegliche historische Neutralität vermissen lasse,[143] so provoziert auch das einen genaueren historischen Blick. Gefragt wird deshalb weniger, wo die Wurzeln, als vielmehr, wo die Folgen dieses Konzeptes liegen: Welche Auswirkungen

139 Bracher, Zur Geschichte des »Dritten Reiches«, Sp. 101.

140 Bracher, Zwischen Geschichts- und Politikwissenschaft, S. 34; dieses Verdienst wird von der Generation häufig gegen »1968« eingeklagt, vgl. z.B. Buchheim, Die fünfziger Jahre, S. 76; Graml, Die fünfziger Jahre, S. 79 f.

141 Ebd., S. 31.

142 Wehler, Geschichtswissenschaft heute, S 722.

143 Martin Jay, in: AHR 91 (1986), S. 912 f. [Rez. von: Bracher, Das Zeitalter der Ideologien].

hatte die totalitarismustheoretische Ausrichtung der Forschung auf das Bild der Judenvernichtung? Wie wird der Holocaust beschrieben und wie erklärt? Was sind »Fakten«, und wann beginnen die »Bewertungen«? Was bleibt heute von diesem Wissen gültig, und wie müssen wir diese Literatur historisch lesen? Es scheint kein Zufall, daß Brachers überschwengliches Lob für die Gesamtdarstellung des Dritten Reiches durch den Franzosen und Leiter des Berliner »Institut Français«, Jean Neurohr, einem Text galt, der zwar erst 1956 erschien, aber bereits 1933 konzipiert und geschrieben worden war.[144]

Bracher ist als Kritiker Gerhard Ritters angetreten,[145] mit den voluminösen Werken über »Die Auflösung der Weimarer Republik«, über »Die nationalsozialistische Machtergreifung« und »Die deutsche Diktatur«[146] »hatte er auf über zweitausend Seiten die Geschichte seiner Zeit durchwandert, die Quellen enzyklopädisch zusammengestellt und die Begriffe geprägt, an denen sich alle späteren Forschungen in Zustimmung oder Widerspruch ausrichteten«.[147] Mit diesen Büchern erfolgte eine doppelte methodische und konzeptionelle Abgrenzung: Die zwischen Demokratie und Diktatur und die zwischen Totalitarismus und Faschismus. Sein Ansatz hob die systemischen Strukturfragen von Machtbefugnissen und Machtmißbrach hervor. Bracher fragte, wie sich machtpolitische Bedingungen verschieben. Das heißt, daß die Machtproblematik zur organisierenden Zentralfrage wurde: wie gelangten die Nationalsozialisten an die Macht?

> »Die Machtfrage hat mich immer schon beschäftigt. Jemand, der Althistoriker ist und Thukydides wie auch Tacitus studiert hat, der weiß, inwiefern es in der Geschichte um Macht geht. Die griechische Geschichte ist voll von Machtkämpfen; sie zeigt beispielhaft, was ein Bür-

144 Neurohr, Der Mythos des Dritten Reiches; hierzu: Bracher, Zur Geschichte des »Dritten Reiches«, S. 102.

145 Zum Beispiel explizit in: Bracher, Die deutsche Diktatur, S. 4 und 490 (Kritik am Widerstandsbegriff) und 541 (wo er von einem »ebenso wehleidigen wie trotzigen Selbstwertgefühl« Ritters spricht!); ders., Voraussetzungen des Nationalsozialismus, S. 145 u.ö.; vgl. zum Verhältnis von Bracher und Ritter auch die typisch verzerrte Wahrnehmung des jungen Politologen durch Ritter, der ihn anläßlich der »Spiegelaffäre« Anfang der 60er Jahre in der FAZ kritisiert hatte und daraufhin bei Ritter als »sogenannter Linksintellektueller« galt, der »das Gift des politischen Nihilismus« in die Gesellschaft hineintrage, vgl.: Cornelißen, Gerhard Ritter, S. 432.

146 Bracher, Die deutsche Diktatur.

147 Eberhard Jäckel, Ein systematischer Historiker, in: FAZ, 13. 2. 1982.

gerkrieg ist und welche Rolle Machtverschiebungen, Machtvakuum und derartige Fragestellungen spielen. Die Begriffe, die ich damals aufgenommen habe, waren mir schon geläufig, bevor ich die Weimarer Arbeit anfing.«[148]

Die Judenvernichtung wurde innerhalb dieses konzeptionellen Dreiklangs aus demokratietheoretischer Verteidigung der Werte des Westens, Diktaturvergleich und Fokus auf die Macht im Staat zwar behandelt, aber nicht als eigenes Thema »erkannt«, ja man hat im Falle von Bracher zu Recht von der »Marginalisierung des Massenmords«[149] gesprochen, und das nicht nur in quantitativer Hinsicht, sondern auch inhaltlich:

> »Bei der Analyse der Entwicklung nach den Pogromen des November 1938 reduzierte sich die bis dahin so plastische und anspruchsvolle Darstellung auf das Referieren eines wie automatisch ablaufenden Prozesses. Die Massenvernichtungspolitik der Kriegsjahre wird eher konstatiert als untersucht; der Mord an den Juden beansprucht nur zwölf von 580 Seiten.«[150]

Die zeitgenössische Rezeption der Bracherschen Bücher war ausgesprochen zwiespältig, widersprach aber gerade nicht dem von Herbert hervorgehobenen Punkt, sondern bestätigen diesen auch wirkungsgeschichtlich. Gelobt wurde zumeist gerade Brachers Betonung des »legalen« Machtergreifungsprozesses, seine Konzentration auf die innenpolitische Gewalt der Machtdurchsetzung überhaupt, die Darstellung Hitlers und seiner »mit eiserner Konsequenz ganz auf ihn zugeschnittenen und zum Schattenspiegel seines Machtdrangs gewordenen Partei«,[151] gerügt dagegen seine Maßstäbe der Bewertung der NS-Geschichte an der Elle des westlichen Demokratie-Begriffs. Werner Conzes Besprechung des Weimar-Buches in der HZ bezeichnete Bracher als »die in Fachkreisen einflußreichste Rezension, die mein Buch zunächst bekommen hat«.[152] Conze kritisiert die Begriffsbildung in Brachers Buch als »unhistorisch«, weil sie sich an den Vorstellungen des demokratischen Ver-

148 Bracher, Erinnerungsstücke, S. 30.
149 Herbert, Vernichtungspolitik, S. 15.
150 Ebd.
151 Hans Herzfeld, o.T. [Rez. von: »Die deutsche Diktatur], in: HZ 211 (1970), S. 173-176 (174).
152 Bracher, Erinnerungsstücke, S. 33. Er bezieht sich hier auf die Kritik Conzes an seinem ersten Buch: »Die Auflösung der Weimarer Republik«.

fassungsstaates orientiert habe.[153] An der »marginalisierten« Geschichte der Massenvernichtung der Juden nahm dagegen seiner Zeit niemand Anstoß.

Fazit

Die in den frühen Gesamtdarstellungen zum Nationalsozialismus hervortretenden Tendenzen totalitarismustheoretischer Erklärungsansätze offenbaren eine bezeichnende Arbeitsteilung zwischen der älteren und der jüngeren Generation deutscher Historiker. Während der ältere Heimpel, der im Dritten Reich selbst schuldig geworden war, sich die »vaterländische Aufgabe«[154] einer Gesamtdarstellung gerade nicht mehr zutraute, konnten offensichtlich die jüngeren Historiker jenseits von Skrupeln und übertriebenen Selbstbefragungen an der hier freigewordenen Stelle einspringen. Sie erkannten die Relevanz dessen, was Heimpel unmöglich geworden war, und vermittelten insgesamt eine Sicht, in der die Unterschiede zwischen Herrscher und Beherrschten (Golo Mann), die Gründe für die »Verführung« (Broszat), die Betonung des »Zwangscharakters« der totalen Herrschaft (Buchheim) und die »Verwandtschaft« zwischen Nationalsozialismus und Bolschewismus (Erdmann und Bracher) dominierten.

153 Bracher kommentierte die skeptische Einschätzung der Fachhistorie aus der Rückschau sehr präzise: »Vielleicht sei es [sein Weimar-Buch] modellhaft richtig im Sinne der Sozialwissenschaften oder der Politikwissenschaft, aber damit hätten Historiker nichts zu tun. [...] Daher wurde meine Arbeit von vorneherein als methodisch fragwürdig und, historisch gesehen, als nur teilweise haltbar bewertet. Man sagte allenfalls: weil der Autor kein schlechter Historiker ist, ist trotzdem etwas daraus geworden, obwohl er die falschen Methoden hat. Das war sozusagen ein Diktum von oben, von der älteren und teilweise (Conze war ja etwas jünger) auch noch von der jüngeren Geschichtswissenschaft« (ebd.). Ähnlich wie Conze argumentierte auch Thilo Vogelsang, Der Machtzerfall der Demokratie, in: NPL 1 (1956), Sp. 52-58. An Brachers »Die deutsche Diktatur« bemängelt Herzfeld, daß Bracher die Gefahr von »rechts« gegenüber der von »links« überbetont, sein Demokratie-Begriff erhebe die Frage, ob er »die einzig mögliche und zulässige Formulierung des Phänomens« darstelle, vgl.: Herzfeld, in: HZ 211 (1970), S. 175.

154 Heimpel, Entwurf einer deutschen Geschichte, S. 165.

4.2. Die zweite Verdrängung: Faschismus als Vermeidungsdiskurs

»Eine linksgerichtete Judengegnerschaft«

Im Jahre 1970 schrieb die im Dritten Reich nach England geflüchtete Historikerin Eva Reichmann einen bemerkenswerten kleinen Text, der den Titel »Deutschland – aus der Emigration gesehen« trug.[1] Ihre scharfe Kritik an dem »schwarzen Schatten«, den die Vergangenheit über die Existenz der Juden in Deutschland werfe, hatte einen ganz anderen Ton als ihre sonst häufig so versöhnlichen Stellungnahmen. Grund ihrer Intervention war ihre Sorge über die »rebellierende Jugend, die das sogenannte jüdische ›Establishment‹, Israel und den Zionismus«, angreife. Reichmann, sonst des Zionismus nicht verdächtig, scheute sich nicht, hier eine »Fülle der Parallelen« zu entdecken, und sie äußerte den Verdacht, es gebe eine »linksgerichtete Judengegnerschaft«, einen »linksextremistischen Antisemitismus«.[2] Solche Sorgen wurden seinerzeit nicht besonders ernst genommen, sie hatten aber ihren Grund. Bei einem Vortrag über den Konflikt zwischen Israel und den arabischen Staaten im Frankfurter »Club Voltaire«, dem »Hauptquartier der linken Studentenschaft«, wurde Ende der 60er Jahre der jüdische Historiker und Schüler Fritz Fischers, Walter Grab, von den über 200 Hörern niedergebrüllt:

> »Das Auditorium ließ mich nicht zu Wort kommen; man betonte, daß der Aggressorstaat Israel keine Anerkennung verdiene und daß die arabische Welt mit ihm niemals Friedensverhandlungen beginnen werde. Es schmerzte mich, aus dem Munde von jungen Deutschen, deren Väter sich vielleicht an Judenmorden beteiligt hatten, zu hören, daß die dem Naziterror Entronnenen kein Lebensrecht besäßen. Die Debatte endetet in lautstarkem Tumult.«[3]

Eine solche Frankfurter Szene oder eine ähnliche könnte Eva Reichmann »gesehen« haben, als sie ihren Blick auf das Deutschland der 70er Jahre geworfen hatte, sie war in der Zeit der Studentenunruhen wohl keine Ausnahme. Auch der 1942 im schwedischen Exil geborene jüdische Histo-

1 Eva Reichmann, Deutschland – aus der Emigration gesehen (1970), in: dies., Größe und Verhängnis deutsch-jüdischer Existenz, S. 225-239 (234 f.).

2 Ebd., S. 236 f.; ähnlich auch in: dies., Deutschland ohne Juden? (1971), in: ebd., S. 243-253 (248).

3 Grab, Meine vier Leben, S. 207. Zu Grab vgl.: Diner, Weder Heimat noch Exil, v.a. S. 367 f.

riker Julius H. Schoeps berichtete in einem kurzen autobiographischen Text über seine Studienzeit in Berlin von seiner instinktiven Distanz gegenüber der Studentenbewegung, deren linke Parteinahme für die Palästinenser und von seiner Ahnung, »daß kein großer Unterschied zwischen dem Antisemitismus der Väter und dem Antizionismus der Söhne« bestand:

> »Ich erinnere mich noch sehr gut an eine Veranstaltung mit dem Dichter Erich Fried in der Berliner Freien Universität, bei der ich versuchte, um Verständnis für die zionistischen Positionen zu werben. Das Ergebnis war, daß mich die von Erich Fried angeheizten Studenten unter frenetischem Beifall aus dem Hörsaal hinauskomplimentierten. Noch heute habe ich das rhythmische Klatschen und die skandierenden Rufe im Ohr: ›Zionisten raus‹, ›Zionisten raus‹ ...«[4]

Detlev Claussen hat die Grundstruktur dieser Konflikte zwischen linken deutschen und jüdischen Studenten als eine besondere Form der »Verleugnung von Auschwitz« bezeichnet und als einen vermiedenen Blick »in den Keller« beschrieben, an dessen Stelle »die Proklamation revolutionärer Parolen vom Balkon aus« getreten sei.[5] Er schrieb das Anfang der 80er Jahre als die Selbstkritik eines Linken, der die Bezeichnung »Holocaust« für die Libanon-Ereignisse nicht mehr ertragen konnte, und er erinnerte daran, daß die Entstehung der Neuen Linken nicht von der Last des nationalsozialistischen Erbes abzutrennen sei: »Von Schuld der rechten Väter wollten sich die moralischen linken Kinder abtrennen. Wir sind von 1967 an der Dialektik der abstrakten Moral gefolgt.«[6] Diese Dialektik war von einer Normalität zwischen Deutschen und Juden ferner denn je, oder anders formuliert: die deutsche Normalität gegenüber den Juden war nach wie vor nicht frei von Antisemitismus. Mit dem Faschismusbegriff ging eine Entleerung des Begriffes »Nationalsozialismus« einher, der Antisemitismus wurde funktional und rationalistisch

4 Schoeps, »Vergiß niemals Dein Volk Israel!«, S. 389.

5 Claussen, In the House of the Hangman, S. 117 und 118.

6 Ebd., S. 115. »Die nie akzeptierte Schuld, die sich hinter der Maske des beflissenen Philosemitismus verbarg, bricht sich in neuen antisemitischen Tendenzen Bahn. Ein Schuldbewußtsein, dem es wirklich um die Treue zu den Opfern geht, kann keinen Freispruch erwarten – seine Arbeit beginnt dort, wo die Psychologie aufhört. Die antisemitische Welt, als deren Teil man geboren ist und immer wieder von Neuem schuldig wird, muß man mit allen zur Verfügung stehenden Mitteln in eine Welt der Anerkennung zu verwandeln suchen. Nur die Anerkennung der geschichtlichen Schuld ermöglicht das Erkennen der Gegenwart. Im Haus des Henkers kann es nur bei Wirklichkeitsverleugnung gemütlich sein« (S. 124).

verstanden, und »nicht als tatsächlicher Rückfall in die Barbarei bewußt gemacht«. An diesem Punkt habe die Neue Linke dem »Bedürfnis nach Geschichtslosigkeit« nachgegeben, das aus dem »Verlangen nach historischer Unschuld« resultiere:

> »Ein Gefühl der Ohnmacht machte sich breit [...]. Die Schuld der Täter hat ihre Kinder eingeholt. [...] Der Wunsch scheint verständlich, den Schuldzusammenhang deutscher Geschichte verlassen zu wollen – aber wie schnell hat sich das verschoben? Am Anfang stand ein Schuldgefühl, Täterkind zu sein. Warum ist es nicht gelungen, dieses Schuldgefühl in eine kollektives, kritisches Selbstbewußtsein zu verwandeln, das den Opfern die Treue hält?«[7]

Diese »Sehnsucht nach Geschichtslosigkeit« hatte nicht zuletzt auch jüdische Studenten der Linken ergriffen, wie Micha Brumlik in seinem autobiographischen Essay *Kein Weg als Deutscher und Jude* berichtet hat:

> »Vor einer Videokamera gab ich zu Protokoll, daß letzten Endes die nationalsozialistische Judenvernichtung nichts anderes gewesen sei als der ideologische Nebeneffekt einer faschistischen Politik, der es um die Bewahrung der Interessen des deutschen Kapitals gegenüber der Arbeiterbewegung am Ende der Weimarer Republik gegangen sei.«[8]

Diese »bundesrepublikanische Erfahrung«, so der Untertitel von Brumliks Buch, konnte von Juden wie Nichtjuden an sich oder anderen gemacht werden. Sie hatte mitunter auch unverhüllt antisemitischen Charakter. Die »Trotzkistische Liga Deutschlands« stellte im Jahre 1982 folgende Parole auf: »Die Zionisten benutzten nicht nur die ›Herrenmenschen-Sprache‹ des Nazi-Holocaust, sondern auch ihre Völkermordpraktiken. Bevor gefangene PLO-Kämpfer in Konzentrationslager in Israel abgeführt werden, markiert man ihren Rücken mit weißen Kreuzen – in Auschwitz und Treblinka war es der Davidstern.«[9] Solche »geschichtliche Vermischungen« waren nicht untypisch für die deutsche Linke der 70er Jahre gewesen.[10] Die Linke stand nicht viel weniger im Dienst eines »bemerkenswerten Fluchtmanövers,« als die vielgescholtenen Jahre des Schweigens zuvor. Der Terminus »Faschismus« florierte zwar, aber der

7 Ebd., S. 114; eine überzeugende Antwort versuchte jüngst Herrad Schenk, Wie in einem uferlosen Strom.

8 Brumlik, Kein Weg als Deutscher und Jude, S. 105.

9 Zit. nach: Heenen, Deutsche Linke, linke Juden, in: Wetzel (Hg.), Die Verlängerung von Geschichte, S. 103.

10 Ebd., S. 104 und 112.

Blick auf das Dritte Reich verfremdete das Geschehen und seine Wirkung nicht viel geringer, als das verallgemeinernde Sprechen über »den« Totalitarismus, wie es die Eltern praktiziert hatten. Am Nationalsozialismus, so die weitverbreitete Ansicht, »war niemand beteiligt, außer eben den Nationalsozialisten nebst Mitläufern, und mit seinen Folgen hat die redliche Linke so wenig zu schaffen wie mit ihm selbst«.[11] Dan Diner hat in diesem Zusammenhang einmal von »Begriffsmagie« gesprochen, die mit dem übermächtigen Bedürfnis korrespondierte, einem »kollektiven Verstrickungszusammenhang – wenigstens im Nachhinein – zu entkommen«:[12]

> »Die theoretische Reduktion des Nationalsozialismus auf Faschismus ist die spezifisch linke Ausprägung eines allgemeinen Verdrängungs- und Verleugnungszusammenhanges. Während die Theorie vom kapitalistisch verursachten Faschismus Verantwortlichkeiten verdinglicht und sogar segmentiert [...]. Die rassenideologisch motivierte Ausrottung vermeintlicher ›Reichsfeinde‹ und vorgeblich ›lebensunwerten Lebens‹ oder fundamentaler: die Vernichtung außerhalb einer jeden Ausbeutungs- und Verwertungslogik muß die kapitalismuskritische Reduktion des Faschismus Lügen strafen. Die Besonderheit des Nationalsozialismus liegt also auch in der durch die Massenvernichtung erfolgte Transzendierung bloß ökonomischer Kalküle. Damit ist aber das politische Identitäten stiftende Theoriekonstrukt eines Ineinander von Kapitalismus und Faschismus zur Gänze annulliert – mit all den sich daraus ergebenden Folgewirkungen für theoretische und psychische Gewißheiten einer postfaschistischen Linken in Deutschland.«[13]

Die »wirklichen Auseinandersetzungen«, so Diner, seien von »historischen Metaphern« überlagert worden, »weil vordergründig Entlastung gesucht wurde«.[14]

11 Ebd., S. 12.

12 Diner, Der Krieg der Erinnerungen, S. 46 und 47. Vgl. auch Diners autobiographische Skizze: Fragments of an Uncompleted Journey, S. 120-134.

13 Diner, Der Krieg der Erinnerungen, S. 48.

14 Diner, Israel und das Trauma der Massenverbrechen, in: Wetzel (Hg.), Die Verlängerung von Geschichte, S. 25-42 (25).

In der Tat: Heute kann man die 70er Jahre mit einigen Argumenten als eine Phase der zweiten Verdrängung bezeichnen.[15] Der mitunter »possenhafte Entlarvungsgestus« (Ulrich Herbert) der Ankläger, die teils abenteuerlich ahistorischen Kontinuitätslinien, der Grad anonymisierender Abstraktion und der Stil jener häufig persönlich geführten Debatten – alles zusammen führte in der Holocaustforschung zu einer »unübersehbaren Lücke«[16] und zu keinem einzigen interessanten Buch zum Problem. Neue Ergebnisse wurden nicht präsentiert, das Interesse am Thema nahm sogar deutlich ab. Was aus dieser Zeit an Forschungen vorliegt, ist von akademischen Außenseitern oder von jüdischen Opfern verfaßt. Aus der Sicht von heute erscheint es mehr als erklärungsbedürftig, warum Historiker wie Christian Streit, Hans-Heinrich Wilhelm und Uwe Dietrich Adam, die alle ihre großen Arbeiten in den 70er Jahren vorgelegt haben, weder an die Universitäten berufen wurden noch das Bild der Öffentlichkeit von Judenvernichtung und Holocaust nachhaltig zu beeinflussen vermochten, trotz Anerkennung ihrer Forschung durch die Fachwissenschaft. Diese Empiristen und Strukturalisten der 70er und 80er Jahre waren Außenseiter der Geschichtswissenschaft. Kaum eine Zeit zwischen Weltkrieg und der Gegenwart hat so wenige genaue Fragen gestellt, war so uninteressiert an den Ergebnissen der Forschung und hat es den Außenseitern, die zumeist auf eigene Faust arbeiteten, so schwer gemacht.

Dabei war das in dieser Haltung zum Ausdruck kommende Selbstverständnis noch dazu ausgesprochen selbstbewußt. Im Jahre 1974 konnte Imanuel Geiss die Geschichte der Geschichtsschreibung nach 1945 als mühsalbeladene Überwindung des historistischen Irrationalismus stilisieren und die berühmte linke Berliner Zeitschrift »Das Argument« als die Plattform bezeichnen, auf der sich dieser Fortschritt »parallel zur immer kritischer werdenden Grundstimmung in der jüngeren Intelligenz der Bundesrepublik« auch in der Geschichtswissenschaft etablierte.[17] Doch ein Blick auf die Entwicklung dieser von Geiss 1974 als Inbegriff alles Fortschrittlichen so hervorgehobenen Zeitschrift mag aufschluß-

15 Herbert, Der Holocaust in der Geschichtsschreibung der Bundesrepublik Deutschland, S. 77.

16 Ebd., S. 76.

17 Geiss, Die westdeutsche Geschichtswissenschaft seit 1945, S. 444 und 450. Geiss machte hier eine »immer breiter werdende Front« junger Wissenschaftler aus, die die »moderne Geschichtswissenschaft« prägte (446).

reich sein: Sie fungierte als »theoriepolitische Schleusenstation«[18] zwischen Totalitarismus- und Faschismustheorie, artikulierte den doppelten Paradigmenwechsel vom Antikommunismus zum »Anti-Antikommunismus« und vom Antitotalitarismus zum Antifaschismus, war aber zu Beginn ein aus dem Schock über die antisemitischen Hakenkreuzschmierereien von 1959 entstandener Impuls zur »Überwindung des Antisemitismus«, wie die Gründungstagung benannt war, an der noch Alfred Wiener, Ossip K. Flechtheim und Heinz Galinski teilgenommen hatten. Im Oktober 1960 entstand eine Arbeitsgruppe über das Thema »Antisemitismus und Gesellschaft«, hier entstand der Terminus »totalitärer Antisemitismus«, aber die Entwicklung zur Etablierung einer marxistischen Faschismustheorie und damit der theoretische wie praktische Verzicht auf diese Anfänge der Zeitschrift vollzog sich fast reibungslos. Ab 1964 erschienen insgesamt sieben Themenhefte über »Faschismustheorien« von Walter Benjamin bis Wolfgang F. Haug. »Haug hat sehr früh über den ›hilflosen Antifaschismus‹ geschrieben – und wir ahnten gar nicht, wie sehr ›Das Argument‹ darunter fiel [...].«[19]

Für die dogmatische Faschismus-Konzeption war in der Tat die Judenvernichtung kein unüberwindbares Hindernis von Erklärungsversuchen. Im Gegenteil: »Je radikaler ein Marxist, desto weniger interessiert er sich für die jüdische Frage, da diese als klassisches Symptom der bürgerlichen Gesellschaft mit deren gesetzmäßiger Überwindung ohnehin hinfällig ist.«[20] Daß aus solcher Sicht geradezu Verantwortung und Schuld für den Untergang der Juden letztendlich bei ihnen selbst gesucht wird, nämlich ihrem »objektiven« Versagen, den klassenkämpferischen Charakter des Faschismus zu durchschauen, ist vielen Arbeiten als Axiom zugrunde gelegt gewesen. Auch die jüngste Neuauflage von Reinhard Kühnls zuerst 1983 erschienenem Buch *Der Faschismus* stellt noch ein explizites Plädoyer für die Beibehaltung des Faschismus-Begriffs dar.[21] Faschismus wird

18 Ich folge hier der bereits zitierten Arbeit von: Kraushaar, Von der Totalitarismustheorie zur Faschismustheorie, S. 269 ff. Außerdem: Rusinek, Von der Entdeckung der NS-Vergangenheit zum generellen Faschismusverdacht – akademische Diskurse in der Bundesrepublik der 60er Jahre.

19 Peter Furth, Es war ein epigonaler Antifaschismus, in: Peter Körte (Hg.), 30 Jahre Argument – Erfahrungen und Perspektiven. Interviews zu einem Jubiläum, Berlin 1988, S. 115 (zit. auch bei Kraushaar, Von der Totalitarismustheorie zur Faschismustheorie, S. 271).

20 Bernd Martin, Judenverfolgung und -vernichtung, S. 293.

21 Reinhard Kühnl, Der Faschismus. Ursachen und Herrschaftsstruktur. Eine Einführung, 4., überarb. Aufl., Heilbronn 1998 [zuerst: 1983].

als »Großoffensive gegen die Arbeiterbewegung«,[22] als Verteidigung der ungerechten Eigentumsverhältnisse, und als Macht der Industrie- und Bankkonzerne definiert:[23] Seine Ideologie drücke in aller Konsequenz aus, was »aus dem kapitalistischen Prinzip der Konkurrenz erwachsen war«.[24] Der Nationalsozialismus sei »die bisher extremste Form des Faschismus«, so Kühnl, allerdings nach 1945 keineswegs zu Ende gegangen. Er sei wissenschaftlich zugänglich[25] und sollte gerade nicht als einmaliges Phänomen begriffen werden, da er sonst unbegreiflich, nicht erklärlich erscheine.[26] Ideologie wird hierbei extrem funktionalistisch gedeutet und erhält ihre Relevanz letztlich nur noch als »Instrument zur Verhüllung seines [des Faschismus, N.B.] Wesens.«[27] Der Massenmord wird von Kühnl als Variante von »Versklavungsprogramme[n]«[28] gedeutet, die Singularitätsthese explizit zurückgewiesen.[29] Diese werden zudem mit einem Zitat von Rudolf Höß in den interpretativen Kontext kapitalistischer Ausbeutungspraktiken verschoben, damit der Nachweis gelingt, Auschwitz sei eines der Nutzen-Projekte der deutschen Privatwirtschaft und Ergebnis »großkapitalistischer Interessen« gewesen.[30] Zu Kühnls »Klassikern« der NS-Interpretation gehörte auch der Dokumentenband zum »deutschen Faschismus« von 1977. Von den 317 Quellenauszügen aus der NS-Zeit waren nur neun dem Thema Judenvernichtung gewidmet, und hier gerade die Hinweise von Höß über die I.G. Farben über die Verwertung jüdischen Vermögens und ein Lieferbescheid der Firma Degesch über das Zyklon B, d.h. Quellen, die nicht den Antisemitismus, sondern die Profitgier hinter dem Judenmord belegen sollen. Im Vorwort heißt es dann auch folgerichtig, daß diese Quellen zeigen, wohin ein System gelange, das »Herrenmenschenideologie und Profit- und Verwertungsprinzip gegenüber *der Mehrheit der eigenen Bevölkerung* und gegen-

22 Ebd., S. 117, ähnlich 112 und 122.
23 Ebd., S. 109 f. und 112.
24 Ebd., S. 120.
25 Ebd., S. 127 ff., 126.
26 Ebd., S. 107 ff., 116, 118, 123 f., 126.
27 Ebd., S. 108 f.
28 Ebd., S. 124.
29 Ebd., S. 123 f. Hier akzentuiert Kühnl Richtiges und Bekanntes in bestimmter Weise: »Die Praxis des Massenmordes war [...] nicht auf die Juden beschränkt, sondern war auch gegen die ›Ostvölker‹, insbesondere gegen Polen und Russen, gerichtet und steht auch in Hinsicht auf Zahlen der Ermordeten nicht hinter den Massenmorden an den Juden zurück« (ebd., S. 124).
30 Ebd., S. 113 f. und 116.

über anderen Völkern durchzusetzen trachtet«.[31] Auch die Sammlung *Faschismustheorien* von 1979 handelt Massenmord und Antisemitismus auf gerade einmal vier Seiten ab:

> »Der Mord an den europäischen Juden darf also nicht als etwas ganz Singuläres betrachtet werden – das müßte zu Fehlurteilen führen. Äußerste Brutalität der Herrschaft bis hin zum Massenmord war ein allgemeines Merkmal des faschistischen Systems. Mit anderen Mitteln hätte die Zerschlagung einer so starken und gut organisierten Arbeiterbewegung und die Einleitung eines so gigantischen Expansions- und Ausplünderungsprogramms auch nicht ins Werk gesetzt werden können.«[32]

Der Holocaust war für ihn das Ergebnis der »Totalisierung des Kosten-Nutzen-Prinzips, welches der kapitalistischen Ökonomie schon immer unmittelbar entsprang«.[33] Äußerungen Kühnls zeigen zudem, daß er von der Überlegenheit seiner NS-Interpretation ausgeht, während »jüdische Wissenschaftler«, so Kühnl, »[...] im Banne des blanken Entsetzens [verharren]«.[34]

31 Kühnl, Der deutsche Faschismus in Quellen und Dokumenten, Köln 1977 (Vorwort).

32 Kühnl, Faschismustheorien. Texte zur Faschismusdiskussion, 2 Bde., Hamburg 1979, hier: Bd. 2, S. 210; vgl. auch: Goldhagen und die deutsche Linke, 27 f.

33 Reinhard Kühnl, Judenhaß und Judenmord – unerklärlich und unbegreiflich?, in: Gudrun Hentges, Guy Kempfert, Reinhard Kühnl (Hg.), Antisemitismus. Geschichte, Interessenstruktur, Aktualität, Heilbronn 1995, zit. nach: »Goldhagen und die deutsche Linke«, S. 28.

34 Ebd., zit. nach: »Goldhagen und die deutsche Linke«, S. 26. Diese Kritik von linker Seite an Kühnl wurde erst während der Goldhagen-Debatte wahrnehmbar. In dem mehrfach zitierten Sammelband »Goldhagen und die deutsche Linke« heißt es: »Kühnl bring es seit Jahrzehnten fertig, vom Faschismus zu schreiben und von Auschwitz zu schweigen«; der Holocaust werde bei ihm als »politischer Nebenschauplatz« von »klassenpolitischen Kausalbeziehungen« gesehen (vgl.: Goldhagen und die deutsche Linke, 26 und 28); er vergleiche den Judenmord nicht, wie seine konservativen Kollegen, mit Taten anderer Nationen, sondern mit dem »Massenmord« an der Arbeiterbewegung, sein Ansatz bleibe in der Dimitroffschen Faschismusdefinition befangen (ebd., 27 f.); Antisemitismus werde verkannt und verharmlost: er habe zur »Ablenkung sozialer Unzufriedenheit« gedient (ebd., 28).

Diese arrogante Sichtweise soll am Beispiel eines jüdischen Wissenschaftlers aus der DDR einmal näher betrachtet werden. Helmut Eschwege aus Dresden, der in mancher Hinsicht mit Joseph Wulf im Westen Deutschlands zu vergleichen ist, bietet sich hierbei aus zwei weiteren Gründen an, denn erstens war er einer der frühesten und präzisesten DDR-Forscher der jüdischen Katastrophe im Zweiten Weltkrieg, und zweitens kämpfte er als Jude gegen die Windmühlen eines kaderparteilichen Geschichtsbildes in den kulturpolitischen Verwaltungsetagen, deren Vertreter ihm aufgrund faschismustheoretischer Grundprämissen die Arbeit fast unmöglich machten. Schon direkt nach dem Krieg war er, ähnlich wie Paul Merker, sowohl mit seinem Versuch, die jüdische Erinnerung innerhalb des kommunistischen Widerstandsmythos zu etablieren, als auch mit seinen Vorschlägen zur Wiedergutmachung an Juden an der Parteimehrheit der Kommunisten gescheitert.[35] Eschwege war kein Fachhistoriker, aber er hatte gute Kontakte zu solchen, z.B. zu seinem Vetter Saul Esh, zu Konrad Kwiet, mit dem er eng zusammenarbeitete, zu Arnold Paucker und anderen. Als Autodidakt betrieb er intensive Erforschung der jüdischen Geschichte, vor allem der Verfolgungsgeschichte unter dem Nationalsozialismus. Auf seine Initiative entstand das erste ostdeutsche dokumentarische Werk zur Judenverfolgung. Seine weiteren Arbeitsschwerpunkte waren der jüdische Widerstand, die Geschichte der Synagoge in Deutschland, Arbeiten über das Wilnaer Ghetto, über die Geschichte des Jiddischen, die beiden letztgenannten Projekte und ein weiteres über jüdische Friedhöfe in Deutschland blieben unpubliziert. Außerdem arbeitete der Autor an einer Geschichte der Juden in den Ländern und Städten der ehemaligen DDR, die ebenfalls ungedruckt blieb. Hierfür schrieb Eschwege über 400 Archive an, reiste im Dezember 1985 in die USA und arbeitete im Leo Baeck Institute. Staatliche Institute aller Art (Akademie

35 Vgl. z.B. Eschweges Formulierungen, die er auf Bitte von Paul Merker für eine zukünftige Regierungserklärung vorschlug: »Das deutsche Volk erwartet, daß das Vertrauen der Juden zu ihm in der Zukunft zurückkehren möge. Dies hofft es durch seine künftige Führung und Taten zu beweisen. Das deutsche Volk anerkennt durch aktive oder passive Beteiligung in seiner überwiegenden Mehrheit am Hitlersystem seine Schuld gegenüber den Juden und hofft, den wenigen überlebenden Juden und jüdischen Gemeinschaften durch weitgehendste Wiedergutmachung der wirtschaftlichen und körperlichen Schäden einen Teil seiner Schuld abzutragen.« Das Zitat nach: Herf, Zweierlei Erinnerung. Die NS-Vergangenheit im geteilten Deutschland, S. 106.

der Wissenschaften und Historiker-Gesellschaft der DDR) verweigerten ihm jede Hilfe, »bei den Staatsarchiven hatte ich den Eindruck, daß sie sich nach wie vor an die Weisung des Reichs- und Preußischen Ministers des Innern vom 18. März 1936 hielten, die besagte, es dürfen ›Archivmaterialien nur mit seiner Genehmigung zur Verfügung gestellt werden‹«.[36]

Helmut Eschwege hat seine Memoiren *Fremd unter meinesgleichen. Erinnerungen eines Dresdner Juden* in die zwei Teile »Lebensstationen« und »Publikationen und Hemmnisse«[37] gegliedert, eine Entscheidung, die etwas von der Gewichtung andeuten mag, die die Schwierigkeiten der Veröffentlichungen in seinem Leben eingenommen haben. Im ersten Abschnitt schildert er die abenteuerlichen Etappen eines in Hannover geborenen, in Hamburg aufgewachsenen, kommunistisch aktiven Jugendlichen, der mit seinem orthodox-religiösen Elternhaus bricht und in den 30er Jahren über Lettland, Estland, die Schweiz und Italien nach Palästina emigriert, dort in den Kibbuzim arbeitet, bei Kriegsausbruch der englischen Besatzungsarmee beitritt und nach dem Krieg nach Dresden zurückkehrt. Der zweite Teil stellt die fast unglaubliche Geschichte seiner Forschungsbemühungen zur Judenvernichtung dar, die im Laufe der Jahre auf immer absurdere Schwierigkeiten, Hindernisse und Schikanen stießen. Eschwege war einer der wenigen, die sich in der DDR überhaupt für die Verfolgungs- und Vernichtungsgeschichte der Juden unter den Nazis interessierten. Um manche Publikationsprojekte kämpfte er bis zu zehn Jahre, während ihn die Arbeit am Buch selbst weniger als ein Drittel dieser Zeitspanne in Anspruch genommen hatte.[38] Außer einem Ausreiseverbot, das neben Archivreisen auch verhinderte, daß er seine Mutter in den letzten 15 Jahren ihres Lebens besuchen konnte,[39] erhielt Eschwege auch Bescheide über innerdeutsche Archivsperren, mußte Bibliotheksschikanen und Verlagsverzögerungen ertragen und wurde mit massiven Korrekturen und Zensur seiner Texte konfrontiert. Er litt massiv unter der »indirekte[n] Judenfeindschaft der SED«, die zum Parteiausschlußverfahren gegen ihn führte, das ihm und seiner Familie »fünf lange Jahre

36 Eschwege, Fremd unter meinesgleichen, S. 276. »Da ich mich dem 80. Lebensjahr näherte, entschloß ich mich, das Manuskript in 20 bis 30 Exemplaren selbst zu vervielfältigen, zumal zwei Drittel bereits lektoriert waren, und es den großen jüdischen Bibliotheken und Institutionen sowie den großen jüdischen und deutschen Archiven als umfangreiche Quelle zur Verfügung zu stellen« (ebd., S. 277).

37 Ebd., S. 12-179 sowie S. 180-277.

38 Vgl.: Eschwege, Fremd unter meinesgleichen, S. 8.

39 Ebd., S. 9.

[...] das Leben schwer machte«.[40] Auch seine Auseinandersetzung mit den dogmatischen »Historiker-Päpsten« der DDR machte ihn zum Außenseiter; zuletzt waren durch seine unkonventionelle Haltung auch die Beziehungen zur Leitung der angepaßten jüdischen Gemeinde in Dresden völlig zerrüttet: sie denunzierten ihn nur noch als »Nestbeschmutzer« und »Enfant terrible«,[41] so daß das titelgebende Bekenntnis seiner Autobiographie wohl in fast jeder Hinsicht die Erfahrung eines kritischen linken Juden in Ostdeutschland zwischen 1946 und den 90er Jahren widerspiegelt:

> »Unvorstellbar war allen Juden, auch besonders ihren Rabbinern und Gemeindeführern, ihren Historikern und ihrer Intelligenz, daß im 20. Jahrhundert ihre Geschichte durch Massenmord enden könnte. Auschwitz bedeutete das Ende des deutschen Judentums. So gesehen, ist meine Untersuchung über das deutsche Judentum zwischen Elbe und Oder ein Nachruf auf die hier seit dem Mittelalter seßhaften Juden.«[42]

All diese Umstände machten ein Forschen über jüdische Themen in der DDR nahezu unmöglich. Grund für eine solche Geschichtspolitik, die den Forschungen über jüdische Themen reserviert bis ablehnend gegenüberstand, waren antizionistische Ideologie, offene Feindschaft gegen den Staat Israel und eine Faschismusinterpretation, nach der die Verfolgung der Juden unter den Nationalsozialisten ein Ablenkungsmanöver von den eigentlich wichtigen Klassenkampfinteressen darstellte.

Während der Arbeit an dem Buch *Geschichte der Diskriminierung und Vernichtung der deutschen Juden durch den Hitlerfaschismus* in den 50er Jahren geriet Eschwege in einen Femeprozeß, dessen Verhöre und Unterredungen ihn derart einschüchterten, daß er zu Hause sogleich sämtliche gesammelten Materialien verbrannte.[43] Der Arbeitstitel des Manuskriptes lautete »Der Leidensweg der deutschen Juden«, er war unterteilt in die drei Kapitel »I. Die Geschichte der Diskriminierung«, »II. Die Geschichte der Vernichtung« und »III. Der antifaschistische Widerstandskampf in Deutschland und sein Zusammenhang mit dem Kampf gegen die Rassenverfolgung«. Im zweiten Kapitel hob Eschwege »Das deutsche Finanzkapital als Nutznießer der Rassenideologie und der Menschenvernichtung« hervor.[44] Nicht einmal diese SED-kongeniale Interpretation

40 Ebd., S. 7.
41 Ebd., S. 10.
42 Ebd., S. 274.
43 Ebd., S. 185.
44 Ebd., S. 187 f.

konnte in der zweiten Hälfte der 50er Jahre auf institutionelle Unterstützung zählen. Der Cheflektor des Verlages Rütten & Loening bemängelte das fehlende »Moment der Polemik gegen die unhistorische Behandlung, die in westdeutschen Darstellungen zum Ausdruck« komme. Dies dürfe nicht außer Betracht bleiben, »weil wir den größten politischen Nutzeffekt im Hinblick auf Westdeutschland, die ›größte Verbrecherversammlung der Weltgeschichte‹ im Auge haben müssen«.[45] Nach mehrjähriger Überarbeitung lag das Manuskript im März 1960 erneut vor, zusätzlich versehen mit einem Vorwort von Arnold Zweig. In der Absage vom August 1960 aber hieß es, jeder Abschnitt hätte mit der KPD oder auch mit deutschen Konzernen in einer Beziehung stehen müssen: »Kamnitzer bemängelte auch, daß ich die Arbeiterbewegung nicht als einzige Rettung für die Juden und den Kampf der Arbeiterklasse gegen die Judenfeindschaft in den Vordergrund gerückt hätte.«[46] Es folgten Gutachten, Verzögerungen, und weitere Bemängelungen.[47] Als dann im November des Jahres 1966 in der DDR das Buch *›Kennzeichen J‹. Bilder. Dokumente. Berichte* im Verlag VEB Leipzig erschien,[48] war ihm kaum anzusehen, daß es sich hierbei lediglich um den Torso eines Projektes handelte, das der Autor fast zehn Jahre lang gegen alle Widerstände verfochten hatte. *Kennzeichen J.* war nur der zweite Teil einer gekoppelten Darstellung und Dokumentation der Judenverfolgung im Dritten Reich, deren erster Teil aufgrund jahrelanger Querelen erst nach der Veröffentlichung des Quellenteils erscheinen konnte.[49] Dieses Buch war die erste ernstzunehmende Dokumentation des Themas in der DDR, verfaßt von einem Juden und fachlichen Außenseiter,[50] der dreimal länger darum

45 Zit. nach: Eschwege, Fremd unter meinesgleichen, S. 188.

46 Ebd., S. 190.

47 Hier v.a. Eschweges »labile Klassenposition«, vgl. S. 193 und die Schilderungen der weiteren Schikanen S. 190-211.

48 »Kennzeichen J.« Bilder, Dokumente, Berichte zur Geschichte der Verbrechen des Hitlerfaschismus an den deutschen Juden 1933-1945, hrsg. von Helmut Eschwege, mit einem Vorwort von Arnold Zweig, Berlin 1966.

49 Zum Gesamtzusammenhang: Eschwege, Fremd unter meinesgleichen, 204 f.

50 Bis dahin waren lediglich zwei broschürenstarke Publikationen zum Thema erschienen, vgl.: Stefan Heymann, Marxismus und Rassenfrage, Berlin 1948; Siegbert Kahn, Antisemitismus und Rassenhetze. Eine Übersicht über ihre Entwicklung in Deutschland, Berlin 1948. Diese beiden ersten Bücher in Ostdeutschland über Antisemitismus und Rassismus, geschrieben von jungen jüdischen Kommunisten, können aber eher mit der Literatur der »Schulddebatte« in Beziehung gesetzt werden, weniger mit dem Beginn einer geschichtswissenschaftlichen Dokumentation oder Analyse. Beide Arbeiten

gekämpft hatte, wenigstens einen Teil seiner Arbeit der Öffentlichkeit vorzustellen, als die Arbeit am Manuskript selbst gedauert hatte. Als das Werk dann schließlich zur Hälfte erschien, wurde es zwar gelobt, jedoch fast ausschließlich von jüdischen Rezensenten.[51] Der andere Band erschien sogar erst weitere acht Jahre später, also im Jahre 1974, allerdings derart entstellt, daß die lektorierenden Gutachter Klaus Drobisch und Werner Müller im Grunde die Wahrheit sagten, als sie die Unverschämtheit besaßen, ihre eigenen Namen auf die Titelei zu setzen und im Vorwort Helmut Eschwege »für Anregung und Vorarbeiten zu diesem Buch« zu danken.[52] Auch die Aufsätze von Eschweges Vetter, dem Historiker Saul Esh, Leiter des Instituts für Zeitgeschichte an der Universität in Jerusalem, über jüdische Geschichte und die »Endlösung« ließ die DDR-Zensur nach dessen Tod im Jahre 1968 nicht mehr passieren.[53]

Sein Selbstverständnis definierte Eschwege in den Begriffen »Jude und Humanist«,[54] er hatte einen »rebellischen Geist«[55] und vertrat in der Jugend antiorthodoxe linkssozialistische Positionen gegen das Elternhaus.[56] Später erforschte er die Geschichte und Kultur des deutschen Judentums in zweifacher Hinsicht: NS-Verfolgung *und* Judenfriedhöfe in der DDR, Vernichtung der jüdischen Gemeinden *und* Synagogen in Deutschland, also Geschichte und Kultur der Juden in Deutschland *und* deren Ende.

haben, nicht anders als die Eschweges, lebensgeschichtlich bedeutsame Ursprünge: Heymann, vor 1933 Zeitungreporter, verbrachte fast die gesamte Zeit des Nationalsozialismus in Gefangenschaft und KZ, darunter Buchenwald und Auschwitz. Nach 1945 engagierte er sich in der politischen Sektion der KPD/SED in Thüringen, bevor er dann nach Berlin wechselte und dort Karriere im Diplomatischen Dienst machte. Kahn, ebenfalls in Gefangenschaft, konnte in die Tschechoslowakei fliehen, emigierte von dort nach England, wo er in der »Freien Deutschen Bewegung« arbeitete. 1946 kehrte er nach Deutschland zurück und wurde später Direktor des Deutschen Wirtschaftsinstitutes in der DDR. Vgl. zu beiden die kurzen Bemerkungen bei: Pätzold, Persecution and the Holocaust, S. 295 ff.

51 Ebd., S. 206.

52 Vgl.: Klaus Drobisch, Rudi Goguel, Werner Müller, Horst Dohle, Juden unterm Hakenkreuz. Verfolgung und Ausrottung der deutschen Juden 1933-1945, Berlin 1973; hierzu: Eschwege, Fremd unter meinesgleichen, S. 211.

53 Eschwege, Fremd unter meinesgleichen, S. 191; vgl. zum Thema insgesamt: Groehler, Der Holocaust in der Geschichtsschreibung der DDR, S. 47-65.

54 Eschwege, Fremd unter meinesgleichen, S. 283.

55 Ebd., S. 11.

56 Ebd., S. 18.

Er führte Briefwechsel u.a. auch mit H. G. Adler und Joseph Wulf,[57] der im Westen Deutschlands nicht glücklicher wurde als Eschwege im Osten.

»Die Geschichte in deutsch für die Deutschen«
Das Scheitern von Joseph Wulf in der Bundesrepublik

Joseph Wulf scheiterte mit seinem Lebenswerk ebenfalls in den »progressiven« späten 60er und 70er Jahren. Er lebte seit 1955 bis zu seinem Lebensende wieder in Berlin,[58] mal als »jüdischer Exilhistoriker«,[59] mal als »Pariser Schriftsteller polnischer Herkunft«[60] bezeichnet. Nicht nur er, auch seine Frau mochte die Stadt an der Spree, Wulf selbst war allerdings regelrecht fixiert auf die reale Nähe zur ehemaligen Kapitale des Dritten Reiches. Trotz dieser Entscheidung wollten sie die deutsche Staatsbürgerschaft aber nicht mehr annehmen. Im Gegenteil: Wulfs Verhältnis zu Deutschland wurde von Jahr zu Jahr gespannter, er sei »ein jüdischer Historiker«, »kein Deutscher«, sondern »Staatenloser«,[61] wie er immer häufiger betonte.[62] Seit den späten 60er Jahren bezeichnete er sich zudem auch als »Churban-Historiker«.[63] Träume über seine Zeit in Auschwitz, so berichtete er einmal privat, wurden nicht seltener, sondern häufiger.[64] Sein Ziel war es einmal mehr, Erforschung und Erinnerung zu

57 Vgl. die Bemerkungen: Ebd., S. 202 und 207.

58 Zur Biographie Wulfs allgemein vgl. die Angaben zu den Interviews von Kalic, Böhme sowie die Arbeiten von March, Broder, Schoenberner oben in Kap. 3.2. Dort auch die Hinweise auf das Archivmaterial im Zentralarchiv zur Erforschung der Geschichte der Juden in Deutschland (Heidelberg).

59 H. G. Sellenthin, Das große Drama der Unmenschlichkeit, in: telegraf-Illustrierte, Nr. 241/16, 15. 10. 1961, S. 25.

60 H. G. Sellenthin, in: telegraf, 27. 4. 1958.

61 Vgl. das dreiseitige Schreiben von Wulf an den damaligen Bundeskanzler, in welchem er den Vorschlag begründet, den 8. Mai zum »nationalen Gedenktag« zu bestimmen: Wulf, Brief an Helmut Schmidt vom 2. 7. 1974, in: B 2/7 (91/15), Nr. 41.

62 In einem Interview aus dem Jahre 1964 anläßlich der Verleihung der Ossietzky-Medaille in Berlin bezeichnet er sich als »Ausländer«, vgl.: Joseph Wulf, Interview mit Ulla Böhme: »Diskrepanz in der Demokratie«, in: Spandauer Volksblatt, 11. 12. 1964.

63 So z.B. in einem Vortrag an der Brandeis University in Boston, der den Titel trug: »Die Prozesse gegen die nationalsozialistischen Gewaltverbrecher als Basis für den Churban-Historiker«, vgl.: Wulf, Brief an Anna Maria Jokl vom 24. 12. 1967, in: B 2/7 (91/15), Nr. 25.

64 Ebd.

verbinden, in den Worten Wulfs, aus der Wannsee-Villa »eine Forschungsstelle im wahrsten Sinne des Wortes zu machen und gleichzeitig ein Memento für immer«,[65] falls das nicht gelänge, werde er Deutschland verlassen. Wulf litt seit den 50er Jahren am restaurativen Klima der Bundesrepublik, 1960 erwähnte er in diesem Zusammenhang in einem Privatbrief hundert (sic!) Gallensteine,[66] aber seine kämpferische Grundhaltung wurde erst in den späten 60er und frühen 70er Jahren zur umfassenden Melancholie:

> »Ich habe hier 18 Bücher über das Dritte Reich veröffentlicht, und das alles hatte keine Wirkung. Du kannst Dich bei den Deutschen totdokumentieren, es kann in Bonn die demokratischste Regierung sein – und die Massenmörder gehen frei herum, haben ihr Häuschen und züchten Blumen.«[67]

Die Ohrfeige, die Beate Klarsfeld Bundeskanzler Kiesinger gab, bedeutete ihm ähnlich viel wie der Kniefall von Willy Brandt.[68] Die Bundes-

65 Wulf, Brief an Anna Maria Jokl vom 24. 12. 1967, in: B 2/7 (91/15), Nr. 25.

66 Wulf, Brief an Graf Baudissin vom 17. 3. 1960, in: B 2/7 (91/15), Nr. 36.

67 Wulf, Brief an David Wulf vom 2. 8. 1974, in: B 2/7 (91/15),Nr. 42.

68 Zur Bedeutung des Kniefalls von Willy Brandt, vgl.: Wulf, Brief an Julius Kardinal Döpfner vom 27. 4. 1973 und Wulf, Brief an Helmut Schmidt vom 2. 7. 1974, in: B 2/7 (91/15), Nr. 41. Eine prominente Würdigung erhielt die Geste Brandts jüngst auch bei Marcel Reich-Ranicki, der sagte, er habe damals nicht wissen können, daß er Brandt hierfür »bis zum Ende meines Lebens dankbar sein werde«. Vgl. ders., Mein Leben, S. 550. Zum Gesamtzusammenhang jetzt: Adam Krzemiński, Der Kniefall, in: François/Schulze (Hg.), Deutsche Erinnerungsorte, Bd. 1, S. 638-653. Zum Ohrfeigen-Skandal: »Die wunderschöne Beate hat nämlich verstanden, daß man den ehemaligen Nazi [...] einfach in die Fresse hauen muß.« Vgl.: Wulf, Brief an David Wulf vom 2. 8. 1974, in: B 2/7 (91/15), Nr. 42. Der spätere Bundeskanzler Kurt Georg Kiesinger, früher Mitarbeiter im NS-Propagandaministerium, wurde auf dem Bundesparteittag der CDU von Beate Klarsfeld wegen seiner NS-Vergangenheit geohrfeigt. Ihre Verurteilung zu einer einjährigen Haftstrafe kommentierte Hermann Korte mit Bezug auf die »zum Teil geringen Strafen« im Frankfurter Auschwitz-Prozeß zwei Jahre zuvor folgendermaßen: »[D]as gänzliche Ausbleiben wenigstens politisch-moralischer Reaktionen auf seiten prominenter Politiker mit einer wie immer zu beurteilenden NS-Vergangenheit [...] bestärkte vor allem einen Teil der jüngeren Bevölkerung in der Auffassung, daß zumindest Teile der älteren Generation nichts dazugelernt hätten und trotz aller Lippenbekenntnisse nicht zu wirklichen Demokraten geworden waren.« Vgl.: Hermann Korte, Eine Gesellschaft im Aufbruch. Die Bundesrepublik Deutschland in den sechziger Jahren, Frankfurt a.M. 1985, S. 41.

republik verstehe nicht, so Wulf, daß in Köln [Prozeßort gegen Klarsfeld, N.B.] auch sie selbst vor Gericht stehe,[69] sie sei nicht identisch mit ihren Verlautbarungen: »Es ist keine Demokratie, wenn Herr Sündermann und ich gleichzeitig veröffentlichen können. Das genügt für Deutschland nicht.«[70] Wulf wurde immer dünnhäutiger. Im April 1974 fragte er beim militärischen Berater der SPD-Bundestagsfraktion Friedrich Beermann an, wieso er in seinem Brief an den Bundestagspräsidenten anläßlich der Ratifizierung der polnisch-deutschen Verträge zwar »ergreifend«, aber seltsam uneindeutig, »anonym« und letztlich nach »dem Muster des kommunistischen antisemitischen Polen« immer nur von »Menschen« spreche die in den Vernichtungslagern in Polen umgekommen seien: »Warum […] scheuen sie das Wort ›Juden‹, wo die doch klar und eindeutig als Juden in Belzec, Treblinka und Auschwitz umgekommen sind? […] Bitte, antworten Sie mir, warum Sie das Wort ›Juden‹ in Ihrem Brief so völlig vermieden haben.«[71]

Warum war Wulf Anfang der 50er Jahre nach Deutschland zurückgekehrt? Obwohl er ein Visum für die USA hatte und obwohl er Israel als seine Heimat bezeichnete, verließ er Berlin nicht mehr: War das eine »Bindung an den Aggressor«? Ein »nostalgisches Bedürfnis« nach der deutschen Kultur (Henryk M. Broder)? In einem Brief an Marion Gräfin Dönhoff Ende 1967 heißt es z.B.: »Gestatten Sie mir, Madame, am Ende dieses Briefes eine persönliche Bemerkung: ich bin das einzige Mitglied der Jüdischen Kampforganisation in Polen (Krakau), der es gewagt hat, auf deutsche[m] Boden zu leben und zu wirken. Meine – die wenigen, die überlebt haben – Kameraden […] leben in Israel und machen mir schwere Vorwürfe, dass ich hier bin. Wahrscheinlich haben sie recht.«[72] Seine Mitarbeiterin Ulla Böhme berichtete von Wulfs tiefer Überzeugung, »die Geschichte in deutsch *für die Deutschen*« zu dokumentieren: man müsse sie »*den Deutschen um die Ohren hauen, in deutsch*, damit sie

69 Vgl.: Joseph Wulf, Stellungnahme zu dem Urteil gegen Beate Klarsfeld vom 10. Juli 1974, in: Die Welt, 17. 7. 1974 und vom 27. 7. 1974.

70 Joseph Wulf, Interview mit Ulla Böhme. Diskrepanz in der Demokratie, in: Spandauer Volksblatt, 11. 12. 1964. Sündermann war ein im rechten Spektrum publizierender Geschichtsrevisionist, vgl. z.B. sein gegen Hans Buchheim gerichtetes und die Judenvernichtung leugnendes Pamphlet: Helmut Sündermann, Das Dritte Reich. Eine Richtigstellung in Umrissen, Freising 1959.

71 Wulf, Brief an Friedrich Beermann vom 5. 4. 1973, in: B 2/7 (91/15), Nr. 36.

72 Wulf, Brief an Marion Gräfin Dönhoff vom 5. 12. 1967, in: B 2/7 (91/15), Nr. 27.

die Sachen lesen, sich damit beschäftigen und nicht mehr sagen können, wir haben von nichts gewußt.«[73] Sein Lebensentwurf war also durchaus rational begründet: Obwohl er die besondere Situation eines jüdischen Historikers in Deutschland immer wieder erfuhr und erwähnte, war sein Vorhaben, »die Lücken der Zeitgeschichtsschreibung, die kaum polnische, hebräische und jiddische Quellen benutzte«,[74] ein Entschluß zur Arbeit. »Mein formeller Aufenthaltsort ist noch immer Paris. Ich arbeite nur zur Zeit in Deutschland, da ich hier die besten Archive für mein Thema habe und auch bei meiner Arbeit – das möchte ich betonen – große Unterstützung in Deutschland finde. Es war meine Sehnsucht, über das Dritte Reich gerade in Deutschland *selbst* und in deutscher Sprache zu veröffentlichen. Außerdem stehe ich auf dem Standpunkt, daß ich bei meinem Thema in Deutschland große Lücken ausfüllen kann.«[75] Nur wenige sahen, daß Wulf eine Arbeit unterhielt, »die eigentlich nur von Instituten zu bewältigen ist«.[76] Trotzdem hatte gerade dieser Arbeitseifer für ihn, so Broder, auch therapeutische Funktion, es war der Charakter des »Grundsätzlichen«, der sie so kompromißlos machte und ihn auch in Erklärungsnot gegenüber jüdischen Briefpartnern brachte:

> »Für einen intensiven Juden ist es sehr schwer, *zugleich* eindringlich mit den Nazi-Jahren und wirksam mit der israelischen Realität zu leben. Das erträgt kein Volk, keine Generation und sicher kein Individuum. [...] Ich habe die letzten 25 Jahre nur einseitig gelebt. Intensität meiner Art kann und darf nicht 50% sein. Jedenfalls kann ich es nicht. Man kann unwichtige Kompromisse machen, aber nicht, wo es um das Grundsätzliche geht. Es ist schwer, sehr schwer. Ich werde wieder zu mir kommen.«[77]

73 Die Formulierung Böhmes bei Broder, Wer war Joseph Wulf? [Hervorh. v. N.B.]. In einem Schreiben Böhmes an den Journalisten Joachim Wallasch vom März 1977 heißt es etwas moderater: »Sein Entschluss, in Deutschland zu leben und zu schreiben (bzw. umgekehrt) beruhte auf der Überzeugung, daß man den Deutschen in ihrer Sprache das Ungeheuerliche vorhalten müsse.« Vgl.: B 2/7 (91/15), Nr. 37 [Hervorh. v. N. B.].

74 Joachim Hemmerle, Dokumentarist des Dritten Reiches. Eine Begegnung mit dem Historiker Joseph Wulf, in: FR, 29. 10. 1965.

75 Wulf, Interview mit Edouard Kalic (1965), in: B 2/7 (91/15), Nr. 34, S. 3.

76 Werner Wieberneit, Von Büchern und Schriftstellern. Sendemanuskript (12 S.), Rias Berlin (14. 4. 1964), S. 9, in: B 2/7 (91/15), Nr. 13. Der Rezensent fügte noch an, die Leistung Wulfs sollte endlich »ungeschmälert« anerkannt werden und müsse im Grunde »unseren wissenschaftlichen Instituten ein Vorwurf sein«.

77 Joseph Wulf, Brief an Anna Maria Jokl vom 5. 10. 1969, in: B 2/7 (91/15), Nr. 25.

Auch Wulfs »Forschungs- und Dokumentationszentrum« in der Wannsee-Villa scheitert

Joseph Wulf gehörte in der zweiten Hälfte der 60er Jahren zu den ersten, die die »Wannsee-Villa«, damals noch von der Berliner SPD gepachtet, in ein Dokumentationszentrum und Institut zur Erforschung des Nationalsozialismus verwandeln wollten:[78] Es war dies, so hat er es selbst genannt, sein eigentliches Lebenswerk. Die Realisierung dieser Idee hat er nicht mehr erlebt,[79] im Gegenteil: ihr Scheitern in den frühen 70er Jahren hat ihn stark erschüttert. Seine Pläne waren aufs Prinzipielle gerichtet, und doch scheint es heute, als liege in den Details des Scheiterns das Besondere. Wulf betonte die »Quasi-Exteritorialität«[80] des Hauses am Wannsee, nur diese könne gewähren, daß hier sowohl die Zentrierung eines Mikrofilm-Archivs im internationalen Maßstab als auch politisches Bewußtsein für die Bedeutung des Ortes zusammengeführt werden könnten. Sein wörtlich zu verstehender Versuch, Erforschung und Erinnerung zusammenzuführen, sah zu Beginn fünf Punkte vor, von denen neben der Gründung eines Museums über die Vernichtung der Juden im Europa der Hitlerzeit und einem repräsentativen »Ehrenkomitee von Persönlichkeiten der jüdischen sowie der nichtjüdischen Welt«[81] vor allem zwei Gedanken zentral waren: »Erstellung eines Archivs« für eine »NS-Dokumentation« und Einrichtung einer Bibliothek sowie ein mit dem *arani*-Verlag Berlin zusammen zu erarbeitendes wissenschaftliches »Jahrbuch für Zeitgeschichte«, ebenfalls mit internationaler Ausrichtung. Außerdem wollte Wulf eine zehnbändige Publikation mit »Stenogrammen von Musterprozessen gegen NS-Verbrecher« vorlegen, »die anhand der Gerichtsakten dokumentarisch einwandfrei und unwiderlegbar die Komplexe Konzentrationslager, Ghettos, Einsatzgruppen, Verbrechen an Kriegsgefangenen, die letzten Monate 1945 etc. belegen«.

Die Dimensionen dieses Projektes waren immens, er dachte sogar an speziell ausgebildete Bibliothekare, die »aus dem Yiddishen, Hebräi-

78 Vgl. zur Rolle Wulfs in diesem Zusammenhang: Heilmann, Ein gescheitertes Projekt. Das Internationale Dokumentationszentrum, in: Sachor, S. 37-42; Tuchel, Am Großen Wannsee 56-58. Von der Villa Minoux zum Haus der Wannsee-Konferenz, S. 150 ff.

79 Heute trägt die Bibliothek im ersten Stock zu seinem Andenken den Namen »Joseph Wulf Mediothek«.

80 Joseph Wulf, Leserbrief, in: Die ZEIT, 1. 12. 1967.

81 Joseph Wulf, Brief an Graf v. Baudissin vom 10. 9. 1965, in: B 2/7 (91/15), Nr. 36. Auch die folgenden Zitate hieraus.

schen, Polnischen« übersetzen können sollten.[82] Wulf gründete zusammen mit Peter Heilmann und Friedrich Zipfel Ende August 1966 den »Verein Internationales Dokumentationszentrum zur Erforschung des Nationalsozialismus und seiner Folgeerscheinungen« (IDZ), und selbst Ende der 60er Jahre war er seinen eigenen Angaben zufolge noch »sehr optimistisch«: Er konnte den 82jährigen Karl Jaspers zum Ehrenvorsitzenden gewinnen,[83] prominente Mitglieder waren u.a. Fritz Bauer, Karl Dietrich Bracher, Heinz Galinski, Ralph Giordano, Helmut Gollwitzer, Hans Herzfeld, Max Horkheimer, Eugen Kogon, Hermann Langbein, Alexander Mitscherlich, Léon Poliakov, Wolfgang Scheffler, Gerhard Schoenberner, Wilhelm Weischedel und Simon Wiesenthal.[84] Allerdings war die Villa am Wannsee zu dieser Zeit noch Kinderheim der Neuköllner SPD.[85] Die Schwierigkeiten waren unüberwindbar und nicht nur die Frage der Immobilie. Die offiziellen Stellen selbst waren das Problem; es gab auch keinen breiten gesellschaftlichen Konsens für die Realisierung von Wulfs Plänen, man verstand sein Beharren auf der Verbindung von Erforschung und Erinnerung entweder gar nicht oder falsch: »Wenn es wirklich um Forschung geht und allein um Forschung, dann ist nicht zu verstehen, warum sie nur in der Wannsee-Villa betrieben werden kann«,[86] so wunderte sich auch die wohlwollende Presse. Selbst jüdische Leserbriefe äußern sich negativ zum Streit um das Wannsee-Gebäude. So redete z.B. der Architekt Julius Posener von der Hochschule für bildende Künste einem Exorzismus das Wort, wie ihn zuvor schon Eugen Gerstenmeier ins Spiel gebracht hatte: »Es muß abgerissen werden. Es hätte längst abgerissen werden sollen. An seiner Stelle sollte ein schönes,

82 Wulf, Bericht von meinem Besuch in den USA vom 5.-20. Dezember 1967, Berlin den 22. 12. 1967, S. 3, in: B 2/7 (91/15), Nr. 27.

83 Internationales Dokumentationszentrum zur Erforschung des Nationalsozialismus und seiner Folgeerscheinungen e.V., Information Nr. 1 (3. 11. 1966), in: B 2/7 (91/15), Nr. 27; auch: Wulf, Brief an Anna Maria Jokl vom 28. 11. 1967, in: B 2/7 (91/15), Nr. 25. Das Gespräch mit dem Philosophen bezeichnete Wulf als »großes Erlebnis«.

84 Internationales Dokumentationszentrum zur Erforschung des Nationalsozialismus und seiner Folgeerscheinungen e.V., Information Nr. 2 (Februar 1967), in: B2/7 (91/15), Nr. 27.

85 Vgl.: Dorothea Kersten, Wannsee-Villa mit düsterer Vergangenheit. Soll das ›Haus der Endlösung‹ Kinderheim bleiben oder Dokumentationszentrum werden?, in: Stuttgarter Zeitung, 21. 11. 1967.

86 Horst Rieck, Tauziehen um die Wannsee-Villa. Wo die Endlösung beschlossen wurde, in: Die ZEIT, 17. 11. 1967.

lichtes, unschuldiges Kinderheim errichtet werden.«[87] Eine andere Stimme wandte ein, man solle nicht »die Glut in der Asche wieder aufstöbern«, man sprach sogar abschätzig von einer »Wiedergutmachungsdruckstelle«.[88] Am symbolträchtigen 9. November 1967 trafen sich Joseph Wulf, der Präsident des World Jewish Congress, Nahum Goldmann, und der Regierende Bürgermeister Berlins Klaus Schütz zu einem Gespräch, in welchem Wulf erneut auf die Symbolkraft des Hauses *»als Forschungsstätte«* hinwies.[89] Schon zuvor hatte der Schriftsteller Rolf Hochhuth in einem offenen Brief die Stadt Berlin aufgefordert, die Einrichtung des IDZ zu fördern; Hochhuth wies auf die Tatsache hin, »daß es auf deutschem Boden noch heute keine Gedenkstätte gibt die eigens an die sogenannte ›Endlösung‹ erinnert« und daß dieser Begriff in Berlin erfunden wurde,[90] bekam aber als Antwort von Klaus Schütz lediglich den berühmt gewordenen Satz: »Ich will keine makabre Kultstätte.«[91] Ein Kompromiß schlug fehl, es blieb dabei: Der Berliner Senat begrüßte zwar das Vorhaben, war »aber nicht der Meinung, daß die Forschungsstelle im Haus am Großen Wannsee 56-58 aufgebaut werden soll«.[92] Die von

87 Julius Posener, Leserbrief, in: Die ZEIT, 1. 12. 1967. In den Memoiren Poseners aus dem Jahr 1990 findet die Episode keine weitere Erläuterung aus seiner Sicht, statt dessen wird allerdings sein erfolgreicher Einspruch gegen den Abriß eines Hauses von Muthesius erwähnt. Außerdem äußert Posener seinen Ärger, daß es Berlin nicht fertiggebracht habe, aus der Villa des Malers Max Liebermann (die nahe der sog. »Wannsee-Villa« liegt) ein Museum zu machen, vgl.: Posener, Fast so alt wie das Jahrhundert. Erweiterte Neuausgabe, S. 300 f. Bundestagspräsident Eugen Gerstenmaier hatte den Vorschlag zum Abriß des Gebäudes auf einer Israel-Reise gemacht, vgl.: Tuchel, Am Großen Wannsee, S. 152.

88 Jacqueline Rouge, Leserbrief, in: Die ZEIT, 1. 12. 1967.

89 Vgl.: Rudolf Steinbeck, Um das »Haus der Endlösung«. Ein Gespräch mit Joseph Wulf, in: Der Tagesspiegel, 9. 11. 1967 [Hervorh. v. N.B.]. Wulf betonte hier sogar ausdrücklich, er hätte »nicht im entferntesten ein Museum des Nationalsozialismus im Sinn […]«. Goldmann hatte schon ein Jahr zuvor mit dem Vorgänger von Schütz, Willy Brandt, ein Gespräch geführt. Ab Dezember 1966 wechselt Brandt als Vizekanzler und Außenminister der Großen Koalition nach Bonn. Als Bürgermeister Berlins folgte, allerdings nur für ein Jahr, Heinrich Albertz.

90 Rolf Hochhuth, Herr Regierender Bürgermeister! Ein offener Brief, in: Welt am Sonntag, 29. 10. 1967.

91 Klaus Schütz, Meine Antwort an Rolf Hochhuth, in: Welt am Sonntag, 5. 11. 1967.

92 So der damalige regierende Bürgermeister von Berlin, Klaus Schütz, Brief an das Direktorium des Internationalen Dokumentationszentrums zur Erfor-

offizieller Seite aus favorisierte Eingliederung des Projekts in die Universität war wiederum den Initiatoren des Wannsee-Villa-Gedankens unannehmbar. Wulf, der in diesen Jahren immer wieder aufgrund von Attentatsdrohungen über längere Zeiträume polizeilich bewacht werden mußte,[93] gab desillusioniert auf. Mitte September 1970 trat er als Vorsitzender des IDZ zurück, er gab unverblümt die »Zermürbungstaktik des Senats« und die fehlende Unterstützung durch die Jüdische Gemeinde Berlins als Grund an.[94] Am 21. 8. 1971 versandte Wulf die Einladung zur letzten Sitzung des Vereins an alle Mitglieder, Tagungspunkt Nr. 4 galt dem Antrag auf »Auflösung des Vereins«: »[...] die jahrelangen Bemühungen, das IDZ aufzubauen, waren bisher nicht von Erfolg gekrönt.«[95]

Nach den harschen Auseinandersetzungen zwischen Wulf und dem Münchner Institut für Zeitgeschichte in den 60er Jahren, von denen noch ausführlich die Rede sein soll,[96] kam es in den 70er Jahren einmal mehr zu Enttäuschungen über potentiell Gleichdenkende, die sich eher als Kritiker denn als Förderer zu erkennen gaben. So beanstandete z.B. Golo Mann, selbst Mitglied des IDZ und von Wulf hochgeschätzt, »daß wir auf dem Haus so hart bestünden, wichtig sei doch allein der Plan«.[97]

schung des Nationalsozialismus und seiner Folgeerscheinungen e.V. vom 20. 12. 1967, in: B 2/7 (91/15), Nr. 27.

93 Vgl.: Volksblatt, 2. 12. 1967.

94 Vgl.: Der Tagesspiegel, 13. 9. 1970 (AP-Meldung).

95 Internationales Dokumentationszentrum zur Erforschung des Nationalsozialismus und seiner Folgeerscheinungen e.V., Rundschreiben an die Mitglieder vom 21. 8. 1971, in: B 2/7 (91/15), Nr. 27. Zur gleichen Zeit gelang es, in Duisburg ein interdisziplinäres Forschungszentrum mit dem Forschungsschwerpunkt »Religion und Geschichte des Judentums« auf den Weg zu bringen, aus dem dann 15 Jahre später das »Salomon Ludwig Steinheim-Institut für deutsch-jüdische Geschichte« hervorgehen sollte. Julius H. Schoeps, Initiator und mehrjähriger Leiter des Projektes, beschrieb in einem persönlichen Essay, daß es zur Förderung durch staatliche Stellen wahrscheinlich nicht zuletzt deshalb gekommen sei, »weil wir uns bemühten, die deutsch-jüdische Geschichte nicht ausschließlich aus dem Blickwinkel Auschwitz zu sehen«. Diese Sichtweise hatte auch gute Argumente für sich, der Kontrast zwischen dem gelungenen Duisburger Projekt und dem Scheitern der Pläne Wulfs in Berlin (die Schoeps hier nicht erwähnt) besitzt meines Erachtens dennoch Aussagekraft. Vgl.: Schoeps, »Vergiß niemals Dein Volk Israel!«, S. 392.

96 Vgl. unten Kap. 5.2.

97 Internationales Dokumentationszentrum zur Erforschung des Nationalsozialismus und seiner Folgeerscheinungen e.V. Bericht des Vorstandes über die Zeit vom 21. 10. 1967 bis zum 22. 9. 1971 [5 S.], in: B 2/7 (91/15), Nr. 27.

Mit seinem Freund Helmut Gollwitzer entzweite sich Wulf »als Jude« Anfang Juni 1973 wegen »Dimensionen des Unausgesprochenen« in dessen Ansprache zur Eröffnung der Woche der Brüderlichkeit. Wulf warf ihm »in aller Offenheit« vor, alles Unglück der Erde mit dem spezifischen der Juden zu vermengen: »Auch wir Getretenen sehen Vietnam, Griechenland, Südafrika und Bolivien, *aber der Alptraum vom Ghetto Warschau und von Auschwitz wird uns noch Generationen begleiten.* [...] Auch da vermisse ich Dimensionen.«[98] Und die Spannungen zwischen Wulf und dem Münchner IfZ wurden in den 70er Jahren noch einmal sichtbar, wenn auch in einem deeskalierenden Kontext:

> »Erwähnen möchte ich auch noch, daß ich am 23. Februar 1970 in München ein ausführliches Gespräch mit dem Leiter des Archivs des Instituts für Zeitgeschichte, Herrn Dr. Hoch, hatte, in dem es mir gelang, viele der vorhandenen Ressentiments abzubauen und klarzustellen, daß das geplante IDZ nicht konkurrieren, sondern mit dem Institut für Zeitgeschichte kooperieren wolle.«[99]

Wulf schloß den Vorstandsbericht mit der ehrlichen Bemerkung: »Sicher wäre es möglich, einzelne Punkte des Berichts schärfer zu formulieren; so zum Beispiel zur Haltung des Berliner Senats, der Berliner SPD und der Jüdischen Gemeinde zu Berlin. *Wir haben in diesem Bericht darauf verzichtet, unserer herben Enttäuschung stärker Ausdruck zu verleihen.*«[100]

Die »herbe Enttäuschung« nahm überhand, denn die Anerkennung blieb überall aus. Sein Verleger Dieter Struß vom Sigbert Mohn Verlag in Gütersloh finanzierte ihn aus Überzeugung und Idealismus, aber ohne wirtschaftliche Perspektiven und begann immer häufiger Dritte brieflich um Hilfe zu bitten. An den Referenten für Literatur im Berliner Senat für Wissenschaft und Kunst schrieb er beispielsweise, Wulf »stehe tatsächlich vor dem Nichts, denn alle Verbindungen und Pläne, die er entwickelt hatte, um nach dem Abschluß der Arbeiten für uns weiter existieren zu können, haben sich immer wieder zerschlagen.« Ausdrücklich meinte er, seinen Briefpartner darauf hinweisen zu müssen,

> »daß er seine Bücher über das Dritte Reich nicht aus irgendwelchen Rachegefühlen heraus schreibt. Sie haben ihm wohl eher dazu gedient, die schrecklichen Erlebnisse als wissenschaftlich arbeitender Historiker

98 Wulf, Brief an Helmut Gollwitzer vom 1. 6. 1973, in: B 2/7 (91/15), Nr. 40.
99 Bericht des Vorstandes über die Zeit vom 21. 10. 1967 bis zum 22. 9. 1971 (wie vorletzte Anm.).
100 Ebd. [Hervorh. v. N.B.].

zu objektivieren. [...] Ich mag nicht zusehen, wie ein Mensch, dessen Wert ich zu erkenne glaube, zugrunde geht.«[101]

Die Ehrendoktorwürde der Freien Universität, auf die Wulf, der in seinen Briefen häufig die Wendung benutzte, seine eigentliche Universität sei Auschwitz gewesen,[102] sehr stolz war, wurde ihm 1970 nicht auf Initiative der dortigen Historiker verliehen, sondern auf Veranlassung der theologischen Fakultät. Die Bedeutung, die Wulf dem Ereignis gab, war zwar euphorisch, aber mehr symbolisch und privat.[103] Ein Zeichen für zunehmende Anerkennung war dies nicht, auch wenn Wulf dies zuerst glauben wollte. Er erkannte statt dessen, daß die »Juden [...] zum Opfer der Aussöhnung geworden«[104] waren, und wurde in den 70er Jahren immer bitterer. An die unmittelbaren Nachkriegsjahre erinnerte sich Wulf jetzt (nicht ohne Pathos und Bitternis) schon fast zu positiv: »Nun, das war in den Jahren, in denen die Asche und das Blut der Millionen von Vergasten und Hingemordeten die Welt noch beeindruckte!«[105] Sein Arbeitsprojekt zur »Geschichte des Zionismus« schrieb er explizit gegen die zeitgemäße »linke« Interpretation, die den Zionismus nur noch im Zu-

101 Dieter Struß, Brief an den Senat für Wissenschaft und Kunst. Referent für Literatur vom 2. 3. 1964, in: B 2/7 (91/15), Nr. 24. Struß berichtet hier von »75.000 DM Vorschüssen«, der Verlag sei bei »den Büchern von Herrn Wulf [...] bis an die äußerste Grenze gegangen. Mehr können wir für ihn und seine Pläne nicht tun.«

102 Wulf, Brief an Marion Gräfin Dönhoff vom 5. 12. 1967, in: B 2/7 (91/15), – 27; von der »größten Universität der Welt« spricht er in: Wulf, Brief an den Berliner Extradienst vom 8. 8. 1974, in: ebd., Nr. 42.

103 Vgl. den Hinweis bei Broder, Wer war Joseph Wulf?; sowie: Freie Universität Berlin. Philosophische Fakultät Dahlem, Brief an Wulf vom 19. 1. 1970 und das Schreiben von Wulf an seinen Freund: Wulf, Brief an Graf Baudissin vom 23. 1. 1970, beide in: B 2/7 (91/15), Nr. 36. Wulf sagt hier: »Dieser Brief hat unbeabsichtigt eine doppelte Bedeutung für mich – zum einen Freude, weil es die Anerkennung meiner bisherigen 25-jährigen Arbeit bedeutet, zum anderen war der 19. 1. 45 der erste Tag, den ich als ›freier Mensch‹ beging, nachdem ich am 18. 1. 45 von dem Auschwitz-Evakuierungs-Transport geflohen war. Somit ist diese Ehrung auch Verpflichtung für mich.« Zur Nähe zwischen Graf Baudissin und Wulf äußert sich Wulf in ihrem Briefwechsel selbst, vgl.: Wulf, Brief an Graf Baudissin vom 30. 11. 1963, in: ebd.

104 Wulf, Brief an Julius Kardinal Döpfner vom 27. 4. 1973, in: B 2/7 (91/15), Nr. 41.

105 Wulf, Theater und Film, S. 10.

sammenhang von westlichem Kolonialismus und Imperialismus sah.[106] Seinen Freund Rolf Hochhuth fragte er:

> »Hat auch ein junger deutscher Schriftsteller oder Dramatiker schon das Recht auch über die Fehler, Niedertracht oder Verbrechen anderer Völker oder anderer Politiker zu schreiben und das vor einem Publikum zu manifestieren, dass noch Auschwitz nicht verdaut hat? Lass' Dir etwas, mein lieber Rolf sagen, Du weisst, ich kämpfe jetzt für das Internationale Dokumentationszentrum. Es geht nicht um die Soldatenzeitung, die über ein ›Sühnezentrum‹ schreibt. Da haben wir vor uns einen offenen Feind. Aber bei dem Kampf um das Dokumentationszentrum wird jetzt, ich sage ›jetzt‹ – d.h. 1967 – sämtliche verkappte Nazis, potentielle Faschisten und dgl. zum Vorschein gekommen.«[107]

An linke Zeitschriften wie den »Berliner Extradienst« richtete Wulf regelrechte Appelle:

> »Hören Sie auf mit diesem antisemitischen Antizionismus in Berlin, der Stadt des SS-Reichssicherheitshauptamtes und der berüchtigten Wannsee-Konferenz (›Endlösung‹). [...] Ich habe nichts gegen Demonstrationen, die den Faschismus in Chile bekämpfen (KZ-Stadien usw.), demonstrieren Sie aber auch gegen die Massenmörder der Organisation von Habasch, dessen unheilvoller Einfluß eine friedliche Lösung im Nahen Osten immer wieder torpediert. [...] Denken Sie gründlich nach über dieses Problem.«[108]

Seine Absage an die Faschismus-Theorie der akademischen und öffentlichen Diskussion war kompromißlos: »Keine Staatstheorie in unserer Geschichte – den Faschismus einbegriffen – kann zu den zwölf Jahren des Dritten Reiches analog behandelt werden. Es war die psychopathischste Form einer staatlichen Zentralisation.«[109]

106 Joseph Wulf, Geschichte des Zionismus (Synopsis). Ms. (104 S.) 1972, in: B 2/7 (91/15), Nr. 18.
107 Wulf, Brief an Rolf Hochhuth vom 3. 12. 1967, in: B 2/7 (91/15), Nr. 27.
108 Wulf, Brief an den Berliner Extradienst vom 8. 8. 1974, in: B 2/7 (91/15), Nr. 42.
109 Wulf, Presse und Funk, S. 9.

»Ich glaube, daß Sie verstehen, daß ich jetzt nicht plötzlich vor einer ›Null‹ stehen kann.« *Der Suizid Wulfs im Oktober 1974*

Die letzten Jahre Wulfs waren privat und beruflich eine einzige Tortur: Er schrieb Exposés, Ideenskizzen, Themenvorschläge, Entwürfe und wartete auf die Absagen von Verlegern, Stiftungen und Förderern.[110] Anfang der 60er Jahre war geplant gewesen, Joseph Wulf als wissenschaftlichen Mitarbeiter in der Gründungsphase des »Instituts für die Geschichte der deutschen Juden« nach Hamburg zu holen. Von dieser Institution erhoffte man sich, daß es »in die Rolle eines deutschen Leo-Baeck-Instituts hineinwachsen«[111] werde. Wulf hatte sich in Gesprächen zur Mitarbeit bereit erklärt, aber die Idee konnte nicht realisiert werden. Bezeichnend war auch die Reaktion von Hans Rothfels auf eines der Hilfegesuche Wulfs, das ihm von Helmut Becker vom Institut für Bildungsforschung in der Max-Planck-Gesellschaft zugeleitet worden war. Im Anschreiben hieß es, es sei »doch etwas problematisch, daß so jemand unbeschäftigt ist«.[112] Rothfels antwortete mit seltsam trockenen und kurzen Worten, verwies auf das Leo-Baeck-Institut in New York und merkte abwimmelnd an: »Dies um so mehr, als er Träger des Leo-Baeck-Preises von 1961 ist und sowieso, wie aus dem mir im Anhang gesendeten Brief von Herrn Goldschmidt hervorzugehen scheint, *stark nach U.S.A. hinübertendiert.*«[113] Manche Absagen kommentierte Wulf mit scharfen Worten und verletztem Stolz umgehend in einem Antwortschreiben. So an Wolf Jobst

110 Vgl. z.B.: Wulf, Plan zur Arbeit »Kulturarbeit im Ghetto Warschau«, Skizze [3 S.]; sowie: Anschreiben an den Berliner Senator für Wissenschaft und Kunst Werner Stein vom 3. 7. 1964, in: B 2/7 (91/15), Nr. 24; 1970 verfolgte er dieses zwischenzeitlich beiseite gelegte Projekt erneut, außerdem ein Vorhaben über »Memoristik des Dritten Reiches«, für das er u.a. bei der Friedrich-Ebert-Stiftung um Mittel bat, vgl.: Wulf, Brief an Graf v. Baudissin vom 2. 9. 1970, in: B 2/7 (91/15), Nr. 36. Ein Exposé lag auch bei in: Wulf, Brief an Graf Baudissin vom 9. 8. 1974, in: ebd.

111 Freimark, Vom Hamburger Umgang mit der Geschichte einer Minderheit, S. 472. Das Institut, bereits in den frühen 50er Jahren avisiert, wurde dann schließlich 1966 offiziell eröffnet.

112 Beatrix Brandi-Dohrn, Brief an Hans Rothfels vom 12. 7. 1965, in: BAK, NL Rothfels 213, Nr. 36. Grundlage war ein Brief Wulfs an Dietrich Goldschmidt vom 5. Juli 1965, den die Sekretärin in Kopie an Rothfels mitschickte und in dem Wulf schrieb: »Nachdem bislang hier 17 Veröffentlichungen von mir erschienen sind, habe ich leider einsehen müssen, daß man davon einfach nicht leben kann.«

113 Rothfels, Brief an Becker vom 19. 7. 1965, in: ebd. [Hervorh. v. N.B.].

Siedler, der eine »mäzenatische Hilfe« abgelehnt hatte, sich über Wulfs »strategisches« Vorgehen geärgert hatte und sich darüber mokierte, daß er »aus allen Himmelsrichtungen« (de facto von Wulf selbst, Ernst Jünger sowie Helmut Gollwitzer) gleichzeitig ein Bittschreiben erhalten hatte. Wulf, der aus historischen Gründen gerne im Ullstein-Verlag publiziert hätte, antwortete schwer getroffen: »Ich bitte Sie um nichts, weil ich der Sohn eines sehr reichen und hoch intellektuellen Jehoshua Wulf aus Krakau bin.«[114] Noch immer arbeitete er wie besessen,[115] machte sich den überlieferten Imperativ des 80jährigen Wilnaer Historikers Simon Dubnow zur Maxime, der im Zweiten Weltkrieg abtransportiert wurde und seinen Glaubensgenossen zugerufen haben soll »*Notiert alles!*«.[116] Wulf erwog sogar die Gründung einer »Sektion für die Geschichte des osteuropäischen Judentums«,[117] es sei für Deutschland »Pflicht, so ein Institut für die Geschichte des osteuropäischen Judentums hier auf deutschem Boden zu begründen«.[118] Das Ostjudentum »als Kulturerscheinung« gab es nicht mehr: »Deutschland [hat] 1939-1945 nicht nur Millionen osteuropäischer Juden liquidiert […], sondern eine Kultur ausgerottet.«[119] Von seinen nicht mehr verwirklichten Plänen sind eine Übersicht »1000 Jahre Geschichte des osteuropäischen Judentums«,[120] eine »Geschichte des Chassidismus«, eine Darstellung über die Kulturarbeit im Warschauer Ghetto, für die er 700 Seiten plante, und die Publikation der »Tagebücher eines Ostjudens« (begonnen 1964/65) bekannt.[121] Vor allem das zuletzt genannte Projekt hatte eine hohe persönliche Bedeutung für Wulf, und sie hat diese aus heutiger Sicht auch behalten, denn im Grunde genommen plante Wulf hier die Geschichte seiner eigenen Arbeit als Privatgelehrter in der Bundesrepublik zwischen 1954 und den 70er Jahren zu schreiben. Es sollte der gedächtnisgeschichtliche Versuch sein, sein

114 Wulf, Brief an Wolf Jobst Siedler vom 1. 8. 1974, in: B 2/7 (91/15), Nr. 42.

115 Diese und die nächsten Angaben basieren auf den Broder-Interviews mit Scholz, Struss, Gaus, Prusch, Schoenberner, Lüth und Gollwitzer, vgl.: B 2/7 (91/15),Nr. 43.

116 Wulf, Brief an David Wulf vom 2. 8. 1974, in: ebd., Nr. 42.

117 Wulf, Brief an Helmut Gollwitzer vom 16. 5. 1973, in: B 2/7 (91/15), Nr. 40.

118 Ebd.

119 Wulf, Brief an Helmut Gollwitzer vom 16. 5. 1973, in: B 2/7 (91/15), Nr. 40.

120 Wulf, 1000 Jahre Geschichte des osteuropäischen Judentums [Ms. Exposé, 5 S.], in: ebd.

121 In anderen Exposés lautet der Titel »Tagebuch eines osteuropäischen Juden« oder auch »Tagebuch eines Zeithistorikers«. Geplant hatte Wulf drei Jahre für die Ausarbeitung und ca. 500 Seiten Umfang. Eine Verlagszusage kam am Tag seines Todes, der Brief blieb ungeöffnet.

eigenes »Riesenarchiv« (Joseph Wulf) zur Grundlage einer Reflexion über die Mentalitätsgeschichte der Bundesrepublik zu machen:

> »[Aus] 40 dicke[n] Leitzordner[n] mit dem Briefwechsel mit Wissenschaftlern, Schriftstellern, Dichtern, Nazis, Rabbinern, christlichen Theologen, berühmten Politikern und anderen Persönlichkeiten in Deutsch, Hebräisch, Jiddisch, Polnisch, Französisch aus ganz Europa, den USA und Israel« wollte er nicht die *Geschichte* des NS-Regimes, sondern die »*Probleme* der NS-Zeit, Historiographie, Bewältigung des Phänomens totalitärer Staaten [...] in der Literatur, Judentum, Antisemitismus, Zionismus, Israel, Philosophie, jüdische Mystik, jiddische Sprache usw [reflektieren].«[122]

Ihm ging es um den Prozeß der Manipulation, des Schweigens und der Fälschungen, sein Buch solle, so Wulfs vorsichtige Formulierung, »eine Korrektur – eine Art Rezension« sein.[123]

Anfang 1974 formulierte er einen »Appell an die deutsche intellektuelle Öffentlichkeit«, den er in der Wochenzeitung Die ZEIT drucken lassen wollte, der aber nie erschien.[124] Wulf verfaßte ihn als einen »offenen Brief« an Helmut Gollwitzer unter dem Eindruck seiner Israel-Reise kurz zuvor. Der zwei Seiten lange Text war zudem auch Teil seines Testaments, da er zu Beginn schrieb, »als Jude, als jüdischer Historiker und nach meinen Erfahrungen mit Deutschland von 1939 bis 1974« nach seinem Tode nicht unter deutschem Boden liegen zu wollen.[125] Die Bitterkeit saß tief; sie richtete sich explizit gegen »Christen«, »Deutsche« und gegen »die politisch blinde Linke«:

> »Für einen bewussten Juden, der in Europa lebt und wirkt, wird es erst auf dem israelischen Boden klar, wie Ihr Christen vergesst, was Ihr mit Juden 2000 Jahre gemacht habt, wie Ihr Deutsche vergesst, dass Ihr 6 Millionen Juden ausgerottet habt. Ganz Europa wirkt jetzt auf israelischem Boden wie in einem politischen Orwell-Zustand.«

122 Wulf, Tagebuch eines osteuropäischen Juden (Titel-Vorschlag) ab 1945 bis ich das Buch zu Ende schreibe [3 S.], datiert von Juli 1974, in: B 2/7 (91/15), Nr. 36. Nach dem Scheitern des Wannsee-Projekts war dieses Projekt für Wulf zum »Lebenswerk« geworden, vgl.: Wulf, Brief an Mad. Raymond et Dr. Willy Guggenheim vom 25. 7. 1974, in: ebd., Nr. 41.

123 Wulf, Tagebuch eines osteuropäischen Juden, S. 2.

124 Wulf, Brief an Helmut Gollwitzer vom 23. 1. 1974, in: B 2/7 (91/15), Nr. 40.

125 Ebd.

Wulf war konsterniert über die Palästinenser-Demonstrationen, die von der studentischen Protestbewegung in Deutschland »aufgebauscht« worden sei, und dies auf Kosten Israels:

> »Ja, die Linke; immer wussten jüdische Historiker, jeder halbgebildete Jude, dass Antisemitismus von Rechts kommt. Jetzt müssen wir mit Erstaunen und Verzweiflung feststellen, dass via Anti-Israelismus auch die Linke zum Antisemitismus kommt. Es herrscht bei dieser Linken, die sich Schablonen bedient, eine unheimliche Ignoranz bezüglich Israel, Zionismus, jüdisches Volk, jüdische Kultur und allem Geistigen, was wir der Welt gegeben haben. [...] Ich frage Sie, warum Ihr deutsche Intellektuelle und Schriftsteller jetzt so leise über Juden, Zionismus und Israel sprecht.«[126]

Wulf redete mit seiner Umgebung mehr und mehr als Vertreter jener untergegangenen jüdischen Hochkultur Osteuropas. In einem Brief an seinen Sohn, in dem er die Frage beantwortet, ob er Jude sei, spricht er von diesem seinem Judentum, das er in 12 Punkten auflistet:

> »Ob ich ein Jude bin? Ich weiß es ehrlich nicht. Ich weiß nur das: 1. Ich kenne gut – sehr gut – jüdische Geschichte und jüdische Kultur, in allen ihren Schattierungen. 2. Ich weiß deshalb, daß man uns seit 2000 Jahren mordet. 3. Ich weiß, daß – ausgenommen die USA – Israel zur Zeit so isoliert ist wie die Juden 1939-1945. 4. Ich weiß, daß ich mit dem Schicksal der Juden unheimlich verbunden bin. 5. Ich weiß, daß man etwa dreißig Einsteins, etwas fünfzig Rubinsteins, usw. usw. vergast hat. 6. Ich weiß, daß man nicht nur 6 Millionen Juden vergast hat, sondern eine große, intellektuelle, poetische, etc. etc. ostjüdische Kultur ausgerottet hat. [...].«[127]

Katastrophal aber war auch seine finanzielle Lage: In einem Brief von Anfang August 1970 an den Grafen Wolf von Baudissin schrieb er in verzweifelten, aber klaren Worten:

> »Wie Ihnen bekannt ist, habe ich bis heute 18 Publikationen über das Dritte Reich veröffentlicht. Sie wissen nicht, daß ich von allen Büchern keine Tantiemen bekomme. Ich habe vor und während der Arbeit an diesen Büchern Vorschüsse von den Verlagen erhalten um diese

126 Ebd.

127 Wulf, Brief an David Wulf vom 2. 8. 1974, in: B 2/7 (91/15), Nr. 42. Wulf beklagt im folgenden die Ausrottung des Judentums auch in der Sowjetunion und das Verbot Chruschtschows, in Babij Jar ein Denkmal für die ermordeten Juden zu errichten.

> Bücher überhaupt schreiben zu können – d.h. Recherchen durchzuführen, Fotokopien etc. anfertigen zu lassen usw. Bücher dieser Art haben nur sehr kleine Auflagen und sind für den Verleger wie für den Autor ein Defizit-Geschäft. […] *Seit über einem Jahr habe ich kein Einkommen. Nach 25 Jahren Arbeit stehe ich praktisch vor dem Nichts. Mein Thema – das Dritte Reich – ist heute nicht mehr gefragt und nicht aktuell. Ich stehe buchstäblich vor der Frage, wovon ich demnächst leben soll.* Es geht mir nicht um ein einmaliges Stipendium, es geht mir um den Status eines Angestellten mit einem monatlichen Einkommen bei einer Institution oder Organisation, für die ich Arbeiten machen könnte: Dokumentationen, Berichte, Analysen, Studien etc. Ich schreibe Ihnen, weil Sie meine 25-jährige Arbeit und meine Publikationen kennen. Ich glaube, daß Sie verstehen, daß ich jetzt nicht plötzlich vor einer ›Null‹ stehen kann – und ich hoffe, daß Sie mich verstehen, wenn ich Sie bitte, mir zu schreiben, falls Sie die Möglichkeit einer so gearteten Sicherheit für mich sehen. Ich habe doch in den letzten 25 Jahren etwas geleistet, ich will doch arbeiten und sollte doch – ich glaube, Sie verstehen es – nicht jetzt in dieser Situation sein.«[128]

Dem Tod seiner Frau Jenta am 28. 8. 1973 ging eine Zeit äußerster Leiden voraus. Wulf brach mehrere Male psychisch und physisch zusammen, wurde selbst in ein Krankenhaus eingeliefert, doch er verließ es heimlich und selbst schwer krank am 10. Juli, um am Bett seiner sterbenden Frau zu sein.[129] Und auch danach mußte Wulf selbst im Januar und erneut im April 1974 jeweils mehrere Wochen ins Krankenhaus eingeliefert werden. Nach ihrem Tod lebte er »einige Monate im Schock, wie ein toter Stein«:[130] »Nach meinem Auschwitz war es das erschütterndste Erlebnis meiner auch schweren Nachkriegszeit«.[131]

Zuletzt überwog die Verzweiflung, hoffnungslos und lebensmüde geworden, sprang Joseph Wulf am 10. Oktober 1974 aus dem Fenster

128 Wulf, Brief an Graf Baudissin vom 2. 8. 1970, in: B 2/7 (91/15), Nr. 36 [Hervorh. v. N.B.].

129 Eine erschütternde Dokumentation dieser Wochen hat Wulf in einem Tagebuch hinterlassen: Wulf, Jenta 7. VI. 1973 - 28. VIII. 1973 (Ms., 37 S.), datiert vom 5. 11. 1973, in: B 2/7 (91/15), Nr. 12.

130 Wulf, Brief an Jacob Taubes vom 13. 6. 1974; sowie ähnlich: Wulf, Brief an Graf Baudissin vom 9. 8. 1974, beide in: B 2/7 (91/15), Nr. 41 und 36.

131 Wulf, Brief an Helmut Gollwitzer vom 18. 6. 1974, in: B 2/7 (91/15), Nr. 40. Vgl. auch Wulf, Brief an Graf Baudissin vom 9. 8. 1974, in: ebd., Nr. 36: »Ohne meine Frau […] wäre ich niemals Joseph Wulf; ohne sie wäre ich das verwöhnte Kind eines sehr reichen Juden aus Krakau.«

im vierten Stock seiner Wohnung in der Giesebrechtstraße. Die »Bild-Zeitung« berichtete, die »Nationalzeitung« triumphierte.[132] Über dem täglichen Arbeitsplatz von J. Wulf hing jahrelang, in einem ansonsten kargen Zimmer, ein großes weißes Schild an der Wand mit dem in Hebräisch verfaßten Imperativ »Erinnere dich an die 6 Millionen!!!« (mit drei Ausrufezeichen). »Wulf hatte das Gefühl, trotz seiner neun Dokumentenbände, zwei Biographien, einer Monographie und fünf kleineren Arbeiten vergeblich gewirkt zu haben. Die Umstände seines Todes erinnern an den verzweifelten Todessprung seiner Leidensgenossen aus den Fenstern der brennenden Häuser des Warschauer Gettos.«[133]

Fazit: Empirie und Typologie

Wulf forschte gegen den Zeittrend. Und er starb in einer Zeit, die sich noch weiter davon entfernte, den Kern des Geschehens, um den es ihm ging, wahrzunehmen. Im Februar 1966 schrieb beispielsweise Hermann Langbein, der Erste Sekretär des *Comité international des Camps* an Eugen Kogon, er wolle mit den Vorarbeiten seines nächsten Buches beginnen, das »Menschen in Auschwitz« heißen solle, und explizit »menschliche Probleme hinter und vor dem Stacheldraht unter den extremen Bedingungen von Auschwitz behandeln und auch die Ergebnisse des Auschwitz-Prozesses mitverarbeiten«:

> »Ich [...] weiß aber noch nicht, wie ich die Voraussetzungen für eine solche Arbeit (die einige Zeit in Anspruch nehmen soll, denn ich will dieses Buch nicht hudeln) schaffen soll. Wissen Sie eine Institution, die einen Forschungsauftrag oder etwas ähnliches an einen Narren wie mich geben könnte? Ich möchte gern meine Erfahrungen (von Auschwitz und aus den letzten Jahrzehnten) zusammenfassen, ich glaube, es könnte nützlich werden, aber augenblicklich hats den Anschein, als ob ich der einzige wäre, der an eine solche Nützlichkeit glaubt.«[134]

In der intellektuellen Szene wurden dagegen Aktualisierungen des Dritten Reiches vorgenommen, die z.B. Hannah Arendt veranlaßten, eine

132 Wulf macht ein Ende, in: NZ 18. 10. 1974. Er habe »antideutsche Propagandawälzer fabriziert und dabei phantastische Ergebnisse und Zahlen über NS-Untaten in die Welt« gesetzt. Tuchel vermutet, daß Wulfs Selbstötung aus Verzweiflung über das Scheitern der Pläne für das IDZ resultierten, vgl.: Tuchel, Am Großen Wannsee, S. 154.

133 Scheffler, Über den Publizisten Joseph Wulf, S. 52.

134 Hermann Langbein, Brief an Eugen Kogon vom 18. 2. 1966, in: NL Eugen Kogon.

Zusammenarbeit mit dem Schriftsteller Hans Magnus Enzensberger strikt abzulehnen: In seinem Buch *Politik und Verbrechen* von 1964 erklärte Enzensberger, »Auschwitz« habe die Wurzeln der Politik bloßgelegt: »Die ›Endlösung‹ von gestern« sei nicht verhindert worden, aber die »›Endlösung‹ von morgen kann verhindert werden.« Ihre Planung geschehe öffentlich und mache alle Zeitzeugen von 1964 zu Mitwissern. Enzensberger bat den Verlag bei Arendt nachzufragen, ob sie es nicht rezensieren wolle, worauf diese an den Verlag zurückschrieb: »Auschwitz hat die Wurzeln der Politik bloßgelegt, das ist wie: das ganze Menschengeschlecht ist schuldig. Und wo alle schuldig sind, hat keiner Schuld. Gerade das Spezifische und Partikulare ist wieder in der Sauce des Allgemeinen untergegangen. Wenn ein Deutscher das schreibt, ist es bedenklich. Es heißt: nicht unsere Väter, sondern alle Menschen haben das Unglück angerichtet. Was einfach nicht wahr ist.«[135]

Zur Bedeutung der Bücher Wulfs kann man in Abwandlung einer Bemerkung von H. G. Adler sagen, daß sie viel boten, aber daß man sie hierfür auch zu lesen verstehen mußte.[136] Genau das aber war in seiner Zeit vermieden worden. Die Holocaustforschung hat mit den Arbeiten von Joseph Wulf begonnen. Er hat *erstens* das historische Verdienst, »als erster mit der Publikation der NS-Dokumente begonnen zu haben und so die Erforschung dieses Zeitabschnitts in der Breite eingeleitet zu haben«.[137] Dabei dokumentierte er *zweitens* sowohl Täter- und Opferseite als auch Mitläufer und Opportunisten, ihn interessierte »die Typologie dieser Leute«, wie Wulf es selbst einmal nannte.[138] Die von ihm gefundenen und ausgewählten Quellen verdeutlichten »die enge Verflechtung von politischen, rasseideologischen und wirtschaftlichen Zielen« und wiesen auf die Einheit des Ereignisses selbst hin, an dem neben der SS auch Wehrmacht, Justiz, Bürokratie beteiligt waren.[139] Darüber hinaus

135 Arendt/Enzensberger, Politik und Verbrechen. Ein Briefwechsel, hier: 381.

136 H. G. Adler, Besprechung von Wulf, Das Dritte Reich und seine Vollstrekker. Radiomanuskript, S. 4, in: DLA, NL Adler, A II 33.

137 Schoenberner, Ein Blatt für Joseph Wulf, S. 18.

138 Wulf, zitiert nach: Der Spiegel, Nr. 44 (1964), S. 133-136 (133).

139 Die DDR-Presse erkannte dies als fortschrittlich. Wulfs Rezeption in Ostdeutschland war im Ganzen positiv, auch wenn die Instrumentalisierung der Wulfschen Arbeit für die ostdeutsche Agitation gegen den Westen mit der Hand zu greifen ist, z.B. mit der Insinuierung, Wulf sei »auf nie ganz geklärte Weise ums Leben« gekommen. Vgl. Anonym, Dokumente: Das Dritte Reich und seine Diener. Naziverbrechen, die nie verjähren dürfen, in: Neues Deutschland, 14. 2. 1979 (hier handelte es sich z.B. um einen ganzseitigen Textabdruck von Wulf mit einleitenden Kommentaren).

waren die Bücher provozierend, er selbst war dabei streitbar, griff direkt an und antwortete z.B. öffentlich auf die Vielzahl von Briefen, die ihn aufgrund seiner Dokumentationen erreichten.[140] Er zitierte gerne den Lichtenberg-Satz: Nicht die Lügen, sondern die sehr feinen falschen Behauptungen sind es, die die Läuterung der Wahrheit aufhalten. Der Zeitgeschichtsforschung fühlte er sich, trotz ihrer Kritik, überlegen. »Warum sind nicht längst deutsche Forscher damit gekommen, warum mußte erst ein galizischer Jude kommen und das machen?«[141] Als Autodidakt war Wulf »mit seiner ganzen Art für die akademischen deutschen Geschichtsforscher ein Ärgernis und eine Provokation« (Henryk M. Broder), in der Tat: »Er wartete nicht auf die Fachhistoriker, von denen sich damals nur sehr wenige an dieses Thema wagten, noch griff er deren späteren Analysen vor. Er brach nur ein Tabu, machte auf ein Versäumnis aufmerksam, füllte eine Lücke und zwang die Historikerzunft, ihr wissenschaftliches Interesse diesem lange vernachlässigten großen Themenfeld zuzuwenden. Das haben ihm die einen wie die anderen nie vergessen.«[142] Trotzdem war Wulf aber kein Historiker *des* Judentums.[143] *Drittens* sind die Perspektiven der Wulfschen Arbeit überzeugend geblieben (auch über ihre Zeitbedingtheit hinaus), weil sie vieles erfassen konnten, die zentrale Fragestellung nach dem historischen Ort der Judenvernichtung nicht aus dem Blick verloren und dabei Erforschung nicht gegen Erinnerung ausspielten. Hans Lamm charakterisierte ihn anläßlich der Verleihung des Heinrich-Stahl-Preises im April 1964 nicht zufällig gleichzeitig als »Ein-Mann-Forschungsinstitut« *und* als den »Kaddisch-Schreiber einer Generation«.[144] Wulf ließ bei der Auswahl seiner Quellenauszüge nicht den geringsten Zweifel daran, daß es *nicht* nur eine Handvoll krimineller Subjekte (»Schergen« in der zeitgenössischen Terminologie) war, die Deutschland in den Abgrund gerissen hatten, und daß Auschwitz, Treblinka und Majdanek ein Zivilisationsbruch gewesen sei, dessen Ursachen, Verlauf *und* Folgewirkungen man sich wissenschaftlich, intellektuell und politisch zu vergegenwärtigen habe.

140 Joseph Wulf, An die Briefschreiber!, in: Volksblatt, 3. 5. 1964, in: B 2/7 (91/15), Nr. 31.

141 Wulf, zitiert nach: Der Spiegel, Nr. 44 (1964), S. 133-136 (133).

142 Schoenberner, Ein Blatt für Joseph Wulf, S. 18.

143 So etwas ungenau: Annemarie Doherr, Ein Historiker des Judentums, in: FR, 20. 8. 1974.

144 Hans Lamm, Der Kaddisch-Schreiber einer Generation, in: Allgemeine Wochenzeitung, 21. 4. 1967.

4.3. Der Verlust der dritten »Säule der Hölle«: Hannah Arendts Deutungen der Konzentrationslager und des Eichmann-Prozesses

Die Heuristik der Buchtitel von »Elemente und Ursprünge totaler Herrschaft«

Es hätte sein können, daß Hannah Arendts berühmtestes, 1949 fertiggestelltes Buch unter der Überschrift »Drei Säulen der Hölle« erschienen wäre.[1] Dies war einer der zuerst von ihr erwogenen Titel für ihre Analyse der destruktiven Strukturen, die das 20. Jahrhundert vom 19. geerbt hatte. Was sie mit den »drei Säulen« meinte, verdeutlicht ein zweiter, ebenfalls von ihr verworfener Titel, nämlich: »Drei Elemente der Schande: Antisemitismus – Imperialismus – Rassismus.« Ihr englischer Verleger schlug vor, das Buch »The Burden of Our Time« (»Die Last unserer Zeit«) zu nennen, und Arendt wählte diese Überschrift für die englische Ausgabe von 1951. In Amerika erschien es dann unter dem bekannteren Titel »Origins of Totalitarianism«, in der deutschen Fassung, die sie selbst übersetzt hatte, lautete er dann »Elemente und Ursprünge totaler Herrschaft«.[2] Kaum ein anderes gewichtiges Buch wurde wohl häufiger und grundlegender fehlrezipiert. Es war vor allem das Wort von der »*totalen* Herrschaft«, das in Zeiten des kalten Krieges mit den totalitarismustheoretischen Interpretationsmustern zusammenzufallen schien, mit denen man Nationalsozialismus und Bolschewismus zugleich und analog zu erklären meinte. Es ist deshalb nicht verwunderlich, daß es, kaum erschienen, in Deutschland sogleich von Karl Dietrich Erdmann recht einseitig als Handbuchwissen geadelt wurde, der auf Arendts »soziologisch und geistesgeschichtlich tiefschürfende Untersuchung« hinwies, die im Nationalsozialismus »eine dem Kommunismus verwandte Staatsform«

1 Vgl. auch: Schulin, Hannah Arendt als Historikerin, S. 199.

2 Arendt, The Origins of Totalitarianism, New York (Harcourt Brace Jovanovich) 1951; dies., The Burden of our Time, London (Secker & Warburg) 1951; in der zweiten, erw. Aufl. von 1958 kam Kap. 13 »Ideology and Terror« und Kap. 14 Epilogue: «Reflections on the Hungarian Revolution« hinzu sowie: «Preface to the Second Enlarged Edition«; dies., Elemente und Ursprünge totaler Herrschaft, Frankfurt a.M. (Europäische Verlagsanstalt) 1955. Die Kap.-Einteilung entspricht der der engl. Ausgabe ab der 2. Aufl. (mit Ausnahme von Kap. 14, das in keine der deutschen Ausgaben aufgenommen wurde); der deutsche und der englische Text sind nicht identisch. Diese Angaben folgen der zuverlässigen Bibliographie von Ursula Ludz, Bibliographie, S. 275 und 281 f.

erblickt habe.[3] Und in der Tat hatte Hannah Arendt in ihrem Buch ja beide behandelt. Das Buch hat aber eine so spezifische Entstehungsgeschichte, und diese paßt so wenig zu seiner Wirkungsgeschichte, daß dies erklärungsbedürftig wird. Die Rezeption hat sich mehr und mehr auf die im Buch selbst entwickelten Thesen und Ideen gelegt, vor allem aber hat sie die eigentliche Intention der politischen Denkerin und Historikerin verdeckt: Hannah Arendt wurde zur Totalitarismus-Theoretikerin ausgerufen. Dabei war der Gegensatz von Arendt und Carl J. Friedrich, dem Klassiker dieses Ansatzes, ihrem normativen und seinem deskriptiv-typologischen Konzept des Totalitarismus, denkbar groß. Arendt hatte direkte Auseinandersetzungen mit Friedrich (z.B. auf einer Konferenz der ›American Academy of Arts and Sciences‹[4]), und im Gegensatz zu Friedrich kümmerte sie sich nicht um das »Abhaken der definierten Elemente in einzelnen Regimen«.[5] Trotz ihres eigenwilligen Ansatzes, der Abstraktion und Konkretheit zu vereinen versuchte, war der eigentliche Kern ihres Buches nicht das Allgemeine, sondern das Besondere: »Arendts Schicksal als Jüdin machte sie scharfsichtiger für die Besonderheiten des Nazi-Regimes.«[6] Manche Zeitgenossen wollten genau dies nicht wahrhaben, für die deutsche Übersetzung mußte die Autorin zum Beispiel Mitte der 50er Jahre beim Verlag darauf bestehen, den Umschlag mit dem Hinweis zu versehen, daß sie eine aus Deutschland vertriebene Jüdin sei.[7]

Das Buch hat es den Lesern keineswegs leichtgemacht, und nicht nur Historiker hatten und haben ihre Schwierigkeiten mit Thesen, Stil, Vergleichen, Herleitungen und Bewertungen von Hannah Arendt. Ihr Freund Kurt Blumenfeld, der die deutsche Version für die »originalere«

3 Erdmann, Die Zeit der Weltkriege, S. 180.

4 Vgl.: Friedrich (Hg.), Totalitarianism. Proceedings of a Conference Held at the American Academy of Arts and Sciences, Cambridge 1954, S. 337.

5 Beyme, Totalitarismus – zur Renaissance eines Begriffes nach dem Ende des Kommunismus, S. 25.

6 Ebd. Dies betont auch Schindler, Geglückte Zeit – gestundete Zeit, S. 67 und 121.

7 Zur Herausgabe der deutschen Übersetzung schrieb sie an Kurt Blumenfeld: »Alles in Ordnung. Nur eines nicht: Der Umschlag. Den hatten sie ohne mich fertiggemacht und haben ihn auf mein Verlangen neu drucken müssen. Also ärger Dich nicht. Ich habe den Professor am Anfang natürlich entfernen lassen und sie veranlaßt, hereinzuschreiben, daß ich als Jüdin Deutschland verlassen habe. Du hast sicher den alten Umschlag gekriegt. Schmeiß ihn weg und denk, daß ich nichts dafür kann!« (Vgl.: Arendt, Brief an Blumenfeld vom 28. 11. 1955, S. 136).

hielt, fand »vieles zu kurz und konzentriert«: »Bei vielen Stellen hätte ich Dich gern gefragt, wie Deine Schlußfolgerungen zustandekommen.«[8] Vieles habe er erst beim zweiten Lesen richtig verstanden, manche Definitionen kamen ihm zuerst »willkürlich und künstlich« vor.[9] Bernhard Crick beklagte die »Inhaltsleere« ihrer Bestimmung von »Totalitarismus«, vermißte klare Definitionen und bemängelte, daß sich die Autorin mit der Diskussion um den Begriff, der vor ihrer Studie ja geläufig war, gar nicht auseinandersetze.[10] Man beklagte die »Ungleichgewichtigkeit des Buches«,[11] die »soziologische Methode«[12] und fand den Text »ungezügelt« und »versponnen«, auch wenn man ihm Respekt bezeugte.[13] Neben den vielen Irritationen sind gerade solche Aussagen nicht selten, die Lob und Tadel mischen, wie die zeitgenössische von Hajo Holborn und jüngst die von Götz Aly, der einmal von Arendts »großem, zweifelsohne unvollendetem und in vielen Details irrigem Buch«[14] sprach. Und Raul Hilberg, der das Buch ganz und gar ablehnte, bemerkte einmal sogar, er habe aus ihm nichts gelernt und es weggeworfen.[15] Es bestehe, so Hilberg, aus einer »Reihe von Essays« die »keinerlei Zusammenhang untereinander« aufwiesen: »Das Buch ist eigentlich gar keines über den Totalitarismus, es gibt wohl einiges Material darüber, es spricht darüber, aber es kennt keine Struktur.«[16] Hilbergs strenges Diktum hat seine eigene Geschichte, die er

8 Blumenfeld, Brief an Hannah Arendt vom 12. 12. 1955, S. 137.

9 Blumenfeld, Brief an Hannah Arendt vom 13. 6. 1956, S. 144.

10 Bernard Crick, Rückblick auf »Elemente und Ursprünge totaler Herrschaft« (zuerst: 1977), in: Reif (Hg.), Hannah Arendt, S. 217-238 (219). Crick war zwar mit dem Werk Arendts unzufrieden, las dabei aber nicht »falsch«, wenn er herausstellte, Arendts Anliegen sei offensichtlich gar nicht gewesen, den »Totalitarismus« zu analysieren, sondern vielmehr eine Darstellung der »intensiven, aber schrecklichen Plausibilitäten des Nazimus« vorzulegen (ebd., S. 222).

11 Ebd.

12 Buchheim, Totalitarismus. Zu Hannah Arendts Buch [zuerst: 1956], in: ebd., S. 215.

13 Hermann Broch berichtet an Annemarie Meier-Graefe aus Yale (Brief vom 12. 4. 51), daß Holborn, »der hier moderne Geschichte lehrt und ein ungemein gedankenreicher, dabei aber überaus vorsichtiger Historiker ist«, die Theorien von Hannah Arendt ungezügelt und versponnen finde, »unbeschadet des sonstigen Respekts, den er für das Buch hat.« Zit. nach: Arendt/Broch, Briefwechsel, S. 155.

14 Aly, Wider das Bewältigungs-Kleinklein, S. 46.

15 Hilberg/Söllner, Das Schweigen zum Sprechen bringen, S. 183.

16 Ebd., S. 184.

in Interviews und in seinen Erinnerungen berichtet hat.[17] Aber seiner apodiktischen Feststellung, das Totalitarismusbuch »sei gar keines über den Totalitarismus«, soll hier besondere Aufmerksamkeit geschenkt werden.

»Fabrikation von Leichen« und Historiographie des Kontinuitätsbruchs

Tatsächlich war, um eine spätere Formulierung von Adorno zu verwenden, »das Prinzip von Auschwitz«[18] der Ausgangspunkt des Arendtschen Buches, also die spezielle »Vernichtungsradikalität« der Shoah, nicht aber eine wie immer begründete Ähnlichkeit von deutschem Nationalsozialismus und Sowjetkommunismus. In einem späteren, bereits in den Auseinandersetzungen um das Eichmann-Buch, geführten Interview hat sie einmal die Grundlage ihres NS-Verständnisses auf den Punkt gebracht:

> »[D]as Entscheidende ist ja nicht das Jahr 33; jedenfalls für mich nicht. Das Entscheidende ist der Tag gewesen, an dem wir von Auschwitz erfuhren. […] Das war 1943. Und erst haben wir es nicht geglaubt. […] Das ist der eigentliche Schock gewesen. […] Das war wirklich, als ob der Abgrund sich öffnet. Weil man die Vorstellung gehabt hat, alles andere hätte irgendwie noch einmal gutgemacht werden können, wie in der Politik ja alles einmal wiedergutgemacht werden kann. Dies nicht. Dies hätte nie geschehen dürfen. Und damit meine ich nicht die Zahl der Opfer. Ich meine die Fabrikation von Leichen […] dies hätte nie geschehen dürfen. Da ist irgend etwas passiert, womit wir alle nicht mehr fertig werden. […] Das war etwas ganz anderes. Mit allem andern konnte man auch persönlich fertig werden. […] Was immer 33 geschehen ist, ist eigentlich – angesichts dessen, was dann später geschah – unerheblich.«[19]

17 »Wer erinnert sich an Ereignisse? Man erinnert sich nicht an Ereignisse, man erinnert sich an Bücher. Ich ringe seit dreiunddreißig Jahren mit Hannah Arendt, ob sie nun lebt oder tot ist. Immer wieder, wie ein Gespenst kommt sie zurück«, zitiert nach: Smith, (Hg.): Hannah Arendt Revisited, S. 7 (Vorwort).

18 Adorno, Erziehung nach Auschwitz, zit. nach: Schäfer, Die »Rationalität« des Nationalsozialismus, S. 109.

19 Hannah Arendt, Gespräch mit Günter Gaus, S. 23 f. Die Nachricht von den Massenvergasungen als Anstoß, das Buch zu schreiben, betont auch Schulin, Hannah Arendt als Historikerin, S. 200.

Diese hier geäußerte Motivation war realer Ausgangspunkt und gedanklicher Nucleus des Arendtschen Buchs über »totale Herrschaft«. Ab 1945 schrieb sie zwei Jahre lang an den ersten beiden Teilen über das 19. Jahrhundert, aber Ende 1947 änderte sie ihre Pläne in drei markanten Punkten. *Erstens* verarbeitete sie erste Quellen und Erlebnisberichte über die Massenvernichtung im dritten Teil, der im Grunde genommen das 20. Jahrhundert abbildete. *Zweitens* schob sie Teil zwei und drei (Imperialismus und Rassismus) zusammen und erarbeitete einen neuen dritten Teil, der nun »Totalitäre Bewegung und Totale Herrschaft« hieß. Dieser stand, wie auch Ernst Schulin hervorgehoben hat, unter der Prämisse, »daß es die Vernichtungslager sind, die die totale Herrschaft von allen bisherigen Herrschaftsformen unterscheiden«.[20] Die deutsche Form der totalen Herrschaft bewertete sie als ein Konglomerat von Antisemitismus, Rassismus und Imperialismus, und sie »charakterisierte dieses verhängnisvolle Geflecht mit dem von Franz Neumann entlehnten Begriff ›Rassen-Imperialismus‹«.[21] *Drittens* versuchte sie sich an einem kontrastiven Blick auf Nationalsozialismus und Stalinismus und nahm letzteren zu ihrer Analyse hinzu.[22]

Hannah Arendt kann in diesem Zusammenhang als eine der wenigen Ausnahmen ihrer Zeit angesehen werden, die die epochale Zäsur des Nationalsozialismus nicht in der »überrumpelnden« oder »verführerischen« Machtübernahme Hitlers, sondern in dem Bruch gesehen haben, den die massenhafte Vernichtung von Menschen markiert. Der Gedanke, daß »das« nie hätte geschehen dürfen, und die Formulierung von der »Fabrikation von Leichen«, wie sie aus dem Interview mit Günter Gaus zitiert wurden, war von Arendt bereits viel früher geäußert worden, und er war viel theoretischer gemeint, als es zunächst den Anschein hatte.

20 Schulin, Hannah Arendt als Historikerin, S. 200.

21 Wolf, Deutsch-jüdische Emigratenhistoriker, S. 40.

22 Den sekundären Charakter des komparativen Teils belegt nicht nur die spätere vehemente Kritik, sie habe die »Elemente und Ursprünge« des bolschewistischen Terrors nicht ähnlich genau wie beim Nationalsozialismus dargelegt, sondern auch ihre Reaktion hierauf. Sie plante nämlich tatsächlich noch ein eigenes Buch über »Die marxistischen Elemente totaler Herrschaft«, also eine Studie über das Rußland des 19. Jahrhunderts, die Entwicklung des Marxismus und des Bolschewismus von Lenin zu Stalin (vgl. Schulin, Hannah Arendt als Historikerin, S. 206). Auch Wolf sieht hier eine Analyse des NS-Staates, der als spätere Ergänzung die Teile über die Sowjetunion unter Stalin hinzugefügt wurden (vgl.: Wolf, Deutschjüdische Emigrantenhistoriker, S. 59).

> »Als Historiker sind wir an Neues gewöhnt und haben gleichsam das Recht, uns zu entsetzen. Das Entsetzen gilt nicht dem Neuen schlechthin, sondern der Tatsache, daß dies Neue den Kontinuitätszusammenhang unserer Geschichte und die Begriffe und Kategorien unseres politischen Denkens sprengt. Wenn wir sagen ›dies hätte nicht geschehen dürfen‹, so meinen wir, daß wir dieser Ereignisse mit den großen und durch große Traditionen geheiligten Mitteln unserer Vergangenheit weder im politischen Handeln noch im geschichtlich-politischen Denken Herr werden können.«[23]

Für sie war der Satz »Du sollst nicht töten« angesichts einer »Bevölkerungspolitik, die systematisch oder fabrikmäßig darangeht, die ›lebensuntauglichen und minderwertigen Rassen und Individuen‹ oder die ›sterbenden Klassen‹ zu vernichten« nicht mehr anwendbar.[24] »Das hätte nicht geschehen dürfen« war ein bewußt gewählter Ausdruck des Entsetzens, und sie bezog sich einmal mehr auch hier auf Kant, dessen Formulierung, in einem Krieg dürfe niemals etwas geschehen, was einen späteren Frieden unmöglich mache, sie übernahm,[25] um festzustellen, daß genau dies nun aber eingetreten sei: Ein Ereignis, das niemand mehr verantworten könne. Angesichts der tatsächlichen Vorgänge in den Konzentrationslagern der Nationalsozialisten, so Arendt auch in der bekannten *Zueignung an Karl Jaspers* Anfang der 50er Jahre, sei der »Boden der Tatsachen« zu seinem Gegenteil geworden, das auch die Erkenntnismöglichkeiten betreffe, die Tatsachen überhaupt zur Kenntnis zu nehmen: »In Auschwitz hat sich der Boden der Tatsachen in einen Abgrund verwandelt, in den jeder hineingezogen werden wird, der nachträglich versucht, sich auf ihn zu stellen.«[26] Diese Bodenlosigkeit war, wie viele Briefe von ihr zeigen, eine zutiefst biographische Zäsur, eine nicht mehr von ihr weichende Melancholie. Sie schrieb z.B. im August 1947, ihr sei »meist das Herz zu schwer« und es sei ihr »mies [...] vor tout le monde«:

> »Sieh mal, es ist einfach so, daß ich über die Vernichtungsfabriken nicht wegkommen kann, und zwar in jener Region des brutal Tatsächlichen, in welcher diese neueste Fabrikationsart noch nicht einmal

23 Arendt, Elemente und Ursprünge, S. 705.

24 Ebd., S. 704.

25 Ebd.

26 Hannah Arendt, Zueignung an Karl Jaspers, in: dies., Sechs Essays, S. 9; zum Verhältnis zwischen beiden vgl.: Aschheim, Hannah Arendt and Karl Jaspers: Friendship, Catastrophe and the Posibilities of German-Jewish Dialogue, S. 97-114.

mehr etwas mit Juden zu tun hat oder mit Deutschen. Dabei bin ich sonst ganz fröhlich, weil man ja nie etwas gegen seine eigene Vitalität tun kann; und so wie Gott die Welt geschaffen hat, gefällt sie mir halt ausnehmend gut. Aber jede Kommunikation wird ungeheuer schwer gerade dann, wenn man weiß, daß nichts auf der Welt zählt wie Freunde. Kurz, ich habe meine Art von Melancholie, aus der ich nur durch Nachdenken mich rausgrappeln kann; und zum Nachdenken gerade brauche ich enorm viel Zeit, und Zeit gerade ist das einzige, woran ich ernstlich knapp bin. Und so, statt Briefe zu schreiben, wie ich sollte, sitze ich im Lehnstuhl und stiere vor mich hin.«[27]

In der Tat: »Arendt folgte«, wie einmal über dieses Buch scharfsinnig bemerkt wurde, »bloß den Imperativen ihrer Reise in die Vergangenheit«.[28] Zugleich war für sie die von ihr beschriebene Melancholie, die Einsicht in jene Bodenlosigkeit, selbst zu einer Tatsache, zu einem Faktum geworden, das sie mit dem Bild eines leeren Raumes beschrieb, »in welchem es nicht mehr Nationen oder Völker gibt, sondern nur noch Einzelne, für die es nicht mehr sehr erheblich ist, was die Mehrzahl der Menschen jeweils gerade denkt, und sei es die Mehrzahl des eigenen Volkes«.[29] Die Vergangenheit war für sie die Aufgabe, nicht aber der Halt; man müsse sich zu ihr in ein Verhältnis setzen, nicht sich an ihr festhalten, »denn Auschwitz ist so wenig aus deutscher wie aus jüdischer Geschichte zu erklären«.[30]

27 Arendt, Brief an Blumenfeld vom 19. 7. 1947, S. 43. Auch von ihrem Mann Heinrich Blücher schrieb sie, daß dessen Freude »jahrelang (in einer Melancholie, die unmittelbar an den Gaskammern ausbrach) verlorengegangen war. Es ist so selten, daß Menschen sich gegenseitig helfen können, aber mir scheint, in unserm Falle ist es wirklich so, daß wir beide ohne einander schwerlich durchgekommen wären.« Vgl.: Arendt, Brief an Blumenfeld vom 1. 4. 1951, S. 52.

28 Judith N. Shklar, Neubewertung der Vergangenheit, in: Reif (Hg.), Hannah Arendt, S. 177. Zum Zusammenhang von Exilerfahrungen und der Besonderheit ihres Denkstils vgl. auch: Wertheimer, Hannah Arendt, in: Der Exodus aus Nazideutschland und die Folgen, S. 325-341.

29 Arendt, Zueignung an Karl Jaspers, S. 9 f. Zur Entstehungsgeschichte von Arendts »Elemente und Ursprünge«, vgl. v.a.: Young-Bruehl, Hannah Arendt. Leben, Werk und Zeit, S. 285-301.

30 Arendt, Zueignung an Karl Jaspers, S. 10. Das Zitat lautet im Zusammenhang: »Für die notwendige Verständigung zwischen diesen Einzelnen, die es heute in allen Völkern und allen Nationen der Erde gibt, ist es wichtig, daß sie lernen, sich nicht krampfhaft an ihren eigenen nationalen Vergangenheiten festzuhalten – Vergangenheiten, die ja doch nichts erklären (denn Auschwitz ist so wenig aus deutscher wie aus jüdischer Geschichte zu erklären).«

Dieser Satz verweist gerade nur in Andeutungen auf die vielen Irritationen, die ihr Werk, und vor allem ihr Nachdenken über die Geschichte ihres Jahrhunderts ausgelöst hat, und das folgerichtig sowohl auf deutscher als auch auf jüdischer Seite. Das historiographische Ideal von Arendt war niemals gewesen, in Übereinstimmung mit irgendeinem Kollektiv über die Vernichtung der Juden nachzudenken, sondern der Versuch, sich »in der Wirklichkeit zurecht[zu]finden, ohne mich ihr zu verschreiben«, sich auf den Boden der Tatsachen zu stellen ohne »die von diesen Tatsachen geschaffene Welt als notwenig und unzerstörbar« zu akzeptieren, eine »gewollte Unbefangenheit des Urteils und bewußte Distanz zu allen Fanatismen«.[31] In der Vergangenheit, so Arendts historisches Credo, sei etwas geschehen, »was nicht einfach schlecht oder unrecht oder grausam war, sondern was unter keinen Umständen hätte passieren dürfen.«[32] Ihr Buch war nicht nur von Gelehrsamkeit, sondern auch von einem »apokalyptischen Entsetzen erfüllt«,[33] und sie versuchte, »das tiefe und verzweifelte ›Ach!‹ vor den Infamien, die sie analysierte, aufrechtzu[er]halten«.[34] Dies war die Haltung der Historikerin Hannah Arendt angesichts des Völkermordes, die sie zu einem an Walter Benjamin geschulten paradoxen Nachdenken über den »Zivilisationsbruch« führte und die sie theoretisch zu einer Form von Geschichtsschreibung machte, die sich einem reduktionistischen Verständnis von »Kausalität« gerade verweigerte.[35] Dabei beließ sie es nicht beim Befund des Traditionsbruches, sondern, so Annette Vowinckel, war eine der ganz wenigen, die eine »ihm

31 Ebd., S. 7.
32 Ebd., S. 8 f.
33 Radkau, Die deutsche Emigration, S. 226 f.
34 Young-Bruehl, Hannah Arendt, S. 285.
35 Das Buch von Arendt sei »nicht nur das erste und eines der bedeutendsten Bücher über den Totalitarismus, sondern auch das einzig historische«, so z.B. Jaspers im Geleitwort, wo er auch von »Geschichtsschreibung großen Stils« sprach; auch Ernst Schulin hebt das Historische des Ansatzes hervor: »Hannah Arendt hatte es betont als Historikerin geschrieben«, ja, so an einer anderen Stelle: »Man könnte sagen, Hannah Arendt wurde Historikerin, weil sie die Gegenwart nicht verstand und an Ideologien nicht glauben wollte.« (Schulin, Hannah Arendt als Historikerin, S. 196 und 201 f.); Zur Geschichtsschreibung Arendts vgl. auch: Vowinckel, Geschichtsbegriff und Historisches Denken bei Hannah Arendt; Benhabib, Hannah Arendt und die erlösende Kraft des Erzählens, S. 150-174; dies., Rätsel der Methodologie und Geschichtsschreibung in: dies., Hannah Arendt, S. 113-121; zum Gedächtniskonzept bei Benjamin: Schöttker, Erinnern; Rautmann, Gedächtnis – Erinnern – Eingedenken.

Rechnung tragende Revision historischer Methode einforderten«.[36] Hannah Arendts Historiographie des Kontinuitätsbruches drückte sich also nicht allein in der Themenwahl, sondern auch in dem von ihr beibehaltenen Gestus des Schreckens aus, den sie in ihrem historischen Denken zu bewahren versuchte, ohne dabei auf die Analyse der Wirklichkeit zu verzichten.

Konzentrationslager als intellektuelle Mitte von »Elemente und Ursprünge«

Auch der Ursprungstext des Buches *Elemente und Ursprünge totalitärer Herrschaft* war kein wie immer vorgenommener Vergleich von Sowjetregime und Nationalsozialismus, sondern eine Reflexion über das Phänomen der Konzentrationslager, die sie zugleich auf englisch und deutsch publizierte[37] und deren deutsche Version sie 1948 in der Heidelberger Zeitschrift »Die Wandlung« veröffentlichte.[38] Daraus ergab sich, wie sie an Jaspers schrieb, »ein größeres Projekt der Erforschung der sozialen, politischen und psychologischen Bedingungen der Konzentrationslager in totalitären Regimen«, von dem Arendt zu Beginn noch mutmaßte, es

36 Vowinckel, Geschichtsbegriff und Historisches Denken bei Hannah Arendt, S. 6, 86-98 und 329 (Zitat).

37 Hannah Arendt, »Konzentrationsläger«, in: Die Wandlung 3 (1948), S. 209-330; dies., Concentration Camps, in: Partisan Review 15 (1948), S. 743-763; deutsche und englische Fassung, die leicht voneinander abweichen, sind etwa gleichzeitig erschienen; vermutlich ist die deutsche Fassung die originale, die englische eine Übersetzung, vgl.: Ludz, Bibliographie, S. 270.

38 Weitere Vorabdrucke im Deutschen: Arendt, Totalitäre Propaganda: Ein Kapitel aus »Die Ursprünge des Totalitarismus«, in: Der Monat 3 (1950/51), S. 241-258; dies., Die Geheimpolizei: Ihre Rolle im totalitären Herrschaftsapparat, in: Der Monat 4 (1951/52), S. 370-388 (beide zus. auch in Broschürenform als Sonderdruck u.d.T. »Der Totalitarismus: Gedanken über Geheimpolizei und Propaganda«); dies., Das zeitweilige Bündniss zwischen Mob und Elite, in: Hochland 44 (1951/52), S. 511-524 (»Von der Verfasserin neu gestalteter Abschnitt aus ihrem Buch »The Burden of Our Time«; der Text entspricht in etwa dem Abdruck in der dt. Fassung [Kap. 10/3].); dies., Ideologie und Terror, in: Offener Horizont. Festschrift für Karl Jaspers, München (Piper) 1953, S. 229-254 (dass. mit dem Untertitel: »Eine neue Staatsform«, in der dt. Fassung; als engl. Text verändert u.d.T. »Ideology and Terror: A Novel Form of Government«, zuerst in: The Review of Politics 15 (1953), S. 303-327; dieser Text ist ab der 2. Auflage 1958 auch im englischen Original als Kap. 13 aufgenommen worden.

sei lediglich »wissenschaftlich verbrämter Humbug«.[39] Nun war angesichts dieses Textes und im Hinblick auf das später daraus abgeleitete 700seitige Werk eine solche Skepsis übertrieben, denn Arendts Grundidee, man müsse die »Politik der Vernichtung« und die »Vernichtung des Politischen« gleichzeitig zum Thema machen, war provokativ und hatte Relevanz. Doch die »Kompositionsschwäche« des Buches hat es dem Leser nicht leichtgemacht, beide Themen angemessen zu gewichten. Richtig an dieser frühen Selbsteinschätzung war also der Gedanke, etwas »verbrämt« zu haben, denn die wenigen Seiten über die Konzentrations- und Vernichtungslager, intellektuell die »Mitte« ihres Projektes, wurden später nur zu einem kleinen Kapitel des gesamten Buches, wenn auch eines, wie sie sagte, ohne das man »alles andere einfach nicht verstanden hat«.[40]

Sie begann bezeichnenderweise auch diesen Essay mit einer kurzen Reflexion dreier Formen, wie der »Tatsache des Konzentrationslagers« zu begegnen sei:

> »Es gibt drei Weisen, der Tatsache des Konzentrationslagers zu begegnen: die Weise der unmittelbar erleidenden Erfahrung derer, die in ihm sind; die Weise der rückschauenden Erinnerung derer, die ihm entronnen sind; und die Weise der vorwegnehmenden Angst derer, die sich vor ihm fürchten.«[41]

Sie versuchte in diesem Text auf die von ihr mit dem Signum der »Angst« versehene dritte Art ein Verständnis nicht nur der Konzentrationslager, sondern des totalitären Regimes überhaupt zu entwickeln, und das am Beispiel einer kritischen Lektüre von Eugen Kogons *Der SS-Staat* und

39 Vgl.: Arendt, Brief an Karl Jaspers vom 31. 10. 1948: »Ich verhandele augenblicklich, aufgrund des KZ-Aufsatzes mit einigen Organisationen für ein größeres Projekt der Erforschung der sozialen, politischen und psychologischen Bedingungen der Konzentrationslager in totalitären Regimen. Das ist natürlich, wie alle solche Angelegenheiten, zu einem Teil Humbug, wissenschaftlich verbrämter Humbug. Aber ich könnte dabei doch etwas Vernünftiges machen und hätte dann, da ich nur die leitenden Gesichtspunkte zu geben und einen Stab von Leuten hätte, sehr viel Zeit für meine Arbeit.«

40 »Ich bin sehr beruhigt, daß Sie mit dem KZ-Artikel übereinstimmen; es wird ein Kapitel des Buches; und obwohl es da vielleicht gar nicht zentral wird, ist doch klar, daß, wenn [man] da nicht versteht, man alles andere einfach nicht verstanden hat.« Arendt, Brief an Karl Jaspers vom 28. 5. 1948.

41 Arendt, Konzentrationsläger, S. 309. Im folgenden wird bewußt auf die Erstpublikation zurückgegriffen, die entsprechende Passage im Buch unterscheidet sich in wichtigen Details, vgl.: Arendt, Die Konzentrationslager, in: dies., Elemente und Ursprünge totaler Herrschaft, S. 676-702.

David Roussets *Les Jours de notre Mort*. Diese beiden Augenzeugenberichte erweckten ihr Mißtrauen gerade in den Passagen, in denen sie, wie Kogon, vorgaben, »psychologisch verstehen zu können«, oder wenn sie, wie Rousset, »zu einer Lebensbejahung im Sinnlosen« flüchteten.[42] Arendt dagegen argumentierte bezeichnenderweise, *erstens*, fast durchgängig erkenntnistheoretisch und *zweitens* überwiegend auf den Fall Deutschlands bezogen. Den zu Beginn des Textes flüchtig in den Blick genommenen doppelten Fokus auf deutsche *und* sowjetische Lager löste sie in diesem Text kaum ein. Die Themen, die sie anschlug, galten der »absoluten Unglaubwürdigkeit und Unvorstellbarkeit eines nur abstrakten Grauens«,[43] das eben nicht nur die rückwirkenden Erkenntnisversuche charakterisiert, sondern bereits den getäuschten Opfern der Lager selbst die Möglichkeit zur Antizipation dessen, was ihnen bevorstand, versagte.[44] Hannah Arendt interessierte sich für den »Alptraum« einer Wirklichkeit, der noch den überlebenden Berichterstatter »an seiner eigenen Wahrhaftigkeit« zweifeln ließ.[45] Sie thematisierte die historische Sinngebung des Verbrechens durch dessen Vollstrecker, die davon überzeugt gewesen seien, »Verbrechen in allergrößtem, allerunwahrscheinlichstem Maßstabe« seien genau deshalb zweckmäßiger und inszenierbarer, weil ihnen kein Glauben geschenkt werde. Und sie sprach schon hier jene Lächerlichkeit an, die dem herkömmlichen Rechtssystem anhaftet, wenn es sich einem Verbrechen gegenübersieht, für das sämtliche vorgesehenen Strafen nur noch inadäquat erscheinen mußten.[46]

Mit der Umkehrung eines Wortes von George Bataille verlangte sie von sich wie vom Leser, es sei unerläßlich, »bei[m] Grauen zu verweilen«, weil sie in den Konzentrationslagern »die konsequenteste Institution totalitärer Herrschaft« erblickte,[47] die sie nichtsdestotrotz zu erklären versuchte, da sie jeder Unsagbarkeitsrhetorik eine Absage erteilte. Arendt sprach nicht mehr von »Mord«, der für sie nach der Erfahrung der Konzentrationslager nur noch etwas »begrenzt Böses« darstellte,[48] sondern durchgängig von »Fabrikation von Leichen«.[49] Sie verweigerte sich und dem Leser jede Form von Trost durch »nihilistische Banalitäten«, wie

42 Arendt, Konzentrationsläger, S. 310.
43 Ebd.
44 Ebd., S. 310 f.
45 Ebd., S. 311.
46 Ebd., S. 311.
47 Ebd., S. 312.
48 Ebd., S. 313.
49 Ebd., S. 312, 317 u.ö.

beispielsweise der Einsicht, daß aus Bösem immerhin noch etwas Gutes wachsen könne oder dergleichen. Kern ihrer Interpretation dessen, was geschehen war, war die These von einer mehrfachen Vernichtung des Einzelnen in den Lagern in einem Zwischenraum von Leben und Tod.[50] Das nannte sie das »absolut Böse«, eine Realität gewordene Tat jenseits jeder ökonomischen Zweckhaftigkeit und nahe an einer »verrückten Irrealität«,[51] so daß noch der Versuch, es zu erklären, zum Scheitern verurteilt blieb: »Die vollendete Sinnlosigkeit«,[52] die zur Einsicht zwinge, daß die Macht des Menschen größer ist, als man geglaubt hatte, »und daß man höllische Phantasien realisieren kann, ohne daß der Himmel einstürzt und die Erde sich auftut«:[53] »Es gibt keine Parallele zu dem Leben in Konzentrationslagern. Was immer sich uns als solche darbietet, vernebelt uns den Sinn und lenkt die Aufmerksamkeit vom Wesentlichen ab.«[54]

Deshalb versuchte Arendt, das so häufig von Überlebenden benutzte Bild der »Hölle« zu Ende zu denken, indem sie die »abendländischen Vorstellungen von einem Leben nach dem Tode« erkenntnistheoretisch mit den Typen von Konzentrationslagern parallelisierte, nämlich »Hades«, »Fegefeuer« und »Hölle«. Ersterer stand für sie für einen Lagertyp, der den Krieg überdauert hat (z.B. als DP-Lager), das »Fegefeuer« repräsentierten die sowjetischen Lager mit ihrer Mischung aus chaotischer Vernachlässigung und Arbeitszwang, die »Hölle« war für sie das Signum jener NS-Lager, in denen das »gesamte Leben nach dem Gesichtspunkt der größtmöglichen Quälerei durchorganisiert« war.[55] Der hier zugrunde

50 Ebd., S. 314 ff. und 316.

51 Ebd., S. 314 und 315.

52 Arendt, Die vollendete Sinnlosigkeit; zuerst u.d.T. »Social Science Techniques and the Study of Concentration Camps«, in: Jewish Social Studies 12/1 (1950), S. 49-65; wieder: dies., Essays in Understanding, S. 232-247 [dt. (übersetzt von Eike Geisel) in: dies., Israel, Palästina und der Antisemitismus. Aufsätze, hg. v. Eike Geisel und Klaus Bittermann, Berlin 1991, S. 77-94.]; der Aufsatz, der zum bisher betrachteten parallel gelesen werden muß, war ursprünglich der Forschungsantrag für Origin of Totalitarianism und streicht die Bedeutung des Antisemitismus noch stärker heraus (v.a. S. 10 ff.). Er ist aus einem Referat auf der Konferenz »Problems of Research in the Study of the Jewish Catastrophe 1939-1945« hervorgegangen, die die Zeitschrift »Jewish Social Studies« aus Anlaß ihres 10jährigen Bestehens am 3. April 1949 an der »New School for Social Research« veranstaltet hatte, vgl.: Ludz, Bibliographie, S. 275.

53 Arendt, Konzentrationsläger, S. 317.

54 Ebd., S. 314.

55 Ebd., S. 316.

gelegte Gedanke vom »unendlichen Sterben« in den Lagern, von der »Präparierung lebender Leichname« und der Gedanke von den »vollkommen Unschuldigen«[56] – die Tatsache also, daß mit den Juden die mit Abstand größte Gruppe in den Lagern Menschen waren, »die überhaupt nichts getan hatten, was, sei es in ihrem eigenen Bewußtsein oder im Bewußtsein der Peiniger, in irgendeinem realen Zusammenhang mit ihrer Haft steht« –, diese beiden Einsichten waren Kern der Analyse Hannah Arendts. »Fabrikation von Leichen« und das Herstellen einer »Gesellschaft des Sterbens«[57] waren nach Arendts Ansicht Ausdruck eines systematischen Auslöschungsprozesses: Der Einzelne wurde gerade nicht *als Einzelner* vernichtet, sondern die Gaskammern waren konzipierte Antworten auf die proklamierte Notwendigkeit, ganze Menschengruppen verschwinden zu lassen, die zuvor als »überflüssig« erklärt worden waren. Bei diesem Prozeß überlagerten sich die »Tötung der juristischen Person«, die »Ermordung der moralischen Person« und zuletzt die »Zerstörung der Individualität«.[58]

Die Auslöschung eines überflüssig gemachten Menschen in den Lagern war mehr als »nur« Mord. Arendt fokussierte nicht nur die Tatsache des Todes oder seine Massenhaftigkeit, sondern auch dessen Art und Weise, seine Anonymität und Sinnlosigkeit, die Unmöglichkeit, Märtyrer zu werden, das Verhindern von Trauer und Erinnerung und die »Komplizität aller Menschen an den Verbrechen totalitärer Regimes«, sogar die der Opfer selbst. Die Lager, so die Autorin, »schlugen gewissermaßen dem Einzelnen seinen eigenen Tod aus der Hand, zum Beweise dessen, daß ihm nichts mehr und er niemandem mehr gehörte«.[59] In den Lagern, die sie mit der Metapher der Hölle beschrieb, also den deutschen Vernichtungslagern, wurde absolut kalt, berechnend und systematisch eine »Zerstörung der menschlichen Körper zum Zwecke der Zerstörung der menschlichen Würde« durchgeführt, die »Rückgängigmachung der Individuation.«[60] Genau hier liege das Grauen des Betrachters begründet, das über die Empörung der rechtlich-politischen und über die Verzweiflung der moralischen Person weit hinausgehe.[61]

56 Ebd., S. 317, 322 und 320.
57 Ebd., S. 328.
58 Ebd., S. 318 ff., 322 ff. und 326.
59 Ebd., S. 324 und 323.
60 Ebd., S. 325 und 326.
61 Ebd., S. 326.

Hannah Arendt hatte hier versucht, das Symptomatische des 20. Jahrhunderts zu erfassen, indem sie ihre Überzeugung umsetzte, daß nur der Ort der extremsten Erfahrung einen ungetrübten Blick auf das Ganze eröffnet.[62] »Auschwitz« war für sie nicht nur ein zu referierendes Ereignis, sondern eine Zäsur, die das Nachdenken über die Geschichte selbst verändert hatte:

> »Was heute auf dem Spiel steht, ist die Existenz der Geschichte selbst, sofern sie verstanden und darum erinnert werden kann. [...] Zwischen den platt gewordenen Regeln des gesunden Menschenverstandes, die keinem modernen Ereignis adäquat sind, und der Verstiegenheit der Ideologien muß der Geschichtsschreiber seinen Weg zu finden versuchen, und das heißt auf viele liebgewordene Gewohnheiten und Methoden verzichten. Er muß lernen, gleichsam ohne Geländer zu denken.«[63]

Die Grundannahmen der Wissenschaft wurden nach ihrer Auffassung durch das Phänomen der Konzentrationslager »blockiert«; Arendt sprach präzise von einer »Leerstelle« des Begreifens und von einer »Atmosphäre der Irrealität«. Sozialwissenschaftler und Historiker seien regelrecht gezwungen, den Lauf der Welt und das menschliche Verhalten zu überdenken:[64]

> »Vor allem aber irritiert, daß der gesunde Menschenverstand vor dem Gegenstand versagt, denn weder die Einrichtung der Lager selbst und was innerhalb ihrer streng bewachten Grenzen vor sich ging, noch deren politische Rolle ergeben irgendeinen Sinn.«[65]

Sie äußerte in ihrem Schlußabsatz des »Konzentrationslager«-Aufsatzes mit einer seltsamen Souveränität, daß kein Zweifel daran bestehen könne, »daß diese Lösung von nun an Millionen von Menschen immer dann einfallen wird, wenn sich herausstellt, daß politischem oder sozialem oder ökonomischem Elend auf eine menschenwürdige Weise nicht geholfen wird.«[66] Für sie war die emblematische Erinnerung der Menschheit an genau diese Lager nichts Überraschendes, über den modernen

62 Weigel, Jenseits der Systeme. Denkbewegungen Hannah Arendts, S. 14.
63 Zit. nach: Schulin, Hannah Arendt als Historikerin, S. 201.
64 Arendt, Die vollendete Sinnlosigkeit, S. 10 und 7.
65 Ebd., S. 8.
66 Ebd., S. 330.

Terror dachte sie erkenntnistheoretisch nach, der in den Lagern verordnete Tod war für sie eine ständige gedankliche Provokation:

> »[...] [A]ls Sie selbstverständlich annahmen, daß die Todesstrafe empirisch die äußerste Strafe ist, fiel mir ein, daß das Teuflische des modernen Terrors ja unter anderem darin besteht, daß er dies Äußerste übertrumpft hat, wohl wissend, daß Menschen vor Schmerzen mehr Angst haben können als vor dem Tode.«[67]

Arendt versuchte in *Elemente und Ursprünge totaler Herrschaft* das Neue dieser Herrschaftsform anhand von jenen Hauptmerkmalen zu analysieren,[68] deren Kombination es zuvor so nie gegeben hatte, und sie betonte privat, daß alle Teile des Werkes »in meinem Kopf *ein* Buch war[en]« und nicht, wie Jaspers vermutete, drei Bücher.[69] Nicht der Vergleich zwischen den Erscheinungsformen des Totalitären stand im Mittelpunkt ihres Erkenntnisinteresses, sondern der Versuch, »Urteilskriterien für totale Herrschaft« zu finden.[70] Tatsächlich lesen sich nicht nur die beiden ersten Teile wie eine Vorgeschichte des Dritten Reiches, wie Wolfgang Wippermann einmal gesagt hat,[71] sondern auch der dritte Teil – also das ganze Buch – handelt von ihm.

Den Antisemitismus zwischen Ende des 18. bis zum 20. Jahrhundert stellte sie an den Anfang ihrer Analyse, für diesen ersten Teil war sogar eine separate Veröffentlichung geplant, die sich aber nicht realisieren ließ.[72] Sie sparte hier nicht mit Kritik am jüdischen Assimilationskonzept, betonte den europäischen Charakter der Judenfeindschaft, strich aber auch die Unterschiede zwischen Frankreich und Deutschland heraus. ImImperialismus-Kapitel nahm sie das Antisemitismusproblem erneut auf, indem sie innerhalb ihrer Geschichte des Rassismus dessen Ein-

67 Arendt, Brief an Hermann Broch vom 20. 2. 1949, S. 95.

68 Arendt, Fernsehgespräch mit Roger Errera (1973), in: dies., Ich will verstehen, S. 128.

69 Arendt, Brief an Karl Jaspers vom 19. 11. 1948 [Hervorh. v. N.B.].

70 Fritz-Vannahme, Des Aristoteles verzweifelte Tochter, S. 45.

71 Wippermann, Totalitarismustheorien, v.a. S. 29. Er beanstandete, daß Arendt im dritten Band diese Zielsetzung verlassen und versucht habe, die Elemente der »totalen Herrschaft« nicht nur im nationalsozialistischen Deutschland, sondern auch in der Sowjetunion zu skizzieren.

72 »Mein Buch kommt demnächst auf deutsch heraus, und zwar 1. in einer gekürzten Volksausgabe in der Schweiz und 2. (vermutlich) der erste Antisemitismus-Teil, so wie er ist, getrennt im Kösel-Verlag München, vielleicht mit einer Einleitung, als eine Art kurze Geschichte des Antisemitismus.« Vgl.: Arendt, Brief an Blumenfeld vom 29. 3. 1953, S. 83.

wirkung auf den Antisemitismus hervorhob, die diesem eine völlig neue Radikalität gegeben habe. Zwar sei auch der Rassismus keine deutsche Erfindung gewesen, aber hier habe er sich sehr wohl mit der deutschen Geschichte und dem deutschem Denken auf hochspezifische Weise verknüpft (Arendt erwähnte Fichte, Arndt und Jahn). Sie entwickelt über lange Passagen ihre Thesen am Beispiel des Rassismus im südafrikanischen Burenstaat, aber gleichsam im Hinblick auf das, was später in Deutschland hieraus geworden war, sozusagen als dessen real- und mentalitätshistorische Vorstufe. In diesem Kapitel untersuchte sie darüber hinaus auch die Verbindung von »Rassismus« und »Bürokratie« und setzte einen entscheidenden Akzent auf das Phänomen des kontinentalen, völkischen Radikalismus der Jahrhundertwende.[73] Das heißt, daß auch wesentliche Thesen des »Imperialismus«-Teils, dort nämlich, wo Arendt ihn zum ›wissenschaftlich‹ untermauerten Rassismus in Beziehung setzt, auf das NS-Spezifische der Judenvernichtung zielten. Die Durchmischung von Nationalismus und Rassevorstellungen mit seiner typisch völkischen Komponente lasse sich, so Hannah Arendt, allein für Deutschland nachweisen. Zugleich lag damit für die Autorin eine Erklärung dafür vor,

> »daß man den vollausgebildeten Rassismus der Nazis so vielfach mit Nationalismus hat verwechseln können; die deutsche Rassenideologie hat in der Tat die Terminologie des völkisch gefärbten Nationalismus zumindest für Propagandazwecke immer mitbenutzt, um sich eine nationale Tradition zuzulegen, die sie in Wirklichkeit nicht hatte; die entscheidende Anziehungskraft der Naziideologie beruhte von vorneherein auf ihren supranationalen Elementen und Programmpunkten, die man aber, um sich der älteren und noch traditionsgebundenen deutschen Schichten zu bemächtigen, hinter einer scheinbar völkischen Propaganda so verbergen konnte, daß die einen in ihr das Supranationale und die anderen das Nationale herauslesen konnten.«[74]

Mit ihrem Ansatz konnte Arendt diese »Verwechselung« gerade vermeiden, weshalb sie im Wandel von der »Rassenlehre« in eine »Rassengesellschaft«, in der Umwandlung von Ideologie in Organisation und in der routinierten Emotionslosigkeit der Täter ein Signum der NS-Verbrechen erkennen konnte, wie sie mit dem Hinweis auf Werner Best hellsichtig und früh demonstrierte. Sein juristisch-weltanschauliches Denken, sei es in den programmatischen Überlegungen zum Verhältnis von Partei, Bewegung und Staat, sei es in der von Arendt mehrfach zitierten Forderung,

73 Arendt, Elemente und Ursprünge, S. 307 ff., S. 366-390 und 390-401.
74 Ebd., S. 278.

die SS habe »die letzte Folgerichtigkeit in allen weltanschaulichen Fragen« und »rücksichtslosen Einsatz im politischen Kampf« zu verbinden, war für sie fast so etwas wie das Demonstrationsobjekt dessen, was sie sagen wollte.[75] Sie sah in dem »affektlosen Henkersrealismus der SS«, wie Harry Pross als einer von wenigen an ihrem Buch bemerkte, jene »elitäre Haltung« einer für die Judenvernichtung so spezifischen »Entäußerung der Persönlichkeit in der Funktion.«[76]

Auch in diesem dritten Teil über »Totale Herrschaft«, der den Anschein hervorgerufen hat, eine strukturalistische Systematik habe die historisch-genetische Analyse abgelöst,[77] stellte Arendt die Vernichtungslager »entschieden ins Zentrum«[78] und nicht trotz, sondern gerade wegen des Vergleichs kam sie zum Ergebnis, daß »die unbeschreibliche und so ganz grundlose Grausamkeit in den deutschen Konzentrations- und Vernichtungslagern den russischen Lagern weitgehend gefehlt zu haben scheint«.[79] Arendt sprach mitunter in beiordnender Art und Weise von den »Gaskammern des Dritten Reiches« und den »Konzentrationslagern

75 Arendt, Elemente und Ursprünge totaler Herrschaft, S. 412, 498, 610 und 720. Zur Person von Werner Best, seiner Mentalität und Funktion im NS-Herrschaftsapparat vgl.: Herbert, Best. Sehr pointiert auch, aber wie die Buchveröffentlichung ohne Hinweis auf Arendts Buch, der zusammenfassende Vortrag, vgl.: ders., Werner Best – Radikalismus, Weltanschauung und Vernunft, Berlin 1997 (= Veröffentlichung der Stiftung Topographie des Terrors, hg. v. Reinhard Rürup).

76 Pross, Die Welt absoluter Selbstlosigkeit. Zu Hannah Arendts Theorie des Totalitarismus [zuerst: 1956], in: Reif (Hg.), Hannah Arendt, S. 207 ff. Vgl. z.B. die folgende Passage bei Arendt, Elemente und Ursprünge, S. 604: »Die Elite ist darauf abgerichtet, solche argumentativen Unterscheidungen wie die zwischen Richtigkeit und Falschheit oder solche Unterscheidungen der Urteilskraft wie die zwischen Realität und Fiktion gar nicht erst anzustellen. Ihre Überlegenheit beruht auf der Fähigkeit, jede Tatsachenfeststellung unmittelbar in eine Willenskundgebung aufzulösen. Im Unterschied zu den gewöhnlichen Parteimitgliedern, die man etwa zum Mord an Juden am besten dadurch bringt, daß man die Minderwertigkeit von Juden ›beweist‹, versteht die Elite unmittelbar, daß die Erklärung ›Juden sind minderwertig‹ bedeutet ›Juden werden ausgerottet‹.«

77 Schulin, Hannah Arendt als Historikerin, S. 203 f.

78 Ebd., S. 204.

79 Arendt, Elemente und Ursprünge, S. 479. Das Zitat stammt aus dem Vorwort zum dritten Teil aus dem Jahre 1966. Arendt betonte hier sehr stark den Rückgang totaler Herrschaft in der Sowjetunion auf ein geringeres Maß an »Unterdrückungen, Gefahren und Ungerechtigkeiten, die eine Einparteiendiktatur mit sich bringt«, vgl.: ebd., S. 491.

der Sowjetunion«[80] und suchte nach einem beide umfassenden Konzept des Verstehens, das sie schließlich im Begriff »Laboratorien für den totalen Herrschaftsapparat« zu finden glaubte. Hier werde, so Arendt, »experimentiert, ob der fundamentale Anspruch der totalitären Systeme, daß Menschen total beherrschbar sind, zutreffend ist«.[81] Aber ihre typische Weise, Dinge auf den Begriff zu bringen,[82] konnte und kann mißverstanden werden. In dem bereits erwähnten parallelen methodischen Essay *Die vollendete Sinnlosigkeit* hatte sie die Schwierigkeit betont, mit der man konfrontiert wird, wenn die Judenvernichtung allein aus den Traditionen des Antisemitismus erklärt wird:

> »Weder das Schicksal der europäischen Judenheit, noch die Errichtung der Tötungsfabriken kann vollständig mit dem Hinweis auf den Antisemitismus erklärt werden. Beides liegt jenseits antisemitischer Gedankengänge und jenseits der politischen, sozialen und ökonomischen Motive, die hinter der Propaganda antisemitischer Bewegungen stehen. Der Antisemitismus hat nur den Boden dafür bereitet, die Ausrottung ganzer Völker mit dem jüdischen Volk zu beginnen.«[83]

Hier äußerte sich ein spezifisches Nachdenken über den Antisemitismus, gerade *weil* Arendt es ablehnte, ihn zur Letzterklärung des Völkermordes an den Juden heranzuziehen. In ihren Reflexionen über die »totale Herrschaft« und die spezifische Qualität des Nationalsozialismus konnte sie hier gerade keine »Weiterführung des bis dato bestehenden christlichen

80 So zum Beispiel: Arendt, Elemente und Ursprünge, S. 704.

81 Vgl. hierzu: Sofsky, Die Ordnung des Terrors; Sofsky übernimmt dieses Axiom für seine soziologische Studie, ohne ausreichend zu explizieren, woher er seine Prämisse hat. Er merkt lediglich in einer Fußnote an, Arendt habe eine ähnliche »Intuition« gehabt, sich aber zu sehr dem totalen Staat und zu wenig dem Konzentrationslager selbst gewidmet (S. 328); zur Kritik an Sofsky in diesem Punkt vgl.: Schindler, Geglückte Zeit – gestundete Zeit, S. 124. Schindler verteidigt zu Recht die Zentralität der KZ-Analyse für das gesamte Werk Hannah Arendts. Umgekehrt: Wippermann, Totalitarismustheorien, S. 31 f.: »Auschwitz war kein ›Laboratorium‹. Diese Metapher ist unangebracht. Auschwitz (-Birkenau) war eine Todesfabrik. In den nationalsozialistischen Vernichtungslagern ging es nicht um das Überflüssigwerden von Menschen (Arendt) generell, sondern um die Vernichtung von Angehörigen einer genau bestimmten ›Rasse‹.«

82 »Du verstehst es, Dinge auf einen Begriff zu bringen.« Vgl.: Blumenfeld, Brief an Hannah Arendt vom 2. 7. 1951, S. 53 f. Nochmals: Blumenfeld, Brief an Hannah Arendt vom 13. 6. 1956, S. 144.

83 Arendt, Die vollendete Sinnlosigkeit, S. 14.

Antijudaismus« sehen, sondern ein neues Phänomen.[84] Sie wollte »Auschwitz als Synonym des NS-Vernichtungssystems« und die »verwaltungstechnische, industrielle Vernichtung des europäischen Judentums« verstehen und erklären, nicht aber lediglich aus der Vergangenheit ableiten.[85] Ihre »Totalitarismus-Theorie«, wenn man sie überhaupt so verallgemeinern will, ist nur durch das Konzentrationslager-Kapitel ganz am Ende des Buches verständlich, es bildete förmlich den Extrakt von *Elemente und Ursprünge*.[86] In diesem Kapitel achtete sie besonders darauf, daß die allgemeinen Schlußfolgerungen auf den Fall Deutschland paßten und nicht das zu Erklärende zur Ausnahme eines »die Regel« anvisierenden Verstehensversuchs wurde. Arendt äußerte sich zudem in markanter Weise zum Problem der Vergleichbarkeit nationalsozialistischer Massenvernichtung:

> »Die größte Gefahr beim Versuch, die jüngste Geschichte plausibel zu erklären, liegt in der allzu verständlichen Neigung des Historikers, Analogien zu ziehen. Man muß jedoch begreifen, daß Hitler kein Dschingis Khan und nicht schlimmer als irgendein anderer großer Verbrecher war, sondern absolut anders. Das Einzigartige ist weder der Mord an sich, noch die Zahl der Opfer, ja nicht einmal ›die Anzahl der Personen, die sich zusammengetan haben, um all dies zu verüben‹. Viel eher ist es der ideologische Unsinn, die Mechanisierung der Vernichtung und die sorgfältige und kalkulierte Errichtung einer Welt, in der nur noch gestorben wurde, in der es keinen, aber auch gar keinen Sinn mehr gab.«[87]

Das »Äußerste« war der Massenmord als solcher deshalb, weil er zugleich mit Vernichtung bedrohte, »was dieses Tun als eine ›mörderische‹ Ver-

84 Vgl. auch: »Denn die Wahrheit war, daß im Unterschied zu allen anderen antijüdischen Maßnahmen, die einen gewissen Sinn machten und ihren Urhebern irgendwie zu nutzen schienen, die Gaskammern niemandem nutzten.« Ebd., S. 14 f.

85 Wolf, Hannah Arendt, S. 168 f.

86 Pohlmann, Der »Keim des Verderbens« totalitärer Herrschaft, S. 203. Auch Pohlmann verweist auf die begriffliche Eigenart von Arendt: Die »Differenz des gemeinten Sinngehalts« mancher ihrer Grundbegriffe, so der Verfasser, sei manchmal so ausgeprägt, »daß es ratsam wäre, sie mit Anführungszeichen zu versehen« (S. 202).

87 Arendt, Die vollendete Sinnlosigkeit, S. 30. Die Erwähnung von Dschingis Khan ist ein Hinweis auf: Ritter, Europa und die deutsche Frage, S. 9. Das Zitat im Zitat bezieht sich auf den Chefankläger des Nürnberger Prozesses, Robert H. Jackson.

nichtung überhaupt einzustufen veranlaßt«.[88] Der Begriff des »radikal Bösen«, den sie in ihrer Erstpublikation noch gar nicht verwendet hatte (hier sprach sie eher beiläufig vom »absolut Bösen«), bekam für die Buchveröffentlichung von *Elemente und Ursprünge totaler Herrschaft* entschieden mehr Gewicht.

Der erweiterte Kant: Vom »absoluten« zum »radikal Bösen«

Hannah Arendt musterte die philosophische Tradition des Nachdenkens über das »radikal Böse« und erweiterte ihren primär der Theologie verpflichteten Ansatz, die Hölle als Modell für diese Vorstellung heranzuziehen, indem sie auf Kant zurückgriff. Aber auch dessen Begriffsprägung vom »absolut Bösen« reichte für Hannah Arendts Zwecke nicht aus, »um das zu begreifen, womit wir doch in einer ungeheuerlichen, alle Maßstäbe zerbrechenden Wirklichkeit konfrontiert sind«.[89] Das »radikal Böse« war für Arendt in ihrem Versuch, den Kantschen Begriff neu zu füllen, die in den Lagern vorgenommene »Transformation der menschlichen Natur selbst«,[90] nicht nur das Leiden oder die Mittel zu seiner Realisierung. Sie versuchte, in diese Definition auch die Ideologie einzubeziehen, die die Vernichtung der Juden begründete und die zugleich bestritt, »daß es etwas gibt, wogegen sie verstieß«.[91] In der Vernichtung der Juden als einer »Art Patentlösung für alle Probleme von Überbevölkerung und ›Überflüssigkeit‹«[92] lag Arendt zufolge auch dies begründet: die Vernichtung der Moral, die der Vernichtung Einhalt gebieten müßte. »Es ging um ein moralisch absolut spurloses, auch in den Tätern und ihren Erben absolut spurloses Verschwinden derer, die man einer radikalen Vernichtung zuzuführen gedachte.«[93] Hannah Arendt habe, so betont B. Liebsch in seinem Buch *Geschichte als Antwort und Versprechen*, diesen Gedanken am deutlichsten benannt und vom Zusammenfall »extensiver und intensiver Vernichtung« gesprochen: Nicht nur die Vernichtung von Leben, sondern auch die Vernichtung von Existenz, d.h. völlige Ausrottung aller und zugleich jedes einzelnen »als Anderem«.[94] Die ohnmächtig machenden Wirkungen dieses Ereignisses, die kaum absehbaren Folgen lagen nach

88 Liebsch, Geschichte als Antwort und Versprechen, S. 148.
89 Arendt, Elemente und Ursprünge, S. 702.
90 Ebd., S. 701.
91 Liebsch, Geschichte als Antwort und Versprechen, S. 138.
92 Arendt, Elemente und Ursprünge, S. 702.
93 Ebd., S. 139.
94 Ebd., S. 681; sowie: Liebsch, Geschichte als Antwort und Versprechen, S. 138 ff.

Hannah Arendt darin begründet, daß in der totalen Herrschaft, wie sie sie beschrieb, tatsächlich »das Wesen des Menschen«[95] auf dem Spiel stand. Die absolute Indifferenz des Tötens und die Tatsache, daß die getöteten Menschen gar nicht als Menschen endeten, sondern vor ihrem Tod zu etwas anderem gemacht wurden, also ihres Menschseins beraubt wurden – all das nannte sie das »radikal Böse«:

> »In ihrem Bestreben, unter Beweis zu stellen, daß alles möglich ist, hat die totale Herrschaft [...] entdeckt, daß es ein radikal Böses wirklich gibt und daß es in dem besteht, was Menschen weder bestrafen noch vergeben können. Als das Unmögliche möglich wurde, stellte sich heraus, daß es identisch ist mit dem unbestrafbaren, unverzeihlichen radikal Bösen, das man weder verstehen noch erklären kann durch die bösen Motive von Eigennutz, Habgier, Neid, Machtgier, Ressentiment, Feigheit oder was es sonst noch geben mag und demgegenüber daher alle menschlichen Regungen gleich machtlos sind; dies konnte kein Zorn rächen, keine Liebe ertragen, keine Freundschaft verzeihen, kein Gesetz bestrafen.«[96]

Es ist zu vermuten, daß es nicht zuletzt diese Sätze, die Bestimmung der NS-Vernichtungslager als das »radikal Böse« und Arendts erkenntnistheoretische Reflexionen im allgemeinen waren, die ihr Buch über den Eichmann-Prozeß zehn Jahre später so kontrovers werden ließen, denn hier sprach sie bereits im Titel suggestiv und in scheinbar scharfem Kontrast von der »Banalität des Bösen«.[97]

95 Arendt, Elemente und Ursprünge, S. 701.

96 Ebd.

97 Arendt, A Report at Large: Eichmann in Jerusalem, in: The New Yorker (1963), hier eine insgesamt fünfteilige Serie; erst die amerikanische und englische Buchausgabe erschien unter dem berühmten Titel: »Eichmann in Jerusalem. A Report on the Banality of Evil« (New York 1963; dass., London 1963). Zum Gesamtzusammenhang vgl.: Vowinckel, Geschichtsbegriff und historisches Denken, S. 225-289; Benhabib, Hannah Arendt, S. 273 ff.; Henke, Die »Banalität« des Bösen; Ciaramelli, From Radical Evil to the Banality of Evil: Remarks on Kant and Arendt; sowie die Beiträge in den Sammelbänden: Smith (Hg.), Hannah Arendt Revisited; Aschheim (Hg.), Hannah Arendt in Jerusalem; vgl. außerdem die beiden neusten Arbeiten zur Mentalität Eichmanns: Lozowick, Hitlers Bürokraten; Wojak, Eichmanns Memoiren.

Obwohl die vielfältigen Mißverständnisse, die auch die Rezeption dieses Buches begleiteten, selbst voller Verzerrungen blieben, kann in mancher Hinsicht dieses zweite Buch Arendts über den Nationalsozialismus nur paradox beschrieben werden, als wollte die Autorin das von ihr zuvor und nun vom Gerichtsprozeß selbst fokussierte Zentrum des Dritten Reiches, die Vernichtung der Juden, in einer Art beschreiben, ohne den Opfern dabei eine zentrale Rolle in der Analyse beizumessen.[98]

Die Kritik war weit mehr als ein akademischer Widerspruch, im ganzen glich das, was Hannah Arendt als Reaktion auf ihr Buch erlebt hat, mehr einer Kampagne, teilweise bis hin zum Rufmord:[99] »Self-Hating Jewish Writes Pro-Eichmann Series«, »zwangsneurotische Phantasien«, »Perversität der Brillanz«, »Ästhetik des Bösen« und »Sympathien für den mißverstandenen Mörder« – so lauteten nur einige der ihrem Buch entgegentretenden Aufsatz-Titel.[100] Gershom Scholem war der noch moderaten Ansicht, der Terminus diene »eher als ein Schlagwort«,[101] ihr Freund Siegfried Moses, damaliger Präsident vom Leo-Baeck-Institut, schickte ihr eine regelrechte »Kriegserklärung«.[102] Es war dies nicht die

98 Franz Neumann hatte dies einmal so ausgedrückt, allerdings im Jahre 1940: »Ich kann mir vorstellen, und versuche das auch in meinem Buch zu tun, daß man den Nationalsozialismus darstellen kann, ohne dem Judenproblem eine zentrale Rolle beizumessen.« Vgl.: Neumann, Brief an Adorno vom 14. 8. 1940, zit. nach: Rabinbach, »Warum sind die Juden geopfert worden?« Die Rolle des Antisemitismus in der ›Dialektik der Aufklärung‹, in: Gertrud Koch (Hg.), Bruchlinien, S. 131.

99 So Arendts eigene Einschätzung, vgl.: Arendt, Brief an Karl Jaspers vom 20. 10. 1963; schon zuvor entwickelte Arendt eine regelrechte Verschwörungstheorie, vgl.: Arendt, Brief an Jaspers vom 20. 7. 63; vgl. zur innerjüdischen Kritik v.a.: Elon, Hannah Arendts Exkommunikation, in: Smith (Hg.), Hannah Arendt Revisited, S. 17-32; Rabinbach, Hannah Arendt und die New Yorker Intellektuellen, in: ebd., S. 33-56; Grafton, Arendt und Eichmann am Eßtisch, in: ebd., S. 57-77.

100 Alle zitiert nach: Naumann, Sympathy for the Devil?, S. 67.

101 Scholem, Brief an Hannah Arendt vom 23. 6. 1963, in: Krummacher (Hg.), Hannah Arendt, S. 211; hierzu: Mosès, Das Recht zu urteilen: Hannah Arendt, Gershom Scholem und der Eichmann-Prozeß, in: Smith (Hg.), Hannah Arendt Revisited, S. 78-92.

102 Vgl. das Faksimile des Schreibens vom 7. 3. 1963 in: Naumann, Sympathy for the Devil?, S. 72: »Nun muß ich Ihnen statt des erhofften freundschaftlichen Gesprächs [...] eine Kriegserklärung schicken.«

einzige Freundschaft, die an diesem Text zerbrach, er führte auch zum Bruch mit Hans Jonas und Kurt Blumenfeld. Noch aus jüngster Zeit sind Wertungen jüdischer Intellektueller zu hören, die das Eichmann-Buch als »sophistische Lehre« charakterisieren.[103]

Auch die Rezeption der übersetzten Ausgabe[104] in Deutschland war auf den ersten Blick negativ, aber aus anderen Gründen. Die Kontroverse um das Eichmann-Buch wurde auch hier sehr schnell zu einem »Fall Arendt«, weil sie in den Verdrehungen Eichmanns und seiner Verteidigung nicht wesentlich andere Argumentationen wiederfand, als die im Nachkriegsdeutschland allenthalben zu hören waren. Außerdem hatte sie auch, wenn auch nur beiläufig, den deutschen Widerstand scharf kritisiert.[105] Das IfZ in München sprach ihr vor allem wegen dieses Punktes die »Wahrheitsliebe des Geschichtsschreibers« ab und lehnte Arendts »rigorosen Politizismus« als »wirklichkeitsfremd« ab:

> »Was hätte man von einer Nation erwarten sollen, die von einem so grausamen und durchkalkulierten Terrorsystem in Ketten gehalten wurde? [...] Ist es logisch, wenn jemand, der einmal die gründlichste aller Untersuchungen über den modernen Totalitarismus verfaßt hat, sich an anderer Stelle über die Lautlosigkeit der inneren Opposition in einem dem Gesetz des totalen Krieges unterworfenen Staate verwundert?«[106]

Noch *vor* dem Erscheinen der deutschen Übersetzung publizierte der Nymphenburger-Verlag den Sammelband *Die Kontroverse*, in dem bis auf eine Ausnahme alle Artikel ablehnend waren: Offenbar, so im Rückblick Wolfgang Heuer, sollte hier eine jüdische Kontroverse dazu herhalten, »indirekt die Schuld vieler Deutscher zu mindern«.[107] Es wurde

103 So der Schriftsteller Amos Oz, zit. nach: Alte Synagoge (Hg.), Hannah Arendt, S. 86 f.

104 Arendt, Eichmann in Jerusalem. Ein Bericht von der Banalität des Bösen (München 1964); die Übersetzung aus dem Amerikanischen von Brigitte Granzow war die durchgesehene und ergänzte Ausgabe, die Arendt durch eine Vorrede erweitert hatte; die Neuausgabe erschien im Piper-Verlag zusammen mit einem einleitenden Essay von Hans Mommsen (München 1986).

105 Arendt, Eichmann in Jerusalem, S. 87 und 100 f.; zum Gesamtzusammenhang: Heuer, Ein schwieriger Dialog, in: Ganzfried/Hefti (Hg.), Nach dem Totalitarismus, S. 21-28.

106 Holthusen, Hannah Arendt, Eichmann und die Kritiker, S. 180 und 187.

107 Heuer, Ein schwieriger Dialog, S. 23. Vgl. auch: Krummacher (Hg.), Die Kontroverse; die Ausnahme in diesem Band war Bettelheim, Eichmann – das System – die Opfer (S. 91-113).

ernsthaft versucht, die Veröffentlichung zu verhindern,[108] schärfster deutscher Kritiker war der Jaspers-Schüler Golo Mann, er bezeichnete ihre kurzen Bemerkungen zum deutschen Widerstand als »die empörendsten Verleumdungen« und mokierte sich über ihre »amerikanische[n] Unwissenheit«! Es sei kaum anzunehmen, so Mann, daß die deutsche Ausgabe des Buches »einen solchen Kohl aufzutischen wagen wird«.[109] Auch Jaspers selbst lehnte diese kurze Passage des Berichts ab.[110] »Der Spiegel« widmete dem Buch eine Titelgeschichte, aber nicht, um den Eichmann-Prozeß zum Anlaß zu nehmen, über die deutsche Vergangenheit im allgemeinen oder über Eichmanns Taten im NS-Regime im besonderen nachzudenken, sondern um Arendts Reflexionen über die Funktion der Judenräte zu instrumentalisieren: Die umfassende Reportage machte sich über die »deutsch-jüdische Gemeinschaftsarbeit« bei den Deportationen Gedanken, bezeichnete jüdische Funktionäre als »Kollaborateure« und kritisierte den Oberstaatsanwalt Hausner dafür, daß er »die Weltöffentlichkeit« zuwenig auf die »europäischen Hilfswilligen« hingewiesen habe, »die Eichmann für seine Mord-GmbH in Dienst nahm«.[111] Zugleich entnahm man aber auch dem Eichmann-Buch die Theorie vom »Rädchen im Getriebe«, ein Gedanke, den die Autorin gar nicht entwickelt hatte und dem sie sogar entgegenzutreten ver-

108 Der Vorwurf der Verharmlosung wurde auch durch Probst Grüber erhoben, dem einzigen deutschen Zeugen des Eichmann-Prozesses und Mitglied der Bekennenden Kirche; die Veröffentlichung des Berichts bezeichnete er als einen »schlechten Dienst« am »deutschen Volk«, und versuchte ihn zu verhindern (in einem Schreiben an den Piper-Verlag vom 24. 8. 1964), zit. nach: Heuer, Hannah Arendt, S. 60.

109 Mann, Der verdrehte Eichmann [zuerst: Die Neue Rundschau 4 (1963)]; wieder in: Die ZEIT, 24. 1. 1964; zit. nach: Krummacher (Hg.), Die Kontroverse, 194 und 196; Arendt war in ihrem Buch davon ausgegangen, daß die Eliten in Deutschland von den Vorgängen der Massenverbrechen Bescheid wußten; zugleich, so argumentierte sie, sei der Holocaust aber für den nationalkonservativen Widerstand nicht das Handlungsmotiv für den Aufstand des 20. Juli gewesen. Insgesamt war dies aber kaum mehr als eine kurze Passage ihres Berichtes.

110 Vgl. die Erläuterungen in diesem Punkt, die Arendt ihm zukommen ließ: Arendt, Brief an Jaspers vom 9. 8. 1963.

111 Zit. nach: Vowinckel, Geschichtsbegriff und historisches Denken, S. 279; die Verfasserin merkt zu Recht an, daß dieser Artikel unwidersprochen blieb, obwohl er in seiner trivialisierten Vereinnahmung Arendts auch ihren zynischen Ton um ein vielfaches überbot und mit manifesten antisemitischen Verschwörungstheorien aufwartete (S. 280).

suchte.[112] Auf der Frankfurter Buchmesse im Oktober 1964 war Arendt auf einer Pressekonferenz des Piper-Verlages anwesend, glaubte aber nicht mehr, »daß meine Anwesenheit in Deutschland viel geändert« habe.[113]

Zeit und Umstände der Entstehung des Berichts sind auch in diesem Zusammenhang von Bedeutung. Kurz nach Fertigstellung des Totalitarismus-Buches hatte Arendt Deutschland besucht. Der Realitätsverlust eines ganzen Landes wurde für sie zur Aufforderung, ihre Thesen zu überdenken: Sie sah »Flucht vor der Wirklichkeit«, eine »marionettenhafte Geschäftigkeit«, verstellte Gefühle und schnelle Erklärungsmuster, eine Leere in den menschlichen Beziehungen und Unfähigkeit im Hinblick auf einen neuen Anfang, nämlich: »Fähigkeit zu trauern, Aufmerksamkeit für die Realität, wie sie ist, an Verantwortungsbereitschaft und Erinnerungsfähigkeit«,[114] und sie notierte all diese zufälligen und paradigmatischen Eindrücke in einer kaleidoskopartigen Skizze: »Das unvorhersehbar Neue führte zu einer Präzisierung des Gedankens, der im Mittelpunkt des Totalitarismus-Buches stand, den sie jedoch nach eigenem Empfinden theoretisch nicht auf den Punkt zu bringen vermochte.« Der Paradigmenwechsel ihrer Analyse und die Revision ihres Nachdenkens über das Kernproblem des Totalitarismus setzte also direkt nach Fertigstellung des ersten Buches ein, nun aber sprach sie von »der Moderne«,

112 Hannah Arendt, Schuld bleibt Schuld. Wider die Theorie vom »Rädchen im Getriebe«, in: Die ZEIT, 18. 9. 1964; weitere Vorabdrucke: dies., Adolf Eichmann: Von der Banalität des Bösen, in: Merkur 17 (1963), S. 759-776; dies war ein redaktionell gekürzter Vorabdruck von Kap. II (Der Angeklagte) und III (Fachmann in der Judenfrage); die Vorrede wurde ebenfalls einzeln publiziert, in: APuZ, 4. 11. 1964, S. 39-47.

113 Arendt, Brief an Jaspers vom 25. 10. 1964; vgl. auch: Heuer, Schwieriger Dialog, S. 24 f. Von der sich in diesen Jahren formierenden Studentenbewegung wurde Arendt dann nicht wegen ihrer Widerstandskritik, sondern wegen ihrer »Verherrlichung« Amerikas und wegen ihres Totalitarismus-Buches abgelehnt, das als Relikt des Kalten Krieges bewertet wurde. In dem Sammelband von Hans Eckehard Bahr »Weltfrieden und Revolution« aus dem Jahre 1968 warf ein Beitrag Arendt sogar fehlende Einfühlsamkeit gegenüber Sowjetunion und Stalinismus vor (Hans-Jürgen Benedict, Totalitarismus und Imperialismus im Jahre 1967. Fragen an Hannah Arendt, in: ebd., S. 95-105). Die Differenz zwischen Arendt und Enzensberger aus dem Jahre 1965 wurde bereits erwähnt, vgl.: Kap. 4.2.

114 Nordmann, Erfahrungen in einem Land, das die Realität verloren hat, in: Arendt, Besuch in Deutschland, S. 81. Zum Entstehungszusammenhang des Eichmann-Buches v.a.: Young-Bruehl, Hannah Arendt, S. 451-518.

änderte ihren Begriff von der Art des durch den Nationalsozialismus verübten »Bösen« und überdachte ihre Vorstellung von Ideologie:

> »Die größte Gefahr in der Moderne geht nicht von der Anziehungskraft nationalistischer und rassistischer Ideologien aus, sondern von dem Verlust an Wirklichkeit. Wenn der Widerstand durch die Wirklichkeit fehlt, dann wird prinzipiell alles möglich.«[115]

Dieser zentrale Gedanke bildete die Basis des Eichmann-Buches und begünstigte zudem die »regelrechte Karriere« der Arendtschen Begrifflichkeit zur »Chiffre« der Möglichkeit von systematischen Massentötungen in der Moderne.[116]

Als sie der »Versuchung«[117] nachgab und nach Jerusalem ging,[118] hatte sie zwar nicht den Begriff »Banalität des Bösen«, wohl aber die Idee bereits im Kopf: Sie wollte die »ganze unheimliche Nichtigkeit« des Angeklagten selbst erleben.[119] Sie bezeichnete dies als »Übung« und gestand, daß es ihr vor der Sache ein wenig »graute«;[120] noch hielten sich Ironie und Grauen die Waage. Doch als Arendt den Angeklagten das erste Mal sah, war ihr Eindruck sogleich: »Eichmann, kein Adler, eher ein Gespenst, das noch dazu Schnupfen hat und gleichsam von Minute zu Minute in seinem Glaskasten an Substantialität verliert.«[121] Noch war dies eine lediglich anekdotische Beobachtung in einem privaten Brief.

115 Hannah Arendt, zit. nach: Nordmann, Erfahrungen, S. 85.

116 Diner, Hannah Arendt Reconsidered, in: Smith (Hg.), Hannah Arendt Revisited, S. 120.

117 Arendt, Brief an Kurt Blumenfeld, 23. Okt. 1960, S. 257.

118 Der Prozeß begann am 11. April 1961 und dauerte bis zum 14. August; Arendt kam zur Eröffnung und blieb drei Wochen, dann kehrte sie noch einmal ein paar Tage im Juni nach Jerusalem zurück. Das Urteil wurde am 11./12. Dezember 1961 verkündet, Arendt hat es als »enttäuschend« bezeichnet. Erst danach begann Arendt mit dem Schreiben, vgl.: Arendt, Brief an Karl Jaspers vom 30. 12. 61, S. 504.

119 »Und dennoch, lieber verehrtester Freund, ich würde es mir nie verziehen haben, nicht zu fahren und mir dies Unheil *in seiner ganzen unheimlichen Nichtigkeit* in der Realität, ohne die Zwischenschaltung des gedruckten Wortes, zu besehen. Vergessen Sie nicht, wie früh ich aus Deutschland weg bin und wie wenig ich im Grunde von der Sache direkt mitgekriegt habe.« Vgl.: Arendt, Brief an Karl Jaspers vom 2. 12. 1960 [Hervorh. v. N.B.].

120 Arendt, Brief an Kurt Blumenfeld vom 28. 3. 1961, S. 159. Blumenfeld, dessen Frau Jenny Ende Februar 1962 verstorben war und der selbst schwer krank war, schrieb ihr am 11. 9. 1962, kein Laie könne die Kraft aufbringen, »den ganzen Stoff zu verdauen« (S. 265).

121 Arendt, Brief an Jaspers vom 13. 4. 1961, S. 471 f.

Ihre besondere Sorge bezog sich aber bereits auf die Strategie des Gerichts, die den Fall in die unendliche Kette »von nicht-existierenden Präzedentien«, in der Geschichte des Antisemitismus, einzuordnen begann, statt, wie Arendts Überzeugung lautete, »auf der *unprecedentedness* der Sache zu bestehen«.[122] Das Richtige, so ihr erster Eindruck, gehe »im Irrelevanten« regelrecht unter. Mit dem Rückgriff auf Antisemitismus könne man den Prozeß monatelang in die Länge ziehen, so kritisierte sie den Staatsanwalt, und gerade damit verhindern, »daß sehr wesentliche Aspekte der Teufelei klar ans Licht kommen. Zum Beispiel die Tatsache der Kollaboration der Juden, der Organisation überhaupt, und ähnliches«.[123]

Neben den ersten Assoziationen über die Wirkung des Angeklagten war hier bereits ihr Erkenntnisinteresse deutlich geworden, und es unterschied sich von Grund auf von dem der Ankläger. So kam sie sehr früh zur Ansicht, daß das »Interesse im Lande an dem Prozeß künstlich hochgepeitscht«[124] werde, indem der Fall Eichmann zum Anlaß diene, die Geschichte der Judenverfolgung insgesamt aufzurollen. Sie dagegen war, wie sie später immer wieder betonte,

> »frappiert von der offenbaren Seichtheit des Täters, die keine Zurückführung des unbestreitbar Bösen seiner Handlungen auf irgendwelche tieferen Wurzeln oder Beweggründe ermöglichte. Die Taten waren ungeheuerlich, doch der Täter – zumindest jene einst höchst aktive Person, die jetzt vor Gericht stand – war ganz gewöhnlich und durchschnittlich, weder dämonisch noch ungeheuerlich.«[125]

Es scheint, als resultiere die erste Formulierung des Gedankens aus der Überraschung heraus, doch der Paradigmenwechsel ihrer Ansichten war auch ihr selbst aufgefallen, wie sie Mitte August 1961 an Siegmund Neumann schrieb: »Ich bin ja eigentlich hingefahren, weil ich partout wissen wollte, wie einer aussieht, der *radikal Böses* getan hat; und gelernt habe ich, daß das Böse prinzipiell nicht *radikal* ist, sondern – wie Heinrich bereits einmal vor Jahren bemerkte, worauf ich aber nicht hörte – eher ein Oberflächenphänomen. Ohne diesen Tpyen der intellektuellen Gedankenlosigkeit auf der einen Seite, wie den Typus des respektablen Mitmachens-um-Schlimmeres-zu-verhüten auf der anderen, wäre die ganze Geschichte nie richtig ins Rollen gekommen.«[126] Im übrigen ging der

122 Ebd.
123 Ebd.
124 Ebd.
125 Arendt, Vom Leben des Geistes, Bd. 1: Das Denken, S. 14.
126 Arendt, Brief an S. Neumann vom 15. 8. 1961, zit. nach: Heuer, Hannah Arendt, S. 57 f.

Begriff von der »Banalität« intellektuell nicht allein auf ihren Mann, sondern auch auf Karl Jaspers und zeitlich bereits auf die unmittelbare Nachkriegszeit zurück. Arendt hatte dessen Buch *Die Schuldfrage* kritisiert, und er verteidigte sich in einem Brief folgendermaßen:

> »Nicht ganz so einig bin ich mit Ihnen in den beiden anderen kritischen Bemerkungen zur Schuldfrage: Was die Nazis getan haben, lasse sich als ›Verbrechen‹ nicht fassen, – Ihre Auffassung ist mir nicht ganz geheuer, weil die Schuld, die alle kriminelle Schuld übersteigt, unvermeidlich einen Zug von ›Größe‹ – satanischer Größe – bekommt, die meinem Gefühl angesichts der Nazis so fern ist, wie das Reden vom ›Dämonischen‹ in Hitler und dergleichen. Mir scheint, man muß, weil es wirklich so war, die Dinge in ihrer ganzen *Banalität* nehmen, ihrer ganz *nüchternen Nichtigkeit* – Bakterien können völkervernichtende Seuchen machen und bleiben doch nur Bakterien. Ich sehe jeden Ansatz von Mythos und Legende mit Schrecken, und jedes Unbestimmte ist schon solcher Ansatz.«[127]

Hannah Arendt hat diesen Gedanken, den sie ähnlich gewichtet später auch bei Bertolt Brecht gefunden hatte,[128] übernommen. In ihrem Buch *Elemente und Ursprünge totaler Herrschaft* war ihr jedoch das Schicksal der Juden zum Paradigma des Nachdenkens selbst geworden. Jetzt, als sie einen Täter vor sich sah, wurde ihr die Allgemeingültigkeit dieser Denkfigur noch plausibler, und sie sprach überhaupt nicht mehr von Antisemitismus, sondern nur noch von der »Totalität des moralischen Zu-

127 Karl Jaspers, Brief an Hannah Arendt vom 19. 10. 1946, 98 f. [Hervorh. v. N.B.].

128 Arendt: »Als ich mein Buch Eichmann in Jerusalem schrieb, hatte ich diese Brechtschen Zeilen (›Der Schoß ist fruchtbar noch, aus dem das kroch‹) noch nicht gelesen, ich kannte sie noch nicht. Aber eine meiner Hauptabsichten war, die Legende von der Größe des Bösen, von dessen dämonischer Macht zu zerstören, den Leuten die Bewunderung, die sie für die großen Bösewichte wie Richard III. und so weiter hegen, zu nehmen. Da fand ich bei Brecht die folgende Bemerkung: Die großen politischen Verbrecher müssen preisgegeben werden, insbesondere der Lächerlichkeit. Sie sind nicht große politische Verbrecher, sondern Menschen, die große politische Verbrechen zuließen, was etwas vollkommen anderes ist.« Vgl.: Arendt, Fernsehgespräch mit Roger Errera (1973), in: dies., Ich will verstehen, S. 129; bei Brecht heißt es wörtlich: »[S]ie sind vor allem keine großen politischen Verbrecher, sondern die Verüber großer politischer Verbrechen, was etwas ganz anderes ist […]«, in: Brecht, Der aufhaltsame Aufstieg des Arturo Ui, in: ders., Werke, Bd. 24, S. 316.

sammenbruchs im Herzen Europas in ihrer ganzen furchtbaren Tatsächlichkeit«, und sie fügte an, die Zurückführung der Tat auf Motive des Judenhasses sei weniger Analyse als vielmehr eine Variante der Verdrängung:

»Dieser Tatsächlichkeit kann man auf die verschiedensten Arten ausweichen – indem man sie leugnet, indem man auf sie mit pathetischen, zu nichts verpflichtenden Schuldbekenntnissen reagiert, in denen alles Spezifische untergeht, indem man von einer Kollektivschuld des deutschen Volkes spricht, *oder indem man behauptet, was in Auschwitz geschah, sei nur die Konsequenz des uralten Judenhasses – das größte Pogrom aller Zeiten.*«[129]

Genau das aber war es nach den Überlegungen Arendts nicht gewesen, weswegen sie in ihrem Eichmann-Bericht einen besonderen Affekt gegen jede Thematisierung von Judenfeindschaft und Antisemitismus erkennen ließ. Es schien ihr, als würden auf diese Weise wichtigere Probleme unerörtert bleiben. Deshalb sah sie es als ihre Aufgabe an, um so mehr von den *nicht* antisemitischen Motiven Eichmanns zu berichten, je mehr die Anklage der Staatsanwaltschaft dem Angeklagten Ideologie zum Vorwurf machte.

Darüber hinaus änderte sich ihre Begründung von der Art des Bösen nun auch theoretisch, wie sie 1963 zum Beispiel in dem berühmten Brief an Gershom Scholem ausführte, der teilweise wörtliche Anlehnungen an die Jasperschen Formulierungen aufwies:

»Ich bin in der Tat heute der Meinung, daß das Böse immer nur extrem ist, aber niemals radikal, es hat keine Tiefe, auch keine Dämonie. Es kann die ganze Welt verwüsten, gerade weil es wie ein Pilz an der Oberfläche weiterwuchert. Tief aber und radikal ist immer nur das Gute. Aber, wie gesagt, ich möchte mich über diese Dinge nicht weiter äußern, da ich die Absicht habe, darüber noch einmal in anderem Zusammenhang und ausführlich zu handeln. Aber das konkrete Modell für das, was ich meine, wird Herr Eichmann bleiben.«[130]

Das Wort von der »Banalität des Bösen«, das nun praktisch und theoretisch an die Stelle des Kantschen Begriffs vom »radikal Bösen« getreten war, blieb trotz aller Erklärungsversuche Hannah Arendts mißverständlich. Sie wollte natürlich nicht die von ihr so luzide bestimmten Merk-

129 Arendt, Gespräch mit Thilo Koch, S. 35.
130 Arendt, Brief an Gershom Scholem vom 20. Juli 1963.

male des »Verwaltungsmassenmordes«[131] banalisieren oder verharmlosen, sie hatte auch die Verbrechen der Nazizeit nicht ›entschuldigt‹, wie man ihr unsinnigerweise vorgeworfen hat.[132] Ja, sie wies sogar den Vorwurf von sich, sie habe Eichmann »entdämonisieren« wollen, weil sie der Ansicht war, das habe nicht sie, sondern er selbst gemacht. »Ich habe nur darauf hinweisen wollen, wie es um die ›Dämonie‹ bestellt ist, wenn man sie sich von Nahem ansieht.«[133] Arendt versuchte statt dessen darzulegen, daß das Böse ein »Oberflächenphänomen« sei: »Entscheidend ist, daß vollkommen durchschnittliche Leute, die von Natur weder böse noch gut waren, ein so ungeheuerliches Unheil anrichten konnten.«[134]

Nicht Inhalt, sondern Form: Ideologie als Oberflächenphänomen

Arendt hat in ihrem zweiten Buch zum Nationalsozialismus jede Assoziation zu vermeiden gewußt, die die Merkmale des Täters Eichmann in irgendeiner imaginären oder auch nur metaphorischen »Tiefe« zu verorten versuchte. Deshalb widersprach sie auch vehement, wenn in der Diskus-

131 Vgl. bereits die Verwendung und Herleitung dieses Ausdrucks: Arendt, Sechs Essays, S. 27 ff. Hier bestimmte Arendt ihn folgendermaßen: »Vernichtung auf Vernichtung häufen« bzw.: »Bemühungen, das Nichts herzustellen« (S. 28). Den Begriff behielt sie auch in ihrer letzten größeren Arbeit zum Nationalsozialismus, der Einleitung zur englischen Übersetzung von Bernd Naumanns Gerichtsreportagen zum Auschwitz-Prozeß aus der »Frankfurter Allgemeinen Zeitung«, bei, vgl. z.B.: Arendt, Der Auschwitz-Prozeß, in: dies., Nach Auschwitz, S. 120.

132 Vgl. die Entgegnung der Autorin in: Arendt, Gespräch mit Thilo Koch, S. 37

133 Ebd.

134 Die philosophische Analyse dieses Idealtypus lieferte Heidegger in Paragraph 27 von »Sein und Zeit« unter der Überschrift: »Das alltägliche Selbstdasein und das Man«. Das eigene Dasein löse sich, so Heidegger, im massenhaften Miteinander der Menschen »völlig in die Seinsart ›der Anderen‹ auf. [...] In dieser Unauffälligkeit und Nichtfeststellbarkeit entfaltet das Man seine eigentliche Diktatur [...]. Das Man, das kein bestimmtes ist und das Alle, obzwar nicht als Summe, sind, schreibt die Seinsart der Alltäglichkeit vor. [...] Das Man entlastet so das jeweilige Dasein in seiner Alltäglichkeit. Nicht nur das; mit dieser Seinsentlastung kommt das Man dem Dasein entgegen, sofern in diesem die Tendenz zum Leichtnehmen und Leichtmachen liegt. [...] Jeder ist der Andere und Keiner er selbst«; vgl. die Hinweise und das Zitat bei: Jürgen Busche, Lektion über Verruchtheit. Hannah Arendts Skandalwort von der »Banalität des Bösen«, in: FAZ, 17. 9. 1997.

sion die Metapher vom »Eichmann in uns« gebraucht wurde,[135] aber das war nur das harmloseste Mißverständnis. Entscheidend sowohl für ihre Eichmann-Interpretation als auch für die Rezeption ihres Berichtes war, wie sie in einem Brief an ihre Freundin Mary McCarthy feststellte, ihre Überzeugung, daß »Eichmann viel weniger durch Ideologie beeinflußt war, als ich in dem Buch über den Totalitarismus angenommen hatte«.[136] Nun kehrte sie diesen Gedanken ihres ersten Buches regelrecht um und bemerkte sogar, sie fände es »falsch und verderblich«, wenn man versuche, den Nationalsozialismus »in die Tiefen der deutschen oder sogar der allgemein europäischen geistigen Vergangenheit zu verfolgen«.[137] Solche Interpretationen seien deshalb untauglich, weil sie, so Arendt nach dem Eichmann-Prozeß, »das eigentlich hervorstechende Merkmal des Phänomens, nämlich seine bodenlose Niveaulosigkeit wegdisputieren« würden:

> »Daß etwas gleichsam aus der Gosse geboren werden kann, ohne allen Tiefgang, und doch Macht über nahezu alle Menschen gewinnt, das ist doch gerade das Furchtbare an dem Phänomen.«[138]

Das war nun, neben anderen Denkfiguren, die die Kontinuität und Identität beider Bücher belegen, ein um wesentliche Punkte von ihrer Analyse der »totalen Herrschaft« differierender Entwurf. Er läßt sich darin zusammenfassen, daß Arendt mit ihrer Eichmann-Analyse das Niveaulose der Ideologie zum Angelpunkt machte, nicht mehr die singuläre Brutalität. Sie wollte nun Ideologie nicht mehr als Inhalt definiert wissen, sondern als Form und setzte an ihrer Statt nun die Vorstellung von

135 »Oh nein! Weder in Ihnen noch in mir! Das heißt nicht, daß nicht eine ganz schöne Anzahl von Eichmanns existiert. Aber sie sehen wirklich ganz anders aus. Ich habe die Behauptung des ›Eichmann in jedem von uns‹ nie gemocht. Das stimmt einfach nicht. Ebenso unwahr wäre die gegenteilige Behauptung, daß Eichmann in niemandem ist. Das ist – in meiner Art die Dinge zu betrachten – sehr viel abstrakter als die meisten abstrakten Dinge, mit denen ich mich so häufig abgebe – wenn wir mit abstrakt meinen: wirklich nicht aus der Erfahrung heraus denken.« So Arendt im November 1972 auf einer Konferenz u.d.T. »The Work of Hannah Arendt«, auf der sie als »Ehrengast« geladen war und als »Teilnehmerin« zugesagt hatte; der Text jetzt in: dies., Ich will verstehen, S. 71-113 (79). Ähnlich: Arendt, Gespräch mit Thilo Koch, S. 38 ff.

136 Arendt, Brief an Mary McCarthy vom 20. 9. 1963, zit. nach: Heuer, Hannah Arendt, S. 59.

137 Arendt, Gespräch mit Thilo Koch, S. 37.

138 Ebd.

Gedankenlosigkeit. Nazismus nahm sie nun weniger in nazistischen Gedanken, sondern im Fehlen jeden Denkens wahr:

> »Gerade weil die Verbrecher nicht von den uns bekannten bösen und mörderischen Motiven getrieben wurden – sie haben gemordet, nicht um zu morden, sondern weil es zur Karriere gehörte – hat es uns allen nur zu nahe gelegen, das Unheil zu dämonisieren und eine geschichtliche Bedeutung in ihm zu entdecken. Und ich gebe zu: Es ist leichter zu ertragen, das Opfer eines Teufels in Menschengestalt oder [...] als das Opfer eines metaphysischen Prinzips zu sein, als das eines beliebigen Hanswursts, der noch nicht einmal verrückt oder ein besonders böser Mensch ist.«[139]

»Banal Böses« an Eichmann zu konstatieren lief den traditionellen literarischen, theologischen und philosophischen Bestimmungen entgegen: »Das Böse, so haben wir gelernt, ist etwas Dämonisches; seine Verkörperung ist der Satan, der *vom Himmel fällt als ein Blitz* (Luk. 10, 18) oder Luzifer, der gefallene Engel [...] Böse Menschen handeln aus Neid (Richard III.), [...] Schwäche (Macbeth), [...] Haß (Jago), [...] oder Begierde.«[140] In Eichmann personifizierte sich für sie dagegen nicht »das Grauenhafte«, nicht einmal mehr das »Makabre«, sondern eher das »Komische«.[141] Er hatte nach Arendts Auffassung kein Gewissen, sondern paßte sich lediglich den »Umständen« an, auch denen vor Gericht in Jerusalem. Arendt erschrak ja gerade an der »philosophischen« Selbstdefinition von Eichmann, als dieser sich nämlich selbst auf Kant berief, um sein Handeln im Dritten Reich zu erläutern. Sie bestimmte sein Handeln und seine Verantwortung funktionalistisch, erkannte in ihm Wichtigtuerei, Karrieredenken, Amtsbeflissenheit und »eine nahezu totale Unfähigkeit, jemals eine Sache vom Gesichtspunkt des anderen her zu sehen« – eine »Unfähigkeit zu denken« und einen »absoluten Mangel an Vorstellungskraft«.[142]

Aus ihrer Absage an Ideologie und mörderische Motive folgten ihre anderen Kritikpunkte, etwa ihre Polemik gegen Gideon Hausner, der Eichmann Lügen unterstellte, was für Arendt den »bequemste[n] Ausweg« aus dem Dilemma »zwischen dem namenlosen Entsetzen vor seinen

139 Die Bestimmung von Eichmann als »Hanswurst« auch in: Arendt, Eichmann in Jerusalem, S. 83.

140 Arendt, Vom Leben des Geistes, I: Das Denken, München 1979, S. 13 f.; zit. nach: Heuer, S. 108 f. Ähnlich in: dies., Eichmann in Jerusalem, S. 15.

141 Ebd., S. 77 und 79.

142 Ebd., S. 75, 76 und 78.

Taten und der unbestreitbaren Lächerlichkeit des Mannes, der sie begangen hatte« darstellte.[143] Auch ihre ablehnende Haltung gegenüber Leo Baeck, den sie in der ersten Fassung des Berichts einen »jewish Führer« (in einer englisch-deutschen Zusammenziehung des Begriffs mit all seinen provokativen Assoziationen) nannte, oder ihr Plädoyer für einen internationalen Prozeß[144] lagen hier begründet, da Arendt die Taten der Nazis nicht als »Verbrechen wider das jüdische Volk«, sondern als »Verbrechen gegen die Menschheit« definiert wissen wollte.[145] Vor allem aber ihr Stil und der »Ton« ihrer Sprache, der oft kritisiert wurde, war in einer Zeit, in der man Darstellungen über die nationalsozialistische Judenverfolgung noch mit Warnungen an »Kinder, Schwachnervige und Schwangere« versah,[146] für viele kaum erträglich gewesen, ein Einwand, den sie ernster nahm als alle anderen:

> »Es gibt Leute, die nehmen mir eine Sache übel, und das kann ich gewissermaßen verstehen: Nämlich, daß ich da noch lachen kann. Aber ich war wirklich der Meinung, daß der Eichmann ein Hanswurst ist, und ich sage Ihnen: Ich habe sein Polizeiverhör, 3600 Seiten, gelesen und sehr genau gelesen, und ich weiß nicht, wie oft ich gelacht habe; aber laut! Diese Reaktion nehmen mir die Leute übel. Dagegen kann ich nichts machen. Ich weiß aber eines: Ich würde wahrscheinlich noch drei Minuten vor dem sicheren Tod lachen. Und das, sagen sie, sei der Ton. Der Ton ist weitgehend ironisch, natürlich. Und das ist vollkommen wahr. Der Ton ist in diesem Falle wirklich der Mensch. Wenn man mir vorwirft, daß ich das jüdische Volk angeklagt hätte: das ist eine böswillige Propagandalüge und nichts weiter. Der Ton aber ist ein Einwand gegen mich als Person.«[147]

143 Ebd., S. 83.

144 So schon in: Arendt, Brief an Jaspers vom 12. 12. 60; vgl. auch: Arendt, Eichmann in Jerusalem, S. 301 ff. (Epilog).

145 Arendt, Eichmann in Jerusalem, S. 303 ff. Diner merkt zu Recht an, neben einem »extremen Universalismus« gäbe es in Arendts Buch zugleich auch einen »nicht minder radikalen jüdischen Partikularismus – um nicht Nationalismus zu sagen«, was die Gesamtdeutung ihres Textes ausgesprochen komplex werden läßt (Diner, Hannah Arendt Reconsidered, S. 123).

146 So z.B.: Pendorf, Mörder und Ermordete. Eichmann und die Judenpolitik des Dritten Reiches, S. 7.

147 Arendt, Gespräch mit Günter Gaus, S, 26 f.; Annette Vowinckel hat angemerkt, daß auch schon im Buch »Elemente und Ursprünge« ihr »Ton« ähnlich sarkastisch war und bereits hier hätte skandalisiert werden können, was aber nicht geschehen ist, vgl.: Vowinckel, Geschichtsbegriff und Historisches Denken, S. 227.

Arendt hatte keineswegs das jüdische Volk »angeklagt«, nicht in ihren kritischen Bemerkungen über die verantwortlichen Judenräte und auch nicht im Ton ihrer Sprache. Aber in beidem war ein »idiosynkratischer Subtext«[148] auszumachen, der sich als Grundlage ihres erweiterten bzw. revidierten Ansatzes erweist: Sie hatte ein Buch über den Holocaust, seine Täter und seine Opfer geschrieben, das sie nicht auf jüdische Erfahrungen, sondern auf das retrospektive Selbstbild des Ausführenden basieren ließ. Arendt hatte, so Dan Diner, in Jerusalem eine »entortende Perspektive« gewählt und mit ihrer Eichmann-Erzählung eine dem jüdischen Gedächtnis »gegenläufige« Erfahrung zur Geschichtsschreibung gemacht.[149] Jenseits ihrer Intentionen war das Ergebnis ihres Berichtes vielmehr in sein Gegenteil umgeschlagen: Arendt hatte in Jerusalem dem kollektiven Gedächtnis der Deutschen sozusagen einen neuen »Täter-Typus« plausibel gemacht. Noch drei Jahre vor dem Eichmann-Prozeß wurde dieser in einem renommierten Handbuch der deutschen Geschichte an mehreren Stellen als »Wilhelm Eichmann« aufgeführt.[150] Dieser Täter hatte offensichtlich zuvor, also Ende der 50er Jahre, noch überhaupt keine wahrnehmbare Gestalt, weder in der Öffentlichkeit noch in der Geschichtswissenschaft. Die Höß-Memoiren waren zwar etwa zur selben Zeit publiziert worden, von Eichmann dagegen gab es noch keinerlei Vorstellungen. Der KZ-Kommandant rückte in Deutschland ins Blickfeld des Interesses, der »Schreibtischtäter« wartete noch auf seine Entdeckung als »Typus« der Tat. Mit Hannah Arendts Prozeßbericht über die Verurteilung Adolf Eichmanns hatte sich das geändert. Und auch der Frankfurter Auschwitz-Prozeß zwei Jahre später offenbarte für sie, sogar mehr noch als die Verhandlungen in Jerusalem zuvor, »Schreibtisch-Täter par excellence«.[151]

148 Diner, Hannah Arendt Reconsidered, S. 121.

149 Ebd., S. 122 und 126.

150 Vgl.: Erdmann, Die Zeit der Weltkriege, in: Bruno Gebhardt, Handbuch der deutschen Geschichte, 8., völlig neubearb. Aufl., hg. v. Herbert Grundmann, Stuttgart 1959, S. 289 und 291.

151 Arendt, Der Auschwitz-Prozeß, in: dies., Nach Auschwitz, S. 117; Arendt erlebte den Frankfurter Prozeß »in vieler Hinsicht wie eine Ergänzung zum Prozeß in Jerusalem«: nicht die »komplizierte Frage der persönlichen Verantwortung«, sondern, so die Autorin, »die offen zutage liegende kriminelle Schuld« sei sein Gegenstand gewesen.

Der Eichmann-Prozeß, so hat Norbert Elias einmal angemerkt, habe »für einen Moment den Vorhang gelüftet, der die dunklere Seite zivilisierter Menschen zu verdecken pflegt.« Und er hatte angefügt: »Sehen wir hin.«[152] Diesem Imperativ war Hannah Arendt ohne Zweifel gefolgt, vielleicht sogar zu wörtlich. Denn ihre Augenzeugen-Geschichtsschreibung und ihre dezidierte intellektuelle Abneigung, metaphysische Spekulationen über die Tiefenqualität des Bösen anzustellen, hatte ihr die Oberfläche zur Sache selbst gemacht. Damit hatte sie die letzte Möglichkeit der Täter, »Geschichte zu machen«, nämlich Anteil zu haben an dem Bild, das man sich von ihnen machte, unterschätzt und den Faktor der ideologischen Zustimmung, der fanatischen Akklamation zu den Zielen des persönlichen Handelns und die Überzeugung in die Richtigkeit der eigenen Taten aus der Reflexion über den Typus »Schreibtischtäter« herausgelöst. Hätte sie dagegen die »Banalität des Bösen« als Defensiv-Strategie im Täterdiskurs wahrgenommen, weite Teile ihres Buches hätten gleich geschrieben werden können, mit dem Unterschied, daß sie den Diskurs dann aber entlarvt hätte, anstatt ihn zur manifesten Redewendung zu machen. Ihrem Buch fehlte weder der genaue Blick noch der Wunsch nach Erkenntnis – wohl aber das Sensorium für gedächtnispolitische Strategien auf der Täter-Seite, und für das verletzliche Äquivalent hierzu, die Opfer-Erfahrungen und das Gedächtnis der Überwältigung. Diese aber lassen sich gerade nicht über das Narrativ von arbeitsteilig vorgenommenen »Einzelvorgängen«, von Unpersönlichkeit durch Partialisierung des Handelns und zergliederter Verantwortung – kurz: über die Chiffre von der »Banalität des Bösen« erfassen, sondern umgekehrt im unmittelbaren Erleben von etwas Monströsem als einer »sinnlich erfahrbaren Realität, die nach Sühne ruft«.[153] Für viele Juden war der Eichmann-Prozeß erster Auslöser, überhaupt vom Selbst-Erlebten zu berichten, sei es als Zeuge im Gericht,[154] sei es anläßlich der Berichterstattung sonstwo auf der Welt.[155] Es gab jüdische Kritiker, wie zum

152 Elias, Der Zusammenbruch der Zivilisation, in: der., Studien über die Deutschen, S. 396.

153 Diner, Hannah Arendt Reconsidered, S. 126 f.

154 Zur besonderen Problematik der »Entstehung des Zeugen« in Jerusalem, vgl.: Wieviorka, Die Entstehung des Zeugen, in: Smith (Hg.), Hannah Arendt Revisited, S. 136-159.

155 Ein Beispiel: Malka Schmuckler berichtete, wie sie während der Prozeß-Tage die Aufgabe hatte, Presseberichte aus deutschen Zeitungen für die israelische Mission in Köln zu sammeln, und wie eine Freundin, die Ausch-

Beispiel Gershom Scholem, die in der von Arendt entwickelten Bürokratisierungsthese und in der von ihr anvisierten Darstellung der Mentalität der Täter schlichtweg keine »Wirklichkeit« entdeckten und statt dessen betonten, »daß Eichmann, als er in der S.S. Uniform herumspazierte und genoß, wie alles vor ihm zitterte, gar nicht der banale Herr war, als den Sie ihn uns jetzt mit oder ohne Ironie aufreden wollen«.[156] Eva G. Reichmann, die sich als frühere CV-Funktionärin sehr persönlich angegriffen fühlte, betonte die Hoffnungslosigkeit der damaligen Situation, ihr Gefühl, zu »desertieren«, als sie Deutschland verlassen habe, und die Unerträglichkeit, diese Zwangslage damaliger jüdischer Funktionäre nun zur These gemacht zu sehen, nach der unter Berufung auf Hannah Arendt gesagt werde, letztlich seien die Juden selbst an ihrer eigenen Vernichtung schuld gewesen.[157] Jean Améry mißtraute z.B. vor allem jener Authentizität durch die Nähe der Arendtschen Augenzeugenschaft beim Verlauf des Prozesses, und er verteidigte das Partikulare der eigenen Folter-Erfahrung, als er anmerkte, es gebe keine »Banalität des Bösen«, Hannah Arendt habe »den Menschenfeind nur vom Hörensagen« gekannt und ihn nur »durch den gläsernen Käfig« gesehen:

> »Wo ein Ereignis uns bis zum äußersten herausfordert, dort sollte nicht von Banalität gesprochen werden, denn an diesem Punkt gibt es keine Abstraktion mehr und niemals eine der Realität sich auch nur annähernde Einbildungskraft.«[158]

Robert W. Kempner sprach, wie gesagt, am deutlichsten aus, daß Arendt wohl erstaunlicherweise auf »faustdicke Lügen« Eichmanns hereingefallen sei,[159] und er meinte damit, daß sie in ihrer Interpretation letztlich seinem Unrechts*bewußtsein*, nicht aber seinen unrechten *Taten* gefolgt sei. Genau dies hatte auch Hilberg immer wieder betont, in seiner

witz überlebt hatte, sie in dieser Zeit zum erstem Mal in Köln besuchte, während im Fernsehen Berichte aus Jerusalem liefen: »Sie, die uns nie etwas erzählt hatte, von der wir aber wußten, sie hat eine Nummer auf dem Arm – sie saß und starrte in diesen Kasten, und lautlos liefen ihr die Tränen herunter. Da haben wir zum ersten Mal von ihr etwas über diese Zeit gehört, weil diese Geschichte den Knoten irgendwie gelöst hat. Es war furchtbar, wir saßen völlig betrapst da. Das war 1961.« Jürgens, »Wir waren ja eigentlich Deutsche«. Juden berichten von Emigration und Rückkehr, S. 112.

156 Scholem, Briefwechsel, S. 73.

157 Reichmann, Antwort an Hannah Arendt, in: Krummacher (Hg.), Die Kontroverse, S. 215 und 217.

158 Ebd., S. 52.

159 Kempner, Der »mißverstandene« Adolf Eichmann, in: ebd., 82.

eigenen Gesamtdarstellung auf empirische Weise und in seinen Erinnerungen auch in Auseinandersetzung mit Arendt: »Dieses ›Böse‹ hatte nichts ›Banales‹.«[160] Und letztlich hatte sich wohl Jaspers mit seiner skeptischen Vermutung als weitblickend erwiesen, als er Arendt schrieb, daß sie es nicht leicht haben werde, »zu einem der Wirklichkeit entsprechenden Bilde des Mannes zu kommen«.[161]

Ein der Wirklichkeit entsprechendes Bild wird aber, wo es überhaupt gefunden werden kann, nicht aus Banalität oder Monstrosität allein plausibel konstruierbar sein, kann aber auf das Partikulare jüdischer Erfahrung nicht gut verzichten:

> »Die deutschen Mörder haben in Auschwitz [...] Millionen von ganz individuellen Leben systematisch mit dem Ziel beendet, Juden und nur Juden aus der Menschheit auszusondern, zu vernichten und ihr Fortleben in künftigen Generationen zu verhindern.«[162]

Hannah Arendt hatte einmal in einer beiläufigen Wendung davon gesprochen, daß ihre »literarische Existenz« darauf beruhe, daß sie dank ihres Mannes »politisch denken und historisch sehen gelernt habe« und daß sie zudem nie davon abgelassen habe, sich »historisch wie politisch von der Judenfrage her zu orientieren«.[163] Diese beiden Strukturmomente der Arbeiten von Hannah Arendt machten sie in vielen einschlägigen Fragen auf eine sehr spezifische Weise hellsichtig. Nach dem Krieg bezeichnete sie sich einmal als »eine Art freier Schriftsteller« und als »irgend etwas zwischen einem Historiker und einem politischen Publizisten«.[164] Zudem wurde sie »in besonderer und wirkungsvoller Weise durch erlebte Geschichte unseres Jahrhunderts« zur Historikerin, so Ernst Schulin,

160 Hilberg, Unerbetene Erinnerung, S. 130.

161 Jaspers, Brief an Arendt vom 8. 6. 1961, S. 476. Die jüngere historische Forschung hat das Banale von Eichmann und seinen Mitarbeitern im RSHA angesichts der für sie typischen Mischung aus Bürokratie, Gehorsam und Eigeninitiative und Brutalität stärker relativiert, vgl. v.a.: Safrian, Die Eichmann-Männer; Lozowick, Hitlers Bürokraten; Wojak, Eichmanns Memoiren.

162 Gary Smith, Einsicht aus falscher Distanz, in: ders. (Hg.), Hannah Arendt Revisited, S. 7-13 (10).

163 Arendt, Brief an Karl Jaspers vom 29. 1. 1946, S. 67.

164 Arendt, Brief an Karl Jaspers vom 18. 11. 1945, S. 59. Zwanzig Jahre später erklärte sie dann: »Mein Beruf [...] ist die politische Theorie.« Vgl.: Arendt, Gespräch mit Günter Gaus, in: Adalbert Reif (Hg.), S. 9.

allerdings ist sie gerade als solche innerhalb und außerhalb des Faches kaum angesehen oder gar gewürdigt worden.[165] Sie hat in Abgrenzung zur engen Fachtradition das »Erzählen« *einer* Geschichte und das »Formen« *der* Geschichte auf hohem Niveau theoretisch reflektiert und damit ihre Texte zum Problemkreis von Nationalsozialismus und Judenvernichtung nicht als bloßen Beitrag zur »Vergangenheitsbewältigung« verstanden. Vielmehr lag ihr eine Mischform zwischen Erforschung und Erinnerung am Herzen, akribisch genau in den Details *und* mit dem Anspruch, Leiden und Probleme zu bewahren, nicht aber ›Geschichte‹:

> »Dies [die Vergangenheit ›bewältigen‹] kann man wahrscheinlich überhaupt mit keiner Vergangenheit, sicher aber nicht mit dieser. [...] Sofern es überhaupt eine Bewältigung der Vergangenheit gibt, besteht sie in dem Nacherzählen dessen, was sich ereignet hat; aber auch dieses Nacherzählen, das Geschichte formt, löst keine Probleme und beschwichtigt kein Leiden, es bewältigt nichts endgültig.«[166]

Diese Einsicht mit den daraus folgenden Ambivalenzen ist der Holocaust-Forschung nicht zu ersparen. Hannah Arendt hat dies mit ihren komplexen, teils widersprüchlichen, teils miteinander zusammenhängenden Arbeiten zu den NS-Verbrechen eher betont als übergangen. In ihrem Schlußsatz des Prozeßberichts hatte sie dem Phänomen der »Banalität des Bösen« das Prädikat »furchtbar« zugeordnet und damit angedeutet, daß der Ausdruck auf etwas besonders Schreckliches hinweise: In seinem eigenen Schlußwort, so die Autorin, war es, als zöge der Angeklagte selbst »das Fazit der langen Lektion in Sachen menschlicher Verruchtheit, der wir beigewohnt hatten – das Fazit von der furchtbaren *Banalität des Bösen*, vor der das Wort versagt und an der das Denken scheitert.«[167] Hier am Ende ihres Buches war es, als wäre ihr gerade dies bewußt gewesen, daß sie nicht abschließend zum Thema gesprochen hatte, sondern einen Versuch gemacht hatte, einen Teil des Phänomens neu zu beschreiben.

165 Schulin, 1997, S. 195 f.; ähnlich: Vowinckel, Geschichtsbegriff und historisches Denken, S. 1-10.

166 Arendt, Von der Menschlichkeit in finsteren Zeiten.

167 Arendt, Eichmann in Jerusalem, S. 300.

5. Intentionalismus, Funktionalismus, Konzeptualismus: Auschwitz und die Wertung von Struktur und Verantwortung

Exkulpierung und Trivialisierung des Dritten Reiches: Der frühe »Hitlerismus«

Im Juni 1945 entwarf Peter Rassow, Ordinarius für Neueste Geschichte in Köln, einen Artikel für eine neu zu gründende Zeitschrift, den er mit »Anfangen!« betitelte. Er beschrieb hier nicht nur das »Tohuwabohu« der Gegenwart und forderte einen demokratischen Neubeginn, sondern er legte hier auch seine Sicht auf die zurückliegenden zwölf Jahre und die »moralische Verworfenheit Hitlers und seiner Gefolgschaft« nieder. An erster Stelle seiner Forderungen für die Zukunft stand »Gemeinsinn«, den er als echte und neue »Gemeinschaft« bezeichnete, die nicht mehr von oben befohlen werde, wie die »Volksgemeinschaft«, zu der einen Hitlers Terror-Apparat gezwungen habe.[1]

Dies war ein geschichtlicher Topos, der immer wieder und mit großer Zähigkeit vorgebracht wurde, und dies noch lange nach der Erschütterung der unmittelbaren Nachkriegszeit. So charakterisierte Golo Mann das Dritte Reich, wie in Kapitel 4.1 beschrieben, als einen Akt der Verwandlung von außen, als eine Zeit der »teuflischen Kräfte« Hitlers und betonte nichts stärker, als den Zwangscharakter von »oben«:[2] »Was als neues Kapitel der deutschen Geschichte zu beginnen schien, sei zum Abenteuer eines einzelnen Bösewichts geworden, »der Deutschland und durch Deutschland einem guten Teil der Welt seinen Willen aufzwang«.[3] Für Mann war die Geschichte des Nationalsozialismus gleichbedeutend mit der Biographie Hitlers, »denn ohne den *einen* Menschen hätte es das Dritte Reich nicht gegeben«.[4] Er sprach in Anlehnung an Jacob Burckhardt von der Begegnung der beiden »Potenzen« – »das Land und der

1 Rassow, Anfangen! (Juni 1945), in: BAK, NL Rassow (N 1228/180).

2 Mann, Deutsche Geschichte, S. 94 und 102.

3 Ebd., S. 104 [Hervorh. v. N.B.].

4 Mann, Vorwort zur deutschen Ausgabe, in: Shirer, Aufstieg und Fall, S. 12; hier auch das folgende Zitat.

Eine« – eine Konstellation, die die Vorstellung von einem Zweikampf evoziert, in dem Hitler lange Zeit der Stärkere war.

In solchen Vorstellungen vom Zwang, der von oben das eigene Handeln determinierte, und in Interpretationen, die die Verantwortung für das politische und moralische Desaster des Nationalsozialismus auf den zuvor gefeierten, nun dämonisierten »Führer« ablenkten, manifestierte sich eine der Hauptlinien der generellen exkulpatorischen Tendenz im Nachkriegsdeutschland, die ihren Weg auch in die Geschichtswissenschaft fand. Hier wurde sie als »Hitlerismus«[5] zu einem Erklärungsangebot, das durchgängig als Antwort und Reaktion auf eine implizite Überwältigungsphantasie formuliert zu sein schien. Meinecke hatte mit Emphase die »Entartung des Hitlermenschentums« zum Problem erklärt. Max Picards kleiner und einflußreicher Buchtitel »Hitler in uns selbst« aus dem Jahre 1946, nach welchem sich »das Böse« für kurze Zeit und stellvertretend für die ganze Welt in Deutschland als »Hitlerphänomen«[6] zusammengeballt habe, wurde schon erwähnt. Hitler konnte entweder als Gewaltmensch oder als »Versucher und Verführer« imaginiert werden, dessen ingeniösen Kräften man in diesem wie im entgegengesetzten Falle wahllos ausgesetzt gewesen sei.[7] Ludwig Dehio erklärte nicht nur die »Erfolge« Hitlers mit dessen Macht der »Versuchung«, sondern er sprach explizit vom Nationalsozialismus als »Dämonie der Macht«, von den Nationalsozialisten als »Dämonen«, von Hitler sogar als dem »leiblichen Dämon«.[8] Ritter baute sein Gesamtverständnis der zwölf NS-Jahre auf die Vorstellung auf, daß die Herrschaft Hitlers aus »dämonischen Tiefen« entstamme.[9] Der Hitlerismus, so auch zum Beispiel Gisbert Beyerhaus, sei ein Krieg gegen das Christentum gewesen, Hitler selbst und seine Erfolge seien als ein »Durchbruch des Satanischen« zu werten.[10]

Ohne Zweifel war die Dämonisierung Hitlers ein Hauptzug in diesem Vorstellungssyndrom, manchmal wurden hier sogar nicht einfach nur

5 Rohlfes, Der Nationalsozialismus – ein Hitlerismus? Der Autor weist, allerdings wenig überzeugend, den Relativierungseffekt einer auf Hitler als zentralem Erklärungsansatz zielenden Herangehensweise zurück.
6 Picard, Hitler in uns selbst, S. 247 f.
7 Tellenbach, Die deutsche Not, S. 43.
8 Dehio, Deutschland und die Weltpolitik, S. 12, 13, 27 und 30; vgl. zum Konzept des »Dämonischen« das Buch von Paul Tillich, Das Dämonische. Ein Beitrag zur Sinndeutung der Geschichte, Tübingen 1926; siehe auch unten, S. 52 ff.
9 Ritter, Gegenwärtige Lage, S. 305.
10 Beyerhaus, Notwendigkeit und Freiheit in der deutschen Katastrophe, S. 73 und 75 ff.

Metaphern verwendet, sondern die Besessenheit und der Wahn Hitlers wurden wortwörtlich verstanden: Den *Gesprächen mit Hitler*, die der Senatspräsident von Danzig, Hermann Rauschning, aufgezeichnet hatte und die auch in der seriösen Zeitgeschichtsforschung über Jahre hinweg zum festen Quellenbestand aller NS-Interpretationen gehörten, konnte man entnehmen, daß Hitler häufig »unter Schreikrämpfen« aufgewacht sei und dann angstvoll ausgerufen habe »Er! Er!«[11]

Entpolitisierung, indem man eine anonyme Kraft dämonisierte, die Menschengestalt angenommen hatte; Rettung des unversehrten Nationalen, indem man es dem ausschweifend metaphorisierten »Bösen« entgegenhalten konnte, und Reduzierung der Schuld und des Versagens einer ganzen Gesellschaft auf eine Person – das waren die Hauptfunktionen dieser Konzeption, die folgerichtig weniger aufschlußreich für die beschriebene Vergangenheit war, als vielmehr sprechend für die Gegenwartssicht derer, die sie verwendeten.

Ein Bespiel für die Langlebigkeit dieser Sichtweisen ist die Neuauflage der *Tischgespräche* Hitlers, die bereits in der Edition von Ritter in den 50er Jahren so umstritten gewesen waren, daß sie das IfZ seinerzeit ernstlich gefährdeten. (s. Kap. 3.3). Tatsächlich wurde diese Veröffentlichung damals zurückgezogen und die fehlende Kommentierung in einer Neuausgabe des Seewald-Verlages, die über zehn Jahre später erschien, von Percy E. Schramm und dem jungen Andreas Hillgruber nachgeholt. Die Verbindung mit der Erstausgabe des IfZ wurde nun nicht einmal mehr erwähnt, Ritters »prägnante Vorrede« erschien nur noch in einer kurzen Bemerkung als »ein wichtiges Zeugnis für den Beginn der wissenschaftlichen Auseinandersetzung mit Hitler«,[12] also bereits als ein Stück Wissenschaftsgeschichte in die Ferne gerückt. Das von Ritter noch bevorzugte Ordnungsschema nach neun Sach- und Themengebieten wurde rückgängig gemacht und die 1951 weggelassenen Passagen wieder eingefügt. Die Einordnung, Wertung und Interpretation übernahm nun Schramm, indem er die »medizinische Erörterung des ›Falles Hitler‹« anregte, der explizit an Psychologen und Psychiater übergeben werden solle, bei denen sich »die Historiker auf eine Assistentenrolle beschränken

11 Rauschning, Gespräche mit Hitler, zit. nach: Wippermann, Der konsequente Wahn, S. 7; exemplarisch für die positiven Wertungen dieser mehr fiktiven Aufzeichnungen vgl.: Erdmann, Literaturbericht, S. 370 (er nennt den Text das Gegenteil einer Selbstrechtfertigung).

12 Henry Picker, Hitlers Tischgespräche im Führerhauptquartier 1941-42. Im Auftrag des Verlags neu hg. von Percy E. Schramm, in Zusammenarbeit mit Andreas Hillgruber und Martin Vogt, Stuttgart 1963, S. 48.

müssen«.[13] Schramm erhob hier unter explizitem Verzicht auf eine genuin historische Erforschung das eigene Gedächtnis zur Methode. Obwohl er als Historiker mit seinem Bestreben, »das große ›X‹« zu fassen, rhetorisch »kapitulierte«, zog er seine eigene lebensgeschichtliche Nähe zu den Leibärzten Hitlers Brand und v. Hasselbach als Informationsquelle heran, und verzichtete somit durchaus nicht auf Deutung.[14] Sein Versuch, die »Substanz seines Wesens« zu ergründen, endete mit der Feststellung, »daß es gleichsam mehrere Hitler gab«, daß hinter verschiedenen Außenformen jener »unheimliche Hitler« und hinter diesem der »allerletzte Hitler« zu vermuten sei, für den die Mediziner zuständig seien: »[D]as ›Faktum Hitler‹ [wird] als »Vakuum«, als Grenzfall menschlicher Individualität« bestimmt.[15] Den Antisemitismus nannte Schramm einen »Tick« Hitlers, der ihn einem mittelalterlichen Mensch ähnlich mache, »der überall den Teufel witterte«, und er zählte ihn zusammen mit Kirche, Verwaltung, Juristen, Professoren, Bürgertum und Königen zu dessen »sozialen und weltanschaulichen Ressentiments«.[16] Die Ermordung der Juden wird einmal erwähnt: gegenüber Hitlers Grausamkeiten nehme sich, so Schramm, alles, »was je ein Dschingis-Khan« befahl, klein aus; vergleichen lasse es sich nur mit dem, »was während der russischen Revolution und Stalins Gewaltherrschaft geschah«.[17]

Schramms Vorrede ließ gegenüber derjenigen Ritters kaum einen wissenschaftlichen Fortschritt erkennen. Auch in der Neuausgabe dominierte also ein »Hitlerismus« der Dämonisierung und Pathologisierung, und der wissenschaftliche Zugang beschränkte sich weiterhin auf so bildungsbürgerliche wie hilflose literarische Anleihen bei Goethe und einer allgemeinen Unsagbarkeitsrhetorik.[18] Es blieb auch der apologe-

13 Ebd., S. 12.

14 Ebd., S. 25. Hier spricht Schramm vom »Erfahrungsschatz«, vgl. auch seine methodologische Reflexion aus dem Jahre 1970: ders., Über die schwierige Fixierung zeitgenössischer Vorgänge, S. 24-33; hier der Hinweis auf Befragungen der »Eingeweihten« (32).

15 Schramm, in: Picker, Hitlers Tischgespräche, S. 94, 118; die These von Hitlers »Doppelgesichtigkeit und Hintergründigkeit« (34 ff.) war offensichtlich eine apologetische Konstruktion. Die Vorstellung vom »Antlitz der Medusa« (39), die den in Stein verwandelt, den sie anschaut, mußte herhalten, um sogar noch den guten Glauben und die Ehre der »Getreuesten« zu erklären bzw. zu retten: »Hätten die Mitglieder der Tafelrunde das eigentliche Gesicht Hitlers zu sehen bekommen, wären selbst die Getreuesten erstarrt.«

16 Ebd., S. 46-52.

17 Ebd., S. 89.

18 Vgl. v.a. den letzten Abschnitt der Erläuterungen Schramms u.d.T. »Das ›Problem Hitler‹: Jetzt haben die Mediziner das Wort« (S. 116-119).

tische Reflex, der keineswegs versteckt wurde, sondern als Hauptbotschaft offensiv formuliert wurde: Es müsse »methodische Stümperei« und Verzerrung der historischen Realität genannt werden, wollte man auch nur den Versuch wagen, das »Problem Hitler«, so Schramm mit großem Gestus, »irgendwie geistesgeschichtlich in die deutsche Entwicklung« einordnen.[19]

Intentionalismus als Fortschritt – Funktionalismus als dessen Überbietung?

Diese frühen Formen des »Hitlerismus« wurden zwar keineswegs ausschließlich am Rand der Wissenschaft formuliert, sie wurden aber bald durch avanciertere Annäherungen an das Problem ergänzt oder abgelöst, nicht zuletzt durch die wissenschaftliche Beschäftigung mit der Biographie des Diktators. Eine Deutung des Dritten Reiches, die Hitler an der Spitze des Staates das größte Gewicht beimaß, konnte auch ohne Überzeichnung und Dämonisierung als ernstzunehmendes Modell weiterverfolgt werden, um Grundlagen der nationalsozialistischen Bewegung zu erklären. Man war mit guten Gründen davon überzeugt, daß es die »wohl schwierigste Frage« für die Historiker sei, zu klären, wie Hitler im Zusammenhang mit der deutschen Geschichte des 20. Jahrhunderts erklärt werden könne.[20]

Aber der Hitlerismus hatte auch eine Konstanz, die zunehmend zum methodologischen Problem wurde. Helmut Heiber erklärte zum Beispiel noch 1960, mit Hitler sei auch der Nationalsozialismus gestorben, und erklärte damit ihre Identität: »Denn es gab und gibt keinen Nationalsozialismus außer Hitler. Beides ist identisch. Hitler war der Nationalsozialismus, und der Nationalsozialismus als sogenannte Idee war nichts weiter als die Projektion des Willens jenes Mannes Adolf Hitler in den Bereich der Gedanken und der Worte. Alles andere war nur ein Mißverständnis.«[21] Klaus Hildebrand forderte sogar, man möge nicht mehr vom »Nationalsozialismus« sprechen, sondern »Hitlerismus« sagen.[22] Insgesamt entwickelte sich die Hitlerforschung, die nur teilweise biographisch ausgerichtet war, zwar zu sehr viel komplexeren Erklärungen, aber die Reduktionismen, die dem Ansatz als solchem anhafteten, ließen sich

19 Ebd., S. 111.

20 Hillgruber, Kontinuität oder Diskontinuität – Zur historischen Ortsbestimmung des »Dritten Reiches«, in: ders., Endlich genug?, S. 48.

21 Heiber, Adolf Hitler, S. 157.

22 Hildebrand, zit. nach: Mason, Intention and Explanation, S. 29; Friedländer, Vom Antisemitismus zur Judenvernichtung, S. 53.

nicht lösen. Das betraf die direkte Beziehung zwischen Plan und Durchführung, zwischen Ideologie und ihrer politischen Umsetzung, die vor allem Eberhard Jäckel betont hat, der seine beiden wichtigsten Bücher im Titel und Untertitel sozusagen reziprok angelegt hatte, indem er im Jahre 1969 zuerst *Hitlers Weltanschauung* als »Entwurf einer Herrschaft« spezifizierte und den zweiten Band *Hitlers Herrschaft* dann knapp zwei Jahrzehnte später als »Vollzug einer Weltanschauung« darstellte.[23] Einig aber war sich diese Richtung, die später »Intentionalismus« genannt wurde, darin, daß man dem »Problem Hitler« einen herausragend hohen Stellenwert für das Ganze beimaß: Hervorzuheben sei eben nicht, so z.B. Hillgruber, daß Hitler lediglich Zeitstimmungen vollzogen haben, sondern umgekehrt, daß er »dem Ganzen eine eigenwillige, spezifische, nicht austauschbare, eben Hitlersche Richtung zu geben verstanden [habe]«.[24] Der Hitler-Biograph Joachim C. Fest schrieb in diesem Sinne schon zuvor, daß Hitler »die allesbewegende, unwiderstehliche Kraft« geblieben sei: »In seiner Person hat ein Einzelner noch einmal seine stupende Kraft über den Geschichtsverlauf demonstriert.«[25]

Solche »starken« Sätze waren in der methodologischen Wende hin zur Sozialgeschichte bald zur Provokation geworden. In Absetzung hiervon kritisierte man die Polarisierung des NS-Bildes, wie dies Hans Mommsen im Rückblick formuliert hat, »wonach heroischer Widerstand einerseits und ein totales Terrorsystem andererseits einander gegenüberstanden und dazwischen eine Art politischer Hohlraum [entstanden sei]«.[26] Die Kritik an den Einseitigkeiten solcher Auffassungen wurde bald selbst schulbildend, und in dichotomer Abgrenzung gegen die Hypostasierung von »Hitlerismus« und Intentionalismus wurde sie »Strukturalismus«, bzw. »Funktionalismus« genannt.[27] Ihre Vertreter sahen in Hitler eher den »Katalysator« sozialer Stimmungen. Man müsse, so z.B. Martin Broszat exemplarisch für diese Richtung, davon absehen, mehr in die

23 Jäckel, Hitlers Weltanschauung; ders., Hitlers Herrschaft.

24 Hillgruber, Zum »Problem Hitler«, in: ders., Endlich genug über Nationalsozialismus?, S. 11 und 15.

25 Fest, Hitler, S. 21 f.; dieses Zitat wurde von den Kritikern der Intentionalisten häufig angeführt, vgl. z.B.: Broszat, Probleme der Hitler-Forschung, S. 60 f.

26 Mommsen, Es geht darum, einen Prozeß zu erklären, S. 65.

27 Die Begriffe gehen auf den englischen Historiker Tim Mason zurück, vgl.: Mason, Intention and Explanation: A Current Controversy about the Interpretation of National-Socialism, in: Hirschfeld/Kettenacker (Hg.), »Der Führerstaat«, S. 23-41; vgl. auch: Friedländer, Vom Antisemitismus zur Judenvernichtung, S. 53.

Person Hitlers hineinzuverlagern, »als in ihr gewesen ist«.[28] Hitler, so seine markante Formulierung, dürfe eben nicht als Person, sondern müsse selbst als eine Art »Struktur« verstanden werden. Anstatt der Phänomenologie verhaftet zu bleiben, sollten nun anstelle des Individuums das »sozialpsychologische, propagandistische und institutionelle Gefüge« zum Forschungsgegenstand gemacht werden. Broszat wandte sich hier gegen die »biographische« Methode und forderte eine »soziographische« Herangehensweise, bzw. Untersuchungen aus dem Bereich der »politischen Imagologie« ein, also nicht zum Problem, was Hitler gedacht haben könnte, sondern dazu, wie ihn die Masse der Deutschen gesehen habe.[29] Hans Mommsen, neben Broszat der prominenteste Vertreter der Kritik an hitleristischen Zugängen zur NS-Interpetation und vehementer Verfechter der These von der »kumulativen Radikalisierung« des Nationalsozialismus,[30] rief dazu auf, die »Fiktion des einheitsstiftenden Diktors« zu überwinden, den »beständigen Aktionismus« des Systems zu hinterfragen und »Mechanismen« aufzudecken, »die zur Entfesselung und Übersteigerung ungehemmten Terrors beitragen« und zugleich auch die »wachsende Lähmung des moralischen Protestes und des politischen Widerstandswillens breiter Gruppen der Bevölkerung« zu erklären imstande seien. Es gehe darum, so Mommsen, die »innere Auflösung in eine Vielzahl von einander erbittert befehdenden Machtgruppen« in den Blick zu bekommen und den Kern des nationalsozialistischen Herrschaftssystems in »einer zunehmenden inneren Zersetzung der gesellschaftlichen und staatlichen Institutionen« wahrzunehmen.

Die Debatte zwischen »Intentionalisten« und »Strukturalisten«

Schlüsselbegriffe dieser beiden Ansätze waren demnach »Intention« vs. »Struktur«, »Tat« vs. »Prozessualität«, »Täter« und »Akteure« vs. »System« und »Radikalisierung«, »Grausamkeit« vs. »Indifferenz« sowie »Emotionalität« vs. »Nüchternheit« – auch wenn diese Oppositionspaare nicht miteinander kongruent sind. Mit den in diesen Begriffen steckenden Fragen wurde seit den 70er Jahren im Hinblick auf die Historiographie der Judenvernichtung primär gearbeitet, das historiographisch »lange« Jahrzehnt zwischen den späten 60er und frühen 80er Jahren kann ohne

28 Broszat, Probleme der Hitler-Forschung, S. 129; hier auch die folgenden Zitate.

29 Ebd., S. 119.

30 Mommsen, Kumulative Radikalisierung und Selbstzerstörung des Regimes, S. 786; dieser Aufsatz, ein Lexikon-Artikel, kann als Schlüsseltext seiner Auffassung gelten; die folgenden Zitate ebd.

weiteres als eine methodologische Einheit charakterisiert werden, in der die Auseinandersetzung zwischen »Intentionalisten« (oder »Programmologen«) und den »Strukturalisten« (oder »Funktionalisten«) die alles dominierende Debatte war.[31]

Hier gerieten mit großem Aufwand zwar nicht ausschließlich am Beispiel der Judenvernichtung, aber doch hauptsächlich an den Fragen nach »Plan« und »Zielgerichtetheit« bzw. »Chaos« und »Radikalisierungsprozeß« zwei verschiedene Konzeptionen von Geschichtswissenschaft generell in Widerstreit.[32] Der intentionale Erklärungsansatz betonte ganz allgemein das Moment der Aktivität, der personalen Freiheit des menschlichen Handelns und die Möglichkeiten der individuellen Entscheidung. Der strukturalistische Ansatz argumentiert hingegen stärker deterministisch, indem er die vorgegebenen Strukturen und ihre nicht dem historischen Subjekt unterliegenden Zwänge hervorhob. Die hieraus resultierenden Probleme, die bei der Interpretation des Nationalsozialismus im allgemeinen und bei der Deutung der Judenvernichtung im speziellen schnell erkannt wurden, liegen auf der Hand. Die Gefahren des Intentionalismus waren seine Tendenz zur Personalisierung, zur häufig etwas zu gradlinig gedachten Verbindung von rassistischer Ideologie,

31 Zur Intentionalismus-Strukturalismus-Debatte liegen drei Sammelbände vor, die Beginn, Höhepunkt und Ausläufer der Debatte gleichsam dokumentieren: Bosch (Hg.), Persönlichkeit und Struktur in der Geschichte; Hirschfeld/Kettenacker (Hg.), »Der Führerstaat«; Jäckel/Rohwer (Hg.), Der Mord an den Juden im Zweiten Weltkrieg; zum letztgenannten vgl. Kap. 5.3; zum Zusammenhang der Diskussion: Friedländer, Vom Antisemitismus zur Judenvernichtung, in: Jäckel/Rohwer (Hg.), Der Mord an den Juden, S. 18-60; Kershaw, Hitler: »Herr und Meister im Dritten Reich« oder »schwacher Diktator«, sowie: ders., Hitler und der Holocaust, beide in: ders., Der NS-Staat, S. 112-147 und 148-206; jüngeren Datums sind die Zusammenfassungen bei: Syring, Intentionalisten und Strukturalisten; v. Hehl, Nationalsozialistische Herrschaft, S. 66-77 und S. 110-115; Manemann, »Weil es nicht nur Geschichte ist« (S. 57-65), behauptet, die Debatte sei nicht als »umfassende historiographische Interpretation zu kennzeichnen« (S. 59), und unterschätzt sie in ihrer Bedeutung beträchtlich. Eine der besten Reflexionen zum Thema bietet: Reemtsma, Charisma und Terror.

32 Jürgen Kocka zählte die Ausrichtung auf Strukturen und Prozesse als die wichtigste von insgesamt sieben Veränderungen des geschichtswissenschaftlichen Paradigmen-Wechsels in den 60er und 70er Jahren, vgl.: Kocka, Veränderungen in der Geschichtswissenschaft; auch Otto D. Kulka setzte den Beginn der Debatte zwischen Ideologie und Herrschaftsstruktur vergleichsweise früh an, nämlich mit den 60er Jahren, vgl.: Kulka, Die deutsche Geschichtsschreibung über den Nationalsozialismus und die »Endlösung«, S. 615 ff.

erklärtem Vernichtungswillen und vollbrachter Tat sowie seine Verkennung der dem historischen Prozeß inhärenten Offenheit an wichtigen Wendepunkten der Ereignisse. Der immer wieder genannte Nachteil des Strukturalismus war vor allem seine Tendenz zur Entsubjektivierung der realen Geschichte, seine ostentative Vernachlässigung von Weltanschauung und Ideologie als handlungsbestimmende Faktoren und nicht zuletzt sein mitunter schwer zu rezipierender und soziologisierender Fachjargon. Wurde in der »klassisch« formulierten intentionalistischen Erklärung des Holocaust ein komplexer historischer Prozeß zwischen 1919 und 1945 mitunter als *ein* Ereignis gedacht (von der Ankündigung bis zur Ausführung), entsprach der dagegen opponierende Funktionalismus genau dem Gegenteil: Hier wurde gerade der Zusammenhang des Geschehens in eine mikroskopisch kleine Vielzahl von Einzelfaktoren zersplittert, wobei das Ganze nicht selten aus dem Auge verloren wurde. Wurde hier die Tat als Ausfluß des diktatorischen Willens Hitlers gewertet, wurden dort verschiedene utilitaristische Interessen einer konkurrierenden Ämtervielfalt sowie Kontingenz in die Erklärung eingebunden. Hier wurde ein Befehl Hitlers zur Judenvernichtung vorausgesetzt, seine Initiative für die »Endlösung« für unumstößlich gehalten, dort wurde das Fehlen eines Quellenbelegs für diese These nicht weiter bedauert, weil die Argumentation nicht auf Befehl und Gehorsam, sondern auf das NS-typische Chaos von Ad-hoc-Entscheidungen auch regionaler Initiatoren und auf einen spezifisch modernen, sich radikalisierenden bürokratischen Automatismus zielte. In intentionalistisch argumentierender Literatur finden wir zum Problem der Täter-Verantwortung Sätze wie: Der »Haß-Pathologie« Hitlers »fielen Millionen Juden zum Opfer«.[33] Es gelte die »besondere Verantwortung« Hitlers auch im kollektiven Versagen zu betonen, weil er es war, der »visionäre Passionen und politische Gefühlslagen zum Tatvollzug verdichtete«.[34] Der Funktionalismus formulierte seinen »Anti-Hitlerzentrismus« (Ian Kershaw) nicht zuletzt gerade gegen solche vagen Analysen. Er hob die »Fragmentierung der Zuständigkeiten« und die »Segmentierung der Verantwortlichkeiten«[35] hervor und fand statt dessen zu Erklärungen wie der folgenden: »Der Schritt zur Massenvernichtung

33 Funke, Auswanderung – Aussiedlung – Ausrottung, S. 237; vgl. auch: ders., Starker oder schwacher Diktator?

34 Funke, Auswanderung – Aussiedlung – Ausrottung, S. 249; Hitler, so Funke, war nicht nur »Systemklammer«, sondern auch »der verantwortliche Initiator aller grundsätzlichen und strategischen Maßnahmen« gegen die Juden (S. 238).

35 Mommsen, Die Realisierung des Utopischen, S. 418.

steht am Ende eines komplexen und durchaus offenen politischen Prozesses, in dessen Verlauf die inneren Antagonismen des Systems die möglichen Optionen zunehmend verstellten, so daß die physische Liquidierung des Judentums schließlich als möglicher Ausweg erschien.«[36] Das klang nun um einiges komplizierter, worauf seine Vertreter auch durchaus stolz waren und deshalb das intentionalistische Erklärungsmodell oft als »zu einfach« bezeichneten. Zugleich betonte etwa Hans Mommsen, daß er die Judenverfolgung nicht nur als Beispiel für seine Auffassung vom Funktionieren des Dritten Reiches betrachte, sondern regelrecht als »Schlüssel zur Analyse der Herrschaftsstruktur des Dritten Reiches« verstehe.[37] Er hob den »stufenförmig« sich vollziehenden Prozeß hervor, anstelle einer wie immer angenommenen Systematik, die »pseudorechtsstaatliche Etikettierung« und »Fiktion von Legalität«, die »Rivalitäten und Kompetenzstreitigkeiten« der Ressorts und die »weitgehend ungeplante, wenn nicht geradezu planlose Wechselwirkung« zwischen Partei und Behörden: Es gab kein »Programm« der »Endlösung«, so Mommsen, sondern es gab im Grunde nichts anderes »als die Überhöhung von Verlegenheiten und gescheiterten Aktionen durch Radikalisierung«.[38] Auch in Mommsens Ansatz scheint also der neuralgische Punkt im Problem der Verantwortung zu liegen,[39] er machte aber nicht Hitler, sondern Eichmann als das »spektakulärste Beispiel für den Mechanismus *kompartimentalisierter Verantwortlichkeit*« aus, »die sich mit bürokratischem Perfektionismus und obrigkeitsstaatlicher Unterwerfung verknüpfte«.[40] Bei den Intentionalisten wurde der böse Vorsatz zur Judenverfolgung, der natürlich leicht aus *Mein Kampf* und den vielen Hitlerreden zu belegen war, als das moralisch Verstörende empfunden. Die zu erklärende Frage schien vornehmlich darin zu bestehen, wie eine kleine Gruppe von Entscheidungsträgern eine große Gruppe von Ausführenden zur Tat zu bewegen vermochte. Bei den Kritikern dagegen war das zu Erklärende die Eigendynamik einer überforderten und den einzelnen Funktionsträger anonymisierenden Verwaltung, die Tatsache, daß der Verlauf der Juden-

36 Ebd., S. 400.

37 Mommsen, Der nationalsozialistische Polizeistaat und die Judenverfolgung vor 1938, S. 71.

38 Diese Formulierung und die vorigen Zitate aus: ebd., S. 76.

39 v. Hehl sieht hier sogar die Hauptleistung des Funktionalismus, denn aufgrund seiner »Umdeutungen« resultierte, so v. Hehl, daß »schließlich auch die Verantwortungsfrage für die Ermordung der europäischen Juden neu diskutiert wurde«. Allerdings warnte er auch davor, die polykratische Zersplitterung »überscharf« zuzuspitzen; vgl.: ders., Kampf um die Deutung, S. 422 f.

40 Mommsen, Die Realisierung des Utopischen, S. 418 [Hervorh. v. N.B.].

vernichtung selbst zum Subjekt der Geschichte geworden schien. Dies wird im Zusammenhang mit der Shoah in Formulierungen und Charakterisierungen der Bürokratie als »eine sklavisch-selbstläuferische Vollstreckungsmaschine«[41] immer wieder deutlich.

Kritik der Gesamtdebatte – und ihre Fortführung in der Goldhagen-Kontroverse

Die ebenso polemisch geführte wie zeitweise überaus fruchtbare »Intentionalismus – Strukturalismus«-Debatte wurde schnell als solche Thema der Geschichtswissenschaft, denn der Richtungsstreit wurde zur »kontrovers gewordenen aktuellen Positionsbestimmung« von »unterschiedlichen politischen Lagern und Deutungskulturen«.[42] Zuweilen konnte sogar der Eindruck entstehen, als sei »von zwei Wirklichkeiten und Geschichten des Dritten Reiches« die Rede, wie das Klaus Hildebrand sehr treffend ausdrückte.[43] Mitte der 80er Jahre hob Otto D. Kulka die Verdienste beider Ansätze hervor, warnte aber auch eindrücklich vor den in ihnen begründeten erkenntnistheoretischen Gefahren, einer »unannehmbaren Vergeistigung der Geschichte des Dritten Reiches« durch die Überbetonung der ideologischen Grundlagen des Nationalsozialismus auf der einen und eine »neue quasi-mystische Betrachtungsweise [...]« auf der anderen Seite, »in der aus der Programmlosigkeit des totalitären Chaos die Genesis der Endlösung letztlich als eine Art *Deus ex machina* erscheinen muß.«[44]

Heute überwiegt die Kritik an der Gesamtdebatte, wie die wohl pointierteste Ablehnung des jahrzehntelangen Streites und ihres Gehaltes durch Heinz Dieter Kittsteiner besonders deutlich werden läßt. Wer sich ernsthaft, so Kittsteiner in einem äußerst malizösen Diktum, mit dem Kampf zwischen ›Intentionalisten‹ und ›Funktionalisten‹ abgebe, dem fehle der »intellektuelle Zugang zur Geschichte des 20. Jahrhunderts«. Denn beide Begriffe sagten zu wenig über den Gegenstand, dagegen viel über den Zustand einer Zunft, »in der sich politische Ideenhistoriker und

41 Mommsen, Modernität und Barbarei, S. 152; es wäre verfehlt, so Mommsen, die Ursachen der Anfälligkeit moderner Industriegesellschaften für »Destruktions- und Destabilisierungsprozesse« hauptsächlich »in einer Gesinnungskrise aufsuchen zu wollen«.

42 v. Hehl, Kampf um die Deutung, S. 423.

43 Klaus Hildebrand, Von Erhard zur Großen Koalition 1963-1969, Stuttgart 1984, S. 182, zit. nach: v. Hehl, Kampf um die Deutung, S. 423.

44 Kulka, Die deutsche Geschichtsschreibung über den Nationalsozialismus und »Endlösung«, S. 629.

Historische Sozialwissenschaftler gegenüberstanden und noch stehen«.[45] Es ist auch v. Hehl recht zu geben, wenn er aufs Ganze gesehen feststellte, daß mit der zunehmenden Detailforschung seit den 60er Jahren der Streit um die Deutung jahrelang nicht ab-, sondern zunahm,[46] Ulrich Herbert hat hinzugefügt, daß er zeitweise sogar unabhängig von seiner empirischen Grundlage zu einem regelrechten »Krieg der Interpretationen« wurde.[47] Eines aber blieb offenkundig: Es ging mehr und mehr nicht nur um die Bestimmung des historischen Ortes der Judenvernichtung, sondern auch um die Begrifflichkeit, diesen zu formulieren.

Die Kritik der Gesamtdebatte wurde noch einmal verschärft, als 1996 um Goldhagens Buch *Hitlers willige Vollstrecker* gestritten wurde. Dieser Streit hatte aber nicht nur die alten Fronten wiederbelebt und die bekannten Argumente neu vorgetragen, er hat auch an einen Dualismus der Perspektivität erinnert, der im innerdeutschen Kontext der »Intentionalismus-Strukturalismus«-Debatte mit seinen Hauptkontrahenten Hildebrand versus Mommsen und Jäckel versus Broszat weniger evident war,[48] der aber deutlich wurde, wenn sich deutsche und jüdische Historiker miteinander über dieselben Fragen stritten.

Die »Goldhagen-Kontroverse«, die den großen »Historikerstreit« der 90er Jahre gebildet hatte und in der es einmal mehr um die Frage gegangen war, wie sich der Genozid an den Juden erklären und interpretieren lasse, setzte nicht zuletzt auch an dieser Dichotomie an: Ob der Holocaust als »kumulative Radikalisierung« (so der zur stehenden Redewendung gewordene Ausdruck Hans Mommsens[49]) eines spezifisch strukturierten Herrschaftsapparates des Nationalsozialismus, oder als quasi nationales Projekt, an dem Deutsche intentional, also willentlich oder (in Goldhagens Terminologie) als »willige Vollstrecker« beteiligt gewesen waren. Goldhagens Buch – nur dieser Aspekt der Auseinandersetzung

45 Kittsteiner, Die Krisis der Historiker-Zunft, in: Kiesow/Simon (Hg.), Auf der Suche, S. 86.

46 v. Hehl, Kampf um die Deutung, S. 423.

47 Herbert, Vernichtungspolitik. Neue Antworten und Fragen zur Geschichte des »Holocaust«, S. 21.

48 Vgl. die beiden konträren Beiträge von Hildebrand und Mommsen in: Bosch (Hg.), Persönlichkeit und Struktur; für den methodischen Gegensatz Jäckel und Broszat, vgl. etwa beider Positionen auf der Konferenz in Stuttgart, in: Jäckel/Rohwer (Hg.), Der Mord an den Juden.

49 Vgl. hierzu: Kershaw, »Cumulative Radicalisation« and the Uniqueness of National Socialism, S. 323-336.

mit seinem Buch interessiert im folgenden[50] –, wurde geradezu zu einer Art Gegenprogramm des geschichtswissenschaftlichen Strukturalismus.[51] Sowohl in Titel und Anlage des Buches, in der Grundthese und der einzeln durchgeführten Argumentation, in den Beispielen und in der Sprache selbst, als auch darüber hinaus in Äußerungen von Goldhagen zum eigenen Buch kam dies immer wieder zum Ausdruck und wurde auch von vielen Kommentatoren angesprochen.[52] Goldhagen habe ein »kraftvolles und wichtiges Buch« geschrieben: »Mit predigerhafter Wucht« hämmere der Autor »die Entsetzlichkeit der massenhaften Einzelmorde in die Leserherzen; in der Tat war der Holocaust in den Leserköpfen unter Daten, Zahlen und Strukturanalysen der Fachhistoriker mitunter zu Papier geworden«.[53] Das war kritisch gemeint, aber nicht nur hinsichtlich des Buches selbst, sondern auch in bezug auf die deutsche Forschung und die hiesige Rezeption seiner Thesen. Richtig war, daß sich die Holocaust-Forschung als Ganzes »mehr auf abstrakte Strukturen konzentriert [hatte], auf Systematik und Organisation der Judenvernichtungspolitik in der NS-Zeit. Die konkreten Menschen, die konkreten Handlungen und Situationen wurden vernachlässigt.«[54] Richtig war also auch, daß Goldhagen eine Schwerpunktverlagerung der Erforschung des Holocaust

50 Zu anderen wichtigen Themen innerhalb der Goldhagen-Debatte, wie z.B. zur Bewertung der jüdischen Emanzipationsgeschichte, vgl.: Rürup, Viel Lärm um nichts? D. J. Goldhagens »radikale Revision« der Holocaust-Forschung, S. 357-363. Zur Sprache der Goldhagenschen Geschichtsschreibung vgl. den frühen und sehr konzisen Artikel von Ulrich Raulff, Herz der Finsternis. Daniel Jonah Goldhagens Ästhetik des Grauens, in: FAZ, 16. 8. 1996. Zur Methode: Pesch, Die künstlichen Wilden; zu antisemitischen Reflexen in der Rezeption seiner Thesen: Markovits, Störfall im Endlager der Geschichte; die Spannungen zwischen Goldhagen und der übrigen Fachwissenschaft kommen zum Ausdruck in: Browning, »Eine anti-akademische Attacke«. Interview mit Thomas Sandkühler, S. 251-259. Die Besonderheiten des medialen Verwertungsinteresses thematisiert: Schneider, Die »Goldhagen-Debatte«; der zuletzt genannte Aspekt ist auch der Schwerpunkt des Sammelbandes von Heil/Erb (Hg.), Geschichtswissenschaft und Öffentlichkeit.

51 Goldhagen, Hitlers willige Vollstrecker [amerik. Orig.: New York 1996].

52 Vgl. z.B.: Heil, Die Einzigartigkeit der Täter; Jäger, Die Widerlegung des funktionalistischen Täterbildes; sehr dezidiert: Rusinek, Die Kritiker-Falle, in: Heil/Erb (Hg.), Geschichtswissenschaft und Öffentlichkeit.

53 Klausa, Die deutsche Gedenkreligion des Holocaust, S. 918.

54 Saul Friedländer, »Zu grob gestrickte Antworten«. Ein Buch, das faire Kritik verdient: der israelische Historiker Saul Friedländer über den Bestseller des US-Forschers Daniel J. Goldhagen, in: Focus, 19. 8. 1996, S. 94.

vornahm und von den »gesichtslosen Kollektiven, unpersönlichen Institutionen und abstrakten Strukturen«[55] das Augenmerk auf die Täter selbst richten wollte. Und richtig war drittens noch ein wichtiges Detail, das im Verlauf der Debatte kaum diskutiert worden ist: nämlich daß Goldhagen zwar als Fachwissenschaftler mit Interesse an der Tätermotivation auftrat (nicht wenige der voreingenommenen Kommentatoren sprachen ihm gerade hier Kompetenz ab), daß er aber häufiger als gerade die deutschen Kritiker mit der »Erinnerung« auch der Opfer argumentierte, also im Grunde genommen ein Buch über Täter geschrieben hatte, aber mit ihm eine Opferperspektive zu etablieren versuchte. Die überlebenden Opfer, so Goldhagen, hätten zu ihm gesagt: »Na und, Herr Goldhagen, was soll daran spektakulär sein? Erstaunlich ist nur, daß es von der Gelehrtenwelt nicht einhellig akzeptiert wird. Das ist ein Phänomen. [...] Was Sie geschrieben haben ist richtig. Es stimmt mit unseren Erinnerungen vollständig überein.«[56]

Gerade dies aber erzeugte heftigen Widerspruch. Der schärfste Kritiker in Deutschland wurde im Verlauf der Debatte der Bochumer Historiker Hans Mommsen. Das war methodisch folgerichtig, weil er genau umgekehrt argumentierte. Nicht Anschaulichkeit, sondern »höchstmögliche Nüchternheit« sei gefragt; nicht Erzählung sei nötig, sondern Erklärung: man könne »die Dinge nur distanziert schildern«, wenn man sie »wissenschaftlich bearbeiten« wolle.[57] In einer Besprechung von 1997 zu Friedländers Buch *Das Dritte Reich und die Juden* widersprach Gold-

55 Jäger, Die Widerlegung des funktionalistischen Täterbildes, S. 112.

56 Eine Ausnahme hinsichtlich dieses Aspektes des Täter-Opfer-Diskurses war die Arbeit von Aschheim, Archetypen und der deutsch-jüdische Dialog. S. 183-201, der die Rolle Goldhagens als »Sprecher der Opfer und Überlebenden« (S. 191) untersucht hat: Goldhagen, so sein Fazit, »Gibt den Juden sozusagen die Shoah zurück [...]«. Die Zitate aus folgendem Gespräch: »Können Sie wie ein Nazi fühlen?« Interview von Malte Leming mit Daniel J. Goldhagen, in: Der Tagesspiegel, 6. 9. 1996. Ein Beispiel für die von Goldhagen erwähnte Reaktion: Raul Teitelbaum, Kofferträger der »Endlösung«?, in: Die Woche, 6. 12. 1996. Vgl. auch: Goldhagen, Eine Antwort auf die Briefe meiner Leser, S. 215-251, hier zur Opfer-Perspektive: »Die jüdischen Opfer des Holocaust vertreten die Ansicht, daß die große Mehrheit der Deutschen und Nicht-Deutschen, die sie gequält und die ihr Volk getötet haben, antisemitisch, fanatisch und mit ihrem eigenen Tun einverstanden waren« (S. 239).

57 So Mommsen in einem Doppelinterview zusammen mit Norbert Frei: »Wenn die Dinge so einfach lägen ...« Hans Mommsen und Norbert Frei zur Diskussion um Daniel Jonah Goldhagen und die Holocaust-Geschichtsschreibung, in: Berliner Zeitung, 24. 7. 1996.

hagen dieser Position mit größtem Nachdruck.[58] Zu viele Hinweise widerlegten die Position, nach der die gewalttätige Judenverfolgung lediglich ein »unbeabsichtigter Auswuchs der Struktur des nationalsozialistischen Systems« gewesen sei oder ein sich aus den Umständen ergebender Zufall, der jedoch nicht durch Ideologie und antisemitischen Haß vorangetrieben wurde. Die »Ausflucht der Funktionalisten«, so Goldhagen, nämlich die Institutionen überzubewerten und die Motive und Leidenschaften der Menschen zu vernachlässigen, verkenne »grotesk« menschliche Verhaltensweisen und die Art, wie politische Entscheidungen zustande gekommen seien.[59] Mommsen hingegen warf dem amerikanischen Kollegen vor, seine Überzeugungen »mit einer geradezu unwahrscheinlichen Verweigerung der historischen Realität« zu präsentieren.[60]

Die Dichotomie war augenfällig: Goldhagen sprach von »Tätern« aus freien Stücken«[61] und postulierte die Notwendigkeit einer »Mikrologie des Holocaust«,[62] Mommsen plädierte für eine Kenntnis jener »schrittweisen Entwicklung [...] mit ihren verschiedenen Facetten« und verteidigte vehement seinen Ansatz, das »Räderwerk«,[63] die »kumulative Radikalisierung«,[64] die

58 Hier lobte Daniel Jonah Goldhagen die »hochgradig nuancierte« Darstellung Friedländers: Sie trage dazu bei, »ein neues Verständnis des Holocaust anzubahnen«, denn »nicht die Rolle der Institutionen und Strukturen, nicht die bisher stark überschätzten inländischen Terrorapparate, nicht die angeblich jedem Widerstand trotzenden Verordnungen der Bürokratie, sondern die Menschen und ihre ganz alltäglichen Motive« fänden hier die Hauptbeachtung. Friedländer breche »entschieden mit der funktionalistischen Geschichtsschreibung der vergangenen 20 Jahre«, eine Betrachtungsweise die Goldhagen zufolge »unhaltbar« geworden sei.; vgl.: Goldhagen, Der alltägliche Abgrund, S. 180 und 179.

59 Ebd., S. 181.

60 Mommsen, »Wenn die Dinge so einfach lägen ...«; vgl. auch: Mommsen, Die dünne Patina der Zivilisation; hier wirft Mommsen seinem Kontrahenten eine regelrechte Verweigerungshaltung vor, in jener »Mischung von ideologischem Fanatismus, psychopathologischer Verirrung, moralischer Indifferenz und bürokratischem Perfektionismus, eben in der ›Banalität des Bösen‹, die Ursachen für den Holocaust [...] sehen zu wollen.«

61 Goldhagen, Täter aus freien Stücken, in: Die ZEIT, 12. 4. 1996.

62 Goldhagen, Hitlers willige Vollstrecker, S. 40.

63 Mommsen, Im Räderwerk. Betroffenheit und Anschauung des Grausamen führen nicht auf den Grund des Holocaust. Ein Gespräch mit Hans Mommsen, in: FAZ, 7. 9. 1996.

64 Mommsen, Die dünne Patina der Zivilisation (hier mehrmals). An prominenterer Stelle gebrauchte Mommsen diesen Ausdruck schon in: ders., Die Realisierung des Utopischen, S. 399 (vgl. auch oben Anmerkung 30).

»Prozesse« und die »bürokratische Effizienz« zu erforschen. Goldhagen wandte sich mehrmals explizit von Hannah Arendts These von der »Banalität des Bösen« ab,[65] während Mommsen sich wiederholt auf genau dieses Diktum berief.[66] Goldhagen forderte, man müsse sich

> »immer die Greuel vor Augen halten, die mit dem verbunden waren, was die Deutschen taten. Jeder, der an einer Tötungsaktion beteiligt war und selber schoß oder beobachtete, wie seine Kameraden Juden erschossen, war in ein unsagbar grauenhaftes Geschehen verwickelt. Wenn man bloß klinisch saubere Beschreibungen der Tötungsvorgänge gibt, dann verzerrt man damit das gesamte Erscheinungsbild des Mordens, man blendet die Gefühlsanteile aus und verhindert damit jedes wirkliche Verstehen.«[67]

Mommsen war gegenteiliger Ansicht: Man dürfe gerade nicht dem »Faszinosum« des Grauenhaften auf voyeuristische Weise Tribut zollen, denn erst das erzeuge einen »Gegeneffekt« und »Abstumpfung«. Nicht zuletzt, weil die Dinge noch viel schlimmer gewesen seien, noch schlimmer auch als sie Daniel Goldhagen schildern könne:[68]

> »Es bedarf [...] der Beschreibung der Verbrechen im einzelnen nicht, und die Aufgabe des analysierenden Historikers kann sich in der Schilderung der unvorstellbaren Gewaltmaßnahmen und Verbrechen gegen die jüdischen Bürger nicht erschöpfen, sondern er muß versuchen, die Ursachen dafür zu bestimmen. [...] Gerade die älteren Historiker stimmen darin überein, daß es nicht die Aufgabe der Geschichtswissenschaft sein kann, die Büchse der Pandora auszugießen und ein Panorama der unerhörten Verbrechen zu entwerfen, die für die nachwachsende Generation ohnehin kaum nachvollziehbar sind.«[69]

65 Goldhagen, Hitlers willige Vollstrecker, S. 40 und S. 561 f.

66 Vgl.: Mommsen, Im Räderwerk; Mommsen, Die dünne Patina der Zivilisation (hier insgesamt zweimal); ders., Schuld der Gleichgültigen. Die Deutschen und der Holocaust, in: SZ, 20./21. 7. 1995 (auch hier zweimal); vgl. auch: ders., Die Realisierung des Utopischen, S. 382, ders., Hannah Arendt und der Prozeß gegen Adolf Eichmann, S. I-XXXVII. Zu Arendts Eichmann-Deutung vgl. auch Kap. 4.3.

67 Goldhagen, Hitlers willige Vollstrecker, S. 38.

68 Mommsen, »Wenn die Dinge so einfach lägen ...«

69 Mommsen, »Es geht darum, einen Prozeß zu erklären, S. 78; Mommsen, der Goldhagen durchgängig vorwarf, hinter den Forschungsstand der 50er Jahre zurückzufallen, hat mit dem Hinweis auf den Konsens der »älteren Historiker«, wie noch zu zeigen sein wird, de facto eine Position der 50er und 60er

Nötig sei eine Analyse nicht der Tat allein, sondern des »Prozesses«, der zu ihr führe, seine »Implementierung«.[70] Nicht die Intention der Täter sei relevant, sondern das System, das Täter überhaupt ermöglichte. Nicht der Antisemitismus erkläre den Holocaust, sondern für ein wissenschaftliches Verstehen seien Kenntnisse über die »Strukturen, die aus sich heraus Gewalt produzieren« nötig: »Wenn es einmal solche Strukturen gibt, findet sich immer ein Ressentiment, das sie brauchen, um die Ausübung von Gewalt zu rechtfertigen. Der Antisemitismus war nicht der Grund, sondern die notwendige, aber nicht hinreichende Bedingung für die Verbrechen.«[71]

Ohne Zweifel lag hier nicht nur eine persönliche Auseinandersetzung vor. Es ging vielmehr um einen Grunddissens geschichtswissenschaftlicher Erkenntnis in bezug auf die Judenvernichtung.[72] Goldhagen, so hat Jörn Rüsen das formuliert, entkleidete die handelnden Menschen gleichsam »ihres marionettenhaften Charakters als blinde Exekutoren anonymer Strukturen« und würdigte sie einer »handlungsbestimmenden Subjektivität (wie schrecklich sie auch immer sein mag)«. Die dahinterstehende Frage war, wie die Einzigartigkeit des Holocaust überhaupt bestimmt werde, ob jene monströsen Ausmaße in dem spezifischen, industrialisierten Vernichtungs-*Mechanismus* zu suchen seien oder aber in der einer ebenso monströsen Massenbeteiligung der Deutschen und der hier demonstrierten speziellen Grausamkeit, mit der gerade die Juden – neben anderen Opfergruppen – behandelt worden seien. Ins Zentrum rückte das Problem, ob auf seiten der Täter der »Faktor Subjektivität« oder ihre objektiven Umstände mehr Erklärungspotential habe, ob also die »Absicht« der Akteure oder die »Kälte« der Tötungsmaschine die Erklärungsbemühungen der Wissenschaft stärker herauszufordern habe.

Jahre formuliert, u.a. seine eigene von damals; vgl. die Vorwürfe an die Adresse Goldhagens in: Mommsen, Schuld der Gleichgültigen (gleich im zweiten Satz); ders., Die dünne Patina der Zivilisation (ebenfalls gleich zu Beginn; sowie der Vorwurf, »geringerer Interpretationstiefe« im Vergleich zur Studie von Christopher Browning); hier auch der Vorwurf, Goldhagen wolle bewußt »provozieren«, den Mommsen ebenfalls mehrfach öffentlich geäußert hat.

70 Als Beispiel: Mommsen, Die dünne Patina der Zivilisation (hier verwendet er den Begriff in einem Artikel allein sechsmal).

71 Mommsen, »Wenn die Dinge so einfach lägen …«

72 Rüsen, Den Holocaust erklären – aber wie? Überlegungen zu Daniel J. Goldhagens Buch »Hitler's Willing Executioners«, in: FR, 25. 6. 1996. Die folgenden Zitate hieraus; den Aspekt der »deutsch-jüdischen Trennlinie« betont Aschheim, Archetypen, S. 185.

Goldhagen präsentierte einen Intentionalismus, der in der Tat verstörend war: »Hier ist mental Auschwitz schon da, bevor es als Todeslager gebaut und betrieben wurde.« Der Holocaust, so Rüsen, sei als eine besondere, eben die ausschließende und vernichtungsorientierte Spielart des Antisemitismus, im Geist des deutschen Volkes schon da gewesen, bevor er geschen sei.[73]

Dieser Streit – hier zwischen einem amerikanischen Juden und einem nichtjüdischen Deutschen – baute also auf einer jahrzehntelangen Tradition in der deutschen Historiographie auf. Im folgenden soll das Problem zum Thema gemacht werden, ob dieser Antagonismus, wie er sich in der Goldhagendebatte wiederholte, selbst historisierbar ist. Ausgangshypothese ist, daß der Ursprung dieses Dissenses nicht nur in die 70er oder 60er Jahre zurückreicht, also in die Zeit, in der die »Intentionalisten-Strukturalisten-Debatte« ihren Höhepunkt hatte. Die These lautet, daß nicht nur der Hitlerismus lange Zeit eine exkulpierende Funktion hatte, sondern daß auch die strukturfunktionalistische Argumentation, die ebenfalls ihren Ursprung in den frühen 50er Jahren hatte, als apologetischer Reflex »erfunden« wurde.[74] Denn die funktionalistischen Thesen waren in Wirklichkeit nicht 20 Jahre alt, wie Goldhagen wohl im Hinblick auf die bedeutenden Aufsätze von Martin Broszat und Hans Mommsen aus den Jahren 1977 und 1983 annahm[75] und wie sie oben in ihrer dominanten Phase und ihren Hauptlinien skizziert wurden; sie entwickelten sich gleich zu Beginn der Zeitgeschichtsforschung, und auch dies nicht ausschließlich in kritischer Auseinandersetzung mit einem personalisierten und apologieverdächtigen Hitlerismus. In einem anderen historischen Kontext, mit anderen Vokabeln und unter völlig anderen Prämissen entstand die Debatte um Struktur und Verantwortung, wie sie

73 Ebd.

74 Interessant in unserem Zusammenhang scheint die kürzlich getroffene Beobachtung, daß die Strukturalismus-Debatte der 70er Jahre in bezug auf die Nazi-Verantwortlichkeit auf wissenschaftlicher Ebene noch einmal die alliierten Versuche wiederholte, nach dem Krieg mit dem Nationalsozialismus als ganzem zu verfahren: Das Entnazifizierungskonzept (v.a. der US-Armee mit Unterstützung von General Eisenhower) sah eine enge Verbindung zwischen deutschem Führer und deutschen Volk als Hauptstütze der Diktatur an, während die Kriegsverbrecherprozesse (in Nürnberg) auf der Vorstellung der Intellektuellen im Umfeld des CIC (Counter Intelligence Corps) und Präsident Roosevelts basierten, die die Verantwortung für den Nationalsozialismus den traditionellen Eliten anlasteten. Vgl.: Herbert, Drei deutsche Vergangenheiten, S. 376 f.

75 Vgl.: Broszat, Hitler und die Genesis der »Endlösung«; sowie als Fortführung der Grundthese Broszats: Mommsen, Die Realisierung des Utopischen.

im folgenden heißen soll,[76] schon in der unmittelbaren Nachkriegszeit. Sie fand darüber hinaus Eingang in die grundlegende konzeptionelle Basis, die im IfZ der 50er Jahre unter Hermann Mau vorformuliert wurde und die, nach Maus frühem Tod, vor allem von Hans Buchheim, Martin Broszat und eben Hans Mommsen fortgeführt wurde – über 25 Jahre vor jenem grundlegenden methodischen Aufsatz Broszats *Hitler und die Genesis der Endlösung* und 30 Jahre vor der berühmten Stuttgarter Konferenz, auf der der Entscheidungsprozeß zur Ermordung der europäischen Juden in einem internationalen Symposion mehrere Tage lang zwischen deutschen und jüdischen Historikern verhandelt wurde.[77]

Zu zeigen ist also im folgenden die *Herkunft* dieser Debatte aus der spezifischen Situation der 50er Jahre (5.1), in der die Ausbildung der Zeitgeschichtsforschung zu ihren Fragestellungen und Themen fand. Es handelt sich um die komplizierte, erste große Auseinandersetzung über die Frage, ob man die Judenvernichtung, ob man Auschwitz, strukturgeschichtlich aus dem Gesamtzusammenhang des totalitären Staates zu bewerten habe oder aber intentionalistisch, mit der Betonung der Verantwortung des Einzelnen, des Willens der Täter.

Gegenläufige Erinnerungen: Perspektivität und Gedächtnis als nicht erkannte Tiefenauseinandersetzung

Dem Problem der Interpretation der Judenvernichtung zwischen Monstrosität und Banalität, zwischen Intention und Struktur, zwischen Person und System, zwischen der These vom »Weltanschauungskrieg« und dem Nachweis einer »kumulativen Radikalisierung« ist vor dem Hintergrund, daß er eine besondere Dichotomie zwischen jüdischer und deutscher Geschichtserfahrung abzubilden scheint, eine spezielle Problematik beigegeben, die weit über das übliche akademische Interpretationsgeplänkel hinausgeht. Daß eine immer wieder latent spürbare oder offen ausgetragene fundamental verschieden perspektivierte Sichtweise deutscher und jüdischer Interpreten diesem Problem unterlegt ist, soll anhand der beiden Teilkapitel 5.2 und 5.3 zur Ausweitung der Fragestellung werden. Dieses Problem wurde lange Zeit in einer Art und Weise disku-

76 Vgl. Rotenstreich, The Individual and Personal Responsibility (eine Reflexion anläßlich der Eichmann-Ergreifung durch den israelischen Geheimdienst).

77 Zur Stuttgarter Konferenz vgl.: Fox, The Final Solution: Intended or Contigent?, S. 27-39. Zu dieser Konferenz siehe auch Götz Aly, »Volle Wahrheit« und »reine Wissenschaft«. Der Stuttgarter Historiker-Kongreß über den Mord an den europäischen Juden, in: Tageszeitung (Berlin), 7. 5. 1984.Kap. 5.3.

tiert, daß man mit Begrifflichkeiten operierte, die zwar die Frage historiographisch ausdifferenzierte, sie gedächtnisgeschichtlich aber stillstellte. Das Problem aber war mithin nicht akademisch, sondern tiefgreifenden Unterschieden innerhalb der kollektiven Gedächtnisrahmen beider Seiten geschuldet: Hier ein Erklärungsansatz, der bis hin zu den einzelnen Argumenten den ihm eigenen Hang zum Automatismus des Geschehens niemals aus den Nebentönen seiner ernsthaften Versionen zu verbannen in der Lage war; dort der Wunsch einer Identifikation der Tat mit eindeutigen Tätern, die man an ihrem Handeln, an ihren Worten oder aber an ihren Unterlassungen zu definieren hoffte. Hier ein Täterbegriff, der kritisch auf eine gesamtgesellschaftliche Haftung hinausläuft und die Ermöglichung der Tat zum Ausgangspunkt seiner Fragen macht; dort die Frage nach der Tat und den einzelnen Tätern selbst, die als Exponenten der Gesellschaft, die sie zuließ, »schuldig« gesprochen werden. Hier eine Sicht, die in der These von der »Anonymisierung von politischer Verantwortung« (Broszat) nicht nur das bessere Erklärungsmodell für das Dritte Reich, sondern gleichsam die authentischere Widergabe der Ereignisse selbst erblickte; dort ein allgemeines »Unbehagen« schon über »verschiedene abstrakte Theorien über Massenmord« generell.[78]

Diese Dichotomie ist keineswegs so valide, daß sie theoretisch begründbar wäre, also in dem Sinne, daß Geschichtsschreibung ausschließlich in anderen Begriffen wiederholt, was bereits das kollektive Gedächtnis einer Gruppe bewahrt hat, denn sie wird natürlich durch viele »dritte« Positionen ebenso widerlegt wie durch jüdische und nichtjüdische Forscher, die sich auf der jeweils »anderen Seite« finden lassen. Sicher, es gab die ernst gemeinte, einseitige, aber marginal gebliebene Äußerung von Lucy Dawidowicz, die die These aufstellte, nur Juden könnten richtig über den Holocaust schreiben und deshalb solle man ihnen hier auch das Feld überlassen. Raul Hilberg hat z.B. mit unmißverständlicher Kritik die empörte Reaktion Elie Wiesels auf die These George Steiners geschildert, als dieser auf einer Konferenz in Haifa 1987 die These vertrat, »die Sprache, in der man über den Holocaust zu sprechen habe, sei einzig und allein das Deutsche«.[79] Doch derselbe Raul Hilberg hatte sich noch eineinhalb Jahrzehnte zuvor auf einer Holocaust-Tagung im kalifornischen San José geweigert, Helmut Krausnick die Hand zu geben, wie Hans

78 Friedländer, in: Jäckel/Rohwer (Hg.), Der Mord an den Juden im Zweiten Weltkrieg, S. 242.

79 George Steiner, The Long life of Metaphor. An Approach to the ›Shoah‹, in: Encounter (1987), S. 55 ff.; die Zitate nach: Hilberg/Söllner, Das Schweigen zum Sprechen bringen, S. 193.

Mommsen vor kurzem berichtet hat: »Er ging davon aus, daß alle Deutschen gewußt hätten, was mit den Juden geschehen sei – und dies schon während des ›Dritten Reiches‹.«[80]

Wie auch immer differenziert wird: die Opposition *deutsch-jüdisch* ist einerseits theoretisch keinesfalls haltbar, andererseits ist sie sehr oft und sehr konkret zu rekonstruieren, und sie wiederholt zumeist genau die bekannte Trennlinie zwischen jenen oben diskutierten Interpretationsvorschlägen. Doch nicht das Private, sondern das Perspektivische interessiert hier. Vor dem Hintergrund der in dieser Arbeit zugrunde gelegten Prämissen erscheint es nachgerade folgerichtig, auch diesen Störungen des wissenschaftlichen Diskurses nachzugehen, die Emotionen als Frage an Gegenstand und Gegenüber ernst zu nehmen und der mißlungenen Kommunikation in geschichtswissenschaftlichen Auseinandersetzungen als neuralgischen Punkten der Erkenntnisbemühungen besondere Aufmerksamkeit zu zollen.

Wenn beispielsweise der Vorwurf, Strukturen seien nicht die ganze Geschichte, schon gar nicht die der Verbrechen während der NS-Zeit, immer wieder gerade von jüdischer Seite gegen Hans Mommsen erhoben wurde und dieser sich nicht nur in der allgemeinen Kommunikation der *Scientific Community* wiederholt erläutern und gegen Mißverständnisse schützen mußte, sondern dies gerade immer wieder (und nicht selten mißmutig) auf Rückfragen von Juden tat,[81] dann ist man geneigt, die Frage nach der (oder einer) »Funktion des Funktionalismus«[82] zu stellen. Diese zumeist emotional vorgebrachte Frage wurde nicht selten zum vehementen Vorwurf gesteigert und wurde deshalb von Mommsen zumeist mit ähnlicher Vehemenz abgewehrt. Bereits 1983, im Jahr von Mommsens Grundlagenartikel zur NS-Judenvernichtung, der den eindrucksvollen Titel »Die Realisierung des Utopischen« trug, kam es bei einer Konferenz zum Eklat anhand genau dieser Konfliktlinie, als Hans Mommsen auf Einladung des Goethe-Instituts in Australien einen Vortrag unter dem

80 Mommsen, »Es geht darum, einen Prozeß zu erklären«, S. 75; für Mommsen ist die Reaktion von Hilberg auf Krausnick selbstverständlich »polemisch«, jede Annäherung an seine eigene Deutung deshalb folgerichtig ein Beitrag zum »weitgehend versachlichten Diskussionsstand« (76).

81 Vgl. etwa Mommsens Bemerkungen, Kritik an der funktionalistischen Interpretation von Nationalsozialismus und Holocaust spiele dem zionistischen Standpunkt in die Hände, und seine Überzeugung, es agiere eine »jüdische Lobby« gegen ihn, in: ebd., S. 83 ff.

82 Vgl. den schon erwähnten Beitrag von Rusinek, Die Kritiker-Falle, hier S. 111 f.

Titel »The ›final solution‹ of the Jewish Question in the Third Reich« im *Shalom College* hielt, einem in den 70er Jahren von eingewanderten deutschen Juden gegründeten Institut. Seine funktionalistischen Thesen wurden nicht wissenschaftlich diskutiert, sondern völlig verständnislos zur Kenntnis genommen. Das größtenteils jüdische Publikum reagierte mit »Befremden, Ärger und sogar Entsetzen« über diese »Verteidigung Hitlers«.[83] Kernpunkt war die These Mommsens, »daß die für die ›Endlösung‹ Verantwortlichen nicht antisemitisch indoktriniert gewesen seien, sondern in der Vernichtung der Juden eine handwerkliche Verrichtung erblickt und eine ›nationale Pflicht‹ zu erfüllen geglaubt hätten«.[84] In einer jüngeren Auseinandersetzung mit dem deutsch-jüdischen Historiker Julius H. Schoeps, der Hans Mommsen und andere Fachhistoriker auf einer Konferenz Anfang Juni 1996 attackierte, kam es zur oben zitierten Feststellung, daß sich in »Zahlen« und »Strukturen« die Geschichte der Opfer nicht wiederfinden lasse. Ihn selbst, so Schoeps, interessiere deshalb »die Perspektive der Opfer mehr als die der Täter«. Hans Mommsen, so ist dem Bericht über diesen Zwischenfall zu entnehmen, soll außerordentlich empört reagiert haben und Schoeps sogar vorgeworfen haben, »Brunnenvergiftung« zu betreiben, »er, Mommsen, habe keine ›nationale Selbstrechtfertigung‹ nötig«.[85]

Diese dramatischen Szenen zugrunde gelegt, stellt sich in der Tat die Frage, ob es sich hier um einfache Mißverständnisse oder um gewollte Polarisierung handelte? Sind das noch normale Deutungskontroversen, oder ist dies bereits »Gedenkpolitik«? Bernd-A. Rusinek hat vor diesem Hintergrund zu Recht an den kritisch-emanzipatorischen Impetus der früh festgelegten theoretisch-methodischen Überzeugungen von Mommsen und vieler seiner Kollegen derselben Generation erinnert: So finden wir Mommsens halb wissenschaftsintern motivierte und halb geschichtsdidaktisch vorgetragene Absage an die »Akzentuierung der moralisch verwerflichen Züge« des Nationalsozialismus bereits Anfang der 70er Jahre, und das in theoretischen Darlegungen, nicht am Forschungsmaterial

83 Das berichtet der Historiker Walter Grab in seinen Erinnerungen, vgl.: Grab, Meine vier Leben, S. 345 f.; auch Grab empfand den Vortrag als »Skandal«, Mommsen habe sich durch seine »Verteidigung Hitlers selbst disqualifiziert«, ebd., S. 346 [Hervorh. v. N.B.]. Die Empörung führte zu einigem Aufruhr, Beschwerden über Mommsen und das Goethe-Institut und sogar zu einer Intervention der israelischen Botschaft.

84 Ebd., S. 345.

85 Renate Schostak, Direkter Weg nach Auschwitz? Bericht über ein Kolloquium der Katholischen Akademie Bayern, in: FAZ, 3. 6. 1996.

selbst.[86] Gerade dies würde, so der kritisch motivierte gedankliche Zusammenhang, zur Exkulpation der alten Eliten und des rechten Spektrums des Bürgertums führen: »Je mehr Raum für die sadistischen Verbrechen und Schurken in einer historischen Darstellung des Nationalsozialismus, desto höher die Trennwand zwischen nationalsozialistischer Diktatur und bürgerlicher Reaktion«, so paraphrasierte Rusinek die damaligen Einwände Mommsens.[87] Doch die Mißverständnisse waren damit nicht ausgeräumt, und sie nahmen im Verlauf der Jahre eher noch zu.[88]

Zu viele Fakten? Oder zu gedankenlose Interpretationen? Dialektik des wissenschaftlich erforschten Details oder des erinnernden Gedenkens? Geteiltes Erkenntnisinteresse oder »zweierlei Holocaust«? Moshe Zuckermann, der dieser und vergleichbaren Auseinandersetzungen mehrere brillante Essays gewidmet hat, geht in seinem so betitelten Buch von der zutreffenden Erkenntnis aus, daß in den diversen Debatten die »Anhäufung des bislang Beigetragenen« eine Art von Verdinglichung erfahren habe, daß es schwierig sei, über das bereits in dritter oder vierter Ableitung Vorgebrachte zu reflektieren. Sein Ansatz zielt auf die den Streitfällen inhärente Dynamik, auf die Grenzen der Auseinandersetzung und die Ambivalenz der Streitdiskurse.[89] Das soll auch hier Ausgangspunkt sein, allerdings weniger durch eine theoretische Reflexion an sich als vielmehr durch eine historische Rückblende und einen Versuch, gerade diesen Streitfall historisch zu verorten.

86 Mommsen, Betrachtungen zur Entwicklung der neuzeitlichen Historiographie in der Bundesrepublik, S. 132. Rusinek, Die Kritiker-Falle, S. 121 f.

87 Ebd., S. 122.

88 Vgl. etwa die Rekonstruktion einer solchen Diskussion und die Interpretation dazu bei Moshe Zuckermann, Konjunkturelle Debatten. Vom Reden über die Vergangenheit in Deutschland, in: ders., Zweierlei Holocaust, S. 118-145, v.a. S. 123 ff.; eine der Folgedebatten in dieser Hinsicht macht einmal mehr deutlich, daß das Mißverstehen der Ausführungen Mommsens in den 90er Jahren im Vergleich zu früher immer leichter zu werden scheint: Im Dezember gab er zusammen mit der Hitler-Biographin Brigitte Hamann ein Interview, das zu empörten Widersprüchen führte, vgl.: Hans Mommsen/Brigitte Hamann, »Hitlers Rolle neu bewerten«, in: Die Woche, 15. 11. 1996; dagegen, v.a. gegen die in diesem Interview effektvoll das Gespräch beendende Formulierung Mommsens, man müsse »Hitler auch als Objekt der Politik« begreifen, wandten sich Johannes Willms, Wenn das der Führer wüßte. Muß Hitlers Rolle neu bewertet werden? Eine Antwort auf Hans Mommsen, in: SZ, 15. 11. 1996. Außerdem: Joachim Fest und Karl Schleunes, in: Die Woche, 29. 11. 1996 und: Till Bastian und Raul Teitelbaum, in: ebd., 6. 12. 1996.

89 Zuckermann, Zweierlei Holocaust, S. 123 f.

Zwar bekam die Kritik am Konzept der Strukturgeschichte und der funktionalistischen Betrachtung der Judenvernichtung und ihren Vertretern, vor allem an Hans Mommsen, in den 90er Jahren noch einmal aufsehenerregende Konjunktur.[90] Die Probleme der systemisch-funktionalen Interpretation der Judenvernichtung, die immer wieder geäußert worden sind, verweisen aber auf ein Grunddilemma der historischen Interpretation selbst. Dabei steht vor allem der Vorwurf an die Geschichtswissenschaft, »das Morden theoretisch eingeebnet«[91] zu haben, im Mittelpunkt. Auch wenn es polemisch genannt werden muß, daß man Mommsen vorgeworfen hat, er selbst hätte durch seine »Seelenlosigkeit« der Strukturgeschichte und durch die von ihm errichteten »seelischen Barrieren« der Abstraktion den Platz für »Geschichtsdilettanten« geschaffen, die nun das Bild von Geschichte prägten,[92] so geht es dennoch um tiefsitzende Interpretationsaporien, deren Herkunft zu kennen und deren Muster vergleichend zu betrachten Erkenntnisfortschritte verspricht. Michael Wolffsohn, von dem dieser Vorwuf stammte, bemängelte zum Beispiel beides, sowohl die superlativischen Überbietungsvokabeln wie »Einzigartigkeit« als auch das Verbarrikadieren hinter Zahlen, Daten und Fakten, was in einer »rein rationalen Methode« »wattierend« und »dämpfend« wirken könne. In der Mischung aus fachlicher Grundlagenkritik und Angriff auf die Person von Hans Mommsen ging beinahe verloren, daß sie eben weder allein ein geschichtspolitischer Kampf um das Ge-

90 Im Auschwitz-Kapitel von Rüdiger Safranskis philosophiegeschichtlicher Studie über die Wahrnehmung und Konzeptionalisierung des Bösen wurde Hans Mommsen jüngst als Vertreter einer Historiographie charakterisiert, die die Verantwortlichkeit des Einzelnen zugunsten einer anonymen Geschichte der Strukturen vernachlässige, vgl.: Safranski, Das Böse oder Das Drama der Freiheit, München 1997.

91 Dieser Vorwurf traf nicht nur Mommsen, sondern z.B. auch Götz Aly und Susanne Heim, als sie Ende der 80er Jahre ihr Buch über die »Vordenker der Vernichtung« präsentierten, z.B. durch Ernst Köhler, in: Schneider (Hg.), Vernichtungspolitik, S. 100.

92 Vgl. in diesem Sinne die scharfe Polemik von Michael Wolffsohn, Geschichtsdilettanten prägen das Bild der Geschichte, in: FAZ, 30. 3. 1997: »Die deutsche Geschichtswissenschaft ist strukturell unfähig, mit der breiten Öffentlichkeit zu kommunizieren. [...] Wer nur Distanz und Gefühllosigkeit anstrebt, erreicht nur Bruchteile der Öffentlichkeit. [...] Hinaus aus dem stilistischen und strukturalistischen Ghetto! Das muß die Devise der Geschichtswissenschaftler sein. Andernfalls werden weiterhin Geschichtsdilettanten das öffentliche Bild von ›Geschichte‹ prägen.« Vgl. auch: ders., Meine Juden – Eure Juden.

dächtnis in den Gedenkjahren der 90er Jahre noch ausschließlich eine Reaktivierung der theoretischen Auseinandersetzung der 70er und frühen 80er Jahre darstellte, sondern eine die NS-Forschung von Beginn an begleitende erkenntnistheoretische Dichotomie: Die Debatte zwischen »Funktionalisten« und »Intentionalisten« war keine rein wissenschaftsinterne »Erfindung« der 90er oder der späten 70er und frühen 80er Jahre, sondern entsprang schon früh jenen Gedächtniskämpfen und Deutungsansprüchen, die in den Ereignissen selbst ihren Ursprung hatten, die um den Fragenkomplex der persönlichen Verantwortung kreisten und die von den Beteiligten von damals in die Forschung überführt werden mußten. Schon die Tatsache der immer wiederkehrenden Konfrontationslinien macht stutzig und sollte nicht vorschnell abgewehrt werden. Im folgenden Kapitel soll also auf die Entstehung und die Erfolgsgeschichte des Funktionalismus geschaut werden, auf seine Argumentationsfigur und seine Themenwahl ebenso wie auf seine Abgrenzungen nach außen. Ausgangsthese ist dabei, daß es sich sowohl in Bezug auf Entstehung und Rezeptionsbesonderheiten als auch in seiner latenten inneren Epistemologie um einen deutschen Diskurs handelt – genauer: um ein Interpretament, der eine deutsche Perspektive artikulierte. »Deutsch« wird hierbei als eine Chiffre verstanden, die die gedächtnistheoretische Perspektivenwahl der wissenschaftlichen Erklärungen thematisiert, in der die nationalsozialistische Judenvernichtung eine Deutung erhält, die weder die Motive der Täter noch die Herkunft der Opfer ins Zentrum der Interpretation rückt.

5.1. »Auf ein drittes Bild hinarbeiten, das den Zeiten standhalten kann ...« (Hermann Mau): Zur Frühgeschichte des funktionalistischen Interpretationskonzepts

Rhetorik der Balance zwischen NS-Regime und Nürnberger Prozessen

In einer programmatischen Rede unter dem Titel »Der Nationalsozialismus als Forschungsaufgabe« und mit der Forderung nach einem »dritten Bild« der NS-Zeit, das »den Zeiten standhalten« könne, hat Hermann Mau, der erste Vorsitzende des IfZ, im Jahre 1952 die Forschungsmaximen der frühen Institutsarbeit dargelegt, die jahrelang zur Substanz des Münchner Instituts beitragen sollten. Diese Rede wird im folgenden näher betrachtet, wobei das Hauptaugenmerk auf die rhetorischen Strategien der Ausbalancierung und der Äquidistanz der Abgrenzung gerichtet werden soll.

»Das erste Bild der nationalsozialistischen Geschichte«, so Mau, habe das nationalsozialistische Regime noch selbst entworfen: »Gegenüber diesem höchst fragwürdigen, aber zweifellos bis heute nachwirkenden Bild« müsse man sich in erster Linie die Tatsache vor Augen halten, daß zu allen Zeiten »für die Mehrzahl der Zeitgenossen die inneren Motive und oft genug auch entscheidende Handlungen der Verantwortlichen im Dunkel« geblieben waren.[1] Die *erste* Balance der Argumentation betraf also das Nicht-Wissen der Bevölkerung im NS-Regime, und Hermann Mau legte dabei betont Wert auf die Feststellung, daß es nicht nur die Motive, sondern auch die Handlungen selbst seien, die in einem »verdichtet[en] Dunkel«, ja in einer »weithin grundsätzlichen Verhüllung des eigentlichen politischen Geschehens« verblieben seien. Dies sei mit Methoden der Propaganda und einer »vorzüglichen Geheimhaltungstechnik« so vollkommen gewährleistet worden, daß es unmöglich gewesen sei, zu erkennen, »was sich jeweils wirklich« abgespielt habe: Verschweigen, Verfälschung und das Erfinden von Fakten seien die Hauptmerkmale der Geschichte der Jahre 1933-1945 gewesen, »wesentliche Teile des Geschehens [seien] den Zeitgenossen durch einen undurchdringlichen Schleier verhüllt geblieben [...]«. Diese erste Darstellung der NS-Zeit war also wesentlich seine Selbstdarstellung gewesen und durch Verfälschung charakterisierbar und Mau, der hier die *zweite* balancierende Austarierung seiner Argumentation vornahm, kontrastierte dieses mit dem

1 Mau, Der Nationalsozialismus als aktuelle Forschungsaufgabe (1952), S. 4 f., in: IfZ Hausarchiv, Nr. 1338/54.

darauffolgenden, zweiten Bild der nationalsozialistischen Geschichte, nämlich dem der Sieger des Zweiten Weltkrieges. Es habe seine klassische Formulierung in dem Urteil des ersten Nürnberger Kriegsverbrecherprozesses vor dem internationalen Militärtribunal gefunden, aber statt, wie dort versprochen, »einen massgeblichen und unparteiischen Bericht« zu erhalten, der »künftigen Geschichtsschreibern als Quelle der Wahrheit« dienen könne, müsse man als Historiker feststellen, daß »wir [...] uns weder mit dem einen noch dem anderen Bild begnügen« könnten, sondern auf »ein drittes Bild« hinarbeiten müßten. Mau hatte mit dieser Proklamation zwischen der Institutsarbeit und der NS-Propaganda auf der einen und den Nürnberger Prozessen auf der anderen Seite genau die gleiche Distanz gelegt. Seine *dritte* Balance betraf das Verhältnis von Arbeitshypothesen und Kärnerarbeit. Mit dem ihm eigenen feinsinnigen Gespür tarierte Mau auch hierbei eine gerechte Mischform aus, mit der dieser »dritte Weg« zu beschreiten sei. Einerseits benötige man die »richtige Frage«, andererseits die Einsicht, daß Zeitgeschichte eine »undankbare und mühselige »Kleinarbeit« sei, mit der man »Stein auf Stein zusammenzutragen« habe.[2]

Neben diesen vergangenheitspolitischen Abgrenzungen und Weichenstellungen im allgemeinen wurden in dem Text von Mau auch gewichtige inhaltliche Vorgaben im speziellen skizziert, mit denen der zentrale Zusammenhang zwischen dem »Staat Hitlers« und der Judenvernichtung zu erklären sei. Diese Skizze nahm die Sichtweise vorweg, die später als »Funktionalismus« bzw. »Strukturalismus« zur regelrechten Erklärungsschule werden sollte, wie sie Hans Buchheim, Martin Broszat und Hans Mommsen in den 60er, 70er und 80er Jahren mit unterschiedlichen Schwerpunkten vertreten sollten. Umgekehrt formuliert: Mau begründete hier eine der einflußreichsten Interpretationsschulen der NS-Historiographie, deren Bedeutung bisher primär wissenschaftsimmanent erörtert wurde, also im Hinblick auf die Reichweite und Grenzen ihrer Analyse in Kontrast zum »Intentionalismus«, nicht dagegen in bezug auf die Historizität ihrer Entstehung. Insgesamt hat die Forschung hierzu nur wenige und sehr pauschale Angaben gemacht, die vor allem auf den Angaben der

2 Alle Zitate in: Mau, Der Nationalsozialismus, S. 16; die Abgrenzung von den Materialien des Nürnberger Kriegsverbrecherprozesses auch in: ders., Die deutschen Archive und Dokumente in den Vereinigten Staaten. Bericht des Generalsekretärs über eine auf Einladung des State Department in Washington unternommene Reise in die Vereinigten Staaten [10 S., Aug. 1951], in: IfZ, Gründungsunterlagen, ID 1, Bd. 5, S. 3 f.; vgl. auch: Taylor, Die Nürnberger Prozesse.

funktionalistischen Schule selbst basierten und die die großen Vorbild-Studien von Ernst Fraenkel und Franz Neumann in den 40er Jahren zur Genealogie des Strukturalismus zählen.[3] Das ist historiographiegeschichtlich nicht falsch, zumal Mau beispielsweise Franz Neumann auf seiner Amerika-Reise kennengelernt hatte und ihn als »ausgezeichneten Kenner des Nationalsozialismus« vorgestellt bekam,[4] aber gedächtnistheoretisch höchst einseitig, denn der allgemeine Verweis auf diese im Exil entstandenen englischsprachigen Arbeiten bleibt völlig losgelöst von der lange Jahre in Deutschland vorherrschenden Skepsis gegen Arbeiten zum Nationalsozialismus aus dem Ausland, zumal denen von Emigranten. Neumann war außerdem auch im Auftrag der amerikanischen Regierung an der Zusammenstellung des Materials für den Nürnberger Prozeß beteiligt gewesen – dies aber war der Quellenkorpus, gegen den sich die Grundargumentation des frühen Funktionalismus richtete. Die Rezeption der Bücher von Fraenkel und Neumann setzte schließlich erst in den 60er Jahren ein,[5] im folgenden soll dagegen gezeigt werden, daß *erstens* das Argumentationsmuster und das Begriffsrepertoire des Strukturalismus schon Anfang der 50er Jahre komplett ausgebildet waren und daß dies *zweitens* auf einer deutschen Diskussion beruhte, die sich, gerade umgekehrt, von den Arbeiten und Sichtweisen des Auslandes abzugrenzen versuchte: »Heute ist die wichtigste politische Funktion des Instituts«, so eine Selbstdarstellung des IfZ von 1952, »der ausländischen Forschung anstelle von Memoiren und Enthüllungen echte Forschung vom deutschen Standpunkt gegenüberzustellen«.[6] Und in einer Denkschrift an Bundespräsident Theodor Heuss vom Dezember desselben Jahres wurde vom IfZ gefordert, »Deutschlands Stimme in der weltweiten Aus-

3 Vgl.: Fraenkel, The Dual State, New York 1941; Neumann, Behemoth, Köln/Frankfurt a.M. 1977 [zuerst engl.: 1942; überarbeitet: 1944]. Klaus Hildebrandt, Ian Kershaw und Otto D. Kulka haben z.B. diese Arbeiten als »Wegbereiter« des Strukturalismus bezeichnet; vgl: Hildebrand, Das Dritte Reich, S. 129 f.; Kershaw, Der NS-Staat, S. 120; Kulka, Die deutsche Geschichtsschreibung über den Nationalsozialismus und die »Endlösung«, S. 607; ders., in: Jäckel/Rohwer (Hg.), Der Mord an den Juden im Zweiten Weltkrieg, S. 68; auch Martin Broszat hat auf diese Arbeiten als Ursprung des Funktionalismus verwiesen, z.B.: ebd., S. 240.

4 Mau, Tagebuch der Reise in die Vereinigten Staaten, in: IfZ/ID 101, Bd. 1, S. 78.

5 Kershaw, Der NS-Staat, S. 120.

6 Das Institut für Zeitgeschichte München (1952) [6 S.], in: IfZ/Gründungsunterlagen 1951-54, ID 1, Bd. 5, S. 1 f.

einandersetzung über die Fragen der nationalsozialistischen Zeit zu Gehör zu bringen«.[7]

»Die Rolle des unpolitischen Individualisten«: Hermann Mau

Hermann Mau wurde am 1. Juli 1913 als viertes von sechs Kindern in Hoyerswerda geboren, sein Vater August Mau war Arzt.[8] Er besuchte die Thomas-Schule in Leipzig, war hier Mitglied im Thomaner-Chor und begann 1932 in Leipzig auch sein Studium, u.a. bei Hans Freyer und Hermann Heimpel, das er im Juli 1940 mit einer mediävistischen Promotion über »Die Rittergesellschaften mit St. Jürgenschild in Schwaben« abschloß, einer Arbeit über die politische Geschichte der schwäbischen Ritterschaft bis 1437. Seit 1941 arbeitete er als Assistent Heimpels an dessen Lehrstuhl in Straßburg, wo er die Seminarbibliothek aufbaute und eine Edition des sogenannten Oberrheinischen Revolutionärs mit vollständiger Abschrift der Colmarer Handschrift begann.[9] Auch seine Habilitation *Cluny und das Reich* wählte ein mittelalterliches Thema, Mau selbst gab später an, die Arbeit sei »aus der Auseinandersetzung mit der nationalsozialistischen Überspannung des Reichsgedankens herausgewachsen«.[10] Im Jahre 1944 erhielt er eine Dozentur für Mittlere und Neuere Geschichte an der Universität Jena, im September desselben Jahres war er für zwei Wochen Wehrmachtsrekrut. Das Kriegsende erlebte Mau in Leipzig, wo er am Herbst 1946 den Lehrstuhl für mittelalterliche Geschichte vertrat und sich politisch beim Aufbau der CDU engagierte. Mau bekam im Jahr darauf Konflikte mit der sowjetischen Besatzungsbehörde, wurde für mehrere Wochen inhaftiert und entzog sich der Verpflichtung für Spitzeldienste durch seine Flucht in den Westen.

Mau war in den 20er und 30er Jahren von der Jugendbewegung geprägt worden,[11] und in dieser Tradition gründete er in der Nachkriegszeit

7 IfZ an Bundespräsident Theodor Heuss vom 1. 12. 1952 [8 S./Entwurf], in: ebd., S. 7.

8 Vgl.: Lebenslauf von Hermann Mau [5 S.], in: IfZ, Gründungsunterlagen 1951-1954 ID 1, Bd. 5.

9 Ebd., S. 2; Heimpel, Nekrolog, in: HZ 175 (1953); wieder in: ders., Aspekte, S. 233.

10 Mau, Lebenslauf, S. 2; Heimpel, Nekrolog, S. 233.

11 »Der Verlauf des Studiums stand im Zeichen der Nachwirkungen meiner Begegnung mit der Jugendbewegung. Vom Erlebnis der Gemeinschaft her, das der wesentlichste Inhalt dieser Begegnung war, stellte sich die Frage nach dem Wesen sozialer Formen und Strukturen, und von der im gleichen Zusammenhang gewonnenen Einsicht in die soziale Krisenlage der eig[e]nen

nach seiner Übersiedlung nach München das erste Gemeinschafts-Wohnheim für Arbeiter und Studenten am Maßmannplatz in München. Er war in München zuerst Mitarbeiter beim »Bayrischen Rundfunk« und wurde 1950 als Dozent für neuere Geschichte zugelassen. Im Jahre 1950 wurde er dann nach der Gründungsphase unter Kroll erster »Generalsekretär« (in den ersten Jahren war dies die Bezeichnung für den Direktor) des IfZ, wenn auch nur für kurze Zeit. Am 25. Oktober 1952 verstarb Mau, noch keine 40 Jahre alt, nach einem Autounfall.

Die Stellenausschreibung für die Position am IfZ beinhaltete die Formulierung, der Kandidat müsse »frei von jeder Beziehung zur NSDAP« sein, mit Hermann Mau wurde allerdings ein Mitglied des NS-Dozentenbunds erster Direktor, der in seinem Lebenslauf hierzu anmerkte, seine Mitgliedschaft sei »formal« bzw. eine »Zwangsmitgliedschaft« gewesen:[12]

> »Meine grundsätzliche Gegnerschaft zum Nationalsozialismus klärte sich für mich bereits im Jahre 1931, in der Auseinandersetzung mit dem älteren Bruder, der den entgegengesetzten Weg ging und später kleiner Parteifunktionär wurde. An dieser Gegnerschaft hat sich bis ans Ende nichts geändert. Ich habe indes keinen Anteil am deutschen Widerstand. In der Rolle des unpolitischen Individualisten, auf die ich mich 1933 festlegte, kam ich einigermaßen unbehelligt über die Jahre.«

Der wissenschaftliche Beirat, für den Hellmut Becker sprach, als er intern das »sachliche Dilemma« der Besetzungsproblematik erläuterte, bezeichnete die Eignung von Mau als »ungewöhnlich glücklichen Ausweg«: Man benötige einen »moderne[n] Menschentyp« und es sei wichtig, so Becker, »einen Mann für diese Stellung zu gewinnen, der persönlich zwar dem Nationalsozialismus absolut ferngestanden hat, aber trotzdem gemerkt hat, was in dieser Zeit menschlich und geistig passiert ist, im Guten wie

Gegenwart her richtete sich der Blick nach jener – zunächst in romantischer Idealisierung vorgestllten – Ordnung der Vergangenheit, deren Zerstörung diese Krise heraufbeschworen zu haben schien« (ebd., S. 1); vgl. auch: Erdmann, Erinnerungen an Hermann Mau, in: 25 Jahre Institut für Zeitgeschichte, S. 22-24; Carl Friedrich v. Weizsäcker, Worte, gesprochen am Grabe von Hermann Mau am 30. 10. 1952 [2 S.], in: IfZ/Gründungsunterlagen 1951-54, ID 1, Bd. 5, S. 1.

12 Ausschreibung in: DUZ 5 (1950), Heft 19 vom 6. 10. 1950; Mau, Lebenslauf, S. 3: »Meine formalen Beziehungen zur NSDAP beschränken sich auf eine einjährige einfache Mitgliedschaft vom 1. April 1943 bis zum 31. März 1944 beim NSD-Dozentenbund, die in statu habilitandi eine Zwangsmitgliedschaft war.« Hier auch das folgende Zitat.

im Bösen.«[13] Auch Hermann Heimpel betonte im Verlauf der Besetzungsfrage Maus Kompetenz im »geistesgeschichtlichen Sektor der Angelegenheit«, mit diesen Fragen sei er »unmittelbar [...] verbunden«.[14]

Auch die Forschung bezeichnete ihn als einen »Glücksfall für das Institut« und als »bemerkenswerte Persönlichkeit«.[15] Außer seiner Arbeit über die Geschichte der Jugendbewegung blieben seine Arbeitsvorhaben, z.B. über den 30. Juli 1934 und eine Darstellung der nationalsozialistischen Zeit für die *Deutsche Geschichte* von Peter Rassow, unvollendet, letztere wurde von Helmut Krausnick abgeschlossen.[16] Trotzdem gelang ihm in der kurzen Spanne seiner Direktorenzeit eine »bemerkenswert erfolgreiche Tätigkeit«: er habe die verschiedenen Strömungen im und um das Institut herum zu versöhnen vermocht und aufsehenerregende Erfolge bei der Rückführung umfangreichen Quellenmaterials aus den USA aufzuweisen gehabt.[17] Auch sein Konzept der wissenschaftlichen Erforschung der Geschichte des Nationalsozialismus sei von einer »tief-

13 Becker, Brief an Staatssekretär Dieter Sattler vom 28. 10. 1950, in: IfZ/ID 101, Bd. 1: Korrespondenz Hermann Mau; die Hoffnung auf »einen moderne[n] Menschentyp« in: Becker, Brief an Staatssekretär Erich Wende vom 2. 11. 1950: Mau habe den Nationalsozialismus »immer bekämpft«, zugleich »hat ihm eine enge Beziehung zur Jugendbewegung ermöglicht, nicht zu übersehen, was im nationalsozialistischen Lager immerhin geschehen ist« (ebd.).

14 Mau bewarb sich um die Stelle, er hatte hierbei die Unterstützung seines Lehrers Heimpel, der z.B. die Bedenken von Gerhard Ritter über Maus »rein mittelalterliche Fachrichtung und Ausbildung« zu zerstreuen suchte: »Bei ruhigem Nachdenken halte ich ihn dafür für viel geeigneter, als wir das in München ins Auge fassten. [...] Ein ernsthafter Kandidat wie ich meine«, vgl.: Heimpel, Brief an Gerhard Ritter vom 20. 10. 1950, sowie die Antwort von Ritter, Brief an Hermann Heimpel vom 24. 10. 1950, beide in: AVHD (1).

15 Schulze, Deutsche Geschichtswissenschaft, S. 238 und 237; vgl. auch die Formulierung Hellmut Beckers, Mitglied des wissenschaftlichen Beirates im IfZ, der Mau in seinem Gutachten seinerzeit »unauffällig« und »unambitiös« im positiven Sinne nannte, und ihm bescheinigte, sich »wohltuend von den alten Professorentypen der Vergangenheit« abzuheben, in: Becker, Das Arbeitsprogramm vor 25 Jahren, in: 25 Jahre Institut für Zeitgeschichte, S. 26.

16 Mau/Krausnick, Deutsche Geschichte der jüngsten Vergangenheit; vgl. hierzu oben Kap. 4.1; Mau, Die deutsche Jugendbewegung. Rückblick und Ausblick (Jahrbuch der Jugendarbeit), München 1949; ders., Die »Zweite Revolution«. Der 30. Juni 1934, in: VfZ 1 (1953), S. 119-137.

17 Mau, Tagebuch der Reise in die Vereinigten Staaten (Juni/Juli 1951) [86 S./ Durchschlag], in: IfZ/ID 101, Bd. 1.

empfundenen politischen Verantwortung für diese Phase der Geschichte« getragen worden.[18] Rassow schrieb 1956 anläßlich einer Separat-Veröffentlichung, man könne nicht ohne Bewegung lesen, »wie ein Mann seiner Generation« es vermocht habe, »seiner Zeit die großen historischen Kräfte abzuspüren«. Mau, so Rassow, habe das Talent gehabt, »in dem von Leidenschaften aufgewühlten Meer, das für uns alle die Erinnerung an die Hitler-Zeit bedeutet, nach festen Sternen den Kurs zu bestimmen, den das Schiff der Geschichtsschreibung einhalten mußte. Er wußte zu unterscheiden, das Wichtige vom Unwichtigen abzuheben, so daß in seiner Darstellung der Blick des Lesers beim Wichtigen festgehalten und der Überblick über das Ganze ermöglicht wird.« Seine Einteilung des Stoffes habe sich bewährt und deshalb durchgesetzt.[19] In einem Nachruf auf Mau hält der Tätigkeitsbericht des IfZ für die zweite Jahreshälfte 1952 fest, daß Maus Verdienste vor allem darin gelegen hätten, »die immer noch weitgehende Befangenheit im Emotionalen zu überwinden«. Zugleich wurde gelobt, daß er die »Gabe […], sich in die Erscheinungen und Triebkräfte der jüngsten Zeit einzufühlen«, gehabt hatte:

> »Er erkannte eine Aufgabe der Geschichtswissenschaft darin, zu ermitteln, auf Grund welcher Kräfte und *nach welcher Gesetzmäßigkeit* heute politische Macht dahin tendiert, zum *Apparat* zu werden, der seinem Inhaber unter den Händen wächst und ihn immer weiter treibt. Der Nationalsozialismus schien ihm untergründige Tendenzen unseres Zeitalters überhaupt sichtbar zu machen und insofern Gelegenheit zu bieten, sich ihrer geistig zu bemächtigen.«[20]

In der Tat: Hermann Mau hatte diesen Kurs »nach festen Sternen« bestimmt und eingeschlagen. Aber er hätte sich wohl kaum selbst träumen lassen, daß er in dieser Zeit der Weichenstellungen der späten 40er und frühen 50er Jahre ein Programm formuliert hatte, das Vorbild für mehrere Jahrzehnte werden sollte. In seinen wichtigen, aber unpubliziert gebliebenen Grundlagenvorträgen, seinem Habilitationsvortrag *Die Akten der großen Nürnberger Kriegsverbrecherprozesse als Geschichtsquelle* von 1950 und der teils nur in handschriftlichen Notizen vorliegenden Ideen-

18 Schulze, Deutsche Geschichtswissenschaft, S. 239.

19 Rassow, Nachwort, in: ebd., S. 201-203 (202 f.). Auch Becker betont den großen Einfluß der kurzen Ära von Hermann Mau: Diese Jahre hätten die Richtung gewiesen, die das Institut auch tatsächlich gegangen sei, vgl.: Becker, Das Arbeitsprogramm vor 25 Jahren, S. 28.

20 IfZ Tätigkeitsbericht für die Zeit vom 17. 5. bis 6. 11. 1952, in: IfZ/ID 101, Bd. 1.

skizze *Der Nationalsozialismus als aktuelle Forschungsaufgabe*[21] hat er wesentliche Interpretationshilfen für ein zeitgenössisches Narrativ vorgelegt, die den Nationalsozialismus in den 50er Jahren wissenschaftlich beschreibbar machten. Was war nun der »Kurs«, den »das Schiff der Geschichtsschreibung« von Hermann Mau einschlug? Worin sah er das Wichtige, wie setzte er seine Unterscheidungen, und wie verortete er innerhalb des Gesamtüberblicks die Vernichtung der Juden? Welches Täterbild und welches Bild vom Nationalsozialismus kann aus den wenigen Texten, die wir heute von Mau haben, rekonstruiert werden?

Der bereits oben, in Kapitel 3, angesprochene ambivalente Umgang mit dem Gesamtbild vom Nationalsozialismus und der in ihm verorteten Judenvernichtung gilt auch für die wissenschaftsorganisatorische Tätigkeit des ersten Direktors, und das, obwohl Mau sehr früh von der allgemeinen »geistigen Bewältigung« der nationalsozialistischen Zeit gesprochen hat.[22] Seine Beschreibung vom Verhältnis zwischen Tätern

21 Vgl. den ersten Beitrag in: IfZ, Hausarchiv, Nr. 2367/59 (Masch.schr., datiert auf den 22. 12. 1950); der zweite Beitrag ist verzeichnet: ebd., Nr. 1338/54 (Masch.schr. und handschriftlich ab Seite 5, teilweise ausformuliert, teils in Stichworten, datiert auf den 12. 3. 1952). Beide Texte enthalten handschriftliche Korrekturen Hermann Maus. Ich zitiere im folgenden die nicht gestrichenen Passagen, ohne dies zu erwähnen, weise dagegen die ursprüngliche Fassung extra nach; vgl. auch Schulze, Deutsche Geschichtswissenschaft, S. 238 und 239.

22 Mau, Die Akten, S. 2: »Es bedarf keiner ausführlicher Begründung für die Feststellung, dass hier eine höchst bedeutende Aufgabe wartet, die vor allem eine deutsche Aufgabe ist. Wenn irgendwo, dann trifft gerade hier die Geschichtswissenschaft ein hohes Mass an Verantwortung für unsere geistige und politische Zukunft. Insofern nämlich, als der Erforschung der nationalsozialistischen ~~Zeit~~ [Durchstreichung im Orig. N. B.] Geschichte eine entscheidende Rolle in der Bewußtseinsbildung unserer Zeit zufällt. Die Erkenntnis, das heisst: die geistige Bewältigung seiner Schicksale [sic!], ist für das Leben eines Volkes so wichtig wie für das Leben des Einzelnen […].« [Durchstreichung von H. M.] Dies ist wohl der früheste Nachweis für den Terminus technicus »Bewältigung«, siehe auch unten, Kap. 3 und 3.1; vgl. dagegen: Schulze, Deutsche Geschichtswissenschaft, S. 238 f. Er zitiert den zwei Jahre jüngeren Vortrag von 1952, in welchem Mau von der »Verpflichtung zur unablässigen Bemühung um die geistige Bewältigung unserer jüngsten Vergangenheit« spricht, vgl.: Mau, Der Nationalsozialismus, S. 2. Ulrich v. Hehl nennt dieses Zitat ausdrücklich, aber irrtümlich den frühesten Nachweis (vgl.: v. Hehl, Kampf um die Deutung, S. 413), insgesamt aber hält er die Herkunft des »Wortungetüms« Vergangenheitsbewältigung als »noch nicht zureichend geklärt« (414).

und Opfern hatte dagegen langwierige Folgen. Was vor diesem Hintergrund die »Verpflichtung zur unablässigen Bemühung um die geistige Bewältigung unserer jüngsten Vergangenheit« (Mau) hier speziell bedeuten sollte, welche Zeitspezifik in die Argumentation einging und was Mau nun inhaltlich unter dem »dritten Weg« historischer Erkenntnis erarbeitete, soll im folgenden Thema sein.

Das Ganze und das Teil

Hermann Mau begann seinen Vortrag über »Die Akten des großen Nürnberger Kriegsverbrecherprozesses als Geschichtsquelle« mit einem Hinweis auf Jacob Burckhardts Wort von den »Feinden der [geschichtlichen] Erkenntnis« und der »dichten Hecke von Absichten«, die sich ihr stets in den Weg stellten. Er drückte seine Überzeugung aus, daß dies gerade bei zeitgeschichtlichen Themen der Fall sei, »in die wir uns mit unserer Existenz ~~in dieser oder jener Weise~~ verstrickt wissen und die zu ihrer Deutung, wie Burckhardt sagt, ›der ruhigen Betrachtung aus grösserer Entfernung‹ bedürften.«[23] Die zentrale Funktion dieser Eröffnung über die Zeit des Nationalsozialismus war seine Bestimmung des »Wesens totalitärer Systeme«:

> »Das Geheimnis, das für die Mehrzahl der Zeitgenossen immer über die innersten Motive und oft genug über entscheidende Handlungen der Verantwortlichen gebreitet ist, verdichtet sich im totalitären Sy-

23 Mau, Die Akten, S. 1 [Durchstreichung im Orig., N.B.]. Auch im Vortrag von 1952 verweist Mau auf Burckhardt und auf »die Abneigung gegen das, was man gemeinhin ›Zeitgeschichte‹ nennt«, womit er sowohl Kritik an den Universitäten übt als auch Verständnis für diese »Abneigung« äußert, da uns in diesem Bereich »erkenntnishindernde Absichten (unausweichlich) bedrängen […], wenn wir die Geschichte unserer eignen (sic!) Zeit zum Gegenstand unserer Betrachtung machen – Geschichte also, von der wir selbst ein Teil sind, Geschichte, in die wir, mitleidend oder mithandelnd, mit unser Existenz verstrickt sind« (Der Nationalsozialismus, S. 1). Zum Konzept des »Verstrickt-Seins« vgl. die philosophische Abhandlung des Juristen, Phänomenologen und Husserl-Schülers Wilhelm Schapp, In Geschichte verstrickt (Hamburg 1953); dieses für die 50er Jahre so typische Buch erklärte dem dankbaren Leser, daß »wir Menschen immer in Geschichten verstrickt [sind]. Zu jeder Geschichte gehört ein darin Verstrickter. Geschichte und In-Geschichte-verstrickt-sein gehören so eng zusammen, daß man beides vielleicht nicht einmal in Gedanken trennen kann.« Schapp unterscheidet zudem in »Ichverstrickung« und »Wirverstrickung«, in »Eigenverstrickung« und »Fremdverstrickung« (vgl. S. 87, 100 und 120 ff.).

stem zu einer grundsätzlichen Verhüllung des eigentlichen politischen Geschehens.«[24]

Das totalitäre System wurde hier nicht durch die Beteiligung der Mehrheit, sondern gerade umgekehrt durch ihr Unwissen charakterisiert. Dieser Hinweis war zu seiner Zeit ein Topos im allgemeinen Diskurs – er galt den Vernichtungslagern im Osten und provozierte sicherlich keinen Widerspruch bei den Zuhörern des Vortrages. Mau kritisierte hier aber auch, daß man sich nun allein den »Enthüllungen«, der temporären »Tagespublizistik«, die selbst wiederum nur »Teilwissen« biete, zugewendet habe: Dies »hindert die geschichtliche Erkenntnis, weil diese sich notwendig aufs Ganze des Geschehens richten« müsse.[25] Hier war gleich zu Beginn der Begriff des »Ganzen« eingeführt worden, der in diesem Text im Zusammenhang mit dem Thema der Judenvernichtung seine Funktion erhielt. Mau stellte das eigene Erleben und dessen durch Propaganda eingeschränkte Wahrheit als das »falsche Ganze« dar, auf der anderen Seite standen die Verbrechen als der »Teil« des Ganzen, den man nicht wußte, den man erst hinterher erfahren habe und den man nicht verstehen könne, ohne Einsicht in das »System«, den »Apparat« zu nehmen, der dieses Nicht-Wissen produziert hatte.

Nachdem Mau die Bedeutung der »deutschen Aufgabe«, nämlich »die geistige Bewältigung seiner [des Volkes] Schicksale«,[26] seiner »jüngsten Vergangenheit«,[27] betont hatte (einer Aufgabe, die er hier als eine Art auf Dauer gestellte Arbeit und als eine von der Gesamtheit zu erbringende Haltung definierte), diskutierte er die hierbei auftretenden materiellen und psychologischen Schwierigkeiten. Diese bestehe vor allem darin, »jene

24 Mau, Die Akten, S. 1; ders., Der Nationalsozialismus, S. 4.

25 Mau, Die Akten, S. 2.

26 Ebd., S. 2.

27 Mau, Der Nationalsozialismus, S. 2. Hier auch die treffende Mahnung über die akademische Behäbigkeit in bezug auf das Thema. Das IfZ könne »die Gesamtaufgabe: die geistige Bewältigung unserer nationalsozialistischen Vergangenheit nicht allein und nicht […] stellvertretend für andere leisten und eines Tages eine Art Patentlösung vorlegen, die andre der Mühe enthebt, sich mit dieser Vergangenheit auseinanderzusetzen. […] Die geistige Auseinandersetzung mit der Vergangenheit ist die Aufgabe der breiten Schicht derer, die unser geistiges Leben tragen. Und die Bewältigung der Probleme, die sich dabei stellen, kann nur in gemeinsamer Bearbeitung aller Berufenen geleistet werden« (S. 5).

Schwarz-Weiss-Optik«[28] der Nachkriegszeit und der Kriegsverbrecherprozesse zu überwinden. Sie sei in der »sehr verständlichen – aber erkenntnisfeindlichen Erregung der Nachkriegszeit entstanden«,[29] in ihr sei geschichtliche Wahrheit nicht zu fassen, denn es gehe »weder um die Rehabilitierung des Nationalsozialismus noch um die Rechtfertigung der Kollektivschuldthese. Es geht vielmehr zunächst allein um die saubere Klärung der geschichtlichen Sachverhalte.«[30] Nötig sei deshalb eine historische Betrachtung ohne »Ressentiment«.[31] Dafür wiederum sei ein Zugang zu den von alliierter Seite erbeuteten Aktenbeständen nötig, da alle publizierten Quellen, allen voran natürlich die Nürnberger Prozeßakten und -Protokolle »nicht aus historischem, sondern aus juristischem Interesse erfolgt« seien. In ihnen sei nicht die Wahrheit zu finden, sondern das, was die Urteilsfindung aus »Anklage« und »Verteidigung« gemacht habe.[32] In den Prozessen, so Mau, sei es »um das Recht und nicht um die Geschichte« gegangen, »rechtliche, genauer: strafrechtliche Gesichtspunkte standen im Mittelpunkt des Verfahrens [...], abgesehen davon, dass in diesem ganz buchstäblich *vor den Augen der Welt* abrollenden Verfahren nahezu jedes Wort sozusagen *im Angesicht der Geschichte* gesprochen worden ist.«[33] Die Aktenauswahl sei »einseitig« erfolgt, mehr »Belastungszeugnis«[34] als Mittel zur Wahrheitsfindung, hierbei vorgenommene Fälschungen seien wahrscheinlich. Außerdem seien die »Initiatoren des Prozesses« von einem ganz eigenen Geschichtsbild ausgegangen, das sich in Anklage und Urteil niedergeschlagen habe.[35] Zudem dominierten die Zeugenaussagen mit ihren je eigenen Interessen gegenüber den schriftlichen Akten: »Es liegt auf der Hand, dass unter diesen

28 Mau, Die Akten, S. 3. Auch im anderen Vortrag ist von »psychologische[n] Hemmnissen« angesichts der durch die Strafverfahren verursachten »Schwarz-Weiß-Optik« die Rede, mit der »die geschichtliche Wahrheit nicht zu finden« sei (ders., Der Nationalsozialismus, S. 6 und 7).

29 Mau, Der Nationalsozialismus, S. 8.

30 Mau, Die Akten, S. 3.

31 Ebd.

32 Ebd., S. 5. Man müsse aus dem »Spannungsfeld von Anklage – Verteidigung« herauskommen, so auch in: Mau, Der Nationalsozialismus, S. 7.

33 Mau, Die Akten, S. 8 [Hervorh. v. N.B.]. Ähnlich: ders., Der Nationalsozialismus, S. 13. Hier sei noch einmal an die zweimal verwendete Metaphorik des Gesehenwerdens erinnert, die den Scham-Diskurs charakterisiert.

34 Mau, Die Akten, S. 14.

35 Ebd., S. 8 f.

Umständen das Bild der Anklage und das Bild der Verteidigung gleichweit von der Wahrheit entfernt sein können.«[36]

Mau zählte noch weitere Mängel der Nürnberger Dokumentensammlung auf. Dann aber machte der Text eine scharfe Wendung: Man solle sich, so Mau, mit den Nürnberger Akten nicht beschäftigen, ohne »wirklich in sich aufgenommen zu haben«, daß in ihnen »Kriegsverbrechen und Verbrechen gegen die Menschlichkeit [...] in einem Umfang und in einer Furchtbarkeit« zur »Evidenz gebracht [wurden], die über alle Vorstellung hinausgeht«.[37] Aber angesichts dieses »apokalyptischen Grauens« liege es in der »Natur der Sache, dass diese Dinge in den Akten einen breiten Raum einnehmen«. Und notwendigerweise sei dadurch »ein Ausschnitt des Gesamtbildes in eine grelle Überlichtung gerückt worden, die andere Stellen des Bildes unseren Augen dunkler erscheinen läßt, als sie tatsächlich sind«. Der Historiker, so das erste Fazit Hermann Maus, müsse »in der Verwendung des Quellenmaterials andere Wege einschlagen, als es die Nürnberger Ankläger [...] getan haben.«[38]

Mau versuchte nun genau dies, indem er an den Beginn seiner Ausführungen anknüpfte und die Frage »nach der Technik der Macht des Nationalsozialismus« in den Mittelpunkt seiner Aufmerksamkeit rückte.[39] Für ihn stand fest, daß sie generell vernachlässigt werde, und er warf im letzten Drittel des Textes der Nürnberger Anklage vor, sie hätte die Frage nicht nur nicht gestellt, sondern sie hätte sie wahrscheinlich nicht einmal verstanden: »Es scheint nahezu unmöglich zu sein, die Technik totalitärer Macht zu durchschauen, wenn man nicht selbst in einem totalitären Regime gelebt hat.«[40] Mau kehrte also nicht nur zu seinem Anfangsthema, sondern zugleich auch zu dem bereits festgestellten Grundwiderspruch seines Textes zwischen Ganzem und Teil zurück: In einer totalitären Diktatur sei es *eine* ihrer Besonderheiten, daß sie es zustande bringe, ihre Motive, ja sogar die in ihr vollzogenen Handlungen unbemerkt, heimlich und hinter dem Schleier der Undurchdringlichkeit zu belassen. Wenn man aber Auskunft über eben genau dieses System, dieses Regime und diese spezielle »Technik der Macht« erhalten möchte, dann könne man

36 Mau, Die Akten, S. 11. Vgl. kritisch zur nationalen Ächtung der Kriegsverbrecherprozesse als einer Art »juristischer Morgenthauplan« und als »primitiver Rachedurst der Sieger« die Beiträge in: Friedrich/Wollenberg (Hg.), Zur Enttabuisierung der Nürnberger Kriegsverbrecherprozesse, S. 8.

37 Mau, Die Akten, S. 15. Hier auch die folgenden beiden Zitate.

38 Ebd., S. 16.

39 Ebd., S. 17.

40 Ebd., S. 18.

sich aber auf gar keinen Fall auf die von außen herangetragenen Sichtweisen halten, da man sie unmöglich durchschauen kann, wenn man selbst nicht von ihr hinters Licht geführt worden sei.[41]

»Vermutlich nur eine zweistellige Zahl«: Die Geburt des Strukturalismus aus dem Geist der Apologie

Hinter dieser einer Rhetorik der Balance verpflichteten Argumentationskette stand eine alles zusammenhaltende These, die Mau auf den letzten vier Seiten entwickelte: Der durch eine funktionalistische Interpretation zu erbringende Nachweis, daß der Grund sowohl für Massenvernichtungen als auch für die verbreitete Unkenntnis über sie, nicht Ergebnis, sondern Ausgangspunkt der Forschung zu sein habe. Man habe nicht zu eruieren, ob dies so gewesen sei, so Mau, sondern erforschenswert sei, wie diese Anonymität entstehen konnte »und was sie so wirksam macht (eine der erregendsten Fragen für uns)«.[42] Mau diskutiert im folgenden die »Zuständigkeiten« im NS-Staat, erwähnt die »komplizierten graphischen Darstellungen des Aufbaus der staatlichen, militärischen und parteilichen Instanzen« im damals geltenden Recht und fügt hinzu:

> »Was in diesen graphischen Darstellungen nicht wiederzugeben war und was daher von der Anklagebehörde auch gar nicht verstanden werden konnte, das ist die Tatsache (die übrigens den Beteiligten selbst kaum zu Bewußtsein gekommen ist), dass die totalitäre Praxis den verfassungsmäßigen Aufbau sowohl des Staates als auch der NSDAP im Lauf der Jahre weitgehend zersetzt hat, so dass am Ende zwischen dem de-jure-Zustand und dem de-facto-Zustand ein sehr erheblicher Unterschied bestand.«[43]

Es habe seit 1937 keine »Regierungssitzungen« mehr gegeben, der Kabinettsrat habe nicht mehr getagt, Hitler habe ständig neue Instanzen, Ämter und Gremien geschaffen, »deren Zuständigkeiten er ohne jede Rücksicht auf verfassungsrechtliche Gegebenheiten regelte«:

> »Die Ämterhierarchie innerhalb der obersten Behörden war vielfältig durchbrochen durch improvisierte Massnahmen, die etwa untergeordneten Beamten unter Umgehung ihrer nächsten Vorgesetzten direkt der höchsten Instanz unterstellten.«[44]

41 Ebd.
42 Mau, Der Nationalsozialismus, S. 16.
43 Mau. Die Akten, S. 18.
44 Ebd., S. 18 f.

Das Insistieren von Mau auf der These des »Kompetenzenchaos« geschah an dieser Stelle nicht zufällig, sondern hatte eine Funktion. Seine Argumentation kreiste nach wie vor um das Schlüsselthema »Verantwortung« im Dritten Reich, und er fuhr fort, es sei also

> »denkbar – und das ist durchaus vorgekommen –, dass ein einfacher Referent einer Behörde im Auftrag des obersten Behördenchefs *strafrechtlich relevante Dinge betrieb*, ohne dass der zuständige Abteilungsleiter etwas davon erfuhr, obwohl er für die Tätigkeit seines Referenten *juristisch verantwortlich* war. Diese Praxis ist z.B. im Reichssicherheitshauptamt geradezu zum System entwickelt worden. Und dort bekam es eine besonders diabolische Wirksamkeit in Verbindung mit der ausgeklügelten Geheimhaltungstechnik, die dort, von Beamten zu Beamten und von Zimmer zu Zimmer entwickelt worden war. *Nur so ist ja auch jenes furchtbare Faktum in der nationalsozialistischen Geschichte möglich geworden, die Judenvernichtung. Was die Nürnberger Quellen darüber aussagen, bedarf der Zusammenfassung und Ergänzung.*«[45]

Der Sprung von dem Kompetenzchaos und der Ämterhierarchie zum Reichsicherheitshauptamt und von dort zur Erklärung der Judenvernichtung aus dem Geist eines »zum System« gewordenen Verrats an staatlicher Kontinuität war bereits beachtlich. Aber Mau ging noch etwas weiter. Nicht dem Ereignis der »vorsätzlichen maschinellen Vernichtung von Millionen Menschen« galt sein Interesse, die Vorgänge, so Mau im Jahre 1950 (sic!), seien »im Einzelnen bekannt«.[46] Vielmehr galten seine Erwägungen der Frage, wie viele denn »von Amts wegen über die Vernichtungsaktion in ihrem ganzen Umfang wirklich Bescheid gewusst haben«; dies sei nicht einem »moralischen Alibi« geschuldet, so Mau, sondern sei »ein wichtiges Datum für die Technik der Macht [...]«. Es sei

45 Ebd., S. 19 [Hervorh. v. N.B.]. Ähnlich: ders., Der Nationalsozialismus, S. 16.

46 Mau, Der Nationalsozialismus, S. 16. Dieser Topos der frühen Zeitgeschichtsforschung war weit verbreitet, wenn er auch nirgends so früh wie bei Mau formuliert wurde. Auch Martin Broszat betonte dies, vgl. hierzu Kap. 4; als z.B. der israelische Historiker Shlomo Aronson Anfang der 60er Jahre nach Deutschland und ans IfZ kam, um über Heydrich, SD und die Gestapo zu arbeiten, blieb auch der damalige Nachfolger von Mau, Helmut Krausnick, obwohl er Hilfe zusagte, »ziemlich unbeeindruckt«, denn »Heydrich, Gestapo und SS – in den Anfangsphasen – seien seines Erachtens weitgehend erforscht worden.« Aber »im Gegensatz zu der anfänglichen Vermutung Professor Krausnicks gab es sehr viel Neues zum Thema [...] zu sagen.« Vgl.: Aronson, Die Entstehung meines Heydrich-Buches, S. 98 und 99.

schon heute möglich zu sagen, »dass die Zahl der wirklich Wissenden erstaunlich klein gewesen ist, *vermutlich eine nur zweistellige Zahl*«.[47] Dies hätten die Nürnberger Prozesse »eindeutig« ergeben. Hitler habe den »sogenannte[n] Endlösungsbefehl« an Himmler gegeben:

> »Die genauen Anweisungen ~~zur Technik der Vernichtung~~ sind dann von Himmler unter Umgehung mehrerer zwischengeordneter Instanzen an den Judenreferenten im Regierungsratsrang im Reichssicherheitshauptamt, den SS-Sturmbannführer Eichmann gegeben worden, der offenbar von diesem Zeitpunkt an Himmler unmittelbar unterstellt war. Während Eichmann nun seinerseits die Organisation des Abtransportes der Juden übernahm, beauftragte er den Kommandanten von Auschwitz, Höss, mit der technischen Durchführung der Vernichtung. *Das Zusammenspiel von nur drei Personen* hat also genügt, um die ungeheuerliche Todesmaschinerie in Gang zu setzen. Nur von diesen Dreien ist in Nürnberg mit Sicherheit festgestellt worden, dass sie den Gesamtvorgang übersehen haben. Alle anderen Beteiligten haben jeweils nur mit Ausschnitten des Geschehens zu tun gehabt.«

Dieses frühe Schema zur Erklärung der »Endlösung« sah in den Notizen von Mau folgendermaßen aus:

»Endlösung« Sommer 41	Hitler – Himmler	(daran wird festzuhalten sein, obgleich der dokumentarische Nachweis nicht zu finden ist)
	Himmler – Eichmann	(Kurzschaltung. Übergehung aller Zwischeninstanzen)
	Eichmann – Höß	Abermalige Kurzschaltung

> Unerhört kleiner ~~Weg~~ Instanzenweg unter ~~Aufhebung~~ Überspringung aller vorgesehenen Zwischeninstanzen (dies sichert die Schlagkraft der Exekutive) Nur möglich durch Schutz eines raffinierten Geheimhaltungssystems (Reichssicherheitshauptamt: geheim von Schreibtisch zu Schreibtisch)
> Kurzschaltung Himmler – Eichmann – Höß typisch. In totalitären Apparaten wird laufend mit solchen Kurzschaltungen gearbeitet. Da-

47 Mau, Die Akten, S. 19; auch: ders., Der Nationalsozialismus, S. 16 f. [Herv. v. N.B.]. Hier (S. 17) folgende handschriftliche Formulierungen und Notizen: »Es wäre wichtig, eines Tages die Zahl der amtlich m[it]. d[er]. Judenvernichtung befaßten Personen zu kennen. Ein wesentlicher Teil des ›amtlichen‹ Vorgangs ist bekannt.« Hier auch das nächste längere Zitat.

mit wird praktisch der überlieferte Behördenaufbau (zersetzt) zerstört und ein gleitender Verfahrenszustand hergestellt, der sich unaufhörlich ändert.«[48]

Im Vortrag *Der Nationalsozialismus als Forschungsaufgabe* baute Mau zwei Jahre später den Gedanken, die meisten Beteiligten hätten nur mit »Ausschnitten des Geschehens« zu tun gehabt, noch einmal aus. Auch hier strich Mau ganz entschieden das Verhältnis von staatlicher und persönlicher Verantwortung heraus, das Phänomen der »Kurzschaltung« habe den eigentlichen Behördenaufbau »zersetzt«. Auch hier wählt er durchgängig eine Begrifflichkeit des Chaos und des Automatismus, um den staatlichen Aufbau und seine Radikalisierung beschreiben zu können. Auch hier zielte der Gesamttext auf die Frage, wer die Judenvernichtung zu verantworten habe, wer sie befahl und wer von ihr wußte. Die inneren Machtverhältnisse des Dritten Reiches machten einem, so Mau erstaunt, bewußt, »wie wenig dieser Apparat ›in Ordnung‹ war, wie wenig er rationalisiert war, wie chaotisch es schließlich, zumal je mehr es dem Ende zuging, in diesem Apparat zuging und welche Unmenge an Spannungen er in sich trug«.[49]

Im »Phänomen des Nationalsozialismus« sei die »Tendenz des Zeitalters« offenbar geworden, nämlich die Tatsache, daß sich unter bestimmten Vorraussetzungen »auch ohne den willentlichen Vorsatz der Verantwortlichen, *ja selbst gegen deren Absichten*« die »Tendenz zur Bildung totalitärer Machtapparate« durchzusetzen vermöge.[50] Das Verantwortungsgefühl »der Herrschenden«, wie Mau sie hier nannte, sei abhanden gekommen, das Vertrauen der »Beherrschten« in den Staat betrogen, die »menschlichen Bezüge« zwischen beiden Sphären seien zerschnitten worden:

> »An die Stelle des Koordinatensystems der menschlichen Wirkungen tritt im totalitären System das der technischen Wirksamkeit. Der Staat pervertiert zum Machtapparat. Und die Menschen hören auf, Mensch zu sein. Denn der Apparat erniedrigt sie zu ›Menschenmaterial‹.«[51]

Dieser Gedanke war für den Themenzusammenhang von »Verantwortung und Judenvernichtung« von erheblicher Sprengkraft, zumal er die Begriffe von KZ-Erfahrungen und Zwangsarbeitern ohne Skrupel zur

48 Mau, Der Nationalsozialismus, S. 17.

49 Ebd., S. 18. Wer einmal die Verfassungsgeschichte des Dritten Reiches schreibe, müsse fast von Monat zu Monat »neue Querschnittsbilder geben, um den wechselnden Zustand darzustellen.«

50 Ebd., S. 2 [Hervorh. v. N.B.] und noch einmal S. 3.

51 Ebd., S. 2 f.

Rhetorik der Mehrheitsgesellschaft im Totalitarismus umstilisierte, die, als »Menschenmaterial« funktionalisiert, auf einmal der Seite der Opfer zugeschlagen werden konnten. Das Entscheidende sei hierbei, so fuhr Mau fort, daß der »nationalsozialistische Staat« aus diesem Bedingungsverhältnis gelungener Herrschaft zwischen Verantwortung und Vertrauen *»völlig hinausgleitet und dass dies ein Vorgang ist, den er nicht selbst in der Hand gehabt hat«.*[52]

Hier wurde die These von Broszat, nach der sich der NS-Staat schließlich seiner eigenen »Phraseologie« hinterherentwickelt habe, und der Mommsensche Gedanke der »kumulativen Radikalisierung« fast wörtlich vorweggenommen.[53] Die dem geschichtswissenschaftlichen Strukturalismus eigene Begriffssphäre des Unpersönlichen, des Maschinen- und Technikbereiches ist schon bei Mau geradezu dominant. Auch die von Broszat und Mommsen später ausformulierte funktionalistische Hitler-Interpretation erscheint hier bereits, wenn auch noch nicht in dem elaborierten Sinne der späteren Forschung, sondern mit der zeittypischen Fixierung auf Hitler als rätselhaftes Individuum.[54] Und doch lassen sich alle bedeutenden Argumente des strukturalistischen Erklärungsansatzes finden: Hitler habe die »Rolle« des ›Führers‹ angenommen »und sich und sein Leben darauf stilisiert«,[55] sein »Machttrieb« sei »blind« geblieben, aber entscheidend sei die »Faszination«[56] gewesen, der so viele in seiner Umgebung erlegen seien. Hitler habe auf dem »Weg zur Macht« zweifellos »keine klaren Vorstellungen« davon gehabt, bis zu welcher Vollkommenheit er das »Instrumentarium« der Macht würde vorantreiben können: »Der Apparat ist ihm sozusagen unter den Händen gewachsen, indem er einer Möglichkeit nachgab, die ausserhalb seiner selbst in den Zeitum-

52 Ebd., S. 2 [Hervorh. v. N.B.].

53 Vgl.: Broszat, Soziale Motivation, S. 408; Mommsen, Hitlers Stellung, S. 61; ders., Die Realisierung des Utopischen, S. 399.

54 Ebd., S. 3 und v.a. 20 f. Die »Beurteilung der Rolle Hitlers« auch schon ansatzweise in: Mau, Die Akten, S. 20. Auch in der einflußreichsten Hitler-Interpretation durch den Funktionalismus, in Martin Broszats »Soziale Motivation und Führer-Bindung« sowie in seinem Buch »Der Staat Hitlers«, spielt dieser Punkt eine zentrale interpretatorische Rolle. Anders als später Broszat bestimmt jedoch Mau hier noch Hitlers Person, nicht seine »Funktion« als entscheidenden Faktor. Er habe seine Umgebung »auf sich fixieren« können, sie in psychischer Abhängigkeit gehalten und sie mitunter regelrecht »suggestiv [zu] überrumpeln« (21) vermocht, ein Phänomen, »das mit Suggestion oder Hypnose nicht erklärt ist, so sehr es an beides zu rühren scheint« (20).

55 Mau, Der Nationalsozialismus, S. 20.

56 Ebd., S. 21.

ständen lag.«[57] Es sei »die fatale Gesetzmäßigkeit« dieses Vorgangs, die so bedrohlich sei, auch für die Gegenwart: »jede Macht [tendiert] heute zum totalitären Apparat«,[58] so Mau mit einer forcierten Aktualisierung, welche die »Dringlichkeit der Aufgabe« und die politische Brisanz geschichtswissenschaftlichen Forschens betonen sollte. Man solle sich davor hüten, Hitler »schwarz in schwarz« zu zeichnen, es sei eine Fiktion, »daß sich das Böse in der Welt in jedem Augenblick als das Böse« offenbare, sondern es erscheine in »sehr viel raffinierteren Formen«.[59] Innerhalb des totalitären Apparats habe es denkbar verschiedene »Strömungen, Tendenzen und Rivalitäten« gegeben.[60] Die immensen »Spannungen« des Apparates aber, so Mau, lassen natürlich die Frage aufscheinen, wie »dieser Apparat so wirksam arbeiten [konnte], obwohl er von innen gesehen, so wenig durchgebildet, so wenig rationalisierbar war?« Mau antwortete mit Hinweis auf die Propaganda, sie habe fälschlicherweise nach außen ein »Aussehen zumindest der peinlich genau funktionierenden Ordnung« gegeben. Wichtiger aber sei die Rolle Hitlers gewesen, der ständig »in den Staatsapparat eingegriffen« habe, »um ihm für den jeweils gewünschten Zweck den höchsten Wirkungsgrad zu geben«. Die »mangelnde Integration seiner Machtmittel« habe Hitler durch »ständige Improvisation« und mit »erstaunlichem Instinkt« für die jeweilige Situation ausgeglichen: »Ohne ihn wäre dieser Apparat sofort von seinen inneren Spannungen gesprengt worden.«[61]

Der entscheidende Vorgang im nationalsozialistischen Staat war Mau zufolge diese Umformung in einen Apparat und dessen Radikalisierung.

57 Ebd., S. 3.

58 Ebd. Hier liege die Hauptaufgabe der historischen Forschung, so Mau. Nur die Erkenntnis der »äußerst komplizierten Zusammenhänge kann uns aus der Wehrlosigkeit befreien, in der wir uns Hitler gegenüber befanden und in der wir uns gegenüber den Gefahren totalitärer Machtbildungen weiterhin befinden«. Man müsse »differenzieren« (S. 8). Die Betonung des Komplexen und Komplizierten und der Notwendigkeit, zu differenzieren, kontrastiert auf dieser Stufe der historischen Erkenntnis zu Beginn der 50er Jahre nicht nur mit der Bescheidenheit der eigenen Erklärungen, sondern auch auffällig mit dem beispielsweise von Joseph Wulf immer wieder provokant vorgebrachten Statement, daß »einfache Antworten« nicht notwendigerweise falsch sein müßten; vgl. oben Kap. 3.3.

59 Gerade das, so Mau, charakterisiere ja das totalitäre System und mache es so »wirksam und so unheimlich«, daß es »keineswegs in jeglicher seiner Erscheinungsformen als das Böse erkennbar« sei, vgl.: Mau, Der Nationalsozialismus, S. 8.

60 Ebd., S. 19.

61 Ebd., S. 18 und 19.

Denn die Geschichte der SS zeige, so argumentierte Mau, daß dieser Vorgang sich sogar *innerhalb* des Dritten Reiches wiederholen konnte. Hier habe es sich um »das Phänomen einer ›Apparatebildung im Apparat‹« gehandelt. Himmler habe mit der SS im nationalsozialistischen Staat seit 1934 »eine ähnliche Rolle gespielt, wie Hitler und [die] NSDAP in der Weimarer Republik. Ein siegreicher Hitler hätte sich also möglicherweise einer Machtergreifung der SS gegenüber gesehen.«[62]

Die Erfolgsgeschichte des Funktionalismus

Diese beiden Texte wurden so genau betrachtet, weil sie den erstaunlich frühen Ursprung des Strukturfunktionalismus als Konzept belegen. Sie unterschieden sich markant von den stärker auf die Figur des Verbrechers Hitler abhebenden intentionalistischen Erklärungsmodelle aus der gleichen Zeit, wie sie noch bei Ritter dominant waren. Ihr Einfluß, der im folgenden als »Erfolgsgeschichte« dargestellt werden soll, ist kaum zu überschätzen – er ist nicht ausschließlich innerhalb des IfZ nachweisbar. Der Erfolg gründete darauf, daß hier Beschreibungsversuche des eigenen Erlebens in die Sprache der Wissenschaft überführt werden konnten, die den Charakter einer Erklärung aufwiesen – doch die Erklärung galt im Grunde genommen lediglich jenem Mißverhältnis aus »Wirklichkeit« und Wirklichkeit, also der Differenz zwischen der eigenen vergangenen Einsicht in den Vernichtungscharakter des Regimes und der nachträglichen Sicht auf die Bilanz der NS-Zeit. Diese Differenz der Perspektiven selbst ist nun aber nicht deswegen zu kritisieren, weil ihre Authentizität bezweifelt oder aber weil sie als irrelevant abgetan werden soll – für beide skandalisierenden Gesten besteht wenig Anlaß. Zum Problem wird die Optik dieses frühen funktionalistischen Erklärungsmusters vor allem deswegen, weil sie als Explanandum der Judenvernichtung selbst dargebracht wurde, und das ist sowohl in einer wissenschaftshistorischen Fragestellung erklärungsbedürftig als auch unter wissenschaftstheoretischen Prämissen kritikwürdig: Perspektivität ist das kleinere Problem in diesem Zusammenhang, das größere ist der mit ihr verbundene Anspruch auf Komplexität, Vollständigkeit, Richtigkeit und Wahrheit. Für die Wirkungsgeschichte der Argumentation von Mau sollen zunächst zwei kürzere Beispiele angeführt werden, ein früher Beitrag zur Zeitgeschichte von Martin Broszat und die Argumentation in einer Rezension von Hans-Günther Seraphim. Dann soll ausführlicher auf die Herleitungen und Begründungen des »Totalitarismus« bei Hans Buchheim geschaut

62 Ebd., S. 19.

werden, ehe auf frühe strukturtheoretische Arbeiten von Hans Mommsen eingegangen wird, deren Argumentation in hohem Maße dem bei Mau angelegten gedanklichen Gebäude entspricht.

Wenige Jahre nach den grundlegenden Vorträgen von Hermann Mau hat Martin Broszat erstmals öffentlich zu Problemen der Zeitgeschichtsschreibung Stellung bezogen. Broszat, seit Beginn der 50er Jahre im IfZ, konstatierte gleich zu Beginn seines Aufsatzes *Aufgaben und Probleme zeitgeschichtlichen Unterrichts*[63] jenen grundlegenden Hiatus geschichtswissenschaftlichen Interesses der Deutschen an der NS-Vergangenheit, nämlich das Fehlen eines »Ganzheitsbildes«.[64] Zwischen dem »Erlebnis der Wirklichkeit der nationalsozialistischen Zeit«, so Broszat mit explizitem Hinweis auf die Erinnerung der »Mitlebenden« (und in bemerkenswertem Ausgriff auf zukünftige ähnliche Thesen), und dem Bild, »das nach 1945 im Umkreis der Kriegsverbrecherprozesse entstand«, bestehe ein »extremes Mißverhältnis«, ja scheinbare »Unvereinbarkeit«.[65] Der Nationalsozialismus, so Broszats Zentralthese, schuf »jenseits der Realität eigene Wirklichkeit«:[66]

> »*Vielleicht ist es für spätere Generationen kaum noch verständlich*, daß das rauschhaft-sensationelle Erlebnis von Führerreden und nationalsozialistischen Großkundgebungen tatsächlich der Ort gewesen ist, in dem sich für einen enormen Teil des Volkes die politische Willens- und Urteilsbildung vollzog […] Überall trat ein auf das Heroische umstilisiertes Bild an die Stelle der realen Wirklichkeit. Das Gewicht solcher,

63 Broszat, Aufgaben und Probleme des zeitgeschichtlichen Unterrichts [zit. nach dem Wiederabdruck in: ders., Nach Hitler, S. 9-35]; der Text, dessen Titel täuscht, da er zwar einige Empfehlungen an die Schule enthält, weitenteils jedoch eine umfassende Darlegung der Sicht Broszats auf den NS-Staat darstellt, ist in historiographiegeschichtlicher Perspektive ein wichtiges Dokument, da Broszat als Vertreter der Generation der Anfang- und Mitte-30jährigen hier die Abgrenzung zu Ritter und Meinecke einerseits und zu Heimpel andererseits explizit vollzieht (S. 12 ff.). Erwähnt sei noch, daß Broszat diesen Aufsatz für die überarbeitete Neuauflage jener Aufsatzsammlung, die ihm zunächst von seinen Schülern zusammengestellt worden war, streichen ließ, vgl.: Broszat, Vorwort zur Taschenbuchausgabe, in: ebd., revidierte Ausgabe, München 1988, S. 7-9.

64 Broszat, Aufgaben und Probleme, S. 14 und 17. Nochmals S. 19 und 25, als er einen »Weg der Erkenntnis« fordert, der »die vielerlei Nuancen und *selbst das Positive im Nationalsozialismus* nicht übersieht und doch den Durchblick durch das Ganze freihält […].« [Hervorh. v. N.B.].

65 Ebd.

66 Ebd., S. 30.

den eigenen geheimen Wunschvorstellungen vortrefflich angepaßten und nach ihnen gemodelten Bilder verhinderte, daß die Realität des Geschehens überhaupt noch unverzerrt ins Bewußtsein eintrat. *Die phänomenale Kritiklosigkeit unter dem Dritten Reich, das Vorbeisehen an den keineswegs gänzlich verhüllten Unmenschlichkeiten der Judenpolitik und vieles andere findet von daher seine Erklärung.*«[67]

Broszat, der im Verlaufe dieses Textes zur immer »dichter« werdenden Beschreibung der Realität des Einzelnen im Propaganda-Staat Hitlers findet, war sich sicher, daß auch derjenige, der sich damals um selbständiges Urteil bemühte, nicht »unangefochten« bleiben konnte: »Die Frage scheint berechtigt, ob es eine eigene Meinung, die nicht als ganze oder in ihren Elementen übernommen ist, selbst unter Akademikern und Gebildeten überhaupt noch gibt und geben kann [...].«[68] Die erste Phase der Bestandsaufnahme über das Dritte Reich, so auch Broszat kritisch in Richtung der Alliierten, habe all dies aber nicht zur Kenntnis nehmen wollen und sei »einseitig unter juristischen, *nicht erkenntnismäßigen Gesichtspunkten*« erfolgt: das ganze Phänomen Nationalsozialismus habe unter der »Schwarz-Weiß-Optik von Strafprozessen und Entnazifizierung« eher einen »Wall von Ungläubigkeit und Mißtrauen« provoziert als Erkenntnis und Klärung geleistet.[69] Nötig sei aber ein »Erkennen *vor*

67 Ebd., S. 30 f. [Hervorh. v. N.B.]; hier scheint Broszat, nicht nur der Hinweis auf »spätere Generationen« verweist darauf, ganz als Zeitzeuge aus der eigenen Erfahrung und Erinnerung zu schreiben. Die zitierte Stelle markiert, wie mir scheint, nicht nur allgemein schlechtes Gewissen (»Vorbeisehen«), sondern den Durchbruch der Apologie von der untergründig anklingenden zur offen vorgetragenen Rechtfertigung, und zwar an genau der Stelle, an der das einzige Mal von den »keineswegs unverhüllten Unmenschlichkeiten der Judenpolitik« die Rede ist.

68 Ebd., S. 31; noch ein autobiographisch grundiertes Zitat: »Das Minderwertigkeitsgefühl des einzelnen gegenüber dem anonymen und kollektiven ›Man‹ ist unbestreitbar. Das Urteil des einzelnen, und sei es das beste, wird unsicher, wenn es allein steht. Man flüchtet lieber in ein rettendes Bekenntnis, das von vielen anderen geteilt wird. Man traut der eigenen Überzeugung nicht mehr, gerät in Gewissenskonflikte durch pure Vereinzelung« (S. 32).

69 Ebd. »In der Geschichte wie in allem Leben gibt es weder bloß schwarz und weiß. Das historisch Schlechte und Falsche manifestiert sich nicht in jedem einzelnen Akt und jeder Erscheinungsform als schlecht und falsch, es hat mancherlei Bezüge zu gut und richtig. Die leitenden Figuren des Nationalsozialismus und die Wirklichkeit des Dritten Reiches müssen darum aus der Vielfalt ihrer Schattierungen heraus begriffen werden.« (S. 18 [Hervorh. v. N.B.]). Abgesehen von der etwas phrasenhaften allgemeinen Richtigkeit

allem Urteil«, sei »ein verstehbares Bild des Nationalsozialismus«,[70] in welchem die »wesentliche Erscheinung des Dritten Reiches« zum Ausdruck komme, nämlich »die universale Pervertierung und Entwertung auch solcher Ideen, Impulse und Einrichtungen, die an sich begrüßenswert und nützlich erscheinen, im Elemente des totalen Machtstaates«.[71] Es seien, so der dreißigjährige Broszat gut zehn Jahre nach dem Ende des ›Tausendjährigen Reiches‹, »positive Werte und Ideale verfälscht« worden: »[D]ie Degradierung jeglicher Eigenwerte zum Mittel bloßer Macht« sei im Nationalsozialismus eine durchgängige Erscheinung gewesen.[72] Das Dritte Reich sei aber, obwohl »total«, gerade nicht als »Ordnungsstaat« zu charakterisieren, sondern als »Triebwerk der Macht« *ohne* Systematik und Regelhaftigkeit, ja es sei das Spezifische dieser »Pervertierung und Entwertung« gewesen, das sie Ergebnis einer »Aushöhlung staatlicher Institutionen« gewesen sei: »Improvisationen«, »Kompetenzverwirrung« bis hin zu geradezu »chaotischen Dimensionen« im Krieg. Deshalb wandte sich Broszat, den oben betrachteten unpublizierten Vortrag Maus über den Nationalsozialismus als Forschungsaufgabe zitierend,[73] dezidiert gegen das NS-Selbstbild der propagandistischen Selbstglorifizierung *und* gegen das »Kollektiv-Urteil, welches im Zusammenhang mit den Nürnberger Prozessen und der aus ihrem Klima erwachsenen ausländischen Publizistik« über das Dritte Reich entstand.

Was unter »aus dem Klima der Nürnberger Prozesse« entstandener »ausländische[r] Publizistik« gemeint war, war zu jener Zeit unmißverständlich deutlich. Die Ressentiments gegen die Nürnberger Prozesse

dieses Bildes von »Schwarz«, »Weiß« und »Schattierungen« – ist dieser Satz im Hinblick auf die Judenvernichtung richtig? Und wenn ja: ist der historiographische Beginn funktionalistischer oder strukturanalytischer Provenienz nicht an genau dieser Stelle zu verorten, wo es gilt, das *missing link* zwischen »schwarz« und »weiß«, zwischen »objektivem Geschehen« und »subjektiven Impulsen«, zwischen Judenvernichtung und eigenem Verhalten und Handeln in jener Zeit zu finden? Was immer der geschichtswissenschaftliche Strukturalismus noch geleistet hat und leistet: dies ist zumindest für seine hier vorgestellte Entstehungszeit der Grund für seine Plausibilität gewesen.

70 Ebd., S. 35 und S. 15.

71 Ebd., S. 23.

72 Ebd., S. 24.

73 Ebd., S. 26 [Anm. 13]; als Beispiel für die funktionalistische These vom Kompetenzenwirrwarr und der Aushöhlung staatlicher Instanzen nennt Broszat hier ebenfalls die Ämterhäufung Himmlers sowie die Behörden der SS, also die Entstehung von RSHA, Vomi, RKfdFdtV und RuSHA – jene Ämter also, die die Judenvernichtung wesentlich vorangetrieben haben.

sollten sich noch jahrelang halten. Hans-Günther Seraphim disqualifizierte die deutsche Übersetzung der Dokumentenedition als »nicht tragbar«, Helmut Krausnick hat als Direktor des IfZ noch Ende der 60er Jahre, ganz in der Nachfolge von Hermann Mau stehend, ein »Bild unserer Vergangenheit« gefordert, das »sowohl vom Nebel nationalsozialistischer Propaganda und Tarnung« als auch von jenem »zusätzlichen Zwielicht« befreit zu sein habe, in welches es »durch Fragestellung und Optik der Nürnberger Prozesse geraten war«.[74] Mit dem Vorwurf der »Optik der Nürnberger Prozesse« aber wurden Darstellungen der Judenvernichtung aus dem Ausland belegt. Als 1953 etwa Gerald Reitlingers erste Gesamtdarstellung der »Endlösung« auf englisch erschien, wies z.B. Hans-Günther Seraphim in einer Rezension auf drei »Fehler« des Buches hin, das als ganzes, so sein unmißverständliches Fazit, trotz »lückenlose[r] Tatsachenschilderung«, »gutem Willen« und einer »gewandte[n] Feder« »wissenschaftlichen Maßstäben« nicht standhalten könne.[75] Denn erstens habe der Verfasser zwar eine »Bilanz des Grausigen« vorgelegt, für das es »keine Worte mehr gibt«, aber lediglich »als historisches Faktum, losgelöst von dem Ablauf des Geschehens«. Dies sei jedoch nicht dasselbe wie eine »Geschichte der Judenverfolgung«: Auch die »Endlösung«, so Seraphim süffisant, könne wohl kaum anders dargestellt werden, »als im Zusammenhang des ganzen Geschehens, des Ablaufs der Ereignisse«. Zweitens zeige der jüdische Autor bei seinen Urteilen und seiner kritischen Bewertung von Dokumenten »mitunter einen erstaunlichen Mangel an Verständnis für die inneren Zusammenhänge« des Regimes,[76] und drittens

74 Seraphim, Quellen zur Erforschung des Dritten Reiches, S. 3310; Krausnick, Zeitgeschichtliche Forschung in Deutschland, S. 155 f.; Karl Dietrich Erdmanns Kritik, wie sie sich z.B. an den Darstellungen von Telford Taylor und Hans Latenser, Ankläger und Verteidiger in den Prozessen, entzündete, lautete folgendermaßen: »Der Historiker wird diese Schriften beider Seiten lesen, in dem Bewusstsein, dass es sich hier jeweils um Plädoyers handelt, die das Recht zur Einseitigkeit haben […]. Die Gerechtigkeit jedoch, die bisher für das Delikt des Kriegsverbrechens auf der Ebene des Völkerrechts noch keine überzeugende Verkörperung gefunden hat, trägt ein Schwert, das nach beiden Seiten schneidet. […] Nach beiden Seiten schlagen auch die apokalyptischen Reiter des Krieges die Völker mit ihren Schrecken.« Vgl.: Erdmann, Literaturbericht, S. 373.

75 Hans-Günther Seraphim, o.T. [Rez. von: Gerald Reitlinger, The Final Solution. The attempt to exterminate the jews of Europe 1939-1945, London 1953], in: HPB 1 (1953), S. 211 f.

76 Dieser Vorwurf wurde immer wieder erhoben, er kann dechiffriert werden als Wunsch nach einem Befund, der »belegt«, daß die Deutschen mit der

zeuge das ganze Buch davon, daß es »unter dem Eindruck des ersten Nürnberger Kriegsverbrecherprozesses« entworfen sei: »Die Atmosphäre jener Zeit ist an manchen Stellen unverkennbar.«[77]

Diese Vorwürfe Seraphims waren de facto mit der Suche nach einem »dritten Weg« in der NS-Historiographie eines Hermann Mau, mit Krausnicks Bemerkung zum »Zwielicht« bzw. Broszats Kritik am »Klima« der »Nürnberger Prozesse« identisch: Die Thematisierung des Genozids an den Juden weckte Erinnerungen an die Situation vor Gericht und damit auch das Ressentiment, hier wolle jemand die Nürnberger Prozesse oder die »Entnazifizierung« verlängern; nötig aber sei »weder Apologie noch Anklage«.[78] Der Tenor lautete, Grausamkeit als bloßes Faktum berge keine Erkenntnis und eine Gesamtgeschichte dieses Themas habe »Verständnis« für die inneren Zusammenhänge der deutschen Verhältnisse aufzubringen, um ein »Ganzheitsbild« (Broszat) zu erstellen.

Hans Buchheim argumentierte auf genau dieselbe Weise.[79] Auch er bemängelte, daß die »Gestalt der Zeit«, die »innere Logik«, die »Zusammenhänge« bei der Suche nach dem »roten Faden des wirklichen Geschehens«[80] nicht ausreichend berücksichtigt worden seien. Auch er betonte den Aspekt der inneren Entwicklung des nationalsozialistischen Staates,

Judenvernichtung gerade nichts zu tun gehabt haben. Vgl. z.B. auch: Braubach, Zeitgeschichtliche Veröffentlichungen des Jahres 1956, S. 555 f. Braubach wirft Reitlinger vor, ihm fehle »die Fähigkeit zu einem tieferen Eindringen in die Probleme«; Braubach mokierte sich über die »Bitterkeit« der Darstellung Reitlingers und entrüstet sich ausgerechnet über die gleichzeitige Thematisierung von »wirklichen Verbrechern« und Männern, »wie etwa der Militärbefehlshaber in Frankreich, General von Stülpnagel«. Zur Rolle Stülpnagels im Prozeß der Judendeportationen aus dem besetzten Frankreich vgl. jetzt die differenzierte Darstellung bei Herbert, Die deutsche Militärverwaltung in Paris und die Deportation der französischen Juden, in: ders. (Hg.), Vernichtungspolitik, S. 170-208.

77 Seraphim, o.T. [Anmerk. 75], S. 212. Bezeichnenderweise wandte sich Seraphim v.a. gegen die Feststellung Reitlingers, Eisenhowers Behauptung, der deutsche Soldat habe seine Ehre nicht verloren, sei unverantwortlich gewesen! »Letzten Endes«, so Seraphim, »ist auch dieses Buch wieder ein Beispiel dafür, daß es eine Voraussetzung gibt, ohne deren Erfüllung Geschichtsschreibung nicht denkbar erscheint: die methodische Schulung.«

78 Broszat, Aufgaben und Probleme, S. 16.

79 Vgl. in diesem Zusammenhang auch noch einmal die Rezension zum SS-Buch von Reitlinger, das Buchheim, mit etwas anderem Akzent, ebenfalls scharf zurückwies, wobei er explizit einfordert, man habe »die Struktur« des damaligen Systems zu berücksichtigen (oben Kap. 3.2).

80 Buchheim, Die Chiffren des »Dritten Reiches«, S. 750, 748 und 747.

der sich nicht mehr auf das Ziel eines »ausgeklügelt rationalisierten Apparates«, sondern »mit unerbittlicher Konsequenz« auf ein »organisiertes Chaos« zubewegt habe.[81] Und auch er betonte die »Grenzen des Prozesses« und grenzte sich gegen die Interpretation des Nationalsozialismus unter der juridischen Konstellation von »Anklage und Verteidigung« ab:[82]

> »Das Dritte Reich als Zeitgeschichte betrachten, kann deshalb nicht bedeuten, die Deutschen, die Nationalsozialisten waren, in ihrer ganzen Schwärze und ihre Gegner in allen ihren Verdiensten zu zeigen; sondern je sorgfältiger und eindringender wir die Entwicklung des Dritten Reiches studieren, desto klarer erkennen wir, daß es nicht als Absurdität aus der Geschichte unseres Volkes und dem Schicksal der gegenwärtigen Welt herausfällt, daß es nicht nur die Angelegenheit einer wildgewordenen Horde von Dummköpfen und Verbrechern war, von denen alle anderen nur terrorisiert und betrogen wurden, *sondern ein Stück unserer selbst*, eine eruptive Verwirklichung von Möglichkeiten, die in uns allen stecken.«[83]

Schon Ende der 50er Jahre, als der Nationalsozialismus noch »als Problem der Rechtsprechung, bei dem Versuch, begangenes Unrecht zu sühnen und erlittenes Unrecht wiedergutzumachen« vor Gericht verhandelt wurde, stellte Hans Buchheim fest, daß sich das System der politischen Führung des Dritten Reiches als »so kompliziert und zum Teil so komplex« herausgestellt habe, daß dabei weder die Kompetenzen einzelner noch die Verantwortlichkeit einer Gruppe klar herausgearbeitet werden konnten. Dabei zeigte sich, und das ist die Formulierung, die hier betont werden soll, daß manches,

> »was auf den ersten Blick nichts anderes als ein geplantes Verbrechen zu sein schien [...], sich als Ergebnis politischer Hilflosigkeit und eines Mangels an politischem Ethos [erwies], der zwar grauenhafte Folgen gezeitigt hatte, strafrechtlich jedoch nicht faßbar war. [...] *Keine*

81 Buchheim, Das Dritte Reich, S. 52; eine Ironie der Geschichte scheint aus heutiger Sicht, daß das IfZ, in welchem neben Buchheim später v.a. Hans Mommsen und Martin Broszat als junge Wissenschaftler reüssierten und sich hier bereits früh zur Vorstellung und These einer polykratischen Herrschaftsstruktur im Dritten Reich hinarbeiteten, Mitte der 50er Jahre eine Arbeit von W. Baum über »Die NS-Führungsordnung, oder das organisierte Chaos« ablehnte, vgl.: Kuratorium und Beirat, Protokoll der Sitzung vom 14. 1. 1956, S. 6 f., in: IfZ/Hausarchiv ED 105 (1).

82 Buchheim, Die Chiffren des »Dritten Reiches«, S. 748.

83 Ebd., S. 750 [Hervorh. v. N.B.].

Spruchkammer vermochte den Knäuel von Idealismus und Opportunismus, Zwang und verkehrtem Denken, Schwachheit und Gemeinheit befriedigend zu entwirren […].«[84]

Für Hans Buchheim war der Begriff der totalitären Herrschaft zunächst ein Erlebnisbegriff und »nicht rein logisch bestimmbar«: er habe sich, so beginnt er seine knappe Gesamtdarstellung des Phänomens, »in dem Maße geklärt und verdeutlicht, in dem wir mit dieser Herrschaft unsere bitteren Erfahrungen machen mußten«:[85]

> »Das Einmalig-Besondere der totalitären Machtentfaltung haben zunächst nur diejenigen erfahren, die ihr unmittelbar unterworfen waren, und auch sie begriffen es erst allmählich, weil es – zumindest in unserem Jahrhundert – eine völlig neue Erfahrung war.«[86]

Das Dritte Reich, »das doch jeder miterlebt hatte«, so Buchheim, indem er die eigenen Erlebnisse und Erinnerungen in die Wissenschaft zu überführen suchte, habe sich »als unbekannte Größe« erwiesen, und man »mußte oft genug feststellen, daß man eigentlich nicht wußte, womit man es selbst zu tun gehabt hatte«.[87] Es gelte, den Nationalsozialismus als »eine Warnung vor uns selbst«, als »Reinigungsprozeß«, nicht als »das negative Gegenüber […], von dem wir uns jederzeit mühelos abheben«[88] in den Blick zu nehmen. Hitler habe »die religiöse Ratlosigkeit und die unartikulierten Sehnsüchte seiner Generation erspürt« und habe es verstanden, »ihr ein Surrogat des Glaubens zu bereiten […]«.[89] Seine generationelle Prämisse für die Dechiffrierung des Dritten Reiches war das Bonhoeffer-Diktum von der »Maskerade des Bösen, in der das Böse in

84 Ebd., S. 747.

85 Buchheim, Totalitäre Herrschaft, S. 11; auch Kershaw macht, meines Erachtens völlig zu Recht, darauf aufmerksam, daß sich die Polykratie-Konzeption, die sich gegen die methodisch und theoretisch schwache Monokratie-Vorstellung der Hitlerschen Herrschaft gewandt hatte und als gedanklicher Vorgänger des geschichtswissenschaftlichen Strukturalismus gelten kann, zur Zeit von Karl Dietrich Bracher und Gerhard Schulz noch »im Rahmen einer ›Totalitarismus‹-Interpretation« vorgetragen werden konnte, gleiches ließe sich für Hans Buchheim feststellen, vgl.: Kershaw, Der NS-Staat, S. 120; vgl. zum Gesamtkomplex: Möll, Hans Buchheim und die Anatomie der totalitären Herrschaft, S. 116-123.

86 Buchheim, Totalitäre Herrschaft, S. 12.

87 Buchheim, Die Chiffren des »Dritten Reiches«, S. 748.

88 Ebd., S. 751.

89 Ebd., S. 752.

Gestalt des Lichts, der Wohltat, des geschichtlich Notwendigen, des sozial Gerechten erscheint […]«.[90]

> »Die Neigung, gerade an den Dingen vorbeizusehen, auf die es eigentlich ankommt, hat […] tiefere Gründe. Viele Deutsche nahmen im Dritten Reich eine paradoxe Haltung gegenüber der Partei und ihren Organisationen ein: sie erkannten deren Schöpfer und Führer als Staatsoberhaupt an, sahen ihn aber vorzugsweise ›verstaatlicht‹, während sie die Bewegung, auf die er sich praktisch stützte, möglichst wenig zur Kenntnis und keineswegs für voll nahmen. Man verachtete die Partei als proletarisch und war froh, wenn man mit der SS nichts zu tun bekam; man nahm die neue Entwicklung der deutschen Dinge teils mit Zufriedenheit, teils mit Kritik hin, ignorierte aber deren Motor, dessen Gangarten man doch nicht im geringsten bestimmte, sondern nur noch nachhinkte.«[91]

Man müsse, so Buchheim in fast wörtlicher Wiederholung dessen, was bereits Mau zur Vorgabe gemacht hatte, »die naive Fiktion aufgeben, als offenbare sich das Böse in der Geschichte auch wirklich in jeder Situation als das Böse, während es doch in Wirklichkeit gerade deshalb so wirksam und so unheimlich ist, weil es keineswegs immer gleich erkennbar ist, sondern versteht sich zu tarnen und zu verstellen, ja das Gute selbst in seinen Dienst zu nehmen.«[92]

Vor diesem erkennbar biographischen Hintergrund legte nun Buchheim aus der Sicht der Mehrheits- und Mitläufergesellschaft dar, wie man mit den Verbrechen des Nationalsozialismus historiographisch umzugehen habe: Der Historiker dürfe sich durch sie »nicht den Blick auf das Ganze verstellen lassen«, man brauche möglichst exakte Zahlen und Daten und sichere Belege, keine »vordergründige Kritik«, sondern eine »nüchterne Bestandsaufnahme«, damit Geschehenes nicht in Vergessenheit gerate und zugleich »Übertriebenes auf das rechte Maß« zurückgeführt werde.[93] Nicht die moralische, sondern die sachliche Beschäftigung vermöge beides zugleich: eine »Bilanz« der Verbrechen zu erstellen *und* zu verhindern, daß wir »immer nur auf die Verbrechen starren […]«.[94]

90 Ebd., S. 748 f.
91 Ebd., S. 753.
92 Ebd., S. 748.
93 Ebd., S. 749
94 Ebd. »[Wir] müssen uns den Nationalsozialismus auch von seinen bestechendsten Seiten ansehen und uns seinen verlockendsten Argumenten stellen, damit wir gegen zukünftige Illusionen gewappnet sind. Keinesfalls darf

Durch den zehn Jahre jüngeren Hans Mommsen erfolgte, sprachlich und gedanklich, eine starke Akademisierung der bei Buchheim noch so stark lebensgeschichtlich motivierten Defensive. Auch Mommsen betonte immer wieder und zu Recht, daß sich die Geschichte des Holocaust »einfachen Erklärungen« entziehe.[95] Aber während Buchheim mit der insgesamt stark um Verständnis werbenden Geste eines »Verführten« konsequent von dem Faktum ausging, daß das Dritte Reich »als ein Stück deutscher Geschichte begriffen werden [müsse], das wir alle als integrierenden Bestandteil unserer selbst mit uns herum- und an alles herantragen, was wir unternehmen«,[96] fiel für den 1930 geborenen Mommsen diese reflexive Bitterkeit des Gefühls, gefehlt zu haben und den darin liegenden »Betrug« benennen zu müssen, schon aus Altersgründen weg. Bereits 1961 wandte er sich mit dem Vorwurf gegen das bereits erwähnte Buch Shirers, das die deutsche Treue und begeisterte Gefolgschaft zu Hitler zum Thema hatte, es vermeide »fühlbar die Elemente und Strukturen totaler Herrschaft zu analysieren, wiewohl ohne diese das Funktionieren des nationalsozialistischen Systems unverständlich bleiben« müsse.[97] Mommsen warf Shirer »Voreiligkeit«, »begrenzte Materialgrundlage« und »unzureichende Quellenkritik« vor und bezeichnete seine Darstellung als »Rückfall« in überwundene eindimensionale Analysen des Nationalsozialismus. Er kontrastierte es mit dem parallel Furore machenden Buch von Bracher/Sauer/Schulz *Die nationalsozialistische Machtergreifung*, welches eben genau dies leiste, so Mommsen, nämlich »den entscheidenden Schritt hin zu einer strukturgeschichtlichen Analyse des nationalsozialistischen Herrschaftssystems« zum Thema zu machen, »die inneren Voraussetzungen und die Funktionsmechanismen totalitärer Herrschaftssysteme überhaupt herauszuarbeiten«. Als Ausgangspunkt

das Dritte Reich nur noch die dunkle Folie sein, auf der sich alle neuen Unternehmungen, seien sie auch noch so fragwürdig, vorteilhaft abheben.«

95 Mommsen, Realisierung des Utopischen, S. 381.

96 Buchheim, Die Chiffren des »Dritten Reiches«, S. 749. Es handele sich, so Buchheim mit knappen und präzisen Worten, »nicht um die Geschichte irgendeiner fernen Zeit«, sondern »um die eigene Vergangenheit seiner [des Historikers, N.B.] Generation, der die Konsequenzen ihrer früheren Taten als Gegenwart gegeben sind«; deshalb beschränke sich die Forschung nicht nur auf »Betrachtung« des Vergangenen, sondern wird »Rechenschaftsablegung« (ebd.).

97 Mommsen, Aus der Zeitgeschichte, S. 953 f.; zur Rezeption von Shirers Buch in Deutschland vgl.: Berg, Lesarten, S. 112-119.

seiner funktionalistischen Herangehensweise an den Holocaust und seines Interesses an der »bürokratisch-apparathafte[n] Mentalität«[98] wird im folgenden seine Studie über die Beamtenpolitik im Dritten Reich,[99] insbesondere aber seine Beschäftigung mit dem Staatssekretär Wilhelm Kritzinger im Jahre 1962 herangezogen,[100] die bis in den Titel hinein als Studie über die »Verantwortlichkeit« des hohen Staatsbeamtentums angelegt war.

Mommsen hatte es hier bei Wilhelm Kritzinger mit einer, wie er schrieb, »nicht ganz unwichtigen Figur« zu tun, der zu den führenden Staatssekretären des Dritten Reiches gehörte, die sich mit ihrer »Verwaltungserfahrung« und ihren juristischen Kenntnissen in den Dienst der nationalsozialistischen Staatsführung stellten und »wesentlich zur Stabilisierung der totalitären Diktatur beigetragen haben«.[101] Kritzinger, geboren 1890, seit Februar 1938 Parteimitglied und zweiter Mann in der Reichskanzlei unter Lammers und noch bis unter Dönitz in hoher Stellung, war Leiter der Abteilung B, in die u.a. auch das Ressort »Juden- und Mischlingssachen« gehörte. Mommsen weitete diesen Fall durchgängig ins Allgemeine: Kritzinger gehöre »zu der breiten Gruppe korrekter und fachlich besonders qualifizierter Verwaltungsbeamter, die ihre Arbeitskraft jeder Regierung – unabhängig von den politischen Konstellationen – zur Verfügung« stellen würden. Die Rede war von »der inneren Logik des Behördenwachstums«, von »bloße[r] Kompetenzabgrenzung«, die zum Inhalt der Gesetzgebung verkommen war, statt »positive[r] Erfüllung staatlicher Aufgaben« voranzutreiben.[102] Mommsen konstatierte am Fall Kritzinger »den fortschreitenden Verfall einer positiven Gesetzgebung im Zwielicht des totalitären Maßnahmenstaates« und stellte ihn in den Kontext »des generellen Problems der Kollaboration«.[103] Er bescheinigte »Kritzinger und seine[n] Kollegen [...] durchweg, Verfechter einer korrekten Verwaltungstechnik« gewesen zu sein, die »gegen den chaotischen Gang der Regierungsgeschäfte des Dritten Reiches« angetreten

98 Mommsen, Der nationalsozialistische Polizeistaat und die Judenverfolgung, hier v.a. S. 68.

99 Mommsen, Beamtentum im Dritten Reich.

100 Mommsen, Aufgabenkreis und Verantwortlichkeit des Staatssekretärs der Reichskanzlei Dr. Wilhelm Kritzinger. Es handelt sich hierbei um ein Gerichtsgutachten, von dem Mommsen aber zu Beginn einschränkend betont, daß er selbst keine juristische Bewertung der Tatbestände anstrebe.

101 Ebd., S. 387 und 398.

102 Ebd., S. 370, 371 und 396.

103 Ebd., S. 395 und 377.

seien und »Auswüchsen des Regimes kritisch gegenübergestanden« hätten, wobei zwar weniger »die verbrecherischen Tendenzen der NS-Regierungspraxis, als vor allem die Zersplitterung jeder geordneten Verwaltung und die Aushöhlung aller Regierungsgrundsätze durch die Überlagerung zahlreicher ad hoc geschaffener Kompetenzkreise zu verstehen sind«.[104] Interesse habe lediglich an einer »Verwaltungsvereinfachung« bestanden. Im allgemeinen, so Mommsen, seien sie »keine betonten Nationalsozialisten« gewesen und hätten sich »auf die »Bewahrung der formalen Korrektheit des Geschäftsganges, des Zustandekommens der Gesetze und Verordnungen sowie des Behördenverkehrs untereinander« zurückgezogen. Der »Unterbau des Justizapparats, so Mommsen, sei »keineswegs so radikal eingestellt« gewesen »wie an der Spitze«. Kritzingers Handeln, so Mommsen abschließend, sei »repräsentativ« für die Ministerialbürokratie gewesen, »der die Legalisierung des Staatshandelns zum formalen Prinzip geworden war und die in einem solchermaßen gesetzestechnischen Leerlauf sich die Illusion einer verantwortlichen und maßgeblichen Tätigkeit zu bewahren suchten«.[105]

Kritzingers Tätigkeit bestimmte Mommsen damit, daß er an insgesamt über 14 Stellen hervorhebt, er habe sich als »Fachmann«, »als korrekter Verwaltungsbeamter« verhalten, habe »unkundige Beamten« zu verhindern gewußt und durch seine »fachliche Qualifikation« Karriere gemacht.[106] Er wird als Person ohne jede Initiative geschildert, der lediglich die »formale Zuständigkeit der Reichsbehörden gegenüber den Parteistellen und Gauleitern zu wahren suchte«. Bezeichnend für den Gesamtduktus des Mommsenschen Textes ist die folgende, ins Passiv zielende Formulierung: Es sei, so Mommsen, sicher, daß Kritzinger, nach (von ihm selbst behaupteter) erfolgloser Bitte um seinen Amtsabschied, auch später den Entschluß zum Rücktritt »nicht gefunden« habe, der ihn von der »Verantwortung« befreien sollte, »die die Mitunterzeichnung, vielfach aber auch Vorbereitung zahlreicher den Rechtsgedanken untergrabender Gesetze und Maßnahmen des Dritten Reiches mit sich brachte«.

Sein Amt brachte es »mit sich«, daß Kritzinger an der Ermordung und Ausrottung der Juden an zentraler Stelle des Behördenapparates beteiligt war. Er habe, so Mommsen, »von den antijüdischen Maßnahmen des Dritten Reiches hinreichende Kenntnis besessen«.[107] Die Formulierung »Kenntnis besessen« erstaunt, weil Mommsen selbst dem Leser darlegt,

104 Ebd., S. 375; das folgende Zitat S. 396.
105 Ebd., S. 377, 387 und 396.
106 Ebd., S. 370 und 376; hier auch die beiden folgenden Zitate.
107 Ebd., S. 380; die folgende Formulierung Kritzingers, S. 382.

daß es Kritzinger war, der als Vertreter der Reichskanzlei am 20. Januar 1942 Teilnehmer der »Wannseekonferenz« gewesen war, daß er beispielsweise Mitte Dezember 1939 in einem Aktenvermerk an das Reichsinnenministerium beanstandete, es wirke »eigenartig, wenn ausgerechnet die Juden Schutzangehörige des Deutschen Reiches genannt werden sollten«, und daß er bei verschiedenen Ausführungsbestimmungen zum Reichsbürgergesetz maßgeblich beteiligt war. Mommsen betont aber gleichzeitig, daß man »vermuten« könne, »daß ihm der Gesamtumfang der ›Endlösung‹ nicht zum Bewußtsein gekommen« sei.[108] Kein Zweifel aber, so Mommsen, könne daran bestehen, daß Kritzinger »über alle entscheidenden politischen Vorgänge, darunter Judenverfolgung und Endlösung, Einsatzgruppenproblematik, Euthanasie, Kirchenverfolgung, politische Maßnahmen in den besetzten Ostgebieten, Arbeitseinsatz usw. informiert gewesen ist und alle diesbezüglichen Gesetzesvorlagen oder Rechtsverordnungen vor ihrer Veröffentlichung kennengelernt hat«.[109] Er legalisierte im Rahmen der nationalsozialistischen Deportationspläne den »Verlust der Staatsangehörigkeit«, den »Vermögenswegfall«, wobei die Verordnungen darauf hinausliefen, von den Maßnahmen der Gestapo abhängig gemacht zu werden, die dabei, wie Mommsen treffend anmerkte, »gleichsam als ›höhere Gewalt‹ fungierte«.[110] Gegenüber Hitler äußerte er sich abwartend zu einem verschärfenden Judengesetz, da doch, so Kritzinger, »in absehbarer Zeit ohnehin keine Juden in Deutschland mehr befindlich« wären, was Mommsen als »taktisches Motiv« wertete. Völlig unrealistisch, so Mommsen, sei die Vorstellung, Kritzinger habe solche Verordnungen verhindern können, »und man muß vielmehr umgekehrt sagen, daß es der Reichskanzlei immerhin gelang, ihre Verabschiedung um ein halbes Jahr zu verzögern«. Die Beamten hätten vielmehr die Überzeugung gewonnen, »daß hinsichtlich der Behandlung der Juden

108 Ebd., S. 380 und wieder Mommsen-Formulierung, die Gegensätzliches zu vereinen in der Lage ist: »Es kann unterstellt werden [sic !], daß das grauenhafte Ausmaß der ›Endlösungs‹-Politik den am Zustandekommen des Gesetzes Beteiligten nicht voll ins Bewußtsein trat [...], gleichwohl mußten die Betreffenden auf Grund der Berichte über die Verhältnisse in den vom Deutschen Reich besetzten Gebieten die Folgen dieser Maßnahme erkennen, zumal schon die Bestimmungen über den Vermögenswegfall die Konsequenz enthielt, daß den Betroffenen die materielle Existenzgrundlage entzogen wurde. Insofern enthält das Gesetz auch eine Legalisierung der Einpferchung der Juden in Zwangslagern oder Ghettos, da diese darin vorausgesetzt sind« (S. 389).

109 Ebd., S. 372.

110 Ebd., S. 388; die nächsten Zitate, S. 390.

(mit Ausnahme der Mischehen und Mischlinge) eine Änderung der nationalsozialistischen Politik nicht erreichbar war, und sie zogen sich auf einen falsch verstandenen Dienstbegriff zurück […]«.

Hinter Kritzingers Funktionieren, so Mommsen, haben also »in erster Linie persönliche Loyalität«, nicht aber »grundsätzliche Motive politischer Art« gestanden.[111] Kritzinger sei kein Typ des »politischen Beamten« gewesen, sondern er habe sich als »treuer Staatsdiener« und »korrekter Beamter« gefühlt. Er sei, so folgte Mommsen der Selbstdarstellung des Beamten im Nürnberger Prozeß, »kein Scharfmacher« gewesen.[112] Nach dem Niederschlag, den seine Tätigkeit in den amtlichen Akten gefunden habe, sei Kritzinger kein radikaler Antisemit gewesen, aber »er hielt die Judenpolitik des Dritten Reiches für ein *fait accompli.*« Mommsen zitierte Kritzingers Aussagen in Vernehmungsprotokollen nach 1945, nach denen er mit Kollegen Ansichten ausgetauscht habe, »die sich gegen die Gesamttendenz des Dritten Reiches« gerichtet hätten. Es gebe eine Reihe von Vorgängen, Mommsen zitiert sie, die seine in Nürnberg vorgebrachte Versicherung bestätigten, er habe »die terroristische Besatzungspolitik« in Polen verabscheut.[113] Bestrebungen Kritzingers, die Ausnahmen der Nürnberger Gesetze mit dem Hinweis auf Hitler-Äußerungen aufrechtzuerhalten, geraten in diesem Kontext des Mommsenschen Textes fast in die Nähe von Widerstandshandlungen.[114] Gleichwohl habe er über Lammers soviel Informationen vom Führer persönlich erhalten, als nötig gewesen sei, »um bestimmte Vorlagen auf die Mentalität Hitlers zuzuschneiden«.

Insgesamt, so Mommsen, sei »die bei Kritzinger liegende Verantwortung nicht eindeutig zu bestimmen«.[115] Er sei sich der Unrechtmäßigkeit

111 Ebd., S. 376; das nächste Zitat, S. 398.

112 Ebd., S. 389; die nächsten Zitate, S. 396 und 376.

113 Ebd., S. 397; Mommsen wiederholte Kritzingers Aussage, er habe sich der Polenpolitik von Herzen geschämt: »Das Furchtbarste war für mich die Behandlung in den besetzten Gebieten und die Juden […] ich schämte mich, in meine Heimat zu fahren, das Grab meines Vaters zu besuchen« (Kritzinger am 5. 3. 1947, zit. nach: Mommsen, S. 387).

114 Ebd., S. 396; das nächste Zitat, S. 376.

115 Ebd., S. 375; die neue Studie über die »Wannsee-Konferenz« von Mark Roseman bezieht sich in ihren Passagen über Kritzinger auf Mommsen und auf Dieter Rebentisch und wiederholt, daß die Reichskanzlei in der »Judenfrage« nicht initiativ wurde. Roseman deutet aber an, daß die Übernahme der Nachkriegsbehauptungen, man habe in der Sitzung am 20. 1. 1942 nicht offen über Tötungen gesprochen, durch beide Historiker angesichts der Deutlichkeit der Sprache des Protokolls verwundere, vgl.: Roseman, Die Wannsee-Konferenz, S. 104 ff. (105).

der Handlungen des Regimes bewußt gewesen, habe im ganzen aber aus »einem falsch verstandenen Dienstbegriff« eher eine »bemerkenswerte Passivität« an den Tag gelegt, Dinge um ein halbes Jahr verschleppt oder unbeantwortet ad acta gelegt, obwohl er »das Wesen der nationalsozialistischen Cliquenherrschaft« durchschaut habe, so Mommsen. »Belastend für ihn ist weniger seine gelegentlich hervortretende Initiative als seine Schwäche.«[116] Bemühungen zu intervenieren ließen sich aber nicht erkennen, und »was ihn im eigentlichen Sinne unbequem gemacht hätte« habe er zu verhindern gewußt.[117] Es sei zu seinen Gunsten hinzuzufügen, so beschließt Mommsen das Gutachten, daß er sich selbst keine materiellen Vergünstigungen verschafft und jeder Korruption widerstanden habe. Dagegen sei sein stärkstes Motiv gewesen, »die Zuständigkeit der Justiz gegenüber den Gauleitern wie gegenüber der von Himmler angestrebten Polizeigerichtsbarkeit »zu bewahren« und »das Chaos der Gesetzgebung in der Spätphase des Dritten Reiches in noch einigermaßen geordnete Bahnen zu lenken«.[118] Seine Verordnungsbestimmungen deutete Mommsen, indem er den Faktor Ideologie mehrmals explizit ausschließt, als »Baustein zur Perfektionierung des Polizeistaates«.

Die Frage Mommsens vom Beginn des Gutachtens, ob Kritzinger »aus eigener Initiative derartige Maßnahmen der nationalsozialistischen Reichsregierung angeregt, bewußt unterstützt oder verschärft« habe und ob ihm »über die im Behördenverkehr übliche Mitunterzeichnung hinaus« für seine Person Verantwortlichkeit zugesprochen werden müsse, hat Mommsen am Ende seiner Nachforschung sehr deutlich beantwortet: »Die eingangs aufgeworfene Frage, ob Kritzinger aus eigener Initiative verbrecherische Maßnahmen der Reichsregierung angeregt, bewußt unterstützt hat, ist klar zu verneinen.«[119]

Dieser historiographische Text Mommsens stellt, jenseits seiner der Entstehung geschuldeten bemerkenswerten Mischform zwischen Fachwissenschaft und Gerichtsgutachten, auch eine Fusion aus Kontextualisierung und Verengung der Perspektive auf eine Person, Faktendetails und beliebigem Räsonieren, präzisen Nachweisen und allgemeinen Vermutungen dar. Man wird schlechterdings nicht klug aus den von Mommsen vorgelegten »Befunden«, an manchen Stellen widersprechen sich die Aussagen sogar innerhalb von ein und demselben Satz. Die Arbeit als Ganzes bleibt zudem sehr nahe am Selbstbild des zu Schildern-

116 Ebd., S. 398 und 389.
117 Ebd., S. 377 und 375.
118 Ebd., S. 396, ähnlich S. 389; das nächste Zitat, S. 396.
119 Ebd., S. 369 und 398.

den, auch die mühsame Sprache der wissenschaftlichen Distanz kann darüber nicht hinwegtäuschen.[120] Es bleibt zu konstatieren, daß aus der Perspektive einer Strukturanalyse, wie sie Mommsens Fokus auf die Beamtenebene und Zivilverwaltung des Dritten Reiches avisierte, auch einem Teilnehmer der Wannsee-Konferenz bescheinigt werden konnte, er habe für das Geschehen keine »über die im Behördenverkehr übliche Mitunterzeichnung« hinausreichende Verantwortung getragen. Nimmt man die Ausgangsfrage des Gesamtkapitels nach dem Verhältnis von »Struktur« und »Verantwortung« zum Ausgangspunkt einer Einschätzung zur Einordnung dieses Gutachtens, ist man geneigt, dem Text zu unterstellen, er substituiere »Struktur« und »Verantwortung« geradezu: »Struktur« erscheint mithin als Erklärungsangebot für das Fehlen von Verantwortung.

Auch Mommsens große Studie und Dokumentensammlung[121] über das Beamtentum im Dritten Reich argumentierte insgesamt sehr ähnlich. Er wies auch sie zu Beginn als Beitrag zum »Problem der inneren Struktur des nationalsozialistischen Herrschaftssystem[s] und deren Wandlungen«

120 Es scheint mir eine Fehleinschätzung zu sein, wenn z.B. Jürgen Kocka an verschiedenen Stellen den Gewinn an Theoriehaltigkeit in der Geschichtswissenschaft, also die argumentative Berufung auf Spezialbegriffe, Modelle und Theorien, gleichsetzt mit der Absetzung von der Quellensprache, vgl.: Kocka, Veränderungen in der Geschichtswissenschaft, S. 135.

121 Dieser Aspekt des Buches von Mommsen rückt ihn im Grunde auch in den bereits angesprochenen Zusammenhang der »verschobenen Historiographie« der 50er Jahre (vgl. Kap. 3.3), aber tatsächlich grenzt sich Mommsen gerade von der »auch in der Forschung gelegentlich auftretenden Tendenz, Dokumentationen bereits für geschichtliche Darstellungen zu halten« und dem Gedanken, »die Dokumente ›selbst sprechen‹ zu lassen« explizit ab! Er wolle gerade keinen »methodischen Zirkelschlüssen« anheimfallen, eine Tendenz, für die er als einziges Beispiel die Dokumentensammlungen Poliakovs und Wulfs anführt (auch wenn er in der dazugehörigen Fußnote salvatorisch ihre »Verdienste« lobt, »die inneren Probleme des Dritten Reiches einem breiteren Publikum nahegebracht zu haben«). Wenn Mommsen hier andeutet, ihm gehe es nicht darum, »Quellen vorwiegend deshalb auszuwählen, weil sie die manches Mal die Grenze der Lächerlichkeit überschreitende innere Widersprüchlichkeit des Systems *am Beispiel relativ belangloser Details schildern*«, dann wird einmal mehr deutlich, in welcher Spannung Wulf und das IfZ Mitte der 60er Jahre standen; vgl.: Mommsen, Beamtentum, S. 18 [Hervorh. v. N.B.]; zum hier angedeuteten Zusammenhang vgl. Kap. 3.3 und 5.2.

aus,[122] und er wiederholte auch hier gleich am Anfang und noch einmal am Ende seiner Darstellung das Kritzinger-Diktum von der »Rettung des vorläufig noch organisierten Chaos« (15 und 125) als wichtigster Aufgabe, der sich das Beamtentum gegenüber gesehen habe. Als Schlüsselproblem stellte sich ihm auch hier die Klärung der eher fraglos konstatierten Dichotomie zwischen der »personelle[n] und institutionelle[n] Integrität der Verwaltung« auf der einen und der »personalpolitischen und institutionsfremden Einwirkungen der NSDAP und der aus ihren Gliederungen erwachsenen Apparate« (16) auf der anderen Seite dar, da es ja zu erklären gelte, wie das Beamtentum als »grundlegendes Element geschichtlicher Kontinuität« zugleich einer der stärksten stabilisierenden Faktoren des Dritten Reichs war (13). Mommsen betonte den »regellosen Pluralismus« (13), das »ständige Ummodeln« von Institutionen, die »fortwährende Neubildung« von Kompetenzbereichen (13), die das Ergebnis einer »fortschreitenden parasitären Zersetzung eines überkommenen Obrigkeitsstaates« mit sich gebracht habe. Es war, bei der dafür erforderlichen überfälligen Abgrenzung gegen die »Überstrapazierung der Theorie der totalitären Diktatur« (18), nicht der monolithische Staat, sondern seine »inneren Probleme«, die Mommsen ins Blickfeld der Forschung hob: Er betonte die »bürokratiefeindliche Einstellung Hitlers und der nationalsozialistischen Führungsgruppen« (21) und konstatierte für die Beamtenschaft eine gleichsam »ihrer Herkunft und politischen Einstellung nach« natürliche Ablehnung gegen den Radikalismus, »wie ihn die NSDAP repräsentierte« (21). Einerseits stellte er heraus, daß der Anteil von NSDAP-Mitgliedern, vor allem im höheren Dienst, »begrenzt« geblieben sei, einen Satz später erwähnte er als »bemerkenswert«, daß die Beamten bereits vor dem 1. September 1930 in der Partei als Berufsgruppe »überrepräsentiert« waren (21). Die auf Druck der Partei forcierte Einstellung von linientreuen Verwaltungsbeamten wurde durch den Historiker auch hier unter dem Gesichtspunkt der »taktisch motivierten Maßnahmen« gesehen, um die »Integrität des staatlichen Verwaltungsapparates zu retten« (68).

122 Mommsen, Beamtentum im Dritten Reich, S. 13, ähnlich 16; im Vorwort erwähnt Mommsen, daß die Quellenauswahl auf Anregung von Martin Broszat zustande gekommen und vom Archiv des IfZ unterstützt worden sei, vgl. auch die Äußerung von Broszat: Sitzung des Wissenschaftlichen Beirats vom 16. 7. 1966, in: IfZ ED 105 (2), S. 12: Hier forderte er einen strukturgeschichtlichen Forschungsschwerpunkt im zukünftigen Arbeitsprogramm des IfZ, für den die Arbeit Mommsens einen Anfang gemacht habe. »Unter dem Aspekt der inneren Strukturprobleme würden sich u.a. die Reichskanzleiakten als ergiebig erweisen« (ebd.).

Gegenübergestellt wurden Staat und Partei aber nicht nur im Lichte der »Konkurrenz zwischen Verwaltung und Parteiapparat« (23), sondern auch »das fachliche Selbstbewußtsein« gegen den »allzu deutlich zutage tretenden Dilettantismus der Parteifunktionäre« (23), das »Fachbeamtentum« als solches gegen die »politisierte Verwaltung« (S. 62 ff.). Auch hier dominierten die Vokabeln des Deterministischen und Mechanischen: Mommsen sprach vom Zerfall des staatlichen Gefüges und von der äußeren Katastrophe der außenpolitischen Zielsetzungen, die »folgerichtig« eintraten (13): »Der Weg, den das Beamtentum aus der Situation hoffnungsvoller Erwartung von 1932/33 bis in die letzten Kriegsjahre genommen hat, in denen es zum Vollstrecker zunehmend sachfremder ›Führerbefehle‹ und zum bloßen ›Apparat‹ herabgewürdigt wurde, war von sich aufstauender Enttäuschung und Verbitterung über die mangelnde Anerkennung seiner Leistungen und das Misstrauen in seine Loyalität begleitet.« (15) Das Beamtentum im Dritten Reich wurde von Mommsen nicht unter dem Aspekt der Verantwortung, sondern unter dem Aspekt der »fortschreitenden Aushöhlung der Kompetenzen, der Verantwortung« (15) thematisiert:

> »Die Geschichte des Beamtentums im Dritten Reich – ob es sich ausdrücklich zum Nationalsozialismus bekannte oder dem von ihm geführten Staat aus ›unpolitischer‹ Gesinnung heraus diente – ist überwiegend die Geschichte seiner inneren und äußeren Selbstbehauptung.« (15)

Es ging ihm um die Zwiespältigkeit und die inneren Spannungen im »Verhältnis von Nationalsozialismus und Beamtentum« (23). Dabei sei die zunehmende Kritik und Reserve gegenüber der Politik des Regimes gerade von denen ausgegangen, »die ihre politischen Hoffnungen auf den Nationalsozialismus gesetzt hatten« (37). Das Fazit seiner Studie war denn auch, daß den Nationalsozialismus nicht »Terror« und »Propaganda« allein, sondern die »mit innerer Konsequenz sich vollendende Perversion eines irregeleiteten, den Bedingungen der modernen gesellschaftlichen Entwicklung nicht entsprechenden Staatsdenkens« charakterisiere (19).

Fazit: Die »gespaltene Epistemologie« des Gedächtnisses

Wie immer man die Leistungen des geschichtswissenschaftlichen Strukturfunktionalismus taxieren möchte – ein Axiom seiner Argumentation war das Element der Anonymität, von dem Canetti in *Masse und Macht* schrieb, als er über die spezifische Mentalität und die typologische Unpersönlichkeit einer Tätermentalität reflektierte:»[J]e fremder einem der

Befehl war, um so weniger Schuld fühlt man seinetwegen, um so deutlicher für sich abgesetzt besteht er als Stachel weiter. Er ist der immerwährende Zeuge dafür, daß man es nicht selber war, der dies oder jenes getan hat. Man empfindet sich als Opfer und hat darum für das wahre und eigentliche kein Gefühl.«[123] In dieser Umkehrung von Täter- und Opferseite liegt zunächst einmal kein im engeren Sinne moralischer Vorwurf begründet, vielmehr wird in dieser Arbeit davon ausgegangen, daß sich die Erinnerung auch ohne willentliche Zustimmung in die Geschichtswissenschaft hinein verlängert, sei es in ihren Ausgangsfragen oder allgemein in ihrem Erkenntnisinteresse, sei es in den Begriffen, die sie benutzt, oder in den Themen, die sie zu bearbeiten wichtig findet.

Dan Diner hat in diesem Zusammenhang in einer Arbeit über »Schuld und Gedächtnis« einen Paradigmenwechsel der politischen Kultur ausgemacht, nach welchem die in der alten Bundesrepublik lange Zeit hegemonialen Sozialwissenschaften zunehmend von der Historie als Leitwissenschaft abgelöst werde – ein Wechsel, der metaphorisch auch eine »Verschiebung des konstitutiven Deutungsmusters des Gemeinwesens von ›Gesellschaft‹ zu ›Nation‹« mit sich brachte.[124] Neben vielen anderen Indizien könne man dies, so Diner, auch an den Veränderungen in den Chiffren des Geschichtsdiskurses ablesen, wo sich der Wechsel im Wandel von »Gesellschaft« in »Gedächtnis« niederschlage. Die im sogenannten »Schulenstreit« zwischen Intentionalisten und Funktionalisten ausgetragenen Differenzen seien unter gedächtnisgeschichtlicher Perspektive auch einer verdeckten nationalen Textur geschuldet, nach der sich hier im Grunde genommen »unterschiedlich gelagerte gerichtsförmig gehaltene Narrative« sich Gehör verschafften. Die Frage nach dem Motiv ist eng mit der Frage nach der Herkunft der Opfer verbunden, so Diner. Würde im intentionalistischen Zugang das Verbrechen als Ausdruck »schuldhaften Handelns« interpretiert, schlage sich im Funktionalismus das Deutungsmodell einer »schuldlosen Schuld«, sozusagen die juridische Fahrlässigkeit, nieder.[125] Diese These war im folgenden Kapitel zugrunde gelegt worden, weil hier mit Diner davon ausgegangen wurde, daß das der jüdischen Erfahrung während der NS-Zeit verpflichtete Gedächtnis die Frage nach dem »Wer« in den Vordergrund der Reflexion rückt: »›Wer waren die Opfer?‹ Oder existentieller: ›Warum wir?‹ Von einem solchen Erkenntnisinteresse her finden sich«, so Diner, »letztlich

123 Canetti, Masse und Macht, S. 371.

124 Diner, Vergangenheit und Schuld; hier v.a. der Abschnitt »Schuld und Gedächtnis«, S. 96-102.

125 Ebd., S. 102 f.

alle weiteren Fragen angeleitet – so etwa die Frage nach den Motiven der Täter.« Wenn Forschung aber von Motiven absehe und auch die Herkunft der Opfer nicht in den Mittelpunkt des eigenen Fokus rücke, werden andere zentrale Fragen gestellt und beantwortet – die Verbindung der Frage nach Motiv des Täters und der Herkunft der Opfer aber gehöre folgerichtig nicht dazu. Dies nun sind aber genau die beiden zentralen Axiome des geschichtswissenschaftlichen Funktionalismus, der weder das Motiv des Antisemitismus überbetont sehen möchte noch sich auf die Suche nach der ideologischen Motivation der Täter begibt. Der Umstand, daß hier von einer »gespaltenen Epistemologie«[126] zu reden ist, macht die Diskursgrenzen, von denen im folgenden die Rede ist, methodisch besser verständlich, als es der Alltagssprachgebrauch nahelegt, in welchem nach wie vor von »deutscher« und »jüdischer« Perspektive gesprochen wird – im Bewußtsein allerdings ihrer eingeschränkten Reichweite.

126 Ebd., S. 105.

5.2. »Eine Art nachträgliches Sach-Interesse an dem Verhandlungsgegenstand« (Martin Broszat): »Sachlichkeit«, »Funktionalismus« und »Struktur« in Täterargumentationen

Die heuristische Provokation: Das Problem anonymer Intentionalität von Tätern und ihres Handelns als »bewußte Strukturalisten«

Als Julius Streicher am Nachmittag des 29. April 1946 in Nürnberg vernommen wurde, wurde er im Zusammenhang der antisemitischen Hetze seines »Stürmer« von dem amerikanischen Oberstleutnant Griffith-Jones gefragt, ob er die »Vernichtung des Weltjudentums« gefordert habe. Streicher antwortete: »Je nachdem, wie man das Wort ›Vernichtung‹ aufgefaßt haben will.« Griffith-Jones fragte weiter, ob er geschrieben habe: »Die Judenfrage ist noch nicht gelöst. Sie ist auch dann noch nicht gelöst, wenn einmal der letzte Jude Deutschland verlassen hat. Sie ist erst dann gelöst, wenn das Weltjudentum vernichtet ist.« Ob er, Streicher, das Wort »vernichtet« geschrieben habe: »Das hier gebrauchte deutsche Wort heißt ›vernichtet‹, nicht wahr? [...] ›Vernichtet‹, das heißt doch ›to annihilate‹?« Streicher antwortete daraufhin: »Ja, wenn man zurückschaut, kann man's so deuten; damals nicht.«[1]

Jan Phillip Reemtsma hat diese Szene vor Gericht, die Frage des Klägers wie die Antworten des Angeklagten, in seiner Studie über das Verhältnis von intentionalistischer und funktionalistischer Geschichtsschreibung des Holocaust zugrunde gelegt und angemerkt, Streicher habe sich zu seiner Verteidigung desselben Arguments bedient wie die Kritiker der »Intentionalisten«. Was von heute aus gesehen wie eine Aufforderung zum Mord klinge, so paraphrasiert Reemtsma den antisemitischen Nürnberger Verleger, sei aus dem Zeitkontext anders zu interpretieren.[2] Jawohl, er habe diesen und andere Zeitungsartikel geschrieben, ja, hier sei auch das Wort »Vernichtung« benutzt worden, nein, es sei nicht »wörtlich« gemeint gewesen, er habe es als Zitat gebraucht, als eine Referenz an Hitler, von der niemand genau gewußt habe, was sie eigentlich bedeutet habe. Er, Streicher, erkläre hier vor Gericht, daß er vor einem Rätsel stehe, seit

1 Dieser Dialog wurde bereits von Jan P. Reemtsma in seiner Reflexion über die interpretatorischen Aporien der Holocaustgeschichtsschreibung gedeutet, ich folge hier seiner Paraphrasierung und Argumentation; vgl.: Reemtsma, Charisma und Terror, v.a. S. 6-9.

2 Reemtsma, Charisma und Terror, S. 6.

er wisse, daß Hitler mit klarem Verstand und bewußt den Befehl zum Massentöten gegeben habe: »Wenn ich hier von Vernichtung schrieb, so ist das nicht so zu lesen, Vernichtung durch Massentötung; das ist wie gesagt ein Ausdruck.«[3]

Bedeutet das, so könnte man diese Argumentation mit Reemtsma lesen, daß hier einer der Hauptkriegsverbrecher jenes hermeneutische Problem aufwirft, das wir, wie oben skizziert, seit den 50er Jahren in seriöser Geschichtsschreibung wiederfinden? Heißt das, daß die These von der Dichotomie zwischen »Plan« und »Eskalation«, zwischen »Motiv« und »Radikalisierung« nicht nur, wie gezeigt, älter ist, als die Fixierung der Debatte auf die Hauptprotagonisten Mommsen und Broszat vermuteten ließe, sondern auch ganz undurchsichtige Ursprünge haben könnte? Daß sie nicht dem Nachdenken über den Holocaust, sondern ihm selbst entsprungen sein könnte, also nicht seiner Interpretation, sondern seinem Funktionieren? Streicher, so könnte wohl schnell ein Konsens gefunden werden, war ein Protagonist der »Endlösung«, weil das Ziel, auf das hin er geschrieben hat, eingetreten ist: die Vernichtung der europäischen Juden. Aber seine Artikel waren keine Befehle, seine Haßtiraden waren nicht dasselbe wie Töten – selbst wenn wir, was in diesem Beispiel schwerfällt, seine Apologie hinnehmen würden (die Richter taten es nicht und verurteilten ihn zum Tode), dann bliebe dennoch die Frage, wie aus Zeitungsartikeln Mord wird, wie wir überhaupt Täter eines Millionenmordes beschreiben wollen, wer dazu gehörte und wer nicht, wer Verantwortung hatte und wer nicht, wem »Intentionen« zur Vernichtung von Juden nachgewiesen werden können und wem nicht, weil er nur in »Strukturen« steckte, die er nicht zu ändern in der Lage war.

Zu dieser bereits im vorigen Abschnitt problematisierten und nun unter dem Gesichtspunkt der Täterperspektive erneut aufgeworfenen Frage sei ein weiteres Beispiel aufgeführt, das die subjektive Verzweiflung eines Beamten zum Ausdruck bringt, der sich nach der Lektüre von Eugen Kogons *Der SS-Staat* auf einmal als Täter beschrieben sah, der als Erklärung hierfür aber nicht sein Handeln oder gar seinen Willen, sondern die »Strukturen« heranzog. Nach der Veröffentlichung von Kogons Buch direkt nach dem Krieg dominierte dieser Text jahrzehntelang die Kennt-

3 Ebd., S. 8. Es bleibt anzumerken, daß Streicher in seiner Apologie insgesamt nicht nur funktionalistisch, sondern auch hyperintentionalistisch argumentierte, letzteres, indem er folgende Deutung des Holocaust vortrug: »[...] diese Massentötungen waren der letzte Willensakt eines, vielleicht am Wissen, daß er nicht siegen werde, verzweifelnden großen Mannes der Weltgeschichte« (ebd.).

nisse über das System der deutschen Konzentrationslager.[4] Als sich im Juli 1948 ein hoher Beamter des ehemaligen Ernährungsministeriums bei Nürnberg von einem Felsen herunterstürzte, tat er dies aufgrund der Lektüre genau dieses Buches und der in ihm dargestellten Wirklichkeit. Seinen Abschiedsbrief richtete er an Kogon als Vertreter der Opfer und Angehörigen, der ihn in Auszügen veröffentlichte. Darin heißt es u.a.:

> »Für Art und Ausmaß des in den Konzentrationslagern Geschehenen gibt es keine menschliche Ausdrucksweise, keine Maßstäbe. Wenn dabei Hunger, Qual und Tod eine große Rolle gespielt haben und dies auch auf Rationierungsvorschriften beruhte, die ich gezeichnet habe, so hat es dabei – ich sage dies angesichts meines nahen Todes – *nicht nur am Vorsatz und am Willen, sondern schon am Bewußtsein gefehlt*, auch nur einem Menschen wehe zu tun oder gar jemanden zu töten. Ich habe mir in der ganzen NS-Zeit die Anschauungen von Recht und Humanität bewahrt, die vor 1933 bei allen Gutgesinnten Geltung hatten. Herkunft und Erziehung, Ausbildung und Beruf hatten hierfür ein Fundament gelegt, das im sechsten Lebensjahrzehnt nicht mehr zerstört werden konnte. Ich habe die Institution der Konzentrationslager verwerflich genannt, jedoch über ihr wirkliches Wesen und Wirken in allen wichtigen Einzelheiten nur soviel gewußt wie die Allgemeinheit. Meine Vorstellungen über sie, die mir niemand genommen hat, waren falsch, – bis zum Juni 1945! Ich nahm an, es gehe schlimmstenfalls um mehrere tausend Unglückliche in diesen Lagern. Mit den Namen Dachau und Oranienburg erschöpft sich mein Wissen; Buchenwald und Auschwitz sogar waren mir fremd […] Meine Seelenqualen und Selbstanklagen sind unermeßbar groß. Die Folterung ist um so furchtbarer, als ich keinerlei Erinnerung an die einzelnen Maßnahmen habe […]. Jetzt bleibt mir nur eins gegenüber meinen Opfern und ihren Angehörigen: die Bitte um Verzeihung. Verzeiht mir meinen Mangel an Sorgfalt; *Arbeitsüberlastung und Vertrauen auf die Richtigkeit des mir vom Verfasser vorgelegten Entwurfes, Nichtbeachtung der Kalorienlehre und Augenkrankheit tragen die Schuld am Geschehen, nicht Vernichtungswille.*«[5]

4 Kogon, Der SS-Staat; vgl. hierzu: Kogon, Eugen Kogons »Der SS-Staat« ist ein halbes Jahrhundert alt; Sofsky, Eugen Kogons »Der SS-Staat«; zu Kogons Buch vgl. auch oben Kap. 2.1.

5 Ich zitiere diesen Text nach einem Zeitungsartikel aus dem Nachlaß von Eugen Kogon, vgl.: Weser-Kurier (Bremen), 22. 7. 1948 [Hervorh. v. N.B.].

Das Problem »anonymer Intentionalität«, oder wie es der Schreiber dieses existentialistischen Testaments formulierte, das Fehlen von »Vorsatz«, »Willen« und »Bewußtsein«, ist eine heuristische Provokation, die vielfach in der Literatur zum Nationalsozialismus nachgewiesen werden kann, allerdings bislang innerhalb der Täterforschung kein eigenes Forschungsinteresse gefunden hat. Bereits unmittelbar nach dem Krieg hatte Max Picard die Denkfigur der NS-Verbrechen als einer »totalen Apparatur« in den Rang einer Definition gehoben, als er ausführte, daß die Naziverbrechen »auskalkuliert« seien »wie im Reagenzglas der Fabriken«, und von der »wissenschaftliche[n] Grausamkeit«, der »Ingenieurs- und Chemikergrausamkeit« schrieb: »Sie sind nicht Natur und nicht Ausdruck der bösen Leidenschaft, sondern wie eine Produktion der Fabriken, und darum nehmen sie in dem ungeheuren Maße zu wie die Produktion der Fabriken zunimmt. […] Die Nazigrausamkeit geht von einer Fabrikapparatur aus oder von einem Menschen, der totale Apparatur geworden ist.«[6] Lange Zeit wurden die Täter in diesem Sinne erklärt, nicht aber eigentlich wissenschaftlich untersucht. Die Erforschung der Täter selbst und ihrer Motive blieb über Jahrzehnte hinweg Desiderat und war nie von der »Angst« zu separieren, daß hier die Rede von den eigenen Vätern, Brüdern oder Freunden war. Gerhard Paul hat zu Recht daran erinnert, daß diese Generationenfrage das Hauptproblem der langsamen Hinwendung der NS-Forschung zu den Tätern darstellte und die hierbei aufgeworfenen Fragen nie nur akademisch waren, sondern »die Tabus und Verdrängungen, die Ängste und Interessen« der deutschen Nachkriegsgesellschaft und der Geschichtswissenschaft widerspiegelten.[7] Er unterließ es nicht, hinzuzufügen, daß auch er selbst seinen Onkel, der mehrere Jahre als Bahnhofsvorsteher in Auschwitz stationiert war, nicht gefragt habe, was er von dem Massenmord vor seiner Haustür mitbekommen hatte. Er könne sich, so Paul weiter, ebenfalls nicht daran erinnern, während seines Studiums in den Vorlesungen von Karl Dietrich Bracher und Hans-Adolf Jacobsen jemals etwas über die Täter des Holocaust gehört zu haben. Versuche, diesem Thema gegenüber Distanz zu gewinnen, konnten aber nicht nur durch Ausblendungen des Problems oder durch

6 Picard, Hitler in uns selbst, S. 56 f., zit. nach: Paul, Die Täter der Shoah, S. 71.

7 Ebd., S. 13; zur neueren Täterforschung vgl. die weiteren Beiträge in dem Band von Paul sowie: Sandkühler, Die Täter des Holocaust; Kühne, Der nationalsozialistische Vernichtungskrieg; Herbert, Vernichtungspolitik; Pohl, Die Holocaust-Forschung; Goldhagen, Hitlers willige Vollstrecker; Browning, Ganz normale Männer.

Exterritorialisierung (»im Osten«), Kriminalisierung (als »verkrachte Existenzen«) und Diabolisierung (»Teufel«, »Dämon«) erfolgen, sondern auch durch die Entpersonalisierung und Abstrahierung des Täterdiskurses.[8] Joachim C. Fest erklärte die Mischung aus Gehorsamspflicht, Normalität, Sentimentalität zum Signum des Verbrechens und betonte geradezu das Fehlen von »Besessenheit« und jeglicher »Intensität des dahinter wirksamen Willens«.[9] Albert Mirgeler konstatierte eine »sozusagen geschäftsmäßige Form der Immoralität«[10] und extrapolierte diesen Befund zur Erkenntnis, daß man zur »Lokalisierung der wirklichen Schuld« mehr »subtiler Erwägungen« bedürfe, als beispielsweise der »von einer naiven Bosheitsthese ausgehende Eichmannprozeß« es getan habe: Es gehe um Zusammenhänge, »die durch fortdauernde Jagd nach Sündenböcken eher verdrängt als erhellt werden«.[11] Zur »Sachlichkeit« im Handeln der Täter merkte auch Raul Hilberg an, er habe »von Anfang an die dunkle Geschichte im Beamtentum gesucht. [...] Das System war anders, als man es sich heute vorstellt. [...] Die ganze Wahrheit ist, daß normale, übliche Prozeduren für ganz abnormale, ganz unübliche Ereignisse angewendet werden. Das Wichtigste, das Tiefste und das Unverständlichste an der Sache ist, daß man diese Dinge selbstverständlich machte.«[12] Hilberg hat an anderer Stelle methodologisch von seiner »Idee der latenten Struktur« gesprochen.[13] Immer wieder wurde das Unpersönliche, das »Managerhafte« am Nationalsozialismus betont: »Auschwitz wurde völlig unpersönlich gemanagt«, so in einem Interview der Historiker George L. Mosse: »Die Endlösung der Judenfrage war doch ohne die moderne Verwaltung gar nicht möglich. Alle sogenannten Rassenfeinde sollten ja bis auf das letzte Kind erfaßt werden. Und dann das Eisenbahnnetz, für die Deportation in die Lager, inmitten des Kriegsschauplatzes. Ohne die moderne Technologie und Administration wäre das doch alles gar nicht möglich gewesen.«[14] Die Stellungsnahmen in diese Richtung ließen sich beliebig vermehren.

8 Paul, Die Täter der Shoah, S. 16 ff. und 20 ff.; zum Problem des Prozesses der Abstrahierung und Entwirklichung der Vergangenheit, der die »Geschichte gewissermaßen ihres Personals und ihrer Orte beraubte«, vgl.: Herbert, Drei deutsche Vergangenheiten, S. 379.

9 Fest, Das Gesicht des Dritten Reiches, S. 391.

10 Mirgeler, Das Hitlerreich im Rückblick zweier Jahrzehnte, S. 478.

11 Ebd., S. 473 und 478.

12 Hilberg, Diskussionsbemerkung, in: Friedrich/Wollenberg (Hg.): Licht in den Schatten der Vergangenheit, S. 163 ff.

13 Hilberg/Söllner, Das Schweigen zum Sprechen bringen, S. 182.

14 Mosse, in: Runge/Stelbrink, »Ich bleibe Emigrant«, S. 71.

Alle diese Beschreibungen waren Formen der Differenzierung gegenüber der abwehrenden Beschreibung der Täter als »Monster«, deren Signum gerade darin bestand, daß sie gar nicht der Gesellschaft angehörten, ja – die manchmal regelrecht aus der Wirklichkeit hinauseskamotiert wurden. Sie waren Ausdruck einer neuen Wahrnehmung, die nun vor allem die Prädominanz des Täters vom Typus Rudolf Höß oder vom Typus des »Schreibtischtäters« betonten. Doch zugleich waren auch sie nicht frei von Vereinfachungen, die einen ganzen Problemkomplex kurzerhand von der Agenda nahmen, nämlich den der individuellen Zustimmung zur Tat, der Intention und Initiative, der Ideologie und des freien Willens. Gerade in diesem Punkt unterschied sich aber die Darstellung von Raul Hilberg von den Varianten der Entpersonalisierung der Täter, wie sie die deutsche Diskussion prägten. Hilberg hatte zwar die Perspektive der Täter zum Ausgangspunkt seiner NS-Historik gemacht:

> »Ich [war] auf die Hypothese fixiert [...], daß man die Judenvernichtung nur begreifen könnte, wenn man zuerst das Verhalten der Deutschen analysieren würde. Das bedeutete, daß es zwar eine eigene jüdische Geschichte gebe, daß diese aber eine Geschichte der Reaktionen gegenüber den deutschen Maßnahmen sei. Ich hielt es für methodisch unzulässig, die jüdische Geschichte außerhalb der deutschen Maßnahmen zu behandeln. Über jüdisches Verhalten zu schreiben, hieß also zunächst, das Verhalten der Verfolger zu analysieren. Dieser Ansatz war meine Idiosynkrasie [...].«[15]

Aber Hilberg hat in seinem Lebenswerk stets die Initiative, ja, die »Phantasie« der Bürokratie betont, die für die Umsetzung des Vernichtungsprozesses ausschlaggebend war. Zudem hat er primär auf die Quellen der Zeit, nicht auf die Erklärungen ex post vertraut:

> »Im Laufe der Zeit, mühsam, konnte ich dann genügend Material sammeln, und siehe da: Ich hatte das vielleicht deutlichste Belegmaterial vor mir, daß eine große, völlig unideologische Gruppe von Menschen [...], die Judenvernichtung direkt mitorganisiert hatte, aber bislang vollständig übersehen worden war. Und warum? Genau und gerade, weil sie so normal aussahen. Von Nazi-Ärzten kann man sprechen, auch von den Nazi-Industriellen, aber kann man in demselben Begriff von Nazi-Eisenbahnern sprechen? Nicht einmal der Begriff scheint

15 Vgl. z.B. Hilberg/Söllner, Das Schweigen zum Sprechen bringen, S. 181; zum Werk von Hilberg und seiner Rezeption in Deutschland vgl.: Berg, Lesarten des Judenmords, S. 92, 98-101, 110-112 und 132 ff.

Sinn zu machen. Und doch: wie effektiv haben sie die Vernichtungstransporte organisiert, wie pünktlich haben sie die Transportprogramme ausgeführt!«[16]

Das Problem der fehlenden Glaubwürdigkeit in den Angaben ehemaliger Täter, Mittäter, Mitläufer oder des staatstragenden Beamtentums der damaligen Zeit ist das eine Problem. Das andere, hier akzentuierte, besteht darin, daß es in der Historiographie dort unterbelichtet fortgeschrieben wurde, wo man auf Attribute wie »anonym«, »industiell« und »bürokratisch« hypostasierte oder den Charakter der dysfunktionalen Verwaltung des NS-Systems überbetonte. Das begann mit Begriffsprägungen wie »autoritäre Anarchie« und »polykratische Kompetenzanarchie«, Termini, die in der Nachkriegsliteratur erstmals 1946 von Walter Petwaidic geprägt wurden.[17] Es fand seine Fortsetzung in der Beschreibung der Judenvernichtung als »Automatismus ohne Menschen, vor allem ohne Täter, angetrieben von abstrakten, gesichtslosen Strukturen und Institutionen«, also in der wissenschaftlichen Ausformulierung durch funktionalistische Erklärungsmuster und durch ein strukturalistisches Täterbild, von dem sogar einmal gesagt wurde, es sei das »wissenschaftliche[n] Pendant der justitiellen Freisprechung der Täter durch das Dogma des Befehlsnotstandes.«[18]

Auf indirekte Weise wurden Interpretamente in hohem Maße wirkungsmächtig, die immer wieder in den rückblickenden Kommentaren von Mitläufern, Opportunisten und Tätern zu finden sind. An den meisten dieser Aussagen nach 1945 könnte der subtile Hinweis auf die Anonymität des Gesamtprozesses der »Endlösung« als Hauptzug der Apologie aufgezeigt werden, wenn nicht eine platte Schuldabwälzung auf Hitler oder Himmler im Vordergrund stand. Sogar ein solch skrupelloser Ideologe und Fanatiker wie Hans Frank vermochte in der von ihm so

16 Hilberg/Söllner, Das Schweigen zum Sprechen bringen, S. 190.

17 Petwaidic, Die autoritäre Anarchie; Petwaidic, der hier über seine eigene Identität ebenso schweigt wie über die Quellen seiner detaillierten Informationen (er war 1941/42 Hauptschriftleiter und Pressereferent der deutschen Gesandtschaft in Agram gewesen), beschrieb hier, im Duktus eines Erlebnisberichts und als eine Art Abrechnung, seine Sicht des deutschen Zusammenbruchs. Im Wesen einer solchen Diktatur, nämlich in der »Willkür einiger tausend Personen« anstelle von Gesetzlichkeit, sei ihr Ende sozusagen vorherbestimmbar gewesen, »Hemmungslosigkeit« sei zum »Staatsprinzip« erhoben worden; vgl. die Bemerkungen von: Rumpf, Nationalsozialistische Außenpolitik im Rückblick, S. 116; zur Polykratie-These: Hüttenberger, Nationalsozialistische Polykratie, S. 417-442.

18 Paul, Die Täter der Shoah, S. 20.

bezeichneten »objektive[n] Geschichtsschreibung« und »wirklichkeitsnahe[n] Erkenntnis« sogar beides zugleich zu sehen, die Propagierung eines »Hitlerismus« als *causa efficiens* des Nationalsozialismus[19] *und* die Konzeptualisierung der Partei als »leblose Maschinerie Bormanns«.[20] Auch Frank sprach vom »Führungs- und Verantwortungschaos«, von »Zuständigkeitskämpfen«, der »Anarchie der Vollmachten« und der »Klausur-Maschinerie« Hitlers: »Alle Ordnung und Klarheit der Zuständigkeiten auf allen Gebieten begann damit zu zerfließen.«[21] Und über seine eigene

19 Frank, Im Angesicht des Galgens, S. 120; dieser auf eine Person reduzierte Superintentionalismus und »Hitlerismus« von Hans Frank (1900-1946), Jurist und Generalgouverneur von Polen, der als einer der Hauptkriegsverbrecher in Nürnberg zum Tode verurteilt wurde, ist nur ein Teil des Deutungsschemas in diesen in der Haft entstandenen Aufzeichnungen. In dem vollkommen wirren und unzusammenhängenden Text heißt es zu Hitler u.a.: »Hitler ist als Mensch also allein die causa efficiens des gesamten Geschehens. Kein Programm, keine objektive Ideologie, kein ›Nazismus‹ von 1920 und keine ›Verschwörungsgruppe‹, nein, er allein bedingte alles. Wer das bestreitet, bestreitet eine Wahrheit, die sich, wie alle Wahrheiten, früher oder später durchsetzen wird« (S. 319). Oder: »Doch einer, ein einziger Mann stand eisern, hart, brutal, rücksichtslos: Adolf Hitler. Gänzlich unbewegbar durch alles Grauen, hielt er mit dem Wollen eines grausigen Urwesens mit schrecklicher Gewalt alles in seinem Bann« (S. 403). Das Hitlerregime, so Frank, war »ein Bild der Monokratie reinster Art« (S. 317).

20 Ebd., S. 402. Bormann wird von Frank (neben Himmler, Göring und Speer) zu den »Zuständigkeitsgiganten« gezählt (S. 403).

21 Ebd., S. 403, 384 und wieder 403. Die Judenvernichtung selbst erklärt Frank rein »hitleristisch«: »Der kollektive Massenmord gegen ganze Völker ist [...] das allergrauenvollste: *und Hitler ist dessen schuldig*, und zwar gegen die Juden« (sic!), S. 382 [Hervorh. v. H. F.]. Und: »Nicht irgend ein Antisemitismus allein ist die Ursache von Auschwitz, sondern ausschließlich der rein persönliche Entschluß Hitlers Himmler gegenüber« (S. 324). Die Demagogie dieses Textes ist vollkommen. Seinen eigenen Anteil an der »Endlösung« übergeht Frank, indem er 1.) Hitler als Täter, 2.) eine Befehlskette von ihm auf Himmler, Heydrich und Höß, 3.) die totale Geheimhaltung – »rigoroseste, technisch-methodisch diffizilste Geheimnissorgfalt«, die um »das ganze grauenvolle Geschehen ein[en] hermetisch geschlossene[n] Ring« zog – und 4.) die »Juden und Jüdinnen in vieltausendfacher Zahl« als Ausführende des Mordes an den »eigenen Glaubens- und Volksgenossen« als Erklärungskombination vorbringt. Wirth selbst, so Frank, habe in Maidanek nur »etwa fünf deutsche Mitarbeiter« (sic!) gehabt (S. 383). Bei Hans Franks abstruser Schilderung wird der gesamte Holocaust von jüdischen Tätern »gegen Gewinnanteil« (ebd.) vollbracht: »Also die Partei hat mit diesen Vorgängen weder ideologisch noch praktisch das geringste zu tun« (ebd.).

Rolle äußert Frank rein »funktionalistisch«: »Es war die Hölle auf Erden, in die wir Verwaltungsmänner da geraten waren.«[22]

Die wenigsten »Verwaltungsmänner« haben allerdings dieselben Schlüsse gezogen wie der oben zitierte Funktionär, der den Freitod gesucht hat. Daß »Funktionalismus« aber, unabhängig von den im einzelnen eingetretenen Konsequenzen, vielleicht nicht nur eine Erklärung im nachhinein ist, daß NS-Täter zwischen 1933 und 1945 eventuell gar nur deshalb so gut funktionierten, weil sie bereits als »bewußte Strukturalisten« handelten, bleibt Vermutung, ist aus den Quellen kaum zu rekonstruieren und mag deshalb im folgenden ebenfalls lediglich als Denkmodell für die prekäre Verlängerung täterzentrierter Erklärungsmuster in der Historiographie zum Nationalsozialismus und der Judenvernichtung sein. An dieser Stelle ist lediglich beabsichtigt, an ein paar Beispielen auf ein Problem hinzuweisen, das bislang von der Forschung zu wenig berücksichtigt wurde, nämlich die reale Nähe von Historikern nach 1945 zu den Tätern, die Angleichung von historiographischen Erklärungsmodellen an Täteraussagen durch Befragungen oder durch Übernahme der in den Rechtfertigungen vorgefundenen Perspektive und die daraus resultierenden allgemeinen Analogien, die sich ergeben, wenn man Täteraussagen und historiographische Erklärungsmodelle der Fachwissenschaft erkenntnistheoretisch parallel liest. Das Problem wird in diesem Kapitel am Beispiel von Werner Best, Rudolf Höß und Albert Speer aufgeworfen. Außerdem soll eine unbekanntere Debatte aus den 60er Jahren vorgestellt werden, in welcher sich das IfZ und Joseph Wulf um die Bewertung von Wilhelm Hagen gestritten haben, einem Mediziner und Zivilbeamten, der für die Gesundheitspolitik im Ghetto von Warschau zuständig gewesen war.

»Das Geheimwissen […] der Forschung zuführen …«: Befragungen und Interviews der »Mithandelnden und Mitwissenden« am IfZ

Hermann Mau hat in dem in Kapitel 5.1 referierten Grundlagenvortrag des IfZ vom Beginn der 50er Jahre natürlich zu Recht auf die »mündliche Überlieferung«, auf »Gedächtnis«, also Befragungen und Interviews von »Mithandelnden« und »Mitwissenden« als »wichtige Quellengattung« hingewiesen.[23] Und tatsächlich hat das IfZ zu Beginn »einen erheblichen Teil seiner Arbeit gerade dieser Aufgabe [gewidmet]: der Aufzeichnung

22 Ebd., S. 405.
23 Mau, Der Nationalsozialismus, S. 14; vgl. zu diesem Text Kap. 5.1.

dessen, was nur im Gedächtnis der Beteiligten überliefert ist«.[24] Dieses »Geheimwissen« gelte es der Forschung zuzuführen, da, so Mau, in der nationalsozialistischen Zeit sehr viele bedeutsame Vorgänge gar keinen »schriftlichen Niederschlag« gefunden hätten. Hier nun ist auf die Argumentation Maus zu achten: Das von ihm zum Forschungsgegenstand erhobene Spannungsreiche, Selbständige, Dysfunktionale und Antirationale – kurz: das »Chaotische« des Apparats, werde, so Mau, von allen, »die einen Einblick in das innere Triebwerk der nationalsozialistischen Macht gehabt haben«, bestätigt.[25] Mau verwies also im Zusammenhang mit der Quellenfrage auf das Wissen der ehemals Beteiligten und konstatierte dabei unkritisch einen Gleichklang der Thesen zwischen Zeitzeuge und Historiker. Die Problematik dieser Informationsgewinnung mag ihm nicht unbekannt gewesen sein, er hat sie aber mit keinem Wort erwähnt. Die bei den Befragungen allenfalls auftretenden »Schwierigkeiten«, so Mau, könnten überwunden werden, denn in der »Mehrzahl der Fälle« finde man »Verständnis für das sachliche Anliegen, das der Historiker – niemandem zu liebe und niemandem zu leide – zu vertreten hat.« Im wesentlichen komme es darauf an, »das menschliche Vertrauen derer zu gewinnen, die Wichtiges auszusagen haben«.[26] Am leichtesten, so Mau, komme man dabei mit denen ins Gespräch, »die über der Auseinandersetzung mit der eigenen Vergangenheit an die gleichen Fragen herankommen, die sich von der historischen Arbeit her stellen«:

> »Und schließlich: In der Beschäftigung mit der nationalsozialistischen Vergangenheit steckt ja für jeden von uns, ob er nun beteiligt oder ob er konsequenter Gegner war, ein gut Teil Auseinandersetzung mit dem eigenen Schicksal. Das ermöglicht mitunter *eine überraschende und menschlich bewegende Solidarität des Historikers mit dem Zeugen, die der Sache höchst dienlich ist.«*[27]

Implizite Annahme des ersten Direktors des IfZ war offensichtlich das Modell einer Art natürlichem Bündnis zwischen »Mithandelndem« bzw. »Mitwisser« und der Geschichtswissenschaft innerhalb eines völlig gleichlautenden Erkenntnis- und Aufklärungsinteresses. Die von Mau hier nicht weiter reflektierte Nähe zwischen den Historikern und den ehemaligen NS-Verwaltungsspezialisten war lange Zeit am IfZ eine völlig

24 Ebd.; hier auch das folgende Zitat.
25 Ebd., S. 18.
26 Ebd., S. 14 f.
27 Ebd., S. 15 [Hervorh. v. N.B.].

selbstverständliche Arbeitsgrundlage – ihre nähere Erforschung steht noch aus und kann an dieser Stelle nur als Problem skizziert werden.

Auf den massiven Einfluß von Werner Best auf die wissenschaftliche Geschichtsschreibung ist zum Beispiel vor kurzem durch Bemerkungen von Ulrich Herbert und Norbert Frei hingewiesen worden, die übereinstimmend hervorhoben, daß dieser nach 1945 »für die sich entfaltende Disziplin Zeitgeschichte in Westdeutschland eine interessante Figur« wurde.[28] Frei erwähnte Best als Beispiel für die in den 50er Jahren so typische Konkurrenz zwischen Täter- und Opferinterpretationen und bezeichnete ihn als versteckten Gegenspieler des Auschwitz-Überlebenden Hermann Langbein.[29] Keiner der ehemaligen SS- und RSHA-Verantwortlichen wußte auch nur annähernd so viel über Genese und Struktur der Gestapo, keiner war so versiert in der »legitimatorisch-defensiven Auseinandersetzung mit der NS-Vergangenheit«[30] und trat so unbefangen mit Historikern in Kontakt wie Werner Best. Er selber bemerkte später einmal:

> »Es haben sich in beträchtlicher Menge Historiker und an der Zeitgeschichte interessierte Persönlichkeiten an mich gewandt und mich nach Ereignissen befragt, welche ich bis 1945 erlebt hatte. Das Institut für Zeitgeschichte in München, welches bekanntlich nicht für die ehemaligen Nationalsozialisten eintritt, hat sich schon durch seinen ersten Leiter an mich gewandt und mich bis zur Gegenwart ständig um Auskünfte zu einzelnen Fragen ersucht. Der Mitarbeiter des Instituts, Dr. Hans Buchheim, jetzt Professor für Politologie an der Universität in Mainz und bekannt als Sachverständiger in NS-Prozessen, hat seine Publikationen und Gutachten über SS und Polizei zum großen Teil auf meine Informationen und auf lange Besprechungen zwischen uns aufgebaut.«[31]

Außer Buchheim erwähnte Best auch die vom Spiegelredakteur Heinz Höhne verfaßte und lange Jahre einflußreiche Darstellung über die SS und den israelischen Historiker Shlomo Aronson, »der seine Dissertation

28 Herbert, Best und die Historiker, in: ders., Best, S. 501 ff.
29 Frei, Farewell to the Era of Contemporaries, S. 60 f.
30 Herbert, Best und die Historiker, S. 501.
31 Werner Best, Aussage vom 4. Juli 1969, Hauptstaatsarchiv Düsseldorf, Rep. 242/Verhörprotokolle, S. 477 ff.; zit. nach: Herbert, Best, S. 641. Hier auch das folgende Zitat im Text.

zum guten Teil auf meine Beiträge aufgebaut hat«.[32] Herbert betont, daß nicht nur Informationen, sondern auch »Sichtweisen« von Best in die historischen Darstellungen einflossen, als Beispiel führt er vor allem Höhnes Charakterisierung von Best selbst als »›normativ-gebundener‹ Organisationsfachmann und Justitiar« und Bests Überlegungen über die zunehmend unübersichtlicher und chaotischer werdende »polykratische« Herrschaftsweise des NS-Staates an.[33] Aber nicht nur dort, sondern auch bei Hans Buchheim, dessen »lange Besprechungen« mit Best als Quelle vorliegen,[34] verschmolzen die Sichtweisen und Wertungen des Beteiligten mit der Analyse des Wissenschaftlers. So zitiert er das Buch *Die deutsche Polizei* von Werner Best in seinem Gutachten und verteidigt dessen Darstellung gegen jede Kritik als »zu den relativ wenigen« gehörend, die »die Verfassungswirklichkeit und deren wirkende Prinzipien annähernd richtig beschrieben haben«. Wenn darin Fehler seien, so Buchheim, dann lediglich aufgrund der Tatsache, daß Best »zu normativ dachte, daß er die Theorie der außernormativen Führergewalt gewissermaßen noch mit normativen Kategorien bestritt«. Er betont also das Normative der Rolle Bests und ebenso das »schwere Zerwürfnis« zwischen ihm und Heydrich.[35] Auch in seinem Totalitarismus-Buch zitiert Buchheim die Verfassungsvorstellungen von Best aus dessen *Die deutsche Polizei*, vor allem die legitimierende Ausführungen zur Aufhebung von Rechtsnormen zugunsten des geschichtlich Notwendigen: Mißbrauch des Rechtsetzungsrechts durch eine Volksführung werde, so Best, »sicherer als von einem Staatsgerichtshof vom Schicksal selbst nach den verletzten ›Lebensgesetzen‹ mit Unglück und Umsturz und Scheitern vor der Geschichte bestraft«. Buchheim dazu: »Schon die Tatsache, daß wir Heutigen beim Lesen dieses Satzes daran denken müssen, wie schrecklich er sich an unserem Volk bewahrheitet hat, zeigt, daß es ihm nicht an einem richtigen Kern fehlt.«[36]

32 Es handelt sich hierbei um die Berliner Dissertation von 1967, publiziert u.d.T. »Reinhard Heydrich und die Frühgeschichte von Gestapo und SD«; vgl. auch den Erinnerungsbericht: Aronson, Die Entstehung meines Heydrich-Buches, S. 95-100. Hier bemerkt er lediglich, die Interviews, »wie z.B. mit dem ehemaligen Münchner Polizeipräsidenten und Gönner des SS-Anwärters Heydrich, von Eberstein, und Heydrichs Schwester in Halle an der Saale sind ein Kapitel für sich« (98 f.).

33 Herbert, Best, S. 502.

34 IfZ, Zs 207/II: Unterredung Buchheim – Best vom 3. 7. 1955.

35 Buchheim, SS und Polizei im NS-Staat, S. 12 f.

36 Vgl.: Buchheim, Totalitarismus, S. 54, der im folgenden die Ausschließlichkeit der Antinormativität kritisch beurteilt.

In einem Brief an Werner Best hat auch Hellmut Becker, wissenschaftliches Beiratsmitglied des IfZ, den Organisator des Reichssicherheitshauptes zu sich nach Hause eingeladen, denn er »hätte gerne [einmal wieder]«, so Becker, »über die Kriegsverbrecherfrage mit Ihnen gesprochen«. Er wandte sich explizit im Namen des Institus an Best: »Sie können sich denken, daß ich auch in diesem Zusammenhang gern mancherlei Fragen mit Ihnen besprochen hätte, umso mehr als ich höre, daß das Institut mit Ihnen bereits in Fühlung steht.«[37] Hans Buchheim stand wiederum nicht nur mit Best, sondern auch mit Richard Koherr, der seit Frühjahr 1939 SS-Inspektor für Statistik gewesen war und nach dem Krieg als Minsterialrat im Bundesfinanzministerium erneut Karriere gemacht hatte, in engem Kontakt. Er und Koherr, der innerhalb der Funktion Himmlers als »Reichskommissar zur Festigung des deutschen Volkstums« gearbeitet hatte und von diesem beauftragt worden war, eine umfangreiche Bilanz der Judenvernichtung zu erarbeiten, führten lange Gespräche miteinander, die auf Tonband aufgenommen und protokolliert wurden, sie tauschten auch danach Informationen und Kopien aus, stellten sich gegenseitig Material zur Verfügung und erörterten einvernehmlich die Frage, welche Dokumente vom »Inspekteur für Statistik« Eingang in das Archiv des IfZ finden sollten und welche nicht. Buchheim schickte ihm auch Unterlagen, mit der Bitte, Koherr möge sie »quellenkritisch« analysieren.[38]

Die »höchst mitteilsame Gewissenhaftigkeit« des Rudolf Höß

Eine »überraschende« (wenn auch kaum »menschlich bewegende«) »Solidarität« zwischen Zeugen und Historiker beobachtete man nach 1945 in Gerichtsverhandlungen auch an Rudolf Höß, dem ersten und wichtigsten Kommandanten des Lagers Auschwitz. Broszat konstatierte an ihm

37 Becker, Brief an Werner Best vom 31. 7. 1952, in: IfZ ID 101, Bd. 1. Im übrigen freue er sich, so Becker, »Sie zum ersten Mal nicht nur durch die Gitter der Nürnberger Sprechzelle zu sehen, sondern Sie persönlich zu sehen«; zur Mentalität und Karriere von Werner Best und seiner Vergangenheitspolitik nach 1945 vgl.: Herbert, Best, S. 403-521.

38 Buchheim, Brief an Ministerialrat Richard Korherr vom 29. 6. 56 [2 S., beglaubigte Abschrift vom 22. 7. 1956], zit. nach: Mitteilungen zur NS-Sozialpolitik 1 (1985), Heft 7/8, S. 129 f. (Faksimile-Abdruck); vgl. auch die Anmerkungen Götz Alys auf der Stuttgarter Konferenz im Mai 1984 über die »Entschlußbildung« zur Judenvernichtung, die in dem später publizierten Band keine Aufnahme gefunden haben, ebd., S. 134 f.; zu dieser Konferenz vgl. unten Kapitel 5.3.

»eine Art nachträgliches Sach-Interesse an dem Verhandlungsgegenstand«,[39] eine »höchst mitteilsame [...] Gewissenhaftigkeit« bei der Klärung und Beantwortung von Fragen der amerikanischen Anklagebehörde in Nürnberg,[40] der die an ihn gestellten Fragen genau und zutreffend beantwortete und, mit einem guten Gedächtnis versehen, häufig noch durch »spontane Mitteilungen, Berichtigungen von Irrtümern« in einer »fast befremdlichen Weise« behilflich war.[41] Im Hinblick auf den Inhalt der Hößschen Aufzeichnungen sparte Broszat nicht mit starken Worten, um seinen Abscheu angesichts der hier offenbar werdenden »penetrante[n] Sachlichkeit«[42] zu äußern. Er sprach sogar von der »Entsetzlichkeit seiner oft schamlosen Sachlichkeit«, gestand den Aufzeichnungen aber trotz ihres »›fachmännischen‹ Stil[s] eines rührigen Sozialbeamten« und ihres »SS-Bürokratendeutsch«[43] letzten Endes »sachkundige Aufklärung« sowie »innere historische und subjektive Stimmigkeit« zu:[44]

> »Sicher ist jedoch [...], daß sie keinesfalls zweifelhafte Produkte red- oder schreibfreudiger Wichtigtuerei darstellen, sondern trotz mancher perspektivischen Verzeichnung und verschönernden Retusche im ganzen gerade durch ihre buchhalterisch knappe und exakte Sachlichkeit frappieren.«[45]

Etwas vage bleiben die Äußerungen von Broszat über das Motiv von Höß, zum Geschichtsschreiber von Auschwitz zu werden. Er nennt das »Bedürfnis, seine Haftzeit durch Schreibarbeiten über seine Vergangenheit auszufüllen« und damit »dem Gericht mit seinen Kenntnissen und Erfahrungen zu dienen«, und er erwähnt auch noch, Höß habe bereits in Nürnberg »naturgemäß« das gesteigerte Interesse, das man ihm entgegenbrachte, verspürt, »nachdem sich herausgestellt hatte, daß der Kommandant von Auschwitz keineswegs einfach der Spezies des ›Gewohnheitsverbrechers‹ zuzurechnen war«.[46] Daß hier ein Motiv für Höß

39 Broszat, Einleitung, in: Höß, Kommandant in Auschwitz, S. 9.

40 In Nürnberg war Höß nicht Angeklagter, sondern lediglich als Zeuge geladen. Aus dieser Zeit stammen auch die Gesprächsaufzeichnungen des amerikanischen Gefängnispsychologen, vgl.: Gilbert, Nuremberg Diary (1947; deutsche Übersetzung 1961).

41 Broszat, Einleitung, S. 9.

42 Ebd., S. 20. Ähnlich auf S. 14, wo Broszat von einer »schockierenden Sachlichkeit« und vom »Tone des Alltäglichen« sprach.

43 Ebd., S. 21.

44 Ebd., S. 9 und 10.

45 Ebd., S. 9 f.

46 Ebd., S. 10.

liegen könnte, vor »der Geschichte« zu sprechen und zum Geschichtsschreiber seiner selbst zu werden, hat er nicht erwogen, Broszat betonte die Naivität, nicht die apologetische Absicht des Kommandanten von Auschwitz.[47]

Die Vorstellungen von Auschwitz sind bis heute in hohem Maße durch diese Mitteilungen von Rudolf Höß geprägt worden.[48] Höß beschrieb in seinen nach dem Krieg verfaßten Memoiren nicht nur Details zu Himmler, zur Chronologie der Entschlußbildung zur Vernichtung der Juden, sondern er äußerte sich auch ausführlich über seine »Psyche«, sein »Werden und Erleben« (wie die Aufzeichnungen ursprünglich betitelt waren). Seine Memoiren weisen ihn als Mann mit Pflichtbewußtsein, Härte und Treue aus, der »Weich-Sein« vermeidet, aber darauf beharrt, »menschliche Regungen« (Höß) gehabt zu haben. Aber alle seine Angaben blieben segmentiert und ohne einen Zusammenhang. Seine Aufgabe beschrieb er »funktionalistisch«, und er benutzte auch die vielfältige Metaphorik des Maschinellen, Automatischen: »Ich war unbewußt ein Rad in der großen Vernichtungsmaschine des Dritten Reiches geworden. Die Maschine ist zerschlagen, der Motor untergegangen und ich muß mit. Die Welt verlangt es.«[49] Er habe, so Höß, indem er der Unterstel-

47 Broszat, Einleitung, S. 18; vgl. zum Problem der historischen Authentizität und selbstlegitimierenden Konstruktivität den Aufsatz von: Orth, Rudolf Höß und die »Endlösung der Judenfrage«, v.a. S. 54 ff. Orth betont zu Recht das »Konstrukt« und die »Selbstlegitimation« der »Anständigkeit«, der »Sinn der Niederschrift« habe gerade darin bestanden, »nachzuweisen und zu offenbaren, daß er kein ›schlechter Mensch‹ sei« (57); vgl. auch: dies., Die Konzentrationslager-SS, v.a. S. 105-115 und 282 f.

48 Zur Person und Funktion von Höß vgl. besonders den frühen Aufsatz: Tenenbaum, Auschwitz in Retrospect.; dieser Aufsatz und der Roman von Robert Merle, Der Tod ist mein Beruf (franz. Orig.: 1952), beruhten auf der polnischen Erstveröffentlichung des Höß-Materials; zur neueren Forschung vgl.: Kirsch, Kommandant in Auschwitz; Zeiler, Psychogramm des Kommandanten von Auschwitz; für die folgenden Ausführungen kamen viele Anregungen von: Welzer, Härte und Rollendistanz; Czyzewski, Das Gewöhnliche in Auschwitz-Darstellungen, der einen formalen Vergleich der Erzählweisen über Auschwitz zwischen Höß und dem Häftling Tadeusz Borowski vorlegte; sowie: Montau, Höß lesen.

49 Höß, Kommandant in Auschwitz, S. 151; beachtenswert die Variante im Abschiedsbrief von Höß an seine Frau: »Ich war unbewußt ein Rad in der ungeheuerlichsten deutschen Vernichtungsmaschinerie geworden und an exponierter Stelle fällig [...].« Vgl.: Höß, Brief an seine Frau vom 11. 4. 1947, in: Archiv der Gedenkstätte Auschwitz (APMO), Wsp/405311, Nr. 49757.

lung eines Motivs, einer Intention widersprach, »persönlich nie Juden gehaßt«.[50] Es sei »tragisch«, so Höß, daß er, der eigentlich gutmütig und hilfsbereit sei, nun »zum größten Menschenvernichter« geworden sei, aber die »jahrelange, eiserne Schulung in der SS« habe ihn »kalt« und zum »Automaten« gemacht.[51] Seiner Frau schrieb er in seinem Abschiedsbrief: »Als Kommandant des Vernichtungslagers Auschwitz war ich für alles was dort geschah voll und ganz verantwortlich, ob ich davon wußte oder nicht. Das Meiste von all dem Schrecklichen und Grauenhaften, was dort vorgekommen ist, erfuhr ich erst während der Untersuchung und während des Prozesses selbst.«[52] Es sei »unbeschreiblich«, so Höß, wie man ihn »hintergangen« habe, »wie man meine Anordnungen umgehen und was man alles angeblich auf meinen Befehl durchgeführt hat. Die Schuldigen werden, so hoffe ich, ihrem Richter nicht entgehen.«

Solche Sätze von Höß zwingen einen förmlich dazu, ihm grenzenlosen Zynismus zu unterstellen. Die ihm fehlende Glaubwürdigkeit sollte aber nicht die von ihm faktisch gewählte argumentative Strategie übersehen lassen, die Strategie nämlich, Ereignis und Person in einer perfide eingesetzen Variante strukturalistischer Erklärung auseinanderzudividieren: Nicht seine Befehle, sondern das Umgehen seiner Anordnungen habe zum Massenmord geführt, nicht Intentionen, sondern Eskalationen seien der Grund für die Vernichtung. Erst ein solches Erklärungsschema der Motiv- und Intentionslosigkeit bzw. des fehlenden Vorsatzes erlaubte es dem Auschwitz-Kommandanten seine eigene Person vom Verbrechen auszunehmen. In den seinerzeit von Martin Broszat nicht veröffentlichten[53] Abschiedsbriefen von Höß an seine Frau und seine Kinder konnte

50 Höß, Kommandant von Auschwitz, S. 110.

51 Höß, Brief an seine Frau vom 11. 4. 1947.

52 Ebd. Ähnlich in Höß, Kommandant in Auschwitz: »Wie es zu den Greueln in den Konzentrationslagern kommen konnte, habe ich zur Genüge im Vorhergehenden und bei den Personenbeschreibungen dargelegt. Ich für meine Person habe sie nie gebilligt. Ich selbst habe nie einen Häftling mißhandelt oder gar getötet« (149). Und: »Es ist viel geschehen in Auschwitz, angeblich in meinem Namen, in meinem Auftrag, auf meinen Befehl, wovon ich weder etwas wußte, das ich weder geduldet noch gebilligt hätte. Es ist dies aber alles in Auschwitz geschehen und ich bin dafür verantwortlich« (150).

53 Broszat hat den Abdruck dieser Briefe explizit abgelehnt, da es ihm bei der Publikation »nicht um die Privatperson von Höß« ging, sondern »ausschließlich um den historischen Gehalt seines Lebensberichts und um das, was an der Person von Höß als typisch und repräsentativ festgehalten zu werden verdient«. Broszat, in: Höß, Kommandant in Auschwitz, S. 151.

er »Mutterliebe« und »Muttersorge« als das »Schönste u[nd] Wertvollste was es auf Erden gibt«[54] preisen, den Kindern raten, sich ein gutes Herz zu bewahren und sich im Leben immer »von warm empfindender Menschlichkeit« leiten zu lassen. Auch hier erscheint in Höß' Sicht sein gläubiges Vertrauen als sein »größter Fehler«. In jeder dieser Äußerungen manifestierte sich die Zerrissenheit des »handelnd-funktionierenden« und des »resümierend-fühlenden« Höß, der seine konkrete Tat nicht wahrnehmen wollte.[55] Im polnischen Gefängnis habe er »Menschlichkeit« kennengelernt, so wundert er sich über seine Bewacher: »Mir, der ich als Kommandant von Auschwitz dem polnischen Volk soviel Schaden und Leid – *wenn auch nicht persönlich oder aus eigener Initiative* – zugefügt [habe], wurde ein menschliches Verständnis entgegengebracht, das mich oft und oft tief beschämte.«[56]

Broszat wurde als Historiker natürlich davon provoziert, daß Höß offensichtlich »alles Gefühl von Schuld« fehlte, und wiederholt äußerte er seinen Abscheu gegenüber der Höß eigenen »psychologischen Egozentrik«, seinem Habitus des »Unbetroffenen«, der sich sogar noch in Zusammenhänge von Tragik und Schicksal stellte,[57] und seinem »Pathos der Selbstgerechtigkeit«.[58] Aber er erklärte nichtsdestoweniger Höß mit Höß, wenn er in seiner Vorrede die »roboterhafte Pflichterfüllung«, den »reibungslosen Vollzug eines anonymen Mechanismus«, die »Technik des Massenmordes«,[59] die »das Töten zur Technik, zur bloßen Organisationsfrage« machte, die »Maschinerie des Todes« und den »Ungeist des Mechanischen«[60] zum Signum von Text und Phänomen zugleich machte. Seine Frage, auf die der Höß-Text die Antwort zu geben schien, war mithin dieselbe, die Höß selbst zu beantworten hatte, aber durch seine Aufzeichnungen gerade vermied: Wie mußten Menschen beschaffen sein,

54 Höß, Brief an seine Kinder o.D. [April 1947], in: APWO, Wsp 4053/1, Nr. 49757.

55 Montau, Höß lesen, S. 146.

56 Höß, Brief an seine Frau vom 11. 4. 1947 [Hervorh. v. N.B.].

57 Broszat, Einleitung, S. 18 und 19; vgl. auch S. 17: »Alle seine Schilderungen der Massenvergasungen sind die eines ganz unbeteiligten Beobachters. Auch nachträglich hat sich Höß die Mühe gespart, sich zu vergegenwärtigen, daß es tausendfacher Mord war, was da unter seiner Leitung fast täglich ausgeführt wurde.« Ähnlich das Fazit von Gamm: »Der Gedanke, daß er und seinesgleichen die eigentlichen Kriminellen waren, ist Höß nie gekommen.« Vgl.: Gamm, Rudolf Höß, S. 23, ähnlich auch S. 26.

58 Broszat, Einleitung, S. 19.

59 Ebd., S. 16.

60 Ebd., S. 17, 14 und 17.

die zu »Exekutionsbeamten jener Form des hygienischen Massenmordes« wurden, »der es erlaubte, Tausende von Menschen zu töten, ohne das Gefühl des Mordes zu haben«.[61] Die Antwort war für beide, den Täter und den Historiker, gleich: Höß' Autobiographie verdeutliche, so Broszat, »daß es nicht irgendein verkommener Auswurf der Menschheit war, der die Technik des Massenmordes erfand und durchführte«, sondern Pflichtbesessenheit, Autoritätshörigkeit, Phantasielosigkeit – kurz: ein Tun »mit bestem Wissen und Glauben« im »Dienst für Volk und Vaterland«:[62]

> »Am Falle Höß wird in aller Eindringlichkeit klar, daß Massenmord nicht mit persönlicher Grausamkeit, mit teuflischem Sadismus, brutaler Roheit und sogenannter ›Vertiertheit‹ gepaart zu sein braucht, welche man sich naiverweise als Attribute eines Mörders ausdenkt. Höß' Aufzeichnungen widerlegen diese allzu einfachen Vorstellungen radikal und offenbaren statt dessen als Portrait des Mannes, bei dem die Regie täglicher Judenvernichtung lag, einen Menschen, der alles in allem recht durchschnittlich geartet, keineswegs bösartig, sondern im Gegenteil ordnungsliebend, pflichtbewußt, tierliebend und naturverbunden, ja auf seine Weise ›innerlich‹ veranlagt und sogar ausgesprochen ›moralisch‹ ist.«[63]

In diesen Bemerkungen über »das Wesen des Dritten Reiches«[64] sparte Broszat Ideologie und Haß auf Juden völlig aus, und steuerte sogleich auf die zivilisationskritische Folgerung zu, die da lautete: Kleinbürgerlichkeit konnte »in den Dienst des politischen Verbrechens gestellt werden«, man verkenne die im Nationalsozialismus »hervorgebrochenen Unmenschlichkeiten«, so Broszat wörtlich, »wenn man die Gaskammern und Konzentrationslager allein auf eine besondere teutonische Grausamkeit zurückführt«.[65] Die Tatsache, daß der Mann, »der für das Inferno einer maschinell und ›hygienisch‹ betriebenen Tötung von vielen Hunderttausenden von Juden verantwortlich zeichnete, kein eigentlicher Verbrecher war, sondern ein pflichttreuer und befehlseifriger Kleinbürger«, kein

61 Broszat, Einleitung, S. 16 und zuvor schon S. 14.

62 Ebd., S. 16 f.; vgl. die Schlußworte in den Aufzeichnungen von Höß: »Meine unbändige Liebe zum Vaterland, mein Nationalbewußtsein brachte mich zur NSDAP und zur SS.« Höß, Kommandant in Auschwitz, S. 150.

63 Broszat, Einleitung, S. 14 f.

64 Ebd., S. 15.

65 Ebd., S. 15; scharfe Kritik an der Höß-Interpretation von Broszat auch bei Paul, Die Täter der Shoah, S. 14 und 21 f.

»Sadist«, sondern »Werkzeug für die Ausführung der Verbrechen des Regimes«, stellte auch Hans Mommsen in einer Besprechung heraus,[66] und auch er fügte hinzu, daß die »Tatsache des bürokratisch-korrekten Menschenvernichtens eine Sorge [sei], die nicht mit der Vergangenheit abgetan ist«.[67]

Das Bemerkenswerte an dem Selbstbild von Höß war offensichtlich die Tatsache, daß der Text nur eine einzige Interpretationsmöglichkeit ließ, auch für jene, die sich ansonsten voller Entsetzen von seinem Bericht abwandten. Er unterschied sich nicht sonderlich von den »distanzschaffenden Attributen«[68] in der Sprechweise der 50er Jahre über die Vergangenheit, den Nationalsozialismus und die Vernichtung der Juden: Tragik, Schicksal, Nicht-Gewußthaben, »Fabrikapparatur«, ein unschuldiges Rädchen im Getriebe einer Maschine gewesen sein, durch Pflichterfüllung verhärtet und zum Automaten geworden. »So war auch mein Handeln im Dienste dieser Ideologie völlig falsch, wenn ich auch guten

66 Mommsen, Aus der Zeitgeschichte (Teil II), S. 1042 f. Mommsen verlangte hier explizit die Konfrontation mit den »furchtbaren Geschehnisse[n]«, da es »um das Gewissen der Nation schlecht bestellt« wäre, würde sie dieser »weltgeschichtlichen Schuld« ausweichen (1043). Im folgenden rezensiert und lobt er das auf Radio-Vorträgen basierende und selten zitierte Aufklärungsheft von Robert Neumann, Ausflüchte unseres Gewissens. Dokumente zu Hitlers »Endlösung der Judenfrage«. Mit Kommentar und Bilanz der politischen Situation (Hannover 1960); es gehe gegen den Mythos des »Wir haben nichts gewußt« an. Mommsen forderte hier gleichfalls die Berücksichtigung einer »viel zu wenig untersuchten Problematik«, nämlich der »Haltung des anständigen Nationalsozialisten, der der Grundtendenz zustimmte, ohne die Auswüchse zu billigen, und der doch, indem er den Stufenweg der moralischen Aushöhlung auch nur eine Weile mitging, den Entschluß zum ungeteilten Protest nicht mehr fand. Man wird sagen dürfen, daß die deutsche zeitgeschichtliche Forschung hier eine gewisse Beengtheit noch nicht abgestreift« habe (1043 f.).

67 Mommsen, Aus der Zeitgeschichte, S. 1042 f. Gamm formuliert diesen Gedanken in aller Konsequenz: Er stellte am Ende seines Beitrages gar eine Parallele zwischen Höß und dem Nationalsozialismus damals und dem Kapitalismus von heute her: »Das ist der Höß in uns, der allabendlich auf der Mattscheibe von Fernsehgeräten die Hungergestalten der Dritten Welt, namentlich deren Kinder, voller Mitleid und Anteilnahme betrachtet und doch den Befehl auszuführen hat, daß die von uns diktierte Wirtschaftsordnung mit ihren terms of trade fortgesetzt wird.« Gamm, Rudolf Höß, S. 35.

68 Paul, Die Täter der Shoah, S. 52.

Glaubens an die Richtigkeit der Idee war«[69] – genau das war ja der Konsens der postnationalsozialistischen Gesellschaft bis weit hinein in die Geschichte der Bundesrepublik. Das heißt nun keineswegs, daß die Beschäftigung mit der Mentalität von Höß nicht auch aufklärerisch war – in einer Zeit, die das Täterbild in Dämonisierungen regelrecht aus der Wirklichkeit nahm. Aufgrund dieses Textes änderte sich in der Öffentlichkeit das NS-Täterbild in differenzierter Weise. Höß erhielt hier jene Attribute, die später für lange Zeit exemplarisch für die Tat selbst stehen sollten, so beispielsweise »Exekutionsbeamter des Terrors«,[70] »beflis sen[er] Manager des Massenmordes«,[71] »Buchhalter des Todes«, »pflichttreuer Massenmord-Dirigent«,[72] »Roboter von Auschwitz«[73] oder »perfekter Funktionär«.[74] Damit wurde zwar die Pathologisierung der Täter als »Schergen« und »kriminelle Elemente« durchbrochen, aber die neue Deutung konnte später um so leichter universalisiert werden: Höß wurde dann nicht mehr nur als deutsch, sondern ebenso typisch auch für »autoritär-totalitäre[n] Dispositionen [...] jenseits der deutschen Grenzen und in der modernen Industriegesellschaft« gesehen: »Die Schizophrenie des Spießers Höß signalisiert eben nicht nur deutsche Charakterschwächen, sondern allgemeine anthropologische und soziale Gefährdungen unter den Bedingungen des 20. Jahrhunderts [...].«[75]

69 Höß, Brief an seine Frau vom 11. 4. 1947. Zuvor schrieb Höß noch: »Auf Grund meiner jetzigen Erkenntnisse sehe ich heute klar, hart und bitter genug für mich, daß die ganze Ideologie, die ganze Welt, an die ich so fest und unverbrüchlich glaubte, auf ganz falschen Voraussetzungen beruhte und eines Tages unbedingt zusammenbrechen mußte« (ebd.). Diese Äußerungen leiten die Passage des Briefes ein, in der er seine Rückkehr zum »Glauben an Gott« darlegte, vgl. zu diesem Thema, mit Betonung dieser Wende, die theologische Arbeit von Deselaers, Gott und das Böse.

70 So Martin Broszats betitelter Essay am Ende eines dreiteiligen Vorabdrucks in: Die ZEIT, 31. 10. 1958.

71 So die Überschrift von Teil II der ZEIT-Dokumentation, in: Die ZEIT, 24. 10. 1958; Teil I war überschrieben mit »Selbstportrait eines Unmenschen. Der Henker von Auschwitz führte Buch. Ein Dokument der Hitlerzeit ohne Beispiel«, in: Die ZEIT, 17. 10. 1958.

72 Beide Charakteristiken bei: Joachim W. Reifenrath, Ein Buchhalter des Todes, in Germania Judaica (Köln), 1/1960; vgl. auch: Walther Karsch, Ein Buchhalter des Massenmordes, in: Tagesspiegel (Berlin), 19. 1. 1959.

73 Carl Gustav Ströhm, Der Roboter von Auschwitz, in: Christ und Welt (Stuttgart), 2. 4. 1959.

74 Helmut Lindemann, Das Grauen von Auschwitz, in: Stuttgarter Zeitung, 5. 12. 1958.

75 Kosthorst, Zeitgeschichte und Zeitperspektive, S. 6.

»Ich bin ohne Apologie«: Die Erinnerungspolitik von Albert Speer

Die Nähe zwischen Historiker und Täter bestand keineswegs nur in Analogien metaphorischer Begrifflichkeit oder in durch Texte vermittelter Parallelität der Argumentation. Mitunter war sie ausgesprochen konkret. Mit einem Blick auf die »Erinnerungspolitik« des Albert Speer in seinen Erinnerungen und seinen Tagebüchern[76] sei deshalb ein weiteres Beispiel angeführt, das die regelrechte Zusammenarbeit zwischen dem Führungspersonal des Nationalsozialismus und der Geschichtswissenschaft aufzeigt.

Ein wacher politischer Beobachter des »Dritten Reiches«, Zeitgenosse des Architekten und Rüstungsministers, schrieb Anfang April 1944 unter dem Titel »Diktator of the Nazi Industry« folgende Bemerkung zu Albert Speer: »Dies ist ihre Zeit. Die Hitler und Himmler mögen wir loswerden. Aber die Speers, was immer auch im einzelnen mit ihnen geschieht, werden lange mit uns sein.«[77] Kaum eine Äußerung über Albert Speer hat die ambivalente Deutungsgeschichte der »Speer-Legende«[78] so prägnant auf den Punkt gebracht, wie diese scharfsinnige Bemerkung von Sebastian Haffner im Londoner »Observer«. Sie erschien bereits Anfang April 1944 und faßte die pessimistische Sicht des politischen Emigranten zusammen, der im Rüstungsminister des Dritten Reiches die »Verwirklichung der Revolution des Managers« sah. Speer, der sich zu dieser Zeit auf Erholungskur in Meran aufhielt, hatte den Artikel ebenfalls gelesen. Er ließ einige Kopien anfertigen und schickte sie an Hitler und andere Bekannte. In den ersten Verhören durch die Alliierten im Sommer 1945 und wenig später, als Speer im Nürnberger Prozeß der »Verbrechen gegen die Menschlichkeit« angeklagt wurde, gab das von Haffner skizzierte Bild vom »Manager« die Folie ab, vor der Speer seine Verteidigungsstrategie entwickelte: er sei unpolitischer Architekt und ideologiefreier Technokrat gewesen. Dieser Mythos, den er von da an vor sich selbst und der Weltöffentlichkeit in ungezählten Verhören, Gesprächen, Interviews und Publikationen jahrzehntelang aufrechterhalten hat, ist Teil der Beschäftigung

76 Speer, Erinnerungen; ders., Spandauer Tagebücher.

77 Zit. nach: Ullrich, Sebastian Haffner im englischen Exil, S. 878.

78 Vgl. zum Gesamtzusammenhang v.a. die Textsammlung: Reif (Hg.), Albert Speer. Kontroversen um ein deutsches Phänomen; Schmidt, Albert Speer. Das Ende eines Mythos; Heinrich Schwendemann, Lebensläufer über verbrannter Erde. Vom Rüstungsminister zum Widerständler: Wie Albert Speer die eigene Biographie rückwirkend beschönigte, in: FAZ, 26. 4. 2000.

mit Leben und Person Albert Speers geworden. Nachdem er am 23. Mai 1945 verhaftet wurde, hatte er jedoch weiterhin Gelegenheit, Denkschriften über »Westorientierung« und »Föderalismus« zu verfassen, und wurde von Beginn an für eine Ausnahme in der Führungsriege des NS-Staates gehalten.

Auch bei Speer überschnitt sich seine Aufklärungsbereitschaft mit dem Wunsch, Geschichtsschreiber der eigenen Person zu werden.[79] Person und Rolle Speers verschmolzen seither untrennbar miteinander. Einerseits wurden die Aufrichtigkeit seiner »Beichte« (Robert M. W. Kempner), sein »Willen zur Ehrlichkeit« (Golo Mann) und sein »Ringen um die Wahrheit« (Gitta Sereny)[80] gerühmt, andererseits wurden seine berechnende Taktik und seine Lügen, die man ihm zum Teil nachweisen konnte, immer wieder attackiert, am nachhaltigsten durch die Interventionen von Erich Goldhagen Anfang der 70er Jahre und durch die Arbeit von Matthias Schmidt aus dem Jahr 1982.[81] Speer aber blieb vor dem Nürnberger Gericht, in den 20 Jahren seiner Haft und danach in den autobiographischen Publikationen seiner zweiten Karriere als Zeitzeuge und Medienstar, bei jener ambivalenten Form der »zwiespältigen Distanzierung«[82] und abstrakten Selbstkritik. Er habe von der Vernichtung der Juden nichts gewußt, übernehme aber für das Nichtwissen die Verantwortung:

79 Speer stand z.B. einem amerikanischen Vernehmungsoffizier in freiwilligen tagelangen Gesprächen über Politik und Macht im nationalsozialistischen Deutschland zur Verfügung. Die Protokolle dieser Gespräche aus dem Prominentengefangenenlager auf Schloß Kransberg hat der Historiker Ulrich Schlie nun in englischen Archiven entdeckt und publiziert. Doch ergeben sie weder neue Einsichten in die Geschichte des Nationalsozialismus, wie der Herausgeber optimistisch ankündigt, noch einen unverstellten Blick auf die Person Speers. Statt dessen belegen die Äußerungen vom Sommer 1945 allenfalls, wie früh sich Speer jener weitsichtigen Mischung aus Dämonisierung und Stilisierung bediente, wie kalkuliert jene konsequente Trennlinie zwischen Hitlers Finsternis und seiner eigenen unpolitischen Fachlichkeit war; vgl.: Schlie (Hg.), »Alles, was ich weiß«.

80 Sereny, Albert Speer. Das Ringen mit der Wahrheit; scharfe Kritik an der Psychologie Serenys und ihrer zu großen Nähe zur Person Speers bei: Dipper, Der Speer-Legende zweiter Teil, S. 193-195.

81 Goldhagen, Speer, Himmler und die Endlösung (zuerst 1971), in: Reif (Hg.), Albert Speer; Schmidt, Albert Speer: Das Ende.

82 Broszat, Zwiespältige Distanzierung. Albert Speers »Sklavenstaat«, in: Die ZEIT, 8. 5. 1981, wieder in: ders., Nach Hitler (1. Aufl.), S. 234-238.

> »In den Jahren nach meiner Entlassung aus Spandau bin ich immer wieder gefragt worden, [...] was mir von der Verfolgung, der Verschleppung und der Vernichtung der Juden bekannt ist; was ich hätte wissen müssen und welche Konsequenzen ich mir abverlangte. Ich gebe die Antwort nicht mehr, mit der ich die Fragenden, vor allem aber mich selber so lange zu beruhigen versuchte: *Daß im System Hitlers, wie in jedem totalitären System, mit der Höhe der Position auch die Isolierung und damit die Abschirmung wächst; daß mit der Technisierung des Mordvorganges die Zahl der Mörder abnimmt und damit zugleich die Möglichkeit größer wird, nicht zu wissen*, daß die Geheimhaltungsmanie des Systems Grade des Eingeweihtseins schafft und damit einem jeden Gelegenheiten zur Flucht vor der Wahrnehmung des Unmenschlichen offenhält. Ich gebe alle diese Antworten nicht mehr; denn sie versuchen, dem Geschehen in Advokatenmanier zu begegnen. Zwar war ich als Günstling und später als einer der einflußreichen Minister Hitlers isoliert; [...] zwar habe ich, was in jener Nacht vom 9. auf den 10. November 1938 eigentlich begann und in Auschwitz und Maidanek endete, nicht gewußt. Aber das Maß meiner Isolierung, die Intensität meiner Ausflüchte und den Grad meiner Unwissenheit bestimmte am Ende doch immer ich selbst. Ich weiß deshalb heute, daß meine quälerischen Selbstprüfungen die Frage ebenso falsch stellten wie die Wißbegierigen, denen ich inzwischen begegnet bin. Ob ich gewußt habe oder nicht gewußt, und wieviel oder wie wenig ich gewußt habe, wird ganz unerheblich, wenn ich bedenke, was ich an Furchtbaren hätte wissen müssen und welche Konsequenzen schon aus dem wenigen, was ich wußte, selbstverständlich gewesen wären. Die mich fragen, erwarten von mir im Grunde Rechtfertigungen. Doch ich bin ohne Apologie.«[83]

Diese partielle Erinnerungslosigkeit und die Selbstverteidigung wurden in einer nicht mehr hintergehbaren Rhetorik der Schuld und der Verantwortung und mit dem Gestus von »Ich bin ohne Apologie« vorgebracht. Dabei war gerade *dies* das Apologetische: Zu sagen, man habe nichts gewußt und »die Geheimhaltungsmanie des Systems« bzw. die Struktur, die einem dieses »Nichtwissen« ermöglichte, habe die »Isolierung« geschaffen, während man »die Vergrößerung des Barackenlagers Auschwitz« und zusätzliche Baustoffkontingente für die im Bau befindlichen Einrichtungen in Auschwitz-Birkenau zur »Durchführung der Sonder-

83 Speer, Erinnerungen, S. 127.

behandlung« zur Verfügung stellte.[84] Apologetisch war es, zu sagen, die Frage nach dem Wissen sei falsch gestellt und man müsse statt dessen die Strukturen des Systems durchleuchten, das einem während der Judenvernichtung ein »Nichtwissen« ermöglichte. Ohne Zweifel ist Raul Hilberg zuzustimmen, der dieser »nonchalanteste[n]« aller Täterapologien bescheinigte, Speer erzähle nichts von dem, was wir heute wissen wollen, und er sei letztlich nur deshalb interessant, weil wir hier den Beweis erhielten, daß Täteraussagen durch Dokumente ersetzt werden müßten.[85] Durch diese Paradoxie des Sprechens über den Nationalsozialismus eignete sich der zeitweilige zweite Mann des Dritten Reiches einerseits als ideale Entlastungsfigur für die Masse der Mitläufer. Auf der anderen Seite wurden Legenden von der »Versuchung« und »Verführung« durch Technik, vom mißbrauchten »Idealismus«, vom »Pakt mit dem Teufel« bis weit hinein in die historische Forschung getragen.[86] Es war nicht zufällig Hans Mommsen, der aus seiner strukturgeschichtlichen Perspektive schrieb, Speers Bücher stellten keine »Ableugnung seiner historischen Rolle« dar.[87] Auch Mommsen hob die Frage des »voraussetzungslosen Technizismus« ins Zentrum seiner Besprechung und folgte Speer vollkommen, wenn er (in Anlehnung an Karl Jaspers) bei Speer zwar »moralische und metaphysische«, nicht aber juristische Schuld ausmachte: »In den Tagebüchern finden sich immer wieder [...] Hinweise auf die für die innere Struktur des nationalsozialistischen Herrschaftssystems typische Kompartimentalisierung des Wissens um die jeweils verfolgten kriminellen Zwecke [...].«[88] Mommsen deutete die Speerschen Bücher als Beispiel

84 Freund/Perz/Stuhlpfarrer, Der Bau des Vernichtungslagers Auschwitz-Birkenau, S. 194 f. Diese Dokumentation bezieht sich auf die im Militärhistorischen Archiv (Prag) gefundene Aktenmappe der Zentralbauleitung Auschwitz u.d.T. »Vorhaben: Kriegsgefangenenlager Auschwitz (Durchführung von Sonderbehandlung)«, die auch in Faksimile-Reproduktion vorgelegt wird; vgl. auch: Schulte, Vom Arbeits- zum Vernichtungslager, S. 41-69.

85 Hilberg, Die Holocaustforschung heute, S. 405.

86 Vgl.: »des Teufels Architekt«; »Willen zur Ehrlichkeit« (Golo Mann, in: Reif, 316-324, 316); »er wurde ein Wahrheitssucher«; »Kraft einer wahren Beichte« (Robert M. W. Kempner 1969, in: Reif, 289-291, 289); »Thema der Versuchung des Technikers«; »Verführung« (Waldemar Besson, in: Reif, 263-267).

87 Mommsen, Spandauer Tagebücher, S. 108.

88 Ebd., S. 111; dem Zeithistoriker falle es zwar schwer, Speers Angaben Glauben zu schenken, er habe von der Massenvernichtung der Juden keine Kenntnis gehabt. Es sei aber, so Mommsen, »mit Hochachtung zu vermerken, daß er den bequemen Ausweg des Nicht-Gewußt-Habens« verwerfe. »Nach der Lage der Dinge wird man die von ihm gegebene Version unterstellen müssen« (sic!).

für ein vom Regime tatsächlich hergestelltes System des »Nichtwissens« und zugleich »Nichtwissenwollens«, als ein »Zeugnis der kommunikationsauflösenden Strukturen des Regimes«, nicht als Verschleierung der Intentionen seines Führungspersonals, das sich diese Strukturen erst schuf. Es gebe, so Mommsen, eine Reihe von Fällen, in denen Persönlichkeiten, die sich in Schlüsselpositionen des Dritten Reiches befunden hätten, »subjektiv aufrichtig versicherten, von der systematischen Judenvernichtung nichts gewußt zu haben«.[89]

Daß 1999 auch Joachim C. Fest lediglich als »Chronist«[90] von Speers Leben auftrat, irritierte nicht allein wegen des inhärenten Widerspruchs zur dramatischen Darstellung und zur Einfühlung in den Helden, sondern vor allem deswegen, weil Fest selbst maßgeblich an der Erinnerungspolitik Speers beteiligt war. Zuerst lediglich in seinem kleinen Aufsatz von 1963, in dem er Speer als »Typus des spezialistisch verengten Menschen und dessen technokratischer Amoral« charakterisierte und damit die Version von Speer nur paraphrasierte. Wenig später war er historischer Berater des Siedler-Verlages, in dem die Bücher Speers erschienen. Hier war Fest in vielen Gesprächen mit Speer an Kürzungen, Ergänzungen und Formulierungen beteiligt – eine Zusammenarbeit, die den Grad gegenseitiger Beeinflussung nur noch schwer erkennen läßt. Und schließlich bezieht auch seine neue biographische Darstellung einen Teil ihrer Autorität aus diesen vielen persönlichen Gesprächen Fests mit Speer, die er mit der Anmerkung »Notiz des Verfassers« aufführt. Mit der Paraphrasierung des Speerschen Textes stand Fest aber durchaus nicht allein. Es gab sogar Stimmen, die Speer noch viel direkter verteidigten, in ihm gar keinen Politiker sahen und Hitler und Speer als die entgegengesetzten Enden einer Skala zwischen »Weltanschauung« und »Vernunft« und damit als »unvereinbar« charakterisierten: Der Konflikt zwischen ihnen, so z.B. Reimer Hansen,[91] offenbare jeweils grundsätzliche Konzeptionen, »die […] wie Feuer und Wasser aufeinandertrafen«. Dem »politischen Darwinismus« Hitlers stehe mit Speer eine »Überzeugung von der moralisch-politischen

89 Ebd., S. 112; wieder in: Mommsen, Die Realisierung des Utopischen, S. 399.

90 Fest, Speer. Eine Biographie, S. 364; hier auch: ders., Notiz des Verfassers (S. 531 f.); zu diesem Buch: Volker Ullrich, Die Speer-Legende, in: Die ZEIT, 23. 9. 1999; Norbert Frei, Nachgelernte Schuld, in: NZZ, 12. 10. 1999; Nicolas Berg, Die Zukunft der Vergangenheit, in: Badische Zeitung (Freiburg), 30. 10. 1999.

91 Hansen, Albert Speers Konflikt mit Hitler, S. 618 und 616. Speer, so der Verfasser, »fehlte in einem erstaunlichen Maße der Sinn, politische Sachverhalte zutreffend einschätzen zu können« (619).

Verantwortung der Führung für das Volk« gegenüber. Und er schloß: »Das von so vielen hohen Würdenträgern des Dritten Reiches mit oft fadenscheinigen und apologetischen Argumenten verteidigte Dabei-Bleiben, um im eigenen Verantwortungsbereich Obstruktion leisten zu können, war in seinem Falle vollauf berechtigt.«[92] Speer, der in seinem dritten Buch über das Dritte Reich, seiner Auseinandersetzung mit der SS, endgültig zum »Historiker und Quellenforscher«[93] des nationalsozialistischen Genozids geworden war, vertrat gerade in bezug auf die Vernichtungsmaßnahmen des Nationalsozialismus »faktenreich« (Bracher) die polyzentrische These des Funktionalismus von den vielfältigen Widersprüchen des Regimes, vom Wirrwarr der Kompetenzen und vom Tauziehen um Macht und Einfluß bei der Durchführung von Unterdrükkung und Mord. Albert Speers Historiographie wird hier einmal mehr zu einem »Paradefall deutscher Schizophrenie«:[94] Er habe die Kriegswirtschaft und Rüstungsindustrie gut führen wollen, doch das Unverständnis des Führers und die Dummheit der nationalsozialistischen Parteispitze hätten ihn daran gehindert. Der ungarische Schriftsteller Imre Kertész hat die »Lehre« dieser Argumentation und ihre suggestive Wirkung präzise beschrieben: »Man hätte den nationalsozialistischen Krieg ohne die Nationalsozialisten viel besser führen und beenden können. All das ist für Speer völlig logisch, nicht widersprüchlich und – für ihn als Menschen, Deutschen und Ingenieur – zutiefst schmerzlich. Aus dieser schmerzlichen Kränkung bezieht das Buch seinen Reiz, für den gewiß viele seiner Leser empfänglich sein werden.«[95] Vor diesem Hintergrund legte Speer seine apologetischen Behauptungen vor, er habe das Ausmaß des Verbrechens nicht geahnt, habe Schlimmeres zu verhindern versucht, ihm sei es lediglich um Sachinteressen der Rüstung gegangen und von der Judenvernichtung habe er nichts gewußt.[96] Speer, der von seinem eigenen Mitarbeiter Wolter 1943 noch als »gläubig« im Sinne des nationalsozialistischen Aufbruchs und als einer der »Drängenden« beschrieben wurde, der gerade *nicht* »abseits vom politischen Geschehen« stand,[97] hatte sich durch seine Bücher seine persönliche Integrität zurückergattert. Im September

92 Ebd., S. 621.

93 Karl Dietrich Bracher, Nur die Niederlage verhinderte den Sklavenstaat. Albert Speer als Historiker, in: FAZ, 8. 1981.

94 Imre Kertész, Galeerentagebuch, Reinbek 1997 (zuerst: Berlin 1993), S. 49 ff.

95 Ebd.

96 Bracher kommentiert: »Dabei entdeckte er seine Unterschrift unter Dokumenten, die er jetzt als Historiker wiederfindet: klassische Fälle von Verdrängung.« Bracher, Albert Speer als Historiker.

97 Rudolf Wolters, Albert Speer, Oldenburg 1943, S. 6 und 63 f.

des Jahres 1973, Deutschlands berühmtester Literaturkritiker Marcel Reich-Ranicki war gerade Leiter des Feuilletons der »Frankfurter Allgemeinen Zeitung« geworden, publizierte deren Herausgeber Joachim Fest seine später berühmt gewordene, über tausendseitige Hitler-Biographie. Auf einem zu diesem Anlaß gegebenen Empfang in der Berliner Villa des Verlegers W. Jobst Siedler war neben den Überlebenden des Warschauer Ghettos Reich-Ranicki und seiner Frau auch »ein dunkler Ehrengast«, nämlich Hitlers Lieblingsarchitekt und ehemaliger Rüstungs- und Transportminister Albert Speer eingeladen, der mit dem völlig überraschten jüdischen Ehepaar, das das Warschauer Ghetto überlebt hatte, charmant Konversation zu betreiben versucht. Reich-Ranicki erzählt, er habe »entsetzt geschwiegen«.[98]

Subjektive jüdische Erinnerung versus objektive deutsche Zeitgeschichtsforschung? Die Kontroverse zwischen Joseph Wulf und dem IfZ in den 60er Jahren

Die folgende exemplarische Auseinandersetzung um das Problem von Verantwortung der NS-Täter und Mitläufer wirft weiteres Licht auf die Grundannahmen des geschichtswissenschaftlichen Funktionalismus – auch sie ist eine Debatte, an der sich das in diesem Kapitel fokussierte Problem verfolgen läßt, wie »nahe« die Fachgeschichte an die Erinnerungsversionen ehemaliger Funktionsträger des NS-Staates herantrat, was sie von ihnen übernahm und welche methodische Folgen dies für die Argumentation im einzelnen hatte. Die Broszat-Wulf-Debatte in den 60er Jahren markiert vor diesem Hintergrund ohne Zweifel eine bemerkenswerte Zäsur in der deutschen Nachkriegshistoriographie zum Holocaust, und das gleich in mehrfacher Hinsicht. Es wurde gezeigt, daß Hans Buchheim, Thilo Vogelsang und Martin Broszat vom IfZ in den 50er Jahren den Quellenpublikationen von Joseph Wulf und Léon Poliakov kritisch bis ablehnend gegenüberstanden. Eine bisher noch nicht erforschte Eskalation der Auseinandersetzung mit einem schärfer werdenden Ton in einer ganzen Reihe von Privatschreiben markiert der Streit zwischen Wulf und Broszat bzw. Helmut Krausnick während der »Hagen-Affäre« im Verlauf der 60er Jahre.[99] Es war dies ein Streit um Glaub-

98 Fest, Hitler. Eine Biographie; die Episode beim Empfang berichtet Reich-Ranicki in seinen Memoiren, vgl.: Reich-Ranicki, Mein Leben, S. 480ff. (482).

99 Dieser Briefwechsel befindet sich im Nachlaß von Joseph Wulf: Zentralarchiv zur Erforschung der Geschichte der Juden in Deutschland (Heidelberg), Bestand B 2/7 (91/11) und B 2/1 (92/21); zur Literatur vgl. oben Kap. 3.3; vgl.

haftigkeit und Wissenschaftlichkeit, um den Quellenwert verschiedener Dokumente, um die Frage nach der je eigenen Perspektivität von Opfern und Tätern, um die Frage nach dem »Täter-Werden« überhaupt und um das spezielle Problem dabei, ob Intention oder Struktur hierfür entscheidend war, bzw. wie dieses Verhältnis überhaupt zu integrieren sei. Und einmal mehr war auch dies ein Streit zwischen einem außerakademischen Autodidakten und der inzwischen etablierten Zeitgeschichtsforschung, eine Kontroverse auch zwischen den Generationen und eine gescheiterte Kommunikation zwischen einem Juden und einem Deutschen. Hier ging es in einem mehrjährigen Briefwechsel um die Person von Dr. Wilhelm Hagen, ehemaliger Präsident des Bundesgesundheitsamtes in Bonn, der sich im Dritten Reich als Leiter des Warschauer Gesundheitsamtes im Dezember 1942 brieflich bei Hitler für das Leben der »arischen« Polen eingesetzt hatte und dagegen protestierte, »mit einem Drittel der Polen, 70.000 alten Leuten und Kindern unter 10 Jahren, so zu verfahren wie mit den Juden, das heißt, sie zu töten«.[100] Zwar hatte Wulf in seinem Buch über das Warschauer Ghetto nicht diese Textstelle zitiert, aber er hatte Hagen in einem Kapitel als »Helfershelfer« präsentiert und mit dem Verweis auf das Ringelblum-Archiv das Verhalten Hagens im allgemeinen dokumentiert.[101] Wulf zitierte den Eid des Hippokrates und schilderte Hagen als den Leiter der ärztlichen Behörde der Ghetto-Verwaltung vor diesem Hintergrund als Akteur, der sich um sein berufliches Ethos nicht im mindesten gekümmert habe: Er habe um die »geradezu monströs-niedrigen Zuteilungen an Lebensmitteln im Ghetto« gewußt, sei von den katastrophalen Wohnverhältnissen im Ghetto unterrichtet gewesen

auch: Berg, Die Lebenslüge vom Pathos der Nüchternheit, in: SZ, 17. 7. 2002; daß die Kontroverse es wert sei, der Öffentlichkeit präsentiert zu werden, darüber waren sich bereits die Beteiligten einig. Als Wulf nämlich am IfZ offiziell anfragte, ob er den Briefwechsel als Dokument für seine »Tagebücher eines Zeithistorikers« auswerten dürfe, antwortete ihm Helmut Krausnick: »Für Ihre […] Mitteilung über die beabsichtigte Veröffentlichung Ihrer ›Tagebücher‹ danke ich Ihnen. Die Tatsache, daß verschiedene Personen, die sich mit gleicher Aufrichtigkeit der Klärung komplizierter zeitgeschichtlicher Zusammenhänge zuwenden, aber dabei (wie im Falle Hagen) zu kontroversen Urteilen kommen, braucht m.E. das Licht der Öffentlichkeit nicht zu scheuen.« Vgl.: Helmut Krausnick, Brief an Joseph Wulf vom 29. 3. 1965, in: ebd.

100 Zur Person von Hagen vgl. Aly/Heim, Vordenker der Vernichtung, S. 216 f. Hagens Memoiren (»Antrag und Wirklichkeit«) tragen nicht zur Erhellung seiner Rolle in Warschau bei.

101 Wulf, Das Dritte Reich und seine Vollstrecker, S. 334 f.

wie kein anderer und habe dennoch den jüdischen Ärzten vor Ort mit schärferen Strafen und dem Tod gedroht, sollten sie die Typhusgefahr im Ghetto nicht abwenden: »Diese Ärzte sind dann mit ihren Patienten umgebracht worden.«[102]

Gegen diese Dokumentation Wulfs grenzte sich Broszat als Mitarbeiter des IfZ deutlich ab. Schon zuvor hatte er in einer Rezension einer der Publikationen von Wulf einen bemerkenswerten Gedanken verfolgt. Der Vorbehalt von Broszat gegen die Art und Weise der hier von Wulf vorgenommenen Thematisierung von Diplomatie, Justiz, Wehrmacht, also dessen selbstverständliche Ausweitung des Blickes auf Tätergruppen der Judenverfolgung und der Vernichtungspolitik, erhielt seine Formulierung eben nicht in einfacher Apologie, sondern in einer elaborierten Methodik:

> »Ein ›gez. X‹ unter einem Schriftstück aus dem Bereich der Judenverfolgung beweist noch nichts und besagt möglicherweise sehr wenig über die Verantwortlichkeit dieses Herrn X, ja es kann irreführend werden, wenn nicht gleichzeitig das ganze Geflecht von Kompetenzen, individuellen und allgemeinpolitischen Antrieben und Voraussetzungen entwirrt wird.«[103]

Hier waren die beiden Hauptgedanken von Intentionalismus und Strukturalismus in einer Überlegung gegeneinander ausgespielt worden: »Verantwortung« stand gegen das »Geflecht von Kompetenzen«, gegen die »allgemeinpolitischen Antriebe und Voraussetzungen«.

In einem Brief an Hagen, der sich zuvor hilfesuchend an das IfZ gewandt und Dokumente, die ihn im besten Licht erscheinen ließen, gleich mitgeschickt hatte, drückte Martin Broszat ihm sein Bedauern aus: »Daß ausgerechnet Sie Gegenstand einer solchen Verzerrung geworden sind, betrübt uns ganz besonders.« Außerdem heißt es hier: »Ich darf Ihnen versichern, daß wir selbst entsetzt sind über den Mißgriff in Wulfs Buch. Unsere methodischen Einwände gegen diese Art grobflächiger und zusammenhangloser Dokumentation sind dadurch aufs neue bestärkt worden.« Und zuletzt: »Nach den zahlreichen uns vorliegenden Dokumenten und dem ganz hervorragenden Zeugnis, das Ihnen auch von polnischer Seite ausgestellt worden ist, gibt es für uns über Ihre integere Haltung

102 Ebd., S. 335; daß Wilhelm Hagen erst zwei Jahre nach dem Erscheinen des Buches Einspruch erhob, lag an einem Versehen Wulfs: Er hatte den Vornamen des Gesundheitspolitikers fälschlicherweise mit der Initiale »N.« angegeben.

103 Broszat, Probleme zeitgeschichtlicher Dokumentation, Sp. 300 f.

während der NS-Zeit als Amtsarzt in Warschau auch nach der Dokumentation von Wulf keine Zweifel.«[104] In einem Schreiben an Wulf forderte Broszat diesen sogar auf, er möge »Herrn Prof. Hagen Genugtuung verschaffen.« Hagen sei schon vor 1933 entschiedener Gegner des NS-Regimes gewesen, habe auch im Krieg »hartnäckigen Widerstand gegen die von SS und Polizei befohlene Gesundheitspolitik in Warschau« geleistet und ihm habe die Einweisung ins Konzentrationslager gedroht. Was Wulf aus dem Ringelblum-Archiv zitiere

> »beweist demgegenüber u.E. gar nichts. [...] Wir halten diese ganze Angelegenheit im Interesse der Sauberkeit zeitgeschichtlicher Dokumentation und Publizistik für außerordentlich bedauerlich und würden es deshalb begrüßen, wenn Sie von sich aus Schritte unternehmen könnten, die Herrn Prof. Hagen Genugtuung verschafften können.«[105]

Wulfs Antwort vom 16. April war schneidend, aber beherrscht: Er habe den Brief sehr aufmerksam gelesen, für ihn seien aber Aussagen von Dr. Ringelblum »ebenso maßgebend wie die eines Medizinalrates im Generalgouvernement. Außerdem verwies Wulf nicht nur auf die Unterschiede der Themen zwischen seiner Dokumentation über das Warschauer Ghetto und Broszats Polen-Buch, sondern er sprach auch die verschiedenen Perspektiven an:

> »In meinem Buche ›Das Dritte Reich und seine Vollstrecker‹ dokumentiere ich [...] nicht die Rettung von Polen, sondern die Vernichtung der Juden [...]. Es erstaunt mich, daß Sie, sehr verehrter Herr Broszat, ›im Interesse der Sauberkeit zeitgeschichtlicher Dokumentation‹ an mich appellieren. Sie dürfen mir glauben, ich wollte jahrelang keine Zeile über das Dritte Reich schreiben, weil ich selbst kaum annahm, daß ein ehemaliger Ghetto-Insasse und Auschwitz-Häftling, der Sohn ermordeter Eltern, objektiv sein kann. Ich gebe zu, es hat mich viel Kraft gekostet, das alles zu überwinden. Immerhin hat mir aber bis jetzt niemand den Vorwurf ressentimentgeladenen Denkens gemacht. Andererseits sehe ich nicht ein, warum ein Jude des ehema-

104 Broszat, Brief an Wilhelm Hagen vom 8. 4. 1963, in: B 2/7 (91/15), Nr. 3. Mit diesem Brief zusammen sandte Broszat auch sein Buch über die »Nationalsozialistische Polenpolitik« an Hagen, wo er ihn »in diesem Sinne erwähnt«.

105 Broszat, Brief an Joseph Wulf vom 10. 4. 1963, in: B 2/7 (91/15), Nr. 3; das Schreiben trägt den Briefkopf des IfZ. Broszat benutzte außerdem an mehreren Stellen das Personalpronomen »wir«. Er handelte hier allerdings, so Helmut Krausnick, auf seine eigene Initiative, vgl.: Krausnick, Brief an Josef Wulf vom 29. 4. 1963, in: ebd.

ligen Generalgouvernements subjektiver sein sollte als jedes Behördenmitglied dieses Generalgouvernements. Fassen Sie das bitte nicht ironisch auf, denn es ist ehrlich gemeint.«[106]

Und Wulf fügte noch den Satz hinzu: »Es ist doch nicht meine Schuld, wenn es eine Zeit gab, in der ein für seine Mordaktionen mit dem E.K.I. ausgezeichneter Globocnick und Herr Prof. Hagen formell und Juden gegenüber dasselbe Deutschland repräsentierten.«

Kurz darauf drohte Hagen Wulf mit einer Klage. Wulf schrieb deshalb noch einmal an das Münchner Institut, diesmal nicht an Martin Broszat, sondern an den Institutsdirektor Helmut Krausnick selbst, schickte ihm eine Kopie des Briefes von Broszat vom 10. April, seine eigene Antwort und fragte wütend, ob dies die Meinung des Instituts sei:[107]

»Für mich ist es nämlich von grundsätzlicher Bedeutung, ob sich ein Mann zum ›anderen Deutschland‹ zählen kann, der sich in einem Brief an Hitler für die sogenannten arischen Polen einsetzte, während er den Golgatha-Weg der Warschauer Juden ruhig hinnahm.«

Wulf verwies dabei im übrigen auf »unendlich viel Dokumentation«, die weit über das hinausging, was er überhaupt publiziert habe, allerdings in Jerusalem und Warschau. Er halte es, ironisch zitierte er Broszats Formulierung, »im Interesse der Sauberkeit zeitgeschichtlicher Dokumentation für unmöglich, über einen Mann Lobenswertes zu schreiben, sein Verhalten als Medizinalrat im Warschauer Ghetto jedoch zu verschweigen.«

Krausnick versuchte zu deeskalieren und betonte, »bei aller unterschiedliche[r] ›Betroffenheit‹, die ich keineswegs verkenne« – daß man doch im Grunde genommen an einem Strang ziehe.[108] Allerdings rückte er keineswegs von Broszat ab. Es liege in der »Natur solcher ›Zusammenstellung‹, wie sie auch Ihr neues Buch enthält, daß sich daraus zwangsläufig eine Gefahr moralischer ›Gleichstellungen‹ ergibt«. Globocnik und Hagen hätten nicht nur sachlich, sondern auch menschlich ein »sehr unterschiedliches Deutschland« repräsentiert. In seiner Entgegnung verblieb Krausnick sehr nahe an der Apologie Hagens und führte eine Mischung aus theoretisch-funktionalistischen und allgemein juridischen Argumenten an:

»[A]us der Formulierung Hagens, die sich dagegen wendet, daß mit den Polen ›zu verfahren sei, wie mit den Juden, das heißt, sie zu töten‹,

106 Wulf, Brief an Martin Broszat vom 16. 4. 1963, in: B 2/7 (91/15), Nr. 3.
107 Wulf, Brief an Helmut Krausnick vom 24. 4. 1963, in: ebd.
108 Krausnick, Brief an Joseph Wulf vom 29. 4. 1963, in: ebd.

[würde ich] schon unter theoretisch bzw. vergleichsweise vorgestellten normalen Umständen als Historiker nicht den Schluß zu ziehen wagen […]: Also billigt dieser Mann den Mord an den Juden, oder auch nur: er ›nimmt ihn ruhig hin‹, wie Sie es ausdrücken. Juristen- und namentlich Anwaltslogik ist eine Sache für sich, wie ich aus eigener (unpolitischer) Erfahrung weiß. Als Historiker aber würde ich eine solche Logik für schlechthin überspitzt halten. Allermindestens würden mir Zweifel bleiben, und dann, selbst nach streng juristischem Prinzip: ›in dubio pro reo‹. *Zumal es mir einfach nicht plausibel erscheint, daß ein und derselbe Mann hinsichtlich der Polen von den ›Rassevorurteilen‹ des Regimes – denn um solche handelte es sich doch auch hier – frei gewesen ist und von denen hinsichtlich der Juden es nicht gewesen sein soll!*«[109]

Man müsse, so Krausnick, auch die politisch-psychologische Situation unter dem NS-Regime berücksichtigen: »Daß Juden ›getötet‹ wurden, wollte man amtlich und dienstlich ja nicht einmal auf höchster Ebene wahrhaben!«[110] Und Krausnick unterließ es hier auch nicht, im Gegensatz zu seiner Rhetorik der gemeinsamen Aufgabe, Wulf mit den freundlichsten Worten scharf zu rügen: »Groß [nach Belastungsmaterial] zu suchen, lieber Herr Wulf, nur um unter allen Umständen ›recht‹ zu behalten und einen Menschen, der sich (nach unserem bisherigen Wissen) allermindestens auch von den Durchschnittsdeutschen seiner Zeit noch erfreulich abhebt, mit einiger Mühe in die Kategorie der Hundertprozentigen zurückzurücken, zu denen er weder heute noch damals gehören wollte, schiene mir, offen gestanden, verfehlt.«[111]

Diese Zeilen sind deshalb aufschlußreich, weil sie die Position von Wulf nachhaltig verzerrt darstellten. Zunächst hatte Wulf Hagen gerade *nicht* als »Hundertprozentigen« dargestellt, das gerade versuchte er in allen seinen Dokumentenbänden zu vermeiden, weil er der Meinung war, daß sehr viele 40-, 50-, 60- und 70prozentige Nationalsozialisten für das, was geschehen war, ausreichten. Außerdem fällt die Formulierung Krausnicks auf, Hagen habe weder damals noch heute zu den Nationalsozialisten gehören *wollen*. Wulf hatte auch das weder unterstellt noch ausgesprochen. Er hatte nur gewagt, das reale Verhalten Hagens vor Ort und nicht das »eigentliche« Wollen oder gar die rückwirkende Erklärung zur Grundlage seiner Bewertung zu machen. Und zuletzt wird in Krausnicks Antwort auch angedeutet, Wulf suche regelrecht nach Belastungen, »um unter allen

109 Ebd. Die Unterstreichungen sind von H.K., die Kursivierung von mir, N.B.
110 Ebd.
111 Ebd. [Hervorh. v. H.K.].

Umständen ›recht‹ zu behalten«, sinne mithin mehr auf Rache an einzelnen als auf Erkenntnis »des Ganzen«. Dabei war die Argumentation von Krausnick auch noch widersprüchlich, da er bei Wulf eine Logik des Anwaltes kritisierte, selbst aber »in dubio pro reo« plädierte, also ebenfalls in Verfahrensweisen eines Prozesses.

Wulf war ein Vielschreiber, und aus seinem Haus gingen die Briefe zumeist nicht einzeln, sondern stapelweise. So verwundert es nicht, wenn Krausnick schon bald darauf eine vierseitige Antwort bekam. Die Empörung, die Erregung und der Spott dieses Schreibens sind deutlich zu spüren, Wulf vergaß sogar die Datierung.[112] Er begann mit einer Kritik der Krausnickschen Formulierung von der »unterschiedlichen Betroffenheit«, wies den Vorwurf zurück, jemals Globocnik und Hagen auf eine Stufe gestellt zu haben, er habe ihn sogar explizit umgekehrt als »Helfershelfer« vorgestellt, betonte noch einmal sein Thema,[113] verteidigte seine Quellen, widersprach, daß es ihm ums »Rechthaben« gehe, und ging dann zu methodischen Fragen über.[114] Seine These war, Dokumente müßten »letzten Endes nicht nur analysiert oder überprüft«, sondern auch »mit Erlebtem […] erweitert werden«. Wir lesen wohl, so Wulf, »alle so viele Dokumente, daß wir dabei oft schon den Menschen vergessen«. Und er war geradezu erstaunt über Krausnicks skeptische Bemerkung über die Unmöglichkeit rassistischer Überzeugungen von Hagen, da er ja nachweislich gegenüber Polen keine ideologischen Vorbehalte gehabt habe: »Nun, entschuldigen Sie, aber Sie waren eben niemals Jude!« Für Juden habe es damals zur Normalität gehört, »daß manche Deutsche einem polnischen ›Arier‹ halfen, das Schicksal der Juden ihnen aber völlig gleichgültig war«. Wulf blieb ganz und gar bei seinen Überzeugungen, Hagen gehöre in ein Buch über das Warschauer Ghetto, denn, so die Argumentation von Wulf, man mußte im Dritten Reich kein NSDAP-Mitglied sein oder Rassevorurteile gehabt haben, um das Schicksal der Juden ruhig hinzunehmen, »besonders ab 1939 fiel das wohl einfach unter ›höhere Gewalt‹, Verhängnis, Verkettung unglückseliger Umstände, Fatalität«. Wulf scheint hier ein Täterbild zu formulieren, das sich selbst »funktionalistisch« gab, oder anders formuliert: das Bild eines »Helfershelfers«, der durch funktionales Verhalten subjektiv vermeiden

112 Wulf, Brief an Helmut Krausnick [wahrscheinlich Anfang Mai 1963], ebd.

113 »Ich betone nochmals, es geht mir ausschließlich und allein um die Einstellung den Juden gegenüber.« Und: »Ich kann […] keinen ›Schönheitsfehler‹ darin erblicken, daß ich in einem Buch von 400 Seiten auch zwei Seiten über Hagen bringe.«

114 »Hier geht es um Grundsätzliches.«

konnte, Täter zu werden. »Bitte, denken Sie doch nur an die sanitären Verhältnisse im Ghetto Warschau! Man kann doch unmöglich für all das formell mitverantwortlich sein und trotzdem zum ›Anderen Deutschland‹ gehört haben wollen.« Außerdem wird aus Wulfs Brief noch zweierlei deutlich: erstens, daß er Hagen verübelte, nach dem Krieg selbst niemals über die Zustände im Ghetto berichtet zu haben, wenn er denn (nach eigenen Darstellungen) alles versucht habe, die Situation zu verbessern; und zweitens, daß er, Wulf, den Ton im ersten Brief von Broszat als verletzend empfunden habe, der wie ein »Papst« in zeitgeschichtlichen Fragen aufgetreten sei.[115] Eine Antwort von Krausnick auf dieses Schreiben ist nicht erhalten.

»Ich habe mit dem Teufel Karten gespielt« – Zum Selbstbild von Hagen im Rechtsstreit mit Wulf

Inzwischen war die Kontroverse bereits an die Öffentlichkeit gedrungen. »Der Spiegel« berichtete ausführlich darüber, andere Zeitungen folgten nach.[116] Immerhin war der Kläger, Wilhelm Hagen, als ehemaliger Leiter des Bundesgesundheitsamtes und Honorarprofessor der Bonner Universität von einiger Prominenz, und »Der Spiegel« formulierte die Problemstellung recht präzise: Es gehe, so der Verfasser, um die Frage, ob der frühere Leiter des Warschauer Gesundheitsamtes mit seinem Typhus-Edikt und anderen Getto-Erlassen »verantwortungsvolle Politik betrieb oder am Schicksal der Juden mitschuldig wurde [...].« Das waren die Positionen, und tatsächlich war Hagen persönlich ebenso davon überzeugt, »verantwortungsvolle Politik« betrieben zu haben, wie Wulf vom Gegenteil: er habe »eine persönliche Mitschuld«, sei »Helfershelfer« gewesen. Formaljuristisch ging es hier auch um Verlust oder Wiedergewinn von

115 Daß Broszat geschrieben hatte, die Quellenbelege von Wulf hätten »gar nichts« zu besagen, habe ihn »stutzig gemacht«, so Wulf, »mir sagen diese Zitate sehr viel«. Insgesamt betonte Wulf jedoch, daß er die Arbeiten Broszats »für äußerst wichtig halte«.

116 Gesundheit im Ghetto, in: Der SPIEGEL, 8. 5. 1963, S. 38-42. Der Artikel war wohl auf Initiative von Wulf entstanden. Außerdem: H[?]. Ly[?], Ein Rechtsstreit, in: Allgemeine Zeitung des Judentums, 29. 11. 1963; P[?]., Autor will Namen nicht streichen, in: Generalanzeiger (Bonn), 5. 12. 1963; Gerhard Schoenberner, Helfer oder Helfershelfer? Anmerkungen zu einem Prozeß um das Warschauer Getto, in: Die ZEIT, 3. 1. 1964; Vagabunden an die Wand. Amtsarzt Dr. Hagen und das Warschauer Getto, in: ohne Angabe [Vgl. B 2/7 (91/15), Nr. 39], 17. 5. 1964.

Ehre und Namen. Über seinen Anwalt forderte Hagen von Wulf und dem *arani*-Verlag in einem Ultimatum bis zum 1. Mai 1963 wegen »Diffamierung« die Entfernung seines Namens aus allen im Lager befindlichen Büchern, den Rückruf noch nicht verkaufter Exemplare aus den Buchhandlungen und eine Gegendarstellung, die jede öffentliche Bibliothek in die Ausgabe einzulegen habe. Wesentlich interessanter als der Rechtsstreit vor dem Landgericht Bonn aber waren die Argumentationen der beteiligten Parteien, und auf diejenige Hagens soll, soweit das die Unterlagen überhaupt erlauben, im folgenden ein wenig genauer geblickt werden. Denn hier wird exemplarisch ein Selbstbild dargelegt, welches vom IfZ in den 60er Jahren aus Überzeugung verteidigt wurde, auch dann noch, als Wulf längst schon weiteres Material vorgelegt hatte: Es war die Beschreibung eines »funktionalistischen« Kausalzusammenhangs, dem das einzelne Individuum völlig ausgeliefert gewesen war. Und so erkannte auch Gerhard Schoenberner treffend, hier gehe es um die Rolle des Einzelnen in der Diktatur und es zeige sich dabei die Schwierigkeit, sie im konkreten Fall zwei Jahrzehnte später zu rekonstruieren.[117]

Hagen selbst schien hierbei jedoch weniger Schwierigkeiten zu haben. Nachdem außergerichtliche Vergleiche von Wulf kategorisch abgelehnt worden waren, stellte er selbst seine Tätigkeit »nach Form und Inhalt so extrem tendenziös dar, dass ein objektiv falsches Bild« entstand.[118] In einem fünfseitigen Brief an den Verleger von Wulf, Arno Scholz, bezeichnete Hagen es als »beschämende Tatsache«,[119] wenn ein sozialistischer Verlag und ein alter Sozialist wie er, Hagen, einen solchen Rechtsstreit austrügen. Er habe, zum Wandervogel und zur Jugendbewegung gehörend, »stets gegen Nationalismus und Judenhass Stellung genommen [...]«. Nach dem Ersten Weltkrieg, in welchem er als Sanitäter teilnahm, habe er sich »endgültig« für den Sozialismus entschieden und sei »Vorsitzender der sozialistischen Studentengruppe in München« geworden. Als die Räterepublik kommunistisch wurde, habe er sich abgesetzt. Sein Berufsweg zum Sozialmediziner sei von der Entscheidung beeinflußt wor-

117 Schoenberner, Helfer oder Helfershelfer?

118 Schoenberner, Brief an Arno Scholz vom 28. 3. 1964, in: B 2/7 (9115), Nr. 39. Schoenberner wandte sich hier an den Verleger von Wulf.

119 Hagen, Brief an Arno Scholz vom 20. 2. 1964, in: B 2/7 (91/15), Nr. 4. (Hieraus im folgenden alle Zitate). Der Brief war ausdrücklich an Scholz »persönlich« adressiert. Das Schreiben kann als Versuch gewertet werden, Verleger und Autor zu entzweien, Wulf sei »einer sachlichen Diskussion nicht zugänglich«, so der opportunistische Hagen, der sogar »mit sozialistischem Gruß« (sic!) unterschrieb.

den, seine sozialistischen Überzeugungen nicht mehr »mit Reden«, sondern »mit Arbeit zu beweisen«, seit 1923 in Höchst und in Frankfurt am Main. 1927 sei er in die SPD zurückgekehrt, wo er »gegen den Wegbereiter der Nazis«, Ernst Krieck, gekämpft habe und zum Stadtmedizinalrat aufstieg. »1933 wurde ich natürlich entlassen.« Auswanderungspläne zerschlugen sich, zumal er inzwischen vier Kinder hatte, ein ehemaliger Schulfreund, in Augsburg Gauamtsleiter des Bezirksärzteverbandes, holte ihn nach Bayern. »Als 1938 die gesamten Ärzte in die Partei überführt wurden, konnte ich den Eintritt in die NSDAP nicht ablehnen.« Nach 1945 sei er in der Spruchkammerverhandlung wegen »nachgewiesenen Widerstandes« entlastet worden.

Soweit die Kurzvita von Hagen aus eigener Feder. Wie aber berichtet er über die Zeit in Warschau und über seine Rolle vor Ort? In manchen Passagen hörte es sich an wie ein sozialistischer Untergrundkampf zur Schwächung des nationalsozialistischen Feindes, in anderen wie ein sich selbst ausgestelltes Zeugnis wegen überragender »fachlicher Befähigung«. »Als man 1940 dringend Ärzte im öffentlichen Gesundheitsdienst brauchte, erklärte ich mich bereit, weil ich glaubte, in der Not des Krieges auf meinem eigentlichen Fachgebiet der Fürsorge besser helfen zu können.«[120] Er habe dort versucht, so Hagen wörtlich, »Polen und Juden ein Helfer zu sein, wo ich konnte«. Er selbst hatte zwar keine Exekutivbefugnis und war nur »sachverständiger Berater der Zivilverwaltung des Generalgouvernements in Gesundheitsfragen«, vor allem für das allfällige Seuchenproblem. Heimlich und unter Risiko habe er dabei eine »gesinnungsverwandte Mitarbeiterin« angeheuert, seinen Ruf in die Bundesgesundheitsbürokratie nach 1945 habe er »vor allem wegen meines Verhaltens in Warschau« erhalten:

> »Verstehen Sie nun, daß ich die Einreihung in die Liste der Liquidatoren und ihrer Helfershelfer von Globocnik bis Frank als ein schweres Unrecht empfinde, das ich nicht hinnehmen kann. Mein Verhalten kann nicht nach Einzelereignissen beurteilt werden, sondern nur in seiner Gesamtheit.«

Er habe, so Hagen, »Sprachregelungen« einhalten müssen, um sich überhaupt eine Aussicht auf Hilfemöglichkeiten zu wahren, und habe »vielen Polen und anfangs auch den Juden helfen können und dafür alles gewagt. Gegen die Vernichtung der Juden durch die SS war ich machtlos.« Nachdem er von dem skeptischen Verleger Scholz in einem Antwortschreiben

120 In seiner Gegendarstellung zu Wulf betont Hagen dagegen die »Dienstverpflichtung«.

mit den Wulfschen Dokumenten, vor allem mit seiner Denkschrift vom 7. Juli 1941, konfrontiert wurde, über die Hagen selbst in seinem ersten Brief keinerlei Worte verlieren zu müssen glaubte, schrieb er eine weitere Erörterung seiner Warschauer Zeit.[121] Die Denkschrift sei zu einer Zeit verfaßt worden, in der »Erschießungen wegen Verlassen des Ghettos« bereits üblich geworden waren, sein Schreiben sei kein »Vorschlag«, sondern eine »Milderung« des Verfahrens gewesen. Es habe seiner »Empörung« über die Mordaktionen Ausdruck verliehen und von Hitler hiergegen sofortiges Einschreiten verlangt. Von Euthanasie habe er erst Ende 1943 überhaupt gehört, sie niemals gegenüber polnischen Geisteskranken gefordert: »Ich habe in Warschau mit dem Teufel Karten gespielt. Dabei habe ich alles riskiert und beinahe mich selbst verspielt. Zu Gunsten der Polen sind mir einige Stiche gelungen. Das Spiel für die Juden habe ich verloren. Wer kann mir das vorwerfen?«

Der Text, den er als Gegendarstellung in die Ausgabe von Wulfs *Das Dritte Reich und seine Vollstrecker* einlegen lassen wollte,[122] wies ihn als Widerständler aus. Dazu ist es nicht gekommen, aber der Vergleich, mit dem der Konflikt zwischen Wulf und Hagen endete, war ohne Zweifel eine Niederlage für Wulf, denn das Ergebnis war die Entfernung der beiden Seiten 334/35 aus dem Buch *Das Dritte Reich und seine Vollstrecker*, die über den Medizinalrat und seine Rolle im Ghetto Warschau informiert hatten. Bis heute ist hier eine leere, weiße Doppelseite, auf der lediglich in einer Fußnote die apokryphe Erläuterung gegeben wird, nach welcher Kapitel 14 aufgrund eines Beschlusses des Landgerichts Bonn »für diese und weitere Ausgaben« entfalle.

»Verstrickung« versus Verantwortung: »Methodische Einwände beruhen bei uns ja auf Gegenseitigkeit« (Joseph Wulf)

Ende 1967, noch vor dem Ende der rechtlichen Auseinandersetzung, schrieb Wulf kämpferisch an Hagen selbst:

> »Ein Arzt und ein späterer Präsident des Gesundheitsamtes, der in einer Empfehlung zur Seuchenbekämpfung vorschlägt, ›dass vagabundierende Juden zu erschiessen seien‹, muss entweder die Gabe haben,

121 Vgl.: Scholz, Brief an Wilhelm Hagen vom 2. 3. 1964; sowie: Hagen, Brief an Arno Scholz vom 5. 3. 1964, beide in: B 2/7 (91/15), Nr. 4.

122 Hagen, Brief an Arno Scholz vom 18. 3. 1964, sowie: ders., Zu Josef Wulf: Das Dritte Reich und seine Vollstrecker, in: ebd.

> seine eigene Persönlichkeit stets nur in einem günstigen Sinne zu beurteilen, oder aber annehmen, dass niemand mehr in der Lage sein würde, die eigene Vergangenheit zu durchleuchten.«[123]

Dieses »Durchleuchten« der Vergangenheit, so dachte Wulf, könne wohl am besten zusammen mit dem IfZ in München realisiert werden, aber da hatte er sich getäuscht. Sein Briefwechsel mit dessen Direktor Helmut Krausnick und seinem wichtigsten Mitarbeiter Martin Broszat wurde zum Parallel-Streitfall und das Gegenteil von Zusammenarbeit. Nachdem es zur Klage von Hagen gegen Wulf gekommen war, schrieb Wulf im Oktober wieder an Helmut Krausnick, empfahl ihm Literatur zum Thema, bat ihn zu erklären, ob der Brief von Broszat an Hagen vom 8. April ein »offizielles« Schriftstück des IfZ sei oder eine Privatmeinung seines Verfassers und erklärte: »Ich muß Ihnen als bekanntem Historiker nicht erklären, daß ich es für einen Mißgriff halte, wenn ein deutscher Historiker nach 1945 einen Arzt zum Widerstandshelden macht, der 1941 jüdische Ärzte mit der Pistole bedrohte und für die sanitären Verhältnisse im Warschauer Getto verantwortlich war.«[124] Die Verletzung saß tief. Und außerdem gab es handfeste Gründe für die Irritation von Wulf, da der Broszat-Brief von Hagen vor Gericht als positives Gutachten des wichtig-

123 Wulf, Brief an Wilhelm Hagen vom 3. 11. 1967, in: B 2/7 (91/15), Nr. 7. Wulf schildert hier auch die materiellen Einbußen, die der bislang schon über 5 Jahre andauernde Gerichtsprozeß für ihn bedeutete. Auch seine Tätigkeit als Historiker und als Direktor des »Internationalen Dokumentationszentrums zur Erforschung des Nationalsozialismus und seiner Folgeerscheinungen e.V.« sei beeinträchtigt. »Obwohl ich Ihnen gegenüber in keiner Weise rechenschaftspflichtig bin, möchte ich Ihnen doch hiervon Mitteilung machen, damit Ihnen erkennbar wird, wie unklug es war, sich über sehr zurückhaltende Tatsachenschilderungen aufzuhalten und deshalb sogar die Gerichte in Anspruch zu nehmen, in der Hoffnung, dass andere Fakten über Ihre damalige Tätigkeit nicht mehr feststellbar seien. Ich halte es für meine Aufgabe, in dieser Richtung weiterhin aufklärend und meinungsbildend zu wirken. Sie können versichert sein, dass ich mich durch den von Ihnen eingeleiteten Prozess nicht davon abschrecken lassen werde, die furchtbaren Erscheinungen der Judenverfolgung, insbesondere auch im Warschauer Ghetto, weiterhin anzuprangern, um auf diese Weise verhindern zu helfen, dass noch einmal solche schrecklichen Verfolgungsmaßnahmen in der Welt auftreten, deren Verursachung und Förderung vielfach auch solchen perfektionierten Organisatoren und Fachkräften wie Ihnen zuzuschreiben ist.«

124 Wulf, Brief an Helmut Krausnick vom 9. 10. 1963, in: ebd. Den Brief schickte Wulf als Einschreiben.

sten zeithistorischen Forschungsinstituts Deutschlands benutzt werden konnte, auch wenn Broszat dies nicht beabsichtigt hatte. »[Ü]ber meine Arbeit kann Herr Dr. Broszat seine persönliche Meinung haben«, genauso wie er, Wulf, vor zwei Jahren seine über Broszats Arbeit *Nationalsozialistische Polenpolitik 1939-1945* geäußert habe. Aber in diesem Fall, vor Gericht, sei die Sache zu einer öffentlichen Angelegenheit geworden und an die werde er, Wulf, sich wenden, wenn er keine klare und eindeutige Antwort bekomme. Wulf mußte 14 Tage später noch einmal nachhaken,[125] ehe Krausnick in etwas gewundenen Worten zusicherte, daß der Brief »keine offizielle Meinungsäußerung des Instituts für Zeitgeschichte« darstelle, wenn auch die Anfrage von Hagen offiziell an dieses gegangen sei und Broszat bei seiner »wissenschaftlichen Überzeugung« bleibe.[126]

Als Wulf bald darauf noch ein neunseitiges Schreiben mit der Unterschrift Hagens ermittelte, welches unter der Überschrift »Die Fleckfieberepidemie im Warschauer Judenviertel – Vorschläge zu ihrer Bekämpfung« um die Anordnung bat, das Verlassen des jüdischen Wohnbezirks mit Prügel- und Geldstrafen zu belegen und »vagabundierende Juden zu erschießen«,[127] revidierte Broszat vorsichtig und widerstrebend sein Urteil.[128] Zu einer Beilegung des Zerwürfnisses zwischen Wulf und dem IfZ kam es jedoch nicht mehr: Er habe, so Wulf nun umgekehrt, »bestimmte methodische Einwände gegen die Art einzelner Veröffentlichungen des Instituts [...]. Aber methodische Einwände beruhen bei uns ja auf Gegenseitigkeit.«[129]

Trotzdem war die Kontroverse noch nicht beendet. Wulf hatte wohl erwartet, daß sich das IfZ zu der neuen Quelle äußern werde, daß es sich

125 Wulf, Brief an Helmut Krausnick vom 22. 10. 1963, in: ebd.

126 Krausnick, Brief an Joseph Wulf vom 23. 10. 1963, in: ebd.

127 Wulf hatte das Dokument aus dem Jüdischen Historischen Institut in Warschau. Das Zitat von Hagen, der das Schriftstück handschriftlich unterzeichnet hatte, lautet im Zusammenhang: »Im Einzelnen bitte ich den Herrn Gouverneur um die Billigung folgender Massnahmen und den Erlass entsprechender Anordnungen. [...] 12. Verlassen des jüdischen Wohnbezirks wird mit Prügelstrafen und bei besitzenden Juden ausserdem mit empfindlichen Geldstrafen geahndet. Vagabundierende Juden werden erschossen.« Weitere Informationen, vor allem über die Entwicklung der Lage im Warschauer Ghetto während des Krieges, erhielt Wulf u.a. auch von Hanns v. Krannhals, Brief an Joseph Wulf vom 9. 4. 1964 [5 S.], in: B 2/7 (91/15), Nr. 7.

128 Vgl.: Wulf, Brief an Helmut Krausnick vom 19. 11. 1963, und: ders., Brief an Broszat vom 20. 3. 1964 und: Broszat, Brief an Joseph Wulf vom 6. 4. 1964, in: ebd.

129 Wulf, Brief an Helmut Krausnick vom 19. 11. 1963, in: ebd.

vielleicht gar bei ihm entschuldigen würde, entweder offiziell oder zumindest privat durch Martin Broszat. Es kam aber überhaupt kein Antwortschreiben, was ihn dazu veranlaßte, eine Kopie der Hagen-Denkschrift nach München zu schicken, um nochmals auf diese Informationen hinzuweisen.[130] Krausnick antwortete indigniert in 12 Zeilen, er verbitte sich Zurechtweisungen, habe genügend Korrespondenzpflichten und außerdem sei der Brief ja keine Anfrage gewesen, deshalb habe er ihn lediglich zur Kenntnis genommen: »Ein abschließendes Urteil muß ich mir aber einstweilen vorbehalten.«[131] Erst nachdem Wulf erneut weitere Materialien an Krausnick sandte,[132] wurde dessen Ton wieder etwas verbindlicher, und er gestand nun ein, wenn es sich so verhalte, »hätte sich damit in der Tat ein gewichtiges Indiz zur Beurteilung des Gesamtsachverhalts ergeben«.[133] Das aber reichte nun Wulf nicht mehr. In einem Schreiben an Martin Broszat fragte er deshalb nach, ob dieser noch zum Inhalt seines Schreibens an Hagen vom April 1963 stehe, in welchem er Hagens zweifelsfreie »integre Haltung« gerühmt hatte, obwohl nun neue Dokumente die Sachlage vollständig verändert hätten. Broszat antwortete in einem diplomatischen Balanceakt mit einem Brief, dessen Durchschlag er auch an Hagen senden konnte. Er stellte fest, daß seine beiden Briefe vom April 1963 an Hagen und an ihn, Wulf, eine andere Faktengrundlage gehabt hätten als heute:

> »Ich wäre ein schlechter Historiker, wollte ich bestreiten, daß aufgrund neuer Dokumente manches anders aussehen kann. Und es ist meiner (juristisch unmaßgeblichen) Meinung nach, nicht ausgeschlossen, daß Sie neuerdings entdeckt haben, womit Sie mehr Recht haben als mit Ihrer veröffentlichten Dokumentation. Mir sind freilich die Provenienzen und sachlichen Zusammenhänge, aus denen die von Ihnen neu beigebrachten Zeugnisse stammen, nicht hinreichend vertraut. Ich kenne und übersehe auch nicht die möglichen Gegenargumente Professor Hagens und möchte schon deshalb von einer Beurteilung beim jetzigen Stand der Dinge absehen.«[134]

130 Wulf, Brief an Helmut Krausnick vom 7. 1. 1964, in: ebd.
131 Krausnick, Brief an Joseph Wulf vom 9. 1. 1964, in: ebd.
132 Wulf, Brief an Helmut Krausnick vom 5. 3. 1964, in: ebd.; hier war es eine eidesstattliche Erklärung, die Hagen damit belastete, sich 1942/43 für die Euthanasie der polnischen Geisteskranken ausgesprochen zu haben, um den Komplex einer Irrenanstalt für andere Zwecke freizubekommen.
133 Krausnick, Brief an Joseph Wulf vom 13. 3. 1964, in: ebd.
134 Brosazt, Brief an Joseph Wulf vom 6. 4. 1964, in: ebd.

Aber Broszat konnte es sich, neben den zweideutigen Zugeständnissen (»Ich verstehe das Motiv Ihres Schreibens …«), auch nicht verkneifen, Wulf noch einmal zu tadeln. Den »Eindruck der Flüchtigkeit bzw. Vergröberung, den ich von Ihrer veröffentlichten Dokumentation über Hagen gewann«, wollte Broszat nicht zurücknehmen, obwohl Wulf nicht nur im Ganzen sachlich Recht gehabt hatte, sondern auch im Detail fair vorgegangen war, indem er keine Unterstellungen Hagen gegenüber publiziert hatte, sondern die Perspektive der ihm anvertrauten »Patienten« im Warschauer Ghetto zum Ausdruck bringen wollte. Broszat äußerte aber »unverblümt« seinen Ärger darüber, »daß gerade ein Autor wie Sie, der durch zahlreiche weitverbreitete Veröffentlichungen über wichtige Themen sich um die zeitgeschichtliche Bewußtseinsbildung in Deutschland verdient gemacht hat, sich andererseits durch fragwürdige Dokumentier- und Zitier-Methoden einem Manne gegenüber ins Unrecht setzte, der doch immerhin in seiner Stellung sich nachweisbar und nicht ohne persönlichen Mut gegen die Nazi-Praktiken zur Wehr gesetzt hatte«. Broszat betonte, es sei nach wie vor seine Meinung, daß »die ›flotte‹ Methode Ihrer Dokumentation über Hagen in erheblichem Mißverhältnis zur Schwere der darin direkt oder indirekt ausgesprochenen Beschuldigung« stehe, »und insofern vermag ich darin keine überzeugende Charakterisierung der Person und Tätigkeit Hagens zu erblicken«.[135] Diese Rhetorik von Broszat unterschätzte die Intelligenz von Wulf. Denn die Verquickung von Lob und Tadel für den Autor war zu durchsichtig, hatte Wulf doch seine »Verdienste« um »zeitgeschichtliche Bewußtseinsbildung in Deutschland« niemals anders als durch die von Broszat in diesem Falle inkriminierten »Dokumentier- und Zitier-Methoden« erlangt. Und die explizit beibehaltene Bewertung von »Person und Tätigkeit« Hagens bei gleichzeitigem Zugeständnis, es aufgrund neuer Quellen mit einer völlig neuen Diskussionslage zu tun zu haben, war denn nur noch ein rhetorisches Nebelkerzen-Zünden, um aus der Problematik endlich aussteigen und »von einer Beurteilung beim jetzigen Stand der Dinge absehen« zu können. Wulf antwortete denn auch einigermaßen hilflos: »Ihre Haltung als Historiker ist für mich absolut unverständlich und inakzeptabel und schlimmer als meine ›fragwürdige Dokumentier- und Zitiermethode‹.«[136]

Helmut Krausnick erhielt parallel folgendes Schreiben mit einem kurzen »Resumée« aus der Sicht von Wulf:[137] »Unsere Kontroverse (ich

135 Ebd.
136 Wulf, Brief an Martin Broszat vom 7. 4. 1964, in: ebd.
137 Wulf, Brief an Krausnick vom 8. 4. 1965, in: ebd.

schreibe das Wort nicht wie Sie in Anführungszeichen) in Sache Hagen hat genau vor zwei Jahren angefangen. Am 29. April 1963 schrieben Sie mir, dass wir ›weitgehend an einem Strange ziehen‹. Ich möchte ganz formell feststellen, dass wir es nicht tun, und dass wir über Probleme, die heute das Trauma der Welt sind, ganz verschiedener Meinung sind.« Unter Punkt zwei führte Wulf folgendes Argument an:

> »In Ihrem Brief vom 23.10.1963 schrieben Sie mir, dass ›auch andere Mitarbeiter des Instituts gegen die erwähnten Dokumentationen [...] methodische Bedenken hegen‹. Ich habe für solche derartige Bedenken absolutes Verständnis, und ich habe solche Vorwürfe hier in Deutschland schon so oft gelesen und gehört. Folgender Fakt ist aber für mich völlig unverständlich: ich kann nicht verstehen, warum viele Historiker von hohem wissenschaftlichen Rang in Ländern Europas, die von Hitler besetzt waren, oder in Israel, den USA etc. weniger wissenschaftliche Bedenken gegen meine Dokumentation haben. Ich ziehe aus dieser Tatsache selbstverständlich keine Schlüsse, andererseits halte ich es für ein Phänomen, über das man nachdenken sollte.«

Und schließlich wiederholte er drittens, daß der entscheidende erste Brief von Broszat nach wie vor beim Gericht liege und offensichtlich am Institut keine Anstalt unternommen werde, dies zu korrigieren, in welcher Form auch immer. Broszats Skrupel in dieser Hinsicht, trotz neuer Quellenbasis, beweise »zwar hierzulande äusserste wissenschaftliche Sorgfalt«, zeuge aber in diesem Fall »nicht gerade von Courage«, so Wulf ironisch und verbittert. »Ich vermute, dass Sie mit diesem Brief genau informiert sind, wie ich über Sie, Ihre Mitarbeiter und Ihr Institut denke.«

Auch Martin Broszat persönlich entließ Wulf nicht aus der Konfrontation mit dessen eigenem Opportunismus. Die überarbeitete Auflage seines Buches über die nationalsozialistische Polenpolitik nahm er zum Anlaß für ein erneutes Nachfragen:[138] Er habe, so Wulf, die Neuauflage durchgesehen und die Angaben über Hagen unverändert vorgefunden, obwohl im Vorwort die Rede von »Ergänzungen« aufgrund »neuer Kenntnisse oder Dokumente« sei. Nun gebe es doch, wie er, Broszat, wisse, im Falle Hagens sowohl neue Kenntnisse als auch neue Dokumente: »Sie

138 Wulf, Brief an Martin Broszat vom 7. 10. 1965, in: ebd. Wulf verwies hier auf die kritische Studie von Tatjana Berenstein von 1965, in der das Verhältnis zwischen SS und Zivilbehörden zwar als Kampf, aber als einer um Einfluß und Bereicherung vor Ort dargestellt wird: »Ich glaube, dass diese Studie Sie für eine evtl. erneute Ausgabe Ihrer ›Nationalsozialistischen Polenpolitik‹ – übrigens eine Pionier-Arbeit – interessieren kann.«

sind [...] ein guter Historiker – und deshalb interessiert es mich einfach, warum Sie in dieser letzten Ausgabe nichts von der Existenz (meiner Meinung nach wäre das das Minimum) neuer Dokumente zum Fall Dr. Hagen erwähnen.«[139] Broszat antwortete, zur Stellungnahme auf diese Art von Wulf regelrecht gezwungen, mit einer weiteren methodischen Reflexion, die seine strukturalistische Herangehensweise beleuchtet:

> »Die Erwähnung des Konflikts zwischen Dr. Hagen und dem SS- und Polizeiführer Warschau ist, wie sich aus dem Kontext ergibt, nur als ein herausgegriffenes Beispiel für den in den verschiedenen Zuständigkeitsbereichen auftretenden *Gegensatz zwischen aggressiven und ideologisch bestimmten antipolnischen Zielsetzungen (vertreten vor allem durch die SS) und einer sachbezogenen von der NS-Ideologie nicht wesentlich korrumpierten Amtsauffassung einzelner Vertreter der deutschen Zivilverwaltung.*«[140]

Broszat gab hier also an, daß er den Fall Hagen, obwohl er systematisch gar nicht in seine Studie paßte (denn diese behandelte die sogenannten »eingegliederten Ostgebiete«, nicht aber das Generalgouvernement), extra und aus exemplarischen Gründen in sein Buch aufgenommen und auch dort belassen habe, weil er hier einen Fall dokumentiert sah, in dem eine Politik »einer sachbezogenen [und] von der NS-Ideologie nicht wesentlich korrumpierten Amtsauffassung« gegen eine Politik der Aggression und der Ideologie sichtbar gemacht werden könne. »Mit anderen Worten: ich habe den Warschauer Amtsarzt Dr. Hagen apostrophiert als Exponenten dieser gekennzeichneten Amtsauffassung, die *notwendigerweise in Konflikt mit den extremen Forderungen der SS geraten mußte.*«[141] Sicher sei Hagens Amtstätigkeit hiermit nicht vollständig und abschließend beurteilt worden und er konzediere,

> »daß ein Angehöriger der Zivilverwaltung zwar unter Hinweis auf sachliche Notwendigkeiten der extremen SS-Polenpolitik Widerstand leisten konnte, *gleichzeitig aber machtlos war, oder sich machtlos fühlte, an der sehr viel stärker festgelegten antijüdischen Politik etwas zu ändern*

139 Ebd. Zur positiven Wertung anderer Bücher aus dem IfZ durch Wulf vgl. Zarusky, Die Schriftenreihe, S. 96.

140 Broszat, Brief an Joseph Wulf vom 15. 10. 1966, in: ebd. [Hervorh. von N.B.].

141 Ebd. Wichtig ist in diesem Zusammenhang v.a. die strukturalistische Betonung der Notwendigkeit des Konflikts [Hervorh. v. N.B.].

und hier nolens volens sogar in den Apparat der Diskriminierung mit hinein verstrickt wurde.«[142]

Broszat schien also nach wie vor der Überzeugung, daß es sich hier nicht um einen Täter, sondern um einen Widerständler handele, dessen »Verstrickung« in den »Apparat der Diskriminierung« unabwendbar gewesen sei. »Ich stehe zu meinem früheren Schreiben«, so der Münchner Zeithistoriker, und auch die »verschobene Beurteilungslage« durch die »von Ihnen beigebrachten Dokumente betr. Dr. Hagen« könnten diese »Meinungsverschiedenheit zwischen uns« nicht aus der Welt räumen. Er sei »zu einer sehr viel differenzierteren Beurteilung der Tätigkeit von Dr. Hagen« geneigt als er, Wulf. Er dankte für den Hinweis auf die Studie Berensteins, die er bisher nicht kannte, aber: »[Ich] bezweifle [...] sehr, ob die von Ihnen wiedergegebene These dieser Studie das Wesen der Sache trifft.«

Hier nun hatte Broszat in der Tat recht: es ging um »das Wesen der Sache«. Für seine »sehr viel differenziertere Beurteilung« der Fakten ging es um einen ehrenhaften Verwaltungsbeamten jenseits auch nur des Verdachtes ideologischer Voreingenommenheiten und antijüdischer Ressentiments, der mutig und sachbezogen der »extremen SS-Polenpolitik« Widerstand leistete, und allenfalls gegen seinen Willen und aufgrund der spezifischen Charakteristika des »Apparats« in Vorgänge mit hineingezogen wurde, die er selbst nicht zu verantworten hätte. Diese »Verstrickung« sei vielleicht im Hinblick auf das NS-System als ganzes interessant, nicht aber in bezug auf die Person Hagens selbst. Dessen Zurückweisung einer Mitverantwortung für die Zustände im Ghetto Warschau sei nicht nur subjektiv nachvollziehbar, sondern auch objektiv richtig. Wulf aber drehte diese gesamte Argumentation auf den Kopf. Für ihn war Hagen als ranghöchster Beamter und Funktionär der katastrophalen Zustände vor Ort sehr wohl verantwortlich zu machen. Er sah in ihm einen Täter, der auch ohne antisemitische Überzeugungen dem Schicksal der Juden völlig indifferent gegenübergestanden habe. Diese Indifferenz interpretierte Wulf einerseits personal, nicht als Struktur, und andererseits als soziales Handeln, nicht als schicksalhaftes Erdulden von vorgegebenen Zwängen. Wulf sah überhaupt keinen logischen Widerspruch zwischen Hagens nachgewiesenem Bemühen, der SS in der Polenpolitik entgegenzutreten, und der Tatsache, daß die Juden solchen Versuchen offensichtlich zur damaligen Zeit nicht einmal der Mühe wert gewesen waren. Er versuchte nicht, dem damaligen Verantwortlichen für die Gesundheitspolitik des

142 Ebd. [Hervorh. v. N.B.]; hier auch die folgenden Zitate.

Warschauer Ghettos Antisemitismus zu unterstellen, er behauptete lediglich, daß dies für das konkrete Handeln vor Ort unwichtig gewesen sei. Leidtragende einer Sozialpolitik von Leuten wie Hagen waren in jedem Fall die Juden, und das, ohne daß auch nur irgendeine verantwortliche Stelle hier Fragen formuliert hätte. Wulf war, so kann man seiner Antwort auf diesen Brief Broszats entnehmen, perplex über die Argumentationen und die Selbstsicherheit Broszats. Er fragte ihn ganz direkt:

> »Mich interessiert, wie Sie als Historiker, der sich mit zeitgeschichtlichen Problemen befaßt, – verzeihen Sie den folgenden Ausdruck – funktionieren. Ich komme da einfach nicht mit. Für Sie ist der Fall Hagen ein ›herausgegriffenes Beispiel‹ – für den nicht eingeweihten Leser wird er aber auf Grund Ihres Buches und Ihrer Thesen zu einem Widerständler – wie sie heute in der Bundesrepublik von Tag zu Tag häufiger zu finden sind.«[143]

Hier wurde ohne Zweifel »das Wesen der Sache«, wie Broszat es formuliert hatte, diskutiert. Wulf erwähnte zwar noch seine Polnischkenntnisse und seine eigene Zeugenfunktion in dieser Frage, die ihm eine andere Einschätzung der Dokumente ermöglichten, aber ihm gingen angesichts der Haltung Broszats langsam die Argumente aus. Er hörte aber nicht auf, zu fragen: »Lassen wir – es ist kaum möglich – einen Moment die Dokumente beiseite, die gegen Hagen sprechen. Glauben Sie wirklich, dass ein Mann, der Widerstand gegen ein derartiges Unrechts-Regime leisten will, der die Maschinerie kennt und schliesslich seinen gesunden Verstand einsetzen kann und müsste – glauben Sie wirklich, dass so jemand einen solchen Brief an Hitler schreibt, wie es Hagen getan hat?«[144]

143 Joseph Wulf, Brief an Broszat vom 19. 10. 1965, in: ebd.

144 Ebd. Im übrigen war Wulf natürlich nicht entgangen, daß Broszats Hinweis, er habe die »Judenpolitik fast ganz ausgeklammert« (Broszat, Brief an Wulf vom 15. 10. 1965), ein Vermeidungsdiskurs war, denn die Dokumente, um die sich beide stritten, bezogen sich in der Frage der Euthanasie-Politik Hagens auch auf nichtjüdische Polen, wie Wulf Broszat in Erinnerung rufen mußte, eine Tatsache, die mit der von Broszat skizzierten Rolle der Zivilverwaltung »zumindest nicht im Einklang steht, um nicht zu sagen, völlig dagegen spricht« (ebd.). Es sei hervorgehoben, daß sich Wulf in hohem Maße bemüht zeigte, einen ehrlichen und rationalen Diskurs zu wahren, obwohl dem Briefwechsel die Emotionen sehr wohl anzumerken sind. Seine Grundhaltung, die in vielen Formulierungen verschiedener Schreiben Ausdruck fand, drückte er selbst folgendermaßen aus: »Ich würde Ihnen das alles nicht

Wulf hatte seine Erforschung des Nationalsozialismus und der Judenvernichtung zwar stets auf Dokumente gestützt, aber er sprach auch als Zeitzeuge, als jemand, der gestehen mußte,

> »dass ich heute manchmal [...] lachen muss, wenn ich Dokumente über das Generalgouvernement studiere, die zur Verfügung stehen, und sie dann mit der Wirklichkeit konfrontiere. Das klingt für Sie trivial und etwas simplifiziert – aber es ist die pure Realität. Für Historiker ist alles klar, wenn es um die SS bzw. Waffen-SS im Generalgouvernement geht. Aber ich kenne eine Realität von Pastoren, Wehrmacht und Zivilbehörde im Generalgouvernement – und dieser Teil der historischen Wahrheit wird, meiner Ansicht nach, in den Veröffentlichungen vieler deutscher Historiker einfach verharmlost und verniedlicht. Im besten Falle hat der Deutsche im Generalgouvernement, der nicht zur SS gehörte, ›zugesehen‹ oder ›weggesehen‹ [...].«

Ein Antwortschreiben von Broszat auf diesen Brief Wulfs ist nicht überliefert.

Fazit: Wulf und Broszat, oder: Zwei in die Wissenschaft hinein verlängerte Gedächtnisse

Diese Kontroverse kann in mancherlei Hinsicht als Vorwegnahme wichtiger Argumente gewertet werden, wie sie zwischen Broszat und Friedländer zwanzig Jahre später ausgetauscht wurden. Wie später dort, ging es bereits hier um methodische und interpretatorische Fragen der Holocaust-Forschung, um Perspektivität, Gedächtnis und Verantwortung. Wie die Historisierungsdebatte war auch diese Auseinandersetzung von einer impliziten Annahme gleitet, nach welcher Broszat (bzw. das IfZ als Institution) seine Interpretation als »nüchtern«, »wissenschaftlich« und »objektiv« darzustellen versuchte und dem jüdischen Gegenüber sublim die Rolle des »Gedenkens« zugestand – im Falle von Wulf aber dessen Interpretation nicht einmal ernst nahm –, und das gegen jede Evidenz gerade auch der Quellen. Es wird demnach in der Kontroverse mit Wulf besonders deutlich, daß Broszats strukturgeschichtliche Reflexionen den Quellen, über die diskutiert wurde, keinen Deut weniger Gewalt antat als das Bemühen Wulfs, die Verantwortlichkeit damaliger Akteure des

schreiben, wenn ich nicht davon überzeugt wäre und daran glauben würde, dass Sie als Historiker sich bemühen, nach bestem Wissen und Gewissen zu schreiben« (ebd.); hier auch das folgende Zitat mit Untersreichungen von Wulf.

NS-Regimes sozusagen »wörtlich« aus den Dokumenten herauszulesen. Broszats Überzeugung und sein wissenschaftliches Werk als roten Faden durchziehendes Credo von der »Verflechtung und Diskrepanz von subjektiven Impulsen und objektivem Geschehen«[145] hat vor dem Hintergrund einer solchen Auseinandersetzung eine sehr eigene Bedeutung: »Verflechtung« heißt ja Gleichzeitigkeit von Getrenntem, Verschiedenem. »Diskrepanz« von intentionalem Wollen und »objektivem Geschehen« ist im Hinblick auf die Vernichtungsgeschichte der Juden aber keine Erklärung, sondern selbst höchst erklärungsbedürftig. Broszats Bild von Hagen als einer Person, die zwar in ein Geschehen »verflochten« war, deren subjektive Impulse jedoch mit dem objektiven Geschehen nichts zu tun habe, war als sachliche Erklärung völlig unzureichend und verfehlte das Problem vollkommen. Seine Deutung der Judenvernichtung hatte hier ihren blinden Fleck, war nicht frei von einer unausgesprochenen Entlastungssehnsucht und ist insgesamt einer rein deutschen Perspektive verpflichtet. *Hier* lag die gedankliche Provokation, auf die Wulf antwortete, nicht umgekehrt, in seiner Entscheidung, Hagen als Helfershelfer in sein Buch aufzunehmen.

Noch in der Historisierungsdebatte Ende der 80er Jahre wird deutlich, daß Brosatz die deutsche Perspektive wissenschaftstheoretisch in die Nähe »objektiver« Forschung rückte, die jüdische dagegen mit dem Gestus der Nachsichtigkeit als »Erinnerung« und »Trauer« als »mythisch« bezeichnete und somit aus dem Diskurs über die Geschichtsschreibung des Dritten Reiches herauszuhalten versuchte.[146] Sein Plädoyer, die Geschichte von Auschwitz der Erinnerung zu entziehen und allein der Wissenschaft anzuvertrauen, wurde an jener Stelle brüchig, als Friedländer die Unterschiedlichkeit der lebensgeschichtlichen Erinnerungen beider Forscher hervorhob. Wie komme es, so Friedländer, daß der spezifische deutsche Erinnerungshintergrund, etwa der HJ-Mitgliedschaft der Generation der in den 20er Jahren Geborenen nicht problematisiert werde? Wieso sollten deutsche Historiker nicht ebenso viele Probleme bei der Darstellung der NS-Zeit haben wie »betroffene« jüdische Historiker?[147]

Diese Fragen hat Broszat 1988 indigniert als »besonders pressend« aufgenommen. Er hat sich nicht einzugestehen versucht, daß die von ihm

145 Broszat, Aufgaben und Probleme, S. 16.

146 Broszat, Brief an Saul Friedländer vom 28. 9. 1987, S. 342 f.; siehe auch oben (Einleitung, S. 35-41); zu Broszats Terminus »mythische Erinnerung« auch der Aufsatz von: Heger, Was heißt »mythische Erinnerung«, S. 157-191.

147 Friedländer, Brief an Martin Broszat vom 6. 10. 1987, S. 346 f.

favorisierte Perspektive auch ein Konstrukt war, noch dazu eines, durch welches sich die damalige deutsche Mehrheitsbevölkerung in ihrem Verhalten bestätigt fühlen konnte. Friedländer hatte in seiner Replik auf die Vorwürfe Broszats den Kern der Sache getroffen, als er schrieb, Broszat erweitere gerade nicht das Blickfeld auf die Zeit, sondern beharre lediglich auf dem Fokus seiner Wahrnehmung.

Aus heutiger Sicht, vor allem, seit bekannt ist, daß Martin Broszat eben nicht nur als Jugendlicher in der HJ war, wie Friedländer dies treffend annahm, sondern auch noch Mitglied der NSDAP wurde, hat das vielgerühmte »Pathos der Nüchternheit«, das er sich und seiner Generation zugute hielt, einiges an Konsistenz verloren. Das Selbstbild Broszats, das er in die Formel »zwar betroffen, aber kaum belastet« faßte, mußte in diesem Punkt mit Verschweigen erkauft werden, weil er ansonsten wohl seinen normativen Tonfall, mit dem er die NS-Forschung begleitete, nicht hätte aufrechterhalten können. Eine Bewertung des speziellen Beitrages von Martin Broszat zur Geschichtsschreibung der NS-Zeit muß eine solche Konstellation berücksichtigen, gerade wenn sie die Spannungen zwischen »Erforschen« und »Erinnern« zum Ausgangspunkt der Fragestellung macht. In seiner Auseinandersetzung mit jüdischen Historikern standen sich eben nicht subjektive jüdische Erinnerung und objektive deutsche Zeitgeschichtsforschung gegenüber, sondern hier stießen zwei in die Wissenschaft verlängerte Gedächtnisse aufeinander.

5.3. Weder summierte Erforschung noch progressive Erinnerung Von Betroffenheit und Sachlichkeit in der Arbeit der Historiker

Das Dilemma zwischen Emotionalität und Sachlichkeit

Das Dilemma zwischen Emotionalität und Sachlichkeit im Umgang mit Nationalsozialismus, Judenverfolgung und »Auschwitz« begleitete Erinnerung und Forschung von Beginn an. Es kann als eines der diachronen Schlüsselprobleme in der Historiographie bezeichnet werden und wurde in den bisherigen Kapiteln bereits mehrfach benannt. Beide Begriffe markieren keine Historik, sondern eine vorwissenschaftliche Haltung zu ihr, die in Erfahrungen, Erinnerungen und der eigenen Lebensgeschichte verankert ist. Zudem scheinen sich beide Einstellungen in binärer Abhängigkeit voneinander zu befinden, doch ist genau das nicht der Fall. Emotionalität war hierbei der dominantere Pol und in den verschiedensten Formen und Kontexten wiederzufinden, sei es im existentialistischen Pathos der unmittelbaren Nachkriegszeit, in Heimpels Tränen und der Unsagbarkeitsrhetorik der 50er Jahre oder aber, nicht zuletzt, im rabiat verteidigten Selbstbild, rein »sachlich« zu sein. In Christian Meiers »Kategorien des Herzens« Mitte der 80er Jahre hatte diese Haltung schließlich so etwas wie eine zweite Konjunktur. Über viele Jahre kann für das Thema Judenverfolgung und -vernichtung ein Konsens öffentlicher und innerwissenschaftlicher Erschütterung und Hilflosigkeit vorausgesetzt werden, der sich in einem »Bündel von Ratlosigkeiten« niederschlug, die nach wie vor und »unbeschadet aller historischen Forschungsergebnisse« auch heute noch vorhanden sind.[1] Zu diesen Ratlosigkeiten, zu denen die Einsicht in das Versagen von Sprache, Vorstellungskraft und Hermeneutik zählten, bekannten sich die meisten Historiker der 70er und 80er Jahre. »Bis heute«, so z.B. Peter Steinbach, versage die menschliche Sprache, »um die Ungeheuerlichkeit dieses Entschlusses zum Völkermord auszudrücken«.[2] Der Historiker des Holocaust, so die Überzeugung von Herbert A. Strauss, könne seinem Gegenstand »nur mit Mühe ins Ge-

1 v. Thadden, Die »Reichskristallnacht« – 40 Jahre danach, S. 102; Koselleck, Formen und Traditionen des negativen Gedächtnisses, S. 22: Das Ausmaß der Verbrechen, so Koselleck, und ihre »Abgründigkeit« lasse jeden historiographischen Maßstab versagen.

2 Steinbach, Zur deutsch-jüdischen Beziehungsgeschichte, S. 11.

sicht sehen«.[3] Selbst wer schon viel über das »ungeheuerliche Geschehen des Nazi-Staates« gelesen habe, stoße auf Situationen und Verhaltensweisen, »die er bisher für unmöglich, sogar undenkbar gehalten hatte«.[4] Und Bernd Martin sprach Anfang der 80er Jahre von einer »traumatischen Befangenheit« des Historikers, da die traditionelle historische Methode der Hermeneutik, das verstehende Beschreiben, angesichts von Vorgängen wie dem Massenmord in Auschwitz versagten.[5]

Die Forderung nach Sachlichkeit scheint dabei oberflächlich betrachtet eine Art von Korrekturfunktion wahrzunehmen, zumindest im Selbstverständnis derer, die sie einfordern. Aber auch diese Forderung hat eine eigene Geschichte, Teile von ihr wurden gleichfalls schon in Augenschein genommen, sei es in Gerhard Ritters Forderung nach »Nüchternheit« oder wenig später in der »neuen Sachlichkeit« am jungen Institut für Zeitgeschichte, sei es in Wulfs Überzeugung von der »absoluten Objektivität« oder in der einschlägigen sozialhistorischen Semantik des Strukturfunktionalismus Mommsenscher Provenienz, gegen die Daniel J. Goldhagen in den 90er Jahren anschrieb. Das Verhältnis beider Begriffe zueinander läßt sich zu allen Zeiten, in allen Gruppierungen und innerhalb jeder Generation finden und beschreibt einen Dauerkonflikt. Allerdings ist es keineswegs identisch mit den Fronten der realen Auseinandersetzungen um Deutung und Interpretation des Holocaust, wie sie die Jahrzehnte zwischen den späten 40er und den späten 80er Jahren durchziehen. Ja, man kann sogar sagen, daß sich die Dichotomie der Termini und ihrer Implikationen um so mehr relativiert, je genauer man einzelne Streitfälle betrachtet. Das gilt sicher für die Broszat-Wulf-Debatte der 60er Jahre, aber auch für die Kontroversen, die als »Historikerstreit« und »Historisierungsdebatte« bekannt geworden sind. Offensichtlich ist die Gleichung »deutsche Perspektive« = Erforschung = Sachlichkeit *versus* »jüdische Perspektive« = Erinnerung = Emotionalität, wie sie vor allem Martin Broszat nahegelegt hat, so nicht zu halten, und das aus vielen Gründen.

3 Strauss, Der Holocaust. Reflexionen über die Möglichkeit einer wissenschaftlichen und menschlichen Annäherung, S. 231.

4 Schreckenberg, Das Judentum in Geschichte und Gegenwart, S. 248. Bezug ist hier Ruth Elias' Erlebnisbericht »Die Hoffnung erhielt mich am Leben. Mein Weg von Theresienstadt und Auschwitz nach Israel« (München 1988). Die Autorin schildert hier u.a., wie sie aus Angst vor den »Menschenversuchen« Mengeles ihr eigenes Kind tötet.

5 Martin, Judenverfolgung und -vernichtung unter der nationalsozialistischen Diktatur, S. 293.

Ein wichtiger Grund hierfür liegt in der Dialektik selbst, in der Vermutung also, daß häufig auch der Forderung nach Sachlichkeit Emotionalität zugrunde liegt und daß es umgekehrt ohne Emotionen über das, was damals geschehen ist, kein klares Denken geben könne, wie dies Jan Philipp Reemtsma einmal ausgedrückt hat: »Was ist an einer Emotionalisierung so schlecht? [...] Wenn es so wäre [...], daß Emotion das Denken ersetzte, dann wäre das ein Einwand. Ich denke nicht, daß sie das tut.«[6] In der Tat: Dem Einklagen von »Sachlichkeit« war nicht selten gedanklich ein Sprechen »als ob« zugrunde gelegt. Die Kritik von Hans-Egon Holthusen aus dem Jahre 1965 an Hannah Arendt kann heute geradezu als Proklamation einer solchen Sprechfigur gelten.[7] Die Einforderung von »Sachlichkeit« konnte auch in Form einer emotional grundierten Sachlichkeitsrhetorik formuliert werden. Der »Tatbestand« selbst, so Holthusen aufklärerisch, sei zwar »ungeheuerlich« und dürfe nicht »mit Schweigen überdeckt« werden; aber man müsse »sachlich« über ihn reden, »*als ob* es um ein historisches Faktum unter anderen ginge und nicht um die Annullierung alles menschlichen Fassungsvermögens«.[8] »Sachlich«, so konkretisierte er noch, heiße »mit gebändigtem, gewissermaßen schon überwundenem Entsetzen«. Man müsse so sprechen, als sei man »in einer Verfassung, die nicht mehr ganz realisiert, was das eigentlich ist: Unschuldige zu Hunderttausenden in die Gaskammern zu treiben, Kinderköpfe an Mauern zerschmettern, lebendige Menschenwesen ins Feuer werfen; denn mit dem Undenkbar-Unerträglichen, den Verstand Betäubenden im Bewußtsein kann man nicht Quellen studieren oder schließen und urteilen.«[9] Diese Einschätzung verweist auf einen paradoxen Akt der Annäherung und gleichzeitigen Distanzierung vom Ereignis, der im Ausdruck »Quellen studieren« evident wird: Einerseits, so zumindest die Auffassung Holthusens, sei gerade der nüchterne Blick

6 Im Kontext der Debatte um die erste Ausstellung »Vernichtungskrieg. Verbrechen der Wehrmacht 1941-1944« wurde z.B. der Vorwurf erhoben, die Ausstellungsmacher setzten auf Emotionen, nicht auf Information, vgl.: Ulrich Raulff, Schreckliches kann man nur durch Schrecken begreifen. Ein Gespräch mit Jan Philipp Reemtsma, in: FAZ, 9. 4. 1997; die zweite Fassung der Ausstellung war dann ohne Zweifel nüchterner und akademischer, vgl. hierzu die Kritik bei: Heer, Vom Verschwinden der Täter. Die Auseinandersetzung um die Ausstellung »Vernichtungskrieg«.

7 Holthusen, Hannah Arendt, Eichmann und die Kritiker, S. 178-190; zu Hannah Arendts Text vgl. Kap. 4.3.

8 Ebd., S. 178 f. [Hervorh. v. N.B.].

9 Ebd.

auf Akten und Dokumente vom Schmerz des Gewesenen freizuhalten, weil sonst Logik und Rationalität der genauen Forschung und des abwägenden Urteils nicht gewährleistet seien. Andererseits war und ist es stets nur der Blick in die Quellen selbst gewesen, der aus geschichtswissenschaftlicher Sicht das Ereignis in seinem ganzen grauenhaften Umfang und seinen Details sichtbar zu machen in der Lage war.

Ein solches Sprechen »als ob« war aber nicht nur auf seiten der Deutschen, sondern auch bei Überlebenden zur Möglichkeit geworden, überhaupt das Thema anzugehen. Wenige haben hier den Mut gehabt, dem »sine ira«-Axiom so kompromißlos zu widersprechen wie beispielsweise Jean Améry oder Hannah Arendt:[10]

> »Die Konzentrationslager ›sine ira‹ zu beschreiben, heißt nicht, ›objektiv‹ zu sein, sondern sie zu entschuldigen; und eine solche Entschuldigung wird auch nicht durch eine Verurteilung, die der Autor vielleicht pflichtschuldig hinzufügt, die aber ohne Beziehung zur Beschreibung selbst bleibt, verändert.«[11]

Eine solche Verweigerung war aber die Ausnahme. Es scheint vielmehr so, daß die Versicherung, sachlich zu sein, auf jüdischer Seite noch unmittelbarer zur Sprechweise gehörte, weil es ihnen noch kompromißloser abverlangt wurde: »Wie Eisberge, deren gefährlichste Teile unsichtbar unter Wasser schwimmen, treiben jene Geschehnisse und ihre Folgen als nicht erkannte nicht wahrgenommene Fracht in der deutschen Geschichte von der Gegenwart in die Zukunft mit«,[12] so faßte zum Beispiel die jüdische Schriftstellerin Lotte Paepcke ihre Erfahrungen mit den bundesrepublikanischen 50er Jahren in ein treffendes Bild, um dann aber sogleich anzufügen, man könne allerdings »niemanden dazu bewegen, etwas Bestimmtes zu fühlen. Aber man kann ihn dazu bewegen, zu denken, nach-zudenken.« Nachdem nun »eine Reihe von Jahren« vergangen sei, könnte das Nachdenken »sine ira et studio« gelingen, so Paepcke in der üblich gewordenen Wortwahl, die zu ihrem Bild vom »Eisberg« nicht mehr so recht paßte. Léon Poliakov berichtete noch Jahrzehnte nach seinem ersten Werk von der Reaktion seines Freundes Alexandre Kojève auf sein Buch über die Judenpolitik im Dritten Reich: »Sie sind sehr geschickt: Anstatt die Opfer sprechen zu lassen, geben Sie den Henkern das

10 Zu Améry, vgl.: Kap. 3.3.

11 Hannah Arendt, A Reply (to Eric Voegelin), in: Review of Politics, 15. 1. 1953, S. 79.

12 Paepcke, Judenfrage und Deutsche Frage, S. 289 (eine Rezension von Eva Reichmanns »Flucht in den Haß«).

Wort.«[13] Es kam zu speziellen Absicherungen, Schreibweisen oder sogar Abspaltungen, um überhaupt über dieses Thema mit der Nachkriegsgesellschaft kommunizieren zu können. Auch die Lakonik eines einzigen Satzes von Norbert Elias beinhaltete mehr Emotion und zugleich weniger Beschwörung derselben als manche »Betroffenheitsrhetorik«: »Meine Mutter schrieb mir 1940, daß mein Vater gestorben sei. Sie schrieb mir diesen Brief, ich habe ihn immer noch. Dann verschwand sie in Auschwitz.«[14] In vielen Formulierungen von Joseph Wulf war ebenfalls weniger die Emotion als vielmehr deren Bezähmung zu spüren gewesen, auch er sprach häufig so, »als ob« er nüchtern-sachlich bleiben könne. Der Auschwitz-Überlebende Hermann Langbein sollte später »Sachlichkeit« geradezu als Ausweis für gute Geschichtsschreibung nennen, denn kein Ereignis der jüngsten Vergangenheit fordere mehr zur nüchternen Analyse als gerade Auschwitz: »Daß ich als ehemals in Auschwitz Internierter bei allen Bemühungen um einen objektiven Standpunkt in dieser Studie Partei bleibe, war mir stets bewußt [...]. Ich hoffe jedoch, daß auch meine Bemühungen um Sachlichkeit nicht übersehen werden.«[15] Es verweist auf diese Einsicht, die Mühe, sie zu realisieren, und die paradoxen Ergebnisse dieser Bemühungen, wenn er den geplanten Titel seines großen Dokumentar-Buches über die Judenvernichtung änderte: Aus »Teufel und Verdammte«, so die ursprünglich vorgesehene Benennung, wurde schlicht »Menschen in Auschwitz«.[16] Im Buch selbst fügte Langbein, einer methodischen Selbstansprache ähnlich, ein Kapitel mit der Überschrift »Menschen – nicht Teufel« ein, das diesem Wechsel der Benennung Rechnung trug: »Man stößt auf Schwierigkeiten«, so der Autor, »wenn man nachträglich die uniforme Anonymität der Bewacher von Auschwitz aufheben will« und dabei nur Überlebenden-Berichte als Quellen heranzieht.[17] Dabei konstatiert er »Erinnerungsverschiebungen« der ehemaligen Häftlinge, »exaltierte Beschreibungen« und falsche Verallgemeinerungen, die den Historiker Langbein regelrecht dazu verleitet haben, dem Überlebenden Langbein zu mißtrauen. Er versuchte diese Gefahr zu bannen,

13 Poliakov, Le Bréviaire de la haine; vgl.: Poliakov, Humanität, Nationalität, Bestialität, S. 143.

14 Norbert Elias über sich selbst, Frankfurt a.M. 1990, S. 68 f.

15 Langbein, Menschen in Auschwitz, S. 576.

16 Vgl.: Langbein, Menschen in Auschwitz; Weinzierl, Hermann Langbein – Zeitzeuge in Wort und Schrift, S. 227. Bereits Benedikt Kautsky hatte seinen KZ-Bericht kurz nach Kriegsende »Teufel und Verdammte« genannt.

17 Langbein, Menschen in Auschwitz, S. 333-341.

indem er das Fehlverhalten von Häftlingen stark herausstrich,[18] während er über lange Passagen sogar dem Lagerarzt Eduard Wirths viel Verständnis zukommen ließ und ihn als Person vorstellt, die »widerwillig im Vernichtungsapparat diente«.[19]

> »Ich habe von vornherein gesagt, wenn ich das schreib', soll ich möglichst objektiv schreiben. Ich hab' mich darum bemüht, man mag kritisieren, daß dieses oder jenes nicht ganz objektiv ist, aber ich glaube, ich habe eher Angriffe bekommen, weil das Buch zu objektiv war, d.h., daß ich nicht nur die negativen Seiten von SSlern gezeigt habe, sondern auch andere.«[20]

Das waren die Paradoxien der Bemühungen um Sachlichkeit, doch auch Langbein fügte hinzu, seine Studie stelle lediglich die Vorarbeit für eine spätere Generation dar, »die Auschwitz etwa aus der Distanz betrachten kann, von der wir auf Geschehnisse des 19. Jahrhunderts blicken«.[21]

Die Überwältigung durch Emotionen fand auch in den extremsten Formen Ausdruck, in der Weigerung nämlich, sich entweder mit dem Thema gar nicht zu beschäftigen, oder aber in den Versuchen, sich durch wissenschaftliche Erinnerung regelrecht zu heilen. Peter Gay hat seine Weigerung, sich dem Holocaust als »historisches« Thema zuzuwenden, genau in dieser Dialektik gesehen: »Wenn mancher Emigrant von dem Holocaust wie besessen war, war ich nicht vielleicht besessen von dem Bemühen, ihm aus dem Weg zu gehen? […] Es ist wahr, ich muß es gestehen, daß ich mit Bedacht vermieden habe, mich mit dem Massenmord an den europäischen Juden näher zu befassen. Filme, die von ihm handelten, sogar bedeutende Filme wie ›Shoah‹, habe ich mir nicht angesehen. Als wir Mitte der 80er Jahre eine Gelegenheit zum Besuch von Auschwitz hatten, fuhr meine Frau allein hin.«[22]

18 Vgl. z.B. die Schilderung Langbeins über seinen »Schock« über »vier bis fünf Jüdinnen von orientalischer Schönheit«, die den SS-Leuten kochten, in: ebd., S. 336.

19 Langbein, Menschen in Auschwitz, S. 411; vgl. z.B. das Diktum »Er ist nicht wie die anderen«, in: Ebd., S. 412. Langbein war Schreiber beim Standortarzt Eduard Wirths.

20 Aus einer Interview-Äußerung Hermann Langbeins, in: Pelinka/Weinzierl, Hermann Langbein, S. 104.

21 Langbein, Menschen in Auschwitz, S. 575.

22 Gay, Meine deutsche Frage, S. 224 f.

Ethnologie und Therapie: Die doppelte Forschungsmotivation bei H. G. Adler

Die von Peter Gay angedeutete »Besessenheit« vom Holocaust und die Hoffnung, sich mit der Erinnerung und Erforschung an ihn »retten« zu können, hat niemand so deutlich benannt wie H. G. Adler, der von sich berichtete, sein Buch *Theresienstadt 1941-1945* sei »aus der Not entstanden«, wie er es ausdrückte, es sei sein Ziel gewesen »Selbsterlebtes in Abstraktion von meinem eigenen Schicksal und in größere Zusammenhänge eingeordnet so zu gestalten, daß ich selbst weiterleben konnte«.[23] Dieses Bekenntnis zur »Abstraktion« von Selbsterlebtem als »persönlicher Befreiungsakt«[24] durch eigene Forschung hat Adler allerdings erst nachträglich seinem ersten Buch zugrunde gelegt. Zuvor hatte er fast ausschließlich von seinem Bemühen um »Sachlichkeit« gesprochen.[25] Für ihn bestand »Sachlichkeit« gerade darin, »das Wirken in der Geschichte als eine Vielfalt von Tendenzen zu begreifen, die nebeneinander bestehen und, zumindest im Sittlichen, einander selten wechselseitig ganz ausschließen, wenngleich die Ergebnisse oft einer bestimmten Richtung ganz oder vorzugsweise angehören«.[26] Das war in komplizierter Diktion nichts weiter als die Absage an Bewertung und Beurteilung. In einem Interview mit dem ZDF sagte er später, er habe die Judenvernichtung auf wissenschaftliche Weise gleichsam von sich als »Individuum loslösen« wollen:

> »Als es zu den Deportationen kam, habe ich mir gesagt: Das überlebe ich nicht. Aber wenn ich es überlebe, dann will ich es darstellen, und zwar in zweierlei Weise: Ich will es wissenschaftlich erforschen und in dieser Gestaltung vollkommen von mir als Individuum loslösen, und ich will es dichterisch in irgendeiner Weise darstellen. Beides habe ich getan, und daß ich es getan habe, ist noch kein großes Verdienst, aber doch eine kleine Rechtfertigung dafür, daß ich diese Zeit überlebt habe.«[27]

23 Adler, Der verwaltete Mensch, S. XVII.
24 Ebd., S. XXIII.
25 Adler, Brief an Hans Buchheim vom 27. 2. 1961, in: Deutsches Literaturarchiv, NL Adler, A I 89; vgl. hierzu auch Kap. 3.2.
26 Adler, Brief an Hans Buchheim vom 27. 2. 1961, in: DLA, NL Adler, A I 89.
27 Karl B. Schnelting (Hg.), Zeugen des Jahrhunderts. Jüdische Lebenswege: Nahum Goldmann. Simon Wiesenthal. H. G. Adler, Frankfurt a.M. 1987, zit. nach: J. Adler, »Die Macht des Guten im Rachen des Bösen«, S. 475 f.

Dieses Bekenntnis zur wissenschaftlichen Neutralität des Forschers wurde für den Auschwitz-Überlebenden Adler, der sich in dieser Hinsicht schon häufig geäußert hatte, also nur durch einen Balance-Akt zweier getrennt voneinander gehaltener Arbeits- und Textformen möglich. Was die Wissenschaft nicht leistete, versuchte er mit seinen Romanen, Gedichten oder Tagebüchern zu ergänzen, die wiederum selbst nur als Ergänzung zu seinen voluminösen Büchern über Theresienstadt Geltung beanspruchten. Schon aus den 50er Jahren gibt es von Adler ein Dokument, das diese speziell gedoppelte Schreibsituation charakterisiert: In einem unveröffentlicht gebliebenen Rückblick auf sein bereits im Lager begonnenes Buch *Theresienstadt 1941-1945*[28] versuchte er sich die Frage zu beantworten, warum und wie er es verfaßt habe. Er erläuterte dabei vor allem drei »Ansprüche«, die er mit seinem Werk verfolgt hatte, und darüber hinaus seine methodischen Grundsätze: *Erstens* charakterisierte er es als Zeugnis, als »ein wahres geschichtliches Denkmal« seiner Entstehungszeit; *zweitens*, sehr viel weiter gefaßt, als »ein getreues Spiegelbild unserer Zeit«, aufgezeigt lediglich an einem »besonderen Beispiel«, und *drittens* als »eine Warnung für die Zukunft«, aus der er jedoch nicht alle »Tröstung und Erhebung« habe streichen wollen.[29] Sein Vorbild beim Schreiben sei die »Feldforschung der Ethnologen« gewesen. Er habe sich gesagt:

> »Du mußt das Leben in dieser Gesellschaft so vorurteilsfrei und nüchtern wie ein Gelehrter betrachten, der einen kaum bekannten Volksstamm erforschen will, und darfst dich dabei in nichts von der waltenden Ordnung ausschließen, du mußt an allem, was hier geschieht, immer ganz beteiligt bleiben. In meiner Lage meinte das besonders, daß ich mich wohl erheben, doch nie überheben und nie begehren durfte, nicht zur Gemeinschaft der Leidenden als Mitleidender zu gehören. So lebte ich im Lager gleichzeitig als zuschauender Beobachter und doch als gewöhnlicher Gefangener, der ich ja auch als anonymer Insasse von Theresienstadt geblieben bin.«[30]

Adler betonte also beides. Die Wissenschaftlichkeit des Ergebnisses und die »zunächst private[n] Gründe [...], die mich zur Arbeit anspornten.« Er habe gefühlt, daß er den »Schmerz über das Geschehene« als »eine abgründige Verzweiflung« und »gähnende Leere« in sich nur mit der

28 Adler, Warum habe ich mein Buch »Theresienstadt 1941-1945 geschrieben? (1956), in: ders., Der Wahrheit verpflichtet (Erstveröffentlichung), S. 111-114. Entstanden am 12. März 1956.

29 Ebd., S. 114.

30 Ebd., S. 112.

Objektivierung des Wissenschaftlers »seelisch und geistig zu bewältigen« imstande sein würde: »Es blieb mir gar nichts anderes übrig, als meine Forschung zu beginnen.«[31] Gleiches Gewicht erhielt deswegen auch die Betonung des Vermächtnisses, des Schwurs und der Heilsamkeit: er habe sich, so Adler, in Theresienstadt selbst zum Entschluß dazu aufgerafft, »diese Lagerwelt, sollte mir das Wunder widerfahren, sie je überleben zu dürfen, großzügig und umfassend darzustellen. Seltsam, dieser Entschluß verlieh mir eine heilsame Kraft.« Diese doppelte Motivation aus ethnologischer Forschung und therapeutischer Rettung beschreibt Adler als einen Kampf zwischen einer ständig erneuerten, eroberten »kühlen Betrachtung« und der emotionalen Hitze der Erinnerung:

> »Kühl – ja, wenn ich es bedenke, das ist das richtige Wort –, aber diese Kühle mußte ständig neu erobert werden, [ich] mußte das Feuer, den Brand, die Glut immer wieder jäh hereinstürzender grauenvoller Ereignisse über mich ergehen lassen, um geprüft, gehärtet und schließlich, als Theresienstadt mit noch viel schrecklicheren Orten vertauscht war, so unbestechlich gesichtet zu werden, daß ich den Willen zur Erkenntnis der ganzen Wahrheit ertragen konnte.«

Die Ausweitung ins Soziologische und Anthropologische, die in Adlers Wortmeldungen so häufig dominierte, hat hier ihren Ursprung: Es galt einerseits, einen Erlebnisbericht zu vermeiden, dem wissenschaftlichen Ergebnis seiner Forschung aber die erlebte Wirklichkeit einzufügen. »Die Ordnung meiner Schriften«, so Adler,

> »legte die Einteilung des Buches in einen historischen, soziologischen und psychologisch-philosophischen Teil zwanglos nahe. Je mehr ich mich mit meinen Papieren beschäftigte, sowie die anschwellende Lagerliteratur und anderes wichtige Schrifttum las und noch ergänzendes oder vergleichsweise wichtiges Material kennenlernte, desto mehr begriff ich, *daß eine bloße Zeugenschaft für das Geschehene oder ein, sei es auch dokumentarisch vertiefter, Erlebnisbericht nicht ausreichen würde, meinem Gegenstande gerecht zu werden.* In langen Überlegungen wurde ich zum Studium eines stets weiter greifenden Problemkreis[es] gedrängt, ich sah, inwiefern das Lager in Theresienstadt nicht mehr und auch nicht weniger war als nur ein Beispiel, allerdings ein besonders markanter und bis ins Irrwitzige grell übertriebener Sonderfall einer Gesellschaftsordnung im Zeitalter des mechanischen Materialismus,

31 Ebd., S. 111; die beiden folgenden Zitate S. 112.

die unter dem entsetzlichen Druck übermächtigen Zwanges und doch heuchlerischer Verbergung dieses Zwangs ausgearbeitet ist.«[32]

Um einen Erlebnisbericht gerade zu vermeiden, so müssen wir Adler folgen, »steckte sich das Ziel von selbst [...]: Darstellung einer Zwangsgemeinschaft in der erstaunlichen Breite ihres an Kompliziertheit schwerlich noch zu überbietenden Aufbaus, aber auch in der Tiefe ihrer abgründigen metaphysischen Perspektiven«.[33] Der Anspruch Adlers galt also dem Versuch, in zwei Sphären als Zeuge zu gelten, im Bereich der Wissenschaft *und* in der Mystik von Gedichten oder der Wut autobiographischer Notate.[34] Obwohl, wie sein Sohn in einem Kommentar zu den aus dem Nachlaß publizierten Schriften Adlers schrieb, in seinem wissenschaftlichen Werk die Mystik vermieden wurde und umgekehrt in den Gedichten die wissenschaftliche Aussage fehlte, besteht die sein ganzes Werk durchziehende Spannung genau darin, daß genau diese Trennung nicht aufrechtzuerhalten war. In seinem Überblicksaufsatz *Pogrome und Konzentrationslager* aus dem Jahre 1966, die er für den Band *Das Jahrhundert der Barbarei* verfaßte, wechseln die Tonlagen der Darstellung markant zwischen definitorischer Sachlichkeit und unverbrämter Wut, ungewöhnliche Begriffsbildungen wie »barbarische Gelüste« (für Antisemitismus) und »Hauptinstitut der Grausamkeit« (für Konzentrationslager) stehen für Kompromißbildungen zwischen beiden Sphären.[35] »Wenn Adlers Zeugnis darin besteht«, so noch einmal sein Sohn, »den Verfolgungen mit seinem Zeugnis zu begegnen, so schreibt er einmal als Jude, der sich zum Gott der Hebräer bekennt und damit den Verfolger bannt, dann aber auch als Wissenschaftler, der die Welt des Unterdrückers durch die genaue Darstellung des Geschehens verneint«.[36]

32 Adler, Warum ich mein Buch »Theresienstadt 1941-1945« geschrieben habe, S. 114 [Hervorh. v. N.B.].

33 Ebd.

34 Vgl. als Beispiel für Adlers untergründige Wut auf das Deutschland, das er einmal so verehrt hatte, seine bittere »Notiz über den deutschen Charakter«, in welchem er gerade nicht mit dem Nazismus, sondern mit der Biederkeit und unpolitischen Innerlichkeit von Wissenschaftlern, Philologen und Literaturspezialisten abrechnet. Hier ist die Rede von der »ruchlosen« und »makabren Schamlosigkeit«, der »Würdelosigkeit« als »schrecklichstes Verhängniszeichen seines Volkscharakters«: Adler, Notiz über den deutschen Charakter (datiert: 21. 2. 1952), in: DLA, NL Adler.

35 Adler, Pogrome und Konzentrationslager, S. 245, 246 und 296.

36 Jeremy Adler, Der Wahrheit verpflichtet, S. 216.

Wie schon bei seinem ersten Buch in den 50er Jahren, so wies er auch Anfang der 70er in seinem großen Spätwerk über die Deportationen der Juden aus Deutschland *Der verwaltete Mensch* erneut ausdrücklich darauf hin, daß er gerade *nicht* Selbsterlebtes schildern wolle, »obwohl er den Deportationsakt persönlich [...] zweimal erfahren« hatte. Es gehe ihm *nicht* um sich, sondern um »das mißhandelte Menschentum des Verfolgten«, und er habe seine persönliche Nähe zum Thema, ja »Identifikation«, »als um die Wissenschaft besorgter Darsteller« gerade *keine* »Parteinahme für ihn angestrebt oder gar ergriffen [...]«.[37] Nun falle, so Adler mit Blick auf seine früheren Arbeiten über Theresienstadt, »die damals wirksame Emotion« zurück, wohingegen sein jetziges »Trachten« allein der »Reflexion« gelte.[38]

Die einmal mehr beschworene Sachlichkeit, die Adler für seine jeweils aktuellen Arbeiten in Anspruch nahm, hatte jedoch noch einen zweiten Grund. In seinem gesamten Werk hat er den Versuch gemacht, das Thema Judenverfolgung und Judenvernichtung zeit- und modernitätskritisch zu interpretieren. Sein Deutungshorizont war dabei die in Karl Korns Buch sprichwörtlich gewordene Sorge vor den Phänomenen der Vermassung und der »verwalteten Welt« überhaupt.[39] Adler erblickte in Auschwitz nicht nur die Spezifika des Nationalsozialismus, sondern den modernen Staat schlechthin.[40] Er war davon überzeugt, daß irdische Macht und Herrschaft per se »Hybris« sei, daß es »keine Politik [gebe], die sich aus dem Bösen ganz heraushalten kann, denn sie ist vom Bösen«.[41] Politik sei auch, so Adler,

> »im günstigsten Fall ein abgründiges Abenteuer, ihre Ansätze und Ziele sind von keinem ihrer Handelnden ganz abschätzbar, auch die besten (sittlich besten) Entscheidungen in ihr und mit ihr sind nicht vom Verderben frei, denn sie stehen am dichtesten von allen menschlichen Handlungen in der menschlichen Erbschuld, die sich hier nicht nur summiert, sondern potenziert, weil das kollektiv Böse sich hier konzentriert.«[42]

37 Adler, Der verwaltete Mensch, S. XXXIII.
38 Ebd.
39 Korn, Sprache in der verwalteten Welt.
40 Jeremy Adler, Der Wahrheit verpflichtet, S. 220.
41 Adler, Brief an Hans Buchheim vom 3. 10. 1960, in: DLA, NL Adler, A I 89.
42 Ebd.

Das von der deutschen Politik im Nationalsozialismus »angerichtete Blutwerk« ermöglichte vor dem Hintergrund dieses Politikverständnisses einen bisher nie offenbar gewordenen Blick auf das »Menschenmögliche« aller Politik.[43] Es war ebenfalls H. G. Adler, der in dieser Hinsicht besonders früh und besonders konsequent den funktionalistischen Gedanken von Experimenten und »wirren Improvisationen«[44] vertrat, den die »Erfahrung der Ohnmacht« zum Versuch einer »Soziologie der Verfolgung«[45] geführt hat und der der Interpretation des Funktionalismus starke Impulse gegeben hat: Die Vokabeln seiner NS-Interpretation stammen vorwiegend aus dem Bereich der Maschinenmetaphorik: »Instrument«, »Druck«, »Apparat«, »Mechanismus«, »funktionieren«, »Treibstoff einer Maschine« u.a. mehr. Auch sein Analyseansatz beruhte stark auf der Auschwitz-Darstellung von Rudolf Höß.[46] Höß erscheint bei Adler als »Instrument des hemmungslos Bösen in einer von niemandem und zuletzt von ihm selbst erfaßbaren Vernichtung«. Die »unbeseelte« und zerstörerische »Tugend der Pflicht«, die unter normalen Umständen eine ganz normale Tugend sein kann, »wird in ihrem maßlosen und ausschließlichen Überwuchern, gar *unter dem unausgesetzten Druck eines nur dem Bösen zustürzenden Totalitarismus*, nicht nur zur Untugend, sondern zum größten Verbrechen«. Höß war für Adler das Beispiel für »*ein Zeugnis des mechanischen Materialismus*«, für einen »möglichst klaglos funktionierenden *Apparat*, dem er sich und seine Untergebenen unterwarf, dem er die Häftlinge wie den Treibstoff einer *Maschine* lieferte«.

43 Ebd.

44 Vgl. z.B.: Adler, Theresienstadt, v.a. im Abschnitt »Das geistige Antlitz der Zwangsgemeinschaft«. Hans Mommsen hat dies gesehen und sich in diese Tradition gestellt, vgl.: Mommsen, Barbarei und Genozid. Zum Anlaß der Ausstellung über H. G. Adler »ortlose Botschaft«, in: SWR 2, 8. 11. 1998, 23 h (Reihe: »Der Rede wert«). Adler nehme die Thesen einer jüngeren Forschung vorweg. Der Passus über Adler fehlt in der Druckfassung, vgl.: Mommsen, Barbarei und Genozid, in: ders., Von Weimar nach Auschwitz, S. 268-282.

45 Adler, Die Erfahrung der Ohnmacht. Beitrag zu einer Soziologie der Verfolgung, S. 30-39.

46 Vgl. hierzu Kap. 5.2. Auch Adler zitierte am Ende seiner Rezension den berühmten Schlußsatz Höß': »Ich war unbewußt ein Rad in der großen Vernichtungsmaschine des Dritten Reiches geworden. Die Maschine ist zerschlagen, der Motor untergegangen und ich muß mit.« Vgl.: H. G. Adler, Die pervertierte Pflicht. Zu den Aufzeichnungen des Lagerkommandanten von Auschwitz Rudolf Höß (WDR, Sendung vom 6. 4. 1959 [9 Masch.-Seiten]), in: Hausarchiv ED 105/Höß, S. 9; die folgenden Zitate S. 3, 4 und 7.

Adler hatte diese These aber bereits nach dem Krieg, schon in Vorträgen Ende der 40er Jahre, also lange vor der Kenntnis des Höß-Dokumentes, vertreten und erst während der Arbeit an seinem großen Deportationsbuch in der Auseinandersetzung mit Uwe Adam Anfang der 70er Jahre revidiert.[47] Als ihn 1948 anläßlich einer Einladung an die Universität Köln die Bitte erreichte, sein Vortragsthema abzuändern, beharrte er noch vehement auf dem Titel »Der mechanische Materialismus«:

> »Auf das Thema ›Der mechanische Materialismus‹ lege ich größten Wert, weil ich glaube, grundsätzlich Neues sagen zu können, was soziologisch bedeutungsvoll ist, aber auch weit über jedes Spezialinteresse hinaus ein Grundproblem unseres Zeitalters betrifft. Ich glaube, insbesondere für den Nationalsozialismus die geistigen Voraussetzungen aufzeigen zu können, die, mutatis mutandis, alle pseudokollektivistischen ›Massen‹-Bewegungen betreffen, von denen der haltlos gewordene Abendländer verseucht oder zumindest bedroht ist.«[48]

Adler sah in Auschwitz weniger ein Ereignis der deutschen Geschichte als vielmehr einen »durch die Macht der Ideologie, durch die Gewalt einer noch nie dagewesenen Technik« Ausdruck des »Massenhaften«: »Das Massenhafte gehört zu dem, was wir unbedingt überwinden müssen.«[49] In seinem »Beitrag zu einer Soziologie der Verfolgung«, der den Titel »Die Erfahrung der Ohnmacht«[50] trägt, ist gerade wenig über die Erfahrung zu lernen, viel dagegen über den Versuch des Verfassers, durch die Distanzierung von der Geschichtswissenschaft und der Hinwendung zur Soziologie einen Standpunkt einzunehmen, »der allgemeiner [...] oder eher noch überpersönlicher« ist[51] – der Begriff der »Erfahrung«, wie er im Titel noch verwendet wird, ist im Text selbst soziologisch voll-

47 Adler, Der verwaltete Mensch, v.a. S. XXV-XXX. Hier wendet sich Adler explizit gegen die Infragestellung einer geplanten und zielgerichteten Vernichtungspolitik und betont den intentionalen Charakter der Führungsspitze und auch der Verwaltung: »Alles am Regime Hitlers [...] weist [...] von Anbeginn auf die mörderische ›Endlösung‹ hin: so bald wie möglich und so radikal wie möglich« (S. XXVI); »[I]n ihren Wünschen waren sie alle von der Lust an solchem Morden trunken und sehnten es herbei« (ebd.).

48 Adler, Brief an Hans Winkmann vom 15. 10. 1948, in: DLA, NL Adler, A I (15).

49 H. G. Adler, Was hat Auschwitz mit dem »Deutschen Menschen« zu tun? (Diskussionsbeitrag), in: Glaser (Hg.), Haltungen und Fehlhaltungen, S. 118.

50 Adler, Die Erfahrung der Ohnmacht, S. 30-39.

51 Ebd., S. 30.

kommen unsichtbar gemacht. Durch diese Distanz war es ihm möglich, einen Begriff »konsequenter Verfolgung« zu entwickeln, der sogar noch Hitlers Selbstmord in einer Analogie zum »Vernichten des Gegners« zu formulieren versuchte: »Hitlers Ende mit seinem Wertabspruch des ganzen deutschen Volkes und der Wahl seines Todes samt seiner Leichenvertilgung« sei »ein getreues Abbild der Vorgänge in seinen Konzentrationslagern [...]«.[52]

»Eine Form des Trauerns finden, die ihres ungelebten Lebens würdig war«: Herbert A. Strauss als Wissenschaftler und Autobiograph

Viele Jahre war der Emotionen erfordernde und sie zugleich blockierende genaue Blick auf das Grauen der Vernichtung nur von der Erinnerung, nicht von der Erforschung gewagt worden. Die Wissenschaft versuchte noch in ihren Vertretern, die selbst das Konzentrationslager überlebt hatten, wie an Adler gezeigt, die Emotionen des Themas zu minimieren, indem sie Sachlichkeit forcierten. Das ist auch ein weiterer Grund, warum die Dichotomie von »Emotionalität« versus »Sachlichkeit« nicht im Begriffspaar »Erinnerung« versus »Erforschung« aufgeht: Es waren zuerst die Überlebenden, die sich bemühten, von diesem unerhörten Geschehen zu berichten, und ihre Botschaft war beides zugleich, voller Emotionen *und* die sachliche Grundlage, auf der die Wissenschaften versuchen konnten, das Geschehene zu interpretieren. »Wer selbst nur einen kleinen Teil dieser autobiographischen Aufzeichnungen von Holocaust-Überlebenden gelesen hat, kann, ja muß erkennen, daß die Wirklichkeit in solchen Berichten immer wieder an die Grenze des sprachlich Möglichen stößt [...].«[53]

Strauss hat dies nicht allein als Wissenschaftler erkundet, sondern auch autobiographisch.[54] Geboren 1918 in Würzburg, in der Weimarer Zeit der Jugendbewegung verbunden, zog Strauss in den 30er Jahren nach Berlin, wo er zuerst ein Studium aufnahm, später eine Kaufmannsausbildung begann. »Die Ungeheuerlichkeiten der ›Kristallnacht‹«, in deren

52 Ebd., S. 38.

53 Strauss, Der Holocaust. Reflexionen über die Möglichkeiten einer wissenschaftlichen und menschlichen Annäherung, S. 216.

54 Strauss, Über dem Abgrund. Eine jüdische Jugend in Deutschland; Strauss präsentierte hier einen Text, der immer wieder das Dilemma des Gedächtnisses zwischen ungestützter »Grauzone« (216) und zufällig den Krieg überdauernden persönlichen Dokumenten thematisiert.

Verlauf sein Vater von der Gestapo verhaftet wurde, erlebte Herbert A. Strauß in seiner Heimatstadt Würzburg, wo er zu dieser Zeit auf Besuch war.[55] Ein Ausreiseversuch nach Großbritannien scheiterte 1939, Anfang der 40er Jahre konnte er sogar noch die Abschlußprüfung an der »Lehranstalt für die Wissenschaft des Judentums« machen:

> »Während dieser neun Monate, von Oktober 1941 bis Juni 1942, bestand die ›Hochschule‹ gleichzeitig mit dem Holocaust der Berliner Juden, der auch ihrer Standhaftigkeit schließlich den Todesstoß versetzen sollte. *Aus der Entfernung eines halben Jahrhunderts, das diesen Mord an einem ganzen Volk dem Gewissen der Welt eingebrannt hat, lehnen sich meine Gefühle noch immer gegen mein Gedächtnis auf.* Die meisten von uns erlagen den Täuschungsmanövern der Nazis, nahmen die Unterstützung, die die Jüdische Gemeinde ihnen im Prozeß der Vertreibung gewährte, als ein Zeichen dafür, daß unser Volk in dieser beispiellosen Katastrophe zwar leiden, letztendlich aber überleben würde.«[56]

Strauss wurde 1942 zur Zwangsarbeit eingezogen, im Oktober tauchte er unter und lebte in verschiedenen Berliner Verstecken.

Sein Lebensbericht ist voll überbordender Wut auf die Vergangenheit und zugleich mit dem scharfen Blick der Klarheit auf die Schwierigkeiten, Erfahrungen in Gedächtnis und Geschichte zu überführen. Er hat ihn unter dem Titel »Am Abgrund« vorgelegt, eine Metapher, die für ihn die Normalität und Absurdität seiner Zeit in Berlin Anfang der 40er Jahre zusammenfaßt: »Der moralische Abgrund, der zwischen Tradition und Wirklichkeit klaffte«, so Strauss, vertiefte sich, und man war gezwungen, über ihn »zu balancieren«.[57] In dieser Haltung des Balancierens studierte er Judaistik und Arabistik, war u.a. Schüler Leo Baecks, der für ihn »zur zentralen Gestalt« wurde. Strauss selbst überlebte den Holocaust – 1943 glückte seine Flucht in die Schweiz –, aber sein Vater wurde in Treblinka ermordet. Nach dem Krieg emigrierte er in die USA, viele Jahrzehnte später kehrte er nach Berlin zurück und wurde Gründungsmitglied des dortigen »Zentrums für Antisemitismusforschung«.

Sein Blick auf die Vergangenheit hatte sich nun, nach Deutschland zurückgekehrt, verändert: »Wenige der Männer und Frauen, deren Leben das meine berührt hatte, kehrten je zurück. Ihre Bilder, die in meiner Erinnerung lebendig geblieben waren, erstarrten wie auf Photographien

55 Vgl. das Kapitel: »Die Pogrome vom November 1938«, in: ebd., S. 123 ff.
56 Ebd., S. 158 [Hervorh. v. N.B.].
57 Ebd., S. 216 und 227.

mitten im Ablauf der Zeit.«[58] Zu den Trennungen von Freunden, Verwandten, dem eigenen Vater, »vor deren wahrer Natur wir die Augen verschlossen«, bemerkte er: »Ich glaube, seit diese Trennungen Teil meines täglichen Lebens geworden waren, hatte sich ›etwas‹ in mir verhärtet. Daß meine Gefühle mich nicht überwältigten, daß sie nicht in Trauer und Verzweiflung, sondern in eine schwelende Wut mündeten, mag an meiner Weigerung gelegen haben, die Verluste als endgültig zu betrachten.«[59]

Seine Wut wich nur langsam einem Lernprozeß, den Strauss als Suche nach einer Form des Trauerns beschreibt:

> »Ich hatte gelernt, all dies nicht an mich heranzulassen, es nicht zu ›hören‹. Es schien schlicht unfaßbar, ja geradezu phantastisch, daß unschuldige Menschen von ihren Mitbürgern, die sie jeden Tag auf der Straße trafen und als ›durchschnittlich‹ und ›normal‹ erlebten, ›vernichtet‹ würden. Ich weiß nicht mehr, wann die Zweideutigkeiten des ›Wissens‹ nach und nach der Panik und dem niederschmetternden Eingeständnis wich, daß ich ›akzeptieren‹ mußte, was für alle Zeiten inakzeptabel war: den endgültigen Verlust der Menschen, zu denen auch unsere Toten gehörten, und daß es galt, eine Form des Trauerns zu finden, die ihres ungelebten Lebens würdig war.«[60]

Die Hindernisse auf dem Weg dieser Suche richteten sich mitunter auch gegen die Wissenschaft selbst, was wiederum nicht ohne das Mißtrauen verstanden werden kann, nach welchem die »Sachlichkeit« der Holocaustforschung letztlich nicht frei von der Gefahr ist, »Sinngebung für das Sinnlose« zu sein:[61]

> »Auch die wissenschaftliche Erforschung des Holocaust begann mit der Einsicht, daß eine Sinndeutung des Holocaust über das hinausgeht, was Wissenschaft leisten kann. [...] Dem Holocaust kommt kein rational erfaßbarer Sinn zu. Verstehen bedeutet Einordnung in als sinnvoll erfahrene Zusammenhänge. Dies kann die Geschichte oder die Sozialwissenschaft nicht leisten.«[62]

58 Ebd., 215.
59 Ebd., S. 241.
60 Ebd., S. 250.
61 Strauss, Der Holocaust, S. 215; der Begriff stammt von Theodor Lessing aus dem Jahre 1919.
62 Strauss, Der Holocaust, S. 215.

Das Problem war, daß es für die Generation der Zeitzeugen immer schwerer wurde, »die selbst erfahrene Geschichte in der nüchternen und abstrakten Sprache der Wissenschaft wiederzuerkennen«.[63] Solange Überlebende wie Herbert A. Strauss oder Eugen Kogon, die noch dazu selbst Historiker waren, die die Dimension des Verstehens sprengende Qualität des Ereignisses hervorhoben, war dieser Appell zumeist gleichbedeutend mit dem Versuch, Information und Sensibilität zugleich zu vermitteln: »Sachgerecht mit der Geschichte umgehen«, heißt es etwa bei Kogon, bedeute nicht nur, »vergangenen Ereignissen einen Namen [zu] geben« oder »mit Anmerkungen [zu] erläutern«, vielmehr sei die Auseinandersetzung mit diesem unmenschlichen Verbrechen »im ganzen moralischen Umfang« gefordert:[64] »Um die volle Wahrheit über jenen Versuch der ›Endlösung‹ zu erfahren, genügt es nicht, die Zahl der Morde an jüdischen Menschen anzugeben.«[65] Das Problem bestand darin, Strauss hat dies in der Suchbewegung seiner Memoiren deutlich ausgesprochen, daß sich die Spannungen zwischen der vergangenen Erfahrung und der jeweiligen Gegenwart nicht gegeneinander ausspielen ließen – auch nicht wissenschaftlich. Der Historiker, Überlebende, Emigrant, der nach Deutschland zurückgekehrt war, hat dies die »Rückkehr zur bitteren Erinnerung an unsere persönlichen Verluste« genannt und *zugleich* die Aufgabe benannt, die damit verbunden war, nämlich fast ausschließlich mit Menschen umgeben zu sein, »die meine Erinnerung an jene zehn Jahre nicht teilten«:

> »Die Rückkehr zur bitteren Erinnerung an unsere persönlichen Verluste, die Schwierigkeit, ihre Endgültigkeit zu akzeptieren und zu verarbeiten, die Erkenntnis, daß unsere Zivilisation weitgehend vernichtet war, die Aufgabe, mit der emotionalen Last des Holocaust leben zu lernen und einzusehen, daß ich in meinen Anschauungen zur deutschen Geschichte und Zivilisation radikal umdenken mußte – all das lag noch vor mir. Seit ich zwischen 1948 und 1951 an jener auf Interviews beruhenden Untersuchung über KZ-Überlebende an der New School for Social Research in New York mitgearbeitet habe, weiß ich einiges darüber, welchen Verlauf diese De-Konstruktion und Re-Kon-

63 Hoffmann, Deutsch-jüdische Geschichtswissenschaft in der Emigration, in: Strauss u.a. (Hg.), Die Emigration der Wissenschaften nach 1933, S. 269; der Dissens zwischen Zeitzeugen und Historikern habe manche Diskussion auf den internationalen Konferenzen geprägt, habe aber die Auseinandersetzungen auch besonders lebendig und fruchtbar gemacht.

64 Eugen Kogon, Einführung, in: ders./Metz (Hg.), Gott nach Auschwitz, S. 11.

65 Ebd.

> struktion nehmen kann, während der Überlebende versucht, mit den Anforderungen der neuen Normalität, in der er lebt, fertigzuwerden. [...] In meiner Wahrnehmung der Vergangenheit war nichts verdrängt, aber es wurde ›leicht‹ gemacht durch das ›Hoch‹, in dem ich mich befand. Ich war frei, frei *von* Gefahr und Verfolgung. Doch die wahre Schwierigkeit würde darin bestehen, frei zu sein *für* die Herausforderung, mich selbst und die Brüche in der Kontinuität meines Lebens zu verstehen, frei dafür, mit Menschen umgehen zu lernen, die meine Erinnerung an jene zehn innerhalb einer vielschichtigen Kultur der Verfolgung durchlebten Jugendjahre nicht teilten.«[66]

Antisemitismus- und Holocaustforschung in Deutschland, so ist dieser Abschnitt der Reflexionen von Strauss aus seinen Erinnerungen in den Rahmen der vorliegenden Arbeit zu überführen, war aus jüdischer Perspektive mit dem andauernden Versuch verbunden, die eigenen Erinnerungen an die »Anforderungen der neuen Normalität« anzupassen und den Umgang mit einer Mehrheit zu lernen, die vergleichbare Erinnerungen nicht hatte.

Mißinterpretationen: Sachlichkeit bei Raul Hilberg und Pathos der Unsagbarkeit bei Elie Wiesel

Die Suche nach der Form eines Trauerns um »ungelebte Leben« stellt selbst ein Beispiel für die »Grenze des sprachlich Möglichen« dar, von der Herbert A. Strauss gesprochen hatte. Sie wurde von der wissenschaftlichen Geschichtsforschung zweimal, genauer: zweifach, mißinterpretiert:[67] Einmal wurde das metaphorische Sprechen der Überlebenden über das Leiden und die Schwierigkeiten des Sagbaren mimetisch vereinnahmt und bis zur Floskel trivialisiert. Das andere Mal wurde vom

66 Strauss, Über dem Abgrund, S. 296 und 297; eine Reflexion über die Differenz nicht übertragbarer Erfahrungen, die sich »wie eine Lavamasse« in das Gedächtnis der Betroffenen einschreibe, und über die heuristische Distanz zwischen der Primärerfahrung und der sekundären Vergegenwärtigung durch diejenigen, die die gleiche Erfahrung nicht gemacht haben oder später geboren wurden bei: Koselleck, Formen und Traditionen des negativen Gedächtnisses, S. 23 ff.

67 Eine grundlegende Auseinandersetzung mit diesen verpaßten Möglichkeiten bietet: Baer (Hg.), Niemand zeugt für den Zeugen; zuvor schon und zugleich wichtigstes Gegenbeispiel: Langer, Holocaust Testimonies; kritisch zu Baer: Gross, Der Holocaust in primärer Erinnerung und historischer Erforschung, S. 127 ff.

Standpunkt eines wissenschaftsimmanenten Positivismus den Zeugenangaben kein verläßlicher Wert mehr zugebilligt – und dies auch von jüdischen Darstellungen, wie viele Bemerkungen von Raul Hilberg belegen:

> »Man kann ihre Aussagen [gemeint sind überlebende Zeugen, N.B.] analysieren [...] aber abgesehen von den seltenen Fällen, in denen sie sich in einem Gerichtssaal befinden, kann man diese Überlebenden nicht ins Kreuzverhör nehmen oder ihnen offen widersprechen. An die Stelle der Befragung tritt Ehrerbietung, und die Forscher geben sich damit zufrieden, was sie – dankbar – erhalten. Gewiss ist solche Nachsicht nicht sehr ergiebig.«[68]

Raul Hilberg sprach hier in aller Deutlichkeit aus, warum die Forschung sich mit der Erinnerung an das Ereignis so schwer tat: Ehrerbietung, Nachsicht und das Gefühl, etwas Unergiebiges zu tun – das war genau die Haltung einer »professionellen« Herangehensweise, die ihm von Zeitzeugen und speziell in Israel persönlich übelgenommen wurde, weil er auf diese Weise nicht nur eine absolute Differenz zwischen Erforschung und Erinnerung zu akklamieren schien, sondern dies auch noch als jüdischer Exilant tat.[69] Was eine solche einseitige Rezeption[70] aber lange übersah, war das Ergebnis seiner Nachforschungen, war die Grundstruktur des Buches von Hilberg, die weit davon entfernt war, die Sichtweise der Opfer zu marginalisieren. Mit seinem Opus magnum hatte er ein Thema im Thema favorisiert, nämlich innerhalb des Versuches, eine Gesamtdarstellung der Judenvernichtung vorzulegen, zugleich auch das

68 Hilberg, Die Holocaustforschung heute, S. 405.

69 Zu der in dieser Äußerung Hilbergs zum Ausdruck kommenden Differenz zwischen ihm und anderen jüdischen Überlebenden und Historikern vgl. seine eigenen sprechenden Schilderungen von seinem ersten Besuch im Archiv von Yad Vashem Ende der 60er Jahre, wo man ihn abwies und statt dessen ins »Archiv für mündliche Überlieferung« schickte; ebenso schroff die Rezension der überarbeiteten Auflage von Lucy Dawidowicz' Buch »Der Krieg gegen die Juden« oder die Begegnung mit Yisrael Gutmann während einer Konferenz noch Jahrzehnte später, in: Hilberg, Unerbetene Erinnerung, S. 142 f., 150, 169.

70 Sein berühmtes Buch »Die Vernichtung der europäischen Juden« wurde spät ins Deutsche, aber überhaupt nicht ins Hebräische übersetzt, und statt einer Rezension erschien in den renommierten »Yad Vashem Studies« sechs Jahre nach seinem Erscheinen ein Essay mit dem Titel »Historische Forschung oder Verleumdung?«, vgl.: Hilberg, Unerbetene Erinnerungen, S. 143; Eck, Historical Research or Slander?

Funktionieren von Bürokraten, ihr Denken und Handeln zu zeigen. Hilberg hatte mit deutschen Akten und der deutschen Sicht auf das Geschehen gearbeitet und die Berichte der überlebenden Opfer demgegenüber deutlich nachgeordnet, weil er seinen wissenschaftlichen Text als implizite Botschaft an die Deutschen über sich selbst verfaßt hatte:

> »Für mich stand von Anfang an fest, dass man diese Geschichte nicht in allen Ausmaßen begreifen konnte, ohne die Maßnahmen der Täter nachzuvollziehen: Der Täter hatte den Überblick. Er allein spielte die Schlüsselrolle. Durch seine Augen musste ich die Vorgänge betrachten, von der Planung bis zum Höhepunkt. Dass ich vor allem der Täterperspektive folgen musste, wurde für mich zu einer ehernen Faustregel.«[71]

Sein Lebenswerk formulierte eine These über Täter, denen er eben kein ausschließlich mediokres Verhalten oder vorwiegend Subalternität unterstellte. Er übernahm auch nicht die von ihnen nach dem Krieg so wortreich vorgebrachten Erklärungen über Zwänge und Befehle, denen man hätte folgen müssen und die das Vernichtungswerk letztendlich sozusagen gegen den Willen der an ihm beteiligten Menschen in Gang hielten. Statt dessen war die Leitlinie seiner Strukturgeschichte des Holocaust die erstaunliche Tatsache, daß der Gesamtvorgang der »Endlösung« zielgerichtet zu einer Systematik werden konnte, die eben nicht einmal durch die Masse der an ihr beteiligten Personen, Institutionen und konkurrierenden Ressorts nennenswerten Einschränkungen unterworfen war. Hilberg interessierte sich für die den Befehlen vorausgehenden oder diese unnötig machenden Initiativen auf der unteren und untersten Ebene, in ihrer Summe sah er das, was er »Gesamtgeschichte« der Vernichtung nannte. Er beschrieb die Geschichte einer »außergewöhnlichen Aufgabe«, die von den Tätern als sinnvoll erachtet wurde, und fokussierte über 700 Seiten hinweg individuelles Bemühen, kollektive Anstrengungen, gemeinsame Erörterungen und Diskussionen, notdürftige Improvisationen und innovative Lösungsmöglichkeiten, die Problemen galten, die man sich selbst geschaffen hatte und die dann mit der ganzen hierfür notwendigen Durchsetzungskraft, Flexibilität und Intelligenz überwunden wurden, um das Ziel zu erreichen: die Vernichtung der europäischen Juden. Hilberg sah in den Richtlinien der Politik von 1933, wie er schrieb, lediglich »a bar signpost for its first step«, die »Phantasie« oder »Vorstellungskraft« der Bürokratie konnte dadurch keineswegs ersetzt werden.

71 Hilberg, Unerbetene Erinnerung, S. 54; vgl. hierzu Kap. 5.2; die über Jahrzehnte negative Rezeption Hilbergs in Deutschland hatte andere Vorzeichen, vgl.: Berg, Lesarten des Judenmords, S. 110 ff.

Indem Hilberg die Logik von »Definition«, »Enteignung«, »Konzentration« und »Vernichtung« zum Schema seiner Darstellung machte, ordnete er das Ereignis nach der ihm inhärenten »unabänderlichen Struktur«, die er »inherent pattern« nannte. Er folgte also sowohl einer zeitlichen Chronologie als auch einer inhaltlichen Kohärenz des Prozesses, denn es könne, so Hilberg, keine Gruppe getötet werden, ohne daß sie zuvor versammelt sei, und es könne des weiteren keine Ergreifung der zur Gruppe gehörenden Einzelnen stattfinden, ohne daß man festgelegt habe, »wer zu dieser Gruppe gehört«.[72] Indem Hilberg diese »Logik« zum Thema seines Buches machte, konnte er auch auf Spekulationen über einen Plan oder Befehl verzichten. Er beschrieb einfach Voraussetzungen, Vollzug und Ergebnis eines »totalen Prozesses« in seiner ganzen Komplexität – eines Prozesses, »der in jede Phase des menschlichen Lebens« eingriff und schließlich »die Kräfte der gesamten organisierten Gesellschaft« in Anspruch nahm.[73]

Tatsächlich hat sich Hilberg immer wieder mit großer Emphase gegen den »Opferkult« gewandt,[74] was die Mißinterpretationen seines Werkes noch verstärkte. Die Auffassung, die der Sicht Hilbergs entgegengesetzt war, wurde von Hilbergs Sachlichkeit offenkundig nicht minder einseitig wahrgenommen:

> »Bei einer Sitzung des United States Holocaust Memorial Council hielt der Direktor und orthodoxe Rabbi Seymour Siegel eine Rede über Adolf Eichmann, um zwischen zwei Kommata die rituellen Worte zu sprechen: ›sein Name sei ausgelöscht.‹ Dabei musste ich unwillkürlich an die zahllosen Stunden denken, die ich in Archiven und Bibliotheken verbracht hatte, um Vornamen von Bürokraten herauszusuchen, die ihre Memoranden gewöhnlich nur mit ›Klemm‹, ›Krause‹ oder ›Kühne‹ unterschrieben.«[75]

Indem er seinen Vorwurf an die jüdische Seite, nämlich dem »Verblassen des Täters« zuzuarbeiten, mit solchen Erlebnissen belegte und sogar als »Hauptstrom des jüdischen Denkens« wahrnahm,[76] verzeichnete er jegliche Reflexion der Opferperspektive. Sicher kann dieser Affekt nicht

72 Hilberg, The Destruction of the European Jews, S. 30 (dt.: S. 1067); das englische Original von »Phantasie«/»Vorstellungskraft« war Hilbergs Begriff «imagination«, vgl. ebd., S. 19.

73 Ebd., S. 640 (dt.: S. 1062).

74 Hilberg, Unerbetene Erinnerung, S. 114.

75 Ebd.

76 Ebd., S. 112.

ohne den normativen Ton verstanden werden, der eben nicht nur auf die Ambivalenz jener wissenschaftlichen Forschung hinwies, in welcher die Schrecken der Ereignisse unter abstrakten Zahlen verborgen wurde, sondern der auf einer Interpretation des Geschehens beharrte, das letztlich aus der Geschichte hinauswies. Elie Wiesel sprach vom Leiden, das Geschichte »transzendiert«, vom »letzten der Geheimnisse«, das »weder zu begreifen noch zu vermitteln« sei, und vom Geheimnis der Toten, »das wir, die Lebenden, weder aufdecken dürfen noch können«.[77] Er hat weniger die erkenntnistheoretischen Schwierigkeiten und Grenzen des Verstehens selbst zum Thema gemacht als vielmehr Grenzziehungen des Verstehen-Dürfens selbst vorgenommen. Solche Grenzziehungen galten nicht zuletzt auch der Wissenschaft, und das Anathema wurde nicht nur von Wiesel vorgetragen: »Wer den Holocaust in Worte zu fassen versucht, verharmlost, weil er von den vielen einzelnen unschuldig Leidenden im verallgemeinernden Zugriff abstrahiert«,[78] so z.B. Joachim Perels. Wiesel, der in seinen Erzählungen selbst den Ton zu übernehmen versuchte, den die Chronisten der Ghettos anschlugen, war davon überzeugt, daß angesichts von Auschwitz »das Nichtgesagte schwerer [wiegt] als der Rest«.[79] Er sorgte sich um die »Schändung des Allerheiligsten« und wandte sich immer wieder gegen die Trivialisierung des Holocaust in Filmen, Romanen oder Theaterstücken, und ihm wurde ebendeshalb nicht selten vorgeworfen, er würde den Holocaust als sein »Privatrevier« betrachten. Wiesel sah seine Aufgabe darin, »dem Tod ein paar Fetzen, Tränen, Blicke der Opfer zu entreißen, die nur die Erinnerung davor beschützen kann, zu namenlosen Schatten zu werden«.[80] Er wandte sich offensiv gegen jede Form der »Entweihung« und bezog dabei ausdrücklich auch die »tausend Analysen« ein, in denen »die Toten [...] seziert, ausgestellt, geschminkt, theologischen, wissenschaftlichen, politischen, geschäftlichen oder künstlerischen Zwecken dienstbar gemacht und wie Gegenstände behandelt [wurden]«. Er selbst schrieb, seiner eigenen Auf-

77 Wiesel, Die Trivialisierung des Holocaust, S. 25-30. Vgl. hierzu auch: Assmann, Auschwitz – das Geheimnis der Geheimnisse, in: dies. Jan Assmann (Hg.), Schleier und Schwelle, S. 17-21.

78 Perels, Wider die ›Normalisierung‹, S. 40.

79 Wiesel, Alle Flüsse fließen ins Meer, S. 444 und 443; Wiesels so häufig geäußertes Grundparadoxon zielt auf eine Sprache, »die ein anderes Schweigen enthält, ein Schweigen, das durch die Sprache Gestalt annimmt und vertieft wird« (S. 28).

80 Ebd., S. 470; die folgenden Zitate S. 476 und 540 f.

fassung zufolge, eher für die Überlebenden als für eine allgemein interessierte gegenwärtige Leserschaft:

> »Und wenn der Leser das nicht versteht? Macht nichts. Die Überlebenden, die Davongekommenen werden es verstehen. [...] In Wahrheit galt meine eigentliche Sorge immer den Davongekommenen. [...] Ich wollte Sie zum Sprechen bringen.«[81]

Die Auffassung von Elie Wiesel, daß bereits »jedes Wort«, das versuche, die Wirklichkeit zu erfassen, »Bruch und Scheitern« bedeute,[82] konnte von der Geschichtswissenschaft per definitionem nicht angenommen werden. Es gab zwar häufig eine Art von Referenz an die allgemeinen Schwierigkeiten der Wissenschaft im allgemeinen, einen millionenfachen Mord dieser Art zu vermitteln. Aber solche »Unsagbarkeitstopoi« mußten außerhalb der Fachgrenzen diskutiert werden, z.B. in der Philosophie, wie bei George Steiner, der »die Welt von Auschwitz [...] außerhalb der Sprache« und »außerhalb der Vernunft« ansiedelte.[83] Wo Hilbergs Weigerung, am Unsagbarkeitsdiskurs teilzunehmen, und seine Beschränkung auf zeitgenössische Quellen mit solchen Einwänden konfrontiert wurden, zeichnete sich weniger ein Bruch zwischen Erforschung und Erinnerung ab als vielmehr eine viel generellere Grenzziehung, nämlich die zwischen Diskurs und Diskursverbot.

»Ins Vergangene hineingezogen ...«: Selbstreflexionen über Distanz und Betroffenheit von Michael Zimmermann und Joachim C. Fest

Am differenziertesten hat der Historiker Michael Zimmermann die Schwierigkeiten, einen »systemische[n] Blick«[84] auf das Vernichtungslager Auschwitz zu bekommen, beschrieben. Er hat hier an sich selbst ebenjenes Problem beschrieben, das für die Forschung in den 80er Jahren konstitutiv geworden war. In teils intendierter, teils unfreiwilliger Absetzung von dem auf die Judenvernichtung übertragenen Dauerkonflikt zwischen Strukturalisten und Intentionalisten, wie er oben beschrieben wurde, konnte es in der Tat zu einem paradoxen Ergebnis kommen: Trotz

81 Ebd., S. 475.

82 Ebd., S. 444.

83 Zit. nach: White, Historische Modellierung (emplotment) und das Problem der Wahrheit, in: Kiesow/Simon (Hg.), Auf der Suche nach der verlorenen Wahrheit, S. 153.

84 Zimmermann, »Jetzt« und »Damals« als imaginierte Einheit, S. 240.

zunehmender Thematisierung konnte Auschwitz zur »Leerformel« werden, unabhängig von der Ernsthaftigkeit der Beschäftigung gerieten das Sprechen und Schreiben über Konzentrationslager zur »Beschwörung« von etwas Inhaltslosem:

> »Das Ineinanderschieben von Gegenwart und Vergangenheit [...] hing [...] damit zusammen, daß ›Auschwitz‹ eine Leerstelle in meiner chronologischen Zeitvorstellung markierte. Es war eher eine Beschwörungsformel ohne Inhalt geblieben – ich hatte keinerlei Vorstellung von Auschwitz. [...] Dies wurde nicht zuletzt deshalb möglich, weil die Chiffre ›Auschwitz‹ in der politischen Kultur der (alten) Bundesrepublik zwar eine hohe symbolische Bedeutung hat, den historischen Ort Auschwitz dabei aber kaum berührt.«[85]

In der von Zimmermann beschriebenen Problematik der »Überidentifikation«[86] offenbarte sich zudem ein Dilemma der politischen Kultur der Bundesrepublik vor 1989. Der Philosoph Hermann Lübbe bemerkte in diesem Zusammenhang mit offenkundiger Irritation, aber gleichwohl zutreffend, die »Position des Nationalsozialismus [habe] im Vergangenheitshorizont emotional an Aufdringlichkeit gewonnen«.[87] Anhand der eigenen Tagebuchaufzeichnungen, die Zimmermann parallel zu seinem Forschungsprojekt Mitte der 80er Jahre zu führen begann, berichtete er in Ich-Form, daß er während der Interviews mit Überlebenden des sogenannten »Zigeunerlagers« in Auschwitz-Birkenau von sehr distanziertem zu übersteigert identifikatorischem Engagement gelangt sei: statt unpersönlichen Personalpronomina hätten sich die Einträge mit »unverkleidetem Ich« gehäuft, statt Präteritum wählte er das Präsens:

> »Der 29. Oktober 1985 bildete eine Art ›Wasserscheide‹ für den Duktus meiner Notizen. Bis dahin waren sie durch Wendungen geprägt, in denen Forschungsobjekt und Forschungssubjekt, ›Sinti‹ und ›ich‹ noch semantisch voneinander geschieden waren.«[88]

Dann entzeitlichte sich, so läßt sich Zimmermann sinngemäß verstehen, seine Konzeptualisierung von Auschwitz und entfernte sich mehr und mehr von der Vorstellung, auf einem bestimmten historischen Punkt in der Vorher-nachher-Abfolge der chronologischen Vorstellung von

85 Ebd., S. 239 und 241 [Hervorh. v. M.Z.].
86 Ebd., S. 238.
87 Lübbe, Der Nationalsozialismus im Bewußtsein der deutschen Gegenwart, S. 334.
88 Zimmermann, »Jetzt« und »Damals« als imaginierte Einheit, S. 226.

Geschichte den Ort »Auschwitz« ausfindig zu machen: »Vergangenheit und Gegenwart wurden ineinander geschoben [...] meine These lautet, daß ich mich auf der Seite der Häftlinge in den Kosmos des Vernichtungslagers hineinphantasierte.«[89] Diese Beschreibung von Zimmermann ist ganz ungewöhnlich, und zwar weniger deshalb, weil hier die Wege der Identifikation und der förmlichen Inkorporierung des Themas in die eigene Biographie eines Wissenschaftlers beschrieben wird, sondern weil dieser Text den Vorgang begreift und kritisch sieht.

Identifikation, Betroffenheit, zu große Nähe im Streit um die »richtige« Auseinandersetzung mit der deutschen Vergangenheit sind nun keineswegs ein Spezialproblem der historischen Zunft. Diese Fragen stellen sich definitiv jedem, der sich mit dem Thema befaßt. Die Künstlerin Charlotte Kohn-Levy hat dieses Dilemma offensiv formuliert: »Vielleicht ist es eine Anmaßung, aber ich bin der Vorstellung erlegen, daß ich so viele Menschen, wie mir nur möglich ist, zu malen habe, um das sinnlose Morden aufzuwiegen. Ich bin süchtig, das Leben zu vervielfältigen. Ich will mit meiner Arbeit ein Gegengewicht setzen gegen das Morden und die vielen Toten in meiner Familie. Das Malen bedeutet eine existentielle Notwendigkeit für mich.«[90] Diese »existentielle Notwendigkeit« in der künstlerischen Hinwendung zur Vergangenheit hat für den Historiker kaum ein Äquivalent, welches er sich und anderen eingestehen dürfte, im Gegenteil: Gerade die Vorwürfe über zu große Nähe zum Gegenstand, die Verdächtigungen über blind machende Betroffenheit und uneingestandene Identifikation werden nicht selten zu parteipolitischen Vorwürfen, die zwischen »linken« und »konservativen« Historikern ausgetauscht wurden und werden. Und doch ist dies jenseits der politischen Standortgebundenheit ein Problem eines jeden Historikers, auch wenn dies nicht von jedem ausgesprochen wurde.

Für Joachim Fest galt dies z.B. nicht minder – auch wenn er es nicht wie Zimmermann beschrieben hat, sondern im Grunde genommen genau umgekehrt. Es sei inzwischen, so Fest in seiner Dankesansprache zur Verleihung der Wilhelm Leuschner Medaille, »ein halbes Menschenalter nahezu«, in dem er versucht habe, etwas zu der Auseinandersetzung mit dieser Vergangenheit beizutragen: »Denen, die das eine oder andere von mir wissen, ist nicht unbekannt, daß ich mit diesem Gegenstand zu-

89 Ebd., S. 226 f.
90 Kohn-Levy, Kaddisch, in: dies./Ley (Hg.), Auschwitz. Versuche einer Annäherung, S. 14.

nächst nichts im Sinne hatte.«[91] Er sei vielmehr vom familiären Hintergrund und den persönlichen Erfahrungen her zu dem Empfinden gekommen: »Das ist vorüber und soll vorüber sein.« Fest erzählte hier die Geschichte seines Interesses am Thema Nationalsozialismus, das den vier Büchern und zahlreichen Aufsätzen und Essays zugrunde liegt, als diejenige eines andauernden Vorbehaltes. Nach der Portraitsammlung *Das Gesicht des Dritten Reiches* dachte er,

> »es handele sich um eine Art notwendiger Pflichtübung und ein Ein-für-alle-Mal. [...] Als die Hitler-Biographie fünf Jahre später dann doch vorlag, hatte ich noch einmal und womöglich mit größerem Recht das Empfinden, das müsse nun vorüber sein. Und mehr als zehn Jahre lang habe ich daraufhin das Thema wie ein kontaminiertes Terrain gemieden. Es war nun wirklich abgetan.«

Während Zimmermann an sich die immer bedrängender werdende Nähe zum Thema beobachtete und sich Distanz regelrecht erarbeiten mußte, wird in der Darstellung von Joachim Fest diese Distanz genau gegenläufig im Laufe der Jahre als »ein schwer beschreibbares Ungenügen«, als »ein Gefühl des Nicht-zu-Ende-Gebrachten und Unabgeschlossenen« charakterisiert. Man sah sich »ins Vergangene hineingezogen«, so die Formulierung von Fest, dem sich die Frage aufdrängte, »ob die wortlose Verachtung des Gewesenen und dessen Ermöglichung auf eine paradox scheinende Weise nicht doch zusammenhingen«. Zwei Details sind in der Darstellung von Fest über seinen Umgang mit der deutschen Geschichte und über den heimsuchenden Charakter der Vergangenheit zusätzlich bemerkenswert, das gestörte Kommunikationsverhältnis zwischen den Generationen und das Gefühl der Schuld gegenüber »dem Ausland«. In der Darstellung von Fest artikulierte sich diese von ihm so offen beschriebene »Abwehr« aus seiner Sicht gerade als das Gegenteil von »Verdrängungsbedürfnissen«. Das, so Fest, sei der Vorwurf einer »aufs Anklägerische versessene[n], in ihre Bezichtigungsposen verliebte[n] spätere[n] Generation«, die in einer solcher Abwehr nicht die moralische Abscheu zu bemerken imstande sei. Damit zusammenhängend wird zudem erkennbar, daß die Beschäftigung mit dem Dritten Reich auch bei Fest aus dem Bewußtsein der auf Dauer gestellten, aber latenten Schuldthematik resultierte, aus »Vorwürfe[n], denen kein Deutscher, zumal bei Reisen ins Ausland« entgehen könne. Hier deutete der Text von Fest eine

91 Joachim Fest, Literatur ohne Heilsplan, in: FAZ, 12. 2. 2000. Alle folgenden Zitate hieraus.

Struktur so vieler konservativer Arbeiten zum Thema an, die die Vorwürfe einer anderer, jüngeren Generation im eigenen Land strikt verweigerten, die vom »Ausland« herkommenden Fragen aber nicht zurückwiesen und sich somit implizit mit einer letzten Form von nationaler Dignität umgaben, indem sie ihre Arbeiten als eine Art von Antwort oder Erklärung an das »Ausland« imaginierten, die sie im Namen Deutschlands vortrugen.

In der emotionalen Betroffenheitsrhetorik der 70er und 80er Jahre hatte sich die Überzeugung ausgesprochen, Vergessen als pathologische Handlung zu verstehen, sozusagen als Antiaufklärung, und deshalb wurde dieser Angst mit appellativ-erinnernder Aufklärung begegnet. Nicht immer waren die Formulierungen dabei so harmlos-unverbindlich wie in den schiefen Bildern und Vergleichen, die solche Äußerungen mitunter hervorbrachten. So sprach der Darmstädter Historiker Helmut Fleischer z.B. im Kontext des Singularitätsdiskurses von der Judenvernichtung als einem »eisigen Gipfel«, der »aus einem Gebirgsmassiv [herausrage], das sich über einem weiten Hochplateau erhebt«,[92] und meinte damit nichts anderes, als daß es außer »Auschwitz« auch noch viele andere schreckliche Verbrechen in der Geschichte der Menschheit gegeben habe. Der Publizist Till Bastian, hervorgetreten mit mehreren Arbeiten zum Thema, nannte die Taten der Nationalsozialisten »Megaverbrechen«, die einen »erratischen Block im blutbesudelten Urstromtal der Geschichte« darstellten. Die Emphase, von etwas Besonderem zu sprechen, konnte aber auch in äußerst aggressiverer Art vorgetragen werden, wie z.B. durch die Pädagogen Schreier und Heyl, die die Vernichtung der Juden als »Vorwurf« an alle diejenigen, die sich nicht mit ihm beschäftigten, definierten und die nach Wegen suchten, »um dem Denken der nachwachsenden Generationen den Holocaust *als Faktum, als historisches Datum einzugravieren*«,[93] ein Selbstbild, das in prekärer Weise unausgesprochen und bildlich verschoben das Eintätowieren der Nummern beim Eintritt in das KZ evoziert.

92 Fleischer, Die Moral der Geschichte, in: »Historikerstreit«, S. 127.
93 Schreier/Heyl (Hg.), Die Gegenwart der Schoah, S. 8 [Hervorh. v. N.B.].

Aus dem Holocaust lernen oder über ihn? Reaktionen auf den Betroffenheitsdiskurs jenseits von »Intentionalismus« und »Strukturalismus«

Gegen diese Entwicklung des in Deutschland mehr und mehr den Überlebenden enteigneten (und damit um Entscheidendes veränderten) Betroffenheitsdiskurs, daß man es nämlich viel wichtiger fand, *aus* dem Holocaust zu lernen, als *über* ihn, wandte sich bald eine jüngere deutsche Historikergeneration. »Die Historiker haben den Holocaust nur verschieden interpretiert, es kommt aber darauf an, ihn zu erforschen«, so Ulrich Herbert.[94] Statt die richtigen Gefühle zu erzeugen, solle wieder der Blick auf das Ereignis selbst vorgenommen werden, statt Lehren und Wertungen waren wieder Informationen wichtig geworden, nicht zuletzt auch deshalb, weil sich auch der Aufklärungsauftrag verschoben hatte: Die Primärinformationen waren natürlich keineswegs durchweg neu zu gewinnen, aber dafür immer öfter zurückzuholen, herauszulösen oder abzuleiten aus der wirtschaftlich zur Ware gewordenen Holocaust-Industrie. Die Argumentation hatte sich vollständig gedreht. Nun wurde es gerade abgelehnt, und die empirischen Erträge der Forschung waren hierfür ein gutes Argument, den Holocaust als »symbolstarke und bindungskräftige Metapher für die politische Bildung« heranzuziehen. Die Detailforschung bekam den Status eines Gegengewichts zu einer »gesamtgesellschaftlichen Verdrängung« durch »Feuilletonisierung«, die in »tagesaktuellen Debatten und Aufgeregtheiten« über den Holocaust redet, aber immer weniger über ihn weiß.[95] Wolfgang Scheffler brachte diese Sicht auf den Punkt, als er, nicht ganz ohne apodiktischen Ton, anmerkte, daß die Emotionalität, mit der sich jeder auseinanderzusetzen habe, der über die Massenverbrechen des nationalsozialistischen Staates arbeitet, »rationales Denken nicht außer Kraft setzen« dürfe.[96] Diese Forschungsrichtung visierte eine neue Genauigkeit im Sprechen über den Völkermord an, die bis dahin in Deutschland nicht erreicht worden war:

94 Diese Formulierung von Ulrich Herbert erfolgte mündlich, anläßlich seiner Einführung in die Ringvorlesung Die »Ermordung der europäischen Juden. Neue Forschungen und Kontroversen« am 24. 10. 1996 an der Universität Freiburg, vgl. auch den daraus hervorgegangenen Sammelband: Herbert (Hg.), Nationalsozialistische Vernichtungspolitik.

95 So das pointierte Fazit von Ulrich Herbert in dem oben erwähnten Sammelband, vgl.: Herbert, Vernichtungspolitik, S. 65 f.; der Begriff »Feuilletonisierung« in: ders., Genauer Blick auf das Grauen, in: FAZ, 2. 12. 2000.

96 Scheffler, Holocaustforschung am Wendepunkt, S. 351.

»Der graue Schemen ›SS‹ oder ›der SD‹, den derjenige noch vor Augen hat, der dem Tod im Ghetto, im Lager oder wo auch sonst mühsam entkam und über den er nach dem Krieg nur mit Stocken berichtete, ist nach und nach [...] hinsichtlich der Einheiten mehr oder weniger identifizierbar geworden.«[97] Es ist alles andere als ein Zufall, vielmehr in hohem Maße symptomatisch, daß sich das Beharren auf Konkretheit, Details und geradezu mikrologischer empirischer Forschung in diesem Fall nicht gegenüber »Verdrängung« oder »Verschweigen« zu Wort meldete, sondern anläßlich der summierten Holocaustforschung in einer »Enzyklopädie«! Die von Scheffler artikulierte Kritik an dem monumentalen dreibändigen Handbuch oder Sachwörterbuch zur Geschichte des Holocaust, das aus dem Israelischen (1989) und Englischen (1990) für die deutsche Übersetzung stark, aber immer noch unzureichend überarbeitet worden war, markierte genau diesen Übergang zwischen dem bisherigen Forschungsstand und jener Genauigkeit, die aufgrund neuer Quellenbasis, neuer Erkenntnisinteressen und anderer Fragestellungen zum Problem werden mußte: Die *Enzyklopädie des Holocaust* war mithin schon beim Erscheinen veraltet. Scheffler kritisierte darüber hinaus vor allem die Ungenauigkeit der abgedruckten Karten und das Fehlen der Distrikts- und Kreisgrenzen, was in unserem Zusammenhang ein weiterer Hinweis dafür ist, daß in seiner Kritik nicht nur die vage Vorstellung vom Massenmord »im Osten« bereits längst als historiographische Vergangenheit angesehen wurde, sondern auch die fehlende Differenzierung zwischen verschiedenen Verwaltungsebenen.

Die »neue Sachlichkeit« geschah keineswegs ohne Engagement, wie die vielen Beiträge von Götz Aly verdeutlichen, aber mit z.T. scharfen Abgrenzungen gegen bestimmte Traditionen der Forschungsgeschichte, mit einem Rückgriff auf eine andere Sprache und mit neuem Interesse an den Tätern und ihren Motiven. Aus einer Besprechung des Goldhagen-Buches durch den Berliner Historiker wird zwar deutlich, daß auch hinter diesem Neuansatz mitunter eine selten gezeigte Emotionalität steht – samt einem nun viel freier anzusprechenden Wunsch nach Selbstschutz und Distanz. Doch solche Betrachtungen blieben innerhalb der Tendenz der »neuen Sachlichkeit« insgesamt eher die Ausnahme und verweisen einmal mehr darauf, daß sich beide Diskurse nicht ausschließen, sondern

97 Ebd., S. 342; seine konkrete und kritisch-grundsätzliche Rezension verschweigt nicht die Leistungen dieses knapp 2000seitigen imponierenden Gemeinschaftswerkes, vgl.: Enzyklopädie des Holocaust. Die Verfolgung und Vernichtung der europäischen Juden, hg. v. Eberhard Jäckel, Peter Longerich und Julius H. Schoeps (3 Bände), Berlin 1993.

bedingen. Der Studie Goldhagens gegenüber äußerte Aly an dieser Stelle als einer der wenigen Historiker der Debatte um *Hitlers willige Vollstrekker* regelrecht Dankbarkeit:

> »[I]ch kenne viele der Details aus den Akten, aus verstreuter, durchaus seriöser Literatur und kann zahllose weitere Beispiele anfügen, aber schreibe darüber kaum – mich machen die Dokumente sprachlos. Statt dessen interessieren mich die politischen Willensbildungsprozesse, die zur ›Endlösung‹ führten, die Planungszentren, die Organisatoren des Umsiedelns. Meine Forschungen fixieren sich wie die von Hans Mommsen oder Raul Hilberg auf die vielfältige Herrschaftsstruktur des Dritten Reiches [...]. Subjektiv verschafft ein solcher Zugang Distanz, erlaubt beim Aktenstudium, all das zu überblättern oder doch nur höchst selektiv zu lesen, was in dem Buch ›Hitlers willige Vollstrecker‹ ausgebreitet ist. Das geschieht – jedenfalls bei mir – nicht aus Gründen der ›Seriosität‹, sondern aus Selbstschutz.«[98]

Goldhagen erzähle, so sein Fazit, was schwer erzählt werden könne[99] – aber indem Aly dies erörterte und seine eigene Haltung über den Akten des Dritten Reiches zu beschreiben versuchte, hat er als einer der wenigen beide Haltungen beschrieben: Neue Betroffenheit *und* neue Sachlichkeit, und das ohne hierin eine unüberwindbare Dichotomie zu sehen. In seiner eigenen Forschung blieb Aly in der Tat dem Vorbild von Raul Hilberg verpflichtet. Seinen Beitrag über die »Judenumsiedlung« als politischer Vorgeschichte des Holocaust leitete er mit der Bemerkung ein, daß die Opferperspektive einzunehmen zwar eine der »großen Leistungen der Historiker nach dem Zweiten Weltkrieg« sei, daß jedoch die Frage nach dem Entscheidungsprozeß, der zum Holocaust führte, den Forscher »in die Innenansicht der Verwalter und Planer« zwinge: »Das meiste daran erscheint uns nicht so fern, daß es nicht mit gewöhnlichen historiographischen Mitteln beschreibbar wäre.«[100] Auch in seinen beiden großen Büchern hatte Aly die alte Debatte in der Geschichtswissenschaft der 70er und 80er Jahre zwischen »Intentionalisten« und »Strukturalisten« im Grunde genommen 10-15 Jahre später in origineller Weise unterlaufen, indem er (zusammen mit Susanne Heim) zuerst ein intentionalistisches, und wenige Jahre später ein funktionalistisches Buch

98 Götz Aly, o.T. [Rez. v. Daniel J. Goldhagen, »Hitlers willige Vollstrecker«], in: Mittelweg 36, Jg. 5 (1996), S. 46-49 (48).

99 Ebd.

100 Aly, »Judenumsiedlung«. Überlegungen zur politischen Vorgeschichte des Holocaust, S. 67.

zum selben Thema vorlegte und sich somit der allfälligen Lagerzuweisung zu entziehen suchte.[101] Beide Bücher waren allerdings um vieles komplexer als jenes Debatten-Schubladen-Denken zwischen »Intentionalisten« und »Strukturalisten«: Götz Aly und Susanne Heim hatten in ihrem gemeinsamen ersten Buch im Grunde genommen »Konzepte« und »Visionen« als eine »Struktur« zu beschreiben versucht, also »Ideen« präsentiert, die die Wirklichkeit verändert und (neben anderen Faktoren) zu Auschwitz geführt haben. In seinem Buch *Endlösung* machte Aly dann das Umgekehrte und untersuchte hier, wie mit dem Scheitern jener Utopien »völkischer Flurbereinigung« eine die NS-Vernichtungspolitik prägende und verschärfende Struktur, die zwar utopischem Denken und hypertrophen Plänen entsprang, an der Realität aber immer scheitern mußte, von neuen Projekten überboten wurde und sich somit zunehmend radikalisierte.

Alys Hinweis auf den methodologischen Anschluß an Raul Hilberg war dabei deshalb treffender als die Nennung von Hans Mommsen, obwohl beide innerhalb des Sachlichkeitsdiskurses stets betonten, sie seien der Auffassung, daß sich auch der Holocaust historisch erklären lasse. Seine eigene Geschichtsdarstellung verteidigte Mommsen aber als methodisch avanciertesten Stand zur Holocaustforschung, den »Funktionalismus« rief er als absoluten Erkenntnisfortschritt aus und bescheinigte dabei allen abweichenden Konzeptualisierungen, daß sie sich aufgrund empirischer Evidenz früher oder später dem funktionalistischen Standpunkt »angenähert« hätten.[102] Wenn Mommsen die Auffassung vertrat, der »viel erörterte Antagonismus zwischen Intentionalisten und Funktionalisten [sei] heute weitgehend überwunden«, so nicht deshalb, weil er dachte, daß sich der Streit als konzeptuelle Sackgasse der Fachforschung erwiesen, sondern weil er sich mit seinen Auffassungen durchgesetzt habe. Er sei überzeugt, so der Zeithistoriker apodiktisch auch gegenüber der jüngeren Generation von Wissenschaftlern, daß diese »in einem ähnlichen Lernprozess, den meine Generation schrittweise durchmachte, zu vergleichbaren methodischen Schlussfolgerungen zurückkehren. Jedenfalls wird es unmöglich sein, hinter die funktionalistische Position auf der ganzen Linie zurückzufallen.«[103]

Mommsen hat dabei einen Zugang eingefordert, der »keine Empathie hervorruft, also eine spezifisch postidealistische Historiographie«.[104] Diese

101 Aly/Heim, Vordenker der Vernichtung; Aly, »Endlösung«.

102 Mommsen, Es geht darum, einen Prozeß zu erklären, S. 77; das folgende Zitat S. 73.

103 Ebd., S. 72.

104 Ebd., S. 89 f.

»postidealistische Historiographie« kann nicht mit den neuen bzw. modifizierten Konturen des Bildes vom Holocaust identifiziert werden, wie sie eine jüngere Historikergeneration zu erarbeiten begann. Denn Mommsen verteidigte markant die Auffassung, daß eine »ausschließlich ideologische Faktoren« herausstellende Interpretation des Holocaust »unbefriedigend« bleibe, weil durch den Verweis auf Ideologie die »Dynamik des Prozesses« vernachlässigt werde, der Rückgriff auf den radikalen Antisemitismus nicht greife, da dieser bereits zur Grundausstattung völkischer Ideologen schon im 19. Jahrhundert gehöre und weil die Akzentuierung von Ideologie einen Ausdruck des Bestrebens darstelle, zur »historischen Sinnstiftung« zurückzukehren.[105]

Damit verbinde sich, aus Sicht Mommsens, »ein ausgeprägt emotionaler Zugriff«.[106] Was für ihn den »Rückfall in eine moralisierende Betrachtungsweise« indizierte, die lediglich »Betroffenheit« auszulösen in der Lage sei und keine historische Erklärung darstelle, wurde von Forschern jenseits von »Strukturalismus« und »Intentionalismus« aber gerade umgekehrt als neu, innovativ und, vor allem, auch als Beitrag zur »Sachlichkeit« der Forschung wahrgenommen. Sie wandten sich den ideologischen Dispositionen und Mentalitäten der Täter zu und beschrieben ohne Zögern auch das Grauen selbst. Das aber war nach Auffassung Mommsens die so von ihm bezeichnete »Büchse der Pandora«, die es verbiete, »ein Panorama der unerhörten Verbrechen zu entwerfen.«[107]

Die »blinden Flecken« des neuen Ansatzes in der deutschen Historiographie zum Holocaust sind aufgrund der zeitlichen Nähe noch nicht »historisch« erkennbar, liegen aber nicht in der Tradition der metahistorischen Entzeitlichung und Entkonkretisierung der Ereignisse oder aber in dem expliziten oder latenten Bemühen, ›Deutschland‹ und ›Nationalsozialismus‹ zu separieren, als handele es sich um Unvereinbares.

Programmatisches Ziel der jüngeren Generation deutscher Holocaust-Forschung war aber eben beides zugleich, Beschreibung *und* Analyse, genaues Hinsehen *und* Einordnung in übergreifende Zusammenhänge, das Ausloten der Dimension der Vernichtung *und* die sachliche Erklärung der Wissenschaft. Neben der Rückgewinnung von Empirie und Sachlichkeit, mit der man an Mommsen anknüpfen konnte, galt es auch das neue Interesse an Ideologie und Mentalität zu konzeptualisieren, ein Vorhaben, mit dem man sich in Widerspruch zu ihm stellen mußte.

105 Ebd., S. 72, 73 und 79.
106 Ebd., S. 79; das nächste Zitat S. 78.
107 Ebd., S. 78.

Historiker wandten sich nicht nur lokalen Zusammenhängen zu, sondern auch Themen, die häufig zum ersten Mal überhaupt diskutiert wurden.[108] Vor allem aber taten sie es mit einer Genauigkeit der Beschreibung, gegen die Hans Mommsen aus erkenntnistheoretischen Gründen stets polemisiert hatte. Vorbild war für die »neue Sachlichkeit« weniger der Funktionalismus, sondern nicht zuletzt die Bedeutung der juristischen Bestandsaufnahmen, die für die Holocaust-Forschung von einer jüngeren Generation noch einmal neu entdeckt werden mußte und deren Bedeutung »nicht hoch genug eingeschätzt werden« könne.[109] Gerade die Genauigkeit, Konkretheit und Theorieferne der neueren Holocaustforschung war neu, auch wenn sie mitunter in einem apodiktischen Ton vorgetragen wurde:[110] Die deutschen Historiker der »Neuen Sachlichkeit« untersuchten neue Opfergruppen,[111] neue Täterprofile[112] und häufig zum erstenmal regionalgeschichtlich die Geschehnisse selbst an den konkreten Tatorten wie Stanislau,[113] Pulawy oder Krasnystaw.[114] Die nationalsozialistische Vernichtungspolitik erscheint in dieser neuen, »zweiten Sachlichkeit« auch als »eskalierende Gleichgültigkeit«,[115] als offener Prozeß, als ein zwischen Peripherie *und* Berliner Zentrale vorangetriebener Vernichtungswille, als Summe von situativ utilitaristisch rationa-

108 Dies betont z.B. Wolfgang Scheffler, der als Spiritus rector dieser Trendwende gelten kann, vgl.: Scheffler, Wege zur »Endlösung«, in: Strauss, Kampe (Hg.), Antisemitismus, S. 186-214; ders., Holocaustforschung am Wendepunkt, S. 346.

109 Scheffler, Wege zur »Endlösung«, S. 187.

110 Aly/Heim, Die Ökonomie der »Endlösung«, S. 11-90; dies., Einleitung, in: Bevölkerungsstruktur und Massenmord, S. 7: »Es gibt kein ›Rätsel Auschwitz‹« und die These von der »vollendeten Sinnlosigkeit« verdecke mehr, als sie erklären könne, so argumentierten z.B. Götz Aly und Susanne Heim programmatisch gegen Erkenntnistheoretiker wie Dan Diner und Hannah Arendt; eine »Mystifizierung« des Themas sei zwar berechtigter Ausdruck der Fassungslosigkeit, enge aber die Forschungsperspektive ein (8). Das nun hatten weder Arendt noch Diner jemals verkündet oder praktiziert.

111 Zimmermann, Rassenutopie und Genozid.

112 Zum Beispiel die Wirtschaftsplaner, Bevölkerungswissenschaftler und Politikberater aus der Wissenschaft, vgl. hierzu: Gerlach, Kalkulierte Morde; vgl. auch schon: ders., Krieg, Ernährung, Völkermord. Zum Gesamtzusammenhang der wechselnden Forschungs-Schwerpunkte in der Wahrnehmung der Täter, vgl.: Browning, Die Debatte über die Täter des Holocaust; Sandkühler, Die Täter des Holocaust; Paul, Die Täter der Shoah.

113 Sandkühler, »Endlösung« in Galizien.

114 Pohl, Von der Judenpolitik zum Judenmord, S. 66 ff.

115 Herbert, Vernichtungspolitik, S. 65.

lisierten Einzelgeschehen. Vor allem aber setzte sie die Motive der Täter auf die Agenda der wissenschaftlichen Erklärungsversuche.

Den bekanntesten Beitrag stellte in diesem Zusammenhang neben den Arbeiten von Götz Aly die große Studie von Ulrich Herbert über Werner Best aus dem Jahr 1996 dar,[116] die mit einem Ansatz jenseits von Intentionalismus und Strukturalismus den Blick auf die vormals immer als widersprüchlich wahrgenommenen Bereiche von Weltanschauung *und* Bürokratie, ideologischem Radikalismus *und* pragmatischem Verwaltungshandeln lenkte. Herbert erarbeitete hier nicht nur die Biographie eines führenden Nationalsozialisten, der zuvor wenig beachtet worden war, dessen zentralen Beitrag beim Aufbau des Reichssicherheitshauptamtes und des damit verbundenen persönlichen Karrierewegs zum Chefadministrator von Gestapo und Sicherheitspolizei, sondern er entwarf zugleich auch das Portrait einer um die Jahrhundertwende geborenen »Kriegsjugend«-Generation als wichtigster Trägergruppe des Nationalsozialismus in den 30er und 40er Jahren. Damit verbunden konnte er am Portrait des zweiten Mannes hinter Heydrich und durch die historische Herleitung der generationellen Prägungen dieser Tätergruppe auch einen neuen Erklärungsansatz für die Gründe, Motive und die Durchführung der nationalsozialistischen Vernichtungspolitik vorlegen. Herberts Studie korrigierte die bereits zum Klischee gewordenen Vorstellungen von Ideologie, Weltanschauung und Rationalität, ohne dabei rein geistesgeschichtliche Ableitungen des Antisemitismus nachzuzeichnen oder sich auf die Ideenwelt Hitlers zu beschränken. Hier wurde also weder die intentionalistische Forschungsschule fortgeführt, noch wurde die These von der Nachrangigkeit intellektueller Konzepte übernommen, mit der der geschichtswissenschaftliche Strukturalismus lange Zeit begründet hatte, sich nicht mit den Intentionen und Motiven der Weltanschauungselite des Dritten Reiches zu beschäftigen. Herbert konnte demzufolge »konzeptualistisch« zeigen, daß »der Ideologe zugleich Fachmann, der

116 Herbert, Best; vgl. hierzu aus der Fülle der Rezensionen exemplarisch: Eberhard Jäckel, Der SS-Intellektuelle. Bedurfte es keiner Befehle Hitlers, um die Vernichtungspolitik ins Werk zu setzen?, in: Die ZEIT, 29. 3. 1996; sowie etwas skeptischer im Hinblick auf die von Jäckel ausgerufene »neue Epoche in der Forschung über den Nationalsozialismus«: Peter Longerich, Das Portrait einer Generation?, in: NPL 42 (1997), S. 5-12; abwegig war dagegen die Einschätzung Hans Mommsens, der der Studie »historische Sinnstiftung« vorwarf und anmerkte, die Untersuchung von Ideologie falle hinter den Forschungsstand zurück, der sich seit den 60er Jahren zum Konsens entwikkelt habe, vgl.: Mommsen, Es geht darum, einen Prozeß zu erklären, S. 79.

Massenmörder zugleich Verwaltungsjurist, der Technokrat zugleich Weltanschauungskämpfer war«, auf lange Sicht war es seiner Arbeit zufolge gerade diese Fusion, nicht die Opposition aus ›Weltanschauung‹ und ›Vernunft‹, die als entscheidender Faktor bei der Radikalisierung des Destruktiven, der Umsetzung von Ideologie in Massenmord und der Effektivierung des Genozids zugrunde gelegt werden muß:

> »Will man den spezifischen Beitrag Bests bei der Entstehung und Entwicklung dieses Apparates zusammenfassend benennen, so liegt er wohl in dieser Zusammenfügung der bis dahin so getrennt scheinenden Bereiche – Sachlichkeit und Weltanschauung: Professionalität, kühle Zweckorientierung, Nutzung moderner technischer Hilfsmittel, strikte Einbindung in staatliches Verwaltungshandeln, fachliche Qualifizierung der Mitarbeiter einerseits – radikale, von persönlichen Motiven und Emotionen (vorgeblich oder tatsächlich) befreite Orientierung auf ein ideologisch legitimiertes Ziel, auf der Grundlage einer totalitären Weltanschauung, durchgeführt von Angehörigen eines nationalsozialistischen Eliteordens andererseits.«[117]

Die neue Täterforschung basierte also auf einer großen methodischen Gemeinsamkeit: auf der Zurückweisung einer leer gewordenen Moralisierung und auf der Ablehnung der dichotom und steril gewordenen Debatte zwischen »Intention« und »Struktur«. Das Irritierende an der Opposition von Funktionalismus und Intentionalismus war ja seit jeher gewesen, daß sie an ihrem »Erfolg« zu scheitern schienen, weniger daran, daß sie ohne jede Erklärungskraft blieben. Beide Begriffe waren aber in hohem Maße aufeinander bezogen, und verwiesen sich gegenseitig jeweils auf die blinden Flecken der Erklärungen. Die funktionalistische Schule, so bilanzierte zuletzt Peter Longerich, offeriere aber neben ihren Einsichten auch ein Bild, in welchem der antisemitische Vernichtungswille der NS-Führungsschicht gerade nicht angemessen berücksichtigt werde: »Warum der in der NS-Bürokratie grassierende zerstörerische ›kumulative Radikalisierungsprozeß‹ sich in erster Linie gegen die Juden wandte, kann von dieser Forschungsrichtung nur unzureichend erklärt werden«, ja in manchen Beiträgen, so habe es den Anschein, werde »der Prozeß geradezu zum handelnden Subjekt, die Funktion überlagert den der Vernichtungspolitik ursprünglich zugrundeliegenden Antrieb«.[118] Der Formalismus der Strukturanalyse konnte, so die Kritik, seiner reduktionistischen Verflachung in Maschinen-Metaphorik und Bildern des

117 Ebd., S. 249.; Herbert, Rassismus und rationales Kalkül, passim.
118 Longerich, Vernichtungspolitik, S. 14 f.

Automatismus nicht ausreichend vorbeugen. Obwohl seine Vertreter diese Gefahr innerhalb ihrer Argumentation immer wieder abzuwenden sich bemühten, blieb er, um mit Hayden White zu sprechen, »eine Methode der Abstraktion« und bedurfte eines neuen »Kontextualismus«.[119]

Solche Einwände kamen aber signifikanterweise gerade nicht von Theoretikern wie White, der hier eine Ausnahme darstellte, sondern von Empirikern. »In unserer Diskussion«, so einmal mehr Wolfgang Scheffler, »sind Irritationen entstanden, unter anderem durch die Einteilung in Intentionalisten und Funktionalisten. Die Wahrheit liegt zwischen den beiden Klassifizierungen.«[120] Solche Schlichtungsversuche stellten aber die heuristischen Probleme nicht still. Die makrohistorische Untersuchung von Struktur und Entwicklungen und der mikrohistorische Blick auf die Person und auf den Grad ihrer Intention ließen, trotz zahlreicher Versuche, hier einen Kompromiß zu finden, diesen viel weniger zu als das Nachdenken über eine neue Herangehensweise aufgrund neuer Fragen und Empirie. Beide Teile der Dichotomie, also sowohl Intentionalismus als auch Strukturanalyse, gaben per se Antworten auf verschiedene Fragen und Problemzusammenhänge. Der Funktionalismus hatte, typologisch gesprochen, seine argumentative Aporie nicht deshalb erreicht, weil er auf die von ihm gestellten Fragen schwach antwortete, sondern weil er neue nicht zu stellen beabsichtigte oder diese Versuche sogar marginalisierte. Der »klassische« Intentionalismus rückte darüber hinaus den Handelnden so nahe, daß die Fragen nicht konturierter, sondern diffuser wurden und nicht »Motive« sichtbar wurden, sondern widersprüchliche Aussagen über Motive. So wurden weniger die Motive selbst, als vielmehr Opportunismus, Zufall, Taktik und andere Rationalisierungen und Utilitarismen als Motive hinter dem Motiv eruiert – ein Problem, das der Beantwortung harrte, nicht seiner Fortschreibung ad infinitum.

Das führte zum Vorschlag, von »Konzeptionalismus« anstatt von Intentionalismus oder Strukturalismus zu sprechen. Historiographische Schlüsselbegriffe wurden nun »Konzeptualismus«, »Legitimation« und »Radikalisierung«, die alle drei zwar der zuvor diskutierten Grundsatzdiskussion entstammten, sie aber gleichsam durch die Seitentür verließen, weil man sich auch der Schulenbildung entziehen wollte. Nicht nur »Intention« wurde demnach als zunehmend prekäres Forschungsziel verstanden, wohingegen sich über »Legitimation« auch die Frage nach dem »Warum« gegen einen überbetonten Strukturalismus verteidigen ließ.

119 White, Geschichte denken, Geschichte schreiben, S. 42 f.

120 Scheffler, Diskussionsbeitrag, in: Jäckel/Rohwer (Hg.), Der Mord an den Juden, S. 230.

Man müsse, so legten z.B. Michael Zimmermanns Überlegungen nahe, quer zur Diskussion denken, einen anders akzentuierten Gedanken von »Intentionalismus« anvisieren, »in dem die Vernichtung als Möglichkeit angelegt« sei, diesen Gedanken aber weder als statisches Programm interpretieren noch allein auf die kleine Gruppe an der Spitze des NS-Systems beziehen: »Eine solche Fragerichtung läßt sich vielleicht als ›konzeptualistisch‹ bezeichnen.«[121] Zimmermann konnte z.B. mit dieser begrifflich-methodischen Erweiterung die Ermordung der Zigeuner in Auschwitz besser beschreiben als innerhalb der von ihm vorgefundenen dichotomen Debattenfronten.[122] Er mußte sozusagen für dieses Thema sowohl eine erweiterte Perspektive einnehmen *und* konkretisieren. Intentionalisten konnten den Völkermord an den Sinti und Roma kaum wahrnehmen, weil (im Gegensatz zur Ermordung der Juden) in diesem Fall zuvor weder ein feststehendes Programm formuliert wurde noch nachweisbar war, daß Hitler hier jemals irgendein Engagement gezeigt hatte. Strukturalisten übersahen den Genozid an den Zigeunern, weil in ihrer Beschäftigung mit dem Automatismus des Prozesses die dahinterstehenden, treibenden Kräfte des Rassismus durchgängig unterbewertet wurden. Zimmermann aber vermochte mit der Einbeziehung des völkischen, gesellschaftsbiologischen Rassismus und mit Blick auf die Verantwortlichen der Zigeunerverfolgung im RSHA, die Schranken der herkömmlichen Ansätze zu überwinden, indem er den modernen Rassismus in seiner Pseudowissenschaftlichkeit als eine Art ›ideologische Struktur‹ interpretierte, die in den Konzepten völkischer Flurbereinigung, der Rassenhygiene und der sozialpolitischen Phantasmagorie von den »Gemeinschaftsfremden« die Konsequenz einsichtig machte, mit welcher die Verwaltungsjuristen der Zigeunerverfolgung und -vernichtung nachkamen bzw. warum sie sie überhaupt verfolgten.

Die Stuttgarter Konferenz über »Entschlußbildung zum Völkermord«

Die historiographischen Konflikte, wie die Ermordung der Juden zu erklären und zu interpretieren sei, werden nicht notwendig ruhiggestellt oder auch nur kleiner, wenn die Debatte zwischen Intentionalismus und Strukturalismus, zwischen ideologischer Vorsätzlichkeit und bürokra-

121 Zimmermann, Utopie und Praxis der Vernichtungspolitik in der NS-Diktatur, S. 60-71.

122 Zimmermann, Die nationalsozialistische »Lösung der Zigeunerfrage«, in: Herbert (Hg.), Vernichtungspolitik, v.a. S. 258 ff.

tisch-anonymer Gradualität »konzeptualistisch« kritisiert oder unterlaufen wird. Doch hat der »Konzeptualismus« eine jahrzehntelange rhetorische und gedankliche Dichotomisierung der Diskussion überwunden, das Nachdenken über Ursachen und Folgen des Holocaust neu formuliert und damit vor allem die Bewertung der Verantwortlichkeit erweitert, weil diese nun nicht mehr zu Narrativen über »die Struktur« der Ereignisse unsichtbar gemacht wurden. Diese neue methodische Pluralisierung war mehr Ausdruck eines generationellen Wandels (Götz Aly ist Jahrgang 1947, Ulrich Herbert und Michael Zimmermann sind 1951 geboren) als ein rein akademischer Disput. Und da in der vorliegenden Studie das Erkenntnisinteresse durchgängig auf diese generationellen und gedächtnistheoretischen, weniger auf die wissenschaftsimmanenten Anteile solcher Konfliktpotentiale abzielte, ist es notwendig, an beides zu erinnern: an die generelle Wandelbarkeit wissenschaftlicher Interpretationen ebenso wie an die bleibende Aporie historiographischer Sinnbildung, die den NS-Völkermord auch nicht in avancierten Modellen der Interpretation »für immer« erklärbar machen kann – das »Warum« bleibt für die Zeitgeschichte zeitlos verstörend.

Die »warum«-Frage liegt jedoch quer zum Streit um »Intentionalismus«, »Funktionalismus« und »Konzeptualismus«, zugleich aber auch quer zur Frage nach »Sachlichkeit« und »Betroffenheit« in der Arbeit der Historiker: »Viele meiner Kollegen«, so stellte sie der israelische Historiker Yehuda Bauer, »haben die Struktur des Nazismus analysiert, die Bürokratie, das Alltägliche an der Mordmaschine. Das ist ja alles sehr richtig. Aber *warum* haben die Bürokraten, die mit denselben administrativen Mitteln deutsche Schulkinder per Bahn in Ferienlager und Juden in Todeslager brachten, das getan? [...] Das durch gesellschaftliche Strukturen, so wichtig sie auch sein mögen, erklären zu wollen, reicht nicht aus.«[123] Es lag sicher auch an der schwer zu bewertenden Ambivalenz von diesem Strukturproblem der Holocaust-Erklärungen durch die Historiker, an der Frage nach dem Verhältnis von emotionaler Erinnerung und sachgerechter Erforschung, von »warum?«- und »wie?«-Fragen, wenn Saul Friedländer wenige Jahre nach der bedeutenden Stuttgarter Konferenz über die Genesis der »Endlösung« in einem Interview zum Ausdruck brachte, daß ihn sein seinerzeit gegebenes Eingangsreferat, in welchem er die beiden Schulen des »Intentionalismus« und des »Funktionalismus« neutral und wissenschaftlich nachgezeichnet hatte, reue.[124]

123 Bauer, »Du sollst niemals Täter werden«, S. 221 f.

124 Friedländer, »Es gibt keine Katharsis«, in: Funke (Hg.): Die andere Erinnerung, S. 158.

Diese Konferenz,[125] die Anfang Mai 1984 im Gemeindesaal des Stuttgarter Rathauses stattfand und von den Veranstaltern Eberhard Jäckel, Jürgen Rohwer und Andreas Hillgruber als klärendes Forum für die Auseinandersetzung zwischen Intentionalisten und Strukturalisten konzipiert worden war, vereinigt sämtliche gedächtnisgeschichtlichen Probleme der Historiographie zur Ermordung der europäischen Juden, so daß ihr im Rückblick der Status eines »Lieu de mémoire« zukommt, dessen Bedeutung weit über das Konferenz-Ereignis selbst hinausreicht.

Erstmals wurde Raul Hilberg zu einem öffentlichen Vortrag nach Deutschland eingeladen – über zwanzig Jahre nach dem Erscheinen seines Buches *The Destruction of the European Jews* im Jahre 1961. Erstmals versammelten sich überhaupt Forscher aus den USA, aus England, Israel, Polen und der Bundesrepublik auf einer deutschen Konferenz, um über Chełmno, Sobibór, Majdanek und Auschwitz, Bełżec und Treblinka zu diskutieren. Und erstmals waren auch die Differenzen zwischen deutschen und jüdischen Historikern Gegenstand einer öffentlichen wissenschaftlichen Debatte, die als Teil des Problems wahrgenommen werden konnte, nicht nur als deren unvermeidliche, im Grunde aber störende Begleiterscheinungen. Zugleich war der Kongreß aber auch die Summe älterer Erinnerungsschichten, etwa wenn der Stuttgarter Oberbürgermeister Manfred Rommel in seinem Grußwort die Rhetorik der 50er Jahre bemühte, von der »Diktatur von bösen Menschen« sprach, deren lügnerischen Machtmißbrauch hervorhob und die »Täuschung« durch die Staatsspitze »durch Verführen [...] führen« nannte.[126]

Doch das »Unzeitgemäße« der Wortbeiträge zum Thema der Konferenz aktualisierte sich keineswegs nur in solchen marginalen Formulierungen und im Rückgriff auf die ältesten Begrifflichkeiten der NS-Interpretation an den Rändern der Tagung, sondern auch im Verlauf des Treffens und anhand von inhaltlichen Kernfragen des Themas selbst. So meldete sich beispielsweise Götz Aly, der als Besucher, nicht als Referent an der Veranstaltung teilnahm, mehrfach zu Wort. Aly war seinerzeit Korrespondent der Berliner »Tageszeitung« und als Historiker noch weitgehend unbekannt, obwohl er seine Expertise zur Thematik in der Reihe »Beiträge zur nationalsozialistischen Gesundheits- und Sozialpolitik« dokumentiert

125 Zur Konferenz selbst, vgl. Anm. 77 sowie die Rezensionen zur Publikation: Julius H. Schoeps, Kein Führerbefehl zum Mord? Diskussionen der Historiker über die Tötung der Juden im Zweiten Weltkrieg, in: Die ZEIT, 7. 3. 1986, S. 23; Josef Schröder, Befehl oder Mord-Automatismus? Die Kontroverse um Hitlers Rolle bei der Vernichtung der Juden, in: FAZ, 22. 8. 1986.

126 Jäckel/Rohwer (Hg.), Der Mord an den Juden im Zweiten Weltkrieg, S. 8.

hatte. Er äußerte sich aber nicht nur zum speziellen Aspekt der »Euthanasie-« und Anstaltsmorde an »lebensunwerten« Menschen und zum allgemeinen sozialgeschichtlichen Zusammenhang von Erb- bzw. Rassenhygiene und Judenvernichtung, sondern auch äußerst kritisch zur Frühgeschichte des Münchner IfZ, dem er vorwarf, den Nachkriegslügen von Richard Koherr kritiklos aufgesessen zu sein, ja diese regelrecht unterstützt zu haben.

In der Druckfassung der Konferenzbeiträge, in der neben den Hauptreferaten auch die Diskussionsbeiträge von Tagungsgästen aufgenommen wurden, fehlen die Statements von Aly, obwohl dieser wie alle anderen Teilnehmer zunächst aufgefordert worden war, das Transkript seiner Diskussionsbeiträge für die Publikation zu korrigieren. In einem Anschreiben von Rohwer wurde die Ablehnung noch verlagstechnisch begründet, im Vorwort des Bandes hieß es dann, Diskussionsbeiträge seien nur aufgenommen worden, »wenn sie neue Ergebnisse zum Thema enthielten«.[127]

Die Stuttgarter Konferenz enthielt also de facto alles zugleich: Die Probleme der frühen 80er Jahre als »Mainstream«-Auseinandersetzung zwischen Intentionalismus und Funktionalismus, die Rhetorik des Alten, wie sie in Rommels Pathos zu hören war, und Alys Polemik des noch nicht wissenschaftlich akzeptierten Neuen – dieses blieb im apokryphen Gegengedächtnis des ersten Jahrgangs der »Mitteilungen« der »Dokumentationsstelle zur NS-Sozialpolitik« marginalisiert und hat aus heutiger Sicht, obwohl erst knapp 20 Jahre alt, den Charakter einer Quelle erhalten

In Stuttgart darf darüber hinaus auch der Beginn des Dissens zwischen Saul Friedländer und Martin Broszat verortet werden, der erst ein halbes Jahrzehnt später in der »Historisierungsdebatte« aufbrach. Martin Broszat, obwohl er kein eigenes Referat hielt, war in gewisser Hinsicht vom Veranstalter selbst zum »Ursprung des Kongresses«[128] ausgerufen worden,

127 Ebd., S. 7. Die Briefe von Rohwer an Götz Aly in: Dokumentationsstelle zur NS-Sozialpolitik, S. 127 und 128; die Diskussionsbeiträge von Aly in: ebd., S. 131-137; dessen Fazit zur Tagung insgesamt entstand vor diesem Konflikt, vgl.: Götz Aly, »Volle Wahrheit« und »reine Wissenschaft«. Der Stuttgarter Historikerkongreß über den Mord an den europäischen Juden, in: Tageszeitung, 7. 5. 1984.

128 So die Dankesworte am Schluß der Konferenz von Eberhard Jäckel: Er, Broszat, habe, so Jäckel, hier keinen leichten Stand gehabt, aber er sei derjenige gewesen, »der den Finger auf das Problem gelegt« habe. »Er hat uns eigentlich erst gezeigt, daß hier ein Problem liegt«, in: Jäckel/Rohwer (Hg.), Der Mord an den Juden im Zweiten Weltkrieg, S. 246.

und er trug in den Diskussionen dieser drei Tage seinen funktionalistischen Standpunkt mehrmals dezidiert vor.[129] Während Friedländer in seinem Eingangsreferat am »Schlüsselelement der Vorsätzlichkeit« festhielt und eine »Tiefendynamik« der Ereignisse ausmachte, die dem Historiker trotz aller Kenntnisse über Details und Zusammenhänge immer wieder entgleite,[130] vertrat Broszat, teils in der auf Fachkonferenzen üblich gewordenen formelhaften Kurzsprache, teils regelrecht provozierend, die These vom »Automatismus der Gewalt«; er empfinde, so Broszat, Jäckels Personalisierung und seinen Terminus »Alleinherrschaft« als »Reizvokabel«.[131] Es komme ihm so vor, als ob »20 bis 30 Jahre der wissenschaftlichen Erörterung über die Struktur der NS-Herrschaft vergeblich gewesen wären«,[132] das »authentischere« Konzept sei, so Broszat, die Vorstellung einer »monströsen Automatik zunehmender Gewalttätigkeit«, ein »letztlich mörderischer Automatismus, der nicht planvoll gewollt, teilweise auch von niemandem mehr beherrscht wurde«, ja ein Prozeß, wo die Handelnden »zum Teil selbst Gefangene ihres Handelns wurden, die die Folgen ihres Tuns gar nicht mehr rational reflektieren konnten oder dies auch nicht wollten.«[133]

129 Vgl. die Statements von Broszat, in: ebd., S. 64-66, S. 179-184, S. 210 f. und nochmals S. 239-242.

130 Friedländer, Vom Antisemitismus zur Judenvernichtung, S. 34 und 49.

131 Ebd., 240, 240 f. und 210.

132 Ebd., S. 240.

133 Ebd., S. 240. Broszat war natürlich nicht der einzige Funktionalist der Tagung. Neben ihm und Hans Mommsen war es v.a. Walter Laqueur, der nicht nur die These vom »tödlichen Automatismus« stützte, einem »Automatismus«, von dem »die Betroffenen« nichts wissen mußten, sondern der auch darüber hinaus betonte, daß es diesen »potentiell in jeder modernen aggressiven Diktatur« gebe; die Rolle der Bürokratie werde häufig unterschätzt, er habe mit hohen Beamten der USA gesprochen, die ihm erklärten ›Ihr Außenstehenden habt im Grunde keine Ahnung. Ihr stellt Euch vor, Entscheidungen würden gefaßt. Meistens ist es gar nicht so. Die Dinge entwickeln sich. Es gibt Sachzwänge. Man fragt die Juristen. Die sagen: das geht nicht, man muß das Gesetz ändern. Man fragt die Finanzleute. Die sagen: es ist kein Geld da. *Auf diese Weise können die Bürokraten die Sache ohne besondere Anstrengung verschleppen* [...].« Vgl.: Laqueur, in: Jäckel/Rohwer (Hg.), Der Mord an den Juden im Zweiten Weltkrieg, S. 225 f. [Hervorh. v. N.B.] Bemerkenswert scheint mir an dieser unlogischen Verteidigung des Funktionalismus, daß sie das leicht nachvollziehbare Retardieren, nicht aber die Radikalisierung bürokratischer Apparate illustriert, die es doch zu erklären gilt. Aber es gab noch andere Verwirrungen. So erklärte beispielsweise Christopher C. Browning, er habe seine Entgegnung auf

Friedländer dagegen betonte bereits hier mehrmals sein »Unbehagen«, sprach von der »Lähmung der Historiker« und hob eher die »besondere Schwierigkeit hervor, die ›Endlösung‹ in den Rahmen einer umfassenden Deutung des Nationalsozialismus zu integrieren«, ja er kam sogar zu dem Schluß, »daß die Vernichtung des europäischen Judentums vielleicht ein Problem darstellt, das historische Analyse und historisches Verstehen nicht zu lösen vermögen«:[134]

> »Die Lähmung der Historiker resultiert aus der Gleichzeitigkeit und Verquickung völlig heterogener Phänomene: messianischer Fanatismus und bürokratische Strukturen, pathologische Handlungsantriebe und administrative Erlasse, archaische Denkweisen in einer hochentwickelten Industriegesellschaft.«[135]

Broszat stellte dagegen die Frage, ob die »doch bemerkenswerterweise auch unter Beteiligung israelischer beziehungsweise jüdischer Gelehrter ziemlich leidenschaftlich geführte Kontroverse nicht wesentliche außerwissenschaftliche Gründe [habe], die diese Leidenschaftlichkeit zu erklären vermögen«.[136] Auschwitz, so Broszat weiter, führe den Historiker generell in das Dilemma jener Unfaßbarkeit und Unsagbarkeit, die einen leicht zur »Schein-Erklärung des unfaßlichen Geschehens, auf metahistorische dämonische oder diabolische Ursachen zurückgreifen« ließen. Seine funktionalistische Herangehensweise, so Broszat, verkleinere oder relativiere das Geschehen keineswegs, wohl aber dämonisiere ein monokausaler Intentionalismus den historischen Verlauf. Dieser sei auf die »conspiracy-Theorie der Ankläger in den Nürnberger Prozessen« zurückzuführen.[137] Dagegen gelte es nicht den »rationalen Plan«, sondern die »Bewegungsdynamik des Systems«, die »progressive Radikalisierung« und den »dynamische[n] ›drive‹«[138] in der Judenfrage zu thematisieren, der Vorstellung eines Plans mangele es dagegen an »historischer Au-

Broszat immer als »Auseinandersetzung zwischen zwei Flügeln der funktionalistischen Richtung« gewertet. Vor dieser Konferenz habe er sich »als Strukturalisten« betrachtet, auf der Konferenz entdecke er plötzlich zu seiner großen Überraschung, daß er als Intentionalist angesehen werde, vgl.: Browning, in: ebd., S. 185.

134 Friedländer, Vom Antisemitismus zur Judenvernichtung, S. 48.

135 Ebd., S. 48 f.

136 Broszat, in: Jäckel/Rohwer (Hg.), Der Mord an den Juden im Zweiten Weltkrieg, S. 64.

137 Ebd., S. 65.

138 Ebd., S. 66, 181 und 180.

thentizität«,[139] der »Zustand zielunklarer Aktionsdynamik und antagonistischer Parallelität«, wie beispielsweise die Vorstellung von der »Konkurrenz rivalisierender Personen und Instanzen auf dem Gebiet antisemitischer Agitation und Judenpolitik«, käme der historischen Realität näher.[140]

Nach dieser vehementen Intervention von Broszat am Schluß der Tagung, in welcher er einmal mehr die Überzeugung vorgebracht hatte, daß die Emotionalität der Debatte primär in außerwissenschaftlichen Gründen auf jüdischer Seite zu suchen sei und daß man statt dessen »auf das Bild vom monströsen Charakter der führerstaatlichen Herrschaft mit ihrer Deformation und Zersetzung staatlicher Verwaltung und rechtsstaatlicher Normen, *ihrer Anonymisierung von politischer Verantwortung*« zurückgreifen müsse,[141] meldete sich Friedländer noch einmal zu Wort, zitierte einen Satz aus Broszats berühmtem Aufsatz von 1977 und sagte:

> »Die Debatte war wissenschaftlich, weil wir wissenschaftlich sein müssen. Aber es war eine Debatte über Massenmord, über die Technik und Entschlußbildung eines Massenmords. Das ist etwas surrealistisch und ich selbst fühle mich auch nicht sehr wohl dabei.«[142]

Diese »emotionale Dissonanz«, abstrakt über ein solches Thema zu sprechen, sprechen zu müssen, sei weder allein ein Problem der Wissenschaft noch eines allein der Sprache. »Wir müssen ins Abstrakte, Präzise«, so Friedländer im Anschluß an Broszats Statement, und doch brauche es auch Emotionen, um die Welten, die oft innerhalb nur eines einzigen Satzes zu finden seien, erfassen zu können:

> »Ich nehme als Beispiel den Aufsatz von Herrn Broszat über die Genesis der Endlösung. Da heißt es: Am soundsovielten Tag kommt das Kommando Lange nach Chelmno und fängt an, Anstalten für Massenexekutionen zu bauen. Nehmen Sie diesen Satz. Da gibt es zwei Teile. Am soundsovielten Tag kommt das Kommando Lange in eine Stadt. [...] Aber dann geht der Satz weiter: und fängt an, Anstalten für Massenexekutionen zu bauen. Ich kenne keine Literatur, in der es solche Sätze gibt. Man kommt an einen Ort, man fängt an zu bauen. Das ist normal, und unser Gehirn geht dann normalerweise normal, das heißt neutral, weiter. Man kann ja nicht plötzlich in der Mitte des

139 Ebd., S. 179.
140 Ebd., S. 180.
141 Ebd., S. 242 [Hervorh. v. N.B.].
142 Friedländer, in: ebd., S. 242.

Satzes vom Neutralen zum Emotionalen übergehen. Das Kommando Lange kam an diesem Tage und fing an, Anstalten für Massenexekutionen zu bauen. In diesem Satz haben Sie zwei Welten, und es ist doch nur ein Satz. Und das Gehirn kann sich nicht von der ersten Hälfte zur zweiten Hälfte ändern. Das ist die ganze Problematik der Übermittlung dieser Sache.«[143]

Es gebe etwas, so drückte Friedländer seine Bedenken aus – die in gewisser Hinsicht seine Interventionen in der »Historisierungsdebatte« vorwegnahmen –, das sich zwischen die wissenschaftliche Forschung und die Realität schiebe. Es werde, so Friedländer ohne jede Polemik, eher »schlimmer und schlimmer« als besser: »Ich beschäftige mich schon jahrelang damit, und ich weiß nicht wie man darüber hinwegkommt«.[144]

Die Kluft zwischen Erforschung und Erinnerung schob sich also im Verlauf der Tagung in Stuttgart zunehmend über die Wahrnehmungsweisen der deutschen nichtjüdischen und der jüdischen Teilnehmer und dichotomisierte das Sprechen über den Judenmord entlang der Grenzen zweier Erinnerungsgemeinschaften, die sich auf der Plattform der Wissenschaft zu treffen bemühten – einander aber verfehlten, weil das Korsett des wissenschaftlichen »Sachlichkeits«-Axioms die unterschiedlichen Redeweisen der Betroffenheit verdeckte. So verblieben die deutschen Teilnehmer innerhalb der Forschungsterminologie »reiner Wissenschaft« während den jüdischen Wissenschaftlern wenig mehr übrigblieb, als Worte der Kritik an einer »überspitzte[n] scholastische[n] Debatte« zu artikulieren.[145] Neben Friedländer waren es zum Beispiel auch Gitta Sereny, Seev Goshen und Yehuda Wallach, die ihr Unwohlsein öffentlich äußerten. Sereny, die über Treblinka referierte, unterlief die Erwartungen an ein wissenschaftliches Referat und sprach in einem kurzen Statement über die »menschliche Unfähigkeit, das Unbegreifliche zu begreifen«,[146] sie widersprach der These Arendts von der »Banalität des Bösen« und erinnerte an die Gefahr, die Opfer nur noch als »Masse« zu denken. Goshen provozierte mit einem Plädoyer gegen den Common sense, indem er von einer regelrechten »Sehnsucht nach Nazi-Dokumenten« sprach, die er nie verstanden habe: Eine »so trübe Quelle«, die noch dazu auf ein »System der Lüge aufgebaut« sei, so seine Argumentation, rechtfertige viel

143 Ebd., S. 243.

144 Ebd.

145 Yehuda Bauer, zit. nach dem Tagungsbericht von Aly, »Volle Wahrheit« und »reine Wissenschaft«.

146 Sereny, in: Jäckel/Rohwer (Hg.), Der Mord an den Juden im Zweiten Weltkrieg, S. 157. Das nächste Zitat, S. 159.

eher die »Sorge vor Irreführung als Hoffnung auf Aufklärung«.[147] Und Wallach sprach aus, was in der Luft lag, als er sagte, daß er in Gedenkstätten, Museen oder auf solchen Konferenzen »niemals den Gedanken vertreiben [könne], daß auch ich unter den Ermordeten, Erschlagenen, Erschossenen, Vergasten hätte sein können. Alle hier anwesenden jüdischen Kollegen hätten es sein können.«[148]

Wie gingen Historiker in ihren Arbeiten oder »auf solchen Konferenzen« dabei mit denjenigen um, die andere Erinnerungen hatten? Welcher Stellenwert wurde dabei dem Problem von täter- und opferperspektivischen Fragen eingeräumt? Der nichtjüdische Historiker, so unterstrich noch Anfang der 90er Jahre der israelische Forscher Zwi Bacherach, könne »leichter als sein jüdischer Kollege [...] die gewünschte wissenschaftliche Distanz zu seinem Thema wahren«, die seelische Belastung und Involvierung jüdischer Wissenschaftler, ihr Selbstbild als potentielle Opfer des NS-Regimes sei eine Grunddeterminante der Shoah aus jüdischer Sicht.[149] Mit dieser Einschätzung, der ähnlich lautende andere an die Seite gestellt werden könnten, hatte Bacherach zwar das Grundproblem der Spannung zwischen Erforschung und Erinnerung angesprochen und das, ohne dabei als Wissenschaftler zu »schweigen«; aber er hatte zugleich die lange Tradition fortgeschrieben, nach der dieses Dilemma allein oder zumindest primär auf jüdischer Seite zu reflektieren sei, nicht dagegen auf Seiten deutscher Historiker. Ein methodisch geleiteter Rückblick auf fünfzig Jahre Forschung über Judenverfolgung und -vernichtung bestätigt aber gerade das nicht.

Dan Diner hat nicht nur auf die dieser Dichotomie zugrundeliegende »Gespaltenheit der Erfahrung« hingewiesen, mit der die Tat der Massenvernichtung auf Täter- und Opferseite erinnert wurde und wird, sondern

147 Goshen, in: Jäckel/Rohwer (Hg.), Der Mord an den Juden im Zweiten Weltkrieg, S. 238; im folgenden gebrauchte Goshen, der sich selbst als »Ex-Jurist« bezeichnete, den Vergleich zwischen dem Holocaust und einem Verkehrsunglück, nach welchem ein Untersuchungsrichter »menschliches Versagen durch den Fahrer« feststelle. Goshen fragte in die Podiumsrunde, »warum dieser Mechanismus zur Herrschaft kam und im wesentlichen, von inneren, technischen Unzulänglichkeiten abgesehen, so glatt und störungsfrei, so ungefährdet schaltete und waltete«? (S. 239).

148 Wallach, in: Jäckel/Rohwer (Hg.), Der Mord an den Juden im Zweiten Weltkrieg, S. 227.

149 Bacherach, Die Shoah aus jüdischer Sicht, S. 75 f. Bacherach ist meines Wissens der einzige, der die Auseinandersetzung auf der Stuttgarter Konferenz selbst zum Thema gemacht hat.

auch auf die methodische Unmöglichkeit, beide Erfahrungswelten *gemeinsam* in Geschichtsschreibung zu überführen und in *einer* Darstellung zu verbinden: »Banalität auf der Täterseite – hervorgerufen durch die verwaltungstechnischen Maßnahmen der Durchführung« und »Monstrosität auf Seiten der die volle Wucht der Tathandlung erleidenden Opfer«.[150] Die Primärform des erinnernden Aufbewahrens verlängere sich unweigerlich auch in die methodisch kontrollierte Historiographie hinein, die auch in Zukunft mit diesem Problem konfrontiert bleibe, die »Erfahrungskontexte des Holocaust«, so Diner, kehren »in der gedächtnisgeleiteten wie forschungstechnisch relevanten Perspektivenwahl wieder […]«.[151]

Es zeigt sich deshalb, daß in gedächtnisgeschichtlicher Perspektive die Opposition von Erforschung und Erinnerung bei der historiographischen Sinnbildung durch die Wissenschaft ein Teil des Problems ist, das für alle gilt, die sich dem Thema zuwenden. Darüber hinaus zeigt sich auch, daß das Dilemma dort noch zunimmt, wo es dementiert wird. Und es ist deshalb dort besonders prekär, wo die Gegenläufigkeit von »Geschichte« und »Gedächtnis« nicht nur erkenntnistheoretisch absolut gesetzt wird, sondern dazu noch mit den Dichotomien »Objektivität« versus »Subjektivität« überlagert wird und diese beiden Pole den kollektiven Gedächtnissen deutscher und jüdischer Wissenschaftler zugeschrieben wird.

150 Diner, Ereignis und Erinnerung. Über Variationen historischen Gedächtnisses, S. 23.

151 Ebd., S. 30.

Quellenverzeichnis

1. Ungedruckte Quellen

a. Institut für Zeitgeschichte, München (IfZ)

Hausarchiv [ED 105 und ID 101][1]

IfZ-Allgemein (1946-1950; 1951)
IfZ-Geschichte/Gründungsunterlagen (1945-1949 und 1959-1970)
Tätigkeitsberichte (1951-1961 und 1962-1969)
Kuratorium/Sitzungsprotokolle A (1949-1961)
Stiftungsrat/Sitzungsprotokolle A (1962-1978)

IfZ-Gründungsunterlagen (1951-1954) [ID 101, Bd. 5] (hier u.a.: Materialien zur Ära Mau)
Korrespondenz Hermann Mau (1950-1952) [ID 101, Bd. 1, 2, 4]
Handakten Hermann Mau [ID 101, Bd. 3]

Adler, H. G.: Die pervertierte Pflicht. Zu den Aufzeichnungen des Lagerkommandanten von Auschwitz Rudolf Höß (WDR, Sendung vom 6. 4. 1959 [9 Masch.-Seiten]) [ED 105/Höß].
Mau, Hermann: Die Akten der großen Nürnberger Kriegsverbrecherprozesse als Geschichtsquelle (Masch.schr., datiert auf den 22. 12. 1950) [2367/59]
Mau, Hermann: Der Nationalsozialismus als aktuelle Forschungsaufgabe (Masch.schr. und handschriftlich, datiert auf den 12. 3. 1952) [1338/54]

Nachlaß Gerhard Masur [ED 216]

Das ungewisse Herz – Erinnerungen (2 Teile) 1901-1960 [6; 7; 8]
Geistesgeschichte der modernen Diktatur [18]
Persönliche Korrespondenz [58; 59; 62]

1 In eckigen Klammern die Signatur.

b. Bundesarchiv, Koblenz (BAK)

Nachlaß Walter Goetz [NL 215]

I) Manuskripte für Vorträge, Vorlesungen und Publikationen:
Gibt es eine Krise der Gegenwart? (o.D.); Geschichte der Menschheit (1946) [1]
Einführung in das Studium der Geschichte; Politische Geschichtsschreibung; Die Monumenta Germaniae historica (nach 1945); Weltgeschichte (1949/50); Eine neue »Deutsche Akademie«? (o.D. nach 1945) [6]
Im Schritte der Jahrtausende (1933); Nationale Kultur und Weltkultur [9]
Friedrich Meinecke (1952); Das Wesen der deutschen Kultur (1918) [103]
Der deutsche Mensch [28]

II) zum Nationalsozialismus:
Nationalsozialismus und Rassegedanke (Ms. o.D.) [1]
Nationalsozialistische Geschichtsschreibung (handschr.8 S.) [6]
Nationalismus und Antisemitismus (Materialsammlung) [16]
Nationalsozialismus (Materialsammlung) [91 und 95]
Rassenfrage (Material/Zeitungsausschnitte) [96]
Nationalsozialismus (Materialsammlung) [205 und 206]
Nach der Katastrophe (Ms. und handschriftl.); Zur Rassenkunde [103]
Geschichte und Rasse (Notizen); Nationalsozialismus und Rassengedanken [1]
Institut für die Erforschung des Nationalsozialismus: (1948-1951) [49]

Nachlaß Johannes Haller [NL 35]

Beziehungen zum NS-Staat (1932-1943) [9]
Verschiedene Ausarbeitungen [10]
Gesehenes – Gehörtes – Gedachtes: Lebenserinnerungen (1885-1945) [27]
Schriftwechsel [89; 90; 171; 180]
Verband der Historiker Deutschlands [119]
Gutachten zur Entnazifizierung [200]

Nachlaß Peter Rassow [NL 1228]

Vortragsmanuskripte [17;18]
Deutschland nach dem Zweiten Weltkrieg (Zeitungsausschnitte) [58]
Schriftwechsel [175; 188]
Notizen zu verschiedenen Themen [185]

Nachlaß Gerhard Ritter [NL 1166]

Zu: Ritters »Lebendige Vergangenheit« [102]
Meine Memoiren (Fragment) [414]
Persönliche Verhältnisse. Vita für die Habilitation o.D. (1921) [207]
Vortrag: Probleme und Zukunftsperspektiven wissenschaftlicher Historie im Zeitalter globaler Ausweitung der politischen Horizonte (1965) [232]
Vortrag: Geschichtliche Voraussetzungen für die Entstehung des Nationalsozialismus (1951) [252]

Nachlaß Hans Rothfels [NL 213]

Schriftwechsel in wissenschaftlichen Angelegenheiten (1952-1958) [1]
Persönliche Unterlagen (Habil./Entlassung 1934/Berufungen) [20]
Allgemeine Korrespondenz 1962-1968 (Historikertage; Ausgabe der Bismarck-Briefe) [32]
Zum Fall Kurt Gerstein [34]
Persönliches (Emigration und Rückkehr nach Deutschland; Judenvermögensabgabe; Anstellung in Chicago; Wiedergutmachung in der Bundesrepublik) [35]
Allgemeine und wissenschaftliche Korrespondenz 1963-1972 [36]
»Erinnerungen an Otto Hintze« (Masch.schrift 1965) [36]
Deutschland nach dem Zweiten Weltkrieg (1945-1948) [57 und 58]
Deutschland nach dem Zweiten Weltkrieg (Materialsammlung und Manuskripte) [59]
Publizistisches und wissenschaftliches Echo auf David L. Hoggan, Der erzwungene Krieg [69]
Interview mit Viktor v. Oertzen und Hubert Locher für den SWF (o.D.) [135]
Tagebücher der Englandreisen 1936 und 1937 [127]
Besetzung des Lehrstuhls Rothfels; Die Problematik wissenschaftlicher Geschichtsdeutung (Protokoll eines Kolloq. im Okt. 1965) [130]
Zur Person von Hans Rothfels [142]
Briefwechsel mit Fachkollegen 1950-1959 [158]
Briefe von Fachkollegen u.a. (1960-1969) [161]
Briefwechsel mit Fachkollegen (1970-1776) [172]
Versprengter Briefwechsel [175]
Arbeitskreis bei Prof. Rothfels (1963) [176]

c. Niedersächsische Staats- und Universitätsbibliothek, Göttingen (NStUB)

Nachlaß Siegfried A. Kaehler

Briefwechsel mit Hans Rothfels [Cod. Ms. S. A. Kaehler, Nr. 1, 144, d: Briefe Kaehlers an Rothfels von 1923 bis 1963 und Cod. Ms. S. A. Kaehler, Nr. 1, 144 c: Briefwechsel von 1937 bis 1963]
»Ein Professorenhaus«, »Bruchstücke eigener Erinnerung 1945. 7 S. Masch. Msk. [Cod Ms. 2,6.]
»Lebenslauf« [Cod Ms. 1,204 und 2,8]
»Persönliche Erinnerungen an Breslau« [1928-1932], 14 S. [Cod Ms. 2,4 c]

d. Max-Planck-Institut für Geschichte, Göttingen (MPI)

Akten des »Verbandes der Historiker Deutschlands« (AVHD)

e. Geheimes Staatsarchiv Preußischer Kulturbesitz, Berlin-Dahlem (GStAPK)

Nachlaß Friedrich Meinecke [Rep. 92]

Briefe an Meinecke [1, 2, 3, 4, 5, 6, 7, 9, 10, 11, 12, 13, 14, 39]
Briefwechsel mit Ludwig Dehio [86]
Zu Aufsätzen und Zeitungsartikeln [100]
Zu »Die deutsche Katastrophe« [140 und 254]
Zeitungsausschnitte [154]
[187]
Briefe an Meinecke [221]
Schriftwechsel mit dem Oldenbourg-Verlag [233]
[257]
Zum 90. Geburtstag [278]

f. Universitätsarchiv, Freiburg im Breisgau (FUA)

Personalakte Gerhard Ritter [B 24/1046-1049]
Entnazifizierungsakte Gerhard Ritter [B 34/904]

g. Zentralarchiv zur Erforschung der Geschichte der Juden in Deutschland (ZAGJD), Heidelberg

Henryk Broder: Materialsammlung Joseph Wulf[2]

[ZAGJD B. 2/7 (Wulf), 91/15, 1-43]
Joseph Wulf, Zu den Vorstellungen und Verbrechen des Nationalsozialismus. Masch. [11 S.] (1969) [1]
Joseph Wulf, Auswüchse des deutschen Kontinuitätsgedankens in der Bundesrepublik. Masch. [30 S.] (1954/55) [2]
Joseph Wulf, Der Generalplan Ost. Sendemanuskript für den SWF (1967) [11]
Briefe, Berichte und Informationsblätter im Zusammenhang mit dem »Internationalen Dokumentationszentrum zur Erforschung des Nationalsozialismus« (1966-1971) [27]
Presseberichte über Wulf und seine Werke 1955-1964 und 1964-1976 [31 und 32]
Interview Edouard Kalic' mit Joseph Wulf (7. 4. 1965). Masch. [34]
Korrespondenz Wulf – Wolf Graf v. Baudissin (1956-1974) [36]
Nachrufe auf Joseph Wulf [37]
Zum »Fall Bräutigam« und zum »Fall Hagen«; Auflösung des Vereins »Internationales Dokumentationszentrum« [39]
Korrespondenz Wulf – Helmut Gollwitzer (1971-1974) [41]
Interview-Auszüge von H. Broder mit Freunden, Bekannten und Mitarbeitern Wulfs nach dessen Tod [43]

[ZAGJD B. 91/11 (Wulf), A-C]
Zur Auseinandersetzung zwischen Wulf und dem Münchener IfZ (1963) [A]
Aktenordner »Vom Leben, Kampf, Tod im Ghetto Warschau« [B]
Aktenordner »Lodz« [C]

[ZAGJD B. 92/21 (Wulf), 1-31]
Briefe [1-4, 11, 14 u.a.]
Aufsätze und Vorträge [23]
Projekte und Ideen; Monographie »Kulturarbeit im Ghetto Warschau« [27]
Hagen I [30]
Hagen Ia [31]
Hagen II [32]

2 Die Materialsammlung von Broder besteht größtenteils aus Kopien, N.B.

h. Deutsches Literaturarchiv/Marbach am Neckar (DLA)

Nachlaß H. G. Adler

Eindrücke einer Deutschlandreise; Deutsche Fehlhaltungen; Meine Erfahrungen mit Deutschland (1967); Notiz über den deutschen Charakter [A II 3]
Buchbesprechungen: Léon Poliakov/Joseph Wulf [A II 33]
Briefe an das und vom Institut für Zeitgeschichte (München) [A II 89]

i. Archiv des staatlichen Museums in Auschwitz (APMO) [Sign. Wsp/4053/1; Nr. 49757]:

Rudolf Höß, Abschiedsbriefe an seine Frau und Kinder (11. 4. 1947)
Rudolf Höß, Brief an das polnische Volk (1947)

j. Privat-Archiv Michael Kogon: Nachlaß Eugen Kogon

Eugen Kogon, »Ein nicht ganz leicht zu erklärender Bucherfolg« 6seitiges Typoskript eines Rundfunkgesprächs am 11. 5. 1975 im Bayerischen Rundfunk
Eugen Kogon, »Rückblick auf den Nationalsozialismus« (unvollendetes Buchprojekt; vor allem: Daten-Kartei; Notizen zum Vorwort u.a.)
Briefe von und an Eugen Kogon
Dieter Jähnig, Das bedeutendste literarische Ereignis seit Kriegsende. Bemerkungen zu Eugen Kogons »Der SS-Staat« [Maschinenschriftl. Manuskr., 25 S.] o.O. o. J. (1948)

2. Gedruckte Quellen und Publikationen aus Nachlässen

a. Briefe und Briefwechsel

Améry, Jean – Hans Egon Holthusen: Freiwillig zur SS. Teil 1, in: Merkur 20 (1966), S. 921-939 und Teil 2, in: ebd., S. 1037-1049; sowie: Jean Améry: Fragen an Hans Egon Holthusen – und seine Antwort, in: Merkur 21 (1967), S. 393-400.

Arendt, Hannah – Mary Mc Carthy: Im Vertrauen. Briefwechsel 1949-1975, hrsg. u. mit einer Einleitung versehen von Carol Brightman, München/Zürich 1995.

Arendt, Hannah – Heinrich Blücher: Briefe 1936-1968, hrsg. u. mit einer Einleitung versehen von Lotte Köhler, München/Zürich 1995.

Arendt, Hannah – Kurt Blumenfeld: Die Korrespondenz. »In keinem Besitz verwurzelt«, hrsg. von Ingeborg Nordmann und Iris Pilling, Hamburg 1995.

Arendt, Hannah – Hermann Broch: Briefwechsel 1946-1951, hrsg. v. Paul Michael Lützeler, Frankfurt a.M. 1996.

Arendt, Hannah – Hans Magnus Enzensberger: Politik und Verbrechen. Ein Briefwechsel, in: Merkur 19 (1965), S. 380-385.

Arendt, Hannah – Karl Jaspers: Briefwechsel 1926-1969, hrsg. v. Lotte Köhler und Hans Saner, München/Zürich 1985.

Arendt, Hannah – Gershom Scholem: Ein Briefwechsel, in: Hannah Arendt, Nach Auschwitz. Essays und Kommentare, hrsg. von Eike Geisel und Klaus Bittermann, Berlin 1989, S. 63-79.

Broch, Hermann: Briefe über Deutschland 1945-1949. Die Korrespondenz mit Volkmar von Zühlsdorff, Frankfurt a.M. 1986.

Broszat, Martin und Saul Friedländer: Um die Historisierung des Nationalsozialismus. Ein Briefwechsel, in: VfZ 36 (1988), S. 339-372.

Burckhardt, Carl J. und Max Rychner: Briefe 1926-1965. Vorwort von Carl J. Burckhardt, hrsg. v. Claudia Mertz-Rychner, Frankfurt a.M. 1970.

Horkheimer, Max und Heinz Maus: Briefwechsel, hrsg. von Gerd van de Moetter, in: Jahrbuch Soziologiegeschichte 1994, Opladen 1996, S. 227-276.

Kaehler, Siegfried A.: Briefe 1900-1963, hrsg. von Walter Bußmann und Günther Grünthal (= Deutsche Geschichtsquellen des 19. und 20. Jahrhunderts, Bd. 58), Boppard/Rh. 1993.

Meinecke, Friedrich: Ausgewählter Briefwechsel, hrsg. und eingel. von Ludwig Dehio und Peter Classen, Stuttgart 1962 (= Werke, Bd. 6).

Rassow, Peter: Brief an Siegfried A. Kaehler vom 31. 5. und 2. 6. 1945, in: Winfried Schulze, Deutsche Geschichtswissenschaft nach 1945, München 1989, S. 66-74.

Ritter, Gerhard: Ein politischer Historiker in seinen Briefen, hrsg. von Klaus Schwabe und Rolf Reichardt, unter Mitwirk. von Reinhard Hauf, Boppard/Rh. 1984 (= Schriften des Bundesarchivs, Bd. 33).

Schieder, Theodor: Hans Rothfels zum 70. Geburtstag [Offener Brief], in: VfZ 9 (1961), S. 117-123.

Schoeps, Hans-Joachim: Der Briefwechsel zwischen Karl Barth und Hans-Joachim Schoeps (1929-1946), eingeleitet von Gary Lease, in: Menora 2 (1991), S. 105-137.

Schörken, Rolf und Eva Gehrken: Alltag in der Hitlerjugend – ein Briefwechsel, in: GWU 50 (1999), H. 10, S. 617-619.

Speidel, Hans: Brief an Arnold Bergsträsser, in: Hodeige und Rothe (Hg.), Atlantische Begegnungen, S. 10 f.

Srbik, Heinrich Ritter von: Die wissenschaftliche Korrespondenz des Historikers 1912-1945, hrsg. von Jürgen Kämmerer, Boppard/Rh. 1988 (= Deutsche Geschichtsquellen des 19. und 20. Jahrhunderts, Bd. 55).

b. Erinnerungen, Erinnerungsinterviews und Tagebücher

Adler, H[ans]. G[ünther].: Nachruf bei Lebzeiten, in: Vorletzte Worte. Schriftsteller schreiben ihren eigenen Nachruf, hrsg. von Karl Heinz Kramberg, Frankfurt a.M. 1970, S. 11-20 [wieder in: ders., Der Wahrheit verpflichtet, S. 7-16].

Adler, H. G.: Zu Hause im Exil, in: Autoren im Exil, hrsg. von Karl Corino, Frankfurt a.M. 1981, S. 242-253 [wieder in: ders., Der Wahrheit verpflichtet, S. 19-31].

Adler, H. G.: Es gäbe viel Merkwürdiges zu berichten, in: Zeugen des Jahrhunderts. Jüdische Lebenswege, hrsg. von Karl B. Schnelting, Frankfurt a.M. 1987, S. 155-186 [zuerst: Fernsehinterview mit Hans Christoph Knebusch. Aufzeichnung der Gespräche im Januar 1986; gesendet im ZDF am 11. Nov. 1986.; wieder in: ders., Der Wahrheit verpflichtet, S. 32-60].

Adler, H. G.: Warum habe ich mein Buch »Theresienstadt 1941-1945« geschrieben? (Entstanden am 12. März 1956). Erstveröffentlichung in: ders., Der Wahrheit verpflichtet, S. 111-114.

Améry, Jean: Jenseits von Schuld und Sühne. Bewältigungsversuche eines Überwältigten, Neuausgabe, Stuttgart 1977 [zuerst: 1966, hrsg. von Gerhard Szczesny].

Améry, Jean: Geschichte einer Arbeit. Suche nach einer Existenz, in: Jahresring 1973/74. Literatur und Kunst der Gegenwart, Stuttgart 1973, S. 47-56.

Andreas, Willy: Wege eines Historikers, in: Kern (Hg.), Wegweiser in der Zeitenwende, S. 95-116.

Arendt, Hannah, »Ich will verstehen.« Selbstauskünfte zu Leben und Werk, hrsg. v. Ursula Ludz, München/Zürich 1996.

Arendt, Hannah: Gespräch mit Günther Gaus, in: Reif (Hg.), Hannah Arendt, S. 9-25.

Arendt, Hannah: Fernsehgespräch mit Roger Errera (1973), in: dies., Ich will verstehen, S. 114-131.

Arendt, Hannah: Gespräch mit Thilo Koch, in: dies., Ich will verstehen, S. 38ff

Arendt, Hannah: Besuch in Deutschland, Nördlingen 1993 [emerik. Orig.: The Aftermath of Nazi Rule. Report from Germany, in: Commentary 10 (Oct. 1950), S. 342-353].

Aronson, Shlomo: Die Entstehung meines Heydrich-Buches, in: 25 Jahre Institut für Zeitgeschichte. Statt einer Festschrift, Stuttgart 1975, S. 95-100.

Berthold, Werner: Zur Entstehung, Wirkung und Bewertung des Buches »… großhungern und gehorchen« aus der Sicht des Jahres 1997, in: Gerald Diesener (Hg.), Historiographischer Rückspiegel. Georg G. Iggers zum 70. Geburtstag, Leipzig 1997, S. 13-24.

Besson, Waldemar: Wie ich mich geändert habe, in: VfZ 19 (1971), S. 398-403.

Bracher, Karl Dietrich: Zwischen Geschichts- und Politikwissenschaft. Interview mit Werner Link, in: Lehmann/Oexle (Hg.), Erinnerungsstücke, S. 21-47.

Bracher, Karl Dietrich: Die Weimarer Erfahrung, in: ders., Wendezeiten der Geschichte. Historisch-politische Essays 1987-1992, München 1992, S. 11-16.

Broszat, Gottfried: Zeitgeschichten und schwarze Löcher. Erzählung, Frankfurt a.M. 1999.

Buchheim, Hans: Die fünfziger Jahre, in: Horst Möller, Udo Wengst (Hg.), 50 Jahre Institut für Zeitgeschichte. Eine Bilanz, München 1999, S. 69-77.

Buchheim, Karl: Eine sächsische Lebensgeschichte. Erinnerungen 1889-1972, bearbeitet von Udo Wengst und Isabel F. Pantenburg, München 1996 (= Biographische Quellen zur Zeitgeschichte, hrsg. im Auftrag des Institut für Zeitgeschichte von Werner Röder und Udo Wengst, Bd. 16).

Claussen, Detlev: In the House of the Hangman, in: Dietrich Wetzel (Hg.), Die Verlängerung von Geschichte. Deutsche, Juden und der Palästina-Konflikt, Frankfurt a.M. 1983, S. 113-125.

Conze, Werner: Der Weg zur Sozialgeschichte nach 1945, in: Forschung in der Bundesrepublik Deutschland. Beispiele, Kritik, Vorschläge. Im Auftrag der Deutschen Forschungsgemeinschaft hrsg. von Christoph Schneider, Weinheim 1983, S. 73-81.

Diner, Dan: Fragments of an Uncompleted Journey. On Jewish Socialization and Political Identity in West Germany, in: Germans and Jews since the Holocaust. The Changing Situation in West Germany, hrsg. v. Anson Rabinbach, Jack Zipes, New York/London o.J., S. 120-134.

Ebeling, Deutschland – wiederbesucht (Podiumsdiskussion), in: Hermann Glaser (Hg.), Haltungen und Fehlhaltungen in Deutschland. Ein Tagungsbericht, Freiburg 1966.

Elon, Amos: In einem heimgesuchten Land. Reise eines israelischen Journalisten in beide deutsche Staaten, München 1966.

Erdmann, Karl Dietrich: Erinnerung an Hermann Mau, in: 25 Jahre Institut für Zeitgeschichte. Statt einer Festschrift, Stuttgart 1975, S. 22-24.

Ernst, Fritz: Im Schatten des Diktators. Rückblick eines Heidelberger Historikers auf die NS-Zeit, hg., eingeleitet und mit einem Quellenanhang versehen von Diethard Aschoff, Heidelberg 1996.

Eschenburg, Theodor: Also hören Sie mal zu. Geschichte und Geschichten 1904 bis 1933, Berlin 1995.

Eschenburg, Theodor: »Letzten Endes meine ich doch.« Der Erinnerungen zweiter Teil, Berlin 1999.

Eschwege, Helmut: Fremd unter meinesgleichen. Erinnerungen eines Dresdner Juden, Berlin 1991.

Fest, Joachim C.: Wege und Umwege. Vorstellung bei der Akademie, in: ders., Fremdheit und Nähe. Von der Gegenwart des Gewesenen, Berlin 1998 [zuerst: Stuttgart 1996], S. 11-15.

Fest, Joachim C.: Literatur ohne Heilsplan. Über den Umgang mit der Geschichte: Zur Verleihung der Wilhelm-Leuschner-Medaille, in: FAZ, Nr. 36 vom 12. 2. 2000.

Fetscher, Iring: Neugier und Furcht. Versuch, mein Leben zu verstehen, Hamburg 1995.

Fetscher, Iring: Ohne Geschichtswissenschaft geht es nicht, in: Erinnerungsstücke, S. 79-87.

Frank, Anne: Das Tagebuch der Anne Frank, Heidelberg 1950 [Niederl. Orig.: Het Achterhuis (1946); deutsche Taschenbuchausgabe: Frankfurt a.M. 1955.

Frank, Hans: Im Angesicht des Galgens. Deutung Hitlers und seiner Zeit auf Grund eigener Erlebnisse und Erkenntnisse, Neuhaus (Eigenverlag) 1955.

Friedländer, Saul: Wenn die Erinnerung kommt ... Aus dem Französischen von Helga Oestreich, Frankfurt a.M. 1991 [Franz. Orig.: Quand vient le souvenir ..., Paris 1978; in deutscher Übersetzung zuerst: Stuttgart 1979].

Friedländer, Saul: »Es gibt keine Katharsis«, in: Hajo Funke (Hg.), Die andere Erinnerung. Gespräche mit jüdischen Wissenschaftlern im Exil. Unter Mitarbeit von Hans-Hinrich Harbort, Frankfurt a.M. 1989, S. 149-166.

Fünfundzwanzig Jahre Institut für Zeitgeschichte. Statt einer Festschrift, Stuttgart 1975.

Gay, Peter: Meine deutsche Frage, München 1999 [engl. Orig.: My German Question. Growing up in Nazi Berlin, New Haven/London 1998].

Geyer, Dietrich: Reußenkrone, Hakenkreuz und Roter Stern. Ein autobiographischer Bericht, Göttingen 1999.

Gilbert, Felix: Lehrjahre im alten Europa. Erinnerungen 1905-1949, Berlin 1989 [engl. Orig.: A European Past. Memoirs, 1905-1945, New York/London 1988].

Grab, Walter: Meine vier Leben. Gedächtniskünstler – Emigrant – Jakobinerforscher – Demokrat, Köln 1999.

Graml, Hermann: Die fünfziger Jahre, in: Horst Möller, Udo Wengst (Hg.), 50 Jahre Institut für Zeitgeschichte. Eine Bilanz, München 1999, S. 77-83.

Grebing, Helga: Die vom Jahrgang 1929/30 oder: Die Last der späten Geburt, in: Text & Kritik, Band 46, hrsg. v. Heinz-Ludwig Arnold, S. 3-8.

Grossmann, Kurt R.: Die Vergangenheit als Gegenwartsaufgabe, in: Deutsche Rundschau 87 (1961), S. 233-240.

Hagen, Wilhelm: Auftrag und Wirklichkeit. Sozialarzt im 20. Jahrhundert, München-Gräfelfing 1978.

Haller, Johannes: Lebenserinnerungen. Gesehenes – Gehörtes – Gedachtes, Stuttgart 1960.

Haller, Johannes: »Das Drama ist zu Ende.« Aus Johannes Hallers unveröffentlichtem Tübinger Tagebuch, in: Wiedergeburt des Geistes. Die Universität Tübingen im Jahre 1945, Tübingen 1985, S. 34-40.

Hartman, Geoffrey: Der längste Schatten, in: ders., Der längste Schatten. Erinnern und Vergessen nach dem Holocaust, Berlin 1999, S. 30-49.

Heilmann, Peter: Ein gescheitertes Projekt. Das Internationale Dokumentationszentrum, in: Sachor. Nicht Vergessen, S. 37-42.

Heimpel, Hermann: Die halbe Violine, Stuttgart 1949.

Heimpel, Hermann: »Freude an der Geschichte«. Interview mit Wolfgang Berkefeld, in: Westermanns Monatshefte 103 (1962), H. 10, S. 48-54.

Heimpel, Hermann: November 1923, in: Geschichte in Wissenschaft und Unterricht 32 (1981), S. 521-525.

Heimpel, Hermann: Aspekte. Alte und neue Texte, hrsg. v. Sabine Krüger, Göttingen 1995.

Hennis, Wilhelm: Politikwissenschaft als Beruf. »Erzählte Erfahrung« eines Fünfundsiebzigjährigen, in: ders., Regieren im modernen Staat. Politikwissenschaftliche Abhandlungen I, Tübingen 1999, S. 381-415 [zuerst in: Freiburger Universitätsblätter 140 (1998), S. 25-48].

Herzfeld, Hans: Aus den Lebenserinnerungen, hrsg. von Willy Real (= Veröffentlichungen der Historischen Kommission zu Berlin, Bd. 8), Berlin/New York 1992.

Hilberg, Raul: »Der Holocaust war für mich Gegenwart«. Interview mit Raul Hilberg, in: Welzer, »Auf den Trümmern der Geschichte«, S. 13-48.

Hilberg, Raul: Dieses Erlebnis wollten sie. Das Glück zu reisen, die Willkür der Gesetze und Hitlers Uniform. Ina Hartwig im Gespräch mit Raul Hilberg, in: FR, Nr. 32 vom 7. 2. 1998.

Hilberg, Raul: Unerbetene Erinnerung. Der Weg eines Holocaust-Forschers, Frankfurt a.M. 1994.

Hilberg, Raul und Alfons Söllner: Das Schweigen zum Sprechen bringen. Ein Gespräch über Franz Neumann und die Entwicklung der Holocaust-Forschung, in: Zivilisationsbruch. Denken nach Auschwitz, hrsg. von Dan Diner, Frankfurt a.M. 1988, S. 175-200.

Hinck, Walter: Im Wechsel der Zeiten. Leben und Literatur, Bonn 1998.

Hohls, Rüdiger und Konrad Jarausch (Hg.): Versäumte Fragen. Deutsche Historiker im Schatten des Nationalsozialismus, Stuttgart/München 2000.

Höß, Rudolf: Kommandant in Auschwitz. Autobiographische Aufzeichnungen, eingeleitet und kommentiert von Martin Broszat, Stuttgart 1958.

Hoffmann, Wilhelm: Nach der Katastrophe, neu hrsg. zum 100. Geburtstag des Autors von Hannsjörg Kowark, Stuttgart 2001 [zuerst: 1946].

Iggers, Georg G.: Eine Kindheit in Deutschland: Erinnerungen 1926-1938, in: SOWI 18 (1989), H. 3, S. 170-176.

Iggers, Wilma und Georg Iggers: Zwei Seiten der Geschichte. Lebensbericht aus unruhigen Zeiten, Göttingen 2002.

Jürgens, Franz J.: »Wir waren ja eigentlich Deutsche«. Juden berichten von Emigration und Rückkehr, Berlin 1997.

Kautsky, Benedikt: Teufel und Verdammte. Erfahrungen und Erkenntnisse aus sieben Jahren in deutschen Konzentrationslagern, Zürich 1946.

Elga Kern (Hg.), Wegweiser in der Zeitenwende. Selbstzeugnisse bedeutender Menschen, Selbstzeugnisse von Bertrand Russell, Helmut Thielicke, Hein Herbers u.a., München/Basel 1955.

Kessel, Eberhard: Friedrich Meinecke in eigener Sicht, in: Michael Erbe (Hg.), Friedrich Meinecke heute, Berlin 1981, S. 186-195.

Klein, Fritz: Drinnen und draußen. Ein Historiker in der DDR. Erinnerungen, Frankfurt a.M. 2000.

Klemperer, Victor: »Ich will Zeugnis ablegen bis zum Letzten«. Tagebücher 1933-1945 (2 Bde), Berlin 1995.

Körte, Peter (Hg.): 30 Jahre Argument – Erfahrungen und Perspektiven. Interviews zu einem Jubiläum, Berlin 1988

Kohn, Hans: Bürger vieler Welten. Ein Leben im Zeitalter der Weltrevolution. Geleitwort von Arnold J. Toynbee, Frauenfeld 1965.

Koselleck, Reinhart: Die Diskontinuität der Erinnerung, in: DZPhil 47 (1999), S. 213-222.

Koselleck, Reinhart: Begriffsgeschichte, Sozialgeschichte, begriffene Geschichte. Reinhart Koselleck im Gespräch mit Christof Dipper, in: NPL 1998, H. 2, S. 187-205.

Koselleck, Reinhart: Glühende Lava, zur Erinnerung geronnen, in: Frankfurter Allgemeine Zeitung, Nr. 105 vom 6. Mai 1995.

Kosthorst, Erich: Die Geburt der Tragödie aus dem Geist des Gehorsams. Deutschlands Generäle und Hitler – Erfahrungen und Reflexionen eines Frontoffiziers, Bonn 1998.

Kosthorst, Erich: Mein Weg durch die Zeitgeschichte, in: Lehmann/Oexle (Hg.), Erinnerungsstücke.

Krockow, Christian Graf von: Zu Gast in drei Welten. Erinnerungen, Stuttgart/München 2000.

Kuby, Erich: Mein ärgerliches Vaterland, München/Wien 1989.

Langbein, Hermann: Ein Gespräch mit Anton Pelinka und Erika Weinzierl, in: Anton Pelinka, Erika Weinzierl, Gesellschaft für politische Aufklärung (Hg.), Hermann Langbein zum 80. Geburtstag, Wien 1993, S. 45-113.

Lehmann, Hartmut und Otto G. Oexle (Hg.): Erinnerungsstücke. Weg in die Vergangenheit. Rudolf Vierhaus zum 75. Geburtstag gewidmet. Mit Beiträgen von Karl Otmar Freiherr von Aretin, Karl Dietrich Bracher, Fritz Fellner, Iring Fetscher, Klaus Friedland, Irmgard Höß, Walther Hofer, Erich Kosthorst, Annelise Thimme, Eberhard Weis, Karl Ferdinand Werner und Wolfgang Zorn, Wien/Köln/Weimar 1997.

Loock, Hans-Dietrich: War's so? Erinnerungen an die Entstehung der Zeitgeschichte, in: 25 Jahre Institut für Zeitgeschichte. Statt einer Festschrift, Stuttgart 1975, S. 38-54.

Lütge, Friedrich: Parteigenosse – Nichtparteigenosse, in: Zeitschrift für Politik N.F. 10 (1963), S. 170-191.

Maas, Hermann: »Redet mit Jerusalem freundlich ...« Zeugnisse von und über Hermann Maas, erarb. v. Werner Keller, Albrecht Lohrbäcker, Eckart Marggraf, Jörg Thierfelder und Karsten Weber, Karlsruhe 1986.

Maier, Hans: Ein Schwieriger zwischen den Fronten. Politikwissenschaft in universalistischer Absicht: Erinnerungen an Eric Voegelin, in: FAZ, Nr. 84 vom 8. 4. 2000.

Marquardt, Odo: Abschied vom Prinzipiellen. Auch eine autobiographische Einleitung, in: ders., Abschied vom Prinzipiellen. Philosophische Studien, Stuttgart 1981, S. 4-22.

Masur, Gerhard: Das ungewisse Herz. Berichte aus Berlin über die Suche nach dem Freien. Mit einem Wegweiser von Wilmont Haacke, Holyoke (Mass.) 1978.

Mayer, Gustav: Erinnerungen. Vom Journalisten zum Historiker der deutschen Arbeiterbewegung, München 1949.

Meinecke, Friedrich: Erlebtes 1862-1901 (1941), und: ders., Straßburg – Freiburg – Berlin 1901-1919 (1945), beide in: Autobiographische Schriften, hrsg. und eingel. von Eberhard Kessel, Stuttgart 1969.

Meinecke, Friedrich: Die deutsche Katastrophe. Betrachtungen und Erinnerungen, Wiesbaden 1946.

Mendelssohn, Peter de: Gegenstrahlungen. Ein Tagebuch zu Ernst Jüngers Tagebuch, in: Der Monat 2 (1949), S. 149-174.

Mommsen, Hans: »Es geht darum, einen Prozeß zu erklären und nicht in moralischer Empörung steckenzubleiben!« Interview mit Hans Mommsen, in: Welzer (Hg.), »Auf den Trümmern der Geschichte«, S. 49-90.

Mosse, George L.: »Ich bleibe Emigrant«. Gespräche mit Irene Runge und Uwe Stelbrink, Berlin 1991.

Nossack, Hans-Erich: Dies lebenlose Leben. Versuch über den NS-Alltag, in: Merkur 21 (1967), S. 134-149.

Obenaus, Herbert: Geschichtsstudium und Universität nach der Katastrophe von 1945, in: Karsten Rudolph, Christel Wickert (Hg.), Geschichte als Möglichkeit. Über die Chancen der Demokratie. Festschrift für Helga Grebing, Essen 1995, S. 307-337.

Padover, Saul K.: Lügendetektor. Vernehmungen im besiegten Deutschland 1944/45, Frankfurt a.M. 1999 [amerik. Orig.: Experiment in Germany. The Story of an American Intelligence Officier, New York 1946].

Poliakov, Léon: »So wurde das deutsche Tabu gebrochen …«, in: Sachor. Nicht vergessen. S. 23-26.

Poliakov, Léon: Humanität, Nationalität, Bestialität. Interview mit Elisabeth Weber (geführt am 7. 3. 1991), in: Elisabeth Weber (Hg.), Jüdisches Denken in Frankreich, Frankfurt a.M. 1994, S. 133-155.

Posener, Julius: In Deutschland 1945 bis 1946. Kommentierte Ausgabe mit einem Nachwort von Alan Posener, Berlin 2001 [zuerst: Jerusalem 1947].

Ritter, Gerhard A.: Erinnerungen an den Krieg und die Nachkriegszeit, in: Siegfried Landau (Hg.), Zwischen Mystik und Ratio. Festschrift für Rainer Röhricht, Waltrop 1989, S. 272-287.

Roegele, Otto B.: Student im Dritten Reich, in: Die deutsche Universität im Dritten Reich. Eine Vortragsreihe der Universität München, München 1966, S. 135-174.

Rosenberg, Hans: Rückblick auf ein Historikerleben zwischen zwei Kulturen, in: ders., Machteliten und Wirtschaftskonjunkturen. Studien zur neueren deutschen Sozial- und Wirtschaftsgeschichte, Göttingen 1978, S. 11-23.

Rothfels, Hans: Antrittsrede, in: Sitzungsberichte der Heidelberger Akademie der Wissenschaften. Jahresheft 1958/59, Heidelberg 1960, S. 27-30.

Rousset, David: Die Tage unseres Sterbens, in: Die Umschau 1 (1946), H. 1, S. 33-41.

Sachor – Nicht Vergessen. Erinnerungen an Joseph Wulf, Berlin 1989.

Scheffler, Wolfgang: Über den Publizisten Joseph Wulf, in: Sachor. Nicht vergessen, S. 47-52.

Schenk, Herrad: Wie in einem uferlosen Strom. Das Leben meiner Eltern, München 2002.

Schmidt, Heinrich: Erinnerungen an drei Göttinger Historiker: Hermann Heimpel, Karl Gottfried Hugelmann, Siegfried A. Kaehler, in: Nationalsozialismus und Region. Festschrift für Herbert Obenaus zm 65. Geburtstag, hrsg. v. Marlies Buchholz, Claus Füllberg-Stolberg und Hans-Dieter Schmid, 2. Aufl., Bielefeld 1997, S. 15-39.

Schoenberner, Gerhard: Ein Blatt für Joseph Wulf, in: Sachor. Nicht vergessen, S. 15-20.

Schoeps, Julius H.: »Vergiß niemals Dein Volk Israel!«. Autobiographische Anmerkungen und Notizen, in: Julius H. Schoeps, Die gescheiterte Symbiose, S. 383-399 [erweiterte Fassung des englischen Erstabdrucks: Never Forget Thy People Israel! Autobiographical Remarks, in: Speaking Out. Jewish Voices from United Germany, hg. von Susan Stern, Chicago/Berlin/ Tokyo/Moscow 1995, S. 67-81].

Schüler-Springorum, Stefanie und Christl Wickert: Unversöhnte Geschichte(n). Historiker in Ost und West, in: Karsten Rudolph und Christel Wickert (Hg.), Geschichte als Möglichkeit. Über die Chance von Demokratie. Festschrift für Helga Grebing, Essen 1995, S. 9-25.

Shirer, William L.: End of Berlin Diary

Sombart, Nicolaus: Rendezvous mit dem Weltgeist. Heidelberger Reminiszenzen 1945-1951, Frankfurt a.M. 2000.

Speer, Albert: Spandauer Tagebücher, Frankfurt a.M./Berlin 1975.

Speer, Albert: Erinnerungen, Frankfurt a.M./Berlin 1969.

Spender, Stephen: Deutschland in Ruinen. Ein Bericht, Frankfurt a.M. 1998 [engl. Orig.: European Witness, London 1946].

Stern, Fritz: Leben in Diktaturen. Eine persönliche Erinnerung, in: ders., Der Traum vom Frieden und die Versuchung der Macht. Deutsche Geschichte im 20. Jahrhundert. Erweiterte Neuaufl., Berlin 1999, S. 280-291.

Strauss, Herbert A.: Über dem Abgrund. Eine jüdische Jugend in Deutschland 1918-1943, Frankfurt a.M./New York 1997.

Tellenbach, Gerd: Aus erinnerter Zeitgeschichte, Freiburg 1981.

Tellenbach, Gerd: Erzählte Erfahrung. Der Historiker, in: Freiburger Universitätsblätter 30 (1991), S. 51-62.

Terpitz, Werner: Die Nation ist das Vergängliche. Schon 1954 protestierten Studenten gegen den falschen Konsens der Bundesrepublik, in: FAZ, Nr. 175 vom 31. 7. 1999.

Thimme, Annelise: Geprägt von der Geschichte, in: Lehmann/Oexle (Hg.), Erinnerungsstücke.

Thielicke, Helmut: Kleine Biographie, in: Kern (Hg.), Wegweiser zur Zeitenwende, S. 22-40.

Vordtriede, Käthe: »Es gibt Zeiten, in denen man welkt«. Mein Leben in Deutschland vor und nach 1933, hrsg. und mit einem Nachwort versehen von Detlef Garz, Lengwil 1999.

Weyrauch, Wolfgang: War ich ein Nazi?, in: Merkur 20 (1966), S. 232-236.

Wiesel, Elie: Alle Flüsse fließen ins Meer. Autobiographie, Hamburg 1995.

Wulf, Joseph: Geständnisse eines Autors, in: Deutsche Rundschau 84 (1958), H. 9; wieder in: Sachor. Nicht vergessen, S. 29-36.

Zimmermann, Michael: »Jetzt« und »Damals« als imaginierte Einheit. Erfahrungen in einem lebensgeschichtlichen Projekt über die nationalsozialistische Verfolgung von Sinti und Roma, in: BIOS 4 (1991), S. 225-242.

Zmarzlik, Hans-Günther: Einer vom Jahrgang 1922. Rückblick in eigener Sache, in: ders., Wieviel Zukunft hat unsere Vergangenheit?, München 1970, S. 16-31.

Literaturverzeichnis

Vorbemerkungen

Die Trennung von Primär- und Sekundärliteratur ist in vielen Fällen künstlich durchgeführt, zumal beim Ansatz dieser Arbeit diese Unterscheidung häufig hinfällig geworden ist (vergleiche hierzu die Bemerkungen in der Einleitung im Abschnitt »Zum Verhältnis von Forschung und Quellen«). Der Übersichtlichkeit wegen wurde sie für die Auflistung im Literaturverzeichnis aufrechterhalten. Aufgeführt wird die verwendete und im Text in Kurzform zitierte Literatur. Sammelbände werden dann mehrfach aufgeführt, wenn mehr als zwei Aufsätze aus ihnen verwendet wurden: die vollständigen Angaben sind unter dem Namen des Herausgebers zu finden.

Adam, Uwe: Judenpolitik im Dritten Reich, Düsseldorf 1972.

Adler, H. G.: Der verwaltete Mensch. Studien zur Deportation der Juden aus Deutschland, Tübingen 1974.

Adler, H. G.: Pogrome und Konzentrationslager, in: Karlheinz Deschner (Hg.), Das Jahrhundert der Barbarei, München 1966, S. 243-315.

Adler, H. G.: Die Erfahrung der Ohnmacht. Beiträge zur Soziologie unserer Zeit, Frankfurt a.M. 1964.

Adler, H. G.: Theresienstadt 1941-1945. Das Antlitz einer Zwangsgemeinschaft. Geschichte, Soziologie, Psychologie, Tübingen 1955; 2., verb. u. erg. Aufl. Tübingen 1960.

Adler, H. G.: Selbstverwaltung und Widerstand in den Konzentrationslagern der SS, in: VfZ 8 (1960), H. 3, S. 221-236.

Adler, H. G.: Gedanken zu einer Soziologie der Konzentrationslager (1958), in: ders., Die Erfahrung der Ohnmacht, S. 212-226; und: ders., Der Wahrheit verpflichtet, S. 142-162].

Adler, Jeremy: »Die Macht des Guten im Rachen des Bösen.« H. G. Adler, T. W. Adorno und die Darstellung der Shoah, in: Merkur 54 (2000), H. 6, S. 475-486.

Adorno, Theodor W.: Was bedeutet: Aufarbeitung der Vergangenheit?, in: ders., Gesammelte Schriften, Bd. 10/2: Kulturkritik und Gesellschaft II, hrsg. v. R. Tiedemann, Frankfurt a.M. 1977, S. 555-572.

Albrecht, Clemens, Günter C. Behrmann, Michael Bock u.a.: Metamorphosen der Vergangenheitsbewältigung, in: dies., Die intellektuelle Gründung der Bundesrepublik. Eine Wirkungsgeschichte der Frankfurter Schule, Frankfurt a.M. 1999, S. 530-572.

Alte Synagoge (Hg.), Hannah Arendt. Lebensgeschichte einer deutschen Jüdin, Essen 1995.

Altheim, Franz: Einheit und Einzelheit. Geschichtsphilosophie und Geschichte – Historie und Metahistorie, in: Der Monat 8 (1955/56), S. 18-21.

Aly, Götz: Stakkato der Vertreibung, Pizzikato der Entlastung, in: FAZ, Nr. 28 vom 3. 2. 1999.

Aly, Götz: »Daß uns Blut zu Gold werde«. Theodor Schieder, Propagandist des Dritten Reichs, in: Menora. Jahrbuch für deutsch-jüdische Geschichte 1998, 13-27.

Aly, Götz: »Judenumsiedlung«. Überlegungen zur politischen Vorgeschichte des Holocaust, in: Herbert (Hg.), Nationalsozialistische Vernichtungspolitik 1933-1945, S. 67-97.

Aly, Götz: Geist, Macht, Wahn. Kontinuitäten deutschen Denkens, Berlin 1997.

Aly, Götz: Erwiderung auf Dan Diner, in: VfZ 41 (1993), S. 621-635.

Aly, Götz: Wider das Bewältigungs-Kleinklein, in: Loewy (Hg.), Holocaust, S. 42-51.

Aly, Götz, Susanne Heim: Vordenker der Vernichtung. Auschwitz und die deutschen Pläne für eine neue europäische Ordnung, Hamburg 1991.

Aly, Götz und Susanne Heim: Sozialplanung und Völkermord. Thesen zur Herrschaftsrationalität der nationalsozialistischen Vernichtungspolitik, in: Werner Schneider (Hg.), Vernichtungspolitik. Eine Debatte über den Zusammenhang von Sozialpolitik und Genozid im nationalsozialistischen Deutschland, Hamburg 1991, S. 11-23.

Aly, Götz und Susanne Heim: Die Ökonomie der »Endlösung«. Menschenvernichtung und wirtschaftliche Neuordnung, in: Sozialpolitik und Völkervernichtung. Gibt es eine Ökonomie der »Endlösung«? Beiträge zur nationalsozialistischen Gesundheits- und Sozialpolitik, Bd. 5, Berlin 1987, S. 11-90.

Aly, Götz: »volle Wahrheit« und »reine Wissenschaft«. Der Stuttgarter Historikerkongreß über den Mord an den europäischen Juden, in: Tageszeitung (Berlin), 7. 5. 1984.

Améry, Jean: Widersprüche, Stuttgart 1971.

Anatomie des SS-Staates, 2 Bände (siehe unter Broszat, Buchheim und Krausnick).

Anderle, Othmar F.: Theoretische Geschichte. Betrachtungen zur Grundlagenkrise der Geschichtswissenschaft, in: HZ 185 (1958), S. 1-54.

Anderle, Othmar F.: Die Geschichtswissenschaft in der Krise, in: E. Iserloh, P. Mann (Hg.), Festschrift für Joseph Lortz, Baden-Baden 1958, S. 491-550.

Anders, Günter: Wir Eichmannsöhne. Offener Brief an Klaus Eichmann, 2., durch einen weiteren Brief erg. Aufl., München 1988 [zuerst: 1964].

Anger, Walter (Hg.): Das Dritte Reich in Dokumenten, Frankfurt a.M. 1956.

Arendt, Hannah: Der Auschwitz-Prozeß, in: dies., Nach Auschwitz. Essays und Kommentare, hrsg. v. Eike Geisel, Klaus Bittermann, Berlin 1989, S. 99-136.

Arendt, Hannah: Eichmann in Jerusalem. Ein Bericht von der Banalität des Bösen, München/Zürich 1992 [dt. Übersetzung zuerst: 1963].

Arendt, Hannah: Die vollendete Sinnlosigkeit, in: dies., Israel, Palästina und der Antisemitismus. Aufsätze, hrsg. v. Eike Geisel, Klaus Bittermann, Berlin 1991 [zuerst 1950], S. 77-95.

Arendt, Hannah: Sechs Essays, Heidelberg 1948.

Arendt, Hannah: Elemente und Ursprünge totaler Herrschaft, [zuerst: The Origin of Totalitarianism, New York 1951].

Arendt, Hannah: Bei Hitler zu Tisch, in: Der Monat 4 (1951/52), Nr. 37, S. 85-90.

Arendt, Hannah: Konzentrationsläger, in: Die Wandlung 3 (1948), H. 4, S. 309-330.

Aretin, Otmar Freiherr v.: Deutschlands Geschichtswissenschaft seit dem 2. Weltkrieg, in: Deutsche Rundschau 83 (1957), S. 358-362.

Arnsberg, Paul: War Eichmann ein Dämon?, in: APuZ, B 45/64 vom 4. 11. 1964, S. 3-18.

Aronson, Shlomo: Reinhard Heydrich und die Frühgeschichte von Gestapo und SD, Stuttgart 1971.

Aschheim, Steven: Hannah Arendt and Karl Jaspers: Friendship, Catastrophe and the Posibilities of German-Jewish Dialogue, S. 97-114.

Aschheim, Steven (Hg.): Hannah Arendt in Jerusalem, Berkeley, Los Angeles, London 2001.

Aschheim, Steven: Archetypen und der deutsch-jüdische Dialog. Erwägungen zur Goldhagen-Kontroverse, in: Heil/Erb (Hg.), Geschichtswissenschaft und Öffentlichkeit, S. 184-201.

Aschheim, Steven: On Saul Friedländer, in: History & Memory 9 (1997), S. 11-46.

Aschheim, Steven: Culture and Catastrophe. Germans and Jewish Confrontations with National Socialism and Other Crisis, London 1998.

Ash, Mitchell G.: Verordnete Umbrüche – Konstruierte Kontinuitäten: Zur Entnazifizierung von Wissenschaftlern und Wissenschaften nach 1945, in: ZfG 43 (1995), S. 903-923.

Assmann, Aleida: Geschichte im Gedächtnis, in: Martin Huber, Gerhard Lauer (Hg.), Nach der Sozialgeschichte. Konzepte für eine Literaturwissenschaft zwischen Historischer Anthropologie, Kulturgeschichte und Medientheorie, Tübingen 2000, S. 15-28.

Assmann, Aleida: Erinnerungsräume. Formen und Wandlungen des kulturellen Gedächtnisses, München 1999.

Assmann, Aleida: Stabilisatoren der Erinnerung – Affekt, Symbol, Trauma, in: Die dunkle Spur der Vergangenheit. Psychoanalytische Zugänge zum Geschichtsbewußtsein, hrsg. v. Jörn Rüsen, Jürgen Straub (= Erinnerung, Geschichte, Identität, Bd. 2), Frankfurt a.M. 1998, S. 131-152.

Assmann, Aleida: Auschwitz – das Geheimnis der Geheimnisse, in: dies., Jan Assmann (Hg.), Schleier und Schwelle, Bd. 1: Geheimnis und Öffentlichkeit, München 1997 (= Archäologie der literarischen Kommunikation, Bd. 5), S. 17-21.

Assmann, Aleida: Erinnnerungsorte und Gedächtnislandschaften, in: Loewy, Moltmann (Hg.), Erlebnis – Gedächtnis – Sinn, S. 13-29.

Assmann, Aleida: Zur Metaphorik der Erinnerung, in: dies., Harth (Hg.), Mnemosyne, S. 13-35.

Assmann, Aleida und Ute Frevert: Geschichtsvergessenheit/Geschichtsversessenheit. Vom Umgang mit deutschen Vergangenheiten nach 1945, Stuttgart 1999.

Assmann, Aleida, Dietrich Harth (Hg.): Mnemosyne. Formen und Funktionen der kulturellen Erinnerung, Frankfurt a.M. 1991.

Assmann, Jan: Kollektives und kulturelles Gedächtnis. Zur Phänomenologie und Funktion von Gegen-Erinnerung, in: Borsdorf, Grüttner (Hg.), Orte der Erinnerung, S. 13-32.

Assmann, Jan: Moses der Ägypter, München 1998.

Assmann, Jan: Das kulturelle Gedächtnis. Schrift, Erinnerung und politische Identität in frühen Hochkulturen, München 1992.

Assmann, Jan: Die Katastrophe des Vergessens. Das Deuteronomium als Paradigma kultureller Mnemotechnik, in: Assmann/Harth (Hg.), Mnemosyne, S. 337-355.

Assmann, Jan: Kollektives Gedächtnis und kulturelle Identität, in: ders./ Hölscher (Hg.), Kultur und Gedächtnis, S. 9-19.

Assmann, Jan und Tonio Hölscher (Hg.): Kultur und Gedächtnis, Frankfurt a.M. 1988.
Aubin, Hermann: Abendland, Reich, Deutschland und Europa, in: Schicksalsfragen der Gegenwart. Handbuch politisch-historischer Bildung, hrsg. v. Bundesministerium für Verteidigung, Bd. 1, Tübingen 1957, S. 29-63.
Aubin, Hermann: Die Deutschen in der Geschichte des Ostens, in: GWU 7 (1956), S. 512-545.
Auerbach, Helmuth: Die Gründung des Instituts für Zeitgeschichte, in: VfZ 18 (1970), S. 529-554.
Auschwitz. Nationalsozialistisches Vernichtungslager, hrsg. v. Staatlichen Museum Auschwitz-Birkenau, o.O. 1997.
Bacherach, W. Zwi: Die Shoah aus jüdischer Sicht, in: Arno Herzig, Ina Lorenz (Hg.), Verdrängung und Vernichtung der Juden unter dem Nationalsozialismus, Hamburg 1992, S. 75-83.
Backes, Uwe und Eckhard Jesse und Rainer Zitelmann (Hg.): Die Schatten der Vergangenheit. Impulse zur Historisierung des Nationalsozialismus, Frankfurt a.M. 1990.
Bader, K. S.: Ursache und Schuld in der geschichtlichen Wirklichkeit. Kritik des geschichtswidrigen Denkens, Karlsruhe 1946.
Baer, Ulrich (Hg.): Niemand zeugt für den Zeugen. Erinnerungskultur nach der Shoah, Frankfurt a.M. 2000.
Bahners, Patrick: Die Zeit, in der nicht tot zu sein ein Vorwurf ist. Geschichte mit prophetischem Hintergrundgeräusch: Zum hundertsten Geburtstag des Historikers Hermann Heimpel, in: FAZ, 22. 9. 2001.
Banach, Jens: Heydrichs Elite. Das Führerkorps der Sicherheitspolizei und des SD 1936-1945, Paderborn/München/Wien/Zürich 1998.
Bankier, David: Die öffentliche Meinung im Hitler-Staat. Die »Endlösung« und die Deutschen. Eine Berichtigung, Berlin 1995 [engl. Orig.: 1992].
Barkai, Avraham: Regierungsmechanismen im Dritten Reich und die »Genesis der Endlösung«, in: ders., Hoffnung und Untergang. Studien zur deutsch-jüdischen Geschichte des 19. und 20. Jahrhunderts. Mit einer Einführung von Ursula Büttner, Hamburg 1998, S. 275-288 [zuerst 1985].
Barner, Wilfried und Christoph König (Hg.): Zeitenwechsel. Germanistische Wissenschaft vor und nach 1945, Frankfurt a.M. 1996.
Barnouw, Dagmar: Ansichten von Deutschland (1945). Krieg und Gewalt in der zeitgenössischen Photographie, Basel/Frankfurt a.M. 1997.
Bartov, Omer: Der Holocaust. Vom Geschehen und Erfahrung zu Erinnerung und Darstellung, in: Rosmarie Beier (Hg.), Geschichtskultur in der Zweiten Moderne, Frankfurt a.M./New York 2000, S. 95-119.

Bartov, Omer: Intellectuals on Auschwitz: Memory, History and Truth, in: History & Memory 5 (1993), S. 87-129.
Barthel, Konrad: Das Problem der Zeitgeschichte, in: Die Sammlung 9 (1954), S. 487-501.
Bauer, Gerhard: »Geschichtlichkeit«. Wege und Irrwege eines Begriffs, Berlin 1963.
Bauer, Yehuda: Die dunkle Seite der Geschichte. Die Shoah in historischer Interpretation. Interpretationen und Re-Interpretationen, Frankfurt a.M. 2001.
Bauer, Yehuda: The Holocaust in historical perspective, Seattle 1979.
Bauerkämper, Arnd, Martin Sabrow, Bernd Stöver (Hg.), Doppelte Zeitgeschichte. Deutsch-deutsche Beziehungen 1945-1990, Bonn 1998.
Baumann, Jürgen: Die strafrechtliche Problematik der nationalsozialistischen Gewaltverbrechen, in: Henkys, Die nationalsozialistischen Gewaltverbrechen, S. 267-320.
Bauman, Zygmunt: Das Jahrhundert der Lager, in: NG/FH 41 (1994), H. 1, S. 28-37.
Bauman, Zygmunt: Dialektik der Ordnung. Die Moderne und der Holocaust, Hamburg 1992.
Bauman, Zygmunt: Moderne und Ambivalenz. Das Ende der Eindeutigkeit, Hamburg 1992.
Beer, Mathias: Das Großforschungsprojekt »Dokumentation der Vertreibung der Deutschen aus Ost-Mitteleuropa« im Spannungsfeld von Politik und Zeitgeschichte, in: VfZ 46 (1998), S. 345-389.
Benhabib, Seyla: Identität, Perspektive und Erzählung in Hannah Arendts ›Eichmann in Jerusalem‹, in: Smith (Hg.), Hannah Arendt Revisited, S. 95-119.
Benhabib, Seyla: Hannah Arendt – Die melancholische Denkerin der Moderne. Mit einem Nachwort von Otto Kallscheuer, Hamburg 1998.
Benhabib, Seyla: Hannah Arendt und die erlösende Kraft des Erzählens, in: Diner (Hg.), Zivilisationsbruch, S. 150-174.
Benz, Wolfgang: Bilder vom Juden. Studien zum alltäglichen Antisemitismus, München 2001.
Benz, Wolfgang: Antisemitismusforschung, in: Wissenschaft vom Judentum. Annäherungen nach dem Holocaust, hrsg. von Michael Brenner und Stefan Rohrbacher, Göttingen 2000, S. 111-120.
Benz, Wolfgang: »Bürger als Mörder und die Unfähigkeit zur Einsicht«: Der Frankfurter Auschwitz-Prozess, in: Uwe Schultz (Hg.), Große Prozesse. Recht und Gerechtigkeit in der Geschichte, München 1996, S. 382-391.

Benz, Wolfgang: Zum Umgang mit nationalsozialistischer Vergangenheit in der Bundesrepublik Deutschland, in: Danyel (Hg.), Die geteilte Vergangenheit, S. 47-60.

Benz, Wolfgang: Bilder statt Fußnoten. Wie authentisch muß der Bericht über ein geschichtliches Ereignis sein?, in: Die ZEIT, Nr. 10 vom 4. März 1994, S. 59.

Benz, Wolfgang: Wissenschaft oder Alibi? Die Etablierung der Zeitgeschichte, in: Pehle/ Sillem (Hg.), Wissenschaft im geteilten Deutschland, S. 11-25.

Benz, Wolfgang: Auschwitz und die Deutschen. Die Erinnerung an den Völkermord, in: Herzig/Lorenz (Hg.), Verdrängung und Vernichtung, S. 333-347.

Benz, Wolfgang: Die Deutschen und die Judenverfolgung. Mentalitätsgeschichtliche Aspekte, in: Ursula Büttner (Hg.), Die Deutschen und die Judenverfolgung im Dritten Reich, Hamburg 1992, S. 51-63.

Benz, Wolfgang und Barbara Diestel (Hg.): Orte der Erinnerung (= Dachauer Hefte. Studien und Dokumente zur Geschichte der nationalsozialistischen Konzentrationslager, Bd. 11).

Berding, Helmut: Antisemitismus in der modernen Gesellschaft. Kontinuität und Diskontinuität, in: Nation und Gesellschaft in Deutschland. Historische Essays, hrsg. v. Manfred Hettling, Paul Nolte, München 1996, S. 192-207.

Berding, Helmut: Moderner Antisemitismus in Deutschland, Frankfurt a.M. 1988.

Berg, Nicolas: Lesarten des Judenmords, in: Herbert (Hg.), Wandlungsprozesse, S. 91-139.

Berg, Nicolas: Perspektivität, Erinnerung und Emotion. Anmerkungen zum »Gefühlsgedächtnis« in Holocaustdiskursen, in: Echterhoff/Saar (Hg.): Kontexte und Kulturen des Erinnerns, S. 225-251.

Berg, Nicolas: Der Holocaust in der Geschichtswissenschaft. Kontroversen und Fragestellungen seit dem »Historikerstreit«, in: Frei/Steinbacher (Hg.), Beschweigen und Bekennen, S. 103-126.

Berg, Nicolas: Zwischen individuellem und historiographischem Gedächtnis. Der Nationalsozialismus in Autobiographien deutscher Historiker nach 1945, in: BIOS 13 (2000), S. 181-207.

Berg, Nicolas: »Auschwitz« und die deutsche Geschichtswissenschaft. Überlegungen zu Kontroversen der letzten Jahre, in: Berg/Jochimsen/Stiegler (Hg.), Shoah. Formen der Erinnerung, S. 31-52.

Berg, Nicolas, Jess Jochimsen und Bernd Stiegler (Hg.): Shoah. Formen der Erinnerung. Geschichte. Philosophie. Literatur. Kunst, München 1996.

Berg, Nicolas: Die Lebenslüge vom Pathos der Nüchternheit. Subjektive jüdische Erinnerung und objektive deutsche Zeitgeschichtsforschung? Joseph Wulf, Martin Broszat und das Institut für Zeitgeschichte in den sechziger Jahren, in: Süddeutsche Zeitung, 17. 7. 2002.

Bergen, Doris L.: Controversies about the Holocaust: Goldhagen, Arendt, and the Historians' Conflict, in: Historikerkontroversen, hrsg. v. Hartmut Lehmann, Göttingen 2000 (= Göttinger Gespräche zur Geschichtswissenschaft, Bd. 10), S. 141-174.

Berger, Stefan: The Search for Normality. National Identity and Historical Consciousness in Germany since 1800, Providence 1997.

Berghahn, Volker: Die Fischerkontroverse – 15 Jahre danach, in: GuG 6 (1980), S. 403-419.

Berghoff, Hartmut: Zwischen Verdrängung und Aufarbeitung. Die bundesdeutsche Gesellschaft und ihre nationalsozialistische Vergangenheit in den fünfziger Jahren, in: GWU 49 (1998), S. 96-114.

Bergmann, Werner: Die Reaktion auf den Holocaust in Westdeutschland von 1945 bis 1989, in: GWU 43 (1992), S. 327-350.

Bergmann, Werner, Rainer Erb: Antisemitismus in der Bundesrepublik Deutschland. Ergebnisse der empirischen Forschung von 1946-1989, Opladen 1991.

Bergmann, Werner, Rainer Erb, Albert Lichtblau (Hg.): Schwieriges Erbe. Der Umgang mit dem Nationalsozialismus und Antisemitismus in Österreich, der DDR und der Bundesrepublik Deutschland, Frankfurt a.M./New York 1995.

Bergsträsser, Arnold (Hg.): Deutsche Beiträge zur geistigen Überlieferung, Chicago 1947.

Berthold, Werner: «… großhungern und gehorchen.« Zur Entstehung und politischen Funktion der Geschichtsideologie des westdeutschen Imperialismus. Untersucht am Beispiel von Gerhard Ritter und Friedrich Meinecke, Berlin (Ost) 1960.

Besson, Waldemar: Art.: Zeitgeschichte, in: ders. (Hg.), Fischer-Lexikon Geschichte, Frankfurt a.M. 1968 [zuerst: 1961], S. 264-269 und 332-351.

Besson, Waldemar: Neuere Literatur zur Geschichte des Nationalsozialismus, in: VfZ 9 (1961), S. 314-330.

Besson, Waldemar: Gordon A. Craig und jüngste deutsche Geschichte. Deutsche Geschichte von draußen gesehen (II), in: Deutsche Rundschau 86 (1960), S. 35-42.

Bettelheim, Bruno: Eichmann – das System – die Opfer, in: Krummacher (Hg.), Die Kontroverse, S. 91-113.

Beyerhaus, Gisbert: Neue Wege zur Erforschung des Zweiten Weltkriegs, in: WaG 2 (1951), S. 58-63.

Beyerhaus, Gisbert: Notwendigkeit und Freiheit in der deutschen Katastrophe. Gedanken zu Friedrich Meineckes jüngstem Buch, in: HZ 169 (1949), S. 73-87.

Beyme, Klaus von: Totalitarismus – zur Renaissance eines Begriffes nach dem Ende des Kommunismus, in: Achim Siegel (Hg.), Totalitarismustheorien nach dem Ende des Kommunismus (= Schriften des Hannah-Arendt-Instituts für Totalitarismusforschung, Bd. 7), S. 23-36.

Beyrau, Dietrich: Die korrekte Moral und die historische Profession. Ein Kommentar, in: Jahrbücher für die Geschichte Osteuropas 47 (1999), S. 254-262.

Bichler, Reinhold: Das Diktum von der historischen Singularität und der Anspruch des historischen Vergleichs. Bemerkungen zum Thema Individuelles versus Allgemeines und zur langen Geschichte des deutschen Historikerstreits, in: Karl Acham/Winfried Schulze (Hg.), Teil und Ganzes. Zum Verhältnis von Einzel- und Gesamtanalyse in Geschichts- und Sozialwissenschaften, München 1990 (= Beiträge zur Historik, Bd. 6), S. 169-192.

Bier, Jean-Paul: The Holocaust, West Germany, and Strategies of Oblivion, 1947-1979, in: Germans and Jews since the Holocaust. The Changing Situation in West Germany, hrsg. von Anson Rabinbach, Jack Zipes, New York/London 1986, S. 185-207.

Blänsdorf, Agnes: Gerhard Ritter 1942-1950. Seine Überlegungen zum kirchlichen und politischen Neubeginn in Deutschland, in: GWU 42 (1991), S. 67-91.

Blanke, Horst Walter, Friedrich Jaeger, Thomas Sandkühler (Hg.): Dimensionen der Historik. Geschichtstheorie, Wissenschaftsgeschichte und Geschichtskultur heute, Jörn Rüsen zum 60. Geburtstag, Köln/Weimar/Wien 1998.

Blanke, Horst Walter: Historiographiegeschichte als Historik, Stuttgart-Bad Canstatt 1991.

Blasius, Dirk: »Judenfrage« und Gesellschaftsgeschichte, in: NPL 23 (1978), S. 17-33.

Bleek, Wilhelm: Kurt Sontheimer. Politikwissenschaft als öffentlicher Beruf, in: Hans Karl Rupp/Thomas Noetzel (Hg.), Macht, Freiheit, Demokratie, Bd. 2: Die zweite Generation der westdeutschen Politikwissenschaft, Marburg 1994, S. 27-43.

Bodemann, Michael: Gedächtnistheater. Die Jüdische Gemeinde und ihre deutsche Erfindung. Mit einem Beitrag von Jael Geis, Hamburg 1996.

Böhm, Franz, Walter Dierks (Hg.): Judentum. Schicksal, Wesen und Gegenwart (2 Bände), Wiesbaden 1965.

Böhme, Helmut: »Primat« und »Paradigmata«. Zur Entwicklung einer bundesdeutschen Zeitgeschichtsschreibung am Beispiel des Ersten Weltkrieges, in: Historikerkontroversen, hrsg. v. Hartmut Lehmann, Göttingen 2000 (= Göttinger Gespräche zur Geschichtswissenschaft, Bd. 10), S. 87-139.

Bohrer, Karl Heinz: Schuldkultur und Schamkultur und der Verlust an historischem Gewissen, in: NZZ, Nr. 289 vom 16. 12. 1998.

Boockmann, Hartmut: Die Königsberger Historiker vom Ende des 1. Weltkriegs bis zum Ende der Universität, in: Dietrich Rauschning, Donata Nérée (Hg.), Die Albertus-Universität zu Königsberg und ihre Professoren. Aus Anlaß der Gründung der Albertus-Universität zu Königsberg vor 450 Jahren, Berlin 1995, S. 257-281.

Boockmann, Hartmut: Der Historiker Hermann Heimpel, Göttingen 1990.

Bollack, Jean: Die kritische Potenz der Wissenschaftsgeschichte, in: Christoph König, Eberhard Lämmert (Hg.), Literaturwissenschaft und Geistesgeschichte 1910-1925, Frankfurt a.M. 1993, S. 111-120.

Bollenbeck, Georg/Gerhard Kaiser (Hg.), Die janusköpfigen 50er Jahre. Kulturelle Moderne und bildungsbürgerliche Semantik III, Opladen 2000.

Bories-Sawala, Helga: Erinnerung – Göttin, Liebesdienerin, Kronzeugin? Zum Stand der Oral History in Europa, in: Francia 24 (1997), S. 117-132.

Bornkamm, Heinrich: Gerhard Ritter. Grabrede, in: AfRG 58 (1967), S. 145-148.

Borries, Achim v.: William L. Shirer und seine Kritiker, in: Blätter für deutsche und internationale Politik 7 (1962), S. 769-779.

Borsdorf, Ulrich und Heinrich Theodor Grütter (Hg.): Orte der Erinnerung. Denkmal, Gedenkstätte, Museum, Frankfurt a.M. 1999.

Bosch, Michael (Hg.): Persönlichkeit und Struktur in der Geschichte, Düsseldorf 1977.

Bourdieu, Pierre: Die biographische Illusion, in: BIOS 3 (1990), S. 75-81.

Bracher, Karl Dietrich: Der Nationalsozialismus in Deutschland. Probleme der Interpretation, in: Faschismus und Nationalsozialismus, hrsg. v. Karl Dietrich Bracher, Leo Valiani, Berlin 1991 (= Schriften des Italienisch-Deutschen Histor. Inst. in Trient, Bd. 1), S. 25-40.

Bracher, Karl Dietrich: Die totalitäre Erfahrung, München 1987.

Bracher, Karl Dietrich: Doppelte Zeitgeschichte im Spannungsfeld politischer Generationen, in: Bernd Hey/Peter Steinbach (Hg.), Zeitgeschichte und politisches Bewußtsein, Köln 1986, S. 53-71.

Bracher, Karl Dietrich: Zeit der Ideologien, Stuttgart 1985.

Bracher, Karl Dietrich: Schlüsselwörter in der Geschichte. Mit einer Betrachtung zum Totalitarismusproblem, Düsseldorf 1978.

Bracher, Karl Dietrich: Zeitgeschichte im Wandel der Interpretationen. Zur Neuausgabe von K. D. Erdmanns »Die Zeit der Weltkriege«, in: HZ 225 (1977), S. 635-655.

Bracher, Karl Dietrich: Zeitgeschichtliche Kontroversen. Um Faschismus, Totalitarismus, Demokratie, München 1976.

Bracher, Karl Dietrich: Die deutsche Diktatur. Entstehung, Struktur, Folgen des Nationalsozialismus, Köln/Berlin 1969.

Bracher, Karl Dietrich: Zur Geschichte des »Dritten Reiches«, in: NPL 2 (1957), Sp. 97-101.

Braese, Stephan: Die andere Erinnerung. Jüdische Autoren in der westdeutschen Nachkriegsliteratur, Berlin/Wien 2001.

Braese, Stephan, Holger Gehle, Doron Kiesel, Hanno Loewy (Hg.): Deutsche Nachkriegsliteratur und der Holocaust, Frankfurt a.M./ New York 1998 (= Wissenschaftliche Reihe des Fritz Bauer Instituts, Bd. 6).

Brandt, Ahasver v.: Fritz Ernsts wissenschaftliches Lebenswerk, in: Fritz Ernst 1905-1963. Zwei Gedenkreden gehalten von Ahasver v. Brandt und Karl Engisch, Stuttgart 1964, S. 5-12.

Braubach, Max: Vom Ersten zum Zweiten Weltkrieg. Bericht über Veröffentlichungen der Jahre 1971-1974, in: HJB 94 (1974), S. 247-332.

Braubach, Max: Veröffentlichungen zur Zeitgeschichte. Eine Nachlese, in: HJB 85 (1965), S. 119-157.

Braubach, Max: Zeitgeschichte, in: HJB 79 (1960), S. 233-312.

Braubach, Max: Zeitgeschichte. Veröffentlichungen des Jahres 1956, in: HJB 77 (1958), S. 522-575.

Braubach, Max: Zeitgeschichte. Veröffentlichungen der Jahre 1954/55, in: HJB 76 (1957), S. 192-274.

Braubach, Max: Neue Veröffentlichungen zur Zeitgeschichte, in: HJB 75 (1956), S. 221-261.

Braubach, Max: Beiträge zur Zeitgeschichte, in: HJB 73 (1954), S. 152-183.

Braubach, Max: Quellen, Forschungen und Darstellungen zur neuesten Geschichte, in: HJB 72 (1953), S. 614-632.

Braubach, Max: Memoiren zur neuesten Geschichte, in: HJB 70 (1951), S. 388-401.

Breier, Karl: Hannah Arendt zur Einführung, Hamburg 1992.

Brenner, Michael und David N. Myers (Hg.): Jüdische Geschichtsschreibung heute. Themen, Positionen, Kontroversen, München 2002.

Brenner, Michael: Nach dem Holocaust. Juden in Deutschland 1945-1950, München 1995.

Breysach, Barbara: Joseph Wulfs Zeugenwissen in der deutschen und frühen polnischen Nachkriegsöffentlichkeit, in: Amsterdamer Beiträge zur neueren Germanistik 50 (2001), S. 405-414.

Brink, Cornelia: »Auschwitz in der Paulskirche«. Erinnerungspolitik in Fotoausstellungen der sechziger Jahre, Marburg 2000.

Brink, Cornelia: Ikonen der Vernichtung. Öffentlicher Gebrauch von Fotografien aus nationalsozialistischen Konzentrationslagern nach 1945, Berlin 1998.

Brochhagen, Ulrich: Nach Nürnberg. Vergangenheitsbewältigung in der Ära Adenauer, Hamburg 1994.

Broder, Henryk M.: Portrait eines Gerechten: Wer war Joseph Wulf?, in: Frankfurter Rundschau, 24. 10. 1981.

Broszat, Martin: Helmut Heiber zum 65. Geburtstag, in: VfZ 37 (1989), S. 353-356.

Broszat, Martin: Was heißt »Historisierung« des Nationalsozialismus?, in: HZ 247 (1988), S. 1-14.

Broszat, Martin: Nach Hitler. Der schwierige Umgang mit unserer Geschichte, revidierte Ausg., München 1988 [zuerst u.d.T. Nach Hitler. Der schwierige Umgang mit unserer Geschichte. Beiträge von Martin Broszat, hrsg. v. Hermann Graml, Klaus-Dietmar Henke, München 1986].

Broszat, Martin: Zur Sozialgeschichte des deutschen Widerstands, in: VfZ 34 (1986), S. 293-311.

Broszat, Martin: Plädoyer für eine »Historisierung« des Nationalsozialismus, in: Merkur 37 (1985), S. 379-385.

Broszat, Martin: Alltagsgeschichte der NS-Zeit (1984), in: ders., Nach Hitler (1. Aufl.), S. 131-139.

Broszat, Martin: Eine Insel in der Geschichte? Der Historiker in der Spannung zwischen Verstehen und Bewerten der Hitler-Zeit (1983), in: ders., Nach Hitler (1. Aufl.), S. 114-120.

Broszat, Martin: Grenzen der Wertneutralität in der Zeitgeschichtsforschung: Der Historiker und der Nationalsozialismus (1981), in: ders., Nach Hitler (1. Aufl.), S. 92-113.

Broszat, Martin: Zwiespältige Distanzierung. Albert Speers »Sklavenstaat«, in: Die ZEIT, 8. 5. 1981 [wieder in: ders., Nach Hitler (1. Aufl.), S. 234-238].

Broszat, Martin: Probleme der Hitler-Forschung (1980), in: ders., Nach Hitler (2. Aufl.), S. 119-130.

Broszat, Martin: »Holocaust« und die Geschichtswissenschaft, in: VfZ 27 (1979), S. 285-298.

Broszat, Martin: Hitler und die Genesis der »Endlösung«. Aus Anlaß der Thesen von David Irving, in: VfZ 25 (1977), S. 739-775.

Broszat, Martin: Soziale Motivation und Führer-Bindung des Nationalsozialismus, in: VfZ 18 (1970), S. 392-409.

Broszat, Martin: Nationalsozialistische Konzentrationslager 1933-1945, in: Anatomie des SS-Staates (2 Bde), 4. Aufl., München 1984, Bd. 2, S. 11-133 [zuerst: 1966].

Broszat, Martin: Nationalsozialistische Polenpolitik, Stuttgart 1961.

Broszat, Martin: Der Nationalsozialismus. Weltanschauung und Wirklichkeit, Hannover 1960 (= Schriftenreihe der Niedersächsischen Landeszentrale für Politische Bildung, Zeitgeschichte, Heft 8).

Broszat, Martin: Probleme zeitgeschichtlicher Dokumentation, in: NPL 2 (1957), Sp. 298-304.

Broszat, Martin: Aufgaben und Probleme des zeitgeschichtlichen Unterrichts, in: GWU 9 (1957), S. 529-550 [wieder in: ders., Nach Hitler (1. Aufl.), S. 9-35].

Broszat, Martin: Massendokumentation als Methode zeitgeschichtlicher Forschung, in: VfZ 2 (1954), S. 202-213.

Broszat, Martin: Die antisemitische Bewegung im Wilhelminischen Deutschland, Diss. (Masch.), Köln 1952.

Browning, Christopher: »Eine antiakademische Attacke. Interview mit Thomas Sandkühler, in: ÖZG 8 (1997), S. 251-259.

Browning, Christopher: Die Debatte über die Täter des Holocaust, in: Herbert (Hg.), Vernichtungspolitik, S. 148-169.

Browning, Christopher: Zur Genesis der »Endlösung«. Eine Antwort auf Martin Broszat, in: VfZ 29 (1981), S. 97-109.

Bruch, Rüdiger vom: Wissenschaft, Politik und öffentliche Meinung. Gelehrtenpolitik im Wilhelminischen Deutschland, Husum 1980.

Brumlik, Micha: Im Niemandsland des Verstehens. Was kann es heißen: Sich der Shoah zu erinnern und ihre Opfer zu betrauern?, in: Eschenhagen (Hg.), Die neue deutsche Ideologie, S. 78-99.

Brun, Georg: Leben und Werk des Rechtshistorikers Heinrich Mitteis unter besonderer Berücksichtigung seines Verhältnisses zum Nationalsozialismus, Frankfurt a.M. 1991.

Buchheim, Hans: Zur öffentlichen Auseinandersetzung mit unserer nationalsozialistischen Vergangenheit, in: Wolfgang Benz, Hans Buchheim, Hans Mommsen (Hg.), Der Nationalsozialismus. Studien zur Ideologie und Herrschaft. Hermann Graml zum 65. Geburtstag, Frankfurt a.M. 1993, S. 209-224.

Buchheim, Hans: Politik und Ethik, Otto-von-Freising-Vorlesungen der Katholischen Universität Eichstätt, München 1991.

Buchheim, Hans: Politische Kriterien der Schuld an der NS-Herrschaft und deren Verbrechen, in: Politik, Philosophie, Praxis. Festschrift für

Wilhelm Hennis zum 65. Geburtstag, hrsg. von Hans Maier, Ulrich Matz, Kurt Sontheimer, Paul-Ludwig Weinacht, Stuttgart 1988, S. 513-525.

Buchheim, Hans: Gewissen und gesellschaftliche Ordnung, in: Herder-Korrespondenz 6 (1987), S. 285-290.

Buchheim, Hans: Die SS. Das Herrschaftsinstrument, in: ders., Martin Broszat, Hans-Adolf Jacobsen, Helmut Krausnick, Anatomie des SS-Staates (2 Bde), Bd. 1, München 1979 [zuerst: 1965].

Buchheim, Hans: SS und Polizei im NS-Staat, Duisdorf (Selbstverlag der Studiengesellschaft für Zeitprobleme) 1964.

Buchheim, Hans: Totalitäre Herrschaft. Wesen und Merkmale, München 1962.

Buchheim, Hans: Das Dritte Reich. Grundlagen und politische Entwicklung, München 1958.

Buchheim, Hans: Die Chiffren des »Dritten Reiches«. Über den Nationalsozialismus als Problem der Zeitgeschichte, in: Wort und Wahrheit 10 (1955), S. 747-754.

Buchheim, Hans: Die SS in der Verfassung des Dritten Reiches, in: VfZ 3 (1955), S. 127-155.

Buchheim, Karl: Totalitarismus. Zu Hannah Arendts Buch »Elemente und Ursprünge totaler Herrschaft« (1956), in: Reif (Hg.), Hannah Arendt, S. 211-216.

Buchwald, Reinhardt: Goethezeit und Gegenwart. Die Wirkungen Goethes in der deutschen Geistesgeschichte, Stuttgart 1949.

Bude, Heinz: Generationen im 20. Jahrhundert. Historische Einschnitte, ideologische Kehrtwendungen, innere Widersprüche, in: Merkur 54 (2000), S. 567-579.

Burgauer, Erica: Zwischen Erinnerung und Verdrängung – Juden in Deutschland nach 1945, Hamburg 1993.

Büttner, Ursula: Die deutsche Gesellschaft und die Judenverfolgung – ein Forschungsproblem, in: dies. (Hg.), Die Deutschen und die Judenverfolgung im Dritten Reich, Hamburg 1992, S. 7-29.

Burke, Peter: Geschichte als soziales Gedächtnis, in: Assmann, Harth (Hg.), Mnemosyne, S. 289-304.

Bußmann, Walter: Siegfried A. Kaehler: Persönlichkeit und Werk. Ein Essay, in: Siegfried A. Kaehler, Briefe 1900-1963, hrsg. von Walter Bußmann, Boppard/Rhein 1993 (= Deutsche Geschichtsquellen des 19. und 20. Jahrhunderts, Bd. 58), S. 33-89.

Bußmann, Walter: Nekrolog: Gerhard Masur (1901-1975), in: HZ 223 (1976), S. 523-524.

Cavalli, Alessandro: Soziale Gedächtnisbildung in der Moderne, in: Assmann/Harth (Hg.), Kultur als Lebenswelt und Monument, S. 200-210.

Cavalli, Alessandro: Gedächtnis und Identität. Wie das Gedächtnis nach katastrophalen Ereignissen rekonstruiert wird, in: Müller/Rüsen (Hg.): Historische Sinnbildung, S. 455-470.

Ciaramelli, Fabio: From Radical Evil to the Banality of Evil: Remarks on Kant and Arendt, in: Alan Milchman, Alan Rosenberg (Hg.), Postmodernism and the Holocaust, Amsterdam/Atlanta 1998, S. 101-112.

Clark, Mark W.: A Prophet without Honour. Karl Jaspers in Germany, 1945-1980, in: JCH 37 (2002), S. 197-222.

Classen, Carl Joachim: Rhetorische Bemerkungen zu einem historiographischen Text, in: HZ 266 (1998), S. 419-435.

Cohen, Eliot: Deutsche und Juden. Eine Rede in Berlin, in: Der Monat 3 (1950/51), S. 375-379.

Conrad, Sebastian: Auf der Suche nach der verlorenen Nation. Geschichtsschreibung in Westdeutschland und Japan 1945-1960, Göttingen 1999.

Conze, Eckart: Historisierung im Spannungsfeld von Verstehen, Erklären und Bewerten. Drei Neuerscheinungen zur Geschichte des nationalsozialistischen Deutschlands, in: HJB 118 (1998), S. 344-352.

Conze, Werner: Nachruf auf Hans Rothfels, in: HZ 237 (1983), S. 311-360.

Conze, Werner: Das Kaiserreich von 1871 als gegenwärtige Vergangenheit im Generationswechsel der deutschen Geschichtsschreibung, in: Werner Pöls (Hg.), Staat und Gesellschaft im politischen Wandel. Festschrift für Walter Bußmann, Stuttgart 1979, S. 283-405

Conze, Werner: Die deutsche Geschichtswissenschaft seit 1945. Bedingungen und Ereignisse, in: HZ 225 (1977), S. 1-28.

Conze, Werner: Deutsche Geschichte in neuer Sicht?, in: NPL 3 (1954), Sp. 719-721.

Conze, Werner: Die deutsche Opposition gegen Hitler, in: NPL 2 (1953), S. 210-215.

Cornelißen, Christoph: Gerhard Ritter. Geschichtswissenschaft und Politik im 20. Jahrhundert, Düsseldorf 2001.

Cornelißen, Christoph: Geschichtswissenschaft und Politik im Gleichschritt? Zur Geschichte der deutschen Geschichtswissenschaft im 20. Jahrhundert, in: NPL 42 (1997), S. 275-309.

Council of the Jews from Germany (Hg.): Nach dem Eichmann-Prozeß. Zu einer Kontroverse über die Haltung der Juden, Tel Aviv 1963, S. 99-101.

Christ, Karl: Die Verdrängten. Zur Existenz des Historikers, in: ders., Geschichte und Existenz, Berlin 1991, S. 51-89.

Croce, Benedetto: Friedrich Meineckes Geschichtsphilosophie, in: Der Monat 3 (1951), S. 313-315.

Czyzewski, Marek: Das Gewöhnliche in Auschwitz-Darstellungen: Lagerkommandant und Häftling, in: Wolfram Fischer-Rosenthal/Peter Alheit (Hg.), Biographien in Deutschland. Soziologische Rekonstruktionen gelebter Gesellschaftsgeschichte, Opladen 1995, S. 456-465.

Dallin, Alexander: Deutsche Herrschaft in Rußland 1941-1945. Eine Studie über Besatzungspolitik, Königstein/Ts. 1981 [dt. Übersetzung zuerst: 1958; Amerik. Orig.: 1956].

Danyel, Jürgen: Unwirtliche Gegenden und abgelegene Orte? Der Nationalsozialismus und die deutsche Teilung als Herausforderungen einer Geschichte der deutschen ›Erinnerungsorte‹, in: GuG 24 (1998), S. 463-475.

Danyel, Jürgen (Hg.): Die geteilte Vergangenheit. Zum Umgang mit Nationalsozialismus und Widerstand in den beiden deutschen Staaten, Berlin 1994.

Dawidowicz, Lucie S.: The Holocaust and the Historians, Cambridge (Mass.)/London 1981.

Dehio, Ludwig: Deutschland und die Weltpolitik im 20. Jahrhundert, München 1955.

Dehio, Ludwig: Deutschland und die Epoche der Weltkriege, in: HZ 173 (1952), S. 77-94.

Dehio, Ludwig: Ranke und der Imperialismus, in: HZ 170 (1950), S. 307-328.

Deler, Yves: Der Beitrag der Geschichtslehrer zu einer besseren Zukunft Europas und der Welt, in: GWU 2 (1951), S. 150-159.

Demm, Eberhard: Alfred Weber und die Nationalsozialisten, in: ZfG 47 (1999), S. 211-236.

Deselaers, Manfred: Gott und das Böse. Die Biographie und die Selbstzeugnisse von Rudolf Höß, Kommandant in Auschwitz, Phil. Diss., Krakau 1996.

Dieckmann, Adolf: Geschichtsinteresse der Öffentlichkeit im Spiegel der Verlagsproduktion, in: Schulin (Hg.), Deutsche Geschichtswissenschaft nach 1945, S. 53-62.

Diers, Michael: Mnemosyne oder das Gedächtnis der Bilder, in: Oexle (Hg.), Memoria als Kultur, S. 79-94.

Dietze, Carola: Kein Gestus des Neubeginns. Helmuth Plessner als remigrierter Soziologe in der Wissenschaftskultur der Nachkriegszeit, in: Weisbrod (Hg.), Akademische Vergangenheitspolitik, S. 75-96.

Diner, Dan: Weder Heimat noch Exil – Walter Grab zum Gedenken, in: TAJB 30 (2002), S. 361-368.

Diner, Dan: Das Jahrhundert verstehen. Eine universalhistorische Deutung, München 1999.

Diner, Dan: Zivilisationsbruch, Gegenrationalität, »Gestaute Zeit«. Drei interpretationsleitende Begriffe zum Thema Holocaust, in: Hans Erler, Ernst Ludwig Ehrlich, Ludger Heid (Hg.), »Meinetwegen ist die Welt erschaffen«. Das intellektuelle Vermächtnis des deutschsprachigen Judentums, Frankfurt a.M./New York 1997, S. 513-520.

Diner, Dan: Hannah Arendt Reconsidered: Über das Banale und das Böse in ihrer Holocaust-Erzählung, in: Smith (Hg.), Hannah Arendt Revisited, S. 120-135 [zuerst: Babylon. Beiträge zur jüdischen Gegenwart 16/17 (1996), S. 94-107].

Diner, Dan: Gestaute Zeit – Massenvernichtung und jüdische Erzählstruktur, in: Weigel/Erdle (Hg.), Fünfzig Jahre danach, S. 3-15.

Diner, Dan: Ereignis und Erinnerung. Über Variationen des historischen Gedächtnisses, in: Berg,/Jochimsen/Stiegler (Hg.), Shoah, S. 13-30.

Diner, Dan: Massenvernichtung und Gedächtnis. Zur kulturellen Strukturierung historischer Ereignisse, in: Loewy/Moltmann (Hg.), Erlebnis – Gedächtnis – Sinn, S. 47-55.

Diner, Dan: Gedächtnis und Methode. Über den Holocaust in der Geschichtsschreibung, in: Fritz Bauer Institut (Hg.), Auschwitz, S. 11-22.

Diner, Dan: Kreisläufe. Nationalsozialismus und Gedächtnis, Berlin 1995.

Diner, Dan: Massenverbrechen im 20. Jahrhundert: über Nationalsozialismus und Stalinismus, in: Steiniger (Hg.), Der Umgang mit dem Holocaust, S. 468-481.

Diner, Dan: Europäische Gegenbilder. Zeitgeschichtliche Periodisierungsfragen und historische Erinnerung, in: ders., Weltordnungen. Über Geschichte und Wirkung von Recht und Macht, Frankfurt a.M. 1993, S. 221-242.

Diner, Dan: Rationalisierung und Methode. Zu einem neuen Erklärungsversuch der »Endlösung«, in: VfZ 40 (1992), S. 359-382.

Diner, Dan: Der Krieg der Erinnerungen und die Ordnung der Welt, Berlin 1991.

Diner, Dan: Historisierung und Methode. Bausteine zu einer Theorie über die »Endlösung«, in: Hans-Uwe Otto, Heinz Sünker (Hg.), Politische Formierung und soziale Erziehung im Nationalsozialismus, Frankfurt a.M. 1991, S. 9-17.

Diner, Dan: Perspektivenwahl und Geschichtserfahrung. Bedarf es einer besonderen Historik des Nationalsozialismus?, in: Pehle (Hg.), Der historische Ort des Nationalsozialismus, S. 94-113.

Diner, Dan: Jenseits des Vorstellbaren – der »Judenrat« als Situation, in: »Unser einziger Weg ist Arbeit«. Das Getto Łódź 1940-1944. Eine Ausstellung des Jüdischen Museums Frankfurt a.M., Redaktion Hanno Loewy, Gerhard Schoenberner, Wien 1990, S. 32-40.

Diner, Dan: Zwischen Aporie und Apologie. Über die Grenzen der Historisierbarkeit des Nationalsozialismus, in: ders. (Hg.), Ist der Nationalsozialismus Geschichte?, S. 62-73.

Diner, Dan: Aufklärung nach Auschwitz, in: Jörn Rüsen, Eberhard Lämmert, Peter Glotz (Hg.), Die Zukunft der Aufklärung, Frankfurt a.M. 1988, S. 12-18.

Diner, Dan: Aporie der Vernunft. Horkheimers Überlegungen zu Antisemitismus und Massenvernichtung, in: ders. (Hg.), Zivilisationsbruch, S. 30-53.

Diner, Dan: Negative Symbiose. Deutsche und Juden nach Auschwitz, in: ders. (Hg.), Ist der Nationalsozialismus Geschichte?, S. 185-197.

Diner, Dan (Hg.): Zivilisationsbruch. Denken nach Auschwitz, Frankfurt a.M. 1988.

Diner, Dan (Hg.): Ist der Nationalsozialismus Geschichte? Zu Historisierung und Historikerstreit, Frankfurt a.M. 1987.

Dipper, Christoph: Warum werden deutsche Historiker nicht gelesen? Anmerkungen zur Goldhagen-Debatte, in: Heil/Erb (Hg.), Geschichtswissenschaft und Öffentlichkeit, S. 93-109.

Dipper, Christoph: Auschwitz erklären, in: Aschkenas 5 (1995), S. 199-204.

Dipper, Christoph: Der Speer-Legende zweiter Teil, in: NPL 41 (1996), S. 193-195.

Diwald, Hellmut: Ein Querkopf braucht kein Alibi. Szenen der Geschichte, völlig erw. u. überarb. Ausg., Frankfurt a.M./Berlin 1989.

Diwald, Hellmut: Die Geschichte der Deutschen, Berlin o. J. (1978).

Doering-Manteuffel, Anselm: Die Nachwirkungen des Antisemitismus der NS-Zeit im geteilten Deutschland, in: Franz D. Lucas (Hg.), Geschichte und Geist. Fünf Essays zum Verständnis des Judentums, Berlin 1995, S., 105-126.

Dokumentationsstelle zur NS-Sozialpolitik. Mitteilungen 1 (1985), Heft 7/8 (September/Oktober), S. 117-137.

Domansky, Elisabeth: »Kristallnacht«, the Holocaust and the German Unity: The Meaning of November 9 as an Anniversary in Germany, in: History & Memory 4 (1992), S. 60-79.

Dornberg, J. Erhard: A. J. P. Taylor und die moderne deutsche Geschichte. Deutsche Geschichte von draußen gesehen (III), in: Deutsche Rundschau 86 (1960), S. 133-141.

Dorpalen, Andreas: Gerhard Ritter, in: Wehler (Hg.), Deutsche Historiker, Bd. 1, S. 86-99.

Dreifuss, Eric L.: Geschichte und Recht. Richter und Historiker – Gedanken über das juristische und historische Urteilen. Nachbemerkungen zu einem Gutachten für die Unabhängige Expertenkommission Schweiz – Zweiter Weltkrieg, Zürich 2001.

Dubiel, Helmut: Niemand ist frei von Geschichte. Die nationalsozialistische Herrschaft in den Debatten des Deutschen Bundestages, München/Wien 1999.

Dudek, Peter: »Der Rückblick auf die Vergangenheit wird sich nicht vermeiden lassen«. Zur pädagogischen Verarbeitung des Nationalsozialismus in Deutschland (1945-1990), Opladen 1995.

Dudek, Peter: »Vergangenheitsbewältigung«. Zur Problematik eines umstrittenen Begriffs, in: APuZ, B. 1-2 (1992), S. 44-53.

Dülfer, Jost: Erinnerungspolitik und Erinnerungskultur – Kein Ende der Geschichte, in: Eine Ausstellung und ihre Folgen. Zur Rezeption der Ausstellung ›Vernichtungskrieg. Verbrechen der Wehrmacht 1941-1944‹, hrsg. v. Hamburger Institut für Sozialforschung, Hamburg 1999, S. 289-312.

Dülfer, Jost: Der Niedergang Europas im Zeichen der Gewalt: Das 20. Jahrhundert, in: Europäische Geschichte als historiographisches Problem, hrsg. v. Heinz Durchhardt, Andreas Kunz, Mainz 1997 (= Veröffentlichungen des Institut für Europäische Geschichte, Bd. 42: Abteilung Universalgeschichte), S. 105-127.

Echterhoff, Gerald und Martin Saar (Hg.): Kontexte und Kulturen des Erinnerns: Maurice Halbwachs und das Paradigma des kollektiven Gedächtnisses. Mit einem Geleitwort von Jan Assmann, Konstanz 2002.

Eck, Nathan: Historical Research or Slander?, in: YVS 6 (1967), S. 385-430.

Eckel, Jan: Intellektuelle Transformationen im Spiegel der Widerstandsdeutungen, in: Herbert (Hg.): Wandlungsprozesse in Westdeutschland, S. 140-176.

Elias, Norbert: Studien über die Deutschen. Machtkämpfe und Habitusentwicklung im 19. und 20. Jahrhundert, hrsg. v. Michael Schröter, Frankfurt a.M. 1992.

Elvert, Jürgen: Nationalsozialismus, Nationalbewußtsein und deutsche Identität. Eine Erinnerung an den Historikerstreit von 1986, in: ZfG 45 (1997), H. 1, S. 47-62.

Engel, Josef: Zeitgeschichte – Faschismus. Literaturbericht, in: GWU 20 (1969), S. 239-252.

Engel-Janosi, Friedrich: Die Wahrheit der Geschichte. Vom neuen Mythos in der modernen Historiographie, in: Wort und Wahrheit 22 (1967), S. 765-775.

Engisch, Karl: Fritz Ernst als Persönlichkeit, in: Karl Buselmeier, Dietrich Harth, Christian Jansen (Hg.), Auch eine Geschichte der Universität Heidelberg, Mannheim 1985, S. 13-21.

Epstein, Klaus: Die deutsche Opposition gegen Hitler [Rez. zu Hans Rothfels], in: Geschichte und Geschichtswissenschaft im 20. Jahrhundert. Ein Leitfaden, hrsg. v. Eberhard Pikart u.a., Berlin 1972, S. 348-370 [zuerst in: Modern Age 7 (1962/63), S. 82-95].

Erdmann, Karl Dietrich: Hans Rothfels zum achtzigsten Geburtstag, in: GWU 22 (1971), S. 321.

Erdmann, Karl Dietrich: Das Dritte Reich im Zusammenhang der deutschen Geschichte, in: GWU 12 (1961), S. 405-418.

Erdmann, Karl Dietrich: Die Zeit der Weltkriege, in: Bruno Gebhardt, Handbuch der deutschen Geschichte. Achte, völlig neubearb. Aufl., hrsg. v. Herbert Grundmann, Bd. 4, Stuttgart 1959.

Erdmann, Karl Dietrich: Die Geschichte der Weimarer Republik als Problem der Forschung, in: VfZ 3 (1955), S. 1-19.

Erdmann, Karl Dietrich: Literaturbericht (Vom Ersten Weltkrieg bis zur Gegenwart), in: GWU 2 (1951), S. 366-377.

Erdmann, Karl Dietrich: Anmerkungen zu Friedrich Meineckes »Irrwege in unserer Geschichte« und »Die deutsche Katastrophe«, in: GWU 2 (1951), S. 85-91.

Ernst, Fritz: Die Deutschen und ihre jüngste Vergangenheit. Beobachtungen und Bemerkungen zum deutschen Schicksal der letzten fünfzig Jahre (1911-1961), 2. Aufl., Stuttgart 1964 [zuerst: 1963].

Ernst, Fritz: Zeitgeschehen und Geschichtsschreibung, in: WaG 17 (1957), S. 137-189.

Ernst, Fritz: Blick auf Deutschland. Ausländische Stimmen zur neuesten deutschen Geschichte, in: Welt als Geschichte 17 (1957), S. 192-212.

Ernst, Wolfgang: Auschwitz zwischen Monument und Dokument. Sagbarkeit des Archivs versus Ästhetik der Undarstellbarkeit, in: Borsdorf, Grüttner (Hg.), Orte der Erinnerung, S. 285-302.

Esch, Arnold: Über Hermann Heimpel, in: Schulze/Oexle (Hg.), Deutsche Historiker, S. 159-160.

Esch, Arnold: Denken und doch Schauen, Schauen und doch Denken. Zum Tode von Hermann Heimpel, in: Deutsche Akademie für Sprache und Dichtung, Jahrbuch 1988, Darmstadt 1989.

Eschenburg, Theodor: Aufgaben der Zeitgeschichte, in: GWU 6 (1955), S. 356-361.

Eschenhagen, Wolfgang (Hg.): Die neue deutsche Ideologie. Einsprüche gegen die Entsorgung der Vergangenheit, Darmstadt 1988.

Etzemüller, Thomas: Kontinuität und Adaption eines Denkstils. Werner Conzes intellektueller Übertritt in die Nachkriegszeit, in: Weisbrod (Hg.), Akademische Vergangenheitsbewältigung, S. 123-146.

Etzemüller, Thomas: Sozialgeschichte als politische Geschichte. Werner Conze und die Neuorientierung der westdeutschen Geschichtswissenschaft nach 1945, Oldenbourg 2001.

Evans, Richard J.: Fakten und Fiktionen. Über die Grundlagen historischer Erkenntnis, Frankfurt a.M. 1998.

Evans, Richard J.: Im Schatten Hitlers? Historikerstreit und Vergangenheitsbewältigung in der Bundesrepublik, Frankfurt a.M. 1991.

Faulenbach, Bernd: Zäsuren deutscher Geschichte? Der Einschnitt von 1918 und 1945, in: TAJB 25 (1996), S. 15-33.

Faulenbach, Bernd: Historische Tradition und politische Neuorientierung. Zur Geschichtswissenschaft nach der »Katastrophe«, in: Pehle/Sillem (Hg.), Wissenschaft im geteilten Deutschland, S. 191-204.

Faulenbach, Bernd: NS-Interpretation und Zeitklima. Zum Wandel in der Aufarbeitung der jüngsten Vergangenheit, in: APuZ, 22 (1987), S. 19-30.

Faulenbach, Bernd: Der »deutsche Weg« aus der Sicht des Exils. Zum Urteil emigrierter Historiker, in: Exilforschung. Ein internationales Jahrbuch 3 (1985), S. 11-30.

Faulenbach, Bernd: Gustav Mayer. Zwischen Historiker-Zunft und Arbeiterbewegung, in: Marieluise Christadler (Hg.), Die geteilte Utopie. Sozialisten in Frankreich und Deutschland. Biographische Vergleiche zur politischen Kultur, Opladen 1985, S. 183-195.

Felstiner, John: »Alle Dichter sind Jidn«. Paul Celans Sprache als Ort des Erinnerns, in: Dachauer Hefte 11 (1995), S. 133-144.

Fernis, Hans Georg: Die Neueste Zeit im Geschichtsunterricht (1918-1945): Von der Unmöglichkeit dieses Unterrichts, in: GWU 2 (1951), S. 590-601.

Fest, Joachim C.: Speer. Eine Biographie, Berlin 1999.

Fest, Joachim C.: Fremdheit und Nähe. Von der Gegenwart des Gewesenen, Stuttgart 1996.

Fest, Joachim C.: Hitler. Eine Biographie, Berlin 1973.

Fest, Joachim C.: Das Gesicht des Dritten Reiches. Profile einer totalitären Herrschaft, München/Zürich 1963.

Fetscher, Iring: Joseph Goebbels im Berliner Sportpalast 1943. »Wollt ihr den totalen Krieg?«, Hamburg 1998.

Fiero, Petra S.: Schreiben gegen das Schweigen: Grenzerfahrungen in Jean Amérys autobiographischem Werk, Hildesheim, Zürich, New York 1997.

Fink, Gonthier-Louis: Goethe, der andere Deutsche? Die französische Goethe-Rezeption zwischen 1870 und 1949, in: GJb 116 (1999), S. 54-74.

Fleckenstein, Josef: Gedenkrede auf Hermann Heimpel, in: In Memoriam Hermann Heimpel. Gedenkfeier am 23. Juni 1989 in der Aula der Georg-Augusta-Universität. Mit einer Gedenkrede von Josef Fleckenstein und Gedenkworten von Norbert Kamp u.a., Göttingen 1989 (= Göttinger Universitätsreden, Bd. 87), S. 47-60.

Fleischer, Helmut: Zur Kritik des Historikerstreits, in: APuZ, B40-41/88, 30. 9. 1988, S. 3-14.

Fleitner, Rüdiger: Die Ludwigsburger Zentrale Stelle und ihr politisches und gesellschaftliches Umfeld, in: GWU 53 (2002), S. 32-50.

Fohrmann, Jürgen, Harro Müller (Hg.): Diskurstheorien und Literaturwissenschaft, Frankfurt a.M. 1988.

Foucault, Michel: Die Ordnung des Diskurses, Frankfurt a.M. 1982.

Fox, John P.: The Final Solution: Intended or Contigent? The Stuttgart Conference of May 1984 and the Historical Debate, in: Patterns of Prejudice 18 (1984), Nr. 3, S. 27-39.

François, Etienne: Von der wiedererlangten Nation zur ›Nation wider Willen‹. Kann man eine Geschichte der deutschen ›Erinnerungsorte‹ schreiben?, in: Nation und Emotion. Deutschland und Frankreich im Vergleich 19. und 20. Jahrhundert, hrsg. v. Etienne François, Hannes Siegrist, Jakob Vogel, Göttingen 1995 (= Kritische Studien zur Geschichtswissenschaft, Bd. 110), S. 93-107.

François, Etienne und Hagen Schulze (Hg.): Deutsche Erinnerungsorte (3 Bde), München 2001.

Frank, Manfred: Was ist ein »Diskurs«? Zur Archäologie Michel Foucaults, in: ders., Das Sagbare und das Unsagbare. Studien zur deutsch-französischen Hermeneutik und Texttheorie, erw. Neuausg., Frankfurt a.M. 1993, S. 408-427.

Frauendienst, Werner: Zur Problematik des Erkennens und Verstehens der jüngsten deutschen Vergangenheit, Göttingen 1962.

Freed, James I.: Das United States Holocaust Memorial Museum, in: James E. Young (Hg.), Mahnmale des Holocaust. Motive, Rituale und Stätten des Gedenkens, München 1994, S. 63-77.

Frei, Norbert und Sybille Steinbacher (Hg.): Beschweigen und Bekennen. Die deutsche Nachkriegsgesellschaft und der Holocaust, Göttingen 2001.

Frei, Norbert: Die Rückkehr des Rechts. Justiz und Zeitgeschichte nach dem Holocaust – eine Zwischenbilanz, in: Bauerkämper/Sabrow/Stöver (Hg.), Doppelte Zeitgeschichte, S. 417-431.

Frei, Norbert: Von deutscher Erfindungskraft oder: Die Kollektivschuldthese in der Nachkriegszeit, in: Rechtshistorisches Journal 17 (1997), S. 621-634.

Frei, Norbert: Farewell to the Era of Contemporaries. National Socialism and its Historical Examination en Route into History, in: History & Memory 9 (1997), S. 59-79.

Frei, Norbert: Das Problem der NS-Vergangenheit in der Ära Adenauer, in: Heinz Oberreuter, Jürgen Weber (Hg.), Freundliche Feinde? Die Alliierten und die Demokratiegründung in Deutschland, München/ Landsberg 1996, S. 181-193.

Frei, Norbert: Der Frankfurter Auschwitz-Prozeß und die Zeitgeschichtsschreibung, in: Fritz Bauer Institut (Hg.), Auschwitz, S. 123-138.

Frei, Norbert: Vergangenheitspolitik. Die Anfänge der Bundesrepublik und die NS-Vergangenheit, München 1996.

Frei, Norbert (Hg.): Karrieren im Zwielicht. Hitlers Eliten nach 1945, Frankfurt a.M. 2001.

Frei, Norbert, Dirk v. Laak, Michael Stolleis (Hg.): Geschichte vor Gericht. Historiker, Richter und die Suche nach Gerechtigkeit, München 2000.

Freimark, Peter: Vom Hamburger Umgang mit der Geschichte einer Minderheit. Vorgeschichte und Gründung des Instituts für die Geschichte der deutschen Juden, in: ders., Alice Jankowski, Ina S. Lorenz (Hg.), Juden in Deutschland. Emanzipation, Integration, Verfolgung und Vernichtung. 25 Jahre Institut für die Geschichte der deutschen Juden (Hamburg), Hamburg 1991, S. 466-477 [zuerst: 1989].

Freyer, Hans: Theorie des gegenwärtigen Zeitalters, Stuttgart 1955.

Freyer, Hans: Weltgeschichte Europas (2 Bände), Wiesbaden 1948.

Freund, Florian, Bertrand Perz, Karl Stuhlpfarrer: Der Bau des Vernichtungslagers Auschwitz-Birkenau, in: Zeitgeschichte 20 (1993), S. 187-214.

Friedländer, Saul: Kitsch und Tod. Der Widerschein des Nazismus, erweiterte Neuausgabe, Frankfurt a.M. 1999.

Friedländer, Saul: Auseinandersetzung mit der Shoah: Einige Überlegungen zum Thema Erinnerung und Geschichte, in: Geschichtsdiskurs, Bd. 5, S. 15-29 [zuerst: Writing the History of the Shoah: Some Major Dilemma, in: Blanke u.a. (Hg.) Dimensionen der Historik, S. 407-414].

Friedländer, Saul: Das Dritte Reich und die Juden 1933-1939, München 1997 [Orig.: New York 1997].

Friedländer, Saul: Trauma, Erinnerung und Übertragung in der historischen Darstellung des Nationalsozialismus und des Holocaust, in: Die Juden in der Geschichte. Sieben Vorlesungen, hrsg. von Wolfgang Beck, München 1992, S. 136-151.

Friedländer, Saul: Die Dimension des Völkermords an den europäischen Juden, in: Merkur 45 (1991), S. 557-568.

Friedländer, Saul: Martin Broszat und die Historisierung des Nationalsozialismus, in: Henke/Natoli (Hg.), Mit dem Pathos der Nüchternheit, S. 155-171.

Friedländer, Saul: The Shoah between Memory and History, in: Jerusalem Quaterly 53 (1990), S. 115-126.

Friedländer, Saul: Überlegungen zur Historisierung des Nationalsozialismus, in: Diner (Hg.), Ist der Nationalsozialismus Geschichte?, S. 34-50 [zuerst in: Freibeuter 36 (1988), S. 33-52].

Friedländer, Saul: The ›Final Solution‹. On the Unease in historical Interpretation, in: History & Memory 1 (1989), S. 61-76 [dt.: Die »Endlösung«. Über das Unbehagen in der Geschichtsdeutung, in: Pehle (Hg.), Der historische Ort des Nationalsozialismus, S. 81-93].

Friedländer, Saul: Die Last der Vergangenheit, in: Wippermann (Hg.), Der konsequente Wahn, S. 242-259.

Friedländer, Saul: Die Shoah als Element in der Konstruktion israelischer Erinnerung, in: Babylon 2 (1987), S. 10-22.

Friedländer, Saul: Vom Antisemitismus zur Judenvernichtung: Eine historiographische Studie zur nationalsozialistischen Judenpolitik und Versuch einer Interpretation, in: Jäckel/Rohwer (Hg.), Der Mord an den Juden, S. 18-60.

Friedländer, Saul: Some Aspects of the historical Significance of the Holocaust, Jerusalem 1977.

Friedländer, Saul: Kurt Gerstein oder die Zwiespältigkeit des Guten, Gütersloh 1968 [franz. Orig.: Kurt Gerstein ou L'ambiguité du bien, Paris 1967].

Friedländer, Saul (Hg.): Probing the Limits of Representation. Nazism and the »Final Solution«, Cambridge (Mass.)/London 1992.

Friedmann, Jan und Jörg Später: Britische und deutsche Kollektivschuld-Debatte, in: Herbert (Hg.): Wandlungsprozesse in Westdeutschland, S. 53-90.

Friedrich, Jörg und Jörg Wollenberg (Hg.): Licht in den Schatten der Vergangenheit. Zur Enttabuisierung der Nürnberger Kriegsverbrecherprozesse, Frankfurt a.M./Berlin 1987.

Fritz Bauer Institut (Hg.): Auschwitz: Geschichte, Rezeption und Wirkung (= Jahrbuch 1996 zur Geschichte und Wirkung des Holocaust, Bd. 1).

Fritz-Vannahme, Joachim: Des Aristoteles verzweifelte Tochter. Über Hannah Arendt, in: Revision. Denker des 20. Jahrhunderts auf dem Prüfstand. Eine ZEIT-Serie, hrsg. und mit einem Vorwort versehen von Ulrich Greiner, Hildesheim 1993, S. 43-49.

Fröhlich, Claudia und Michael Kohlstruck: Vergangenheitspolitik in kritischer Absicht, in: dies. (Hg.), Engagierte Demokraten. Vergangenheitspolitik in kritischer Absicht, Münster 1999, S. 7-30.

Funke, Manfred: Starker oder schwacher Diktator? Hitlers Herrschaft und die Deutschen. Ein Essay, Düsseldorf 1989.

Funke, Manfred: Auswanderung – Aussiedlung – Ausrottung. Ein Beitrag zur Tateinheit von Rassen- und Machtpolitik während der Diktatur Hitlers, in: ders., Hans-Adolf Jacobsen, Hans-Helmuth Knütter, Hans-Peter Schwarz (Hg.), Demokratie und Diktatur. Geist und Gestalt politischer Herrschaft in Deutschland und Europa. Festschrift für Karl Dietrich Bracher, Düsseldorf 1987, S. 237-251.

Gablentz, Otto Heinrich von der: Zur Geschichte des Nationalsozialismus. Über einige von vielen Büchern – und das eine, das fehlt, in: Merkur 7 (1953), S. 873-886.

Gamm, Hans-Jochen: Rudolf Höß – Kommandant von Auschwitz. Eine deutsche Erziehungsminiatur, in: Jahrbuch für Pädagogik 1995, S. 19-38.

Ganzfried, Daniel und Sebastian Hefti (Hg.): Hannah Arendt. Nach dem Totalitarismus, Hamburg 1997.

Garbe, Detlev: Äußerliche Abkehr. Erinnerungsverweigerung und »Vergangenheitsbewältigung«. Der Umgang mit dem Nationalsozialismus in der frühen Bundesrepublik, in: Schildt/Sywottek (Hg.), Modernisierung im Wiederaufbau, S. 693-716.

Gay, Peter: Freud, Juden und andere Deutsche. Herren und Opfer in der modernen Kultur, München 1989 [amerik. Orig.: New York 1978].

Gay, Ruth: Das Undenkbare tun. Juden in Deutschland nach 1945, München 2001.

Geiss, Imanuel: Nicht ein Wort des Bedauerns. Historikerstreit: Nach zehn Jahren eine polemische Bilanz, in: Rhein. Merkur, 12. 07 1996.

Geiss, Imanuel: Der Hysterikerstreit. Ein unpolemischer Essay, Bonn 1992.

Geiss, Imanuel: Die Habermas-Kontroverse. Ein deutscher Streit, Berlin 1988.

Geiss, Imanuel: Die westdeutsche Geschichtswissenschaft seit 1945, in: Jahrbuch des Instituts für Deutsche Geschichte 3 (1974), S. 422-455.

Geiss, Imanuel: Die Fischer-Kontroverse. Ein kritischer Beitrag zum Verhältnis zwischen Historiographie und Politik in der Bundesrepublik, in: ders., Studien über Geschichte und Geschichtswissenschaft, Frankfurt a.M. 1972, S. 108-198.

Gellately, Robert: Situating the »SS-State« in a Social-Historical Context, in: JMH 64 (1992), S. 338-365.

Gerhards, Jürgen: Dimensionen und Strategien öffentlicher Diskurse, in: Journal für Sozialforschung 32 (1992), H. 3/4, S. 307-318.

Gerlach, Christian: Kalkulierte Morde. Deutsche Wirtschafts- und Vernichtungspolitik in Weißrußland 1941-1944, Hamburg 1999.

Gerlach, Christian: Krieg, Ernährung, Völkermord. Studien zur nationalsozialistischen Vernichtungspolitik, Hamburg 1998.

Geschichtsdiskurs (5 Bände), hrsg. v. Wolfgang Küttler, Jörn Rüsen, Ernst Schulin. Bd. 1: Grundlagen und Methoden der Historiographiegeschichte, Frankfurt a.M. 1993; Bd. 2: Anfänge modernen historischen Denkens, Frankfurt a.M. 1994; Bd. 3: Epochen der Historisierung, Frankfurt a.M. 1997; Bd. 4: Krisenbewußtsein und Katastrophenerfahrung, Frankfurt a.M. 1997; Bd. 5: Globale Konflikte und Neuorientierungen seit 1945, Frankfurt a.M. 1999.

Geyer, Michael: Das Stigma der Gewalt und das Problem der nationalen Identität in Deutschland, in: Jansen u.a. (Hg.), Von der Aufgabe der Freiheit, S. 673-698.

Geyl, Pieter: Die Diskussion ohne Ende. Auseinandersetzungen mit Historikern, Darmstadt 1958.

Gilbert, Martin G.: Nürnberger Tagebuch, Frankfurt a.M. 1961 [amerik. Orig.: Nuremberg Diary, New York 1947].

Gimbel, John: The Origin of the »Institut für Zeitgeschichte«: Scholarship, Politics and the American Occupation, 1945-1949, in: AHR 70 (1965), S. 714-731.

Ginzburg, Carlo: Spurensicherung. Die Wissenschaft auf der Suche nach sich selbst, Berlin 1995.

Giordano, Ralph: Die zweite Schuld, oder Von der Last Deutscher zu sein, Hamburg/Zürich 1987.

Glaser, Hermann: Deutsche Kultur 1945-2000, München 1997.

Glaser, Hermann (Hg.): Das Nürnberger Gespräch. Haltungen und Fehlhaltungen in Deutschland, Freiburg/Brsg. 1966.

Glaser, Hermann: Das Dritte Reich. Anspruch und Wirklichkeit, Freiburg 1961.

Goldhagen, Daniel J.: Der alltägliche Abgrund, in: Der Spiegel, Nr. 34 vom 17. 8. 1998, S. 178-183.

Goldhagen, Daniel J.: Eine Antwort an die Briefe meiner Leser, in: Briefe an Goldhagen. Eingeleitet und beantwortet von Daniel Jonah Goldhagen, Berlin 1997, S. 215-251.

Goldhagen, Daniel J.: Täter aus freien Stücken, in: Die ZEIT, 12. 4. 1996.

Goldhagen, Daniel J.: Hitlers willige Vollstrecker. Ganz normale Deutsche und der Holocaust, Berlin 1996 [amerik. Orig.: Hitler's Willing Executioners. Ordinary Germans and the Holocaust, New York 1996].

Goldhagen, Erich: Weltanschauung und Endlösung. Zum Antisemitismus der nationalsozialistischen Führungsschicht, in: VfZ 24 (1976), S. 379-405.

Gombrich, Aby Warburg. Eine intellektuelle Biographie, Frankfurt a.M. 1981 [engl. Orig.: London 1971].

Grab, Walter (Hg.): Juden in der deutschen Wissenschaft, Tel Aviv 1986.

Grabitz, Helge und Wolfgang Scheffler: Letzte Spuren. Ghetto Warschau, SS-Arbeitslager Trawniki, Aktion Erntefest. Fotos und Dokumente über Opfer des Endlösungswahns im Spiegel der historischen Ereignisse, Berlin 1988.

Graml, Hermann: Ist Hitlers »Anweisung« zur Ausrottung der europäischen Judenheit endlich gefunden? Zu den Thesen von Christian Gerlach, in: Jahrbuch für Antisemitismusforschung 7 (1998), S. 352-362.

Graml, Hermann: Irregeleitet und in die Irre führend. Widerspruch gegen eine »rationale« Erklärung von Auschwitz, in: Jahrbuch für Antisemitismusforschung 1 (1992), S. 286-295.

Graml, Hermann: Die verdrängte Auseinandersetzung mit dem Nationalsozialismus, in: Martin Broszat (Hg.), Zäsuren nach 1945, München 1990.

Graml, Hermann: Reichskristallnacht. Antisemitismus und Judenverfolgung im Dritten Reich, München 1988.

Graus, František: Geschichtsschreibung und Nationalsozialismus, in: VfZ 17 (1969), S. 87-95.

Grebing, Helga: Der Nationalsozialismus. Ursprung und Wesen, 15., völlig überarb. u. erw. Aufl., München/Wien 1964 [zuerst: 1959].

Grenvill, John A. S.: Die Geschichtsschreibung der Bundesrepublik über die deutschen Juden, in: Studien zur jüdischen Geschichte und Soziologie. Festschrift für Julius Carlebach, hrsg. von Mitarbeitern der Hochschule für jüdische Studien, Heidelberg 1992, S. 195-205.

Greve, Michael: Der justitielle und rechtspolitische Umgang mit den NS-Gewaltverbrechen in den sechziger Jahren, Frankfurt a.M. u.a. 2001.

Grode, Walter: Laboratorien der Gewalt. Die Ordnung der nationalsozialistischen Konzentrations- und Vernichtungslager, in: PVS 34 (1993), S. 685-694.

Groehler, Olaf: Der Holocaust in der Geschichtsschreibung der DDR, in: Bernhard Moltmann, Cilly Kugelmann, Hanno Loewy, Doron Kiesel (Hg.), Erinnerung. Zur Gegenwart des Holocaust in Deutschland-West und Deutschland-Ost, Frankfurt a.M. 1993, S. 47-65.

Grolle, Joist: Percy Ernst Schramm – Aby Warburg. Die Geschichte einer zerbrochenen Freundschaft, in: Zeitschrift des Vereins für Hamburgische Geschichte 76 (1990), S. 146-167.

Grolle, Joist: Der Hamburger Percy Ernst Schramm. Ein Historiker auf der Suche nach sich selbst, Hamburg 1989.

Gross, Raphael: Der Holocaust in primärer Erinnerung und historischer Forschung. Zur aktuellen Diskussion um die »Zeugenschaft«, in: Frei/ Steinbacher (Hg.), Beschweigen und Bekennen, S. 127-136.

Große-Kracht, Klaus: Gedächtnis und Geschichte: Maurice Halbwachs und Pierre Nora, in: GWU 47 (1996), S. 21-31.

Grosser, Alfred: Ermordung der Menschheit. Der Genozid im Gedächtnis der Völker, München 1990 [wieder u.d.T. Verbrechen und Erinnerung. Der Genozid im Gedächtnis der Völker, München 1993].

Guardini, Romano: Verantwortung. Gedanken zur jüdischen Frage (zuerst 1952), Sonderdruck der »Bundeszentrale für Heimatdienst«, Bonn o.J.

Gülich, Elisabeth: Die Metaphorik der Erinnerung in Prousts »A la recherche du temps perdu«, in: Zeitschrift für französische Sprache und Literatur 75 (1965), S. 51-74.

Günther, Dagmar: »And now for something completely different«, Prolegomena zur Autobiographie als Quelle der Geschichtswissenschaft, in: HZ 272 (2001), S. 25-61.

Günther, Jürgen: Die Stufen zum Satanismus. Umrisse einer Genealogie der KL-Idee, in: Deutsche Rundschau 76 (1950), S. 174-183.

Gutman, Yisrael und Michael Berenbaum (Hg.): Anatomy of the Auschwitz Death Camp, Bloomington/Indianapolis 1994.

Gutman, Yisrael und Gideon Greif: The Historiography of the Holocaust Period. Proceedings of the Fifth Yad Vashem International Historical Conference, Jerusalem, Jerusalem 1988.

Haag, Erich: Die Schule als Feld vorpolitischer Erziehung, in: GWU 2 (1951), S. 6ff.

Haar, Ingo: Quellenkritik oder Kritik der Quellen? Replik auf Heinrich August Winkler, in: VfZ 50 (2002), S. 497-505.

Haar, Ingo: Historiker im Nationalsozialismus. Deutsche Historiker und der »Volkstumskampf« im Osten, Göttingen 1999 (= Kritische Studien zur Geschichtswissenschaft, Bd. 143).

Haar, Ingo: »Revisionistische« Historiker und Jugendbewegung: Das Königsberger Beispiel, in: Schoettler (Hg.), Geschichtsschreibung als Legitimationswissenschaft, S. 52-103.

Hagen, Manfred: Göttingen als »Fenster nach Osten« nach 1945, in: Nachweis noch nachzutragen, S. 321-343.

Halbwachs, Maurice: Das kollektive Gedächtnis, Stuttgart 1967 [franz. Orig.: La mémoire collective, Paris 1950].

Halbwachs, Maurice: Das Gedächtnis und seine sozialen Bedingungen, Berlin/Neuwied 1966 [franz. Orig.: Les Cadres sociaux de la mémoire, Paris 1925].
Haller, Johannes: Zum Verständnis der Weltgeschichte, in: Die Pforte 1 (1947/48), S. 349-367.
Haller, Johannes: Die Epochen der deutschen Geschichte, neue, erw. Ausg., Stuttgart 1940.
Hallgarten, George W. F.: Deutsche Selbstschau nach 50 Jahren: Fritz Fischer, seine Gegner und Vorläufer (1967), in: ders., Das Schicksal des Imperialismus im 20. Jahrhundert, Frankfurt a.M. 1969, S. 57-135.
Hamburger Institut für Sozialforschung (Hg.): Eine Ausstellung und ihre Folgen. Zur Rezeption der Ausstellung »Vernichtungskrieg. Verbrechen der Wehrmacht 1941-1945«, Hamburg 1999.
Hansen, Reimer: Albert Speers Konflikt mit Hitler, in: GWU 17 (1966), S. 596-621.
Hardtwig, Wolfgang: Geschichtskultur und Wissenschaft, München 1990.
Harnack, Axel von: Gedanken über Memoiren und Tagebücher, in: WaG 10 (1950), S. 28-38.
Hartman, Geoffrey: Der längste Schatten. Erinnern und Vergessen nach dem Holocaust, Berlin 1999.
Hartman, Nicolai: Das Problem des geistigen Seins, Berlin 1949.
Haug, Wolfgang Fritz: Der hilflose Antifaschismus. Zur Kritik der Vorlesungsreihe über Wissenschaft und Nationalsozialismus an deutschen Universitäten, 3. Aufl., Frankfurt a.M. 1970.
Haug, Wolfgang Fritz: »Positive Werte« und Konzeption »reiner Wissenschaft« in den Ringvorlesungen über Wissenschaft und Nationalsozialismus, in: Das Argument 9 (1967), S. 127-144.
Haverkamp, Anselm und Renate Lachmann (Hg.): Memoria. Vergessen und Erinnern, München 1993 (= Poetik und Hermeneutik, Bd. 15).
Heer, Hannes: Vom Verschwinden der Täter. Die Auseinandersetzung um die Ausstellung »Vernichtungskrieg. Verbrechen der Wehrmacht 1941-1944«, in: ZfG 50 (2002), H. 10, S. 869-898.
Heer, Hannes (Hg.): Im Herzen der Finsternis. Victor Klemperer als Chronist der NS-Zeit, Berlin 1992.
Heffter, Heinrich: Forschungsprobleme der Geschichte des Nationalsozialismus, in: GWU 3 (1952), S. 197-215.
Heger, Dieter: Was heißt »mythische Erinnerung« in Erzählungen von Überlebenden der Shoah?, in: Cathy Gelbin, Eva Lezzi, Geoffrey H. Hartmann, Julius H. Schoeps (Hg.), Archiv der Erinnerung. Interviews mit Überlebenden der Shoah, Bd. I: Videographierte Lebenserzählungen und ihre Interpretation, Potsdam 1998, S. 157-191.

Hehl, Ulrich von: Kampf um die Deutung. Der Nationalsozialismus zwischen »Vergangenheitsbewältigung«, Historisierungspostulat und »neuer Unbefangenheit«, in: ders., HJB 117 (1997), H. 2, S. 406-436.
Hehl, Ulrich von: Nationalsozialistische Herrschaft (= Enzyklopädie deutscher Geschichte, Bd. 39), München 1996.
Heiber, Helmut: Universität unterm Hakenkreuz, Teil I: Der Professor im Dritten Reich. Bilder aus der akademischen Provinz, München u.a. 1991. Teil II: Die Kapitulation der hohen Schulen. Das Jahr 1933 und seine Themen (Bd. 1), München u.a. 1992.
Heiber, Helmut: Walter Frank und sein Reichsinstitut für Geschichte des neuen Deutschland, Stuttgart 1966.
Heiber, Helmut: Joseph Goebbels, Berlin 1962.
Heiber, Helmut: Adolf Hitler. Eine Biographie, Berlin 1960.
Heil, Johannes und Rainer Erb (Hg.): Geschichtswissenschaft und Öffentlichkeit. Der Streit um Daniel J. Goldhagen, Frankfurt a.M. 1998.
Heil, Johannes: Die Einzigartigkeit der Täter. Anmerkungen zu Daniel Goldhagens »Hitler's Willing Executioners«, in: Jahrbuch für Antisemitismusforschung 5 (1996), S. 242-251.
Heilbronner, Oded: Die israelische Historiographie über die Shoah. Literaturbericht, in: NPL 39 (1994), S. 413-422.
Heim, Dieter: Geschichtswissenschaft in den Westzonen und der Bundesrepublik 1945-1965, in: Cobet (Hg.), Einführung in die Fragen an die Geschichtswissenschaft in Deutschland nach Hitler, 1945-1965, Frankfurt a.M. 1986, S. 30-40.
Heimpel, Hermann: Zwei Historiker. Friedrich Christoph Dahlmann. Jacob Burckhardt, Göttingen 1962.
Heimpel, Hermann: Geschichte und Geschichtswissenschaft, in: VfZ 5 (1957), S. 1-17.
Heimpel, Hermann: Kapitulation vor der Geschichte? Gedanken zur Zeit, Göttingen 1956.
Heimpel, Hermann: Über den Tod für das Vaterland, in: Die Sammlung 11 (1956), S. 1-11.
Heimpel, Hermann: Der Mensch in seiner Gegenwart. Sieben historische Essays, Göttingen 1954 [2., erw. Aufl. 1957].
Heimpel, Hermann: Nationale Geschichtsschreibung. Historische Besinnung zum Entwurf einer neuen deutschen Geschichte, in: DUZ 8 (1953), H. 12, S. 6-8.
Heimpel, Hermann: Rudolf Stadelmann und die deutsche Geschichtswissenschaft, in: HZ 172 (1951), S. 285-307.
Heimpel, Hermann: »Deutsche Geschichte von den Anfängen bis zur Gegenwart« (Drei Kapitel), in: Ernst Schulin, Hermann Heimpel und

die deutsche Nationalgeschichtsschreibung (Schriften der Philosophisch-historischen Klasse der Heidelberger Akademie der Wissenschaften, Bd. 9), Heidelberg 1998, S. 65-121.

Hein, Dieter: Geschichtswissenschaft in den Westzonen und der Bundesrepublik 1945-1950, in: Christoph Cobet (Hg.), Einführung in die Fragen an die Geschichtswissenschaft in Deutschland nach Hitler, 1945-1950, Frankfurt a.M. 1986, S. 30-40.

Heinsohn, Gunnar: Warum Auschwitz? Hitlers Plan und die Ratlosigkeit der Nachwelt, Reinbek 1995.

Helling, Fritz: Der Katastrophenweg der deutschen Geschichte, Frankfurt a.M. 1947.

Henke, Klaus-Dietmar: Die »Banalität des Bösen«. Hannah Arendt und Eichmann in Jerusalem, in: ders. (Hg.), Auschwitz, S. 75-80.

Henke, Klaus-Dietmar: Das Institut für Zeitgeschichte in der Ägide von Martin Broszat 1972-1989, in: ders./Natoli (Hg.), Mit dem Pathos der Nüchternheit., S. 39-57.

Henke, Klaus-Dietmar (Hg.), Auschwitz. Sechs Essays zu Geschehen und Vergegenwärtigung, Dresden 2001 (= Berichte und Studien, hrsg. vom Hannah-Arendt-Institut für Totalitarismusforschung, Nr. 32).

Henke, Klaus-Dietmar und Claudio Natoli (Hg.): Mit dem Pathos der Nüchternheit. Martin Broszat, das Institut für Zeitgeschichte und die Erforschung des Nationalsozialismus, Frankfurt a.M./New York 1991.

Henkys, Reinhard: Die nationalsozialistischen Gewaltverbrechen. Geschichte und Gericht, Stuttgart/Berlin 1964.

Herbert, Ulrich: Deutsche und jüdische Geschichtsschreibung über den Holocaust, in: Brenner/Myers (Hg.), Jüdische Geschichtsschreibung heute, S. 247-258.

Herbert, Ulrich: Der Holocaust und die deutsche Gesellschaft, in: Henke (Hg.), Auschwitz, S. 37-51.

Herbert, Ulrich: NS-Eliten in der Bundesrepublik, in: Loth/Rusinek (Hg.), Verwandlungspolitik, S. 93-115.

Herbert, Ulrich: Drei deutsche Vergangenheiten. Über den Umgang mit der deutschen Zeitgeschichte, in: Bauerkämper, Sabrow, Stöver (Hg.), Doppelte Zeitgeschichte, S. 376-390.

Herbert, Ulrich: Best. Biographische Studien über Radikalismus, Weltanschauung und Vernunft 1903-1989, Bonn 1996.

Herbert, Ulrich: Zwischen Beschaulichkeit und Massenmord. Die Kriegswende 1943 aus der Perspektive des Alltags, in: NPL 40 (1995), S. 185-189.

Herbert, Ulrich: Der Holocaust in der Geschichtsschreibung der Bundesrepublik Deutschland, in: ders./Groehler, Zweierlei Bewältigung, S. 67-86.

Herbert, Ulrich: Rassismus und rationales Kalkül. Zum Stellenwert utilitaristisch verbrämter Legitimationsstrategien in der nationalsozialistischen »Weltanschauung«, in: Schneider (Hg.), Vernichtungspolitik, S. 25-35.

Herbert, Ulrich: Arbeit und Vernichtung. Ökonomisches Interesse und Primat der »Weltanschauung« im Nationalsozialismus, in: Diner (Hg.), Ist der Nationalsozialismus Geschichte?, S. 198-236.

Herbert, Ulrich (Hg.): Wandlungsprozesse in Westdeutschland. Belastung, Integration, Liberalisierung 1945-1980, Göttingen 2002 (= Moderne Zeit. Neue Forschungen zur Gesellschafts- und Kulturgeschichte des 19. und 20. Jahrhunderts, hrsg. von Ulrich Herbert und Lutz Raphael, Bd. 1).

Herbert, Ulrich (Hg.): Nationalsozialistische Vernichtungspolitik 1939-1945. Neue Forschungen und Kontroversen, Frankfurt a.M. 1998.

Herbert, Ulrich und Olaf Groehler, Zweierlei Bewältigung. Vier Beiträge über den Umgang mit der NS-Vergangenheit in den beiden deutschen Staaten, Hamburg 1992.

Herf, Jeffrey: Zweierlei Erinnerung. Die NS-Vergangenheit im geteilten Deutschland, Berlin 1992 [amerik. Orig.: Divided Memory. The Nazi Past in the Two Germanys, Cambridge (MA) 1997].

Hermand, Jost: German Jews Beyond Judaism. Der Fall Gerhard/Israel/George Mosse, in: ders., Judentum und deutsche Kultur. Beispiele einer schmerzhaften Symbiose, Köln, Weimar, Wien 1996, S. 186-200.

Hermand, Jost: Kultur im Wiederaufbau. Die Bundesrepublik Deutschland 1945-1965, München 1965.

Herz, Thomas, Michael Schwab-Trapp: Umkämpfte Vergangenheit. Diskurse über den Nationalsozialismus seit 1945, Opladen 1997.

Herzfeld, Hans: Germany: After the Catastrophe, in: JCH 2 (1967), Nr. 1, S. 79-91.

Herzfeld, Hans: Rezension von Rothfels' »Zeitgeschichtliche Betrachtungen«, in: HZ 202 (1966), S. 656-659.

Herzfeld, Hans: Hitler, in: Geschichte in Gestalten, 4 Bände, hrsg. v. Hans Herzfeld, Frankfurt a.M. 1963, S. 208-212.

Herzfeld, Hans: Ein ungelöstes Problem. Der Antisemitismus – eine deutsche Schicksalsfrage, in: Politische Meinung 5 (1960), S. 39-50.

Herzig, Arno: Historie und Shoah, in: ders., Ina Lorenz (Hg.), Verdrängung und Vernichtung der Juden unter dem Nationalsozialismus, Hamburg 1992, S. 13-25.

Heß, Jürgen, Hartmut Lehmann, Volker Sellin in Verbindung mit Detlev Junker und Eike Wolgast (Hg.), Heidelberg 1945, Stuttgart 1996.

Hessing, Jakob: Friedrich Meinecke, Naturbegriff und Goethebild. Zur Problematik der konservativen Goetherezeption in Deutschland, in: TAJB 12 (1983), S. 317-351.

Heuer, Wolfgang: Ein schwieriger Dialog. Die Hannah-Arendt-Rezeption im deutschsprachigen Raum, in: Ganzfried/Hefti (Hg.), Nach dem Totalitarismus, S. 21-28.

Heuer, Wolfgang: Hannah Arendt. Mit Selbstzeugnissen und Bilddokumenten, Reinbek 1987.

Heuss, Alfred: »Geschichtliche Gegenwart«, ihr Erwerb und ihr Verlust, in: GWU 38 (1987), S. 389-401 [wieder in: ders., Gesammelte Schriften, Bd. III, S. 2237-2249].

Heuss, Alfred: Versagen und Verhängnis. Vom Ruin deutscher Geschichte und ihres Verständnisses, Berlin 1982.

Heuss, Alfred: Verlust der Geschichte, Göttingen 1959.

Heuss, Theodor: Staat und Volk im Werden. Reden in und über Israel, München 1960.

Heyl, Matthias und Helmut Schreier (Hg.): Das Echo des Holocaust. Pädagogische Aspekte des Erinnerns, Hamburg 1992, S. 217-233.

Hiery, Hermann Joseph (Hg.): Der Zeitgeist und die Historie, Dittelbach 2001.

Hilberg, Raul: Das Goldhagen-Phänomen, in: Heil/Erb (Hg.), Geschichtswissenschaft und Öffentlichkeit, S. 27-37.

Hilberg, Raul: Die Holocaustforschung heute. Probleme und Perspektiven, in: Die Macht der Bilder. Antisemitische Vorurteile und Mythen, hrsg. v. Jüdischen Museum der Stadt Wien, Wien 1995, S. 403-409.

Hilberg, Raul: Die Vernichtung der europäischen Juden 1933-1945, 3 Bände, Frankfurt a.M. 1993 [amerik. Orig.: The Destruction of the European Jews, New York 1961].

Hilberg, Raul: Täter, Opfer, Zuschauer. Die Vernichtung der Juden 1933-1945, Frankfurt a.M. 1992.

Hilberg, Raul: Die Aktion Reinhard, in: Jäckel/Rohwer (Hg.), Der Mord an den Juden im Zweiten Weltkrieg, S. 125-136.

Hilberg, Raul: Sonderzüge nach Auschwitz, Mainz 1981.

Hildebrand, Klaus: Dimension des Völkermords. Zu einer Neuerscheinung des Instituts für Zeitgeschichte, in: GWU 42 (1991), S. 710-713.

Hildebrand, Klaus: Das Dritte Reich, München 1979.

Hildebrand, Klaus: Monokratie oder Polykratie? Hitlers Herrschaft und das Dritte Reich, in: Hirschfeld, Kettenacker (Hg.), »Der Führerstaat«, S. 73-96.

Hildebrand, Klaus: Nationalsozialismus ohne Hitler? Das Dritte Reich als Forschungsgegenstand der Geschichtswissenschaft, in: GWU 31 (1980), S. 289-304.

Hildebrand, Klaus: Nationalsozialismus oder Hitlerismus?, in: Bosch (Hg.), Persönlichkeit und Struktur in der Geschichte, S. 55-61.

Hillgruber, Andreas: Zweierlei Untergang. Die Zerschlagung des Deutschen Reiches und das Ende des europäischen Judentums, Berlin 1986.

Hillgruber, Andreas: Endlich genug über Nationalsozialismus und Zweiten Weltkrieg? Forschungsstand und Literatur, Düsseldorf 1982.

Hillgruber, Andreas: Großmachtpolitik und Militarismus im 20. Jahrhundert. Drei Beiträge zum Kontinuitätsproblem, Düsseldorf 1974.

Hillgruber, Andreas: Die »Endlösung« und das deutsche Ostimperium als Kernstück des rassenbiologischen Programms der Nationalsozialisten, in: VfZ 20 (1972), S. 133-153.

Hirschauer, Gerd: «... da ich ein gelernter Heimatloser bin ...« Über Jean Améry, in: Allmende 24/25, hrsg. v. Hermann Bausinger u.a., S. 114-131.

Hirschfeld, Gerhard und Lothar Kettenacker (Hg.): »Der Führerstaat«: Mythos und Realität. Studien zur Struktur und Politik des Dritten Reiches, Stuttgart 1981.

»Historikerstreit«. Die Dokumentation der Kontroverse um die Einzigartigkeit der nationalsozialistischen Judenvernichtung, München/Zürich 1987.

Hobsbawm, Eric: Wieviel Geschichte braucht die Zukunft?, München 1998.

Hockerts, Hans Günter: Zugänge zur Zeitgeschichte: Primärerfahrung, Erinnerungskultur, Geschichtswissenschaft, in: Jarausch/Sabrow (Hg.), Verletztes Gedächtnis, S. 39-72.

Hockerts, Hans Günter: Zeitgeschichte in Deutschland. Begriff – Methoden – Themenfelder, in: ApuZ B 29-30/93, S. 3-19.

Hölscher, Lucian: Erinnern und Vergessen. Vom richtigen Umgang mit der nationalsozialistischen Vergangenheit, in: Borsdorf/Grütter (Hg.), Orte der Erinnerung, S. 111-127.

Hölscher, Lucian: Geschichte und Vergessen, in: HZ 249 (1989), S. 1-17.

Hofer, Walther: 50 Jahre danach. Über den wissenschaftlichen Umgang mit dem Dritten Reich, in: GWU 34 (1983), S. 1-28.

Hofer, Walther: Der mißbrauchte Ranke. »Konservative Revolution« in der deutschen Geschichtsschreibung?, in: Der Monat 7 (1954/55), T. 2, S. 542-547.

Hofer, Walther: Weltgeschichte als Tragödie. Gedanken zum Tode Friedrich Meineckes, in: Schweizer Monatshefte 34 (1954/55), S. 94-97.

Hofer, Walther: Über das Problem einer Revision des deutschen Geschichtsbildes, in: Europa-Archiv 4 (1949), S. 1801-1809.

Hofer, Walther: Ein geschichtlicher Denker zur deutschen Katastrophe, in: Der kleine Bund. Literarische Beilage des »Bund« 27 (1946), Nr. 38 S. 149-151.

Hofer, Walther (Hg.): Der Nationalsozialismus. Dokumente 1933-1945, Frankfurt a.M. 1957.

Hoffmann, Christhard: Deutsch-jüdische Geschichtswissenschaft in der Emigration: Das Leo-Baeck-Institut, in: Strauss u.a. (Hg.), Die Emigration der Wissenschaften nach 1933, S. 257-279.

Hoffmann, Detlev (Hg.): Das Gedächtnis der Dinge. KZ-Relikte und KZ-Denkmäler 1945-1995, Frankfurt a.M./New York 1998.

Hoggan, David: Der erzwungene Krieg. Ursachen und Urheber des 2. Weltkrieges, Tübingen 1961.

Holborn, Hajo: »Irrwege in unserer Geschichte?«, in: Der Monat 2 (1949/50), S. 531-535.

Holthusen, Hans Egon: Hannah Arendt, Eichmann und die Kritiker, in: VfZ 13 (1965), S. 178-190. &

Hubatsch, Walther: Deutsche Memoiren 1945-1955. Eine kritische Übersicht deutscher Selbstdarstellung im ersten Jahrzehnt nach der Katastrophe, Laupheim 1956.

Hübinger, Paul Egon: Um ein neues Geschichtsbild, in: GWU 1 (1950), S. 385-401.

Huder, Walter: Remigration als Todesfalle. In memoriam Joseph Wulf, in: ders., Von Rilke bis Cocteau. 33 Texte zu Literatur und Theater. Mit einem Nachwort von Werner Mittenzwei, Berlin 1992, S. 397-405.

Iggers, Georg G.: Deutsche Geschichtswissenschaft. Eine Kritik der traditionellen Geschichtsauffassung von Herder bis zur Gegenwart, durchges. und erw. Ausg., Wien/Köln/Weimar 1997 [amerik. Orig.: The German Conception of History. The National Tradition of Historical Thought from Herder to the Present (1968); dt. zuerst: 1971].

Iggers, Georg G.: Zur ›linguistischen Wende‹ im Geschichtsdenken und in der Geschichtsschreibung, in: GuG 21 (1995), S. 557-570.

Iggers, Georg G.: Die deutschen Historiker in der Emigration, in: Bernd Faulenbach (Hg.), Geschichtswissenschaft in Deutschland. Traditionelle Positionen und gegenwärtige Aufgaben, München 1974, S. 97-111.

Jäckel, Eberhard: Der Mord an den europäischen Juden und die Geschichte, in: Die Juden in der europäischen Geschichte. Sieben Vorlesungen, hrsg. von Wolfgang Beck, München 1992, S. 20-32.

Jäckel, Eberhard: Umgang mit Vergangenheit. Beiträge zur Geschichte, Stuttgart 1989.

Jäckel, Eberhard: Hitlers Herrschaft. Vollzug einer Weltanschauung, Stuttgart 1988 [zuerst: 1986]

Jäckel, Eberhard: Begriff und Funktion der Zeitgeschichte, in: ders./ Ernst Weymar (Hg.), Die Funktion der Geschichte in unserer Zeit, Stuttgart 1975, S. 162-176.

Jäckel, Eberhard: Gerhard Ritter – Historiker in seiner Zeit, in: GWU 18 (1967), S. 705-715.
Jäckel, Hitlers Weltanschauung. Entwurf einer Herrschaft, Tübingen 1969.
Jäckel, Eberhard: Dokumente zur Geschichte des Dritten Reiches, in: NPL 3 (1958), Sp. 29-38.
Jäckel, Eberhard und Jürgen Rohwer (Hg.): Der Mord an den Juden im Zweiten Weltkrieg, Frankfurt a.M. 1987 [zuerst: Stuttgart 1985].
Jäger, Herbert: Die Widerlegung des funktionalistischen Täterbildes. Daniel J. Goldhagens Beitrag zur Kriminologie des Völkermords, in: Mittelweg 36, Jg. (1997), H. 1.
Jäger, Herbert: Über die Vergleichbarkeit staatlicher Großverbrechen. Der Historikerstreit aus kriminologischer Sicht, in: Eckhard Jesse (Hg.), Totalitarismus am Ende des 20. Jahrhunderts. Eine Bilanz der internationalen Forschung, Bonn 1996, S. 343-355.
Jäger, Herbert: Arbeitsteilige Täterschaft. Kriminologische Perspektiven auf den Holocaust, in: Loewy (Hg.), Holocaust, S. 160-165.
Jäger, Ludwig: Der Fall Schneider/Schwerte und die Diskretion der Germanistik, München 1998.
Jansen, Christian u.a. (Hg.): Von der Aufgabe der Freiheit. Festschrift für Hans Mommsen, Berlin 1995.
Jarausch, Konrad H.: Zeitgeschichte und Erinnerung. Deutungskonkurrenz und Interdependenz?, in: ders./Sabrow (Hg.), Verletztes Gedächtnis, S. 9-37.
Jarausch, Konrad H.: Die Vertreibung der jüdischen Studenten und Professoren von der Berliner Universität unter dem NS-Regime, in: Jb. f. Universitätsgesch. 1 (1998), S. 112-133.
Jarausch, Konrad H.: Die Provokation des »Anderen«. Amerikanische Perspektiven auf die deutsche Vergangenheitsbewältigung, in: Bauerkämper/Sabrow/Stöver (Hg.), Doppelte Zeitgeschichte, S. 432-448.
Jarausch, Konrad H.: Normalisierung oder Re-Nationalisierung? Zur Umdeutung der deutschen Geschichte, in: GuG 21 (1995), S. 571-584.
Jarausch, Konrad H. und Martin Sabrow (Hg.): Verletztes Gedächtnis. Erinnerungskultur und Zeitgeschichte im Konflikt, Frankfurt a.M. 2002.
Jarausch, Konrad H. und Rüdiger Hohls, Brechungen von Biographie und Wissenschaft, in: dies. (Hg.), Versäumte Fragen, S. 15-54.
Jasper, Gotthard: Über die Ursachen des Zweiten Weltkrieges. Zu den Büchern von A. J. P. Taylor und David L. Hoggan, in: VfZ 10 (1962), S. 311-340.
Jaspers, Karl: Die Schuldfrage. Von der politischen Haftung Deutschlands, München/Zürich 1987 [zuerst: Heidelberg 1946].

Jaspers, Karl: Unsere Zukunft und Goethe, in: Die Wandlung 2 (1947), S. 559-578.

Jelavich, Peter: Poststrukturalismus und Sozialgeschichte aus amerikanischer Perspektive, in: GuG 21 (1995), S. 259-289.

Jessen, Ralph: Zeithistoriker im Konfliktfeld der Vergangenheitspolitik, in: Jarausch/Sabrow (Hg.), Verletztes Gedächtnis, S. 153-175.

Junker, Detlev: Theorie der Geschichtswissenschaft am Historischen Seminar der Universität Heidelberg, in: Jürgen Miethke (Hg.), Geschichte in Heidelberg, Berlin u.a. 1992, S. 159-174.

Jureit, Ulrike: Erinnerungsmuster. Zur Methodik lebensgeschichtlicher Interviews mit Überlebenden der Konzentrations- und Vernichtungslager, Hamburg 1999 (= Forum Zeitgeschichte, Bd. 8).

Kadereit, Ralf: Karl Jaspers und die Bundesrepublik Deutschland. Politische Gedanken eines Philosophen, Paderborn 1999.

Kaehler, Siegfried A.: Die Problematik der Preußischen Geschichte im 19. Jahrhundert, in: Die Sammlung 9 (1954), S. 1-17.

Kaehler, Siegfried A.: Geschichtsbild und Europapolitik des Nationalsozialismus, in: Die Sammlung 9 (1954), S. 337-354.

Kaehler, Siegfried A.: Der 20. Juli 1944 im geschichtlichen Rückblick, in: Die Sammlung 9 (1954), S. 436-445.

Kaehler, Siegfried A.: Vom dunklen Rätsel deutscher Geschichte, in: ders., Studien zur deutschen Geschichte des 19. und 20. Jahrhunderts. Aufsätze und Vorträge, hrsg. und mit einem Nachwort versehen von Walter Bußmann, Göttingen 1961, S. 363-375 [zuerst in: Die Sammlung 1 (1945), H. 3].

Kaehler, Siegfried: »Die deutsche Katastrophe«. Zu dem neuesten Buch von Friedrich Meinecke, in: Göttinger Universitäts-Zeitung 1 (1946), Nr. 20 vom 15. 11. 1946.

Kämpf, Hellmut: Oskar Halecki. Deutsche Geschichte von draußen gesehen (VII), in: Deutsche Rundschau 86 (1960), S. 497-505.

Kaiser, Gerhard und Matthias Krell: Ausblenden, Versachlichen, Überschreiben. Diskursives Vergangenheitsmanagement in der Sprach- und Literaturwissenschaft nach 1945, in: Weisbrod (Hg.), Akademische Vergangenheitspolitik, S. 190-214.

Kany, Roland: Mnemosyne als Programm. Geschichte, Erinnerung und die Andacht zum Unbedeutenden im Werk von Usener, Warburg und Benjamin, Tübingen 1987.

Kapferer, Norbert: Der Totalitarismusbegriff auf dem Prüfstand. Ideengeschichtliche, komparatistische und politische Aspekte eines umstrittenen Terminus, Dresden 1995 (= Vorträge des Hannah-Arendt-Instituts für Totalitarismusforschung, Bd. 5).

Kassner, Rudolf: Das Neunzehnte Jahrhundert. Ausdruck und Größe, Erlenbach/Zürich 1947.

Kater, Michael H.: Begrifflichkeit und Historie. »Alltag«, »Neokonservativismus« und »Judenfrage« als Themen einer NS-bezogenen Sozialgeschichtsschreibung, in: AfS (1983), S. 688-705.

Kehr, Eckart: Neuere deutsche Geschichtsschreibung

Kemper, Dirk: Goethes Individualitätsbegriff als Rezeptionshindernis im Nationalsozialismus, in: GJb 116 (1999), S. 129-143.

Kershaw, Ian: Statt einer Einleitung, in: Hans Mommsen, Von Weimar nach Auschwitz. Zur Geschichte Deutschlands in der Weltkriegsepoche. Ausgewählte Aufsätze, Stuttgart 1999, S. 11-20.

Kershaw, Ian: »Cumulative Radicalisation« and the Uniqueness of National Socialism, in: Jansen u.a. (Hg.), Von der Aufgabe der Freiheit, S. 323-336.

Kershaw, Ian: Der NS-Staat. Geschichtsinterpretationen und Kontroversen im Überblick, Reinbek 1988 [engl. Orig.: London 1985]. Erw. und bearb. Neuaufl., Reinbek 1999.

Kershaw, Ian: Alltägliches und Außeralltägliches: ihre Bedeutung für die Volksmeinung 1933-1939, in: Detlev Peukert und Jürgen Reulecke (Hg.), Die Reihen fast geschlossen. Beiträge zur Geschichte des Alltags unterm Nationalsozialismus, Wuppertal 1981, S. 273-292.

Kershaw, Ian: The Persecution of the Jews and German Popular Opinion in the Third Reich, in: LBIYB 26 (1981), S. 261-289.

Kersting, Franz-Werner: Helmut Schelskys »Skeptische Generation« von 1957, in: VfZ 50 (2002), S. 465-495.

Kertész, Imre: Wem gehört Auschwitz?, in: ders., Eine Gedankenlänge Stille, während das Erschießungskommando neu lädt. Essays, Reinbek 1999, S. 145-154 [zuerst in: Die ZEIT, 19. 11. 1998].

Kertész, Imre: Der Holocaust als Kultur, in: Sinn und Form 46 (1994), S. 562

Kielmansegg, Peter Graf: Lange Schatten. Vom Umgang der Deutschen mit der nationalsozialistischen Vergangenheit, Berlin 1989.

Kiesow, Rainer Maria und Dieter Simon (Hg.): Auf der Suche nach der verlorenen Wahrheit. Zum Grundlagenstreit in der Geschichtswissenschaft, Frankfurt a.M./New York 2000.

Kirsch, Jan-Holger: Kommandant in Auschwitz. Autobiographische Aufzeichnungen von Rudolf Höß, in: GWU 49 (1998), S. 421-439.

Kittel, Manfred: Die Legende von der »Zweiten Schuld«: Vergangenheitsbewältigung in der Ära Adenauer, Berlin 1993.

Kittsteiner, Heinz D.: »Gedächtniskultur« und Geschichtsschreibung, in: Knigge/Frei (Hg.), Verbrechen erinnern, S. 306-326.

Kittsteiner, Heinz D.: Der Angriff der Gegenwart auf die Vergangenheit. Über ein vermeintliches Recht, ein Denkmal für die ermordeten Juden zu bauen, in: Ute Heimrod (Hg.), Der Denkmalstreit – Das Denkmal? Die Debatte um das »Denkmal für die ermordeten Juden Europas«. Eine Dokumentation, Berlin 1999, S. 511-514.

Kittsteiner, Heinz D.: Erinnern – Vergessen – Orientieren. Nietzsches Begriff des »umhüllenden Wahns« als geschichtsphilosophische Kategorie, in: Dieter Borchmeyer (Hg.), »Vom Nutzen und Nachteil der Historie für das Leben«, Frankfurt a.M. 1996, S. 48-75.

Kittsteiner, Wulf: From exception to exemplum: The new approach to nazism and the ›Final Solution‹, in: History & Memory 33 (1994), S. 115-171.

Kivime, Mart: Reinhard Wittram als Geschichtsdenker, in: Zwischen Konfrontation und Kompromiß, hrsg. v. Michael Garleff, München 1995, S. 227-243.

Klausa, Ekkehard: Die deutsche Gedenkreligion des Holocaust, in: Merkur 53 (1999), H. 9/10, S. 911-921.

Klein, Armin: Hans Buchheim: Was heißt und wie lehrt man politisch denken?, in: Hans Karl Rupp/Thomas Noetzel (Hg.), Macht, Freiheit, Demokratie, Bd. 2: Die zweite Generation der westdeutschen Politikwissenschaft, Marburg 1994, S. 145-160.

Klein, Fritz: Historiker und Politik. Erfahrungen in einem schwierigen Verhältnis, in: Jansen u.a. (Hg.), Von der Aufgabe der Freiheit. Festschrift für Hans Mommsen, S. 51-68.

Kleinschmidt, Erich: Der vereinnahmte Goethe. Irrwege im Umgang mit einem Klassiker 1932-1949, in: Jb. d. dt. Schillerges. 28 (1984), S. 461-482.

Klemperer, Klemens von: Hans Rothfels (1891-1976), in: Lehmann/van Horn Melton (Hg.), Paths of Continuity, S. 119-135.

Kleßmann, Christoph: Geschichtsbewußtsein nach 1945: Ein neuer Anfang?, in: Werner

Weidenfeld (Hg.), Geschichtsbewußtsein in Deutschland. Materialien zur Spurensuche einer

Nation, 2. Aufl., Köln 1989, S. 111-129.

Klingenstein, Grete: Über Herkunft und Verwendung des Wortes »Vergangenheitsbewältigung«, in: Geschichte und Gegenwart 4 (1988), S. 301-312.

Klinger, Gerwin: Meisterdenker in staatsloser Zeit. Deutsche Philosophie zwischen 1945 und 1948, in: Frankfurter Rundschau, Nr. 149 vom 29. 6. 1996.

Klönne, Arno: »Heimkehr zu Goethe«? Deutungen des Verhältnisses von Jugend, »Bildungserbe« und Nationalsozialismus nach 1945, in: Diskussion Deutsch 100 (1988), S. 144-152.

Klüger, Ruth: Dichter und Historiker: Fakten und Fiktionen, Mit einem Vorwort von Hubert Christian Ehalt, Wien 2000 (= Wiener Vorlesungen im Rathaus, Bd. 73).
Kluke, Paul: Aufgaben und Methoden zeitgeschichtlicher Forschung, in: Europa-Archiv 10 (1955), S. 7429-7438.
Kluke, Paul: Der deutsche Widerstand. Eine kritische Literaturübersicht, in: HZ 169 (1949), S. 136-161.
Knigge, Volkhard und Norbert Frei (Hg.), Verbrechen erinnern. Die Auseinandersetzung mit Holocaust und Völkermord. Unter Mitarbeit von Anett Schweitzer, München 2002.
Knudsen, Jonathan B.: Friedrich Meinecke (1862-1954), in: Lehmann, van Horn Melton (Hg.), Path of Continuity, S. 49-71.
Kocka, Jürgen: 1945 und 1989/90. Zur sich wandelnden Bedeutung des Endes von NS-Diktatur und Krieg, in: Jansen u.a. (Hg.), Von der Aufgabe der Freiheit. Festschrift für Hans Mommsen, S. 599-608.
Kocka, Jürgen: Veränderungen in der Geschichtswissenschaft. Eine »Geisteswissenschaft«?, in: Wolfgang Prinz, Peter Weingart (Hg.), Die sogenannten Geisteswissenschaften. Innenansichten, Frankfurt a.M. 1990, S. 134-137.
Kocka, Jürgen: Werner Conze und die Sozialgeschichte in der Bundesrepublik Deutschland, in: GWU 37 (1986), S. 595-602.
Koch, Gertrud (Hg.): Bruchlinien. Tendenzen der Holocaustforschung, Köln/Weimar/Wien 1999.
Koch, Jeroen: Golo Mann und die deutsche Geschichte. Eine intellektuelle Biographie, Paderborn 1998.
Koch, Thilo (Hg.): Portraits zur deutsch-jüdischen Geistesgeschichte, Neuausgabe, Köln 1997 [zuerst: Köln 1961].
Koebner, Richard: Geschichte, Geschichtsbewußtsein und Zeitwende. Vorträge und Schriften aus dem Nachlaß, hrsg. v. Institut für Deutsche Geschichte der Universität Tel Aviv u.a. (= Schriftenreihe des Instituts für Deutsche Geschichte der Universität Tel Aviv, Bd. 11), Gerlingen 1990.
Koebner, Thomas (Hg.): »Bruder Hitler«. Autoren des Exils und des Widerstands sehen den »Führer« des Dritten Reiches, München 1989.
Koehl, Robert: Zeitgeschichte and the new German Conservativism, in: Journal of Central European Affairs 20 (1960), S. 131-157.
König, Helmut, Wolfgang Kuhlmann und Klaus Schwabe (Hg.): Vertuschte Vergangenheit. Der Fall Schwerte und die NS-Vergangenheit der deutschen Hochschulen, München 1997.
König, Helmut: Das Erbe der Diktatur. Der Nationalsozialismus im politischen Bewußtsein der Bundesrepublik, in: Leviathan 24 (1996), H. 2, S. 163-180.

Kogon, Eugen: Über die innere Wahrheit des Fernsehfilms »Holocaust«, in: Peter Märthesheimer, Ivo Frenzel (Hg.), Im Kreuzfeuer: Der Fernsehfilm »Holocaust«. Eine Nation ist betroffen, Frankfurt a.M. 1979, S. 66-69.

Kogon, Eugen: Der SS-Staat. Das System der deutschen Konzentrationslager, München 1946.

Kogon, Eugen: Beginn der Geschichtsrevision, in: Frankfurter Hefte 1 (1946), S. 776-779.

Kogon, Eugen und Baptist Metz (Hg.): Gott nach Auschwitz. Dimensionen des Massenmordes am jüdischen Volk, Freiburg 1986.

Kogon, Michael: Eugen Kogons »Der SS-Staat« ist ein halbes Jahrhundert alt, in: Börsenblatt für den Deutschen Buchhandel, Nr. 103/104, 24. 12. 1996, S. A 497-A 507.

Kohlhammer, Siegfried: Der Holocaust und das Bilderverbot, in: Merkur 48 (1994), S. 501-509.

Kohli-Kunz, Alice: Erinnern und Vergessen. Das Gegenwärtigsein des Vergangenen als Grundproblem historischer Wissenschaft, Berlin 1973 (= Erfahrung und Denken. Schriften zur Förderung zwischen Philosophie und Einzelwissenschaft, Bd. 40).

Kohlstruck, Michael: Zwischen Erinnerung und Geschichte. Der Nationalsozialismus und die jungen Deutschen, Berlin 1997.

Kohlstruck, Michael: Zur Gegenwartsbedeutung des Nationalsozialismus, in: Leviathan 24 (1996), H. 2, S. 155-162.

Kohn, Hans: Wege und Irrwege. Vom Geist des deutschen Bürgertums, Düsseldorf 1962.

Kohn, Hans: Zum deutschen Geschichtsverständnis. Über einige Probleme deutscher Geschichtsrevision, in: Deutsche Rundschau 82 (1956), S. 494-499.

Kohn-Levy, Charlotte: Kaddisch, in: dies., Michael Ley (Hg.), Auschwitz. Versuche einer Annäherung, Wien 1996, S. 13-16.

Kolinsky, Eva: Wohnort Deutschland. Ansätze jüdischer Identität nach dem Holocaust, in: Winfried Menninghaus und Klaus Scherpe (Hg.), Literaturwissenschaft und politische Kultur. Für Eberhard Lämmert zum 75. Geburtstag, Stuttgart/Weimar 2000, 281-289.

Korn, Karl: Sprache in der verwalteten Welt, Frankfurt a.M. 1958.

Koselleck, Reinhart: Formen und Traditionen des negativen Gedächtnisses, in: Knigge/Frei (Hg.), Verbrechen erinnern, S. 21-32.

Koselleck, Reinhart: Vom Sinn und Unsinn der Geschichte, in: Müller/Rüsen (Hg.): Historische Sinnbildung, S. 79-97.

Koselleck, Reinhart: Begriffsgeschichtliche Anmerkungen zur »Zeitgeschichte«, in: Victor Conzemius, Martin Greschat, Hermann Kocher

(Hg.), Die Zeit nach 1945 als Thema kirchlicher Zeitgeschichte, Göttingen 1988, S. 17-31.

Koselleck, Reinhart: Wozu noch Historie?, in: Wolfgang Hardtwig (Hg.), Über das Studium der Geschichte, München 1990, S. 247-365 [zuerst in: HZ 212 (1970), S. 1-18].

Koselleck, Reinhart u.a. (Hg.): Objektivität und Parteilichkeit in der Geschichtswissenschaft, München 1977.

Kosiek, Rolf: Historikerstreit und Geschichtsrevision, Tübingen 1987.

Kosthorst, Erich: Von der »Umerziehung« über den Geschichtsverzicht zur »Tendenzwende«. Selbstverständnis und öffentliche Einschätzung des Geschichtsunterrichts in der Nachkriegszeit, in: Oswald Hauser (Hg.), Geschichte und Geschichtsbewußtsein, Göttingen 1981.

Kosthorst, Erich: Zeitgeschichte und Zeitperspektive. Versuch einer didaktischen Ortsbestimmung, in: APuZ, B 22/75 vom 31. 5. 1975, S. 3-10.

Kosthorst, Erich: Die deutsche Opposition gegen Hitler zwischen Polen- und Frankreichfeldzug, Bonn 1955 (= Schriftenreihe der Bundeszentrale für Heimatdienst, Bd. 8).

Kotre, John: Weiße Handschuhe. Wie das Gedächtnis Lebensgeschichten schreibt, München 1996 [amerik. Orig.: White Gloves. How we create Ourselves Through Memory, New York u.a. 1995].

Kramer, F. A.: Vor den Ruinen Deutschlands. Ein Aufruf zur geschichtlichen Selbstbesinnung, Berlin 1945.

Kramer, Helmut: Barbara Just-Dahlmann – »Ludwigsburg öffnete uns schockartig die Augen, Ohren und Herzen«, in: Fröhlich/Kohlstruck (Hg.), Engagierte Demokraten, S. 201-212.

Kramer, Jane: Politik mit der Erinnerung, in: dies., Unter Deutschen. Briefe aus einem kleinen Land in Europa, Berlin 1996, S. 7-60.

Kramer, Sven: Auschwitz im Widerstreit. Zur Darstellung der Shoah in Film, Philosophie und Literatur, Wiesbaden 1999.

Kraushaar, Wolfgang: Von der Totalitarismustheorie zur Faschismustheorie – Zu einem Paradigmenwechsel in der bundesdeutschen Studentenbewegung, in: Söllner/Walkenhaus/ Wieland (Hg.), Totalitarismus. Eine Ideengeschichte des 20. Jahrhunderts, Berlin 1997, S. 267-283.

Kraushaar, Wolfgang: Der blinde Fleck in der modernistischen Historisierungsvariante, in: Eschenhagen (Hg.), Die neue deutsche Ideologie, S. 31-38.

Krausnick, Helmut: Zur Arbeit des Instituts für Zeitgeschichte, in: GWU 19 (1968), S. 90-96.

Krausnick, Helmut: Zeitgeschichtliche Forschung in Deutschland, in: Geschichtsschreibung. Epochen – Methoden – Gestalten, hrsg. v. Jürgen Scheschkewitz, Düsseldorf 1968, S. 136-154.

Krausnick, Helmut: Die Verfolgung der Juden unter dem Nationalsozialismus, in: Böhm/Dirks (Hg.), Judentum. Schicksal, Wesen und Gegenwart, S. 289-366.

Krausnick, Helmut: Judenverfolgung, in: Anatomie des SS-Staates, Bd. 2, Olten/Freiburg 1965, S. 283-448.

Krausnick, Helmut: Hitler und die Morde in Polen. Ein Beitrag zum Konflikt zwischen Heer und SS um die Verwaltung der besetzten Gebiete. Dokumentation, in: VfZ 11 (1963), S. 196-209.

Krausnick, Helmut: Unser Weg in die Katastrophe von 1945. Rechenschaft und Besinnung heute, in: APuZ, B 19, vom 9. 5. 1962, S. 229-240.

Krausnick, Helmut: Zur Zahl der jüdischen Opfer des Nationalsozialismus, in: APuZ, Nr. B 32/54, vom 11. 8. 1954, S. 426-427.

Kröger, Martin: Der Historiker als Mitläufer. Karl Dietrich Erdmann im »Dritten Reich«, in: Geschichte in Köln 41 (1997), S. 95-110.

Kröger, Martin und Roland Thimme: Die Geschichtsbilder des Historikers Karl Dietrich Erdmann vom Dritten Reich zur Bundesrepublik, München 1996.

Kröger, Ullrich: Die Ahndung der NS-Verbrechen vor westdeutschen Gerichten und ihre Rezeption in der deutschen Öffentlichkeit 1958-1964, unter besonderer Berücksichtigung von »Spiegel«, »Stern«, »Zeit«, »SZ«, »FAZ«, »Welt«, »Bild«, »Hamburger Abendblatt«, »Neues Deutschland«, Diss. Hamburg 1973.

Krohn, Claus-Dieter: Unter Schwerhörigen? Zur selektiven Rezeption des Exils in den wissenschaftlichen und kulturpolitischen Debatten der frühen Nachkriegszeit, in: Weisbrod (Hg.), Akademische Vergangenheitspolitik, S. 97-120.

Krohn, Claus-Dieter: Geschichtswissenschaften, in: Handbuch der deutschsprachigen Emigration 1933-1945, hrsg. v. Claus-Dieter Krohn u.a., Darmstadt 1998, Sp. 747-761.

Krummacher, F. A. (Hg.): Die Kontroverse. Hannah Arendt, Eichmann und die Juden, München 1964.

Krummacher, F. A.: Geoffrey Barraclough und die deutsche Frage. Deutsche Geschichte von draußen gesehen (V), in: Deutsche Rundschau 86 (1960), S. 318-325.

Kühn, Johannes: Die Wahrheit der Geschichte und die Gestalt der wahren Geschichte, Oberursel 1947.

Kühnl, Reinhard: Der deutsche Faschismus in Quellen und Dokumenten, 7., durchges. u. erw. Aufl., Köln 2000.

Kühnl, Reinhard: Der Faschismus. Ursachen und Herrschaftsstruktur. Eine Einführung, vierte, überarbeitete Aufl., Heilbronn 1998.

Kühnl, Reinhard: Problem einer Theorie über den deutschen Faschismus. Zugleich eine Kritik der herrschenden Faschismusinterpretationen, in: TAJB 3 (1974), S. 313-347.

Kühnl, Reinhard: Formen bürgerlicher Herrschaft. Liberalismus – Faschismus, Reinbek 1971.

Kühnl, Reinhard: Der deutsche Faschismus. Nationalsozialismus und »Drittes Reich« in Einzeluntersuchungen und Gesamtdarstellungen, in: NPL 15 (1970), S. 13-43.

Küttler, Wolfgang: Geschichtsperspektiven im Umbruch. Zum aktuellen Stand der Grundlagendebatte über die Geschichtswissenschaft, in: ZfG 40 (1992), S. 725-736.

Kuhlmann, Hartmut: Ohne Auschwitz, in: Intern. Zeitschrift f. Philosophie 6 (1997), H. 1, S. 101-110.

Kulka, Otto Dov: Die deutsche Geschichtsschreibung über den Nationalsozialismus und die »Endlösung«. Tendenzen und Entwicklungsphasen, in: HZ 240 (1985), S. 599-640.

Kwiet, Konrad: Die NS-Zeit in der westdeutschen Forschung 1945-1961, in: Schulin (Hg.), Deutsche Geschichtswissenschaft nach dem Zweiten Weltkrieg, S. 181-198.

Kwiet, Konrad: Judenverfolgung und Judenvernichtung im Dritten Reich. Ein historiographischer Überblick, in: Diner (Hg.), Ist der Nationalsozialismus Geschichte?, S. 237-264.

Kwiet, Konrad: Die deutsche Geschichtswissenschaft und die Zäsur von 1945, in: »Die Mühen der Ebenen«. Kontinuität und Wandel in der deutschen Literatur und Gesellschaft 1945-1949, Heidelberg 1981, S. 159-180.

Kwiet, Konrad: Historians of the German Democratic Republik on Antisemitism and Persecution, in: LBIYB 21 (1976), S. 173-198.

Kwiet, Konrad und Helmut Eschwege: Selbstbehauptung und Widerstand. Deutsche Juden im Kampf um Existenz und Menschenwürde, Hamburg 1974.

Laak, Dirk van: »Nach dem Sturm schlägt man auf die Barometer ein…« Rechtsintellektuelle Reaktionen auf das Ende des ›Dritten Reiches‹, in: WerkstattGeschichte 6 (1997), H. 17, S. 25-44.

Laak, Dirk van: Gespräche in der Sicherheit des Schweigens. Carl Schmitt in der politischen Geistesgeschichte der frühen Bundesrepublik, Berlin 1993.

LaCapra, Dominick: Revisiting the ›Historian's Debate′, in: History & Memory 9 (1997), S. 80-112.

Lammers, Karl Christian: Die Auseinandersetzung mit der ›braunen‹ Universität. Ringvorlesung zur NS-Vergangenheit an westdeutschen

Hochschulen, in: Axel Schildt, Detlef Siegfried, Karl Christian Lammers (Hg.), Dynamische Zeiten. Die 60er Jahre in den beiden deutschen Gesellschaften, Hamburg 2000, S. 148-165.

Langbein, Hermann: Menschen in Auschwitz, Wien 1972.

Langbein, Hermann: Der Auschwitz-Prozeß. Eine Dokumentation (2 Bde), Wien 1965 [Neuauflage: Frankfurt a.M. 1995].

Langer, Lawrence: Holocaust Testimonies. The Ruins of Memory, New Haven/London 1991.

Leggewie, Claus: Von Schneider zu Schwerte. Das ungewöhnliche Leben eines Mannes, der aus der Geschichte lernen wollte, München 1998.

Lehmann, Hartmut (Hg.): Historikerkontroversen, Göttingen 2000 (= Göttinger Gespräche zur Geschichtswissenschaft, Bd. 10).

Lehmann, Hartmut und James van Horn Melton (Hg.): Paths of Continuity. Central European Historiography from the 1930s to the 1950s, Washington D.C. 1994.

Lepenies, Rainer M.: Das Erbe des Nationalsozialismus und die politische Kultur der Nachfolgestaaten des »Großdeutschen Reiches«, in: Max Haller u.a. (Hg.), Kultur und Gesellschaft. Verhandlungen des 24. Deutschen Soziologentages, Frankfurt a.M. 1989, S. 247-264

Levi, Primo: Die Untergegangenen und die Geretteten, München 1993.

Lezzi-Noureldin, Eva: Erinnerung als Identitätssuche. Zu Saul Friedländers autobiographischer Auseinandersetzung mit der Shoah, in: Richard Faber, Barbara Neumann (Hg.), Literatur der Grenze. Theorie der Grenze, Würzburg 1995, S. 43-66.

Liebsch, Burkhard: Geschichte als Antwort und Versprechen, Freiburg 1999.

Lindner, Burckhardt: Was heißt: Nach Auschwitz? Adornos Datum, in: Braese/Gehle/Kiesel/ Loewy (Hg.), Deutsche Nachkriegsliteratur und der Holocaust, S. 283-300.

Lipstadt, Deborah E.: Denying the Holocaust. The growing assault on thruth and memory, New York 1993 [dt.: Betrifft: Leugnen des Holocaust, Zürich 1994].

Litt, Theodor: Die Geschichte und das Übergeschichtliche, in: Die Sammlung 5 (1950), S. 6-19.

Litt, Theodor: Wege und Irrwege geschichtlichen Denkens, München 1948.

Loewy, Hanno: Märtyrerromanzen: Die »befreite« Anne Frank, in: Waltraud Wende (Hg.), Geschichte im Film. Mediale Inszenierungen des Holocaust und kulturelles Gedächtnis, Stuttgart/Weimar 2002, S. 94-122.

Loewy, Hanno: Das gerettete Kind. Zur »Universalisierung« der Anne Frank, in: Braese/Gehle/Loewy/Kiesel (Hg.), Deutsche Nachkriegsliteratur und der Holocaust, S. 19-41.

Loewy, Hanno (Hg.): Holocaust: Die Grenzen des Verstehens. Eine Debatte über die Besetzung der Geschichte, Reinbek 1992.

Loewy, Hanno und Bernhard Moltmann (Hg.): Erlebnis – Gedächtnis – Sinn. Authentische und konstruierte Erinnerung, Frankfurt a.M./New York 1996 (= Wissenschaftliche Reihe des Fritz Bauer Instituts, Bd. 3).

Lepenies, Rainer M.: Das Erbe des Nationalsozialismus und die politische Kultur der Nachfolgestaaten des »Großdeutschen Reiches«, in: Max Haller u.a. (Hg.), Kultur und Gesellschaft. Verhandlungen des 24. Deutschen Soziologentages, Frankfurt a.M. 1989, S. 247-264.

Lorenz, Chris: Has the Third Reich Become History? Martin Broszat as Historian and Pedagogue, in: Bulletin of the Arnold and Leona Finkler Institute of Holocaust Research, Nr. 8 (1998), S. XXVII-XLIV.

Loth, Wilfried und Bernd-A. Rusinek (Hg.): Verwandlungspolitik. NS-Eliten in der westdeutschen Nachkriegsgesellschaft, Frankfurt a.M./New York 1998.

Low, Alfred D.: The Third Reich and the Holocaust in German Historiography. Towards the Historikerstreit of the mid 1980s, New York 1994.

Lozek, Gerhard und Horst Syrbe: Geschichtsschreibung contra Geschichte. Über die antinationale Geschichtskonzeption führender westdeutscher Historiker, Berlin (Ost) 1964.

Lozowick, Yaacov: Hitlers Bürokraten. Eichmann, seine willigen Vollstrecker und die Banalität des Bösen, Zürich/München 2000.

Lozowick, Yaacov: Jüdische Erinnerung und die Schoah, in: Schreier/Heyl (Hg.), Die Gegenwart der Schoah, S. 93-110.

Lübbe, Hermann: Die Aufdringlichkeit der Geschichte. Herausforderungen der Moderne vom Historismus bis zum Nationalsozialismus, Graz/Wien/Köln 1989.

Lübbe, Hermann: Der Nationalsozialismus im deutschen Nachkriegsbewußtsein, in: HZ 236 (1983), S. 579-599.

Lüdtke, Alf: Arbeiten und Dabeisein. Wie Alltagsgeschichte den Nationalsozialismus erklärt, in: Axel Lublinski u.a. (Hg.), Historie und Eigen-Sinn. Festschrift für Jan Peters zum 65. Geburtstag, Weimar 1997, S. 75-86.

Lüdtke, Alf: Der Bann der Wörter: »Todesfabriken«. Vom Reden über den NS-Völkermord – das auch ein Schweigen ist, in: WerkstattGeschichte 5 (1996), H. 13, S. 5-18.

Lüdtke, Alf: Geschichtswissenschaft und Öffentlichkeit, in: Mentalitäten und Lebensverhältnisse. Beispiele aus der Sozialgeschichte der Neuzeit. Rudolf Vierhaus zum 60. Geburtstag, hrsg. v. Mitarbeitern und Schülern, Göttingen 1982, S. 416-438.

Lüth, Erich: Deutsche und Juden heute. Fazit einer Tagung, in: Der Monat 10 (1957/58), H. 110, S. 46-50.

Ludz, Ursula: Bibliographie, in: Hannah Arendt, »Ich will verstehen«, Selbstauskünfte zu Leben und Werk, München/Zürich 1996.

Lynar, Ernst W. (Hg.): Deutsche Kriegsziele 1914-1918. Eine Diskussion, Frankfurt a.M. 1964.

Maier, Charles S.: Die Gegenwart der Vergangenheit. Geschichte und nationale Identität der Deutschen, Frankfurt a.M./New York 1992 [amerik. Orig.: The unmasterable Past. History, Holocaust and the German national Identity, Cambridge (Mass.) 1988].

Mallmann, Klaus-Michael: Die Türöffner der »Endlösung«. Zur Genesis des Genozid, in: Gerhard Paul/Klaus-Michael Mallmann (Hg.), Die Gestapo im Zweiten Weltkrieg. »Heimatfront« und besetztes Europa, Darmstadt 2000, S. 437-463.

Mandelkow, Karl Robert: Goethe in Deutschland. Rezeptionsgeschichte eines Klassikers, Bd. 2 (1919-1982), München 1989.

Mandelkow, Karl Robert: Natur und Geschichte bei Goethe im Spiegel seiner Rezeption im 19. und 20. Jahrhundert, in: Klaus-Detlev Müller, Gerhard Pasternak, Wulf Segebrecht, Ludwig Stockinger (Hg.), Geschichtlichkeit und Aktualität. Studien zur deutschen Literatur seit der Romantik. FS für Hans-Joachim Mähl, Tübingen 1988, S. 69-96.

Manemann, Jürgen: »Weil es nicht nur Geschichte ist«. Die Begründung der Notwendigkeit einer fragmentarischen Historiographie des Nationalsozialismus aus politisch-theologischer Sicht, Hamburg/Münster 1995.

Mann, Golo: Gibt es eine Schuld der Universitäten?, in: 300 Jahre Studentenschaft Christiana Albertina Kiel, Kiel 1965, S. 16-17.

Mann, Golo: Vorwort zur deutschen Ausgabe, in: Shirer, Aufstieg und Fall, S. 11-16.

Mann, Golo: Der verdrehte Eichmann, in: Krummacher (Hg.), Die Kontroverse, S. 190-198 [zuerst: Die Neue Rundschau 4 (1963); und in: Die ZEIT vom 24. 1. 1964].

Mann, Golo: Deutsche Geschichte 1919-1945, Frankfurt a.M. 1961 [zuerst: Frankfurt a.M. 1958].

Margalit, Avishai: Gedenken, Vergessen, Vergeben, in: Smith/Margalit (Hg.), Amnestie, S. 192-205.

Margalit, Avishai und Gabriel Motzkin: Die Einzigartigkeit des Holocaust, in: Deutsche Zeitschrift für Philosophie 45 (1997), S. 3-18.

Markov, Walter: Krise der deutschen Geschichtsschreibung, in: Sinn und Form 2 (1950), S. 109-155.
Markovits, André S.: Störfall im Endlager der Geschichte. Daniel Goldhagen und seine deutschen Kritiker, in: Blätter für deutsche und internationale Politik 6 (1996), S. 667-674.
Marrus, Michael M.: Reflections on the historiography of the Holocaust, in: Journal of mod. Hist. 66 (1994), S. 92-116.
Martin, Bernd: Judenverfolgung und -vernichtung unter der nationalsozialistischen Diktatur, in: ders., Ernst Schulin (Hg.), Die Juden als Minderheit in der Geschichte, München 1981, S. 290-315.
Martin, Bernd: Zur Tauglichkeit eines übergeordneten Faschismus-Begriffs. Ein Vergleich zwischen Japan, Deutschland und Italien, in: VfZ 29 (1981), S. 48-73.
Martin, Bernd: Die Entlassung der jüdischen Lehrkräfte an der Freiburger Universität und die Bemühungen um ihre Wiedereingliederung nach 1945, in: Freiburger Universitätsblätter 34 (1995), H. 129, S. 7-46.
Mason, Tim: Intention and Explanation: A Current Controversy about the Interpretation of National-Socialism, in: Hirschfeld/Kettenacker (Hg.), Der Führerstaat, S. 23-41.
Matthiesen, Michael: Verlorene Identität. Der Historiker Arnold Berney und seine Freiburger Kollegen 1923-1938, Göttingen 1998.
Matthiesen, Michael: Gerhard Ritter. Studien zu Leben und Werk bis 1933 (2 Bde), Egelsbach/Köln/New York 1993.
Mau, Hermann und Helmut Krausnick: Deutsche Geschichte der jüngsten Vergangenheit 1933-1945, 6. Aufl., Tübingen/Stuttgart 1964 [zuerst: 1953].
Mayer, Arno J.: Memory and History: On the Poverty of Remembering and Forgetting the Judeocide, in: Steiniger (Hg.), Der Umgang mit dem Holocaust, S. 444-456.
Mayer, Arno J.: Der Krieg als Kreuzzug. Das Deutsche Reich, Hitlers Wehrmacht und die ›Endlösung‹, Reinbek 1989 [amerik. Orig.: Why did the Heavens Not Darken? The ›Final Solution‹ in History, New York 1988].
Mayer, Hans: Außenseiter, Frankfurt a.M. 1975.
Meier, Bettina: Goethe in Trümmern. Zur Rezeption eines Klassikers in der Nachkriegszeit, Wiesbaden 1989.
Meier, Christian: Von Athen nach Auschwitz. Betrachtungen zur Lage der Geschichte (= Krupp-Vorlesungen zu Politik und Geschichte am Kulturwissenschaftlichen Institut im Wissenschaftszentrum), München 2002.
Meier, Christian: Nachruf auf Martin Broszat, in: VfZ 38 (1990), S. 23-42.

Meier, Christian: Zum Verhältnis von Makro- und Mikrogeschichte, in: Karl Acham, Winfried Schulze (Hg.), Teil und Ganzes. Beiträge zur Historik, Bd. 6, München 1990, S. 111-140.

Meier, Christian: Vierzig Jahre nach Auschwitz. Deutsche Geschichtserinnerung heute, 2., erweiterte Aufl., München 1990 [zuerst: 1987].

Meier, Christian: Verurteilen und Verstehen. An einem Wendepunkt deutscher Geschichtserinnerung, in: »Historikerstreit«, S. 48-61.

Meinecke, Friedrich: Zum Geleit, in: Deutschland und Europa. Festschrift für Hans Rothfels zum 60. Geburtstag, hrsg. von Werner Conze, Düsseldorf 1961, S. 9-11.

Meinecke, Friedrich: Irrwege in unserer Geschichte?, in: Der Monat 2 (1949), S. 3-6.

Meinecke, Friedrich: Ranke und Burckhardt, Berlin 1948.

Meinecke, Friedrich: Deutung eines Ranke-Wortes (1942), in: ders., Zur Theorie und Philosophie der Geschichte, hrsg. u. eingeleitet von Eberhard Kessel (= Werke, Bd. 4), Stuttgart 1959, S. 117-139.

Meinecke, Friedrich: Aphorismen und Skizzen zur Geschichte, Stuttgart 1949.

Meinecke, Friedrich: 1848. Eine Säkularbetrachtung, Berlin 1948.

Meinecke, Friedrich: Vom geschichtlichen Sinn und vom Sinn der Geschichte, Leipzig 1939.

Meinecke, Friedrich: Goethe und die Geschichte, in: ders., Entstehung des Historismus (1936); Separatdruck München 1949.

Meinecke, Friedrich: Johann Gustav Droysen. Sein Briefwechsel und seine Geschichtsschreibung, in: HZ 141 (1930), S. 249-287.

Meineke, Stefan: Friedrich Meinecke. Persönlichkeit und politisches Denken bis zum Ende des Ersten Weltkrieges, Berlin 1995.

Mergel, Thomas und Thomas Welskopp (Hg.): Geschichte zwischen Kultur und Gesellschaft. Beiträge zur Theoriedebatte, München 1997.

Messerschmid, Felix: Grundfragen der politischen Erziehung, in: GWU 2 (1951), H. 3.

Métraux, Alexandre: Authentizität und Autorität. Über die Darstellung der Shoah, in: Erzählung, Identität und historisches Bewußtsein. Die psychologische Konstruktion von Zeit und Geschichte, hrsg. v. Jürgen Straub, Frankfurt a.M. 1998 (= Erinnerung, Geschichte, Identität, Bd. 1), S. 362-388.

Metzler, Gabriele: Am Ende aller Krisen? Politisches Denken und Handeln in der Bundesrepublik der sechziger Jahr, in: HZ 275 (2002), S. 57-103.

Meyer, Henry Cord: »Mitteleuropa« in German Thought and Action 1815-1945, The Hague 1955.

Michman, Dan: Die Historiographie der Shoah aus jüdischer Sicht. Konzeptualisierungen, Terminologie, Anschauungen, Grundfragen, Hamburg 2002.

Miquel, Marc von: Aufklärung, Distanzierung, Apologie. Die Debatte über die Strafverfolgung von NS-Verbrechen in den sechziger Jahren, in: Frei/Steinbacher (Hg.), Bekennen und Beschweigen, S. 61-70.

Mirgeler, Albert: Das Hitlerreich im Rückblick zweier Jahrzehnte, in: Merkur 19 (1965), S. 472-481.

Möll, Marc-Pierre: Hans Buchheim und die Anatomie der totalitären Herrschaft, in: ders., Gesellschaft und totalitäre Ordnung. Eine theoriegeschichtliche Auseinandersetzung mit dem Totalitarismus, Baden-Baden 1998, S. 116-123.

Möller, Horst: Das Institut für Zeitgeschichte und die Entwicklung der Zeitgeschichtsschreibung in Deutschland, in: ders./Wengst (Hg.), 50 Jahre Institut für Zeitgeschichte, S. 1-68.

Möller, Horst und Udo Wengst (Hg.): 50 Jahre Institut für Zeitgeschichte. Eine Bilanz, München 1999.

Moltmann, Bernhard u.a. (Hg.): Erinnerung. Zur Gegenwart des Holocaust in Deutschland-West und Deutschland-Ost, Frankfurt a.M. 1993.

Moltmann, Günter: Zeitgeschichtlicher Unterricht. Bildungswert und methodische Probleme, in: GWU 7 (1955), S. 158-177.

Mommsen, Hans: Von Weimar nach Auschwitz. Zur Geschichte Deutschlands in der Weltkriegsepoche. Ausgewählte Aufsätze, Stuttgart 1999.

Mommsen, Hans: Barbarei und Genozid, in: ders., Von Weimar nach Auschwitz, S. 268-282.

Mommsen, Hans: Modernität und Barbarei. Anmerkungen aus zeithistorischer Sicht, in: Max Miller, Hans-Georg Soeffner (Hg.), Modernität und Barbarei. Soziologische Zeitdiagnose am Ende des 20. Jahrhunderts, Frankfurt a.M. 1996, S. 137-155.

Mommsen, Hans: Die dünne Patina der Zivilisation. Der Antisemitismus war eine notwendige, aber keineswegs hinreichende Bedingung für den Holocaust, in: Die ZEIT, Nr. 36 vom 30. 8. 1996.

Mommsen, Hans: Schuld der Gleichgültigen. Die Deutschen und der Holocaust. Eine Antwort auf Daniel J. Goldhagen, in: SZ, Nr. 166 vom 20./21. 7. 1995.

Mommsen, Hans: Zum Stand der wissenschaftlichen Debatte über die Historisierung der NS-Zeit, in: Bernd Faulenbach und Franz-Josef Jelich (Hg.), Reaktionäre Modernität und Völkermord. Probleme des Umgangs mit der NS-Zeit in Museen, Ausstellungen und Gedenkstätten. Dokumentation einer Tagung des Forschungsinstituts für Arbeiterbildung und der Hans-Böckler-Stiftung, Essen 1994, S. 15-20.

Mommsen, Hans: Zeitgeschichte als »kritische Aufklärungsarbeit«. Zur Erinnerung an Martin Broszat, in: GuG 17 (1991), S. 141-157.

Mommsen, Hans: Aufarbeitung und Verdrängung. Das Dritte Reich im westdeutschen Geschichtsbewußtsein, in: Diner (Hg.), Ist der Nationalsozialismus Geschichte?, S. 74-88.

Mommsen, Hans: Was haben die Deutschen vom Völkermord an den Juden gewußt?, in: Pehle (Hg.), Der Judenpogrom 1938, S. 176-200.

Mommsen, Hans: Holocaust und die deutsche Geschichtswissenschaft, in: Yisrael Gutman, Gideon Greif (Hg.), The Historiography of the Holocaust Period, Jerusalem 1988, S. 79-97.

Mommsen, Hans: Hannah Arendt und der Prozeß gegen Adolf Eichmann, in: Hannah Arendt, Eichmann in Jerusalem. Ein Bericht von der Banalität des Bösen, München/Zürich 1986, S. I-XXXVII.

Mommsen, Hans: Die Realisierung des Utopischen: Die »Endlösung der Judenfrage« im »Dritten Reich«, in: GuG 9 (1983), S. 381-420.

Mommsen, Hans: Hans Rothfels, in: Wehler (Hg.), Deutsche Historiker, Bd. 9, S. 127-147.

Mommsen, Hans: Hitlers Stellung im nationalsozialistischen Herrschaftssystem, in: Gerhard Hirschfeld, Lothar Kettenacker (Hg.), »Der Führerstaat«. Mythos und Realität, Stuttgart 1981, S. 43-70.

Mommsen, Hans: Die Last der Vergangenheit, in: Jürgen Habermas (Hg.), Stichworte zur geistigen Situation der Zeit, Bd. 1: Nation und Republik, Frankfurt a.M. 1979, S. 164-184.

Mommsen, Hans: Nationalsozialismus oder Hitlerismus?, in: Bosch (Hg.), Persönlichkeit und Struktur in der Geschichte, S. 55-61.

Mommsen, Hans: Ausnahmezustand als Herrschaftstechnik des NS-Regimes, in: Manfred Funke (Hg.), Hitler, Deutschland und die Mächte. Materialien zur Außenpolitik des Dritten Reiches, Düsseldorf 1976 [wieder in: Mommsen, Von Weimar nach Auschwitz, S. 248-267].

Mommsen, Hans: Spandauer Tagebücher. Bemerkungen zu den Aufzeichnungen Albert Speers im internationalen Militärgefängnis 1946-1966, in: PVS 17 (1976), S. 108-114.

Mommsen, Hans: Geschichtsschreibung und Humanität. Zum Gedenken an Hans Rothfels, in: Wolfgang Benz und Hermann Graml (Hg.), Aspekte deutscher Außenpolitik im 20. Jahrhundert, Stuttgart 1976, S. 9-27.

Mommsen, Hans: Der Nationalsozialismus. Kumulative Radikalisierung und Selbstzerstörung des Regimes, in: Meyers Enzyklopädisches Lexikon, Bd. 16, Mannheim 1976, S. 785-790.

Mommsen, Hans: Art.: Nationalsozialismus, in: Sowjetsystem und demokratische Gesellschaft, Bd. IV, Freiburg/Basel/Wien 1971, Sp. 695-713.

Mommsen, Hans: Beamtentum im Dritten Reich. Mit ausgewählten Quellen zur nationalsozialistischen Beamtenpolitik, Stuttgart 1962 (= Schriftenreihe der Vierteljahrshefte für Zeitgeschichte, Bd. 13).

Mommsen, Hans: Aufgabenkreis und Verantwortlichkeit des Staatssekretärs der Reichskanzlei Dr. Wilhelm Kritzinger (1962), in: Gutachten des Instituts für Zeitgeschichte, Bd. 2, Stuttgart 1966, S. 369-398.

Mommsen, Hans: Der nationalsozialistische Polizeistaat und die Judenverfolgung vor 1938, in: VfZ 10 (1962), S 68-87.

Mommsen, Hans: Aus der Zeitgeschichte. Bilanzen und Forschungen, in: Deutsche Rundschau 87 (1961), S. 949-955 und 1039-1046.

Mommsen, Hans: Betrachtungen zur Entwicklung der neuzeitlichen Historiographie in der Bundesrepublik, in: Géza Alföldy/Ferdinand Seibt/Albrecht Timm (Hg.): Problem der Geschichtswissenschaft, Düsseldorf 1973, S. 124-155.

Mommsen, Wolfgang J.: Der perspektivische Charakter historischer Aussagen und das Problem von Parteilichkeit und Objektivität historischer Erkenntnis, in: Reinhart Koselleck u.a. (Hg.), Objektivität und Parteilichkeit in der Geschichtswissenschaft, München 1977 (= Beiträge zur Historik, Bd. 1), S. 441-468.

Mommsen, Wolfgang J.: Die Geschichtswissenschaft in der modernen Industriegesellschaft, in: VfZ 22 (1974), S. 1-17.

Mommsen, Wolfgang J.: Die Geschichtswissenschaft jenseits des Historismus, 2. Aufl., Düsseldorf 1972.

Montau, Robert: Höß lesen, in: Harald Welzer (Hg.), Nationalsozialismus und Moderne, Tübingen 1993, S. 128-149.

Montrose, Louis A.: Die Renaissance behaupten. Poetik und Politik der Kultur, in: Moritz Bassler (Hg.), New Historicism. Literaturgeschichte als Poetik der Kultur, Frankfurt a.M. 1995.

Moses, Dirk: The Forty-Fivers. A Generation Between Fascism and Democracy, in: German Politics and Society 50 (1999), S. 95-127.

Mühle, Eduard: »Ostforschung«. Beobachtungen zum Aufstieg und Niedergang eines geschichtswissenschaftlichen Paradigmas, in: Zeitschrift für Ostmitteleuropa-Forschung 46 (1997), S. 317-350.

Müller, Heribert: Johannes Haller und der Nationalsozialismus, in: Wolfram Pyta/Ludwig Richter Gestaltungskraft des Politischen. Festschrift Eberhard Kolb (= Histor. Forschungen 63), Berlin 1998, S. 443-482.

Müller, Klaus E. und Jörn Rüsen (Hg.): Historische Sinnbildung. Problemstellungen, Zeitkonzepte, Wahrnehmungshorizonte, Darstellungsstrategien, Reinbek 1997.

Müller, Max: Gerhard Ritter. Ein politischer Historiker, in: HJB 106 (1986), S. 119-134.
Müller-Seidel, Michael: Deutsche und jüdische Tragik, Frankfurt a.M. 1955.
Münz, Christoph: Geschichtstheologie und jüdisches Gedächtnis nach Auschwitz, Frankfurt a.M. 1995 (= Materialien der Arbeitsstelle Fritz-Bauer-Institut, Bd. 11).
Muhlen, Norbert: Anne Franks Heimkehr, in: Der Monat 9 (1957), H. 103, S. 79-82.
Näf, Werner: Heinrich Ritter v. Srbik (1878-1951), in: HZ 173 (1952), S. 95-101.
Naumann, Bernd: Auschwitz. Bericht über die Strafsache gegen Mulka und andere vor dem Schwurgericht Frankfurt, Frankfurt a.M. 1965.
Naumann, Klaus: Sympathy for the Devil? Die Kontroverse um Hannah Arendts Prozeßbericht »Eichmann in Jerusalem«, in: Mittelweg 36 Jg. 3 (1993), S. 65-79.
Neitmann, Klaus: Reinhard Wittram und der Wiederbeginn der baltischen Studien in Göttingen nach 1945, in: Nordost-Archiv. Zeitschrift für Regionalgeschichte. N.F. 7 (1998), H. 1, S. 11-32.
Neugebauer, Wolfgang: Hans Rothfels (1891-1976) in seiner Zeit, in: Dietrich Rauschning, Donata Nérée (Hg.), Die Albertus-Universität zu Königsberg und ihre Professoren. Aus Anlaß der Gründung der Albertus-Universität zu Königsberg vor 450 Jahren, Berlin 1995, S. 245-256.
Neurohr, Jean: Der Mythos des Dritten Reiches. Zur Geistesgeschichte des Nationalsozialismus, Stuttgart 1956.
Neuscheler, Eugen: Verständnis der Geschichte. Johannes Haller zum Gedächtnis, in: Die Pforte 1 (1947/48), S. 817-821.
Niedhart, Gottfried: Deutsch-jüdische Neuhistoriker in der Weimarer Republik, in: Grab (Hg.), Juden in der deutschen Wissenschaft, S. 147-177.
Niedhart, Gottfried: Gustav Mayers englische Jahre: Zum Exil eines deutschen Juden und Historikers, in: Exilforschung. Ein internationales Jahrbuch 6 (1988), S. 98-107.
Niedhart, Gottfried: Identitätskonflikte eines deutschen Juden an der Wende vom 19. zum 20. Jahrhundert: Gustav Mayer zwischen jüdischer Herkunft und ungewisser deutscher Zukunft, in: TAJB 20 (1991), S. 315-326.
Niethammer, Lutz: Postskript zu Geschichte und Gedächtnis, in: Borsdorf/Grüttner (Hg.), Orte der Erinnerung, S. 101-109.
Niethammer, Lutz: Methodische Überlegungen zur deutschen Nachkriegsgeschichte. Doppelgeschichte, Nationalgeschichte oder asym-

metrisch verflochtene Parallelgeschichte?, in: Christoph Kleßmann, Hans Misselwitz, Günter Wichert (Hg.), Deutsche Vergangenheiten – eine gemeinsame Herausforderung. Der schwierige Umgang mit der doppelten Nachkriegsgeschichte, Berlin 1999, S. 307-329.

Niethammer, Lutz: Konjunkturen und Konkurrenzen kollektiver Identität. Ideologie, Infrastruktur und Gedächtnis in der Zeitgeschichte, in: Matthias Werner (Hg.), Identität und Geschichte, Weimar 1997 (= Jenaer Beiträge zur Geschichte, Bd. 1), S. 175-203.

Niethammer, Lutz: Die postmoderne Herausforderung. Geschichte als Gedächtnis im Zeitalter der Wissenschaft, in: Geschichtsdiskurs, Bd. 1, S. 31-49.

Niethammer, Lutz: Oral History, in: Sascha Kowalczuk (Hg.), Paradigmen deutscher Geschichtswissenschaft, Berlin 1994, S. 189-210.

Niethammer, Lutz: Erinnerungsgebot und Erfahrungsgeschichte. Institutionalisierungen mit kollektivem Gedächtnis, in: Loewy (Hg.), Holocaust, S. 32-34.

Niethammer, Lutz: Über Kontroversen in der Geschichtswissenschaft, in: Jahrbuch für Geschichtsdidaktik 1 (1988), S. 205-230.

Nipperdey, Thomas: Kritik oder Objektivität? Zur Beurteilung der Revolution von 1848, in: ders., Gesellschaft, Kultur, Theorie. Gesammelte Aufsätze zur neueren Geschichte, Göttingen 1976, S. 259-278.

Nohl, Herman: Vergangenheit und Zukunft [Rez. von: Heimpel, Die halbe Violine], in: Die Sammlung 6 (1951), S. 62-63.

Nolte, Ernst: Die Deutschen und ihre Vergangenheiten (1866-1993), Berlin 1995.

Nolte, Ernst: Streitpunkte. Heutige und zukünftige Kontroversen um den Nationalsozialismus, Berlin 1993.

Nolte, Ernst: Lehrstück oder Tragödie. Beiträge zur Interpretation der Geschichte des 20. Jahrhunderts, Köln, Weimar, Berlin 1991.

Nolte, Ernst: Das Vergehen der Vergangenheit. Antwort an meine Kritiker im sogenannten Historikerstreit, Berlin 1987.

Nolte, Ernst: Der europäische Bürgerkrieg 1917-1945. Nationalsozialismus und Bolschewismus, Frankfurt a.M./Berlin 1987.

Nolte, Ernst: Vergangenheit, die nicht vergehen will. Eine Rede, die geschrieben, aber nicht gehalten werden konnte, in: »Historikerstreit«, S. 39-47.

Nolte, Ernst: Zwischen Geschichtslegende und Revisionismus? Das Dritte Reich im Blickwinkel des Jahre 1980, in: »Historikerstreit«, S. 13-35 [zuerst engl. in: H. Wolfgang Koch (Hg.), Aspects of the Third Reich, London 1985, S. 17-38].

Nolte, Ernst: Zeitgeschichtsforschung und Zeitgeschichte, in: VfZ 18 (1970), S. 1-11.
Nolte, Ernst: Der Faschismus in seiner Epoche. Die Action française. Der italienische Faschismus. Der Nationalsozialismus, München 1963.
Nolte, Paul: Einführung: Die Bundesrepublik in der deutschen Geschichte des 20. Jahrhunderts, in: GuG 28 (2002), S. 175-182.
Nolte, Paul: Die Historiker der Bundesrepublik. Rückblick auf eine »lange Generation«, in: Merkur 53 (1999), H. 5, S. 413-432.
Nolzen, Armin: Martin Broszat, der »Staat Hitlers« und die NSDAP. Einige Bemerkungen zur »Funktionalistischen« Interpretation des »Dritten Reiches«, in: Revue d´Allemagne et des pays de langue allemande 32 (2000), S. 433-450.
Nora, Pierre: Das Abenteuer der »Lieux de mémoire«, in: Nation und Emotion. Deutschland und Frankreich im Vergleich 19. und 20. Jahrhundert, hrsg. v. Etienne François, Hannes Siegrist, Jakob Vogel, Göttingen 1995 (= Kritische Studien zur Geschichtswissenschaft, Bd. 110), S.83-92.
Nora, Pierre: Zwischen Geschichte und Gedächtnis, Berlin 1990.
Novick, Peter: The Holocaust in American Life, Boston/New York 1999.
Nutz, Maximilian: Restauration und Zukunft des Humanen. Zur westdeutschen Goethe-Rezeption von 1945 bis 1949, in: Karl Richter, Jörg Schönert (Hg.), Klassik und Moderne. Die Weimarer Klassik als historisches Ereignis und Herausforderung im kulturellen Prozeß. Walter Müller Seidel zum 65. Geburtstag, Stuttgart 1983, S. 457-481.
Oberkrome, Willi: Volksgeschichte. Methodische Innovation und völkische Ideologisierung in der deutschen Geschichtswissenschaft 1918-1945, Göttingen 1993.
Oexle, Otto Gerhard: Zweierlei Kultur. Zur Erinnerungskultur deutscher Geisteswissenschaftler nach 1945, in: Rechtshistorisches Journal 16 (1997), S. 358-390.
Oexle, Otto Gerhard (Hg.): Memoria als Kultur, Göttingen 1995 (= Veröffentlichungen des Max-Planck-Inst. für Geschichte, Bd. 121).
Oexle, Otto Gerhard: Sehnsucht nach Klio. Hayden Whites »Metahistory« und wie man darüber hinwegkommt, in: RJ 11 (1992), S. 2-18.
Olszewski, Henryk: Gerhard Ritter und der Nationalsozialismus, in: ders., Zwischen Begeisterung und Widerstand. Deutsche Hochschullehrer und der Nationalsozialismus, Poznan 1989, S. 111-129.
Orte der Erinnerung: Denkmal, Gedenkstätte, Museum, hrsg. v. Ulrich Borsdorf, Frankfurt a.M. 1995.
Orth, Karin: Die Konzentrationslager-SS. Sozialstrukturelle Analysen und biographische Studien, Göttingen 2000.

Orth, Karin: Rudolf Höß und die »Endlösung der Judenfrage«. Drei Argumente gegen deren Datierung auf den Sommer 1941, in: WerkstattGeschichte 18 (1997), S. 45-57.

Ott, Hugo: Schuldig – mitschuldig – unschuldig? Politische Säuberungen und Neubeginn 1945, in: Die Freiburger Universität in der Zeit des Nationalsozialismus, hrsg. v. Eckhard John, Bernd Martin, Marc Mück, Hugo Ott, Freiburg/Würzburg 1991, S. 243-258.

Paepcke, Lotte: Judenfrage und Deutsche Frage, in: FH 14 (1959), H. 4, S. 289-290.

Pätzold, Kurt: Vorzeitig verlassener Kampfplatz. Zehn Jahre Historikerstreit. Eine Debatte, die immer noch schwelt, in: Neues Deutschland vom 15. 07. 1996.

Pätzold, Kurt: Persecution and the Holocaust. A provisional review of GDR Historiography, in: LBI YB 40 (1995), S. 291-312.

Paris, Erna: Vergangenheit verstehen. Wahrheit, Lügen und Erinnerung, Berlin/München 2000.

Paul, Gerhard: Von Psychopathen, Technokraten des Terrors und »ganz gewöhnlichen« Deutschen. Die Täter im Spiegel der Forschung, in: ders. (Hg.): Die Täter der Shoah. Fanatische Nationalsozialisten oder ganz normale Deutsche?, Göttingen 2002, S. 13-90.

Pehle, Walter H. (Hg.): Der historische Ort des Nationalsozialismus. Annäherungen, Frankfurt a.M. 1990.

Pehle, Walter H. und Peter Sillem (Hg.): Wissenschaft im geteilten Deutschland. Restauration oder Neubeginn nach 1945?, Frankfurt a. M. 1992.

Pelt, Robert van den und Debórah Dwork: Auschwitz. Von 1270 bis heute. Aus dem Englischen von Klaus Rupprecht, Zürich/München 1998 [amerik. Orig.: 1996].

Pendorf, Robert: Mörder und Ermordete. Eichmann und die Judenpolitik des Dritten Reiches, Hamburg 1961.

Perels, Joachim: Eugen Kogon – Zeuge des Leidens im SS-Staat und Anwalt gesellschaftlicher Humanität, in: Fröhlich, Kohlstruck (Hg.), Engagierte Demokraten, S. 31-45.

Perels, Joachim: Wider die ›Normalisierung‹ des Nationalsozialismus. Interventionen gegen die Verdrängungen, Hannover 1996.

Pesch, Volker: Die künstlichen Wilden. Zu Goldhagens Methode und theoretischem Rahmen, in: GuG 23 (1997), S. 152-162.

Peter, Matthias und H.-J. Schröder: Einführung in das Studium der Zeitgeschichte, Paderborn 1994.

Peukert, Detlev: Alltag und Barbarei. Zur Normalität des Dritten Reiches, in: Diner (Hg.), Ist der Nationalsozialismus Geschichte?, S. 51-61.

Peukert, Detlev: Die Genesis der »Endlösung« aus dem Geiste der Wissenschaft, in: ders., Max Webers Diagnose der Moderne, Göttingen 1989, S. 102-121.
Peukert, Detlev: Wer gewann den »Historikerstreit«? Keine Bilanz, in: Peter Glotz u.a. (Hg.), Vernunft riskieren. Klaus v. Dohnanyi zum 60. Geburtstag, Hamburg 1988, S. 38-50.
Petwaidic, Walter: Die autoritäre Anarchie. Streiflichter des deutschen Zusammenbruchs, Hamburg 1946.
Picard, Max: Die Welt des Schweigens, Erlenbach/Zürich 1948.
Picard, Max: Hitler in uns selbst, Zürich/Stuttgart 1946.
Piel, Edgar: Spuren der NS-Ideologie im Nachkriegsdeutschland, in: Heinz Oberreuter, Jürgen Weber (Hg.), Freundliche Feinde? Die Alliierten und die Demokratisierung in Deutschland, München/Landsberg 1996, S. 145-167.
Pohl, Dieter: Die Holocaust-Forschung und Goldhagens Thesen, in: VfZ 45 (1997), S. 1-48.
Pohl, Dieter: Großraumplanung und NS-Völkermord, in: HJB 114 (1994), S. 175-182.
Pohl, Dieter: Von der Judenpolitik zum Judenmord. Der Distrikt Lublin des Generalgouvernements 1939-1944, München 1993.
Pohl, Karl Heinrich (Hg.): Wehrmacht und Vernichtungspolitik. Militär im nationalsozialistischen System, Göttingen 1999.
Pohlmann, Friedrich: Der »Keim des Verderbens« totalitärer Herrschaft. Die Einheit der politischen Philosophie Hannah Arendts, in: Totalitarismustheorien nach dem Ende des Kommunismus, hrsg. v. Achim Siegel, Köln 1998 (= Schriften des Hannah-Arendt-Instituts für Totalitarismusforschung, Bd. 7), S. 201-234.
Poliakov, Léon und Joseph Wulf: Das Dritte Reich und seine Denker. Dokumente, Berlin 1959.
Poliakov, Léon und Joseph Wulf: Das Dritte Reich und seine Diener. Dokumente, Berlin 1956.
Poliakov, Léon und Joseph Wulf: Das Dritte Reich und die Juden. Dokumente und Aufsätze, Berlin 1955.
Possekel, Ralf: Die Widersprüche der Geschichtswissenschaft. Überlegungen zu Jörn Rüsens Historik, in: ÖZG 4 (1993), H. 3, S. 479-491.
Postone, Moishe: Hannah Arendts »Eichmann in Jerusalem«: Die unaufgelöste Antinomie von Universalität und Besonderem, in: Smith (Hg.), Hannah Arendt Revisited, S. 264-290.
Pross, Helge: Die geistige Enthauptung Deutschlands: Verluste durch Emigration, in: Nationalsozialismus und die deutsche Universität.

Universitätstage 1966, Veröffentlichung der Freien Universität Berlin, Berlin 1966, S. 143-155.

Pross, Helge: Hans Kohn – Analyse des Nationalismus. Deutsche Geschichte von draußen gesehen (VIII), in: Deutsche Rundschau 86 (1960), S. 986-993.

Pross, Helge: Die jüdisch-deutsche Katastrophe, in: NPL 1 (1956), Sp. 243-258.

Quindeau, Ilka: Trauma und Geschichte. Interpretationen autobiographischer Erzählungen von Überlebenden des Holocaust, Frankfurt a.M. 1995.

Rabinbach, Anson: »Warum sind die Juden geopfert worden?« Die Rolle des Antisemitismus in der »Dialektik der Aufklärung«, in: Koch (Hg.), Bruchlinien, S. 125-145.

Rabinbach, Anson: The German as Pariah: Karl Jaspers's »The Question of Guilt«, in: ders., In the Shadow of Catastrophe. German Intellectuals between Apocalypse and Enlightment, Berkeley/Los Angeles/London 1997, S. 129-165.

Rabinbach, Anson: Karl Jaspers' »Die Schuldfrage«, in: Jürgen Heß, Hartmut Lehmann, Volker Sellin u.a. (Hg.), Heidelberg 1945, Stuttgart 1996.

Racine, Pierre: Hermann Heimpel à Strasbourg, in: Schulze/Oexle (Hg.), Deutsche Historiker im Nationalsozialismus, S. 142-156.

Radkau, Joachim: Geschichtswissenschaft heute – Ende der Selbstmystifikation?, in: NPL 17 (1972), Teil I: Die Historie aus der Grenzperspektive, S. 1-14; Teil II: Selbstdarstellungen der Historie, S. 141-167.

Radkau, Joachim: Die deutsche Emigration in den USA, Düsseldorf 1971.

Rantzau, Johann Albrecht von: Deutsche Geschichtsschreibung und Politik, in: Aus Geschichte und Politik. Festschrift zum 70. Geburtstag von Ludwig Bergsträsser, hrsg. v. Alfred Herrmann, Düsseldorf 1954, S. 197-206.

Rantzau, Johann Albrecht von: Das deutsche Geschichtsdenken der Gegenwart und die Nachwirkungen von Ranke, in: GWU 1 (1950), S. 514-524.

Rantzau, Johann Albrecht von: Individualitätsprinzip, Staatsverherrlichung und deutsche Geschichtsschreibung, in: Die Sammlung 5 (1950), S. 284-299.

Raphael, Lutz: Historikerkontroversen im Spannungsfeld zwischen Berufshabitus, Fächerkonkurrenz und sozialen Deutungsmustern. Lamprecht-Streit und französischer Methodenstreit der Jahrhundertwende, in: HZ 251 (1990), S. 325-363.

Rassow, Peter: Der Historiker und seine Gegenwart, München 1948.
Raulff, Ulrich: Inter lineas oder Geschriebene Leben, in: ders., Der unsichtbare Augenblick. Zeitkonzepte in der Geschichte, Göttingen 1999, S. 118-142.
Raulff, Ulrich und Gary Smith (Hg.): Wissensbilder. Strategien der Überlieferung, Berlin 1999.
Rauschning, Hermann: Thesen zu einem Vortrag über den Nationalsozialismus als geschichtliches Problem, in: Jahrbuch der Rankegesellschaft, Frankfurt a.M. 1954, S. 133-140.
Rauschning, Hermann: Die Revolution des Nihilismus. Kulissen und Wirklichkeit im 3. Reich, Zürich 1938.
Rautmann, Peter: Gedächtnis – Erinnern – Eingedenken. Walter Benjamins ›Passagenarbeit‹ und Dani Karavans ›Passagen‹ in Portbou, in: Exilforschung 16 (1998), S. 12-31.
Rebenich, Stefan: Theodor Mommsen. Eine Biographie, München 2002.
Reck, Siegfried: Was waren das für Menschen? Zum Beispiel Rudolf Höß: ein Managertyp mit Zukunft?, in: Rathenow, Weber (Hg.), Erziehung nach Auschwitz, Pfaffenweiler 1989, S. 64-75.
Reemtsma, Jan Philipp: Laudatio für Saul Friedländer, in: ders., Saul Friedländer, Gebt der Erinnerung Namen, München 1998, S. 9-26.
Reemtsma, Jan Philipp: Über einen ästhetischen Einwand, in: Mittelweg 36, Jg. 5 (1996), H. 6, S. 6-17.
Reemtsma, Jan Philipp: Charisma und Terror. Gedanken zum Verhältnis intentionalistischer und funktionalistischer Deutungen der nationalsozialistischen Vernichtungspolitik, Frankfurt a.M. 1994 (= Fritz Bauer Institut, Reihe Materialien, Nr. 10).
Rehberg, Karl-Siegbert: Verdrängung und Neuanfang: Die Soziologie nach 1945 als »Normalfall« westdeutscher Geschichtserledigung, in: Loth/Rusinek (Hg.), Verwandlungszone?, S. 259-284.
Reichel, Peter: Vergangenheitsbewältigung in Deutschland. Die Auseinandersetzung mit der NS-Diktatur von 1945 bis heute, München 2001.
Reichel, Peter: »Über Auschwitz wächst kein Gras.« Zur Auseinandersetzung mit dem Holocaust in der westdeutschen Gesellschaft, in: Tribüne 38 (1999), S. 160-172.
Reichel, Peter: Politik mit der Erinnerung. Gedächtnisorte im Streit um die nationalsozialistische Vergangenheit, München 1995.
Reichmann, Eva: Größe und Verhängnis deutsch-jüdischer Existenz. Zeugnisse einer tragischen Begegnung, Heidelberg 1974.
Reichmann, Eva: Zeitgeschichte als politische und moralische Aufgabe, in: Schriften der Bundeszentrale für politische Bildung, Bonn 1964, S. 3-12.

Reichmann, Eva: Antwort an Hannah Arendt, in: Krummacher (Hg.), Die Kontroverse, S. 213-217.
Reichmann, Eva: Flucht in den Haß. Die Ursachen der deutschen Judenkatastrophe, Frankfurt a.M. o. J.
Reif, Adalbert (Hg.): Albert Speer. Kontroversen um ein deutsches Phänomen, München 1978.
Reif, Adalbert (Hg.): Hannah Arendt. Materialien zu ihrem Werk, Wien/München/Zürich 1979.
Remy, Steven P.: The Heidelberg Myth. The Nazification and Denazification of a German University, Cambridge (Mass.)/London 2002.
Reitlinger, Gerald: The »Final Solution«. The attempt to exterminate the Jews of Europe 1939-1945, London 1953 [dt. Übers.: Die »Endlösung«. Hitlers Versuch der Ausrottung der Juden Europas 1939-1945, Berlin 1956].
Reitlinger, Gerald: The SS. Alibi of a Nation 1922-1945, London 1955 [dt. Übers.: Die SS. Tragödie einer deutschen Epoche, München/Wien/Basel 1956].
Repgen, Konrad: Methoden- oder Richtungskämpfe in der deutschen Geschichtswissenschaft nach 1945, in: GWU 30 (1979), S. 591-610.
Ricœur, Paul: Das Rätsel der Vergangenheit. Erinnern – Vergessen – Verzeihen, Göttingen 1998.
Ricœur, Paul: Gedächtnis – Vergessen – Geschichte, in: Müller/Rüsen (Hg.): Historische Sinnbildung, S. 433-454.
Ricœur, Paul: Objektivität und Subjektivität in der Geschichte, in: ders., Geschichte und Wahrheit, München 1974, S. 39-64 [franz. Orig.: Paris 1955].
Rieger, Wolfgang: Koppel S. Pinson und das Problem Deutschland. Deutsche Geschichte von draußen gesehen (VI), in: Deutsche Rundschau 86 (1960), S. 415-421.
Ritschl, Dietrich: Gedächtnis und Antizipation, in: Assmann/Hölscher (Hg.), Kultur und Gedächtnis, S. 50-64.
Ritter, Gerhard: Wissenschaftliche Historie einst und jetzt. Betrachtungen und Erinnerungen, in: HZ 202 (1966), S. 574-602.
Ritter, Gerhard: Der unheilvolle Juli vor 50 Jahren. Vom Ursprung des Ersten Weltkrieges, in: FAZ, vom 8. 7. 1964.
Ritter, Gerhard: Eine neue Kriegsschuldthese?, in: HZ 194 (1962), S. 646-668.
Ritter, Gerhard: Geschichtsunterricht oder »Gemeinschaftskunde«?, in: GWU (1962), S. 281-294.
Ritter, Gerhard: Carl Goerdeler und die deutsche Widerstandsbewegung, Stuttgart 1956.

Ritter, Gerhard: Wissenschaftliche Historie, Zeitgeschichte und »Politische Wissenschaft«, (Sonderdruck aus: Heidelberger Akademie der Wissenschaften, Jahresheft 1957/58).

Ritter, Gerhard: The historical foundation of the rise of National-Socialism, in: The Third Reich, hrsg. vom International Council for Philosophy and Humanistic Studies (unter Mitarbeit der UNESCO), London 1955, S. 381-416.

Ritter, Gerhard: Das Problem des Militarismus in Deutschland, in: HZ 177 (1954), S. 21-48.

Ritter, Gerhard: Die deutschen Historikertage. Zur 22. Versammlung deutscher Historiker in Bremen vom 17.-20. September 1953, in: GWU 4 (1953), S. 513-521.

Ritter, Gerhard: Zur Einführung, in: Henry Picker, Hitlers Tischgespräche im Führerhauptquartier 1941-1942. Im Auftrage des Deutschen Instituts für Geschichte der nationalsozialistischen Zeit geordnet, eingeleitet und veröffentlicht von Gerhard Ritter, Bonn 1951, S. 11-29.

Ritter, Gerhard: Gegenwärtige Lage und Zukunftsaufgaben deutscher Geschichtswissenschaft, in: HZ 170 (1950), S. 1-22.

Ritter, Gerhard: Deutsche Geschichtswissenschaft im 20. Jahrhundert, in: GWU 1 (1950), S. 81- 96 und 129-137.

Ritter, Gerhard: o.T. [Rez. von Hans Rothfels, The German Opposition to Hitler. An Appraisal, Hinsdale/Ill. 1948], in: HZ 169 (1949), S. 402-405.

Ritter, Gerhard: Europa und die deutsche Frage. Betrachtungen über die geschichtliche Eigenart des deutschen Staatsdenkens, München 1948.

Ritter, Gerhard: Die Fälschung des deutschen Geschichtsbildes im Hitlerreich, in: Deutsche Rundschau 70 (1947), H. 4, S. 11-20.

Ritter, Gerhard: Geschichte als Bildungsmacht. Ein Beitrag zur historisch-politischen Neubesinnung, Stuttgart 1946 [2. Aufl., 1949].

Ritter, Gerhard: Der deutsche Professor im »Dritten Reich«, in: Die Gegenwart 1 (1945), Nr. 1, S. 23-26.

Ritter, Gerhard: Nationalbewußtsein und Geschichtswissenschaft, in: Robert Rodenhausen (Hg.), Nationalbewußtsein. Sechs Aufsätze, Mühlhausen 1920, S. 12-20.

Rochlitz, Rainer: Das Gift der Geschichte. Paul Ricœurs Erinnerungspolitik, in: Blätter für deutsche und intern. Politik 45 (2000), S. 1249-1256.

Röpke, Wilhelm: Die deutsche Frage, Zürich 1945.

Rohlfes, Joachim: Der Nationalsozialismus – ein Hitlerismus?, in: GWU 48 (1997), H. 3, S. 135-150.

Rondholz, Eberhard: Die Ludwigsburger Zentralstelle zur Aufklärung von NS-Verbrechen, in: Redaktion Kritische Justiz (Hg.), Die juristische Aufarbeitung des Unrechtsstaates, Baden-Baden 1998, S. 669-676.

Roseman, Mark: Die Wannsee-Konferenz. Wie die NS-Bürokratie den Holocaust organisierte, Berlin 2002 [engl. Orig. u.d.T.: »The Villa, The Lake, The Meeting«, London 2002].

Rosenblüth, Pinchas E.: Friedrich Meinecke über Juden und Judentum, in: Bulletin des Leo-Baeck-Instituts 15 (1976), S. 96-123.

Rosenfeld, Gavriel: The Reception of William L. Shirer's ›The Rise and Fall of the Third Reich‹ in the United States and West Germany 1960-1962, in: JCH 29 (1994), S. 94-128.

Rotenstreich, Nathan: The Individual and Personal Responsibility, in: YVS 5 (1963), S. 17-33.

Roth, Karl Heinz: »Richtung halten«: Hans Rothfels und die neo-konservative Geschichtsschreibung diesseits und jenseits des Atlantik, in: Sozial.Geschichte. Zeitschrift für historische Analyse des 20. und 21. Jahrhunderts, Neue Folge, Jg. 2003, H. 1 (im Druck).

Roth, Karl Heinz: Hans Rothfels: Geschichtspolitische Doktrinen im Wandel der Zeiten. Weimar – NS-Diktatur – Bundesrepublik, in: ZfG 49 (2001), S. 1061-1073.

Rothe, Wolfgang: Leviathan in unserer Zeit, in: NPL 1 (1956), Sp. 103-109.

Rothfels, Hans: Die Geschichtswissenschaft in den dreißiger Jahren, in: Deutsches Geistesleben und Nationalsozialismus, hrsg. v. Andreas Flitner, Tübingen 1965, S. 90-107.

Rothfels, Hans: Zum 20. Jahrestag der Erhebung des 20. Juli 1944, in: APuZ, Nr. 29 vom 15. 7. 1964, S. 3-6.

Rothfels, Hans: Sinn und Aufgabe der Zeitgeschichte, in: ders., Zeitgeschichtliche Betrachtungen. Vorträge und Aufsätze, Göttingen 1959, S. 9-16.

Rothfels, Hans: Das politische Vermächtnis des deutschen Widerstands, in: VfZ 2 (1954), S. 329-343 [auch: selbständig, hrsg. v. der Bundeszentrale für Heimatdienst, H. 14, Bonn 1955; wieder in: Zeitgeschichtliche Betrachtungen, S. 146-166].

Rothfels, Hans: Zeitgeschichte als Aufgabe, in: VfZ 1 (1953), S. 1-8.

Rothfels, Hans: Friedrich Meinecke, der Lehrer, in: FAZ, Nr. 252 vom 30. 10. 1952.

Rothfels, Hans: Zur Krise des Nationalstaats, in: VfZ 1 (1953), S. 138-152.

Rothfels, Hans: Bismarck und das 19. Jahrhundert, in: Schicksalswege deutscher Vergangenheit. Festschrift für Siegfried A. Kaehler zum 65. Geburtstag. Beiträge zur geschichtlichen Deutung der letzten hundertfünfzig Jahre, hrsg. v. Walther Hubatsch, Düsseldorf 1950, S. 233-348.

Rothfels, Hans: Rez. von Allen Welsh Dulles, Germany's Underground, in: HZ 169 (1949), S. 133-135.
Rothfels, Hans: Die Deutsche Opposition gegen Hitler, Krefeld 1949.
Rothfels, Hans: The German Opposition to Hitler. An Appraisal, Hinsdale/Ill. 1948.
Rothfels, Hans: 1848 – One hundred years after, in: The Journal of Modern History 20 (1948), S. 291-319 [dt.: 1848 – Betrachtungen im Abstand von hundert Jahren, Darmstadt 1972].
Rothfels, Hans: Frontiers and Mass Migrations in Eastern Central Europe, in: The Review Politics 8 (1946), S. 37-67.
Rürup, Reinhard: Viel Lärm um nichts? D. J. Goldhagens »radikale Revision« der Holocaust-Forschung, in: NPL 41 (1996), S. 357-363.
Rürup, Reinhard: Jüdische Geschichte in Deutschland. Von der Emanzipation bis zur nationalsozialistischen Gewaltherrschaft, in: Dirk Blasius, Dan Diner (Hg.), Zerbrochene Geschichte. Leben und Selbstverständnis der Juden in Deutschland, Frankfurt a.M. 1991, S. 79-101.
Rüsen, Jörn: Über die Ordnung der Geschichte. Die Geschichtswissenschaft in der Debatte über Moderne, Postmoderne und Erinnerung, in: Borsdorf, Grütter (Hg.), Orte der Erinnerung, S. 79-100.
Rüsen, Jörn: Was heißt Sinn der Geschichte? (Mit einem Ausblick auf Vernunft und Widersinn), in: Müller, Rüsen (Hg.), Historische Sinnbildung, S. 17-47.
Rüsen, Jörn: Über den Umgang mit den Orten des Schreckens. Überlegungen zur Symbolisierung des Holocaust, in: Hoffmann (Hg.), Das Gedächtnis der Dinge, S. 330-343.
Rüsen, Jörn: Die Zukunft der Vergangenheit, in: Universitas 51 (1998), S. 228-237.
Rüsen, Jörn: The Logic of Historicization. Metahistorical Reflections on the Debate between Friedländer and Broszat, in: History & Memory 9 (1997), Nr. 1/2, S. 113-144.
Rüsen, Jörn: Den Holocaust erklären – aber wie? Überlegungen zu Daniel J. Goldhagens Buch »Hitler's Willing Executioners«, in: FR, Nr. 145 vom 25. 6. 1996.
Rüsen, Jörn: Trauer als historische Kategorie. Überlegungen zur Erinnerung an den Holocaust in der Geschichtskultur der Gegenwart, in: Loewy/Moltmann (Hg.), Erlebnis – Gedächtnis – Sinn, S. 57-78.
Rüsen, Jörn: Geschichtskultur, in: GWU 46 (1995), S. 513-521.
Rüsen, Jörn: Auschwitz: Den Sinn des Sinnlosen begreifen, in: GMH 46 (1995), S. 657-663.
Rüsen, Jörn: Postmoderne Geschichtstheorie, in: Konrad Jarausch, Jörn Rüsen, Hans Schleier (Hg.), Geschichtswissenschaft vor 2000. Perspek-

tiven der Geschichtstheorie, Historiographiegeschichte und Sozialgeschichte. Festschrift für Georg G. Iggers zum 65. Geburtstag, Hagen 1991, S. 27-48.

Rüsen, Jörn: Zeit und Sinn. Strategien historischen Denkens, Frankfurt a.M. 1990.

Rüsen, Jörn: Lebendige Geschichte. Formen und Funktionen historischen Wissens, Göttingen 1989.

Rüsen, Jörn: Rekonstruktion der Vergangenheit. Die Prinzipien der historischen Forschung, Göttingen 1986.

Rüsen, Jörn: Historische Vernunft. Die Grundlagen der Geschichtswissenschaft, Göttingen 1983.

Rüsen, Jörn: Meineckes »Entstehung des Historismus«, in: Erbe (Hg.), Friedrich Meinecke heute, Berlin 1981.

Rumpf, Horst: Nationalsozialistische Außenpolitik im Rückblick, in: Der Staat 22 (1983), S. 107-123.

Rumpf, Horst: Das Blickfeld des Historikers und seine Grenzen. Über den Aspektcharakter der historischen Betrachtung, in: GWU 14 (1963), S. 91-110.

Rupnow, Dirk: Täter, Gedächtnis, Opfer. Das »Jüdische Zentralmuseum« in Prag 1942-1945, Wien 2000.

Rupp, Hans Karl und Thomas Noetzel: Theodor Eschenburg: Stilkritik aus Sorge um die Institution, in: dies. (Hg.), Macht, Freiheit, Demokratie. Anfänge der westdeutschen Politikwissenschaft. Biographische Annäherungen, S. 107-120.

Rusinek, Bernd-A.: Von der Entdeckung der NS-Vergangenheit zum generellen Faschismusverdacht – akademische Diskurse in der Bundesrepublik der 60er Jahre, in: Axel Schildt, Detlef Siegfried, Karl Christian Lammers (Hg.), Dynamische Zeiten. Die 60er Jahre in den beiden deutschen Gesellschaften, Hamburg 2000, S. 114-147.

Rusinek, Bernd-A.: Nationalsozialismus, Judenverfolgung und »Bürokratie«, in: ders./Alfons Kenkmann (Hg.), Verfolgung und Verwaltung. Die wirtschaftliche Ausplünderung der Juden und die westfälischen Finanzbehörden, Münster 1999, S. 138-150.

Rusinek, Bernd-A.: Die Kritiker-Falle: Wie man in Verdacht geraten kann. Goldhagen und der Funktionalismus, in: Heil, Erb (Hg.), Geschichtswissenschaft und Öffentlichkeit, S. 110-130.

Rychner, Max: Vergangenheit bewältigen. Gespräch über ein Schlagwort unserer Zeit, in: Merkur 15 (1961), H. 10, S. 901-913.

Ryszka, Franciszek: Martin Broszat, die Wiederaufnahme der kulturellen Beziehungen und die Aussöhnung mit Polen, in: Henke/Natoli (Hg.), Mit dem Pathos der Nüchternheit, S. 59-69.

Sabrow, Martin: Der Historiker als Zeitzeuge. Autobiographische Umbruchsreflexionen deutscher Fachgelehrter nach 1945 und 1989, in: Jarausch/Sabrow (Hg.), Verletztes Gedächtnis, S. 125-152.

Sakowska, Die zweite Etappe ist der Tod. NS-Ausrottungspolitik gegen die polnischen Juden, gesehen mit den Augen der Opfer. Ein historischer Essay und ausgewählte Dokumente aus dem Ringelblum-Archiv 1941-1943, Berlin 1993 (= Publikationen der Gedenkstätte Haus der Wannsee-Konferenz, Bd. 3).

Saldern, Adelheid v.: Hillgrubers »Zweierlei Untergang« – der Untergang historischer Erfahrungsanalyse?, in: Heide Gerstenberger, Dorothea Schmidt (Hg.), Normalität oder Normalisierung? Geschichtswerkstätten und Faschismusanalyse, Münster 1987, S. 160-169.

Sandkühler, Thomas: Die Täter des Holocaust. Neuere Überlegungen und Kontroversen, in: Karl Heinrich Pohl (Hg.), Wehrmacht und Vernichtungspolitik. Militär im nationalsozialistischen Staat, Göttingen 1999, S. 39-65.

Sandkühler, Thomas: »Endlösung« in Galizien. Der Judenmord in Ostpolen und die Rettungsinitiative von Berthold Beitz 1941 bis 1944, Bonn 1996.

Sandkühler, Thomas: Aporetische Erinnerung und historisches Erzählen, in: Loewy (Hg.), Holocaust: Grenzen des Verstehens, S. 144-159.

Sauter, Gerhard: Endzeit- oder Endvorstellungen und geschichtliches Denken, in: Manfred Jakubowski-Tiessen, Hartmut Lehmann, Johannes Schilling (Hg.), Jahrhundertwenden, Göttingen 1999, S. 377-402.

Schacter, Daniel L.: Wir sind Erinnerung. Gedächtnis und Persönlichkeit, Reinbek 1999 [amerik. Orig.: 1996].

Schäfer, Gerhard: Soziologie als politische Tatphilosophie. Helmut Schelskys Leipziger Jahre (1931-1938), in: Das Argument 22 (1997), S. 645-665.

Schäfer, Hans Dieter: Das gespaltene Bewußtsein. Über deutsche Kultur und Lebenswirklichkeit 1933-1945, München 1981.

Schäfer, Roland: Die »Rationalität« des Nationalsozialismus. Zur Kritik philosophischer Faschismustheorien am Beispiel der Kritischen Theorie, Weinheim 1994.

Schäfer, Walther: Die Neueste Zeit im Geschichtsunterricht (1918-1945): Über die Notwendigkeit dieses Unterrichts, in: GWU 2 (1951), Ritter, Gerhard: Carl Goerdeler und die deutsche Widerstandsbewegung, Stuttgart 1956.Ritter, Gerhard: Carl Goerdeler und die deutsche Widerstandsbewegung, Stuttgart 1956. S. 601-617.

Schähle, Roland: Auschwitz? »Eine rein technische Frage für die Erstellung des Fahrplans«, in: Tribüne 29 (1990), S. 105-116.

Schapp, Wilhelm: In Geschichte verstrickt, Hamburg 1953 [2. Aufl., Wiesbaden 1976].
Scheffler, Wolfgang: Holocaustforschung am Wendepunkt. Kritische Anmerkungen zur deutschen Ausgabe der »Enzyklopädie des Holocaust«, in: JfA 3 (1994), S. 341-353.
Scheffler, Wolfgang: Wege zur »Endlösung«, in: Herbert A. Strauss, Norbert Kampe (Hg.), Antisemitismus. Von der Judenfeindschaft zum Holocaust, Bonn 1988, S. 186-214.
Scheffler, Wolfgang: Zur Entstehungsgeschichte der »Endlösung«, in: APuZ, B 43/82 vom 30. 10. 1982, S. 3-10.
Scheffler, Wolfgang: Über Ahnungslosigkeit, Unwissen und Böswilligkeit. Betrachtungen zur »Holocaust-Diskussion«, in: Märthesheimer/Frenzel (Hg.), Im Kreuzfeuer, S. 317-324.
Scheffler, Wolfgang: Anmerkungen zum Fernsehfilm »Holocaust« und zu Fragen zeithistorischer Forschung, in: GuG 5 (1979), S. 570-579.
Scheffler, Wolfgang: Hannah Arendt und der Mensch im totalitären Staat, in: APuZ, B 45/64 vom 4. 11. 1964, S. 19-38.
Scheffler, Wolfgang: Der Totalitarismus nationalsozialistischer Prägung, in: Hans-Hermann Hartwich (Hg.), Politik im 20. Jahrhundert, Braunschweig 1964, S. 350-394.
Scheffler, Wolfgang: Judenverfolgung im Dritten Reich 1933-1945, Berlin 1960 [erw. und durchges. Fassung, Berlin 1964].
Schelsky, Helmut: Die skeptische Generation. Eine Soziologie der deutschen Jugend, Düsseldorf/Köln 1957.
Scheurig, Bodo: Einführung in die Zeitgeschichte, 2. Aufl., Berlin 1970.
Schieder, Theodor: Historiker in dieser Zeit, in: ders., Einsichten in die Geschichte. Essays, Berlin 1980 [zuerst: 1972], S. 505-510.
Schieder, Theodor: Hans Rothfels zum 70. Geburtstag, in: VfZ 9 (1961), S. 117-123.
Schieder, Theodor: Die Vertreibung der Deutschen aus dem Osten als wissenschaftliches Problem, in: VfZ 8 (1960), S. 1-16.
Schieder, Theodor: Grundfragen der neueren deutschen Geschichte. Zum Problem der historischen Urteilsbildung, in: HZ 192 (1961), S. 1-17.
Schieder, Wolfgang (Hg.): Erster Weltkrieg. Ursachen, Entstehung und Kriegsziele, Köln 1969.
Schildt, Axel: Ankunft im Westen. Ein Essay zur Erfolgsgeschichte der Bundesrepublik, Frankfurt a.M. 1999.
Schildt, Axel: Zwischen Abendland und Amerika. Studien zur westdeutsche Ideenlandschaft der 50er Jahre, München 1999.
Schildt, Axel und Axel Sywottek (Hg.), Modernisierung im Wiederaufbau. Die westdeutsche Gesellschaft der 50er Jahre, Bonn 1993.

Schiller, Dietmar: Politische Gedenktage in Deutschland. Zum Verhältnis von öffentlicher Erinnerung und politischer Kultur, in: APuZ, B 25, 19. 6. 1993, S. 32-39.

Schilling, Klaus von: Das Scheitern an der Vergangenheit. Das deutsche Selbstverständnis zwischen Re-Education und Berliner Republik, Berlin 2002.

Schilling, Konrad: Beitrag zur Behandlung von Judentum und Antisemitismus im Oberstufenunterricht, in: GWU 11 (1960), S. 132-154.

Schindler, Roland W.: Geglückte Zeit – gestundete Zeit. Hannah Arendts Kritik der Moderne, Frankfurt a.M./New York 1995.

Schindler, Roland W.: Hannah Arendt und die Historiker-Kontroverse um die ›Rationalität‹ der Judenvernichtung, in: Dialektik. Enzyklopädische Zeitschrift für Philosophie und Wissenschaft 1 (1994), S. 147-160.

Schlange-Schöningen, Hans: Am Tage danach, Hamburg 1946.

Schlegel, Wolfgang: Haben wir ein deutsches Geschichtsbild?, in: Die Sammlung 13 (1958), S. 255-264.

Schleier, Hans: Vergangenheitsbewältigung und Traditionserneuerung? Geschichtswissenschaft nach 1945, in: Pehle/Sillem (Hg.), Wissenschaft im geteilten Deutschland, S. 205-219.

Schlenke, Manfred: G. P. Gooch und die deutsche Geschichte. Deutsche Geschichte von draußen gesehen (IV), in: Deutsche Rundschau 86 (1960), S. 217-224.

Schlie, Ulrich (Hg.): »Alles, was ich weiß«. Aus unbekannten Geheimdienstprotokollen vom Sommer 1945, München 1999.

Schmid, Harald: Vom »Henker« zum »Wunderheiler«. Gerechtigkeit für Goldhagen, in: Menora. Jahrbuch für deutsch-jüdische Geschichte 1997, S. 16-50.

Schmidt, Heinrich: Bemerkungen zu den Selbstbiographien dreier Historiker, in: Die Sammlung 8 (1953), S. 511-516.

Schmidt, Matthias: Albert Speer. Das Ende eines Mythos. Speers wahre Rolle im Dritten Reich, Bern/München 1982.

Schmidt, Siegfried J. (Hg.): Gedächtnis. Probleme und Perspektiven der interdisziplinären Forschung, Frankfurt a.M. 1991.

Schneider, Michael: Die »Goldhagen-Debatte«. Ein Historikerstreit in der Mediengesellschaft, in: Archiv für Sozialgeschichte 37 (1997), S. 460-481.

Schneider, Ulrich (Hg.): Auschwitz – Ein Prozeß. Geschichte, Fragen, Wirkungen, Köln 1994.

Schneider, Wolfgang (Hg.): Vernichtungspolitik. Eine Debatte über den Zusammenhang von Sozialpolitik und Genozid im nationalsozialistischen Deutschland, Hamburg 1991.

Schoenberner, Gerhard: Joseph Wulf – Die Dokumentation des Verbrechens, in: Fröhlich, Kohlstruck (Hg.), Engagierte Demokraten, S. 132-142.

Schoenberner, Gerhard: Helfer oder Helfershelfer? Anmerkungen zu einem Prozeß um das Warschauer Getto, in: Die ZEIT, Nr. 1 vom 3. 1. 1964.

Schoenberner, Gerhard: Der gelbe Stern. Die Judenverfolgung in Europa 1933-1945, durchges. u. erw. Ausg., Frankfurt a.M. 1991 [zuerst: 1960].

Schoenberner, Gerhard: Vom Tagebuch zum Film. Das Schicksal der Anne Frank, in: FH 14 (1959), H. 12, S. 912-915.

Schönfelder, Karen: Historiker und Politik. Geschichtswissenschaft und Nationalsozialismus, Frankfurt a.M./New York 1992.

Schoeps, Hans-Joachim: Biographien, Tagebücher und Briefe als Geschichtsquellen, in: Deutsche Rundschau 86 (1960), S. 813-817.

Schoeps, Julius H.: Leiden an Deutschland. Vom antisemitischen Wahn und der Last der Erinnerung, München/Zürich 1990.

Schoeps, Julius H. (Hg.): Ein Volk von Mördern? Die Dokumentation zur Goldhagen-Kontroverse um die Rolle der Deutschen im Holocaust, Hamburg 1996.

Schöttker, Detlev: Erinnern, in: Michael Opitz, Erdmut Wizisla (Hg.), Benjamins Begriffe (2 Bde), Bd. 1, Frankfurt a.M. 2000, S. 260-299.

Schoettler, Peter: Deutsche Historiker im Nationalsozialismus – 10 Thesen, in: WerkstattGeschichte 6 (1997), H. 17, S. 93-97.

Schoettler, Peter (Hg.): Geschichtsschreibung als Legitimationswissenschaft 1918-1945, Frankfurt a.M. 1997.

Scholem, Gershom: Judaica I, Frankfurt a.M. 1968.

Schorstheimer, Michael: Die leuchtenden Augen der Frontsoldaten. Nationalsozialismus und Krieg in den Illustriertenromanen der fünfziger Jahre, Berlin 1995.

Schramm, Percy E.: Über die schwierige Fixierung zeitgenössischer Vorgänge. Wo liegen die Schwierigkeiten?, in: FS für Leonhard v. Muralt zum 70. Geburtstag, Zürich 1970, S. 24-33.

Schramm, Percy E.: Hitler als militärischer Führer, Frankfurt a.M. 1962.

Schreckenberg, Wilhelm: Das Judentum in Geschichte und Gegenwart (Literaturbericht), in: GWU 41 (1990), S. 240-256.

Schreiber, Gerhard: Hitler. Interpretationen 1923-1983. Ergebnisse, Methoden und Probleme der Forschung, Darmstadt 1984.

Schreier, Helmut und Matthias Heyl (Hg.): Die Gegenwart der Shoah. Zur Aktualität des Mordes an den europäischen Juden, Hamburg 1994.

Schroeder, Hans-Jürgen und Matthias Peter: Einführung in das Studium der Zeitgeschichte, Paderborn 1994.

Schulin, Ernst: Weltkriegserfahrung und Historikerreaktion, in: Geschichtsdiskurs, Bd. 4, S. 165-188.

Schulin, Ernst: Hermann Heimpel und die deutsche Nationalgeschichtsschreibung. Vorgetragen am 14. Februar 1997, Heidelberg 1997 (= Schriften der Philosophisch-historischen Klasse der Heidelberger Akademie der Wissenschaften, Bd. 9).

Schulin, Ernst: Hannah Arendt als Historikerin, in: ders., Arbeit an der Geschichte. Etappen auf dem Weg zur Moderne, Frankfurt a.M./New York 1997, S. 192-211.

Schulin, Ernst: Geschichtswissenschaft in unserem Jahrhundert. Probleme und Umrisse einer Geschichte der Historie, München 1988 (= Schriften des Histor. Kollegs, hrsg. von der Stiftung Histor. Kolleg, Vorträge, Bd. 16).

Schulin, Ernst: Gerhard Ritters Briefe und die erste Biographie über ihn, in: HZ 241 (1985), S. 361-366.

Schulin, Ernst: Traditionskritik und Rekonstruktionsversuch, Göttingen 1979.

Schulin, Ernst: Rückblicke auf die Entwicklung der Geschichtswissenschaft, in: Eberhard Jäckel, Ernst Weymar (Hg.), Die Funktion der Geschichte in unserer Zeit, Stuttgart 1975, S. 11-25.

Schulin, Ernst: Friedrich Meinecke, in: Wehler (Hg.), Deutsche Historiker, Bd. 1, S. 39-57.

Schulin, Ernst: Das Problem der Individualität. Eine kritische Betrachtung des Historismus-Werkes von Friedrich Meinecke, in: HZ 197 (1963), S. 102-133.

Schulin, Ernst (Hg.): Deutsche Geschichtswissenschaft nach dem Zweiten Weltkrieg (1945-1965), München 1989.

Schuller, Wolfgang: Alfred Heuss und die zeitgenössische Politik, in: Gehrke (Hg.), Alfred Heuss. Ansichten seines Lebenswerkes, S. 154-162.

Schulte, Jan Erik: Vom Arbeits- zum Vernichtungslager. Die Entstehungsgeschichte von Auschwitz-Birkenau 1941/42, in: VfZ 50 (2002), S. 41-69.

Schulz, Gerhard: Der Stil der Historie und der Stand der Erfahrungen, in: Zur Geschichte und Problematik der Demokratie. Festschrift für Hans Herzfeld, Berlin 1958, S. 131-161.

Schulze, Hagen: Die »Deutsche Katastrophe« erklären. Von Nutzen und Nachteil historischer Erklärungsmodelle, in: Diner (Hg.), Ist der Nationalsozialismus Geschichte?, S. 89-101.

Schulze, Winfried: Hans Rothfels und die deutsche Geschichtswissenschaft nach 1945, in: Janssen u.a. (Hg.), Von der Aufgabe der Freiheit. Festschrift für Hans Mommsen, S. 83-98.

Schulze, Winfried: Die Historiker und die historische Wirklichkeit. Die Modernisierung der deutschen Geschichtswissenschaft im 20. Jahrhundert, in: Nachdenken über Geschichte. Beiträge aus der Ökumene der Historiker. In memoriam Karl Dietrich Erdmann, hrsg. von Hartmut Boockmann und Kurt Jürgensen, Neumünster 1991, S. 157-185.

Schulze, Winfried: Deutsche Geschichtswissenschaft nach 1945, München 1989.

Schulze, Winfried: Der Neubeginn der deutschen Geschichtswissenschaft nach 1945: Einsichten und Absichtserklärungen der Historiker nach der Katastrophe, in: Schulin (Hg.), Deutsche Geschichtswissenschaft nach dem Zweiten Weltkrieg, S. 1-37.

Schulze, Winfried und Otto Gerhard Oexle (Hg.): Deutsche Historiker im Nationalsozialismus, Frankfurt a.M. 1999.

Schumann, Peter: Gerhard Ritter und die deutsche Geschichtswissenschaft nach dem Zweiten Weltkrieg, in: Mentalitäten und Lebensverhältnisse. Beispiele aus der Sozialgeschichte der Neuzeit. Rudolf Vierhaus zum 60. Geburtstag, hrsg. von Mitarbeitern und Schülern, Göttingen 1982, S. 399-415.

Schumann, Peter: Die deutschen Historikertage von 1893-1937. Die Geschichte einer fachhistorischen Institution im Spiegel der Presse, Diss. Marburg 1974.

Schwab, K.: Zum Goethe-Kult, in: G. Hay (Hg.), Zur literarischen Situation 1945-1949, Kronberg 1977, S. 240-255.

Schwabe, Klaus: Gerhard Ritter, der »Zeitgeist« und der Versailler Vertrag: Von patriotischer Empörung zu pragmatischer Anerkennung, in: Hiery (Hg.), Der Zeitgeist und die Historie, S. 145-159.

Schwabe, Klaus: Gerhard Ritter – Werk und Person, in: Gerhard Ritter, Ein politischer Historiker, hrsg. v. Klaus Schwabe, Rolf Reichardt, Boppard/Rh. 1984, S. 1-170.

Schwabe, Klaus: Change and Continuity in German Hiostoriography from 1933 into the early 1950s: Gerhard Ritter (1888-1967), in: Lehmann, van Horn Melton (Hg.), Path of Continuity, S. 83-108.

Schwan, Gesine: Die Idee des Schlußstrichs – oder: Welches Erinnern und welches Vergessen tut der Demokratie gut?, in: Smith, Margalit (Hg.), Amnestie, S. 90-99.

Schwarz, Hans-Peter: Fragen an das 20. Jahrhundert, in: VfZ (2000), H. 1, S. 1-36.

Schwarz, Hans-Peter: Warum eine Festschrift? Einführende Überlegungen des Beiratsvorsitzenden, in: Möller/Wengst (Hg.), 50 Jahre Institut für Zeitgeschichte, S. XV-XXV.

Schwarz, Hans-Peter: Nachruf auf Theodor Eschenburg, in: VfZ 47 (1999), S. 593-600.

Schwertfeger, Bernhard: Rätsel um Deutschland 1933-1945, Heidelberg 1947.

Scott, Joan W. Scott: Nach der Geschichte?, in: WerkstattGeschichte 6 (1997), H. 17, S. 5-23.

Seibt, Gustav: Zweitausend, in: Im Spiegel der Jahrhundertwenden, Berlin 1999.

Sellin, Volker: Einführung in die Geschichtstheorie, Göttingen 1995.

Sellin, Volker: Gegenwärtige Tendenzen in der deutschen Geschichtswissenschaft, in: Geschichte in Heidelberg. 100 Jahre Historisches Seminar – 50 Jahre Institut für fränkisch-pfälzische Geschichte und Landeskunde, hrsg. von Jürgen Miethke, Berlin u.a. 1992, S. 243-262.

Senfft, Heinrich: Der unendliche Historikerstreit. Von der Fischer-Kontroverse zum Stasiarchiv, in: Patient Geschichte. Für Karl Heinz Roth, hrsg. von Karsten Linne und Thomas Wohlleben, Frankfurt a.M. 1993, S. 50-67.

Seraphim, Hans-Günther: Die Erschließung der Nürnberger Prozeßakten, in: Archivar 28 (1975), Sp. 417-422.

Seraphim, Hans-Günther: Quellen zur Erforschung des Dritten Reiches, in: Politisches Archiv 17 (1950), S. 3307-3310

Sereny, Gitta: Albert Speer. Das Ringen mit der Wahrheit und das deutsche Trauma, München 1996.

Shaked, Gershon: Kein anderer Ort: Über Saul Friedländer, in: ders., Die Macht der Identität. Essays über jüdische Schriftsteller, Frankfurt a.M. 1992, S. 181-191.

Shirer, William L.: Aufstieg und Fall des Dritten Reiches (2 Bde), Köln/Berlin 1963.

Silbermann, Alphons: Die Soziologie des Antisemitismus, in Psyche 16 (1962), S. 246-254.

Simon, Christian: Historiographie. Eine Einführung, Stuttgart 1996.

Simon, Dieter: Verordnetes Vergessen, in: Smith/Margalit (Hg.), Amnestie oder: Die Politik der Erinnerung, S. 21-36.

Smith, Gary (Hg.): Hannah Arendt Revisited: »Eichmann in Jerusalem« und die Folgen, Frankfurt a.M. 2000.

Smith, Gary und Hinderk M. Emrich (Hg.): Vom Nutzen des Vergessens, Berlin 1996.

Smith, Gary und Avishai Margalit (Hg.): Amnestie oder Die Politik der Erinnerung in der Demokratie, Frankfurt a.M. 1997.

Sofsky, Wolfgang: Eugen Kogons »Der SS-Staat« und die Perspektive der KZ-Forschung, in: POLIS. Analyse des Schreckens, Wiesbaden

1996 (= Schriftenreihe der Hessischen Landeszentrale für politische Bildung, Bd. 15).
Sofsky, Wolfgang: Die Ordnung des Terrors. Das Konzentrationslager, Frankfurt a.M. 1993.
Sofsky, Wolfgang: Absolute Macht. Zur Soziologie des Konzentrationslagers, in: Leviathan 18 (1990), S. 518-535.
Sofsky, Wolfgang: Die Perfektion der Vernichtung. Zur Gesellschaftsgeschichte des Konzentrationslagers, in: Neue Rundschau 104 (1993), S. 152-158.
Sontheimer, Kurt: So war Deutschland nie. Anmerkungen zur politischen Kultur der Bundesrepublik, München 1999.
Sontheimer, Kurt: Antidemokratisches Denken in der Weimarer Republik. Die politischen Ideen des deutschen Nationalismus zwischen 1918 und 1933, München 1962.
Sontheimer, Kurt: Der Tatkreis, in: VfZ 7 (1959), S. 229-260.
Sontheimer, Kurt: Antidemokratisches Denken in der Weimarer Republik, in: VfZ 5 (1957), S. 42-62.
Spranger, Eduard: Die Geburt des geschichtsphilosophischen Denkens aus Geschichtskrisen, in: Schweizer Monatshefte 34 (1954/55), S. 11-27.
Spranger, Eduard: Goethes Weltanschauung. Reden und Aufsätze, Leipzig 1946.
Stackelberg, Roderich von: Geschichtswissenschaft und Politik. Ein Blick zurück auf den Historikerstreit, Vortrag gehalten am 29. Mai in der Badischen Landesbibliothek, Karlsruhe 1990.
Stadler, Peter: Rückblick auf den Historikerstreit. Versuch einer Beurteilung aus nichtdeutscher Sicht, in: HZ 247 (1988), S. 15-26.
Steinbach, Lothar: Bewußtseinsgeschichte und Geschichtsbewußtsein. Reflexionen über das Verhältnis von autobiographischer Geschichtserfassung und Oral History, in: BIOS 8 (1995), S. 89-106.
Steinbach, Peter: Widerstand im Widerstreit. Der Widerstand gegen den Nationalsozialismus in der Erinnerung der Deutschen. Ausgewählte Studien, 2., wesentlich erw. Aufl., Paderborn u.a. 2001.
Steinbach, Peter: Widerstandsforschung im politischen Spannungsfeld, in: ders., Johannes Tuchel (Hg.), Widerstand gegen den Nationalsozialismus, Berlin 1994, S. 597-622.
Steinbach, Peter: Zur deutsch-jüdischen Beziehungsgeschichte im 19. und 20. Jahrhundert, in: APuZ, B 1-2/92 vom 3. 1. 1992, S. 3-13.
Steinbach, Peter: Nationalsozialistische Gewaltverbrechen. Die Diskussion in der deutschen Öffentlichkeit nach 1945, Berlin 1981.
Steinbacher, Sybille: »Musterstadt« Auschwitz: Germanisierungspolitik und Judenmord in Ostoberschlesien, München 2000 (= Darstellungen

und Quellen zur Geschichte von Auschwitz, hrsg. v. Institut für Zeitgeschichte, Bd. 2).

Steiner, George: Das lange Leben der Metapher. Ein Versuch über die Shoah, in: Akzente 34 (1987), S. 194-212.

Steinle, Jürgen: Hitler als »Betriebsunfall der deutschen Geschichte«? Eine historiographische Metapher und ihre Hintergründe, in: GWU 45 (1994), S. 288-302.

Steininger, Rolf (Hg.): Der Umgang mit dem Holocaust. Europa – USA – Israel, Wien/Köln/Weimar 1994.

Stern, Frank: »Ein freundlich aufgenähter Davidstern«: Antisemitismus und Philosemitismus in der politischen Kultur der 50er Jahre, in: Schildt/Sywottek (Hg.), Modernisierung und Wiederaufbau, S. 717-732.

Stern, Frank: Im Anfang war Auschwitz. Antisemitismus und Philosemitismus im deutschen Nachkrieg, Gerlingen 1991.

Stern, Fritz: Das feine Schweigen. Historische Essays, München 1999.

Stern, Fritz: Die Historiker und der Erste Weltkrieg. Privates Erleben und öffentliche Erklärung, in: Transit 5 (1994), S. 116-136.

Stern, Fritz: Der Traum vom Frieden und die Versuchung der Macht. Deutsche Geschichte im 20. Jahrhundert, Berlin 1988 [zuerst: 1987].

Stern, Fritz: Geschichte und Geschichtsschreibung. Möglichkeiten – Aufgaben – Methoden. Texte von Voltaire bis zur Gegenwart, München 1966.

Stern, Fritz: Um eine neue deutsche Vergangenheit, Konstanzer Universitätsreden 57, Konstanz 1972.

Stern, Leo: Der deutsche Revanchismus nach dem Zweiten Weltkrieg und die bürgerliche Geschichtsschreibung, in: ZfG 8 (1960), S. 557-582.

Stern, Leo: Zur geistigen Situation der bürgerlichen Geschichtswissenschaft der Gegenwart, in: ZfG 1 (1953), S. 837-849.

Stern, Leo: Gegenwartsaufgaben der deutschen Geschichtsforschung, Berlin 1952.

Stökl, Günther: Zum Selbstverständnis des Faches Osteuropäische Geschichte, in: Jahrbücher für Geschichte Osteuropas, N.F. 32 (1984), S. 481-487.

Strauss, Herbert A.: Der Holocaust. Reflexionen über die Möglichkeit einer wissenschaftlichen und menschlichen Annäherung, in: ders., Norbert Kampe (Hg.), Antisemitismus. Von der Judenfeindschaft zum Holocaust, Bonn 1988, S. 215-233.

Strauss, Herbert A.: Der Holocaust als Epochenscheide der Antisemitismusgeschichte: historische Diskontinuitäten, in: Werner Bergmann, Rainer Erb (Hg.), Antisemitismus in der politischen Kultur nach 1945, Opladen 1985, S. 38-56.

Sündermann, Helmut: Das Dritte Reich. Eine Richtigstellung in Umrissen, Freising 1959.

Sutor, Bernhard: Restauration oder Neubeginn? Politische Bildung 1945-1960, in: APuZ, B7-8/99 vom 12. 2. 1999, S. 3-12.

Syring, Enrico: Das nationalsozialistische Deutschland 1933-1945. Führertum und Gefolgschaft, Bonn 1997.

Syring, Enrico: Intentionalisten und Strukturalisten. Von einem noch immer ausstehenden Dialog, in: Backes u.a. (Hg.), Die Schatten der Vergangenheit, S. 169-194.

Taylor, Telford: Die Nürnberger Prozesse, Frankfurt a.M. 1951.

Tellenbach, Gerd: Erinnern und Vergessen. Geschichtsbewußtsein und Geschichtswissenschaft, in: Saeculum 46 (1995), S. 317-329.

Tellenbach, Gerd: Goethes geschichtlicher Sinn. Freiburger Rektoratsrede vom 30. April 1949, in: ders., Ausgewählte Abhandlungen und Aufsätze, Bd. 1, Stuttgart 1988, S. 42-73.

Tellenbach, Gerd: Nachwort über heutige Perspektiven der deutschen Geschichte, in: ders., Die Entstehung des deutschen Reiches, 3. Aufl., München 1949, S. 225-243.

Tellenbach, Gerd: Die deutsche Not als Schuld und Schicksal, Stuttgart 1947.

Tenbruck, Friedrich: Zeitgeschichte als Vergangenheitsbewältigung?, in: Thomas Nipperdey, Anselm Doering-Manteuffel, Hans-Ulrich Thamer (Hg.), Weltbürgerkrieg der Ideologien? Antworten an Ernst Nolte, Berlin 1993, S. 482-495.

Tennenbaum, Joseph: Auschwitz in Retrospekt. The Self-Portrait of Rudolf Hoess, Commander of Auschwitz, in: Jewish Social Studies 15 (1953), S. 203-236.

Thadden, Rudolf von: Die »Reichskristallnacht« – 40 Jahre danach, in: ders., Nicht Vaterland, nicht Fremde. Essays zu Geschichte und Gegenwart, München 1989, S. 101-105.

Thadden, Rudolf von und Otmar Freiherr v. Aretin: Das Dritte Reich in Angelsächsischer Sicht. Zu den Büchern von W. L. Shirer und A. J. P. Taylor, in: Merkur 16 (1962), S. 770-781.

Titzmann, Michael: Kulturelles Wissen – Diskurs – Denksystem. Zu einigen Grundbegriffen der Literaturgeschichtsschreibung, in: Zeitschrift für französische Sprache und Literatur 99 (1989), S. 47-61.

Tillich, Paul: Die Judenfrage, ein christliches und ein deutsches Problem. Vier Vorträge, gehalten an der Deutschen Hochschule für Politik, Berlin 1953.

Topolski, Jerzy: Die Wissenschaftlichkeit der Geschichtsschreibung und ihre Grenzen, in: Pietro Rossi (Hg.), Theorie der modernen Geschichtsschreibung, Frankfurt a.M. 1987, S. 191-218.

Toyka-Seid, Christiane: Der Widerstand gegen Hitler und die westdeutsche Gesellschaft: Anmerkungen zur Rezeptionsgeschichte des »anderen Deutschlands« in den frühen Nachkriegsjahren, in: Peter Steinbach/Johannes Tuchel (Hg.), Widerstand gegen den Nationalsozialismus, Berlin 1994, S. 572-581.

Travers, Martin: A German Catastrophe?: Thomas Mann, Friedrich Meinecke, The Bildungsbürgertum and the Third Reich, in: The Australian Journal of Politics and History 1988, S. 54-73.

Traverso, Enzo: Auschwitz denken. Die Intellektuellen und die Shoah, Hamburg 2000 [franz. Orig.: L'Histoire déchirée, Paris 1997].

Traverso, Enzo: Auschwitz. Die Geschichte und die Historiker, in: ders., Die Juden und Deutschland. Auschwitz und die »jüdisch-deutsche Symbiose«, Berlin 1993, S. 139-176 [franz. Orig.: Les Juifs et l'Allemagne, Paris 1993].

Tuchel, Johannes: Am Großen Wannsee 56-58. Von der Villa Minoux zum Haus der Wannsee-Konferenz, Berlin 1992.

Türcke, Christoph: Darüber schweigen sie alle. Tabu und Antinomie in der neuen Debatte über das Dritte Reich, in: Merkur 41 (1987), S. 762-772.

Ullrich, Volker: Sebastian Haffner im englischen Exil, in: Blätter für deutsche und internationale Politik 47 (2002), S. 871-882.

Ullrich, Volker: Soldatische Lebensform. Die zwei Vergangenheiten des Historikers Karl Dietrich Erdmann, in: Die ZEIT, Nr. 43 vom 18. 10. 1996.

Unfried, Berthold: Gedächtnis und Geschichte. Pierre Nora und die ›lieux de mémoire‹, in: ÖZG 4 (1991), S. 79-99.

Urbach, Karina: Zeitgeist als Ortsgeist. Die Emigration als Schlüsselerlebnis deutscher Historiker?, in: Hiery (Hg.), Der Zeitgeist und die Historie, S. 161-179.

Veit-Brause, Irmeline: Eine Disziplin rekonstruiert ihre Geschichte, in: NPL 43 (1998), S. 36-66.

Vierhaus, Rudolf: Das 20. Jahrhundert – global gesehen, in: Lehmann (Hg.), Rückblicke auf das 20. Jahrhundert, S. 103-117.

Villa, Dana R.: Das Gewissen, die Banalität des Bösen und der Gedanke eines repräsentativen Täters, in: Smith (Hg.), Hannah Arendt Revisited, S. 231-263.

Vogelsang, Thilo: Die nationalsozialistische Zeit. Deutschland 1933 bis 1939, Frankfurt a.M./Berlin 1967.

Vogelsang, Thilo: Der Machtverfall in der Demokratie, in: NPL 1 (1956), Sp. 52-56.

Volkmann, Hans-Erich: Deutsche Historiker im Umgang mit Drittem Reich und Zweitem Weltkrieg 1939-1949, in: ders. (Hg.), Ende des

Dritten Reiches – Ende des Zweiten Weltkriegs. Eine perspektivische Rückschau, München/Zürich 1995, S. 861-911.

Volkmann, Hans-Erich: Von Johannes Haller zu Reinhard Wittram. Deutschbaltische Historiker und der Nationalsozialismus, in: ZfG 45 (1997), S. 21-46.

Volkmann, Hans-Erich: Als Polen noch der Erbfeind war. Zum 50. Todestag des politischen Historikers Johannes Haller, in: Die ZEIT, Nr. 51 vom 12. 12. 1997.

Volkov, Shulamit: Das geschriebene und das gesprochene Wort. Über Kontinuität und Diskontinuität im deutschen Antisemitismus, in: dies., Antisemitismus als kultureller Code. Zehn Essays, 2., durch ein Reg. erw. Aufl., München 1999, S. 54-75.

Volkov, Shulamit: Nationalismus, Antisemitismus und die deutsche Geschichtsschreibung, in: Nation und Gesellschaft in Deutschland. Historische Essays, hrsg. von Manfred Hettling, Paul Nolte, München 1996, S. 208-219.

Volkov, Shulamit: Die Erfindung der Tradition. Zur Entstehung des modernen Judentums in Deutschland, in: HZ 253 (1991), S. 603-628.

Vowinckel, Annette: Geschichtsbegriff und Historisches Denken bei Hannah Arendt, Köln, Weimar, Wien 2001.

Wagner, Irmgard: Geschichtsschreibung und Psychoanalyse. Zur Frage der Positionalität der Goldhagen-Debatte, in: Blanke/Jaeger/Sandkühler (Hg.), Dimensionen der Historik, S. 415-425.

Walser, Martin: Erfahrungen beim Verfassen einer Sonntagsrede. Friedenspreis des Deutschen Buchhandels 1998. Mit einer Laudatio von Frank Schirrmacher, Frankfurt a.M. 1998.

Walser, Martin: Unser Auschwitz, in: Kursbuch 1 (1965), S. 186-200.

Walter, Dirk: Antisemitische Kriminalität und Gewalt. Judenfeindschaft in der Weimarer Republik, Bonn 1999.

Walther, Peter Th.: Emigrierte deutsche Historiker in den USA, in: Berichte zur Wissenschaftsgeschichte 7 (1984), S. 41-52.

Walther, Peter Th.: Emigrierte deutsche Historiker in den Vereinigten Staaten, 1945-1950: Blick oder Sprung über den Großen Teich?, in: Christoph Cobet (Hg.), Einführung in Fragen an die Geschichtswissenschaft in Deutschland nach Hitler 1945-1950, Frankfurt a.M. 1986, S. 41-50.

Warning, Rainer: Vergessen, Verdrängen und Erinnern in Prousts »A la recherche du temps perdu«, in: Lachmann/Haverkamp (Hg.), Memoria., S. 160-194.

Wasserstein, Bernhard: Europa ohne Juden. Das europäische Judentum seit 1945, Köln 1999 [engl. Orig.: Vanishing Diaspora, London 1996].

Webber, Jonathan: Die Zukunft von Auschwitz, Frankfurt a.M. 1992 (= Materialien der Arbeitsstelle Fritz-Bauer-Institut. Studien- und Dokumentationszentrum zur Geschichte und Wirkung des Holocaust, Bd. 6).

Wegeler, Cornelia: Das Institut für Altertumskunde der Universität Göttingen 1921-1962. Ein Beitrag zur Geschichte der Klassischen Philologie seit Wilamowitz, in: Becker, Dahms, Wegeler (Hg.), Die Universität Göttingen, S. 246-271.

Wehler, Hans-Ulrich: Nationalsozialismus und Historiker, in: Oexle/Schulze (Hg.), Historiker im Nationalsozialismus, S. 306-339 [gekürzt u.d.T.: In den Fußtapfen der kämpfenden Wissenschaft, in: FAZ, Nr. 2, 4. 1. 1999].

Wehler, Hans-Ulrich: Aus der Geschichte lernen?, München 1988.

Wehler, Hans-Ulrich: Entsorgung der deutschen Vergangenheit? Ein polemischer Essay zum »Historikerstreit«, München 1988.

Wehler, Hans-Ulrich: Geschichtswissenschaft heute, in: Jürgen Habermas (Hg.), Stichworte zur geistigen Situation der Zeit, Bd. 2: Politik und Kultur, Frankfurt a.M. 1979, S. 709-753.

Wehler, Hans-Ulrich: Gustav Mayer, in: ders. (Hg.), Deutsche Historiker, Bd. 2, S. 120-132.

Wehler, Hans-Ulrich (Hg.): Deutsche Historiker (9 Bde), Göttingen 1971-1982

Wehler, Hans-Ulrich: Sozialgeschichte heute. Festschrift für Hans Rosenberg zum 70. Geburtstag, Göttingen 1970.

Weidenfeld, Werner (Hg.): Geschichtsbewußtsein der Deutschen. Materialien zur Spurensuche einer Nation, 2. Aufl., Köln 1987.

Weigand, Wolf Volker: Walter Wilhelm Goetz 1867-1958. Eine biographische Studie über den Historiker, Politiker und Publizisten, Boppard/Rhein 1992.

Weigel, Sigrid: Jenseits der Systeme. Denkbewegungen Hannah Arendts, in: Ganzfried/Hefti (Hg.), Nach dem Totalitarismus, S. 13-20.

Weigel, Sigrid und Birgit Erdle (Hg.): Fünfzig Jahre danach. Zur Nachgeschichte des Nationalsozialismus, Zürich 1996.

Weinrich, Harald: Und Klio lächelt. Ereignisgeschichte – und die Kunst der Erinnerung, in: NZZ, Nr. 300, 24. 12. 1999.

Weinrich, Harald: Lethe. Kunst und Kritik des Vergessens, München 1997.

Weinrich, Harald: Gedächtniskultur – Kulturgedächtnis, in: Merkur 45 (1991), S. 569-582.

Weinzierl, Erika: Hermann Langbein – Zeitzeuge in Wort und Schrift, in: Fröhlich/Kohlstruck (Hg.), Engagierte Demokraten, S. 224-236.

Weisbrod, Bernd (Hg.): Akademische Vergangenheitspolitik. Beiträge zur Wissenschaftskultur der Nachkriegszeit, Göttingen 2002.

Weiss, Christoph: Auschwitz in der geteilten Welt: Peter Weiss und die »Ermittlung« im kalten Krieg, Teil 1, Sankt Ingbert 2000 (= Literatur im historischen Kontext, Bd. 3).

Weiss, John: Der lange Weg zum Holocaust. Die Geschichte der Judenfeindschaft in Deutschland und Österreich, Hamburg 1997 [engl. Orig.: Ideology of Death. Why the Holocaust happend in Germany, Chicago 1996].

Weiß, Matthias: Sinnliche Erinnerung. Die Filme »Holocaust« und »Schindlers Liste« in der bundesdeutschen Vergegenwärtigung der NS-Zeit, in: Frei/Steinbacher (Hg.), Beschweigen und Bekennen, S. 71-102.

Weiss, Yfaat: Kann es zuviel Geschichte geben? Zur Diskussion über den Stellenwert des Holocaust in der Neueren Geschichte, in: Brenner/Myers (Hg.), Jüdische Geschichtsschreibung heute, S. 229-246.

Weißmann, Karlheinz: Der Weg in den Abgrund. Deutschland unter Hitler 1933-1945, Berlin 1995.

Weisz, Christoph und Ingrid Baass, Die Bibliothek des Instituts für Zeitgeschichte, in: Möller/Wengst (Hg.), 50 Jahre Institut für Zeitgeschichte, S. 87-103.

Welskopp, Thomas: Die Sozialgeschichte der Väter. Grenzen und Perspektiven der Historischen Sozialwissenschaft, in: GuG 24 (1998), S. 173-198.

Welzer, Harald: Albert Speers Erinnerungen an die Zukunft. Über das Geschichtsbewußtsein einer Führungsfigur des »Dritten Reiches«, in: Erzählung, Identität und historisches Bewußtsein. Die psychologische Konstruktion von Zeit und Geschichte, hrsg. von Jürgern Straub, Frankfurt a.M. 1998, S. 389-403.

Welzer, Harald: Verweilen beim Grauen, in: Merkur 48 (1994), S. 67-72.

Welzer, Harald: Härte und Rollendistanz. Zur Sozialpsychologie des Verwaltungsmassenmordes, in: Leviathan 21 (1993), S. 358-373.

Welzer, Harald (Hg.): »Auf den Trümmern der Geschichte«: Gespräche mit Raul Hilberg, Hans Mommsen und Zygmunt Baumann, Tübingen 1999.

Welzer, Harald (Hg.): Nationalsozialismus und Moderne, Tübingen 1993.

Weniger, Erich: Didaktik und Methodik des Geschichtsunterrichts, in: GWU 2 (1951), S. 65-69.

Wendt, Bernd-Jürgen: Der »Holocaust« im Widerstreit der Deutungen, in: Hartwig, Lorenz (Hg.), Verdrängung und Vernichtung der Juden unter dem Nationalsozialismus, S. 29-74.

Wenke, Hans: »Bewältigte Vergangenheit« und »Aufgearbeitete Geschichte«. Zwei Schlagworte, kritisch beleuchtet, GWU 11 (1960), S. 65-60.

Werle, Gerhard und Thomas Wandres: Auschwitz vor Gericht. Völkermord und bundesdeutsche Strafjustiz. Mit einer Dokumentation des Auschwitz-Urteils, München 1995.

Werner, Karl Ferdinand: Das NS-Geschichtsbild und die deutsche Geschichtswissenschaft, Stuttgart 1967.

Wertheimer, Jürgen: Hannah Arendt, in: Jüdische Wissenschaftler im Exil. Der Exodus aus Nazideutschland und die Folgen, Tübingen 1997, S. 325-341.

Wetzel, Dietrich (Hg.): Die Verlängerung von Geschichte. Deutsche, Juden und der Palästina-Konflikt, Frankfurt a.M. 1983.

White, Hayden: Historical Emplotment and the Problem of Truth, in: Saul Friedländer (Hg.), Probing the Limits of Representation: Nazism and the »Final Solution«, Cambridge/Mass. 1992, S. 37-53 [dt.: Historische Modellierung (emplotment) und das Problem der Wahrheit, in: Kiesow/Simon (Hg.): Auf der Suche nach der verlorenen Wahrheit, S. 142-167].

White, Hayden: Metahistory. Die historische Einbildungskraft im 19. Jahrhundert in Europa, Frankfurt a.M. 1991.

White, Hayden, Geschichte denken – Geschichte schreiben, in: Neue Rundschau 105 (1994), S. 42 f.

Wichert, Adalbert: Bismarck und Goethe. Klassikrezeption der deutschen Geschichtswissenschaft zwischen Kaiserreich und Drittem Reich, in: Karl Richter, Jörg Schönert (Hg.), Klassik und Moderne. Die Weimarer Klassik als historisches Ereignis und Herausforderung im kulturellen Prozeß. Walter Müller Seidel zum 65. Geburtstag, Stuttgart 1983, S. 232-339.

Wielenga, Friso: Schatten deutscher Geschichte. Der Umgang mit dem Nationalsozialismus und der DDR-Vergangenheit in der Bundesrepublik, Greifswald 1995 [niederl. Orig.: 1993].

Wiesel, Elie: Die Trivialisierung des Holocaust: Halb Faktum, halb Fiktion, in: Märtesheimer, Frenzel (Hg.), »Holocaust«. Eine Nation ist betroffen, S. 25-30.

Wieseltier, Leon: Nach der Erinnerung. Gedanken zum Holocaust Memorial Museum in Washington, in: Kursbuch 112 (1993), S. 185-203.

Wilhelm, Hans-Heinrich: Wie geheim war die ›Endlösung‹?, in: Miscellanea. Festschrift für Helmut Krausnick zum 75. Geburtstag, hrsg. von Wolfgang Benz, Stuttgart 1980, S. 131-148.

Wilms, Johannes (Hg.): Der 9. November. Fünf Essays zur deutschen Geschichte, München 1994.

Windisch, Hans: Führer und Verführte. Totentanz und Wiedergeburt. Eine Analyse deutschen Schicksals, Seebruck am Chiemsee 1946.

Winkler, Heinrich A.: Hans Rothfels – ein Lobredner Hitlers? Quellenkritische Bemerkungen zu Ingo Haars Buch »Historiker im Nationalsozialismus«, in: VfZ 49 (2001), S. 643-652.

Winkler, Heinrich A.: Geschichtswissenschaft oder Geschichtsklitterung? Ingo Haar und Hans Rothfels. Eine Erwiderung, in: VfZ 50 (2002), S. 635-652.

Winkler, Heinrich A.: Kehrseitenbesichtigung. Zehn Jahre danach: Ein Rückblick auf den deutschen Historikerstreit, in: FR, Nr. 252 vom 29. 10. 1996.

Winkler, Heinrich A.: Ein Erneuerer der Geschichtswissenschaft. Hans Rosenberg 1904-1988, in: HZ 248 (1989), S. 532-552.

Winkler, Heinrich A.: Deutschland vor Hitler. Der historische Ort der Weimarer Republik, in: Pehle (Hg.), Der historische Ort des Nationalsozialismus, S. 11-30.

Winter, Jay: The Generation of Memory: Reflections on the »Memory-Boom« in Contemporary Historical Studies, in: German Historical Institute (Washington), Bulletin 27 (2000), S. 13-45.

Winters, Peter Jochen: Bernd Naumann – Die Protokolle des Frankfurter Auschwitz-Prozesses, in: Fröhlich/Kohlstruck (Hg.), Engagierte Demokraten, S. 254-264.

Wippermann, Wolfgang: Umstrittene Vergangenheit. Fakten und Kontroversen zum Nationalsozialismus, Berlin 1998.

Wippermann, Wolfgang: Wessen Schuld? Vom Historikerstreit zur Goldhagen-Kontroverse, Berlin 1997.

Wippermann, Wolfgang: Der konsequente Wahn. Ideologie und Politik Adolf Hitlers, München 1989.

Wippermann, Wolfgang: Friedrich Meineckes »Deutsche Katastrophe« – Ein Versuch zur deutschen Vergangenheitsbewältigung, in: Erbe (Hg.), Friedrich Meinecke heute, S. 101-121.

Wippermann, Wolfgang: »Deutsche Katastrophe« oder »Diktatur des Finanzkapitals«? Zur Interpretationsgeschichte des Dritten Reiches, in: Die deutsche Literatur im Dritten Reich. Themen, Traditionen, Wirkungen, hrsg. v. Horst Denkler, K. Prümm, Stuttgart 1976, S. 9-43.

Wischermann, Clemens (Hg.): Die Legitimität der Erinnerung und die Geschichtswissenschaft, Stuttgart 1996.

Wittram, Reinhard: Anspruch und Fragwürdigkeit der Geschichte. Sechs Vorlesungen zur Methodik der Geschichtswissenschaft und zur Ortsbestimmung der Historie, Göttingen 1969.

Wittram, Reinhard: Zukunft in der Geschichte. Zu Grenzfragen der Geschichtswissenschaft und Theologie, Göttingen 1966.

Wittram, Reinhard: Das Interesse an der Geschichte. Zwölf Vorlesungen über Fragen des zeitgenössischen Geschichtsverständnisses, Göttingen 1958 [3. Aufl. 1968].
Wittram, Reinhard: Das Faktum und der Mensch. Bemerkungen zu einigen Grundfragen des Geschichtsinteresses, in: HZ 185 (1958), S. 55-87.
Wittram, Reinhard: Das Nationale als europäisches Problem. Beiträge zur Geschichte des Nationalitätenprinzips vornehmlich im 19. Jahrhundert, Göttingen 1954.
Wittram, Reinhard: Das öffentliche Böse und das achte Gebot, in: Die Sammlung 8 (1953), S. 16-26.
Wittram, Reinhard: Erinnerung an Johannes Haller, in: WaG 10 (1950), S. 67-70.
Wojak, Irmtrud: Die Rechtfertigungen des Adolf Eichmann, in: GWU 53 (2002), S. 725-736.
Wojak, Irmtrud: Eichmanns Memoiren. Ein kritischer Essay, Frankfurt a.M./New York 2001.
Wojak, Irmtrud: Die Verschmelzung von Geschichte und Kriminologie. Historische Gutachten im ersten Frankfurter Auschwitz-Prozeß, in: Frei/von Laak/Stolleis (Hg.), Geschichte vor Gericht, S. 29-45.
Wolf, Heinz: Deutsch-jüdische Emigrantenhistoriker in den USA und der Nationalsozialismus, Frankfurt a.M./New York/Paris 1988.
Wolf, Siegbert: Hannah Arendt. Einführungen in ihr Werk, Frankfurt a.M. 1991.
Wolf, Ursula: Hermann Heimpel, in: dies., Litteris et patriae. Das Janusgesicht der Historie, Stuttgart 1996, S. 248-264.
Wolffsohn, Michael: Meine Juden – Eure Juden, München 1997.
Wolfrum, Edgar: Geschichtspolitik in der Bundesrepublik Deutschland. Der Weg zur bundesdeutschen Erinnerung 1948-1990, Darmstadt 1999.
Wolfrum, Edgar: Geschichtspolitik in der Bundesrepublik Deutschland 1949-1989. Phasen und Kontroversen, in: APuZ, B 45/98 vom 30. 10. 1998, S. 3-15.
Wolgast, Eike: Die Wahrnehmung der Judenverfolgung und Judenvernichtung in der unmittelbaren Nachkriegszeit, in: TrumaH. Zeitschrift der Hochschule für Jüdische Studien/Heidelberg 8 (1999), S. 97-119.
Wolgast, Eike: Die neuzeitliche Geschichte im 20. Jahrhundert, in: Jürgen Miethke (Hg.), Geschichte in Heidelberg, Berlin u.a. 1992, S. 127-157.
Worschech, Franz: Der Weg der deutschen Geschichtswissenschaft in die institutionelle Spaltung (1945-1965), Diss. (Masch.schr.), Erlangen 1990.
Wuchterl, Kurt: Streitgespräche und Kontroversen in der Philosophie des 20. Jahrhunderts, Bern/Stuttgart/Wien 1997.

Wulf, Joseph: Presse und Funk im Dritten Reich, Gütersloh 1964.
Wulf, Joseph: Theater und Film im Dritten Reich, Gütersloh 1964.
Wulf, Joseph: Die bildenden Künste im Dritten Reich, Gütersloh 1963.
Wulf, Joseph: Musik im Dritten Reich, Gütersloh 1963.
Wulf, Joseph: Literatur und Dichtung im Dritten Reich, Gütersloh 1963.
Wulf, Joseph: Aus dem Lexikon der Mörder. »Sonderbehandlung« und verwandte Worte in nationalsozialistischen Dokumenten, Gütersloh 1963.
Wulf, Joseph: Martin Bormann. Hitlers Schatten, Gütersloh 1962.
Wulf, Joseph: Lodz, das letzte Ghetto auf polnischem Boden, Bonn 1962.
Wulf, Josef (sic!): Dr. Emanuel Ringelblum und sein Untergrundarchiv im Warschauer Ghetto, in: Deutsche Rundschau 87 (1961), S. 241-249.
Wulf, Joseph: Das Dritte Reich und seine Vollstrecker. Die Liquidation von 500 000 Juden im Ghetto Warschau, Berlin 1961.
Wulf, Joseph: Heinrich Himmler. Eine biographische Studie, Berlin 1960.
Wulf, Joseph: Vom Leben, Kampf und Tod im Ghetto Warschau, Bonn 1958.
Wyrwa, Ulrich: »Holocaust«. Notizen zur Begriffsgeschichte, in: Jahrbuch für Antisemitismusforschung 8 (1999), S. 300-311.
Yerushalmi, Yosef Hayim: Zachor: Erinnere Dich! Jüdische Geschichte und jüdisches Gedächtnis, Berlin 1988 [amerik. Orig. 1982].
Yerushalmi, Yosef Hayim: Ein Feld in Anatot. Versuche über jüdische Geschichte, Berlin 1993.
Young, James E.: Toward a Recieved History of the Holocaust, in: History & Memory 36 (1997), S. 21-46.
Young, James E.: Jüdische Gedächtniskultur in der Postmoderne, in: Müller, Rüsen (Hg.), Historische Sinnbildung, S. 588-607.
Young, James E.: Hayden White, postmoderne Geschichte und der Holocaust, in: Jörn Stückrath/Jürg Zbinden (Hg.), Metageschichte. Hayden White und Paul Ricœur. Dargestellte Wirklichkeit in der europäischen Kultur im Kontext von Husserl, Weber, Auerbach und Gombrich, Baden-Baden 1999, S. 139-165.
Young, James E.: The Rhetoric of Ruins: The Memorial Camps at Majdanek and Auschwitz, in: ders., The Texture of Memory. Holocaust Memorials and Meaning, New Haven/London 1995, S. 119-154.
Young, James E.: The Texture of Memory. Holocaust Memorials and Meanings, New Haven/London 1993.
Young, James E.: Beschreiben des Holocaust. Darstellungen und Folgen der Interpretation, Frankfurt a.M. 1992.
Young, James E. (Hg.): Mahnmale des Holocaust. Motive, Rituale und Stätten des Gedenkens, München 1994.

Young-Bruehl, Elisabeth: Hannah Arendt. Leben, Werk und Zeit, Frankfurt a.M. 1986 [amerik. Orig.: Hannah Arendt. For love of the world, New Haven/London 1982].

Zarusky, Jürgen: Die Schriftenreihe der Vierteljahrshefte für Zeitgeschichte, in: VfZ 51 (2003), S. 89-106.

Zeiler, Joachim: Psychogramm des Kommandanten von Auschwitz: Erkenntnis und Begegnung durch Zerstörung. Zur Autobiographie des Rudolf Höss, in: Psyche 45 (1991), S. 335-362.

Zernack, Klaus: Werner Conze als Osteuropahistoriker, in: Werner Conze, Ostmitteleuropa. Von der Spätantike bis zum 18. Jahrhundert, München 1992, S. 238-248.

Ziegler, Klaus: Zu Goethes Deutung der Geschichte, in: DVjS 30 (1956), S. 232-267.

Zimmermann, Michael: Rassenutopie und Genozid. Die nationalsozialistische »Lösung der Zigeunerfrage«, Hamburg 1996.

Zimmermann, Michael: Die nationalsozialistische »Lösung der Zigeunerfrage«, in: Herbert (Hg.), Vernichtungspolitik, S. 235-262.

Zimmermann, Michael: Utopie und Praxis der Vernichtungspolitik in der NS-Diktatur. Überlegungen in vergleichender Absicht, in: WerkstattGeschichte 5 (1996), H. 13, S. 60-71.

Zimmermann, Michael: Eine Deportation nach Auschwitz. Zur Rolle des Banalen bei der Durchführung des Monströsen, in: Gerstenberger/Schmidt (Hg.), Normalität oder Normalisierung?, S. 84-96.

Zimmermann, Moshe: Vom Jishuw zum Staat – Die Bedeutung des Holocaust für das kollektive Bewußtsein und die Politik in Israel, in: Deutschland, Israel und der Holocaust. Zur Gegenwartsbedeutung der Vergangenheit, hrsg. v. Bernd Faulenbach, Helmuth Schütte, Essen 1998, S. 45-53.

Zmarzlik, Hans-Günter: Lebendige Vergangenheit. Eine Würdigung Gerhard Ritters, in: HZ 207 (1968), S. 55-74.

Zorn, Wolfgang: Werner Conze zum Gedächtnis, in: VSWG 73 (1986), S. 153-157.

Zuckermann, Moshe: Gedenken und Kulturindustrie. Ein Essay zur neuen deutschen Normalität, Berlin 1999.

Zuckermann, Moshe: Perspektiven der Holocaust-Rezeption in Israel und Deutschland, in: APuZ, B 14/98 vom 27. 3. 1998, S. 19-29.

Zuckermann, Moshe: Zweierlei Holocaust. Der Holocaust in den politischen Kulturen Israels und Deutschlands, Göttingen 1998.

Zuckermann, Moshe: Zwischen Historiographie und Ideologie. Zum israelischen Diskurs über den Holocaust, in: Fritz Bauer Institut (Hg.), Auschwitz, S. 55-73.

Abkürzungsverzeichnis

AfRG	Archiv für Reformationsgeschichte
AfS	Archiv für Sozialgeschichte
AfK	Archiv für Kulturgeschichte
AHR	American Historical Review
APuZ	Aus Politik und Zeitgeschichte. Beilage zu: Das Parlament
AVHD	Archiv des Verbandes der Historiker Deutschlands
BAK	Bundesarchiv (Koblenz)
CISH	Comité Internationale des Sciences Historique
DLA	Deutsches Literaturarchiv (Marbach a. N.)
DUZ	Deutsche Universitäts-Zeitung
FAZ	Frankfurter Allgemeine Zeitung
FH	Frankfurter Hefte
FS	Festschrift
FR	Frankfurter Rundschau
FUB	Freiburger Universitätsblätter
GMH	Gewerkschaftliche Monatshefte
GStAPK	Geheimes Staatsarchiv Preußischer Kulturbesitz (Berlin-Dahlem)
GuG	Geschichte und Gesellschaft
GJb	Goethe-Jahrbuch
GWU	Geschichte in Wissenschaft und Unterricht
HJB	Historisches Jahrbuch
HPB	Das Historisch-Politische Buch
HZ	Historische Zeitschrift
IDZ	Internationales Dokumentationszentrum zur Erforschung des Nationalsozialismus und seiner Folgeerscheinungen
IfZ	Institut für Zeitgeschichte
JCH	Journal of Contemporary History
JfA	Jahrbuch für Antisemitismusforschung
JMH	Journal of Modern History
KJ	Kritische Justiz
LBIYB	Leo Baeck Institute Yearbook
NG/FH	Neue Gesellschaft / Frankfurter Hefte
NL	Nachlaß
NPL	Neue Politische Literatur
NStUB	Niedersächsische Staats- und Universitätsbibliothek (Göttingen)
NWR	Nordwestdeutscher Rundfunk

NZZ	Neue Zürcher Zeitung
PVS	Politische Vierteljahrsschrift
ÖZG	Österreichische Zeitschrift für Geschichtswissenschaften
Sowi	Sozialwissenschaftliche Informationen
SWF	Südwestfunk
SWR	Südwestrundfunk
SZ	Süddeutsche Zeitung (München)
TAJB	Tel Aviver Jahrbuch für Deutsche Geschichte
UA	Universitätsarchiv
VfZ	Vierteljahrshefte für Zeitgeschichte
VSWG	Vierteljahrsschrift für Sozial- und Wirtschaftsgeschichte
YVS	Yad Vashem Studies
WaG	Welt als Geschichte
WDR	Westdeutscher Rundfunk
ZAGJD	Zentralarchiv zur Erforschung der Geschichte der Juden in Deutschland (Heidelberg)
ZfG	Zeitschrift für Geschichtswissenschaft

Dank

Diese Arbeit ist die gekürzte und überarbeitete Fassung meiner Dissertation, die im Sommersemester 2001 vom Historischen Seminar der Albert-Ludwigs-Universität Freiburg angenommen wurde. Ich möchte mich an dieser Stelle ganz herzlich bei meinen akademischen Lehrern, Kolleginnen und Kollegen und bei meinen Freunden für die Hilfe und für die vielen Hinweise und Anregungen bedanken, die den Prozess der Arbeit begleitet und bereichert haben. In erster Linie gilt dieser Dank meinem Doktorvater Prof. Dr. Bernd Martin (Freiburg) für seine langjährige Förderung, die schon im Studium begann. Sein Interesse an dem Thema, sein stets zu spürendes Vertrauen und die weit vorausschauende Art der Ermunterung haben zu einer besonderen Art von Unterstützung geführt, ohne die diese Arbeit nicht möglich gewesen wäre. Mein Dank gilt auch allen Mitarbeiterinnen und Mitarbeitern am Lehrstuhl des Historischen Seminars, denen ich ebenfalls mehr verdanke, als in Worte zu fassen ist; bei Herrn Dr. Heinrich Schwendemann hat die Zusammenarbeit schon früh zu einer Freundschaft geführt, die in euphorischen Zeiten ebenso hilfreich war wie in Phasen des Zweifelns.

Auch der Zweitgutachter des Manuskripts, Prof. Dr. Ulrich Herbert (Freiburg), hat die Arbeit intensiv gefördert und immer wieder kritisch unter die Lupe genommen. Seine Anmerkungen zum Text und die Gespräche mit ihm haben die Beschäftigung mit den Fragen des Themas entscheidend vorangebracht, weil er mich immer wieder zur detaillierten Analyse von Dokumenten anhielt, von denen ich dachte, sie sprächen für sich selbst. Zugleich verdanke ich ihm einige Gelegenheiten, das Thema zur Diskussion zu stellen, so z.B. auf zwei Konferenzen in Boston (März 2000) und in Jerusalem (Nov. 2001). Ich möchte mich darüber hinaus auch bei ihm und bei Prof. Dr. Lutz Raphael (Trier) dafür bedanken, daß sie die Studie in die neue Reihe »Moderne Zeit« im Göttinger Wallstein Verlag aufgenommen haben, einem Verlag, der die Drucklegung von Forschungsergebnissen zu einer Sache intellektuellen Vergnügens macht und dessen akribische Mühe beim Lektorat des Buches eine große Hilfe war. Mein Dank an den Verlag gilt Herrn Thedel v. Wallmoden, Frau Monika Meffert und vor allem Herrn Hajo Gevers.

Ohne die finanzielle Hilfe der Studienstiftung des deutschen Volkes wäre das Projekt nicht zu verwirklichen gewesen. Mein aufrichtiger Dank gilt deshalb der Institution für das von ihr gewährte dreijährige Doktoranden-Stipendium, Herrn Dr. Max Brocker in Bonn und der freundlichen Begleitung und Förderung vor Ort durch Herrn Prof. Dr. Siegfried Fink (Freiburg).

Ein weiterer herzlicher Dank für finanzielle Hilfen beim Abschluß des Manuskriptes geht an den Freundeskreis der Universität Freiburg, an Herrn Norbert Seinsch (Stiftung Erinnerung) und an die Jörg-Breuninger-Stiftung (Frankfurt a.M.), die die Drucklegung mit einem großzügigen Beitrag förderte.

Fachliche Hinweise, kritische Anmerkungen und weiterführende Informationen habe ich vor allem in den vielen Gesprächen erhalten, die im Rahmen von Konferenzen, Tagungen oder Seminaren stattfanden. Von ihnen möchte ich vor allem jene drei erwähnen, die mit Prof. Dr. Aleida Assmann und Prof. Dr. Jan Assmann in Alpach (Österreich), Berlin und Freiburg zwischen 1997 und 1999 stattfanden und die mir im Rahmen der Studienstiftung ideell und finanziell ermöglicht wurden. Auch die Einladung zum Doktoranden-Kolloquium in Bad Homburg im Juni 1997 unter der Leitung von Prof. Dr. Monika Richarz und Prof. Dr. Reinhard Rürup sowie die Teilnahme an mehreren Workshops und Kolloquien im selben Zeitraum bei Prof. Dr. Ulrich Herbert in Freiburg seien in diesem Zusammenhang dankend hervorgehoben. Außerdem möchte ich mich auch bei Dr. Hanno Loewy (Frankfurt a.M.) bedanken, von dem ich viele Hinweise und Anregungen erhalten habe.

Einen besonderen und kaum zu quantifizierenden Stellenwert am Anfang und beim Abschluß der Arbeit hatten auch verschiedene Gespräche mit Prof. Dr. Dan Diner (Jerusalem/Leipzig), dessen Teilnahme an einer zweitägigen Konferenz des »Frankreichzentrums“ der Universität Freiburg über »Formen der Erinnerung“, die ich während des Studiums mitorganisieren durfte, mir den entscheidenden Anstoß dazu gegeben hat , historisches Gedächtnis und Historiographie als zusammengehörendes Thema der Forschung zu verstehen. Dafür möchte ich ihm ebenso danken wie für seine wohlwollende Förderung der Arbeit im Rahmen des »Simon-Dubnow-Instituts für jüdische Geschichte und Kultur« in Leipzig.

Weitere Hilfe, wichtige Hinweise und Unterstützung in privaten Gesprächen und Briefwechseln, Erlaubnis zur Einsicht in Privatarchive und archivalischen Beistand im allgemeinen sowie kritische Lektüre von Teilen des Manuskripts habe ich außerdem von folgenden Personen erhalten: Dr. Götz Aly (Berlin), Martin Berg (Halver) und Sebastian Berg (Berlin), Dr. Peter Brandenburg (Freiburg), Henryk M. Broder (Berlin), Jan Eckel (Freiburg), Dr. Cathrin Friedrich (Leipzig), Dr. Helmut Goetz (Colle Umberto), Ingeborg Hecht (Freiburg), Prof. Dr. Hans Peter Herrmann (Freiburg), Dr. Peter Honigmann (Heidelberg), Prof. Dr. em.

Eberhard Jäckel (Stuttgart), Prof. Dr. Dorothee Kimmich (Tübingen), Prof. Dr. Dov Kulka (Jerusalem), Prof. Dr. Peter Longerich (London), Dr. Thomas Meyer (München), Prof. Dr. Dan Michman (Jerusalem), Dr. Dirk Moses (Sydney), den Mitarbeiterinnen und Mitarbeitern des Bundesarchivs in Koblenz und Prof. Dr. em. Carl Pietzcker (Freiburg), der freundlicherweise die Mühe für das Drittgutachten übernahm. Genauso herzlich seien noch DDr. Steven Remy (New York), Prof. Dr. Karl Heinz Roth (Bremen), Oliver Samson (Berlin), Prof. Dr. Ernst Schulin und Prof. Dr. Gottlieb Schramm (Freiburg), Dr. Peter Schumann (Göttingen) sowie Dr. habil. Bernd Stiegler (Frankfurt) erwähnt. Für diese Hilfe, deren Bedeutung ich häufig erst mit einigem zeitlichen Abstand richtig zu würdigen wusste, möchte ich mich bei allen Genannten ganz herzlich bedanken.

Ein ganz besonders herzlicher Dank für die vielen klärenden Gespräche und die erste kritische Lektüre des Manuskripts geht an Jörg Ganzenmüller (Merzhausen).

Nicolas Berg Leipzig, im Oktober 2002

Verlag und Autor danken Thomas Dürr und Christian Kramer für Lektoratsmitarbeit und Hilfe bei den Korrekturen